中華人民共和國國務院批准的重大文化出版工程

國家文化發展規劃綱要的重點出版工程項目

新聞出版總署列爲「十一五」國家重大工程出版規劃之首

國家出版基金重點支持項目

ISBN 978-7-5495-9245-6

中華大典

文獻目録典

廣西師範大學出版社集團有限公司

《中華大典》工作委員會

《中華大典》編纂委員會

《中華大典》前言

《中華大典》是運用我國歷代漢文古籍編纂的一部大型工具書。其目的是爲學術界及願意瞭解中國古代珍貴文化典籍的人士提供準確詳實、便於檢索的漢文古籍分類資料。

中國是世界文明古國之一，幾千年來纂寫和聚集的文化典籍浩如烟海。我國歷代都有編纂類書的優良傳統，具有代表性的《永樂大典》等大多已佚失，現存《古今圖書集成》編就距今也已數百年。爲了適應今天和以後研究和檢索的需要，一九八八年海内外三百多位專家學者和各古籍出版社同仁倡議，在已有類書的基礎上，用現代科學方法編纂一部新的類書《中華大典》。

國務院在關於編纂《中華大典》問題的批覆中指出，編纂《中華大典》「是我國建國以來最大的一項文化出版工程」。本書所收漢文古籍上起先秦，下迄清末，約三萬種，達七億多字，分爲二十四個典，近百個分典，内容廣博，規模宏大，前所未有。

《中華大典》的編纂工作堅持科學態度和百花齊放、百家争鳴方針。儘量採用古精校精刻本，優先採用我國建國後文獻學和考古學的優秀成果。對傳統文化中重要的不同學派的資料，兼收並蓄。運用現代圖書分類的方法，對收集到的資料，精選、精編，力求便於檢索、準確可信。

這項工作從開始起就受到中共中央、國務院和有關部門的重視和支持。國家主席江澤民、國務院總理李鵬分別爲《中華大典》題詞。江澤民的題詞是：「同心同德群策群力認真編好中華大典爲建設有中國特色的社會主義服務。」李鵬的題詞是：「繼承和弘揚民族優秀傳統文化。」全國政協主席李瑞環、國務委員李鐵映也作了重要指示，要求抓緊辦理。一九九零年五月，國務院批准《中華大典》爲

國家重點古籍整理項目。一九九二年九月，正式成立了《中華大典》工作委員會和《中華大典》編纂委員會，召開了《中華大典》工作、編纂會議。自此，《中華大典》的編纂工作由試點轉入正式啓動，逐步鋪開。

編纂《中華大典》，學術性很强，工作量很大，工程十分艱巨，全賴廣大專家學者和全國各有關高等院校、科研院所、圖書館、出版單位的鼎力支持與積極參與。大家本着弘揚中華民族優秀文化的心願，發揚奉獻精神，克服各種困難，團結協作，給這部巨大類書的出版提供了根本保證。在此謹表示誠摯的謝意。

對本書的批評與建議，我們將十分歡迎。

《中華大典》編纂委員會

一九九七年四月

二〇〇六年十一月修訂

《中華大典》編纂通則

一、性質：《中華大典》（以下簡稱《大典》）是對漢文古籍（含已翻譯成漢文的少數民族古籍）進行全面的、系統的、科學的分類整理和匯編總結的新型類書，是在繼承歷代類書優良傳統、考慮漢文古籍固有特點的基礎上，借鑒和參照近代編纂百科全書的經驗和方法編纂而成。編纂《大典》的目的，是爲學術界及願意瞭解中國古代珍貴文化典籍的人士提供各種分門別類的、準確詳細的古代漢文專題資料。

二、規模和體例：《大典》所收古籍的時限，上自先秦，下迄辛亥革命。全書共收各類漢文古籍三萬餘種，七億多字。全書體例，着重汲取清代《古今圖書集成》所採用的經目和緯目相交織這一統一框架結構的模式，同時參照現代科學的學科、目錄分類方法，並根據各類學科內容的實際情況，一般將每一大類學科輯爲一典，也有將幾個相關學科共輯爲一典的。對各典名稱，均以現代學科命名，對於所收入的各種古籍資料，亦儘可能納入現代科學分類體系之中。

三、經目：大典共分二十四個典，即哲學典、宗教典、政治典、軍事典、經濟典、法律典、教育典、語言文字典、文學典、藝術典、歷史典、歷史地理典、民俗典、數學典、物理化學典、天文典、地學典、生物學典、醫藥衛生典、農業典、林業典、工業典、交通運輸典、文獻目錄典。典以下以分典、總部、部、分部分級，分部之下的標目根據各學科特點由各典自行擬定。

四、緯目：共設置九項緯目，用以包容各級經目的具體內容：

①題解：對有關學科的名稱、概念、涵義、特點等作總體介紹的資料。

②論説：有關理論部份的資料。

③綜述：有關學科或事物的系統性資料，凡有關學科或事物的性狀、制度、範疇、特點及學科地位、發展情況等具體內容均編入此緯目中。

④傳記：有關人物的傳記資料。

⑤紀事：有關學科或事物的具體活動或事例的資料。

⑥著録：重要人物或文獻的有關著作資料，如專集介紹、序跋、藏書題記，以及有關著作的成書經過、版本源流等。

⑦藝文：有關屬於文學欣賞性的散文或韵文。

⑧雜録：凡未收入以上各緯目，而又有較高參考價值的資料，均入雜録。

⑨圖表：根據有關經目的内容需要，圖與表附於相關專題之下，或集中匯總於某級經目之後。

《大典》以内容分類安排各級緯目，各級緯目的正文，一般以原書爲單位，按時代順序排列。每一條資料前標明出處，包括書名或作者名、篇名或卷次，以利讀者核對原書。

五、書目：每分典後附有該分典所收書之書目，書目包括書名、作者、時(年)代、版本等内容。時代以成書時代爲準，成書時代不詳者，以作者主要活動時代爲準，並遵從歷史習慣。

六、版本：《大典》在選用版本時儘量採用古人的精校精刻本，亦採用學術界通用的近現代整理圈點本及現代學者校點整理本。

七、校點：爲儘可能保存古籍原貌，《大典》祇對底本中明顯的脱、訛、衍、倒進行勘正。古本中的避諱字一般不作改動，祇對缺筆字補足筆畫。後人刻書時避當朝人諱而改動的字，據古本改回。《大典》採用新式標點法。

一九九六年八月

二〇〇六年十一月修訂

《中華大典·文獻目録典》編纂委員會

《中華大典·文獻目録典》序

中國古籍素以浩如烟海、汗牛充棟而著稱。浩瀚的中華典籍哺育了世世代代的炎黄子孫，既是中華文明綿延五千年從不中斷的歷史標志，又是當今弘揚民族精神和時代精神，建設社會主義文化强國的重要資源。

整理研究古代文化典籍，在我國有悠久的歷史。從孔子整理「六經」開始，歷代學者爲了更好地認識和利用典籍，嬗遞文化傳統，非常重視對傳世典籍的考辨整理。他們或校勘異同，訂正訛誤，或訓釋箋注，闡幽發微，或編目著録，考鏡源流，或審定版本，辨别真僞。在整理典籍的長期實踐中，積累了豐富的經驗和資料，編纂出數逾千計的書目著作，逐漸形成了涵蓋目録、版本、校勘、注釋、辨僞、輯佚等專學的文獻校讎之學，並於二十世紀，最終確立了具有民族特色和現代科學體系的中國文獻學。

二十世紀八十年代以來，爲了推進社會主義文化的建設，黨中央多次號召加强古籍整理工作，指出「整理古籍是一件大事，得搞上百年」。古籍整理和文獻學研究的工作任重而道遠。在《中華大典》這項古籍整理的重大文化工程中，工委會和編委會於二十四典中特别設立了《文獻目録典》。其任務是分類彙集古代書目資料和文獻學資料，全面反映中國古代典籍編纂和典籍整理的豐富成果，以促進古籍整理和文獻學的持久發展。因此，《中華大典·文獻目録典》既是古籍整理實踐的産物，又肩負著爲今後古籍整理與文獻學研究的深入開展建設信息庫的歷史使命。

《文獻目録典》的編纂工作自二〇〇六年啓動，歷時六年而完成。全書約三千五百萬字，下設《文獻學分典》和《古籍目録分典》。本典的内容具有以下學術價值和特點：

一、《文獻目録典》推陳出新，規模宏大，是迄今爲止，首創類編文獻學與書目資料的大型工具書。在中國類書編纂史上，也曾有彙編前代評述典籍資料的類書，如南宋王應麟的《玉海·藝文》和清代官修類書《古今圖書集成》中的《理學彙編·經籍典》，然二者皆忽略對典籍整理資料的收集和類編。本典從繼承傳統又超越前賢的目標出發，彙編先秦至清末古籍中有關文獻校讎的重要資料，以及歷代古籍目録著録典籍的重要資料，彌補了古代類書編纂的不足；在規模和體制上，也大大超過了

以往相同領域的文獻類編。

二、《文獻目録典》兼具資料類編與書目兩大功能，既是中國文獻學的資料大全，又是中國存佚古籍的解題全目。本典的《文獻學分典》彙集古代學者對目録、版本、校勘、注釋、辨僞、輯佚等各專學相關概念、術語、涵義、地位及淵源流别的論述，收録古代學者運用各專學考辨文獻的方法與實例，以及對他們考校典籍的具體事蹟和成果的記載，爲專業人員和其他學科的研究者提供古代文獻學豐富的史料，也可作爲高等院校文獻學教學的參考素材，從而適應了我國文獻學學科建設和古籍整理發展的需要。

本典的《古籍目録分典》則汲取南宋文獻學家鄭樵「紀百代之有無，廣古今而無遺」的目録學思想，廣採古今公私古籍目録，對産生於一九一一年以前的中國古籍，不論存佚，皆予著録。從一定意義上講，它是第一部反映我國古代文化典籍全貌的中國古籍解題全目，其中有關亡佚古籍的豐富材料，必將在全面發掘我國古代文化遺産，深入開展中國文化史研究的進程中顯示其重要的價值。

三、《文獻目録典》的框架體例體現了高度的科學性、系統的完整性和清晰的條理性。本典採用現代科學分類的方法，並吸收當今文獻學研究和古籍分類的最新成果，對我國古籍的傳統分類加以改造，形成了由典、分典、總部、部、分部、專題等六級經目及若干緯目相互交織的框架結構，用以容納豐富的資料。同時也展現了我國文獻學完整、清晰的學科體系和對古籍的科學分類。這種按學術内容分類統轄、依時間順序排列資料的邏輯體系，不僅有利於揭示典籍文獻的本質屬性和内容上的相互關係，而且有助於反映我國古代各門學術形成發展的淵源脉絡，發揮「辨章學術，考鏡源流」的作用。本典所設計的文獻學框架和對古籍分類體系的改造，也將有益於進一步規範我國文獻學的學科體系和完善古籍目録的分類方法。

四、《文獻目録典》的編纂確保了資料的廣泛性、文獻選編的實用性和校勘標點的準確性。本典的資料採編、整理堅持網羅宏富和質量第一的原則。收録資料的範圍包括傳世典籍、出土文獻和域外漢籍，普查典籍文獻達一萬四千餘種，其中查閲的書目文獻則遍及古今各種古籍目録；採録資料選用典籍較好的版本，並充分利用二十世紀以來古籍整理的優秀成果。文獻採選則注意去粗取精，既選用有代表性和稀見的資料，又兼收不同流派、不同觀點的材料，以求客觀地反映古代學術的面貌。類編文獻務求歸類恰當，並標明出處，配以詳細的《引用書目》，以利使用。由於本典編纂人員是來自國内文獻學界的專家和中青年學者，富有古籍整理的經驗，因而校點工作力求準確規範，在整理資料過程中還改正了以往古籍點校中的一些錯誤。

《中華大典·文獻目録典》在長達六年的編纂工作中，來自北京師範大學、内蒙古師範大學、河北師範大學、安徽大學、河南師範大學、内蒙古大學、南開大學、天津師範大學、雲南大學的近百名專家學者，以嚴謹認真的科學態度，團結協作，甘於奉獻，付出了大量辛勤的勞動。本典的編纂工作自始至終得到《中華大典》工委會、編委會和大典辦公室的悉心指導，得到廣西師範大學出版社的大力支持和密切配合，得到上述高校各級領導的關心支持，以及國家圖書館、有關省級圖書館和高校圖書館的熱情幫助。謹此表示衷心的感謝。並懇望海内外學術界和讀者諸君對本典存在的失誤不吝賜教。

《中華大典·文獻目録典》編纂委員會

二〇一二年一月三十日

《中華大典·文獻目録典》凡例

《文獻目録典》是《中華大典》二十四個典之一。本典以《中華大典》工作總則等條例爲依據，並結合本典内容的實際情況作個別變通，形成以下編纂體例。

一、本典由《文獻學分典》和《古籍目録分典》組成。分典下設總部，《文獻學分典》包括《文獻總論總部》《目録總部》《版本總部》《校勘總部》《注釋總部》《辨僞總部》《輯佚總部》《典藏總部》《流通總部》；《古籍目録分典》包括《經總部》《史總部》《子總部》《集總部》《叢書總部》《譯著總部》。總部下設部，部之下按需要再立分部、專題，由此構成典、分典、總部、部、分部、專題等六級經目。

二、各總部及其所轄經目之下設緯目，用以羅織相關材料。緯目設置視所據資料的情況而定，有則設之，無則不設。本典所設緯目有七項。論述：收録有關論述所屬經目的概念、涵義、特點、分類依據、發展源流的資料。綜述：全面、系統地收録對相關學術、事物或典籍作記述、評介或例證的資料。傳記：收録有關人物的具有代表性的傳記資料。紀事：收録對相關活動的具體記載和史實。藝文：收録吟誦相關事物或人物的韻文或散文。雜録：收録未採用於上述緯目，而又具有較高參考價值的資料。圖表：收録對相關事物作形象描述或簡明表述的圖表。

三、本典的《文獻學分典》彙編先秦至清末有關文獻產生發展、收藏流通及文獻學各門專學的重要資料。《古籍目録分典》彙編古今各種古籍目録的重要資料，用以著録一九一一年以前產生的所有中國古籍的狀況。收録典籍資料的範圍包括傳世典籍、出土文獻和域外漢籍。

所收資料分類編排於相應的緯目之下，並按資料成書的時代先後排列，時代難以考實者就近排列，或遵從歷史習慣。

四、在所引資料前標明出處，常用而熟知的古籍如先秦典籍、《十三經》《二十四史》可不標作者姓名，其他引書標注則均標明作者、書名、卷次或篇名。

五、爲避免不必要的文字重複，一些書名和篇名在引書標示時採用通行的簡稱，如《資治通鑑》簡稱《通鑑》，《漢書·藝文

志》簡稱《漢志》，《四庫全書總目提要》簡稱《四庫提要》，書名簡稱所對應的全稱在《引用書目》中説明。在同一部典籍的不同部分引用兩段以上材料而又排列相連時，可用「又」字代替與前文重複的引書標示。

六、所引資料如在一段之中有省略之處，用【略】標明。

七、所引資料的正文中如有注疏文字，則按古籍原貌隨文夾注，並以大小字型區分正文與注疏文字。有的資料中注疏文字較多，形式繁雜，容易混淆，爲方便利用，則以方括號標注注疏者姓名及注疏方式，如［鄭玄注］。

八、校勘只對引書底本明顯的訛、脱、衍、倒進行勘正，不出校記。採用圓括號標署訛字、衍字和倒文，方括號標署正字、順文和增補的脱字。

九、引書底本的古今字、通假字，一般不作改動。不用簡化字。避諱字多一仍其舊，但因避諱而缺筆者，則補足筆畫，空字者補字。

十、採用新式標點符號標點資料原文。

十一、採用中文數字，不用阿拉伯數字。引書標示中對古籍卷次的標示，僅用一、二、三、四、五、六、七、八、九、〇，不用十、百、千、萬。

十二、各分典附《引用書目》，書目包括書名、作者、時代、版本等項內容。本典從實用出發，對一部典籍的引用不限於一種版本，擇善而從。

《中華大典·文獻目録典》編纂委員會

二〇一二年一月三十一日

中華大典·文獻目録典

總目

古籍目録分典

文獻學分典

中華大典·文獻目録典

古籍目録分典

主編：楊寄林 諸偉奇

《古籍目録分典》編纂委員會

《古籍目録分典》編纂説明

《古籍目録分典》是《中華大典・文獻目録典》兩個分典之一。本分典以《〈中華大典〉編纂通則》與《〈文獻目録典〉凡例》爲指導，結合中國古籍和歷代古籍書目的特點與實際情況，通過廣泛搜採專題資料，進行科學編排，形成了一部規模較大的新型專科類書，同時兼具集成性中國古籍解題總目的功能。

本分典重在反映一九一一年辛亥革命以前中國歷代著述的整體風貌，以『紀百代之有無，廣古今而無遺』爲旨，本擬收輯古今書目文獻，悉録存佚古籍，以成全目。然受大典通則關於所收資料『迄於辛亥革命』的規定所限，故資料範圍僅以一九一一年前撰成的書目和著述爲採輯對象，特作説明。本分典的編纂企望能客觀顯示中國古籍所達到的位居世界之首的宏富與完備程度，並藉此展現中華傳統文化的獨特景觀與魅力。

本分典重在標揭每種古籍特別是傳世名著與要籍的本來面目和固有情狀，因而廣列群説，提要鈎玄，特將輻射面和關節點集中於：書名涵義、作者略歷、師承關係、時代背景、編著經過、成書年代、篇目次第、撰寫體例、内容概要、主旨大義、優劣得失、學術成就、史料價值、藝術風格、實際用途、社會意義、歷史地位、後世影響，以及傳布原委、版本源流、内容真僞、文字異同等。藉此數端而使每種古籍得以梗要略具或境界全出，進而在特定視域内彰顯其所藴含的中華民族特有的文化認知、精神價值、思維方式和創造力、想像力，並且昭示中華民族在數千年歷史發展過程中所積澱的具有代表性的重要精神文明成果。

本分典重在辨章學術，考鏡源流，因而類聚群分，舉要撮凡，着意宣明有史以來中華學術文化的立體格局和嬗變大勢，闡繹各門學術尤其是主流學術的淵源流變、各自特徵與精髓所在，彼此間的内在聯繫與相互作用，揭示貫穿其間的變通張弛之故；並兼及中國古代圖書事業、目録事業的發展軌跡與具體情形。進而彰揚民族文化的基本元素，顯現出綿延數千年而一脈相承的中華文明的博大精深，持續臻及的廣度、深度與力度。

基於上列重點内容，本分典構建了由五級『經目』同三個『緯目』交織互持的框架結構，用以統括和承載恰相對應的豐富資料。五級『經目』從上至下，除『分典』居首外，包括：六個『總部』，即《經總部》《史總部》《子總部》《集總部》《叢書總部》《譯著總部》。各總部之下，依次復設若干個『部』、若干個『分部』、若干個『專題』。三個『緯目』爲『論述』『雜録』『綜述』，各適其所地配置在『總部』『部』或『分部』『專題』之下。

本分典五級『經目』的設置，均以歷代古籍之有無多寡爲依據，採用現代科學的分類方法重行熔鑄，一方面保留古籍傳統分類的可取之處，另方面吸收當代有關古籍分類的研究成果，力求使之完備化，從而形成了脉絡清晰、邏輯嚴密的古籍分類新體系。

本分典三個『緯目』的設置，組成了各級『經目』所涵蓋的具體内容和各種資料的展開區間和宣示點位。其中『論述』則主要輯録衆書目之大序（部序）、小序（類序）文字，以及他書中與其交相發明的類序性文字；『雜録』則主要輯録同分類相關而足資參考的資料；『綜述』則主要輯録

衆書目和他書中關於某部典籍的著録文字、解題文字、註語、按語和序跋題識等。三個『緯目』之間各有側重，彼此映照，互作支撑，融爲一體。

本分典依託於既定的經緯目框架結構，特以『既博且精』爲標尺，大範圍搜集又聚焦化選取原始資料。其『博』在：既以古代各種書目爲主，又以相關著作爲輔，達到近乎竭澤而漁的地步。其『精』在：參照《中華大典》兩委會所設定的編纂規模與輯録一九一一年以前資料的要求，擇定其中頗具代表性或稀見難覓的數百種書目及數十種相關著作予以多維度、層級化、集束式彙輯。彙輯中，特將資料的剪裁與編排列爲第一要務。必經反覆品察，判明每種典籍尤其是易混難分之書或模棱兩可之書的本質屬性而各歸其類，適得其所，力戒重出或失當。資料剪裁則兼顧涵蓋而突出重點，切忌缺漏或冗濫。從被收載的所有典籍到評介每部典籍的各種資料，皆按時代先後排列，自成單元又蟬聯而下。

《古籍目録分典》作爲一部總結性的資料彙編，可向學術界、研究者提供準確詳細、足資參取的古籍解題資料； 並對批判地繼承和弘揚祖國歷史文化遺産，建設優秀傳統文化傳承體系，增强中華文明的國際影響力，起到一定的輔助作用。

《古籍目録分典》從發凡起例、廣搜精選資料到諸多編纂環節、審稿定稿，各有分工地傾注和凝聚着《文獻目録典》主編、副主編、本分典主編、六總部主編、全體編纂人員的大量心血、精力、勞動與學術智慧。而廣西師範大學出版社的領導與責任編輯亦爲本分典質量的提陞提出了許多寶貴意見。本分典有待社會檢驗和時間考驗，敬祈海内外方家和廣大讀者對其中存在的瑕疵及不足之處給予教正，謹此先致謝忱。

《中華大典·文獻目録典·古籍目録分典》編纂委員會

二〇一三年九月二十日

叢書總部

編纂：楊寄林

《叢書總部》提要

《叢書總部》是《文獻目録典・古籍目録分典》下設的六個總部之一。本總部通過全面輯録、系統編列傳世書目中有關叢書著録的各類專題資料，旨在完整反映一九一一年辛亥革命以前中國歷代叢書的類別與部數，内容與主旨，價值與作用，及其發展歷程和演進軌跡，由它所代表的中華傳統文化的一個重要側面和剪影。由此形成了一部二十餘萬字以上的新型專科類書，同時兼具集成性中國古代叢書及近代叢書解題全目的功能。

本總部以歷代叢書之有無多寡爲依據，參取古今中外關於叢書類別劃分的精當見解，特從簡要明瞭出發，另行予以熔鑄，構建了由四級經目同三個緯目交織互持的框架結構，用以統括和承載各得其所的可貴資料。四級經目除『總部』居首外，從上至下則爲： 彙編叢書部，下設雜纂叢書分部，地方叢書分部，族姓叢書分部，獨撰叢書分部； 類編叢書部，下設經類叢書分部，史類叢書分部，子類叢書分部，集類叢書分部； 各分部之下，或按時代，或按地域，或按姓氏筆劃，或按義類，或按體制，依層級復設若干專題，如子類叢書分部所屬之『儒家』。以求體系明備。三個緯目包括： 論述、雜録、綜述，分別構成恰與各部、各分部、各專題相對應的具體内容和全部資料的展開區間與宣示點位。

本總部依託於既定的經緯目框架結構，嚴格擇取六十餘種重要書目，收録辛亥革命以前陸續問世的中國叢書，均按時代先後排列，自成單元又蟬聯而下。同時借助前人撰就的頗爲精彩的總論或概說文字特別是簡明精到的解題文字，依次彰顯中國叢書的整體風貌與主幹所在，凸現不同時期尤其是明清兩代著名叢書的具體内容與顯著特色，揭示中國叢書在中國傳統文化中的固有地位和表現形態。從而爲讀者和學人有意識地瞭解叢書、利用叢書、研究叢書、保護叢書，提供一座信息庫，交上一把金鑰匙。

楊寄林

二〇一六年三月廿六日

目次

論　述

《四庫提要·雜家類七》　案古無以數人之書合爲一編而別題以總名者。惟《隋志》載《地理書》一百四十九卷，《錄》一卷。註曰：陸澄合《山海經》以來一百六十家，以爲此書。澄本之外，其舊書竝多零失。見存別部自行者，惟四十二家。又載《地記》二百五十二卷。註曰：梁任昉增陸澄之書八十四家，以爲此《記》。其所增舊書，亦多零失。見存別部行者，惟十二家。是爲叢書之祖，然猶一家言也。左圭《百川學海》出，始兼裒諸家雜記，至明而卷帙益繁。《明史·藝文志》無類可歸，附之類書，究非其宜。當入之雜家，於義爲允。今雖離析其書，各著於錄。而附存其目，以不沒蒐輯之功者，悉別爲一門，謂之雜編。其一人之書合爲總帙而不可名以一類者，既無所附麗，亦列之此門。

盧文弨《抱經堂文集·鮑氏知不足齋叢書序》　宇内事不勝知也，山川都邑不能以盡歷也，以身親之而後知，則其遺知也多矣。是故與委巷之褐夫語，所得幾何；不若之乎通國大都，接搢紳先生之餘論，始足資其聞見也。與牖下之鯫生語，其所知不過閭井之閒；一旦見宦遊而至者，與夫行賈於四方者，奉使於絕域者，道其所經風土習俗，人民物產，纖悉備具，則了了焉與身至其地無異。況乎聚千百年之名公卿學士，各舉其生平所得力，耳目所觸發，以相爲賜而曾不少靳，朝攜暮染，左采右獲，人之神智有不益濬，見識有不益擴，學問有不益充實而貫通者乎？則昔人叢書之刻，爲嘉惠於學者至也。雖然，亦有反以爲病者，眞僞不分，雅俗不辨，或刪削而非完善，或脫誤而鮮校讐。就數者之中，不完與不校之爲弊更甚。以余所見論之，如《風俗通》本十卷，僅刻四卷；《華陽國志》之第十卷，本分上中下，今僅刻其下卷而遺其上中；《方言》之前不載子雲與劉子駿之書；《趙后外傳》之末不載伶子于之語；《拾遺記》不載蕭綺之錄；甚哉虛張名目，而所載不及本書十之二三；或本一書，而鋠離之爲四五，爲六七。此皆足以疑誤後人，後人將何由得覩其全乎？至若校讐不精之弊，更不可以枚數。吾常以謂必得深于書旨而有餘力者，始足以任此事。擇之必其精，如《三墳》、《端木詩傳》、《魯詩說》、《素書》、《忠經》、《天祿外史》之類，勿錄也。取之必其雅，如《百川學海》、《百家名書》所輯之繁蕪猥雜者，勿錄也。而且勿惜工費，一書必使其首尾完善，勿加刪節。至于校讐之功，如去疾焉，期于盡而後止。如此，古人之精神始有所寄，而後人之聰明亦有所入，則叢書之刻始爲有益而無弊。

洪亮吉《更生齋文續集·學津討原序》　宋左禹錫有《百川學海》一書，判作十集，共一百餘種，經史子集四部釐然。較之唐宋諸賢歐陽詢、虞世南、徐堅，及宋初三大部，以迄《玉海》、《事文類聚》諸書之以事相類、以詩文相類者，可云最善。國朝汲古閣毛氏因之，有《津逮祕書》之輯，視《學海》采擇較精。蓋叢書之例，極搜羅之富，無割裂之嫌，既錄全書，幷登祕籍，勝于類集者，以此。近時鮑上舍廷博復輯《知不足齋叢書》，至登乙覽，復采入四部中，可云極榮遇于儒者，集盛事于文林矣。然毛氏則多采書畫跋及詩評、詩話，而于有裨經史者反略焉。鮑氏則意專在未刊之本、未經見之書，而不能以經史子集爲類，是以稗官及說部亦進，而與經傳相參，此則千慮之一失也。至李兵備調元《函海》，雖由漢迄今，多及百餘種，然專主全蜀而不及他州；趙明經紹祖《涇川叢書》亦能網羅散失，然又專主一隅而幷不及本郡。此蓋一方之書，非可以統古今之盛，括垓宇之全者也。張君若雲，生于海隅，而嗜古若渴，家藏至數百萬卷，而又校讐精審，登采謹嚴，其僞者黜之，無關切要者削之，共百數十種，刊布遠近，名曰《學津討原》。雖本毛氏之書而增損之，而義例益嚴，復加之考證，可云善之善者。

顧廣圻《思適齋集·重刻古今說海序》　說部之書，盛於唐宋。凡見著錄，無慮數千百種，而其能傳者，則有賴彙刻之力居多。蓋說部者，遺聞軼事，叢殘瑣屑，非如經義、史學、諸子等，各有專門名家，師承授受，可以永久勿墜也。獨彙而刻之，然後各書之勢常居於聚，其於散也較難。儲藏之家，但費收一書之勞，即有累若干書之獲，其搜求也較便。各書各用，而用乎此者，亦不割棄乎彼。牽連倚毗，其流布也較易。故自左禹圭以下，彙刻一途，日增月闢，完好具存，而唐、宋說部書之傳，不在彙刻中者，固已屈指寥寥矣。【略】夫予之於說部書，其工夫甚淺，而刻書之利病，則宿所深知也。其利於書者，姑弗具論。若夫南宋時建陽各坊刻書最多，惟每刻一書，必倩雇不知誰何之人，任意增刪換易，摽立新奇名目，冀自衒價，而古

書多失其眞。逮後坊刻就衰，而浮慕之儆起。其所刻也，轉轉舛錯脱落，殆不可讀者有之；加以牡丹水利，觸目滿紙，彌不可讀者有之；又甚而奮其空疎白腹，敷衍謬談，塗竄創㾮，居之不疑，或且憑空搆造，詭言某本，變亂是非，欺紿當世。陽似沽名，陰實盜貨，而古書尤失其眞。若是者，刻一書而一書受其害而已矣。

又《知不足齋叢書序》 嘗論刻書之難有三：所據必善本而後可，一難也；所費必多貲而後可，二難也；所校必得人而後可，三難也。此三者不具，終無足與於刻書之數，豈非難乎？今之具此三難而以之刻書者，其莫如吾友鮑君以文也。【略】夫《叢書》，向有序矣。將奚以序之？亦唯有論刻書之難而已，亦唯有論君刻書之難而已。抑吾聞知其難而以難者爲難，則其易也將至矣。不知其難而以難者爲易，則其難也將至矣。事誠有之，書亦宜然。吾願今而序《叢書》也，後有刻書者，得因以奉敎於知不足齋，毋專守兔園冊子，毋計較錐刀錢物，毋貽笑造磨弱杖，先其難，後其易，留刻書種子於不絶，則君之有功於書，豈僅在所刻數百種哉？遂不辭，而序之如此。

王謨《漢魏遺書鈔序》 天下事物，莫不有聚有散，顧由聚而之散也易，散而復聚也則難，而書籍尤甚。自結繩以後，書契日增，一經秦火，遂幾泯絶。漢始除挾書之律，復遣使求遺書，以迄魏、晉，分爲四部，目録具載隋、唐二《志》。其聚其散，權在朝廷，非草野儒生之力所能補苴也。吾所據以言聚散者，在纂書、類書二家，以二家皆合四部爲一書，而相爲聚散者也。類書之法，在以天、地、人、物等目分爲門類，而采取經史諸子百家傳記，書中凡言天者入天文，言地者入地理，言人、物者入人、物。每一書而割裂篇章，撏撦句字，至數十百種，利用散。叢書之法，多不及正經史而雜取百家傳記、稗官小説諸成書，或全本，或節略，隨意編纂，亦各有門類，多者數百種，少亦數十種，叢集爲一書，利用聚。類書起魏《皇覽》，六朝《修文御覽》，皆已亡；至唐則有歐陽氏《藝文類聚》，虞氏《北堂書鈔》，徐氏《初學記》，書皆盛行；要莫備於宋之《太平御覽》，引用書目至一千六百九十件。叢書起於近代，其著者有方氏之《百川學海》，商氏之《稗海》，毛氏之《津逮秘書》，何氏之《漢魏叢書》，而莫多於陶氏《説郛》，所采輯書亦至一千四五百種。此兩家書，蒐羅之博，校勘之勤，其聚其散，難易略相等。而吾乃以爲由聚而散則易，散而復聚則難者，何也？則以不佞今所鈔《漢魏遺書》驗之也。夫是遺書，皆亡書也。考隋、唐二《志》所載四部書目，有專本行世者不過數百種，其已消沉磨滅、化爲烏有者不可勝數。若其書雖亡而尚有零篇斷簡、單辭隻句散見他書者，正賴有好事采而輯之，猶可存什一於千百。謨不揣愚陋，竊按隋、唐二《志》門類，分別蒐討。經部則以孔氏、賈氏《正義》，陸氏《釋文》爲主，史部則以裴氏《集解》，顔監、劉昭、章懷各註爲主，不足則參之四大類書，又不足則求之漢、魏以來各古書注及宋、元以來諸説部書。有引用某氏經者，即以還某經；引用某氏史者，即以還某史；引用某子某傳記者，即以還某子某傳記。日鈔月纂，銖累寸積，始得四五百種，一以何氏《漢魏叢書》體例，爲之編次，而不敢冒名「叢書」者，以叢書各有原本，此則堇堇從諸類書鈔輯。功倍事半，心勞日拙，夫是故有慨於散而復聚之難也，然此亦謨好爲苟難已耳。

伏惟我朝，聖聖相承，稽古右文，化成天下。自開館纂修《四庫全書》，固已盡發天府金匱之藏，名山石室之秘，懸諸國門，頒行海内，以會書文一統而集百王大成，至矣盡矣。此豈復有遺闕？其有遺闕，皆其所不必拾補者也。而猶欲以窮鄉曲學，寡聞淺見，爲此數百十種書，補苴罅漏，張皇幽眇，猶炳燭於日月之下，而抱甕於時雨之餘，不且勞而無功乎？惟是天下事物，消長莫不有數，顯晦莫不有時，識大識小，則存乎人。謨既幸際聖世，文敎昌明，經籍道廣，如類書、叢書，皆得任草野儒生裒輯編次。竊不自量，亦思有所鈔輯，以整百家之不齊；苟能舉諸遺書散者復聚，雖不敢謂有功古人，區區志尚，庶幾得託以自見。雖好爲其難，亦不遑恤云爾。因勉卒業，叙其大意如此。

伍崇曜《粤雅堂叢書序》 夙聞劉勰之論曰：「先王聖化，布在方冊。夫子風采，溢於格言。」蓋孔堂汲郡之古，固無待於闡揚，而玉箱金版之遺，亦靡煩於甄録。懸諸日月，積比丘山，欽逢治敎休明，文史足用，行披坐檢，汎覽流觀，豈有爝火可佐三辰，叢薄足裨列嶽。然而觚裂疣贅，瑣碎支離，屑玉雜鉛，充庭折軸，縱微言之乖絶，均要道之所存。雖瑕瑜相形，而朱紫待別，都爲一集，端藉叢書。溯自古鄮左山人之舊刊，以迄鄔鎮鮑處士所近輯，陋似列肆閧坊之彙刻，備如延閣廣内之鉅編，業並輝映後先，亦各流聞今古。崇曜久事編摩，偶付鉛槧，曾匪噉名之具，依然漫與之詩。斲輪

任笑以升堂，拔戟竊冀其成隊。亦雕蟲之小技，或附驥以同傳。四部森羅，寸心得失，請言其概，有七難焉。

舞同瘧鶴，轉羨氃氋，伏比疥駝，猶矜娬媚。削任禿乎千兔，裁定束乎兩牛。豈韓淮陰之將兵，多多益善？實趙平原所愛士，碌碌無奇。燈務飾乎九華，琴必珍乎百衲，益同買菜，貧學市瓜。如傳毅之筆不休，宜覆酒甕，縱陸澄之史立就，仍戲書廚。業已等身，猶然師耳。其無謂者一也。

瑤池之駿，圖及盜驪。金谷之筵，饌有萍韭。而乃胡盧依樣，小草異名，似換羽而移宮，實重規而疊矩。孫叔猶在，奚須優孟之衣冠？西子自佳，苦被無鹽之刻畫。行將壓倒元、白，非徒闇合孫、吳。業開卷而雷同，或成書之月異。訝節度之麾幟，變換不殊；笑記室之襴襦，撏撦已慣。其無謂者又一也。

《書》不止《金縢》、《大誥》，《詩》豈徒《清廟》、《生民》。異備六官而任缺《考工》，同尊四聖而逕刪《繫傳》。鉅鹿鴻門，數葉足具史才；小園枯樹，兩篇便推賦手。恐抱璞而遺玉，謂披沙而揀金。踵謬沿訛，因陋就簡。食雞千蹠，乃許善庖；見驥一毛，終疑泛駕。思鳳留羽，夫豈別有肺腸？擣麝成塵，究非本來面目。其無謂者又一也。

朝華夕秀，斯兼百卉之稱；秋菊春蘭，各極一時之選。近則談漢學者，尊服、鄭而薄程、朱；講唐音者，仿高、岑而輕楊、陸。縱矜絕詣，仍匪通裁。即擅顓門，宛同偏嗜。珪璋特達，忍拋墮珥編璫；黼黻相須，何礙零縑斷楮？熊魚均欲，宜兼取捨之言；丹素殊觀，偏主是非之說。其無謂者又一也。

班、馬史判異同，本宜蹈襲；劉、宋書分新舊，互見醇疵。不必如滕薛之爭，何至若尹邢之避！唐詩具在，各矜一字之師；晉帖爭傳，或詡千金之本。憐屐齒所未到，邃古苔封；信文心之獨奇，簇新花樣。偶同掃葉，宜比積薪。瑟即改弦，博非覆局。便譏殘客，或詆重儓。其無謂者又一也。

豔稱淮雨，孰辨陶陰？原是金根，殆非白及。業已先書亹素，豈容妄下雌黃。惟寫本之末工，實鈔胥之屢誤。又或遞經翻刻，迥異原文。盡信《書》而惘然，宜奮筆而直改。乃作騎牆之見，宛如築室之謀。但兩說之並存，竟一辭而莫贊。是則編惟刊誤，必並錄乃算完書；史或拾遺，定夾註斯稱足本。其無謂者又一也。

古人不作，來者難誣。唯篤好乎奇編，恆易欺以贗鼎。夫向子期之《莊》註，以郭象所竊而別行；師尚父之兵書，以朱服之言而不廢。譚峭著撰，竟盜於齊丘；阮逸託名，實發於坡老。倘貴遠而賤近，必留僞而去眞。將類李斯狗枷，相如犢鼻，令公皁襖，洪厓幞頭。固不僅若鍾鎮西之贗書，米阿章之假帖。其無謂者又一也。

粵雅堂者，舊輯《嶺南遺書》、《粵十三家集》、《楚庭耆舊遺詩》之地，而因以署焉者也。言念桑梓之邦，敬恭敢後；從事棗梨之役，推廣宜先。歲月不居，行能無算，酌叢編之前式，俾故帙之永傳。仍與玉生廣文，同發舊藏，各從轉借，參懷撰定，殫極丘墳，校練有無，損併存佚。愧顏少監之討析，必暢本源；同諸葛相之交游，獨觀大略。不拘時代，間考生平，奧義名言，隨鈔瑣錄。昔賢之賸稿，佚女所戲編，倏閱四期，始成十集。亡待補乎三篋，還敢吝乎一瓻。苦奢願之難償，憐壯心之未已。藏山誰敢？壽世可期。更殷勤以訪求，仍次第以刊佈。汲古遜毛琴川之博，幸際昇平；解經愧阮文達之專，誰許私淑。瑯嬛可賃，定比張華而更癡；清祕難躋，夙羨黃香之早貴。難如成容若之好事，重刻徐儋園司寇彙編，司人擬重刻《通志堂經解》。敢擬馬秋玉之積書，待乞全謝山庶常撰序。《鮚琦亭集》有《馬氏叢書樓書目序》。咸豐三年歲在癸丑獻春之初南海伍崇曜謹識。

繆荃孫《藝風堂文集・積學齋叢書序》 古今經籍之傳，由竹簡而縑素，而楮墨，而槧刻，日趨便易。至叢書之刻，在藝苑已爲末事，然萌於宋，繩於明，極盛於我朝。乾嘉之閒，大師耆儒咸孜孜焉弗倦，校益勤，刻益精，藉以網羅散逸，掇拾叢殘，續先哲之精神，啓後學之涂軌，其事甚艱而其功亦甚鉅。顧有性嗜舊刻、毫氂求肖者，如黃主事之士禮居是也。有志在傳古、校讐最精者，如盧學士之抱經堂是也。有書求罕見、今古俱備者，如鮑處士之知不足齋是也。有專輯近著，搜亡抱缺者，如趙大令之《鶴齋叢書》是也。雖云有槧刻而書易傳，然傳書之功，亦惟叢書爲最大矣。吾友徐君積餘，沈湎經籍，劬學不勌，家甯國，習聞鄉先輩趙琴士之遺風，久客淮揚，與竹西諸賢相砥礪，嗜古之念日專，傳古之心日切。近出所刻叢書見眎，蓋專求近儒輯述，取未刻之書爲之傳播，經學、史學、地學、算學無所不備。書又多可傳，無偏嗜，無雜糅。叢書之善，至此極乎。聞君多藏善本，二集之刻，又翹首而竢之矣。

又《聚學軒叢書序》　錢竹汀先生云：薈蕞古人之書併爲一部，而以己意名之者，始於左禹錫《百川學海》。序題昭陽作噩而不署年號，而中收李之彥《東谷所見録》，成於咸淳戊辰。以是推之，昭陽作噩當是咸淳癸酉矣。今宗室伯希祭酒購得喻鼎孫《儒學警悟》，刻於宋嘉定閒，又前禹錫數十年。是眞叢書之祖，然前人類刻，另立名目，元明至國初，如《夷門廣牘》、《鹽邑志林》、《津逮祕書》之類。至以叢書著稱，則始於明萬曆閒《格致叢書》。按明人以《説郛》板印行數十種，多寡不一，名爲《唐宋叢書》，亦在萬曆閒。以齋閣名書，則始於國朝乾隆閒奇晉齋、雅雨堂。其佳者，如黄氏之士禮居，秦氏之石研齋，爲最雅。其鉏者，如伍氏之粤雅堂，吾友章氏之式訓堂，爲最宜。自有此叢刻，人謂收拾零星小種，俾不至於湮沒，有功藝苑甚鉅。貴池劉子蔥石嗜古敏學，殫力搜討，所蓄亡慮十數萬卷。匄輯近儒著述，類皆爲經史金石之學者，刻成《聚學軒叢書》若干種，皆外閒所希見。傳昔賢之精神，開後學之矩矱，其不至眞僞不分，雅俗不辨，删削脱誤爲盧抱經學士之所譏乎。

朱記榮《重刻平津館叢書自序》　近世叢書之刻，亦夥矣。莫不博采英華，殫精探討，上以發古人之秘，下以廣學者之益，而己之心力亦附以不朽，誠一舉而備三善也。然其閒亦有弊焉。體例不嚴，抉擇不審，陳陳相因，無所闡發，一也。好尚奇異，眞贋襍陳，但炫耳目，無裨學問，二也。依據俗本，魚豕相仍，取盈卷袟，詒誤後人，三也。鹵莽從事，輕改古書，妄爲增減，致失其本，四也。方藥之書，最資實用，苟不詳愼，爲害無窮，五也。其弊有五而一不蹈襲，則亦談何容易哉！竊讀陽湖孫淵如氏所輯《平津館叢書》，而歎鑑別之精，校訂之確，洵能備三善而絶五弊，宜其高出諸家叢書之上，而足爲後世之規撫已。然孫氏以其學術提唱東南，纂述之富，四方欽慕，一時俊乂，循轍而趨，門人賓客，羣以考據相切劘，取資既廣，然後窮年殫月，集衆人之才智，準以己之識力，再三審擇而後成書。其難有如此，乃傳未百年，中更兵燹，原板已無遺，燼書亦尠存，岌岌乎若將墜逸。夫成之如是其難，而猶不能以永久，則凡學術或不逮孫氏，又不能作起羣才以自助，徒以慕輯書之美名，貿然操觚，三善未臻，五弊麕集，其欲希冀不朽也，亦甚難矣。始僕嘗有搜輯叢書之志，每維及此，輒憬然而止。繼思如孫氏之書之美且善，而一任其散失，將何以徵文而考獻？則輯新書，不若刊書籍也。爰敢忘其譾陋，重爲校讎。凡原書漫漶之簡，寫刻之誤，則爲證諸別本，旁考原文，一一釐正，不敢蹈鹵莽之弊。校勘既周，遂付手民，壽之棃棗，庶乎作者之功得以復顯，述者之力不致就湮，而所以廣學者之益，與己之姓名亦得忝坿於簡尾，是又不特備三善而且兼四美，而五者之弊亦無自生焉。此僕所以重刻《平津館叢書》之意也。工始於甲申十月，迄乙酉八月告成，用識數語，以質世之信而好古者。吳縣朱記榮槐廬甫識。

雜　録

《四庫提要・雜家類七》　右雜家類雜編之屬，三部，九十二卷，皆文淵閣著録。

又《雜家類存目一一》　右雜家類雜編之屬，四十五部，一千三百九十六卷，内十三部無卷數。皆附存目。

張之洞《書目答問・古今人著述合刻叢書目》　叢書最便學者，爲其一部之中可該羣籍，蒐殘存佚，爲功尤鉅。欲多讀古書，非買叢書不可。其中經、史、子、集皆有，勢難隸于四部，故别爲類。【略】

右皆多存古書，有關實學，校刊精審者。一人著述合刻者，亦名叢書，别列於後。餘若郎刻《五雅》、《中都四子》、《周秦十一子》、吳刻《二十子》、崇德堂《二十子》、宋左如圭《百川學海》、《三續百川學海》、《廣百川學海》、《古今逸史》、鍾評祕書十八種、《説郛》、《稗海》、《格致叢書》、《祕册彙函》、《寶顔堂祕笈》、《稽古堂日鈔》、《古今説海》、《唐宋叢書》。以上明刻，多古書。《十子全書》、《武經七書》、《青照堂》、《長恩書室》、《三長物齋叢書》、《龍威祕書》、《心齋十種》、《楝亭十二種》、《函海》、《唐人説薈》。以上國朝刻，間有古書。以上各種，或校刊不精，或删改，或瑣雜，若寒士求書不易，得之亦可備考，但不可書据耳，此外尚多，舉其著者。歸安姚氏《咫進齋叢書》、永康胡氏《金華叢書》、吳縣潘氏《滂喜齋叢書》，刊印已多，尚無總數。

又《國朝一人自著叢書〔目〕》　求書於市，但舉子目，非書賈所知，故爲舉其大題如左。【略】算學家一人率撰數種，皆叢書體例，已見前天算本條下。

右舉合刻者。若黃宗羲、朱彝尊、江永、厲鶚、程廷祚、王鳴盛、孫星衍、阮元、三惠周惕、士奇、棟。九錢大昕、大昭、塘、坫、東垣、繹、侗、師徵、師愼，大昕合刻未盡，餘多未刻。三胡、匡衷、秉虔、培翬。二劉文淇、毓崧。未刻者多。之屬，其余甚繁，此舉較多者。著書甚多，而非合刻。此就考訂經史者言之。其著述雖富，不關考訂者，不與；成書未刊者，不與，附集刊行一兩種者，不與。

綜述

彙編叢書部

雜纂叢書分部

宋元

儒學警悟

楊士奇等《文淵閣書目・子雜》 俞鼎孫《儒學警悟》。一部，三冊。闕。

百川學海

楊士奇等《文淵閣書目・類書》 《百川學海》。一部，二十一冊。闕。

祁承㸁《澹生堂藏書目・子類・叢書》 《百川學海》：李國紀《聖門事業圖》，康節《漁樵問對》，《學齋佔畢》，蔡邕《獨斷》，李涪《刊誤》，楊彥瞻《九經補韻》，《中華古今注》，《釋常談》，顔師古《隋遺錄》，李肇《翰林志》，宋朝《燕翼貽謀錄》，宋敏求《退朝錄》，周益公《玉堂雜記》，誠齋《揮麈錄》，《丁晉公談錄》，《王文正筆錄》，《開元傳信錄》，李國紀《厚德錄》，《韓忠獻公遺事》，《王文正公遺事》，《濟南師友談記》，朱彧《可談》，河東先生《龍城錄》，鍾輅《前定錄》，王君玉《國老談苑》，《晁氏客語》，《道山清話》，胡太初《書簾緒論》，呂居仁《官箴》，儲華國《袪疑說》，劉賓客《因論》，《宋景文公筆記》，戴氏《鼠璞》，陳錄《善誘文》，《東坡志林》，子俞子《螢雪叢說》，蘇黄門《龍川略》，《西疇常言》，《欒城遺言》，李東谷《所見》，趙元素《雞肋》，孫君孚《談圃》，王公《四六話》，謝汲《四六談麈》，《文房四友除授集》，胡國器《畊錄藁》，疏寮《子略》，疎寮《騷略》，《梅屋獻醜集》，疎寮《選詩句圖》，《石林詩話》，《六一詩話》，《東萊詩話》，《珊瑚鉤詩話》，《劉貢父詩話》，《后山詩話》，《許彥周詩話》，《溫公詩話》，《庚溪詩話》，《竹坡詩話》，《法帖釋文》，《海岳名言》，《寶章待訪錄》，元章《書史》，《書斷》，姜堯章《續書譜》，歐公《試筆》，孫過庭《書譜》，黄伯思《法帖刊誤》，《思陵翰墨志》，曹陶齋《法帖譜系》，《端硯譜》，《研譜》，洪景伯《歙硯譜》，元章《硯史》，陶隱居《刀劍錄》，洪芻《香譜》，陸鴻漸《茶經》，張又漸《煎茶水記》，蔡君謨《茶錄》，《東溪試茶錄》，竇子野《酒譜》，本心《蔬食譜》，贊寧《筍譜》，陳仁玉《菌譜》，怪山《蟹譜》，蔡君謨《荔枝譜》，韓彥直《橘錄》，《南方草木狀》，戴慶豫《竹譜》，劉蒙《菊譜》，石湖《菊譜》，史老圃《菊譜》，石湖《梅譜》，歐公《牡丹記》，《牡丹榮辱志》，王觀《芍藥譜》，陳思《海棠譜》，師曠《禽經》，《名山洞天福地記》。

于敏中等《天禄琳琅書目・明版子部》 《百川學海》二函，十六冊。宋左圭纂。分甲、乙、丙、丁、戊、己、庚、辛、壬、癸十集。前圭自序。左圭，《宋史》無傳，其自序有「壽諸梓以溥其傳」之語，則圭固嘗自刊。而此本字畫參錯，係出翻版。闕補《學齋佔畢》卷一、七、八。卷四、七、九、十五、十六。蔡邕《獨斷》卷下、十一、十二。《九經補韻》、五、六、九。《古今注》卷下、五、六。《釋常談》卷下、五、六。《燕翼貽謀錄》卷三、三、四。卷四、五、六。卷五、一、九。《春明退朝錄》卷上、一。卷中、八。卷下、五、十三。《玉堂雜記》卷中、二、八。《揮麈錄》卷下、七、八。《厚德錄》卷一、五、六。卷三、三、四。《文正王公遺事》、九、十。《龍城錄》卷上、五、六。卷下、一、二。《前定錄》、序、一、二。《晁氏客語》、三十一。《道山清話》、三十五。《書簾緒論》、一、二、十九、二十。《袪疑說》、十五、十九、二十、二十二。《宋景文筆記》卷上、五。《鼠璞》、十五、十六、三十五、三十六。《善誘文》、序、一、九。《螢雪叢說》卷上、十、十一。卷下、九、十。《西疇常言》、

十一、十二。《東谷所見》、三、四、十一、十二。《趙元素雞肋》、全。《四六話》卷上、十。《四六談麈》、序。《文房四友除授集》、四、十一。《騷略》卷一、五、六、七。《獻醜集》、一、二。《選詩句圖》、六、七。十二之十四、二十四之二十六。《石林詩話》卷中、三、四。《東萊詩話》、一。《珊瑚鉤詩話》卷三、十。《貢父詩話》、四。《後山詩話》、五。《許彥周詩話》、一、十五、十六。《庚溪詩話》卷下、九、十、十三、十四。《竹坡詩話》、三之五、十五、十六。《法帖釋文》卷七、三。卷九、五。《海岳名言》、四。《書斷》、三。《續書譜》、四、六。《歙州硯譜》、五、六。《刀劍錄》、七、八。《香譜》、五、六。《茶經》卷下、九。《煎茶水記》、五。《茶錄》、四。《筍譜》、五、二十一、二十二。《蠏譜》、九。《荔枝譜》、三。《菊譜》、十一。《海棠譜》卷上、五。卷下、一、二。《禽經》。十。

彭元瑞等《天禄琳琅書後編·元版子部》 《百川學海》。十函，六十四冊。宋左圭輯。彙刻羣書百種，分十集。甲：《聖門事業圖》、《漁樵對問》、《學齋佔畢》、《獨斷》、《刊誤》、《九經補韻》、《中華古今注》、《釋常談》；乙：《隋遺錄》、《翰林志》、《燕翼詒謀錄》、《春明退朝錄》、《玉堂雜記》、《揮麈錄》、《丁晉公談錄》、《王文正公筆錄》、《開天傳信記》；丙：《厚德錄》、《韓忠獻公遺事》、《王文正公遺事》、《濟南師友談記》、《萍州可談》、《龍城錄》、《前定錄》、《國老談苑》、《晁氏客語》、《道山清話》；丁：《畫簾緒論》、《官箴》、《袪疑說》、《劉賓客因論》、《筆記》、《鼠璞》、《善誘文》；戊：《志林》、《螢雪叢說》、《龍川略志》、《西疇常言》、《欒城遺言》、《東谷所見》、《雞肋》、《談圃》；己：《王公四六話》、《四六談麈》、《文房四友除授集》、《耕祿稿》、《子略》、《騷略》、《獻醜集》；庚：《選詩句圖》、《石林詩話》、《六一詩話》、《東萊詩話》、《珊瑚鉤詩話》、《貢父詩話》、《後山詩話》、《許彥周詩話》、《溫公詩話》、《庚溪詩話》、《竹坡詩話》；辛：《法帖釋文》、《海嶽名言》、《寶章待訪錄》、《書史》、《書斷》、《續書譜》、《歐公試筆》、《孫過庭書譜》、《法帖刊誤》、《翰墨志》、《法帖譜系》；壬：《端溪硯譜》、《歙州硯譜》、《硯史》、《刀劍錄》、《香譜》、《茶經》、《煎茶水記》、《茶錄》、《試茶錄》、《酒譜》、《蔬食譜》、《筍譜》、《菌譜》、《蟹譜》；癸：《荔枝譜》、《橘錄》、《南方草木狀》、《竹譜》、《劉蒙菊譜》、《石湖菊譜》、《史老圃菊譜》、《梅譜》、《牡丹記》、《牡丹榮辱志》、《芍藥譜》、《海棠譜》、《禽經》、《名山洞天福地記》。前有圭自序。考叢書古無刻者，宋溫陵曾慥始輯《類說》，自《穆天子傳》以下，共二百五十種，並錄原文及撰人系歷，是爲叢書之祖。元陶宗儀刻《說郛》，薈萃幾千餘種，然原文俱經删節，閱者病之。是書纂止百種，不及陶書之富，而首尾完善，多古人序跋，較爲勝之。後明吳永《續百川學海》百二十種、馮可賓《廣百川學海》百三十種，皆從此濫觴也。

錢泰吉《曝書雜記》卷中《百川學海》 古鄮山人左圭禹錫敘文自署如是。《百川學海》，《四庫總目·雜家類·雜纂之屬》未收，蓋其所輯百種，多已分錄其目矣，附存目中，但錄《廣百川學海》者，辨其託名馮可賓所編也。《彙刻書目》中有《續百川學海》及《再續》、《三續》者，余皆未見。此爲世父戶部公所賜，與翠巖精舍《元文類》同爲語溪吳氏黃葉村莊藏書。三十年來，所見《百川學海》多從陶氏《說郛》抽出者，此雖未必定爲宋刻，要是元、明閒幡摹宋本無疑，惜多缺葉，無他本可校補。《彙刻書目》所載，與此目次不同，知其所見，非原本矣。潛研堂有《百川學海跋》云：薈粹古人書，併爲一部，而以己意名之，始於左禹錫《百川學海》。其序題昭陽作噩歲而不著年號。考錢鶴灘《序》稱禹錫爲宋人，余所藏者，無鶴灘《序》，益信其爲宋、元舊刻。而此書所錄有陳仁玉《菌譜》，成於淳祐乙巳；史繩祖《學齋佔畢》，成於淳祐庚戌；林希逸之《文房四友除授集》，亦成於淳祐閒；胡錡之《耕祿稿》，成於寶祐丙辰；《法帖譜系雜說》有景定壬辰跋語；李之彥《東谷所見》，則成於咸淳戊辰。以是推之，禹錫製序，當是咸淳癸酉矣。余讀《文房除授集》胡謙厚序云：淳祐庚戌，客京師。一日於市肆，目《文房四友除授集》制、詔各一，誥二，乃青山鄭公代王命也。表三啓一，乃竹溪林公代四友謝也。倣其體而易其辭者各一，乃後村劉公鳩集隱微，以彰其博也。予中表李幾□先大夫名，同泰吉注。作一奏三狀代辭免。今所藏本，無李氏辭免奏狀。小子狂簡，輒爲彈文一、駮奏三，以附編末云云。則撰者非一人，故卷首目錄不著作者姓名。竹汀翁云林希逸，疑未見胡氏序。《彙刻書目》謂鄭清之撰，亦未見原本耳。

又《四庫提要論百川學海》 《百川學海》，《四庫》雖未列其目，然《雜編之屬》按語固詳著之。云左圭《百川學海》始兼裒諸家雜記，又附《存目》中王氏《邱陵學山提要》云：彙刻諸書，以擬左圭《百川學海》，然

考訂未精，遠遜左圭，則固深取左氏之書也。

吴壽暘《拜經樓藏書題跋記》卷四　《宋本百川學海》。舊刻本，五十八種。內重《中華古今注》、《試筆》二種。有「休寧汪季青家藏書籍」圖記。先君子書目録於別紙，並記云：此書各種說部，疑是《百川學海》，計五十八種。內重二種。《也是園書目》：《百川學海》一百三十四卷。又以墨筆標識四十六種云：「上有點者，蘭竹山房本所有，與予所藏同一板口。」又書《開天傳信記》目下云：「萬回事，惟此獨詳。」其中《翰林志》一卷，先君子手校，並書「六典中書」一條上云：「行者下少『則用之』三字。宋本亦少此三字。鮑以文校《翰苑羣書》云然。然則此宋本也。」

陸心源《皕宋樓藏書志・雜家類》　《百川學海》。明華珵覆宋刊本。宋左錫圭編。言可聞而不可殫，書可觀而不可盡。先儒嘗有斯語矣。夫人以區區聞見，將欲周天下之書言，雖沒世窮年，曾未及太倉之稊米，然則記録之書，其可缺乎？古今紀載至多，往往好古者類於迂，務奇者隣於誕，詳則贅，簡則略。無他，各局於一體也。余舊裒雜說數十種，日積月累，殆逾百家。雖編纂各殊，醇疵相半，大要足以識言行，裨見聞，其不悖於聖賢之指歸則一。楊子雲有言：「百川學海而至於海。」又曰「川雖曲而通諸海」，則由諸夫川惟其流而不息，故能合衆水而朝宗，使其或止或停，或有所限而不通，則潢潦溝澮而已矣。人能由衆說之流泒，遡學海之淵源，則是書之成，夫豈小補？因壽諸梓，以溥其傳，而名之曰《百川學海》云。時昭陽作噩歲柔兆執徐月古鄮山人左禹錫叙。錢福序。

明　代

藝圃搜奇

《四庫提要・雜家類存目一一》　《藝圃蒐奇》十八卷補闕一卷。編修汪如藻家藏本。舊本題明徐一夔編。一夔字大章，天台人。僑寓嘉興。元末嘗官建寧教授。案一夔官建寧教授，見其《始豐稾・與危素書》，《明史》本傳不載，蓋偶未考其文集。洪武初，徵修禮書。王褘又薦修《元史》，辭不至。後起爲杭州教授。又召修《大明日歷》，特授以翰林官，以足病辭歸。事蹟具《明史・文苑傳》，《翦勝野聞》稱其官杭州教授時，以表文忤旨，收捕斬之，殊爲妄誕。《野聞》託名徐禎卿，多齊東之語，此亦其一也。是書前有至正戊申自序，稱錢塘陳子彥高避兵檇李，惠子之五車，茂先之三十乘，擕以俱來。適余亦棲止是邦，嘗得借觀。兹編皆古今名人雜著之小者，從無刊版。彥高檢有副本，悉以贈余，裝成若干冊，名之曰《藝圃搜奇》云云。彥高，陳世隆字也，故是書或亦題世隆所編。凡一百三種。其中舛謬顛倒，不可縷舉。其最甚者，如褚少孫補《史記》，自前代即附刊《史記》中，竝非祕笈，而取爲壓卷，名曰《史記外編》，又佚其《平津侯列傳》、《建元以來侯年表》二篇。摯虞《文章流別論》乃鈔《藝文類聚》、《太平御覽》之文，猶有所本也。至《谷神子》即《博異記》，《醴泉筆録》即江休復《嘉祐雜志》，蘇軾《格物麤談》即僞本《物類相感志》，俞琬《月下偶談》即《席上腐談》，楊萬里《誠齋揮麈録》即王明淸《揮麈録》，晁說之《墨經》即晁子一《墨經》。大抵改易書名人名，以售其欺。至鎦績雖元明閒人，而《霏雪録》成於洪武中。此編既輯於至正戊申，猶順帝之末年，何以預載其書？且所録《灌畦暇語》與李東陽重編殘闕之本一字不易，豈元人所及見邪。其爲近時所屬託，不同可知矣。原本有録無書者，凡十三種。國朝曹寅爲補録之，釐爲二卷。蓋寅亦爲姦黠書賈所紿也。

說　郛

王圻《續文獻通考・經籍考・雜家》　《說郛》。天台陶宗儀著。宗儀倣曾慥《類說》而作《說郛》，曾所編者則略去之，君子謂其尤精博云。

黃虞稷《千頃堂書目・類書類》　陶宗儀《說郛》一百二十卷。

《四庫提要・雜家類七》　《說郛》一百二十卷。通行本。明陶宗儀編。宗儀有《國風尊經》，已著録。《因樹屋書影》稱，南曲老寇四家有宗儀《說郛》全部，凡四巨橱，世所行者非完本。考楊惟楨作是書序，稱一百卷。孫作《滄螺集》中有《宗儀小傳》，亦稱所輯《說郛》一百卷。二人同時友善，

目睹其書，必無虛說。知《書影》所記妄也。蓋宗儀是書，實仿曾慥《類說》之例，每書略存大概，不必求全。亦有原本久亡，而從類書之中鈔合其文，以備一種者。故其體例與左圭《百川學海》迥殊。後人見其目錄所列數盈千百，遂妄意求其全帙，當必積案盈箱。不知按籍而求，多歷代史志所不載，宗儀又何自得之乎？都卬《三餘贅筆》又稱《說郛》本七十卷，後三十卷乃松江人取《百川學海》諸書足之。與孫作、楊維楨所說又異。豈卬時原書殘闕，僅存七十卷耶？考弘治丙辰上海郁文博序，稱與《百川學海》重出者三十六種，悉已刪除。而今考《百川學海》所有，此本仍載。又卷首引黃平倩語，稱所錄子家數則，自有全書。經籍諸註，似無深味。宜刪此二弓，以鹽官王氏所載《學》、《庸》古本數種冠之云云。今考此本，已無子書、經註，而開卷即爲《大學石經》、《大學古本》、《中庸古本》三書。目錄之下，各註補字，是竟用其說，竄改舊本。蓋郁文博所編百卷，已非宗儀之舊。此本百二十卷，爲國朝順治丁亥姚安陶珽所編，又非文博之舊矣。其中如《春秋緯》九種之後，又別出一《春秋緯》。《青瑣高議》之外，又別出一《青瑣詩話》。《孔氏雜說》之外，又別出一《珩璜新論》。周密之《武林舊事》分題九部。段成式之《酉陽雜俎》別立三名。陳世崇之《隨隱筆記》詭標二目。宗儀之謬，決不至斯。又王逵《蠡海集》，其人雖在明初，而於宗儀爲後輩。自商濬《稗海》始誤爲宋之王逵。漢《雜事祕辛》出於楊慎僞撰。慎，正德時人，又遠在其後。今其書竝列集中，則不出宗儀又爲顯證。然雖經竄亂，崖略終存。古書之不傳於今者，斷簡殘編，往往而在。佚文瑣事，時有徵焉。固亦考證之淵海也。所錄凡一千二百九十二種。自三十二卷劉餗《傳載》以下，有錄無書者七十六種。今仍其舊。原本卷字皆作弓。卷首引包衡之說，謂弓音周、與軸同。《書影》則謂弓音縛。竝云出佛書。今亦仍之。至珽所續四十六卷，皆明人飣餖之詞。全書尚不足觀，摘錄益無可取。別存其目，不復留溷簡牘焉。

馬國翰《玉函山房藏書簿録・雜家類》 《說郛》一百二十卷。明天台陶宗儀九成撰。其書重複雜揉，舛訛甚多，然取書至二千餘種，不傳之祕，猶存什一於千百，亦云博矣。姚安陶珽重輯。有楊維禎原序，順治中王應昌、李際期二序。

耿文光《萬卷精華樓藏書記・雜家類六》 《說郛》一百二十卷。明陶宗儀撰。宛委山堂本。順治四年刊，姚安陶珽重輯。前有王應昌、李際期新校本序，楊維禎原序，弘治九年郁文博重校序。是書取經史傳記，下迨山經地志，書畫方技，蟲魚草本，詩話文評，稗官脞說，靡所不錄，凡二千餘家。取楊子「五經，衆說郛也」之言，名之曰《說郛》。諸序皆言一百卷，此本多二十卷，已非九成之原書。《四庫》所收，亦即此本。所錄凡一千二百九十二種，略存大概。其中有抄自類書者，不必皆節原本也。自十二卷劉餗《傳載》以下，有錄無書者七十六種。古書之不傳者，於此可見其崖略云。

包衡曰：道書以一卷爲一弓，《說郛》用之。佛書以一條爲一則，《容齋隨筆》用之。原注：「弓」音「周」，一作「弓」，與「軸」同。《書影》：「南、曲、老、寇四家有《說郛》全部，以四大廚貯之。」虎杯刻本十六套，每集有四五葉者。陶氏即有去取，未必如是之簡。此刻未出時，有就寇氏抄錄者。自刻本出，而《說郛》亡矣。然其中全帙有另鐫行者，後人按目求之，始爲全璧，未可爲此刻誤也。宋末賈秋壑亦倣《說郛》爲《悅生堂隨抄》，亦百餘卷，不知今有傳本否？

文光謹案，《四庫提要》以周氏所記爲妄。又案「弓」，《書影》音「縛」。

續百川學海

黃虞稷《千頃堂書目・類書類》 梅純《續百川學海》一百卷。《遺書目》作吳永著。

《明史・藝文志・小說家類》 梅純《續百川學海》一百卷。

廣百川學海

黃虞稷《千頃堂書目・類書類》 馮賓可《廣百川學海》□卷。北海人。

英廉奏《抽毀書目》 《廣百川學海》十六本。查《廣百川學海》，係明馮可賓編。其書用左圭《百川學海》之例，將說部各書彙輯成帙。其乙集內《建州考》、《夷

俗記》、《北征錄》、《北征後錄》、《北征記》五種，語多指斥偏謬，應請抽燬。

《四庫提要・雜家類存目九》　《廣百川學海》。無卷數。兩江總督採進本。舊本題明馮可賓編。可賓，益都人。天啓壬戌進士。是編於正續《百川學海》之外，捃拾説部以廣之，分爲十集，以十干標目。然核其所載，皆正續《説郛》所有，版亦相同。蓋姦巧書賈於《説郛》印版中抽取此一百三十種，別刊序文、目錄，改題此名，託言出於可賓也。

再續百川學海

黄虞稷《千頃堂書目・類書類》　司馬泰《再續百川學海》八十卷。

《明史・藝文志・小説家類》　司馬泰《再續百川學海》八十卷。

三續百川學海

黄虞稷《千頃堂書目・類書類》　司馬泰《三續百川學海》三十卷。

《明史・藝文志・小説家類》　司馬泰《三續》三十卷。

翰苑叢鈔

《四庫提要・雜家類存目一一》　《翰苑叢鈔》十四卷。浙江范懋柱家天一閣藏本。不著撰人名氏。取左圭《百川學海》所載諸書，刪其書名卷數與撰人，顛倒次序，連綴鈔爲一編。僞書之最拙者也。

廣説郛

黄虞稷《千頃堂書目・類書類》　司馬泰《廣説郛》八十卷。

《明史・藝文志・小説家類》　司馬泰《廣説郛》八十卷。

續説郛

黄虞稷《千頃堂書目・類書類》　陶珽《續説郛》□□卷。

《四庫提要・雜家類存目九》　《續説郛》四十六卷。通行本。明陶珽編。珽，姚安人。萬曆庚戌進士。是編增輯陶宗儀《説郛》，迄於元代，復雜鈔明人説部五百二十七種以續之，其刪節一如宗儀之例。然正、嘉以上，淳朴未漓，猶頗存宋元説部遺意。隆、萬以後，運趨末造，風氣日偷。道學侈稱卓老，務講禪宗；山人競述眉公，矯言幽尚。或清談誕放，學晉宋而不成；或綺語浮華，沿齊梁而加甚。著書既易，人競操觚；小品日增，卮言疊煽。求其卓然蟬蛻於流俗者，十不二三。珽乃不別而漫收之，白葦黄茅，殊爲冗濫。至其失於考證，時代不明，車若水之《脚氣集》，以宋人而見收；鮮于樞之《箋紙譜》，以元人而闌入，又其小疵矣。

馬國翰《玉函山房藏書簿録・雜家類》　《説郛續》四十六卷。並宛委山房本。國朝姚安陶珽纂，陝州李際期定。蒐採明人佚説爲多。

耿文光《萬卷精華樓藏書記・雜家類六》　《續説郛》四十六卷。國朝陶珽撰。弘農李氏本。此李氏重訂之本，與《説郛》合刊，今所行者是也。前無序文。有各卷之目，無總目。《四庫》收入小説類。《提要》曰：「珽所續，皆明人餖飣之詞。全書尚不足觀，摘錄益無可取。別存其目，不復留瀏簡牘焉。」

郁氏序曰：《説郛》重《百川學海》六十三事。近有無錫華氏銅板活字盛行，不宜存此，徒煩人録，故盡刪削。

胡應麟曰：宋元間小説，陶氏《説郛》尚數百種，今大半湮沒矣。

文光案，《續説郛》本小説類之書，因此本與《説郛》合爲二十函，遂録於此。

欣賞編

范邦甸等《天一閣書目・雜家類》 《欣賞編》十卷。刊本。吳興茅一相集，徐中行、王蔡序。內分甲集詩法，乙集弈選，丙集繪妙，丁集詞評，戊集曲藻，己集十友，庚集茶譜，辛集色譜，壬集牌譜，癸集修眞。

《四庫提要・雜家類存目八》 《欣賞編》。無卷數。浙江巡撫採進本。不著撰人名氏。徐中行序，但稱沈潤卿。以《千頃堂書目》考之，乃沈津所編，潤卿其字也。所著《鄧尉山志》，已著錄。序中所云茅子康伯續者，亦不著其名。卷中有「茅一相補閱」字，蓋即其人矣。序稱書十卷，然實止八冊，不分卷數。序稱始於詩法，終於修眞。而書中《詩品》、《詞評》乃在第三冊，尤顛舛無緒。所載書出陶宗儀《説郛》者十之八九，皆移易其名。其《説郛》所無一二種，亦皆妄增姓氏，別立標目，非其本書。至於改竄屠隆《碑帖考》尤多舛戾。《説郛》一百卷，名見孫作所撰《陶宗儀傳》。世所行本，已非其舊。此更剽竊更變亂之，風益下矣。

説略

彭元瑞等《天祿琳琅書目後編・明版子部》 《説略》。一函，十二冊。不著編輯姓氏。取宋、元人雜説三十二種彙刻之，分爲十集，甲：《默記》、《宣政雜錄》、《靖康朝野僉言》、《朝野遺記》；乙：《墨客揮犀》、《續墨客揮犀》、《聞見雜錄》、《山房隨筆》；丙：《諧史》、《昨夢錄》、《三朝野史》；丁：《鐵圍山叢談》、《孔氏雜説》；戊：《瀟湘錄》、《三水小牘》、《談藪》；己：《清尊錄》、《暌車志》、《話腴》、《朝野僉載》；庚：《古杭雜説》、《蒙齋筆談》、《文昌雜錄》、《就日錄》；辛：《碧湖雜記》、《錢氏私誌》、《遂昌山樵雜錄》；壬：《高齋漫錄》、《桐陰舊話》、《霏雪錄》；癸：《東園友聞》、《拊掌錄》。無序跋。考《明史・藝文志》，別有顧起元《説略》三十卷，乃分門排比之類書，不與此同。【略】闕補目錄、一、二。《默記》。三、四。

金聲玉振

張萱等《內閣藏書目録・雜部》 《金聲玉振》。二十冊，全。莫詳編輯姓氏，皆國朝小説也。

祁承爜《澹生堂藏書目・子類・叢書》 《金聲玉振》。《周顛仙傳》，《天潢玉牒》，《機務鈔黄》，《帝王紀年》，《聖政紀》，《禮賢錄》，《國初事蹟》，《水東日記》，《平胡錄》，《讀書錄》，《奉天刑賞錄》，《石城記》，《撫安東夷記》，《哈密記》，《北征事跡》，《革除遺事》，《平吳錄》，《平漢錄》，《北平錄》，《平蜀記》，《震澤紀聞》，《浮物》，《空同子》，《大復論》，《易大象説》，《小爾雅》，《松窗寤言》，《寓圃雜記》，《讀書筆記》，《蘇材小纂》，《前北征紀》，《後北征紀》，《問水集》，《呂梁洪記》，《六詔記聞》，《蒙泉類博》，《三吳水利論》，《國寶新編》，《平番始末》，《茂邊紀事》，《海道經》，《海運則例》，《供祀記》，《海道漕運記》，《海運編》，《海寇後編》，《西番事蹟》，《太素外史》。

黄虞稷《千頃堂書目・類書類》 袁褧《金聲玉振集》二十卷。

范氏奇書

祁承爜《澹生堂藏書目・子類・叢書》 《范氏二十種奇書》。《乾坤鑿度》，《元包經傳》，《元包數總義》，《周易古占法》，《周易略例》，《周易舉正》，《京氏易傳》，《關氏易傳》，《麻衣正易心法》，《穆天子傳》，《孔子集語》，《論語筆解》，《郭子翼莊》，《廣成子解》，《三墳》，《商子》，《素履子》，《竹書紀年》，《潛虛》。

黄虞稷《千頃堂書目・類書類》 范欽《天一閣藏書》二十卷。

草玄雜俎

祁承爜《澹生堂藏書目・子類・叢書》 《草玄雜俎》。《琅嬛記》，《雲仙雜記》，《緗柳編》，《女紅餘志》，《古琴疏》，《誠齋雜記》，《尤射》。

谿堂麗宿集

黄虞稷《千頃堂書目・類書類》 曹文炳《谿堂麗宿集》一冊。

《四庫提要・雜家類存目一一》 《溪堂麗宿集》。無卷數。浙江范懋柱家天一閣藏本。不著撰人名氏，亦不著時代。無序跋，無目錄，其名亦不甚可解。首曰《昭明遺事》，則撮取《南史》、《梁書》數條。次曰《程氏家訓》，宋程若庸所纂。次曰《聖傳要旨》，題曰宋本心、岷麓二先生著，嗣孫輔之望集。次曰《文會燕語》，題曰東正鐸。次曰《巴山夜語》，題曰戚璞。次曰《林下常談》，題曰孔嚴化。次曰《山村雜言》，題曰齊趣莊。次曰《漁艇野說》，題曰武惠孫。次曰《林泉村話》，題曰孟德厚。次曰《蓮幕燕談》，不題撰人。龐雜冗瑣，茫無端緒。蓋庸陋書賈鈔合說部，僞立名目以售欺。范欽爲其所給，遂著錄於天一閣耳。

明世學山

黄虞稷《千頃堂書目・類書類》 王文祿《明世學山》五十卷。

《明史・藝文志・小說家類》 王文祿《明世學山》五十卷。

《四庫提要・雜家類存目一一》 《丘陵學山》。無卷數。浙江吳玉墀家藏本。明王文祿編。文祿有《廉矩》，已著錄。此本乃其彙刻諸書，以擬宋左圭《百川學海》，故以《丘陵學山》爲名。所載以千字文編次，自天字至師字，凡七十四種。然欲矜繁富而考訂未精，故類多删節原文，不能全錄。又以前人文集所已載者析出而附益之，彊立名目，牽率殊甚。至《海沂子》以下數種，皆文祿自著之書，而亦闌入其中，尤不出明人積習。非但遠遜左圭，即視商維濬、吳琯輩，相去亦懸絕矣。

雜書

范邦甸等《天一閣書目・雜家類》 《雜書》九冊。刊本。《詩品》二卷，《本事詩》一卷，《畫品》一卷，《鼎錄》一卷，《明道雜志》二卷，《宜齋野乘》一卷，《松牕雜錄》一卷，《次柳氏舊聞》一卷，《葆光祿》二卷，《洛陽名園記》一卷，《趙飛燕外傳》一卷，《高力士傳》一卷，《開元天寶遺事》一卷，《齊諧記》一卷，《海內十洲記》一卷，《卓異記》一卷，《資暇集》二卷，《集異記》一卷，《幽閑鼓吹》一卷，《小爾定》一卷，劉賓客《嘉話錄》一卷，《嘯音》一卷，《文錄》一卷，《雪深偶談》六卷，《松漠記聞》二卷，《別國洞冥記》二卷，《白猿》一卷，《碧霞錄》一卷，《芥隱筆記》一卷，《艾子》一卷，《梅妃傳》一卷，《虬髯客傳》一卷，《博異志》一卷，《楊太眞外傳》二卷，《山家清事》一卷。

墨娥小録

馬國翰《玉函山房藏書簿録・雜家類》 《墨娥小録》十三卷。杏香堂本。舊題學圃山農撰，隆慶二年潯陽郡長春元道人吳繼文煥校刊。自文藝、種植、服食、治生，凡諸怡玩，一切盡悉。

丁丙《善本書室藏書志・雜家類》 《墨娥小録》六卷。明刊本。怡府藏書。

卷一爲《文府清事》，二《博古緒餘》，三《飲膳集珍》，四《渴茗品勝》，五《醫方捷法》，六《藝術劇戲》。隆慶五年吳氏梓於聚好堂中。前題潯陽郡長啓元道人吳繼。有云：「暇日檢書，偶及此錄。自文藝、種植、服食、治生，諸凡怡玩，如元凱武庫，隨取具足。不知輯於何人，並無脫稿行世，晦且湮者亦已久矣。因訂其譌舛，益其缺略，命工鏤以成帙。」按《絳雲樓書目》有此，題曰《墨娥小品錄》，衍一「品」字，豈別一刻耶？有「明善堂覽書畫」印記，「安樂堂藏書」印，皆怡府舊鈐。

名賢彙語

《四庫提要・雜家類存目八》 《名賢彙語》二十卷。浙江巡撫採進本。不著編輯者名氏。前亦有隆慶辛未自序，亦稱飛來山人。序詞鄙陋，疑爲坊賈之筆。其書節錄明人小説二十種，種爲一卷，皆題曰某地某人言，尤爲杜撰。殆又從《古今名賢説海》而變幻之耳。

古今彙説

黄虞稷《千頃堂書目・類書類》 司馬泰《古今彙説》六十卷。

《明史・藝文志・小説家類》 司馬（康）［泰］《古今彙説》六十卷。

文獻彙編

黄虞稷《千頃堂書目・類書類》 司馬泰《文獻彙編》一百卷。劉思敬《芻詢錄》云：前三十三卷，其家殘失矣。

《明史・藝文志・類書類》 司馬泰《文獻彙編》一百卷。

古今逸史

祁承㸁《澹生堂藏書目・子類・叢書》 《古今逸史》。《方言》，《釋名》，《白虎通》，《廣雅》，《風俗通》，《小爾雅》，《獨斷》，《刊誤》，《古今注》，《中華古今注》，《博物志》，《續博物志》，王子年《拾遺記》，《山海經》，《海內十洲記》，《吳地記》，《岳陽風土記》，《洛陽名園記》，《桂海虞衡志》，《北邊備對》，《眞臘風土記》，《三輔黃圖》，《雍錄》，《洛陽伽藍記》，《教坊記》，《樂府雜錄》，《九經補韻》，《三墳》，《穆天子傳》，《竹書紀年》，《汲冢周書》，《西京雜記》，《別國洞冥記》，《漢武故事》，《趙飛燕外傳》，《海山記》，《迷樓記》，《開河記》，《六朝事迹》，《晉史乘》，《楚檮杌》，《吳越春秋》，《華陽國志》，《高士傳》，《列仙傳》，《劍俠傳》，《神僧傳》，《本事詩》，《續齊諧記》，《博異記》，《遼志》，《金志》，《松漠紀聞》，《集異志》。

黄虞稷《千頃堂書目・類書類》 吳勉學《古今逸史》二十四卷。

彭元瑞等《天禄琳琅書目後編・明版子部》 《古今逸史》。五函，三十冊。明吳琯彙刻。凡書四十二種，分逸志、逸記二門。逸志子目二，曰合志，曰分志；逸記子目三，曰紀，曰世家，曰列傳。雖強名史部，其實叢書也。揚雄《方言》十三卷，郭璞解并序，附錄劉歆及雄《取送方言書》，李孟傳跋；劉熙《釋名》八卷，熙自序；班固《白虎通德論》二卷，張楷、嚴度序；應劭《風俗通義》四卷，劭自序；孔鮒《小爾雅》一卷，宋咸注；蔡邕《獨斷》一卷；崔豹《古今注》三卷；張華《博物志》十卷；李石《續博物志》十卷，以上九種，入合志。《山海經》十八卷，郭璞注并序；陸廣微《吳地志》一卷、《後集》一卷；范致明《岳陽風土記》一卷；范成大《桂海虞衡志》一卷，自序；李文叔《洛陽名園記》一卷，張德和序；東方朔《十洲記》一卷；程大昌《北邊備對》一卷，自序；周達觀《眞臘風土記》一卷；《三輔黃圖》六卷，舊序；陽衒之《洛陽伽藍記》五卷，自序；段安節《樂府雜錄》一卷，自序；崔令欽《教坊記》一卷；楊伯嵒《九經補韻》一卷，自序。以上十五種入分志。《三墳》一卷；《穆天子傳》六卷，郭璞注，荀勖序；《竹書紀年》二卷，沈約附注；劉歆《西京雜記》六卷，葛洪序；郭憲《別國洞冥記》四卷，自序；張敦頤《六朝事迹》二卷，自序。以上六種入紀。《晉史乘》一卷，吾衍序；《楚史檮杌》一卷；趙曄《吳越春秋》六卷；吳平《越絕書》十五卷；常璩《華陽國志》十二卷，呂大防序。以上五種入世家。皇甫謐《高士傳》二卷，自序；劉向《列仙傳》二卷；《劍俠傳》四卷；葉隆禮《遼志》一卷；宇文懋昭《金志》一卷；洪皓《松漠紀聞》一卷、洪遵《補遺》十一事；吳均《續齊諧記》一卷；谷神子《博異記》一卷，自序；薛用弱《集異記》一卷。以上九種入列傳。前有《凡例》十二則。矯強傅會，以牽入《逸史》之名，僞至於《三墳》、《晉乘》、《楚檮杌》，近至於《眞臘風土記》，纖至於《教坊記》。雖與《漢魏叢書》同時競勝，而稱名取類相去遠甚。特槧法最爲精工，琯自序名下鈐朱印，猶當時初印也。

稗統

《趙定宇書目・稗統目録》　《稗統目録》　黄葵陽家藏。第一冊　《三墳》、《穆天子傳》、《逸周書》、《竹書紀年》、《夏小正》。

第二冊　《山海經》、《神異經》、《十洲記》、《別國洞冥記》。

第三冊　《吳越春秋》、《越絶書》、《晉史乘》、《楚史檮杌》。

第四冊　《西京雜記》、《拾遺記》、《述異記》。

第五冊　《三輔黄圖》、《洛陽伽藍記》、《六朝事跡編類》。

第六冊　《華陽國志》。

第七冊　《吳地記》、《吳地記後集》、《洛陽名園記》、《岳陽風土記》、《桂海虞衡志》、《遼志》、《金志》、《松漠紀聞》、《眞臘風土記》、《北邊備對》。

第八冊　《列仙傳》後一百八十八號有《列仙全傳》。《高士傳》有蘇刻，多損益，又有《續編》。《劍俠傳》、《趙飛燕外傳》、《續齊諧記》、《博異記》、《集異記》、《樂府雜集》、《教坊記》、《北里志》、《青樓集》附。

第九冊　《元經薛氏傳》。

第十冊　《乾坤鑿度》、《元包經傳》、《潛虚》。

十一冊　《京氏易傳》、《周易略例》、《關氏易傳》、《周易舉正》、《周易古占法》、《正易心法》。

十二冊　《焦氏易林》。

十三冊　《太玄經》有新板訓解不同後多增編目。

十四冊　《水經》。

十五冊　《白虎通德論》、《風俗通義》。

十六冊　《方言》、《釋名》抄本有字義釋名。

十七冊　《小爾雅》、《獨斷》、《古今注》、《刀劍録》、《博物志》、《續博物志》。

十八冊　《爾雅》、《小爾雅》、《廣雅》。

十九冊　《埤雅》。

二十冊　《爾雅翼》。

二十一冊　《漢武故事》、《綠珠内傳》、《大業雜記》、《隋遺録》、《海山記》、《迷樓記》、《開河記》、《開天傳信記》、《開元天寶遺事》、《明皇十七事》、《宣政雜録》、《朝野僉言》、《朝野遺記》、《避戎夜話》、《銀嶽記》、《清溪寇軌》。

二十二冊　《異域志》、《江南別録》、《三楚新録》、《西使記》、《北轅録》、《蒙韃備録》、《北户録》、《溪蠻叢笑》、《星槎勝覽》、《海槎餘録》、《滇載記》、《名山洞天福地記》。

二十三冊　《雲仙雜記》改入《草玄雜俎》七種。

二十四冊　《梁溪漫志》。

二十五冊　《劇談録》、《雲溪友議》、《泊宅編》。

二十六冊　《酉陽雜俎》。

二十七冊　《中華古今注》、《釋常談》、《雞肋》、《李涪刊誤》、《翰林志》、《河東先生龍城録》、《前定録》。

二十八冊　《蘇龍川志略》、《西疇常言》、《東谷所見》、《宋景文筆記》、《晁氏客語》、《獻醜録》。

二十九冊　《可談》、《貽謀録》、《丁晉公談録》、《王文正筆録》、《孫公談圃》、《道山清話》。

三十冊　《國老談苑》、《鼠璞》、《螢雪叢談》、《東坡志林》、《欒城遺言》、《濟南師友談記》。

三十一冊　《春明退朝録》、《韓忠獻遺事》、《王文正遺事》、《寇萊公遺事》、《雲林遺事》、《續編宋史辯》、《傳國璽譜》、《瘞鶴銘考》、《周顛仙傳》。

三十二冊　《學齊呫嗶》、《畫簾緒論》、《官箴》、《善誘文》、《厚德録》。

三十三冊　《默記》、《墨客揮犀》、《續墨客揮犀》、《聞見雜録》、《山房隨筆》、《諧史》、《昨夢録》、《三朝野史》、《鐵圍山叢談》、《孔氏雜説》、《瀟湘録》、《山水小牘》、《談藪》、《清尊録》、《睽車志》、《話腴》、《朝野僉載》、《古杭雜記》、《蒙齊筆談》、《文昌雜録》、《就日録》。

三十四冊　《碧湖雜記》、《錢氏私志》、《遂昌山樵雜録》、《高齋漫録》、《桐陰舊話》、《霏雪録》、《東園友聞》、《拊掌録》、《江行雜録》、《行管雜録》、《避暑漫抄》、《養疴漫筆》、《虚谷閒抄》、《蓼花洲閒録》、《嘯旨》、《三

家雜纂》。
三十五冊　《清異錄》。
三十六冊　《曲洧舊聞》、《西谿叢語》。
三十七冊　《小學紺珠》。
三十八冊　《困學紀聞》。
三十九冊　《路史發揮》。
四十冊　《夢溪筆談》。
四十一冊　《野客叢書》。
四十二冊　《太平經國書》。
四十三冊　《夷堅志》。
四十四冊　《鶴林玉露》。
四十五冊　《石林燕語》。
四十六冊　《桯史》。
四十七冊　《夢華錄》、《研北雜志》。
四十八冊　《經鉏堂雜志》。
四十九冊　《齊東野語》。
五十冊　《客齋隨筆》。
五十一冊　缺。
五十二冊　《路史》、《蜀檮杌》、《幽閒古吹》、《北夢瑣言》、《談淵》、《輟耕錄》、《古禳雜錄》、《兩湖塵談》、《復齋日記》。
五十三冊　《杜陽雜編》、《中朝故事》、《賈氏談錄》、《開顏集》、《陶朱新錄》。
五十四冊　《桂苑叢談》、《漁樵閒話》、《冀越集》、《廣客談》、《吳中舊事》、《平江記事》、《燕閒常談》、《石田雜記》、《苹野纂聞》。
五十五冊　《類說》。
五十六冊　《說郛》。
五十七冊　《蘇長公外記》。
五十八冊　《庚申外史》、《雜志》。
五十九冊　《武林舊事》、《杭州雜志》。
六十冊　《青瑣高議》。

六十一冊　《雙槐歲抄》。
六十二冊　《辯惑編》、《辯惑續編》。
六十三冊　《通微集》、《草木子》。
六十四冊　《七修類稿》。
六十五冊　《日格類抄》。
六十六冊　《四友齋叢說》。
六十七冊　《雌伏亭叢記》。
六十八冊　《水東日記》。
六十九冊　《餘東序錄》。
七十冊　《兩山墨談》。
七十一冊　《褚記室》。
七十二冊　《秇林伐山》。
七十三冊　《丹鉛總錄》。
七十四冊　《推蓬寤語》。
七十五冊　《自樂編》。
七十六冊　《學圃藼蘇》。
七十七冊　《正楊》。
七十八冊　《管涔子》。
七十九冊　《柴桑問答》。
八十冊　《讀書一得》。
八十一冊　《儼山外集》、《溥疑錄》、《燕閒錄》、《春風堂隨筆》、《南廵日錄》、《大駕北還錄》、《淮封日記》、《南遷日記》、《知命錄》、《金臺紀聞》、《顧豊堂漫書》、《谿山餘話》、《玉堂漫筆》、《停驂錄》、《續停驂錄》、《科場條貫》、《豫章漫抄》、《中和堂隨筆》、《史通會要》、《平吳錄》、《春雨堂雜抄》、《同異錄》、《蜀都雜抄》、《古奇器錄》、《蕪葭堂稿》。
八十二冊　《綠雪亭雜言》、《近峰聞略》。
八十三冊　《讀書劄記》、《環溪雜著》。
八十四冊　《朱珠船》、《野談》。
八十五冊　《讕言長語》、《震澤長語》。
八十六冊　《談資》。

八十七冊　《士翼》。
八十九冊　《晝永編》。
九十冊　《芸心識餘》。
九十一冊　《日者餘錄》。
九十二冊　《王沂陽雜著》。
九十三冊　《秇苑巵言》。
九十四冊　《宛委餘編》。
九十五冊　《山峰雜錄》、《萍隱錄》。
九十六冊　《東平紀略》、《家傳衣鉢》、《五經論草》、《八書錄》。
九十七冊　《汲古叢語》、《病榻寤言》、《涇野子》。
九十八冊　《雙溪雜記》、《菽園雜記》、《未齋雜言》、《南山素言》、《井觀瑣言》、《西軒客談》、《璅語編》、《拘虛寤言》、《畜德錄》、《張純閒語》。
九十九冊　《郁離子》、《潛溪邃言》、《侯城雜錄》、《黎子雜識》、《海涵萬象錄》、《白沙語要》、《方洲雜錄》、《思玄庸言》、《華川巵言》、《青岩叢錄》、《凝齋筆語》、《新論》、《后渠痛書》、《陰陽管見》、《蜩笑偶言》、《儼山纂錄》、《經世要談》、《客問》、《擬詩外傳》、《吳風錄》、《子薛道論》、《冀越通》、《禮元剩語》、《冥影契》、《詩談徐泰》、《邊紀略》、《脊練匣》、《傳習則言》。
一百冊　《邇言》、《臯言》、《約言》、《豢龍子》、《觀微子》、《前定錄補遺》、《玄機通》、《奇子雜言》、《仰子遺語》、《紀述》、《仕意編》、《錢子語測》、《濤雨雜紀》、《海石子》、《廓然子五述》、《易圖》、《春雨逸響》、《東溟蠡測》、《丘隅意見》、《隨筆兆》、《多男三練法哥》、《六練九練法》、《閼里問答》、《四箴雜言》、《談輅》、《泰熙錄》。
一百一冊　《寶櫝記》、《清夜錄》、《聽雨紀談》、《簷曝偶談》、《青溪暇筆》、《琅琊漫草抄》、《蘇談》、《病逸漫記》、《縣笥瑣探》、《日詢手鏡》。
一百二冊　《閒中今古錄》、《百可漫志》、《可齋雜記》、《畜德錄略》、《駒陰冗記》、《西京雜記》、《仰山脞錄》、《中洲野錄》、《續已編》、《涉異志》。
一百三冊　《庚己編略》、《西樵野記略》、《客座新聞》。
一百四冊　《讀書錄》、《正學編》、《明斷編》、《近言》、《景仰撮書》、《太藪外記》。
一百五冊　《震澤紀聞》、《蒙泉類博稿》、《松窻寤言》、《寓國雜記》、《空同子》、《大復論》。
一百六冊　《枝山前聞》、《野記》、《讀書筆記》、《蠶衣》、《浮物》、《志怪錄》。
一百七冊　《長者言》、《婆羅館清言》、《憨山緒言》、《船窻駢語》、《敘也石林》。
一百八冊　《丹浦欵言》、《蒙龍子枝言》。
一百九冊　《瑣碎錄》、《談諧》、《廣知》。
一百十冊　《靈異》、《辯証》、《物理》、《旅寓》。
一百十一冊　《焦氏筆乘》。
一百十二冊　《廣筆疇》、《人倫要鑑》。
一百十三冊　《讀書鏡》、《清賞鑑》。
一百十四冊　《異物彙苑》。
一百十五冊　《蟫史》。
一百十六冊　《說原》。
一百十七冊　《耳談》。
一百十八冊
一百十九冊　《談林》。
一百二十冊　《三家編》、《見聞紀訓》、《病榻遺言》。
一百二十一冊　《調痾集》。
一百二十二冊　《竇氏紀聞》。
一百二十三冊　《淑世談藪》。
一百二十四冊　《沈氏學弢》。
一百二十五冊　《列仙前傳》、《王氏神仙傳》。
一百二十六冊　《逸民傳》、《貧士傳》、《香案傳》、《襄陽耆舊傳》、《江淮異人傳》。
一百二十七冊　《高士彙林》、《塵外遐舉》。
一百二十八冊　《高奇往事》。
一百二十九冊　《吳中往哲記》。

一百三十冊　《續吳先賢傳》。
一百三十一冊　《人物志》。
一百三十二冊　《稗史集傳》、《往哲記》、《二科志》、《新倩籍》、《金石契》、《守溪長語》、《蘇村小纂》、《國寶新編》、《聯句詩紀》。
一百三十三冊　《中洲人物志》。
一百三十四冊　《籟化》、《騷略》、《演聯珠編》、《西征記》、《太湖新錄》、《陽山新錄》、《今雨瑤華》。
一百三十五冊　《忠經》、《女孝經》、《顔氏家訓》、《孔子集語》、《廣成子解》、《郭子翼莊》。
一百三十六冊　《易大象說》、《潛虛》、《祛疑說》、《漁樵問答》、《筆解》、《九經補韻》、《聖門事業圖》。
一百三十七冊　《日抄目錄》、《考索目錄》。
一百三十八冊　《六經總論》、《孝經》、《語孟》、《圖書》、《易經》、《尙書考》、《毛詩考》、《日抄禮記》、《禮記考》、《周禮考》、《春秋考》、《諸經考》。
一百三十九冊　《諸子》、《聖翰》、《文章》、《翰墨》。
一百四十冊　《諸史考》、《讀史》。
一百四十一冊　《讀文集》。
一百四十二冊　《諸儒》。
一百四十三冊　《天文》、《地理》、《輿地》。
一百四十四冊　《律呂》、《曆考》。
一百四十五冊　《禮樂》、《總考》、《禮》。
一百四十六冊　《君道》、《臣道》、《封建》、《官制》。
一百四十九冊　《學校》、《貢舉》、《氏族》附。
一百五十冊　《財賦》。
一百五十一冊　《兵制》。
一百五十二冊　《民事》、《邊防》、《刑獄》、《聖賢》。
一百五十三冊　《歷代志略》。
一百五十四冊　《稗編》、《六經總論》、《易》、《書》、《詩》、《春秋》、《禮記》、《論孟》、《孝經》、《爾雅》、《禮樂》、《九流》、《二氏》、《諸家》、《史》、《世事》。
一百五十五冊　《問水集》、《呂梁志》、《三吳水利論》、《海運編》、《海道經》、《海運則例》、《供祀記》、《海道漕運記》。
一百五十六冊　《詩考》、《詩地理考》、《胡氏詩識》。
一百五十七冊　《古今原始》。
一百五十八冊　《事物紀原》。
一百五十九冊　《古今事物考》。
一百六十冊　《物原》、《事物異名》、《名物法言》、《寰宇雜記》。
一百六十一冊　《天文》、《占驗》。
一百六十二冊　《統曆寶》、《曆通要覽》、《瑣地鈐》。
一百六十三冊　《占卜》、《避忌》。
一百六十四冊　《星相家術》。
一百六十五冊　《月令》。
一百六十六冊　《歲時類》、《田家五行》。
一百六十七冊　《農桑種植》。
一百六十八冊　《農桑類》、《種植類》。
一百六十九冊　《蠶桑》、《牧養》。
一百七十冊　《王氏農書》。
一百七十一冊　《草木花譜》。
一百七十二冊　《東籬品彙》。
一百七十三冊　《菊譜》、《荔枝譜》、《橘譜》。
一百七十四冊　《神隱》、《運化玄樞》、《家塾事親》、《急救良方》。
一百七十五冊　《四時調攝事宜》。
一百七十六冊　《事親述見》。
一百七十七冊　《醫方類》。
一百七十八冊　《醫藥》。
一百七十九冊　《養生論》。
一百八十冊　《脩眞》、《服食》。
一百八十一冊　《道書類》、《脩眞》。
一百八十二冊　《修養類》、《衛生類》、《房》、《種子》、《燒煉》。

一百八十三冊　《飲食門》、《茶水類》。

一百八十四冊　《酒類》、《蔬菜譜》。

一百八十五冊　《飲食類》。

一百八十六冊　《詩譜》、《文譜》、《金石例》。

一百八十七冊　《杜氏四譜》。

一百八十八冊　《學範》。

一百八十九冊　《文藝一》史、《文藝二》詩賦、《文藝三》詞賦、《文藝四》文學。

一百九十冊　《秇藪談宗》。

一百九十一冊　《文則》、《脩辭鑑衡》、《秇圃擷餘》、《談藝手簡》。

一百九十二冊　《文章辨體》。

一百九十三冊　《談藝類》。

一百九十四冊　《解頤新語》。

一百九十五冊

一百九十六冊　《石林詩話》、《六一詩話》、《東萊詩話》、《貢父詩話》、《珊瑚鉤詩話》、《後山詩話》、《彥周詩話》、《溫公詩話》、《庚溪詩話》、《竹坡詩話》、《夷白齋詩話》、《選詩句圖》。

一百九十七冊　《急就篇》、《字學》、《助語》。

一百九十八冊　《書法》。

一百九十九冊　《書法鈎玄》、《墨藪》、《書法雅言》。

二百冊　《書法考》、《碑帖考》。

二百一冊　《書法》、《法帖》。

二百二冊　《圖繪寶鑑》。

二百三冊　《畫類》。

二百四冊　《燕閒清賞》、《古器類》。

二百五冊　《格古要論》、《洞天清錄》。

二百六冊　《硯》、《墨》、《紙》、《筆》、《石》、《香》。

二百七冊　《文房清事》、《製造各方法》。

二百八冊　《藝譜》、《戲具圖譜》司馬溫公有投壺新格集中。

二百九冊　《山家清事》、《飲食》、《居室》、《器具》。

二百十冊　《玉壺氷》、《臥游錄》、《氷月補》、《潛穎錄》。

二百十一冊　《醒睡編》。

二百十二冊　《游翰寓言》、《游翰稗編》、《游翰微言》。

二百十三冊　《諧史》、《游翰別編》。

二百十四冊　《游寓翰言》。

二百十五冊　《諧史寓言》。

二百十六冊　《夢占類考》。

二百十七冊　《明興雜記錄》。

二百十八冊　《徵吾錄》。

二百十九冊　《古言》。

二百二十冊　《今言》。

二百二十一冊　《謇齋瑣綴錄》與刻本有異同。

二百二十二冊　《弇洲別集》、《盛事述》、《皇明奇事》。

二百二十三冊　《異典述》。

二百二十四冊　《弇別》、《帝系考》、《諸王考》、《諸功臣表》。

二百二十五冊　《弇別》、《各官年表》。

二百二十六冊　《弇別》、《親王錄賜考》、《賞功考》、《科試考》。

二百二十七冊　《弇別》、《親征考》、《巡幸考》、《命將考》、《兵制考》、《詔令雜考》。

二百二十八冊　《弇別》、《謚法考》、《賞賚考》。

二百二十九冊　《弇別》、《中官考》。

二百三十冊　《弇別》、《史乘考誤》。

二百三十一冊　《帝王紀年纂要》、《天潢玉牒》、《國初事跡》、《剪勝野聞》、《平夏錄》、《皇明平胡錄》、《平蜀錄》、《機務抄黄》、《聖政記》、《國初禮賢錄》、《刑賞錄》、《賢識錄》、《遵聞錄》。

二百三十二冊　《草除遺事》、《功臣錄》、《備遺錄》、《北征錄》。

二百三十三冊　《皇明紀略》、《備忘錄》、《否泰錄》、《筆記》、《水東日記》、《繼世記聞》。

二百三十四冊　《平定交南錄》、《北征事蹟》、《復辟錄》、《天全遺事》、《西征石城記》、《撫安東夷記》、《興後哈密記》、《平夷錄》、《東征紀行錄》、

《平番始末疏》。

二百三十五冊 《茂邊紀事》、《北虜事蹟》、《西番事蹟》、《六詔紀聞》、《江海殲渠記》、《廣右戰功叙》、《海寇議前》。

二百三十六冊 《野記》用刻本。

二百三十七冊 《靖難記》用抄本。

二百三十八冊

二百三十九冊 《立齋閒錄》。

二百四十冊 《蓬窻類紀》、《羣忠事略》。

二百四十一冊 《復齋日記》、《草除錄》。

二百四十二冊

二百四十三冊 《突徼紀聞》。

二百四十四冊

《稗統後編》一 《夏小正補》、《太玄經》、《世說新語》、《唐世說》、《唐語林》、《何氏語林》、《焦氏類林》。

《稗統續編》

兩京遺編

徐圖等《行人司重刻書目・諸子類》 《兩京遺編》。二十三本。

《四庫提要・雜家類存目一一》 《兩京遺編》五十七卷。內府藏本。明胡維新編。維新，餘姚人。嘉靖己未進士。官監察御史。是刻凡《新語》二卷，《賈子》十卷，《鹽鐵論》十卷，《白虎通》二卷，《潛夫論》二卷，《仲長統論》一卷，《風俗通》十卷，《中論》二卷，《人物志》三卷，《申鑒》五卷，《文心雕龍》十卷，共十一種。以所採皆漢文，故以「兩京」名書。其中如徐幹雖名附《魏志》，然卒於建安二十二年，附之漢末可也。至於劉卲爲魏人，劉勰爲梁人，序乃稱以其文似漢而進之。王充《論衡》、劉向《說苑》實皆漢人之文，又以其卷帙之多而棄之。去取殊無義例。且《文心雕龍》純爲四六駢體，而云其文似漢、尤乖謬之甚矣。

漢魏叢書

祁承㸁《澹生堂藏書目・子類・叢書》 《漢魏叢書》。《京房易傳》，《周易略例》，《三墳書》，《詩說》，《韓詩外傳》，《大戴禮》，《春秋繁露》，《白虎通》，《獨斷》，《忠經》，《方言》，《元經薛氏傳》，《汲冢周書》，《穆天子傳》，《西京雜記》，《素書》，《新語》，《孔叢子》，《新序》，《說苑》，《新書》，《法言》，《潛夫論》，《申鑒》，《中論》，《顏氏家訓》，《商子》，《人物志》，《風俗通義》，劉子《新論》，《神異經》，《洞冥記》，《述異記》，王子年《拾遺記》，《甘石星經》，《飛燕外傳》，《古今刀劍錄》，《論衡》。

黃虞稷《千頃堂書目・類書類》 屠隆《漢魏叢書》六十卷。

《明史・藝文志・類書類》 屠隆《漢魏叢書》六十卷。

漢魏叢書

彭元瑞等《天祿琳琅書目後編・明版子部》 《漢魏叢書》。五函，三十四冊。明程榮彙刻。榮，新安人。書自漢至隋古籍三十八種，分經、史、子、集。經籍十一：首《京房易傳》三卷，陸績注；次王弼《周易略例》一卷，邢璹注幷序；次《古三墳書》一卷，舊序；次申培《詩說》一卷；次《韓詩外傳》十卷，陳明、楊祐序幷《韓嬰小傳》；次《大戴禮記》十三卷，韓元吉序；次董仲舒《春秋繁露》十七卷，樓郁序，附錄題跋七；次班固《白虎通德論》二卷，張楷、嚴度、冷宗元序；次蔡邕《獨斷》二卷，呂宗孟跋；次馬融《忠經》一卷，融自序，十二連城子引，韓陽序，顧元緯、王安國、胡季舟後序；次揚雄《方言》十三卷，郭璞解幷序。史籍四：首王通《元經薛氏傳》十卷，薛收序；次《逸周書》十卷，孔晁注，姜士昌序，附錄晁公武《郡齋讀書志》，李燾跋；次《穆天子傳》六卷，郭璞注，王漸序，荀勖舊序；次葛洪《西京雜記》六卷，黃省曾序。子籍二十三：首黃石公《素書》一卷，張商英注幷序；次陸賈《新語》二卷，錢福序，都穆後記；次孔鮒《孔叢子》三卷，李廉志；次劉向《新序》十卷，曾鞏校、進、序；

次劉向《説苑》二十卷，何良俊序，曾鞏校、進、序；次賈誼《新書》十卷，黄寶序，附録《漢書》本傳，胡价跋；次揚雄《法言》十卷，附録宋人語二則；次王符《潛夫論》十卷，附録《後漢書》本傳；次荀悦《申鑒》五卷，黄省曾注并序，喬宇跋；次徐幹《中論》一卷，舊序，曾鞏校、進、序，石邦哲、陸友、都穆跋；次顔之推《顔氏家訓》二卷，顔廣烈序，顔如瓌、顔志邦跋；次《商子》五卷；次劉邵《人物志》三卷，劉昞注，阮逸序，《三國志》本傳，宋庠記，文寬夫、王三省、鄭旻跋；次應劭《風俗通義》十卷，劭自序，李果序；次劉勰《新論》十卷，袁孝政注；次東方朔《神異經》一卷；次郭憲《别國洞冥記》四卷；次任昉《述異記》二卷，舊序，宋刻書序；次王嘉《拾遺記》十卷，蕭綺序；次甘公、石申《星經》二卷；次伶玄《趙飛燕外傳》一卷；次陶弘景《刀劍録》一卷；次王充《論衡》三十卷，虞淳熙序，楊文昌後序。集籍有目無書。刊於萬曆壬辰，前有屠隆序。隆，字緯眞，號赤水，鄞縣人。萬曆丁丑進士，官禮部郎中，有《由拳》、《白榆》、《采眞》、《南游》諸集。

張之洞《書目答問・叢書目》 《漢魏叢書》。明程榮刻三十八種，何允中刻七十六種，國朝王謨刻八十六種，又廣爲九十四種，編校不善。

漢魏别解

《四庫提要・雜家類存目一一》 《漢魏别解》十六卷。内府藏本。明黄澍、葉紹泰同編。自《吴越春秋》訖於薛收《元經傳》，凡四十六種。其凡例云：「六朝諸家文集，一篇不載。」而編中收江淹、任昉諸集，不一而足。又云「皆録全文」，而節録者亦復不少。至近代僞書，如《天禄閣外史》之類，亦一概濫收，殊失鑒别。

夷門廣牘

祁承㸁《澹生堂藏書目・子類・叢書》 《夷門廣牘》。《文章緣起》、《釋名》、《詩品》、《文録》、《談藝録》、《騷壇祕語》、《詩源撮要》、《籟紀》、《嘯旨》、《廣易千文》、《異域志》、《溪蠻叢笑》、《格古要論》、《羣物奇制》、《墨經》、《胎息經》、《天隱子》、《赤鳳髓》、《煉形内旨》、《玉函祕典》、《金笥玄玄》、《導引訣》、《修眞演義》、《既濟眞經》、《唐宋衛生歌》、《益齡單》、《怪疴單》、《書法通釋》、《干禄字書》、《學古編》、《畫評會海》、《天形道貌》、《淇園肖影》、《羅浮幻質》、《九畹遺容》、《春谷嚶翔》、《繪林題識》、《山家清供》、《茹草編》、《水品》、《茶品要録》、《茶寮記》、《湯品》、《易牙遺意》、《酒經》、《食時五觀》、《綠綺新聲》、《玉局鉤玄》、《投壺儀制》、《馬戲圖譜》、《五木經》、《詩牌譜》、《丸經》、《拇陣篇》、《黄帝玄女經》、《黄帝宅經》、《青烏先生葬經》、《探春歷記》、《握奇經》、《禄嗣奇談》、《靈笈寶章》、《相法》、《四字經》、《土牛經》、《天文占驗》、《占驗録》、《質龜論》、《禽經》、《黄石公望空四字數》、《獸經》、《相鶴經》、《魚經》、《蠶書》、《蟲經》、《種樹書》、《蘭譜奥論》、《梅品》、《菊譜》、《耒經》、《稻品》、《芋經》、《逸民傳》、《香案牘》、《列仙傳》、《神仙傳》、《續神仙傳》、《梅墟别録》、《梅塢遺瓊》、《五柳賡歌》、《梅花百詠》、《羣仙降乩語》、《閒雲稿》、《野人清嘯》、《燎松吟》、《尋芳稿》、《于片雪》、《鴛湖倡和》、《山家語》、《泛泖吟》、《毛公壇倡和》、《香奩草》、《鶴月瑤笙》、《青蓮觴詠》、《香山酒頌》、《唐宋元明酒調》、《狂夫酒語》。

黄虞稷《千頃堂書目・類書類》 周履靖《夷門廣牘》一百二十卷。

《四庫提要・雜家類存目一一》 《夷門廣牘》一百二十六卷。通行本。明周履靖編。履靖字逸之，嘉興人。是編廣集歷代以來小種之書，并及其所自著，蓋亦陳繼儒《祕笈》之類。「夷門」者，自寓隱居之意也。書凡八十六種，分門有十。曰藝苑，曰博雅，曰食品，曰娱志，曰雜占，曰禽獸，曰草木，曰招隱，曰閒適，曰觴詠。觀其自序，藝苑、博雅之下，有尊生、書法、畫數三牘，而皆未刊入。所收各書，眞僞雜出，漫無區别。如《郭橐駝種樹書》之類，殆於戲劇。其中間有一二古書，又刪削不完。如《釋名》惟存《書契》一篇，而乃題曰《釋名》全帙，尤爲乖舛。其所自著，亦皆明季山人之窠臼。卷帙雖富，實無可採録也。

格致叢書

祁承㸁《澹生堂藏書目・子類・叢書》 《格致叢書》。《爾雅》、《小爾雅》、《爾雅翼》、《廣雅》、《埤雅》、《釋名》、《方言》、《釋常談》，胡氏《詩説》、《風俗通》、《白虎通》、《急就篇》、《山海經》，師曠《禽經》、《獸經》、《神異經》、《述異記》、

《溪蠻叢笑》、《北戶錄》、《博物志》、《續博物志》、《獨斷》、《孔氏雜說》、李氏《刊誤》、戴氏《鼠璞》、《芥隱筆紀》、《宜齋野乘》、《資暇集》、《三餘贅筆》、《聽雨記談》、《造化論》、《歲時廣記》、《原物》、《事物紀原》、《古今注》、《古今事物考》、《古今原始》、《格古要論》、《古器具名》、《古器總附說》、《洞天清錄》、《香譜》、《事物異名》、《古今碑帖考》、《寶貨辨疑》、《南方草木狀》。

黄虞稷《千頃堂書目・類書類》 胡文煥《格致叢書》五十卷。

《四庫提要・雜家類存目一一》 《格致叢書》。無卷數。江蘇巡撫採進本。

明胡文煥編。文煥有《文會堂琴譜》，已著錄。是編爲萬曆、天啓閒坊賈射利之本。雜採諸書，更易名目。古書一經其點竄，竝庸惡陋劣，使人厭觀。且所列諸書，亦無定數。隨印數十種，即隨刻一目錄。意在變幻，以新耳目，冀其多售。故世閒所行之本，部部各殊，究不知其全書凡幾種。此本所列，凡經翼十五種，史外二十一種，居官十二種，法家十二種，訓誡十四種，子餘八種，尊生十八種，時令農事八種，藝術十種，清賞十七種，說類十一種，藝苑三十五種。較他本稍備，或其全帙歟？如經翼中壓卷三種，摭王應麟《困學紀聞》論詩之語，即名曰《困學紀詩》。又摭其《玉海》中《詩類》一門，即名曰《玉海紀詩》。又摭馬端臨《經籍考》論詩數段，即名曰《文獻詩考》。已極可鄙。末三種，一曰張華《博物志》，一曰李石《續博物志》，一曰《釋常談》。皆以小說家言謂之經翼，不亦傎乎！史外列《禽經》、《獸經》，又列戴埴《鼠璞》，龔頤正《芥隱筆記》，是於史居何等也。居官列《儀注便覽》《新官軌範》、《官級由陞》。法家列《行移體式》、《告示活套》。訓誡列《梓潼帝君救劫寶章》。如斯之類，不可枚舉，是尤不足與議矣。

百名家書

祁承㸁《澹生堂藏書目・子類・叢書》 《百名家書》。《詩傳》、《詩說》、《詩考》、《韓詩外傳》、《詩地理考》、《白虎通》、《方言》、《獨斷》、李氏《刊誤》、戴氏《鼠璞》、《急就篇》、《風俗通》、《釋名》、《博物志》、《續博物志》、《釋常談》、《古今注》、《小爾雅》、《顏氏家訓》、《忠經》、《畫簾緒論》、《呂氏官箴》、《治安藥石》、《山海經》、《神異經》、《述異記》、《名物法言》、《寰宇雜記》、《芥隱筆記》、《宜齋野乘》、《三餘贅筆》、《聽雨紀談》、《愼言集》、《三家雜說》、《資暇集》、《孔氏雜說》、《星槎勝覽》、《溪蠻叢笑》、《三皇玉訣》、《青華祕文》、《規中指南》、《修眞祕要》、《養生導引法》、《內景臟腑說》、《素書》、《化書》、《參同契》、《悟眞篇》、《壽親養老書》、《保生心鑑》、《華陀內照圖》、《脈訣》、《海上仙方》、《醫學權輿》、《玉洞金書》、《相字心法》、《神光經》、《火珠林》、《六壬課》、《風水問答》、《地理正言》、《麻衣相》、《神異經》、《琴堂五星》、《望斗經》、《文錄》、《詩品》、《談藝錄》、《助語辭》、《書斷》、《續書譜》、《書法三昧》、《圖畫要略》、《繪事指蒙》、《茶經》、《茶譜》、《茶錄》、《東溪試茶錄》、《茶具圖贊》、《文房清事》、《文房圖贊》、《續文房圖贊》、《山房十友贊》、《洞天清錄》、《香譜》、《樂府雜錄》、《教坊記》、《牌譜》、《色譜》、《山家清事》、《田家五行》、《紀歷撮要》、《探春歷記》、《種樹書》、《草木幽微經》、《南方草木狀》、《禽經》、《獸經》。

黄虞稷《千頃堂書目・類書類》 胡文煥《百家名書》□卷。

吳守道雜錄

張萱等《内閣藏書目錄・雜部》 《吳守道雜錄》二十四冊。守道，閩之將，樂縣人。凡十六種，多解經《詩》、《書》語及時務雜錄也。鈔本。

秘冊彙函

祁承㸁《澹生堂藏書目・子類・叢書》 《祕冊彙函》。《易解》、《易解附錄》、《於陵子》、《道德指歸》、《山海經圖讚》、《數術記遺》、《搜神記》、《搜神後記》、《佛國記》、《漢雜事祕辛》、《周髀算經》、《異苑》、《東京夢華錄》、《齊民要術》、《錄異記》、《益都方物略記》、《泉志》、《南唐書》、《銅劍讚》、《靈寶眞靈位業圖》、《周氏冥通記》、《大唐創業起居注》、《歲華紀麗》。

黄虞稷《千頃堂書目・類書類》 胡震亨、姚士粦《祕冊彙函》二十卷。

《明史・藝文志・類書類》 胡震亨《祕冊彙函》二十卷。

今獻彙言

范邦甸等《天一閣書目・雜家類》 《今獻彙言》八冊。刊本。不著撰人名氏。第一卷《蘿山雜言》，《蒙泉雜言》，《未齊雜言》，《南山素言》，《松窻寤言》，《井觀瑣言》。第二卷《正學編》，《明斷編》，《比事摘録》。第三卷《演連珠編》，《擬連珠編》，《璅語編》，《西軒客談》，《詢芻録》，《讕言編》，《拘虛寤言》，《竹下寤言》。第四卷《清溪暇筆》，《桑榆漫志》，《林泉隨筆》，《春雨堂隨筆》。第五卷《賢識録》，《遵聞録》，《損齋備忘録》，《守溪長語》。第六卷《雙溪雜記》，《菽園雜記》。第七卷《平夏録》，《平吳録》，《北平録》，《平定交南録》。第八卷《撫安東夷記》，《西征石城記》，《興復哈密記》，《平夷録》，《東征記行録》，《江海殲渠記》，《醫閭漫記》。

祁承㸁《澹生堂藏書目・子類・叢書》 《今獻彙言》。《賢識録》，《遵聞録》，《平夏録》，《否泰録》，《北狩事跡》，《可齋雜記》，《守溪長語》，《雙溪雜記》，《聽雨紀談》，《蘇談》，《簷曝偶談》，《瑣綴録》，《西征石城記》，《興復哈密記》，《西樵野記》，《石田雜記》，《庚己編》，《林泉隨筆》，《綠雪亭雜言》，《竹下寤言》，《備忘録》，《琅琊漫鈔》，《懸笥瑣探》，《聽雨》，《青溪暇筆》，《菽園雜記》。

《四庫提要・雜家類存目一一》 《今獻彙言》八卷。浙江巡撫採進本。明高鳴鳳編。案《明史・藝文志》：高鳴鳳《今獻彙言》二十八卷。此本止八卷。據其目録所列，凡爲書二十五種，乃首尾完具，不似有闕。蓋其版已散佚不全，坊賈掇拾殘剩，刻八卷之目，冠於卷首，詭爲完書也。

紀録彙編

祁承㸁《澹生堂藏書目・子類・叢書》 《國朝紀録彙編》。《御製皇陵碑》一卷，《御製西征記》一卷，《御製平西蜀文》一卷，《御製孝慈録》一卷，《御製紀夢》一卷，《御製周顛仙人傳》一卷，《御製廣寒殿記》一卷，《御製詩》一卷，《勅議或問》一卷，《諭對録》一卷，《皇明本紀》一卷，《天潢玉牒》一卷，《龍興慈記》一卷，《國初禮賢録》一卷，《遇恩録》一卷，《否泰録》一卷，《北使録》一卷，《北征事蹟》一卷，《正統臨戎録》一卷，《正統北狩事蹟》一卷，《復辟録》一卷，《天順日録》一卷，《古穰雜録》一卷，《聖駕南巡日録》一卷，《大駕北還録》一卷，《平胡録》一卷，《北平録》一卷，《平漢録》一卷，《平吳録》一卷，《平蜀記》一卷，《平夏記》一卷，《北征録》一卷，《後北征録》一卷，《北征記》一卷，《西征石城記》一卷，《撫安東夷記》一卷，《興復哈密國王記》一卷，《平番始末》一卷，《平夷賦》一卷，《平蠻録》一卷，《西征日録》一卷，《制府雜録》一卷，《雲中事記》一卷，《張司馬定浙二亂志》一卷，《雲南機務鈔黃》一卷，《滇載記》一卷，《平定交南録》一卷，《安南傳》二卷，《南翁夢録》一卷，《勘處播州事情疏》一卷，《防邊紀事》一卷，《伏戎紀事》一卷，《撻虜紀事》一卷，《靖夷紀事》一卷，《綏廣紀事》一卷，《炎徼紀聞》四卷，《星槎勝覽》一卷，《瀛涯勝覽》一卷，《改正瀛涯勝覽》一卷，《奉使安南水程日記》一卷，《朝鮮紀事》一卷，《使琉球録》一卷，《鴻猷録》十六卷，《治世餘聞》八卷，《繼世紀聞》六卷，《名卿績紀》四卷，《靖難功臣録》一卷，《國琛集》二卷，《國寶新編》一卷，《續吳先賢讚》十五卷，《明詩評》一卷，《吳郡二科志》一卷，《新倩籍》一卷，《金石契》一卷，《守溪筆記》一卷，《震澤長語》一卷，《彭文憲筆記》一卷，《畜德録》一卷，《青溪暇筆》一卷，《閒中古今録》一卷，《剪勝野聞》一卷，《玉堂漫筆摘鈔》一卷，《金臺紀聞摘鈔》一卷，《停驂録摘鈔》一卷，《續停驂録摘鈔》一卷，《豫章漫鈔摘録》一卷，《科場條貫》一卷，《水東日記》四卷，《水東日記摘鈔》二卷，《今言》四卷，《餘冬序録》三卷，《餘冬序録摘鈔》三卷，《鳳洲雜編》六卷，《醫閭漫記》一卷，《譯語》一卷，《海槎餘録》一卷，《君子堂日詢手鏡》一卷，《庚己編》十卷，《四友齋叢説》三卷，《四友齋叢説摘鈔》三卷，《菽園雜記》三卷，《菽園雜記摘鈔》四卷，《留青日札》四卷，《松窗寤言摘録》一卷，《漫記》一卷，《近峰略記》一卷，《百可漫志》一卷，《錦衣志》一卷，《星變志》一卷，《瑯琊漫鈔》一卷，《病榻遺言》一卷，《懸笥瑣探》一卷，《蘇談》一卷，《病逸漫記》一卷，《前聞記》一卷，《寓圃雜記》一卷，《蒹葭堂雜著》一卷，《窺天外乘》一卷，《二酉委譚摘録》一卷，《閩部疏》一卷，《江西輿地圖説》一卷，饒南九《三府圖説》一卷，《志怪録》一卷，《涉異志》一卷，《奇聞類紀》二卷，《見聞紀訓》二卷，《新知録》一卷。

黃虞稷《千頃堂書目・類書類》 沈節甫《紀録彙編》二百十六卷。工部左侍郎，萬曆丁巳巡撫江西，監察御史。陽羨陳于廷序。

《明史・藝文志・雜家類》 沈節甫《紀録彙編》二百十六卷。

《四庫提要・雜家類存目一一》 《紀録彙編》二百十六卷。浙江鮑士恭家藏本。明沈節甫編。節甫，烏程人。嘉靖己未進士。官至工部左侍郎。謚端靖。是書採嘉靖以前諸家雜記，裒爲一集，凡一百一十九種。其中有關典故者多已别本自行。其餘如王世貞《明詩評》之類，則文士之餘談。祝允明《志怪》之類，又小説之末派。一概闌入，未免務博好奇，傷於冗雜。且諸

書有全載者，有摘鈔者，甚或有一書而全錄其半、摘鈔其半者，爲例亦復不純。卷帙雖富，不足取也。

合刻五家言

《四庫提要・雜家類存目一一》 《合刻五家言》。無卷數。安徽巡撫採進本。明鍾惺編。惺有《詩經圖史合考》，已著錄。是書一曰《道言》，凡十二卷，即《文子》也。二曰《德言》，分上下二卷，即劉書《新論》也。三曰《術言》，即《鬼谷子》也。四曰《辨言》，即《公孫龍子》也。五曰《文心雕龍》，凡十卷。各書俱有專行之本，不可強合而別立標題。務爲詭異，可謂杜撰無稽矣。

山林經濟籍

祁承㸁《澹生堂藏書目・子類・叢書》 《山林經濟籍》。《敘籍原起》，《隱逸首策》，《羣書品藻》，《書畫金湯》，《護書》，《山林友議》，《處約》，《隱覽》，《食時五觀》，《文字飲》，《閒人忙事》，《燕閒類纂》，《韋弦佩》，《廣放生論》，《卦戩》，《讀書十六觀》，《燕史固書》，《麴部觥逑》，《牡丹榮辱志》，《瓶史索隱》，《香瓣》，《茗笈》，《野茶譜》，《五子諧策》，《園閣談言》。

寶顏堂秘笈

祁承㸁《澹生堂藏書目・子類・叢書》 《祕笈》。《見聞錄》，《珍珠船》，《妮古錄》，《羣碎錄》，《簷曝餘談》，《巖栖幽事》，《枕譚》，《太平清話》，《書蕉》，《筆記》，《書畫史》，《長者言》，《狂夫之言》，《續狂夫之言》，《香案牘》，《讀書鏡》，《玉照新志》，《雲烟過眼錄》，《學古編》，《筆疇》，《書品》，《樂郊私語》，《清暑筆談》，《貧士傳》，《焚椒錄》，《歸有園麈譚》，《娑羅館清言》，《娑羅館逸稾》，《續清言》，《冥寥子游》，《甲子剩言》，《廣莊》，《瓶史》，《偶譚》，《叢書》，《考槃》。

又 《續祕笈》。《尚書故實》，《南唐近事》，《文公政訓》，《談苑》，《西山政訓》，《林下偶談》，《桂苑叢談》，《陰符經解》，《枕中書》，《後山談叢》，《无上祕要》，《省心錄》，《觚不觚錄》，《讀書雜鈔》，《脈望》，《賢奕編》，《煮泉小品》，《伏戎紀事》，《丹青志》，《畫說》，《柳氏舊聞》，《谿山餘話》，《耄餘雜識》，《西堂日記》，《知命錄》，《樂府指迷》，《疑仙傳》，《可談》，《玉堂漫筆》，《蜀都雜鈔》，《四夷考》，《集異志》，《慎言》，《鼎錄》，《古奇器錄》，《井觀瑣言》，《蜩笑偶言》，《長松如退》，《虎薈》，《羅湖野錄》，《觴政》，《吳社編》，《願豐堂漫書》，《金臺紀聞》，《長水日鈔》，《寤言》，《夷俗記》，《三事遡》，《銷夏部》，《辟寒部》。

又 《廣祕笈》。《兩同書》，《羯鼓錄》，《荆楚歲時記》，《內丁龜鑑》，《滄浪詩話》，《游城南記》，《入蜀記》，《出蜀記》，《楓窗小牘》，《經外雜鈔》，《物類相感志》，《還冤志》，《正朔攷》，《風月堂詩話》，《文則》，《前武林舊事》，《後武林舊事》，《老子解》，《貴耳錄》，《王氏談錄》，《海內十洲記》，《農田餘話》，《歲華紀麗譜》，《庚申外史》，《腳氣集》，《化書》，《傳疑錄》，《春風堂隨筆》，《燕閒錄》，《讀書筆記》，《意見》，《從政錄》，《海槎餘錄》，《東谷贅言》，《丹鉛續錄》，《食色紳言》，《閩部疏》，《學圃雜疏》，《瓶花譜》，《汲古叢話》，《馬記》，《劍記》，《雨航雜錄》，《邵康節外紀》，《鼂采清課》，《戊申立春考證》，《金丹四百字解》，《友論》，《木几冗談》，《席上腐談》。

黄虞稷《千頃堂書目・類書類》 陳繼儒《寶顏堂祕笈》二十卷，又《續祕笈》二十卷，又《續祕笈》五十卷，又《廣祕笈》五十卷，又《普祕笈》四十六卷，又《彙祕笈》四十一卷。

《明史・藝文志・小說家類》 陳繼儒《祕笈》一百三十卷。

雜鈔

祁承㸁《澹生堂藏書目・子類・叢書》 《雜鈔》。《士翼》，《正學編》，《明斷編》，《擬連珠編》，《比事摘錄》，《宛陵語》，《蘿山雜言》，《蒙泉雜語》，《未齋雜言》，《南山素言》，《璅語篇》，《拘虛晤言》，《平胡錄》，《江海殲渠記》，《醫閭漫記》，《昭示姦黨錄》，《明氏實錄》，《桑榆漫志》，《春雨堂隨筆》，《譾言編》，《西軒客談》，《詢蒭錄》。

呂氏十種書

祁承㸁《澹生堂藏書目・子類・叢書》 《呂氏十種書》。《十洲記》，《洞

冥記》，《嶽瀆名山記》，《洛陽名園記》，《詩品》，《畫品》，《茶經》，《禽經》，《獸經》，《廣桑子遊》。

天寶藏書

祁承㸁《澹生堂藏書目・子類・叢書》　《天寶藏書》。《周易象通》，《詩故》，《邃古記》，《藩獻記》，《古文奇字輯解》，《玄覽》，《駢雅》。

枕中十書

祁承㸁《澹生堂藏書目・子類・叢書》　《枕中十書》。《精騎錄》，《簣窗筆記》，《賢奕選》，《文字禪》，《異史》，《博識》，《尊重□》，《養生醍醐》，《理談》，《騷壇千金訣》。

錦囊瑣綴

祁承㸁《澹生堂藏書目・子類・叢書》　《錦囊瑣綴》。《唐詩極玄集》二卷，《中興間氣集》二卷，《論文心印》一卷，《茅坤語助》一卷，盧以緯《韻略易通》二卷，《清溪樂府》二卷，牟天錫《玉洞仙書》二卷，《鎖地鈐》二卷，《統歷寶經》二卷，《出行寶鏡》二卷，《臞仙神隱》二卷，《養魚經》一卷，《培蘭要訣》一卷，《蓺菊書》一卷，《茶經》一卷，《酒方》一卷，《蔬食譜》一卷，《牌譜》一卷，《急救良方》二卷，《運化玄樞》一卷，《家塾事親》二卷。

澹生堂餘苑

祁承㸁《澹生堂藏書目・子類・叢書》　《澹生堂餘苑》一百八十八種，一百四十六冊。六百零四卷。《經傳沿革》一卷，《古易考原》一卷，《周易義海撮要》一卷，《詩緝略》一卷，《尚書譜》五卷，《書疏叢鈔》一卷，《周禮復古論》一卷，《大學繁露》一卷，《禮緯含文嘉》三卷，《春秋書法鉤玄》四卷，《經典稽疑》六卷。已上經之餘。

《封氏聞見記》十卷，《牛羊日歷》一卷，《五代史補》五卷，《五國故事》二卷，《江南野史》十卷，馬令《南唐書》三十卷，《釣磯立談》二卷，王得臣《麈史》四卷，《鐵圍山叢談》三卷，《邵氏聞見錄》二十卷，《邵氏聞見後錄》三十卷，《涑水紀聞》二卷，《曲洧舊聞》十卷，《隆平集》二十卷，《南燼餘錄》一卷，《竊憤錄》一卷，《竊憤續錄》一卷，《歸潛志》六卷，《庚申外史》二卷，《保越錄》一卷，《僞吴雜記》二卷，《世史稽疑》二卷，《漢書雜論》一卷，《呆齋宋論》二卷，《元史闡幽》一卷，《歷代世譜》十卷，《傳國璽譜》一卷，《東宫備覽》六卷，《文昌雜錄》六卷，《愧郯錄》十五卷，《歷代制度詳說》十二卷，《朝野類要》五卷，《武林舊事》四卷，《夢粱錄》二卷，《古杭夢遊錄》一卷，《越嶠方域志》一卷，《月山叢談》一卷，《豫章雜記》四卷，《荆楚歲時記》一卷，《桂林風土記》一卷，《南華古蹟記》一卷，《紀古滇說》一卷，《宇內古蹟考》六卷，《古今郡國類名》三卷，《汴京遺蹟志》十二卷，《西吴里語》四卷。已上史之餘。

程氏《考古編》十卷，《續攷古編》五卷，《兼明書》五卷，《緯略摘抄》二卷，《晁氏儒言》一卷，《晁氏客語》一卷，《漫叟拾遺》一卷，《笠澤雜言》一卷，《慶歷民言》一卷，《渭南雜說》一卷，蘇伯衡《瞽說》一卷，《梁谿漫志》十卷，《寓簡》十卷，劉子《邇言》二卷，《天地萬物造化論》一卷，《呆齋雜言》一卷，《執齋雜筆》一卷，《夜行燭》一卷，《桃溪劄記》一卷，《志學錄》一卷，《簣齋讀書錄》二卷，《南臯雜言》一卷，《厭次瑣談》一卷，《海涵萬象錄》四卷，《洪鍾末響》一卷，《物原》一卷，《百物紀原》十卷，樵子《五行志》五卷，《潤經》一卷，《五行祕錄》一卷，《太玄闡》，《枝幹釋》六卷，《劇談錄》二卷，《開顔集》二卷，《投轄錄》一卷，《溫公瑣語》一卷，《眞率記事》一卷，《南野閒居錄》一卷，《漫堂隨筆》一卷，《南窗記談》一卷，《楊公筆錄》一卷，《賓退錄》十卷，《西塘集耆舊續聞》十卷，《澄懷錄》二卷，《續澄懷錄》二卷，《巖下放言》一卷，《灌畦暇語》一卷，張荃翁《貴耳集》三卷，《書齋夜話》四卷，《銓古錄》一卷，《能改齋漫錄》十八卷，《應菴隨意錄》十四卷，《席上輔談》二卷，《萬柳溪邊舊話》一卷，《霏雪錄》二卷，《夢醒錄》二卷，《廣筆疇》一卷，《楚澤餘談》一卷，蝶庵道人《清夢錄》一卷，孫簡肅公《嘉言便錄》一卷，王宮庶《家庭庸言》一卷，《六鑑舉要》六卷，《益齋嘉話》一卷，勿齋《臆說》一卷，陳永之《閒中古今錄》二卷，沈嘉則《見聞私記》一卷，《定軒暇筆》一卷，《矯亭漫言》一卷，青裳館《寤言》一卷，《鶡林子》五卷，《南園漫錄》十卷，《傍秋亭雜記》二卷，《方洲雜言》一卷，《藥房瑣言》一卷，《蓉塘詩話》一卷，《投甕隨筆》一卷，《大賓辱語》一卷，《鶴亭筆乘》一卷，《墨畬錢鎛》一卷，《輟築記》一卷，《瓠里子筆談》一卷，《外築補遺》一卷，《鋪糟篇》一卷，《半村野人閒談》一卷，《蓉塘記聞》一卷，《五莊日記》一卷，《風月堂雜識》一卷，《剔齒閒思錄》一卷，《抱璞簡記》一卷，《椶窗隨筆》一卷，《曝背隨筆》一卷，《攬轡錄》一卷，《平江記事》

一卷，《北行記》一卷，《東祀錄》一卷，《西還注》一卷，《小隱書》一卷，《南州高士雜記》一卷，《蘇雲卿逸事》一卷，《永新人物錄》二卷，《山人家事》一卷，《草堂清興》一卷，《種樹書》一卷，《錄鬼簿》一卷，《汴京勼異摘錄》一卷，《和維愚見記忘》一卷，《江湖記聞》一卷，《幽怪錄》十卷，《癸辛雜識後集》一卷，《續夷堅志》二卷，《雷斅四卷，《年歲紀》十卷。已上子之餘。

《苕溪漁隱叢話》六十卷，《梅磵詩話》二卷，《嚴滄浪詩話》一卷，《都玄敬詩話》二卷，《秋臺清話》一卷，《騷壇白戰錄》一卷，《麓堂詩話》一卷，《定軒詩話》一卷，《歸田詩話》一卷，《拘虛詩話》一卷，《續豫章詩話》十卷，《曹安丘長語》一卷，《學詩管見》一卷，《藝苑雌黃》一卷，《文式錄》一卷，《皇明畫譜》一卷，《會稽掇英集》二十卷，《金石錄》三十卷。已上集之餘。

黃虞稷《千頃堂書目·類書類》 祁承㸁《澹生堂餘苑》六百四卷。

《明史·藝文志·雜家類》 祁承㸁《淡生堂餘苑》六百四卷。

唐宋叢書

黃虞稷《千頃堂書目·類書類》 鍾人傑《唐宋叢書》。俱非足本。

快　書

《四庫提要·雜家類存目一一》 《快書》五十卷。兩淮鹽政採進本。明閔景賢、何偉然同編。景賢字士行，烏程人。偉然字仙臞，仁和人。是編割裂諸家小品五十種，彙爲一集。大抵儇薄纖佻之言。又多竄易名目。如《會心編》改名《秋濤》，《醒言》改名《光明藏》之類，不一而足。甚至周守忠之《姬侍類偶》改名《姝聯》。姝即姬侍，聯即類偶也。亦可謂拙陋矣。

廣快書

《四庫提要·雜家類存目一一》 《廣快書》五十卷。安徽巡撫採進本。明何偉然編。偉然初刻《快書》五十種，與閔景賢同訂。茲又以五十種廣之，同訂者吳從先也。所採皆取明人說部，每一書爲一卷。卷帙多者則刪劉其文。立名詭異，有曰《一聲鶯》者，有曰《有情癡》者，有曰《照心犀》者，有曰《嘔絲》者。所謂萬病可醫，俗不可醫者歟。從先嘗選明一代布衣之詩，名《布衣權》，惟紫淀老人張文峙家藏有寫本。明季兵燹，遂亡佚。而《快書》百種，最下最傳。蓋其輕儇佻薄，與當時士習相宜耳。

薈古介書

《四庫提要·雜家類存目一一》 《薈古介書》。無卷數。安徽巡撫採進本。題東海黃禺金定邵闍生編。不知爲何許人。分前、後二集。前集載豐坊僞《大學古本》、《大學石經古本》，僞《三墳》、《穆天子傳》，孔鮒《小爾雅》、汪若海《麟書》，郭璞《山海經圖贊》，衛元嵩《元包經傳》，魏伯陽《參同契》，胡文煥《逸詩》、《論語會心詩》、《南華逸》、《楚衡嶽神禹碑文》、《漢滕公石槨銘》、《吳季札碑》。後集曰《史訇》、《史遺》、《左逸》、《小易寤凡》、《讖神》、《握奇經》、《奇門專征賦》、《勝義諦》。均叢脞無緒，蓋書肆粗識字義之人刊以射利者也。

津逮秘書

毛晉《汲古閣書跋》 《津逮祕書》。段柯古云：經爲大羹，史爲鼎俎，子爲醯醢，種種有至味存焉。然味不貴多而貴奇，書不貴廣而貴祕。今里巷之士，第求粗糲，尙一飽之無時，試嘗之以龍醬蚳醢，犓脽觟翠，有不驚喜以爲異美者耶！予故謂口之於味，有同嗜焉。得一祕本，輒嚴訂而梓之，以當授粲，而四方同志，亦各各不吝見投，數年來有若干卷矣。邇鹽官胡孝轅氏，復以祕冊二十餘函相屬，惜半燼於玉林辛酉之火。予爲之補亡，併合予舊刻，不啻百有餘種，皆玉珧紫絃，非尋常菽粟也。因念宓羲以迄勝國，凡二十二代三千七百餘年間，作者何限！其或人地隱顯，世代銷沉，可傳

而終祕者，又復何限！予所津指，亦僅僅天廚一臠爾。然朝披一卷焉而祕，夕披一卷焉而祕，正如入招搖之山，粱有祝餘，復獲迷穀。既更不飢，且更不惑，齒牙腸胃間，俱津津焉。味外有異趣，趣外有異想，快哉！顧篇多吳落，本亦滎繆，棗梨易就，手眼難窮，先行數種，以供同嗜。客過而卒業曰：「積書巖罕，有津逮者。子其逮之耶？」予曰：「聊以此當問津云爾。」遂以名編。惟海内先生長者，有以教我。崇禎庚午七夕後一日海虞毛晉漫識。

黄虞稷《千頃堂書目・類書類》 毛晉《津逮祕書》十五集。

《明史・藝文志・類書類》 毛晉《津逮祕書》十五集。

《四庫提要・雜家類存目一一》 《津逮祕書》。無卷數。内府藏本。明毛晉編。晉有《毛詩陸疏廣義》，已著録。此爲所纂叢書，分十五集。凡一百三十九種。中《金石録》、《墨池篇》有録無書，實一百三十七種。卷首有胡震亨序。震亨初刻所藏古笈爲《祕册彙函》，未成而燬於火。因以殘版歸晉，晉增爲此編。凡版心書名在魚尾下，用宋本舊式者，皆震亨之舊。書名在魚尾上，而下刻「汲古閣」字者，皆晉所增也。晉家富藏書，又所與遊者多博雅之士，故較他家叢書去取頗有條理。而所收近時僞本，如《詩傳》、《詩説》、《歲華紀麗》、《瑯嬛記》、《漢雜事祕辛》之類，尚有數種。又《經典釋文》割裂《周易》一卷，尤不可解。其《題跋》二十家，皆鈔撮於全集之中，亦屬無謂。今仍分著於録，而存其總名於此，以不沒其蒐輯刊刻之功焉。

張之洞《書目答問・叢書目》 《津逮祕書》。明毛晉。

稽古堂羣書祕檢

黄虞稷《千頃堂書目・類書類》 高承埏《稽古堂羣書祕檢》二十二種。字寓公。

曝書亭輯叢書

李希聖《雁影齋題跋》卷二 《曝書亭輯叢書》。鈔本。卷首有「朱十彝尊錫鬯」印，朱文。蓋竹垞稿本也。有「南皮張尙書審定」諸印。所輯之書爲桑悦《思玄庸言》一卷，王禕《華川卮辭》一卷，陳獻章《白沙語要》一卷，岳正《類博雜言》一卷，黎文《黎子雜釋》一卷，陸深《儼山纂録》一卷，王鴻儒《凝齋筆語》一卷，鄭善夫《經世要談》一卷，何塘《陰陽管見》一卷，王守仁《傳習則言》一卷，鄭梓輯《郁離子微》一卷，徐泰《詩談》一卷，王文祿《文脈》三卷，王禕《青巖叢録》一卷，馮可賓輯《空同子纂》一卷，崔銑《后渠庸書》一卷，方孝孺《侯城雜識》一卷，黄省曾《擬詩外傳》一卷，《吳風録》一卷，皇甫庸《近峰記略》一卷，黄省曾《客問》一卷，黄潤玉《海涵萬象録》一卷，共二十二種，皆從《學海類編》、《名世學山》二書中録出。其編次之先後，亦不可解，殆欲賡續，未底於成而遂中止。書中用硃筆校過，頗爲精審。書無傳本，藏書家亦均未著録。其集中《跋綏寇紀略》云：「余鈔入《百六叢書》歸田之後，爲友人借失。後十八年，復從吳興書賈購得。」今觀此本，殆即《百六叢書》之餘也，而世亦無傳。蓋竹垞著述散佚者，當不少矣。如《瀛洲道古録》，張鑑《秀水計氏澤存樓藏書記》言《道古録》稿本尙在，而盧抱經《館閣續録跋》言未見。《風庭掃葉録》、《吉金貞石志》，《吉金貞石志》，李光暎《觀妙齋金石文考略》引一條，似已有成書，今未見傳本。亦均無傳。錢竹汀詩云：「鼇尾山房放鶴洲，《靜志居詩話》：城南放鶴洲，南渡初禮部郎中朱敦儒營之，以爲墅洲。名其所題，雖不見地志，觀《樵歌》一編，多在吾鄉所作，此說近是。竹垞放鶴洲取此。偶然隻字亦千秋」，蓋不盡可憑也。

清代前期

學海類編

《四庫提要・雜家類存目一一》　《學海類編》。無卷數。編修程晉芳家藏本。舊本題國朝曹溶編。溶有《崇禎五十宰相傳》，已著錄。此編裒輯唐宋以至國初諸書零篇散帙，統爲正、續二集。各分經翼、史參、子類、集餘四類。而「集餘」之中，又分行詣、事功、文詞、紀述、考據、藝能、保攝、遊覽八子目。爲書四百二十二種，而眞本僅十之一，僞本乃十之九。或改頭換面，別立書名。或移甲爲乙，僞題作者。顛倒謬妄，不可殫述。以徐乾學《教習堂條約》、項維貞《燕臺筆錄》二書考之，一成於溶卒之年，一成於溶卒之後。溶安得採入斯集？或無賴書賈以溶家富圖籍，遂託名於溶歟。

秘書廿一種

《四庫提要・雜家類存目一一》　《祕書廿一種》一百五卷。江西巡撫採進本。國朝汪士漢編。二十一種者，其中《三墳》爲宋人僞書。《楚史檮杌》、《晉史乘》爲元人僞書。《劍俠傳》、《竹書紀年》爲明人僞書。《續博物志》雖不僞而以南宋人爲晉人，亦爲疎舛。今已皆辨證於本書之下。此因士漢裒輯刊刻，別立總名，姑存其目備考焉。

楝亭十二種

劉錦藻《清續文獻通考・經籍考・雜家》　《楝亭十二種》六十九卷。曹寅編。寅字子清，號楝亭。漢軍鑲藍旗人，官至通政司使。臣謹案，寅在揚州刻書，有五種，有十二種。五種者，《類篇》、《集韻》、《玉篇》、《廣韻》、《禮部韻略》是也。十二種者，即是編也。寅與秀水朱彝尊相善，故借鈔曝書亭本甚夥。其自藏宋槧本，則有魏了翁《毛詩要義》，樓鑰《攻媿文集》等，乃所刊之十二種，除南唐史虛白《釣磯立談》、宋劉克莊《千家詩》外，皆宋元人小品，僅足備藝術之助。「楝亭」云者，寅之父於白門使院，手植楝樹數株，搆亭於其閒，顏曰「楝亭」。寅讀父書，眷懷手澤，因以自號云。

昭代叢書

劉錦藻《清續文獻通考・經籍考・雜家》　《昭代叢書》五百六十種五百六十卷。沈楙悳續輯。楙悳字翠嶺，江蘇吳江人。［略］臣謹案，昭代通儒碩彥，不乏鴻篇鉅製，即私家撰述藏之名山者，亦無美不備，於是康熙乙亥、癸未閒，歙縣張潮有《昭代叢書》之刻，分甲乙丙三集，各五十種。迨乾隆丙申秋，震澤楊復吉踵輯《新編》、《續編》、《廣編》、《埤編》、《別編》，亦各五十種。道光甲辰，楙悳乃合張、楊兩家之書而刻之。從張氏之例，命楊氏新編曰丁集，續集曰戊集，廣編曰己集，埤編曰庚集，別編曰辛集，其所自纂之補編曰壬集，萃編曰癸集，於是十幹乃全。遠則仿《昭明文選》賦甲至賦癸之例，近則繼宋左圭之《百川學海》以十干爲次第也。乃徇涇縣朱琦、嘉興沈維鐈之請，刪汰張、楊原書之無裨掌故、有乖大雅者，凡六十種，別爲一編，命曰別集，凡十二冊，而補以近人有用之書，仍如其原數，刊之於世楷堂。楙悳於十幹外，擬刊子集若干種，雖有迮鶴壽等爲之襄校，然僅刊馮桂芬《弧矢算術細草圖解》一冊，始知著書難，刊書亦不易也。

繡谷雜鈔

丁丙《善本書室藏書志・雜家類》　《繡谷雜鈔》六卷。舊鈔本。吳尺鳧藏書。此書彙集七種：錢世昭《錢氏私誌》，錢惟演《家王故事》，周密《紹

興行禮記》，陳晦《行都紀事》，于肇《錢塘瑣記》，周密《思陵書畫記》，李有《古杭雜記》，鈔寫絶精。前有尺鳧手書云：「往與陸雲士論吾邑修志事，謂數書不可得見。今年夏，訪之吳興曹氏，得二種，又從吳郡得五種，命工録之歸。按《錢氏私誌》，世昭以私憾毁歐公，非信論也。《家王故事》僅摘《備史》中語。《紹熙行禮記》序當時一事特詳。《行都記事》、《錢塘瑣記》、《古杭雜記》大半摘鈔《夢粱録》，亦疑是節本。《思陵書畫記》僅載裝潢，不及書畫人姓名，校之《宣和畫譜》，大有間矣。歸舟檢閲，略記於此。康熙丁酉五月廿又三日石門道中薄夜書吳焯。」紙格有「瓶華齋」三字。除《錢氏私誌》一種另目外，存此六種，以見尺鳧先生訪書之勤，品題之精。

雅説集

《四庫提要・雜家類存目一〇》 《雅説集》十九卷。直隸總督採進本。國朝魏裔介編。是書採雜記小品，凡十九種。一曰《劄記内外篇》，二曰《閒居擇言》，三曰《小心齋劄記》，四曰《南牖日箋》，五曰《忠節語録》，六曰《歲寒居答問》，七曰《大中》，八曰《述古自警》，九曰《居學録》，十曰《庸言》，十一曰《好善編身世言》，十二曰《荆園小語》，十三曰《野語》，十四曰《知至編》，十五曰《芝在堂語》，十六曰《管言》，十七曰《剩言》，十八曰《中語》，十九曰《退居瑣言》。皆明季及國初人作。亦裔介隨意摘録，刻爲一集。

古香齋袖珍十種

乾隆敕撰《國朝宫史・書籍一四》 《古香齋袖珍四書五經》一部；《古香齋袖珍史記》一部；《古香齋袖珍綱目三編》一部；《古香齋袖珍古文淵鑑》一部；《古香齋袖珍朱子全書》一部；《古香齋袖珍淵鑑類函》一部；《古香齋袖珍初學記》一部；《古香齋袖珍施註蘇詩》一部；《古香齋袖珍春明夢餘録》一部。謹按我朝文治覃敷，昌明正學，設書局於武英殿，凡纂修諸書告成，專司刊刻，頒行海内。乾隆十一年，皇上校鐫經史，卷帙浩繁，梨棗餘材，不令遺棄，爰仿古人巾箱之式，命刻古香齋袖珍諸書。凡《四書五經》十三册，《史記》一百三十卷，《綱目三編》二十卷，《古文淵鑑正集》六十四卷，《朱子全書》六十六卷，《淵鑑類函》四百五十卷，徐堅《初學記》三十卷，施宿註《蘇軾詩》四十四卷，孫承澤《春明夢餘録》七十卷，謹類識於末。

張之洞《書目答問・叢書目》 《古香齋袖珍十種》。内府刻。

朱文端公藏書十三種

劉錦藻《清續文獻通考・經籍考・雜家》 《朱文端公藏書十三種》一百六十三卷。朱軾編。軾字若瞻，一字可亭，江西高安人。康熙甲戌進士，官至文華殿大學士，謚文端。臣謹案，是編所輯扼修齊治平之要。乾隆二年，高宗御製《周易傳義序》謂，文端清修正學，品重當代。平生所學，專於《儀禮》、《小戴記》，而《易》、《春秋》、《周官》亦旁及焉。其《家訓》取北齊顔之推。之推不諱言失節，與國朝吳偉業「草閒偷活」之苦心，一一流露言外，其揆一也。文端既著録溫公《家範》而復取此，殆不以人廢言歟。

説部新書

丁丙《善本書室藏書志・雜家類》 《説部新書》十册。舊鈔本。海昌許純醇夫氏手輯。一册爲李衎《畫竹譜》，管道昇《墨竹譜》，華光《畫梅譜》，王穉登《丹青志》，沈顥《畫麈》，洪芻《香譜》，陳鼎《荔枝譜》，高兆《荔社紀事》，林嗣環《荔枝話》，褚人穫《續蟹譜》，袁宏道《志促織》。二册爲吳均《續齊諧記》，梅墟校《四字數》，汪雲程《蹴踘圖譜》，柳宗元《紘子記》，張鎡《賞心樂事》，王穉登《吳社記》。三册爲褚澄《褚氏遺書》，陳恂《餘菴雜録》，曹溶《地學指導》。四、五册龔明之《中吳紀聞》。六册

周煇《清波別志》。七冊周必大《二老堂雜誌》。八冊鍾嗣成《錄鬼簿》。九冊楊慎《滇記》，陳鼎《黔遊記》。十冊都穆《寓意編》，杜瓊《紀善錄》，陸埰《簣齋雜錄》，祝允明《讀書筆記》，鄭善夫《經世要談》。醇夫名焞，字純也。通籍木天，即乞養歸里。田園所入，悉以買書。人有善本，必爲借錄。所得書鈐以小印，曰「个是醇夫手種田闢學稼軒藏之」。此書十冊，雜錄歷朝小品三十有二種，皆家僮所寫也。吾友許壬伯賡文人杰爲公之玄孫，有跋綴於後。

小玲瓏山館叢書

張之洞《書目答問・叢書目》　《小玲瓏山館叢書》。馬曰璐。

雅雨堂叢書

張之洞《書目答問・叢書目》　《雅雨堂叢書》。盧見曾。

劉錦藻《清續文獻通考・經籍考・雜家》　《雅雨堂叢書》一百三十四卷。盧見曾編。見曾字雅雨，山東德州人。康熙辛丑進士，官至兩淮鹽運使。臣謹案，見曾深於兩漢之學，推尊鄭氏，如王應麟《困學紀聞》等，凡有涉於鄭氏說者，采輯殆盡。以爲欲求得聖人之遺意者，莫北海經師若也。其他校正宋本刊落謬誤，足與文弨並美云。

四庫全書

慶桂等《國朝宮史續編・書籍九》　《文淵閣四庫全書》。臣等謹案，乾隆壬辰歲，高宗純皇帝詔開四庫館，網羅天下遺書，復裒輯《永樂大典》中散篇，勒於善本。挈其事實爲提要，臚其名數爲《總目》，約之爲《簡明目錄》，精之爲《全書考證》，而《薈要》尤先慶觀成焉。其權衡綱領，大而經訓史法，細而博物攷名，皆與世道人心、典章制度有所關繫，莫不上稟睿裁，詳見節年所頒諭旨。謹依次恭錄，以著聖人創舉之大端。至《全書》浩博，貯文淵閣有年，我皇上敬念聖製增多，具閱典訓，爰命續繕尊藏，以次歸入空函排架，仰見心灋一中，光昭四表，誠穆然於文思文明之盛際焉。

乾隆三十七年正月初四日奉諭旨：朕稽古右文，聿資治理，幾餘典學，日有孜孜。因思策府縹緗，載籍極博，其鉅者羽翼經訓，垂範方來，固足稱千秋法鑑；即在識小之徒，專門撰述，細及名物象數，兼綜條貫，各自成家，亦莫不有所發明，可爲游藝養心之一助。是以御極之初，即詔中外搜訪遺書，並令儒臣校勘《十三經》、《二十一史》，徧布黌宮，嘉惠後學。復開館纂修《綱目三編》、《通鑑輯覽》及《三通》諸書。凡藝林承學之士，所當戶誦家絃者，既已薈萃略備，第念讀書固在得其要領，而多識前因，往往以畜其德。惟蒐羅益廣，則研討愈精。如康熙年間所修《圖書集成》全部，兼收並錄，極方策之大觀，引用諸編，率屬因類取裁，勢不能悉載全文，使閱者沿流溯源，一一枚其來處。今內載藏書，插架不爲不富，然古今來著作之手，無慮數千百家，或逸在名山，未登柱史，正宜及時採集，彙送京師，以彰千古同文之盛。其令直省督撫、學政等，通飭所屬，加意講訪，除坊肆所售舉業時文及民間無用之族譜、尺牘、屏幛、壽言等類，又其人本無實學，不過嫁名馳騖，編刻酬倡詩文、瑣屑無當者，均無庸採取外，其歷代流傳舊書，內有闡明性學治法，關繫世道人心者，自當首先購覓。至若發揮傳注，攷核典章，旁暨九流百家之言，有裨實用者，亦應備爲甄擇。又如歷代名人洎本朝士林宿望，向有詩文專集及近時沉潛經史，原本風雅，如顧棟高、陳祖范、任啓運、沈德潛輩，亦各著成編，並非剿說巵言可比，均應概行查明。在坊肆者，或量爲給價；家藏者，或官爲裝印。其有未經鐫刊，祇係鈔本存留者，不妨繕錄副本，仍將原書給還，並嚴飭所屬，一切善爲經理，毋使吏胥藉端滋擾。但各省蒐輯之書，卷帙必多，若不加之鑑別，悉令呈送，煩複皆所不免。著該督撫等，先將各書敘列目錄，注係某朝某人所著，書內要旨何在，簡明開載，具摺奏聞。候彙齊後，令廷臣檢核，有堪備閱者，再開單行知取進，庶幾副在石渠，用儲乙覽，從此四庫七略，益昭美備，稱朕意焉。

三十八年二月初六日奉諭旨：軍機大臣議覆朱筠條奏內將《永樂大典》

擇取繕寫，各自爲書一節，議請分派各館修書翰林等官，前往檢查，恐責成不專，徒致歲月久稽，汗青無日，蓋此書移貯年深，既多殘缺，又原編體例，係分韻類次，先已割裂全文，首尾難期貫串，特因當時採摭甚博，其中或有古書善本，世不恒見，今就各門彙訂，可以湊合成部者，亦足廣名山石室之藏。著即派軍機大臣爲總裁官，仍於翰林等官內選定員數，責令及時專司查校，將原書詳細檢閱，並將《圖書集成》互爲校覈，擇其未經採錄而實在流傳已少，尚可裒綴成編者，先行摘開目錄奏聞，候朕裁定。其應如何酌定規條，即著派出之大臣詳悉議奏。至朱筠所奏每書必校其得失，撮舉大旨，敍於本書卷首之處，若欲悉仿劉向校書序錄成規，未免過於繁冗，但向閱內府所貯，康熙年間舊藏書籍多有摘敍，簡明節略，附夾本書之內者，於檢查洵爲有益。應俟移取各省購書全到時，即命承辦各員將書中要指隱括，總敍厓略，粘開卷副頁右方，用便觀覽。

四十四年二月二十六日奉諭旨：四庫全書館節次彙進各省送到違礙應燬書籍，朕親加抽閱，內如徐必達《南州草》所載《奸商奸璫結賄欺君》諸疏，俱持論不撓，極爲伉直；又如蕭近高《疏草》內載其劾大璫潘相等以礦稅擾民，宋一韓《掖垣封事》亦有《劾東廠及稅監李鳳梁永等蠹國病民》諸疏，均屬詳明剴切；又侯震暘《天垣疏略》以客氏再入禁中，抗章極論，并及於沈漼之交通內臣，亦難侃侃不阿。雖其間若徐爾一之九八分疏極口詆斥孫承宗，而於溫體仁、霍維華等則曲加贊譽，是非倒置，以圖熒聽；此外亦不過摭拾陳言，因無足取；其餘讜論危言，切中彼時弊病者，實俱無慚骨鯁。前因明季諸臣，如劉宗周、黃道周等，立身行己，秉正不回，其抗疏直諫，皆意切於匡濟時艱，忠藎之忱溢於簡牘，已降旨將其違礙字句酌量改易，毋庸銷燬。因復思明自神宗以後，朝多粃政，諸臣目擊國勢之阽危，往往苦口極言，無所隱諱，雖其君置若罔聞，不能稍收補救之效，而遺篇具在，凡一時廢弛瞀亂之迹，痛切敷陳，足資考鏡。朕以爲不若擇其較有關係者，別加編錄，名爲《明季奏疏》，勒成一書，使天下萬世曉然於明之所以亡，亦可垂宗方來，永爲殷鑑。況諸臣彈劾權奸，指摘利病，至不憚再三入告，實皆出自愛君體國之誠，而其姓名章疏，不盡見於《明史》。朕方欲闡幽顯微，又何忍令其湮沒弗彰？況諸臣在勝國言事，於我國家間有干犯之語，彼自爲其主，不宜深責；非若身入本朝，肆爲詆悖者可比。原不妨就其應存諸疏，將觸背字面量爲改易選錄，餘仍分別徹燬，於辦理違礙書籍，似屬並行不悖。著交該總裁遴選一、二人，詳悉校閱，編輯繕錄，以次呈覽，候朕鑑定，並將此通諭中外知之。

又《書籍十》　《聖製重華宮茶宴廷臣及內廷翰林用四庫全書聯句復得詩二首》：甲午。四庫輯書煥東壁，七言聯句聚西清。台衡乙乙都抽思，檢校彬彬亦署名。《四庫全書》總裁既令概與吟宴，并其總校之翰林三人，亦令至重華宮入宴和韻。日穀却欣逢任養，是日壬戌，任養於壬，更符八穀祥占。月干更適建文明。正月建丙寅，明炳於丙，文明之象也。漫言嘉會斯和樂，心在金川願洗兵。

瑯環秘籍歷增多，從事讕言覺大過。《瑯環記》載張華嘗爲建安從事，遊於洞宮，遇一人於途。問華曰：「君讀書幾何？」華曰：「華之未讀者，二十年內書，蓋有之。若二十年外，固已盡讀之矣。」因共至一處大石中，忽有門引入一室，陳書滿架。其人曰：「此歷代史也。」又有一室，曰：「萬國志也。」惟一室封識甚嚴，有二犬守之，曰：「此玉京諸秘籍。二犬，龍也。」華歷觀諸室書，皆漢以前事，多所未聞者。華欲賃住數十日，其人曰：「此瑯環福地，豈可賃耶」云云。古今書籍，即在人間者，豈能讀遍？所言未免過誇。不必石室秘藏，始足證其妄也。史乘書倉屏忌諱，初下採訪遺書之旨，應者寥寥，意必督撫中疑有忌諱干礙字面，預存寧略毋濫之見，以致觀望不前，因復諭各省以既下詔訪求遺籍，豈有尋摘瑕疵，罪及收藏家之理？令各明切曉諭，釋其疑畏，於是天下之書，皆踴躍呈獻。稗官雜說概蒐羅。要拈摛藻先謄繕，御花園摛藻堂中，本就大內所有書籍分四庫貯之。曾有詩云：「芸篇貯萬卷，牙籤分四部」云云。茲命于敏中、王際華於《全書》中擇其尤精者，別爲《薈要》，與《全書》一體繕錄，仍按四庫陳弆堂中。典數上聲。開元廣勘磨。著作酬他業勤肄，施行愧我政如何。

四庫全書薈要

慶桂等《國朝宮史續編·書籍八》　《摛藻堂四庫全書薈要》。臣等謹案，《薈要》萃《全書》之精，自乾隆癸巳特詔編錄，閱七載告成，命於乾清宮北摛藻堂排貯，鈐「摛藻堂」印識之，以別御園「味腴書室」所藏者也。經部列架六，史部列架十，陳於左；子部列架六，集部列架十，陳於右。函以木櫝，其二、三種同函者，中用格別之。凡萬一千二百六十六冊，四百六十四部。每書前皆有提要，括書中大指，而考證附冊尾焉。首列總目

一函；次經部百七十三種，釐三百八十四函；史部七十種，六百四十函；子部八十二種，三百八十四函；集部百三十九種，五百九十二函；總二千函。錦贉環羅，左宜右有，信足苞䕼林之奧要，光祕府之珍儲也。謹錄聖諭詩篇於簡端，而分系各書門目於後。

乾隆三十八年五月初一日奉諭旨：朕幾餘懋學，典冊時披。念當治修明之會，而古今載籍未能蒐羅大備，其何以裨藝林而光策府？爰命四方大吏，加意採訪，彙上於朝；又以翰林院署舊藏明代《永樂大典》，其中墜簡逸篇，往往而在，並勅開局編校，芟蕪取腴，每多世不經見之本；而外省奏進書目，名山祕笈，亦頗裒括無遺；合之大內所儲，朝紳所獻，計不下萬餘種。自昔圖書之富，於斯爲盛。特詔詞臣，詳爲勘覈，釐其應刊、應鈔、應存者，系以提要，輯成數目，依經、史、子、集部分類聚，命爲《四庫全書》。簡皇子大臣爲總裁以董之。間取各書繙閱，有可發揮者，親爲評詠，題識簡端，以次付之剞劂，使遠爾流傳，嘉惠來學。其應鈔各種，則於雲集京師士子中，擇其能書者，給札分鈔，共成善本，以廣蘭臺、石渠之藏。第全書卷帙，浩如淵海，將來庋弆宮庭，不啻連楹充棟，檢玩爲難，惟摛藻堂向爲宮中陳設書籍之所，牙籤插架，原按四庫編排。朕每憩此觀書，取攜最便。著於《全書》中擷其菁華，繕爲《薈要》，其篇式一如《全書》之例。蓋彼極其博，此取其精，不相妨而適相助，庶縹緗羅烈，得以隨時流覽便，足資好古敏求之益。著總裁于敏中、王際華專司其事，書成即以此旨冠於《薈要》首部，以代弁言。

《聖製重華宮茶宴內廷大臣翰林等題四庫全數薈要聯句並成二律》：庚子。《薈要》書成庋摛藻，聯吟文宴啓重華。酌經炊史儒風邑，鼓瑟吹笙淑氣嘉。卜以晝而弗卜夜，行非酒也乃行茶。亦知臨樂應不歎，未免思前暗自嗟。

全成《四庫》尚需時，要帙粹鈔今藏斯。摛藻先陳眞是速，味腴繼貯亦非遲。《薈要》粹全書之精，每部凡萬二千冊。一貯摛藻堂，於己亥年告成；一貯味腴書室，於庚子年告成。有如嘗鼎一臠美，足傚儲編二酉奇。稽古右文緬祖訓，皇祖御寶有「稽古右文」小璽。牖民迪世有深資。

武英殿聚珍版印行書

慶桂等《國朝宮史續編・書籍二〇》　《武英殿聚珍版印行書》一百二十六種。諸書續有排印，先列現行書目。

《欽定武英殿聚珍版式》一部。乾隆三十九年，侍郎臣金簡以《四庫全書》中善本請廣流傳，因仿宋人活字版式，鐫木單字二十五萬餘，印行稱便，賜名曰「聚珍金簡」。綜述其法，編是書奏進，凡國十有六，說十有九，總爲一卷。

《聖製題武英殿聚珍版十韻》：有序，甲午。校輯《永樂大典》內之散簡零編，並蒐訪天下遺籍不下萬餘種，彙爲《四庫全書》，擇人所罕覯、有裨世道人心及足資考鏡者，剞劂流傳，嘉惠來學。第種類多則付雕非易。董武英殿事金簡以活字法爲請，既不濫費棗梨，又不久淹歲月，用力省而成功速，至簡且捷。考昔沈括《筆談》記宋慶曆中，有畢昇爲活版，以膠泥燒成；而陸深《金臺紀聞》則云：毘陵人初用鉛字，視版印尤巧便。斯皆活版之權輿，顧埏泥體麤，鎔鉛質輭，俱不及鋟木之工緻。茲刻單字，計二十五萬餘。雖數百十種之書，悉可取給，而校讎之精，今更有勝於古所云者。第活字版之名不雅訓，因以「聚珍」名之，而系以詩。

稽古搜四庫，於今突五車。開鐫思壽世，積版或充閭。張帖唐院集，周文梁代餘。同爲製活字，用以版全書。精越《鶡冠》體，昨歲江南所進之書有《鶡冠子》，即活字版，第字體不工，其多訛謬耳。富過鄴架儲。機圓省雕氏，功倍謝鈔胥。聯腕事堪例，埏泥法似疎。毀銅昔悔彼，康熙年間編纂《古今圖書集成》，刻銅字爲活版排印，藏工貯之武英殿。歷年既久，銅字或被竊缺少，司事者懼干咎，時值乾隆初年京師錢貴，遂請毀銅字供鑄，從之。所得有限而所耗甚多，已爲非計，且使銅字尚在，則今之印書，不更事半功倍乎？深爲惜之。刊木此慙予。既復羨梨棗，還教慎魯魚。成編示來學，嘉惠志符初。

張之洞《書目答問・叢書目》　《武英殿聚珍版書》。通行者一百三十八種，續出者尚多。福州重刻。杭州重刻三十九種。

傅以禮《華延年室題跋》卷上《欽頒武英殿聚珍版書》浙刻本　右《武

英殿聚珍版書》三十九種，一百二十四册，二十函，浙江重刊本也。卷首無總目而有書單，本，記各書價值，今藉以考其種數。每種附督撫、學政、司道等《恭紀》一篇，後載承刊校對諸臣職名。先是，乾隆癸巳，詔以《永樂大典》中散見諸書裒輯成編者，用排字板印行，賜名「聚珍版」，從侍郎金簡之請也。越五載，頒其書於東南五行省，俾所在覆鐫，廣厥流傳。一時承命開雕，踴躍從事。此本而外，曾見江南、福建兩槧，江南本未覩其全，不知共如干種，其板亦袖珍式，視此稍闊，各種亦綴以《恭紀》特文，乃駢體耳。福建本就原書翻刻，卷帙特侈，今板儲司庫者，尚有一百二十二種之夥。光緒初，當事議以校補之役，諉諉會經費無出，不果。此本初分三次授梓，故俗有初、二、三單之稱。嗣以初、二單卷帙皆簡，而巨編咸萃三單，前後不稱，於是復加排比，都爲一集。各單之原目，知者遂尠，賴《恭紀》文內在事諸人名姓互有異同，得以辨別其次序。姑以首列之督臣證之。凡署「鐘音名」者，初單也。其書爲《欽定武英殿聚珍版程式》、《易象意言》、《儀禮識誤》、《漢官舊儀》、《鄴中記》、《嶺表錄異》、《老子道德經》、《海島算經》、《澗泉日記》、《浩然齋雅談》、《歲寒堂詩話》、《茶山集》、《拙軒集》，共十三種。「易三寶」名者，二單也。其書爲《禹貢指南》、《春秋傳說例》、《春秋辨疑》、《帝範》、《傅子》、《農桑輯要》、《墨法集要》、《五經算術》、《孫子算經》、《夏侯陽算經》、《甕牖閒評》，共十一種。「三寶」兼閣銜者，三單也。其書爲《易緯》、《郭氏傳家易說》、《融堂書解》、《絜齋毛詩經筵講義》、《魏鄭公諫續錄》、《麟臺故事》、《水經注》、《直齋書錄解題》、《明本釋》、《雲谷雜記》、《考古質疑》、《敬齋古今黈》、《文恭集》、《絜齋集》、《金淵集》，共十五種。重訂後，通題第一單，蓋此以爲初編。餘書嗣出，惜時局變遷，從此輟工，遂不逮閩槧之富，而讐勘之精詳，雕造之工緻，則遠過之。時董其役者，爲振綺堂汪氏，壽松堂孫氏，大知堂汪氏，知不足齋鮑氏，皆吾鄉藏書家。其書用巾箱本，亦仿鮑氏叢書也。不幸咸豐末兩丁兵燹，板本盡付劫灰。今祇零種偶存，即全書亦不可多得矣。夫以斯世罕覯之秘籍，頒布出自內廷，剞劂成於大府，當日固頌爲曠典，後世宜傳爲美談。乃甫歷百年，浙人已不能道其事，間有知初、二、三單之名者，詰以某單共幾種，某書在何單，皆瞠目無以應。以禮深懼先朝盛事之湮沒不彰也，爰就宿昔所得故老遺聞，覼縷述之，庶後之有志收藏、留心掌故者，藉此得悉其顚末云。

曩歲辛亥秋試在都，損十金獲是書於廠肆。校刊頗審，惜未能通體清朗。蓋當時分三次付鍥，洎後訖工，而先出者寖漫漶矣。幸刊行在前者流傳較多，購致亦易，嗣覩初印零種，輒博收以備抽换。會得陶文簡望齡手批《侯鯖錄》，其族裔琴子明府樂咸見而乞去，而以是書全部見詒，由是所聚益夥。方擬分別甄釐，裒爲兩本，以最善者珍藏，以稍次者備覽，不意辛酉遭亂，幷先世圖籍播散殆盡。事平後，摭拾殘賸，友人又從常賣家贖歸十二函，然視舊藏，祇十存五六已。今夏權守建州，攜庋行篋，暇日董理，其中鼠傷蟲囓，蘇痕漬跡，觸目皆是，幸各種咸具，尚可輯爲全書。爰擇楮墨致佳者，或數本合併，或逐頁補輯，依舊分裝一百二十四册。考是書頒刻在乾隆丁酉、戊戌間，迄今已逾百稔。即歸余齋，亦垂四十年。況以百數十卷巨編，出於沈霾剝蝕之餘，居然首尾無闕，復爲完帙，雖其本不一，而其版則一，較之前人百衲《史記》，大小長短諸刻雜糅者，同一集腋成裘，而論裁縫滅迹，則彼相形見絀矣。裝訖綴筆，不覺以書簏自笑。

劉錦藻《清續文獻通考·經籍考·雜家》　《武英殿聚珍板叢書》二千八百九十一卷。乾隆三十八年奉敕編。臣謹案，聚珍版創行之始，出於廷臣金簡，然較康熙朝范銅鑄字排纂《圖書集成》，法較簡矣。高宗嫗工鋟木，刻單字二十五萬餘，並定名爲聚珍版，且題詩十韻以張之。先後排印成帙，曰經，曰史，曰子，曰集，則總稱之曰《武英殿聚珍版叢書》。工緻匀整，斠若畫一，洵乎洋洋大觀也。惟是時移代易，散亡孔多，不特版字無存，即全書亦視如鴻寶。江西、福建、浙江三省均有繙刻。光緒中葉，廣雅書局重以舊版付諸剞劂，排次井井，無虞漫漶，此書於以不朽矣。竊謂埏泥體矗，鎔鉛質輭，聖論精確，無與倫比。然即范銅鋟木，取給固易。收蓄殊難。稍失保存，則已星分汗散，且排比以後，印刷若干，欲圖再舉，必需重集，不如梓人操槧，朗若眉列，功雖倍而一勞永逸矣。歐美諸國，風行排字，其製與聚珍版相彷彿，然顚倒錯亂，倉猝成書，殊不足附於古作者之林也。

奇晉齋叢書

劉錦藻《清續文獻通考・經籍考・雜家》　《奇晉齋叢書》十九卷。陸烜編。烜字子章，號梅谷，浙江平湖人。臣謹案，是編共十六種，每種卷尾烜自爲跋語。烜泛濫於稗官小說家言，未嘗不以記醜而博爲戒，故首登李濬《松窗雜錄》，於蘇頲鸚鵡之對，李泌勤儉之陳，狄梁公姨有子，不欲其事女主之語，謂君子觀之，可知得失。而於文山、遺山兩《題跋》亡國孤忠，尤爲三致意焉。是亦小品中大觀也。

貸園叢書

張之洞《書目答問・叢書目》　《貸園叢書》。周永年、李文藻。

劉錦藻《清續文獻通考・經籍考・雜家》　《貸園叢書》四十六卷。周永年編。永年見上《雜家類・雜纂》。臣謹案，永年與青州李文藻交，垂三十年。文藻官恩平、潮陽時，刊書十餘種，其原本大都借自永年。文藻沒而板歸永年，遂彙刻十二種。文藻嘗言曰：藏書不借，與藏書之意背矣。刻書不印，其與不刻奚異。永年贊歎，以爲名言，故廣爲流布，以慰文藻之志云。

漢魏遺書鈔

張之洞《書目答問・叢書目》　《漢魏遺書鈔》。王謨。分經、史、子、集四部。刻成通行者止《經翼》一種。

函海

劉錦藻《清續文獻通考・經籍考・雜家》　《函海》四十函八百五十卷。李調元編。調元見《經部・易類》。［略］臣謹案，是編於蜀都，文獻采輯宏富，命其名曰《函海》，亦猶宋左圭之《百川學海》、明商濬之《稗海》也。調元生際盛時，適開四庫，蒐采遺書。時調元由廣東學政，監司畿輔。去京咫尺，而向在翰院同館諸人，尺素相通，因得借觀天府藏書之副本，時付鈔胥。始於乾隆辛丑秋，迄於壬寅冬，裒然成帙。先刻二十函，其弟鼎元及其子朝夔續刻二十函，前後凡四十函。殘闕訛謬，重加校補。至光緒八年，廣漢鍾登甲宴林，重刻巾箱本，移易次第，增減各種，非復羅江舊觀矣。

經訓堂叢書

張之洞《書目答問・叢書目》　《經訓堂叢書》。畢沅。

劉錦藻《清續文獻通考・經籍考・雜家》　《經訓堂叢書》一百六十七卷。畢沅編。沅見《經部・禮類・大戴禮》。臣謹案，沅開府西安，一時經術湛深之士，如孫星衍、洪亮吉、汪中、黃景仁輩，皆從之遊。所輯叢書有《校正呂氏春秋》一種。咸陽賓客，至今有遺風焉。於關中輿地金石，大有華路藍縷、以啓山林之毅力。乾隆癸卯，校刊於經訓堂。其功亦云鉅矣。

抱經堂叢書

張之洞《書目答問・叢書目》　《抱經堂叢書》。盧文弨。

劉錦藻《清續文獻通考・經籍考・雜家》　《抱經堂叢書》二百六十二

卷。盧文弨編。文弨見《經部・禮類・儀禮》。臣謹案，文弨嘗謂今之所貴於宋本者，謂經屢寫，則必不逮前時也。然書之失眞，亦每由於宋人。宋人每好逞臆見而改舊文。文弨有鑑於此，校勘宋槧，洗專己守殘之陋，匯博學詳説之資。先儒之精藴，賴以留。俗本之譌文，賴以正。以故歸田後二十餘年，昧爽起，繙閲點勘，朱墨並作，几間闃無置茗甌處。日且暝，始出戶，散步庭中，俄而篝燈如故，至夜而後即安。祁寒酷暑，不稍閒。其劬學如是。

羣書拾補

李慈銘《越縵堂讀書記・雜家類》 《羣書拾補》。淸盧文弨撰。夜閲《羣書拾補》。此書所校，自《五經正義》至《林和靖集》共三十七種，然其中惟《易經》、《尚書》注疏，《史通》，《鹽鐵論》，《新序》，《説苑》，《申鑒》，《列子》，《韓子》，《晏子》，《風俗通義》，《新論》，《潛虚》，元、白《集》十五種，通校全書爲稍詳。所補者惟《山海經圖讚》、《風俗通》佚文爲最完備，而《易經》注疏，惟正汲本之誤，不及官本。《新序》、《申鑒》、《列子》、《潛虚》亦甚寥寥。《山海經圖讚》則今郝氏箋疏本已刻之，其除大率僅標舉一二篇。據盧氏自序，固言限於資力，約之又約，終未快於懷也。同治己巳正月三十日

閲盧氏《羣書拾補》，其於《風俗通》最用心，所輯逸文至六十五番，再能搜輯宋人類書更補綴之，尤當可觀。光緒丁亥四月十六日

耿文光《萬卷精華樓藏書記・雜家類八》 《羣書拾補》三十七卷。國朝盧文弨撰。抱經堂本。是書不分卷數，板口刻經、史、子、集，共書三十七種。開首爲錢氏大昕序，次乾隆五十二年自序，次目錄。題曰「初編」，蓋先出者。其二編未見。先生時已七十一，想亦不復再續，深可惜也。每書下各注補逸校正或某篇先出，皆《抱經堂叢書》中所無者，目不備錄。其校正要語，皆散見於各書之下。《孫氏書目・字書》內「《羣書拾補》三十九卷」。「九」字恐是「七」字之誤。與《説文》爲類，亦未妥。今入《雜家・考証類》，以一種爲一卷。

盧氏自序曰：年家子梁曜北語余曰：所校之書，勢不能皆流通於世。莫若先舉缺文斷簡、譌謬尤甚者，摘錄以傳諸人，費省而功倍，宜若可爲也。余感其言，就余力所能，友朋所助，次第出之，名曰《羣書拾補》。約之又約，以公諸世，庶余之勤爲不虚也已。

經學叢書

李慈銘《越縵堂讀書記・叢書類》 《吳氏經學叢書》。隆福寺書賈取璜川《吳氏經學叢書》來。其《章水經流考》一卷，據吳志忠跋，謂不著撰人姓氏。書中稱禮從大學士富陽葉公校閲庫書，知是乾隆間人名禮，而未知其姓。所考章水經流，實爲三江而發，大略言江右豫章之水，蘇氏軾定以爲《禹貢》之南江，蓋祖鄭康成岷江至彭蠡幷與南合始得稱中之説。因證以今豫章江出南安之聶都山，奔流直下，凡一千九百八十里，亦與彭蠡爲匯，至尋陽而始合大江，故鄭氏逆得經，而以班固、韋昭、郭璞、顧夷諸家之説爲非，其辭甚辯。今案其中有云吾江右及司鐸南安語，則仕籍皆可詳，當訪之江西人也。

《道德眞經集注釋文》一卷，宋鶴林彭耜撰，爲《道藏》本，前有自序，謂集李、林二家音釋，以補陸德明之未備。其經文則專據政和御本而互見諸家同異。今觀其引有河上本、王弼本、李畋音解本、纂微本、五注本、達眞本、淸源本，李畋以下，多世所不傳，可貴也。

《春秋疑義》一卷，無錫華學泉著，華氏字霞峰，顧復初《春秋大事表》嘗稱之。所著尚有《讀易偶存》六卷，《春秋類考》十二卷，倶未刻。

吳英《經句説》二十四卷，英字簡舟，即志忠之父。其學不主漢宋，兼采諸家，頗有所折衷，然不脫學究講章氣。簡舟爲陳碩甫姑之夫，碩甫序稱所著尚有《六書解》而頗存微詞。又言簡舟之父嬾堂著有《經史論存》，並附刻叢書後，志忠序亦云然。今總目中無有，蓋已去之矣。簡舟言其祖容齋生于新安之璜原，後居上海，老遷蘇州之瀆川，與惠松厓交好，曾由部曹守吉安，歿後松厓爲作《墓志》。半農《禮説》、《大學説》是上海彭純甫所刻版；《春秋説》則吳企晉所刻版，簡舟與企晉爲從兄

弟也。

岳氏《刊正九經三傳沿革例》稱，依也是園影宋本開雕，當取知不足齋本一校之。同治壬申正月二十日。

拜經樓叢書

張之洞《書目答問·叢書目》 《拜經樓叢書》。吳騫。

知不足齋叢書

張之洞《書目答問·叢書目》 《知不足齋叢書》。鮑廷博。

劉錦藻《清續文獻通考·經籍考·雜家》 《知不足齋叢書》三十集一百九十八種七百六十五卷。鮑廷博編。廷博見《史部·目錄類·經籍》。臣謹案，廷博父由歙遷武林，顏其所居曰「知不足齋」，而廷博能讀父書，並以流傳古書爲己任。時則浙東西藏書家如趙氏小山堂、盧氏抱經堂、汪氏振綺堂、吳氏拜經樓，互相借鈔，依據善本，其校勘之精，超出陶九成、商濬、屠隆、吳琯之上。恭遇我朝開四庫全書館，廷博獻書六百餘種，高宗親灑宸翰，題所進參寥子《唐闕史》及宋仁宗《武經總要》二書，御製詩以寵之。稽古之榮，士林豔稱之。嘉慶十八年，欽賜舉人。以廣刊祕籍之苦心，膺疊沛天恩之異數，宜也。粵亂之後，板已漫漶。光緒壬午，爲廣州芸林仙館修補印行，視原書非復舊觀矣。

後知不足齋叢書

劉錦藻《清續文獻通考·經籍考·雜家》 《後知不足齋叢書》八函五十六種一百八十八卷。鮑廷爵編。廷爵字叔衡，江蘇常熟人。浙江候補知縣。臣謹案，廷爵係歙產，遷常熟。希蹤前哲，於光緒甲申，踵刻是編。有吳縣潘曾瑋、嘉定徐郙爲之序。雖不及廷博讎校之精良，然較之道光閒渤海高承勳《續知不足齋》之二集，已有上下床之別。光緒丙申、丁酉閒，廷爵榷稅於王店屠甸寺，設曝書亭文社，以姚鼐、曾國藩所論考據、義理、經濟、詞章四門，捐廉課士，即以所刊零種，分贈高材生。中郎之籍，付之王粲，至今有遺風焉。先是，婁縣楊葆光提倡風雅，而廷爵繼之，故百里之閒，士子皆掇巍科而去。作育人才之效，於斯可睹焉。

續知不足齋叢書

劉錦藻《清續文獻通考·經籍考·雜家》 《續知不足齋叢書》二集十七種三十九卷。高承勳編。承勳字松三，直隸滄縣人。臣謹案，是編板心皆刻曰「續鮑叢書」，然僅刊二集，亦猶部婁之於泰岱矣。殿以《游戲錄》，冠以《和劑局方》。夫游戲無論矣，所謂《太平惠民和劑局方》十卷，《指南總論》三卷，雖歷代相傳禁方，盛行於宋元之閒，然自道光至今，扶輿磅礴，稟氣薄弱，若執古方以治今病，未免膠柱鼓瑟矣，奚可哉？

藝海珠塵

張之洞《書目答問·叢書目》 《藝海珠塵》。吳省蘭。刻未精。

劉錦藻《清續文獻通考·經籍考·雜家》 《藝海珠塵》八集三百三卷。吳省蘭編。省蘭字湶之，江蘇南匯人。乾隆戊戌欽賜進士，官至工部左侍郎。臣謹案，省蘭是編，分甲、乙、丙、丁、戊、己、庚、辛八集，每刊一集，大致略分經史子集。金山錢熙輔續壬、癸二集，體例亦同。乃後吳氏書版歸蘇州某書坊，擅易金、石、絲、竹、匏、土、革、木八音爲次序，非復舊觀矣。

岱南閣叢書

張之洞《書目答問・叢書目》《岱南閣叢書》。孫星衍。

劉錦藻《清續文獻通考・經籍考・雜家》《岱南閣叢書》十六種一百五十三卷。孫星衍編。臣謹案，是編雖較《平津館叢書》卷帙略少，然使朝野上下能讀《孫子十家注》，則可以整軍經武矣。能讀《唐律疏義》及宋提刑《洗冤集録》，則可以明罰勑法矣。且讀《倉頡篇》，可以守國粹。讀《括地志》，可以保領土。其開卷首列《古文尚書》馬鄭注，示聖經之無僞也。自近人《新學僞經考》行，不三十年，遂釀成黜經廢孔之大變，安得以岱南閣一編救正之。

平津館叢書

張之洞《書目答問・叢書目》《平津館叢書》。孫星衍。

劉錦藻《清續文獻通考・經籍考・雜家》《平津館叢書》四十三種二百三十七卷。孫星衍編。星衍見《經部・易類》。臣謹案，《平津館叢書》，陽湖孫星衍所輯。其序云，自甲到癸，終始十集。朱記榮謂其鑑別之精，校訂之確，洵能備三善而絕五弊，宜其高出諸家叢書之上，而足爲後世之規橅，誠不誣也。夫星衍生乾嘉盛世，家有賜書，歷官中外，見聞尤博，而其迻鈔搜輯，歷二十餘年如一日。是書之成，則在嘉慶壬申。至光緒乙酉，吴縣朱記榮復刻於吳門，體例悉仍其舊。此書一經一史，亦墨亦儒，洵巨製也。

讀畫齋叢書

張之洞《書目答問・叢書目》《讀畫齋叢書》。顧修。

劉錦藻《清續文獻通考・經籍考・雜家》《讀畫齋叢書》八集四十六種一百九十四卷。顧修編。修字菉崖，浙江石門人。臣謹案，是編自甲至辛八集，別本附《南宋羣賢小集》、《江湖後集》兩種。是書全仿鮑廷博《知不足齋》例，不以時代限，亦不以四部分次第，每得一書，必與仁和孫志祖商榷，又得蕭山徐鯤爲之點勘。其校讎之精，實駕海虞毛氏《津逮祕書》之上。甲集四種，尤爲治《選》學者之南鍼也。

學津討源

張之洞《書目答問・叢書目》《學津討源》。張海鵬。校未精。

劉錦藻《清續文獻通考・經籍考・雜家》《學津討原》二十集一百七十二種一千四十三卷。張海鵬編。海鵬字若雲，號子瑜，江蘇常熟人。諸生。臣謹案，海鵬是編，就毛晉汲古閣《津逮祕書》而增損之。去取之閒，尤爲矜慎。如《津逮》中之《子貢詩傳》、《申培詩說》係明人僞撰，他如《焚椒録》之穢，《捫蝨新話》之妄，早經《四庫提要》論駁，今不著録，一遵去僞存眞之意。且毛氏多采及書畫題跋暨詩評詩話，卷帙稍繁，是編義例謹嚴，又與宋本《太平御覽》同時付梓，以公同好，宜洪亮吉樂爲之序。夫學無津涯，而海鵬嗜古若渴，譬張騫之窮河源，不登崑崙不止，是則汲古之功臣也。

墨海金壺

張之洞《書目答問・叢書目》《墨海金壺》。張海鵬。

劉錦藻《清續文獻通考・經籍考・雜家》《墨海金壺》一百十五種七百二十九卷。張海鵬編。臣謹案，是編以存亡繼絶爲宗旨，恪遵《四庫提要》之意，凡原本久佚從《永樂大典》録出者，亟爲登録，不稍遺漏。蓋深知一卷之書，古人之精神命脈寄焉。石韞玉爲序其簡端，引王子年《拾遺記》云：周時浮提之國獻神通善書者二人，肘開出金壺，中有墨汁如漆，灑

之著物，皆成篆隸科斗之字。今海鵬以此義名其書，將使金壺中一點墨，灑遍華嚴世界。即胸無點墨者，亦得挹取醍醐，濬其聰明智慧，證爲上乘也。昔海鵬爲其配屈氏作《行狀》，述其言曰：世人知積而不知散，積書與積金，其愚等也。叢編之刊，是散金之餘而廣書之傳也。豈非有菩薩布施之心乎！

借月山房叢書

張之洞《書目答問・叢書目》 《借月山房叢書》。張海鵬。一名《澤古齋叢鈔》。

借月山房彙鈔

劉錦藻《清續文獻通考・經籍考・雜家》 《借月山房彙鈔》十六集一百三十五種二百八十六卷。張海鵬編。臣謹案，海鵬先有《學津討原》、《墨海金壺》之刻，專蒐采古書，而於有明及國朝諸名人著述，未之及也。是編悉取諸近代，凡經學、小學、雜史、野乘、奏議、傳記、地理、政書、史評、儒家、術數、藝術、譜錄，以及雜家小說，詩文評類，本末之學略備。試開卷一覽，足以濬學者之神智而擴閒居之見聞，不啻瑯嬛福地，恣意所游焉。茲刻蒇事於嘉慶十七年七月。道光初版歸上海陸璜，易其名爲《澤古齋叢鈔》，而彙鈔原本，幾成爲希世之寶矣。

問經堂叢書

周中孚《鄭堂讀書記・雜家類八》 《問經堂叢書》十八種。承德孫氏刊本。國朝孫馮翼校刊。馮翼仕履見《别史類》。鳳卿雖寄籍瀋陽，而自少隨宦江左，於陽湖孫淵如師爲從子，親承淵如師指授，善讀古書，尤精讎校。輯錄諸子最夥，皆極謹嚴，不涉於濫。嘉慶四年，先有《佚子書三種》之刻，謂《新論》、《典論》、《皇覽》也。歙縣程讓堂瑤田、宣城張惺齋炯俱爲之序。久之，合其所校刊諸書，編爲《問經堂叢書》。余既按部分記，而存其總目於左。

張之洞《書目答問・叢書目》 《問經堂叢書》。孫馮翼。《彙刻書目》未盡。

湖海樓叢書

張之洞《書目答問・叢書目》 《湖海樓叢書》。陳春。

劉錦藻《清續文獻通考・經籍考・雜家》 《湖海樓叢書》十二種一百八卷。陳春編。春，浙江蕭山人。臣謹案，蕭山汪吏部繼培家富藏書，春時相過從，商榷古今。每得善本，賞奇晰疑。春父七十生辰，繼培以手校《列子張注》爲壽，春即欣然付梓，此刻叢書之權輿也。惜繼培遽爾殂謝，《鹽鐵論》未有成書，春亦連丁家難，不無輟作，嗣與王進士晚聞重加審正，僅刊十二種。而宋陳傅良之《永嘉八面鋒》，明陳士元之《論語類考》，私於一家之學，雖述舊德，不免微瑕。李慈銘謂其中多善本而擇之不精，殆以此也。

四録堂輯録校訂書

朱記榮《國朝未刊遺書志略・子目》 《四録堂輯録校訂書》二十六種。烏程嚴可均。《王孫子》一卷，陸賈《新語》二卷，桓譚《新論》三卷，魏文帝《典論》一卷，杜恕《體論》一卷《篤論》一卷，陸景《典語》一卷，袁準《正論》一卷《正書》一卷，《鬻子》一卷，《鍾會等注老子》一卷，《老子唐本攷異》一卷，案是編據易州碑本、傅奕古本、明皇注本與《釋文》互校。《符子》一卷，《蘇子》一卷，《申子》一卷，崔寔《正論》二卷，桓範《世要論》一卷，劉廙《政論》一卷，《闕子》一卷，仲長統《昌言》二卷，蔣濟《萬機論》一卷，《傅子》一卷，馬總《意林校勘記》一卷，案《意林》

宋本有弟六卷，《訓纂堂叢書》刻有《校勘記》。《初學記校正》三十卷，此據宋刻本校。崔寔《四民月令》一卷，《惠松厓筆記》三卷，《九曜齋筆記》三卷，校本。《黃帝占》三卷，歐陽棐《集古錄目》十卷。

士禮居叢書

李慈銘《越縵堂讀書記·叢書類》　《士禮居叢書》，清黃丕烈輯。閱黃氏《士禮居叢書》。《周禮鄭氏注》十二卷，重雕嘉靖十六行十七字本，經四萬九千三百八十四字，注十一萬二千七百六十六字。以紹興閒集古堂董氏雕本校之，有蕘圃所校《札記》一卷。《儀禮鄭氏注》十七卷，景宋刻嚴州本，經五萬六千百一十五字，注七萬九千八百三十字。以明葉石君名萬影鈔宋本《釋文》宋刻單疏本、及張忠甫《儀禮釋誤》、李如圭《儀禮集釋》校之，有蕘圃《校錄》一卷。傅崧卿本《夏小正》一卷，景明袁褧重刊宋本，以《通志堂經解》本及惠松崖手鈔本校之，有蕘圃《校錄》四葉。又長洲顧梧生鳳藻《夏小正經傳集解》四卷，《國語韋氏解》二十一卷，重雕宋明道二年本，常熟錢氏所景鈔者，以重刻宋公序本及段氏玉裁校本、惠氏棟閱本校之，有蕘圃《札記》一卷。《戰國策高氏注》三十三卷，重刻宋剡川姚氏本，以至正乙巳吳氏師道本及鮑彪本互勘，有蕘圃《札記》三卷。《梁公九諫》一卷，賜書樓舊鈔本，錢尊王《讀書敏求記》載之，記唐狄仁傑諫則天九事，不知譔人，前有序及宋范文正《梁公廟碑》。歐陽忞《輿地廣記》三十八卷，重雕宋刻初本，朱竹垞曝書亭所藏者，以舊鈔本及淳祐重修本校之，有蕘圃《札記》二卷。《汲古閣珍藏祕本書目》一卷，毛斧季手寫與潘稼堂求售者，書下皆注價幾兩幾錢。《季滄葦藏書目》一卷，蕘圃所手寫。孫慶增從添《藏書記要》四則。龐安常《傷寒總病論》六卷，景宋刻本，有蕘圃《札記》一卷。洪氏遵《集驗方》五卷，重刊宋本。《博物志》十卷，汲古閣景寫宋連江葉氏本，蕘圃錄副刻之粵東者。《焦氏易林》十六卷，常熟陸敕先貽典校。宋本《宣和遺事》二卷，亦稱宋本重刊。《百宋一廛賦》一卷，顧千里譔，蕘圃自注而手寫者。《汪本隸釋刊誤》一卷，蕘圃與顧千里取崐山葉氏舊鈔本及貞節居袁氏廷檮鈔本、隆慶四年錢氏鈔本以正錢唐汪氏刻本之誤。又附刻《張船山詩選》六卷、《同人唱和詩》一卷，爲潘榕皋弈雋《虎丘雜詩》十四絕句，蕘圃與吳玉松雲依韻和之，共二十種。其有目而未刻者，惠氏棟《兩漢人物志》及蕘圃所著《盲史精華》、《百宋一廛書錄》、《蕘言》共四種。又坿刻蜀大字本《論孟孝經三經音義》，以版大別行。蕘圃多藏古本，校勘精細，其《周禮》、《儀禮》、《國語》、《國策》四種，誠爲可貴。《易林》及《輿地廣記》雕槧亦精絕可愛。毛、季兩家《書目》，已近于骨董家所爲。至《梁公九諫》、《宣和遺事》，皆邨俗小書，牴牾誕妄，且字句錯誤，明是市井流傳，不足一噱，蕘圃徒以爲述古堂舊物而刻之，豈知也是翁不過錢氏一輕薄家兒，稍弄脣吻，江湖稗販，何知讀書耶？若船山諸人詩，尤無足論矣。自來刻叢書者，喜夾入一二小說邨詩，以自累其書，良可怪也。同治壬申十月十八日。

張之洞《書目答問·叢書目》　《士禮居叢書》。黃丕烈。

劉錦藻《清續文獻通考·經籍考·雜家》　《士禮居叢書》十九種一百九十卷。黃丕烈編。丕烈見《經部·禮類·周禮》。臣謹案，丕烈好蓄宋本，元和顧廣圻爲《百宋一廛賦》以美之。嘉慶戊寅所刊宋本鄭氏《周禮》、《儀禮》，及天聖明道本之《國語》，剡州姚氏本之《國策》，與夫龐安常之《傷寒總病論》，洪（邁）［遵］之《集驗方》，尤爲罕見之書。所附札記，詮釋音義，刊正謬誤，爲校勘家之翹楚。原刻曾經兵燹，流傳絕少，好古之士珍如鴻寶云。

文選樓叢書

張之洞《書目答問·叢書目》　《文選樓叢書》。阮元。

劉錦藻《清續文獻通考·經籍考·雜家》　《文選樓叢書》三十二種四百八十八卷。阮亨編。亨見上《雜說》。臣謹案，道光壬寅正月，是編印成。亨跋于珠湖草堂云：「文選樓、積古齋諸處所貯書版，皆加收檢。其中家兄所刊者爲多，亦有門下士暨余暨姪輩所刊者。」所云家兄，即阮文達公元也。國朝大儒，顧炎武最通，朱彝尊最博，兼通博而且精者，阮元也。且元精於天算，故取西人蔣友仁之地球說，以證曾子「地圜」、《周髀》「日行」之說，

無不合也。精於金石，故《積古齋鐘鼎款識》，前以正薛尚功之謬，後以啓陳介祺、吳大澂之學。元以此二者，繼往開來，蔚爲國朝絶學，顧不偉歟！

賜硯堂叢書

劉錦藻《清續文獻通考·經籍考·雜家》 《賜硯堂叢書》四集四十種四十卷。顧沅編。沅見《史部·傳記類·總録》。臣謹案，叢書往往古今並録，專收國朝著述者，始自櫟下周亮工《賴古堂藏書》，武林王晫《檀几叢書》，新安張潮《昭代叢書》，石門吳震方《説鈴》四家。沅此編，師仿前例，審定足本，後於黄丕烈處借鈔十餘種，乃得蕆事。武進趙懷玉、吳縣石韞玉、長樂梁章鉅爲之序。沅嘗有《吳郡名賢像贊》之刻，茲復蒐采我朝儒林藝苑，百家九流，猶是尚友名賢之意也。「賜硯」云者，沅曾祖守紹興時，蒙世廟特賜古硯等物，遂顔所居之堂曰「賜硯」，紀殊恩也。沅涵濡祖澤，勿替引之云。

青照堂叢書

劉錦藻《清續文獻通考·經籍考·雜家》 《青照堂叢書》初編十種五十二卷，次編四十一種九十八卷，三編三十八種五十七卷。李元春編，劉廷陞等刊。元春字時齋，廷陞字晉階，均陝西朝邑人。臣謹案，廷陞刻初編，學峻刻次編，學寵刻三編。學寵孫文翰問字於李元春，時與元春商刊叢書，而元春出此祕冊，道光乙未刊於青照堂。元春序謂：蜀人戴賁助揚子雲著書，傳爲千古美談。竊其意，若以此自命者。然觀其《諸經緯遺》一種，僅襲取陶宗儀《説郛》而皆非足本，適爲韓昌黎「提要鉤玄」之言所誤，識者憾焉。

別下齋叢書

張之洞《書目答問·叢書目》 《別下齋叢書》。蔣光煦。

劉錦藻《清續文獻通考·經籍考·雜家》 《別下齋叢書》二十八種九十卷。蔣光煦編。光煦見《史部·目録類·經籍》。臣謹案，光煦與秀水李富孫、嘉興錢泰吉等游，故其校讎之學，深得要領。藏書萬卷，不徒爲美觀已也。是本咸豐丙辰重編，旋燬於火，海内原板，流傳極少。他本或附豫章趙悳《詩辨説》一卷，則非廬山眞面矣。其以「別下」名其齋者，取宋王應麟「困而學之，別於下民」之義云爾。

涉聞梓舊

張之洞《書目答問·叢書目》 《涉聞梓舊》。蔣光煦。

劉錦藻《清續文獻通考·經籍考·雜家》 《涉聞梓舊》二十五種一百十四卷。蔣光煦編。臣謹案，光煦在道光丁酉初刊叢書，及咸豐丙辰重行編纂，於叢書外增刊此本。於古今人嗜古之竺，著書之勤，惟恐手跡就湮，孤負作者，藏之名山，傳之其人之意。而於考訂之學，搜訪尤不遺餘力。葉奕苞《金石録補續跋》七卷，王昶亦未之見，賴管廷芬得之書肆，爲之狂喜。末附《斠補隅録》十四卷。其目録云《陳后山集》十三葉嗣出，厥後竟付之闕如。其他單行本則有之，始知校書之愼，不肯急就者也。

省吾堂彙刻書

張之洞《書目答問·叢書目》 《省吾堂彙刻書》。蔣光弼。

劉錦藻《清續文獻通考·經籍考·雜家》 《省吾堂四種》二十五卷。蔣光弼編。光弼字少逸，江蘇常熟人。臣謹案，光弼編刊四種，錢朝錦爲之

參校。大都辨證經文之同異，專爲校勘家之學。乾隆朝儒士，每以文字罹法網，爲父師者授之以經學，後生小子兢兢焉。斂才就範，不致以言賈禍。顔其堂曰「省吾」，良有以也。

紛欣閣叢書

李慈銘《越縵堂讀書記・叢書類》　《紛欣閣叢書》。清周心如校刊。《紛欣閣叢書》共十四種，浦江周心如幼安校刊。首爲朱子《周易參同契考異》三卷，有盧陵黄瑞節附案語。次宋吴化龍《左氏蒙求》一卷，仁和許乃濟、華亭王慶麟同注。次朱子《陰符經考異》一卷，有盧陵黄瑞節附案語。次桓寬《鹽鐵論》十卷，附陽城張敦仁《考證》一卷，次張華《博物志》十卷《補編》二卷，周氏所自輯。次《東坡尺牘》八卷，次《山谷刀筆》二十卷，次《山谷題跋》四卷，次楊愼《異魚圖贊》四卷，次明黄衷《海語》一卷，次江鄰幾《雜誌》一卷，次馮班《馮氏小集》三卷，次《鈍吟集》三卷，附餘集一卷，別集一卷。次《游仙詩》二卷。亦馮所著。幼安又字幼海，不詳其仕履。據此書《博物志》序，言道光二年任河南裕州知州。其書刻於道光七八年間，校勘頗疏，字亦率劣。惟《鹽鐵論》依張古餘太守影宋本翻刻，故誤字尚少。《博物志》後附校訂，又采集諸書爲《補逸文》二卷，各標出處，自可知爲績學好古者。予嘗購得其所刻《世説新語》，雖亦槧刻不精，而劉注尚全，亦可貴也。同治辛未（一八七一）三月二十七日。

劉錦藻《清續文獻通考・經籍考・雜家》　《紛欣閣叢書》十四種七十八卷。周心如編。心如，浙江浦江人。臣謹案，是編刻於道光年閒，欲繼鮑廷博《知不足齋叢書》及李調元《函海》之作，然相去遠矣。首冊采及朱子《周易參同契考異》。《參同契》，後漢上虞魏伯陽所作，五代彭曉解義。南宋以後人，假託紫陽《考異》，心如乃據盧黄瑞節附録云空同道士鄒訢，即朱子借之託名也。鄒本春秋邾子之國，《樂記》「天地訢合」鄭氏注云：訢當作熹。以是證爲朱子，未免支離附會，誠不若《鹽鐵論》等之尚非僞書也。

得月簃叢書

張之洞《書目答問・叢書目》　《得月簃叢書》。榮譽。

劉錦藻《清續文獻通考・經籍考・雜家》　《得月簃叢書》初集十種二十七卷，二集十種三十五卷。榮譽編。榮譽字子譽，滿洲正白旗人。河南魯山縣知縣。臣謹案，納蘭性德工於詞，法式善工於詩，盛昱工於目録之學，而滿洲人之刊刻叢編，推榮譽爲傭中佼佼。卷帙雖少，自序竊比於簣土之微，涓流之細，謙辭也。若榮譽者，可爲好名之士矣。

傳經堂叢書

李慈銘《越縵堂讀書記・叢書類》　《傳經堂叢書》。閱《傳經堂叢書》，烏程淩氏所刻也。《周易翼》十卷，淩堃厚堂著，其妻金匱安璿珠爲之箋注，幷附釋義六則。前有朱氏珪、劉氏權之、阮氏元三序及自序。《尚書考疑》一卷，淩鳴喈覺甫箸，至《舜典》禋于六宗句止，皆搜采異聞古訓，爲之折衷。《尚書述》一卷，淩堃箸，至《舜典》烈風雷雨弗迷句止。《學春秋理辯》一卷，淩堃著，據安璿珠跋，稱有書此七十二卷，稾已七易，今所刻第三卷之《王朝列國紀年》而已。《孟子補義》十四卷，淩江箸，節取趙氏《章句》，而博采諸説以佐之，頗爲簡要。其弟堃及奎又爲之補益，前有自序。《淩氏易林》一卷，淩堃箸，餘姚桑梓敬亭等注，蓋皆自注而託名者也。《告蒙編》一卷，淩堃箸，皆與其門人問答經史之語。《史記短長説》二卷，凡四十則，不知何人所箸。王弇州謂齊之耕野者所得，疑爲戰國逸策，蓋無稽之言。明淩迪知稚哲、淩以棟稚隆舊録于《史記評林》之首者也。《疏河心鏡》一卷，淩鳴喈箸，言治河之法。《讀詩拙言》一卷，明陳第季立箸，論古詩音韻之略，前有一行云「淩鳴喈訂誤」，然未見有淩訂語也。《東林粹語》三卷，淩鳴喈輯高、顧諸公講學之語。《相地指迷》十卷，淩堃輯述蔣大鴻諸家之書，以闢地師之妄，前有自序，痛言沙水惑人之害，停喪求地之不

孝，謂不得已而輯此書以救之。然《天玉》諸經，玄詭已極，揚薪止沸，未見其可。《青玉館集》一卷，明淩迪知箸，乃高帝紀事之一也。用編年法，至洪武六年止，其曾孫景暶爲之注。《德輿子》五卷，淩堃箸，安璿珠注，篇各爲名，而又有《法言》、《區言》、《巽言》、《俴言》四總目，文頗艱澀，而理致可觀。郝氏懿行爲之序。《德輿集》一卷，淩堃箸，多記事之文，亦峭潔自喜。《盤溪歸釣圖題辭》一卷，淩鳴喈歸里時同人題贈之作也。鳴喈一字泊齋，嘉慶壬戌進士，官兵部主事，以上疏論馬政罷歸。厚堂字仲訥，鳴喈之子，江之弟。道光辛卯舉人，官金華教諭。其說經皆本漢詁，而自闢門戶，無所依傍，與包慎伯、魏默深一輩人爲友；古文峻厲，亦復似之。泊齋所箸尚有《讀詩蠡言》，厚堂尚有《致用雜記》。此書無總序總目，蓋厚堂子鏞鎬等所輯，以資力不敷，故或僅刻一卷以見其凡耳。同治壬申十月十七日。

劉錦藻《清續文獻通考・經籍考・雜家》 《傳經堂叢書》六種二十四卷。淩堃編。堃見《經部・易類》。臣謹案，堃爲鳴喈之子。縣志稱其富於著述，與其父合刻爲《傳經堂叢書》。此編僅有六種，並無鳴喈所著，又似歧異。惟查縣志《著述門》，載鳴喈所著者有《尚書攷疑》一卷，《尚書述》一卷，《讀書拙言訂誤》一卷，《論語解義》二十卷，《讀書蠡言》一卷，《東林粹語》一卷，《疏河心鏡》一卷，凡七種。即堃所著者，另有《易候卦》二卷，《學尚書述》一卷，《學春秋理辨》三卷，《醫宗寶笈》一卷，《孫子增注》一卷，《吳子評攷》二卷，《司馬法校注》三卷，獨無《告蒙編》。至《相地指迷》十卷，爲蔣大鴻著。其中編次，多寡不同，然不能不附存其目也。若臨海洪頤煊之《傳經堂叢書》，則又名同實異矣。

小石山房叢書

劉錦藻《清續文獻通考・經籍考・雜家》 《小石山房叢書》四十一種五十八卷。顧湘編。湘字翠嵐，江蘇常熟人。臣謹案，吳中藏書之富，莫如絳雲樓。鋟版之盛，莫如汲古閣。海虞之士，承藉流風，則有張海鵬之《學津討原》、《借月山房》諸叢書。湘以小石山房，與之對壘，亟登錄汲古閣之書目，及其刻版，使著書人之精神與刻書人之功德，不隨兵燹而滅沒。九京可作，有不感而飲泣者乎！是編經其師季錫疇爲之序，刊於道光朝。粵匪之亂，板燬十之一。其子崇福、康福補刻於同治己巳，葉裕仁序之云。

清代後期

惜陰軒叢書

張之洞《書目答問・叢書目》 《惜陰軒叢書》。李錫齡。

劉錦藻《清續文獻通考・經籍考・雜家》 《惜陰軒叢書》三十四種三百九卷。李錫齡編。錫齡字孟熙，陝西三原人。臣謹案，錫齡於宅後搆一園曰「遠眺」，軒曰「惜陰」，貯書九萬餘卷。道光庚子、丙午年間，先後裒刊祕籍，版藏宏道書院，路德爲之序。是編所登善本凡六：一明人南逢吉《會稽三賦注》，足以補嵊縣周世則注前一賦之疏，節史鑄增注後二賦之冗。一明人曹昭《格古要論》三卷，乃采吉水王佐本，遞增爲十三卷。一宋馬永卿《元城語錄》三卷，明崔銑續編《行錄》一卷，開州王崇慶並爲之釋，名曰《元城語錄解》，所謂元城刊本是也。一吳師道《國策校註》，玆即據元時舊刻。一袁褧所刊《世說新語》劉孝標注，據陸放翁刊本，最爲完善。一明俞九文據元孫道明《清異錄》鈔本，與陶宗儀《說郛》刪節本迥別。之數刻者，雖非祕冊，而是編必搜求善本，豈不快哉！刻未竟而錫齡沒，豫屬其表弟張樹總司校刊云。

清頌堂叢書

劉錦藻《清續文獻通考・經籍考・雜家》 《清頌堂叢書》八種五十四卷。潘世恩編。世恩見《史部・奏議類》。臣謹案，是編刊於道光庚子夏，有刻五種者，非完本。所登詩文集，半係道光朝知名之士。而《存悔齋集杜》三卷，尤覺天衣無縫，語如己出。蓋劉鳳誥才思橫溢，殊能辟易千人

也。首卷《消暑隨筆》，世恩摘取《稗海》及《續稗海》，係唐宋人故實，茶餘酒後僅足供清談而已。

正誼齋叢書

劉錦藻《清續文獻通考・經籍考・雜家》 《正誼齋叢書》十種八十二卷。汪紹成編。紹成，江蘇江都人。臣謹案，是編刊於道光二十年，江都陳逢衡爲之序。在昔揚州鮑氏所刻《六經》暨《太平御覽》諸書，紹成爲之讎校，始付剞劂。紹成以爲通經可以致用，而讀書必先識字，是故編以小學三種爲先，以《春秋》、《周禮》爲重，殿以張伯行之《道統錄》，以崇理學而敦士行。知其瓣香於正誼堂久矣。

春暉堂叢書

劉錦藻《清續文獻通考・經籍考・雜家》 《春暉堂叢書》十二種三十七卷。徐渭仁編。渭仁見《史部・目錄類・金名》。臣謹案，是編所登《來齋金石刻考略》係侯官林侗侍宦三原、開封時所輯，撫搨既多，考證亦碻。又錄王曇及其妻金氏詩，文采風流，令人慨慕。刻於道光二十一年辛丑九月。別本則闕《儀鄭堂殘稿》以下三種云。

宜稼堂叢書

錢泰吉《曝書雜記》卷下《上海郁氏叢書》 親家沈曉滄贈余上海郁泰峰松年《宜稼堂叢書》，藏之數年矣。上海近被兵，泰峰困危城中，書版恐難保。其所刻皆有《札記》，因詳錄之。《清容居士集》刻於道光二十年，序云：先府君辛苦成家，督子孫力出讀書。伯兄竹泉器識高亮，以余性好聚書，不惜重貲購善本，任余丹鉛。嘗命仿前賢褎刻諸書，仰承先志，乃以是集爲權輿，續刻諸書則以付梓歲月爲先後云。《札記序》云：《清容居士集》不知刻於何年，字體秀整雅潤出一手。明永樂間，此本已殘闕，有王君肆爲釐正之，末附《謚議》及《墓志銘》，已是寫本。毛君生甫得嘉定錢少詹精鈔校本，有與原本違異，足證原本舛誤。余幸其可據，凡本脱衍淆譌，輒以删易增補，疑者存之。至兩本脱誤同者，率條列之，間附臆見，庶爲博攷者一助云。《剡源集》三十卷，亦道光二十年刻。《札記序》云：余既得《清容居士集》元槧本刻之，清容爲戴剡源弟子，《剡源集》無論明初刻本，即嘉靖間周儀蒐輯者，亦殘闕不易得。余家所藏，即黄棃洲先生選錄不全本，蓋是集幾淹久矣。今所刊三十卷者，寶山毛生翁得於武進李申耆太史，太史得於同郡趙味辛司馬，司馬則得於湖州鮑以文孝廉家。司馬跋云：是書爲竹垞、秋岳兩先生藏本，鮑君亦嘗校之。今觀書中回易删加，朱墨爛然，皆無主名，不能分別某者爲何氏。其明確者，旣胥從之，而意有未安，亦勿敢徇。宋蕭氏常《續後漢書》四十二卷、《義例》一卷、《音義》四卷，道光二十二年刻。《札記序》謂：昭文張氏《墨海金壺》刻本，錯誤衍脱，幾不可讀。是書一本陳《志》及裴氏注，偶參范氏《後漢書音義》，有旁引他書者，悉爲檢核原文，又證以《通鑑》、郝書及《三國志辨誤》、《考異》諸書，因張氏舊本，正其謬誤云。元郝氏經《續後漢書》九十卷，亦二十二年刻成。《札記序》謂：原編殘闕，傳寫益譌，爰取陳《志》，參以范史、《晉書》，綜覈棊正。其博涉他書及荀氏注，館閣原校所徵引，壹檢其本。自庚子仲秋迄壬寅季春，始克蕆事。《札記》刊未畢，嘆夷不靖，大懼是書之散亡。夷氛息，鳩工卒事。宋秦氏九韶《數書九章》十八卷，亦二十二年刻成。宋氏景昌《札記》泰峰序云：秦道古《數書》，元和沈廣文欽裴曾得明人趙琦美鈔本於陽城張太守敦仁家，訂譌補脱有年。其弟子江陰宋君景昌傳其學，余屬毛君生甫索得其副於武進李太史兆洛家，毛君又出元和李茂才鋭所校四庫館本，幷屬宋君爲之讐校。廣文沒後，宋君又於其家得秦書刊誤殘稿，於是以趙本爲主，參以各本，別爲《札記》。宋楊氏輝《詳解九章算法》亦二十二年刻，《札記序》謂：楊氏自序《詳解》八十題，總十二卷，今乃九十七題，不分卷，蓋非原書。《九章》世傳《永樂大典》、孔氏《微波》二本，均不免脱譌。鍾祥李尙書細草《圖説》，多所改正，往往與此書暗合，因屬宋君勉之取孔、李二本，校其譌脱，別爲《札記》。楊氏輝《田畝比類乘除捷法》

二卷，《算法通變本末》卷上，《乘除通變算寶》卷中，《法算取用本末》卷下，共三卷。《續古摘奇算法》一卷。總名之曰《楊輝算法》，亦二十二年刻。《札記序》云：於市肆間超徑等接之術，採摭略盡，故續刊於其所著《詳解九章》之後，屬宋君勉之爲之校覈并作《札記》。聞朝鮮尙有傳本，倘能使闕者得完，不憚重爲鳩工也。數年前，泰峰得宋刻魏鶴山《詩經要義》，屬曉滄助校勘，將授之梓，卒遇變亂，不知宋刻猶存否。以上諸書，幸已流行，藏書家愼勿以新刻易得漫置之，此後恐印本日希矣。

張之洞《書目答問・叢書目》 《宜稼堂叢書》。郁松年。

劉錦藻《清續文獻通考・經籍考・雜家》 《宜稼堂叢書》十一種二百五十七卷。郁松年編。松年見《史部・目錄類・經籍》。臣謹案，松年熟於後漢時事，故采宋蕭常、元郝經之《續後漢書》兩種，所附《札記》，殊有見地。元《淸容居士集》之《札記》亦佳。至其算法，專采宋楊輝，未免狃於一家言矣。是編刊於道光辛丑陽月云。

守山閣叢書

張之洞《書目答問・叢書目》 《守山閣叢書》。錢熙祚。

劉錦藻《清續文獻通考・經籍考・雜家》 《守山閣叢書》一百十種六百五十二卷。錢熙祚編。臣謹案，是編即張海鵬《墨海金壺》之燼餘。熙祚於道光初，得其殘版，重加補訂。然張氏所刊《太白陰經》，雖據影宋鈔本，亦闕數篇。《珩璜新論》較《唐宋叢書》本脫去數條。《漢武帝內傳》較《道藏》本闕其大半。《大金弔伐錄》不據《四庫》從《永樂大典》錄出之本，而據超然堂吳氏本，脫文錯簡，更僕難數。熙祚乃與南匯張文虎、金山顧觀光，商榷去取，討論眞贗，十年付梓。胡培翬、阮元皆有序。元嘗作《虞山張氏貽經堂記》有云：刊刻祕籍，於人謂之有功，於己謂之有福。若熙祚之津逮後學，其志深可嘉尙矣。

珠叢別録

張之洞《書目答問・叢書目》 《珠叢別錄》。錢熙祚。

劉錦藻《清續文獻通考・經籍考・雜家》 《珠叢別錄》二十八種八十二卷。錢熙祚編。臣謹案，熙祚輯《守山閣叢書》成，又摭所餘，爲此刻。蓋以滄海遺珠，不能不細加掇拾也。自序略謂，生平無他嗜好，惟好涉獵經史，閒及九流雜藝，稗官小說，靡不泛覽。但輒爲俗物敗興，讀書眞自有福哉。阮元序《守山閣叢書》，曾云刊刻祕冊，在己謂之有福。諒哉言乎！是編所登孔平仲《珩璜新論》，較《唐宋叢書》補正數條，讎校之精，無逾於此。後之讀是書者，庶幾得一義，如獲眞珠船矣。

式古居彙鈔

李慈銘《越縵堂讀書記・叢書類》 《式古居彙鈔》。清錢熙祚編。閱金山錢熙祚錫之所編《式古居彙鈔》，本昭文張氏《借月山房叢書》也，共四十六種。其自序頗譏並時諸家叢書，多殽雜重複之弊，而所輯亦正坐此。除惠、席兩家讀《說文》記外，蓋尠可觀者。且版式縮小，校勘不精，誤字甚多，非佳籍也。同治戊辰十一月二十三日。

指海

張之洞《書目答問・叢書目》 《指海》。錢熙祚。止刻十二集。

劉錦藻《清續文獻通考・經籍考・雜家》 《指海》二十集一百三十七種四百二卷。錢熙祚編。臣謹案，嘉慶閒常熟張海鵬刊《借月山房叢書》，不久版歸上海陳璜，璜重刊爲《澤古齋叢鈔》。道光初，又歸金山錢氏，遂易其名，曰《指海》。是編兼存古書，開卷殊有樸茂之氣，可謂博而有要矣。績溪

胡培翬序云：今夫海注焉而不滿，酌焉而不竭，瓌珍異寶，萬變錯出，重譯之舶，日帆其閒，目眩口呿，而不能一一識。然則澤古之士，縱窮流探源，有不望洋向若而歎哉！自十三集以下，其子培讓、培杰續刊。世襲書香，不忘手澤，亦猶談、遷之《史記》，彪、固之《漢書》，父作而子述者也。

三長物齋叢書

劉錦藻《清續文獻通考・經籍考・雜家》 《三長物齋叢書》二十五種二百六十七卷。黄本驥編。本驥見《史部・政書類・儀制》。臣謹案，文廟之祀典，兩廡之位次，以及歷代之紀元，帝王之統系，詢之高材生，或不能盡答。本驥纂輯舊聞，典而核，約而賅，治掌故學者之初桄也。以詩文集附於後。刊於道光二十四年甲辰十二月，龍啓瑞爲之序，蔣瓌乃襄校云。

連筠簃叢書

張之洞《書目答問・叢書目》 《連筠簃叢書》。楊墨林。

劉錦藻《清續文獻通考・經籍考・雜家》 《連筠簃叢書》十二種一百十一卷。楊尚文編。尚文字墨林，山西靈石人。臣謹案，是編以吴棫《韻補》爲冠，明正德閒道州何方伯天衢嘗刻於河南，道光朝何紹基實其族孫。先是，河閒苗先路好是書，而紹基爲之搜借各家善本，精校付梓。斯文靈眖，萃於何氏一家。時張穆慫恿刻入楊氏叢書，良有以也。楊氏尚有《説文義證》、《全校水經注》、《營造法式》、《永樂大典書目》四種，另刻別行云。

海山仙館叢書

張之洞《書目答問・叢書目》 《海山仙館叢書》。潘仕誠。

劉錦藻《清續文獻通考・經籍考・雜家》 《海山仙館叢書》五十六種四百七十五卷。潘仕成編。仕成字德畬，廣東番禺人。江蘇候補道。臣謹案，是編凡例謂，編分經史子集，以便檢閲。然《遂初堂書目》及《讀書敏求記》，目録一類，宜置諸史而反列於經。醫學、天算、藝術一類，宜列諸子而反入於集。且仕成譏昔人叢編之割裂，然所登釋玄應《一切經音義》，僅二十五卷，而未見東洋所藏唐釋慧琳一百卷之足本，則與割裂何異？惟仕成能於道光季年，亟亟採入海國之輿圖與西洋之火器，此亦能識時務者矣。

遜敏堂叢書

劉錦藻《清續文獻通考・經籍考・雜家》 《遜敏堂叢書》三十二種三十二卷。董秩模編。秩模字正伯，江西宜黄人。臣謹案，是編刊於道光戊申，用聚珍版印。別風淮雨，觸目皆是。所登各種，亦皆節取，沿明人陋習。惟秩模讀書得閒，附識跋語，頗有所見。所刊大半律身治家，居官莅政之要，是則近世醫國之上藥也。

粤雅堂叢書

張之洞《書目答問・叢書目》 《粤雅堂叢書》。伍崇曜。

劉錦藻《清續文獻通考・經籍考・雜家》 《粤雅堂叢書》二十集一百二十種七百三十七卷。伍崇曜編。臣謹案，廣東之刻叢書，有阮元學海堂《皇清經解》，潘仕成之《海山仙館叢書》及張氏《榕園叢書》，而崇曜是編，亦戛戛獨造。自序謂搜采祕籍，付之鉛槧，具有七難，自是不刊之論。粤雅堂者，舊輯《嶺南遺書》、《粤十三家集》、《楚廷耆舊遺書》之地，而因以署焉者也。閲四載而書成，時當咸豐三年，歲在癸丑。不六十年，而今昔異視。讀集中吴渭之《月泉吟社》一卷，杜本之《谷音》一卷，殊令故國孤臣，感慨係之者矣。

粵雅堂叢書續集

劉錦藻《清續文獻通考・經籍考・雜家》 《粵雅堂叢書續集》五十種二百五十八卷。伍崇曜編。臣謹案，叢書多採小說，而是編所輯關係道學與忠節，莫如《登科》、《題名》兩錄。考紹興十七年四月初三日，御試策一道，朱熹第五甲第九十人。理宗寶祐四年五月二十四日，御集英殿，賜進士第一甲第一名文天祥，第二甲第一名謝枋得，第二十七人陸秀夫。有宋一代理學，朱子集大成焉。一代國脈，文、謝、陸三公完正氣焉。我朝開科取士，歷二百餘年，得人稱盛，迨科舉一廢而國步維艱。今讀兩錄，感慨係之矣。

琳琅秘室叢書

張之洞《書目答問・叢書目》 《琳琅秘室叢書》。胡珽。活字本。

劉錦藻《清續文獻通考・經籍考・雜家》 《琳琅秘室叢書》五集三十六種一百二十五卷。胡珽編。珽字心耘，浙江仁和人。臣謹案，是編咸豐癸丑刻四集，甲寅續刻第五集。珽初寓吳門，搜集先世遺書，采獲宋元舊刊影鈔諸本，刻於琳琅祕室。惜當日用活字版，雖仿阮氏十三經例，附有校勘記，然校書如埽落葉，譌訛未能免焉。每集總目，悉附案語，遠以遵陳振孫《書錄》之解題，近以仿《四庫全書》之《提要》，擇精語詳，便於瀏覽。開卷首登孔氏《祖庭廣記》，崇聖教也。乃由宣統溯咸豐，歲在癸丑，相距六十年，邪說橫行，昌言廢孔。後之覽者，亦將有感於今昔異視也夫。

長恩書室叢書

劉錦藻《清續文獻通考・經籍考・雜家》 《長恩書室叢書》二十種五十八卷。莊肇麟編。肇麟字木生，江西新昌人。曾國藩敍曰：咸豐四年冬，師次九江。友人詒余以新昌莊氏所栞叢書甲集。明年至江西會垣，又得觀續栞乙集。都二十種，多救民切要之書，而兵家言居其彊半。蓋古之君子治軍之道，常嚴於自飭而略於攘外。後世自治不密，彼己不審，偷爲一切不可終日之謀，以僥倖於無足深恃之功效。不待敵之乘我瑕，我之足以自敝者，其道固已衆矣。今干戈未息，江介多難，僕以寡昧，謬與戎事，得失利鈍，差覩其故。因卒讀是編，爲識簡端，用以自毖，亦詒後之學者。臣謹案，肇麟僑居南昌時，林則徐取《致虛雜俎》語，爲書「長恩書室」以顏其居。是編首兵法，次荒政，次醫方，蓋謂大兵之後，必有凶年，荒災疫癘，相逼而來。今之視昔，致嗟同病。覽者蒿目，益知栞者苦心矣。

曼陀羅華閣叢書

劉錦藻《清續文獻通考・經籍考・雜家》 《曼陀羅華閣叢書》十六種一百四十八卷。杜文瀾編。文瀾見《史部・紀事類》。臣謹案，文瀾橐筆從軍，佐曾國藩戎幕，以一書記保道員，歷署江蘇藩臬各道，極儒生榮遇矣。所撰《平定粵寇紀略》，軼出王闓運《軍志篇》之上。所採醫書三種，一般生意，躍然紙上，而《勸濟飢民詩》，藹然仁者之言。吳縣朱記榮覓得書版，於光緒十八年補刊印行。華亭閔萃祥爲之序。始歎豹死留皮，幸有一卷之書，不沒其名也。

荔牆叢刻

劉錦藻《清續文獻通考・經籍考・雜家》 《荔牆叢刻》十四種四十卷。汪曰楨編。曰楨見《經部・小學類・韻書》。臣謹案，曰楨長於韻學、算術及醫理，而詞章亦在所不廢。在會稽學者，刊成斯編，計一千三百五十五葉，時光緒四年也。身後蕭條，僅留此一卷殘叢，供人尋繹。訪潯溪文獻，不勝零落山丘之感云。

榕園叢書

劉錦藻《清續文獻通考・經籍考・雜家》 《張氏榕園叢書》六十三種一百七十三卷。張丙炎編。丙炎字午橋，號榕園，江蘇儀徵人。咸豐己未進士，廣東肇慶府知府。重宴鹿鳴，賞翰林院侍讀學士銜。臣謹案，是編卷首題簽曰《守約篇叢書》，張允顗改題曰《張氏榕園叢書》，目録曰《守約篇目録》，允顗改題曰《榕園叢書目録》。每種第一行下方，甲集曰守約篇甲集，乙集曰守約篇乙集，丙集曰守約篇丙集，允顗則削去「守約篇」三字，而單稱甲集、乙集、丙集。同治甲戌陳澧之序，屬之番禺李光廷，即光廷跋語，亦以此書若出自手録，而允顗之序則謂先君榕園同治庚午由京曹出守廉州，丙子移肇，屬李光廷校勘，越歲丁艱歸。板之存粤者，李先序而行之。然閲李刻版心，仍其名曰《榕園叢書》，諺所謂張冠李戴，洵不誣也。而允顗一刻版藏冰甌仙館，且附續刻焦循《揚州足徵録》二十七卷，阮元《儒林傳稿》四卷、姚文田《陽宅闢謬》一卷，共三種。然則允顗如班固之續彪書，光廷如郭象之竊《莊注》，兩書互證，得失可知矣。

嘯園叢書

劉錦藻《清續文獻通考・經籍考・雜家》 《嘯園叢書》六函五十八種一百六十三卷。葛元煦編。元煦見《史部・地理類・游記》。臣謹案，是編以裨益經史，洞達時務，敦厲風俗爲宗旨，而小説之雅馴者，間亦蒐采，殿以牧民治疾諸書，條理秩然，卓然成家，足與徐氏煙嶼樓，張氏花雨樓諸叢書，並駕齊驅矣。各書皆有跋尾，尤有獨到語。其書版仿古香齋本，光緒九年癸未鄞縣郭傳璞爲之序云。

當歸草堂叢書

劉錦藻《清續文獻通考・經籍考・雜家》 《當歸草堂叢書》八種十九卷。丁丙、丁申同編。丙見《史部・地理類・古蹟》，申見《史部・目録類・經籍》。臣謹案，叢書造端於左圭，陶宗儀繼之者，凡稗官小説，擇之者不精，讀之者無益。夫不受讀書之益而反受損，是君子所憂也。丁氏昆季，當浙西大難後，亟刻有用之書，大半正論格言，於立身從政之道，深有所裨。殿以邵氏《忱行録》，時懿辰方殉粤難，大節凛然，尤可寶貴，足以藥晚近之浮囂矣。

半畝園叢書

張之洞《書目答問・叢書目》 《半畝園叢書》。止刻其半。

天壤閣叢書

劉錦藻《清續文獻通考・經籍考・雜家》 《天壤閣叢書》十六種三十六卷。王懿榮編。懿榮見《史部・目録類・金石》。臣謹案，是編刊於光緒五年。版行寬大，家塾子弟讀之，訓詁詞章，初學時已培根柢。殿以明刑《弼教録》，則出而治民，恢恢乎其有餘矣。懿榮後官國子監祭酒，於庚子之難從容自殉。迄今展覽斯卷，猶想見疾風勁草，板蕩忠臣之氣概云。

滂喜齋叢書

劉錦藻《清續文獻通考・經籍考・雜家》 《滂喜齋叢書》四函五十四

種八十三卷。潘祖蔭編。祖蔭見《史部・目錄類・經籍》。臣謹案，四函之中，略分四部，惜《滂喜齋宋元本書目》一卷，是編不採刊一種，而所蒐輯者除國朝經學家外，尤以金石爲重。故當時能與吳式芬、陳介祺等鼎足而立，而吳大澂《愙齋集古錄》，尤賴祖蔭提倡之功也。

功順堂叢書

劉錦藻《清續文獻通考・經籍考・雜家》 《功順堂叢書》十七種七十一卷。潘祖蔭編。臣謹案，是編僅刊十七種，而首登沈欽韓之《左傳補注》，蓋以杜預當三馬食槽，陰佐其篡弑，豈知孔子作春秋而亂臣賊子懼？預雖有左癖，而注文往往迴護亂賊，欽韓抨擊杜氏，不遺餘力。微言大義，晦而復彰，不第有功於麟經，亦萬古綱常之所繫也。

榆園叢刻

劉錦藻《清續文獻通考・經籍考・雜家》 《榆園叢刻》三十種一百九十七卷。許增編。增字益齋，號邁孫，浙江仁和人，安徽太平縣知縣。臣謹案，增自謂於同治甲子，奉其母還武林，日與聲應氣求之士推襟送抱，聊浪湖山，於前賢槧篗，師友緒餘，夙昔所涉獵而肄習之者，不能恝然於情，遂栞爲是編，尤注意趙宋及昭代諸家之詞。或有流傳未廣，莫不樓篴裏之新聲，訂梅邊之小譜。於諸家詞，尤嗜郭麐，嘗鐫「靈芬館私淑第子」小印，詞人韻事，想見其一瓣心香矣。

半厂叢書

劉錦藻《清續文獻通考・經籍考・雜家》 《半厂叢書》初編十一種七十六卷。譚廷獻編。廷獻見上《雜說》。臣謹案，復堂詩古文詞，一律潔淨，當另箸錄。此編首登龔橙《詩本誼》，爲罕見之本，惜未與橙所著《尚書》寫定本並刊，讀者憾焉。

十萬卷樓叢書

劉錦藻《清續文獻通考・經籍考・雜家》 《十萬卷樓叢書》初編十六種一百八十八卷，二編二十種九十九卷，三編十四種一百三卷。陸心源編。心源見《史部・正史類》。臣謹案，浙西藏書之富，除杭州丁氏外，以歸安陸氏爲冠。心源蒐訪宋元遺書，於光緒己卯刊成茲編。必照原本，必求足本，非若宋左氏《學海》、元陶氏《說郛》刪節譌脫，觸目皆是。惜光緒丁未，其舊籍爲日本估舶載歸，不二十年，東京地震，付之一炬。幸留此緐刻本，學者尚可由流溯源焉。

仰視千七百二十九鶴齋叢書

劉錦藻《清續文獻通考・經籍考・雜家》 《仰視千七百二十九鶴齋叢書》六集四十種九十三卷。趙之謙編。之謙見《史部・傳記類・名人》。臣謹案，之謙工北魏書，而文非其所長，觀是編自序可見。惟其發憤陳篋，竺志刻書，引徐堅《初學記・夢書》曰「舉事中止後無名，百姓所笑人所輕」，謂斷章取義，其言可法，則知之謙之力鑽故紙，志不稍懈矣。乃引錢唐陳鴻壽夢飼千八百鶴齋名，謂爲寓言。至其自署其齋，述夢中事，是耶非耶，不可得而知矣。

咫進齋叢書

劉錦藻《清續文獻通考・經籍考・雜家》 《咫進齋叢書》三集三十五種九十一卷。姚覲元編。覲元字彥侍，浙江歸安人。道光癸卯舉人，官至廣

東布政使。臣謹案，覲元承其祖文僖公家學，網羅古籍，尤精訓詁之學。是編光緒九年刊成，番禺陳澧撰序文，謂仿毛氏《津逮祕書》之例。今考其次第，毛氏自第一集至第五集分經史子集，跗萼相銜。覲元則每集分之，而書之多寡，不逮毛氏遠甚。第三集所録《銷燬抽燬書目》、《禁書總目》、《違礙書目》三種，藉以考見康、雍、乾三朝文字之禍。兹乃空存其目，不没其名，著書者九原可作，當亦感激涕零也。

花雨樓叢鈔

劉錦藻《清續文獻通考・經籍考・雜家》 《花雨樓叢鈔》二十八種八十一卷。張壽榮編。壽榮字菊齡，浙江鎭海人。同治庚午舉人。臣謹案，是編刊於光緒甲申。每種卷尾，壽榮爲之跋語，俾覽者得窺其崖略，亦一快也。其自序引盧文弨語，謂擇之必其精，如《三墳》、《端木詩傳》、《魯詩說》、《索書》、《忠經》、《天祿外史》之類，勿録也。取之必其雅，如《百川學海》、《百家名書》所輯之繁蕪猥雜者，勿録也。然壽榮登録路德《仁在堂論文》一卷，則與盧氏之旨相背矣。

古逸叢書

劉錦藻《清續文獻通考・經籍考・雜家》 《古逸叢書》二十六種二百卷。黎庶昌編。庶昌見《史部・傳記類・名人》。臣謹案，庶昌於光緒辛巳使日本，越歲壬午，蒐輯佚書，屬楊守敬任校讎，刊於東京使署，甲申蕆事。是編之外，日本所存中土逸書古本，如唐釋慧琳《一切經音義》一百卷，希麟《續音義》十卷，白蓮社刻本。唐楊上善《黄帝内經太素注》，原書三十卷，今存二十一卷，祕閣古寫卷子本。《春秋經傳集解》三十卷，隋唐舊鈔本，又北宋本杜氏《通典》二百卷，及《世說新語》三卷，南宋單疏本《尚書正義》二十卷，興國軍本不附釋音《春秋左氏傳》三十卷，南宋本《集韻》十卷，翻刻宋蜀大字本任淵《山谷詩注》二十卷，庶昌均未之刻，

而特録之，以餉後之好事者。其嗜古也摯矣。

碧琳琅館叢書

劉錦藻《清續文獻通考・經籍考・雜家》 《碧琳琅館叢書》四十四種二百八十二卷。方功惠編。功惠字柳橋，湖南巴陵人。廣東候補道。臣謹案，是編刊於光緒十年，其同郡平江李元度爲之序。功惠官粤時，構碧琳琅館，藏書二十萬卷。既刻《古經解彙函》、《古小學彙函》及《唐文紀事》與《北盟會編》諸書，又刻兹四十四種。其嘉惠藝林之意，直欲駕潘氏《海山仙館》，伍氏《粤雅堂》而上之。惜未蕆事而功惠卒，故其校勘不盡精良云。

傳硯齋叢書

劉錦藻《清續文獻通考・經籍考・雜家》 《傳硯齋叢書》十種二十六卷。吳丙湘編。丙湘，江蘇儀徵人。光緒庚寅進士，山東巡警道。臣謹案，叢書之刻，所據必善本，所校必得人，所費必多貲。三者之中，多貲尤難。故是編僅刊十種，於光緒乙酉蕆事。版藏孱守山莊。表章鄉邦文獻，又不出江都焦氏、徐氏，崑山徐氏三四家，較之李調元之《函海》專主全蜀，書之多寡，大相逕庭云。

槐廬叢書

劉錦藻《清續文獻通考・經籍考・雜家》 《槐廬叢書》五編五十四種二百三十一卷。朱記榮編。臣謹案，記榮以所刊行《素堂目覩書録》十卷，就正於德清俞樾、宜都楊守敬，皆擊節歎賞，遂就目録中擇其尤雅者，刊爲《經學叢書》、《金石叢書》，又以總聚叢雜者，彙爲此編。其意以爲國朝著述自經粤亂，概尠留存，非有好古者重爲刊行，精爲讎校，將往昔之精神命

脈，曷久傳而不朽。此記榮所以負後生之責也。

式訓堂叢書

劉錦藻《清續文獻通考・經籍考・雜家》《式訓堂叢書》十二種三十卷二集十四種五十二卷。章壽康編。壽康字碩卿，浙江會稽人。湖北嘉魚縣知縣。臣謹案，紹興之有叢書，自明萬曆間山陰祁氏淡生堂《餘苑》、會稽商氏《稗海》始，迄今三百餘年，壽康抗心希古，蓄書數十萬卷，隨宦蜀中暨爲令楚中，日以刻書爲事。而春拾叢殘，率皆國朝老儒大師之著述，直足與蕭山陳氏湖海樓方駕。李慈銘一序，贊歎不虚也。

邵武徐氏叢書

劉錦藻《清續文獻通考・經籍考・雜家》《邵武徐氏叢書》初刻十四種八十三卷。徐幹編。幹字小勿，福建邵武人。臣謹案，是編刊於光緒丙戌，僅一千五百五十七頁。未幾，版即歸於浙江書局。盛衰聚散之閒，殊堪浩歎。無怪張潮之《昭代叢書》轉輾而流入於沈氏楙悳家矣。

懺花盦叢書

劉錦藻《清續文獻通考・經籍考・雜家》《懺花盦叢書》三十七種二百二十四卷。宋澤元編。澤元字瀛士，號華庭，浙江山陰人。臣謹案，是編刊於光緒丁亥，有自序，有汪淙序。而劉淮年一序，謂與澤元同客嶺南，訂交於惠州官廨，晨夕過從，以文章道義相敦勵，垂十三年。尤羡其敝屣功名，年甫強仕，即息影蓬廬，儲書萬卷，相羊其中，南面百城不易也。是編三十餘種，尚無鳩集之謬，勘訂之疏。較之趙之謙之《仰視千七百二十九鶴齋叢書》，直駕而上之矣。

南菁書院叢書

劉錦藻《清續文獻通考・經籍考・雜家》《南菁書院叢書》八集四十一種一百四十四卷。王先謙、繆荃孫同編。先謙見《經部・書類》，荃孫見《史部・正史類》。臣謹案，先謙於光緒戊子秋，刻《續經解》成，未刊者尚數十種。時荃孫掌教南菁書院，遂續刻是編。所採皆光緒朝經生家言，無乾嘉諸子標漢宋之幟，分門別戶，齗齗致辨之習氣。而或者以首列《登科記考》疑之，不知士患不明經耳。經明則取青紫如拾芥，而國家之制舉，所以使英雄入彀者，一以杜廢經黜孔之邪說，一以戢揭竿斬木之野心。科舉廢而時事不可問矣，有志復古者，盍鑒諸？

清芬堂叢書

劉錦藻《清續文獻通考・經籍考・雜家》《清芬堂叢書》四十八種一百九十二卷。梅雨田編。雨田，湖北黃梅人。同治壬戌進士，江西靖安縣知縣。臣謹案，雨田是編，適當咸豐兵燹之後，蒐殘存佚，意誠美也。惟雨田跋語謂世所常行，各叢書已收者，此編不登，無取數見，誠是也。然其中韓愈之《論語筆解》、蘇轍之《論語拾遺》、司馬光之《涑水紀聞》，已見於元陶宗儀之《說郛》。郭京之《周易舉正》，已見明毛晉之《津逮》祕書。此尋常叢書所已採，不得謂爲罕見之本。若夫《五經異義》、《玉臺新詠》諸書，則五尺之童，亦肄業及之矣。至其採《朝邑》、《武功》二志，今按《朝邑志》，字僅五千七百餘，筆墨簡古，洵稱傑作。然名宦不載事實，選舉不載年歲，失之太略。記楊恭報復知縣事，乃小丈夫所爲，未免採擇不精，未若《武功志》之簡而能核也。

雲自在龕叢書

劉錦藻《清續文獻通考・經籍考・雜家》 《雲自在龕叢書》五集十九種一百六卷。繆荃孫編。荃孫見《史部・正史類》。臣謹案，是編輯於光緒時代，而首列莊述祖《尚書記・湯誥第一》、《商誓第二》，蓋慨夫當世之競談革命，必德如湯武，而後可應天順人也。列《北夢瑣言》，有鑒於歐後鄭五爲相時事，可知諷樞臣也。列《牡丹譜》，譏洛陽富貴不過等諸曇花一見也。憂國傷時，其意深矣。

藕香零拾

劉錦藻《清續文獻通考・經籍考・雜家》 《藕香零拾》三十九種九十四卷。繆荃孫編。臣謹案，荃孫嘗讀嘉善曹溶《流通古書約》「節讌遊玩好諸費」等語三十二字，遂發憤刊罕見之本，以一字爲一冊。始光緒丙申，訖宣統庚戌蕆事。是編首冊，冠以祁氏《澹生堂藏書約》、孫氏《藏書紀要》、曹氏《流通古書約》、丁氏《古歡社約》，大都敦勗海內學者富於藏書，勤於讀書，敏於著書，三者兼備，而後書種不絕於世。此則荃孫之微恉也。

煙畫東堂小品

劉錦藻《清續文獻通考・經籍考・雜家》 《煙畫東堂小品》二十四種三十二卷。繆荃孫編。臣謹案，荃孫於光緒辛卯刊《雲自在龕叢書》八十七卷，宣統庚戌刊《藕香零拾》九十六卷，而於庚申，刊此小品。以凡例論，似當删薙，然瀏覽是編，首列《康熙朝品級考》，爲光、宣兩朝官制之紛更也。《圓明園記》，爲頤和園之歲耗國帑也。列《周世宗實録》，再列《國史・貳臣表》，殆爲辛亥之難而發歟。故國孤忠，長抱隱痛，破例編之，俾後之覽者亦將有感於斯文也。

知服齋叢書

劉錦藻《清續文獻通考・經籍考・雜家》 《知服齋叢書》五集二十四種八十卷。龍鳳鑣編。鳳鑣，廣東順德人。臣謹案，南皮張之洞創勸人刻書說，海內聞風興起，而粵東爲最。鳳鑣是編，於《楊忠愍公集》讎校頗精，一埽坊本譌脱之陋習。毅魄忠魂，時流露於行閒字裏也。鳳鑣又謂自左侯創書局三十餘年，羣籍之要，未刻者尠。總天下局書爲一編，復徵私家書版欲附售者入焉，爲大叢，依四部子目爲小叢，印行之。其爲叢書，豈不大哉！或譏鳳鑣所言，等於玉卮無當，然其志非小，誠可嘉也。

振綺堂叢書

劉錦藻《清續文獻通考・經籍考・雜家》 《振綺堂叢書》十二種二十二卷。汪康年編。臣謹案，道咸以來，外侮日亟，光緒甲申以後，士大夫懼屏藩之將撤，而以學術論議申儆國人。康年激於世變，采列諸書，足破拘瞀怪迂之習。義寧陳三立爲之序，刊於甲午正月。時中日之役尚未開釁，則是書其先覺者也。厥後丙申，湖北質學會之叢書出，雖洞悉時務，不若康年之初桄矣。

靈鶼閣叢書

劉錦藻《清續文獻通考・經籍考・雜家》 《元和江氏靈鶼閣叢書》五集五十六種九十四卷。江標編。標見《史部・傳記類・名人》。臣謹案，光緒二十年閒，翁同龢當國，酷嗜金石。標是編刊於湖南使院，采輯金石，不下二十種。殆若劉勰著《文心雕龍》，欲邀沈約之一盼歟。第二集以下，閒

采新學諸書。及戊戌變法，卒以言事，被議歸田，後賫志以歿。是則好名之心累之也，惜哉！

刻鵠齋叢書

劉錦藻《清續文獻通考・經籍考・雜家》 《刻鵠齋叢書》十種四十六卷。胡念修編。念修字幼階，浙江建德人，江蘇候補道。臣謹案，是編刊於戊戌變法之歲，首列明揭暄《璇璣遺述》，其論分野之誕，潮汐主月，象緯億證。雖近世李善蘭，亦無此精闢之論。使當日談新法者，從天文入手，則心細如髮，必不致僨事也。其閒採及綠蘿山莊及崇雅堂駢體文，雖係胡氏一家之學，然曾燠《駢體正宗》，於二家亦節取之矣。

觀古堂彙刻書

劉錦藻《清續文獻通考・經籍考・雜家》 《觀古堂彙刻書》第一集十三種二十七卷，第二集六種二十四卷。葉德輝編。德輝見《史部・目錄類・經籍》。臣謹案，湖南自曾國荃刊《王船山遺書》之後，繼之者王先謙有《續皇清經解》之刻。惟楚多材，德輝爲後起之秀，嗜古劬學，罔間寒暑，又復殫心搜羅手稿本，舊鈔本，每種各冠以序言，戞戞獨造，罙入其阻，能窺見作者之心。其論目錄之學，非尋常鈔胥家所能望其項背也。

聚學軒叢書

劉錦藻《清續文獻通考・經籍考・雜家》 《聚學軒叢書》六十種二百五十一卷。劉世珩編。世珩字聚卿，一字檵庵，安徽貴池人。光緒甲午舉人，度支部參議。臣謹案，小戴聚漢儒經說爲《禮記》，呂不韋聚諸儒論說爲《呂覽》，說者謂爲叢書所託始。世珩有感於歐陽修謂萬物聚於所好，及《學記》所謂「學以聚之」之語，於是名其軒曰「聚學」。刊刻是編，以繼其父瑞芬之志，良可嘉也。

日本輯刊

佚存叢書

張之洞《書目答問・叢書目》 《佚存叢書》。日本刻。

甘雨亭叢書

丁仁《八千卷樓書目・雜家類》 《甘雨亭叢書》六集六十三卷。日本板倉聖明撰。日本刊本。

地方叢書分部

藏說小萃

祁承爜《澹生堂藏書目・子類・叢書》 《藏說小萃》。《公餘日錄》，《宦遊紀聞》，《存餘堂詩話》，《明良記》，《洹詞記事鈔》，《洹詞記事續鈔》，《水南翰記》，《延州筆記》，《汴遊錄》，《保孤記》，《暖姝山筆》。

黃虞稷《千頃堂書目・類書類》 李如一《藏說小萃》十一種十九卷。字貫之，江陰人。按拜經樓藏本共二十七卷，此云十九，誤。

鹽邑志林

黃虞稷《千頃堂書目·類書類》 樊維城《鹽邑志林》五十五卷。黃岡人。《遺書目》：維城爲海鹽令時輯。

《四庫提要·雜家類存目一一》 《鹽邑志林》六十二卷。浙江巡撫採進本。明樊維城編。維城，黃岡人。萬曆丙辰進士。崇禎中以福建按察司副使家居。張獻忠陷黃州，抗節死。事蹟附見《明史·樊玉衡傳》。是編乃維城官海鹽縣知縣時輯海鹽歷朝著作，共爲一集。凡三國三種，晉二種，陳一種，唐一種，五代一種，宋三種，元一種，明二十九種。其中如陸績《易解》之類，多出鈔合。明人所著，又頗刪節。大抵近《說郛》之例。其最舛誤者，莫如顧野王之《玉篇廣韻直音》。《玉篇》自唐上元中經孫強增加，宋人又有「大廣益會」之本，久非原帙。舉今本歸諸野王，已爲失考。又《玉篇》自《玉篇》，《廣韻》自《廣韻》，乃併爲一書，尤爲舛謬。且《玉篇》音用翻切，竝無直音之説。忽以直音加之野王，更不知其何説。考首卷訂閲姓名，列姚士粦、鄭端允、劉祖鍾三人。士粦固當時勝流，號爲博洽者也，何其誤乃至於是哉！

畿輔叢書

劉錦藻《清續文獻通考·經籍考·雜家》 《畿輔叢書》二百二十二種一千五百四十五卷。王灝編。灝字文泉，直隸定州人。咸豐壬子舉人，候選同知。臣謹案，灝與張之洞同登鄉榜，《畿輔叢書》之輯，之洞與議，黃彭年亦慫恿之。灝在京，遂廣購鄉先達著作，而海陵陳氏之書籍盡歸之。貴筑黃國瑾任分校，厥後開局保定，王樹枏、胡景桂主之。有《采訪畿輔先哲遺書目》之刻，然光緒己卯開雕，刻未竣而灝卒。甲午順德李文田督學直隸，抽印三十五種。丙午以後，武進陶湘編成《總目》，江陰繆荃孫譏其《廣雅》之《疏證》，係高郵王念孫。《春秋繁露》之《注》，係江都淩曙。謂爲喧賓奪主，未免苛論。惟史部採及《明史紀事本末》八十卷，竊思豐潤谷應泰爲浙江提學僉事時，山陰張岱嘗輯明一代遺事，應泰作《紀事本末》，以五百金購得之，則是書非直隸人眞本也。

梓吴

祁承㸁《澹生堂藏書目·子類·叢書》 《梓吴》。《七人聯句詩》，《太湖新錄》，《縣笥瑣探》，《瑯琊漫鈔》，《蠶衣》，《近言》，《吴中往哲記》，《金石契》，《新倩籍》，《吴郡二科志》。

黃虞稷《千頃堂書目·類書類》 《梓吴》十種十卷。

常州先哲遺書

劉錦藻《清續文獻通考·經籍考·雜家》 《常州先哲遺書》初編四十三種四百四十六卷，後編二十七種二百六十五卷。盛宣懷編。宣懷字杏蓀，江蘇武進人。諸生，官至太子少保，郵傳部尚書。辛亥九月罷。臣謹案，毘陵文獻盛於齊梁，以迄有明，代有傳述。宣懷與學部參議江陰繆荃孫、翰林院編修陽湖汪洵商榷考訂，刻成四十種，國朝《留溪外傳》及《青門集》、《學文堂集》三種附焉。旋又刻《後編》二十七種。我朝常州，爲人文淵藪，專集宏富，宣懷尚未罔羅美備。然於天步艱難、人欲橫流之際，而刊播鄉邦文獻，嘉惠士林，其用心亦良可嘉尚矣。

婁東雜著

劉錦藻《清續文獻通考·經籍考·雜家》 《婁東雜著》八集五十六種五十八卷。邵廷烈編。廷烈字子顯，江蘇太倉人。揚州府教授。臣謹案，叢書之刻，權輿於宋古鄮山人左圭之《百川學海》，而薈萃一邑之著作，則始

自明。萬曆閒，樊維城令海鹽，時有《鹽邑志林》之輯。廷烈援引前例，輯鄉先正遺書，得五十六種。前乎此者，廷烈有《婁地全圖》之刻，一治水利，一萃人文，廷烈亦可謂好學也已。昔陶澍屬魏源、李兆洛倣朱彝尊《經義考》例，輯《江左古今名人著述目錄》。羣以兹事體大，辭不敢為，而廷烈乃愛其鄉先輩，樂以其言餉天下，宜龔自珍序其集而贊歎之。乃是編徧刻李兆洛、李宗昉、李正鼎、葛其仁、王寶仁諸序，而獨芟龔序，豈以道光初年，自珍之文猶有所忌諱歟？

涇川叢書

劉錦藻《清續文獻通考・經籍考・雜家》 《涇川叢書》四十五種五十八卷。趙紹祖編。紹祖見《經部・詩類》。臣謹案，李白詩云：「涇川三百里，若耶羞見之。」又云：「澌灘鳴嘈嘈，兩山走猿猱。」得山水清淑之氣而人文蔚起，紹祖及其弟繩祖輯明以來諸家著述，得四十五種。每種紹祖皆加跋語，雖不及胡鳳丹《金華叢書》之《提要》，而其識見，亦有獨到處。彼都人士有好事者，若將胡承珙、包世榮、胡世琦之經學及包世臣之經濟，續刊一編，當亦後來居上矣。

檇李遺書

劉錦藻《清續文獻通考・經籍考・雜家》 《檇李遺書》二十八種八十二卷。孫福清編。福清字翰香，浙江嘉善人。咸豐辛亥舉人，廣東陽山縣知縣。臣謹案，福清愛其鄉先正，而以其言餉天下。如程立本之文集，魏大中之書牘，及陸氏《三魚堂賸言》、張氏《楊園未刻稿》，綱常名教，皆足以敦勵末俗，振起頹風。或者謂采及《松桂堂集》之《延露詞》，未免閒情一賦，白璧微瑕。然孫遹驚才絕豔，所為詞不減南唐風格，《皇朝通考》已加著錄，存之亦何傷於風流儒雅乎？

范氏叢書

劉錦藻《清續文獻通考・經籍考・雜家》 《范氏叢書》十七種四十卷。范鍇編。鍇見《史部・地理類・雜記》。臣謹案，是編刊於道光庚寅、丙申之閒，所采吳興文獻半係詩詞，與趙紹祖之《涇川叢書》，宋世犖之《台州叢書》雖皆囿於一隅，然樂操土風，不敢忘本，斯則深可嘉尚也。

台州叢書

張之洞《書目答問・叢書目》 《台州叢書》。宋世犖。

劉錦藻《清續文獻通考・經籍考・雜家》 《台州叢書》七種。宋世犖編。世犖見《經部・禮類・周禮》。臣謹案，台州文字，萌芽於炎漢，唐有項斯，宋有胡三省，明有方孝孺，文章氣節，照耀寰區。世犖所刊七種，除《赤城志》外，皆係小種罕見之本。創始之難，想見約取慎擇之苦心也。光緒朝王棻、江青、王舟瑤等，刊《續編》一百二十四卷。辛亥以後，楊晨又刊《後集》十六種，《己集》四十六卷。方正學有言：人不悅學，懼國將亡。諸君子深體此意，先後徵一鄉文獻，溯其始事之功，不得不推世犖也。

金華叢書

劉錦藻《清續文獻通考・經籍考・雜家》 《金華叢書》六十種六百五十七卷。胡鳳丹編。鳳丹見《經部・小學類・字書》。臣謹案，鳳丹觀察鄂中，領官書局，以金華一郡譔述最富，徵諸《四庫總目》，自唐以來凡百六十五種，編為《提要》八卷，就所藏弆，次第開雕。比解組還浙，刻書之志不少懈，勒成是編，而退補齋之名，噪於兩浙矣。夫婺學淵源，肇於宋代。自呂祖謙、王柏、金履祥以經術顯，元則許謙、吳萊、黃溍，明

則宋濂、章懋、蘇伯衡，儒先接迹。是編甄采靡遺，而道統實隱相維繫，不特爲一郡文苑之英華也。其子宗楙，續刻五十九種，繼承先志，胡氏可謂有子矣。

豫章叢書

劉錦藻《清續文獻通考·經籍考·雜家》 《豫章叢書》十二種十七卷。陶福履編。福履字稚箕，江西新建人。光緒壬辰進士，湖南慈利縣知縣。臣謹案，阮元刊《學海堂經解》，搜羅美備，竟不登贛人一書，贛人引爲深憾。然選樓不採《蘭亭敍》於右軍文字聲價，至今無少貶也。江人之治漢學，未嘗無人。福履於奉諱家居時，裒集是編，表章先哲，可謂恭敬桑梓矣。

豫章叢書

劉錦藻《清續文獻通考·經籍考·雜家》 《豫章叢書》一百三種六百四十六卷。胡思敬編。思敬見《史部·奏議類》。臣謹案，陶福履《豫章叢書》所刻，祇十二種贛人著作，尚多遺闕，思敬乃有是編之輯。經始於乙卯之春，以文獻所繫，徵求宜博，既由當道檄下各縣，復馳簡友朋，廣闢涂軫，遂成巨帙。思敬手訂《略例》十一則，有云「撰人品學不端正者不收」，蓋際此滄海橫流，人格破壞，於表彰鄉賢之中寓納民軌物之意，其用心至堪嘉尚矣。

嶺南遺書

張之洞《書目答問·叢書目》 《嶺南遺書》。伍元薇。

劉錦藻《清續文獻通考·經籍考·雜家》 《嶺南遺書》六集五十七種三百四十三卷。伍崇曜編。崇曜原名元薇，字良輔，號紫垣，廣東南海人。道光朝恩賞舉人，布政使銜，候選道。臣謹案，道光朝，英人在粵東互市。當時有洋行十三，崇曜父秉鑑爲十三行之後勁，遂以豪商起家。崇曜既賜鄉舉，乃與名流討論著述，刊有《粵雅堂叢書》、《廣東十三家集》、《楚庭耆舊遺詩》前後集。是編於道光辛卯始付劂氏，續成六集，視李調元之《函海》、趙紹祖之《涇川叢書》，於鄉邦文獻同爇心香，良可寶也。

族姓叢書分部

顏氏傳書

祁承㸁《澹生堂藏書目·子類·叢書》 《顏氏傳書》。《顏子》、《顏光祿集》、《顏氏家訓》、《還冤錄》、《大業拾遺記》、《刊謬正俗》、《急就篇注》、《顏魯公集》。

高郵王氏五種

張之洞《書目答問·叢書目》 《高郵王氏五種》。王念孫、王引之。

晁氏三書

祁承㸁《澹生堂藏書目·子類·叢書》 《晁氏三書》。《法藏金液》、《昭德新編》、《道院集要》。

陳氏叢書

張之洞《書目答問・叢書目》 《陳氏叢書》。陳逢衡。

陳氏八種

張之洞《書目答問・叢書目》 《陳氏八種》。陳壽祺、陳喬樅。未盡。

侯官陳氏所著書

劉錦藻《清續文獻通考・經籍考・雜家》 《侯官陳氏所著書》十二種一百二卷。陳壽祺、喬樅同撰。壽祺見《經部・詩類》。喬樅見《經部・書類》。臣謹案，壽祺自少讀書，即以千秋自命，晚年著述等身，幾於充棟。其子喬樅，能讀父書，即以己所著《經説》等書，先後付梓，成《左海》諸種。嗣遭粵寇，光緒八年林新圖訪其後裔，得其殘板，刊成《小琅嬛館叢書》十種，然非若原本之完善矣。

董氏叢書

劉錦藻《清續文獻通考・經籍考・雜家》 《董氏叢書》十五種五十卷。董金鑑編。臣謹案，李調元《函海》專採全蜀，趙紹祖叢書專收涇川，昔人猶以爲徵一鄉文獻，未免囿於一隅，况金鑑刊一家之集哉！雖然，以叢編論，固失之褊狹，然近世羣言淆亂，往往爲《論衡》訐親之恣肆，孰能承其家學，發楹書而讀之乎？董氏此舉，足以風勵末俗矣。

汗筠齋叢書

張之洞《書目答問・叢書目》 《汗筠齋叢書》。秦鑑。

劉錦藻《清續文獻通考・經籍考・雜家》 《汗筠齋叢書》四種十九卷。秦鑑編。鑑，江蘇嘉定人。臣謹案，是編係錢氏一家之學，鑑於嘉慶三年刊之於汗筠齋。鄉邦文獻，其所以仰止者深矣。

武進謝氏叢書

劉錦藻《清續文獻通考・經籍考・雜家》 《武進謝氏叢書》十二種三十四卷。謝蘭生編。蘭生字晼季，江蘇武進人。臣謹案，是編於同治辛未刊於壽安堂，皆謝氏一家言。食舊德而誦清芬，謝氏可謂有賢子孫矣。首登《辨惑編》及《懷古錄》，於世道人心，裨益匪淺，未可以搜羅不廣少之也。

獨撰叢書分部

宋以前暨宋元

歐陽文忠公集

于敏中等《天禄琳琅書目・明版集部》 《歐陽文忠公集》。四函，二十六冊。宋歐陽修著。《居士集》五十卷，《外集》二十五卷，《易童子問》三卷，《外制集》三卷，《内制集》八卷，《表奏書啓四六集》七卷，《奏議集》十八卷，《雜著述》十九卷，《集古錄跋尾》十卷，《書簡》十卷，附錄五卷，

共一百五十八卷。前宋周必大序，次蘇軾《居士集序》，次修小像并宋李端叔、晁説之贊，次宋胡柯撰《年譜》一卷并記。前元版中有是書，無刻精妙，實元本之最佳者，其中特無歐陽修小像耳。此本雖非草草剞劂，然刻手印工，俱遠不相逮矣。李端叔，名之儀，滄州無棣人。元豐中登第，終朝請大夫。自號姑溪老農。晁説之，字以道，清豐人。元豐五年進士，仕至徽猷閣待制，自號景迂生。俱見《明一統志》。

彭元瑞等《天禄琳琅書目後編・元版集部》 《歐陽文忠公集》。八函，六十四冊。宋歐陽修撰。書一百五十三卷。凡《居士集》五十卷，《外集》二十五卷，《易童子問》三卷，《外制集》三卷，《内制集》八卷，《表奏書啓四六集》七卷，《奏議集》十八卷，《雜著述》十九卷，《集古録跋尾》十卷，《書簡》十卷。每卷末附《考異》。前有慶元二年郡人登仕郎胡柯伯信所定《年譜》，後有附録五卷。周必大跋稱爲郡人孫謙益彦撝，承直郎、前桂陽軍學教授丁朝佐懷忠，郡人鄉貢進士曾三異無疑等所編校，俱列名於末。又有覆校，州縣學職事葛潨德源、王伯芻駒甫、朱岑山父、胡棣謙甫，郡人迪功郎、新臨江軍清江縣丞曾煥文卿，郡人鄉貢進士胡焕季亨、劉贙棠仲，郡人羅泌長源八人。陳振孫《書録解題》謂修集徧行海内，而無善本。此周必大父子校本，至精審。其槧法精朗，紙墨俱佳，元版中甲觀。

又《明版集部》 《歐陽文忠公集》。五函，二十冊。篇目同前元版集部，附録後多《記神清洞》一卷。是集明天順壬午吉安知府海虞程宗得於胡廣家刻之，侍讀學士雲間錢溥、副使郡人彭勖序。弘治壬子知府姑蘇顧福、同知馬平歐陽允直再刻，庶子宣谿王臣序。正德壬申知府慈谿劉喬三刻，喬自序。此本爲嘉靖丁酉攝郡彭山季本四刻，訓導新安詹治跋，諸序皆載書中。本，山陰人。正德丁丑進士，官御史，王守仁之門人。泰興季氏藏本。

《歐陽文忠公集》。五函，五十冊。同上，係一版摹印，傳刻諸序佚。

明代

柏齋三書

《四庫提要・雜家類存目一一》 《柏齋三書》三卷。浙江范懋柱家天一閣藏本。明何瑭撰。瑭有《醫學管見》，已著録。是書一爲《陰陽管見》，一爲《樂律管見》，一爲《儒學管見》，大都好爲異説以自高。如論陰陽則以周子相生之説爲不可信，於張子《正蒙》、邵子《經世》諸書皆排詆其失。論樂律則以蔡元定《律吕新書》爲不可行，并譏《禮經》之《樂記》爲過當而失實。論儒學則以朱子爲欠明切，而眞德秀《大學衍義》於《大學》之道實亦不知。皆所謂一知半解也。末有崔銑跋。銑學頗醇正，而極稱所論之超卓，殊不可解。

陸文裕公外集

祁承㸁《澹生堂藏書目・子類・叢書》 《陸文裕公外集》。《傳疑録》、《河汾燕閒録》、《春風堂隨筆》、《聖駕南巡録》、《大駕北還録》、《淮封日記》、《南遷日記》、《知命録》、《金臺紀聞》、《願豐堂漫書》、《溪山餘話》、《玉堂漫筆》、《停驂録》、《續停驂録》、《科場條貫》、《豫章漫鈔》、《中和堂隨筆》、《史通會要》、《平胡録》、《春雨堂雜鈔》、《同異録》、《蜀都雜鈔》、《古奇器録附藏書目録》、《書輯》。

《四庫提要・雜家類七》 《儼山外集》三十四卷。浙江汪汝瑮家藏本。明陸深撰。深有《南巡日録》，已著録。是編乃其劄記之文，其子楫彙爲一集。凡《傳疑録》二卷，《河汾燕閒録》二卷，《春風堂隨筆》一卷，《知命録》一卷，《金臺紀聞》二卷，《願豐堂漫書》一卷，《谿山餘話》一卷，《玉堂漫筆》三卷，《停驂録》一卷，《續停驂録》三卷，《豫章漫鈔》四卷，《中和堂隨筆》二卷，《史通會要》三卷，《春雨堂雜鈔》一卷，《同異鈔》二卷，《蜀都雜鈔》一卷，《古奇器録》一卷，《書輯》三卷。其中惟《史通會要》摭劉知幾之精華，隱括排纂，別分門目，而採諸家之論以佐之，凡十有七篇，專爲史學而作。《同異録》爲進御之本，採擇古人嘉言，撮其大略，分上、下二篇，上曰《典常》，下曰《論述》，專爲治法而作。《古奇器録》皆述珍異。《書輯》皆論六書八法。其餘則皆訂證經典，綜述見聞，雜論事理。每一官一地，各爲一集。部帙雖別，體例則一。雖讕言瑣語，錯出其閒，而核其大致，則足資考證者多。在明人説部之中，猶爲佳本。舊刻本四十卷。今簡汰《南巡日録》、《大駕北還録》、《淮封日記》、《南遷日記》、《科場條貫》、《平北録》六種，別存其目。故所存惟三十四卷焉。

陸文裕公雜著

祁承㸁《澹生堂藏書目·子類·叢書》 《陸文裕公雜著》。《陸氏家訓》、《陸學士題跋》、《病榻寤言》、《禪林餘藻》、《汲古叢語》附圖訓諸生十二條，《長水日鈔》、《清暑筆談》、《耄餘雜識》、《善俗裨議》、《鄉會公約》、《適園雜著》。

楊升庵雜録

祁承㸁《澹生堂藏書目·子類·叢書》 《楊升庵雜録》。《升庵經說》、《周易義海撮要》、《詩輯》、《易解》、《經子難字》、《夏小正解》、《莊子闕誤》、《山海經補註》、《春秋左傳地名考》、《分野》附錄、《滇程記》、《滇程記附錄》、《希姓錄》、《南詔野史》、《滇載記》、《古雋》、《羣書麗句》、《謝華啓秀》、《詩話補遺》、《古音例略》、《古文韻語》、《古今風謠》、《古今諺》。

木鐘臺集

《四庫提要·雜家類存目一一》 《木鐘臺集》。無卷數。副都御史黃登賢家藏本。明唐樞撰。樞有《易修墨守》，已著錄。此編凡分二十九種。曰《禮元剩語》，曰《眞談》，曰《語錄》，曰《遊錄》，曰《周禮因論》，曰《因領錄》，曰《三十測》，曰《咨言》，曰《答言》，曰《感學編》，曰《轄圖窩雜著》，曰《證道》，曰《偶客談》，曰《疑誼》，曰《海議》，曰《國琛集》，曰《未信編》，曰《館論》，曰《易修墨守》，曰《法綴》，曰《列流測》，曰《宋學商求》，曰《枝辭》，曰《積承錄》，曰《政問》，曰《冀越通》，曰《嘉禾問錄》，曰《春秋讀意》，曰《激衷小擬》。析門分類，俱各冠以序文。其別行之本，已各存目，此其總匯之本也。

蓉塘雜著

丁丙《善本書室藏書志·雜家類》 《蓉塘雜著》十卷。舊鈔本。王藹士藏書。明仁和姜南纂。按《浙江採遺書總錄》有《蓉塘詩話》二十卷刊本，凡十八種，如《洗硯新錄》、《輟築記》、《半村老人閒談》諸名目。陸深爲之序。卷中閒及他事，不止論詩。吳焯曰：文筆修潔，不減陶南村云。此寫本爲《半村閒談》，《投甕隨筆》，《風月堂雜識》，《學圃餘力叩舷憑軾錄》，《墨畬》，《錢鎛》，《瓠里子筆談》，《洗硯新錄》，《蓉塘紀聞》，《抱璞簡記》，凡十種。附以方拱乾《寧古塔紀略》，蓋彙鈔時增入也。

林子分内集

祁承㸁《澹生堂藏書目·子類·叢書》 《林子分内集》。《三教會編》、《三教分摘》、《作聖》、《仲尼天地度世》、《道無不可》、《三教無遮大會》、《道一教三》、《萬古此綱常》、《綱常教之本》、《復古之道》、《宗孔之儒》、《孔門心法》、《九序》、《心是聖人》、《須識眞心》、《艮背行庭》、《煉心實義》、《世出世法》、《在世出世》、《性命》、《性命仁丹》、《常明教》、《本體教》、《河圖》、《洛書》、《心爻》、《常道篇》、《無生篇》、《太虛天地》、《眞我昌言》、《佛菩薩義》、《元神實義》、《夢中人》、《經傳》、《德性問學》、《格物正義》、《立本》、《信難》、《儒經訊釋》、《黃老訊議》、《無爲眞實義》、《見性篇》、《壇經訊釋》、《教外別傳》、《權實》、《寓言》、《破迷》、《三教異端》、《持齋辯惑》、《念經辯惑》、《心鏡指迷》、《絲銀喻》、《七竅》、《易解俚語》、《著代禮祭》、《崇禮》、《歌學解》、《詩文浪談》、《六美條答》、《井田》、《導河迂談》、《山人》、《偏叩三門》、《天人一氣》、《夏一》、《夏三》、《立本》、《八門》、《極則》。

閒雲館別編

祁承㸁《澹生堂藏書目·子類·叢書》 《閒雲館別編》。《經筵國學講

章》、《詞林典故》、《翰苑題名》、《史職議》、《莊子題評》、《道德陰符解》、《經史格言》、《諸子格言》、《警心類編》、《問奇集》、《好生編》、《明心寶鑒》。

徹雲館別集

祁承㸁《澹生堂藏書目・子類・叢書》 《徹雲館別集》。《歐餘漫錄》、《書肆說鈴》、《文字藥》、《坐麈轉語》、《貝典雜說》。

大朴山居冗編

祁承㸁《澹生堂藏書目・子類・叢書》 《大朴山居冗編》。《偶語》、《日記功過目》、《武夷紀遊詩》、《睡記》、《邵詩轉轉語》、《老子解》、《郭子演》、《經義》、《養生內篇》、《養生外篇》、《測莊》、《莊砭》。

玉梅館全集

祁承㸁《澹生堂藏書目・子類・叢書》 《玉梅館全集》。《尊今林》、《時務林》、《見解林》、《品隲林》、《雅逸林》、《婦鑒林》、《談藝林》、《談詩林》、《詞話林》、《談字林》、《廣識林》、《夢數林》、《神術林》、《禪悟林》、《玄悟林》、《保生林》、《輿地林》、《龍穴林》、《紀異林》、《夷俗林》。

歸雲別集

祁承㸁《澹生堂藏書目・子類・叢書》 《歸雲別集》。《姓匯》、《姓觿》、《名疑》、《古俗字略》、《夢占逸旨》、《論語類考》、《孟子雜記》、《易象鉤解》、《易解彙解》、《五經異文》。

歸雲外集

祁承㸁《澹生堂藏書目・子類・叢書》 《歸雲外集》。《隄疾恆談》、《楚故略》、《象教皮編》、《楚絕書》、《荒史》、《世歷》、《江漢叢談》、《俚言解》、《夷語音義》、《岳紀》。

王奉常雜著

祁承㸁《澹生堂藏書目・子類・叢書》 《王奉常雜著》。《關洛紀遊稿》、《歸田倡酬》、《閩部疏》、《三郡圖說》、《名山游記》、《澹思子》、《經子臆解》、《讀史訂疑》、《藝圃擷餘》、《望崖錄內編》、《望崖錄外編》、《二酉委譚》、《窺天外乘》、《學圃雜疏》、《卻金傳》、《遠王史》。

袁氏叢書

祁承㸁《澹生堂藏書目・子類・叢書》 《袁氏叢書》。《訓兒俗說》、《靜坐要訣》、《祈嗣眞詮》、《袁生讖法》、《淨行別品》、《河圖洛書》、《勸農書》、《皇都水利》、《詩外別傳》、《曆法新書》、《寶坻政書》。

松樞十九山

祁承㸁《澹生堂藏書目・子類・叢書》 《松樞十九山》。《西浮籍》、《荆南詩》、《桐薪》、《織里草》、《桃葉編》、《戲瑕》、《樟亭集》、《二蕭篇》、《聽濫志》、《獪園》、《討桂編》。

雪濤閣四小書

祁承㸁《澹生堂藏書目・子類・叢書》 《雪濤閣四小書》。《譚叢》、《聞紀》、《諧史》、《詩評》。

御龍子集

祁承㸁《澹生堂藏書目・子類・叢書》 《御龍子集》。七十六卷。《膚語》四卷二冊，《天官舉正》六卷一冊，《參兩通極》六卷二冊，《瑱譚》四卷二冊，《曲洧新聞》四卷二冊，《吹劍草》四十七卷十六冊，《造夏略》二卷一冊，《嘉慶臣略》一卷，《曹正夫先生年譜》一卷，《揮麈雅談》一卷。

張氏藏書

《四庫提要・雜家類存目一一》 《張氏藏書》四卷。浙江鮑士恭家藏本。

明張應文撰。凡十種。曰《簞瓢樂》，曰《老圃一得》，曰《蘭譜》，曰《菊書》，曰《先天換骨新譜》，曰《焚香略》，曰《清閟藏》，曰《山房四友譜》，曰《茶經》，曰《瓶花譜》。其《清閟藏》尚可資賞鑒考訂，別有刊本，附其子丑《清河書畫舫》後，已著於錄。其餘九種，大抵不出明人小品之習氣。其《山房四友譜》中所稱以《史記》眞本刊今本之譌者，詭誕無稽，不足與辨。《簞瓢樂》中《粥經》一篇，摹仿《論語》，託諸孔子之言，尤可駭怪。一條云：「小子何莫喫夫粥！粥可以補，可以宣，可以腥，可以素，暑之代茶，寒之代酒，通行於富貴貧賤之人。」一條云：「子謂伯魚曰：『汝喫朝粥、夜粥矣乎？人而不喫朝粥、夜粥，其猶抱空腹而立也與。』」如斯之類，殆於侮聖言矣。明之末年，國政壞而士風亦壞，掉弄聰明，決裂防檢，遂至於如此。屠隆、陳繼儒諸人不得不任其咎也。

闇然堂全書

軍機處奏《禁燬書目》 《闇然堂全書》一部，八本。查《闇然堂全書》係明潘士藻撰。內《日錄》第四卷、《類纂》第一卷，語有詆斥，應請銷燬。

澹生堂雜著

祁承㸁《澹生堂藏書目・子類・叢書》 《澹生堂雜著》。《藏書訓約》、《壁拈》、《邵楊二先生詩轉語》、《和張無垢論語頌》、《密園前記》、《密園後記》、《泰岱記遊》、《天台半遊記》、《瑯琊過眼錄》、《兩浙著作考檄》、《數馬三記》、《出白門歷》、《江行歷》、《歸航錄》、《白門二吟》、《曠亭小草》、《遼警》。

來瞿唐日錄

祁承㸁《澹生堂藏書目・子類・叢書》 《來瞿唐日錄》。《弄圓篇》、《河圖洛書論》、《格物諸圖》、《大學古本》、《入聖功夫字義》、《省覺錄》、《孔子謹言功夫》、《省事錄》、《九喜格記》、《四箴》、《諭俗俚語》、《理學辯疑》、《心學晦明解》、《讀易悟言》。原本少。已上內篇。《客問》、《釜山稿》、《述悟賦》、《悟山稿》、《遊峩眉稿游賦》、《快活菴藁》、《入關稿》、《遊吳稿》附石鼓歌，《重遊白帝稿》、《求溪稿古詩》、《買月亭稿》、《鋏鳳稿》、《游華山稿》、《遊太和山稿》、《續求溪稿》。已上外篇。

天荒合刻

祁承㸁《澹生堂藏書目・子類・叢書》 《天荒合刻》。《字學三章》、《藝轂》、《論世編》、《中有錄》、《學殖解》。

陳眉公十集

祁承㸁《澹生堂藏書目·子類·叢書》 《陳眉公十集》。《讀書鏡》、《狂夫言》、《續狂夫言》、《安得長者言》、《眉公筆記》、《書蕉》、《香案牘》、《十六觀》、《眉公羣碎録》、《巖栖幽事》、《枕譚》。

《四庫提要·雜家類存目一一》 《眉公十集》四卷。兩江總督採進本。明陳繼儒撰。繼儒有《邵康節外紀》，已著録。是書名爲十集，實十一種。曰《讀書鏡》，曰《狂夫之言》，曰《續狂夫之言》，曰《安得長者言》，曰《筆記》，曰《書蕉》，曰《香案牘》，曰《讀書十六觀》，曰《羣碎録》，曰《巖栖幽事》，曰《槐談》，皆在《寶顔堂祕笈》之内。惟《讀書十六觀》一種爲《祕笈》所未收。簡端各綴以評。其評每卷分屬一人，而相其詞氣，實出一手。刊版亦粗惡無比。蓋繼儒名盛一時，坊賈於《祕笈》中摘出翻刻，又妄加批點也。

陳眉公雜録

軍機處奏《禁毀書目》 《陳眉公雜録》一本。查陳眉公《雜録》，係明陳繼儒所刻叢書，内《建州考》、《燕市雜詩》二種，語皆狂悖，應請銷燬。

清閟全集

軍機處奏《禁毀書目》 《清閟全集》一部，十四本。查《清閟全集》，係明姚希孟撰，共分七種，内有悖礙語，應請銷燬。

清代前期

竹裕園筆語

《四庫提要·雜家類存目一一》 《竹裕園筆語》十二卷。禮部尚書曹秀先家藏本。國朝李曰滌撰。曰滌字亦白，臨川人。前明歲貢生。是編裒其平生雜著爲之。一曰《邇言》一卷，皆辨析事理之談。二曰《蛩草》一卷，三曰《梅草》一卷，皆戊子秋冬避兵山居所劄記。三書識趣議論，出入於屠隆、袁宏道、陳繼儒之閒，蓋明末風氣如是也。四曰《驅暑草》一卷，皆其客楚時作。前爲《或問》十章，綴以《無富》、《無分》、《無過》、《無不過》四論，皆借以發抒心跡。五曰《餘草》一卷，皆所作雜文。六曰《四書筆語》六卷，依經生義，自抒所懷，與章世純《留書》相類。二人本同時，又相善也。

楊園全書

《四庫提要·雜家類存目一一》 《楊園全書》三十四卷。浙江巡撫採進本。國朝張履祥撰。履祥有《沈氏農書》，已著録。是編爲寧化雷鋐所刊，凡十二種。《願學記》一卷，共一百十九條，皆其劄記講學之語。《問目》一卷，共三十八條，皆其受業劉宗周時録以就正之詞。中載山陰劉先生批者，即宗周也。《初學備忘》二卷，皆訓導後進之言，意在兼啓童蒙，故詞多淺近。《經正録》一卷，輯朱子《訓學齋規》、《白鹿洞學規》，司馬光《居家雜儀》及朱子增損《吕氏鄉約》，合爲一編。《近古録》四卷，採明陳良謨《見聞記訓》、耿定向《先進遺風》、李樂《見聞雜記》、錢衮《厚語》，各採其所記嘉言善行，分立身、居家、居鄉、居官四門。《見聞録》二卷，記近時之嘉言善行。《喪祭雜説》一卷，皆糾時俗違禮之失。《學規》一卷，凡《澉湖塾約》十四條，《東莊約語》五條。《答問》一卷，皆其門人張嘉珍問而履祥答。前爲答張佩璁別楮，皆論喪祭之禮。後爲答張佩璁所問，皆雜考經史疑

義。佩璁即嘉珍字也。《門人所記》一卷，則嘉珍與姚瑚、姚璉錄履祥之語。《訓子語》二卷，凡分十二綱，一百四十五條，蓋履祥晚始得子，懼弗及教誨，故留以訓之。《農書》二卷，多就桐鄉物土言之。履祥初講蕺山慎獨之學，晚乃專意於程朱。立身端直，鄉黨稱之。其書多儒家之言，而《近古錄》、《見聞錄》等率傳記之流，《農書》又農家之流。言非一致，難以概目曰儒家，故著錄於雜家類焉。

張考夫遺書

《四庫提要・雜家類存目一一》　《張考夫遺書》五卷。兩江總督採進本。國朝張履祥撰。是編書凡四種。曰《訓子語》二卷，曰《經正錄》一卷，曰《備忘錄》一卷，曰《書簡》一卷。張蘭皋序云：《訓子》一冊，先得我心，因合數種授之梓人。蓋刻於《楊園全書》之前，故卷帙不及其富也。

亭林遺書

軍機處奏《禁毀書目》　《亭林遺書》一部，六本。查《亭林遺書》，係崑山顧炎武撰，以所著十種合爲一編。內除《亭林文集》、《亭林詩集》二種中，均有違礙憤激詞句，應行銷燬。又《昌平山水記》一種，亦有乖謬處，應行抽燬外，其《左傳杜解補正》、《九經誤字》、《石經考》、《金石文字記》、《韻補正》、《譎觚十事》、《顧氏譜系考》等七種，均係辨正經史之書，有裨考證。查无干礙，均應請毋庸銷燬。

張之洞《書目答問・叢書目》　《亭林遺書》。顧炎武。未盡。

鈍吟雜録

《四庫提要・雜家類七》　《鈍吟雜錄》十卷。浙江巡撫採進本。國朝馮班撰。班字定遠，號鈍吟居士，常熟人。卷首自署曰上黨，從郡望也。是書凡《家誡》二卷，《正俗》一卷，《讀古淺說》一卷，《嚴氏糾謬》一卷，《日記》一卷，《誡子帖》一卷，《遺言》一卷，《通鑑綱目糾謬》一卷，《將死之鳴》一卷。班著述頗多，沒後大半散佚。其猶子武，搜求遺稾，僅得九種，裒而成編。《家誡》多涉歷世故之言。其論明末儒者之弊，頗爲深切。《正俗》皆論詩法。《讀古淺說》多評詩文。《日記》多說筆法字學。皆閒附雜論。《嚴氏糾謬》辨嚴羽《滄浪詩話》之非。《誡子帖》多評古帖，論筆法，末附以《社約》四則，皆論讀書之法。《遺言》、《將死之鳴》皆與《家誡》相出入。《通鑑綱目糾謬》尚未成書，僅標識五條，武錄而存之耳。大抵明季諸儒，守正者多迂，騖名者多詐。明季詩文，沿王、李、鍾、譚之餘波，僞體競出。故班諸書之中，詆斥或傷之激。然班學有本源，論事多達物情，論文皆究古法。雖閒有偏駁，要所得者爲多也。

耿文光《萬卷精華樓藏書記・雜家類七》　《鈍吟雜錄》十卷。國朝馮班撰。鈍吟全集本。書凡九種：《家戒》二卷，《讀古淺說》一卷，《嚴氏糾謬》一卷，《日記》一卷，《誡子帖》一卷，《遺言》一卷，《通鑑綱目糾謬》一卷，《將死之鳴》一卷。多見古書，有益於讀書之語。雖間有偏駁，可取者正多。定遠生於萬曆年，既歿之後，其從子武收拾遺稿，編爲是書，近時傳本已少。

船山遺書

張之洞《書目答問・叢書目》　《船山遺書》。王夫之。

西河合集

張之洞《書目答問・叢書目》　《西河合集》。毛奇齡。

丹麓雜著

《四庫提要・雜家類存目一一》 《丹麓雜著》十種十卷。浙江巡撫採進本。國朝王晫撰。晫有《遂生集》，已著錄。是編皆所著雜文。一曰《龍經》，擬《禽經》而作。二曰《孤子吟》，皆哭父之詩。三曰《松溪子》，皆筆記小品。四曰《連珠》，擬陸機體。五曰《寓言》，假禽蟲以示勸戒。六曰《看花述異記》，自記夢遇古來諸美女事。七曰《行役日記》，乃康熙甲寅爲其父乞銘於宜興，述往返所經。八曰《快說續記》，因金人瑞《西廂記》評所說快事而演之。九曰《禽言》，效梅堯臣體。十曰《北墅竹枝詞》，詠其鄉之軼事。每種有同時諸人序跋評語，毛際可又總爲之序。大抵皆明末山人之派。而《看花述異記》摹仿牛僧孺《周秦行記》，聚歷代妃主，備諸冶蕩，尤非所宜。贊皇之黨託名誣奇章可也，晫乃無端自誣乎？

李文貞公全集

周中孚《鄭堂讀書記・雜家類八》 《李文貞公全集》二十五種附四種。原刊本。國朝李光地撰，其孫清植編。光地仕履見《□□類》。清植字穆亭，號立侯。雍正甲辰進士，官至禮部侍郎。厚庵著述各種，當時多陸續付梓，間有數種，爲立侯所補刊，因彙爲全集，并以己所著《淛㖚存愚》及其伯父世得鍾倫所著《經書源流》、《三禮儀制》、《帝王姓系歌訣》附焉。世得所著三種，刊於乾隆癸亥，蘇景陽紫丰爲之序，俱屬兔園冊之最下者，故不入志。所有文貞各種及立侯一種，皆分記於各類中，而總存其目於此，以便考核云爾。

高文恪公四部稾

張之洞《書目答問・叢書目》 《高文恪公四部稾》。高士奇。

政學合一集

《四庫提要・雜家類存目一一》 《政學合一集》。無卷數。副都御史黃登賢家藏本。國朝許三禮撰。三禮有《讀禮偶見》，已著錄。是集正編三十三種，乃其宰海寧時所作。其《讀禮偶見》一種，爲作於家居時，亦編入其中。續編十三種，則其爲御史以後所作，而其後人又錄《諭祭文》、《行述》、《誌銘》附焉。正編自《讀禮偶見》外，所自著不過數篇，篇不過數頁。若會講之語，雜錄羣言，政績詩頌，俱出他手。《合律全書樂》只集登高唱和詩三種，乃併有錄而無書。蓋飽飣湊合，摹印時有佚脱也。續編自《帝王甲子表》、《聖孝廣義》、《聖廟崇祀圖》三種外，多與正編相出入。大抵皆有意近名，失於夸詡。在海寧嘗建告天樓，官京師時亦然。所定《告天工課》，儼然釋、道家懺誦章咒之屬，非儒者立言之道也。

檢心集

《四庫提要・雜家類存目一一》 《檢心集》十四卷。湖北巡撫採進本。國朝閔則哲撰。則哲字睿先，應山人。是集爲其子衍所編。以語錄、講義、雜著與雜文參錯成書，頗無條理。其有書名者，爲《說書管見》四卷，又《說書》一卷，《訂學膚言》二卷。其不能以一卷者，曰《寬酌篇》、《敢問篇》、《偶及篇》、《經說略》、《史說略》、《子說略》、《仕語節錄》、《論兵摘略》、《遷議存稾》、《惕愆質語》、《節錄內則續言》、《蕉窻筆談》。餘皆雜文。其中論說既繁，不免小有牴牾。如《史說略》中引《史記》桀觀炮烙於瑤臺

云云，乃《符子》之寓言，《史記》實無此文也。

楊氏全書

周中孚《鄭堂讀書記・雜家類八》　《楊氏全書》三十六卷。水心草堂刊本。國朝楊名時撰，其子應詢編。名時仕履見《詩類》。應詢，四品蔭生，候選部主事。凡八種。凝齋生平著作，未能及身刊行。當四庫館開，兩江總督采進其經學各種，俱從其家藏稿本寫出，至乾隆壬子，其孫敦原懼其祖之遺書鬱而不彰也，謀付諸梓，因以寫本全書，畀同縣葉廷甲，付諸剞劂。編校之役，則武進臧東序鏞任之。又索其家藏稿本，反復讐對，質之師友。而後定，顏曰《楊氏全書》，以別《易義隨記》、《詩義記講》二書爲其門人所纂也。冠以乾隆二年御製碑文，三年諭、祭文，入賢良祠諭、祭文，和碩履親王等祭文，《賢良祠傳》，及癸丑王西沚鳴盛、甲寅盧抱經文弨二序，幷審校爵里姓氏。後有葉廷甲跋。余既遵《四庫全書》著錄存目所有，分記於各類，而復存其總目於左。其爲《四庫全書》所不載者，亦依次附入焉。

望溪全集

張之洞《書目答問・叢書目》　《望溪全集》。方苞。

文道十書

周中孚《鄭堂讀書記・雜家類八》　《文道十書》四種。乾隆甲戌刊本。國朝陳景雲撰。景雲字少章，長洲人。少章嘗從何義門焯遊，義門引爲老友，而當世論兩人者，亦無敢以顯晦軒輊之也。其於羣書，釐正詳辨，貫穿精密，實可爲典籍之功臣，後學之津筏，當與《義門讀書記》並垂不朽矣。顧其子和叔黄中刻其遺書，僅得四種，餘六種皆有錄無書，僅注云「續出」，學者不能無歉然爾。余既以此四種分記之，而存其全目於此，以俟異日求其備云。前有乾隆甲戌雷翠庭鋐序，及沈椒園廷芳所作傳，王次山峻所作墓誌銘。文道，少章之私謚也。

張之洞《書目答問・叢書目》　《文道十書》。陳景雲。未全刻。

徐位山六種

周中孚《鄭堂讀書記・雜家類八》　《徐位山六種》。志寧堂刊本。國朝徐文靖撰。文靖仕履見《書類》。雍正元年，黄崑圃叔琳典試江南，中式者皆一時名士。位山與宜興任翼聖啓運、常熟陳見復祖范才尤高。崑圃且曰：「他人但以榜中有狀頭爲意滿耳，孰若余所得三人，皆不朽士哉！」其後乾隆十六年，位山與見復並以經學徵，所著書皆范爲詳定，進呈乙覽，故此六種，俱有「御覽欽定」四字印也。今以其所著書分記於各類中，而存其目於左。

陳司業集

周中孚《鄭堂讀書記・雜家類八》　《陳司業集》四種。乾隆甲申見華堂刊本。國朝陳祖范撰。祖范仕履見《五經總義類》。見復既舉南宮，以足疾不與廷試，退居水村山郭之間，以著述自娛。尋主各處講席，徒衆益盛。後首膺經學之舉，取其所著書上呈睿覽，繕寫而藏之秘府，而以原本歸其家。見復殁後，其子道元爲之刊布流傳。乾隆甲申嚴有禧爲之序，道元復識於總目之後，幷冠以小像及贊。其集凡四種，既爲之分記於各類，而復存其目如左。

戴氏遺書

周中孚《鄭堂讀書記・雜家類八》　《戴氏遺書》十四種附一種。曲阜孔氏微波榭刊本。國朝戴震撰。震仕履見《詩類》。東原少從婺源江慎修永游，講

貫《禮經》制度名物及推步天象，皆洞徹其原本，既乃研精漢儒傳注及《方言》、《説文》諸書，由聲音文字以求訓詁，由訓詁以尋義理，實事求是，不偏主一家，亦不過騁其辨以排擊前賢。其在書局校定各書，皆官爲板行。其所撰述，則曲阜孔體生繼涵爲刊行之。乾隆戊戌，盧抱經文弨撰序。顧蓁厓修《彙刻書目》所列十五種，後有《策算》一卷，《句股割圜記》一書，注云：二種附《算經十書》行世。蓋《算經十書》爲東原所校定，孔氏合而刻之，蓁厓亦載其目，於《九章音義》下附《策算》一卷，《數術記遺》後附《句股割圜記》。余所得《遺書》，則《策算》一卷仍在其中，惟無《句股割圜記》。考其記文，即刊入《原象》内，惟無圖五十有五，爲術四十有九耳。今諸書已分記於各類，仍依顧刻書目所列次序，并繫於左。

張之洞《書目答問・叢書目》 《戴氏遺書》。戴震。未盡。

燕禧堂五種

張之洞《書目答問・叢書目》 《燕禧堂五種》。任大椿。未盡。

杭氏七種

張之洞《書目答問・叢書目》 《杭氏七種》。杭世駿。止小品。此外甚多。

果堂全集

張之洞《書目答問・叢書目》 《果堂全集》。沈彤。

叢睦汪氏遺書

張之洞《書目答問・叢書目》 《叢睦汪氏遺書》。汪師韓。

范氏遺書

張之洞《書目答問・叢書目》 《范氏遺書》六種。范家相。

甌北全集

張之洞《書目答問・叢書目》 《甌北全集》。趙翼。

潛研堂全書

周中孚《鄭堂讀書記・雜家類八》 《潛研堂全書》十七種。嘉定錢氏刻本另刻五種德清徐氏、海鹽吳氏、儀徵阮氏分刊本未刊十一種。嘉定錢氏藏本。國朝錢大昕撰，其子東塾編。大昕仕履見《別史類》。東塾字學仲，大昕之次子也。國初以來，諸儒或言道德，或言經術，或言史學，或言天學，或言地理，或言文字聲韻，或言金石詩文。專精者固多，兼擅者尚少，惟竹汀能兼其成，著作之富，不啻等身。其書既成即刊，久已陸續流布。學仲因合其已刻另刻、未刻者，編爲全書。已刻者，板藏於家，可以合印全帙也。另刻者，板存他姓，無從彙聚一處也。未刻者，稿藏於家，尚須編次校正，方可付刻也。余所讀過已刻十七種，俱已分記，姑存其總目於此，以待異日補讀其所未見書焉。前有阮雲臺師《國史儒林傳》擬稾，王述庵師所撰墓志銘并小像及贊。

張之洞《書目答問・叢書目》 《潛研堂全書》。錢大昕。未盡。

蘇齋叢書

張之洞《書目答問・叢書目》　《蘇齋叢書》。翁方綱。

微波榭遺書

張之洞《書目答問・叢書目》　《微波榭遺書》。孔繼涵。

顨軒孔氏所著書

周中孚《鄭堂讀書記・雜家類八》　《顨軒孔氏所著書》六十卷。儀鄭堂刊本。國朝孔廣森撰。廣森仕見《禮類》。顨軒幼負異稟，長號多聞，於六經古文皆能修復。其說經之文，則《大戴記》、《公羊傳》其最著者也。計其歿於乾隆丙午之冬，年止三十有六，而所著書幾於滿家。至嘉慶壬申，其弟靜吾廣廉補刻其書始竣，合爲全帙，冠以嘉慶丁丑翁覃溪方綱總序。余取其書，隨類分記，而存其總目於此。

張之洞《書目答問・叢書目》　《顨軒所箸書》。孔廣森。

孔叢伯遺書

張之洞《書目答問・叢書目》　《孔叢伯遺書》八種。孔廣林。

授堂集

張之洞《書目答問・叢書目》　《授堂集》。武億。未盡。

洪稚存全集

張之洞《書目答問・叢書目》　《洪稚存全集》。洪亮吉。此外甚多。

經韻樓叢書

張之洞《書目答問・叢書目》　《經韻樓叢書》。段玉裁。

崔東壁遺書

張之洞《書目答問・叢書目》　《東壁遺書》。崔述。

清白士集

周中孚《鄭堂讀書記・雜家類八》　《清白士集》四種。嘉慶庚申刊本。國朝梁玉繩撰。玉繩字曜北，號諫庵，錢唐人。諫庵爲薌林詩正之孫，山舟同書之嗣子。專心著述，尤長於考證。所撰經史各種及詩文若干篇都爲一集，別撰《史記志疑》三十六卷，以先單刻行世，不列入也。其書網羅羣籍，務求其是，久爲士林推右。集曰「清白士」者，《淮南鴻烈解》稱「清白士不爲古今易意」，洪氏《隸續》有「清白士子，清修愛古，非若世之號爲士者」，

遂取以名集。集本六種，爲三十一卷，尚有未刻二種。其已刻者，已另記，今皆存其目如左，以俟其刻全而續記之。

張之洞《書目答問・叢書目》　《清白士集》。梁玉繩。

戚氏遺書

張之洞《書目答問・叢書目》　《戚氏遺書》。戚學標。

劉氏遺書

張之洞《書目答問・叢書目》　《劉氏遺書》。劉台拱。

浮溪精舍叢書

張之洞《書目答問・叢書目》　《浮溪精舍叢書》。宋翔鳳。

雪泥屋遺書

李慈銘《越縵堂讀書記・雜家類》　《雪泥屋遺書》。清牟廷相撰。閱牟默人《雪泥屋遺書目録》。默人名廷相，字陌人，山東棲霞人。乾隆乙卯優貢生，官觀城縣訓導。其子房字農星，嘉慶戊寅舉人，嘗署會稽令事。此書即農星所刻，中列書共五十一種。有序者存其序及其大恉。默人之學盡屏古説，專任肊斷，持論不根。其《詩切》一種，云稿凡六易，言餘百萬，而痛攻《毛詩》，悉反《小序》，甚至改定篇名，蓋近病狂之言。

　國朝山左之學，自蒿菴、宛斯謹守古學，孯軒、蘭皋、未谷蔚爲大師。近之文泉、箓友，師法不墜。而默人鄉壁虚造，無所取資，恃其精心，敢于立異，岸然自以爲孔子後一人。其實所好者不出丹經道書，所長者不出時文批尾，枉耗日力，譾言滿家。聞其《雪泥屋時文稿》已刻行，頗有隆、萬家法。蓋約其著書之旨，《書經》、《楚辭》兩種，當有可節取；算學道集，存立無害。其《風星正源》所載《風角序》、《星象序》、《農圃星占序》三篇，語甚平正。《投壺算草》推演鄭注，詩文等集，必有佳者。《明史論》汔於宣德十年，爲未定本，其中當有獨闢之論。餘舉畀之烈火可也。以彼其才，淩轢百家，誠亦間出之士，而夜郎自大，恣意肆言，卒爲學究之傖荒，經儒之梟賊，獨學而無友，可不戒哉！同治辛未（一八七一）九月十七日。

四録堂類集

張之洞《書目答問・叢書目》　《四錄堂類集》。嚴可均。共四十二種，止刻七種。

珍藝宧遺書

張之洞《書目答問・叢書目》　《珍藝宧遺書》。莊述祖。

雕菰樓叢書

李慈銘《越縵堂讀書記・叢書類》　《雕菰樓叢書》。清焦循撰。爲德夫購焦里堂《雕菰樓叢書》四帙，直銀三兩五錢。其中《孟子正義》一書，可立學官。《六經補疏》、《羣經宫室圖》亦佳。《易》學四種，算學五種，皆一家之學，《北湖小志》六卷，則專述其鄉里風土人物，上冠以十圖，繪法極可愛，圖亦里堂所自作者。其中《孫柳亭傳》，所載《孟子》圭田説，據《九章・方田》有圭田求廣縱法，有直田截圭田法，有圭田截小截大法，凡零星不成井之田，一以圭法量之。圭者合二句股之形，井田之外有圭田，明

繫零星不井者。或以圭訓潔非也，云云。臧在東已採入《拜經日記》。他如志物異云：北湖土中有茆根，其狀長二三寸，有毛，去其浮皮，白嫩甘香，可烹食，故地名白茆湖。《詩》云「言采其茆」者或即此。又言章雞至春變爲格敦，劉淵林注《吳都賦》云：鶘鷚似鴨而雞足，郭璞云一名章渠，顏師古云今之水雞也。然則章雞即鶘鷚，格敦或即鶻鵃之轉聲。《禮記》作盍旦。又言突黎，即《詩》之鵜也，大如鶴，頸有肉囊，可盛數斗，口張則囊見，每日須飼魚數斤，突黎正鵜之緩聲，皆可以助博識。又言裔之爲氏，惟北湖有之，傳是明功臣徐馬兒之後。馬兒坐藍黨，其子孫改易姓名，逃匿湖中，今五百年，族甚繁衍，有裔家莊。其先世神主內，仍書徐某。此亦可備氏族書之采擇也。里堂又爲《裔烈娥傳》，其事甚足傳，與歸震川所書張貞女事、予所爲《林烈婦傳》，情事相同，文筆亦曲暢盡致。

焦氏叢書

張之洞《書目答問·叢書目》

《焦氏叢書》。焦循。

求己堂八種

張之洞《書目答問·叢書目》

《求己堂八種》。施朝幹。

竹柏山房十種

張之洞《書目答問·叢書目》

《竹柏山房十種》。林春溥。

郝氏遺書

張之洞《書目答問·叢書目》

《郝氏遺書》。郝懿行。未盡。

茗柯全書

張之洞《書目答問·叢書目》

《茗柯全書》。張惠言。

修本堂遺書

張之洞《書目答問·叢書目》

《修本堂遺書》。林伯桐。

墨莊遺書

張之洞《書目答問·叢書目》

《墨莊遺書》。胡承珙。

鄂宰四種

張之洞《書目答問·叢書目》

《鄂宰四種》。王筠。

清代後期

頤志齋叢書

李慈銘《越縵堂讀書記·叢書類》　《頤志齋叢書》。清丁晏撰。閱丁氏《頤志齋叢書》凡二十一種：《周易述傳》二卷，《周易訟卦淺説》一卷，《尚書餘論》一卷，《禹貢集釋》三卷，《禹貢蔡傳正誤》一卷，《禹貢錐指正誤》一卷，《毛鄭詩釋》四卷，《詩考補注補遺》三卷，《鄭氏詩譜考正》一卷，《毛詩陸疏校正》二卷，《周禮釋注》二卷，《儀禮釋注》二卷，《禮記釋注》四卷，《孝經述注》一卷，《北宋二體石經記》一卷，《金天德大鐘款識》一卷，《子史粹言》二卷，鄭司農、陳思王、陶靖節、陸宣公《年譜》各一卷，《石亭紀事》二卷，《百家姓韻語三編》一卷，《讀經説》一卷，共四十卷。今日先畢其《周易述傳》二卷，述程子之《傳》也。《北宋二體石經考》一卷，咸豐丁巳五月得之淮安書肆者。《周易》二十八紙，《尚書》四十二紙，《毛詩》二十紙，《春秋》二十四紙，《禮記》二百十二紙，《周禮》二十八紙，《孟子》三十七紙，共三百九十一紙。每紙八行，每行十字，一行篆書，一行眞書，約存三萬三百字有奇，裝爲四大冊，蓋汴宋石經之存，莫多於此矣。丁氏爲記一首，略考其與《唐石經》及今本之異同，而附何子貞紹基《長歌》一首，丁氏和韻一首，葉潤臣名灃跋一首。汴宋石經之有《孟子》，《宋史》及《玉海》無言之者，尤足以廣異聞也。《金天德大鐘款識》一卷，道光壬寅得之淮安北門城樓者，丁氏爲之考，且系以詩及黄樹齋爵滋詩各一首，又附《淮安府學元鑄祭器録》，幷至正蓮華寺大銅鑪大銅瓶款識。《淮安府城南宋古惠甎記》，《淮安府署東報恩寺高麗古鼎歌》，《淮河銅鼓歌》、《元移相哥大王銅印歌》，皆以類編入者。事關地志掌故，非爲苟作。《百家姓韻語三編》一卷，因明人周九烟星戶部原文，重加綴緝，凡爲三編：其一以複姓列之篇後，其二以複姓散埘文中，其三不因周氏而自爲之文，然三篇皆以咸豐萬壽句起，文字亦大略相同。前有自序，言命其第三子壽辰爲之注釋，蓋亦授意爲之者。又《續經説》一卷，僅不盈三葉，示人讀書之法，兼取漢宋，簡而有要，切而不苟，乃其道光庚寅主講鹽城表海書院時作，以勸學者也。光緒己卯（一八七九）十月二十六日。

劉錦藻《清續文獻通考·經籍考·雜家》　《頤志齋叢書》二十二種四十一卷。丁晏撰。晏見《經部·易類》。臣謹案，晏《尚書餘論》具言《孔叢》、《家語》皆王肅一手所爲，與朱士端《春雨樓叢書·強識篇》所駁斥子雍，所見略同。蓋丁、朱二子，同歲生也。晏讀書得閒，必擇其義之精碻者，乃著於篇，不務博而守約，愼之至也。子壽昌、壽祺等七人，於光緒元年同校付梓，稱未梓者尚有二十五種，然如《易林釋文》，《楚詞天問箋》，《曹集詮評》等，後皆刊行云。

春雨樓叢書

劉錦藻《清續文獻通考·經籍考·雜家》　《春雨樓叢書》六種三十卷。朱士端編。士端字銓甫，江蘇寶應人。道光戊子舉人。臣謹案，士端與山陽丁晏爲同歲生，釋經義，論《説文》，頗相脗合。時廣東學海堂方搜刻《經解》，士端著述不及寄呈，識者以未登阮録爲憾。其所未刊者，尚有《齊魯韓三家詩輯》、《説文形聲疏證》、《知退齋筆記》三種云。

儆季雜著

李慈銘《越縵堂讀書記·雜家類》　《儆季雜箸》。清黄以周撰。定海黄元同秀才以周《儆季雜箸》兩冊，稿本未成，多所塗改，中皆考據之作，實事求是，多前賢所未及。據其自叙，所箸有《周易十翼後録》，輯歷朝諸儒《十翼》舊注，幷及各經注疏史文史注諸子文選，以發明聖傳。《經義通詁》，采經典中詁訓性理之語，分類纂之，凡二十四目，曰命，曰性，曰才，曰情，曰心，曰學，曰意，曰道，曰理，曰仁，曰禮，曰智，曰義，曰信，曰忠，曰恕，曰靜，曰敬，曰剛，曰中，曰權，曰誠，曰聖，曰鬼神。《經禮通詁》，取經傳所載典禮之類，仿《五經異義》例，廣采諸説，以析其同異。《讀書小記》，分九類，曰易説，曰書説，曰詩説，曰禮説，曰春秋説，曰論語説，曰孟子説，曰國語説，曰雜説。《經句釋》，輯羣經古注，考其句

讀之異同而增之。《經詞釋》。取王氏經傳釋詞所列諸訓，爲之推廣補正。聞其書皆已成，洵一時之樸學矣。又聞其父薇香先生名式三，號儆居子，亦諸生。所箸有《易釋》、《春秋釋》、《尚書啓蒙》、《論語後案》、《周季編略》、《儆居集》、《經外緒言》，卒時年七十餘，尚箸書不輟。儆季稟承家學，自己酉落解後，窮經十年，不應試。近寓湖上，肄業詁經精舍中，聞今年可得優貢，浙東經生，蓋無與比。以竝世二百里內之人，姓名泯然，無人樂道，可謂不求聞達者矣。此韓昌黎見殷侑《公羊注》而自謂非復人類者也。同治丁卯（一八六七）八月初六日。

閱黃元同《儆季雜著》，其《補史記·越世家》，辨王無彊之見殺在楚懷王二十二年，爲周赧王八年，非楚威王時。無彊之敗，僅失江淮南故吳地，其子玉尙保郎邪，更傳王尊、王親兩世，始爲楚考烈王所伐，失郎邪。而其族人尙據浙東故越地。直至秦始皇降越君，置會稽郡，其子孫始居東甌及閩中，非無彊敗時已失會稽。皆考訂細密，確有據依，言越事者所必采也。同治己巳（一八六九）三月十五日。

學藝齋遺書

李慈銘《越縵堂讀書記·雜家類》 《學藝齋遺書》。清鄒漢勛撰。閱鄒叔績《文集》，其《王制周尺解》、《三江彭蠡東陵考》、《九江考》、《漢長沙零陵桂陽武陵四郡考》、《汝淮泗注江說》、《貳軫釋》，皆足以自持其說。《寶慶疆里圖說》，備言方志繪圖之法，及舊圖之病，極爲精塙，它文亦多有本之言。其家書有云「年三十有畸，尚未青一衿」，則其入學甚遲。又有云「榜發落解，卌年守經，不能寸進」，考叔績爲咸豐辛亥舉人，癸丑從江忠源死事，年當已五十許矣。遺書前刻楚人王闓運所爲傳，意求奇崛，而事蹟全不分明，支離蕪僿，亦多費解。此人盛竊時譽，脣吻激揚，好持長短，雖較趙之謙稍知讀書，詩文亦較通順，而大言詭行，輕險自炫，亦近日江湖傖客一輩中物也。日出仌消，終歸朽腐，姑記吾言，以諗後來而已。光緒己卯（一八七九）十二月初二日。

曲園雜纂

李慈銘《越縵堂讀書記·雜家類》 《曲園雜纂》。清俞樾撰。閱《曲園雜纂》，每卷爲一種。今日閱其《艮宧易說》、《達齋書說》、《達齋詩說》。曲園者，俞氏寓居吳門馬醫巷所築之園，艮宧、達齋，皆園中室名也。其說經解頤，仍是《平義》本色。卷四十二《梵珠》，取佛經語爲連珠一百八首，卷四十三《百空曲》，廣尤西堂《駐雲飛十空曲》爲百首，卷四十四《十二月花神議》，卷四十五《銀瓶徵》，以岳忠武小女銀瓶投井事不見《宋史》及《金陀粹編》、《忠武行實》，亦岳珂譔。而周密《癸辛雜識》已載之，今杭之人乃強以張憲爲之配，因爲之考以徵其實。卷四十六《吳絳雪年譜》，卷四十七《五行占》，卷四十八《八卦葉子格》，卷四十九《隱書》，爲廋辭百事，先隱後解，以《漢志》有《隱書》十八篇也。卷五十《老圓》，取蔣清容《四絃秋》曲意，演老將老妓而老僧爲之說法，效《王船山全書》後坿《龍舟會》襍劇也。此九種爲游藝之餘，然《梵珠》詞采斐然，《百空曲》亦清雅可誦，即《十二月花神議》事近游戲，而敷佐典雅，終非《檀几叢書》等比也。光緒壬午（一八八二）九月初二日。

卷四《達齋春秋論》，卷五《達齋叢說》，卷六《荀子詩說》，卷七《何邵公論語義》。其《春秋論》多取證史事，爲成敗之鑑，具有深意。《叢說》皆說經史，事爲一篇，多出新義。其《大夫強而君殺之義也由三桓始也說》，以上九字作一句讀，殺字讀去聲，與余《甲子日記》中舊說同。《荀子詩說》取《荀子》中引《詩》者釋之。《何邵公論語義》取《公羊解詁》中引《論語》者次列之。皆足備一家之學。惟據《北堂書鈔》引何休曰君子儒將以明道，小人儒則矜其名，是不知此本出何平叔《集解》引孔安國說，《書鈔》以其出《集解》，遂作何晏曰，而鈔本又誤作何休曰，俞氏猶沿劉申甫誤說而不知審正也。九月初三日。

閱《曲園雜著》卷二十七《改吳》，改吳虎臣《能改齋漫錄》也。卷二十八《說項》，說項安世《項氏家說》也。卷二十九《正毛》，正毛居正《六經正誤》也。卷三十《評袁》，評袁質甫《甕牖閒評》也。考訂多精確。九月初四日。

卷三十一《通李》，通李治《敬齋古今黈》也。卷三十二《議郎》，議郎瑛《七修類藁》也。卷三十三《訂胡》，訂胡鳴玉《訂譌雜錄》也。卷三十四《日知錄小箋》。項、毛、袁、李、郎、胡諸家，學問皆不甚深，毛言小學，尤多疏舛，俞氏闢之，綽有餘力。其於《日知錄》謂體大物博，未能涉其藩籬，故自謙曰《小箋》，然所訂正七十餘條，亦多有依據。惟《大原》一條，引《史記·匈奴傳》南踰句注，攻太原，下晉陽，以證《詩》之「薄伐玁允、至于大原」，當從朱子説爲今太原陽曲縣，則非也。無論周漢時事不同，宣王時晉穆侯方盛，慎固疆圉，玁允無由出入；且詩人方夸武功之偉，而薄伐僅至晉陽，何足云乎？夫薄伐者征之也，征必至其國，晉陽豈玁允之地乎？若謂玁允入侵，而驅之僅至晉竟，是以寇詒諸侯矣。顧氏以涇陽屬安定地望準之，而知大原即原州平涼縣，其説不可易也。又閱卷三十五《莽子》，分內性等十章，學《法言》、《太玄》，故爲艱深之詞。卷三十六《小繇露》，皆溯小事俗語之原，亦自典雅。九月初五日。

三十七《韻雅》，取《廣韻》中不經見之語，以類編纂，略如《爾雅》之例，分釋天、釋地、釋人、釋物四篇，極有裨於小學，惜未載音釋，如有人更加以疏證，尤可傳也。又如有人能取《集韻》中語，如《爾雅》篇目，編纂成文，爲之疏證，則更足爲六經資糧，非僅助小學矣。又閱卷三十八《小浮梅閒話》。小浮梅者，其曲園中臨池小檻名，錄其與配姚夫人閒話俗傳小説眞僞之事。卷三十九《續五九枝譚》，續尤西堂作也，而較有名理。卷四十《閩行日記》，卷四十一《吳中唱和詩》，皆不足觀。九月初六日。

閱《曲園雜纂》，卷十七《讀韓詩外傳》，卷十八《讀吳越春秋》，卷十九《讀越絕書》，卷二十《讀鶡冠子》，卷二十一《讀鹽鐵論》，卷二十二《讀潛夫論》，卷二十三《讀論衡》，皆篇葉無多，每不過二三十條，而辨誤析疑，多有據證。《外傳》及《潛夫論》，亦兼舉趙懷玉校、汪繼培箋之失。俞氏熟於經子，精於詁訓，固非諸家所及也。九月初十日。

俞樓雜纂

李慈銘《越縵堂讀書記·雜家類》　《俞樓雜纂》。清俞樾撰。閱俞蔭甫《俞樓雜纂》，亦每卷爲一種，共五十卷。俞樓者，其詁經精舍弟子爲築樓於孤山之麓，在六一泉之西，名曰俞樓也。其第一卷爲《易窮通變化論》，第二卷爲《周易互體徵》，第三卷爲《八卦方位説》，第四卷爲《卦氣補考》。余素不喜論《易》之變互反對卦氣，尤不喜言方位。今日閱其卷五《詩名物證古》，取朱子《集傳》中所釋名物，證以舊説之異，不加辯論，而義自見。卷六《禮記鄭讀考》，以段茂堂氏譔《周禮鄭讀考》而不及《禮記》，故補爲之。得此及胡墨莊氏《儀禮古今文疏證》，而鄭君《三禮》改讀之義發明過半矣。以人事未及偏究而止。光緒壬午（一八八二）九月初七日。

卷十三《論語鄭義》，取鄭君詩箋、禮注中有及《論語》者詮次之，以存鄭學。卷十四《續論語駢枝》，續劉端臨氏作也。又閱卷三十九《廣楊園近鑑》，廣張氏之書而兼陳善惡，以爲勸懲。卷四十《壺東漫錄》，亦隨筆劄記之屬。曰壺東者，猶陸友仁雜志題「研北」也。卷四十一《百哀篇》，其己卯悼亡之作，爲七絕一百首，曰百哀者，取元微之「貧賤夫妻百事哀」語也。卷四十三取國朝諸家記載新異之事，分義、奇、愚、逸、悲五事，事各五類，各系以序論，其意亦主風世，而奇零挂漏，太覺不倫，其名尤近於戲，然讀之殊足感人。卷四十五《廢醫論》，分本義、原醫、醫巫、脈虛、藥虛、證古、去疾七篇，具有名理，其脈虛、藥虛二篇，析理尤精。九月初八日。

卷七《禮記異文箋》，取鄭注所引異文，爲之疏證，得此更足發明鄭君禮學。惜徐氏養原《周禮故書考》尚未得見也。卷八《鄭君駁正三禮考》，其中亦頗糾鄭失，蓋俞氏不深信鄭學也。此卷尚讀之未竟。九月初九日。

閱《俞樓雜纂》卷九《九族考》，卷十《玉佩考》，卷十一《喪服私論》，卷十二《左傳連珠》。其《九族考》謂當從《尚書》今文家説，合母族、妻族數之，以古文家説上至高祖下至元孫之説爲不然，而又分別爲父族四、母族三、妻族二，亦足自成一義，然不當合母、妻言之，余別有論。其《喪服私論》，謂後世婦爲舅姑之服，既加至斬衰三年，則妻父母之服，宜加至小功；外祖父母之服，宜如唐開元制加大功，使輕重略稱。又謂婦爲夫之祖父母，宜加期；爲夫本生父母，亦宜服期。又謂爲舅之妻，亦當如開元制服緦，皆本人情以爲言也。然此等事要當別論之。九月十一日。

卷十五《論語古注擇存》，卷十六《孟子古注擇存》，皆辨何解、趙注之

優於朱注處，多折衷平允。卷十七《孟子高氏學》，以高誘《呂氏春秋序》自言嘗正《孟子章句》，因取高氏《呂氏春秋》、《淮南子》、《戰國策》注中涉孟子者略詮次之，以存高氏一家之學。卷十八《孟子纘義》內外篇，取我善養乎浩然之氣等三節及養心莫善於寡欲一章爲內篇，取仁者無敵及善戰者服上刑一節、今天下之地一節、王如施仁政於民一節、今王發政施仁一節、尊賢使能一章爲外篇，而暢其論說，使文義相貫，意似專爲今之客氣用事及慕效西器者而發，固有託之言也。然持議有本，不墮矯激，亦足爲中流一壺。九月十三日。

卷十九《四書辨疑》，辨元人陳天祥撰《四書辨疑》十五卷，專辨朱注之誤，俞氏頗稱其善，而舉其說之未合者，復爲之辨，僅十五條。其湯盤爲盥器一條，昔人已言之。卷二十《羣經賸義》，言初欲作《續羣經平義》，以衰老不復能成，因舉所得者刻之。九月十四日。

卷二十一《讀文子》，卷二十二《讀公孫龍子》，卷二十三《讀山海經》，於《山海經》誤文奥義，訂正甚多，亦時舉畢校之失。九月二十一日。

閲《俞樓雜纂》中諸經說，其言大戰于甘，乃召六卿，是戰敗而申儆之辭。《君奭》之召公不說，是召公以主少國疑，欲周公循殷家兄終弟及之制，說皆極塙。乃者，難之辭也，既云大戰于甘，而又加乃辭，則既戰而召可知。其下祇數不共命，則戰敗可知也。《呂氏春秋・先己篇》云，夏后伯啓各本誤作夏后相，据高注及《御覽》引改正。與有扈戰於甘澤而不勝，六御請復之，夏后不可云云，可知古解本如是。《君奭正義》引鄭、王皆云周公既攝王政，不宜復列於臣職，夫曰不宜復爲臣，是即欲其爲君也，知鄭君及王子雝所見皆同，必如此解，則篇中歷數殷時代有重臣保乂王家皆終臣節，所以釋其疑者至矣。至曰我則鳴鳥不聞，矧曰其有能格，則其意更顯也。此皆由熟繹經文而得，所以有功經學。光緒甲申（一八八四）閏五月十七日。

俞氏叢書

張之洞《書目答問・叢書目》　《俞氏叢書》。今人。

類編叢書部

經類叢書分部

羣經輯注

九經

錢謙益《絳雲樓題跋》《淳熙九經》一。《淳熙九經》槧本，元人俞石磵所藏，後歸徐子容侍讀，余得之於錫山安氏。《孝經》、《易經》後，俱有王文恪題字。此書楮墨尊嚴，古香襲人，眞商周間法物，可作吾家宗彝也。石磵者，名琰。隱居吴之南園，老屋數間，古書金石，充牣其中。傳四世，皆讀書修行，號南園徐氏。金張七葉，不足羡也。吾子孫得如俞氏，足矣。《初學集》卷八十三。

于敏中等《天禄琳琅書目・元版經部》《九經》。三函，十二册。《周易》、《尚書》、《毛詩》、《春秋》、《禮記》、《孝經》、《論語》、《孟子》、《爾雅》、《小爾雅》，附《中庸》、《大學》。重出各經序文傳注，俱不載。此書專刻經文，無校刊人姓名，亦不載鏤版年月。《易經》後有識語云：「茲刻《易》文諸卦，皆仿《乾》卦，或疑之曰：『分經分傳，以別篇卷；分經合傳，以便贊釋，此古文、今文各有所取，茲不然者，何也？』曰：『古文別而病其離，今文便而病其碎，此程、朱傳、義所以更張不一者也。茲使羲、文、周、孔之《易》別而不離，便而不碎，殆古人玩《易》之舊也。漢儒分經合傳，爻辭不可相屬，傳贊亂其成韻，矧象曰之綴疊僭妄不稽，尤不若古文之可安也。』曰：『漢儒之僭妄，何稽乎？』曰：『以《乾》卦也。』又《學》、《庸》後識語云：「《學》、《庸》，本二戴類編之，經二程揭出示要領也。今刻古文，一仍其舊，而二篇重出，便《四書》之尚也。」至善堂記，按：至善堂當是書賈坊名，其專刻經文，蓋取便於行篋所攜，亦仍宋槧巾箱《九經》之意。刊手印工，雖非草草，而欲如巾箱本之密行細字、倍見精瑩者，已出其下矣。

彭元瑞《天禄琳琅書目後編・宋版經部》《九經》。四函，十六册。巾箱本。不分卷。《易》、《書》共一册，《詩》二册，《周禮》二册，《禮記》三册，《左傳》六册，《孝經》、《論語》共一册，《孟子》一册，《音義》皆附上方。諱「眘」不諱「惇」，淳熙、乾道間刻也。按：唐及宋初均以《九經》取士，謂《三經》、《三禮》、《三傳》也。《經典釋文》以《易》、《書》、《詩》、《周禮》、《儀禮》、《禮記》、《春秋》、《孝經》、《論語》列於序録。《小學紺珠》云，唐谷那律稱爲九經庫。《九經》之名，始見《宋史》，神宗用王安石之言，士各占治《易》、《書》、《詩》、《周禮》、《禮記》一經，兼《論語》、《孟子》。是時《儀禮》、《春秋》皆廢，不立學官。元祐初，復《春秋左傳》。此所刊《九經》，蓋南宋之制。

陸心源《儀顧堂續跋》卷一《宋槧婺州九經跋》：《周易》二十一葉。《尚書》二十六葉，前有孔安國序。《毛詩》四十七葉。《周禮》五十五葉。《孝經》三葉，前有唐明皇序。《論語》十六葉，前有何晏序。《孟子》三十四葉，前有《孟子題辭》。《禮記》九十三葉。《春秋左傳》一百九十八葉。每葉四十行，每行二十五字。眉間有音切，版心有「易」、「書」、「詩」、「禮」、「孝」、「論」、「孟」、「左」等字及刊工姓名、字數。余向藏《五經正文》，審爲婺州刻。今得此本，參互考訂，益信前言之不誣。請列二證以明之。景定《建康・書籍志》所列諸經正文，婺州本有《周禮》無《儀禮》，此本亦有《周禮》無《儀禮》，其証一也。陳仲魚所藏婺本《點校重言重意互注尚書・大禹謨》「降水儆予」，不作「洚水」。「夔夔齋慄」不作「齊慄」。《益稷》「敖虐是作」，不作「傲虐」。《禹貢》「北過降水」，不作「洚水」。「東迤北會于滙」，不作「爲滙」。《五子之歌》「懍乎若朽索之馭六馬」，不作「凜乎」。「峻宇雕牆」不作「彫牆」。《伊訓》「檢身若不及」，不作「撿身」。《大甲中》「視乃厥祖」，不作「烈祖」。《盤庚上》「則惟汝衆自作弗靖」，不作「爾衆」。《盤庚中》「乃祖先父丕乃告我高后曰」，不作「乃父」。《説命上》「台恐德弗類」，不作「惟恐」。《武成》「師逾孟津」，不作「師渡」。《洪

範」「明作哲」，不作「作哲」。《多士序》「周公以王命誥，作多士」，不作「命告」。「天休滋至」，不作「茲至」。《君牙》「亦惟先王之臣」，不作「先正」。《呂刑》「度作刑以詰四方」，不作「以誥」。《文侯之命》「即我御事」，不作「既我」。「汝克昭乃顯祖」，不作「克紹」。《費誓》「勿敢越逐」，不作「無敢」。皆與婺本《尚書》同，與唐石經合。其證二也。前有「樂善堂覽書畫記」白文長印，「怡府世寶」朱文方印，蓋本怡賢親王收藏，同治初爲潘文勤所得。光緒十年，文勤奉諱南旋，欲得余所藏周子燮《兕觥遺書》，請效蘇、米博易之舉，余拒之。文勤請益堅，《兕觥》乃歸攀古廔，《九經》遂爲百宋廛插架矣。怡賢親王爲聖祖仁皇帝之子，其藏書之所曰樂善堂。大概九楹，積書皆滿。絳雲樓未火以前，其宋元精本大半爲毛子晉、錢遵王所得。毛、錢兩家散出，半歸徐健菴、季滄葦。徐、季之書由何義門介紹，歸于怡府。乾隆中，四庫館開，天下藏書家皆進呈，惟怡府之書未進。其中爲世所罕見者甚多，如《施注蘇詩》全本有二，此外可知矣。怡府之書，藏之百餘年，至載垣以狂悖誅，而其書始散落人間。聊城楊學士紹和、常熟翁叔平尚書、吳縣潘文勤、錢唐朱修伯宗丞，得之爲多。

丁丙《善本書室藏書志・五經總義類》《九經》。宋刊本。拜經樓吳氏藏書。謹按《天祿琳瑯》正續所收宋刻巾箱本《九經》二部。一爲至善堂刊，凡《周易》、《尚書》、《毛詩》、《春秋》、《禮記》、《孝經》、《論語》、《孟子》、《爾雅》、《小爾雅》，附《中庸》、《大學》，重出各經序文傳注皆不載。一爲巾箱本《九經》，不分卷。《易》、《書》、《詩》、《周禮》、《禮記》、《左傳》、《孝經》、《論語》、《孟子》音義，皆附上方。淳熙、乾道間刻也。按《小學紺珠》云：唐谷那律稱爲「九經庫」，九經之名始見。《宋史》：神宗用王安石之言，士各占治《易》、《書》、《詩》、《周禮》、《禮記》一經，兼《論語》、《孟子》。是時《儀禮》、《春秋》皆廢，不立學官。元祐初，復《春秋左傳》。此所刊《九經》，蓋南宋之制。此書每葉四十行，行二十七字。上格標載音義。凡《易》二十一葉，《書》二十六葉，《詩》四十七葉，《左傳》一百九十八葉，《禮記》九十三葉，《周禮》五十五葉，《孝經》三葉，《論語》十六葉，《孟子》三十四葉，即《天祿》之第二部也。嘉慶戊辰人日吳騫題云：《九經白文》乃宋麻沙本之佳者，蓋錫山秦氏刊本之所祖也。楮墨古雅。經盧抱經、鮑綠飲、黃蕘圃諸公所賞鑑，其經文字句，較時本間多不同。如《曾子問》「殷人既葬而致事」下，有「周人卒哭而致事」句，殆宋人因皇氏之說而增之，與日本《七經孟子攷文》所引古本相符。其餘字句，不及備載。又《左氏春秋》前不列「惠公元妃」傳文一段，蓋古經與傳，本不相聯屬，後人取便，合傳以附經。此本首闕傳文，豈先儒不敢以傳先經之意歟？又題云：昔王文簡嘗見宋刻小本《九經》於倪雁園檢討家，載《分甘餘話》。此本不知即雁園所藏否，有「宋本甲」、「秀水朱氏潛采堂圖書」、「紅藥山房收藏」私印，「事學鍾離」、「存義概書」、「求宛委讀餘編」、「拜經樓吳氏藏書」、「兔牀山人第一孫臣騫槎客」諸印。

五經

于敏中《天祿琳琅書目・宋版經部》《五經》一函，六冊。《易》、《書》、《詩》、《禮記》經文，《春秋左氏經傳》，不分卷。巾箱本。行密字展，朗若列眉。中「構」字闕筆，「愼」字、「瑗」字不闕，乃高宗時刊。上方列字音。近錫山秦氏仿宋刻巾箱九經，亦同此例。闕補《禮記》、六十九、七十。《春秋》。五十。

丁丙《善本書室藏書志・五經總義類》《五經正文》五卷。明刊本。經各爲卷。後有諸暨翁溥議云：世之有識者，往往教人離棄傳注，沈潛古文，以意逆志，庶幾有得者。溥不敏，未之能也，而有志焉。顧經無善本，又《詩序》、《書序》述經之所由作。程子謂《詩大序》非聖人不能，《小序》出於國史而子夏傳之。《書序》爲孔安國所著。然其來尚矣。治經者顧遺之，亦闕且謬也。故於簿書之餘，躬自校錄，刻之江西。

仿宋版五經

慶桂等《國朝宮史續編・書籍二〇》《御定仿宋版五經》一部。乾隆四十七年，高宗純皇帝以宋岳珂五經較諸殿、監本爲最古，士林罕覯，敕武英殿書局詳加讐對，選善書館員，照宋版影鈔，袤延分寸悉合，因仿其式重

刊，用仿宣紙，三印而後成，楮墨精良，備宮庭陳設之用。並宣賜内外臣工，恩許印本通行。是書前列珂所著《沿革例》一卷，若字畫，若注文，若音釋，若句讀，辨析精詳，蓋珂自述其刻經之總例也。凡九十卷。

十三經注

彭元瑞等《天禄琳琅書目後編·明版經部》《十三經注》。二十函，一百七十四册。明金蟠、葛鼐同校。前有宣德乙卯蟠題辭，又《總目附考》一卷。按顧炎武《日知録》，云自漢以來，儒者相傳但言《五經》，而唐時立之學官則云《九經》者，《三禮》、《三傳》分而習之，故爲九也。其刻石國子學，則云《九經》，並《孝經》、《論語》、《爾雅》。宋時程、朱諸大儒出，始取《禮記》中之《大學》、《中庸》及進《孟子》以配《論語》，謂之《四書》。明朝因之，而十三經之名始立。其先儒釋經之書，或曰傳，或曰箋，或曰解，或曰學，今通謂之注。《書》則孔安國傳，《詩》則毛萇傳、鄭玄箋，《禮記》則鄭玄注，《公羊》則何休學，《孟子》則趙岐注，皆漢人；《易》則王弼注，魏人；《繫辭》韓康伯注，晉人；《論語》則何晏集解，魏人；《左氏》則杜預注，《爾雅》則郭璞注，《穀梁》則范甯集解，皆晉人；《孝經》則唐明皇御注。其後儒辨釋經之書名曰《正義》，今通謂之《疏》云云。焦竑《國史經籍志》云：唐定《正義》，始立十三經，其説謬甚。《爾雅》、《孟子》，宋時始有疏。唐石經今尚存，其有《孟子》者，乃明王堯惠所刻。是本刊注不刊疏，在神宗時南北兩雍刊行十三經注疏之前，校對極精審。

明北監本十三經注疏

于敏中等《天禄琳琅書目·明版經部》《十三經注疏》。二十二函，一百二十册。《周易》九卷，上下經魏王弼注，《繫辭》晉韓康伯注，唐孔穎達疏。前穎達序，後附唐陸德明《音義》、王弼《略例》。《尚書》二十卷，漢孔安國傳，唐孔穎達疏，陸德明音義。前穎達序，次安國序。《毛詩》二十卷，漢鄭康成箋，唐孔穎達疏，陸德明音義。前穎達序，次《詩譜序》。《春秋左傳》六十卷，晉杜預注，唐孔穎達疏，陸德明音義。前穎達序，次預序，後預後序。《春秋公羊傳》二十八卷，漢何休注，疏不著名，或云徐彦撰，陸德明音義。前載宋景德三年校刊牒文，次休序。《春秋穀梁傳》二十卷，晉范甯集解，唐楊士勛疏，陸德明音義。前甯序。《周禮》四十二卷，漢鄭康成注，唐賈公彦疏。前公彦序，次序《周禮廢興》。《儀禮》十七卷，漢鄭康成注，唐賈公彦疏。前公彦序。《禮記》六十三卷，漢鄭康成注，唐孔穎達疏。前穎達序。《孝經》九卷，唐玄宗注，宋邢昺校。前昺序，次宋傳注序、唐玄宗御製序。《論語》二十卷，魏何晏集解，宋邢昺疏，唐陸德明音義。前晏《上集解序》。《孟子》十四卷，漢趙岐注，宋孫奭疏。前奭序，次奭題辭解。《爾雅》十一卷，晉郭璞注，宋邢昺疏，唐陸德明音義。前昺序。

此明北監本也。其版心皆記刊刻之年，係創始於萬曆十四年，逮二十一年而工畢，計閲八年之久。每卷標題次行分别校刊及重修者，各列其祭酒、司業銜名，其校刊之祭酒經八人，司業經七人，而重修之祭酒、司業則祇二人始終其事。蓋校刊者，係合記八載中歷任是官之人，故其數多，而所謂重修者，不過於書成之後讐勘一通，其功易竣，其日無多也。第是當時奉敕刊行，宜加鄭重，乃所載陸德明《音義》於《周易》則别爲一卷附於書後，其《尚書》、《毛詩》、《三傳》以及《論語》、《爾雅》忽散列於書中，而《三禮》之《音義》又不採録，去取混淆，漫無體例，抑獨何耶？明内府藏本，有「欽文之璽」鈐蓋上方。

丁丙《善本書室藏書志·五經總義類》《十三經注疏》三百三十五卷。明北監刊本。此明北監刊本。始於萬曆十四年，逮二十一年工竣。凡《周易》九卷，上下經，王弼注。《繫辭》晉韓康伯注。唐孔穎達疏。前有穎達序，後附陸德明音義，王弼《略例》。《尚書》二十卷，漢孔安國傳，唐孔穎達疏，陸德明音義。前有穎達序，次安國序。《毛詩》二十卷，漢毛亨傳，鄭康成箋，唐孔穎達疏，陸德明音義。前列穎達序，次《詩譜序》。《春秋左傳》六十卷，晉杜預注，唐孔穎達疏，陸德明音義。前列穎達序，次預序，末有預後序。《春秋公羊傳》二十八卷，漢何休注，疏不著名，或云徐彦撰，陸德明音義。前載宋景德二年校刊牒文，次休序。《春秋穀梁傳》二十卷，

晉范甯集解，唐楊士勛疏，陸德明音義。前有甯序。《周禮》四十二卷，漢鄭康成注，唐賈公彥疏。前有公彥序，次列《序周禮廢興》。《儀禮》十七卷，漢鄭康成注，唐賈公彥疏。前有公彥序。《禮記》六十三卷，漢鄭康成注，唐孔穎達疏。前有穎達序。《孝經》九卷，唐元宗注，宋邢昺疏。前有昺序，次宋傳注序，唐元宗御製序。《論語》二十卷，魏何晏集解，宋邢昺疏，唐陸德明音義。前有晏上集解序。《孟子》十四卷，漢趙岐注，宋孫奭疏。前有奭序，次有奭《題辭解》。《爾雅》十一卷，晉郭璞注，宋邢昺疏，唐陸德明音義。前昺序。版心皆記刊刻之年，每卷標題，次行分別校刊及重修者，各列祭酒、司業銜名。其校刊之祭酒，經八人；司業，經七人；而重修之祭酒、司業，僅二人始終其事。惟所載陸德明《音義》，於《周易》則爲一卷，附於書後，其《尚書》、《毛詩》、《三傳》以及《論語》、《爾雅》忽散列於書中，而《三禮》之音義，又不採錄。體例未能畫一耳。

明汲古閣本十三經注疏

毛晉《汲古閣書跋·重鐫十三經十七史緣起》 毛晉草莽之臣，檮昧之質，何敢從事於經史二大部？今斯剞劂告成，或有獎我爲功臣者，或有罪我爲僭分者，因自述重鐫始末，藏之家塾，示我子孫之能讀我書者。天啓丁卯，初入南闈，設妄想祈一夢，少選夢登明遠樓中，蟠一龍，口吐雙珠，各隱隱籀文，惟頂光中一山字，皎皎露出。仰見兩楹分懸紅牌，金書「十三經十七史」六字，遂寤。三場復夢，夢無異，竊心異之。鎩羽之後，此夢時時往來胸中。是年余居城南市，朝夕夢歸湖南載德堂，柱頭亦懸「十三經」、「十七史」二牌，煥然一新，紅光出戶。元旦拜母，備告三夢如一之奇。母欣然曰：「夢神不過敎子讀盡經史耳。」須亟還湖南舊廬，掩關謝客，雖窮通有命，庶不失爲醇儒。遂舉曆選吉，忽憬然大悟曰：「太歲戊辰，崇禎改元。龍即辰也，珠頂露山，即崇字也。」奇驗至此，遂誓願自今伊始，每歲訂正經史各一部，壽之梨棗。及築翁方興，同人聞風而起，議聯天下文社，列十三人任經部，十七人任史部，更有欲益四人，並合二十一部者。築舍紛紛，卒無定局。余惟閉戶自課已耳。且幸天假奇緣，身無疾病，家無外侮，密爾自娛，十三年如一日。迨至庚辰朝夕，十三部板，嶄新插架。賴鉅公淵匠，不惜玄宴，流布寰宇。不意辛巳、壬午兩歲災祲，資斧告竭，亟棄負郭田三百畝以充之。甲申春仲，史亦裒然成帙矣。豈料兵興□發，危如累卵，分貯版籍於湖邊巖畔茆菴草舍中。水火魚鼠，十傷二三。呼天號地，莫可誰何。猶幸數年以往，邨居稍寧，扶病引雛，收其放失，補其遺亡，一十七部連牀架屋，仍復舊觀。然校之全經，其費倍蓰，奚止十年之田而不償也。回首丁卯至今三十年，卷帙從衡，丹黃紛雜，夏不知暑，冬不知寒，晝不知出戶，夜不知掩扉。迄今頭顱如雪，目睛如霧，尚矻矻不休者，惟懼負吾母讀盡之一言也。而今而後，可無憾矣。竊笑棘闈假寐，猶夫牧人一夢耳。何崇禎之改元，十三年之安堵，十七年之改步，如鏡鏡相照，不爽秋毫耶？至如獎我罪我，不過夢中說夢，余又豈願人人與我同夢。順治丙申年丙申月丙申日丙申時，題於七星橋西之汲古閣中。

重刻十三經

乾隆敕撰《國朝宮史·書籍一四》 《重刻十三經》一部。皇上嘉惠士林，式彰文治，乾隆十一年特命開經史館，選擇詞臣，校正《十三經注疏》，刊爲善本。每卷各附考證，凡三百二卷。

皇上《御製序》：班氏固曰：「六學者，王敎之典籍，先聖所以明天道，正人倫，致至治之成法也。」漢代以來，儒者傳授，或言《五經》，或言《七經》；暨唐，分《三禮》、三《傳》，則稱《九經》；已，又益《孝經》、《論語》、《爾雅》刻石國子學，宋儒復進《孟子》，前明因之，而「十三經」之名始立。自宋易漢唐石刻之舊，五經始有板本；及明南、北監板行，而箋疏傳義，臚列具備。學士家有其書，傳習彌廣。顧訓詁繁則踳駁互見，卷帙重則豕亥易訛，或意晦於一言之舛，或理乖於一字之謬。校讎踈略，疑誤滋多，承學之士，無所取正。我朝列祖相承，右文稽古。皇祖聖祖仁皇帝研精至道，尊崇聖學，五經具有成書，頒布海內。朕披覽《十三經注疏》，念其歲月經久，梨棗日就漫漶，爰勅詞臣，重加校正。其於經文誤字，證附於卷後，不紊舊觀，刊成善本，匪徒備金匱石室之藏而已。《書》曰：「學于古

訓，乃有獲。」《傳》曰：「經籍者，聖哲之能事。其教有適，其用無窮。」朕咨采勅幾，實無審定之暇，亦無鑑古之識，而惟是緝熙遜志，日就月將，則有志焉，而不敢不勉。繼自今津逮既正，於以窮道德之閫奥，嘉與海内學者篤志研經，敦崇實學，庶幾經義明而儒術正，儒術正而人才昌，恢先王之道，以贊治化而宏遠猷。有厚望焉。

南昌府學本十三經注疏

錢泰吉《曝書雜記》卷上《南昌學刻十三經注疏》　江西南昌學所刻《十三經注疏》，共四百十六卷，并附《校勘記》，經始於嘉慶二十年二月，成於二十一年八月。儀徵相公時官巡撫，與僚屬紳士捐貲校刻。董其事者，鹽法道廬江胡稷、武寧貢生盧旬宣也。以十行本《十一經》及《儀禮》、《爾雅》單疏本爲主，不欲臆改古書，即明知宋版之誤，但加圈於誤字之旁，而附《校勘記》於每卷之末。《校勘記》者，儀徵舊有各經校本，撫浙時屬詁經精舍諸君分撰成書也。《易》、《穀梁》、《孟子》則屬之元和李鋭，《書》、《儀禮》則屬之德清徐養原，《詩》則屬之元和顧廣圻，《周禮》、《公羊》、《爾雅》則屬之武進臧庸，《禮記》則屬之臨海洪震煊，《春秋》、《左傳》、《孝經》則屬之錢塘嚴杰，《論語》則屬之仁和孫同元。惜南昌刊板時，原校諸君已散亡，刊者意在速成，不免小有舛誤，當檢單刻《十三經校勘記》并覓舊本審核也。嘉慶二十三年，衎石兄之南昌，許爲購《注疏》。未至，余夢兄攜《注疏》歸，字旁有圈，心異之。及得而讀之，果然。蓋余聞南昌新刻《注疏》成，欲得之久矣，其即所謂思夢歟？然余先期未嘗知新刻《注疏》有旁圈也，異哉！

元人標點四書五經

錢泰吉《曝書雜記》卷中　《元人四書五經》。常熟毛黼季藏《元人標點五經》，魏叔子爲之《記》，見《文集》卷十六。其大略曰：《書集傳纂注》有至順壬申二月吴壽民識云：《尚書》標點，王魯齋先生《凡例》：朱抹者，綱領大旨；朱點者，要語警語也；墨抹者，考訂制度；墨點者，事之始末及言外意也。大略與《四書標點例》同。《詩集傳》亦墨、朱標點，《易傳義》黄、朱，有元人印記。《禮記集説》亦元人標題。三經標點，皆類王魯齋義例。《春秋胡傳》用五色筆點抹，以《左氏》、《公羊》、《穀梁傳》標於上，視諸經尤工密。黼季又云：近見元人臨魯齋標點《四書》在泰興季御史振宜家，款例與《五經》同。毛氏、季氏所藏之經書，不知尚在天壤間否，亦未見臨摹之本。學者用此意以讀經，則《讀書分年日程》所載《勉齋批點四書例》，可仿彿也。

五經四書大全

彭元瑞等《天禄琳琅書目後編・明版經部》　《五經四書大全》。十函，一百冊。明胡廣等奉敕撰。《易》、《書》、《春秋》、《禮記》已見前。《詩傳大全》二十卷，前有《凡例》、朱熹《集傳序》、《綱領》、圖二十五、《詩序辨説》，修書官與《周易傳義大全》同。顧炎武《日知録》云：《詩經大全》全襲元人劉瑾《詩傳通釋》，而改其中「愚按」二字爲「安成劉氏曰」云云。吴任臣曰：「《大全》鈔襲《詩傳通釋》，僅刪數條，劉本以小序隸各篇下，《大全》則别爲一編，若似乎不同者。要之，當日原未嘗纂修也。」《四書集注大全》，前有《凡例》，《大學》一卷前有《讀大學法》、《大學或問》、朱熹《大學章句序》；《論語》二十卷，前有《讀論語孟子法》、《論語集注序説》；《中庸》一卷，前有《讀中庸法》、《中庸或問》、朱熹《中庸章句序》；《孟子》十四卷，前有《孟子集注序説》。修書官與《周易傳義大全》同。顧炎武《日知録》云：自朱子作《大學》、《中庸章句》、《或問》，《論語》、《孟子集注》之後，黄氏有《論語通釋》。其採語録附於朱子《章句》之下，則始於眞氏、祝氏，仿之爲附録。後有蔡氏《四書集疏》、趙氏《四書纂疏》、吴氏《四書集成》，論者病其泛濫。於是陳氏作《四書發明》、胡氏作《四書通》，而定宇之門人倪氏合二書爲一，頗有刪正，名曰《四書輯釋》。永樂所纂《四書大全》特小有增刪，其詳其簡或多不如倪氏，《大學》、

《中庸或問》則全不異，則間有舛誤云云。按：《四書輯釋》乃元倪士毅所著，明初纂修《五經四書大全》以爲一代考文之治，而承事諸臣剽竊舊籍以爲稱塞。其原書具在，一一可以對勘，後人譏評，具有證據。若我朝所纂四經三禮，眞足度越前代矣。明官刊頒行本。

五經四書

于敏中等《天祿琳琅書目・明版經部》 《五經四書》。十函，五十六冊。明正統間奉敕刊。首載英宗諭旨。《易》，宋程頤傳，朱子本義，十卷，前頤序，次易圖、《易說綱領》，後上下篇義、《五贊》、《筮儀》。《書》，宋蔡沈集傳，六卷，前沈序，次書圖、《書說綱領》、漢孔安國序，後書序。《詩》，朱子集傳，二十卷，前朱子序、詩圖、《詩說綱領》、大、小序《辨說》。《春秋》，宋胡安國傳，三十卷，前安國序、春秋圖、春秋《興廢說》、春秋總例。《禮記》，宋陳澔集說，十六卷，前澔序、《集說凡例》。《大學》，朱子章句，前朱子序，後《大學或問》。《中庸》，朱子章句，前朱子序，後《中庸或問》。《論語》，朱子集注，十卷，前朱子《序說》。《孟子》，朱子集注，十四卷，前朱子《序說》，後《讀論語孟子法》。

英宗諭旨：以《五經四書》經注，書坊刊本訛誤者多，命司禮監謄寫重刊，以取便於觀覽。其版寬行大字，楮印頗精，嘉惠藝林，亦盛典也。

又《五經》。八函，三十八冊。明正統間奉敕刊，篇目同前，《四書》闕。其是書之首，不載英宗諭旨，蓋因《四書》已佚，書賈從而汰之。然楮印精潔，與前部相埒，且《五經》具存，未可以闕《四書》而棄之也。

足利活字本七經

楊守敬《日本訪書志》卷一 《足利活字本七經》。足利學活字本《七經》，山井鼎所據以著《七經孟子攷文》者。是書印行於日本慶長時，當明萬曆年間。其原係據其國古鈔本，或去其注末虛字，又參校宋本，故其不與宋本合者皆古鈔本也。日本刻經，始見正平《論語》及翻興國本《左傳》，又有五山本《毛詩鄭箋》。其全印七經者，自慶長活字本始。余至日本之初，物色之，見一經即購存，積四年之久，乃配得全部。蓋活字一時印行雖多，久即罕存，其例皆然。如吾中土蘭雪堂活字本，亦印於明代，今日已成星鳳。山井鼎當我康熙年間，此本已非通行，惟足利侯國大學始有全部，無怪近日之更難遇也。或疑其中凡近宋諱多缺筆，當是全翻宋本，是不然。蓋其刻字時，仿宋本字體摹入，故凡遇宋諱，亦一例効之，實不盡據宋本。證之余所得諸古鈔本，而後知參合之跡顯然。且《尚書》、《禮記》字體非仿宋本者，即不缺筆，可以釋然矣。

手寫十三經

錢泰吉《曝書雜記》卷中 《拙老人寫十三經》。學者果能立志不移，則一事爲之十年，未有不成者。金壇蔣湘帆先生書《十三經》始末，詳見其自跋《十三經殘字冊》云：「余以康熙辛丑歲貢，雍正元年改恩貢，入國子監肄業。二年八月入秦，十月縱觀碑洞《十三經》，雖頗殘缺，巍然具存，但衆手雜書，文多舛錯參差，心實悼之。四年春，歸自西安，與王虛舟吏部作書鬬勝，寫《法華經》七卷。虛舟曰：儒而寫佛經，不足道，庶幾《十三經》乎！蓋戲之也。余遂矢志力書，計全經八十餘萬言，於是先其難者，以《春秋左傳》二十萬言始，凡五年訖工。繼以《禮記》十萬，又二年。其餘《周易》、《尚書》、《毛詩》、《周禮》、《儀禮》、《公羊》、《穀梁》、《爾雅》、《孝經》、《論語》、《孟子》又五年，共歷一紀乃畢事。以碑洞石經爲式，搆善本校正，用東洋紙，界烏絲闌書之。發筆之日，主人張筵祀先聖，邀衆賓酌酒稱慶。明年去山東，載之行篋，留曲阜二年歸，《左傳》克成。又館於山安，寫《禮記》、《毛詩》。歸錫山，成《尚書》。餘則閉關於廣陵瓊花道院，四年而竟。將成，相國嵇公欲爲題請并助裝潢，皆寢。揚州鹽運使德水盧公涖政之日，即相訪索所書《法華》及《十三經》暢觀，力任其事。馬君秋玉聞之，出二千金，延吳中名手裝潢於梅花書院，共三百本，五十函。總河高公摺奏，先呈《周易》二函，奉旨大學士等議奏。既又奉旨，以字畫端

好，命取全經，交武英殿校對。十月奉命，武英殿照《淳化閣帖》式，用棗木版雙鉤鐫搨，頒發各省，特授國子監學正銜。初至維揚，寓衆香庵之借山樓，寫《周禮》。是歲夏，部選廬州府英山縣教諭。恐功虧，乃上書高大中丞辭職。既而制府趙公又以學識優長，人品素著，檄試鴻博，又上書懇辭。嗟乎，暮年衰病，絕意浮名，區區始願，特借楮墨收攝放心，豈誠爭工拙於殘碑以求聞達？而乃遭逢聖代，倖獲流傳，且還我初服，授以今銜。荷此殊恩，益增慚悚。小春來淮，欲謝高公，主於盧惠疇家，出此《殘字冊》屬題，因新旨初下，記其顛末。江南拙老人蔣衡記。」余得《藏拙存堂文集》六卷，《詩》一卷，因節録此《記》，以爲學者勸。湘帆先生罔極之思，老而彌篤，集中祀先告哀文凡九首，令人不能卒讀，乃知有志力學者必獨具至性，始成堅定之功也。

乾隆石經

慶桂等《國朝宮史續編・書籍二一》 《御定石經》。乾隆五十六年，敕檢懋勤殿貯蔣衡書《十三經》，命儒臣校勘刻石，列太學，凡一百九十碑，五十七年鐫。乾隆五十六年十一月二十一日奉諭旨：漢唐宋以來，皆有石經之刻，所以考定聖賢經傳，使文字異同歸於一是，嘉惠藝林，昭垂奕禩，甚盛典也。但歷年久遠，率多殘缺，即間有片石流傳，如開成、紹興年間所刊，今尚存貯西安、杭州等府學者，亦均非全經完本。我朝文治光昌，崇儒重道。朕臨御五十餘年，稽古表章，孜孜不倦。前曾特命所司，創建辟雍，以光文教，並重排《石鼓文》，壽諸貞珉。而《十三經》雖有武英殿刊本，未經勒石，因思從前蔣衡所進手書《十三經》，曾命內廷翰林詳覈舛譌，藏弆懋勤殿，允宜刊之石版，列於太學，用垂永久。著派和珅、王杰爲總裁，董誥、劉墉、金簡、彭元瑞爲副總裁，並派金士松、沈初、阮元、瑚圖禮、那彥成隨同校勘。但卷帙繁多，尚恐不敷辦理，著總裁等再行遴派三人，以足八員之數。爲校勘諸臣等，其悉心研辨，務臻完善，以副朕尊經右文至意。

五十九年九月十七日奉諭旨：國家以《四書》、《五經》試士。經書自五代鐫板以來，久鮮手鈔，士子誦讀書，多係坊本。即考證之家，亦止憑前明監本。然監本中魚豕之舛訛，字句之衍缺，不一而足。甚至《儀禮》一經，脱去六節，增多二節，大爲聖籍之累。我朝文治光昭，聖祖仁皇帝御纂四經，朕復欽定《三禮》，武英殿官刻《十三經》，勘讐精覈，久已頒發黌序，嘉惠藝林。但各書卷帙繁多，草茅寒素，艱於購覓，未必盡人能讀。近因刊刻石經，出內府所弆天祿琳瑯宋版各經，古今流傳舊本，莫不薈萃。命總裁各官等詳悉校對，與武英殿官刻諸書參稽印證，多相脗合。其較坊、監本互異之處，逐條摘出，釐訂成編，名爲《考文提要》，書不過六冊，而俗本相沿譌謬，靡不開卷瞭然。夫經學至宋儒闡發，而益昌明。以漢唐留貽之書，又加宿學名儒積年考訂，然後付諸剞劂，故其本較爲精審。士子以經義進身，平居諷讀，自當選求善本，冀得眞詮。茲《考文提要》一書，簡覈明備，無難家誦戶習。著仿唐石經時刻《五經文字》、《九經字樣》例，刊置經末，列樹戟門，並鐫板頒行天下，俾士子人人傳觀爭寫，共窺中秘精華，不復襲別風淮雨之陋。但恐爲期過促，僻遠地方傳布，尚有未周，著於乙卯科鄉試爲始，俟三科後，考試《四書》、《五經》，題文俱照頒發各條，敬謹改正。倘再有沿用坊本，以致舛誤者，將考官及士子分別議處停科，並載入《科場磨勘條例》，庶士子咸知折衷正義，不爲俗學所惑。此旨著即弁於《考文提要》簡端，以示朕稽古右文至意。

十月十五日奉諭旨：昨九月間，石經館司事大臣等奏，【略】朕已允行。茲該館書成呈覽，抽閱數條，不過字句書體，間有異同，於聖賢經義，初無出入。在總裁等校刊石經，自應折衷善本，援据精詳，而士子等自束髮受書以來，父師授受，循誦習傳。若限以三科，遽令通行遵改，似屬彊以所難。且恐鄉閭村塾，傳布難周，未能家置一編，熟習貫串。或應試者因一二字句舛誤被斥，或考官等偶不及檢，遂干處分。似此凡列科條，轉非朕嘉惠士林，稽古右文之意。聖賢垂教之義，原不在章句之末，即流傳古本，儒先各守經師家法，未必無習誤承譌。士子等操觚搆藝，惟期闡發經旨，亦不必以一二字之增損，偏旁之同異，爲去取也。另著該總裁等，詳繹此旨，折衷妥議，具奏。

聖製《石刻蔣衡書十三經於辟雍序》：前歲集《石鼓文》而爲之序，有曰：「凡舉大事者，必有其會與其時，而總賴昭明天貺，以成其功，信弗爽

也。」石鼓不過周宣王之事，列於文廟之門，以寓興文尚侫其時其會。若夫《十三經》，則古聖先賢出諸口以傳道授教，其重於《石鼓文》，奚啻倍蓰哉？則今之《石刻十三經》是矣。蓋此經爲蔣衡手書，獻於乾隆庚申者。其間不無少舛譌，爰命內翰詳覈，以束之懋勤殿之高閣，至於今五十有餘年，亦既忘之矣。昨歲命續集石渠寶笈之書，司事者以此經請，乃憬然而悟曰：「有是哉！是豈可與尋常墨蹟相提並論，以爲幾暇遺玩之具哉？是宜刊之石版，列於辟雍，以爲千秋萬世崇文重道之規。夫經者，常也，道也。常故不變，道則恆存。天不變，道亦不變。仲舒之言，實已涉其藩矣。蓋石經之昉，自炎劉一字，曹魏三字，石經之刻，所以考定聖賢經傳中文字異同，歸於一是，使天下萬世學者，有所師承遵守。蓋考文爲三重之事也，昉自漢時經籍大出，白虎觀講論之後，熹平中以諸博士試甲乙科，爭第高下，更相告言，至有行賂定蘭臺漆書經字，以合其私文者。乃詔蔡邕等，正其文字，刻石鴻都。一時觀視及摹寫者，車乘日千餘兩，填塞街陌。事具《後漢書》。至魏正始中，更立石經，並刻魏文帝《典論》六篇。見載延之《西征記》。其一字、三字之分，宋洪适、本朝朱彝尊俱以漢爲隸字一體，魏爲古文、篆字、隸字三體。蓋石經是王彌、劉曜入洛，殘壞之後，雖晉裴頠、北魏崔光俱請修補，訖未完工。迨北齊，乃自洛陽遷之鄴都，隋復自鄴遷至長安。屢經移徙散失，及營造用爲柱礎，十不存一。見《隋書·經籍志》。至唐時，內府偶得一、二遺字，即鈐用開元小印，列於法書名畫，以爲珍玩。其流傳亦以僅矣。訖不可考。李唐、北南宋，雖曾有刻，或乖或不全。唐太和七年，勅於國子監講論堂兩廊，創立石九經，並《孝經》、《論語》、《爾雅》，至開成二年告成。其地舊在務本坊，自天祐中韓建築新城，而經石委棄於野。至朱梁時，劉鄩守長安，用幕吏尹玉羽之言，遷置唐尚書省之西隅。至宋時，地雜居民，窪下霖潦，隨立輒仆，腐壞折缺。呂大忠領漕陝右，始移置府學。至明時，又補刻《孟子》。嘉靖乙卯地震，石經倒損。西安府學生員王堯惠等按舊文集其闕字，別刻小字立於碑旁，以便摹補。今在西安府學。劉昫《舊唐書》謂石壁九經，字乖師法。本朝顧炎武作《金石文字記》，亦刊其訛誤。乃知唐石經未爲善本，劉昫之言未誣也。其後孟蜀時亦刻石經，北宋刻兩體石經，今片石無存。金燕京廟學有九經石刻，見王惲《秋澗集》。明時尚存二碑，今亦無考。南宋紹興九年，刊石六經，《論語》、《孟子》成，歲久殘缺。明宣德中，巡按御史吳訥收拾碎折補湊，得碑百片，置仁和縣學，宋廷佐復移之杭州府學，今存。然當時所刻《春秋》，僅《左氏傳》，《禮記》僅《大學》、《中庸》、《學記》、《經解》、《儒行》五篇，又無《周禮》、《儀禮》、《孝經》、《爾雅》，非其全也。茲則出一人之手，經諸臣之目，視歷代爲加詳矣。蔣衡後改名振生，江蘇金壇恩貢生。乾隆五年，以所書《十三經》進，賜以國子監學正銜。其經冊懸懋勤殿。今以之上石，視唐石經所列銜，有書「石官」、書「石學生」體例，殊爲不倫。特命大學士、懋勤殿翰林校勘。予自六齡入學堂，讀《易》、《書》、《詩》三經，所爲《易》簡而天下之理得，《二典》、《三謨》爲王道始，正、變風雅不知，無以言。及長而涉獵《三禮》，覺與三經爲有間。去聲。謂《易》、《書》、《詩》。枕葄《麟經》，愼正統偏安之必公。《春秋》大一統，尊王黜覇，出於天命、人心之公。予讀之有年，心契聖人筆削之旨。纂定《通鑑輯覽》一書，袪後代操筆之自私，示萬世守統之宜愼。分注系年，皆取《春秋》之義，差自謂讀書有得耳。孜孜饜飫，耄耋弗衰。雖自愧學之未成，迺今刻諸石，列諸辟雍，應時舉事，以繼往聖，開來世，爲承學士之標準，豈非厚幸也歟？蔣衡一生苦學之勤，亦因是酬矣。若夫歷代注疏，入主出奴，紛如聚訟，既冗且繁，衡祇書諸經正文，餘概從删是也。或以爲不觀注疏，何以解經？予則以爲，以注疏解經，不若以經解經之爲愈也。學者潛心會理，因文見道，以六經參互之，必有以探其源而晰其奧者。是在勤與明而已。且予重刻木版之《十三經注疏》，頒布世間者，不少也。舉辟雍以五十年，勒石經又越六載，凡所以待其時而逢其會。八十老人復得成斯大功者，何莫非賴昊天之鴻貺乎！昔著《知過論》，以爲其不可已者，仍酌行之，斯之謂矣。蓋凡物有其成，必有其壞，所謂《石鼓》、《石經》者，皆是也。然向不云乎：「經者，常也，道也。天不變，道亦不變。」依聖人之門牆，示萬世之楷則，孰謂滄桑幻化，能移我夫子不朽之道也哉？是爲序。

嘉慶八年六月二十五日奉諭旨：彭元瑞奏太學石經現在所刊碑文與聖祖仁皇帝御纂四經、《康熙字典》及高宗純皇帝欽定《三禮》、校定武英殿《十三經》間有異同，請詳加察覈等語。石經爲同文盛舉，刊列黌宮，垂世行遠。今碑內文尚須檢校，著董誥、朱珪、紀昀、戴衢亨、那彥成，將石經碑文與御纂欽定各書，悉心查對。有無異同，黏籤呈覽。

八月十七日奉諭旨：前因彭元瑞奏太學石經現在所刊碑文與御纂欽定本間有異同，請詳加察覈，特簡派大臣，悉心檢校。茲據董誥等奏，將石經全部公同詳細校勘，除曾經奉特旨改刊各條外，實無違背更改之處，並開列清單進呈。因思石經爲同文盛舉，從前彭元瑞撰進之《考文提要》，亦係援引武英殿、唐宋石經及天祿琳瑯宋槧各書，作爲證據。現在太學石經早已刊布通行，毋庸改易。其石經內有遺漏筆畫及鐫刻草率各條，著交御書處查照修整，以臻完善。

鄭氏佚書

丁仁《八千卷樓書目・雜家類》 《鄭氏佚書》二十三種不分卷。國朝袁鈞編。刊本。

郝氏九經解

丁丙《善本書室藏書志・五經總義類》 《郝氏九經解》一百六十六卷。明刊本。京山郝敬著，男千秋、千石校刊。前有萬曆四十七年自序。敬字仲輿，《明史》附見《文苑・李維楨傳》。一曰《周易正解》二十卷，主義理，亦兼及於象，頗多創論。二曰《尚書辨解》十卷，前八卷解伏書二十八篇，後二卷辨孔書，故稱《辨解》。三曰《毛詩原解》三十六卷，前有《讀法》，旨在駁朱傳改序之非。四曰《周禮完解》十二卷，謂冬官散見於五官而變其詞，謂陽分六官以成歲序，陰省冬官以法五行。五曰《儀禮節解》十七卷，此編過信樂史「五可疑」之説，謂《儀禮》不可爲經。六曰《禮記通解》二十二卷，於鄭義多所駁難。七曰《春秋直解》十五卷，前有《讀春秋》五十餘條，即本孫復等廢傳之學，末二卷題作《非左》，摘傳之紕繆。八曰《論語詳解》二十卷，前有《讀論語》一卷，大旨謂聖言精約，而舊注苟簡，少所發明，故稱《詳解》。每有異同，不覺覶縷。九曰《孟子説解》十四卷，前有《孟子遺事》及《讀孟子》，論孟子生卒。《九經解》《四庫》入附存者八，惟《論語》獨遺。雖明刻傳本，亦甚稀。此書《易解》有「德馨堂書畫」之章，《詩解》有「文宗文溯文匯三閣詳校」、「賜綺樓」，《春秋解》有「王連石珍賞」諸印。藏非一家，殆亦合璧而成耳。

萬氏經學五書

張之洞《書目答問・叢書目》 《萬氏經學五書》。萬斯大。未盡。

通志堂經解

張之洞《書目答問・叢書目》 《通志堂九經解》。納蘭性德。廣州書局重刻。

補刊通志堂經解

慶桂等《國朝宮史續編・書籍二〇》 《御定補刊通志堂經解》一部。原書徐乾學輯，成德鐫版，奉敕訂正補刊，凡《易》三十九種，《書》十九種，《詩》十一種，《春秋》三十三種，《三禮》十二種，《孝經》四種，《論語》二種，《孟子》三種，《四書》八種，總經解七種。

乾隆五十年二月二十九日奉諭旨：四庫全書館進呈《補刊通志堂經解》一書，朕閲成德所作序文，係康熙十二年，計其時，成德年方幼穉，何以即能淹通經術？向即聞徐乾學有代成德刊刻《通志堂經解》之事，兹令軍機大臣詳查成德出身本末，乃知成德於康熙十一年壬子科中式舉人，十二年癸丑科中式進士，年甫十六歲。徐乾學係壬子科順天鄉試副考官，成德由其取中。夫明珠在康熙年間，柄用有年，勢燄薰灼，招至一時名流，如徐學乾等，互相交結，植黨營私，是以伊子成德，年未弱冠，夤緣得取科名，自由關節，乃刊刻《通志堂經解》，以見其學問淵博。古稱皓首窮經，雖在通儒，非義理精熟、畢生講貫者，尚不能覃心闡揚發明先儒之精蘊，而成德以幼年薄植，即能廣搜博採，集經學之大成，有是理乎？更可證爲徐乾學所裒輯，令成德出名刊刻，俾藉此市名邀譽，爲逢迎權要之具耳。夫徐乾學、成德二

人品行，本無足取，而是書薈萃諸家，典贍賅博，實足以表章六經。朕不以人廢言，故命館臣將版片之漫漶斷闕者，補刊齊全，訂正譌謬，以臻完善，嘉惠儒林。但徐乾學之阿附權門，成德之濫竊文譽，則不可不抉其隱微，剖悉原委，俾定論昭然，以示天下後世，著將此旨，錄載書首。

五十九年四月初六日奉諭旨：管幹貞奏謝頒賜《通志堂經解》一摺內稱：是書係徐乾學裒輯，令成德刊刻邀譽，現經補刊頒發，於闡揚經義之中即寓甄別黨私之義等語。《通志堂經解》一書，彙集諸儒經訓，洵足嘉惠士林，然當時裒輯此書，必非出於成德之手，自係徐乾學逢迎交結，代爲纂輯，令成德出名邀譽。是以刊訂時，朕即於簡端，剖示此意，頒賜各省藏弆。各督撫等具摺謝恩，多用駢體鋪叙泛語，而於朕闡揚經義、甄別私黨之義，並未叙及。即朱珪素稱能文，謝恩摺內亦無此意。今管幹貞獨能見及於此，言簡意該，所見尚是。已於摺內批示，並將此諭令各督撫知之。

璜川吳氏經學叢書

劉錦藻《清續文獻通考・經籍考・雜家》《璜川吳氏經學叢書》十五種八十九卷。吳志忠編。志忠，字有堂，江蘇吳縣人。臣謹案，志忠曾祖泰來，生於新安之璜源，及長，遷於蘇州，題其所居之室曰璜川書屋，示不忘舊也。時惠棟亦隸門下，而璜川吳氏遂著於吳中。其祖成佐著《經史論存》，父英著《經句說》，而志忠於晏楹范硯，世守書香，承其父命，所刊皆甲部書。長洲陳奐爲序其緣起。試一展卷，始知經師家法，手澤存焉。志忠其善繼志哉。

味經齋遺書

李慈銘《越縵堂讀書記・雜家類》《味經齋遺書》。清莊存與撰。閱莊氏《味經齋遺書》，凡《尚書既見》三卷，《尚書說》一卷，刻于乾隆癸丑，無序。《毛詩說》四卷，刻于道光丁亥，亦無序。《周官記》五卷，刻于嘉慶癸亥；而未有其孫綬甲跋，則題道光丁亥。又《周官說》五卷，據綬甲跋，《周官記》五卷及《周官說》前二卷，皆侍郎手定，其後三卷，則綬甲于遺稿中輯錄者也。《春秋正辭》十一卷，附《舉例》、《要旨》各一卷，亦刻于道光丁亥。前有朱大興序，題嘉慶辛酉。（《春秋正辭》後尚有《樂說》一卷，《四書說》一卷。此兩種豈可附正辭後。《味經遺書》尚有《彖傳論》一卷，《彖象論》一卷，《繫辭傳論》一卷，《八卦觀象解》二卷，《卦氣論》一卷，此非全帙也，計缺五種。此節子所注，簡子專搜目錄，其書不知已刻否？）侍郎諸書，惟《正辭》九卷，《要旨》一卷，已刻入《學海堂經解》中。今讀其《尚書既見》，皆泛論大義，多主枚書，絕無考證發明之學。據仁和龔璱人《定庵文集》中《侍郎神道碑》，言侍郎亦深知枚書之僞，其時攻者甚衆，其僞已明，侍郎居上書房，深念僞書中如《禹謨》之人心惟危道心惟微，《太甲》之與治同道罔不興、與亂同事罔不亡，《旅獒》之玩物喪志、玩人喪德等語，皆帝王格言，恐僞書遂廢，後世人主，無由知此，因作《尚書既見》三卷。書出而世儒羣大詬之，蓋不惜污其身以存道者。然其中如言成王即位時，已非幼年，所云沖人孺子，特家人壽耇相與之常言。惟周公之心，成王未能知，即二公亦不知之，故有居東之避；而二公惟教成王以居喪之禮，思慕之忱。當周公貽王以《鴟鴞》之詩，正二公及王歌《閔予小子》諸詩之時，蓋二公亦以文王、武王之德克享天心，嗣王之典學好問，思哀思難，未有過失，何周公之詩憂患迫切如不可以終日者，心不然之，故王亦未敢誚公爾。至後二公日在王所，而不能弭風雷之變，其時二公未嘗有一言。王獨深信天道，不待父兄百官，議其儀法，即日具親逆周公之禮，遄行出郊矣。此必非漢以後守文良主之所能然，而豈羈丱成童之事乎？蓋《書序》爲荀卿、蒙恬所汨亂，於是大小《戴記》有成王幼不能涖阼之言，而《周公負成王朝諸侯圖》先賜霍光矣。其論甚辨，反覆至數千言。又痛斥鄭箋罪人斯得爲成王誅周公官屬之謬。皆未免輕棄傳記，憑私臆造。其《毛詩說》，以日居月諸爲衛人殺州吁後，莊姜念先君兩子皆敗、自傷之詩。《葛覃》以后妃親葛爲儉而失禮，謂葛之覃爲美后妃之容，黃鳥之鳴爲美后妃之言，皆穿鑿不可信。侍郎專於《春秋公羊》，其說經惟主知人論世，而不爲名物訓詁之功，故經學雖無家法，而文辭奧衍，自成一子。其《周官記》卷一爲《冢宰記》，中著《五官之屬表》；卷二爲《司徒記》，附《載師任地譜》，以明均土分民之法；卷三爲《司馬記》，補《周官》闕文，文僅五葉；卷四爲《冬官司空記》，采《尚書》、

《國語》及以下諸傳記之說，爲《冬官補亡》，以存周公事典之略；卷五爲《司空記》，則搜撮周秦之書可備徵引者，蓋存爲外篇，以當冬官傳疏之屬。《周官說》五卷，皆雜論五官之文，要旨疑義，多所詮釋。其第三卷、第四卷皆摘舉經文，爲之補注。第五卷中坿《量地任民譜》。綬甲跋言先大父之治經最先致力于禮；又言先大父治禮本鄭氏學。蓋侍郎之學，《春秋》最精，禮次之，具有功于先哲，而實非本于康成。至其從子葆琛氏，始究心于鄦、鄭，所箸如《五經小學述》、《弟子職集解》諸書，不可謂非漢學專門也。其《尙書今古文考證》，亦絕不同其世父之言。卿珊聞亦爲漢學，非專守家傳者。然侍郎雖不足爲醇儒，而無媿于通人，經制之學，亦昭代名家矣。《春秋正辭》等書，予已先讀之，不具論。同治癸亥（一八六三）十月十七日。

張之洞《書目答問・叢書目》《味經齋遺書》。莊存與。

拜經堂叢刻

張之洞《書目答問・叢書目》《拜經堂叢刻》。臧琳、臧庸。未盡。

錢氏四種

周中孚《鄭堂讀書記・雜家類八》《錢氏四種》。擁萬樓刊本。國朝錢坫撰。坫仕履見《四書類》。十蘭爲學源塘之弟，竹汀，可廬之族子。家學淵源，勤於撰述。《十經文字通正書》十四卷，《說文解字斠詮》十四卷，《新斠注地理志》十六卷，《古器款識考》四卷，《鏡銘集錄》二卷，久已陸續刊布。至嘉慶壬戌，復取其卷帙少者，合刊爲《錢氏四種》。余既依類分記，而復存其總目如左，以見十蘭亦勇於著作者也。

張之洞《書目答問・叢書目》《錢氏四種》。錢坫。此外甚多。

通藝録

周中孚《鄭堂讀書記・雜家類八》《通藝錄》十九種，附三種。讓堂刊本。國朝程瑤田撰。瑤田仕履見《書類》。讓堂以窮理盡性、格物致知之學，發爲文章，皆根極理要，撥正邪僻，無片言隻語踳駁。《十三經》注疏貫穿於胸中，又博披三代以來桓碑彝器、篆籀分隸之書，莫不考據精確，而其歸，皆折衷於六藝。所著有《通藝錄》正編凡十九種，附錄凡七種，未成書凡三種。嘉慶癸亥刻成，自爲之序。附錄止刻二種。今與正編各種分記於各類，仍照卷首之目存於左云。

蜚雲閣叢書

劉錦藻《清續文獻通考・經籍考・雜家》《蜚雲閣叢書》六種三十八卷。淩曙撰。曙見《經部・禮類・總禮》。臣謹案，是編於道光十六年十月刊於江都蜚雲閣，爲淩氏一家言。書僅六種，而公羊學居其四。董仲舒嘗謂，爲政而不治，則必改絃而更張之。於是光緒甲午、戊戌之間，談新法者師江都焉。曙雖尙友先賢，而後之治公羊者，託於「黜周王魯」之謬說，昌言變法，而一切無所顧忌，是又曙所不及料也。

皇清經解

張之洞《書目答問・叢書目》《皇清經解》。阮元。前書目中，以便文稱《學海堂經解》或《阮刻經解》。

六藝堂詩禮七編

張之洞《書目答問・叢書目》 《六藝堂詩禮七編》。丁晏。未盡。

古經解彙函

張之洞《書目答問・叢書目》 《古經解彙函》。廣州刻。

孫谿朱氏經學叢書

劉錦藻《清續文獻通考・經籍考・雜家》 《孫谿朱氏經學叢書》初編十三種三十八卷。朱記榮編。記榮見《史部・目錄類・金石》。臣謹案，阮氏、王氏《正續經解》風行海內，績學之士得此二書，已足窺漢學門徑。記榮承陳其榮之意，復刊此編。雖以搜輯未刻者爲重，然今古雜廁，不過與璜川吳氏《經學叢書》相爲頡頏已耳。

禮

三禮

于敏中等《天祿琳琅書目・明版經部》 《三禮》。四函，四十四冊。漢鄭康成注。《周禮》十二卷，《儀禮》十七卷，《禮記》二十卷，共四十九卷。此書與前《周禮》、《儀禮》皆無校刊人序跋，當是坊間所刻之本。蓋明永樂中，命儒臣纂修《五經》，風聲所及，或有以倡之也。「曲江張氏」收藏印記，未詳其人。

三禮義疏

乾隆敕撰《國朝宮史・書籍六》 《欽定三禮義疏》一部。聖祖仁皇帝欽定四經，次第頒布，惟《三禮》未就。皇上命儒臣採訂諸說，親定成書。《周官》首列聖制《綱領》二篇總辨；自《天官冢宰》至《考工記》四十四卷，附以《周官圖》四卷。《儀禮》首例《綱領》二篇，朱子《儀禮・釋宮》；自《士冠禮》至《有司徹》四十卷，附以《禮器圖》、《禮節圖》各四卷。《禮記》首列聖制《綱領》二篇，自《曲禮》至《喪服四制》七十七卷，附以《禮記圖》五卷。乾隆十九年校刊。皇上《御製序》：《三禮》之傳遠矣。《周禮》六官，河間獻王上之。《儀禮》十七篇，《禮記》四十九篇，高堂生、戴聖傳之。漢唐以來，箋疏訓釋，無慮數十家。考其義，或相牴牾，先儒嘗譏其聚訟。要其掇拾灰燼之餘，傳先王制作之舊，得什一於千百，好古者所爲鄭重而愛惜之也。我皇祖聖祖仁皇帝表章羣經，既御纂《周易折中》，而《詩》、《書》、《春秋》則以分授儒臣，纂輯義疏，頒布海內，惟《三禮》未就。朕御極之初，儒臣上言，今當經學昌明、禮備樂和之會，宜纂輯《三禮》，以蕆五經之全。爰允其請，開館編校。越十有一年，冬告竣。夫禮之所爲，本於天，殽於地，達之人倫日用，行於君臣、父子、兄弟、夫婦、朋友之間，斯須不可去者。天不變，道亦不變，此其本也。其制度品節，服物采章，隨時損益，屢變以適其宜者，禮之文也。三代去今數千年矣，修其教而教明，循其道而道行，謂三代至今而存，可也。何則？其本得也。若其用之朝廷邦國，名物器數之具，周旋進退之儀，雖先王處此，必將變通，以適其宜而不泥於其迹。故言禮者，惟求其修道設教之由，以得夫禮之意而已。顧其教之不泯，道之所由傳，未嘗不賴於經。好學深思之士，讀其書，有惜不能俯仰揖讓於其間者。先王制作之精意，尚可想見於抱殘守闕之餘，則經傳之爲功也大矣。鼎彝鈎劍之遺，篆籀之蹟，流傳有自，尚摩挲而寶護之；況制作之精意，所賴以傳者與？獨其貿於衆說，無所取衷，爰命校纂諸臣，芟煩截浮，約文申義，敷暢厥旨；至其說之不可強同者，稍

爲辨正，而仍其舊。蓋自承傳各異，必牽合附會，比而同之，則其惑也滋甚，故無取焉。刻既成，爲之叙論，以發其端，俾隆禮者有所考云。

樂

樂律全書

于敏中等《天禄琳琅書目・明版經部》 《樂律全書》。六函，三十六册。明朱載堉著。《律呂精義内篇》十卷、《外篇》十卷，《律學新説》四卷，《學樂新説》一卷，《算學新説》一卷，《聖壽萬年曆》二卷，《萬年曆備考》三卷，《律曆融通》四卷、附録一卷，《操縵古樂譜》一卷，《旋宮合樂譜》一卷，《鄉飲詩樂譜》六卷，《六代小舞譜》一卷，《小舞鄉樂譜》幷《二佾綴兆圖》一卷，《靈星小舞譜》一卷，共四十七卷。首載堉書成進表，其餘各書進表、序文幷敕諭、題跋俱散見各卷。

萬曆三十四年載堉《進書表》稱：臣檢閲書笥，除曆書已進外，其律書内有數目字樣及樂舞圖，恐謄寫舛誤，就令圖畫刊板，是以延遲十年，今始成書。爲此具本，謹以所撰《律呂精義》一部計六册，《律學新説》一部計六册，《樂舞全譜》一部計八册，裝潢成帙，專差右長史李德齎奉進獻云云。是載堉此書非由一時進御，故各自爲卷，可分可合也。考《明史》，鄭恭王厚烷以言時政獲罪，降爲庶人，錮之鳳陽。子載堉，篤學有至性，痛父見繫，築土室宮門外，席藁獨處者十九年。厚烷還邸，始入宮。上《算曆歲差法》及所著《樂律書》，考辨詳確，識者稱之。卒，謚端清。朱彝尊《經義考》謂河間獻王之後，言禮樂者莫有過焉，良不誣也。明内府藏本，有「廣運之寶」，寶見前。

慶桂等《國朝宮史續編・書籍一三》 《樂律全書》一部。朱載堉原書。奉敕照《律呂正義》補其疎漏，正其歧誤，定著此書。乾隆五十一年十二月十七日奉諭旨：朕披閲朱載堉《樂律全書》，所論音律、算法，稱引繁賾，但其中較《律呂正義》一書，疎漏歧誤之處，正復不少。蓋樂律、算法，義本相通，必須講求貫串，以期畫一。即如樂律，以黄鐘爲本，而尺度之長短，視絫黍爲準。但黍有縱横，亦有大小顆粒，若用縱黍則較長，若用横黍則較短，其大小顆粒亦如之，原難定以爲準也。是書所論，横黍百粒當縱黍八十一粒之説，尚爲牽强。又書中所載《樂譜》内填註「五六工尺上」等字，並未兼註「宮、商、角、徵、羽」字樣，未免援古入俗，自應仿照《律呂正義》逐細添註，方爲賅備。蓋古樂皆主一字一聲，如「關關雎鳩」、「文王在上」等詩，咏歌時自應以一字一音，庶合「聲依永，律和聲」之義。若如朱載堉所註歌詩章譜，每一字下輒用「五六工」等字，試以五音分註，未免一字下而有數音，是又援雅正而入於繁靡也。即以琴瑟而論，上古操縵，亦係一字一音。後世古樂失傳，而製譜者多用鉤擘掃拂等法，以悦聽者之耳，遂使一字而有數音，幾與時曲俗劇相似，更失古人審音！知樂，能使人人聲入心通之意。且如殿陛所奏《中和韶樂》，從前未免沿明季陋習，多有一字而曼引至數音者，聽之殊與俗樂相近。經朕特加釐正，俾一字各還一音。目今朝會大典，鐘虡鏗鏘，備極莊雅，業經載入《律呂正義》，彰彰可考，獨不可融洽貫通乎？著交管理樂部算法館之皇六子永瑢，及德保、鄒奕孝、喜常會同精覈朱載堉所著此書，分門别類，務將《樂律全書》較《律呂正義》疎漏歧誤之處，分列各條，公同詳悉訂證，如書中凡例體裁，逐加考評，載於《提要》之後，以垂永久而昭釐定。

聖製《樂律全書題辭》：朱載堉《樂律全書》之謬，已見前論。兹一再閲，其以曲調譜古歌者，《立我蒸民》之歌乃調寄《豆葉黄》，而合《康衢童謡》與古人《擊壤歌》爲一章者，其《思文后稷》章乃調寄《金字經》，附以《大禹謨》「水火金木土穀惟修」八句，爲《金字經》之二，皆襍輳而成。至《南風歌》爲調寄《鼓孤桐》，先以《古琴操》「返彼三山兮」十六句，而繼之以「南風之薰」四語，更屬狂誕。考舜歌《南風》，見於《樂記》，有篇名而無其辭。《韓非子》、《淮南子》、《史記》皆是秦及西漢人，未見其辭也。鄭康成《禮記注》云：「其辭未聞。」是東漢亦尚無其辭也。「解愠阜財」四句，始於《家語》及《尸子》。孔穎達《正義》云：「《家語》王肅所增加，非鄭所見。《尸子》雜説，不可取證正經。」故亦斷爲此詩今無。是則《南薰》一曲，漢唐人尚疑之。惟輔廣以爲《家語》必有所據，南風長養萬物，猶人君長養萬民，爲得聖人之意云云。《尸子》爲六國時人，《家語》乃孔氏

所傳，且歌詞尙髣髴「喜起」之遺，未可定斷爲非虞廷雅奏。若「返彼三山兮」十六句，出自《古琴操》，乃晉孔衍所編。其書今亡，惟見於諸家類書所引。唐吳兢謂《琴操》紀事，好與本傳相違。朱子曰：「《琴操》一書，載堯、舜、文、武、孔子之詞尤謬。知者可一覽而悟也。」是《琴操》之紕繆，古人早有定評。今細覈其辭，首所云「三山」，即《尙書》之「壺口、雷首、太岳」，孔安國傳以爲「三山」是也。《漢書·地理志》、《太平寰宇記》均以爲地近蒲坂，故緣舜都而附會其名。其下文鋪敘五老及黃龍負圖之事，則出於《論語考比讖》、《春秋元命苞》，皆緯書，不足爲證。其語如後世侈陳符命者所爲，豈堯、舜授受而出此？且明云「案圖觀讖」，讖始於秦，盛於東漢，三代之書無「讖」字也。「擊石拊《韶》，鳥獸蹌蹌，鳳凰來儀」，乃《尙書·益稷》篇句。「凱風自南」，下同《衛風》，其出於魏晉人僞作，不辨可明。凱風即南風，見《爾雅》。使舜果有此句，郭璞注《雅》，何以不引而獨指《衛風》？且「凱風」、「南風」不應連舉。「解怛阜財，何返悲喟」，宋郭茂倩《樂府》雖引之，尙爲兩章。載堉不但不知決擇，且妄以贋詩冠於《南薰》之首，以合於俗樂曲牌名實，爲昧古義而侮聖言矣。若《秋風章》乃調寄《青天歌》，雖全用漢武帝辭，然漢代歌辭見於《漢書·樂志》及諸籍者，不下數千章。載堉何以獨譜《秋風辭》：考明徐學謨《識餘錄》稱載堉之父厚烷，以進壽表失稱臣及創二仙廟、育才等館，皆上僭無狀，降發高牆。且謂其好爲詭故不情之事，欲以釣譽取名。載堉或因其父獲罪，不無怨懟之意。漢武求仙，嘉靖好道，載堉或竟寓意於此，亦未可知也。夫援古入俗，固載堉之謬。《樂記》云：「君子於是語，於是道古。」載堉不知古聖人致治之道，又乏考古之識，鹵莽滅裂，眞無知妄作之尤者。是於樂理已失，豈足與言正始之音哉？因載明其謬，並命以其《四譜》，如宮商《三百》之例，以一字一音，譜以正調。其載堉杜撰所爲之四章，亦按其宮商，勒爲一編，俾知音律者一覽而知其妄，庶亦復古之一端耳。

周中孚《鄭堂讀書記·雜家類八》 《樂律全書》十二種，附三種。明鄭府初印本。明朱載堉撰。按《明史·樂志》言神宗時，鄭世子載堉著《律呂精義》、《律學新說》、《樂舞全譜》共若干卷，具表進獻，宣付史館，以備稽考，未及施行。《藝文志》總作《樂律全書》四十卷。《四庫全書》著錄則作四十二卷。所載凡書十一種，惟《律呂精義》內外篇各十卷，《律學新說》四卷，《鄉飲詩樂譜》六卷，皆有卷數。其《樂學新說》、《算學新說》、《操縵古樂譜》、《六代小舞譜》、《二佾綴兆圖》、《靈星小舞譜》、《旋宮合樂譜》七種，則皆不分卷，與《藝文志》所載不符，疑史誤也。今是本自《提要》所載十一種外，尙有《小舞鄉樂譜》一卷，而所載不分卷之七種，皆作一卷。今依原書次序，分記於經部，而仍其總目，分目於此。又此本附刊三種，《四庫全書》天文算法類著錄，《明史·藝文志》曆數類亦載之，則別記於子部。又是本曾爲陽湖孫淵如師所藏，故前有「孫氏伯淵」一印、「舊史氏」一印、「丁未對策上第」一印。鮑淥飮《彙刻書目》亦照此本載入，則此本無再有闕佚矣。

樂舞全譜

于敏中等《天祿琳琅書目·明版經部》 《樂舞全譜》。二函，八冊。明朱載堉著。首《操縵古樂譜》，次《旋宮合樂譜》，次《鄉飲詩樂譜》，次《六代小舞譜》，次《小舞鄉樂譜》幷《二佾綴兆》，次《靈星小舞譜》。觀前書載堉進表稱《樂舞全譜》一部計八冊，是此書原可單行，今所分冊數與表所云適合，且係初印本，紙墨並出前部之上。

李氏樂書

周中孚《鄭堂讀書記·雜家類八》 《李氏樂書》六種。明嘉靖中刊本。明李文察撰。文察仕履見《禮類》。《四庫全書存目》作二十卷，《明史·藝文志》分載之。文察於嘉靖十七年先進呈《四聖圖解》、《樂記補說》、《律呂新書補注》、《興樂要論》四書，故有前進奏疏、前進表、前進禮部覆題三篇，冠於《四聖圖解》之首。又於嘉靖二十四年續進呈《古樂筌蹄》、《青宮樂調》二書，故有後奏進疏一篇，冠於《古樂筌蹄》之前。文察生平所學，具見於《古樂筌蹄》、《律呂新書補注》、《興樂要論》、《青宮樂調》三書，大旨不出乎此。《樂記補說》專爲《禮記》之一篇而作，可歸《禮》類，而《四聖圖解》無

一字及於樂，亦不過儒家之書而已。今就六種，另爲記録而存其目於左。

春　秋

玉玲瓏閣叢刻

張之洞《書目答問・叢書目》　《玉玲瓏閣叢刻》。龔翔麟。

四　書

四　書

于敏中等《天禄琳琅書目・宋版經部》　《四書》。五函，二十七册。朱子章句集注。《大學》一卷，《中庸》一卷，《論語》十卷，《孟子》十四卷。朱子《序説》、《讀法》。咸淳癸酉，衢守長沙趙淇刊於郡庠，每版中有「衢州官書」四字。《中興館閣續録》：祕書郎莫叔光上言：「今承平滋久，四方之人益以典籍爲重。凡搢紳家世所藏善本外之，監司郡守搜訪得之，往往鋟版以爲官書。其所在，各自版行。」宋時郡守刻書，於此可證。此本，淇爲衢守所刻，時度宗九年。按虞集《道園學古録》：淇，乃趙葵次子。幼以郊恩補承奉郎，舉童子科。刻書後六年而入元，拜湖南道宣慰使。又趙希鵠《洞天清録》：鏤版之地有三：吳、越、閩。衢郡屬越，由來舊矣。琴川毛氏藏本印記最夥，其「鼎」、「元」雙印，《祕殿珠林》内錢選《洪崖圖》幀首有之，上有錢氏印，下曰「仲雅」。又見宋版《漢書》下曰「伯雅」。而此曰「季雅」，似舅弟行，好古鑒藏家也。餘無考。

陳鱣《經籍跋文・宋本四書跋》　宋淳祐本《四書》，《大學章句》一卷，《中庸章句》一卷，《論語集注》十卷，《孟子集注》十四卷。《大學》序後有跋云：「《四書》家藏人誦，而版行者類多細字，不無訛舛。今得燕山嘉氏所刻宣城舊本于京師，經註字等，實便觀讀。於是補其殘闕，置諸泳澤書院，嘉與學者共之。淳祐丙午秋八月識。凡五行。考嘉氏宋有嘉正，太平興國進士，湘鄉人。又有嘉承，永州司法。此燕山嘉氏，不知何人。京師原本空格，蓋指臨安。而泳澤書院，亦未詳何地。《四書》最先刻者爲臨漳本，此宣城舊本，不知視臨漳所刻何如，而繕寫精良，字大悦目，誠爲至善。近得是本于吳中，似係國初繙刻者，與向所藏《易本義》、《詩集傳》諸宋本規模，具體而微。每葉十六行，行十五字。注作大字，低一格。嘗以今本校之。《大學》「其命維新」作「惟新」，《中庸》「必有妖孽」作「妖孼」，「黿鼉蛟龍」作「鮫龍」，「考諸三王而不謬」作「不繆」。《論語序》後有《讀〈論語孟子法〉》一篇，「惟仁者」作「唯仁」，「女得人焉耳乎」作「爾乎」，「惟我與爾有是夫」作「唯我」，「忽然在後」作「忽焉」，「沒階趨進翼如也」作「沒堦趨」，無「進」字。按注引陸氏曰：「趨」下本無「進」字，俗本有之，誤也。蓋經文無之，故引是説。惟「堦」字偶从俗，下文「阼階」仍作「階」也。「廐焚」作「廄焚」，「斯爲之仁矣乎」作「已乎」，「毋自辱焉」作「無」，「自期月而已可也」作「朞月」，「冉子退朝」作「冄有」，「唯上知與下愚」作「惟上」，「鐘鼓云乎哉」作「鍾鼓」。《孟子》「將以釁鐘」作「釁鍾」，下「鍾鼓」並同。「其如是孰能禦之」作「若是」，「王曰吾惛」作「吾惽」，「行者有裹糧也」作「裹囊」，與《鹽鐵論・取下篇》云「行者有囊」合。「古公亶父」作「亶甫」，「凶年饑歲」作「飢歲」，「思以一毫」作「一豪」，「則塞乎天地之閒」作「塞于」，「泰山之於丘垤」作「太山」，「矢人惟恐不傷人」作「唯恐」下同。「吾聞之也，君子不以天下儉其親」，無「也」字。「又從而爲之辭」無「而」字，「古之爲市者」作「市也」，「予三宿而出晝」作「而後出晝」，「其命維新」作「惟新」，「井地不均」作「不鈞」，「有小人之事」作「小民」，「有攸不爲臣」作「惟臣」，注同。按趙注「無不惟念臣子之節」，本作「惟也」。「泰誓曰」作「太誓」，後同。「此率獸而食人也」，「獸」上有「禽」字。「事在易而求諸難」作「求之」，「則天下平」作「而天下平」，「瞽瞍底豫」作「底豫」，注有「底之而反」四字。「好勇鬬狠」作「鬬很」，「王使人瞯夫子」作「瞷夫子」，下「瞯良人」同。「則其小者不能奪也」作「弗能」，「必至于穀」作「必志」，「孝悌而已矣」作

「孝弟」，「彊恕而行」作「強恕」，「見且猶不得亟」作「由不」，「無不知愛其親也」作「親者」，「獨孤臣孽子」作「孼子」，「可以無饑矣」作「足以無飢矣」，「亦不隕厥問」作「不殞」，「來者不怇」作「不距」，「人能充無穿窬之心」作「穿踰」，俱與唐宋石經及《七經孟子考文補遺》合。《孟子集注》十四卷，尚仍趙注古本之舊，明初刻本猶然，不知坊本何以并爲七卷也。其注之與今本異者，《大學》「古之欲明明德」注「欲其必自慊」作「欲其一於善」，「先愼乎德」注作「先謹避諱」。《中庸》「天命之謂性」注「蓋人知己之謂性」云云，作「蓋人之所以爲人，道之所以爲道，聖人之所以爲教，原其所自，無一不本於天而備於我。學者知之，則其於學知所用力，而自不能已矣。故子思於此首發明之，讀者所宜深體而默識也。「道也者」注「則豈率性之謂哉」作「則爲外物而非道矣」。「天下國家可均也」注「至難也」下作「然不必其合乎中庸，則質之近是者皆能以力爲之。若中庸則雖不必皆如三者之難，然非義精」云云。此三條，皆依未改原本，前二條與《四朝聞見錄》合。「德輶如毛」注作「德輕」，「上天之載」注作「之事」。《論語》「道千乘之國」注「道，治也」。下有「馬氏云：八百家出車一乘」十字。「爲政以德」注「行道而有得於心也」，作「得於心而不失之謂也」。「愼終追遠」注「愼終者」作「謹終者」。「殷禮吾能言之」注「宋，殷之後」，作「商之後」。「揖讓而升」注「揖讓而升者」作「揖遜」。「能以禮讓爲國乎」注「讓者」作「遜者」，皆避諱。「據於德」注「德則行道而有得於心也」作「德者，得也，得其道於心而不失之謂也」。「得見有恆者」注「有恆者」作「有常」。「君子篤於親」注「愼終」作「謹終」，皆避諱。「莫春者」注「莫春，和煦之時」，無此六字。「禮云禮云」注「且如置兩椅」作「兩倚」。「夫子之得邦家者」注「聖而進於」無「進於」二字。「雖有周親，不如仁人」注「不如周家之多仁人」作「少仁人」，與《書・泰誓傳》合。《孟子》「無恆産而有恆心者」注作「常產常心」。《夫子當路於齊章》注「一匡天下」作「一正」避諱。「二老者」注「其意暗與此合」無「其意」二字。「帝使其子」注「又言」作「《史記》言」。「主司城貞子」注作「正子」避諱。「富歲子弟多賴」注「故其所賴藉」作「顧藉」，「山徑之蹊閒」注「山路也」作「小路」，「動容周旋中禮者」注「細微曲折」無「曲折」二字，凡皆勝于今本。其注之尤爲切要者，《大學》「此以沒世不忘也」注「詠歎淫泆」作「淫液」，《論語》「子問公叔文子」注「衛大夫公孫枝也」作「公孫拔」。按《困學紀聞》云：《大學章句》「詠歎淫液」，刊本誤爲「淫泆」。又云：《論語》孔注作公孫拔，《集注》云公孫枝，蓋傳寫之誤。此在宋季已然，毛大可《四書改錯》妄加指斥，豈知本不誤也。《孟子》「紂之去武丁未久也」注「凡七世」作「九世」，閻百詩《四書釋地》嘗言其誤，宋本並未曾誤。「抱關擊柝」注「柝，夜行所擊木也」作「行夜」，《四書釋地》引何屺瞻曰：《集注》柝，行夜所擊木也，本用趙氏注。今皆訛爲「夜行」，雖監本亦然。百詩謂「行夜」、「夜行」何啻霄壤，假使兩家得見斯本，當亦爽然。其它一、二字異同及助語音切之增損者，猶不可悉數。向藏明內府所刻《四書》大字本，已與時刻不同，然經注字不相等，且不免舛謬，注語閒有刪削，自後坊版漸失其初。夫以家藏人誦、童而習之之書，何可任其謬種流傳，不意衰年獲見善本，如撥霧開天，詎非幸事！家中又有國初繙刻宋咸淳本《周易本義》，與所藏宋本次序悉合，紙墨並佳，較之是書，大略相等。然咸淳本《周易》世尚有之，錢辛楣詹事曾有題識，獨此淳祐本《四書》，從未有語及者。一旦得之，不尤足珍重耶！

緯　書

經傳緯鈔

祁承㸁《澹生堂藏書目・子類・叢書》　《經傳緯鈔》。《易通卦驗》、《易是類謀》、《易坤靈圖》、《易稽覽圖》、《尚書中候》、《尚書考靈耀》、《尚書帝命驗》、《尚書大傳》、《詩含神霧》、《詩汎歷樞》、《詩推度災》、《禮稽命徵》、《禮斗威儀》、《禮含文嘉》、《樂動聲儀》、《樂稽耀嘉》、《春秋元命苞》、《春秋運斗樞》、《春秋考異郵》、《春秋說題辭》、《春秋合誠圖》、《春秋感精符》、《春秋演孔圖》、《春秋命歷敘》、《春秋佐助期》、《春秋漢含孳》、《春秋文耀鉤》、《論語讖》、《論語摘輔象》、《孝經援神契》、《孝經鉤命訣》、《孝經左契》。

緯書

朱記榮《國朝未刊遺書志略・子目》　《緯書》四冊。未分卷。華亭殷元正立卿、婁縣陸明睿文玉同輯。是稿中《夏小正集解》今藏於張氏。

七經緯

丁丙《善本書室藏書志・五經總義類》　《七經緯》一卷。寫本。何夢華藏書。讖緯之學，漢人爲盛。讖則專言占驗，爲士大夫所不道。緯則多載秦以前古經説，皆戰國及西漢經師所傳，故近日經師，皆取以證經，不可與讖同日而論也。此卷爲《易説》、《尚書刑德放》、《尚書帝命驗》、《尚書説符合后》、《詩氾歷樞》、《詩含神霧》、《詩推度災》、《詩緯》、《禮斗威儀》、《稽命徵》、《禮含文嘉》、《禮緯》、《禮説》、《樂稽耀嘉》、《樂叶圖》、《樂動聲儀》、《樂説》、《孝經援神契》、《孝經鉤命決》、《孝經説》諸種。核其時代，當在趙國翰之前。疑趙氏輯本，由此增益。紙墨古雅，筆墨端楷，且經前人朱筆校勘。有「古杭何元錫藏」、「錢塘何氏夢華館藏」圖記。

小學

小學彙函

張之洞《書目答問・叢書目》　《小學彙函》。廣州刻。

王氏説文三種

張之洞《書目答問・叢書目》　《王氏説文三種》。王筠。

苗氏説文四種

張之洞《書目答問・叢書目》　《苗氏説文四種》。苗夔。未盡。

音學五書

周中孚《鄭堂讀書記・雜家類八》　《音學五書》五種。原刊本。國朝顧炎武撰。炎武初名絳，字寧人，號亭林，崑山人。《四庫全書》著録。按自明陳季立以後，始啓古音之門徑。亭林得其端緒，因即《廣韻》一編，旁通其説，作《音學五書》，凡三十八卷。自謂《詩》、《易》二經，各爲之音，以其經也，故列於《唐韻正》之前。學者讀之，則必先《唐韻正》而次及《詩》、《易二書》，明乎其所以變，而後三百五篇與卦爻彖象之文可讀也。以上《答李子德書》。前有自撰《總序》三篇，《答李子德因篤書》一篇，又有崇禎癸未曹能始學佺序一篇，題曰《音學五書敘》，實即《詩本音敘》，以其作於明末，故取以冠首而改其標題也。余既以五書，各記於小學類韻書之屬，而復總列其目於此。

張之洞《書目答問・叢書目》　《音學五書》。顧炎武。

楝亭五種

張之洞《書目答問・叢書目》　《楝亭五種》。曹寅。字書、韻書。

澤存堂四種

張之洞《書目答問・叢書目》 《澤存堂四種》。張士俊。字書、韻書。

史類叢書分部

紀傳

南監本二十一史

丁丙《善本書室藏書志・正史類》 明南監《二十一史》。嘉靖萬曆先後刊本。按黄佐《南雍志梓刻本末》云：《金陵新志》所載集慶路儒學史書梓數，正與今同。則本監所藏諸梓，多自舊國子學而來。自後四方多以書版送入，洪武、永樂時兩經修補，版既叢亂，旋補旋亡。成化初，祭酒王㒋會計之，已逾二萬篇。弘治初，始作庫樓儲藏。嘉靖七年，錦衣衛閒住千戶沈麟奏准校刊史書，禮部議以祭酒張邦奇、司業江汝璧學博才裕，使將原版刊補。其廣東原刻《宋史》，差取付監。《遼》、《金》二史原無版者，購求善本翻刻，以成全史。邦奇等奏稱《史記》、前後《漢書》殘缺模糊，剜補易脱，莫若重刊。後邦奇、汝璧遷去，祭酒林文俊、司業張星繼之，乃克進呈云云。今存《史記》一百三十卷，嘉靖九年祭酒張邦奇、司業江汝璧校刊，有「橘煌」之印，又列「萬曆二年祭酒余有丁司業周子義校刊」題字，又列萬曆二十四年祭酒馮夢禎序，「司業黄汝良同校刊」。《前漢書》一百二十卷，嘉靖八年祭酒張邦奇、司業江汝璧校刊。《後漢書》一百二十卷，嘉靖八年祭酒張邦奇、司業江汝璧校刊。《三國志》六十五卷，萬曆二十四年祭酒馮夢禎序，司業黄汝良重鏤版。《晉書》一百三十卷，前有舊版「嘉靖戊午刊補」，萬曆十年祭酒高啟愚、司業劉瑊重修刊。《宋書》一百卷，萬曆二十二年司業馮夢禎序，祭酒陸可敬、司業季道統校刊。《南齊書》五十九卷，萬曆十七年祭酒趙用賢、司業張一桂序幷校。《梁書》五十六卷，萬曆三年祭酒余有丁序，稱南雍故藏二十一史，版多漫漶，《梁書》尤甚。武林許侍御三省督鹺淮陽，捐鍰付梓，同司業周子義校。有「汪士鋐」、「退谷」藏印。《陳書》三十六卷，萬曆十六年祭酒趙用賢序，司業余孟麟同校刊。《魏書》一百十四卷，萬曆二十四年祭酒馮夢禎、司業黄汝良同校刊幷同序。《北齊書》五十卷，萬曆十六年祭酒趙用賢序，同司業張一桂校刊。《周書》五十卷，萬曆十六年祭酒趙用賢、司業余孟麟同校刊。《隋書》八十五卷，萬曆二十二年祭酒季道統校刊。《南史》八十卷，萬曆十七年祭酒趙用賢、司業張一桂校刊幷題辭。《北史》一百卷，萬曆二十年祭酒鄧以廣、司業劉應秋校正，前祭酒陸可敬，前司業馮夢禎同校閲幷序。《新唐書》二百五十五卷，前有舊版嘉靖，萬曆閒監官先後重補。《新五代史》七十五卷，萬曆四年祭酒余有丁、司業周子義校刊。《宋史》四百九十六卷，成化十六年總督兩廣兼巡撫朱英刊，嘉靖丁巳取入監重補修刊。《遼史》一百十六卷，嘉靖八年祭酒張邦奇、司業江汝璧依元刻本校刊。《金史》一百三十五卷，嘉靖八年祭酒張邦奇、司業江汝璧依元刻本校刊，最爲精善。《元史》二百十卷，本洪武舊版，崇禎閒祭酒侯恪、司業謝德溥補刊。嘉靖七、八、九年張祭酒、江司業祗重刊。《史記》、前後《漢書》、《遼史》、《金史》凡五部，其餘舊版尚未全壞。萬曆以來，相隔又數十年，不得不重新鏤版，皆非舊監之遺矣。尚有小字本《史記》，元刊明修《三國志》，則無從併收彙列也。

北監本二十一史

于敏中等《天禄琳琅書目・明版史部》 《廿一史》。八十函，五百五十冊。明萬曆閒奉敕刊。《史記》，漢司馬遷撰，宋裴駰集解，唐司馬貞

索隱，張守節正義，一百三十卷，前貞《索隱》前、後二序，《補史記序》，駰《集解序》，守節《正義序》，《論例》，《謚法解》。《漢書》，漢班固撰，唐顏師古注，一百卷，前顏師古《漢書序例》、宋余靖《刊誤進表》、宋祁參校諸本目録、劉之問識語。《後漢書》，宋范蔚宗撰，唐章懷太子賢注，一百三十卷，内志三十卷，梁劉昭注補，前宋余靖序。《三國志》，晉陳壽撰，宋裴松之注，六十五卷。《晉書》，唐太宗御撰，一百三十卷，後附唐楊齊宣序並《音義》三卷。《宋書》，梁沈約撰，一百卷。《南齊書》，梁蕭子顯撰，五十九卷，前宋曾鞏序。《梁書》，唐姚思廉撰，五十六卷。《陳書》，唐姚思廉撰，三十六卷，前宋曾鞏序。《魏書》，齊魏收撰，一百十四卷，前宋劉攽等序。《北齊書》，隋李百藥撰，五十卷。《周書》，唐令狐德棻等撰，五十卷，前宋梁燾等序。《南史》，唐李延壽撰，八十卷。《北史》，唐李延壽撰，一百卷。《隋書》，唐魏徵、長孫無忌等撰，八十五卷。《唐書》，宋歐陽修、宋祁撰，二百二十五卷，前宋曾公亮等《進書表》，後宋董衡《唐書釋音》二十五卷。《五代史》，宋歐陽修撰，七十四卷，前宋陳師錫序。《宋史》，元脱脱今改正曰托克托。等撰，四百九十六卷。《遼史》，元脱脱等撰，一百十六卷，前脱脱等《進書表》。《金史》，元脱脱等撰，一百三十五卷，前元阿魯圖今改正曰阿嚕圖。《進書表》。《元史》，明宋濂、王禕等撰，二百十卷，前明李善長等《進書表》。明萬曆二十一年刻十三經既成，隨於二十四年開雕此書，閲十有一載，至三十四年竣事。版式與十三經同，所列校刊重修之祭酒、司業銜名亦仿前式。

丁丙《善本書室藏書志・正史類》　明北監《二十一史》。萬曆間刊本。明萬曆間奉敕刊。《史記》附宋裴駰《集解》，唐司馬貞《索隱》，張守節《正義》，一百三十卷。前有貞《索隱》前後二序，《補史記》序，駰《集解》序，守節《正義序》、《論例》、《謚法解》。祭酒劉應秋、司業楊道賓校刊。《漢書》唐顏師古注一百卷，前有師古《漢書序例》，宋余靖《刊誤進表》，宋祁參校諸本目録，劉之問《識語》。劉應秋、方從哲校刊。《後漢書》唐章懷太子賢注一百三十卷。内《志》三十卷，梁劉昭注。前有宋余靖序。李廷機、方從哲校刊。《三國志》宋裴松之注六十五卷，敖文禎、蕭雲舉校刊。《晉書》一百三十卷，後附唐楊齊宣序並音義三卷。方從哲校刊。《宋書》一百卷，方從哲、黄汝良校刊。《南齊書》五十九卷，前有宋曾鞏序。蕭雲舉、李勝芳校刊。《梁書》五十六卷，蕭雲舉、李勝芳校刊。《陳書》三十六卷，前有宋曾鞏序。李勝芳校刊。《魏書》一百十四卷，前有宋劉攽等序。李廷璣、方從哲校刊。《北齊書》五十卷，李勝芳校刊。《周書》五十卷，前有宋梁燾等序。蕭雲舉、李勝芳校刊。《南史》八十卷，楊道宸、蕭雲舉校刊。《北史》一百卷，方從哲、黄汝良校刊。《隋書》八十五卷，方從哲、楊道宸校刊。《唐書》二百二十五卷，前有曾公亮等《進書表》，後附宋董衡《唐書釋音》二十五卷。蕭良有、葉向高校刊。《五代史》七十四卷，前有宋陳師錫序。敖文禎、黄汝良校刊。《宋史》四百九十六卷，方從哲、黄汝良校刊。《遼史》一百十六卷，前有脱脱《進書表》，沈漼校刊。《金史》一百三十五卷，前有阿魯圖《進書表》。李勝芳校刊。《元史》百十卷，前有李善等《進書表》。蕭雲舉重校刊。其全史奉敕重修者，祭酒吳士元、司業黄錦也。自萬曆二十四年開雕，閲十有一載，至三十四年竣事。皆從南監本繕寫刊刻，雖行款較爲整齊，究不如南監之近古，且少譌字。内《三國志》精校勝於南監。兩刻竝存，豈非合則雙美哉！

二十二史

乾隆敕撰《國朝宮史・書籍一四》　《重刻二十二史》一部。皇上以經史竝重，既校刊《十三經注疏》復，命校刊《二十二史》，每卷各附考證，凡二千七百三十一卷。皇上《御製序》：《七録》之目，首列經史，四庫因之。史者，輔經以垂訓者也。《尚書》、《春秋内外傳》尚矣。司馬遷創爲紀表書傳之體，以成《史記》，班固以下因之。累朝載筆之人，類皆嫻掌故，貫舊聞，旁羅博采，以成信史。後之述事考文者，咸取徵焉。朕既命校刊《十三經注疏》定本，復念史爲經翼，監本亦日漸殘闕，竝敕校讎，以廣刊布。其辨譌别異，是正爲多。卷末考證，一視諸經之例。《明史》先經告竣，合之爲「二十二史」，煥乎冊府之大觀矣。夫史以示勸懲，昭法戒，上下數千年治亂安危之故，忠賢奸佞之實，是非得失，具可

考見。居今而知古，鑒往以察來。揚子雲曰：「多聞則守之以約，多見則守之以卓。」豈不在善讀者之能自得師也哉！

新會陳氏重刊二十四史

傅以禮《華延年室題跋》卷上 《新會陳氏重刊二十四史》。古者諸史，各自爲書，至宋始以《史記》、《漢書》、《後漢書》、《三國志》、《晉書》、《宋書》、《南齊書》、《梁書》、《陳書》、《魏書》、《北齊書》、《周書》、《隋書》、《南史》、《北史》、《唐書》、《五代史記》爲《十七史》。明毛氏汲古閣本因之，故宋以後闕如。南北監本增《宋》、《遼》、《金》、《元》，廣爲二十又一。我朝乾隆間詔儒臣校刊全史，既益以劉昫《舊唐書》，暨欽定《明史》爲《二十三史》。嗣開《四庫全書》館，又從《永樂大典》裒集薛居正《舊五代史》，釐輯成編，一并列入，於是勒爲《二十四史》，頒之學官，版庋武英殿。閱年既久，間有漫漶殘缺。道光中，雖嘗修補，而諸史序跋、表文、職名仍未完具。同治己巳，武英殿災，版燬於火，傳本自此益尠。此本爲新會陳偉南虞部焯之校刊。儀部善讀書，好史學，因取殿本全史，重繡諸梓。凡經營十餘年，縻白金六萬餘兩，猶以勘訂未審，秘不肯出。比年始徇同人，請發坊印行。夫當殿本燬後，得此以續其傳，其有功藝林甚鉅。惟原槧《考證》散附各卷，體例最善，茲刻另匯一編，附全書末，殊不便於繙檢。且所據爲近時拓本，其中缺佚，悉仍其舊，讀者病之。謹爲搜訪當時原槧，據以補刻，并總目共增六十餘葉。至《遼》、《金》二史，舊有《國語解》，次列傳後，此本另載欽定新編，撤去二史末卷，非復原書之舊。以殿本原刪，今亦不復增補云。

前後漢書

錢謙益《絳雲樓題跋》 《前後漢書一》。趙文敏家藏《前後漢書》，爲宋槧本之冠。前有文敏公小像。太倉王司寇得之吳中陸太宰家，余以千金從徽人贖出，藏弆二十餘年。今年鬻之於四明謝象三，床頭黃金盡，生平第一殺風景事也。此書去我之日，殊難爲懷。李後主去國，聽教坊雜曲，揮淚對宮娥一段，悽涼景色，約略相似。癸未中秋日書于半野堂。《初學集》卷八十五。

《前後漢書二》。京山李維柱，字本石，本寧先生之弟也。書法橅顔魯公。嘗語余：「若得趙文敏家《漢書》，每日焚香禮拜，死則當以殉葬。」余深媿其言。《初學集》卷八十五。

舊藏宋雕《兩漢書》。趙吳興家藏宋槧《兩漢書》，王弇州先生鬻一莊，得之陸水邨太宰家，後歸于新安富人，余以千二百金從黃尙寶購之。崇禎癸未，損二百金，售諸四明謝氏。庚寅之冬，吾家藏書盡爲六丁下取，此書卻仍在人間。然其流落不偶，殊可念也。今年遊武林，坦公司馬攜以見示，諮訪眞贋，予從臾勸亟取之。司馬家插架萬籤，居然爲壓庫物矣。嗚呼！甲申之亂，古今書史圖籍一大劫也。庚寅之火，江左書史圖籍一小劫也。今吳中一二藏書家，零星捃拾，不足當吾家一毛片羽。見者誇詡，比于酉陽羽陵。書生餓眼，見錢但不在紙裹中，可爲捧腹。司馬得此十篋，乃今時書庫中寶玉大弓。當令吳兒見之。頭目眩暈，舌吐而不能收。不獨此書得其所歸，亦差足爲絳雲老人開顔吐氣也。劫灰之後，歸心空門，爾時重見此書，始知佛言昔年奇物，經歷年歲，忽然覆睹，記憶宛然，皆是藏識變現，良非虛語。而呂不韋顧以楚弓人得，爲孔老之云，豈爲知道者乎？司馬深知佛理，並以斯言諗之。《有學集》卷四十六。

合刻馬令陸游南唐書

王士禛《漁洋書跋》 《合刻馬令陸游南唐書》。唐庚《三國雜事》云：先主父子相繼，始終號漢，未嘗一日稱蜀。陳壽黜其正號，狥魏晉之私意，廢史家之公法，改漢爲蜀，猶五代稱李璟爲吳，劉崇爲晉。今《五代史・南唐・北漢世家》，未嘗以吳晉名之也。蓋宋人之論，已以南唐爲吳王恪之後，比于昭烈矣。歐公《五代史・世家》首南唐，而胡恢、陸游、馬令之書，曾見疊出，豈非有深意存焉乎？近興化李映碧清廷尉取

馬、陸二氏之撰爲經，別作《南唐書》，而雜采《江南野史》、《釣磯立談》、《玉壺清話》諸書爲緯，殊爲有見。予嘗謂五代中原之君，史家所謂正統者，皆盜賊僭竊，無足比數。惟唐莊宗雖以沙陀賜姓，而能手除篡賊，復唐社稷，則君子引而進之，不忍斥也。其于南唐，亦若是焉已矣。以南唐爲正統，不猶愈于朱溫、石敬塘之流哉！

兩漢紀

王士禛《漁洋書跋》 《兩漢紀》。古書固有晦于前而顯於後者。《聞見後錄》云：神宗惡范曄之名，欲更修《後漢書》，求《東觀漢紀》，久之不得。後高麗以其本付醫官某來上，神宗已厭代矣。元祐中，高麗使人言狀，訪于書省，無知者。醫已死，于其家得之，藏于中祕。予嘗寫本于呂汲公家，亦棄之兵火中矣。又予官長安時，或云鄠、杜民家有《江表志》、《英雄傳》，因爲外臺言之，委官以取。民驚懼，遽焚之。世今無此三書矣。今荀悅《漢紀》與袁宏《後漢紀》，嘉靖間吳郡雕版甚精，流傳于世，當是有神物護持之耳。

彭元瑞等《天禄琳琅書目後編·宋版史部》 《前後漢紀》。四函，二十冊。《前漢紀》，漢荀悅撰。悅，字仲豫，潁陰人。獻帝時官祕書監侍中。《後漢紀》，晉袁宏撰。宏，字彦伯，陽夏人。太元初官東陽太守。各有自序，書各三十卷。末有紹興十二年汝陰王銍後序，稱「二書祥符中刊版錢塘，版廢幾百年，今始合二書，用諸家傳本校刻」，兩書合刻，由此始也。悅書本名《漢紀》，因合刻故以「前」別之。按：康熙年裏平蔣國祥、國祚有重刻本，後附《兩漢紀字句異同考》。項元汴家藏本。 《前後漢紀》。四函，三十二冊。同上，脱王銍後序。

又《明版史部》 《前後漢紀》。二函，十冊。篇目同前宋版史部。前有嘉靖戊申黄姬水序，略云何景明曾刻《前漢紀》，袁氏書尤希覯，得雲間朱氏宋本，輒復梓行云云。姬水，省曾子。

明十一朝實録

李希聖《雁影齋題跋》卷四 《明十一朝實録》。自永樂至萬曆，計二百餘冊。每冊首有「東海蟣臣錢容保拜手恭讀」印，蓋明時舊鈔也。明之《實錄》，是非顛倒，本不足憑。王弇州《史乘考誤》糾正頗多，沈德符《野獲編》亦載馬昂妾事，《武宗實錄》與《世宗實錄》自相矛盾。桂萼令董中峰玘於《武廟實錄》中譏刺王文成縱兵刼掠，南昌爲之一空，皆懟筆也。又謂本朝無國史，以列帝《實錄》爲史，已屬紕謬。乃《太祖錄》凡三修，當時開國功臣壯猷偉略，稍不爲靖難歸伏諸公所喜者，俱被剗削。建文帝一朝四年，蕩滅無遺，後人搜括捃拾，百千之一二耳。景帝事雖附《英宗錄》中，其政令尚可考見，但曲筆爲多云云。是明代已有攻之者。閻百詩《潛邱劄記》云：《實錄》之所載，以方正學之抗節，而史臣至誣之爲乞哀。《史乘考誤》及朱竹垞《高麗史跋》亦痛斥之。以謝餘姚之特正，而史臣至詆之爲媚后。弘治元年，太監郭鏞請選女子於宮中，或諸王館以待上服闋，冊封二妃，廣衍儲嗣。左庶子謝遷諫止，謂六宮當備而三年未終，山陵未畢、諒陰猶痛，不宜遽及此事。焦泌陽秉史筆，謂謝進此諛詞，以誤孝宗繼嗣之不廣。王弇州《考誤》中駁焦云：此泌陽懟筆，蓋陰刺中宮之擅夕，而譏謝公之從諛。時上聖齡甫十九，中宮何以有擅夕之聲？謝疏議甚正，焦乃小人，無忌憚耳。閻氏之論指此。《野獲編》又載楊儀《明良記》云：謝初在詞林，上疏力止孝宗冊妃，以故中宮德之。後來推閣員，一時殆盡，俱不得旨，最後以李長沙及謝名上，始並荷簡用。其後中宮妹入宮，上用內意，欲冊爲妃，謝又奏娶堯二女爲比，上是之，竟以外廷力爭而止。此則恐不免有意迎合矣。然則佞如泌陽，固不足以信矣，而賢如文貞，抑果可謂之信史乎？《憲宗實錄》詆陳白沙甚厲，《瑣綴錄》以爲丘濬，《憲章錄》以爲張元禎。他如世、穆兩朝，獨裁於江陵，則簡核而可喜。《野獲編》：今諛永嘉相業者，大抵多溢美，則江陵公秉史筆，時以聲氣相附，每追頌其功也。然則當時亦致不滿矣。神宗一代，補綴於衆手，則踳駮而不倫。光宗欲正其訛而不果，懷宗欲補其闕

而未能。觀於閻氏此論，其得失均可見矣。然當時《實録》之進，焚草於太液池，藏眞於皇史宬，在朝之臣非預纂修，均不得見。自申時行當國，始流布於外，得者至艱，况傳至今日，亦甚可寶也。

雜史

歷代小史

祁承㸁《澹生堂藏書目・子類・叢書》 《歷代小史》。《路史》、《拾遺記》、《西京雜記》、《漢武故事》、《世説新語》、《海山記》、《開河記》、《迷樓記》、《隋遺記》、《隋唐嘉話》、《唐語林》、《翰林志》、《松窗雜録》、《柳氏舊聞》、《朝野僉載》、《卓異記》、《開天傳信録》、《開元天寶遺事》、《江行雜録》、《中朝故事》、《龍城録》、《避暑漫鈔》、《幽閒鼓吹》、《北夢瑣言》、《杜陽雜編》、《集異記》、《鄴侯外傳》、《三楚新語》、《江南別録》、《默記》、《蜀檮杌》、《貽謀録》、孫公《談圃》、《聞見雜録》、《行營雜録》、《鐵圍叢談》、《高齋漫録》、《談淵》、《春明退朝録》、《玉堂雜記》、《錢氏私志》、《桐陰舊話》、《揮麈録》、王氏《揮麈録》、《晉公談録》、《王文正公筆録》、《貴耳集》、《古杭雜記》、《國老談苑》、《清夜録》、《宣政雜録》、《艮岳録》、《閒燕常談》、《退齋筆録》、《避戎夜話》、《朝野僉言》、《朝野記遺》、《白獺髓》、《齊東野語》、《程史》、《遼志》、《金志》、《松漠紀聞》、《北轅録》、《蒙韃備録》、《北邊備對》、《西使記》、《自警編》、《厚德録》、《韓忠獻遺事》、《王文正公遺事》、《寇萊公遺事》、《南村輟耕録》、《遂昌山樵雜録》、《東園友聞》、《廣客談》、《稗史集傳》、《翦勝野聞》、《野史》、《平夏録》、《清溪暇筆》、《瑯琊漫鈔》、《病逸漫記》、《震澤紀聞》、《皇明紀略》、《北征先後録》、《北征記》、《西征石城記》、《興復哈密記》、《復辟記》、《可齋雜記》、《否泰録》、《瑣綴録》、《古穰雜録》、《西湖塵談録》、《復齋日記》、《繼世紀聞》、《江海殲渠記》、《損齋備忘録》、《靖難功臣録》、《備遺録》、《星槎勝覽》、《眞蠟風土記》、《炎徼紀聞》、《滇載記》。

《四庫提要・雜家類存目八》 《歷代小史》一百五卷。內府藏本。不著編輯者名氏。首有沔陽陳文燭序，稱侍御李公所集，而中丞趙公刻之。皆不著其名字里籍，不知爲何許人也。其書蓋欲仿曾慥《類説》之例，雜採野史，每書刪存數條，凡一百五種，以一種爲一卷。中間時代顛倒，漫無端緒。蓋當時書帕之本，以校刊付之吏胥者也。

丁丙《善本書室藏書志・雜家類》 《歷代小史》一百五卷。明刊本。前有沔陽陳文燭序云：「中丞趙公刻歷代野史，委序於不佞，授而卒業。侍御李公所集也。」孫淵如觀察《廉石居藏書記》云：「右《歷代小史》一百五卷，明李栻輯録《路史》而下至明代諸家所紀，種各一卷，皆節其文者，殆陶氏《説郛》之類歟？」文燭字玉叔，嘉靖乙丑進士，官至南京大理寺卿，有《二酉堂集》。

國朝典故

祁承㸁《澹生堂藏書目・子類・叢書》 《國朝典故》。《天潢玉牒》、《平吳録》、《北平録》、《皇明本紀》、《平蜀記》、《聖政記》、《國初事蹟》、《滁陽王碑》、《奉天靖難記》、《國初禮賢録》、《壬午賞功録》、《北征記》、《北征前録》、《北征後録》、《建文遺蹟》、《宣宗御制官箴》、《宣宗御製詩》、《正統臨戎録》、《李侍郎使北録》、《宸章集録》、《勅議或問》、《大狩龍飛録》、《立齋閒録》、《三家世典》、《周顛仙傳》、《三朝聖諭》、《天順日録》、《李文正公燕對録》、《損齋備忘録》、《陳石亭畜德録》、《王文恪公筆記》、《前聞記》、《清溪暇筆》、《寓圃雜記》、《病逸漫記》、《蓬軒類記》、《彭文憲公筆記》、《菽園雜記》、《懸笥瑣探》、《琅琊漫鈔》、《日詢手鏡》、《朝鮮紀事》、《朝鮮賦》、《平夷賦》、《定興王平交録》、《安南奏議》、《安南事宜》、《平蠻録鈔》、《東征紀行》、《馬公一紀》、《平番始末》、《雲中紀變》、《使琉球録》、《日本考略》、《後鑒録》、《華夷譯語》。

國朝徵信叢録

祁承㸁《澹生堂藏書目・子類・叢書》 《國朝徵信叢録》五十三冊。二百十二卷。臣㸁手輯。皆鈔本，凡家藏刻本不載。《大明初略》二卷，《皇明紀略》二卷，《太宗政要》、《仁宗政略》、《宣宗政要》、《代祀高麗山川記》、《西巡扈從録》、《書武廟初所見事》、《聖駕渡黃河記》、《陵祀扈蹕録》附《疏》，《春遊詠和集》、《御製孔子祀典記》、《夏日同遊御製詩》、《南城召對録》、《記召對廟庭事》、《講大寶箴

記事》、《張居正召辭記事》、《召見紀事》、《毓德宮召見記事》、《王文肅召對紀事》、《趙文懿平臺召見紀事》、《煖閣召對紀事》、《萬曆乙卯召對錄》，又《宣召紀略》二卷，《肅穆二朝儀注》考二卷，《太廟祧遷考》、《詞臣恭題聖製集錄》、《治世餘聞》二卷，《陸氏詩紀》二卷，《磯園稗史》二卷，《内閣首臣傳》七卷，《皇明統宗繩蟄錄》十卷，《藩獻記》四卷，《皇明琬琰錄》二卷，《琬琰續錄》二卷，《皇明理學名臣言行錄》二卷，《國朝江右名賢編》二卷，《先進遺風》二卷，《紀善錄》、《款識錄》、《善行錄》、《五同傳忻慕編》、《都城故老傳》、楊東里《榮遇錄》，于少保《憐忠錄》，王三原《忠純記略》、《夏忠靖公遺事》、《薛文清公遺事》、《陽明先生浮海傳》、《瀛國公事實》、《袁廷玉傳》、《雙槐歲鈔》十卷，于文定公《筆塵》十二卷，《惜陰錄摘鈔》、《江陵雜記》、《管窺小識》二卷，朱文懿公《茶史》、《勘楚始末》、《妖書始末》，蔡儀部《勘楚記事》、《妖書記事》、《東觀志》、《史職考》，王文恪公《職官考》、《擬皐言》、《庶子生母服制考》、《沈青霞戍死始末》、《江陵逸事》、《黔中止榷記》、《涇臯寤言》、《寐言》、《杞人問答》、《京城圖志》、《兩京賦》、《北京賦》、《平胡頌》、《平江漢頌》、《江淮平亂碑》，彭澤《征西記事》、《平洮頭記》、《平都蠻記》、《平都蠻進銅器事實》、《平白草番碑》、《嶺南平寇碑》、《淮揚紀功碑》、《府江紀事》、《敘嘉靖間倭入東南事》、《記勦徐海本末》，張司馬《定浙變記》，王豐輿《東征記略》、《播事述》、《卜酋封貢記略》、《黔中平播記》、《播酋始事》、《西番外紀》、《烏思藏外記》、《九夷古事》、《百夷傳》二首，《瀛涯勝覽》，李文忠《開平大甯錄》、《撫夷錄》、《平安南錄》、《使交錄》、《交南錄》、《平蠻記》、《臥憂志》、《古沖閒談》、《河館閒談》、《典章略》、《庚申記事》、《河上雜言》、《問馬集》、《西征日錄》、《江上錄》、《制府雜錄》、《東戍錄》、《監軍歷略》、《復套議》、《三關遏截編》、《邊關遏截編》、《江南實錄》、《治河論》，劉松石《治河記》、《經略九邊總考》三卷，《北虜紀略》、《北虜世系》、《世虜重譯》、《官釋》十卷，《泉史》十卷，《河渠志》十卷，《大獄錄》、《會問劉東山疏》、《泳化雜錄》三卷。

黄虞稷《千頃堂書目・類書類》 祁承㸁《國朝徵信叢錄》二百十三卷。

《明史・藝文志・雜家類》 祁承㸁《國朝徵信錄》二百十二卷。

明小史

《四庫提要・雜家類存目一一》 《明小史》八十九卷。浙江巡撫採進本。不著編輯者名氏。彙輯明人傳記說部，凡四十六種，皆習見之本。所錄迄於嘉靖中，殆隆慶、萬曆間人所刊也。

史流十品

黄虞稷《千頃堂書目・類書類》 司馬泰《史流十品》一百卷。

《明史・藝文志・小説家類》 司馬康《史流十品》一百卷。

逸史搜奇

黄虞稷《千頃堂書目・類書類》 汪雲程《逸史搜奇》一百卷。一作十卷。

名臣寧攘編

祁承㸁《澹生堂藏書目・子類・叢書》 《名臣寧攘編》。《西征石城記》、《撫安東夷記》、《興復哈密記》、《北虜事略》、《西番事蹟》、《西夷事跡》、《龍憑紀略》、《藤峽紀聞》、《紫荆考》、《大同紀事》、《雲中紀變》、《平黔三記》、《交事紀聞》、《大寧考》、《大同平叛志》、《南大紀略》、《款塞始末》、《伏戎紀事》、《雲中降虜傳》、《西南紀事》、《撫夷紀略》、《夷俗記》、《再征南紀事》、《西南三征記》、《征南紀事》、《征西紀事》、《平番紀事》、《綏交記》。

荆駝逸史

李慈銘《越縵堂讀書記・叢書類》 《荆駝逸史》。淸陳湖逸士輯。是日借得《荆駝逸史》二十八本，所收共五十種，皆紀明末喪亂事由。惟《東林本末》、《平蜀紀事》、《榆林城守紀略》、《揚州十日記》、《東塘日劄》、《江陰城守記》六種，曾見過，深愧弇陋。然根柢之學，尚有荒於此者。【略】咸豐乙卯（一八五五）四月十九日。

邵念魯集《荆駝逸史》，起李遜之膚公《三朝野記》至鎖綠山人《明亡述略》，共五十種。道光中，吳中以聚珍版印行。乙卯春，周素人自京口購歸，予借得徧閲之。素人將行，以此寄予架上，後爲節子借去，今遂歸節子矣。《思復堂集》，丙辰之冬曾於倉橋書肆見之，未及買成，爲蓮士購去，常置懷念。此又别一本也。兩書所紀，皆滄海之事，今日覩此，如對故人，而桑田又一變矣。劫火所遺，彌堪珍惜。同治乙丑（一八六五）十月二十四日。

夜閲《荆駝逸史》。《逸史》凡五十種。【略】　實五十一種，而總目稱五十種者，蓋以《車營百八叩》附于《孫高陽前後督師略》。然《百八叩》有二卷，篇葉頗夥，《督師略》僅寥寥數紙，不得取彼附此。其他所取，亦頗雜糅，且校刻譌脱，編次無法。稱爲陳湖逸士所緝，藝栁山人重校，卷首有陳湖逸士序，言諸書皆得之陳文莊無夢園土中，蓋㲀言也。十月二十七日。

明季稗史彙編

李慈銘《越縵堂讀書記・叢書類》

《明季稗史彙編》。得節子書，以《明季稗史彙編》借閲。《稗史》者，文秉《烈皇小識》、顧炎武《聖安本紀》、《行在陽秋》，紀永曆事，或謂劉湘客作。吳江戴笠字笠耔，著《行在陽秋》，與此不同。傳節子嘗見戴書鈔本、有一條云：永曆緬甸之報至、延平王鄭成功率諸遺臣上謚號曰昭宗匡皇帝，此他書所未載者也。朱子素《嘉定屠城紀略》，夏允彝《幸存錄》，夏完淳《續幸存錄》，鄧凱《求野錄》、《也是錄》，俱紀永曆十二年以後事。無名氏《江南聞見錄》，紀乙酉五月南京迎降事。瞿共美《粵遊見聞》，紀隆武始末及永曆繼立事。黄宗羲《賜姓始末》，此《行朝錄》中之一種，紀臺灣鄭氏事。華復蠡《兩廣紀略》，亦名《粵中偶記》。瞿共美《東明聞見錄》，紀永曆二年至四年事，與《粵遊見聞》相接。應廷吉《青燐屑》，紀史閣部事。無名氏《耿尙孔吳四王傳》，王秀楚《揚州十日記》十六種也。同治乙丑（一八六五）十月二十日。

舟中閲《江南聞見錄》至《青燐屑》共六種畢。《稗史》中《烈皇小識》、《聖安本記》兩書，固卓然可傳，次則鄧都督之《求野錄》、《也是錄》事多覈實。都督扈蹕從亡，終始永曆，故聞見最眞。其人忠義之士，故議論亦甚平正。惟頗貶李晉王，則全謝山已非之矣。又次則瞿行人之《粵游見聞》及《東明聞見錄》，叙次潔淨，雖首尾不具，似非完書；而自隆武之立至永曆入滇，大書分紀，歲月井然。傳稷籽謂兩書實本一書，傳鈔者誤分之，而標名亦遂歧異，其言是也。《江南聞見錄》，直市井之書。《兩廣記略》爲無錫華復蠡所作，首叙罷官居粵所見唐、桂變亂之事，次記督師丁魁楚及洪天擢、歙人，進士，永曆初爲高廉雷瓊巡撫，降於我朝，後又隨李成棟反，明授吏部左侍郎。李綺松江人，進士，永曆初爲御史，降我朝。從亦隨李成棟反，明授以廣東提學道。三人始末大略，皆全無體裁者也。鄧凱，江西吉安人；瞿共美，江南常熟人，瞿忠宣之族弟也。十月二十一日。

王秀楚《揚州十日記》，極詆史道鄰；夏忠節節愍兩《錄》中亦深不滿之。應棐臣爲忠正幕僚，其著《青燐屑》，亦有微辭。諸君目擊時事，俱非私言，然忠正人物，自足千秋，不因諸書而少損。蓋忠義之性，感人者深，才不勝德，亦復何害。且無論史公，高興平固名賊也，翻山鷂之禍，《青燐屑》痛言之。而《渡河》兩《疏》，睢陽一死，古今感悼。永曆之李晉王，亦翻山鷂比也，而以一身結有明殘局，與元之王保保等。鄧凱身與共事，其著《求野錄》，雖加詆諆，然于永曆戕後，大書晉王李定國薨，又述其聞永曆之耗，擗踴號哭，且言其墓至今春草不生，足見死重泰山，公論不滅者矣。十月二十三日。

紀載彙編

李慈銘《越縵堂讀書記・叢書類》

《紀載彙編》。《燕都日記》、《董心葵事記》、《東塘日劄》、《江上遺聞》、《閩事紀略》、《安龍紀事》、《戴重事錄》、《過墟志》、《金壇獄案》、《辛丑紀聞》。《紀載彙編》兩册凡十種，皆記鼎革間事。曰《燕都日記》，題曰莫釐山人增補，馮夢龍本。夢龍字猶龍，吳縣人，崇禎時，以貢選壽寧知縣。所記自崇禎甲申三月初一日昌平兵變起，至五月十五日我大清攝政王登武英殿受朝賀出示官民鬀頭易服

止，中多誣妄之辭。如言李明睿疏請南遷；懿安后靑衣蒙頭徒步走入朱純臣第；吳三桂得父襄招降書，怒欲殺來使，因裨將言而僞示降意，闖令唐通送定王至三桂營，又令張若騏奉太子赴營，及太子在三桂軍中傳諭至京，皆傳聞誤說。其尤謬者，言三月十四日，崇禎帝密旨收葬魏忠賢遺骸。以曹化淳嘗事忠賢，奏言忠賢若在，時事必不至此，上惻然傳諭收葬。無論當日兵事倉猝，不暇爲此；莊烈於逆閹，銜恨次骨，所定逆案，終帝之世，持之甚堅。化淳出王安門下，又爲錢牧齋教習學生，故繫附東林，錢、瞿之獄，深藉其力，何得云嘗事忠賢耶？不特厚誣莊烈，並誣化淳矣。曰《董心葵事記》，僅三頁，乃花村看行侍者《談往》中之一則。心葵名廷獻，周宜興門客也，此記廷獻一生遭遇及宜興納賄事。曰《東塘日劄》，即《嘉定屠城紀略》也。《明季裨史彙編》、《荆駝逸史》中皆載之。曰《江上遺聞》，江陰沈濤次山撰，記閻、陳兩典史拒守江陰事，較許重熙《江陰守城記》爲詳，而略於韓文懿之《江陰城守記》。曰《閩事記略》，無錫華廷獻撰，《荆駝逸史》中收此書，題作《閩遊月記》，凡二卷，此僅摘錄數條耳。曰《安龍紀事》，安龍江之春撰。記永曆居安龍時十八先生獄事，計六奇已采入《明季南略》。曰《戴重事錄》，爲吾鄉章實齋進士學誠修《和州志》時傳稿。重字敬夫，嘗奉明宗室通城王起事者也。節子據黃梨洲《行朝錄》載王期昇在太湖起兵，奉簡州知州宗室朱盛微，始稱通城王，繼稱皇帝者是也。曰《過墟志》，記常熟任陽女子劉三季事。劉初嫁同邑富人黃亮功，生一女，已嫁人，而亮功死無子。劉爲李成棟標將所虜，旋沒入旗，選入貝勒博洛府。博洛後晉端重親王，冊劉爲妃，生二子。其女夫錢沈堃亦成進士，官部曹，而黃氏竟絕後。居宅爲李兵所焚，故云過墟者，取昌黎《圬者王承福傳》語，爲黃氏慨也。其書叙次曲折詳盡，情事如見，雖不免纖俗，要是小說家常耳。據卷首蓬池山人跋，謂曾見一別本，上卷載黃、劉事，下卷記直塘錢氏事，以康熙戊子冬，按當作順治戊戌或庚子，蓋即己亥鄭成功攻江寧先後之時。太倉錢寶聚衆通海，奉永曆年號，錢某與也。事敗，錢某遁入高麗，而直塘錢氏以叛黨籍沒；直塘錢氏，即劉壻沈堃家也。所云錢某者，不知沈堃之何人。是則此本雖分二卷，實非全書也。曰《金壇獄案》，無錫計六奇撰。記順治己亥金壇紳士通海之獄，僅寥寥五頁，遠不及姚文僖《邃雅堂集》中所載之詳。曰《辛丑紀聞》，記順治辛丑蘇州諸生抗糧之獄。時吳令任維初自盜常平倉米三千餘石，徵比嚴酷，生員倪用賓、薛爾張等哭於文廟。適章皇帝哀詔至，撫按以下臨於府治，諸生欲因是逐維初，羣往投牒，隨之者千餘人。巡撫朱國治大怒，遂以諸生聚衆唱亂入告，朝命侍郎葉尼等會勘，於是斬決沒入妻子者，用賓、爾張及金聖歎等八人；斬決者，張、韓等十人；蘇州在籍吏部員外郎顧予咸，亦被羅織擬絞決，沒入妻子，以特旨免，而維初竟復任，又以特旨落職。國治後撫雲南，爲吳逆所殺。代國治撫蘇者韓心康，亦以別案斬維初于市。是時江南士民，若鎮江、金壇、無爲諸處，羅俗別作羅，於吉罔羅鉗矣。計六奇《明季北略》，謂明季諸生極橫，無錫諸生每歲有免糧銀，無田可免者則與之米，謂之叩散米。知縣龐昌允因米不時發，諸生杜景耀等約同學逐昌允出城，撫臣止逮五六人黜其籍，調昌允於嘉定，其姑息如此。不二十年而屢搆大獄，衣冠塗炭，勢極而反，蓋天道然也。非。大禍者共十案，凡殺百二十一人，皆國治所爲，此我朝第一酷吏，甚同治丙寅（一八六六）十一月初二日。

各府州縣解到忠臣孝子鄉賢文册

張萱等《内閣藏書目録·雜部》 《各府州縣解到忠臣孝子鄉賢文冊》。共七十四冊。皆鈔本新解到以備正史采擇者。

孱守齋所編年譜

周中孚《鄭堂讀書記·雜家類八》 《孱守齋所編年譜》五種。嘉慶丁卯刊本。國朝錢大昕撰。竹汀史學，推當時第一。出其餘力，補撰宋二洪及放翁、厚齋與明之王弇州《年譜》，亦俱簡而有法，堪爲補撰古人年譜者之準繩。竹汀歿後，其門人李許齋賡芸得其遺稿，刊於嘉興郡齋，幷爲之跋。時許齋方官嘉興知府，卽以其版畀錢氏後人云。今已分記於《史部·傳記類》而存其總目如左。

姓氏五書

張之洞《書目答問・譜録類》 《姓氏五書》。《姓韻》、《遼金元三史姓録附西夏姓》、《姓名尋源》、《姓氏辨誤》、《古今姓氏書目考證》。張澍。止刻《尋源》、《辨誤》兩種。

政　書

蒬菴二書

王士禛《漁洋書跋》 《蒬菴二書》。此書乃程工部正夫家鈔本。卷首題蒬菴者，其自號也。前一卷曰《大內窺觀》者，山陰王應遴著，程跋中所謂中書舍人王雲來者也。後一卷曰《大內規制》，宦官劉若愚所著，載《酌中志略》第十七卷。合二書觀之，有明大內規模如指掌矣。予讀《南村輟耕錄》，見所載楊奐《汴宋故宮記》、陳隨應《南渡行宮記》，不禁黍離麥秀之感。盛衰興廢，何代蔑有？此二書亦何可少乎！

三　通

乾隆敕撰《國朝宮史・書籍一四》 重刻《通典》一部，重刻《通志》一部，重刻《文獻通考》一部。乾隆十二年，皇上命經史館諸臣校刊杜佑《通典》，凡二百卷。鄭樵《通志》，凡二百卷。馬端臨《文獻通考》，凡三百四十八卷。卷首恭載皇上諭旨：汲古者並稱《三通》，該學博聞之士所必資也。舊刻譌缺漫漶，且流布漸少，學者閔焉。今載籍既大備矣，《十三經》、《二十二史》工具告蕆，其內府所藏《通典》、《通志》、《文獻通考》善本，命經史館、翰林等詳校而付劂氏，一仿新刻經史成式，以廣冊府之儲。欽此。

皇上御製《通典序》：稽古帝王，治天下之大經大法，以及累朝名物制度因革損益之詳，紛綸浩博，散見典籍，未有統貫。唐宰相杜佑於爲淮南節度書記時，始出己意，搜討類次，勤成一書，名曰《通典》。爲類八，爲書二百卷。自唐肅、代間，上溯唐虞，雖亦稍據劉秩《政典》及《開元新禮》諸書，要其網羅百代，兼綜而條貫之，斯已勤矣。厥後鄭樵廣之，作《通志》。馬端臨續之，作《通考》，三書並行於世。朕以其歷年久遠，頗有殘缺，特命重爲校正刊刻，以廣其傳，《通典》實先告竣。朕惟三書，各有意義。鄭樵主於考訂，故旁及細微。馬端臨意在精詳，故間出論斷。此書則佑自言「徵於人事，將施有政」，故簡而有要，核而不文。觀其分門起例，由食貨以迄邊防，先養而後教，先禮而後刑，設官以治民，安內以馭外。本末次第，具有條理，亦恢恢乎經國之良模矣。《書》曰「學于古訓，乃有獲。」爲國家者，立綱陳紀，斟酌古今，將期與治同道而不泥其迹，則是書實考鏡所必資，豈以供博覽而已哉！爰揭之，以告讀是書者。

皇上御製《通志序》：宋鄭樵氏以宏通之學，思欲極古今之變，會通於一，仿歷代史例，采正史及百家雜錄，爲紀傳，爲譜，爲略。所撰《二十略》者，包羅天人，錯綜政典，該括名物，上下數千年首尾相屬，用功亦良勤矣。觀其詆訶司馬遷、班固之失，高自稱許，謂足以盡學者之能事，豈不卓然雄視著作之林？而後人復歷舉其踈漏，如馬端臨《通考》之所議者，則亦不能爲之諱也。夫博物洽聞之士，殫畢生之精力，從容幾研，囊括貫串，勒爲成書，宜其援據精而條理密，顧紀事纂言，尚不免於紕繆若此，豈非所謂多而不能無失者歟？而況設局分曹，成於衆手，動淹歲序，舉後忘前，亥豕魯魚，觸目而是。任操觚者，其可不知所懼也乎！甚矣，夫著述之難也。好古者類矜《三通》，既重刻《通典》、《通考》工竣，爰出內志《通志》善本，校而付之剞劂，以廣考索之助，而序之如此。

皇上御製《文獻通考序》：朕允儒臣之請，校刊《三通》。《通典》既竣，即以《文獻通考》付之剞劂。是書曾蒙皇祖聖祖仁皇帝命禮臣補訂殘缺，御製序文，梓行宇內。顧簡帙繁重，年久不無漫漶。今悉仿《十三經》、《二十二史》成式刊訂，蓋於是家有其書矣。朕惟會通古今，該洽載籍，薈萃源流，綜統同異，莫善於《通考》之書。其考核精審，持論平正，上下數千

年，貫穿二十五代，於制度張弛之迹，是非得失之林，固已燦然具備矣。夫帝王之治天下也，有不敝之道，無不敝之法。綱常倫理，萬世相因者也。忠敬質文，隨時損益者也。法久則必變，所以通之者必監於前代，以爲折衷。大哉！我聖祖之《序》曰：「有治人，無治法。師古者，師其意，不師其跡。」誠體此意而因其可因，損益其所當革，因時以制宜，理得而事舉，則是編也，誠考據之資，可以羽翼經史，裨益治道，豈淺鮮也哉？是爲序。

李氏五種

張之洞《書目答問・叢書目》 《李申耆五種》。李兆洛。

水經山海經

于敏中等《天禄琳琅書目・明版史部》 《水經山海經》。三函，二十四冊。《水經》，漢桑欽撰，魏酈道元注，四十卷。《山海經》，晉郭璞撰，十八卷。《山海經》前載璞原序并劉歆目録序，《水經》前有明黄省曾總序。黄省曾序云：二經，一主敘山而水歸詳綴，一專紀水而山亦寓列。山者水之根柢也，水者山之委枝也云云。蓋言二經所以合刊之故也。省曾，字勉之，吴縣人。嘉靖辛卯舉人，嘗著《五岳山人集》，見朱彝尊《明詩綜》小傳。此序作於嘉靖甲午，即省曾發解後之三年。書賈以其規仿宋槧，因將嘉靖「靖」字割去，塡改「定」字於補紙之上，謬稱宋刻，此作僞之顯然易見者。二書版式字畫並同，惟《山海經》版心上方有「前山書屋」四字而《水經》無之，或《水經》刊梓在先，其時尚未有此書屋額名也。「朱卧庵收藏」印記，見前。餘印無考。【略】闕補《水經》卷二十六。

史評

左傳國語國策評苑

《四庫提要・雜家類存目一一》 《左傳國語國策評苑》六十一卷。江蘇巡撫採進本。明穆文熙編。文熙有《七雄策纂》，已著録。是編凡《左傳》三十卷，《國語》二十一卷，《戰國策》十卷。《左傳》用杜預註，陸德明《釋文》，而標「預」名不標「德明」之名。《國語》用韋昭註，宋庠補音。《戰國策》用鮑彪註，參以吴師道之補正，均略有所删補，非其原文。蓋明人凡刻古書，例皆如是。謂必如是，然後見其有所改定，非徒翻刻舊文也。其曰《評苑》者，蓋於簡端雜採諸家之論云。

學古齋金石叢書

劉錦藻《清續文獻通考・經籍考・雜家》 《學古齋金石叢書》四集十二種七十二卷。董金鑑編。金鑑字鏡吾，浙江會稽人。臣謹案，金石之學萌芽有宋，是編所採，上自鄭樵，下迄國朝諸家，皆有蓽路藍縷、以啟山林之毅力。雖近世潘祖蔭、陳介祺、吴大澂後來居上，要不得沒其首功也。惟録楊愼《金石古文》，不知楊氏雖長於考據，其杜撰籀文，已爲通儒詬病。又首列《亭林文集》，而集中講金石者，惟《金石文字記序》及《西安府儒學碑目序》兩篇，則又名不副實矣。

金石三例

周中孚《鄭堂讀書記・雜家類八》 《重刻金石三例》三種。棲霞郝氏

重刻德州盧氏本。國朝盧見曾編。見曾字抱孫，號雅雨，山東德州人。康熙六十年進士，官至兩淮鹽運使。雅雨以時賢碑碣，敘次失宜，煩簡靡當，蓋未嘗於前人體製一爲省錄爾。因彙刻潘倉崖《金石例》、王止仲《墓銘舉例》、黃梨洲《金石要例》三書以行世，俾學者曉然於金石之文，不異史家之發凡起例，庶乎知所從事矣。前有乾隆乙亥自序。越五十七年，嘉慶辛未，其版久亡，棲霞郝蘭皋懿行求得原刻初印本，重付之梓，並爲之序。孝岡饒綺峰向榮亦爲之序。余既以三書依時代分記於《詩文評類》，而復存其目於此，以不沒其重刻之盛舉云。

錢泰吉《曝書雜記》卷中《金石三例刻本》 元潘蒼崖《金石例》十卷，明王止仲《墓銘舉例》四卷，黃梨洲以潘書未著爲例之義與壞例之始，作《金石要例》一卷，雅雨堂合刻爲《金石三例》。余所藏者，嘉慶辛未郝氏懿行重刻本。《墓銘舉例》別有乾隆丙子金匱王氏穎銳刻本，亦附《金石要例》，乃無錫諸氏洛從程魚門得鈔本以付王氏者，與雅雨堂同時開雕，但無《金石例》。

子類叢書分部

諸子輯評

纂圖互注六子全書

彭元瑞等《天祿琳琅書目後編・宋版子部》 《纂圖互注六子全書》。四函，二十四冊。老子《道德經》四卷，漢河上公章句、注釋，前有葛玄序、《老氏聖紀圖說》、《混元三寶圖》、《初眞內觀靜定圖》、《金丹圖》。列子《沖虛至德眞經》八卷，晉張湛注，唐殷敬順釋文，前有湛序、劉向校上奏。莊子《南華眞經》十卷，晉郭象注，唐陸德明音義，前有象序、《莊子太極說》，附《周子太極圖》。《荀子》二十卷，唐楊倞注，前有倞序、《欹器圖》、《天子大路圖》。揚子《法言》十卷，晉李軌、唐柳宗元注，宋宋咸、吳祕、司馬光重添注，前有咸序及《進表》，光《注揚子序》、《渾儀圖》、《五聲十二律圖》。文中子《中說》十卷，宋阮逸注，前有逸序、《文中子纂事》，後有杜淹撰《文中子世家》，錄唐太宗與房、魏論禮樂事，王福畤記《東皋子答陳尙書書》，錄關子明事，王氏家書雜錄。書首有景定元年龔士卨序。

建陽麻沙本《揚子》序後有印記，「本宅今將監本《四子纂圖》、互注附入重言，重意，精加校正，並無訛謬，謄作大字刊行，務令學者得以參考，互相發明，誠爲益之大也。建安空三字。謹啓」。蓋南宋坊刻《九經》皆有纂圖、互注本，此亦如之。其互注皆標白文，圖亦寥寥，至以《莊子》書有太極語，便以《周子太極圖》附之，更爲牽引。但諸書皆古注，闕筆極爲謹嚴，則固宋本之眞確者。龔序但言五子，不及《文中》一字，則坊賈謬取以冠首也。【略】闕補《荀子》。《大路圖》。

五子纂圖互注

《四庫提要・雜家類存目一一》 《五子纂圖互註》四十二卷。浙江巡撫採進本。宋龔士卨編。士卨爵里無考。前有自序，題景定改元，蓋理宗時人。又有三私印，一曰龔氏，一曰子質，一曰石廬子，蓋其字與號也。是書於《老子》用河上公註，凡二卷。於《莊子》用郭象註，附以陸德明《音義》，凡十卷。於《荀子》用楊倞註，凡十卷。於《揚子法言》用李軌、柳宗元、宋咸、吳祕、司馬光五家註，凡十卷。於文中子《中說》用阮逸註，凡十卷。每種前各有圖，而於原註之中增以互註。多引《五經》、《四書》及諸子習見之語，未能有所發明。其於《文中子》則竝無互註，體例殊未畫一。至《老子》之首列三圖，一曰混元三寶，一曰初眞內觀靜令，一曰金丹。《莊子》之首惟列《周子太極圖》。《荀子》之首列三圖，一曰欹器，一曰天子大路，一曰龍旂九斿。《揚子》之首列二圖，一曰渾儀，一曰五聲十二律。《文中子》之首列二圖，一曰世系，一曰年表。無一足資考證者。而《莊子》因《大宗師篇》有「太極」二字，遂附會以周子之圖，尤爲無理。核其紙色版

式，乃宋末建陽麻沙本，蓋無知書賈苟且射利者所爲。因其宋人舊刻，姑存其目，以備考耳。

六子全書

范邦甸等《天一閣書目・雜家類》 《六子彙編》十二卷。刊本。《老子》、《莊子》、《揚子》、《列子》、《文中子》合刻。明張位、趙志皋同校刊，黄錫爵序。

徐圖等《行人司重刻書目・諸子類》 《六子全書》。二十本。

徐㶿《徐氏家藏書目・諸子類》 《六子全書》。共二十冊。

祁承㸁《澹生堂藏書目・子類・叢書》 《六子全書》。《老子》、《南華眞經》、《荀子》、《列子》、《揚子》、《文中子》。

于敏中等《天祿琳琅書目・明版子部》 《六子全書》。一函，八冊。《老子》二卷，河上公章句，前三國葛元序，次《老氏聖紀圖》。《莊子》十卷，晉郭象注，唐陸德明音義，前象序，次《太極圖説》。《列子》八卷，晉張湛注，唐殷敬順釋文，前湛序。《荀子》二十卷，唐楊倞注，前倞序，次圖。《揚子》十卷，晉李軌、唐柳宗元、宋宋咸、吳祕、司馬光注，前咸序并《進書表》，次光序，次圖。《文中子》十卷，宋阮逸注，前逸序，書首載宋龔士卨總序。

前宋版中有《荀子》一部、《南華眞經》一部，其版皆與此書之《荀子》、《莊子》相同。觀《揚子序》後本記云「將監本四子精加校正，謄作大字刊行」，是宋時初刻止有四子也。龔士卨序，於《老》、《莊》、《荀》、《揚之外，兼論《文中》而不及《列子》，則士卨增刊亦止五子。今書有六子者，蓋明人翻刻時始增《列子》無疑也。且書中通體字畫俱不圓整，而序文之字用筆牽連處并多紕謬，尤爲翻刻之明證。第所載《揚子》亦止十卷，據木記所云，豈宋時監本已改併十三卷爲十卷耶？明毛晉、王時敏俱經收藏。按朱彝尊《明詩綜》小傳：時敏，字遜之，號煙客，太倉州人。太傅錫爵孫，承祖蔭，官尚寶司丞。「宏載家藏」印，無考。闕補《莊子》卷五、卷七、《揚子》卷十。

《六子全書》。二函，十四冊。篇目同前，不載圖。此書版心上方俱標「世德堂刊」，乃爲六子合印全本也。版式刻工，遠勝前部，然書首仍載龔士卨序，則於序中之止言五子並未加考，且標爲《老子道德經序》，益見其疏略實甚矣。收藏印記無考。

《六子全書》。二函，十四冊。篇目同前。此即世德堂刊本，而鑱去版心之字，惟於《老子》上卷第五葉標「桐陰書屋校」。蓋其本爲書賈所得，遂鑱去「世德堂」，僞充宋槧。又故作「校正」之名補刊上方，以掩人耳目也。闕補《荀子》卷十。

《六子全書》。二函，十四冊。篇目同前。此亦鑱去「世德堂」後印本，然墨色精瑩，印工之良也。明張宏志藏本。宏志，河南開封府項城縣人。登崇禎丁丑進士第，見《太學題名碑》。其仍稱曲江者，蓋九齡之裔耳。

《六子全書》。八函，四十冊。篇目同前。此本亦標「桐陰書屋校」而橅印在前二部之後，紙墨俱遜。

《六子全書》。六函，四十冊。此本並將「桐陰書屋校」五字俱爲剗去，而補痕顯然，又作僞之拙者矣。「蕭蓼亭」收藏印，未知誰氏。闕補《老子》卷上、《列子》卷八、《荀子》卷十九、《文中子》卷三、卷五。

孫星衍《平津館鑒藏書籍記・明版》 《六子全書》。《老子道德經》二卷，《南華眞經》十卷，《沖虚至德眞經》八卷，《荀子》二十卷，《新纂門目五臣音注揚子法言》十卷，《中説》十卷。標題、序文，俱同宋刻巾箱本。宋本《四子》，注中有重言、重意、互注等目，又卷首有圖説，爲南宋人所撰者。此本俱刪，唯前有景定改元龔士卨序，統論五子而不及《列子》，當從別本移入。洪頤煊曰：《四庫全書・雜家類》有《五子纂圖互注》四十二卷，宋龔士卨編。前有序，題景定改元。又題作《老子道德經序》，殊失之不考。大字本，每葉十六行，行十七字。板心上有「世德堂刊」四字。末有嘉靖癸巳顧春《刻六子書跋》。收藏有「會稽鈕氏世學樓圖籍」朱文方印。

《六子全書》。標題序目，俱同世德堂刊本，末亦載顧春跋。改大字作小字，每葉廿二行，行廿三字。板心有「六子全書□□□」，當在世德堂本後。收藏有「楊中子兆登允先父印」白文方印。

張之洞《書目答問・叢書目》 世德堂《六子》。明胡氏本。

六子書

趙琦美《脈望館書目・總子》　《六子書》二十本。甲。又十本。乙。

別六子全書

祁承㸁《澹生堂藏書目・子類・叢書》　《別六子全書》。《鬻子》，《公孫子》，《尹文子》，《鶡冠子》，《子華子》，《亢倉子》。

五子書

范邦甸等《天一閣書目・雜家類》　《五子書》十六卷。《鬻子》，周鬻熊撰。宋永徽四年華州鄭縣尉逄行珪註并序云：鬻子名熊，楚人，周文王之師也。年九十，見文王。王曰：老矣。鬻子曰：使臣捕獸逐麋，已老矣。使臣坐策國事，尚少焉。文王師之。著書二十二篇，名曰《鬻子》。遭秦暴亂，書記略盡，《鬻子》雖不遇焚燒，編帙由此殘缺。《子華子》，晉人程本撰。漢護左都水使者光祿大夫劉向言，所校讎中《子華子》書，凡二十有四篇。以相校，復重十有四篇，定著十篇。子華子生于晉頃公時，不肯苟容于諸侯，聚徒著書，自號程子。孔子遇諸郯，嘆曰：天下之賢士也。簡子欲仕諸朝而不能，將脅之以兵，子華子去而之齊。齊景公不能用，館于晏氏，更題其書曰《子華子》。簡子卒，襄子立，子華子反于晉，時已老矣，遂不復仕以卒。《尹文子》，周尹文撰。山陽仲長氏撰定并序云：尹文子者，蓋出于周之尹氏。齊靈時，居稷下，與宋鈃、彭蒙、田駢同學于公孫龍，公孫龍稱之。著書一篇，多所彌綸。余黃初末，始到京師，繆熙伯以此書見示。意其玩之而多脫誤，聊試條次，撰定爲上下篇。《公孫龍子》，趙人公孫龍著。序殘。《鶡冠子》，陸佃解并序云：韓子曰：《鶡冠子》十有六篇，文字脫謬，爲之正三十有五字，乙者三，滅者二十有二，註十有二字云。陸子曰：鶡冠子，楚人也。居于深山，以鶡爲冠，故曰鶡冠子。其書自《博選》篇至《武靈王問》，凡十有九篇。而退之云十有六篇者，非全書也。今其書雖具在，然文字脫謬、不可考者多矣。故爲釋其可知者，而其不可考者輒疑焉。

《五子書》八卷。刊本。明嘉靖甲辰歐陽清重刊本，并序云：《五子書》者，《鬻子》十四篇一卷，《子華子》十篇二卷，《鶡冠子》十九篇三卷，《尹文子》二篇，《公孫龍子》六篇，各一卷。故刻在關中，有取而刻之括者，久未及校。予始讀之，爲之改誤若干字，漶漫脫落者補正之，刻廼完好可觀。

于敏中等《天禄琳琅書目・明版子部》　《五子全書》。一函，三冊。《鬻子》一卷，唐逄行珪注，逄行珪序，並《進書表》。《子華子》二卷，前漢劉向序。《鶡冠子》三卷，前宋陸佃序，唐韓愈《讀鶡冠子文》。《尹文子》一卷，前魏仲長氏序。《公孫龍子》一卷，無序。書首有明歐陽清總序。

按：此書卷數與宋時諸家所著錄者互有盈縮，晁氏《讀書志》、陳氏《書錄解題》、馬氏《文獻通考》所載《子華子》皆作十卷，而此本止二卷。晁氏、陳氏所載《尹文子》並作三卷，馬氏作二卷，《宋史・藝文志》又作一卷，而此本則亦作一卷，與《宋史》同。陳氏、馬氏所載《公孫龍子》皆三卷，而此本又止一卷。惟《鬻子》、《鶡冠子》與諸書所載皆合。此篇目異同之概。《鬻子》爲逄行珪所注。考淩迪知《萬姓統譜》，稱行珪爲隋時人，而晁、陳諸家皆謂行珪官華州鄭縣尉，其書進於永徽四年，則已在唐高宗時矣。至諸家所載《尹文子》皆稱爲仲長氏所定，馬氏述李獻臣之言謂仲長氏統也，又言傳稱統卒於獻帝避位之年，而此云黃初末到京師，豈史之誤乎云云。蓋以序中稱黃初，疑爲非統，而陳振孫又云仲長即統，未知孰是？書首歐陽清序作於嘉靖五年。清，上饒人，官浙江按察使副使。其序稱「五子向有刻本，久未及校，始爲改誤補正」云云，則是宋、元以降雖有舊刊之版，而此本乃清所別刻者矣。

彭元瑞等《天禄琳琅書目後編・明版子部》　《五子全書》。一函，三冊。不著彙刻人名氏。《鶡冠子》二卷，凡十九篇，宋陸佃解，前有佃自序，韓愈《讀鶡冠子》一首；《鬻子》一卷，凡十四篇，唐尉遲行珪注，前有行珪序並《進表》；《尹文子》一卷，《大道》上、下二篇，前有仲長統序；《公孫龍子》一卷，凡六篇，不著注人名氏；《子華子》二卷，九篇，前有

劉向校上奏。明大字本，版式似世德堂《六子書》。

錢謙益等《絳雲樓書目・子總類》 《五子書》：《管子》，《尹文子》，《子華子》。十卷，僞書也。然宋時有會稽官本，晁公武言《子華子》中多引《字説》，殆是元豐以後舉子所爲。《公孫龍子》，《鶡冠子》。三卷。以上共一集。

又 《五子書》。《鶡冠子》，《關尹子》，《齊邱子》，《文子》，《子華子》。以上共一集。

十二子

趙琦美《脈望館書目・總子》 《十二子》二本。《鬻子》、《關尹子》、《亢倉子》、《公孫龍子》、《小荀子》、《無能子》、《鬼谷子》、《尹文子》、《鄧析子》、《玄眞子》、《天隱子》、《鹿門子》。

錢謙益等《絳雲樓書目・子總類》 《十二子書》。《鬻子》，《公孫龍子》，《小荀子》，《無能子》，《元眞子》，《鹿門子》，《亢倉子》，《關尹子》，《鬼谷子》，《尹文子》，《鄧析子》。

孫星衍《平津館鑒藏書籍記補遺・明版》 《十二子書》。《鬻子》一卷，題華州鄭縣尉逢行珪注。前有《鬻子序》，永徽四年逢行珪《進鬻子表》。《鄧析子》一卷，前有《崇文總目》及舊敍録。《關尹子》一卷，前有劉向《敍録》。《尹文子》一卷，前有山陽仲長氏序。《鬼谷子》一卷，外篇一卷。前有長孫無忌《上鬼谷子敍》，高似孫《子略》一條。《公孫龍子》一卷，題趙人公孫龍著。《小荀子》一卷，卽荀悦《申鑒》。《亢倉子》一卷，《元眞子》一卷，題唐張志和撰。《天隱子》一卷，前有唐司馬承禎序，後有紹興壬午胡璉跋，嘉定己卯王倫跋。《鹿門子》一卷，題唐皮日休。《無能子》三卷，前有序，不題姓名。此《十二子》，不知何人所刊。惟《絳雲樓書目》有此書。宋諱俱有缺筆，知多從善本翻雕。每葉廿行，行十九字。收藏有「錫山安國寶藏」朱文方印，「季振宜臧書」朱文小長印，「顧氏世藏」朱白合文方印，「金之麒印」白文方印，「呂莊頤印」白文方印。

百家類纂

祁承㸁《澹生堂藏書目・子類・叢書》 《百家類纂》。《家語》，《國語》，《晏子春秋》，《孔叢子》，《新語》，《荀子》，《新書》，《春秋繁露》，《韓詩外傳》，《新序》，《説苑》，《鹽鐵論》，《法言》，《潛夫論》，《昌言》，《申鑒》，《忠經》，《中論》，《文中子》，《鹿門子》，《巵辭》，《郁離子》，《龍門子》，《説林》，《老子》，《列子》，《莊子》，《文子》，《關尹子》，《亢倉子》，《陰符經》，《淸靜經》，《洞古經》，《大通經》，《定觀經》，《胎息經》，《心印經》，《參同契》，《鶡冠子》，《抱朴子》，《天隱子》，《玄眞子》，《齊邱子》，《素書》，《無能子》，《玉華子》，《管子》，《韓子》，《大復論》，《尹子》，《鄧子》，《公孫子》，《墨子》，《鬼谷子》，《戰國策》，《鬻子》，《呂覽》，《淮南子》，《論衡》，《白虎通》，《風俗通》，《子華子》，《劉子新論》，《六韜》，《司馬子》，《孫子》，《吳子》，《三略》，《尉繚子》，《孔明新書》，《李衛公》，《韜鈐內篇》，《韜鈐續篇》。

子彙

范邦甸等《天一閣書目・雜家類》 《子彙》十二册。明萬曆四年刊本。

徐圖等《行人司重刻書目・諸子類》 《子彙》。

祁承㸁《澹生堂藏書目・子類・叢書》 《子彙》。儒家：《鬻子》，《晏子》，《孔叢子》，《賈子》，《陸子》，《小荀子》。道家：《文子》，《關尹子》，《亢倉子》，《鶡冠子》，《黄石子》，《天隱子》，《玄眞子》，《無能子》，《齊丘子》。名家：《鄧析子》，《尹文子》，《公孫龍子》。法家：《愼子》。縱横家：《鬼谷子》。墨家：《墨子》。雜家：《子華子》，《劉子》。

黄虞稷《千頃堂書目・雜家類》 余有丁《子彙》三十三卷。

錢謙益等《絳雲樓書目・子總類》 《子彙》。二十三子，十二册。

陸心源《儀顧堂續跋》卷九 《明刊子彙跋》：《子彙》二十餘種，明萬曆四年刊本，頗爲近世好古者所重。《鬻子》、《晏子》、《子華子》、《劉子》、《關尹子》、《亢倉子》、《文子》、《孔叢子》，有丁丑夏日潛菴子識語，收藏家無知其人者。愚案：孫繼皋《宗伯集》有《吏部侍郎謚文恪儆菴周公

行狀》：公名子義，字以方，儆菴其自號也。嘉靖乙丑進士，改庶吉士。公故嗜書，既入選，則多購求書，窮日夜讀不休。隆慶六年，升南國子司業，攝祭酒事。萬曆六年，升北祭酒。十一年，晉禮部侍郎，改吏部。萬曆十四年，年五十六。所訂正書梓在南雍者，有《周禮》、《史記》、《五代史》，而《子彙》則所自編輯者也。則《子彙》爲周子義所刊，無疑矣。丁丑爲萬曆五年，正子義爲南京司業兼攝祭酒時也。《行狀》不言其又號「潛菴子」者，略之也。惟所據雖多善本，《墨子》、《晏子》有刪併移易處，則不免明人習氣耳。

中都四子集

趙琦美《脈望館書目・總子》 《中都四子集》十本。《老》、《莊》、《管》、《淮》。

黃虞稷《千頃堂書目・雜家類》 朱東光《中都四子書》。《老子》、《莊子》、《管子》、《淮南子》。萬曆乙卯序。

《四庫提要・雜家類存目一一》 《中都四子集》六十四卷。江蘇巡撫採進本。明朱東光編。東光字元曦，浦城人。隆慶戊辰進士。官分巡淮徐道。以老子在亳，莊子在濠梁，管子在穎，淮南子在壽春，皆中都所轄地，因與鳳陽府知府張雲登裒而刊之。《老子》二卷，用河上公註。《莊子》十卷，用郭象註。《管子》二十四卷，用房元齡註及劉績增註。《淮南子》二十六卷，用高誘註。時郭子章奉使鳳陽，每書各爲之題詞。其書刊版頗拙，校讐亦略。又於古註之後時時妄有附益，殆類續貂。遂全失古本之面目，書帕本之最下者也。

二十子全書

徐圖等《行人司重刻書目・諸子類》 《二十家子書》。十六本。

祁承㸁《澹生堂藏書目・子類・叢書》 《廿子全書》。《老子》，《文子》，《關尹子》，《列子》，《莊子》，《司馬子》，《譚子》，《管子》，《晏子》，《孫武子》，《吳子》，《鬼谷子》，《黃石子》，《韓子》，《商子》，《呂子》，《淮南子》，《荀子》，《楊子》，《文中子》。

彭元瑞等《天祿琳琅書目後編・明版子部》 《二十子全書》。三函，十八冊。明吳勉學彙刊。《老子道德經》二卷，有葛元序；《關尹子文始眞經》一卷，有劉向校上奏；《文子》二卷，明彭好古輯，有《集道翼言引》，又《文子題辭》；《莊子南華眞經》三卷，有郭象序，又顏素識，又《莊子難字音義》；《列子沖虛眞經》八卷，有劉向校上奏，唐加「至德」二字按語；《管子》二十四卷，有劉向校上奏；《晏子春秋》四卷，有劉向校上奏；《荀子》二十卷；《韓非子》二十卷；《商子》五卷；《鬼谷子》一卷，有舊序；《吳子》一卷，有《史記・吳起列傳》；《孫子》一卷，有《史記・孫武子列傳》；《黃石公素書》一卷，有張商英序；《呂氏春秋》二十六卷，有高誘序；《淮南子》三十一卷，有高誘序；《楊子法言》十卷；《文中子中說》十卷，有杜淹《文中子世家》錄唐太宗與房、魏論禮樂事，東皋子《答陳尙書書》錄關子明事；《司馬子坐忘論》一卷，有一壑居士題辭；《譚子化書》六卷。勉學，字肖愚，歙縣人。好古字。錢甫，麻城人，萬曆丙戌進士，官御史。

先秦諸子合編

錢謙益等《絳雲樓書目・子總類》 《先秦諸子合編》。起《晏子》至《素書》，共十五子，六冊。

諸子萃覽

祁承㸁《澹生堂藏書目・子類・叢書》 《諸子萃覽》。《陰符經》，《廣成子》，《李衛公問對》，《太公六韜》，《老子》，《尉繚子》，《關尹子》，《亢倉子》，《列子》，《莊子》，《孫武子》，《吳子》，《田穰苴司馬法》，《素書》，《三略》，《韓詩外傳》，《列女傳》，《風俗通》，《白虎通》，《忠經》，《參同契》，《武侯陳法》八陳圖附，《郭子翼莊》，《古今注》，《博物志》，《素履子》，《天隱子》，《譚子》，《東萊博義》，《胡子知言》，《小

學》。

李氏叢書

祁承㸁《澹生堂藏書目·子類·叢書》 《李氏叢書》。《道古録》，《心經提綱》，《觀音門》，《老子解》，《莊子解》，《孫子參同契》，《墨子批選》，《因果録》，《淨土決》，《闇然録冣》，《三教品》。

百谷諧聲

祁承㸁《澹生堂藏書目·子類·叢書》 《百谷諧聲》。《楞嚴約旨》二卷，《道德附言》二卷，《南華評選》二卷，《華隱夢談》二卷，《陰符釋義》一卷，《徵心百問》一卷，《延生祕機》一卷，《風鑒祕機》一卷，《堪輿祕機》二卷。

諸家要指

祁承㸁《澹生堂藏書目·子類·叢書》 《諸家要指》。《天官緒論》，《衡合考定》，《象形質疑》，《八荒一覽》，《風水辯證》，《尅擇正謬》，《易占詳義》，《六壬釋義》，《經世歷法》，《歷成布算》，《九章解略》，《律呂商求》，《緯書考證》，《氣運總論》，《醫家正典》，《三命或問》，《五星或問》，《陳法舉要》，《八陳圖數》，《學稼緒言》，《玄學考正》，《東土淵源》。

開八叢編

祁承㸁《澹生堂藏書目·子類·叢書》 《開八叢編》五冊。五卷。《道餘録》，《護法論》，《直心編》，《平心論》，《原教論》。

諸子彙函

范邦甸等《天一閣書目·雜家類》 《諸子彙函》二十六卷。刊本。明姚希孟集并序。

《四庫提要·雜家類存目八》 《諸子彙函》二十六卷。內府藏本。舊本題明歸有光編。有光有《易經淵旨》，已著録。是編以自周至明子書，每人採録數條，多有本非子書而摘録他書數語，稱以子書者。且改易名目，詭怪不經。如屈原謂之玉虛子，宋玉謂之鹿谿子，江乙謂之囂囂子，魯仲連謂之三柱子，淳于髡謂之波弄子，孔求謂之子家子，張孟談謂之歲寒子，頓弱謂之首山子，甘羅謂之潼山子，貌辨謂之雲幌子，陸賈謂之雲陽子，賈誼謂之金門子，董仲舒謂之桂巖子，韓嬰謂之封龍子，東方朔謂之吉雲子，劉向謂之青藜子，崔寔謂之嵖岈子，桓譚謂之荆山子，王充謂之委宛子，黃憲謂之慎陽子，仲長統謂之釁山子，王符謂之回中子，桓寬謂之貞山子，曹植謂之鏡機子，束晳謂之白雲子，嵇康謂之靈源子，劉勰謂之雲門子，陸機謂之于山子，劉晝謂之石匏子，李翺謂之協律子，羅隱謂之靈擘子，石介謂之長春子。皆荒唐鄙誕，莫可究詰。有光亦何至於是也？

馬國翰《玉函山房藏書簿録·雜家類》 《諸子彙函》二十六卷。貴文堂本。明南京太僕寺丞崑山歸有光熙甫編。收羅甚富，但於諸子名，多臆撰。

再廣歷子品粹

《四庫提要·雜家類存目九》 《再廣歷子品粹》十二卷。江蘇周厚堉家藏本。舊本題明湯賓尹編。賓尹字嘉賓，宣城人。萬曆乙未進士，官南京國子監祭酒。考《明史·藝文志》及《江南通志》，皆無此書名。卷前題爲百大家批評，會元湯賓尹輯，諸名筆録註，書林余象斗梓。前有賓尹序，稱雙峰堂余君，鋟《正歷子》行矣，爰授以《廣歷子》云云。卷端稱《再廣歷子》，中縫又稱《續廣歷子》，已參錯無緒。而所列二十四家子書，又多杜撰

名目。如《六韜》謂之《尙父子》，《詩外傳》謂之《韓詩子》，《潛夫論》謂之《王符子》，《忠經》謂之《馬融子》，劉晝《新論》謂之《孔昭子》，《論衡》謂之《王充子》，前後《出師表》謂之《孔明子》，陸贄《奏議》謂之《陸宣子》，《駱賓王集》謂之《賓王子》，殆於一字不通。賓尹雖僅工時文，原非讀書稽古之士，亦不荒謬至此，疑或託名歟！

十子全書

黃丕烈《蕘圃刻書題識・王刻九子序》 六經皆載道之書，而所以輔經而行者，則有諸子，如《曾子》、《子思子》、《孟子》以子而升爲經者，家弦戶誦，若日月之經天，江河之緯地，固亘古不廢矣。其餘或隱或顯，若存若亡。苟非有表章是書者，恐日久磨滅，卽欲讀其書而不可得，則子書之不可無傳本也。其信然哉！考馬貴與《經籍考》首列儒家，其次列道家、法家、雜家。若《荀子》、《楊子》、《文中子》，儒家之最醇者也。《老子》、《列子》、《莊子》、《鶡冠子》，道家之最上者也。《管子》，兵家之最著者也。《淮南子》雜家之最古者也。周秦以來，古書之存者毋幾，惟此數子，足爲六經羽翼，相輔而行者。皆賴宋元舊刻，有以緜緜延延傳不絕，如綫之緒。非剞劂氏之力，不爲功。余素喜藏書，于子書尤多善本，與一二嗜古之友相商，舉宋本之善者，次第刊行。苦無其貲，有志未逮，必竊傷之。今得王君子興有《九子》之刻，其本所由來，非取向日之舊梓，卽收近日之佳刻。介友人求序於余，余嘉其志之足以有成也，因舉其目，列之如前，而所刻各種，皆世間不可少之書。故余樂得而序之也。儻世有好事者，由是書以求宋時雕本，纖悉影摹，俾人人得見眞本，豈不善歟！雖謂王君之刻，有以導夫先路也可。時嘉慶歲在丁卯夏六月讀未見書齋主人黃丕烈。

丁仁《八千卷樓書目・雜家類》 《十子全書》不分卷。國朝黃丕烈編。刊本。

玉函山房輯佚書子編

張之洞《書目答問・周秦諸子》 《玉函山房輯佚書子編》種。馬國翰。濟南刻本。武昌局刻《子書百家》，頗便繙檢。

諸子平議

張之洞《書目答問・周秦諸子》 《諸子平議》三十五卷。今人。《俞氏叢書》本。

廿二子彙函

丁仁《八千卷樓書目・雜家類》 《廿二子彙函》不分卷。不著撰人名氏。石印本。

儒家

二程全書

彭元瑞等《天祿琳琅書目後編・明版子部》 《二程全書》。二函，十二冊。明閻禹錫彙刊。禹錫，字子與，洛陽人。正統九年舉人，旌表孝行，官至監察御史，督畿內學政，爲薛瑄門人，入《明史・儒林傳》。書五十一卷。凡《遺書》二十五卷，爲《二先生語錄》十卷、《明道先生語錄》四卷、《伊川先生語錄》十一卷，朱熹編，有序。《外書》十二卷，皆二先生語錄，亦

熹編，有序。《明道先生文集》四卷，附録一卷，亦熹編，有記。《伊川先生文集》七卷，其孫昺編，子端中序，又《附録》一卷、《續附録》一卷。天順辛巳李賢序，爲禹錫刻書作。禹錫，起家國子監學正，賢所薦也。隆慶庚午楊俊民後序，爲金立敬重刊作。賢，天順年大學士。俊民，字伯章，蒲州人。嘉靖四十一年進士，官戶部尚書。立敬，台州臨海人。嘉靖庚辰進士。

【略】闕補卷四十一。

朱子全書

乾隆敕撰《國朝宮史・書籍一一》　《御纂朱子全書》一部。聖祖仁皇帝指授儒臣，博採羣書，凡一句一字出於朱子者，彙集成編。其目曰小學，曰大學，曰論語，曰孟子，曰中庸，曰易，曰書，曰詩，曰春秋，曰禮，曰樂，曰性理，曰理氣，曰鬼神，曰道統，曰諸子，曰歷代，曰治道，曰論文，論詩，字學，科舉之學，曰賦，詞，琴操，詩，詩餘，贊，箴，銘。凡六十六卷。康熙五十三年校刊。

聖祖仁皇帝《御製序》：唐、虞、夏、商、周聖賢迭作，未嘗不以文字爲重。文字之重，莫過《四書》《五經》。每覽古今，凡傳于世者，代不乏人。秦漢以下，文章議論無非因時制宜，諷諫陳事，繩愆糾繆，補偏救敝之計耳。若夫文辭之雄，摛藻之麗，古人已有定論。予何敢言？但不偏於刑名，則偏於好尚；不偏於楊、墨，則偏於釋、道；不偏於詞章，則偏於怪誕。皆不近於王道之純。予少時頗好讀書，只以廣博華贍爲事，剛勇武備爲用。自康熙三十五年，天山告警，朕親擐甲冑，統數萬子弟，深入不毛沙磧，乏水瀚海，指揮如意，破敵無存，未十旬而凱旋，可謂勝矣。後有所悟而自問：兵可窮乎？武可黷乎？秦皇漢武，英君也。因必欲勝而無令聞，或至不保者，豈非好大喜功，與亂同道之故耶？所以宵旰孜孜，思遠者何以柔，近者何以懷，非先王之法不可用，非先王之道不可爲，反之身心，求之經史，手不釋卷，數十年來，方得宋儒之實據。雖漢之董子，唐之韓子，亦得天人之理，未及孔孟之淵源。至邵子而玩索河洛之理，性命之微，衍先天、後天之數，定先甲、後甲之考，雖書不盡傳，理亦顯然矣。周子闡無極而太極復著，通其所授受，有自來矣。如星辰繫乎天而各有其位，不能掩也。光風霽月之量，又不知其何似二程之充養有道，經天緯地之德，聚百順以事君親，前儒已誦之矣。至於朱夫子，集大成而繼千百年絶傳之學，開愚蒙而立億萬世一定之規，窮理以致其知，反躬以踐其實。釋《大學》則有次第，由致知而平天下，自明德而止於至善，無不開發後人而教來者也。五章補之於斷簡殘篇之中，而一旦豁然貫通之爲要，雖聖人復起，必不能逾此。問《中庸》名篇之義，則不偏不倚，無過不及之名。未發、已發之中，本之於時中之中，皆先賢所不能及也。若《論》、《孟》則逐篇討論，皆内聖外王之心傳，於世道人心之所關匪細。如《五經》，則因經取義，理正言順，和平寬宏，非後世淺見而輕義者同日而語也。至於忠君愛國之誠，動静語默之敬，文章言談之中，全是天地之正氣，宇宙之大道。朕讀其書，察其理，非此不能知天人相與之奥，非此不能治萬邦於衽席，非此不能仁心、仁政施於天下，非此不能外内爲一家。讀書五十載，只認得朱子一生居心行事，故不揣粗鄙無文，而集各書中凡屬朱子之一句一字，命大學士熊賜履、李光地素日留心於理學者，彙而成書，名之《朱子全書》，以備乙夜勤學。雖未能幾於寡過，亦自勉君親之責者。朕又思朱子之道，五百年未有辯論是非。凡有血氣，皆受其益。朕一生所學者爲治天下，非書生坐觀立論之易。朕集朱子之書，恐後世謂借朱子之書自爲名者，所以朕敬述而不作，未敢自有議論。往往見元明至於我朝，著作講解，萬不及朱子，而各出己見，每有駁雜，反爲有玷宋儒之本意。況天下至大，兆民之衆，輿圖甚遠，開地大廣，外國諸藩，風俗不同，好尚各異。防此失彼之患，不可不思。若以智謀要結人心，如挾泰山而超北海也。以中正仁義，老成寬信，似乎近之。凡讀是書者，諒吾志不在虚辭而在至理，不在責人而在責己，求之天道而盡人事。存吾之順，殁吾之寧，未知何如也。

王文成公全書

范邦甸等《天一閣書目補遺・總集類》　《王文成全書》三十八卷。刊本。明餘姚王守仁著。新建謝建傑刊。隆慶二年華亭徐楷序云：《王文成公

全書》三十八卷，其首三卷爲《語録》。公存時，徐子曰仁輯。次二十八卷爲《文録》，爲《别録》，爲《外集》，爲《續編》，皆公薨後，錢子洪甫輯。最後七卷，爲《年譜》，爲《世德紀》，則近時洪甫與汝中王子，輯而附焉者也。隆慶壬申，侍御新建謝君奉命按浙，閲公文，見所謂録若集，各自爲書，懼夫四方之學者或勿克盡讀也，遂彙而壽諸梓，名曰《全書》，屬階序。謝君名廷傑，字宗聖。其爲政，崇節義、育人材、厚風俗，動以公爲師，蓋非徒讀公書者也。

劉宋二子

丁丙《善本書室藏書志・雜家類》　《劉宋二子》四卷。明刊本。王讜士藏書。《郁離子》，開國翊運守正文臣資善大夫御史中丞兼宏文館學士誠意伯青田劉基著。《龍門子・凝道記》，翰林學士承旨浦江潛溪宋濂著。按《郁離子》十八篇，一百九十五條，乃誠意仕元不得意，棄官歸隱青田時所著。天台徐一夔序稱，門生謂離爲火，文明之象。言用之，爲文郁郁然，爲盛世文明之治。翰林編修吴從善同序。向附載《誠意伯集》中。嘉靖間餘姚張元又爲之序。《凝道》爲潛溪至正十六年入小龍門山著書，曰四符，曰八樞，曰十二微。符言合，樞言奥，微言緼也。總二十有四篇，以按一歲之氣，號之曰《凝道記》。成化間龍泉徐禮爲之序。嘉靖丙申麗水何鏜貳守開封，景仰鄉賢，合而刻之。既自序，復徵大梁李濂爲序，題曰《劉宋二子》。有「王金銛印」、「湛廬藏書」二印。

不遠復齋遺書

劉錦藻《清續文獻通考・經籍考・雜家》　《不遠復齋遺書》六種十九卷。潘世璜編。世璜字黻堂，一字理齋，别號定菴學人，江蘇吴縣人。乾隆乙卯探花，戶部主事。臣謹案，世璜年未強仕，乞養歸田，侍其父奕雋，至老猶嬰兒之傍慈母焉。平生恂恂，未嘗以理學自命。節取濂溪以下諸子之書，並附以自著《一得録》，其子遵祁刊於光緒六年庚辰夏五月。學者身體而力行之，足以羽翼正學，埽除邪説矣。若猶以爲未足，則有李光地《榕村全集》、張伯行《正誼堂叢書》在。

由醇録

祁承㸁《澹生堂藏書目・子類・叢書》　《由醇録》。《忍書》，《忍書續編》，《食色紳言》，《家範》，《世範》，《貽謀四則》，《教家要略》，《宗儀》，《呂氏遺書》，《增損鄉約》，《增修鄉約》，《厚德録》，《勸善録》。

顔李遺書

施廷鏞《中國叢書綜録續編・儒家》　《顔李遺書》。清顔元、李塨撰。清光緒五年定州王氏謙德堂刊畿輔叢書本。

弟子職等五書

陳振孫《直齋書録解題・雜家類》　《弟子職等五書》一卷。漳州教授張時舉以《管子・弟子職》篇，班氏《女誡》，呂氏《鄉約》、《鄉禮》，司馬氏《居家雜儀》合爲一編。

于敏中等《天禄琳琅書目・影宋鈔經部》　宋張時舉《弟子職等五書》。一函，一冊。宋張時舉輯。首周管子《弟子職》，次漢班昭《女誡》，次宋呂大鈞《呂氏鄉約》、《鄉儀》，宋司馬光《居家雜儀》，凡五篇。宋陳振孫《書録解題》曰，《弟子職等五書》一卷，漳州教授張時舉撰。時舉，《宋史》無傳，其里居不可考。按：此五篇中，《呂氏鄉約》書末稱「汲郡呂大忠白」，後附載呂大鈞手札三通，有朱子識語云：「此篇舊傳呂公進伯所作，今乃載於其弟《和叔文集》，又有《問答》諸書，如此知其爲和叔所定無疑。篇末

著進伯名，意以其族黨之長而推之，使主斯約耳。」又《鄉儀》後亦有朱子識語云：「此篇舊題《蘇氏鄉儀》，意以爲蘇昞季明博士兄弟所作。今按《呂和叔文集》，乃季明所序，而此篇在焉，然則乃呂氏書也。因去篇題二字，而記其寔如此。」考《宋史》，大忠，字進伯，京兆藍田人。登第。歷官寶文閣直學士、知渭州。忤章惇、曾布，徙知同州，降待制，致仕。其弟大鈞，字和叔，中乙科。歷官宣義郎、鄜延轉運司從事。蘇昞，字季明，武功人。元祐中太常博士。此書字法歐體，工整清勁，影鈔能得其神，洵爲佳本。琴川毛氏鈔本。

道家

四子真經

徐圖等《行人司重刻書目・諸子類》　《四子眞經》。八本。

三子口義

徐圖等《行人司重刻書目・諸子類》　《三子口義》。八本。

徐㶿《徐氏家藏書目・諸子類》　《三子口義》十卷。林希逸。

三子白文

徐㶿《徐氏家藏書目・諸子類》　《三子白文》。

老莊子

徐圖等《行人司重刻書目・諸子類》　《老莊子》。四本。

二經旁訓

徐圖等《行人司重刻書目・諸子類》　《二經旁訓》。一套。

老莊翼

徐㶿《徐氏家藏書目・諸子類》　《老莊翼》十卷。

兵家

武經七書

胡師安等《元西湖書院重整書目・子》　《武經七書》。

武經直解

孫星衍《平津館鑒藏書籍記・明版》　《武經直解》廿五卷。《孫武子》三卷，《吳子》二卷，《司馬法》三卷，《唐太宗李衛公問對》三卷，《尉繚子》五卷，《黄石公三略》三卷，《六韜》六卷。題前辛亥科進士太原劉寅

解。前有成化廿二年李敏序，洪武壬午序無撰人姓名，洪武戊寅劉寅自序。又有《讀法》一卷，《凡例》一卷，《陣圖》一卷，《國名》一卷，《附錄》一卷。《武經七書》世無善本，此本從宋國子司業朱服本校定，寅復加訂正，故經文譌舛最少。黑口板，每葉廿行，行廿字。末有成化丙午知保定府趙英跋。後有「嘉靖十六年三月知保定府旗德汪堅重修」十七字。

醫 家

丹溪全書

耿文光《萬卷精華樓藏書記・醫家類三》 《丹溪全書》二十七卷。元朱震亨撰。宣德堂本。重刊明本。凡七種：《凡溪心法》五卷，題朱震亨。《脈訣指掌》一卷，題朱震亨。自此以下，爲附餘六種。《金匱鉤元》三卷，題門人戴元禮錄。《醫學發明》一卷，自此以下，皆元禮所述。《活法機要》一卷，附《證治要訣》十二卷，《類方》四卷。此與《東垣十書》皆編次無法，與元刻不同，俗本也。震亨詳《元史・文學傳》，精於醫理，而傳中不言，蓋錄其大者。醫爲小道，不足數也，然竟沒其所長矣。丹溪書之可考者，《醫案》一卷，《纂要》八卷，《治法語錄》三卷，《手鏡》二卷，《心法附餘》二十四卷，《治痘要法》一卷，凡六種，各冠以丹溪字。又《格致餘論》一卷，《四庫》著錄。《活幼便覽》二卷，《局方發揮》一卷，《四庫》著錄。《金匱鉤元》三卷，《四庫》著錄。《平治薈萃方》三卷，《傷寒摘宜》一卷。共五十卷。又《傷寒辨疑》、《本草衍義補遺》、《外科精要新論》，此三種無卷數。共十五種。俱見錢《補元史藝文志・醫家類》，與今刻《全書》不符，而元本難見。坊行《脈因證治》二卷，題朱震亨撰，乾隆四十年湯望久校刊本。丹溪書多門人所記錄，此則出於僞託，厥後又有《證因脈治》一書，要皆庸手所爲，不足辨論也。

河間六書

倪燦《補遼金元藝文志・醫方類》 劉完素《宣明論方》十五卷。此下六種，名《河間六書》。又《傷寒標本心法類萃》二卷，又《傷寒心鏡》一卷，又《傷寒直格論方》三卷，又《素問玄機氣宜保命集》三卷，又《傷寒醫鑒》一卷。字守眞，河間人。

《四庫提要・醫家類存目》 《河間六書》二十七卷。通行本。明吳勉學編。勉學字肖愚，歙縣人。是編裒輯金劉完素之書，凡《原病式》一卷，《宣明論方》十五卷，《保命集》三卷，《傷寒醫鑑》一卷，《傷寒直格》三卷，《傷寒標本》二卷，附《傷寒心要》、《傷寒心鏡》各一卷。名爲六書，實八書也。其中多非完素所作，已分別各著於錄。今存其總目於此，以不沒勉學綴輯刊刻之功焉。

耿文光《萬卷精華樓藏書記・醫家類三》 《河間六書》二十六卷。金劉完素撰。《醫統》本。坊行《河間六書》一曰《素問元機原病式》一卷，二曰《素問宣明方論十五卷》，三曰《素問病機氣宜保命集三卷》，《簡明目》以爲張元素所撰。四曰《傷寒標本心法》二卷，《簡明目》「心法」下有「類萃」二字。五曰《傷寒直格論》三卷，六曰《傷寒心要》一卷，《四庫》未收。附《傷寒醫鑑》一卷。《四庫》未收。六書皆收入《醫統》。《原病式》、《保命集》俱有自序。《直格論》爲臨川葛雍所編，前序不知誰作，甚拙。序云：朱肱《活人書》失仲景本意，陰陽寒熱失之千里，不可不知。又云：此書爲太原書坊劉生錄稿。《醫鑑》，《總目》題劉河間先生篇中有守眞云又題馬宗素。明人刻書，於書之源流，本之先後，略無考究。所謂《六書》，亦坊間所合，而元本難得。《保命集》，《元志》張元素撰。二人之書，往往因名而誤。志藝文者，於醫家一類更多駢駁，蓋不習此學故也。

劉完素《傷寒直格》三卷，《後集》一卷，《續集》一卷，《別集》一卷，《運氣要旨論》一卷，《精要宣明論》三卷，《治病心印》一卷，《河間劉先生十八劑》一卷，《素問要旨》八卷，《原病式》二卷，《宣明方論》十五卷，《傷寒標本心法類萃》二卷，《傷寒直格論方》三卷，《傷寒醫鑑》一卷。錄

於《潛研堂全集》。

文光案：錢氏《補元史藝文志》劉書凡十一種，共四十三卷，與今本不同。倪《補遼金元史藝文志》所列劉書，共十種，三十七卷，又與《錢志》不同。二家各據所見之目言之，流傳至今，十已散其五六。其存者，或非完書，或非原本，甚可惜也。近代如此，古書豈可問哉？近日眞《傷寒》甚少，劉書傳習久絶，然其説自不可廢也。金元醫家，各有師傳，且皆學問之士，故其書可法。吾於諸名家，各取所長，初未嘗沾沾一書，亦未嘗偏廢一家也。蓋必集數十人之心思，而後可以明一病，某病宜用某人之法，某法不可施於某病。心知其意，則變通出焉。歷驗既久，斯無書可讀。

古本東垣十書

殷仲春《醫藏書目・正法函》 《古本東垣十書》。《活法機要》，一卷。《醫學發明》，一卷。《醫壘元戎》，十卷。王好古。《陰症要例》，一卷。雲岐子《保命集》，《脾胃論》，三卷。海藏《斑論萃英》一卷。《蘭室秘藏》。二卷。《保嬰集》、《潔古家珍》、《此事難知》。

東垣十書

范邦甸等《天一閣書目・醫家類》 《東垣十書》十冊。刊本。金東垣山人李杲撰。元好問序。

王圻《續文獻通考・經籍考・醫家》 《東垣十書》。李杲著。杲，鎮州人。世以貲雄鄉里，幼好醫，捐千金，從易州張元素學，不數年盡傳其業學，於傷寒癰疽眼目病尤長，療而愈者甚衆，當時以神醫目之。

殷仲春《醫藏書目・正法函》 《東垣十書》。《脾胃論》，三卷，李杲。《溯源集》，王履。《格致餘論》，一卷，朱彥修。《内傷辯惑論》，三卷，李杲。《局方發揮》，一卷，朱彥修。《湯液本草》，三卷，王好古。《此事難知》，二卷，李杲。《外科精義》，二卷，齊得之。《紫虛脈訣》，一卷，崔紫陽。《蘭室秘藏》，三卷，李杲。

錢謙益《絳雲樓書目・醫書類》 《東垣十書》。李杲，字明之，號東垣。元人，張潔古高弟。

黃虞稷《千頃堂書目・醫家類・補元》 《東垣十書》二十五卷。

倪燦《補遼金元藝文志・醫方類》 《東垣十書》二十五卷。後人所輯。

《四庫提要・醫家類存目》 《東垣十書》二十卷。江蘇巡撫採進本。不著編輯者名氏。其中《辨惑論》三卷，《脾胃論》三卷，《蘭室秘藏》三卷，實李杲之書。崔眞人《脈訣》一卷，稱杲批評。其餘六書，惟《湯液本草》三卷，《此事難知》二卷，爲王好古所撰，其學猶出於東垣。至朱震亨《局方發揮》一卷，《格致餘論》一卷，王履《醫經溯洄集》一卷，齊德之《外科精義》二卷，皆與李氏之學淵源各別。概名爲東垣之書，殊無所取。蓋書肆刊本，取盈卷帙，不計其名實乖舛耳。

龔顯曾《金藝文志補録・醫家類》 《東垣十書》十冊二十卷。《天一閣書目》題東垣山人李杲撰。元好問序。亦見《絳雲樓書目》。又倪氏《補志》附張元素著作後，題《東垣十書》，二十五卷。注云後人所輯。

濟生拔萃方

殷仲春《醫藏書目・正法函》 《濟生拔萃》，十九卷，杜思敬。《針經節要》。《潔古雲岐針法》。《竇太師先生流注賦》。《針經摘英》。《雲岐子注脈訣》并《方》。《潔古珍珠囊》。《脾胃論》。《潔古家珍》。《此事難知》。《醫壘元戎》。《陰證略例》。《傷寒保命集》。《瘢論萃英》。《保嬰集》。《蘭室秘藏》。《活法機要》。《衛生寶鑑》。《醫學發明》。《雜方》。

徐𤊹《徐氏家藏書目・醫類》 《濟生拔萃》十九卷。延祐二年杜思敬著。

黃虞稷《千頃堂書目・醫家類・補元》 杜思敬《濟生拔萃方》十九卷。延祐中人。

倪燦《補遼金元藝文志・醫方類》 杜思敬《濟生拔萃方》十九卷。延

祐中人。

陸心源《皕宋樓藏書志・醫家類五》《濟生拔粹方》十九卷。元刊元印本。元杜思敬輯。「醫之爲業，切於用世。而學士大夫，目爲工攻，賤不之省。業其家者，又或不能至到，苟焉以自肥。此醫道之晦而不弘也。若乃發於論注，開惠後學，則安得不資於前人也？《素問》述鍼刺，仲景始方論，今諸家所集浩繁，孰能徧覽校試而果適用者？固在乎明者之擇焉也。昔嘗聞許文正公語及近代醫術，謂潔古之書，醫中之王道。服膺斯言，未暇尋繹。潔古者，張元素也。潔古，其號也。雲岐子璧，其子也。東垣李杲明之，海藏王好古進之，宗其道者也。羅天益謙夫，紹述其術者也。皆有書行於世。往年致政中書，家居沁上，因取而讀之。大抵其言理勝，不尚幸功，圓融變化，不滯一隅，開闔抑揚，所趣中會。其要以扶護元氣爲主，謂類王道，良有以也。於是擇其尤切用者，節而錄之。門分類析，有論有方，詳不至冗，簡不至略。仍首鍼法，以倣古制。併及餘人之不戾而同者，以示取舍之公。釐爲五帙，帙其各書，總名之曰《濟生拔粹》。蓋不敢徇人言妄以諸家爲非，尤不敢執己見謾以此書爲是。自度行年八十有一，目力心思，不逮前日，從事簡要，庶於己便。復思刻板廣傳，嘉與羣人，同茲開惠。雖然，醫不專於藥，而舍藥無以全醫；藥不必於方，而舍方無以爲藥。若夫學究天人，洞識物理，意之所會，治法以之者，將不屑於此。是書也，雖於大方之家無所發揮，苟同余之志者，亦未必無所補也。延祐二年十月初吉寶善老人銅鞮杜思敬序。」案此元刊元印本，每葉二十四行，每行二十四字。卷一《鍼經節要》，卷二潔古、雲岐《鍼法》，卷三《鍼經摘英》，卷四雲岐子《脈法》，卷五潔古《珍珠囊》，卷六《醫學發明》，卷七《脾胃論》，卷八《潔古家珍》，卷九《此事難知》，卷十《醫壘元戎》，卷十一《陰證略例》，卷十二《直傷寒保命集類要》，卷十四《癍論萃英》，卷十五《保嬰集》，卷十六《蘭室秘藏節》，卷十七《活法圓機》，卷十八《衛生寶鑑》，卷十九《雜方》。《四庫》所未收也。

傷寒全書

殷仲春《醫藏書目・正法函》《傷寒全書》。張仲景、成無己、朱奉議、劉河間、陶節菴。

青囊雜纂

殷仲春《醫藏書目・旁通函》《青囊雜纂》。《外科集驗》。《經驗方》。《理傷續斷》。《追勞仙方》。《秘傳外科》。《濟急仙方》。《胡氏小兒》。《徐氏胎產》。以上各一卷。

黃虞稷《千頃堂書目・醫家類》劉長春《青囊雜纂》四卷。一作三卷。號淵然，仁宗時道士。

汪石山醫學七書

殷仲春《醫藏書目・結集函》《汪石山醫學七書》。《素問鈔》。三卷。《運氣易覽》。三卷。《痘治理辯》。一卷。《針灸問答》。一卷。《外科理例》。七卷。《石山醫案》。三卷。《推求師意》。二卷。

薛立齋十種

殷仲春《醫藏書目・法流函》《薛立齋十種》。《婦人良方》。二十四卷。《錢氏小兒直訣》。三卷。《內科摘要》。二卷。《女科撮要》。二卷。《正體數要》。二卷。《保嬰粹要》。一卷。《陳氏小兒痘疹》。一卷。《癘瘍機要》。二卷。《原機啓微》。二卷。《明醫雜著》。六卷。《口齒類要》。一卷。《外科樞要》。四

卷。《外科精要》。二卷。《保嬰撮要》。十卷。

薛氏醫案

徐𤊹《徐氏家藏書目・醫類》 《薛氏醫案》。黄承吴刻。

《四庫提要・醫家類二》 《薛氏醫案》七十八卷。通行本。明薛己撰。己字立齋，吴縣人。是書凡六十種。己所自著者爲《外科樞要》四卷，《原機啓微》三卷，《内科摘要》二卷，《女科撮要》二卷，《癘瘍機要》三卷，《正體類要》二卷，《保嬰粹要》一卷，《口齒類要》一卷，《保嬰金鏡録》一卷。其訂定舊本附以己説者，爲陳自明《婦人良方》二十四卷，《外科精要》三卷，王綸《明醫雜著》六卷，錢乙《小兒眞訣》四卷，陳文中《小兒痘疹方》一卷，杜本《傷寒金鏡録》一卷，及其父鎧《保嬰掇要》二十卷。初刻於秀水沈氏，版已殘闕。天啓丁卯，朱明爲重刊之。前有明《紀事》一篇，載明病困時，夢己教以方藥，服之得愈。又夢己求刻此書。其事甚怪，然精神所注，魂魄是憑，固亦理之所有，不妨存其説也。己本瘍醫，後乃以内科得名。其老也，竟以瘍卒。詬之者以爲温補之弊，終於自戕。然己治病，務求本原，用八味丸、六味丸眞補眞陽眞陰，以滋化源，實自己發之。其治病多用古方，而出入加減，具有至理，多在一兩味間，見神明變化之妙。厥後趙獻可作《醫貫》，執其成法，遂以八味、六味通治各病，甚至以六味丸治傷寒之渴。膠柱鼓瑟，流弊遂多。徐大椿因併集矢於薛氏，其實非己本旨，不得以李斯之故歸罪荀卿也。世所行者，別有一本，益以《十四經發揮》諸書，實非己所著，亦非己所校。蓋坊賈務新耳目，濫爲增入。猶之《東垣十書》、《河間六書》泛收他家所作，以足其數。固不及此本所載，皆己原書矣。

馬國翰《玉函山房藏書簿録・醫方類》 《薛氏醫案》七十八卷。養生堂本。明南京太醫院判吴縣薛己立齋撰。自著書九種，訂正舊本而附己説者十有四種。大旨以命門爲眞陰眞陽，氣血爲陰陽所化，常用者不過十餘方，隨機加減，變化不窮。

耿文光《萬卷精華樓藏書記・醫家類三》 《薛氏醫案》一百二卷。明薛己撰。明本。吴琯校刊有序。薛案中外科最精。吴氏序曰：薛氏號稱國手，自圖經《素》、《難》以下，多所校正，併以己嘗治驗方案雜論附之。余購其全書，分請校刻，合爲一部。離爲四科：凡爲經論内科者，爲婦人科者，爲外科者，爲嬰兒科者，名若干種，付之剞劂，易歲告成。

《十四經發揮》三卷，元滑伯仁撰。明盛應陽序，薛鎧校，伯仁書。傳本甚少，藉此可見。《難經本義》二卷，元滑壽注，薛己校。此本卷帙最爲完好，前有揭汯、張翥、劉仁本三序，元至正間所撰。次例，次闕誤總類，次注家姓名，次《難經考》並圖。《醫統》本自凡例起，無元刻三序。《本草發揮》四卷，元徐彦純集海藏、潔古、東垣、丹溪之論爲一書。明顧夢圭序，薛鎧校。《平治會萃》三卷，元朱震亨撰，薛己校。有論有方，此與《徐氏本草》於用藥製方之法極爲詳盡，且合於時，宜熟玩也。未見單行本。《内科摘要》二卷，薛己撰。《明醫雜著》六卷，王綸集，薛己注。嘉靖己酉錢薇序。是書屢試屢驗。《傷寒鈐法》一卷，張機撰，薛己校。《傷寒金鏡録》一卷，薛己校，有序。是書爲《敖氏傷寒》三十六舌附方。今有《傷寒舌鑑》，宜互參。《原機啓微》二卷，附録一卷，元倪元德撰，薛己校。《提要》以爲薛己所撰，蓋未細審也。「元德」施本作「維德」，字仲賢，吴縣人。元之遺老，用藥如神。《保嬰撮要》二十卷，薛鎧集。林懋舉序。鎧，長川人，有子曰己，以外科名。《小兒直訣》一卷，錢乙撰，薛己校注。仿宋本無注。錢方太峻，不可輕用。陳氏《小兒痘疹方論》一卷，薛己注。《保嬰金鏡録》一卷，不知何人所撰，薛己注。《婦人良方》二十四卷，臨川陳自明編，薛己注。沈謐序云：取良方爲之補注，附以治驗。《女科撮要》二卷，薛己撰。嘉靖戊申江存所序，又范慶序。《外科揮發》八卷，薛己撰。張淮序。《外科心法》七卷，脈病方案皆具，薛己撰。《外科樞要》四卷，薛己撰。先論後案。沈啓源序。《外科經驗方》一卷，薛己撰。《正體類要》二卷，薛己撰。陸師道序。《外科精要》三卷，宋陳自明撰，薛己注。王詣序。後附驗方。己長於外科，故其方多驗，言症亦詳。《口齒類要》一卷，薛己撰。《癘瘍樞要》三卷，薛己撰。沈起原序。

文光案：薛氏書鎧撰一種，鎧校二種，己撰九種，己注七種，己校五種，共二十四種。吴琯收其遺書，分爲四類，一類一函，有序可考，與《東垣十書》、《河間六書》泛收他作者迥別。《提要》謂世所行者，坊賈濫

爲增入，蓋未細審也。今坊間所行，有嘉慶十四年重刊本，亦二十四種，與吳本次第不同。因按原目著之如右，使人知其爲校爲注爲撰，皆有關於薛氏者，非妄爲合也。是書見於《天一閣書目》，題曰《薛氏醫案》，四十冊，薛己撰，薛鎧校。子撰父校，誤甚。蓋編目者不細審，見首卷爲薛鎧校，遂以爲全書皆然，所謂看前不看後是也。種類既多，又不暇稽其卷數，統曰四十冊而已。此目猶是文選樓本，而鹵莽如是。偶舉其一，不止此也。

家居醫録

黄虞稷《千頃堂書目·醫家類》 薛己《家居醫録》十六種。

萬氏全醫集

殷仲春《醫藏書目·散聖函》 《萬氏全醫集》六種。《保命》。三十五卷。《傷寒摘錦》。二卷。《痘疹》。三十三卷。《廣嗣》。十六卷。《養生》。五卷。《幼科》。二卷。

醫經萃録

殷仲春《醫藏書目·旁通函》 《醫經萃錄》。《素問靈樞心得》。四卷。胡文煥。《褚氏遺書》。《醫學權輿》。一卷。胡文煥。《醫學便覽》。四卷。解楨。《醫學要數》。一卷。胡文煥。《紺珠經》。二卷。《醫經小學》。六卷。劉純。《脈訣刊誤》。二卷。戴起宗。《藥性類明》。二卷。張梓。《太素脈訣》。一卷。《怪症奇方》。一卷。李樓。《軒轅秘法》。一卷。《幼幼集》。三卷。孟繼孔。《醫學碎金》。四卷。周禮。《醫論解》。一卷。楊傑。《藥性賦》。二卷。東垣。《應急仙方》。一卷。溫隱居。《紫虛脈訣》。一卷。《海上方》。一卷。孫思邈。《香奩潤色》。一卷。胡文煥。

古今醫統正脈全書

黄虞稷《千頃堂書目·醫家類》 吳勉學《醫統正脈》四十二種。

證治準繩

《四庫提要·醫家類二》 《證治準繩》一百二十卷。通行本。明王肯堂撰。肯堂有《尚書要旨》，已著錄。是編據肯堂自序，稱先撰《證治準繩》八冊，專論雜證，分十三門，附以《類方》八冊，皆成於丁酉、戊戌間。其書採摭繁富，而參驗脈證，辨別異同，條理分明，具有端委，故博而不雜，詳而有要。於寒溫攻補，無所偏主。視繆希雍之餘派，虛實不問，但談石膏之功，張介賓之末流診候未施，先定人參之見者，亦爲能得其平。其諸傷門內，附載傳尸勞諸蟲之形，雖似涉乎語怪，然觀北齊徐之才以死人枕療鬼疰，則專門授受，當有所傳，未可槪疑以荒誕也。其《傷寒準繩》八冊，《瘍醫準繩》六冊，則成於甲辰。《幼科準繩》九冊，《女科準繩》五冊，則成於丁未。皆以補前書所未備，故仍以《證治準繩》爲總名，惟其方皆附各證之下，與雜證體例稍殊耳。史稱肯堂好讀書，尤精於醫。所著《證治準繩》該博精詳，世競傳之。其所著《鬱岡齋筆塵》，論方藥者十之三四。蓋於茲一藝，用力至深，宜其爲醫家圭臬矣。

周中孚《鄭堂讀書記·醫家類三》 《證治準繩》。無卷數。明刊本。明王肯堂撰。《四庫全書》著錄作一百二十卷。《明史·藝文志》載其《醫論》四卷，注云：肯堂著《證治準繩全書》，博通醫學，見《王樵傳》。《樵傳》稱其好讀書，尤精于醫，著《證治準繩》，該博精粹，世競稱之。而《方技·吳傑傳》亦稱其所著《證治準繩》爲醫家所宗，然皆不著其卷數。今以其每冊多至百頁以外，故分之爲百二十卷也。據其自序，蓋初成《證治準繩》八冊，附以《類方》八冊，後續成《傷寒準繩》八冊，《瘍科準繩》六冊，《幼科準

繩》九冊，《女科準繩》五冊。自《傷寒》以下，其方皆隨類而附，不別爲編，俱有自序，而《傷寒》一種幷有《凡例》。其仍以《證治準繩》爲總名，從其朔也。每種分門別目，條理秩如，故雖采摭繁富，具有端委，隨證論治，無所偏徇，視同時諸家，最爲宏通。考方論者，亦莫賅洽于是編矣。

馬國翰《玉函山房藏書簿録・醫方類》　《證治準繩》一百二十卷。明金壇王肯堂宇泰撰。初成《證治準繩》，附以《類方》，後續成《傷寒準繩》、《瘍醫準繩》、《幼科準繩》、《女科準繩》，以補所未備，而仍以《證治準繩》爲總名。採摭繁富而條理分明，方書之善者也。

耿文光《萬卷精華樓藏書記・醫家類三》　《證治準繩》一百二十卷。明王肯堂撰。修敬堂本。乾隆五十八年程永培校刊，有序，萬曆三十年念西居士王肯堂宇泰自序。是書分雜病、傷寒、外科、幼科、女科五類，各類有自序。念西《櫝中秘書》收采極富。「瘵門」中所繪六代瘵蟲，他書未見。《上清紫庭追勞方》載三尸九蟲，九蟲之內，三蟲不傳。

程氏序曰：《準繩》一書，有謂其瘍科、痘科未甚詳備者，要不得以此輕視之。戊戌歲，立志刊木，積十餘年而告成。反覆校勘，已數四矣。

王氏自序曰：嘉善高生從予游，因採取古今方論，參以鄙見，次第録之。先成雜病論方，各八巨帙。

女科自序曰：史稱扁鵲過邯鄲，聞貴婦人，卽爲帶下醫。然帶下只婦人一病耳。世傳張長沙《雜病方論》三卷，婦人居一焉，其方用之奇驗。孫真人著《千金方》，特以婦人爲首，其說曰：教子女習此三卷，倉卒何憂？而精於醫者，未之深許也。唐大中初，白敏中守成都，得《昝殷備集驗方》三百七十八首以獻，是爲《產寶》。宋時濮陽李師聖得《產論》二十一篇，有說無方，醫學教授郭稽中以方附焉，而陳言無擇，於《三因方》評其得失確矣。婺醫杜荍又附益之，是爲《產育寶慶集》。臨川陳自明良甫采諸家之善，附以家傳驗方，編葺成編，凡八門，門數十餘體，總二百六十餘論，論後列方，是爲《大全良方》。然其論多採《巢氏病源》，什九歸諸風冷，藥偏擴熱。近代薛己新甫取良方增注，其立論酌寒熱之中，大抵依於養脾胃，補氣血，不以去病爲事。第陳氏所葺，多上古專科禁方，具有源流本末，不可昧也。而薛氏一切以己意刪徐，使古方湮沒，予重惜之。是編務存陳氏之舊而刪其偏駁者，薛說則盡收之，簡而易守，雖子女學習無難也。若易水、瀫水師弟則後長沙而精於醫者，一方一論具掇是中，迺他書所無有。

文光案：此序於婦科源流，言之最悉，因録之。今世所行《濟陰綱目》，卽從《準繩》中録出。後又有《濟陽綱目》卷，帙甚富，與王書不同，板存關中宏道書院。婦科惟經期崩帶，胎前、產後，宜別立門類，餘病與男子悉同，則濟陽者何嘗不濟陰也？今《傅氏女科》外，又有《傅氏男科》，男科與濟陽皆無所本，而妄立名義者也。

景岳全書

《四庫提要・醫家類二》　《景岳全書》六十四卷。通行本。明張介賓撰。是書首爲《傳忠録》三卷，統論陰陽六氣及前人得失。次《脈神章》三卷，録診家要語。次爲《傷寒典》、《雜證謨》、《婦人規》、《小兒則》、《痘疹詮》、《外科鈐》，凡四十一卷。又《本草正》二卷，採藥味三百種，以人參、附子、熟地、大黄爲藥中四維，更推人參、地黄爲良相，大黄、附子爲良將。次《新方》二卷，《古方》九卷，皆分八陣，曰補，曰和，曰寒，曰熱，曰固，曰因，曰攻，曰散。又別輯婦人、小兒、痘疹、外科方四卷，終焉。其命名皆沿明末纖佻之習，至以傷寒爲典，雜證爲謨，既僭經名，且不符字義，尤爲乖謬。其持論則謂金元以來，河間劉守真立諸病皆屬於火之論，丹溪朱震亨立陽有餘、陰不足及陰虛火動之論，後人拘守成方，不能審求虛實，寒涼攻伐，動輒貽害，是以力救其偏。謂人之生氣，以陽爲主，難得而易失者惟陽，既失而難復者亦惟陽，因專以溫補爲宗，頗足以糾鹵莽滅裂之弊，於醫術不爲無功。至於沿其說者，不察證候之標本，不究氣血之盛衰，概補概溫，謂之王道。不知誤施參桂，亦足戕人，則矯枉過直，其失與寒涼攻伐等矣。大抵病情萬變，不主一途，用藥者從病之宜，亦難拘一格。必欲先立一宗旨，以統括諸治，未有不至於偏者。元許衡《魯齋集》有《論梁寬甫病證書》曰：「近世諸醫，有主易州張氏者，有主河間劉氏者。張氏用藥，依準四時陰陽而增損之，正《内經》四氣調神之義。醫而不知此，妄行也。劉氏用藥，務在推陳致新，不使少有拂鬱，正造化新新不停之義。醫而不知此，無術也。然而主張氏者，或未盡張氏之妙，則瞑眩之劑，終不敢

投，至失幾後時而不救者多矣。主劉氏者，或未悉劉氏之蘊，則劫效目前，陰損正氣，貽禍於後日者多矣。能用二家之長，而無二家之弊，則治庶幾乎！」其言至爲明切。夫扶陽抑陰，天之道也，然陰之極，至於龍戰，陽之極，亦至於亢龍。使六陰盛於《坤》而一陽不生於《復》，則造化息矣。使六陽盛於《乾》而一陰不生於《姤》，則造化亦息矣。《素問》曰：「亢則害，承乃制。」聖人立訓，其義至精。知陰陽不可偏重，攻補不可偏廢，庶乎不至除一弊而生一弊也。

馬國翰《玉函山房藏書簿録・醫方類》《景岳全書》六十四卷。張介賓撰。分十有一門。其目有《傳忠錄》，《脈神章》，《傷寒典》，《雜症謨》，《婦人規》，《小兒則》，《痘疹詮》，《外科鈐》，《本草正》，《新方八陣》，《古方八陣》，立名皆纖佻，大旨以溫補爲主。

程氏醫書六種

殷仲春《醫藏書目・結集函》《程氏醫書六種》。《脈薈》。一卷。《釋方》。四卷。《釋藥》。四卷。《史傳》。四卷。《外傳》。六卷。《拾遺》。一卷。

太醫院醫書十種

殷仲春《醫藏書目・正法函》《太醫院醫書十種》。《難經本義》。二卷。滑壽。《脈訣刊誤》。二卷。戴起宗。《十四經絡發揮》。二卷。滑壽。《傷寒金鏡錄》。一卷。杜清碧。《傷寒鈐法》。二卷。《原機啓微》。二卷，倪維德。《附錄》一卷，薛己。《外科發揮》。八卷。薛己。《外科心法》。八卷。又《經驗方》一卷。薛己。《癰疽神秘驗方》。一卷。陶華。《癰疽灸經》。一卷。胡元慶。

馮氏錦囊秘録

周中孚《鄭堂讀書記・醫家類三》《馮氏錦囊秘錄》四十九卷。康熙壬午刊本。國朝馮兆張撰。兆張字楚瞻，海鹽人。楚瞻業醫四十餘年，活人不啻億萬計，而猶以爲吾攻其伎于一時，不若廣其傳于後世；拯其苦于一方，不若溥其利于天下。于是覃精研思，雪鈔露纂，發先聖之微言，證諸家之同異，論氣運之厚薄，左右采獲，勒爲是編。凡《雜證大小合參》二十卷，《痘疹全集》十五卷，《雜證痘疹藥性主治合參》十二卷。每種各有凡例、目錄，而冠以《內經纂要》爲首卷，上下合四十九卷，名曰《錦囊秘錄》。其書皆薈萃羣言，訂僞存眞，刪繁就簡，附以經驗之方，而明著其診治之源委，與其經權順適、斟酌損益之故。由斯道也，可以療天下後世之病而有餘矣，豈僅僅《青囊》之秘，《肘後》之方而已哉？書成于康熙甲戌，自爲之序及引。越九載壬午，又自爲之序，並魏象樞、張士甄、杜立德、胡會恩、蔣宏道、王繻、巴海、于凖八序。又有雜錄附誌、采集書目、水刻姓氏三則。

己任編

周中孚《鄭堂讀書記・醫家類三》《己任編》八卷。卿三堂刊本。國朝楊乘六編。乘六字以行，號雲峰，湖州人。是編前三卷爲高鼓峰《四明心法》，第四卷爲高鼓峰《四明醫案》，第五卷爲無名氏《東里醫案》，末三卷爲董廢庵《西塘感證》，各增以評點，彙爲一編，總名曰《己任》，蓋以醫乃仁術，故取「仁以爲己任」句，以題之也。其《四明心法》三卷，王琢崖《醫林指目》亦收入之，改曰《醫家心法》，別爲編次，盡去小注及評，而加以胡念庵珏評語，殊較此編所載爲長云。前有雲峰《引言》，既不著年月，又不詳里貫，恐即坊人所託名耳。

醫宗金鑑

《四庫提要・醫家類二》 《御定醫宗金鑑》九十卷。乾隆十四年奉敕撰。首爲《訂正傷寒論註》十七卷，次爲《訂正金匱要略註》八卷。蓋醫書之最古者無過《素問》，次則《八十一難經》，然皆有論無方。案《素問》有半夏湯等一二方，然偶然及之，非其通例也。其有論有方者，自張機始。講傷寒及雜證者，亦以機此二書爲宗。然《傷寒論》爲諸醫所亂，幾如爭《大學》之錯簡，改本愈多而義愈晦，病其說之太雜。《金匱要略》雖不甚聚訟，然註者罕所發明，又病其說之不詳。是以首訂二書，糾譌補漏，以標證治之正軌。次爲《删補名醫方論》八卷，輯醫方者往往僅題某丸某散治某病，不知病狀相似者病本多殊。古人論消息，君臣佐使有其宣，攻補緩急有其序，或以相輔爲用，或以相制爲功，甚或以相反相激，巧投而取效。必明制方之意，而後能詳審病源，以進退加減，故方、論竝載也。次爲《四脈要訣》一卷，取崔紫虛《脈訣》，參以《內經》，闡虛實表裏之要。紫虛者，宋道士崔嘉彥之號也。其書簡括而精密，李時珍《瀕湖脈學》嘗錄以弁首，故茲亦取以爲準。次《運氣要訣》一卷，闡《素問》五運六氣之理，蓋運氣雖不可拘泥，亦不可竟廢，故次於診法。次爲《諸科心法要訣》五十四卷，以盡雜證之變。次爲《正骨心法要旨》五卷，則古有是術，而自薛己《正體類要》以外，無專門之書，故補其遺。皆有圖，有說，有歌訣，俾學者既易考求，又便誦習也。自古以來，惟宋代最重醫學，然林億、高保衡等，校刊古書而已，不能有所發明。其官撰醫書如《聖濟總錄》、《太平惠民和劑局方》等，或博而寡要，或偏而失中，均不能實裨於治療，故《聖濟總錄》惟行節本，而《局方》尤爲朱震亨所攻。此編仰體聖主仁育之心，根據古義而能得其變通，參酌時宜而必求其徵驗。寒熱不執成見，攻補無所偏施，於以拯濟生民，同登壽域。涵濡培養之澤，眞無微之不至矣。

耿文光《萬卷精華樓藏書記・醫家類四》 《醫宗金鑑》九十卷。乾隆四年敕撰。保定本。首卷奏疏表文、諸臣職名、凡例、目錄。【略】凡分十一科。《凡例》：《傷寒論》、《金匱要略》二書，實一脈相承，但義理淵深，方法微奥，領會不易，且多譌錯。舊注隨文附會，難以傳信。今悉爲訂正，逐條詳注，更集諸注之足發微義者，以備參考。古人之方，卽古人之法。不求其精意而徒執其方，是執方而昧法也。舊有《醫方考》、《醫方解》等書，尚未能暢發前人之精意。今於各書中能透發古方之精意者，萃而集之，不當者删之，未備者補之。婦科惟經帶、崩漏、胎產、癥瘕不同。茲集詳加探討，悉歸正當。眼科自《靈樞・大惑篇》數語，已足該後世五輪八廓之義。《千金》、《外臺》又演其旨，《銀海精微》列證百餘條，《龍本論》分爲五輪八廓、內障外障七十二證。宋、金、元、明諸賢各有發明，詳且盡矣。然八廓憑臆立論，三因病情未見精切，茲特據經訂正，採輯精蘊，棄其駁雜。

沈氏尊生書

周中孚《鄭堂讀書記・醫家類三》 《沈氏尊生書》七十二卷。學餘堂刊本。國朝沈金鰲撰。金鰲號芊綠，又號再平，無錫人。芊綠以古人醫書或議證而無方，或存方而略證，或闡脈而遺藥，或論藥而置脈，神明變化，每紛見雜出于殘編剩簡中，因會平日所讀之書，研審其意理，或采前人之語，或抒一己之見，參互考訂，輯爲《脈象統類》一卷，《諸脈主病詩》一卷，《雜病源流犀燭》三十卷，《傷寒綱目》十八卷，《婦科玉尺》六卷，《幼科釋謎》六卷，《要藥分劑》十卷，共七種，總名之曰《沈氏尊生書》。蓋以人之生至重，必知其重而有以尊之，庶不至草菅人命也。其每種著述之成規，則各于《自敘》、《凡例》詳之。惟《脈象統類》、《諸脈主病詩》二種，則僅有小引冠于前云：凡證形脈象之疑似，丸散主治之異同，在在皆有指南數語，使迷于學者讀之而能悟，倦于學者讀之而能興。是書之作，其功寧有量哉！書成于乾隆癸巳，自爲之序。又有俞琨序及章汝亮《贈再平號記》。閱十年，其門人奇豐額取以付刊，復爲之序。

耿文光《萬卷精華樓藏書記・醫家類四》 《沈氏尊生書》七十二卷。

國朝沈金鼇撰。原本。乾隆四十九年安徽布政使門人奇豐額校刊有序。【略】妄立名目，以取新異，然陳陳相因，究竟尋常。奇氏序曰：凡證形脈象之疑似，丸散主治之異同，皆有指南數語。

沈氏自序曰：古人著書，詳此略彼，神明變化，紛見雜出於殘編剩簡中。今以庸陋之資，膠執之見，貪鄙之心，相與從事。雖淺近之語，謬解訛傳。余甚憫之，因統會平日所積方書，參互考證，輯爲此書。

世補齋醫書

劉錦藻《清續文獻通考·經籍考·醫家》 《世補齋醫書》六種三十三卷。陸懋修撰。懋修字九芝，江蘇元和人。咸豐癸丑恩貢，鎮江府訓導。臣謹案，醫家之《傷寒論》，即儒家之《論語》也，日月江河，萬古不廢。論者謂古方不治今病，豈知古今誠有異，而天之五運六氣，人之五臟六腑，亦有古今之異乎？懋修以表章仲景爲己任，食古而化，治輒有奇效。其以「世補」顔其齋者，取《孫思邈傳·贊》「處非得已，貴爲世補」之義云爾。

《世補齋醫書》後集四種二十五卷。陸懋修撰。臣謹案，懋修前集各種，以明理爲主。後集各種，以辨誤爲主，蓋欲病者不爲醫所誤，醫者不爲書所誤。以是醫國，國無夭札。語曰：活千人者，子孫必封。其子潤庠，竟以甲戌大魁，庚戌大拜。食報亦隆矣哉！

天文算學

算經七種

毛晉《汲古閣書跋·附編》 《算經七種》。按《唐書·選舉志》制科之目，明算居一。其定制云：凡算學，《孫子》、《五曹》，共限一歲。《九章》、《海島》，共三歲。《張丘建》、《夏侯陽》，各一歲。《周髀》、《五經算》，共一歲。《綴術》四歲，《緝古》三歲，《記遺》、《三等數》，皆兼習之。竊惟數學爲六藝之一，唐以取士，共十經。《周髀》家塾曾刊行之，餘則世有不能舉其名者。扆半生求之，從太倉王氏得《孫子》、《五曹》、《張丘建》、《夏侯陽》四種，從章丘李氏得《周髀》、《緝古》二種，後從黄俞邰又得《九章》，皆元豐七年秘書省刊板，字畫端楷，雕鏤精工，眞希世之寶也。每卷後有秘書省官銜姓名一幅，又一幅宰輔大臣，自司馬相公而下，俱列名於後。用見當時鄭重若此，因求善書者刻畫影摹，不爽豪末，什襲而藏之。但焉得《海島》、《五經算》、《綴術》三種，竟成完璧，并得好事者刊刻流布，俾數學不絕於世，所深願也。康熙甲子仲秋汲古後人毛扆謹識。

御題算經

彭元瑞等《天禄琳琅書目後編·宋版首部》 《御題算經》。一函，十册。宋秘書省本。凡七種：一曰《周髀算經》，趙君卿注，甄鸞重述，唐朝議大夫、行太史令、上經車都尉臣李淳風等奉敕注釋。前有趙君卿序，後題「秘書省《周髀算經》一部，上、下共二册，元豐七年九月日上進」，校定降授宣德郎、秘書省校書郎臣葉祖洽，校定承議郎、行秘書省校書郎臣王仲修，校定朝奉郎、行秘書省校書郎臣錢長卿，奉議郎、守秘書丞臣韓宗古，朝請郎、試秘書少監臣孫覺，降授朝散郎、試秘書監臣趙彦若。附《周髀算經音義》，假承務郎、秘書省鉤考算經文字臣李籍撰。末有嘉定癸酉鮑澣之後序。

御題：《題宋版周髀算經》：「皇祖藉明句股絃，惜吾未習値髫年。授時以是爲要矣，考古亦常有外焉。設匪敬誠存曰且，可能容易事占天。而今老矣難爲學，自晝追思每愧旃。癸卯孟夏，御筆。」鈐寶二：曰「古稀天子之寶」，曰「猶日孜孜」。上鈐寶二：曰「乾隆御覽之寶」，曰「古希天子」。

二曰《九章算經》，魏劉徽注，又李淳風注，銜款同前。五卷後闕秘書省校定銜名。三曰《孫子算經》，李淳風注，銜款同前。前有序，後題「秘書省《孫子算經》一部，上、中、下共三册」，年月銜名同前。四曰《五曹算經》，李淳風注，銜款同前，後題「秘書省《五曹算經》一部，五卷，共

一冊」，年月銜名同前。五曰《張邱建算經》，漢中郡守、前司隸臣甄鸞注經，又李淳風注，銜款同前；又唐算學博士劉孝孫撰《細草》二卷，前邱建自序，後闕秘書省校定銜名。六曰《夏侯陽算經》，前自序，後題「秘書省《夏侯陽算經》一部，上、中、下共三冊」，年月銜名同前；又「元豐七年九月二十八日進呈奏，御寶批宜依已校定鏤版」，朝奉郎、秘書省、上騎都尉、賜緋魚袋臣韓治，朝散郎、試秘書少監、上騎都尉、賜緋魚袋臣顧臨，朝議大夫、守秘書少監、上護軍、賜紫金魚袋臣劉攽，中大夫、守尚書右丞、護軍、東平郡開國侯、食邑二千三百戶、賜紫金魚袋臣呂大防，通議大夫、守尚書左丞、上柱國、平原郡開國公、食邑二千八百戶、食實封五百戶臣李清臣，正議大夫、守中書侍郎、上柱國、馮翊郡開國公、食邑二千三百戶、食實封五百戶臣張璪，正議大夫、守門下侍郎、上柱國、南陽郡開國公、食邑二千一百戶、食實封一千戶臣韓維，金紫光祿大夫、守尚書右僕射兼中書侍郎、上柱國、東平郡開國公、食邑六千二百戶、食實封一千九百戶臣呂公著，正議大夫、守尚書左僕射兼門下侍郎、上柱國、河內郡開國公、食邑四千一百戶、食實封一千五百戶臣司馬光。七曰《緝古算經》，唐通直郎、太史丞臣王孝通撰并注，前有孝通《進表》，後題「秘書省《緝古算經》一卷，一冊」，年月銜名同前。按：唐制明算科試以十經，此其七也。詳見後毛扆跋。《隋書·經籍志》：《周髀》一卷，趙嬰注；又一卷，甄鸞重述。《唐書·藝文志》：李淳風釋《周髀》二卷，與此合。蓋原一卷，注釋既多，遂分上下帙耳。趙君卿，據其自序名爽，以爲嬰者，訛。注引《靈憲乾象》，則其人在張衡、劉洪後。《九章算經》，蓋《周禮·保氏》之遺法。王孝通言「周公制禮，有九章之名，張蒼刪補殘闕，校其條目」，考書中有上林苑，乃武帝時作，蒼豈能預知其書？當在西漢中葉後。《唐書》稱李淳風等奉詔注《九章算術》，爲《算經》十書之首，國子監置算學生三十人習之，則此書也。《孫子算經》，《隋志》二卷，無注；《唐志》李淳風注《甄鸞孫子算經》三卷，亦與此合。朱彝尊跋此書云：首言度量所起，合乎兵法「地生度，度生量，量生數」之文。次言乘除之法，設爲之數，十三篇中所云廓地、分利、委積、遠輸、貴賤、兵役，分數比之《九章》方田、粟米、差分、商功、均輸、盈不足之目，往往相符，尤在得算多，多算勝，以是知是編非僞託也。是彝尊確以爲孫武撰。然書中設問有「長安、洛陽相去九百里」，又「佛書二十九章，章六十三字」，春秋末安得作東漢明帝後語耶？《五曹算經》始見《唐志》，亦載李淳風注，作者不知誰氏，然《唐志》有甄鸞注，則北齊以前書也。《張丘建算經》亦見《唐志》，邱建，不知時代，據注亦在北齊前。中稱「術曰者」乃鸞注，「草曰者」乃孝孫所增。陳振孫《書錄解題》曰：「細草」者，乘除法實之詳悉也。《夏侯陽算經》，《隋志》二卷，《唐志》一卷，惟《書錄解題》云三卷，與此合。俱不言陽何代人。《緝古算經》，《唐志》及《崇文總目》俱載李淳風注，今書明標并注，謂李注者，誤。《宋志》一卷，鄭樵《通志》四卷，王應麟《玉海》云亡其三，今書首《進表》稱二十術，書內條目相同無缺，謂四卷者，誤。孝通名，見《舊唐書·律曆志》，《戊寅曆》，武德九年校，曆人算曆博士臣王孝通題。是淳風同時人，必不以太史令爲博士作注。蓋算學十經內，此書最爲後出，而當時以爲顓業入之學試。今以《御題周髀算經》冠首，其《九章》以下悉依《唐書·百官志》所臚敘次，略考其源流篇帙列之云。

影宋鈔本，出常熟毛氏，描摹紙墨最爲精巧，書肆所豔稱毛鈔也。據《夏侯陽算經》後列銜，乃三省秘書監奉敕刊，《書錄解題》所謂元豐監本即此，它六種雖脫此葉，而行款槧法同爲一書。毛氏據所得，影鈔之。考《四庫全書》，所錄《張丘建緝古》二種，亦鈔本。其《九章》、《孫子》、《五曹》、《夏侯陽》四種，乃從《永樂大典》散篇編成。蓋中秘之書，人間未見矣。

毛扆總跋。【略】鈐印二：「毛扆之印」、「斧季」。毛晉，初名鳳苞，字子晉，常熟人。家多古書，作汲古閣藏之。重刻十三經、十七史、《史記索隱》、《文選》、《宋六十家詞》諸古本甚夥。季子扆，字斧季，見《蘇州府志》。跋中所云太倉王氏，乃世貞家。章丘李氏，則李開先，號中麓，嘉靖己丑進士，官至太常卿。黃俞邰，乃虞稷字，泉州人。流寓上元，纂《千頃堂書目》。三家皆明季多藏書者。【略】開葉《張丘建算經》上、二十二。下。一、二。

算經十書

周中孚《鄭堂讀書記・雜家類八》 《算經十書》十種附二種。曲阜孔氏微波榭刊本。國朝孔繼涵編。繼涵字體生，曲阜人。乾隆辛卯進士，官戶部主事。按唐以明算科取士，限以年。《九章》、《海島》共三歲，《周髀》、《五經算》共一歲，《孫子》、《五曹》共一歲，《張丘建》、《夏侯陽》各一歲，《綴術》祖沖之撰。四歲，《緝古》三歲，《記遺》、《三等數》皆兼習之。試之日，《九章》三條，《海島》等七部各一條，十通六。《記遺》三等數帖讀，十得九爲第。《綴術》七條，《唐志》云七條，《六典》云六條。《輯古》三條，《六典》云四條。十通六。《記遺》、《三等數》帖讀，十得九爲第。落經者，雖通六不第。是唐人爲經者八，《綴術》、《緝古》不謂之經。《算經十書》之名所由起也。五季仳離，其科既廢，迨宋而《綴術》、《記遺》、《三等數》皆亡佚。嘉定戊申，鮑澣之復錄得《記遺》於道藏中，則是十書中，經亡其一而《三等數》不數焉。體生得毛氏汲古閣所藏宋元豐監本七種，又假戴東原震所輯《永樂大典》中《海島算》、《五經算》，而十書備其九，舊附一，今附三而併梓之。前有體生序目，其所刊書，《武英殿聚珍版》及浙省重刊本，俱有之。今分而記之，仍存其目於左云。

張之洞《書目答問・叢書目》 戴校《算經十書》。孔繼涵。

曆算全書

周中孚《鄭堂讀書記・雜家類八》 《曆算全書》二十九種。柏鄉魏氏兼濟堂刊本。國朝梅文鼎撰，魏荔彤編。文鼎字定九，號勿庵，宣城人。荔彤字念庭，柏鄉人，官至江蘇常鎮通海道。《四庫全書》著錄。勿庵年二十七，即有志步算之學，距其卒，且六十年，積畢生之精力，從事一藝，既專且久，是以所造，能究極精微而無所不備。其學由授時以溯三統四分，以求諸家之術，博考九勢、回回而歸於新法，一一洞見本原，深澈底蘊，而又神明變化於三角八綫、句股方程諸算事，故著書滿家，皆獨抒心得。其論算之文，務在顯明，不辭勞拙，往往以平易之語解極難之法，以淺近之言達至深之理，使讀其書者不待詳求而義可曉然。誠以絕業難傳，冀欲與斯世共明之，故不憚反覆，再三以導學者先路，此其用心之善也。凡其所著曆學者六十二種，算學者書二十六種，具詳其所著《勿庵曆算書目》中。至念庭重編是書，其已有刊本者仍俱采入。其晚年諸稿，約計三十餘種，內已成書而待刊者十之四。稿略具而未成書者十之六，因延楊學山作枚爲之訂補疏剔。義之未明者闡之圖之，未備者增之文之，缺略者補之，務使有倫有要，首尾貫通。其舊刻各種內，有可類附者亦增入一二。如《弧三角舉要》，舊刻五卷，今增爲六是也。又勿庵言所未及而理數必不可缺者，學山亦爲補綴。如《割圜八線之根》一卷是也。又如句股測量諸術，曆家所重，原稿零星散佚，今增補爲四卷，餘編亦多類此。統計法原八種，曆學十五種，算學六種，計共二十九種，合爲一編，該以總名。前有雍正癸卯念庭序及凡例十則。今一遵《四庫全書》著錄次序，分記於推步算書之屬，而存其原目於左，以便考核。至勿庵之孫瑴成又以是編未善，另編爲《梅氏叢書輯要》六十二卷，共二十四種，則另爲詳記云。

梅氏叢書輯要

周中孚《鄭堂讀書記・雜家類八》 《梅氏叢書輯要》六十二卷。承學堂刊本。國朝梅文鼎撰，其孫瑴成編。瑴成字玉汝，宣城人。康熙五十四年恩賞進士，授編修，官至左都御史，謚文穆。《四庫全書存目》作《曆算叢書》。勿庵殫精曆算五十餘年，書非一種，亦非一時之筆。李厚庵光地、金鐵山世揚等校刻十餘種，而魏念庭荔彤所刻爲多，名曰《曆算全書》。玉汝惜其校讎編次不善，而名爲《全書》亦非實錄，故另爲編次，更以今名。其卷次，類皆通長編列。每卷首標書之總名而分注細目於其下，使展卷瞭然。即初學，無難閱讀。併以自作《赤水遺珍》、《操縵卮言》各一卷附焉。其《凡例》稱：「《歲周地度合考》係魏氏杜撰之名，因將《歲周考》及《里差考》二書輯爲一卷，遂撰爲《合考》之名，甚爲舛謬。今入雜著。」考雜著卷內，止有

《西國月日考》及《地度弧角》二篇，而無《歲周考》、《里差考》，不知玉汝何以云爾也。《凡例》又稱「《火星本法》、《七政前均簡法》、《上三星軌跡成繞日圓象》，原係三書，不可統攝。乃魏氏本彙爲一卷，而總名爲《火星本法》，殊欠理會。《五星紀要》一卷，原名《五星管見》，魏氏改爲《紀要》，今仍用原名。又《解割圜之根》一卷，係楊學山節略《大測》而爲之者也，原非先人之書，並去之。又《句股闡微》四卷，『闡微』之名係楊學山所撰，其第一卷楊書也，亦去之。其第二卷至第四卷，今編爲《句股舉隅》及《幾何通解》各一卷。《大測》，書名，係《新法曆書》中言割圜之書。《籌算》原有七卷，原自單行，自應詳備。今同《筆算》彙爲叢書，則凡算學公理大法，無庸兩書並存，故只纂存一卷，其已詳《筆算》者並省之，以免重複」云云。此皆其改編魏刻之大凡也。《凡例》又稱「各書自具首尾，原可單行，似不必拘序次，但既輯爲一書，前後須有條理。如曆算並稱，曆常居前者，其事重也，然不明算數，則曆書不可得而讀，故稱名仍以曆居算前，而序書則以曆居算後也。自一卷至四十卷皆算書，四十一卷至末皆曆書。至於算學，必自乘除開方始，故首《筆算》而以《籌算》、《度算》次之，《少廣補遺》又次之。《籌算》、《度算》者，算法之別派，而《少廣補遺》則開方之通法也。既知乘除開方，則方程句股可得而言矣，故又次之。《幾何通解》者，句股之神妙也。《三角舉要》者，句股之變通也。故次於句股焉。是皆測面之術也，而《方圓冪積》及《幾何補編》則皆測體之學，故又次於三角。算學之用於人事者畢矣，若夫《弧三角》及《環中黍尺》、《塹堵測量》三者，皆爲測天之用算也，而通於曆矣，故殿算書而爲曆書之先道焉。至於《曆書》、《曆學駢枝》爲授時曆法，先人從學之權輿也，故居首，而以論説致用之書次之。《疑問》及《疑問補》皆論説之書也。交食七政，揆日候星，皆致用之書也。若夫《答問》雜著，則古今中西曆算之説互見錯陳，不可類附，故另爲卷而終焉。」據此知是編於魏氏原刊外，實另出手眼，重爲編定，皆讀梅氏書者不可少之書也。今以其編次異同，各分注於每種之後，而復存其書目於此，以備考核。前有乾隆辛巳自序及校閲助刻姓氏，並存念庭原序於首云。

觀我生室彙稾

張之洞《書目答問・叢書目》 《觀我生室彙稾》。羅士琳著。有古書。

古叢辰書

孫星衍《廉石居藏書記内編・天文》卷上 《古叢辰書》二冊。右《金符經》一卷，《大明曆》一卷，郭璞《神會曆》一卷，《連珠曆》一卷，《許眞君玉匣記》一卷，附《曆合覽》二卷，《拜命曆》一卷。胡文煥校刊。疑在《格致叢書》，中共購得二冊。按《郡齋讀書志・五行類》有《拜命曆》一卷，右趙景先集。其自序曰：「此書常式陰陽莫能曉，今則不敢傳諸該博。愚嘗自得之，名流用之皆驗。故集成此，以示子孫。自非洞於此道，他人幸勿妄傳也。趙師俠誌於此。」今無此語，未知即是一書否。

藝術

書經補遺

阮元《四庫未收書目提要・藝術類》 《書經補遺》五卷。元呂宗傑輯。事蹟未詳。其自序云：在錢唐購得唐太宗御製《王右軍執筆圖》，乃東陽陳及時父希元先生，授同里趙文淑之家藏者，遂輯成此書。卷中有陳及時跋，稱其先人諱夢魁，字希元，登咸淳甲戌進士科。大德末，典教嵊庠。則希元亦元時人矣。第一卷爲《執筆圖》，第二卷《法書本象》，國子助教汶上陳繹曾著。第三卷《書法總論》，第四、第五卷《博古體篆釋》，乃宗傑自著之書，采輯張懷瓘《書斷》諸書中如大梵玉字各體書，頗爲詳贍，亦臨池家

之一助也。

十種蘭亭

蔣光煦《東湖叢記》卷六　《十種蘭亭》。大德間錢唐錢國衡刻《十種蘭亭》，筆法咸具異趣。同時錢塘林松泉以製墨名于時，見《六藝之一錄》。

王氏書苑

《四庫提要·藝術類存目》　《王氏書苑》十卷，《書苑補益》八卷。浙江鮑士恭家藏本。是書亦明王世貞編，詹景鳳續編。初，世貞纂古書家言，多至八十餘卷。撫鄖陽時，擇取十數種付梓，版藏襄陽郡齋。因水漲漂失，尋復以刻本五種畀王元貞，翻刻於金陵，題曰《王氏書苑》。萬曆辛卯，元貞與詹景鳳續刻八種，題曰《書苑補益》。世貞《書苑》五種，曰張彥遠《法書要錄》十卷，米芾《海嶽書史》一卷，蘇霖《書法鉤元》四卷，黃伯思《東觀餘論》二卷，黃訒《東觀餘論》附錄一卷。景鳳《補益》八種，曰孫過庭《書譜》一卷，姜夔《續書譜》一卷，米芾《寶章待訪錄》一卷，歐陽修《試筆》一卷，宋高宗《翰墨志》一卷，曹士冕《法帖譜系雜說》二卷，吾丘衍《學古編》二卷，劉惟志《字學新書·摘鈔》一卷。諸書皆有別本單行，世貞特裒合刻版，遂自立名目。是則明人錮習，雖賢者不免矣。朱國楨《湧幢小品》曰：「王弇州不善書，好談書法。其言曰：『吾腕有鬼，吾眼有神。』此說一倡，於是不善書者好談書，不善詩文者好談詩文，極於禪玄，莫不皆然。古語云：知者不言，言者不知。吾友董思白於書畫一時獨步，然對人絕不齒及也。」其詆諆世貞至矣。然世貞品題書畫，賞鑒家實不以爲謬。殆以好談致謗歟？如此書及《畫苑》，皆其好談之一徵也。

畫苑

《四庫提要·藝術類存目》　《畫苑》十卷，《畫苑補益》四卷。浙江鮑士恭家藏本。《畫苑》十卷，明王世貞編。《畫苑補益》四卷，詹景鳳編。世貞有《弇山堂別集》，已著錄。景鳳字東圖，休寧人。由舉人官至平樂府通判。世貞所錄，凡謝赫《古畫品錄》一卷，李嗣眞《續畫品錄》一卷，沙門彥悰《後畫錄》一卷，姚最《續畫品》一卷，裴孝源《貞觀公私畫史》一卷，沈括《圖畫歌》一篇，荆浩《筆法記》一篇，王維《山水論》一篇，張彥遠《歷代名畫記》十卷，劉道醇《宋朝名畫評》三卷，朱景元《唐朝名畫錄》一卷，陳詢直《五代名畫補遺》一卷，案此書劉道醇作陳詢直，乃沿《文獻通考》之誤，語詳本條下。鄧椿《畫繼》十卷、黃休復《益州名畫錄》三卷，米芾《海嶽畫史》一卷，計十五篇。景鳳所補，凡梁元帝《山水松石格》一篇，王維《畫山水秘訣》一篇，荆浩《論畫山水賦》一篇，李成《山水訣》一篇，郭熙《林泉高致》一卷，淳思《畫論》一卷、《紀藝》一卷，《宣和論畫雜評》一卷，韓純全《山水純全集》一卷，李澄叟《畫山水訣》一卷，無名氏《論畫山水歌》一篇，李廌《畫品》一卷，華光和尙《梅譜》一卷，李衎《竹譜詳錄》一卷，張退公《墨竹記》一篇，董逌《廣川畫跋》六卷，計十六種。

天都閣藏書

《四庫提要·雜家類存目一一》　《天都閣藏書》二十五卷。兩江總督採進本。明程允兆編。允兆字天民，歙縣人。故取天都山以名其閣。是書序稱丁卯長至，不著年號。相其版式，全仿閔景賢《快書》，確爲萬曆以後之本。所謂丁卯，蓋天啓七年也。所錄自鍾嶸《詩品》以下凡十四種。中嚴羽《滄浪詩話》題曰《滄浪吟卷》。蓋羽詩集本名《滄浪吟卷》，明人所刻以詩話冠首。允兆從集中剽出而不辨其爲全集之名也。《雜評》一卷，不著名氏，皆

論書之語。中忽云「幃帽興於國朝」，此唐張彦遠之語也。又稱我朝王孟端及沈周、陳道復，則明人語也。參錯無章，殆不知文義人所爲。袁昂《書評》之後贅以《筆陣圖》。張懷瓘《書斷》改其名曰《書斷列傳》。敖陶孫《詩評》僅一頁有餘，蓋自《丹鉛録》鈔出，而併評末楊慎之論連爲陶孫之評。蓋坊賈射利之本耳。

述古叢鈔

劉錦藻《清續文獻通考・經籍考・雜家》　《述古叢鈔》五集二十六種一百七十三卷。劉晚榮編。晚榮，廣東古岡人。臣謹案，是編博采藝術，凡論書品畫之作，蒐羅富有，而冠以《藏書紀要》，嗜古者皆當奉爲圭臬也。晚榮迫於家計，棄儒而隱於市，所刊諸書，又皆精美，是能於番禺潘氏海山仙館、南海伍氏粤雅堂外，別樹一幟者。

篆學瑣著

丁仁《八千卷樓書目・雜家類》　《篆學瑣著》三十種不分卷。國朝顧湘編。刊本。

山居清賞

《四庫提要・雜家類存目一一》　《山居清賞》二十八卷。內府藏本。明程榮編。榮字伯仁，歙縣人。是編列《南方草木狀》至《禽蟲述》，凡十五種，多農圃家言。中惟《茶譜》一種爲榮所自著。採摭簡漏，亦罕所考據。

羣芳清玩

《四庫提要・雜家類存目一一》　《羣方清玩》。無卷數。江西巡撫採進本。明李璵編。璵字惠時，蘇州人。是刻爲叢書十有二種：曰《鼎録》，曰《刀劍録》，曰《研史》，曰《畫鑒》，曰《石譜》，曰《瓶史》，曰《弈律》，曰《蘭譜》，曰《茗笈》，曰《香國》，曰《採菊雜咏》，曰《蝶几譜》，竝題曰毛晉訂。其書踳駁不倫，蓋亦坊賈射利之本也。

小説家

四十家雜説

彭元瑞等《天禄琳琅書目後編・明版子部》　《四十家雜説》。一函，六冊。不著彙刻姓氏。凡漢、唐、宋人説部四十種：首《開元天寶遺事》；次《續齊諧記》，後有至元甲子陸友跋；次《海内十洲記》；次《卓異記》；次《葆光録》；次《洛陽名園記》；次《趙飛燕外傳》；次《高力士外傳》；次《博異志》；次《楊太眞外傳》；次《卧游録》；次《山家清事》；次《資暇集》；次《集異記》；次《幽閒鼓吹》，後有嘉靖壬午顧元慶跋；次《小爾雅》；次《明道雜志》，後有慶元庚申陳升跋；次《宜齋野乘》；次《松窗雜録》；次《次柳氏舊聞》；次鍾嶸《詩品》；次《本事詩》；次《德隅齋畫品》；次《鼎録》；次《古今注》；次《隋唐嘉話》；次《周秦行記》；次《南岳魏夫人傳》；次《劉賓客嘉話録》，後有乾道癸巳卞圜跋；次《嘯旨》，後有正德庚辰都穆跋；次《文録》；次《深雪偶談》；次《芥隱筆記》，後有嘉泰元年雍民獻跋；次《艾子雜説》；次《梅妃傳》；次《虬髯客傳》；次《松漠紀聞》，後有洪适跋；次《松漠補遺》，後有洪遵跋；次《別國洞冥記》；次《白猿傳》；次《碧雲騢》。按顧元慶《幽閒鼓吹跋》中有云：「余家藏宋

本，刻而傳之。」而各種末或標「埭川顧氏家塾」，或標「長洲顧氏」，或標「夷白齋」，或標「十友齋」，自屬元慶所輯。明人好刊叢書，此書多從宋本脫胎，間有舊人題識，足資考證，尚勝它剽割作僞者。元慶，字大有，長洲人。自號太石山人，都穆之弟子，見《書史會要》。

古今説海

祁承爜《澹生堂藏書目·子類·叢書》 《古今説海》。《北征錄》、《北征後錄》、《北征記》、《平夏錄》、《江南別錄》、《三楚新錄》、《溪蠻叢笑》、《遼志》、《金志》、《蒙韃備錄》、《北邊備對》、《桂海虞衡志》、《眞臘風土記》、《北戶錄》、《西使記》、《北轅錄》、《滇載記》、《星槎勝覽》、《靈應傳》、《洛神傳》、《夢游錄》、《吴保安傳》、《崑崙奴傳》、《鄭德璘傳》、《李章武傳》、《韋自東傳》、《趙合傳》、《杜子春傳》、《裴伷先別傳》、《震澤龍女傳》、《袁氏傳》、《少室先姝傳》、《李林甫外傳》、《遼陽海神傳》、《蚍蜉傳》、《甘棠靈會錄》、《顏濬傳》、《張無頗傳》、《板橋記》、《鄴侯外傳》、《洛京獄記》、《玉壺記》、《姚生傳》、《唐晅手記》、《獨孤穆傳》、《王恭伯傳》、《中山狼傳》、《崔煒傳》、《陸顒傳》、《潤玉傳》、《李衛公別傳》、《齊推女傳》、《魚服記》、《聶隱娘傳》、《袁天綱外傳》、《曾季衡傳》、《蔣子文傳》、《張遵言傳》、《侯元傳》、《同昌公主外傳》、《陸仁蒨傳》、《韋鮑二生傳》、《張令傳》、《李清傳》、《薛昭傳》、《王賈傳》、《烏將軍記》、《寶玉傳》、《柳參軍傳》、《人虎傳》、《馬自然傳》、《寶應錄》、《白蛇記》、《巴西侯傳》、《柳歸舜傳》、《求心錄》、《知命錄》、《山莊夜怪錄》、《玉眞記》、《小金傳》、《林靈素傳》、《海陵三仙傳》、《默記》、《宣政雜錄》、《靖康朝野僉言》、《朝野遺記》、《墨客揮犀》、《續墨客揮犀》、《聞見雜錄》、《山房隨筆》、《諧史》、《昨夢錄》、《三朝野史》、《銕圍山叢談》、《孔氏雜説》、《瀟湘錄》、《三水小牘》、《談藪》、《清尊錄》、《睽車志》、《話腴》、《朝野僉載》、《古杭雜記》、《蒙齋筆談》、《文昌雜錄》、《就日錄》、《碧湖雜記》、《錢氏私志》、《遂昌山樵雜錄》、《高齋漫錄》、《桐陰舊話》、《霏雪錄》、《東園友聞》、《拊掌錄》、《軒渠錄》、《漢武故事》、《艮嶽記》、《青溪寇軌》、《煬帝海山記》、《煬帝迷樓記》、《煬帝開河記》、《江行雜錄》、《行營雜錄》、《避暑漫鈔》、《養痾漫筆》、《樂府雜錄》、《教坊記》、《虛谷閒鈔》、《蓼花洲閒錄》、《北里志》、《損齋備忘錄》、《復辟錄》、《靖難功臣錄》、《備遺錄》。

黄虞稷《千頃堂書目·類書類》 陸楫《古今説海》一百四十二卷。陸楫《遺書目》作黄標尊輯。

《明史·藝文志·小説家類》 陸楫《古今説海》一百四十二卷。

《四庫提要·雜家類七》 《古今説海》一百四十二卷。直隸總督採進本。明陸楫編。楫字思豫，上海人。是編輯錄前代至明小説，分四部七家。一曰説選，載小錄、偏記二家。二曰説淵，載別傳家。三曰説略，載雜記家。四曰説纂，載逸事、散錄、雜纂三家。所採凡一百三十五種。每種各自爲帙，而略有刪節。考割裂古書，分隸門目者，始魏繆襲、王象之《皇覽》。其存於今者，《修文殿御覽》以下，皆其例也。裒聚諸家，摘存精要，而仍不亂其舊第者，則始梁庾仲容之《子鈔》。其存於今者，唐馬總《意林》以下，皆其例也。楫是書作於嘉靖甲辰。所載諸書，雖不及曾慥《類説》，多今人所未見。亦不及陶宗儀《説郛》捃拾繁富，鉅細兼包。而每書皆削其浮文，尚存始末，則視二書爲詳贍。參互比較，各有所長。其蒐羅之力，均之不可沒焉。

耿文光《萬卷精華樓藏書記·雜家類六》 《古今説海》一百四十二卷。明陸楫編。儼山書院本。道光元年苕溪邵松岩重刊，顧千里序。嘉靖甲辰唐錦序，次列校書十三人，次目錄。曰説選部，小説家三卷，偏記家二十卷。曰説淵部，別傳家六十四卷。曰説略部，雜記家三十一卷。曰説纂部，逸事家六卷，散錄家六卷，雜纂家十一卷。凡四部，共七家一百三十五種。每部分甲乙十集，各自爲帙。與《説郛》同，略刪浮文，尚存始末，俱非原書也。明板已毁，此刻取舊本覆而墨之，一字不改。

顧氏序曰：説部之書，盛於唐宋。其能傳者，賴彙刻之力。遺聞軼事，叢殘瑣屑，彙而刻之，其散較難，儲藏之家收一書即有若干書之獲，而唐宋説部書不在彙刻中者，固已寥寥矣。南宋時建陽各坊刻書最多，任意增刪換易，標立新奇門目，而古書多失其眞。厥後浮慕𢿌起，所刻舛錯脫落，加以牡丹水利觸目滿紙，又甚而奮其空疏白腹，敷衍謬談，塗竄創痏，居之不疑。或且憑空揣造，詭言某本，變亂是非，欺紿當世，陽以沽名，陰實盜貨，而古書尤失其眞。若是者，刻一書，一書受其害而已矣。

名賢説海

祁承爜《澹生堂藏書目·子類·叢書》 《名賢説海》。《庚己編》、《西樵

野記》、《客座新聞》、《閒中今古録》、《志怪録》、《緑雪亭雜言》、《莘野纂聞》、《枝山前聞》、《涉異録》、《百可漫志》、《近峯聞略》、《畜德録》、《三餘贅筆》、《駒陰冗記》、《聽雨紀談》、《西京雜記》、《仰山脞録》、《中洲野録》、《續己編》、《蘇談》、《寓圃雜記》、《可齋雜記》。

《四庫提要・雜家類存目八》 《古今名賢説海》二十二卷。直隸總督採進本。不著編輯者名氏。前有隆慶辛未自序一首，題曰飛來山人。所録皆明人説部，分爲十集，以十干標目。自陸粲《庚己編》以下，凡二十二種，種各一卷。皆刪節之本，非其完書。考明陸楫有《古今説海》一百四十二卷，此似得其殘闕之板，僞刻序目以售欺者也。

四十家小説

祁承㸁《澹生堂藏書目・子類・叢書》 《四十家小説》。《天寶遺事》、《續齊諧録》、《十洲記》、《卓異記》、《葆光録》、《洛陽名園記》、《趙飛燕外傳》、《高力士外傳》、《博異志》、《楊太眞外傳》、《卧游録》、《山家清事》、《資暇集》、《集異記》、《幽閒鼓吹》、《小爾雅》、《明道雜志》、《宜齋野乘》、《松窗雜録》、《柳氏舊聞》，鍾嶸《詩品》、《木事詩》、《畫品》、《鼎録》、《古今注》、《隋唐嘉話》、《周秦行紀》、《南岳魏夫人傳》、《劉賓客嘉話》、《嘯旨》、《文録》、《深雪偶談》、《芥隱筆記》、《艾子雜説》、《梅妃傳》、《虬髯客傳》、《松漠紀聞》、《别國洞冥記》、《白猿傳》、《碧雲騢》。

黄虞稷《千頃堂書目・類書類》 袁褧《前四十家小説》四十卷。

廣四十家小説

祁承㸁《澹生堂藏書目・子類・叢書》 《廣四十家小説》。《漁樵閒話》、《讀書筆記》、《雲仙散録》、《梅花什》、《襄陽耆舊傳》、《廣客談》、《賈氏談録》、《陶朱新録》、《天隱子》、《白獺髓》、《冀越集》、《石田雜記》、《友會談叢》、《翦勝野聞》、《寇萊公遺事》、《歷代帝王傳國璽譜》、《桂苑叢談》、《避戎夜話》、《江淮異人録》、《清夜録》、《吴中舊事》、《西征石城記》、《中朝故事》、《平江記事》、《震澤紀聞》、《明皇十七事》、《杜陽雜編》、《興復哈密記》、《萃野纂聞》、《摭言》、《妓館五事》、《蘇談》、《吴社編》、《緑珠内傳》、《丹青志》、《否泰録》、《北狩事跡》、《神異經》、《開顔集》、《江海殲渠記》、《閒燕常談》。

黄虞稷《千頃堂書目・類書類》 袁褧《廣四十家小説》四十卷。

《明史・藝文志・小説家類》 袁褧《廣四十家小 説》四十卷。

後四十家小説

祁承㸁《澹生堂藏書目・子類・叢書》 《後四十家小説》。《國寶新編》、《瑯琊漫鈔》、《七人聯句詩》、《寓意編》、《二科志》、《瘞鶴銘考》、《太湖新録》、《清溪暇筆》、《逸病漫記》、《夷白齋詩話》、《讀書筆記》、《存餘堂詩話》、《日詢手鏡》、《陽山新録》、《海槎餘録》、《新倩籍》、《景仰撮書》、《蠶衣》、《寶櫝記》、《霞外雜俎》、《彭文憲公筆記》、《否泰録》、《蘇談》、《吴中往哲記》、《今雨瑤華》、《簷曝偶談》、《金石契》、《十友譜》、《稗史》、《西征記》、《避戎夜話》、《雲林遺事》、《天全先生遺事》、《清夜録》、《聽雨紀談》、《談藝録》、《翦勝舊聞》、《近言》、《宋史辯》、《茶譜》、《縣笥瑣探》。

黄虞稷《千頃堂書目・類書類》 袁褧《後四十家小説》四十卷。

前後四十家小説

《明史・藝文志・小説家類》 袁褧《前後四十家小説》八十卷。

煙霞小説

祁承㸁《澹生堂藏書目・子類・叢書》 《煙霞小説》。《吴中故語》、《蓬軒吴記》、《蓬軒别記》、《馬氏日鈔》、《椽曹名臣録》、《庚己編》、《異林》、《紀周文襄見鬼事》、《語怪四編》、《猥談》、《高坡異纂》、《艾子後語》、《紀善録》。

黄虞稷《千頃堂書目・類書類》 范欽《煙霞小説》十四種，三十三卷。《志》此條不著名，在樊玉衡後。

《四庫提要・雜家類存目八》 《煙霞小説》二十二卷。江蘇巡撫採進本。明陸貽孫編。貽孫，蘇州人。是書仿曾慥《類説》之例，刪取稗官雜記凡十

二種。中如楊循吉《吳中故語》、黃暐《篷軒記》、馬愈《日鈔》、杜瓊《紀善錄》、王凝齋《名臣錄》、陸延枝《說聽》六種，逸事瑣聞，尚資考論。至陸粲《庚己編》、徐禎卿《異林》、祝允明《語怪編》、《猥談》、楊儀《異纂》、陸灼《艾子後語》六種，則神怪不經之事矣。

古今說鈔

祁承㸁《澹生堂藏書目・子類・叢書》 《古今說鈔》。《穆天子傳》、《西京雜記》、《趙飛燕外傳》、《海內十洲記》、《神異經》、《古杭夢遊錄》、《瀛涯記行詩》、《虯髯客傳》、《次柳氏舊聞》、《南唐舊事》、《釣磯立談》、《朝野類要》、《赤松子》、《玄真子外傳》、《王鼎翁》、《灌畦暇語序》、《開顏集》、《復齋日記》、《卓異記》、《巖下放言》、《書齋夜話》、《宜齋野乘》、《唐小說》、《劉賓客嘉話》、《松窗雜錄》、《投轄錄》、《懷古錄》、《澄懷錄》。

稗乘

祁承㸁《澹生堂藏書目・子類・叢書》 《稗乘》。《萬乘肇基錄》、《聖君初政記》、《明良錄略》、《造邦賢勳錄略》、《逐鹿記》、《在田錄》、《殉身錄》、《椒宮舊事》、《東朝記》、《雲蕉館紀談》、《龔起雜事》、《鳳凰臺紀事》、《己瘧編》、《萬松閣記客言》、《孝武事略》、《趙氏二美遺蹤》、《皇明十七事》、《熙朝樂事》、《掖庭侈政》、《希通錄》、《兩鈔摘腴》、《積善錄》、《樂善錄略》、《續積善錄》、《適園語錄》、《訓子言》、《解酲語》、《隨隱漫錄》、《松窗錄略》、《家世舊聞》、《攬轡錄》、《驂鸞錄》、《吳船錄》、《因話錄》、《廣成子》、《宗禪辯》、《保生要錄》、《多心經》、《常清淨經》、《三十國記》、《禪玄顯敎編》。

黃虞稷《千頃堂書目・類書類》 《稗乘》四十五卷。

稗海

祁承㸁《澹生堂藏書目・子類・叢書》 《正稗海》。《博物志》、王子年《拾遺記》、《西京雜記》、《搜神記》、《述異記》、《續博物志》、《摭言》、《小名錄》、《雲溪友議》、《獨異志》、《杜陽雜編》、《東觀奏記》、《大唐新語》、《北夢瑣言》、《因話錄》、《玉泉子》、《樂善錄》、《蠡海集》、《過庭錄》、《泊宅編》、《閒窗括異志》、《搜採異聞錄》、《東軒筆記》、《青箱雜記》、《避暑錄》、《畫墁錄》、《游宦紀聞》、《夢溪筆談》、《侍兒小名錄》、《拾遺》、《補侍兒小名錄》、《續補侍兒小名錄》、《墨莊漫錄》、《澠水燕談》、《冷齋夜話》、《老學菴筆記》、《雲麓漫鈔》、《蒙齋筆談》、《石林燕語》、《清波雜志》、《墨客揮麈》、《異聞總錄》、《遂昌雜錄》、《懶真子》、《歸田錄》、《東坡志林》、《龍川別志》。

黃虞稷《千頃堂書目・類書類》 商濬《稗海》四十六種，又《續稗海》二十七種，共三百六十八卷。

《明史・藝文志・小說家類》 商濬《稗海》三百六十八卷。

續稗海

祁承㸁《澹生堂藏書目・子類・叢書》 《續稗海》。《龍城錄》、《癸辛後集》、《野客叢書》、《螢雪叢說》、《酉陽雜俎》、《宣室志》、《儒林公議》、《鶴林玉露》、《侯鯖錄》、《睽車志》、《癸辛雜識》、《癸辛新識》、《癸辛外識》、《江鄰雜志》、《桯史》、《隨隱漫錄》、《山房隨筆》、《厚德錄》、《西溪叢語》、《楓窗小牘》、《補筆談》、《耕祿稿》、孫公《談圃》、《許彥周詩話》、《後山居士詩話》、《學齋佔畢》、儲華谷《袪疑說》。

三十家小說

祁承㸁《澹生堂藏書目・子類・叢書》 《三十家小說》八冊。三十卷。《集異記》、《離魂記》、《鶯鶯傳》、《霍小玉傳》、《柳氏傳》、《飛燕傳》、《高力士外傳》、《東城老父傳》、《古鏡記》、《冥音錄》、《嵩岳嫁女記》、《廣陵妖亂志》、《崔少玄傳》、《南岳魏夫人傳》、《虯髯客傳》、《柳毅傳》、《紅線傳》、《長恨傳》、《任氏傳》、《蔣琛傳》、《東陽夜怪錄》、《白猿傳》、《無雙傳》、《謝小娥傳》、《楊娼傳》、《李娃傳》、《韋安道傳》、《周秦行紀》、《枕中記》、《南柯記》。

浣花居叢書

黃虞稷《千頃堂書目・類書類》 《浣花居叢書》十種。

唐代叢書

劉錦藻《清續文獻通考・經籍考・雜家》 《唐代叢書》一百六十四種一百六十四卷。王文誥編。文誥字純生，號見大，浙江仁和人。臣謹案，小説之興，遠在西京，至唐代而始盛。如沈亞之、陸龜蒙、元稹、韓偓、馮贄、段成式輩，矜奇炫異，各著一篇，以鳴於時。然窮其弊，則怪力亂神皆吾夫子所不語，況是編首登《隋唐佳話》，於風俗人心俱有關係。讀者苟取長舍短，藉備參稽，亦未始非博聞強記之助也。

道教

正續道藏

劉若愚《内板經書紀略》 道經一藏。計五百十二函，十二萬二千五百八十九葉。共用白連四紙三萬八百九十七張，黃連四紙一百七十六張，藍毛邊紙三千十八張，黃毛邊紙五百二張。藍絹一百八十二匹一丈八尺六寸，黃絹二十四一丈六尺。白戶油紙八千三百七張，黑墨一百六十斤八兩。白麪七百五十斤，明礬二十五斤。

《明史・藝文志・道家類》 《道經》五百十二函。

道家十三經

趙琦美《脈望館書目・仙家》 俞石澗手抄《道家十三經》一本。《陰符唐氏注》、《丹陽語錄》、《丁□陽詩詞》、《洞明語錄》、《金丹百問節》、《晦菴詩話》、《陰符詹氏注》、《金假師□□》、《内丹口訣》、《船息歌》、《性命□融歌》、《性命□□》、《又玄編》。

道書全集

祁承㸁《澹生堂藏書目・子類・叢書》 《道書全集》。《金丹大要》、《金碧古文龍虎經》、《周易參同契解》、《周易參同契通眞義》、《周易參同契分章注》、《玄學正宗》、《悟眞篇註疏》、《悟眞篇眞指詳説》、《金丹四百字内外解》、《諸眞玄奥集成》、《黃自如注金丹四百字》、《翠源還源篇》、《陳泥丸翠虛篇》、《金液還丹印證》、《紫清指玄篇》、《紫虛金丹大成集》、《紫虛註解崔公入藥鏡》、《紫虛註解呂公沁園春》、《緣督子仙佛同源論》、《眞人石函記》、《羣仙珠玉集》、《玉峯註敲爻歌》、《老子道德經》、《玄宗内典》、《張洪陽註陰符經》、《清淨經註》、《太上赤文洞古玄經註》、《太上昇玄消災護命妙經註》、《洞玄靈寶定觀經註》、《太上大通經註》、《玉皇胎息經註》、《無上玉皇心印經註》、《老子説五廚經註》、《崔公入藥鏡註》、《青天歌註》、譚子《化書》、《三皇玉訣》、《矩中指南》、《羣仙要語》、《玉清金笥寶錄》、《中和集》、《玄門宗旨》、《畫前密意》、《金丹秘訣》、《問答語錄》、《全眞活法》、《鍾呂修眞傳道集》、《呂純陽文集》、《文始眞經》、《太上黃庭内經註》、《太上黃庭外經註》、《黃庭經五臟六腑圖説》。

殷仲春《醫藏書目・法眞函》 《道書全集》。内五十餘種。

資福藏

楊守敬《日本訪書志》卷一五　《大藏經》五千七百四十卷。宋槧本。

宋理宗嘉熙三年安吉州思溪法寶資福禪寺所刊。是經日本有兩部，一藏近江國菅山寺，一藏山城國天安寺。此卽天安寺本也。自天字起，至最字止，凡五千七百四十卷，閒有鈔補。係元祿九年以菅山寺本照祿重修，不知何時又缺六百餘卷。余在日本，有書估爲言欲求售之狀，適黎星使方購佛書，卽囑余與議之。價三千元，以七百元作定金，立約期三月付書。及逾期而書不至，星使不能待，以千元購定日本翻明本。久之書至，星使以過期不受，欲索還定金，書估不肯退書，難以口舌爭，星使又不欲以購書事起公牘，囑余受之，而先支薪俸以償。余以此書宋刻，中土久無傳本，明刊《南北藏》本，兵燹後亦十不存一，況明本魯魚豕亥不可枚舉，得此以訂訛鉏謬，不可謂非鴻寶，迺忍痛受之。缺卷非無別本鈔補，以費繁而止。且此書之可貴，以宋刻故也。書至六七千卷，時至六七百年，安能保其毫無殘闕？此在眞知篤好者，固不必狥俗人之見，以不全爲恨也。

永樂北藏

劉若愚《內板經書紀略》　《佛經》一藏。計六百七十八函，十八萬八十二葉。共用白連紙四萬五千二十三張。藍絹二百五十三疋七尺四寸，黃絹廿六疋二丈四尺一寸。每疋長三丈二尺。黃毛邊紙五百七十張，藍毛邊紙四千九百十二張，黃連四紙三百四十七張，白戶油紙一萬八千九十五張。黑墨二百八十六斤八兩，白麪一千二百二十五斤，白礬四十五斤。

《明史·藝文志·釋家類》　《佛經》六百七十八函。

番藏經

劉若愚《內板經書紀略》　《番經》一藏。計一百四十七函，十五萬七千四葉。共用腰子白鹿紙一萬三千六百四十張。

高麗藏

楊守敬《日本訪書志》卷一五　《高麗刊本大藏經》六千四百六十七卷。

今藏日本東京三緣山增上寺。當宋至道閒，高麗國王以其國前本、國後本、中本、丹本東本北本、舊宋本，飭諸大德校正刊行。日本舊有二部：一建仁寺本，爲永嵩禪師由高麗賫歸，天保八年九月廿六日毀于火，今僅存四十九卷。一爲大和國忍辱山圓成寺所藏，係後土御門天皇文明年閒寺主榮弘所請，慶長十四年大將軍德川家康移貯增上寺，償以食邑百五十石，卽今本也。余嘗就三緣山寺中見之。字大如錢，紙堅白，摺疊式，校宋元藏篇幅稍大。其中多宋元明藏所不載者，而希麟《續一切經音義》十卷，慧琳《一切經音義》百卷，尤爲特出至寶。黎星使嘗使人以西法照出擬刻，卒未就也。今列其爲宋元明藏所不載諸經目於左。

《高麗藏經》所有、宋元明藏經所無者：《須摩提經》一卷，服函內。唐菩提流志譯；《佛說般舟三昧經》一卷，伐函內。後漢支婁迦讖譯；《阿彌陀佛說咒》一卷，鞠函內。失譯；《佛說月燈三昧經》一卷，鞠函內。宋先公譯；《佛說申日經》一卷，敢函內。西晉竺法護譯；《佛說枯樹經》一卷，若函內。失譯；《佛說舍衛國王十夢經》一卷，若函內。附西晉錄；《佛說受新歲經》一卷，竟函內。西晉竺法護譯；《佛說金光王童子經》一卷，戶函內。宋法賢譯；《難儞計溼嚩囉天說支輪經》一卷，兵函內。宋法賢譯；《普遍智藏般若波羅密多心經》一卷，磻函內。唐法月重譯；《大集大虛空藏菩薩所問經》八卷，曲函內。唐不空譯；《大聖文殊師利菩薩佛刹功德莊嚴經》三卷，阜函內。唐不空譯；《金剛頂勝初瑜伽經中略出大樂金剛薩埵念

誦儀軌》一卷，微函内。唐不空譯；《金剛頂經一字頂輪王瑜伽一切時處念誦成佛儀軌》一卷，旦函内。唐不空譯；《金剛頂降三世大儀軌法王教中觀自在菩薩心眞言一切如來蓮華大曼荼羅品》一卷，孰函内。唐不空譯；《修習般若波羅密菩薩觀行念誦儀軌》一卷，營函内。唐不空譯；《觀自在大悲成就瑜伽蓮華部念誦法門》一卷，營函内。唐不空譯；《大華嚴長者問佛那羅延力經》一卷，桓函内。唐般若共利言譯；《般若波羅密多心經》，桓函内。唐般若共利言等譯；《佛説迴向輪經》一卷，合函内。唐尸羅達摩譯；《佛説十地經》九卷，合函内。唐尸羅達摩譯；《佛説十力經》一卷，合函内。唐勿提提犀魚譯；《根本説一切有部毘奈耶藥事》十八卷，濟弱函内。唐義淨譯；《根本説一切有部毘奈耶出家事》四卷，綺函内。唐義淨譯；《根本説一切有部毘奈耶安居事》一卷，綺函内。唐義淨譯；《根本説一切有部毘奈耶隨意事》一卷，綺函内。唐義淨譯；《根本説一切有部毘奈耶皮革事》二卷，綺函内。唐義淨譯；《根本説一切有部毘奈耶羯恥那衣事》一卷，綺函内。唐義淨譯；《佛説佛名經》三十卷，寧晉楚函内。失譯；《佛説勝義空經》一卷，馳函内。宋施護等譯；《佛説隨勇尊者經》一卷，馳函内。宋施護等譯；《佛説佛十力經》一卷，馳函内。宋施護等譯；《佛説清淨心經》一卷，馳函内。宋施護等譯；《金色童子因緣經》十二卷，郡函内。宋惟淨等譯；《佛説開覺自性般若波羅密多經》四卷，秦函内。宋惟淨等譯；《六趣輪迴經》一卷，亭函内。馬鳴菩薩集，宋日稱等譯；《尼乾子問無我義經》一卷，亭函内。馬鳴菩薩集，宋日稱等譯；《諸法集要經》十卷，鴈函内。觀無畏尊者集，宋日稱等譯；《福蓋正行所集經》十二卷，門函内。龍樹菩薩集，宋日稱等譯；《父子合集經》二十卷，紫塞函内。宋日稱等譯。

禪家六籍

徐圖等《行人司重刻書目・釋類》 《禪家六籍》。十六本。

大五大部經

劉若愚《内板經書紀略》 《大五大部經》。《華嚴經》，八十二本。《大涅槃經》，四十一本。《報恩經》，七本。《金剛明經》，十本。《心地觀經》。八本。

小五大部經

劉若愚《内板經書紀略》 《小五大部經》。《法華經》，七本。《楞嚴經》，十本。《佛母大孔雀經》，三本。《梁皇懺》。十本。

法寶三書

錢謙益《絳雲樓題跋》 金陵舊刻《法寶三書》。金陵少宗伯殷秋崖先生手訂《楞嚴解》十卷，采録《華嚴合論》爲《約語》四卷，又得《宗鏡會要》於長干精舍，鋟梓行世。又七十有餘年，而滇南陶仲璞太守獲其版於公之諸孫，將募送嘉興經藏，以廣流通，而屬余書其事。當嘉靖中，士大夫之崇信佛乘者，公與故太宰陸莊簡公爲最。陸以弘護金湯爲能，而殷以精研性相爲要，皆法門龍象，自具金剛眼睛者。近世魔禪横行，聾參啞證，瞎棒胡喝，世尊四十九年所説，彼將束之高閣，屏爲故紙，而何有於此三書乎？宰官長者，影慕禪宗，互相唱歎，以爲甚難希有經所讖。佛法將滅，魔子出家，師子身中蟲，還食師子肉，正爲此輩授記也。今者狂燄少息，病根未除，正須昌明宗教，以扶元之藥，治狂易之症。譬如奴虜交訌，生民塗炭，必差擇兵將，儲偫糧食，然後可以爲撲滅之計。欲救魔禪，則此三書者，亦佛法之貲糧兵食也。佛言烏洛迦蛇最毒，嘗患毒熱，以身遶旃檀香樹，其毒旋息。魔禪如毒蛇，三書如旃檀香樹，流布津梁，此末法中第一義諦。世豈無如陸、殷兩公深心塵刹者乎！仲璞爲龍湖高足弟子，而時時抵齒於三峯

禪，余嘗以躶國解衣諷之。今觀其沈酣於三書，汲汲然歡喜讚歎，知其眼光爍然，不爲波旬隻手所障也。喜而爲之證明如此。癸未正月聚沙居士書。《初學集》卷八十六。

中西匯通醫書

劉錦藻《清續文獻通考・經籍考・醫家》 《中西匯通醫書》五種二十八卷。唐宗海撰。宗海字容川，四川天彭人。光緒己丑進士。臣謹案，近世醫家，喜新者偏於西，泥古者偏於中，二者未將中外之書融會貫通，折衷至當，乃以生命爲孤注一擲，殺人利器慘於戈矛，無怪全國之人之壽遠不逮前也。唐氏慨之，擘精覃思，著此五種書，執柯伐柯，取則不遠。操養命之術者，奚可膠執偏見哉？

元白長慶集

彭元瑞等《天祿琳琅書目後編・明版集部》 《元白長慶集》。六函，五十六冊。唐元微之、白居易撰。《元氏長慶集》六十卷，前有宣和甲辰劉麟序，後有乾道甲子洪适跋。《白氏長慶集》七十一卷，前有長慶四年元微之序，後有會昌五年居易自序。末刻「封奉政大夫、吏部考功郎中姑蘇錢應龍鋟梓」。

宋人三家四六

黃丕烈《蕘圃藏書題識・集類》 《宋人三家四六》。舊鈔本。此《宋人四六》三冊，亦汪秀峰家藏書也。號根曰《宋人三家四六》，細數之，有格齋、臞軒、壺山、巽齋、南唐五家，實不止三家，未知標題者，僅據每冊首葉而言，故有斯誤歟？其中字跡行款互異，未知所據何本。偶憶周香嚴家宋刻《宋人四六》，隨假歸手校，惜非全璧，未能盡校，即序次先後，亦不足爲據，姑就所存，以記宋本面目而已。辛酉重陽後三日校畢翦燭書。黃丕烈。周本尚有後村一家，惜此鈔本所無，未及傳校。一冊，三十八葉。蕘圃又記。

烏山三賢集

王圻《續文獻通考・經籍考・集上》 《烏山三賢集》。鄭伯玉字寶臣，莆田人。登第爲大理司直，韓琦薦充殿中侍御史。郡人以其《錦囊集》與陳其、方孝寧詩，類聚爲一，號《烏山三賢集》。

梅江三孫集

《宋史・藝文志・總集類》 《梅江三孫集》三十一卷。孫立節及子勴、孫何所著。

集類叢書分部

戲曲

樂府混成集

張萱等《內閣藏書目録・樂律部》 《樂府混成集》。一百五冊，不全。莫詳編輯姓氏，皆詞曲也。內有《腔板譜》，分五音、十二律類次之。原一

百二十七冊，今闕二十二冊。

黄虞稷《千頃堂書目・禮樂類・補元》《樂府混成集》一百五冊。不知撰人。

又《詞曲類・補元》《樂府渾成集》一百五冊。

錢大昕《補元史藝文志・詞曲類》《樂府混成集》一百五冊。

王國維《曲録・曲譜部》《樂府混成集》一百五冊。見錢大昕《補元史藝文志》。宋修內司編。周密《齊東野語》云：「《混成集》，修內司所刊本，巨帙百餘。古今歌詞之譜，靡不備具。只大曲一類，凡數百解，他可知矣。然有譜無詞者居半。《霓裳》一曲，共三十六段。嘗聞紫霞翁云：『幼日隨其祖郡王曲宴禁中，太后令內人歌之，凡用三十人，每番十人，奏音極高妙。翁一日自品象管，作數聲，眞有駐雲落木之意，要非人間曲也。』」

古今雜劇

黄丕烈《蕘圃藏書題識續録・集類下》《古今雜劇》六十六冊。也是園藏趙清常鈔補明刻本。何小山手校。今缺二冊。讀未見書齋得各種元刊及明刊舊曲本，開列如後：元刊本《古今雜劇》三十種，《琵琶記》一種，共十冊。明刊本《古名家雜劇》、《元人雜劇選》共□本。清常鈔補，小山手校。《古今雜劇》，也是園藏明刊本，共六十六冊。甲子冬十一月廿八日蕘父記。

余不喜詞曲而所蓄詞極富。向年曾見《蔡松年詞》金刊本，因其未全，失之交臂，後爲抱沖所得。蓋其時猶於古書未能篤好，不免有完缺之見存也。嗣後收得詞本極多，宋刻單行詞本一冊，都無元刻。如蘇、辛極古矣，外此者毛鈔、舊鈔、各校都備。往因欲得宋本《太平御覽》而無其資，始有去詞之意，其目稍稍散去。有杭人某，幾幾乎欲全得去。幸勉力購得《御覽》，以他書易之，而酬其半直，詞本可保守勿失。至曲本，略有一二種，未可云富。今年始從試飲堂購得元刊、明刊、舊鈔、名校等種，列目如前。即欲買詞之杭人，亦曾議併售去今詞。議未成，而曲更無論。因思毛氏云：李中麓家詞山曲海，無所不備，而余所藏，培塿溝渠也。然世之好書者絶少，好書而及詞曲者尤少。或好之而無其力，或有其力而未能好之。即有力矣好矣，而惜錢之癖與惜書之癖交戰而不能決，此好終不能專。余眞好之者也，非有力而好之者也，故幾幾乎得而復失，皆絀於力，以致未能伸所好也。茲幸矣，幸世之有力而不能好者，得遂余之無力而卒能好者也。擬裒所藏詞曲等種，彙而儲諸一室，以爲學山海之居，庶幾可爲講詞曲者卷勺之助乎。甲子冬十一月二十有八日讀未見書齋主人黄丕烈識於百宋一廛之北窗。

誠齋傳奇

高儒《百川書志・外史》《甄月娥春風慶朔堂傳奇》一卷，《美姻緣風月桃源景傳奇》一卷，《趙貞姬身後團圓夢傳奇》一卷，《清河縣繼母大賢傳奇》一卷，《劉盼春守志香囊傳奇》一卷，《宣平巷劉金兒復落娼傳奇》一卷，《福祿壽仙官慶會傳奇》一卷，《神后山秋獮得騶虞傳奇》一卷，《黑旋風仗義疏財傳奇》一卷，《紫陽仙三度常春壽傳奇》一卷，《東華仙三度十長生傳奇》一卷，《羣仙慶壽蟠桃會傳奇》一卷，《瑤池會八仙慶壽傳奇》一卷，《呂洞賓花月神仙會傳奇》一卷，《洛陽風月牡丹仙傳奇》一卷，《天香圃牡丹品傳奇》一卷，《十美人慶賞牡丹園傳奇》一卷，《張天師明斷沈鈎月傳奇》一卷，《孟浩然踏雪尋梅傳奇》一卷，《小天香半夜朝元傳奇》一卷，《李妙清花裏悟眞如傳奇》一卷，《李亞仙花酒曲江池傳奇》一卷，《惠禪師三度小桃紅傳奇》一卷，《搊搜判官喬斷鬼傳奇》一卷，《約子和尚自還俗傳奇》一卷，《蘭紅葉從良煙花夢傳奇》一卷，《河嵩神靈芝獻壽傳奇》一卷，《四時花月賽姣容傳奇》一卷，《南極星度海棠仙傳奇》一卷，《文殊菩薩降獅子傳奇》一卷，《關雲長義勇辭金傳奇》一卷。皇明周府殿下錦窠老人全陽翁者。各具四折，詳陳搬演科唱，或改正前編，或自生新意，或因物生辭，或寓言警世，或歌唱太平，或傳奇近事。密異足駭人心，煙花不污人志。蓋處貴盛之時，消磨日月，故發此空中音耳。凡三十一種，總名《誠齋傳奇》，異樂府行也。

古名家雜劇

王國維《曲録・雜劇傳奇總集部》 《古名家雜劇》八集，《續古名家雜劇》五集，共五十二卷。明陳與郊編刻。亦多與《元曲選》複出，并刊及徐渭、汪道昆之作。

元人雜劇選

王國維《曲録・雜劇傳奇總集部》 《元人雜劇選》三十卷。明萬曆戊戌息機子編刻。内二十八卷與《元曲選》複出。唯羅貫中《龍虎風雲會》，無名氏《符金錠》二種，爲《元曲選》所未刻。

元曲選

王國維《曲録・雜劇傳奇總集部》 《元曲選》一百卷。俗名《元人百種曲》。明臧懋循編。循字晉叔，吳興人。萬曆庚辰進士，官南京國子監博士。《靜志居詩話》：晉叔嘗從黄州劉延伯借元人雜劇二百五十種，又購得楊廉夫《仙游》、《夢游》、《俠游》、《冥游》彈詞，悉鏤版以行。此書所録，亦不盡元人之作。中如王子一、谷子敬、賈仲名、楊文奎，據《太和正音譜》，皆明初人也。卷首所録，亦本《太和正音譜》。

盛明雜劇

王國維《曲録・雜劇傳奇總集部》 《盛明雜劇》二集共六十卷。明沈泰撰。泰字林宗，杭州人。

王國維《庚辛之間讀書記》 《盛明雜劇》初集。《盛明雜劇》三十卷，崇禎己巳錢唐沈泰林宗刊本，前有張元徵、徐翽、程羽文三序。案戲曲總集除臧懋循《元曲選》、毛晉《六十種曲》外，若《元人雜劇選》、《古名家雜劇》及此書，世人雖知其名，均在存佚之間。曩見《日本内閣圖書寮書目》有《盛明雜劇二集》三十卷，驚爲祕笈。己酉冬日，得此書于廠肆，是爲初集，而二集在日本内閣，始知世間尚有完書也。雜劇唯元人擅場，明代工此者寥寥。宣、正之間，周憲王號爲作者，然規摹元人，了無生氣，且多吉祥頌禱之作，其庸惡殆與宋人壽詞相等。又元人雜劇，止于四折，或加楔子，唯紀君祥之《趙氏孤兒》，張時起之《賽花月秋千記》多至六折，實非通例。至于不及四折者，更未之前聞，亦無雜以南曲者。《録鬼簿》謂南北合腔，自沈和甫始。如《瀟湘八景》、《歡喜冤家》等曲，極爲工巧。乃散套，非雜劇也。憲王雜劇，如《呂洞賓花月神仙會》，雜以南曲，殊失體裁。至明中葉後，不知北劇與南曲之分，但以長者爲傳奇，短者爲雜劇。如此書中汪伯玉、陳玉陽、汪昌朝諸作，皆南曲也。且折數多至七八，少則一二，更屬任意。獨康對山《中山狼》四折，確守元人家法。餘如沈君庸等，雖用北曲，而折數次第均失元人之舊。其中文詞，亦唯康對山、徐文長尚可誦，然比之元人，已有自然、人工之別，餘則等之自鄶而已。元代雜劇作者，名概不著。此編所集，如康對山海，徐文長渭一，汪伯玉道昆，陳玉陽與郊，王辰玉衡，葉六桐憲祖，沈君庸自徵，孟子若稱舜，梁伯龍辰魚，梅禹金鼎祚，卓珂月人月，徐野君翽，汪昌朝廷訥，其姓字爵里，均在人耳目，或且正史有傳，遺著尚存。而其人之顯晦如彼，曲之工拙如此。信乎文章之事，一代自有一代之長，不能以常理論也。

六十種曲

毛晉《汲古閣書跋》 《六十種曲》。今世倣古先生正襟皋比，居然道德博聞，矜莊少年，迴旋驥足，揚揚氣魄自用。間有稱述，多因祧盲史而宗腐令，賓蒙吏而友湘靈。嗣復徜官漢季，爰挾唐之伯仲，導鳴騶焉。若乃詞曲，猥云公孫氏且弗諾。嗟乎！幾令純忠孝，眞節義，黯然不現本來面目。夫何以追維過去，又何以接引未來？俾天下後世啓孝納忠，植節仗義，亦難爲力

矣。適按《琵琶》、《荆釵》善本，曁八義三元各部，卓然絶調千秋，風華一代。緣韞簡其清眞，墉城標其玄著。大都類休文入釋，理優于詞，右丞證梵，神超于骨。驟聆則轂音與鶴唳交宣，坐挹則安樂窩介墮淚碑相望。雖然，名則陳矣，事則遒矣。賞識家不以窮耳目之官，僅以充戲娱之役，匪第漢中郎諸君子負屈，即勝國東嘉輩，早拈出風化之本原，俱付之雲煙過眼矣。方今世尚取新，人胥炫異，假饒狎昵百凡，無寧雅正一派。引絲九曲，名誼十全，坐令别陳筐篚，和以塤篪，祗見中州白雪，傾壓繁華，勝地陽春，丕編下里矣。登高日閔世道人題。

王國維《曲録・雜劇傳奇總集部》《六十種曲》一百二十卷。明毛晉編。晉原名鳳苞，字子晉，常熟人。小令套數部。元初名公，均有小令套數。今見於總集、曲譜者，殆人人有之。然專集之散佚，較雜劇尤甚。兹僅錄元明名家之有集名者如右。

藏園九種曲

傅以禮《華延年室題跋》卷中《藏園九種曲》。近世院本《玉茗堂四夢》之後，端推《藏園九種曲》。凡講音律者，罔弗家置一編，不知原本共有十二種也。咸豐初，從同里故家得蔣氏初槧《香祖樓》、《一片石》、《雪中人》、《空谷香》、《第二碑》、《冬青樹》、《桂林霜》、《臨川夢》、《四絃秋》而外，尚有《廬山會》、《採樵圖》、《采石磯》三種。自袖珍本出，惟此九種盛行，餘三種遂不復覩，其爲後人删定，抑坊間漏刻，均未可知。觀《彙刻書目》所載亦然，則其失傳由來久矣。余齋舊藏，遭亂失去，不克重刊，廣厥流傳，惜哉！

四詞宗合刻

王國維《曲録・雜劇傳奇總集部》《四詞宗合刻》八冊。見《楝亭書目》。明汪廷訥序輯馮海粟、金白嶼、王西樓、梁少白四家詞曲。海粟名子振，攸州人，元集賢待制。白嶼名鑾明，金陵人。梁名里見卷三。

詩文評

珊瑚詩話

張萱等《内閣藏書目録・雜部》《珊瑚詩話》。三冊，不全。內子兪子《螢雪叢説》、《後山居士詩話》、《孫公談圃》、《許彦周詩話》，胡琦《耕祿稿》，李元綱《聖門事圖》、《厚德錄》、《龍城錄》。

詩法統宗

祁承㸁《澹生堂藏書目・子類・叢書》《詩法統宗》。《魏文帝詩格》、《王少伯詩格》、《詩中密旨》、《評詩格》、《詩議》、《中序》、《詩式》、《緣情手鑒》、《風騷要式》、《風騷旨格》、《文彧詩格》、《流類手鑒》、《詩評》、《詩中旨格》、《炙轂子詩格》、《詩要格律》、《雅道機要》、《金鍼詩格》、《續金鍼詩格》、《梅氏詩評》、《詩學規範》、《詩家一指》、《嚴滄浪詩法》、《詩人玉屑》、《沙中金集》、《詩文正法》、《詩法正論》、《黄氏詩法》、《詩法正宗》、《詩宗正法眼藏》、《詩學正臠》、《詩法家數》、《談藝錄》、《詩文要式》、《詩學集法》、《詩學事類》、《韻學事類》、《詩韻》、《辭韻》。

談藝珠叢

劉錦藻《清續文獻通考・經籍考・雜家》《談藝珠叢》二十七種四十四卷。王啓原編。啓原字君豫，湖南長沙人。臣謹案，光緒乙酉，郭侍郎嵩燾聘啓原續修《沅湘耆舊詩集》，以其餘暇，輯歷代詩話之尤雅者，得二十四家，標其目曰《談藝珠叢》。武岡鄧輔綸彌之爲之序。上下千餘年詩之源流在焉。學者以各己之性情，悟古人之旨趣，風會所趨，與時升降。覽此一編，思過半矣。

譯著總部

編纂：楊寄林

《譯著總部》提要

《譯著總部》是《文獻目録典・古籍目録分典》下設的六個總部之一。本總部通過全面輯録、系統編列傳世書目中有關譯著著録的各類專題資料，旨在完整反映一九一一年辛亥革命以前中國歷代譯著的類别與种數，内容與主旨，價值與作用，及其發展歷程和演變軌跡，由它所體現的中外思想、文化、科技之持續交流、漸行融匯的定勢和規律。由此形成了一部一百四十餘萬字左右的新型專科類書，同時兼具集成性中國古代譯著及近代譯著解題全目的功能。

本總部以歷代譯著之有無多寡爲依據，參取中外大百科全書、古今書目及圖書分類法專著有關譯著和學科分類的精當見解，特從悉可覆蓋、恰相對應出發而重行熔鑄，構建了由三級經目同三個緯目交織互持的框架結構，用以統括和承載各得其所的寶貴資料。三級經目除『總部』居首外，其下則爲：東西學總類部，哲學部，邏輯學部，倫理學部，心理學部，宗教學部，社會學部，政治部，外交部，法律部，軍事部，經濟部，教育部，語言文字部，文學部，藝術部，歷史部，地理部，數學部，物理學部，化學部，天文部，測繪部，地質部，礦冶部，生物部，醫藥衛生部，農學部，工藝製造部，交通部，雜著部，類書部，叢書部。各部之下，則視實際情況，宜設分部者均設若干分部。如軍事部即下设：軍事理論分部，國防戰備分部，軍事制度分部，軍事教育與訓練分部，軍事後勤分部，武器裝備分部，軍事工程分部，軍事地形學分部，戰史分部；農學部即下设：總論分部，農業技術基礎分部，農機具分部，農田水利分部，農藝分部，植物保護分部，農作物分部，園藝分部，林業分部，畜牧分部，蠶蜂分部，水産養殖分部，農場建築分部。以求體系明備。兩個緯目包括：論述，綜述，分别組成各部、各分部所涵蓋的具體内容和全部資料的展開區間與宣示點位。

本總部依託於既定的經緯目框架結構，嚴格擇取五十七種重要書目（光緒《農務要書簡明目録》則仿梁啓超《西學書目表・近譯未印各書》『其未譯成及已佚者皆附見』例，亦予列入）；收録辛亥革命以前陸續問世的譯著（佛教、耶教等除外），均按時代先後排列，自成單元又蟬聯而下。同時借助前人撰就的獨具隻眼而開風氣之先的總論或概説文字（如頗難尋覓的晚清沈桐生《東西學書録總敘》），特别是憑藉其簡明精到的解題文字，依次彰顯中國譯著的整體風貌與高潮景觀，以及譯界歷史動態與譯學理論建樹，組織機構與規章制度等，凸現不同時期尤其是明末清初和近代諸如社科譯著、科技譯著、文學譯著等代表作的具體内容與鮮明特色，顯現中國傳統文化與東方文化、西方文化的交融態勢，昭示西學東漸與中學西傳的雙向互動狀況，表明中華民族所特有的海納百川的包容姿態與優良傳統。從而爲讀者和學人在譯著暨譯史領域上下求索，左右采獲，提供一座信息庫，交上一把金鑰匙。

楊寄林

二〇一六年三月廿六日

目次

論述

王韜《泰西著述考序》　西洋葡萄牙國，自明武宗正德十二年，始與我中國通商立埠於廣東之澳門。由是歐洲各國接踵東來，不但賈舶商艅相繼不絶於道，而傳教之士亦復懷鉛握槧而至，挾其天算輿地之學，與名公鉅卿相交際，爭以著書立説以自鳴高。於是，我中國始知地球爲圓體，曆算格致於焉日啓，西學之入中國實自此始。余嘗得其目錄觀之，獲傳於世者約略二百十一種，亦可云富矣。當時著名之士，凡九十有二人，文辭爾雅，彬彬乎登述作之林。蓋自東西兩海道通以來，約百有餘年，所至者皆天教會中之修士。凡其初至之年、所著之書及其卒葬處所，無不班班可考。爰爲鳌次其姓氏，詳述其著作，以臚於篇，用爲談海外掌故者廣厥見聞云。

康有爲《日本書目志序》　泰西之強，不在軍兵砲械之末，而在其士人之學、新法之書。凡一名一器，莫不有學。理，則心倫生物；氣，則化光電重；蒙，則農工商礦。皆以專門之士爲之，此其所以開闢地球，横絶宇内也。而吾數百萬之吏士，問以大地、道里、國土、人民、物產，茫茫如墮烟霧，瞪目撟舌不能語。况生物心倫哲，化光電重，農工商礦之有專學新書哉，其未開徑路固也。故欲開礦而無礦學，無礦書；欲種植而無植物學，無植物書；欲牧畜而無牧學，無牧書；欲製造而無工學，無工書；欲振商業而無商業，無商書：仍用舊法而已。則就開礦言之，虧敗已多矣。泰西於各學以數百年考之，以數十國學士講之，以功牌科第激厲之，其堂室門戶，條秩精詳，而冥冥入微矣。吾中國今乃始舍而自講之，非數百年不能至其域也。彼作室而我居之，彼耕稼而我食之，至逸而至速，决無舍而別講之理也。今吾中國之於大地萬國也，譬猶泛萬石之木航，與鞏鐵艦爭勝於滄海也。而舵工榜人皆盲人瞽者，黑夜無火，昧昧然摻柁於烟霧中，即無敵船之攻，其遭風濤砂石之破可必也。况環百數習於出沒波濤之鐵艦，而柁工榜人皆漁戶爲之，明燈火、張旌旗而來攻，其能待我從容求火乎？然今及諸艦之未來攻也，吾速以金篦刮目，槐柳取火，尤不容緩也。然即欲刮目取火以求明矣，而泰西百年來諸業之書萬百億千，吾中人識西文者寡，待吾數百萬吏士識西文而後讀之，是待百年而後可，則吾終無張燈之一日也。故今日欲自強，惟有譯書而已。今之公卿明達者，亦有知譯書者矣。曾文正公之開製造局，以譯書也。三十年矣，僅百餘種耳。今即使各省並起而延致泰西博學專門之士，歲非數千金不能得一人。得一人矣，而不能通中國語言文字，猶不能譯也。西人有通學游於中國，而通吾之語言文字者，自一二教士外無幾人焉。則欲譯泰西諸學之要書，亦必待之百年而後可。彼環數十國之狡焉，思啓者豈能久待乎？是諸學終不可得興，而終不能求明而自強也。【略】康有爲昧昧思之，曰：天道後起者勝於先起也，人道後人逸於前人也。泰西之變法至遲也，故自倍根至今五百年而治藝乃成；日本之步武泰西至速也，故自維新至今三十年而治藝已成。大地之中，變法而驟強者，惟俄與日也。俄遠而治效不著，文字不同也。吾今取之至近之日本，察其變法之條理先後，則吾之治效可三年而成，尤爲捷疾也。且日本文字猶吾文字也，但稍雜空海之伊呂波文十之三耳。泰西諸學之書，其精者日人已略譯之矣。吾因其成功而用之，是吾以泰西爲牛，日本爲農夫，而吾坐而食之，費不千萬金，而要書畢集矣。

又《農工商總序》　夫開内地之利者，農、工也；取外國之利者，商也。德、美以棉、麥製造，法以葡萄，英以煤鐵商業。英旗徧日月所出入，其製作萬貨滿大地，歲入金鎊以數千兆計，羨餘盈溢。至於美免民征税，英還民債，而不受盈尺之地。月租數百，其所在市里皆有園囿，營樓館，動逾百萬，日相與游宴，雕綈文靡，窮侈極麗，以娛其民。書院書藏，醫院教堂相望，所費千數百萬，他物稱是。英民三千餘萬，均而算之，人可得二萬七千。夫而後出其餘，以經營臺艦槍礟，故精新巧多，開闢萬里，横絶地球，皆農、工、商之故。吾中國非不言農、工、商也。天子與長吏歲且親耕以率農，設大臣以通商，立部以督工，而農利日少，工益窳敗無精器，商至無大公司立於外國。其事效與泰西懸絶相反若是，是遵何故哉？則以泰西之農、工、商，皆從士出；各業皆有專書千數百種，以發明之；國家皆有專門學校，以教授之。舉數十國，又開社會以講求之。其有新書、新器、新法，爲厚獎高科以誘勸之，大集賽會以比較之。故其民精益求精，新而又新，進而愈上，欲罷不能。其粗窳塞拙之舊，無可爲利用，則日變去之，而思所以爭長競巧者。故其爲農也，刈禾則一人可兼數百工，播種一日可及數百畝，擇

種一粒可收一萬八千粒。千粒可食人一歲，一畝可養人一家。瘠壤變爲腴壤，小種變爲大種，一熟可爲數熟。乃至牲畜佃魚之法，養蜂種樹之微，皆講求至精。故其業豐溢，增稅數千萬焉。若其製作之精奇，工廠之瓌偉，氣球、鐵軌、電器、機輪游天縮地，驚猶鬼神；下至針線服器之物，莫不精新瓌麗，光采奪目，中乎人心。故流通無垠，周偏全地。若其商人，皆通萬國之故，萬貨之情，童而學之，壯而行之。國家又設領事以考求，布兵船以保護。故泰西之商，窮域絶島，靡所不屈。農出之，工作之，商運之，精血充溢，用致殷強，固有然也。而吾中人之爲農、工者，皆愚惰之人。目不識字，況乎圖算！足不出鄉，何有講會？即其農書，等于詞章吟誦之學，而不能施之于用。即使可用，農、工不能識考而施行之，況皆舊法，比于日新爭巧者相去亦遠矣。百工規矩，更無專書；商賈貿遷，但知銀算。既上無學校獎勵之道，下無社會、賽會之方。凡此二者，一切皆付之小民，官無與焉，苟收其稅而已。甚且入口輕而出口重，洋商可以三聯票免釐，而内商則百重抽剝，貪官暴吏虎狼而強食之；而工皆惰窳，以磁器爲中國之專利，猶且爲日本所奪，日磁滿市，其他可知。商販不行，百貨滯敗，如此而欲農、工、商之家勸業，以富其民也，此其南轅而北其轍也。王業俱敗，民且狼顧，而謀國者尚棄置坐視。其憤發者，但談軍兵砲械，以思固其圉。豈知精華既竭，褰裳去之，民且不存，安有邊圉？而以不全不備之軍兵砲械，勢必俱敗。然用事者猶不知大戒深思，以善用其民，吾不知所託足也。昔衛文公當敗之後，但云務材訓農，通商惠工，敬教勸學，未嘗云修兵馬，利器械也。然元年甲車三百乘，季年乃三千乘，「騋牝三千」，誦於《零雨》。此亦用事者所宜深思矣。日本蕞爾島國，爲地十八萬方里，僅當吾一蜀。當咸、同時，頻見逼于歐人，國且内亂。地宜國勢，比吾今日不如遠矣。而考其變法之故，特設農工商部，皆有學校以教之，祿賞以勸之，又有社會以講求，賽會以激厲。令其農、工、商三業之書，泰西佳書略以盡譯；加以新得，分條析縷，冥冥入微。嗚呼！觀日本之所以強者，吾中國可以反而求之矣。

梁啓超《西學書目表序例》 曾文正開府江南，創製造局，首以繙譯西書爲第一義，數年之間，成者百種。而同時，同文館及西士之設教會於中國者，相繼譯録，至今二十餘年，可讀之書略三百種。【略】一、譯出各書都爲三類：一曰學，二曰政，三曰教。今除教類之書不録外，自餘諸書分爲三卷。上卷爲西學諸書，其目曰算學，曰重學，曰電學，曰化學，曰聲學，曰光學，曰汽學，曰天學，曰地學，曰全體學，曰動植物學，曰醫學，曰圖學。中卷爲西政諸書，其目曰史志，曰官制，曰學制，曰法律，曰農政，曰礦政，曰工政，曰商政，曰兵政，曰船政。下卷爲雜類之書，其目曰游記，曰報章，曰格致總，曰西人議論之書，曰無可歸類之書。一、明季國初，利、愛、南、陽諸君以明曆見擢用，其所著書見於《天學彙函》、《新法算書》者，百數十種。又，製造局、益智書會等處譯印未成之書，百餘種。通商以來，中國人著書言外事其切實可讀者，亦略有數十種，捃拾薈萃，名爲附卷。一、西學各書，分類最難。凡一切政皆出於學，則政與學不能分。非通羣學不能成一學，非合庶政不能舉一政，則某學某政之各門不能分。今取便學者，強爲區别。其有一書可歸兩類者，則因其所重。如，《行軍測繪》不入兵政，而入圖學；《御風要術》不入天學，而入船政；《化學衛生論》不入化學，而入醫學是也。又如《電氣鍍金》、《電氣鍍鎳》等書，原可以入電學；《脱影奇觀》、《色相留眞》、《照相略法》等書，原可以入光學；《汽機發軔》、《汽機必以》、《汽機新制》等書，原可以入汽學；今皆以入工藝者，因工藝之書無不推本於格致，不能盡取而各還其類也。又如，《金石識别》似宜歸礦學類，又似宜歸地學類，而皆有不安，故歸之化學。《海道圖説》似宜歸地學類，又似宜歸海軍類，而皆有不安，故歸之船政。此等門目亦頗費參量，然究不能免牽強之誚。顧自《七略》、《七録》以至《四庫總目》，其門類之分合、歸部之異同，通人猶或訾之，聚訟至今未有善法。此事之難久矣，海内君子惠而教之，爲幸何如！一、門類之先後。西學之屬，先虚而後實，蓋有形有質之學皆從無形無質而生也。故算學、重學爲首，電、化、聲、光、汽等次之，天、地、人、謂全體學。物謂動植物學。等次之，醫學、圖學全屬人事，故居末焉。西政之屬，以通知四國爲第一義，故史志居首；官制、學校，政所自出，故次之；法律所以治天下，故次之；能富而後能強，故農、礦、工、商次之；而兵居末焉。農者，地面之産；礦者，地中之産；工以作之，作此二者也；商以行之，行此二者也；此四端之先後也。船政與海軍相關，故附其後。一、已譯諸書。中國官局所譯者，兵政類爲最多，蓋昔人之論，以爲中國一切皆勝西人，所不如者，兵而已。西人教會所譯者，醫學類爲多，由教士多業醫也。製造局首重工藝，而工藝必本格

致，故格致諸書雖非大備，而崖略可見。惟西政各籍譯者寥寥，官制、學制、農政諸門竟無完帙，今猶列爲一門者，以本原所在，不可不講，懸其目以俟他日之增益云爾。一、書目例標撰人名氏，今標譯人不標撰人者，所重在譯也。譯書率皆一人口授，一人筆述，今諸書多有只標一人者，原本不兩標，故仍用之，名從主人也。一、收藏家最講善本，故各家書目於某朝某地刻本至爲斷斷。今所列皆新書，極少別本，仍詳列之者，不過取便購讀，與昔人用意微殊。其云在某某書中者，無單行本也。其云《格致彙編》本、《萬國公報》本、《時務報》本，其下不注本數、價值者，亦無單行本也。一、古書用卷子本，故標卷數。後世裝潢既異，而猶襲其名，甚無謂也。故今概標本數，不標卷數。

張之洞《勸學篇・廣譯》 十年以來，各省學堂嘗延西人爲教習矣。然有二弊：師生言語不通，恃繙譯爲樞紐，譯者學多淺陋，或僅習其語而不能通其學，傳達失眞，豪釐千里，其不解者則以意刪減之，改易之。此一弊也。即使譯者善矣，而洋教習所授，每日不過兩三時，所教不過一兩事。西人積習，往往故作遲緩，不盡其技，以久其期，故有一加減法而教一年者矣。即使師不憚勞，而一西人之學，能有幾何？一西師之費，已爲鉅款。以故學堂雖建，迄少成材，朱子所謂無得於心而所知有限者也。此二弊也。前一弊，學不能精，後一弊，學不能多。至機器製造局廠，用西人爲工師，華匠不通洋文，僅憑一二繙譯者，其弊亦同。嘗考三代，即講譯學。《周書》有舌人，《周禮》有象胥、誦訓。揚雄錄別國方言，朱酺譯西南夷樂歌，于謹兼通數國言語，《隋志》有《國語雜文》、《鮮卑號令》、《婆羅門書》、《扶南胡書》、《外國書》。近人若邵陽魏源，於道光之季，譯外國各書、各新聞報，爲《海國圖志》，是爲中國知西政之始。南海馮焌光，於同治之季，官上海道時，創設方言館，譯西書數十種，是爲中國知西學之始。跡其先幾遠矚，洵皆所謂豪傑之士也。若能明習中學而兼通西文，則有洋教習者，師生對語，不惟無誤，且易啓發；無洋教習者，以書爲師，隨性所近，博學無方。況中外照會、條約、合同，華洋文義，不盡符合，動爲所欺，貽害無底。吾見西人善華語、華文者甚多，而華人通西語、西文者甚少。是以雖面談久處，而不能得其情。其於交涉之際，失機誤事者多矣。大率商賈市井，英文之用多，公牘條約，法文之用多，至各種西學書之要者，日本皆已譯之，我取徑於東洋，力省效速，則東文之用多。惟是繙譯之學有深淺，其僅能市井應酬語，略識帳目字者，不入等。能解淺顯公牘書信，能識名物者，爲下等。能譯專門學問之書，如所習天文、鑛學，則只能譯天文、鑛學書。非所習者不能譯也，爲中等。能譯各門學問之書，及重要公牘、律法深意者，爲上等。下等三年，中等五年，上等十年。我既不能待十年以後，譯材衆多而後用之，且譯學雖深，而其志趣才識，固未可知，又未列於仕宦，是仍無與於救時之急務也。是惟多譯西國有用之書，以教不習西文之人。凡在位之達官，腹省之寒士，深於中學之耆儒，略通華文之工商，無論老壯，皆得取而讀之，采而行之矣。譯書之法有三：一、各省多設譯書局；一、出使大臣訪其國之要書而選擇之；一、上海有力書賈，好事文人，廣譯西書出售，銷流必廣，主人得其名，天下得其用矣。此可爲貧士治生之計，而隱有開物成務之功。其利益與石印塲屋書等，其功德比刻善書則過之。惟字須略大，若石印書之密行細字，則年老事繁之人不能多讀，即不能多銷也。今日急欲開發新知者，首在居官任事之人，大率皆在中年以上，且事煩暇少，豈能挑燈細讀？譯洋報者，亦然。王仲任之言曰：「知古不知今，謂之陸沈；知今不知古，謂之聾瞽。」吾請易之曰：知外不知中，謂之失心；知中不知外，謂之聾瞽。夫不通西語，不識西文，不譯西書，人勝我而不信，人謀我而不聞，人規我而不納，人吞我而不知，人殘我而不見，非聾瞽而何哉？學西文者，效遲而用博，爲少年未仕者計也。譯西書者，功近而效速，爲中年已仕者計也。若學東洋文，譯東洋書，則速而又速者也。是故從洋師不如通洋文，譯西書不如譯東書。

嚴復《〈天演論〉譯例言》 一、譯事三難：信、達、雅。求其信，已大難矣！顧信矣不達，雖譯猶不譯也，則達尚焉。海通已來，象寄之才，隨地多有，而任取一書，責其能與于斯二者，則已寡矣！其故在淺嘗，一也；偏至，二也；辨之者少，三也。今是書所言，本五十年來西人新得之學，又爲作者晚出之書。譯文取明深義，故詞句之間，時有所顛倒附益，不斤斤于字比句次，而意義則不倍本文。題曰達旨，不云筆譯，取便發揮，實非正法。什法師有云：學我者病。來者方多，幸勿以是書爲口實也。

一、西文句中名物字，多隨舉隨釋，如中文之旁支，后乃遙接前文，足意成句。故西文句法，少者二三字，多者數十百言。假令仿此爲譯，則恐必不可通，而刪削取徑，又恐意義有漏。此在譯者將全文神理，融會于心，則

下筆抒詞，自善互備。至原文詞理本深，難于共喻，則當前后引襯，以顯其意。凡此經營，皆以爲達，爲達，即所以爲信也。

一、《易》曰：「修辭立誠。」子曰：「辭達而已。」又曰：「言之無文，行之不遠。」三者乃文章正軌，亦即爲譯事楷模。故信達而外，求其爾雅。此不僅期以行遠已耳，實則精理微言。用漢以前字法句法，則爲達易；用近世利俗文字，則求達難。往往抑義就詞，毫厘千里，審擇于斯二者之間，夫固有所不得已也，豈釣奇哉！不佞此譯，頗貽艱深文陋之譏，實則刻意求顯，不過如是。又原書論說，多本名數格致及一切疇人之學，倘于之數者向未問津，雖作者同國之人，言語相通，仍多未喻，矧夫出以重譯也耶？

一、新理踵出，名目紛繁，索之中文，渺不可得，即有牽合，終嫌參差。譯者遇此，獨有自具衡量，即義定名。顧其事有甚難者，即如此書上卷導言十余篇，乃因正論理深，先敷淺說，僕始翻「卮言」，而錢塘夏穗卿曾佑病其濫惡，謂內典原有此種，可名「懸談」。及桐城吳丈摯甫汝綸見之，又謂「卮言」既成濫詞，「懸談」亦沿釋氏，均非能自樹立者所爲，不如用諸子舊例，隨篇標目爲佳。穗卿又謂：如此則篇自爲文，于原書建立一本之義稍晦。而懸談、懸疏諸名，懸者玄也，乃會撮精旨之言，與此不合，必不可用。于是乃依其原目，質譯「導言」，而分注吳之篇臣于下，取便閱者。此以見定名之難，雖欲避生吞活剝之誚，有不可得者矣！他如物競、天擇、儲能，效實諸名，皆由我始。一名之立，旬月踟躕；我罪我知，是在明哲。

一、原書多論希臘以來學派，凡所標舉，皆當時名碩，流風緒論，泰西二千年之人心民智係焉，講西學者所不可不知也。茲于篇末，略載諸公生世事業，粗備學者知人論世之資。

一、窮理與從政相同，皆貴集思廣益。今遇原文所論，與他書有異同者，輒就謭陋所知，列入後案，以資參考。間亦附以己見，取《詩》稱嚶求，《易》言麗澤之義。是非然否，以俟公論，不敢固也。如曰標高揭己，則失不佞懷鉛握槧，辛苦迻譯之本心矣。

一、是編之譯，本以理學西書，翻轉不易，固取此書，日與同學諸子相課。迨書成，吳丈摯甫見而好之，斧落徵引，匡益實多。顧惟探賾叩寂之學，非當務之所亟，不願問世也。而稿經新會梁任父、沔陽盧木齋諸君借鈔，皆勸早日付梓。木齋郵示介弟慎之于鄂，亦謂宜公海內，遂災棗梨，猶非不佞意也。刻訖寄津覆斠，乃爲發例言，并識緣起如是云。

蔡元培《東西學書録叙》 自漢以來，書目存者，慮有四家。一曰藏書之目，如《漢書·藝文志》之屬爲官書，《遂初堂書目》之屬爲家書是也。一曰著書之目，如《通志·藝文略》、焦氏《國史經籍志》，通歷代著書之人；《明史》志藝文，以明爲斷；方志志藝文以鄉人爲斷，是也。一曰譯書之目，如隋《衆經目録》、《開元釋教録》是也。一曰買書之目，如《書目答問》是也。海禁既開，西儒踵至，官私譯本，書及數百。英傅蘭雅氏所作《譯書事略》嘗著其目，蓋「釋教録」之派而參以「答問」之旨者也。其後或本之以爲表，別部居，補遺逸，楬精沽，系讀法，駸駸乎藍勝而冰寒矣。吾友徐子，以爲未備，自刪剳記之要，旁采專家之說，仿《四庫書簡明目録》之例，以爲《書録》，補兩家之漏，而續以近年新出之書及東人之作。凡書之無謂者、複重者、互相證明者，皆有說以明之。夫兩家之書，裨益學者，覩成效矣。得徐子之書，而詳益詳，備益備，按圖以索，豪髮無憾。蓋公理漸明，誕譎無實之作日消，而簡易有用之書遞出。廣學之倪，吾以是券之矣。

徐維則《東西學書録例目》 西人教法，最重童蒙，有衛生之學，有體操之法，有啓悟之書。日本步武泰西，通俗教育，其書美備。近今各省學堂林立，多授幼學，宜盡譯日本小學校諸書，任其購擇，一洗舊習，獲效既速，教法大同。不精其學，不明其義，雖善譯者，理終隔閡，則有書如無書也。且傳譯西書，才難費鉅，所得復少。日本講求西學年精一年，聘其通中西文、明專門學者，繙譯諸書，厥資較廉，各省書局盍創行之。算學一門，先至於微積，繼至於合數，已超峰極。當時筆述諸君類皆精深，故偉烈氏乃有反索諸中國之讚，是西書中以算學書爲最佳。西國專門之學必有專字，條理極繇，東人譯西文亦必先有定名。中國所譯，如製局之化學書，與廣州及同文館同出一書，而譯文異，所定之名亦異，驟涉其藩，易滋迷誤。宜由製局先撰各學名目表，中西東文並列，嗣後官譯私箸悉依定稱。度量權衡，亦宜詳定一書以爲準。聲、光、化、電諸書，中譯半爲舊籍。西人凡農、礦、工、醫等學，每得新法，必列報章。專其藝者，分類譯報，積久成帙，以餉學者，最爲有益。欲知各國近政，必購閱外報。英之《泰晤士報》及《路透電音》，日本之《太陽報》、《經濟雜志》，於各國政要已具大略。盍仿西人傳

單之法排日譯印，寄送各官署，兼聽民間購買，以資閱歷。言政以公法公理之書爲樞紐，言學以格致算學之書爲關鍵。東西人在中國譯書者，大抵丁韙良、古城貞吉長於公法，李提摩太、林樂知長於政事。傅蘭雅在局最久，譯書最多，究其歸旨，似長於格致、製造諸學。算學之書可云備矣，惟公法公理、格致之書中國極少，後之譯者當注意於斯。一人孤立，何以成學？譯書雖少，備購匪易。莫若官設藏書樓，任士人進讀。西人多以捐設藏書樓爲善學。或數十人、十餘人聯設學會，綜購圖籍，交相忞慔，事易功倍。自《七略》以下，門類分合、部居異同，前人猶多訾議，東西學書分類更難。言政之書皆出於學，言學之書皆關乎政，政學不分則部次奚定？今強爲區別，取便購讀。通人之誚，知難免焉。部勒書目於別出互見之法，古人斷斷。東西學書凡一書可歸兩類者，或一書旁及他事者，此比多多，大費參量。今因其所重，依類強入，於古人目錄之成法相去遠甚，等於簿錄而已。通行西書目，但標譯人，不標撰人。西國立一議，創一法，勒爲書，即以其名名之。中譯之本，乃立書名，題撰人。作者之功，豈堪湮沒？今概爲著之。其有採譯各說以成書者，則譯者之功爲多。東西人譯輯者，概錄於篇；中國人輯著者，入於附卷。

趙惟熙《西學書目答問・略例》　光緒二十七年詔變科舉法，以中外史志、政藝各學試士。諸生鮮識西書門徑。時來問業。不佞於中學應讀諸書尚百不逮一，遑論鞮譯之語，佉盧之文，顧修史餘閒，亦稍從事於涉獵。茲就所已知者，仿南皮張孝達前輩《書目答問》之例，臚列西書諸目於篇，用譾來者。

西書門目繁多，大致不外曰政，曰教，曰藝三類。教務書率淺陋不足觀，譯書尤多惡劣，屏棄不錄。以政學、藝學，分上下篇。張書於博中求精，故抉擇頗爲嚴審。是篇以現行西書無多，自非悖謬太甚，淺鄙無理者，概予著錄。非盡要本，亦非盡善本，披沙揀金，是在學者。中國西書之最古者，若利瑪竇，若熊三拔，若艾儒略，若湯若望，明末國初凡十餘家，爲書數十種。大半已見《四庫》及《天學初函》、《藝海珠塵》、《海山仙館》各叢書中。西學日新月異，愈近愈佳，故於乾嘉以前譯本，悉置弗列。書目下俱注卷數及譔人、譯人姓名，以備考覈。原本未注者仍之。惟京寓藏本悉付劫灰，黔處偏隅，無從購求，故未能一一校訂，譌誤實多。或間有遺忘，則姑從闕。西人冠以國名，中人則不舉爵里，以歸簡易。是篇纂輯於本年冬初，未及脫稿，即按試下游各屬。考政倥傯，不遑暇食，偶於監場之頃，校藝之餘，或輶軒暫停，或驛館小住，輒枝雜筆記數行於目下，以示諸生門徑，匪敢厠作述之林，觀者勿以希讓無學繩我也。

《四庫》編纂之例，凡其人現存皆不著錄。惟西學各書，風行於二十年內，其繙譯、撰述者，大半近日名公碩士，若概從割愛，將至無書可紀，且此篇爲指示諸生而作，與著書體例有間。張書於近刻著「今人」二字，其所取者寡，不妨從略。今悉本書名之例，敬著於篇。書目釐類最難，西書尤甚。派別門分，未易畫一。欲各從其類，則每有一書而兼數類者。兩收之，既嫌重複；偏舉之，又近絓漏。茲謬以私意，略爲銓次，不無參差，學者觀其會通可矣。西書有圖者，恆十之八。凡圖非另爲卷，不注於目。是篇以西書爲主，故中人撰述，多附見於後，毋以爲外夏內夷也。是篇多已亥已前譯本，拳勇階亂，京滬道阻，輶軒西來，更無從問津於鄉嬛福地矣。惟譯本以晚出爲佳，會當博訪新書，續刻以饜多士。中人雅尚著作，度論述西事之書，當復不少。不佞孤陋寡聞，搜求殊隘，僅就見及者錄之。罣一漏萬，自知不免。倘有以枕中鴻祕餉我者乎！謹懷鉛提槧以俟之。收藏家最重叢書，西書獨尠彙刻。如近行之《西學大成》等名目，多坊賈漁利，改頭換面之作，譌誤尤多，弗以羼入。各書目下所注某某本，指初印及通行者而言。現在大半有石印巾箱本，書肆易得也。讀西書以政學爲易，一瀏覽而得八九。至藝學，多係專門，非名師口授及以儀器測驗，末由實獲，故宜先政而後藝。讀西書，當以中學爲根本。正經畢業，乃可從事。否則志識未固，即有所得，亦不足觀已。

西人每歲創新法，製新器者，以億爲率；獲新理、著新書者，以萬爲率。是區區者，猶太倉稊米耳。諸生於此稍涉藩籬，毋駭爲浩如煙海也。辛丑嘉平月貴州督學使者南豐趙惟熙識於鎮遠府試院

佚名《論譯書四時期》　人生於一羣之中，欲自開其智識，則必讀書。兩羣相遇，欲互換其智識，則必譯書。兩羣之中，甲羣稍高，乙羣稍次，則甲羣譯乙羣之書，尚可暫緩；而乙羣譯甲羣之書，則在所宜急。夫今日者，腦力之世界也，人固不可不讀書；而支那者又稍次於歐美者也，更不可不譯書。然則今日之支那，其以布帛菽粟視譯書也審矣。且支那者，久慣譯書之

國也。問支那二字之名，從何而來？即從譯書而來。當東漢之初，金容入夢，遂爲支那譯書之始。自漢明帝時法蘭、摩騰等譯《四十二章》起，至唐貞觀時玄奘等譯相宗各經論止，此八百年之歲月，皆爲支那譯書之時代。其間主張譯書者，有華人，有胡人；其口譯筆受者，有華人，有天竺人。其宗派則大小乘無定，其文筆則華樸繁簡無定，其擇書則一書二譯三譯甚至六譯亦無定。而自其大勢觀之，則其哲理由淺而漸深（《四十二章經》等至淺，《順地經》等至深），其文字由疏而漸密（慈恩以前所譯，通其義而已，至慈恩所譯，則必合名學），其一書之卷軸亦由少而至多（《四十二章經》共一卷，《大般若經》六百卷），自竺法蘭至窺基等，其進步之等級，至清晰至完備也。夫古之譯釋典也，求死後之罪福而已，非以救燃眉之存亡也；講高尚之哲理而已，非以求切膚之衣食也。而緇俗信徒，乃能合力而成此洋洋萬卷之《大藏經》文，支那人譯書之猛勇精進，不可駭哉！惜乎，中唐以來，禪宗既盛，置此不講，兩宋元明，百學俱隳，本有之書，尚多束閣，豈能他求？洎乎明季，已達極點，而譯書之死灰復燃。明以前之譯書，取之西方；明以後之譯書，亦取之西方。明以前之譯書爲傳教，明以後之譯書亦爲傳教；但一則印度，一則歐美，一則釋迦，一則基督耳。及其後時世所迫，乃漸與國政相連。今分之爲四時代：〔第一期〕時代：明崇禎□□年。所譯之書：宗教、算學。譯書之地：上海徐家匯。譯書之宗旨：傳羅馬教。譯書之經費：教會。〔第二期〕時代：咸豐□□至咸豐己未。所譯之書：天文、算學。譯書之人：偉烈亞力、李善蘭等。譯書之地：上海墨海書院（館）。譯書之宗旨：顯其獨得之學。譯書之經費：教會。〔第三期〕時代：同治十年起到今。所譯之書：格致、工藝。譯書之人：傅蘭雅、金楷理、華蘅芳、趙元益等。譯書之地：上海製造局。譯書之宗旨：國家欲明製造。譯書之經費：國家。其第三期同時者尚有數社會：〔甲〕時代：光緒初年至今。所譯之書：條約、外國律例、旅行遊記、醫學。譯書之人：丁韙良、同文館學生等。譯書之地：北京同文館。譯書之宗旨：未聞。譯書之經費：國家。

〔乙〕時代：光緒初年。所譯之書：算學、物質學、歷史。譯書之人：艾約瑟、花之安等。譯書之地：上海益智會。譯書之宗旨：傳路德教（基督教）。譯書之經費：教會。

〔丙〕時代：光緒十餘年。所譯之書：宗教、格致、史事、政治。譯書之人：李提摩太等。譯書之地：上海廣學會。譯書之宗旨：傳路德教。譯書之經費：教會。〔丁〕時代：光緒元年。所譯之書：醫學。譯書之人：嘉約翰、尹端模等。譯書之地：香港（廣州）博濟醫院。譯書之宗旨：傳路德教。譯書之經費：教會。〔第四期〕時代：目今。所譯之書：政治學等。譯書之人：士人學生。譯書之地：各大市場。譯書之宗旨：輸入文化挽救衰亡。譯書之經費：人民自備。觀右諸表，即知支那譯書，當後勝於前矣。何也？前譯書之人，教會也，朝廷也；前譯書之目的，傳教也，敷衍也。後譯書之人，士夫也，學生也；後譯書之目的，謀公利也，謀私利也。宜乎後譯之力，當萬倍於前譯之力。前譯者爲東方之啓明，而後譯者爲經天之烈日；前譯者爲昆侖虛叢林灌莽中之涓流，而後譯者爲江河入海處呑天之巨浸，殆時勢之一定，而不可改者矣。乃一讀其書，竟大不然，其後譯之書，較前譯之書，不及遠甚！試舉其普通大例如左：其一：前譯皆取諸西文，後譯皆取諸東文。其二：前譯多科學，後譯多泛論。其三：前譯多鉅帙，後譯多短書。此三事者，各有致此之因。其第一條，以深於英文之人過少，即有數人，而其人之事已至極繁，不能再肩此任，此爲西文之所限一也。第二條，有專門之科學，即有專門之名詞，通東文者雖多，而曾學科學者甚少，此爲東文所限二也。第三條，編輯者數字以賣之，發行者計日以趕之，皆以短書爲便，此爲財力所限三也。此外又有近因，能致譯書於至壞之地步者，則科目爲最有力焉。此四者具，而譯書之不及前決矣。今得一例如左：專爲傳其學說起見，上也；欲以其學著名，次也；欲以其學易利，又次也；利在前而後從事於學焉，下也。以此四期分證之。第一期之譯書也。其時歐西之說，初來中土，非惟無利可謀，無名可得，而且處數千年豐蔀之下，忽然而倡此新宗教、新學說，上無國家之保護，下有社會之阻力，其禍有不勝言者焉。徐、利諸公，舉不暇計，惟是熱心信教，欲以傳上主之奧理於人間，其胸次之高尚爲何如也！故所譯《幾何原本》等，至今尚占譯書中惟一之地位。此爲犯難譯書時代。第二期嘉道之季，士大夫舊學漸進精深，故算學一科遂成顯學。李壬叔生當其時，其資稟又與此爲獨近，故亟欲集其大成，爲同時諸公所未有也。此爲名譽譯書時代。第三期則既已開公局、支薪俸矣，然而其局爲常局，其課程以時計不以字計，故爲日較長，得以從容從事焉；且諸公又皆嗜此學者也。此爲薪俸譯書時代（按同時各教會譯書筆述人情形

亦與此相若）。第四期科舉既變，八股既廢，於是《四書合講》、《詩韻合璧》、《大題文府》、《策府統宗》等，遂與飛蛇飛鼉大麋大鹿，同爲前世界之陳迹，不能不又有物焉代興其間也。以故其講求者，非求智識也，買夾帶也。其編輯者，非開民智也，賣夾帶也。此爲夾帶譯書時代。夫譯書而至以充夾帶，則譯書之惡達於極點矣！以觀其工，則譯工、印工、裝訂工，無不草率之極。以觀其料，則墨料、紙料、綫料，無不偷減之極。以較前時所譯者，不必展讀，蓋一望其書之外形，而知其工率之分矣。雖然，吾知不轉瞬而譯書者必將改良，從何而改？即從此數十之主考房官而改也，蓋其力能使譯書與夾帶分而爲二。今觀各省所出之題，既可不用譯書，則將來所刻之闈墨，必皆不引譯書，則此後求夾帶者，必不求之譯書之中，即謀譯書者，斷無望其兼有夾帶之用，而譯書自譯書，夾帶自夾帶，將見專備夾帶之新書，漸不銷行，專備夾帶之譯局，漸行停止，而其存者，必其眞輸文化開民智者也。再久之，則科目之制，終必廢絶，而學校之讀本興焉，至此而譯書之面目大更矣！若再言其他，則更關係於國家之存亡榮辱，此時亦無人能知之。若如上之言，則固可以確信矣。

通雅齋《新學書目提要·總叙》　夫文侯思治，別今樂前陳；漢主策邊，則賢良集議。既佇聞于良説，宜取重于當時，自古所昭，于今爲貴。史家秉筆，先登載記之篇；英彥成書，不少昌言之作。矧撣人設職，朱車載途。環球九萬里，以太方孳；通商十七邦，官書盈尺。不勞畫地成圖，便當抵掌可述，則千秋之金鑑，猶百國之寶書。所以見此聲明，考其法律，源流可按，授受斯多。五萬載之石碑，重美洲之舊物；十二章之銅表，傳羅馬之遺文。莫不人蓄短毫，家持片札，初宏偉義，肇作新辭。森林獨鬱，溯蠻族之自由；櫻蕊方紅，是和魂之所寄。三年已邈，萬卷非窮，羌有補于改弦，諒無忘于蓄艾者已。然而笙鏞競響，終非協律之音；涇渭殊流，寧見同歸之派。言非一致，家自爲師，軒眉拊掌之倫，舐筆和鉛之士。論《鹽鐵》之計乃有多人，翻《華嚴》之經至于三部，或騰聲于學界，競樹幟于譯林，固以一字千金，願書萬本。魏文甄表之用，更生校理之勤，從事有年，服膺未釋。詩家自好，恨不作于鄭箋；《呂覽》猶懸，翻有遲于高誘。非云點竄，頗欲贊揚。若乃涉獵未宏，名詞猶淺，驚世駭俗之論，鹵莽滅裂之譏。初知漢讀之法，已述和文；未窺民約之文，自稱路索。八星之不知，五洲之未辨，剛果乃成爲自主，泥瓜則易以巴拿。揭果爲單，幾令一行不識，説鈴在肆，何勞揚子騰詞。百家之言，黄帝不盡雅馴；五事之出，郭冲咸云僞託。既見彈于流俗，方衍謬于他年，信筆于是，寂寥雅言，終以歇絶菁華，既竭蘭艾。同登不有搴裳，曷圖滋蔓；用是然脂削牘，向曉搴書。占世論之多淆，懼民生之猶惑，豈有資于芳鑰，聊用摘其冥行。未敢相輕，深憂失當，作爲平議，以諗通人。旁行經説，豈有正讀？無非棘下傳書，良由嫉此蔽冒。權衡所在，謹愼將之，爲書凡若干卷，名曰《新學書目提要》，所以辨同異、昭是非也。綜其爲篇，列目有八，體裁所在，揚榷可言。

崔寔《政論》之篇，太初時事之議，窮變通久之道，周文殷質之宜，無取陳言，夫惟大雅。布新除舊，彗宿斯著其祥；進化改良，《天演》方傳其説。軫覆車之重迹，審韋佩之逌宜，亦有葱苾禁碑、澶淵故事。信守則藏之故府，易行則近法后王，凡實驗之多門，亦施行之不紊。名山所存，重以金繩玉檢；進御之本，寧爲魚蠹蛛絲。古云縹綈之書，今見藍皮之册。又如墨者巨子，包丘大儒，既四海之同心，即六家之要旨。街名萬法，何期通德之門；人謚七賢，是曰顧廚之例。豈太平之人智，抑波斯之寓言，方假手于斧柯，諒不辭于津逮。此外修身大義，倫理專科，對人則貴于合羣，律己則嚴于自治。義以正我，知毖記之未焚；仁者相人，瞻禮堂而隱約。緯書可證，戴記非訛，載在成篇，著爲師範。是曰法制，其流一也。

横由世宙，經緯當今，備陳異俗之詳，自寫陰符之術。悚浮雲之多變，概來日之大難，覽大勢變遷之説則晨悲黄種沉淵，省未來世界之篇則夜夢白翎翔海。其或同條相屬，據事直書。競傳抗命之峰，間紀交兵之略，齒冷和平之會，譏深公法之文。斐濱淒霧，遙符五百軍人；波亞蠻烟，多謝八千子弟。至有希踪高躅，崇拜偉人，惟崧岳之降神，亦江河之不廢。重貫絲而綉像，譬立石以範模。重以世族分支，教宗異派。稱則力微皇帝，謚惟博大眞人，兼求政典之邅，并述文明之祖。是曰歷史，其流二也。

殖民之業，探險所經。能飛先上木星，沒脛而求冰澥，或推行于軌道，兼注重于海權。昆侖屹峙，寧非希馬之峰；裨海環流，即是閣龍之墓。賓布偏求蠻國，蠙珠裁漏麟洲，更言考古之資，抑亦儒生之事。游心舊史，矚目新圖，都名則審其對音，地勢則辨其方位。扶桑可纈，占異説于美洲；奄蔡非遙，指方輿于俄國。雖無徵之不信，亦有開而必先。況復界析華離，論騰

瓜剖，研其物產，附及民風。形勝重于兵家，地肥出于佛典。金角之譬，君士辟其良灣；磁器之稱，支那蔚爲古國。測量已廣，戒慎方深，益以科學之言，是爲地質之說。驗大山之性質，研地震之原因，溫泉繞于英倫，海綫長于日本。珊瑚成島，乃云結自蟲窠；荷蘭建都，或謂填于鯨骨。影響推之文化，幸福及于政談。是曰輿地，其流三也。

元溟方揚其埃，哲士猶殷其痛，傷翠毛之見爇，戴鶡冠而深藏。窮愁所以著書，曲學敢云阿世？位卑計掾，栖遲抗議之門；分守司勛，寂寞論兵之幕。乃有北朝文士，窮海累臣，自署新民，愴懷故國，林下見鵑而拜，九夷從鳳以嬉。新城在望，凄其上堵之吟；入蜀何年，允矣尸佼之著。又壯游之志，古禮所云，交聘之儀，百王不廢。離家二年，滿紙旅行之感；廷爭一字，皆言奉使之忠。士懷負笈之心，人有乘槎之望，亦越本朝之例，禁刊奏議之文。凡邸報之鈔胥，即官中之鴻寶，近世或經采集，庶以廣其流傳。黃門啓事，寧遺溫室之言；青瑣朝班，定有京華之戀。攬茲數體，并屬高文，著述之風，于斯爲盛。怨夫容于江上，愁薜荔于大荒，漢使植其葡萄，楚臣佩其蘭芷。是曰文學，其流四也。

今者環球競言商戰，至于實業，國有專門，百物所以成名，九州于焉鑄鼎。陋齊民之無術，罄貨殖以難書，兪跗失其針，工倕喪其指。羣雄駢立，成俗相閒，載其書者專車，言其事者列屋。競求波于海若，咸貸木于鄧林，凡强國之多謀，亦富民之不妄。地分赤緹，幾經土地之勞；人異烏倮，乃有得財之術。譬彼桓侯，初笑失于扁鵲；猶斯巧匠，機心運以飛鳶。并有新知，皆資取法，矧以戰陣之事、教訓之方，棄地之譏、懷寶之誚。人師尉繚，郡置銅官，數年以來，其說愈熾。上應玄武，頗聞漢代之功；下有丹砂，猶是齊人之語。此則昔聞遺事，今被鄰風，略舉數端，尤滋重譯。衛鞅治秦，法令寄于耕戰；馬殷立國，流風重于工商。樂府傳突厥之鹽，名都記遼人之鐵，三千里而求藥，十萬劍以橫磨。挹彼注茲，寧容深諱。是曰西學，其流五也。

玩物有戒，藝學尤微，緊彼歐人，乃多創獲。鬼工不絕，新理連篇。實驗重于倍根，計學盛于斯密，雖借根之相襲，匪格竹之多迂。草生不茂，初有恍于留良；果落何心，翻證疑于吸力。若斯巧觸，播以美談，冥想所窮，神人如接。將以揮茲迷信，辟此讏言，亟當由是失靈，天質乃爲所揜。炮彈猶差，未許升天之速；星球愈冷，從知奔月之虛。羲氏掌日，已昭七色之桃；電字從神，更蓄千年之氣。學術占其進步，思想所以變遷，既前哲之用心，抑今時之利用。宜其周髀不隔，測地有儀，藉汽可以行車，無雹乃能傳信。買樹膠于荒域，搜瀑布于窮岩。七二原質，近說以爲多訛；五萬微蟲，諦視猶其未審。曾聞彌確，抱器良多，耻一物之不知，羌遇人而輒問。師其長技，是牖靈聰，末日何愁，谷神宛在。是曰西藝，其流六也。

世變所以頻繁，學術因之愈廣，昔爲一轍，今出多途。四庫狹其分門，九流隘其支派，必師前例，當有新聞。自哲理東舒，別裁間作，標題既雜，目錄幾窮。正使班生尙存，《隋書》具在，其爲定識，豈有不刊？躋《晏子》于墨家，已非通論；錄《孝經》于小學，或是外篇。龍筋鳳髓之號，實乃詞章；解牛相馬之談，誤孱農術。末流所衍，此類方滋，即語通行，已多小品。偶資記臆，偏重精神，或署青年，亦稱怪杰。蒙學求其課本，體操附以新圖，凡此片言，皆裨勸學。爾雅以觀于古，長河不擇細流，雖異草之難名，亦雜俎之不棄。二十札家之言，藿藻孔甲；百一詩篇之體，被服應瑒。辨章則別出裁篇，最錄則都爲一集。涉睢渙之分流，皆成斷錦；過給孤之衛土，頗見散金。冀聽得以償勞，庶今人之不薄。是曰雜錄，其流七也。

稗官之體，變俗是資，雖出委談，久登里乘。溯虞初之託始，至唐代而盛行，沿及今時，已成風教。西游則長春卻步，國志則陳壽焚書，惟口實之模糊，或傳聞之軼麗。暹羅開國，題李俊之傳奇；高麗稱兵，指虬髯而可想。雖云寱語，頗復雄心，旁涉泰西，流風愈博，浸淫所及，磅礴東洋。法國三豪，仰尊嚴于佛祿；東邦百哲，著想像于耐庵。即論推崇，皆由時趣。方烟聚癖，譬酒生酲，草木炫其殘英，風露感而變色。巴黎造紙，于此價高紐約；飛樓詎言，百丈傳之中國。吸受方宏，以興愛國之感情，并悉外人之性質。短圜春老，毋忘絕島之行；屬土瘴寒，猶署吁天之狀。私中自勵，遙契何堪？近世好奇，尤多述異，可以紀諸觚剩，播此丹青。海戰連年，黃報司其秘鑰；神權不永，紅黨著其危機。雖故實之難憑，望流芳而可挹。是曰小說，其流八也。

猥以短材，丁茲浩運，游梁經歲，入洛有年，寧無呵壁之辭，方讀《思玄》之賦。守遼東之皀帽，分南國之白頭，寰宇多風，荒江自默。魯連已拙，蹈東海其奚辭；沮授猶疏，望黃河而自隕。入世明其皆醉，涉溟省其方

危，民生哀以多艱，時議棼而不一。飲之菊水，庶有續于斷齡；浴以蘭湯，諒無煩于大惑。夢天衢之有棘，見垣宿之生蕪，屬在當年，能無引領？既乞靈之無術，羌望帝以何心。五龍夾日，遲拜表于衡州；獨鶴寒年，悵行歌于開府。聽之歷數，委以懸談，異象所呈，殷于邇日。橫流未已，賢劫初長，俯注微塵，晻言京國。羅平妖鳥，方聞積釁之祥；淮海微禽，愴念游仙之語。每抽書向日，擁卷懷人，折茹之憂，至于掩袂。揲著有嘆，戒此土之龍荒；觀衆生嗟，瞻于誰之烏止。虜馬飲江，猶滯卯年之讖；金牛假道，翻愁丁力之窮。曲室寒心，高明來瞰，閉門不出，將語先喑。讀漢樂而斷章，只今銜口；證墜禪于不二，終日無言。傷禽多畏，撫翮譬其空弦；猘犬猶憎，在抱損其幽佩。戊己以還，差池自放，憂生念亂，寥闃如何。此篇之成，亦存初志，匪見陳于高論，度不嫉于明時。頗刪發憤之文，彌著持平之概，冀以自證得失，豈必摘其瑕疵。靈均樹蕙，憂百畝之不芳；元亮種桑，望三年而當采。以云微意，略出于斯。嗚呼！海外有州，人間何世？兼年作客，累日爲愁。燕巢自樂，栖晨風以何枝；魚爛頗深，羨游鯨之高逝。題辭方竟，彩筆已枯。是爲序。

一、本書撰述之旨，所以辨章學術，其于羣籍之中旨趣離合、紀載詳略，既存甄表之微，間有異同之議。然空文贊述則終鮮闡明，只著評論則未窺繩墨，故多引原文以資衆覽，聊示私中所及，又或因其篇章以推之事實，亦所以發揮而桄大之也，不辭餖飣之譏，目託揭櫫之義爾。

一、謹按《欽定四庫全書提要》，以著錄、不著錄爲分，擯斥之書僅得列于存目，此自黜涉所寄，然別黑白而定一尊，學問之所以隘也。緯書殲自隋文，《孟子》困于洪武，以云公理，豈有定乎？此書出自私家，尤不敢自比官中成例。

一、征文既淆則彈事愈廣，此必至之勢也，然文人相輕，前哲所誚，兼以懷鉛之彥半爲并世之人，黨派之禍方滋，門庭之分尤烈，故凡斯辯證，率用雅言。《箴膏》之于《解詁》，《糾謬》之于《唐書》，肆詆之深，非所取法。

一、近譯各書良多饜飫，半從日本，或自歐洲。顧金口木舌，《法言》所以垂文；楚乫越鴻，俗語艱于定物。惟名與義自古難之，此書之作頗重斯意，自以謭學，又非多聞，未爲闠賓之行，不解鮮卑之語，訂正之要，宜有俟焉。

一、近人譯書，于人名、地名之音多所未檢，且病冗亂，宰我同于闞止，金河被以赫連，昔人所以貽譏也。今就太甚者間摘于提要，著以通行之音，庶存此義。謝客之翻內典，唐人之入辭章，雖貴雅馴，亦便省記耳。

一、此書所取皆在現行各籍，至于單行孤本、秘篋遺編，或海外之胡書，暨賓萌之載筆，初非經目，未暇旁求。訪河間之定本，取印箨之樂章，此屬一朝盛業，非所語于儒生，其有惠我鴻篇，仍當隨時著錄，賡續之作，俟諸異時。

一、載籍極博，此書所列各種宜有訐俗之言，所南《心史》終出于井中，魯國遺文亦行于鄴下，屬在右文之世，諒不絕于危言，不從芟刈之條，良有取于多識，大夫君子，無我有尤。

一、此書爲目錄之學，所宜重流別之分，中壘奏進之篇，仲容《略例》之作，以言體例，必取師承，然方貴知新則無煩墨守，故所析各門只在檃括，如其未審，尚擬改之。

一、此書之作，比日爲篇，雪寫露鈔，終傷急就，况作者非所論于九能，又不周知四國，其爲著作之體，將使紀文達、陸耳山輩地下笑人矣。兹于所有標題未遽自稱揚榷，尚欲以其暇日擴此新知，則補闕訂訛當有自證其失者，懷袖三年，煉都十載，慎重其事，不敢告勞，故只用排印，暫不鐫版，以示不爲定論。

一、著書日短，諮詢猶稽薦紳先生；瞻學淵聞，尚望匡言捄其多闕。劉炫之規元凱，寧見持平；臨碩之難康成，誰爲答客？庶無僢于前哲，敢拜賜于通人，遠追敬禮之定文，近惟彌勒之原理，佇聞久矣，誨爾勞乎？

一、既云新學，允宜備列其書，然舊譯無靈，多成陳籍，且如上海制造局譯書至數百種，若遍論之則勞而無功，非所以告學者也，故此書所及以近年所出之書爲斷。

諸宗元《譯書經眼録序》 域外文字，譯行於我國、播傳於現今者，如象教經論則始於晉，歐西典籍則始於明。蓋利瑪竇之來我國，爲明萬曆九年，居廣州二十載，乃入京師。其後如龐迪我、艾儒略、熊三拔、鄧玉函、湯若望、南懷仁遂先後繼至。然所譯述，大都以宗教、曆數、農學之書爲多。迨於有清道、咸之間，言政俗之書間有譯本。同、光以後，則江南製造局、格致書院所編譯者，盛行於世。若日本文譯本，則以光緒甲午我國與日

本搆釁，明年和議成，留學者咸趨其國，且其文字迻譯，較他國文字爲便，於是日本文之譯本遂充斥於市肆，推行於學校，幾使一時之學術寖成風尚，而我國文體亦遂因之稍稍變矣。近歲以來，復以海內外政治之變遷，標舉文化，區分派別，欲求言文一致，而不過其大要；欲求整理國故，而自失其固有。捨己以從人，昧古以徇今，猶以文體改革自命爲時流，此誠可謂大惑不解者也。今欲知世界之大勢，政羣之原理，固不可不從旁行斜上之文字求之。若國家與社會維繫而不敝者，則一國自有一國之禮俗、根性流傳，斠若畫一，豈可削足而適屨，懲羹而吹虀耶？

顧燮光《譯書經眼録述略》 自商務印書館崛起申江，延聘通人，注意新籍，開吾華書林之新紀元。厥後繼之雲起，以主者具奮鬬精神，譯著與日俱進，學子欲求善本，固當知所先後矣。教科書以商務、文明兩書局編譯最早，至今已成書業之重心。至專門科學之書，科學儀器館、圖書館曾譯之，新學會社則譯印農學諸書，至今猶未已也。至政治、歷史諸書，廣智書局、作新社均有譯本，旋亦中止。若醫學、全體各書，各教會譯著轉無曩昔之盛。豈社會智識已新，無勞他人借箸乎？湖北《武學全書》、浙江《武備新書》均爲兵家言，新譯之本今日已爲陳舊，然對於戰術研究、營壘工程、器械考察、鎗礮測算，均附圖解，在當時甚切實用，逈非紙上談兵者比也。留東學界頗有譯書，然多附載於雜志中，如《譯書彙編》、《遊學彙編》、《浙江潮》、江蘇湖北《學生界》各類，考其性質，皆藉譯書别具會心，故所譯以政治學爲多。林琴南先生以譯小説而得盛名，操觚之士羣趨於譯小説之一途，新著乃日出不窮，閱者亦應接不暇，過眼雲烟，瞬息即幻。本書著録無多，聊備一格而已。

陳洙《江南製造局譯書提要叙》 滬製造局附屬之繙譯書館，自同治以來，積四十載，成書蓋富。曩歲館中撰《譯書提要》，以無錫孫君景康、金匱張君蔚、丹徒劉君寶珍、江寧陳君炳華分任纂輯，稿本粗具而體例不能無殊。張君、劉君之稿約得十之七，孫君、陳君約得十之三。今年夏，總辦局事合肥張弢樓先生倩新陽趙君詒琛，以書稿屬之洙，俾竣厥事。辭不獲已，爰就譯述之暇，取四君初稿排比删潤，訛者訂之，脱者補之。算學、礦學、醫學諸類書，補正較繁。既終卷以付手民，且印且校，凡五月而工畢。書目之有提要，濫觴于宋陳直齋、晁公武。乾隆間，紀、陸二公纂輯官書，始有提要之名。海通以來，譯著日盛。《東西學書録》及《新學書目提要》等書，仍舊例以賅新籍，亦能不悖先民矩範。兹編一以館譯爲限，體例與諸家雖微不同，而津逮後學之意則一。今夫廣大之山，基於卷石；不測之淵，起於勺水。館譯新籍，自今以往，將由千萬冊以至於無窮。若兹編者，蓋猶嵩岱之先有卷石，江海之先有勺水也。洙學識荒陋，從四君之後，手訂成書，不能使無毫髮遺憾，以副弢樓先生之囑。冀趙君及海内宏達，匡其不逮而是正之。濡筆書緣起，冠之卷首，蓋不能無汗顔也。宣統己酉十一月江浦陳洙珠泉氏序于滬北寓廬之寶蓮華館

雜録

傅蘭雅《譯書事略·論譯書各數目與目録》 此繙譯館起於西曆一千八百六十八年，而初印之書爲一千八百七十一年始成者，有《運規約指》與《開煤要法》二書。由此至今，連譯不息。今將其要分成三類，臚陳於後：第一類爲已刊成或出售之書名，與撰書人名，及中西譯書人名，並刊書年歲與每書本數，及每書價錢。由此類中，可見已刊成書有九十八種，共計二百三十五本；每本頁數爲六十頁至一百頁不定。每書一頁，與英國平常一頁文義略同；惟譯時或有鬆緊，故此數僅爲大略而已。一於去年西六月終，計算所已銷售之書有三萬一千一百十一部，共計八萬三千四百五十四本。又已刻成地圖與海道圖共二十七張；海道圖大半爲英國者，譯出後俱在局中鐫銅板印之，已銷售者共四千七百七十四張。閲以上所售之書，其數雖多，然中國人數尤多，若以書數與人數相較，奚啻天壤。惟中國郵遞之法，尚無定章，而國家尚未安設信局，又未佈置鐵路，則遠處不便購買。且未出示聲明，又未分傳寄售，則内地無由聞知，故所售之書尚爲甚少。若有以上各法，則銷售者必多數十倍也。以上售出各數，尚未計及新聞紙與《近事彙編》等隨時所印之書。此二種書，每若干時則印三百至五百本，分呈於上海及各省官員。第二類爲已譯成而未刊之書，共有四十五種，約共成一百二十四本；内有將待刊者，亦有僅爲初稿者。第三類爲未譯全之書，共十三種；内略有三十四本已譯成。【略】總共：已刊成者九十八部，計二百三十五本；尚未刊者四十五部，計一百四十二本；未譯全者十三部，計已譯出三十四本。

馬建忠《擬設繙譯書院議》 竊謂今日之中國，其見欺於外人也甚矣。道光季年以來，彼與我所立約款税則，則以向欺東方諸國者轉而欺我。於是其公使傲睨於京師以陵我政府，其領事強梁於口岸以抵我官長，其大小商賈盤踞於租界以剝我工商，其諸色教士散布於腹地以惑我子民。夫彼之所以悍然不顧，敢於爲此者，欺我不知其情僞，不知其虚實也。然而其情僞虚實，非不予我以可知也；外洋各國，其政令之張弛，國勢之強弱，民情之順逆，與其上下一心相維相繫，有以成風俗而禦外侮者，率皆以本國語言文字，不憚繁瑣而筆之於書，彼國人人得而知之，並無一毫隱匿於其間。中國士大夫，其泥古守舊者無論已；而一二在位有志之士，又苦於語言不達，文字不通，不能遍覽其書，遂不能遍知其風尚，欲其不受欺也得乎！雖然，前車之覆，後車之鑑也。然則欲使吾士大夫之在位者，盡知其情實，盡通其壅蔽，因而參觀互證，盡得其剛柔操縱之所以然，則譯書一事，非當今之急務與！語云：「知己知彼，百戰百勝」，戰勝於疆埸則然，戰勝於廟堂亦何獨不然！泰西各國，自有明通市以來，其教士已將中國之經傳綱鑑，譯以辣丁、法、英文字。康熙間於巴黎斯設一漢文書館，近則各國都會，不惜重貲，皆設有漢文館，有能將漢文古今書籍，下至稗官小説，譯成其本國語言者，則厚廩之。其使臣至中國，署中皆以重金另聘漢文教習，學習漢文，不盡通其底藴不止。各國之求知漢文也如此，而於譯書一事，其重且久也又如此。近今上海製造局、福州船政局與京師譯署，雖設有同文書館，羅致學生，以讀諸國語言文字，第始事之意，止求通好，不專譯書；即有譯成數種，或僅爲一事一藝之用，未有將其政令治教之本原條貫，譯爲成書，使人人得以觀其會通者。其律例公法之類，間有擇譯，或文辭艱澀，於原書之面目，盡失本來，或挂一漏萬，割裂複重，未足資爲考訂之助。夫譯之爲事難矣，譯之將奈何？其平日冥心鈎考，必先將所譯者與所以譯者兩國之文字，深嗜篤好，字櫛句比，以考彼此文字孳生之源，同異之故，所有相當之實義，委曲推究，務審其音聲之高下，析其字句之繁簡，盡其文體之變態，及其義理精深奥折之所由然。夫如是，則一書到手，經營反覆，確知其意旨之所在，而又摹寫其神情，仿佛其語氣，然後心悟神解，振筆而讀，譯成之文，適如其所譯而止，而曾無毫髮出入於其間，夫而後能使閲者所得之益，與觀原文無異，是則爲善譯也已。今之譯者，大抵於外國之語言，或稍涉其藩籬，而其文字之微辭奥旨，與夫各國之所謂古文詞者，率茫然而未識其名稱；或僅通外國文字語言，而漢文則麤陋鄙俚，未窺門徑；使之從事譯書，閲者展卷未終，觸人欲嘔。又或轉請西人之稍通華語者爲之口述，而旁聽者乃爲仿佛摹寫其詞中所欲達之意，其未能達者，則又參以己意而武斷其間。蓋通洋文者不達漢文，通漢文者又不達洋文，亦何怪夫所譯之書皆駁雜迂訛，爲天下識者所鄙夷而訕笑也。夫中國於應譯之書既未全譯，所謂一二類又皆駁雜迂訛，而欲求一精通洋語洋文兼善華文而造其堂奥，足當譯書之任者，横覽中西，同心蓋寡。則譯書之不容少緩，而譯書之才之不得不及時造就也，不待言矣。余生也晚，外患方興，内訌洊至，東南淪陷，考試無由，於漢文之外，乃肆意於辣丁文字，上及希臘，並英、法語言。蓋辣丁乃歐洲語言文字之祖，不知辣丁文字，猶漢文之昧於小學，而字未能盡通；故英、法通儒，日課辣丁古文詞，轉譯爲本國之文者此也。少長，又復旁涉萬國史事，輿圖、政教、曆算、度數，與夫水、光、聲、電、以及昆蟲、草木、金石之學，如是者五六年，進讀彼所謂性理、格致之書，又一二年，而後於彼國一切書籍，庶幾貫穿融派，怡然理順，渙然冰釋，遂與漢文無異。前者郭侍郎出使，隨往英、法，暇時因舉曩所習者，在法國考院與考其文字、格致兩科，而幸獲焉；又進與考律師之選，政治之選，出使之選，亦皆獲焉。曾擬將諸國政教之源流，律例之同異，以及教養之道，制用之經，貨財斂散之故，譯爲一書，而爲事拘牽，志未得遂。近復爲世詬忌，擯斥家居，幸有暇日得以重理舊業。今也倭氛不靖而外禦無策，蓋無人不追悔於海禁初開之後，士大夫中能有一二人深知外洋之情實，而早爲之變計者，當不至有今日也。余也蒿目時艱，竊謂中國急宜創設繙譯書院，爰不惜筆墨，既縷陳譯書之難易得失於右，復將書院條目與書院課程臚陳於左，倘士大夫有志世道者，見而心許，採擇而行之，則中國幸甚。

康有爲《日本書目志總目》 生理門第一；理學門第二；宗教門第三；圖史門第四；政治門第五；法律門第六；農業門第七；工業門第八；商業門第九；教育門第十；文學門第十一；文字語言門第十二；美術門第十三；小説門第十四；兵書門第十五。

梁啓超《大同譯書局叙例》 譯書眞今日之急圖哉！天下識時之士，日日論變法，然欲變士，而學堂功課之書，靡得而讀焉。欲變農，而農政之

書靡得而讀焉。欲變工，而工藝之書靡得而讀焉。欲變商，而商務之書靡得而讀焉。欲變官，而官制之書靡得而讀焉。欲變兵，而兵謀之書靡得而讀焉。欲變總綱，而憲法之書靡得而讀焉。欲變分目，而章程之書靡得而讀焉。今夫瞽者雖不忘視，跛者雖不忘履，其去視履固已遠矣，雖欲變之，孰從而變之？無已，則舉一國之才智，而學西文，讀西籍，則其事又迂遠，恐有所不能待，即學矣，未必其即可用，而其勢又不能舉一國之才智而盡出於此一途也。故及今不速譯書，則所謂變法者，盡成空言，而國家將不能收一法之效。雖然，官譯之書，若京師同文館、天津水師學堂、上海製造局，始事迄今，垂三十年，而譯成之書不過百種；近且悉輟業矣。然則以此事望之官局，再自今以往，越三十年，得書可二百種，一切所謂學書、農書、工書、商書、兵書、憲法書、章程書者，猶是萬不備一，而大事之去，固已久矣。是以憤懣，聯合同志，創爲此局。以東文爲主，而輔以西文；以政學爲先，而次以藝學。至舊譯希見之本，邦人新著之書，其有精言，悉在采納。或編爲叢刻，以便購讀；或分卷單行，以廣流傳。將以洗空言之誚，增實學之用，助有司之不逮，救燃眉之急難，其或憂天下者之所樂聞也。一、本局首譯各國變法之事，及將變未變之際一切情形之書，以備今日取法。譯學堂各種功課，以備誦讀。譯憲法書，以明立國之本。譯章程書，以資辦事之用。譯商務書，以興中國商學，挽回利權。大約所譯先此數類。自餘各門，隨時閒譯一二，種部繁多，無事枚舉。其農書則有農學會專譯，醫書則有醫學會專譯，兵書則各省官局尙時有續譯者，故暫緩焉。一、舊譯之書，或有成而未刻，刻而已佚者，隨時搜取印布，或編爲叢書，以便新學購讀。一、中國人所著或編輯之書，有與政教藝學相關切實有用者，皆隨時印布。一、海內名宿，有自譯自著自輯之書，願託本局代印者，皆可承印，或以金錢奉酬，或印成後以書奉酬，皆可隨時商訂。同志之士，想不吝見教。一、本局所印各書，行款裝潢，悉同一式，散之則爲單行本，合之則爲叢書，收藏之家，至爲便益。一、本局係集股所立，不募捐款，印出各書，譯費印費，所糜甚鉅，已在上海道署存案，翻印射利者究治。

佚名《譯書公會章程》 一、本公會之設，以採譯泰西東切用書籍爲宗旨。考各國書籍，浩如烟海，中國從前所譯各書，僅等九牛一毛；玆已向倫敦、巴黎各大書肆，多購近時切要之書，精延繙譯高手，凡有關政治、學校、律例、天文、輿地、光、化、電、汽、諸學，礦務、商務、農學、軍制者，次第譯成，以饜海內同志先睹爲快之意。至日本爲同文之國，所譯西籍最多，以和文化中文取徑較易，本會尤爲此兢兢焉。一、本會集股廿份，每股規元銀五百兩，官利暫提周年六厘，三年後，將所獲贏餘按股均分。一、會中延聘總理一人，協理一人，英文繙譯三人，法文繙譯二人，德、俄、日本文繙譯各一人，西文總校一人（邃於英法文字者），中文總校一人，覆校一人，初校三人，寫字四人。一、譯書之法，凡繙譯能中西並通者，則親自涉筆，否則一人口授，一人筆述後，仍互相勘校，務與原書語氣不差纍黍，事蹟不少增損，方爲定本。原書具在，海內通人仍可覆核，而知本公會煞費經營之苦心。一、所譯各書略仿拋而毛而藏書報之例，每一星期將譯成之書彙訂成冊，以三十頁爲率，用三號鉛字精印，俾各自爲卷，以便拆訂。一、泰西新政史策等書，大都薈輯時報而成，玆擇西報之最要者，如英泰晤士、律例報，法勒當報，德東方報，法國政報五種，纈其菁英，汰其鄙委，譯附書籍之後，以備留心時務者流覽。俟歲星一周，即將以上各報，考核同異，訂爲西曆繫年錄，另行發售。一、中國已譯各書，如兵法、軍械、格致、製造、算數、化學、礦質、醫理等書，已粗具崖略；若各國刑律，僅見法國律例一書，未臻詳備；他如各國條約及職官表、度量權衡考，尤所罕見，本會當求善本，一一詳譯刊行。一、江浙商務出口之貨，以絲繭爲大宗，近年華商所耗，苦累已極，日本蠶務蒸蒸日上，由其加意考核廣譯西書也。今本會廣譯東方蠶桑各書，并刊簡明善本，繪圖列說，遍饗村農，或亦中國收回權利之一助云爾。一、本會意在挽回風氣，富國保民，而願大力棉，時虞絕臏，如荷當代鉅公鑑此微忱，慨輸廉俸，用相引掖，俾底於成，本會當書立尊銜於報端，以申感激；所有譯出各書，當照送一部，藉酬盛意。

康有爲《廣譯日本書設立京師譯書局摺》 奏爲請廣譯日本書，大派游學，以通世界之識，養有用之才，恭摺仰祈聖鑑事。竊頃東事大敗，割台灣，賠巨萬，舉國痛之。臣以爲此非日本之勝我也，乃吾閉關之自敗而人才之不足用也。【略】日本昔亦閉關也，而早變法、早派游學，以學諸歐之政治、工藝、文學、知識，早譯其書而善其治，是以有今日之強，而勝我也。吾今自救之圖豈有異術哉，亦亟變法、亟派游學，以學歐美之政治、工藝、文學、知識，大譯其書以善其治，則以吾國之大、人民之多，其易致治，強

可倍速過於日本也。今以吾國人士至卿大夫，此一國之託命者也，其聰明才智，豈爲乏人，其欲講求外國之政治、文學、工藝、知識亦夥矣。然苦於欲通之，而無其道也，以無各國之書故也。昔者大學士曾國藩嘗開製造局於上海以譯書，於今四十年矣。其天津、福建、廣州亦時有所譯。然皆譯歐美之書，其途至難，成書至少；既無通學以主持之，皆譯農、工、兵至舊非要之書，不足以發人士之通識也，徒費歲月，糜巨款而已。臣愚顓顓思之，以爲日本與我同文也，其變法至今三十年，凡歐美政治、文學、武備新識之佳書咸譯矣，但工藝少闕，不如歐美耳。譯日本之書，爲我文字者十之八，其成事至少，其費日無多也。請在京師設譯書局，妙選通人主之，聽其延辟通學，專選日本政治書之佳者，先分科程並譯之。不歲月後，日本佳書可大略皆譯也。雖然，日本新書無數，專恃官局爲人有幾，又佳書日出，終不能盡譯也，即令各省皆立譯局，亦有限矣。竊計中國人多，最重科第，退以榮於鄉，進仕於朝，其額至窄，其得至難也。諸生有視科第得失爲性命者，僅以策論取之，亦奚益哉！臣愚請下令，士人能譯日本書者，皆大賚之，若童生譯日本書一種，五萬字以上者，若試其學論通者，給附生。附生增生譯日本書三萬字以上者試論通，皆給廩生，廩生則給貢生。凡諸生譯日本書過十萬字以上者，試其學論通者，給舉人，舉人給進士，進士給翰林，庶官皆晉一秩。應譯之書，月由京師譯書局分科布告書目，以省重複。其譯成之書，皆呈於譯書局，譯局驗其文可，乃發於各省學政，試可而給第。舉人以上至庶官，則譯局每月彙奏，而請旨考試給之。若行此乎，以吾國百萬之童生，二十萬之諸生，一萬之舉人，數千之散僚，必皆竭力從事於譯日本書矣。若此，則不費國帑，而日本羣書可二三年而畢譯於中國，吾人士各因其性之所近而研究之，以成通才，何可量數！故臣之請譯日本書便也。若夫派游學乎，則宜多在歐美矣。

盛宣懷《奏請設立譯書院片》　再時事方殷，需才至亟。學堂造士，由童幼之年層累而進，拔茅連茹，勢當期以十年。欲速副朝廷側席之求，必先取資於成名之人，盛才之彥，臣是以有達成館之議也。顧非能讀西國之籍，不能周知西國之爲，而西國語言文字殊非一蹴可幾，壯歲以往，始行學習，豈特不易精嫺，實亦大費歲月。日本維新之後，以繙譯西書爲汲汲，今其國人於泰西各種學問皆貫串有得，頗得力於譯出和文之書。中國三十年來，如京都同文館、上海製造局等處，所譯西書不過千百中之十一，大抵算化工藝諸學居多，而政治之書最少；且西學以新理新法爲貴，舊時譯述半爲陳編，將使成名成才者皆究極知新之學，不數年而大收其用，非如日本之汲汲於譯書，其道無由矣。現就南洋公學內設立譯書院一所，廣購日本及西國新出之書，延訂東西博通之士，擇要繙譯，令師範院諸生之學識優長者筆述之。他日中上兩院雋才，亦可日分晷刻輪遞，有可以當學堂繙譯之課，獲益尤多。譯成之書，次第付刻；倘出書日多，即送蘇、浙各局分任刊印，以廣流傳。所需譯書院經費，即在公學捐款內通融撥用，並歸總理公學之員一手經理，以專責成。

李希聖《京師譯學館沿革略》　咸豐十年（一八六〇）冬，恭忠親王奏：「請飭廣東、上海各督撫等，分派通解外國語言文字之人，攜帶各國書籍來京。選八旗中資質聰慧，年在十三四歲以上，俾資學習。」嗣以鐵錢局改爲總理衙門，因鑪房修葺之，作爲館舍，以居學生。同治元年（一八六二），廣東、上海各督撫皆無咨送來京之人，英使威妥瑪荐英人包爾騰爲教習。包爾騰號通漢文，因於五月十五日挑選學生十人入館，肄習英文，此同文館開辦之始也。其後於同治二年三月初六日復開法文、俄文二館，延法、俄二國人爲教習。而乾隆二十二年於內閣所設之俄羅斯文館，亦併入之。各館學生皆由八旗咨取年在十四歲內外者。同治五年十一月，又奏請添設一館，招取滿漢舉人以及恩拔歲副優貢年在二十以外，並准舉人五貢出身、五品以下之滿漢京外各官，願入館者一併與試，規模始漸擴充，除語言文字之外兼習天文、算學、化學、格致、醫學。總教習美人丁韙良，於同治四年到館充英文繙譯教習，同治七年始任總教習。其課程則由洋文而及諸學，卒業需八年；其年齒稍長不能肄習西文，僅藉譯本以求諸學者，卒業需五年。光緒十四年（一八八八）添設德文館。自甲午以後乃設東文館。二十餘年以來，所造就人才頗衆。光緒二十七年十二月，奉旨以同文館歸併大學堂，而長年開支在海關船鈔項下撥用三成之款扣留。外務部經費無着，大學堂房舍又不敷，乃於北河沿購宅一區，稍加修理，改名譯學館，於光緒二十八年十一月十九日奏定變通辦法，於華俄銀行餘利項下撥用四萬餘金，習英、法、俄、德、日本五國文兼他科學。復經外務部議覆：所有學生均與大學生一律予以出身。此同文館改譯學館之沿革，大略如此。

東西學總類部

論述

艾儒略《西學凡》 極西諸國，總名歐邏巴者，隔於中華九萬里。文字語言、經傳書集，自有本國聖賢所紀。其科目考取，雖國各有法，小異大同。要之，蓋於六科。一爲文科，謂之勒鐸理加；一謂理科，謂之斐錄所費亞；一爲醫科，謂之默第濟納；一爲法科，謂之勒義斯；一爲教科，謂之加諾搦斯；一爲道科，謂之陡祿日亞。惟武不另設科，小者取之材官智勇，大者取之世胄賢豪。

丁韙良《西學考略・各國學業所同》 泰西各國學業，亦如其服制，大同小異。民間學校以本國評言文字爲宗，其課程讀書作字、筆算心算、地球圖說等事。率多一致。大書院則以希臘、羅馬古文爲正課，繼以測算、格致，而終成於醫、法、性、道諸學焉。其崇尚希臘、羅馬古文者，因二國開化最早，相繼而興，征服三大洲諸邦，故其文傳之極廣。希臘文化，昉於周初。有瞽者賀梅爾擅絕世之才，歌詠諸邦戰蹟，庶民心感，多默識之。迨東周時，士人仿其體裁爲詩，亦有因之別爲戲文者。故泰西戲文，自希臘始。蓋彼時未有刊成書籍，所以古之紀載，每設戲臺以演之。民之耳聽而目視者，藉以勸懲，不啻身列膠庠而面承訓誨也。雖不讀書，而於歷代事蹟，罔不周知。至周末時，性理之學大興，分門別戶，列爲百家，交相論說，漸入虛無。惟索格底、布拉多、額利斯多三人，有聖賢之目。索氏以修齊治平爲急務，如中國先師孔子。布氏原出於索氏之門，復將師傳推而廣之。額氏學出於布氏，旋另行設教。布氏以性道之學爲大旨，額氏以格致之學爲要歸。彼時測算、格致，未若後世精詳，不過試創其端而已。之三人者，無不敬如神明，立論皆宗其說。迄於明初，始改轍而易途焉。羅馬肇建，自周平王時。雖民情強悍，而俗尚公義。論武功遠邁於希臘，而文德則不及焉。故征服希臘後，遂習其文學，即本國詞章以及性理諸學，亦悉仿之。自希臘式微而國勢始強盛，在前漢時，西國無有與之抗顏行者。積漸而波斯迤西諸邦，皆歸其轄屬。故文字廣爲流傳，而最重律法。今各國法學，其源多出於羅馬。中古之時，其文字仍是通行，而學士尤羨其詞章，如華士習古學而爲古文者。然三四百年來，英、法、德各文漸興而漸精，不惟詞章不遜於希臘、羅馬，即算、格諸學，亦能深造而駕乎其上矣。古之測算，不過幾何、代數而已。即格致，亦惟前人成法是循。至明代，始知徒讀往籍，於實事無濟，遂屏絕古人之說，而振興其新學焉。蓋欲致知，不在博覽羣書，而貴即物以求理也。如煉丹家妄求長生之藥，點化黃白之術。其術本於中華，後始流傳於西方。其鍛煉鉛汞雖未有成，而化學之理即由此而出。又如測算家義之戞里留，英之奈端，法之德戞爾，德之萊布尼兹等，由測算以及格致之理，因而其學大興。又如哥白尼、格布萊等，不從古說，不以我區區地球居天之中，而以大百餘萬倍之恆星即太陽。居中，旋經創造遠鏡，故星學之理由此而明。時至明末，英國大司寇培根者，公餘之暇，著《格致實義》一書。伊雖非專於算學，亦未審驗動植之品，調燮五行之質，然亘古以來，各國最有功於格致之學者，無能逾之。蓋深悉學問之道，苟不究夫物理之本，而僅求諸文字之末，則所學虛薄無憑，欲廣知識，若非探索物理，何能得其確據？於是編成卷帙，嘉惠士林。其論各學，如指定某疆某土，明示以如何規畫，無不曲盡其微。《大學》云：「致知在格物」，即此意也。惜聖門於格致之理，竟爾失傳，而培根所論，悉宣底藴。昔諸國之士，雖偶有致力於格致者，自培根之書出，其學始興焉。夫至無際荒野而欲分途尋徑，自非一人所能爲，矧觀天察地，又豈一人之力所能及乎？此言創學，非言讀書。於是各專一門，而星算格化諸科，因之日新月盛，以闡古人未發之秘。其初不過討論其理，未嘗計及其用。迨後世得氣機、電機之力，與夫化學之功，始知富強之術即寓其中。不但學者視爲要務，即諸國亦以爲學院課程之大宗。蓋知貧弱之國，由之可以至於富強；而富強之國，亦可由之而富強倍蓰焉。

又《各國學業所異》 各國學業所異者，首見於文字。蓋學以文字而傳，無字則文不立。在諸國各有方言，雖多借羅馬字體，而文則各殊。不但部署公私庶務，即士人所著詞章以及古今事蹟，皆以本國之文，編爲卷帙。數百年前，拉丁文即羅馬古文。尚屬通行。彼時雖俗務用土語，而律例、格致、星學諸書，各國仍以拉丁文傳之，意在廣行而不囿於一方也。迨明末時，印書機始興於西國，因而刊布方言。學校以方言授讀，衙署以方言理

訟，而習拉丁文者漸少。即士人撰述，亦印以本國之文。及其成名既久，鄰邦無不爭譯之。文之最佳者，如義、日、法、德、英五國，皆相繼而起。義文自宋代而始興。日國當明末之時，爲歐洲最強之國，其文亦特著。迨兩國式微，其文雖有，不過碩果僅存，近來均有復興之象，則其文亦必同甦。至法、德、英三國，數百年來未見陵替，故其文有進而無退。若論三國之文何者爲最，實難判其低昂，蓋各有妙境也。雖書院仍習希臘、羅馬古文，而三國今文，亦莫不設席以爲課焉。義、日等文，各國雖有習之者，然不以爲專課。德人性好稽古，而博學之士多於隣邦。蓋德國自古遵行分封之政，略如周制，將土地割分七十餘國。諸侯崇尚文教，各設太學，建書庫，聘鴻儒，咸以文風隆盛爲榮焉。法人不但長於精藝，其兵法亦甲於歐洲，近來德國能習其法而過之。其振興格致化醫諸學，亦在他國之先。各國繼進其術，推廣而爲新創者有之。英人則通商極廣，貿易繁盛，人民富庶，屬國衆多，是以富國策一學，始出於英。他國雖亦有論者，要以英國爲嚆矢。即以政體治術而論，亦較他國爲精詳。至於美國，先隸於英，後乃分而自立，其語言、文字、學業，均與英同，無煩別具其說。惟立國百年，與英先後興師者二，而尚能自護。蓋初以自強爲要務，不但富國興商，即凡有裨民生而利國家者，莫不次第而措施焉。其諸新機，創自美者甚夥。如汽機行舟、電機通報，俱在他國之先。他國學院，有自數百年來聲聞昭著，而美國學院，雖建之在後，亦能與之爭勝。其鄉學，亦較諸國爲盛。故民間男女子弟，無不識字。通國之中，凡七歲以上不能讀書作字者，不過百分之五六。其不識字者，半皆黑人，前充奴僕，以及外邦客民而已。是土著鮮有不從事於學者也。

又《文藝會》 夫官設學校者，爲訓初學之人，而民立文藝會者，以勉有造之士。會之名不一，會之意亦殊，祇可以文藝括之，試爲分而述焉。有天、算、格致等會。三者以數之一藝概之。或一省或一邦好是學者，不獨自進其功，尤重推闡新理，振興實學。城鎮有敎士、法士、醫士各會，分設以精其科而勸勉之。郡縣多設文會，或作論以習筆法，或評書以廣知識，或互辯以練口才，皆以本國語言文字爲主。至東土文會，前已云及，茲不贅論。間有隨時延名士之善辭令者，特來抒論，歲中每至十餘人。其才學昭著者，恆有周遊通國，於各城文藝會中撰述，則民間之好學者雖不能請業門牆，亦得聆其雅教。又有論政會，士庶皆得入之。所言明而不昧，公而不私，雖涉國政得失，并非意存譏刺，縱語近失檢，實寓鼓舞忠信之情。除俄國禁設此會，餘皆以爲有益。昔鄭人遊於鄉校，以論執政，鬷蔑請毀鄉校，而子產不許，亦此意也。《傳》云：鄭人遊於鄉校，以論執政。然明謂子產：「毀鄉校如何？」子產曰：「夫人朝夕退而遊焉，以議執政之善否。其所善者，吾則行之；其所惡者，吾則改之。是吾師也，若之何毀之？我聞忠善以損怨，不聞作威以防怨，豈不遽止？然猶防川，大決所犯，傷人必多，吾不克救也。不如小決使道，不如吾聞而藥之也。」仲尼聞之曰：「人謂子產不仁，吾不信也。」鬷蔑即然明。四十餘年前，英國設博物總會，士女有志於實學者，皆得入之。每年在各大城輪集，每會率至一千數百之衆，所抒之論，刊報行世。法、德、美三國，近仿其式，而設博物總會焉。夫建立文藝各會者，意在講求學問，傳播民間。蓋民爲邦本，廣爲栽培，自有聰明才智之士，出乎其中，以備器使。況顓蒙之茅塞既開，則充兵者愈爲勁旅，作工者愈進巧思，農商各業愈加勤奮，而國家因以強盛矣。夫文風興起，民之起居服用雖不富饒，亦可不至謭陋。是以鄉里誦讀者，非盡求夫仕進。蓋力耕之餘，繼以學問，實可樂天而知命。況人皆知法，自免愆尤，鄙俗消除，感化日形敦厚矣。賈誼《治安策》所云：「絕惡於未萌，而起敎於微渺，使民日遷善遠罪而不自知」，與老氏所云：「虛其心，實其腹，使民無知無欲」者，殆未可同日而語也。

又《西學源流》 所謂西學者，雖派分多門，要皆天、算、格、化等學。其本原出於東方，西人善爲推廣而流傳之。化學本於中土之方士設爐鍛煉點換各術，算學本於埃及，天文本於巴庇倫，皆由希臘人而西傳焉。

康有爲《桂學答問》 聖道既明，中國古今既通，則外國亦宜通知。譬人之有家，必有鄰舍，問其家事、譜系、田園，固宜熟悉，鄰舍某某乃全不知，可乎？況乎相迫而來，我之所爲，彼皆知之；彼之所爲，我獨不聞，尤非立國練才之道。今爲學者略舉其一二。若僅通外學而不知聖學，則多添一外國人而已，何取焉！

一、地志。宜先讀《瀛寰志略》，其譯音及地名最正，今制造局書皆本焉。《海國圖志》多謬誤，不可從。余若《英》、《法》、《俄》、《美國志》皆粗略。《萬國通鑑》、《萬國史記》、《四裔年表》可一涉。數日可了。《日本圖經》、《日本新政考》，日事亦略見矣。

一、律法。《萬國公法》萬國所公用。《星軺指掌》，使臣之體例，最要。

一二日可了。

一、政俗。《列國歲計政要》、《西國近事匯編》最詳。《西國學校論略》、《德國議院章程》、《西事類編》、《西俗雜志》、《普法戰紀》、《鐵軌道里表》。此外，各使游記，如《使西記程》、《曾侯日記》、《環游地球日記》、《四述奇書》、《出使英法義比四國日記》、《使東述略》，皆可觀。張記最詳，薛記有考據，餘皆鄙瑣，然皆可類觀也。

一、西學。《談天》、《地理淺識》、《天文圖說》、《動物學》、《植物學》、《光學》、《聲學》、《電學》、《重學》、《化學》，有《西學大成》輯之。有《全體新論》、《化學養生論》、《格致鑑原》、《格致釋器》、《格致匯編》。此書是叢書，各種學皆有。《格致匯編》最佳，農桑百學皆有。

一、交涉。《夷艘寇海記》、《中西紀事》、《中西關係略論》、《各國和約》。

凡此皆旬月可畢，而天下萬國燭照數計，不至瞑若擿涂矣。若將制造局書全購尤佳。學至此，則聖道王制，中外古今、天文地理，皆已通矣。

一、數學。考古則《算書十經》，而以《四元玉鑑》爲至精。從今則《欽定數理精蘊》，而以《梅氏叢書》爲至專。西法則以《幾何原本》爲入門，而以《代數術》、《微積分》、《微積溯源》、《代微積拾級》爲至深。而《數學啓蒙》最便入門。近人《行素齋數學》論之最精詳。天文地理各學皆從算學入，通算猶識字也。

康有爲《日本書目志・博物學書類序》 孔子辨防風之骨、商羊之舞，子產以博物名，至教小子多識鳥獸草木，豈非三古所貴耶？後儒不知天人之故，言義理則自隘其國土，言名物則虛考其文字，於是天下皆爲愚而無用之人，甚或足已自尊矣。夫人之智，從萬物出者大，從人出者小，聖人之師萬物也。泰西近日翻陳出新，皆從物理出。日本舊法，新井君美、物茂卿賴襄之徒，僅知詞章考据。其上者藤原正肅、林勝信之流，高談理學，與中國同。近講博物學，自童業至大學，皆以爲教。故其博物書有《小學》、《啓蒙》之科，有《千題》之發，至《年表》一書。日人學問，日異歲不同，可以考見。故舉國皆智，而人才不可勝用也。夫虎豹犀象雖大，而人至小乃能檻縶之，以智勝物也。觀是書也，吾之爲日縶也，豈無故耶？

梁啓超《西學書目表附録・讀西學書法》 泰、西專門之學，各有專門之字。條理繁多，非久於其業者不能盡通其無謬誤也。況於以中譯、西方音，淆舛尤不可憑。毫釐千里，知難免矣。局譯有《金石識別表》、《化學材料表》、《汽機中西名目表》、《西藥大成藥名表》等書，西字、譯音，二者並列，最便查檢；所定名目，亦切當簡易。後有續譯者，可踵而行之也。

《格致・釋器》中有測候器、化學器、重學器、水學器、氣學器、照像器、顯微鏡、遠鏡說等篇，照相器以下三種，不入《格致・釋器》中，體例則同也。詳言某學需用某器，顯之以圖，系之以說，言明用法，列其價值。專門名家者最便之書也。

學者一人獨立，難以成學。或力量不能備購各書，則莫若設立學會。大會固不易舉，則莫若爲小會。數十人可以爲會，十餘人可以爲會，即等而少之，至三四人，亦未嘗不可以爲會。聯購各書，嚴立課程，定習專門，互相糾勸。如此以求成學，所謂事半而功倍者也。孔子曰：「君子以文會友。」荀子曰：「人之所以異於禽獸者，以其能羣也。」敬業樂羣謂之吉，離羣索居謂之吝。欲自成以成物者，其無懾於紀昀之言，紀昀謂「漢亡於黨錮，宋亡於講學，明亡於東林。」是明目張膽與李元禮、司馬公、朱子、顧涇陽爲仇，而甘心爲十常侍、蔡京、韓侂胄、魏忠賢之奴隸也。余著有《學會末議》一首，專論斯義。而違傳記之大義也。

張之洞《勸學篇・益智》 夫政刑兵食，國勢邦交，士之智也。種宜土化，農具糞料，農之智也。機器之用，物化之學，工之智也。訪新地，創新貨，察人國之好惡，較各國之息耗，商之智也。船械營壘，測繪工程，兵之智也。此教養富強之實政也，非所謂奇技淫巧也。華人於此數者，皆主其故常，不肯殫心力以求之。若循此不改，西智益智，中愚益愚，不待有吞噬之憂，即相忍相持，通商如故，而失利損權，得粗遺精，將冥冥之中，舉中國之民已盡爲西人之所役矣。役之不已，吸之朘之不已，則其究必歸於吞噬而後快。是故智以救亡，學以益智，士以導農工商兵。士不智，農工商兵不得而智也；政治之學不講，工藝之學不得而行也。大抵國之智者，勢雖弱，敵不能滅其國；民之智者，國雖危，人不能殘其種。印度屬於英，浩罕哈薩克屬於俄，阿非利加分屬於英、法、德，皆以愚而亡。美國先屬於英，以智而自立。古巴屬於西班牙，以不盡愚而復振。求智之法如何？一曰去妄，一曰去苟。固陋虛憍，妄之門也；傲幸怠惰，苟之根也。二蔽不除，甘爲牛馬土芥而已矣。

趙惟熙《西學書目答問・藝學》 西人以藝爲專門之學，故其業曰精而新理亦曰出。我所譯者，多歐美二三十年前舊書。彼土人士，蓋已弁髦視之矣。然我得借此以闚其門徑，究愈於亡也。略分十四門如左。

又《格致學》 格致者，西藝之總名，西學之初階，即物以窮理，因理以知物也。凡西書以「格致」名者，錄此篇中。餘如化、電、聲、光，咸格致之一種，然各有顓門，悉歸其類。

梁啓超《東籍月旦・敘論》 新習得一外國語言文字，如新尋得一殖民地。雖然，得新地而不移民以墾闢之，則猶石田耳。通語言文字而不讀其書，則不過一鸚鵡耳。我中國英文英語之見重，既數十年，學而通之者不下數千輩。而除嚴又陵外，曾無一人能以其學術思想輸入於中國。此非特由其中學之缺乏而已，得毋西學亦有未足者耶？直至通商數十年後之今日，而此事尚不得不有待於讀東籍之人，是中國之不幸也，然猶有東籍以爲之前驅。使今之治東學者，得以幹前此治西學者之蠱，是又不幸中之幸也。東學之不如西學，夫人而知矣。何也？東之有學，無一不從西來也。與其學元遺山之詩，何如直學杜少陵？與其學桐城派古文，何如直學唐宋八家？然概計我學界現在之結果，治西學者之收效，轉若不能及治東學者。何也？其故有二：（一）由治西學者大率幼而治學，於本國之學問一無所知，甚者或並文字而不解，且其見識未定，不能知所別擇。其初學之本心，固已非欲求學理，爲通儒矣；而所從之師，又率皆市井闤闠之流，所以導之者，非學問之途，而衣食之途也。雖其中能自拔流俗者，未始無人，然已麟角鳳毛矣。若治東學者，大率皆在成童弱冠以上，其腦中之自治力、別擇力漸以發達，故嚮學之心頗切，而所獲較多也。（二）由欲讀西文政治、經濟、哲學等書，而一一詮解之，最速非五六年之功不能。若幼童腦力未開，循小學校一定之學級以上進，則尤非十餘年不可。向來治西學者，既無遠志，又或困於境遇，不能卒業。故吾國尋常學西文之徒，其最高等者不過有中學校卒業之資格而已，何怪乎於精深之學問一無所聞也。若治東學者，苟於中國文學既已深通，則以一年之功，可以盡讀其書而無隔閡。即高等專門諸科，苟好學深思者，亦常不待求師而能識其崖略，故其效甚速也。然則以求學之正格論之，必當於西而不於東；而急就之法，東固有未可厚非者矣。

通雅齋《新學書目提要・法制類》 今日之著書陳義，欲以見諸施行者，專門之言則曰政學，策世之言別曰政論。顧求其界域則旁衍方滋，每多泛濫，必欲劃爲一定之範圍，抑又隘矣。譬如學校管理之方、理財經濟之術、權利義務之說、進化現勢之篇，于事實皆與政界相關，于目錄則與政談不合，若改附他類別穿鑿必深，另立一門則冗雜尤甚，別裁之用，于是爲難。因以實施之綱領、哲學之名言，雖形式殊科，精神則一，溯其命義，皆以試驗爲衡冀，爲準則，故此篇匯集衆體而題曰法制類，以云兼賅似仍未協，特較「政治」二字則已優矣。前無所承，必有目爲創作者，昔杜君卿之作《通典》，于財政一門并及戶口，其爲變例，目錄稱之。著述之用，搏一無功則不辭更張之，非詭爲殊異也，其涉及經學者一二種，以尊崇典籍之意特首列焉。

綜述

西學凡

錢謙益等《絳雲樓書目・曆算類》 《西學凡》。

《四庫提要・雜家類存目二》 《西學凡》一卷，附錄《唐大秦寺碑》一篇。兩江總督採進本。明西洋人艾儒略撰。儒略有《職方外紀》，已著錄。是書成於天啓癸亥，《天學初函》之第一種也。所述皆其國建學育才之法。凡分六科。所謂勒鐸理加者，文科也。斐錄所費亞者，理科也。默第濟納者，醫科也。勒義斯者，法科也。加諾搦斯者，教科也。陡祿日亞者，道科也。其教授各有次第，大抵從文入理，而理爲之綱。文科如中國之小學，理科則如中國之大學。醫科、法科、教科者，皆其事業。道科則在彼法中所謂盡性致命之極也。其致力亦以格物窮理爲本，以明體達用爲功，與儒學次序略似。特所格之物，皆器數之末，而所窮之理，又支離神怪而不可詰，是所以爲異學耳。末附《唐碑》一篇，明其教之久入中國。碑稱貞觀十二年，大秦國阿羅本遠將經像，來獻上京，即於義寧坊敕造大秦寺一所，度僧二十一

人云云。考《西溪叢語》載唐貞觀五年，有傳法穆護何祿將祆教詣闕聞奏。敕令長安崇化坊立祆寺，號大秦寺，又名波斯寺。至天寶四年七月，敕波斯經教出自大秦，傳習而來，久行中國，爰初建寺，因以爲名，將以示人必循其本，其兩京波斯寺竝宜改爲大秦寺。天下諸州郡有者準此。《册府元龜》載開元七年，吐火羅國王上表獻解天文人大慕闍，智慧幽深，問無不知。伏乞天恩喚取，問諸教法。知其人有如此之藝能，請置一法堂，依本教供養。段成式《酉陽雜俎》載孝億國界三千餘里，舉俗事祆，不識佛法，有祆祠三千餘所。又載德建國烏滸河中有火祆祠，相傳其神本自波斯國乘神通來，因立祆祠。祠內無像，於大屋下置小廬舍，向西。人向東禮神，有一銅馬，國人言自天而下。據此數説，則西洋人即所謂波斯，天主即所謂祆神。中國具有紀載，不但有此碑可證。又杜預注《左傳》次睢之社曰：睢受汴，東經陳留、梁、譙、彭城入泗。此水次有祆神，皆社祠之。顧野王《玉篇》亦有「祆」字，音呵憐切，註爲祆神。徐鉉據以增入《説文》。宋敏求《東京記載》寧遠坊有祆神廟。註曰：《四夷朝貢圖》云，康國有神名祆，畢國有火祆祠，或曰石勒時立此。是祆教其來已久，亦不始於唐。岳珂《桯史》記番禺海獠，其最豪者蒲姓，號白番人，本占城之貴人。留中國以通往來之貨，屋室侈靡踰制。性尙鬼而好潔，平居終日相與膜拜祈福，有堂焉以祀。如中國之佛，而實無像設。稱謂聱牙，亦莫能曉，竟不知爲何神。有碑高袤數丈，上皆刻異書如篆籀。是爲像主，拜者皆嚮之。是祆教至宋之末年，尙由賈舶達廣州。而利瑪竇之初來，乃詫爲亘古未睹。艾儒略作此書，既援《唐碑》以自證，則其爲祆教更無疑義。乃無一人援古事以抉其源流，遂使蔓延於海內。蓋萬曆以來，士大夫大抵講心學，刻語錄，即盡一生之能事。故不能徵實考古，以遏邪説之流行也。

梁啓超《西學書目表・通商以前西人譯著各書》 艾儒略《西學凡》一卷。《天學初函》本。《四庫》存目。

徐維則等《增版東西學書録・東西人舊譯著書》 艾儒略《西學凡》一卷，附録《唐大秦寺碑》一篇。《天學初函》本。所述皆其國建學育才之法，凡分六科，與近時彼土學校之制不相上下，讀之足以知學制源流。

格致入門

梁啓超《西學書目表・格致總》 《格致入門》。丁韙良。同文館本。七本。一兩八錢。可緩讀。

又《附録・讀西學書法》 同文館所譯《格物入門》，無新奇之義能詳他書所略者，而譯文亦劣，可不必讀。

顧述廬《通學書籍考・格致總類》 《格物入門》七卷。同文館本，石印宋字本，石印楷字本。美丁韙良著。是書綜所學西學之水學、氣學、火學、電學、力學、化學、算學，歷著之華文，里質其詞，搆爲問答，説所未喻，豁之以圖，承口講以手畫，洵明白而易曉。學者於此玩索，自有得焉。節錄本書序。

丁仁《八千卷樓書目・藝術類・雜技》 《格物入門》七卷。美丁韙良撰。活字本。

趙惟熙《西學書目答問・藝學・格致學》 《格致入門》。七冊。美丁韙良譯。同文館本。

徐樹蘭《古越藏書樓書目・學部・東西洋格物學》 《格物入門》七卷。美丁韙良。光緒十五年同文館排印本。

楊復等《浙江藏書樓乙編書目・理學》 《格物入門》七冊。美國丁韙良著。鉛印本。

格致須知

梁啓超《西學書目表・格致總》 《格致須知》。傅蘭雅。自印本。三集。一元五角。淺明嫌太簡。

又《附録・讀西學書法》 傅蘭雅所譯《格致須知》分爲三集，共三十餘本，每本不過二十餘頁，力求簡明，便於初學。惟格致各門，理法極繁密，非反覆詰證，不能大明，必非二十餘頁所能達也。故初學讀之，仍苦未

由懸解，但欲粗通大略，此書亦可省觀也。

顧述盧《通學書籍考・格致總類》《格致須知》三集。自印本。英傅蘭雅著譯。分爲三集，共三十餘本。每本不過二十餘頁，力求簡明，便於初學。

趙惟熙《西學書目答問・藝學・格致學》《格致須知初集》。八冊。天文、地理、地志、地學、算法、化學、氣學、聲學各一卷。《二集》。八冊。電學、量法、畫器、代數、三角、微積、曲線、重學各一卷。《三集》。五冊。力學、水學、礦學、全體、光學各一卷。英傅蘭雅撰。上海本。淺明極便初學，第論述太略，僅資談助，所謂門徑中之門徑也。

徐樹蘭《古越藏書樓書目・學部・東西洋格物學》《格致須知》三集。英傅蘭雅。格致書室本。

楊復等《浙江藏書樓乙編書目・理學》《格致須知》十六冊。英國傅蘭雅著。鉛印本。

格致略論

梁啓超《西學書目表・格致總》《格致略論》。傅蘭雅。《格致彙編》本。勝于《格致須知》。

又《附録・讀西學書法》《格致彙編》中有《格致略論》一種，同一簡括而明備似過於《須知》。新學披覽，亦可增智也。

顧述盧《通學書籍考・格致總類》《格致略論》。《格致彙編》本。英傅蘭雅著。是書甚簡括，而明備似過於《須知》。初學披覽，亦可增智也。《西學通考》。

趙惟熙《西學書目答問・藝學・格致學》《格致略論》。一冊。英傅蘭雅撰。《格致彙編》本。

徐維則等《增版東西學書録・格致總》《格致略論》一卷。《格致彙編》本。英傅蘭雅著。書從英國《幼學格致》中譯出，雖簡括，而明備尚勝於《格致須知》。論動物一門，分類極佳。首論地文、地質，後論人之形性，亦甚簡顯。

徐樹蘭《古越藏書樓書目・學部・東西洋格物學》《格致略論》一卷。英傅蘭雅。《格致彙編》本。

格致雜説

徐維則等《增版東西學書録・格致總》《格致雜説》無卷數。《格致彙編》本。英傅蘭雅輯。此書從各國格致書中摘要譯出，凡天地萬物無所不載，皆西人新推測之理。每季譯印數則，啓人智慧不少。

徐樹蘭《古越藏書樓書目・學部・東西洋格物學》《格物雜説》無卷數。英傅蘭雅。《格致彙編》本。

格致釋器

梁啓超《西學書目表・格致總》《格致釋器》。傅蘭雅。《格致彙編》本。三本。六百五十。極要。

顧述盧《通學書籍考・格致總類》《格致釋器》。《格致彙編》本，單行本。英傅蘭雅輯譯。是書所釋測候、化學、重學、水學、氣學等器，俱英國倫敦格致器行家各里分招牌書內擇譯。釋電學、礦學、顆粒學、火學、熱學、光學、聲學、照像等器，均由西國各大名行家著出。《西學通考》。

趙惟熙《西學書目答問・藝學・格致學》《格致釋器》。英傅蘭雅撰。《格致彙編》本。中有《測繪器》、《化學器》、《重學器》、《水學器》、《氣學器》、《紡織器》、《顯微鏡説》、《遠鏡説》等多種於《格致彙編》中。月出一冊，説以詳之，圖以明之，習專門學者最要之本。

徐維則等《增版東西學書録・格致總》《格致釋器》三冊。《格致彙編》本。英傅蘭雅輯譯。如測候、化學、重學、水學、照像、測繪諸器，無不具載。有圖有説，并列用法價值，而根數比例之法，亦可窺其大較。其書已散見各類，講新學者宜亟讀之。

格致啓蒙

梁啓超《西學書目表·格致總》《格致啓蒙》。林樂知、鄭昌棪。製造局本。四本。六百。

顧述盧《通學書籍考·格致總類》《格致啓蒙》四卷。製造局本。是書卷一論化學，英化學師羅斯古纂。卷二論格物學，英格物師司都藿纂。卷三論天文，英天文師駱克優纂。卷四論地理，英地理師祁覯纂。共四卷，均美林樂知、海鹽鄭昌棪同譯。《西學通考》。

丁仁《八千卷樓書目·藝術類·雜技》《格致啓蒙》四卷。英羅師古撰。刊本。

趙惟熙《西學書目答問·藝學·格致學》《格物啓蒙》。四冊。美林樂知譯，鄭昌棪述。製造局本。是書與上同爲一本，而譯筆稍異。

徐維則等《增版東西學書録·格致總》《格致啓蒙》一卷。製造局刻《格致啓蒙》四種本，上海石印四種本。英司郁藿著，美林樂知譯，鄭昌棪述。凡九十章。專言動力、愛力、吸力、漲力、縮力、傳力、壓力、速力及流定變化之性，最便初學。《格致益聞滙報》印有法白耳脱保羅撰、王顯理譯《格致初桄》，未成。

《上海格致書院藏書樓書目·東西學書·格致學》《格致啓蒙》。英駱克優。美林樂知，海鹽鄭昌棪。四卷。四本。鉛印本。

陳洙《江南製造局譯書提要·格致》《格致啓蒙》四卷。美國林樂知口譯，海鹽鄭昌棪筆述。多實驗法，學堂用之甚宜。第一卷：化學。第二卷：格物學。第三卷：天文學。第四卷：地理學。

格物學

徐樹蘭《古越藏書樓書目·學部·東西洋格物學》《格物學》一卷。英司郁藿。美林樂知譯，鄭昌棪述。製造局《格致啓蒙》四種合刻本。

格致小引

梁啓超《西學書目表·格致總》《格致小引》。羅亨利、瞿昂來。製造局本。一本。四十。

顧述盧《通學書籍考·格致總類》《格致小引》一冊。製造局本，上海排印本。英化學師赫施賫著，英羅亨利、寶山、瞿昂來同譯。是書分四章，共六十七節。第一章論物與格物，第二章論有體質之物，第三章論生物，第四章論無體質之物。説簡而明，最便初學。中言化學、水學、重學、汽學略詳，餘學未及。《西學通考》。

徐維則等《增版東西學書録·格致總》《格致小引》一卷。製造局本，一冊。上海石印本。英赫施賫著，英羅亨利、瞿昂來同譯。第一章論物與格物，第二章論有體質之物，第三章論生物。卷葉雖少，然推論公理甚爲明晰。講水學、重學、氣學者，先以此爲綱要。

《上海格致書院藏書樓書目·東西學書·格致學》《格致小引》。英赫施賫。英羅亨利，寶山瞿昂來。一卷。一本。鉛印本。

楊復等《浙江藏書樓乙編書目·理學》《格致小引》一冊。英國赫施賫著，寶山瞿昂來譯。江南製造局刻本。

陳洙《江南製造局譯書提要·格致》《格致小引》一冊。英國赫施賫撰，羅亨利口譯，寶山瞿昂來筆述。書凡四章，六十七節。條理頗覺秩然，但不免稍略耳。

格致探原

梁啓超《西學書目表·格致總》《格致探原》。韋廉臣。廣學會本。四本。一元。

顧述盧《通學書籍考·格致總類》《格物探原》四卷。廣學會本。英韋廉臣著。首卷論天地至論鼻口手，凡二十二章。二卷論上帝必有至靈魂

說，凡十二章。三卷論元質至論世人宜愛敬上帝，凡十九章。四卷上帝主理人事至論死後復活，凡十七章。蓋教門之書也。惟所言萬物蕃變之故，亦奇鑿可聽。《西學通考》。

趙惟熙《**西學書目答問・藝學・格致學**》　《格物探源》。四冊。英韋廉臣輯。廣學會本。是書爲教會之本，語不離宗，節取而已。

徐維則等《**增版東西學書録・格致總**》　《格物探原》六卷。廣學會本，四冊。活字印本。英韋廉臣著。論天地物産之性質，歸功天主，學者當分別觀之。《彙編二》有《混沌説》，又有韋氏《格致窮理論》，可參觀。

徐樹蘭《**古越藏書樓書目・學部・耶穌教**》　《格物探原》六卷。英韋廉臣。光緒六年排印本。

楊復等《**浙江藏書樓乙編書目・理學**》　《格致探原》四冊。韋廉臣著。鉛印本。

格物窮理論

徐樹蘭《**古越藏書樓書目・學部・東西洋格物學**》　《格物窮理論》一卷。英韋廉臣。《格致彙編》本。

西學考略

梁啓超《**西學書目表・游記**》　《西學考略》。丁韙良。同文館本。二本。五錢。丁告假回國，歸而著此，詳於學校。

又《**附録・讀西學書法**》　《西學考略》爲丁韙良請假回國之日記，詳於學校。

趙惟熙《**西學書目答問・政學・遊記**》　《西學考略》。二冊。美丁韙良撰。同文館本。是書爲丁自華返國之日記。詳於學校，故以名篇。

徐維則等《**增版東西學書録・學校**》　《西學考略》二卷。同文館本，二冊。坊間改名《西學考》。美丁韙良著。此丁氏回國時日記。上卷載歷涉各國之聞見，下卷言各國學校之規制。其論《各國源流》一篇，足以窺學術遞變之成迹，而於測算、格致、公法、史學，尤三致意焉。

歷覽記略

梁啓超《**西學書目表・游記**》　《歷覽記略》。傅蘭雅。《格致彙編》本。傅告假回國，觀諸機器廠，歸而著此。

又《**附録・讀西學書法**》　《歷覽記略》爲傅蘭雅請假回國所記，詳於機器。

趙惟熙《**西學書目答問・政學・遊記**》　《歷覽記略》。一冊。英傅蘭雅撰。《格致彙編》本。是書爲傅自華返國閲歷各局廠所記，故於機器特詳。

徐維則等《**增版東西學書録・遊記**》　《歷覽記略》一卷。《格致彙編》本。製造局本，一冊。英傅蘭雅、徐壽譯。斯爲傅氏請假回國時歷覽製造各廠日記。詳言機器製造，而於規模制度，房屋之壯麗，汽機之鼓鑄，輪軸之斡旋，無不繪圖詳載。講工程學者，當瀏覽也。《彙編一》傅氏又有《遊覽東洋日記》。

環游地球雜録

梁啓超《**西學書目表・游記**》　《環游地球雜録》。潘愼文。《格致彙編》本。

徐維則等《**增版東西學書録・遊記**》　《環遊地球雜記》一卷，《續録》一卷。《格致彙編》本。美潘愼文著。所記皆各國製造各機器，而於美國言之尤詳。

自西徂東

梁啓超《**西學書目表・西人議論之書**》　《自西徂東》。花之安。廣學

會本。六本。一元。粗淺。

徐維則等《增版東西學書録・議論》　《自西徂東》五卷。廣學會本，五册。德化之安著。引西國事與中國相較，不事夸張，不偏回護。其辯論義理，頗有精微處。將以西國政教良法以救中土政俗人心之弊，名曰《自西徂東》，取義有由也。中言息戰及公法本旨、禁買奴婢諸篇，最可觀。譯筆亦佳，惟教語可厭。

徐樹蘭《古越藏書樓書目・學部・耶穌教》　《自西徂東》五卷。德花之安。光緒十年廣州刻本。

《上海格致書院藏書樓書目・東西學書・道學》　《自西徂東》。德花之安。四本。美華書館排印本。

楊復等《浙江藏書樓乙編書目・雜誌》　《自西徂東》五册。德國花之安著。廣學會鉛印本。

廣學會編《廣學會譯著新書總目・雜著》　《自西徂東》。德國花之安著，屢經諸人刪潤。分仁、義、禮、智、信五集，凡七十三章。發明天道，泰西所行各事。五册。大字一元二角，小字四角五分。

西學課程彙編

梁啓超《西學書目表・學制》　《西學課程彙編》。沈敦和。上海排印本。一本。一角。

又《附録・讀西學書法》　沈仲禮近譯《西學課程彙編》，述西國各學堂所定功課，分門分年，區爲份數。讀之於彼中學制，大略可見。

顧述廬《通學書籍考・學制類》　《西學課程彙編》。上海排印本，《四國志略》附刻本。沈敦和譯。

趙惟熙《西學書目答問・政學・學校學》　《西學課程彙編》。一册。沈敦和譯。上海本。

徐樹蘭《古越藏書樓書目・政部・教育》　《西學課程彙編》一册。沈敦和。光緒十一年耳學廬刻本，《西政叢書》本。

西學略述

趙惟熙《西學書目答問・政學・學校學》　《西學略述》。十卷，訂一册。英艾約瑟輯撰。稅務司本，在《西學啓蒙》十六種中。是書多述希臘古學，可借悉其源流，亦讀旁行斜上之書者所宜留意也。《啓蒙》十六種，惟此爲約瑟手著，餘皆英國麻密綸大書院原書，爲蒙學之善本。

徐維則等《增版東西學書録・學校》　《西學略述》十卷。西學啓蒙本，一册。英艾約瑟著。綜言各學淵源，爲《啓蒙》十五種之綱領。中述希臘舊學，頗爲翔實。其言敎亦詳，足與《古教彙參》互證。

徐樹蘭《古越藏書樓書目・學部・東西洋哲學》　《西學略述》十卷。英艾約瑟。《西學啓蒙》本。

格致總學啓蒙

趙惟熙《西學書目答問・藝學・格致學》　《格致總學啓蒙》。三卷，訂一册。英艾約瑟譯。稅務司本。

徐維則等《增版東西學書録・格致總》　《格致總學啓蒙》三卷。《西學啓蒙》本，一册。英艾約瑟著。先論物理，次論體質，次論心性。取其切近者條剖縷分，罕譬而喻，務盡其理。於格致學之通義，略備於此。

徐樹蘭《古越藏書樓書目・學部・東西洋格物學》　《格致總學啓蒙》三卷。英艾約瑟。《西學啓蒙》本。

七國新學備要

梁啓超《西學書目表・學制》　《七國新學備要》。李提摩太。廣學會本。一本。三分。

顧述廬《通學書籍考・學制類》 《七國新學備要》一冊。廣學會本。英李提摩太著。是書分爲八篇，首言外國新學，次言學校，次言學校用費，次言新聞報館，次言書籍館，次言六國推算中國章程如何立，次言日本推算中國章程如何立，終言中國時事變通章程宜如何。

趙惟熙《西學書目答問・政學・學校學》 《七國新學備要》。一冊。英李提摩太撰。廣學會本。

徐維則等《增版東西學書録・學校》 《七國新學備要》一卷。廣學會本，瀏陽質學社刊《廣學會叢書八種》本。英李提摩太著。前五章紀外國學校數目、費用，及報館、書籍館大旨已具，後二章按英、法、德、俄、美、日本以推算中國宜如何設學，末章專爲中國籌變通章程，語焉不詳，然大端不外乎此。光緒戊戌，廣學會復摘印其言學校、書籍者，名曰《速興新學條例》。

徐樹蘭《古越藏書樓書目・政部・教育》 《七國新學備要》一卷。英李提摩太。《新學彙編》本，在第二卷中。

楊復等《浙江藏書樓乙編書目・教育》 《七國新學備要》一冊。英國李提摩太著。商務印書館鉛印本。

廣學會著《廣學會譯著新書總目・政學》 《七國新學備要》。一本。價洋一分。

速興新學條例

徐維則等《增版東西學書録・學校》 《速興新學條例》一卷。《新學彙編》本。英李提摩太著，蔡爾康譯。即從《七國新學備要》摘出篇中論儆學童速奏其效，應讀之書分十二類，頗有理。惟以教書冠首，殆所謂教士之言與？顧補。

楊復等《浙江藏書樓乙編書目・教育》 《速興新學條例》一冊。廣學會輯。鉛印本。

廣學會編《廣學會譯著新書總目・政學》 《速興新學條例》。一本。價洋一分。

格致書院西學課程

梁啓超《西學書目表・學制》 《格致書院西學課程》。傅蘭雅。上海排印本。一本。一角。附有數學題。

顧述廬《通學書籍考・學制類》 《格致書院西學課程》一冊。英傅蘭雅著。是書專列學者之課程，甚爲簡明。後附有數學題。

徐維則等《增版東西學書録・學校》 《格致書院課程》一冊附課題。光緒乙未上海排印本。英傅蘭雅著。

格致書院擬設博物館説

徐樹蘭《古越藏書樓書目・政部・教育》 《格致書院擬設博物館説》一卷。英傅蘭雅。《格致彙編》本。

格致書院課藝

《上海格致書院藏書樓書目・東西學書・通論》 《格致書院課藝》。《初編》十三卷。十三本。《新編》二卷。二本。石印。

格致課藝

廣學會編《廣學會譯著新書總目・格致》 《格致課藝》。一部。價洋一元五角。

格致新機

梁啓超《西學書目表・格致總》 《格致新機》。慕維廉。廣學會本。一本。一角。

徐維則等《增版東西學書録・理學》 《格致新機》七卷。廣學會本，一冊。英慕維廉著。序言指爲培根，爲理學家言，與尋常言格致不同。但譯筆甚劣，未能深明其義。《彙編一》有慕氏《格致理論》，可參證。又《二》有慕氏《格致新法》，疑即《新機》之節本。

徐樹蘭《古越藏書樓書目・學部・東西洋哲學》 《格致新機》七卷。英慕維廉。光緒二十三年廣學會刻本。

廣學會編《廣學會譯著新書總目・格致》 《格致新機》。英國貝根著。一本。價洋五分。

格致理論

徐樹蘭《古越藏書樓書目・學部・東西洋哲學》 《格致理論》一卷。英慕維廉。《格致彙編》本。

格致新法總論

徐樹蘭《古越藏書樓書目・學部・東西洋哲學》 《格致新法總論》一卷。英慕維廉。《格致彙編》本。

肄業要覽

梁啓超《西學書目表・學制》 《肄業要覽》。顔永京。上海排印本。一本。二角。有新理新法。

又《附録・讀西學書法》 顔永京有《肄業要覽》一書，言教學童之理法，頗多精義。父兄欲成就其子弟，不可不讀之。

顧述廬《通學書籍考・學制類》 《肄業要覽》一卷。上海排印本。英史本守著，顔永京譯。專論希利尼羅馬古學之弊，推論格致之益，新學之進境與夫用新法而不明格致之害，於敎人之法關繫至大。《湘學新報》。

趙惟熙《西學書目答問・政學・學校學》 《肄業要覽》。一冊。英史本守撰，顔永京譯。上海本。是書言教學童之事，頗多新理可採。

徐維則等《增版東西學書録・學校》 《肄業要覽》一卷。上海排印本，一冊。湘學報本，改名《史氏新學記》。《西政叢書》本。格致書室印本。《格致彙編》本。英史本守著，顔永京譯。史氏見國中大書院皆希利尼羅馬之文，無當於實用，遂慨然推論人生學業輕重得失之要，復昌言講新法而不明格致之害，著爲成書，偏行國中。其後俄、法、德、意、荷、丹、奧諸國，深知其益，譯以教學者而國日盛。書中論列大旨，分爲五端，曰保護性命之學，曰護生計之學，曰教養子女之學，曰爲民下之學，曰玩物適情之學。就五端分條推闡，確中時弊。內論《盡民下責分》一篇，尤足以救中國今日民心之弊，不可不急讀也。

徐樹蘭《古越藏書樓書目・學部・東西洋哲學》 《肄業要覽》一卷。英史本守。顔永京譯。光緒二十一年格致書室排印本。《西政叢書》本。《格致彙編》節録未全。

格致舉隅

徐維則等《增版東西學書録・格致總》 《格致舉隅》一卷。益智書會本，一冊。英莫安仁譯，魏壽彭述。凡十章。多論聲、光、氣之淺理與花木之資生，煤之原因。每論皆明以圖，最便初學。後論蜜蜂操作之理，可與《格致彙編》中《養蜂法》參看。

徐樹蘭《古越藏書樓書目・學部・東西洋格物學》 《格致舉隅》一卷。英莫安仁譯，魏壽彭述。光緒二十四年美華書館排印本。

楊復等《**浙江藏書樓乙編書目・理學**》《格致舉隅》一冊。英國莫安仁譯，魏壽彭述。美華書室鉛印本。

廣學會編《**廣學會譯著新書總目・格致**》《格致舉隅》。論光線之功用，今古之大觀，計十章。價洋一角五分。

物理推原

梁啓超《**西學書目表・格致總**》《物理推原》。徐家匯印本。一本。五角。以上三種，皆教門之書。

又《**附録・讀西學書法**》《格致探原》、《物理推原》皆教門之書。將一切事物歸功天主，蓋其本意也。惟所言萬物蓄變之故，多奇鑿可聽。

徐維則等《**增版東西學書録・格致總**》《物理推原》一冊。徐家匯印本。法羅愛第著，李杕譯。以天象始，以推原終，是其命意之所在，而於各種物理，僅言大略。其書與韋氏《探原》、合氏《新論》相似，然亦多教中語，爲可厭。東亞書局譯有《近世物理論新編》，未出。

楊復等《**浙江藏書樓乙編書目・理學**》《物理推原》四冊。法國羅第愛書，南沙李問漁譯。徐滙書局石印本。

形性學要

徐維則等《**增版東西學書録・格致總**》《形性學要》十卷附圖。格致益聞報館印本，四冊。法迦諾著，滙報館譯。第一冊四卷，講力、重、氣、水諸學，附圖一百三十餘。二冊二卷，論聲學、熱學，附圖八十六。三冊二卷，論光學、磁學，附圖一百餘。四冊二卷，論電學、氣候學，附圖百餘。鈎玄提要，與《格物質學》用意相同，而較爲簡顯易曉。顧補。

徐樹蘭《**古越藏書樓書目・學部・東西洋格物學**》《形性學要》十卷。比國赫師慎譯，李杕述。《徐家滙報》本。

楊復等《**浙江藏書樓乙編書目・理學**》《形性學要》四冊。南沙李杕譯。鉛印本。

西學關鍵

徐維則等《**增版東西學書録・格致總**》《西學關鍵》□卷。滙報本。滙報館譯。言聲、光、化、電諸學。設爲問答，附以圖説，頗便初學。顧補。

格致大全

徐維則等《**增版東西學書録・格致總**》《格致大全》五卷。泰西毋路伯特蒲郎著。於各種格致新聞紙中，收集各家之説，不分門戶，隨時編輯，如《格致彙編》焉。顧補。

格致讀本

徐樹蘭《**古越藏書樓書目・學部・東西洋格物學**》《格致讀本》一卷。英莫爾顯。李維格、伍光建同譯。南洋公學本。

顧燮光《**譯書經眼録・理化**》《格致讀本》二卷。南洋公學排印本。英莫爾顯著，李維格、伍光建訂。計四十課。述英國童子佛勒唯諾偕有妹娜賴問答之辭。於動植物各學，言其大略，語其淺顯。

格致讀本

顧燮光《**譯書經眼録・理化**》《格致讀本》卷三一卷。上海時中書局排印本。英莫爾顯著，時中書局編譯。所譯全書，列課六十，附圖七十九。第一課至第二十二課，則論水、雪、空、淡、炭、養各氣。二十三至四十七，

則論動物。四十八至六十，則論植物。其《佛勒唯連問答》，一仍南洋公學所譯卷一、卷二體例。

格物課程

顧燮光《譯書經眼録・理化》 《格物課程》上卷一卷。湖北洋務譯書局排印大字本。法亨利華百爾所著，陳篠編譯。是書爲課蒙之用，故説理淺明。計列課十五，所言皆無機之物，尚有下卷，未譯。

格致教科書

顧燮光《譯書經眼録・理化》 《格致教科書》一卷。商務印書館洋裝本。商務印書館編譯。書凡八章：一、總論，計五節。二、論三種物質，計四節。三、熱學，計十四節。四、光學，計十二節。五、聲學，計十節。六、電學，計十五節。七、磁學，計九節。八、重率與密率，計二十六節。每節各有習問，每章各有提綱。卷末則附《格致問題》，以相證明。全書圖説詳明，論理新穎。其八章論重、密二率各節，尤扼全書之要。

中等格致讀本

顧燮光《譯書經眼録・理化》 《中等格致讀本》四卷。南洋公學第二次石印本，八冊。法包爾培著，徐兆熊譯。論中等教科之用，編爲四卷。每卷分爲上下，列課若干。凡動、植、礦物、化學、生理各類，皆逐類言之，頗爲明晰。插圖若干幅，附以練習問題，皆足爲發明各理之用。第二卷，英保羅伯德著，徐兆熊、陳昌緒合譯。

格物論質

徐樹蘭《古越藏書樓書目・學部・東西洋格物學》 《格物論質》一卷。泰西范約翰。鍾義山譯。《格致彙編》本。

各國政治藝學簡要録

徐樹蘭《古越藏書樓書目・政部・外史》 《各國政治藝學簡要録》二卷。闕名。杭州編譯局本。

赫胥黎科學入門

楊復等《浙江藏書樓乙編書目・教育》 《赫胥黎科學入門》一冊。黄人駿譯。開明書局鉛印本。

實學指南

楊復等《浙江藏書樓乙編書目・文學》 《實學指南》一冊。徐田、許家惺譯述。商務書館鉛印本。

實學衍義補

廣學會編《廣學會譯著新書總目・雜著》 《實學衍義補》。述泰西各

種實學。一本。價洋一角。

推廣實學

廣學會編《廣學會譯著新書總目・政學》 《推廣實學》。一本。價洋一分。

格物問答提要

廣學會編《廣學會譯著新書總目・格致》 《格物問答提要》。華陸震譯，季理斐先生鑑定。計二十八章。一冊。價洋二角。

西學格致新編

徐維則等《增版東西學書録・格致總》 《西學格致新編》□卷。《蒙學報》本。日本小杉豐甕編，日本平阪閎補，日本松林孝純譯。全書計五篇，曰植物大要，動物大要，鑛物大要，物理大要，化學大要，凡三十八章。又名《小學理科新篇》。顧補。

格致叢談

徐維則等《增版東西學書録・格致總》 《格致叢談》□卷。《蒙學報》本。日本古城貞吉譯。

中等各科教授細目

顧燮光《譯書經眼録・學校》 《中等各科教授細目》十八卷附表。文明書局排印本，一冊。江蘇師範講習會譯。本書分倫理、國語、漢文、英文、地理、歷史、數學、博物、植物、生理、鑛物、理化、化學、物理、習字、圖畫、唱歌、體操爲十八科，科各繫以細目，按學年次第臚列，故甚清晰。惟該書譯自東文，書中於國語、漢文、地理、歷史四科，皆偏重日本。日人之書，固宜爾也，苟取法之，其細目配置，似宜改定。卷末附第一學年至第五學年時間配置表五幅。

日本普通學科教授細目

顧燮光《譯書經眼録・學校》 《日本普通學科教授細目》上中下三卷，附《中學校令施行規則》一卷。光緒二十九年翔鸞社洋裝本，一冊。日本東京高等師範附屬小學校編纂，胡元倓、仇毅編譯。日本東京高等師範學校爲全國考求教育之地，其中附屬小學校爲師範生實驗之所，實全國小學校之模範也。所用《教授細目》，乃精於教育者編定，共十二門，惟算術、手工二門有刊行本，餘皆手錄之書，外人無從見之。胡、仇二君以學速成師範，遊於日本，惟高等師範學校校長嘉納治五郎是依，得見細目，借錄一過，取其第二部譯之。其中年分學期，學分週，分時間，詳密周備，無微不具。復取日本堤又次郎所著《中學校教授細目》以補之，其分學期、分週、分時間，與《小學細目》同，合二者編之，則普通學科教授之細目，遂以完備。又附日本文部省明治三十四年所頒《中學校令施行規則》於卷末，凡六十一條，以資考證。按我國近日講求教育，每日功課排列之時，常患先後緩急之失序。苟取斯書讀之，以其實驗爲我教育進步之方針，勞逸蓋迥不侔矣。

楊復等《浙江藏書樓乙編書目・教育》 《日本普通學科教授細目》一

冊。湘潭胡元倓、湘陰仇毅編譯。日本京東鉛印本。

日本教科書

徐樹蘭《古越藏書樓書目・政部・外交》　《日本教科書》一卷。日本伊藤賢道。光緒二十八年杭州編譯局本。

博物新編

梁啓超《西學書目表・格致總》　《博物新編》。合信。廣州刻本。一本。二角五分。

顧述盧《通學書籍考・格致總類》　《博物新編》。廣州刻本。泰西合信著。

趙惟熙《西學書目答問・藝學・格致學》　《博物新編》。一冊。英合信輯。廣州本。

徐維則等《增版東西學書録・格致總》　《博物新編》三集。上海墨海書局刊本。廣州刻《西醫五種》本，一冊。重刻單行本。樂善堂刊本三冊。英合信著。初集論地文及光、電，二集論天文，三集論動物。書雖太舊，尙備大旨。

徐樹蘭《古越藏書樓書目・學部・東西洋格物學》　《博物新編》三集。英合信。咸豐五年《西醫五種》合刻本。

《上海格致書院藏書樓書目・東西學書・格致學》　《博物新編》。英合信。八卷。八本。鉛印本。

楊復等《浙江藏書樓乙編書目・理學》　《博物新編》一冊。英國合信著。墨海書舘刻本。

博物新聞

徐維則等《增版東西學書録・格致總》　《博物新聞》無卷數。《格致彙編》本。英艾約瑟譯。此書疑即艾氏之日記，擇其聞見，涉於博物者，條論其理，與《格物雜説》相同。

徐樹蘭《古越藏書樓書目・學部・東西洋格物學》　《博物新聞》一卷。英艾約瑟。《格致彙編》本。

觀物博異

《上海格致書院藏書樓書目・東西學書・格致學》　《觀物博異》。法普謝。英季理斐，臨桂李鼎星。一本。廣學會活印本。

廣學會編《廣學會譯著新書總目・格致》　《觀物博異》。英季理斐先生譯，廣西李小浦君述。計八卷，俱繪圖畫。一厚本。計洋一元五角。

理化博物教科書

楊復等《浙江藏書樓乙編書目・理學》　《理化博物教科書》一冊。寧波新學會社譯。鉛印本。

博物學教科書

顧燮光《譯書經眼録・博物學》　《博物學教科書》一卷。光緒壬寅益智社石印本，一冊。日本飯塚啓著，益智學社譯。全書四十八章，發明動、植、礦三物生殖、功用、關係之理。其學總名博物學，雖有機、無機二體之分，然其循環滋生之故，變化孳乳之功，固可以證天擇物競學矣。所繪五十六圖，以表各物之形狀、位置，尤爲明晰。附《博物統系表》，亦足備全書考鏡之用。

徐樹蘭《古越藏書樓書目・學部・東西洋格物學》　《博物學教科書》一卷。日本飯塚啓。益智學社譯本。

楊復等《浙江藏書樓乙編書目・理學》《博物學教科書》一冊。日本飯塚啓著。益智學社石印本。

中等博物學教科書

楊復等《浙江藏書樓乙編書目・理學》《中等博物學教科書》一冊。日本飯塚啓著。益智學社譯印本。

博物學教科書

顧燮光《譯書經眼録・博物學》《博物學教科書》一卷。啓文譯社洋裝本，一冊。虞和寅編譯。博物學爲動、植礦石諸科之門徑，區域甚大。編者從中、東文各書編譯成書，以動、植、礦石分科叙述，頗有條理。

近世博物教科書

顧燮光《譯書經眼録・博物學》《近世博物教科書》一卷，附録一卷。《科學叢書》本，一冊。日本松村任三校閲，日本藤井健次郎編纂，樊炳清譯。第一篇曰植物，凡十二章。第二篇曰動物，凡十二章。第三篇曰礦物，凡六章。後附實驗之部，分植物、動物、礦物三部，又附圖四十四幅。

徐樹蘭《古越藏書樓書目・學部・東西洋格物學》《近世博物教科書》一卷。日本藤井健次郎。樊炳清譯。《科學叢書》本。

高等小學博物教科書

顧燮光《譯書經眼録・博物學》《高等小學博物教科書》三卷。文明書局本。張肇熊譯。博物爲動、植、礦專門學之導引，故體裁與各專門學之書不同。蓋專門書分綱析目，務求類次不紊，此則動、植間列，以啓發性靈爲主。本書上、中、下三編，編若干章，係採輯日本之博物書損益而成。取淺近實物而發明美妙學理，而取合小中學教科之程度。插圖若干，亦甚明晰。

博物揭要

顧燮光《譯書經眼録・博物學》《博物揭要》一卷。光緒三十一年二月洋裝本，一冊。王慶翰編譯。本書三十三課，分言礦、植、動三物構造研究之理，淺顯足資小學之用。

恩物圖説

楊復等《浙江藏書樓乙編書目・教育》《恩物圖説》一冊。日本關信三纂輯。中新書局鉛印本。

理化學提綱

楊復等《浙江藏書樓乙編書目・理學》《理化學提綱》一冊。作新社編。鉛印本。

理化示教

徐維則等《增版東西學書録・理學》《理化示教》□卷。教育世界本。

顧燮光《譯書經眼録・物理》《理化示教》上、下二卷。《科學叢書》

本，二册。樊炳清譯。上篇曰《物理示教》，凡九章，列圖四十三。下篇曰《化學示教》，凡十五章，列圖六十二。本書以實驗爲主，所言類多淺顯。後附《理化通論》，則綜論全書之要。

徐樹蘭《古越藏書樓書目・學部・東西洋格物學》　《理化示教》二卷。日本原本，不著譔者姓名。樊炳清譯。《科學叢書》本。

初等理化教科書

顧燮光《譯書經眼録・物理》　《初等理化教科書》一册。文明書局洋裝本。侯鴻鑑編譯。凡十五章，八十二課。皆言試驗物理各法，間附設問答，以明教授之旨。復附圖七十，以相發明。卷末列《中日度量權衡比較表》四幅，其名詞多用新譯，故附舊名於下，以資參考。

格致源流説

徐維則等《增版東西學書録・格致總》　《格致源流説》□卷。《新學彙編》本，廣學會單行本。美林樂知選輯，任延旭譯。徐補。

格致進化

廣學會編《廣學會譯著新書總目・格致》　《格致進化》。英國馬林著。以黜霸興王、歸功造物爲主義。一册。價洋二角五分。

質學源流考

廣學會編《廣學會譯著新書總目・質學》　《質學源流考》。學界之風雲，迄於二十世紀，變幻極矣。今日文學家之思想，皆往昔歷史上所未經道及者。是蓋教化之進步，而亦智力之日有發明也。然欲知其大效果，必先溯其大原因。就現時而論，西士皆推究從前之學術程度，及其現今學業之擴張矣。一册。價洋二角五分。

歐洲中古學人風氣

徐維則等《增版東西學書録・學校》　《歐洲中古學人風氣》一卷。《戊戌知新報》本。美紐約哈罷月報著，知新報館譯。顧補。

十九周新學史

楊復等《浙江藏書樓乙編書目・文學》　《十九周新學史》一册。山西大學堂譯。華美書局鉛印本。

廣學會編《廣學會譯著新書總目・史類》　《十九週新學史》。內述十九週各科學新理、新器之發明，溯其原委，詳其變遷。理想新奇，趣味濃厚，使人了然於世界文明之次序。梁瀾勳譯，許家惺校潤。一册。價洋四角。

泰西學案

《上海格致書院藏書樓書目・東西學書・史志》　《泰西學案》。桐城王闌，金匱周流。一本。商務書館活印本。

楊復等《浙江藏書樓乙編書目・文學》　《泰西學案》一册。桐城王闌、金匱周流譯。明權社鉛印本。

歐洲近世智力進步録

廣學會編《廣學會譯著新書總目・雜著》 《歐洲近世智力進步録》。高葆眞譯著。凡九章。一冊。價洋一角五分。

近代藝學界

廣學會編《廣學會譯著新書總目・雜著》 《近代藝學界》。錄泰西各國各種藝學之小傳。一本。價洋五角。

西學探源

徐維則等《東西學書録・議論》 《西學探源》四卷。商務印書館本，二冊。日本岡本監輔著。是書從彼國所譯《西文史》及《立志編》等節錄西人言行，類次而論之，徵引頗繁。其宗旨則欲以程朱學說矯彼國偏嗜西學者之失。自稱尚有《東學探源》，未印。徐補。

徐樹蘭《古越藏書樓書目・政部・教育》 《西學探源論》四卷。日本岡本監輔。商務印書館本。

楊復等《浙江藏書樓乙編書目・教育》 《西學探原》二冊。日本岡本監輔編。商務印書館鉛印本。

鐵鞭

徐維則等《增版東西學書録・議論》 《鐵鞭》四卷。商務印書館本。日本岡本監輔著。分生、長、收、藏四編。其宗旨與《西學探原》同，所徵引亦有重複者，而節目較爲詳備。岡本君爲彼國老名士，三十年前以氣節、文章爲時推重。維新以來，以主張舊學，漸見疎於時賢，牢騷不平。聞其所著《萬國史記》，於我國流布頗廣，遂挾所著以來，其友人爲之陸續付印。此書及《西學探原》，最先出者也。其抉摘彼國浮薄少年之弊，或非加誣。然布此兩書，於我國實有阻遏新機之慮。淮橘爲枳，殊可惜也。其書往往作不了語，有我國帖括習氣，尤不可解。徐補。

徐樹蘭《古越藏書樓書目・政部・教育》 《鐵鞭》四卷。日本岡本監輔。商務印書館本。

楊復等《浙江藏書樓乙編書目・雜誌》 《岡本氏鐵鞭》二冊。日本岡本監輔著。商務書館鉛印本。

日本西學傳略

顧燮光《譯書經眼録・史志》 《日本西學傳略》一卷。羣學社編本。日本木村一步編，鄭誠元譯。書紀青木昆陽、前野良澤、大槻槃水、杉田玄白、青地林宗、宇田川玄眞、大槻槃里、宇田川榕庵、杉田成卿、箕作阮甫，凡十一人，皆日本文化、天保、安化、文久諸年間講求荷蘭學者。

譯書事略

梁啓超《西學書目表・無可歸類之書》 《譯書事略》。傅蘭雅。《格致彙編》本。一本。一百。

顧述廬《通學書籍考・西文類》 《譯書事略》一冊。英傅蘭雅撰。是書將譯書大略，撰成西書一冊。所有各事共分要件四章，而局中書名依類附入，並錄以撰書人名、譯書人名、筆述人名、刊書年歲及每書本數、每書價值。另有局外所譯之書，亦登其目錄，以便西人檢閱。本書序。

趙惟熙《西學書目答問・政學・學校學》 《譯書事略》。一冊。英傅蘭雅撰。《格致彙編》本。譯書爲學校中要事，故附於此。

徐維則等《增版東西學書録・理學》　《譯書事略》一卷。《格致彙編》本，一冊。英傅蘭雅著。凡製造局及局外譯述各書，無不詳列，檢閱亦便。中論譯書之法，譯書之益，頗可採取，而設局源流，亦載之。《實學報》館印。有朱樹人譯《巴黎書庫提要》，未成。

徐樹蘭《古越藏書樓書目・政部・外交》　《譯書事略》一卷。英傅蘭雅。《格致彙編》本。

日本書目志

楊復等《浙江藏書樓乙編書目・文學》　《日本書目志》八冊。闕名。大同譯書局鉛印本。

西學書目表

楊復等《浙江藏書樓乙編書目・文學》　《西學書目表》一冊。闕名。鉛印本。

日本理學書目

徐維則等《增版東西學書録・理學》　《日本理學書目》□卷。《亞泉雜志》本。亞泉學館譯。分十三類：一、理學總記，學校用理科書。二、物理學，橫文物理學，理化學。三、化學。四、天文學，曆書。五、氣象學。六、博物學。七、生物學。八、人類學。九、動物學。十、植物學。十一、地質學。十二、地震學。十三、礦物學。顧補。

歐美書藏紀要

徐樹蘭《古越藏書樓書目・政部・教育》　《歐美書藏紀要》一卷。譯者闕名。《教育世界》本。

新學書目提要

楊復等《浙江藏書樓乙編書目・文學》　《新學書目提要》一冊。南昌沈兆禕著。通雅書局鉛印本。

湖北洋務譯書局圖書名目

楊復等《浙江藏書樓乙編書目・補遺》　《湖北洋務譯書局圖書名目》一冊。浙江官書局刻本。

暫定各學堂應用書目

楊復等《浙江藏書樓乙編書目・文學》　《暫定各學堂應用書目》一冊。京師大學堂頒行。浙江局刻本。

哲學部

論　述

艾儒略《西學凡・理學》　理學者，義理之大學也。人以義理，超於萬物而爲萬物之靈。格物窮理，則於人全而於天近。然物之理，藏在物中，如金在砂，如玉在璞，須淘之剖之以斐祿所費亞之學。此斐祿所著，立爲五家，分有門類，有支節。大都學之專者，則三、四年可成。【略】第二年，專學費西加，爲斐祿所之第二家。費西加譯言「察性理之道」，以剖判萬物之理，而爲之辯其本末，原其性情。由其當然，以究其所以然。依顯測隱，由後推前，其學更廣博矣。亦分有六大門類。其第一門，謂之聞性學，又分爲八支：其一爲費西加之諸預論，其二總論物性，其三總論有形自立之物性，其四講物性之三原，其五總講變化之所成，其六總講物性之所以然，其七講依賴有形者如運動、作爲、抵受、處所、幾何等各有本論，其八總論天地與其有始無始否，有盡無盡否。而此八大支論，各有本書具載，此爲聞性之學也。其第二門，則論有形而不朽者，如言天之屬。三門論有形而能朽者，如人獸艸木等，與其生長、完成、死壞諸理。四門總論四元行本體火、氣、水、土，與其相結而成物。五門詳空中之變化，地中之變化，水中之變化。六門論有形而生活之物，分爲五支：其一先總論生活之原，所謂魂者是也。次論生長之魂與其諸能。次論知覺之魂與其五官之用，四識之職等。次論靈明在身之魂，與其明悟愛欲之諸理。次論靈魂離身後之諸能何如，而性命之理盡，格物之學可造矣。

第三年，進斐祿所第三家之學。所謂默達費西加者，譯言「察性以上之理」也；所謂費日加者，止論物之有形，此則總論諸有形并及無形之宗理。分爲五大門類：其一，豫論此學與此學之界。二、總論萬物所有超形之理，與其分合之理。三、總論物之眞與美。四、總論物之理與性，與體與其有之之由。五、論天神諳若。終論萬物之主與其爲獨一，爲至純，爲無盡，爲無終始。爲萬物之原等。種種義理，此皆因物而論究竟，因變化之自然而究其自然之所以然。此所論天主與天神，特據人學之理論之，尚未到陡祿日亞所按經典天學而論，蓋彼又進一學也。【略】

大斐錄之學，何所起乎？昔我西土古賢，觀天地間變化多奇，雖已各著爲論，開此斐錄之學，然多未免似是而非，終未了決。其後有一大賢名亞理斯多，其識超卓，其學淵深，其才曠逸，爲歷山大王之師。歷山嘗云：「我爲天下主，不足爲榮。惟一得亞理斯多而師之，以是爲榮耳。」此大賢裒集羣書，多方參酌採取，凡普天之下有一奇物，不惜貲費以求得，不辭勤勞以尋究，必親爲探視，而奇秘無一之不搜，每物見其當然，而必索其所以然，因其既明，而益覔其所未明，由顯入微，從粗及細，排定物類之門，極其廣肆，一一鉤致，而決定其說，各據實理之堅確不破者，以著不刊之典，而凡屬人學所論性理，無不曲暢旁通。天學得此，以爲先導。此在天主降生前所作，至今二千餘年，無人不宗服之，而與陡祿日亞正相主輔。自此大賢之後，遞生聰明才智，青出於藍。及至天主降世，又有衆聖迭興，各於斐錄之學互相闡發，而加之以天主超性之確理，人學愈爲透露也。

康有爲《日本書目志・哲學類序》　天歟地歟，神明往歟，不可止沮，造化爲盧。哲人同輿，沈精極思，無所不徂，窮有入無。太古之聖，勇智權與，執物徇有，泥跡多粗。中古之聖，畜物而先人居，倫理是圖。後聖玄妙，舍實遊虛，魂靈如如，其有懷疑，一切掃除，隳入空魔，婆羅辟支。近世物理，冥冥入微，既實又虛，開天天而游其墟。凡聖三統，輪轉厥樞。額氏火教，實得理材。孔道陰陽，包盡無餘。大地作者，其亦可爲心游大觀歟！

綜　述

艾竭馬答論說有無源流

王士點《艾竭馬答論說有無源流》　一十二部。「艾竭馬答」是 Hikmat

的對音，譯云智慧。這是一部哲學著作，內容是宇宙論，所以譯做「論説有無源流」。

空際格致

《四庫提要・雜家類存目二》 《空際格致》二卷。直隸總督採進本。 明西洋人高一志撰。西法以火、氣、水、土爲四大元行，而以中國五行兼用金、木爲非。一志因作此書，以暢其説。然其窺測天文，不能廢五星也。天地自然之氣，而欲以強詞奪之，烏可得乎？適成其妄而已矣。

王韜《泰西著述考》 高一志《空際格致》二卷。

梁啓超《西學書目表・通商以前西人譯著各書》 高一志《空際格致》二卷。四庫存目。

徐維則等《東西學書録・東西人舊譯著書》 高一志《空際格致》二卷。西法以火、氣、水、土爲四大元行，一志因作此書，以暢其説。

斐録彙答

王韜《泰西著述考》 高一志《斐録彙答》二卷。

經學不厭精

楊復等《浙江藏書樓乙編書目・補遺》 《經學不厭精》六冊。德國花之安。石印本。

天演論

趙惟熙《西學書目答問・政學・辯學》 《天演論》。一卷，訂一冊。英赫胥黎撰，嚴復譯。《慎始基齋叢書》本。天演者，泰西格物家言也。以天擇、物競二義，推原萬類生滅之理，而究其極於國家之所由以盛衰。其大旨在於任天爲治。是書盡變舊説，主於以人勝天，而後國家賴以不敝。其言奧衍宏博，可擬秦漢諸子。譯筆又佳，洵稱善本。

徐維則等《增版東西學書録・理學》 《天演論》二卷。侯官嗜奇精舍石印本。上海重印本。英赫胥黎著，嚴復達指。因斯氏創任天爲治之論，而赫氏盡變其説，謂天不可獨任，貴乎以人持天。所論保種、保羣、自強、進化之公理，皆與斯氏異説，以救斯氏之末流。其有裨於國計民生，殆非淺尠。是書經嚴幾道觀察譯而文之，縱横奧頡，大能達其旨趣；附著《論説》，復能曲申其義例。中譯之善本，無有過於此書者。英斯賓塞爾撰有《羣誼篇》，柏捷特撰有《格致治平相關論》，皆嚴復譯成，未刻。《國聞彙編》有嚴復譯斯氏《勸學篇》，亦未刻全。

徐樹蘭《古越藏書樓書目・學部・東西洋哲學》 《天演論》二卷。英赫胥黎。嚴復譯。沔陽盧氏慎始基齋本。

《上海格致書院藏書樓書目・東西學書・哲理學》 《天演論》。英赫胥黎。侯官嚴復。二卷。一本。富文書局石印。

楊復等《浙江藏書樓乙編書目・理學》 《嚴氏天演論》一冊。英國赫胥黎著，侯官嚴復譯。富文書局鉛印本。

斯賓塞爾文集

徐維則等《增版東西學書録・理學》 《斯賓塞爾文集》□卷。《時務報》、《昌言報》連印本。英斯賓塞爾著，曾廣銓譯，章炳麟述。斯氏爲西國格致名家，創天演之説，深擘夫質力聚散之幾，推極古今萬國盛衰之由，著書造論，貫天地人而一之，而大旨以任天爲治爲本，剖析精微，折中至當，實

爲奇論。惜譯者未精斯學，未能曲達其旨，讀者未免掩卷耳。

倍根文集

顧燮光《譯書經眼録・哲理》 《倍根文集》上下編一冊。新民譯印書局洋裝本，一冊。英倍根著，達文社譯。全書分上、下二編，計三十七章。所言多精微哲理、政治、教育、理想各家之討索。惟書成於數百年前，所言諸多不合，然其理固無古今異也。惜譯筆平庸，不足以達之。苟得如嚴幾道其人譯之，其雋永當不弱於原書矣。

楊復等《浙江藏書樓乙編書目・文學》 《倍根文集》一冊。英國倍根著。新民譯印書局鉛印本。

天演學

《上海格致書院藏書樓書目・東西學書・哲理學》 《天演學》。美克洛特。同安黃佐廷，上海范熙庸。二卷。一本。山西大學堂譯書院本。

楊復等《浙江藏書樓乙編書目・理學》 《克洛特天演學》一冊。同安黃佐廷、上海范熙澤譯。鉛印本。

天演學初祖

楊復等《浙江藏書樓乙編書目・理學》 《天演學初祖》一冊。侯官李郁譯。達文社鉛印本。

人　學

《上海格致書院藏書樓書目・東西學書・哲理學》 《人學》。美李約各。美林樂知，東吳范禕。一本。廣學會本。

宇宙進化論

廣學會編《廣學會譯著新書總目・雜著》 《宇宙進化論》。是書爲英國湯穆森著。原名《宇宙經》，博大精深，傳誦彼土，爲莫安仁君所譯。今湯氏之書出，而天人進化之理益顯。其理足以垂古今而不惑，質中外而無疑也。一冊。價洋三角五分。

哲學泛論

徐樹蘭《古越藏書樓書目・學部・東西洋哲學》 《哲學泛論》一卷。德楷爾黑猛。《繙譯世界》本。

哲學要領

顧燮光《譯書經眼録・哲理》 《哲學要領》一卷。商務印書館《哲學叢書》本。德科培爾著，日本下田次郎述，蔡元培譯。哲學以德國爲最純粹，而無束縛宗教及政治之偏見。著者爲德人，任日本文科大學教授。約舉哲學之總念、類別、方法、系統，分爲四章，以告學者，而以緒言冠之於首。其所演說，皆以最近哲學大家康德、黑智爾、哈爾妥門諸家之言爲本，非特折衷於惟心、惟物兩派而已。其言神秘狀態，實有見於哲學同源之故，而於古代哲學，提要鉤玄，尤足示學者研究之法，誠斯學之門徑書也。譯者爲吾華研究哲學名家，故尤能得其精神，使讀者有窮理盡性之妙。

《上海格致書院藏書樓書目・東西學書・哲理學》 《哲學》。德科培爾。日本下田次郎。蔡元培。一本。商務書館活印本。

理學鈎玄

顧燮光《譯書經眼録・哲理》 《理學鈎玄》三卷。廣智書局排印本，二冊。日本中江篤介著，陳鵬譯。飛羅坐飛者，原爲希臘方言，世或譯爲哲學，此則據《易經》窮理之説，譯之爲理學。蓋據原字之意義，乃欲爲希聖希賢，無所不達之謂。其宗旨在窮究萬事之本，原其因果，在研究社會之道德，與世所謂哲學，其理一也。是書三卷，分若干章。晰理新穎，趣味深奥，有各種系譜圖以發明之，殆窮理盡性之善本也夫。

徐樹蘭《古越藏書樓書目・學部・東西洋哲學》 《理學鈎玄》三卷。日本中江篤介。陳鵬譯。廣智書局本。

通雅齋《新學書目提要・文學類》 《理學鈎玄》。上海廣智書局本。《理學鈎玄》三卷，分爲各章，日本中江篤介原著，南海陳鵬譯本。竊謂譯者之取此本而傳之不知何所取義也。凡譯書之用必蘄于學者有益，以浚發其心思而增鍊其智識，如是者可爲良工，今若此書其旨非不醇粹，其論非不元遠，然無裨當世者有三，則固可以斷言之者。書于論學之間務爲詭勝之辯，且頗類名學狹義之談，未見可以通諸政理者，一也；其言枯淡兼病煩數，若琴瑟之專一，誰能聽之，凡人倦讀，二也；篇中好論神教，如神理原理説、神物一體説、神人感合説、無神説諸章皆縱言之，而此外各章亦每著其理，既滋疑義，頗覺失倫，雖曰宗教之言，其去經世之學則已遠矣，三也。以此三故，寧饜世求？蓋當日操筆之倫貂鐸之志早微，遂失其別擇之誼耳。今就書中所有而舉之，解釋理學章解「飛羅坐飛」之字義謂，欲爲希聖希賢，無所不達，世或譯之爲「哲學」，固無不可，予則據《易經》窮理之説別譯之爲「理學」，按西文此語含有愛智之意，則譯爲「哲學」似較「理學」爲優，且《易經》窮理之文亦與斯旨不合，正毋容以爲附會。理學諸説章中言法國學官所立之虚靈説共有四科，此當是教科所授，惜不詳其宗旨何屬，令人不知其所用。又引法蘭西學士周福羅亞之言云，理學之爲物，至今目的猶未一定，此不怪也，若使理學之目的既已一定不可復易，則於今日諸説之多，殆與理學士之數相等，此數語繚繞不明，後文又不自爲之解，此乃巨疑。論理章云培根言考驗之法，苗卡兒則言考驗與推測二者，夫考驗、推測皆求達于眞理之法式，乃一種之術耳，若夫論理乃以講求言論之理爲主，爲一種之學，法式爲術，故以得所未得之理爲主，論理爲學，故于論叙既得之理爲主，斯二者初不得相混，按實驗、懷疑兩派樹敵已深，惟此以片言平之庶幾允諦，是書中之要誼。法式一章云，所謂凡事物有同時且無無之理一語，按此語不知所據，文義甚不可曉，而申釋又非明顯，其以近世地學家之説，因高山之上往往見有海産掩殼，以爲山本屬海底而斥爲臆定之詞，致于誤謬，按此亦無確據，似不足以毁專門之舊説。世界之害惡章云，必須死後天堂之賞、地獄之罰乃得善惡之報，此則顯耶氏之説，蓋日本學子中之甚稀者，然後文又有基督宗教理害一章，頓與斯言不合。感覺説章云，倍根之于技科，其論物之疏密采色、海潮之上下、空氣之輕重等理，往往發前人所未發者，但其駁科伯爾匿克聽創見之天體説頗爲不合，按倍根器數之學譯述未聞，此條所引，惜未能窺見凡略，科伯爾匿克當即首明地圓説之哥白尼，未知其天體説何以爲倍根聽駁耳。生物體機之寖化章云，于元始之世分之爲三期，一爲羅冷西養期，二爲康撲里養期，三爲西留里養期，以下言第一世、第二世、第三世皆各分爲三期，其言率用西音，此當爲地學專用之名詞，譯者正當旁考西文以釋其理，然後意義可測，仍而不改，亦見考察之疏也。篇中有康德之法式、斯賓塞之道德諸章，頗莊復于二人之學而未嘗一采其華，又意象説一章于古者希臘柏拉圖之言亦多引證，此其師承之末迹也。東坡之讀孟郊詩云「初如食小魚，所得不償勞」，今覽是書，雖託體殊科而艱于求索，則齊致焉。

《上海格致書院藏書樓書目・東西學書・哲理學》 《理學鈎玄》。日中江篤介。南海陳鵬。二本。廣智書局本。

哲學要領

顧燮光《譯書經眼録・哲理》 《哲學要領》二卷。廣智書局排印本，二冊。日本井上圓了著，羅伯雅譯。本書綜論純正哲學，於古今東西各哲學皆臚舉其大綱，考東西歷史哲學家之學説，而論哲學之組織發達。分前後二

編，凡十一章，共五十九節。一、緒論，解釋哲學之範圍、目的、學派、等類。二、東洋哲學。三、支那哲學。四、印度哲學。五、西洋哲學。六、七、八，希臘哲學。九、十、十一，近世哲學。卷末附以結果批評。後編言哲學之內部性質、組織，凡十二章。一、物心。二、元論二。三、唯心無物論。四、非物非心論。五、六，無物無心論。七、八，唯心無物論。九、有物有心論。十、十一，物心同體論。十二、結論。合前後二編所論，則泰西現近各哲學家，均有倚重之弊而乏中庸之實。其學說大都始於二元，終於一元，以證理想之循環，且演譯、歸納各有所尚，感覺、懷疑派別遂異。調和東西古今之異，必待大聖人出，發明二元同體之說，則東西哲學乃完全而成一鑪之冶矣。

《上海格致書院藏書樓書目・東西學書・哲理學》 《哲學要領》。日本井上圓了。羅伯雅。二卷。二本。廣益書局活印本。

楊復等《浙江藏書樓乙編書目・理學》 《哲學要領》二冊。日本井上圓了著，番禺羅伯雅譯。廣智書局鉛印本。

哲學原理

顧燮光《譯書經眼録・哲理》 《哲學原理》一卷。《閩學會叢書》洋裝本。日本井上圓了著，王學來譯。哲學爲諸物理中之物理，以研察物質體源爲主，與理學之以實驗、聲色、形質不同，爲爲心之學。古者其學專恃理想，或不免涉於空虛，今則藉事物於理學相證，固能互相發明也。故考其源，實與理學、宗教同時並起，而時間、空間之論，即本書所云物、心、神之實體，故純正哲學，其範圍極大，而東西洋、印度各學派，遂因之以分矣。此書凡四章，首敍論，次總論，三結論，四附錄。詳述哲學研究之法，社會發達之由，旨趣盎然，譯筆明達。後附《泰西哲學家年表》，尤足備考核學派之用。

楊復等《浙江藏書樓乙編書目・理學》 《哲學原理》一冊。日本井上圓了著，閩縣王學來譯。鉛印本。

哲學新詮

顧燮光《譯書經眼録・哲理》 《哲學新詮》一卷。商務印書館本，一冊。日本中島力著，吳田炤譯。哲學爲各種科學之進步，而於宗教有特立之研究，故以懷疑、經驗爲二大派，以客觀、主觀爲大問題。本書詮解哲學，於各科學相關問題，而以認識、實在新理以發明之。蓋指示哲學門徑思想之書也。凡十章，若干節。一、何謂哲學。二、哲學問題何故而起。三、哲學與科學有何關係。四、哲學當如何區分。五、認識論何故爲必要。六、認識之起源，相關之問題。七、認識之本質，相關之問題。八、實在論之問題爲如何。九、古今實在論之主說如何。十、宗教於哲學之關係如何。

希臘三大哲學家學說

《上海格致書院藏書樓書目・東西學書・哲理學》 《希臘三大哲學家學說》。柏拉圖，梭格拉底，亞里士多德。南海陳鵬。三卷。一本。廣智書局本。

蘇格拉底

顧燮光《譯書經眼録・史志》 《蘇格拉底》一卷。杭州合衆書局洋裝本，一冊。日本久保天隨著，張相譯。蘇氏爲西洋先哲，生於紀元前四百六十餘年，所學以知德合一爲宗，以改革道德爲用，故爲雅典詭辯所忌，卒以無罪死。全書八章。首記波斯戰後，希臘文化之盛。二及七，皆記蘇氏之生及死，與門弟子講學各事。八緒論，則發明蘇氏與孔子同異之理。

哲學十大家

顧燮光《譯書經眼録・史志》 《哲學十大家》一冊。文化編譯會社洋裝本。日本東京文學士著，國民叢書社譯。書記瑣格剌底、弗拉的、亞里斯多德、倍根、牛董、孟德斯咎、本唐、達爾文、斯賓塞十人事蹟，各節録其學說，以明宗派。蓋泰西哲學，盛於瑣格剌底，至亞里斯多德而衰。中閲千餘年，宗教盛行，其學中絶。迄今文化開通，智慧日進，而哲學因以中興，遂有古代、今世之别。探厥本源，原無二致也。開明書店譯有《泰西十大家》，與此同，惟譯筆、事蹟、學說，較此本爲簡。

哲學史

徐樹蘭《古越藏書樓書目・學部・東西洋哲學》 《哲學史》一卷。日本蟹江義丸。《繙譯世界》本。

哲學小辭典

徐樹蘭《古越藏書樓書目・學部・東西洋哲學》 《哲學小辭典》一卷。闕名。《教育世界》本。

邏輯學部

論述

艾儒略《西學凡・理學》 初一年，學落日加夫。落日加者，譯言「明辯之道」，以立諸學之根基，辯其是與非、虛與實、表與裏之諸法，即法家、教家必所借徑者也。總包六大門類：一門是落日加之諸豫論，凡理學所用諸名目之解。一門是萬物五公稱之論，即萬物之宗類。如生覺靈等物之本類；如牛馬人等物之分類；如牛馬人所以相分之理；物類之所獨有，如人能言，馬能嘶，鳥能啼，犬能吠，獅能吼等；物類聽所有無物體自若，如藝於人，色於馬等。一門是理有之論，即不顯形于外而獨在人明悟中義理之有者。一門是十宗論，即天地間萬物十宗府：一謂自立者，如天、地、人、物；一謂依賴者，不能自立而有所賴焉以成。自立獨有一宗依賴，則分而爲九：一爲幾何，如尺寸一十等；二爲相接，如君臣父子等；三爲何狀，如黑白、冷熱、甘苦等；四爲作爲，如化傷行言等；五爲抵受，如被化受傷等；六爲何時，如晝夜年世等；七爲何所，如鄉房廳位等；八爲體勢，如立坐伏側等；九爲得用，如用袍裙，如得田池等。一門是辯學之論，即辯是非得失之諸確法。一門是知學之論，即論實知與憶度與差謬之分。此第一家也。

趙惟熙《西學書目答問・政學・辯學》 辨學者，分別名物理數而斷其是非也。倡始於希臘國人阿利多低利，在中國周末時。嗣後衍其緒者益衆，歐西格致諸學悉萌芽於此。惟譯本甚尠，僅就所及見者錄之。按此學原無與於政治，然西國之富強，恆由之，故附於此。

綜述

名理探

王韜《泰西著述考》 傅汎濟《名理探》十卷。

辨學啓蒙

梁啓超《西學書目表・無可歸類之書》 《辨學啓蒙》。艾約瑟。上海重印本。一本。二角。

趙惟熙《西學書目答問・政學・辯學》 《辨學啓蒙》。一冊。英哲分斯撰，英艾約瑟譯。稅務司本。在《西學啓蒙》十六種中。

徐維則等《增版東西學書録・理學》 《辨學啓蒙》一冊。《西學啓蒙》本。英哲分斯著，英艾約瑟譯。人生之初，有知識，即知分辨。窮理度物，審情推事，大小精粗，無不各有界說。創斯學者，首自希臘。其後西人殫心探討，其理日精而大，書院中遂爲教授童蒙課程。是書所列條理，僅舉大略，足以窺見辨學之門徑，亟宜考究其理。由淺入深，詳列問答，以成一書，藉爲課蒙之用。利瑪竇有《辨學遺牘》，與此異。

徐樹蘭《古越藏書樓書目・學部・東西洋名家之學》 《辨學啓蒙》一冊。英哲分斯。英艾約瑟譯。《西學啓蒙》本。

理學須知

徐維則等《增版東西學書録・理學》 《理學須知》一卷。光緒二十四年

格致書室刊本，一冊。英傅蘭雅著。其書專揭分晰事物之法，於理學爲論辨，於辨學爲理辨，與艾約瑟所譯《辨學啓蒙》相出入，而文詞之明白過之。學者欲窮格致之要，宜讀此以植其基，而旁考《西學略述》中之言理學，與赫胥黎《天演論》下卷，以窮其流。於眞理，庶乎無疑。

廣學會編《廣學會譯著新書總目・理財》　《理學須知》。凡事有錯誤，可用理學各法揭而出之。一人之性情，訓練未熟，則思想不免有誤。如仰觀諸曜，見其行動，與實在者相反。又每看物，本在一定方位，其實則否，如光差是也。一冊。價洋八分。

穆勒名學

顧燮光《譯書經眼録・哲理》　《穆勒名學》二冊。壬寅三月金粟齋本。英穆勒約翰著，嚴復譯。穆勒約翰爲西方名學大家，著書極富，嚴幾道先生僅譯其甲部，計八篇。一、《論名學必以分析語言爲始事》；二、《論名》；三、《論可名之物》；四、《論詞》；五、《論詞之義蘊》；六、《論申詞》；七、《論別事理之理法兼釋五旌》；八、《論界說》。其卷首列《引論》一篇，尤扼全書之要。按名學與理學不同，故其界極嚴，然名學能以無疑決他學有疑，其層累曲折，考名理義，言頗足輔窮理致知之用，蓋各學之本原也。故西儒貝根，謂之學學。其恉誡人勿以推知爲元知，而歸於誠實無妄。名學之用，斯大矣。

徐樹蘭《古越藏書樓書目・學部・東西洋名家之學》　《名學》八卷。英穆勒約翰。嚴復譯。金粟齋本。

《上海格致書院藏書樓書目・東西學書・哲理學》　《名學》。英穆勒約翰。侯官嚴復。二本。活印本。

楊復等《浙江藏書樓乙編書目・理學》　《穆勒名學》一冊。侯官嚴復譯。金粟齋石印本。

名　學

顧燮光《譯書經眼録・哲理》　《名學》一卷。日本日新叢編社本。楊蔭杭譯。歐洲人以名學爲各種學問之本源，學校必以供教科之用。其旨極雋永，其意極明顯，而其學有東西洋之分。是書以名辭、命題、推度法爲三大部，而三部之中，派別極廣，蓋神妙存乎人，其理固不易也。其學在中，則尹文子、鄧析子、惠施、公孫龍之徒，與之相近，老、莊間亦相同，惜其未純。至佛學盛於印度，內典諸說，頗多名學。蓋東洋之學，起於印度，其流固不遠矣。

論理學綱要

顧燮光《譯書經眼録・哲理》　《論理學綱要》一卷。商務印書館《哲學叢書》本，一冊。日本十時彌著，田吳炤譯。論理學爲學問中之學問，爲教育家所必知之科學。蓋以人推斷事理，講解學問，非此不能淸其界限。其源出於希臘，而與堅白異同之說相近，即西人所謂辨學、名學是也。是書爲近日新出之本，爲日儒中島力造所推許。首《緒論》，闡明論理學之定義、法則、資料，與諸學之關係區分。第一篇曰《思考原論》，凡六章，推論思考之原理、本質，定義名辭之義類，包延命題之類式。第二篇曰《演譯推理》，凡六章，言直接、間接推理之本質，推測之各等格式，關於演譯形式、資料、謬誤。第三篇曰《歸納原理》，凡四章，言歸納推理之概說本質，又歸納研究法及關於歸納推理之謬誤。卷末曰《結論》，論式之種類排列，以竟其緒，而以演習問題附錄之。名學書中之最新備者。至書中所用西字，譯者僅假以作記號用，無深意焉。

楊復等《浙江藏書樓乙編書目・文學》　《論理學綱要》一冊。日本十時彌著，江陵田吳炤譯。商務書舘鉛印本。

論理學

顧燮光《譯書經眼録・哲理》 《論理學》一卷。《譯書彙編》本。日本高山林次郎著，汪榮寶譯。論理爲推論形式法則之學，其原創於希臘，蓋本幾何之公理，比較二物而定其三之作用，即西人之名學、辨學類也。其學雖以知覺運動爲宗，而歸其作用於心，究與心靈學有異。東人名爲「論理」，洵爲定名。凡六章：一、總論；二、名辭、命題及三段論法之序論；三、統論名詞、主詞之關係；四、命題；五、命題之對當；六、直接推理。所譯僅上卷，未爲全豹，爲闕憾耳。

徐樹蘭《古越藏書樓書目・學部・東西洋名家之學》 《論理學》一卷。日本高山林次郎。汪榮寶譯。《譯書彙編》本，未全。

論理學達恉

顧燮光《譯書經眼録・哲理》 《論理學達恉》一卷。文明書局洋裝本。日本清野勉著，林祖同譯。論理學爲哲學之濫觴，即名學、辨學類也。其學分演譯、歸納二門，同源異流，各有其是，而不可偏廢。本書凡三十一章，於其性質、沿革、界限、形式，皆舉要言之。第一章至二十四章，推論外延、內包、思想、三段搆造、重體、僞論各理，蓋演譯類也。二十五至三十章，則言歸納各法，而以分析、淘汰、觀察、試驗、推詣明之。三十一章，言演譯，以發明錯綜因果之理。

倫理學部

論　述

康有爲《日本書目志・倫理學類序》　中古之聖，不務遠而務近，不談鬼神怪物而談人事，故倫理尤尊。吾土之學，始于盡倫而終于盡制。所謂制者，亦以飾其倫而已。然春秋三世，具有變通。是時爲帝，而是非大相反，以至極相礙焉。如夫窮極萬國，撢思百世，則其變益大。置數千年之風俗于無量劫中，豈能如寒暑之在一歲哉？若君主、民主之異，一夫數妻、一夫一妻之殊，非其俔之一端耶！然夏葛冬裘，當乎其時，不可少易。先聖因時立制，條理粲然，黔首惟有率從而已。

又《道德修身學類序》　筦子曰：「禮義廉恥，是謂四維。四維不張，國乃滅亡。」儒以忠信爲甲胄，禮義爲干櫓，自非生番野蠻之國，未有不貴道德修身者。此萬國古今之通理。國之強盛弱亡，不視其兵甲之多寡，而視其風俗道德之修不修。近者泰西財富兵力，方行四海，而推原治本，頗由其俗尚信義致然。日人猶是東方囂詐舊俗，其去道遠矣。賈生謂筦子而少知治體，是可寒心。吾兵力、財富、藝學既不講，今日之風俗乃並禮義廉恥而棄之，本末俱盡，何以立國？夫吾士之學，再以道德修身爲國，而無識之徒，或僅見泰西之粗迹，高談變法，舉吾道德修身之舊，亦舍而去之。故向者詬戲儒爲迂。國無極迂終日喋喋談道之人，國必不立。

梁啓超《東籍月旦・倫理學》　中國自詡爲禮義之邦，宜若倫理之學無所求於外，其實不然。中國之所謂倫理者，其範圍甚狹，未足以盡此學之蘊也。今請就日本文部省最近所發之訓令，關於中學所教倫理道德之要領，列其目如下。此專屬中學第四、第五年級者。　一、對於自己之倫理。健康、生命、知、情、意、職業、財産；二、對於家族之倫理。父母、兄弟、姊妹、子女、夫婦、親族、祖先、婢僕；三、對於社會之倫理。他人之人格、他人之身體、財産、名譽、祕密、約束等，恩誼、朋友、長幼貴賤、主從等，女性、協同、社會之秩序、社會之進步；四、對於國家之倫理，五、對於人類之倫理。國憲、國法、愛國、兵役、租税、教育、公務、公權、國際；六、對於萬有之倫理。動物、天然物、眞、善、美。準是觀之，以比於吾中國所謂倫理者，其廣狹偏全，相去奚翅霄壤耶？故外國倫理學之書，其不可不讀，明矣。或曰：吾所欲求者，學問也，智識也。道德之學雖高矣美矣，而不切於急用。子何必斷斷言之？不知學問所以能救世者，以其有精神也；苟無精神，則愈博學而心術愈以腐敗，志氣愈以衰頽，品行愈以詖邪。將安取之？今者中國舊有之道德，既不足以範圍天下之人心，將有決而去之之勢。苟無新道德以輔佐之，則將並舊此之善美者亦不能自存，而横流之禍，不忍言矣。故今日有志救世者，正不可不研究此學。斟酌中外，發明出一完全之倫理學，以爲國民倡也。倫理之書，顧可忽乎？

綜　述

倫理學理論與方法論分部

泰西是非學拾級

廣學會編《廣學會譯著新書總目・雜著》　《泰西是非學拾級》。是書乃庫全英師母著，李永慶先生述。分爲三卷。上卷論希拉古昔之竟況，與是非學之緣起。中卷論羅馬國之來歷，如何講善德。卷三論前後是非學家之異同。凡三十三章，計三本。價洋三角。

中等教育倫理講話

梁啓超《東籍月旦・倫理學》 《中等教育倫理講話》。二册。文學博士元良勇次郎著。定價一元四角半。此書簡明賅括，最適於初學之用。凡分前、後二編。前編第一章至第六章爲緒論，內分倫理學之範圍及定義、自己之觀念即對自己之倫理。等課。第七、八、九章爲家族倫理，內分家族組織、親子之道、婚姻論等課。第十章至第二十三章爲社會倫理，內分概論、公益論、禮義論、信義論、慈善論、名譽論、訴訟論、娛樂論、獻身論、生命論、財産論、品格論等課。第二十四章至三十四章爲國家倫理，內分國家組織論一斑、臣民相互之關係、納税之義務、兵役之義務、權利義務之解釋、責任論、國際倫理、一般人類與國家之關係、政府與人民之關係、國民名義之觀念等課。後編自三十五章至五十四章皆思想倫理，內分生存競爭與德義之關係、自家保存之理法及其制限、勤勞與安息、自愛與愛他之關係、職業之選擇、知與行之關係、欲望論、恭儉與奢侈、殘忍論、安心與懷疑心、反省論、嗜好論、自由及其制限、改心論、道德之制裁、思想與實行之關係、宗教與倫理之關係、善惡之標準、常道論等課。一課不過千餘字，言簡而意備。一課之後，皆附以問答，能濬發人思想。誠斯學最善之本也。此書上海廣智書局已譯成。

徐樹蘭《古越藏書樓書目・政部・教育》 《中等教育倫理學》二編二卷。日本元良勇次郎。麥鼎華譯。廣智書局本。

楊復等《浙江藏書樓乙編書目・理學》 《中等教育倫理學》一册。日本元良勇次郎著，順德麥鼎華譯。廣智書局鉛印本。

倫理學

顧燮光《譯書經眼録・哲理》 《倫理學》一卷。上海廣智書局排印本，一册。又洋裝本。日本元良勇次郎著，麥鼎華譯。倫理分爲二派：專門者尚直覺，故主原理；普通者尚經驗，故主實踐。自倍根以來，西洋倫理學已獨立一科，以爲教育之準。是書上下二編，凡五十章。分自己、家族、社會、國家、思想爲五大段，以經驗派之功利爲幹，而以直覺派之言消息之。蓋使社會、個人、國家、世界各主義，以與東西洋思想調和，而引我儒家之言以相印證。譯者舉元良氏附緣彼國之言，悉以我國粹易之。惟《國家倫理篇》，我之憲法未立，無可憑藉，則仍援彼國法制，以示禮失求野之義焉。

《上海格致書院藏書樓書目・東西學書・倫理學》 《倫理學》。日本元良勇次郎。順德麥鼎華。一本。活印本。

倫理書

顧燮光《譯書經眼録・哲理》 《倫理書》一卷。《科學叢書》本。日本文部省撰，樊炳清譯。凡五章，曰概論，曰宗旨，曰行爲之起原，曰意志，曰行爲之標準。倫理以實踐爲主，而要以正心意爲歸束。本書語多純正而極淺近，所云體慾、欲望、情緒三者，爲人生活動力，宜遵道理而受裁制，則放恣、偏僻、邪曲之行，自無足與吾儒之語相合。

徐樹蘭《古越藏書樓書目・政部・教育》 《倫理書》一卷。日本文部省譔。樊炳清譯。《科學叢書》本。

新世界倫理學

顧燮光《譯書經眼録・哲理》 《新世界倫理學》一册。新民譯印書局本。日本乙竹巖造著，趙必振譯。倫理爲德育之本，故以振興社會，發揚新道德爲主義。是書凡三編，集東西諸儒之學說，而發明社會契約神造各理，蓋有功世道之書也。惜譯筆冗複，非條理之不能卒讀。

倫理教科範本

顧燮光《譯書經眼録・哲理》　《倫理教科範本》一卷。文明書局本，一冊。原名《修身範本》。日本秋山四郎原著，董瑞椿譯。原書凡三卷，譯者以前二卷皆剌取彼國名人事蹟，故未譯。是書分綜論、對國、對家、對己、對人、對社會、對庶物七章，各爲節其精詣處，歷引吾華經傳聖哲之言，以相發明。誠德育中之善本也。

西洋倫理學史要

徐樹蘭《古越藏書樓書目・政部・教育》　《西洋倫理學史要》二卷。英西額惟克。王國維譯。《教育世界》本。

東西洋倫理學史

通雅齋《新學書目提要・歷史類》　《東西洋倫理學史》。上海商務印書館本。《東西洋倫理學史》分上、下二部，不著撰人名氏，近人所作之《東籍月旦》，所列書目有《東西洋倫理學史》一條，謂木村鷹太郎著，此即其原著與？是書上部叙東洋之倫理家，下部叙西洋之倫理家。英儒倍根謂倫理之學内容綦廣，有對于自己之倫理，有對于家族之倫理，有對于社會之倫理、有對于國家之倫理，有對于人類之倫理，有對于萬有之倫理，故中篇所列諸人驟觀似覺不倫，不知管子雖以功利爲主義，而二十四卷之論述，無一字不對于社會，誠社會倫理家之祖也。商子、王安石，其政令、法律後世儒者多非之，然其思想之所及，莫非對于國家。不以成敗論人，亦此書之特識。老子、莊子雖務虛靜之學，然皆得道德之眞，觀木村氏曰：「支那之諸子百家派雖不一，然著書立說，其所云倫理莫非以對于萬有爲主義。」故篇中列載諸子，以各有所取也。至西洋之蘇拉笛斯代門也，然其教育則以對于國家爲主義，若霍破司、若洛咢，其派與東洋之楊子同，殆所謂對于自己之倫理者，若拔獨辣、若哈畿素雅以利他博愛爲言，然觀其論心理學，其主義對于家族者居多，若達克、若斯賓塞等論倫理道德，以功利爲因，以幸福爲果，而歸本于進化，誠得倫理學之綱領者。蓋泰西之論倫理與中國不同，故此書宗旨以有關于倫理之一端者皆録于編，雖然，周末之李斯、唐代之李翺，于倫理上皆漫無知覺之流同載此編，未免蕪雜，至于東洋之孟子、西洋之康德均言倫理家之祖而不落黨派者，篇中痛加斥詈，或亦偏見之未祛與。

楊復等《浙江藏書樓乙編書目・理學》　《東西洋倫理學史》一冊。闕名。商務書館鉛印本。

道德進化論

通雅齋《新學書目提要・文學類》　《道德進化論》。上海廣智書局本。《道德進化論》，原名《文明時代之道德》，日本戶水寛人著，上海廣智書局譯印。夫道德與智識幷峙，學者之論文明，或宗排克爾之重智識，或宗克特之重道德，智識與道德皆足以致文明而終不能造文明之極，故克特以近世之人無智識之進步，排克爾以世界之趣于文明非生民道德上之進步，乃智識上之進步，言皆涉于偏，此書辨之甚詳。唯謂俄皇所創之萬國平和會議爲文明最著之端，似未深加考察，夫俄之唱平和會也，其意蓋注于西伯利亞而深恐嫉之阻之者之伺于其旁，故聯法以爲借金之地，聯德以資指臂之阻，聯英以防掣時之患，然後可以爲所欲爲，歐風可以東漸矣，觀其對各國使臣曰：「今日之平和，亦歐洲以内之平和耳。」平和之界劃若鴻溝，東亞諸邦從此無寧歲矣。作者謂平和之會議乃文明之進步，有功于世界者不鮮，斯言也，其爲歐西言乎，其爲東亞言乎？夫道德與智識在十八世紀固幷行而不悖者，自十九世紀以來各國之政策莫不以擴張殖民地爲主義，而各國之勢力遂伸于域外，強弱之判、競爭之原，只有所謂智識而無所謂道德也，道德進化云云者，蓋對于人類一切及公私之團體而已。

楊復等《浙江藏書樓乙編書目・政治》　《道德進化論》一冊。日本戶

水寬人著。廣智書局鉛印本。

道德法律進化之理

楊復等《浙江藏書樓乙編書目・政治》　《道德法律進化之理》一册。日本加藤弘之著，嘉定金壽康、陽湖楊殿玉譯。廣智書局鉛印本。

倫理規範分部

修身西學

王韜《泰西著述考》　高一志，字則聖。意大理亞國人。明萬曆三十三年乙巳至，傳教山西。崇禎某年卒，墓在絳州南門外。所著各書：《西學修身》十卷。

心界文明鐙

楊復等《浙江藏書樓乙編書目・理學》　《心界文明鐙》一册。闕名。時中書局鉛印本。

羅徹斯德正心譚

廣學會編《廣學會譯著新書總目・雜著》　《羅徹斯德正心譚》。此書雖係傳紀，而其内容，多係心性之譚，因此原名下加「正心譚」三字，藉以誌實。一本。價洋二角。

孔門之德育

徐樹蘭《古越藏書樓書目・學部・性理學》　《孔門之德育》一卷。日本亘理三郎。《教育世界》本。

人圓主義

楊復等《浙江藏書樓乙編書目・教育》　《人圓主義》一册。日本藤本充安箸，武陵趙必振譯。作新社鉛印本。

義務論

通雅齋《新學書目提要・法制類》　《義務論》。上海廣智書局本。《義務論》分爲三篇，各自爲章，美國海文原著，題云上海廣智書局同人譯。其書略論人之自待與待人之理，而推及于對國家之事，蓋倫理科之書，而其涉于政治、法律者則甚多也。中多警策之言，要非有爲而發，乃譯者附注强以中國之事擬之。如篇中云出賦税以供政府爲人民之義務，而附注乃謂納賦于專制之國，其罪與助紂爲虐等，似此過激之言豈有當于世事？至于所紀決斗之俗，此自西人剽悍之風，而附注云中國古時若此彬彬有禮之俗甚少，此則無理之尤者矣。原書詆柏拉圖財産權之説令古人無以自解，知立言之宜慎者焉。

《上海格致書院藏書樓書目・東西學書・倫理學》　《義務論》。法海文。一本。

楊復等《浙江藏書樓乙編書目・雜誌》　《義務論》一册。美國海文著。廣智書局鉛印本。

愛國精神譚

徐樹蘭《古越藏書樓書目・政部・教育》 《愛國精神譚》一卷。法愛米而。王宰善譯。日本東京淺草區黑舟町二十八番地並木活版所本。

《上海格致書院藏書樓書目・東西學書・小説》 《愛國精神談》。法愛米而。上海王宰善。一本。東京並木活印本。

楊復等《浙江藏書樓乙編書目・教育》 《愛國精神譚》一册。法國愛米而著，上海王宰善譯。日本東京鉛印本。

心理學部

論　述

康有爲《日本書目志・心理學類序》　心學固吾孔子舊學哉！顏子三月不違，《大學》正心，孟子養心，宋學尤暢斯理。當晚明之季，天下無不言心學哉，故氣節昌，聰明出，陽明氏之力也。以《明儒學案》披析之，淵淵乎與《楞伽》相印矣。三藏言心，未有精微淵異如《楞伽》者也。泰西析條分理，甚秩秩。其微妙玄通，去遠內典矣。吾土自乾嘉時，學者掊擊心學，乃並自刳其心，則何以箸書，何以任事？嗚呼，心亦可攻乎哉？亦大異矣。日人中江原、伊藤維楨本爲陽明之學，其言心理學，則純乎泰西者。

梁啓超《西學書目表附録・讀西學書法》　泰西又有一學派，專論腦氣管往來之事。有《心靈學》、《知識五門》、《辨學啓蒙》等書，常得新理。蓋名家堅白馬之支流，亦導源於幾何公論也。辨學與心靈學，又自不同。

綜　述

性學觕述

王韜《泰西著述考》　艾儒略《性學觕述》。

知識五門

梁啓超《西學書目表・全體學》　《知識五門》。顏永京。益智書會本。一本。

顧述廬《通學書籍考・全體學類》　《知識五門》。益智書會本。顏永京譯。

徐維則等《增版東西學書録・全體學》　《知識五門》一卷。益智書會本，一冊。英慕維廉著。造物生人，與以耳、目、鼻、舌、手，以成視、聽、齅、嘗、摩五覺之外感。因境生情，結爲景狀，皆覺動腦筋之所致，即所謂心靈層功用。此書即明五門知覺之理，以顯其動變之才能，然尚未詳備。

心靈學

梁啓超《西學書目表・全體學》　《心靈學》。顏永京。一本。五角。尚有續編，未印成。

顧述廬《通學書籍考・全體學類》　《心靈學》。顏永京譯。

徐維則等《增版東西學書録・全體學》　《心靈學》無卷數。益智書會本，一冊。美海文著，顏京永譯。西人論腦氣作用之説，愈出愈精。大凡知覺爲一綱，情欲爲一綱，志決爲一綱。是書但譯《智才》一卷，餘未之及。顏氏所譯，如此書及《肄業要覽》，皆啓悟童蒙善本。

徐樹蘭《古越藏書樓書目・學部・東西洋哲學》　《心靈學》無卷數。美海文。顏永京譯。光緒十五年益智書會刻本。

楊復等《浙江藏書樓乙編書目・理學》　《心靈學》一冊。美國海文箸，顏永京譯。益智書會刻本。

人秉雙性説

梁啓超《西學書目表・全體學》　《人秉雙性説》。傅蘭雅。《格致彙編》本。

顧述廬《通學書籍考・全體學類》　《人秉雙性説》。《格致彙編》本。傅蘭雅譯。

徐維則等《增版東西學書録・全體學》　《人秉雙性説》一卷。《格致彙編》本。英傅蘭雅著。人或秉有雙性，西人早有此論。傅氏更歷據往事，成此一篇，以證其理。蓋此説起於格致家腦部有二之語，而推演之。他日必有考究，得其確理者。

徐樹蘭《古越藏書樓書目・學部・東西洋哲學》　《人秉雙性説》一卷。英傅蘭雅。《格致彙編》本。

性學舉隅

徐維則等《增版東西學書録・全體學》　《性學舉隅》二卷。廣學會本。美丁韙良著。先總論若干條，餘分上、下二卷。上卷論靈才，即智之屬；下卷論心德，兼仁勇言之。第十四、第十五兩章，頗及哲學家之言。説理淺顯易解，屢引我國古書以證，甚便初學。自序謂此等書徒強記無益，必能問能解方妙。甚是。徐補。

楊復等《浙江藏書樓乙編書目・理學》　《性學舉隅》一册。美國丁韙良著。美華書舘鉛印本。

廣學會編《廣學會譯著新書總目・性理》　《性學舉隅》。格物致知之學，始於曾子，盛於宋儒，衍爲性理，遂成專門之學。曾子之言格致也，由格致以推至於治國平天下，蓋效必徵諸實也。一册。價洋四角。

心理學講義

顧燮光《譯書經眼録・全體學》　《心理學講義》□卷。商務印書館京師大學堂講義本。日本服部宇之吉講述。第一篇凡四章，首曰感覺之作用及理法，凡七節，發明味、嗅、觸、聽、視、筋肉感覺之主觀性及發達；二曰知覺之作用及理法，發明觸知時間、幻覺融會之作用；三曰想像作用反理法；四曰思想作用及理法。二篇凡五章，言情之作用及理法提要。全書大旨以心與神經系統相關切，而以感覺各理發明之，蓋言心理學之最新者。

楊復等《浙江藏書樓乙編書目・教育》　《心理學講義》一册。日本服部宇之吉著。日本東京譯印本。

教育應用心理學

顧燮光《譯書經眼録・全體學》　《教育應用心理學》一卷。《科學叢書》本。日本林吾一撰，樊炳清譯。本書凡三章，以智爲感觸、臭味、知覺各神經之主，而推論心意、情緒、感覺之作用。首列總論，蓋括本書之大要也。

徐樹蘭《古越藏書樓書目・學部・東西洋哲學》　《應用心理學》一卷。日本林吾一。樊炳清譯。《科學叢書》本。

心理教育學

顧燮光《譯書經眼録・全體學》　《心理教育學》一卷。廣智書局《教育叢書》洋裝本，一册。日本久保田貞著。是書集東西學説，以感覺心意爲知育之本原，以記臆觀念爲教育之精神，使其靈魂強固而備人圓主義，蓋言心理學之書也。計十二章，冠以總義，演明教育之意義區分。一曰心意總論，二曰心身關係論，三曰心意發育論。四至十一，則言感覺、知覺、記臆、想像、概念、斷定、推理各力。十二章則言客觀、主觀教授法之功用，附以系論，足扼全書之要。

《上海格致書院藏書樓書目・東西學書・教育學》　《心理教育學》。日本久保田貞則。一本。廣智書局活印本。

楊復等《浙江藏書樓乙編書目・教育》　《心理教育學》一册。日本久保田貞則編。廣智書局鉛印本。

教育心理學

顧燮光《譯書經眼録・全體學》 《教育心理學》一卷。商務印書館《哲學叢書》本。日本高島平三郎撰，田吳炤譯。書凡五篇。首緒論，言心理與神經之關係，精神之作用。二曰覺性之心理，言感覺、記憶之理。三曰悟性之心理，言思考、概念、判斷、情緒、意思之各種教育。四曰理性之心理，性情之教育。五曰心理法及自我言心理教育之注意極致。統計五十章，於心理、神經、感覺教育各理，縷晰言之。以此自修存心養性之功，或亦不無小補。吾儒所謂不動心諸説，彼蓋有所竊取也夫。

楊復等《浙江藏書樓乙編書目・教育》 《教育心理學》一册。日本高島平三郎著，湖北田吳炤譯。商務書館鉛印本。

心理的教授原則

徐樹蘭《古越藏書樓書目・學部・東西洋哲學》 《心理的教授原則》三卷。日本杉山富槌。《教育世界》本。

西國記法

趙琦美《脈望館書目・大西人著述》 《畸人論心記法》一本。

王韜《泰西著述考》 利瑪竇《西國記法》。

梁啓超《西學書目表・通商以前西人譯著各書》 利瑪竇《西國記法》。

徐維則等《增版東西學書録・東西人舊譯著書》 利瑪竇《西國記法》。

記憶術

顧燮光《譯書經眼録・全體學》 《記憶術》一卷。上海排印洋裝本。日本井上圓了著，梁有庚譯。記憶術爲心理學之一，東西學者近頗注意於此，以求腦力之發達。本書凡分八段，而以聯合交換爲學問上記憶最便之法，並比較東西記憶各法，加以著者新考出之方法，分學理、應用二派，且列表式，以相印證。於身體、精神、衛生等，皆須注意。立説頗是，惟語太簡略；譯者又非專家，讀者遂苦其沈悶矣。

徐樹蘭《古越藏書樓書目・學部・東西洋哲學》 《記憶術》一卷。日本井上圓了。梁有庚譯。排印本。

楊復等《浙江藏書樓乙編書目・雜誌》 《記憶術》一册。日本井上圓了著，梁有庚譯。鉛印本。

宗教學部

論　述

丁韙良《西學考略·道學院》　道科乃教士之學，訓誨本國人民，非謂傳教外邦也。西土教堂，如中華菴寺之廣建各堂。逢七日，即安愠日，又名祖拜日，即星房虚昴之日是也。民率眷屬進堂，誦詩祈禱，以爲敬天邀福之禮。事畢，則恭聽講經。一切儀節，係由教士相率而行。所講之經，大抵節取經文字句爲題，向衆作勸世論，務須自出心裁，不得襲舊。若教士才學越衆，詞令優長，則官民無不悦服而敬聆焉。歐洲諸國視教規足以維持風化，故官建教堂，給教士以廩餼而爲教官。民從其教與否，仍聽自便。因而教分多派，民之從各派者，有自立教堂，延請教士而供養者。國家視其所爲有益，是以不禁。美國無官殿教堂，教士亦無食俸者。太學開設道科，原爲官教，而各派之民捐建道學院者，亦不乏人。課程須三四載，謂書院課程既滿之後。以猶太、希臘、羅馬三國古語爲重。課程大端有五：一爲講解經文；原文出於猶太、希臘，雖兩國之語向爲肄習，兹則復加精進。二爲校讎歷代史記，以辨道之盛衰，三爲推求性理；四爲學習文法；五爲練達口才。文法、口才，各學院無不練習，而道學院尤爲當務之急。蓋爲教士者，講解經文，須二者兼優方可。五者之外，尤須評其品行。蓋先正己，而後始能正人也。其學法、醫二科者，但論身無劣跡，而不問其有德無德，惟教士必須以德爲重。倘課程未底於成而露有怠荒游蕩之志者，無論其才學如何，即行罷斥。其已爲教士而品行仍有疵累不足爲法於民者，亦即革退。

康有爲《日本書目志·宗教門總序》　合無量數圓首方足之民，必有聰明首出者作師以教之。崇山洪波，梯航未通，則九大洲各有開天之聖，以爲教主。太古之聖，則以勇爲教主；中古之聖，則以仁爲教主；後古之聖，則以知爲教主。同是圓顱方趾，則不畏敬，不畏敬而無以聳其身，則不尊信，故教必明之鬼神。故有羣鬼之教，有多神之教，有合鬼神之教，有一神之教；有託之木石禽畜以爲鬼神，有託之尸像以爲鬼神，有託之空虚以爲鬼神。此亦鬼神之三統三世也。有專講體魄之教，有專講魂之教，有兼言形魂之教。此又教旨之三統也。老氏倡不神之説，阮瞻爲無鬼之論，宋賢誤釋爲二氣良能，而孔子六經六緯之言鬼神者晦，而孔子之道微。豈知精氣爲物，游魂爲變，《詩緯》以魂爲物本，魂靈固孔子之道，而大地諸教乃獨專之，此亦宋賢不窮理而誤割地哉！人智愈鑿，賤形而尊魂必矣。後十年，魂教其大明乎！日人所譯佛、婆羅門、耶、回之書及《宗教進化論》、《宗教新論》、《未來世界論》、《天地鎔造化育論》，瓌偉連忭而俶詭可觀也。日本神學，乃儒、佛未東渡之前，爲東夷舊俗，無足觀焉。

張之洞《勸學篇·同心》　回教，無理者也，土耳其猛鷙敢戰而回教存。佛教，近理者也，印度蠢愚而佛教亡。波斯景教，國弱教改。希臘古教，若存若滅。天主耶穌之教，行於地球十之六，兵力爲之也。我聖教行於中土數千年而無改者，五帝三王，明道垂法，以君兼師，漢唐及明，宗尚儒術，以教爲政。我朝列聖，尤尊孔孟程朱，屏黜異端，纂述經義，以躬行實踐者教天下，故凡有血氣，咸知尊親。蓋政教相維者，古今之常經，中西之通義。

綜　述

宗教思想分部

救世教益

梁啓超《西學書目表·無可歸類之書》　《救世教益》。李提摩太。廣學會本。一本。傳教之書，此爲最巧，録之以供借鑑。

徐維則等《增版東西學書録·宗教》　《救世教益》一册。廣學會本。

英李提摩太著。

楊復等《浙江藏書樓乙編書目・宗教》 《救世教益》一冊。英國李提摩太著。廣學會鉛印本。

廣學會編《廣學會譯著新書總目・雜著》 《救世教益》。李提摩太先生著。昔李文忠公問救世教育有何益處，李君書此答之。蓋於中國政治上有相益之處不少也。一冊。價洋三角。

大同學

徐維則等《增版東西學書録・議論》 《大同學》一卷。《萬國公報》本。廣學會單印本，一冊。英企德著，英李提摩太譯，蔡爾康述。凡四章，曰今世景象，曰進境，曰相爭相進之理，曰人世第一大事。其意在以彼教主義與哲學者爭，理多不確，所徵引頗可觀。徐補。

徐樹蘭《古越藏書樓書目・學部・耶穌教》 《大同學》一卷。英李提摩太節譯，蔡爾康述。光緒二十五年廣學會排印本。

《上海格致書院藏書樓書目・東西學書・哲理學》 《大同學》。英李提摩太。上海蔡爾康。一本。廣學會本。

楊復等《浙江藏書樓乙編書目・理學》 《大同學》一冊。英國李提摩太譯。上海蔡爾康述。廣學會鉛印本。

廣學會編《廣學會譯著新書總目・通考》 《大同學》。英李提摩太先生譯，上海蔡爾康述。凡十章，表明世界教化之關係，以大同爲極則。一冊。價洋二角。

東西教化論衡

《上海格致書院藏書樓書目・東西學書・通論》 《東西教化論衡》。二卷。二本。廣學會活印本。

楊復等《浙江藏書樓乙編書目・宗教》 《東西教化論衡》二冊。美國林樂知著。廣學會鉛印本。

教化階梯衍義

楊復等《浙江藏書樓乙編書目・宗教》 《教化階梯衍義》一冊。英國李思著，上海蔡爾康述。美華書舘鉛印本。

世界教化進行論

廣學會編《廣學會譯著新書總目・雜著》 《世界教化進行論》。美國丁尼原著，莫安仁君譯。一本。價洋三角五分。

進化真詮

廣學會編《廣學會譯著新書總目・道學》 《進化眞詮》。書爲美國杜爾所撰，英莫安仁參譯，中許默齋述。共區十二章。其言皆宗教哲學之精理，人羣社會之眞詮，尤於個人道德之進步，莫大之助力。謹撮其梗概而弁諸簡端如此。一冊。價洋一角五分。

宗教天演合論

廣學會編《廣學會譯著新書總目・雜著》 《宗教天演合論》。季理斐先生因近見學人講天演者，每多偏誤，特著此書。一冊。價洋五分。

宗教原理

廣學會編《廣學會譯著新書總目・道學》《宗教原理》。是書凡十一章，論比較各教道，關世界之均平。莫安仁君譯，華戴師鐸筆述。一冊。價洋一角五分。

世界各國宗教概况分部

古教彙參

梁啓超《西學書目表・無可歸類之書》《古教彙參》。益智書會本。三本。言印度、埃及、希臘舊教，多可觀。

又《附録・讀西學書法》 埃及、巴比倫、敘利亞、希臘，皆有小教門。印度之婆羅門，九十六外道，爲尤盛。如中國周秦諸子，皆治道術之士也。譯出者有《古教彙參》，述其一二，惜太漏略，且譯筆亦太劣也。《西學略述》中言教者，與《彙參》互有詳略，其疵亦同。聞洪文卿《元史補注》中述亞洲種教頗詳，頗未之見。

徐維則等《東西學書録・宗教》《古教彙參》三卷。益智書會本，三冊。英韋廉臣著，董樹棠述。專述埃及、巴比倫、敘利亞、希臘各教及印度之婆羅門，惜多闕略，未能詳盡。譯筆亦劣。

徐樹蘭《古越藏書樓書目・學部・五洲衆教》《古教彙參》三卷。英韋廉臣。董樹棠述。光緒二十年廣學會第三次印本。

楊復等《浙江藏書樓乙編書目・宗教》《古教彙參》三冊。英國韋廉臣著，董樹堂譯。廣學會鉛印本。

廣學會編《廣學會譯著新書總目・雜著》《古教彙參》。第一卷論巴比倫、埃及古教，二卷論印度、波斯以及釋、道二氏，三卷論希臘、羅馬諸國。三本。價洋七角五分。

自歷明證

徐維則等《增版東西學書録・宗教》《自歷明證》八卷。廣學會本。美林樂知著。記各教源流頗詳，足資考證。末記古時歐洲民人去舊更新之機，亦足以瞻歐俗之旋轉。

四教考略

楊復等《浙江藏書樓乙編書目・宗教》《四教考略》一冊。英國季理斐著。廣學會鉛印本。

廣學會編《廣學會譯著新書總目・雜著》《四教考略》。綜論回、佛、儒與耶教之道，取其得失之確，互相較比。一冊。價洋一角五分。

五洲教務問答

楊復等《浙江藏書樓乙編書目・宗教》《五洲教務問答》一冊。英國李提摩太著。美華書舘鉛印本。

廣學會編《廣學會譯著新書總目・雜著》《五洲教務問答》。李提摩太君著。一冊。價洋一角五分。

政教善章合選

廣學會編《廣學會譯著新書總目・政學》《政教善章合選》。中載各

國民、教相安各處規例，附上總理衙門並教會所至之處人數地圖，辦理教案者要書。李提摩太先生著。一本。價洋一角五分。

萬國宗教志

顧燮光《譯書經眼録・宗教》 《萬國宗教志》九卷。鏡今書局洋裝本，一冊。日本內山正如著，羅大維譯。各國宗教，以迷信皈依爲主義，以入主出奴爲目的。自世界有宗教家，而殺戮之爭益烈。十七世紀之歐洲，流血盈野，同類相殘。讀史者，可勝長太息哉！是編彙五洲宗教家而泐爲一書，凡分九編。一、總論；二、佛教；三、印度教；四、回教；五、波斯諸國神教，支那、日本教；七、宗教餘論；八、宗教大祖傳、各哲學大意編。各爲章，章各爲節，皆發明各宗教之源流派別，而敘其盛衰，權力之由。末附以哲學各史。蓋證明文明日進，民智日開，宗教將失其權，而物理致知之實學，將大昌明於世矣。惟儕孔子於宗教中，未免不倫。

《上海格致書院藏書樓書目・東西學書・史志》 《萬國宗教志》。日本內山正如。羅大維。一本。鏡今書局印本。

楊復等《浙江藏書樓乙編書目・宗教》 《萬國宗教志》一冊。日本內山正如著，武陵羅大維譯。鏡今書局鉛印本。

世界之十大家

顧燮光《譯書經眼録・宗教》 《世界之十大家》一卷。作新書局洋裝本，一冊。日本久津見息忠著，黃天遲譯。此書凡十章，以比較世界宗教爲主義。故於埃及、希臘、羅馬、斯康的那比亞之古教，以及猶太、依士列、孟基督、伯兒細亞、婆羅門、佛各教，皆考其定義起源，及與科學相反之理。

世界宗教史

徐樹蘭《古越藏書樓書目・學部・五洲衆教》 《宗教史》一卷。日本加藤玄智。《繙譯世界》本。

宗教進化論

徐樹蘭《古越藏書樓書目・學部・東西洋哲學》 《宗教進化論》一卷。英斯賓塞爾。《繙譯世界》本。

社會學部

論述

康有爲《日本書目志・社會學類序》 大地上，一大會而已。會大羣謂之國，會小羣謂之公司，謂之社會。社會之學，統合大小羣，而發其耏合之條理。故無大羣小羣，善合其會則強，不善合其會則弱。泰西之自強，非其國能爲之也，皆其社會爲之也。英之滅萬里之印度也，非其國也，十二萬金之商會，滅之也。教之徧地球也，非其國也，十餘萬人之教會，爲之也。其游歷我亞洲，自東土耳基、波斯回部、西伯利部，及我國蒙古、西藏，測量繪圖，窮幽極險。我雲南、西藏、蒙古、漠河細圖，久已繪之。它如法人流丕探滇越之地，而即收越南。特耳忒游暹羅，考湄江之源，而即割暹羅湄江東岸。其它強入川、藏、青海測繪者疊見，疆臣奏報，以爲大患。豈知皆亞洲地理會人爲之，非其國所派也，特國家爲之保護，遂闢地萬里矣。其他保國會、保王會，天文、化、電、光、重、聲、汽學，皆有會，製造、農業、商務、女工，皆有會，其名多不可悉數。日人之驟強也，亦由聽民開社會講求之故。蓋政府以一人任事，精神日力皆有限也，必術能致精，民會則合億萬人之心思，專門講求，其事事新闢，固也。昔在京師，合士大夫開彊學會。英人李提摩太曰：「波斯、土耳其、印度久經凌弱，未知立會。中國甫爲日本所挫，即開此會，中國庶幾自立哉。」夫以一會之微，而泰西覘國者輒以爲關存亡之故，社會之用，亦大矣。曾子曰：「以文會友，以友輔仁。」會者，輔之義歟？會必有章程，日人章程，亦有可採者矣。

又《風俗書類序》 吾中國談史裁，最尊而號偁正史、編年史者，皆爲一君之史，一國之史，而千萬民風化俗，尚不詳焉。而談風俗者，則鄙之，與小說等。豈知譜寫民俗，惟纖瑣乃詳盡，而後知其教化之盛衰，且令天下述而鑑觀焉。史乎史乎！豈爲一人及一人所私之一國計哉？《日本開化性質》、《明治新政譚》，可見日本維新之俗。若美之《繁昌》，英之《風俗》，亦可考焉。若《女權沿革史》、《女未來》、《遊女考》、《萬國娼妓沿革》，將來人道之變，可推其微。雖風俗之末，而《二南》首言之，且篇篇重言，不厭煩複，豈不以男女爲人道之始哉？吾史遺民史，久矣哉！

又《禮法書類序》 禮自三代，皆施之行用。三百、三千，《少儀》、《曲禮》，繁瑣詳備。諸儒以時習大射、鄉飲禮于孔子家。唐《開元禮》、宋《開寶禮》，皆立學究，俾專門行習，不如後世禮學，祇爲考據，而于施行無關。即國朝通禮，亦幾等文具。而下男女禮俗，士大夫所共奉行爲金科玉律者，乃無一書。故雖以獨精《三禮》卓然經師之士，苟非服官通籍或久遊于外者，若僅孳經窮巷，即不能通當世之禮俗，而舉動爲人所訮笑者比比，而里閭之士無論矣。談《三禮》則見道古而體尊，道今俗則見爲鄙瑣而體卑，務無用而棄有用，務古而薄今，好虛而廢實，能畫鬼神而不能畫犬馬。吾土之學，多類此，所以弱也。日人之言禮，皆從泰西矣，而適於時用，下逮于婦人女子，崇實而棄虛。其意則可采耳。

綜述

社會學理論與方法論分部

羣學肄言

通雅齋《新學書目提要・文學類》 《羣學肄言》。上海文明書局本。《羣學肄言》，英國斯賓塞爾原著，侯官嚴復譯。書凡十六篇，首篇曾印于《國聞匯編》中，第二篇以下則近之所譯也。論者謂此書實無所適于社會，而摘其弊有數種，文筆汙漫，數過不能別其涂徑，其弊一；科學語太多，不可猝解，其弊二；英俗與吾不同，凡所褒譏無可絜矩，其弊三；英之程度高于我，凡斯賓塞爾之所抑者皆吾人所蘄之而不至者也，有此書則使詆西法者愈有口實，以爲西政之弊亦若此而不變之意亦堅，其弊四；因果既明，則中國既造無限之業，因自當受無窮之惡，果其禍必不可逃而福萬不可幸，有志之士望而去之，而中材益以自棄，其弊五。之斯五者深淺不同，而其無補于社會則一，雖然，蒙亦有說，凡所謂學問非能于天下之物、人心知識之外而加

以學問焉，使之自無而之有也，必仍羣天下之所具而人心之所知者以爲之用，惟未有學問之先，其狀或糅雜而不可分，或如電光石火之不可住，天下之人始則見其爲無法，繼則斷其爲無故，遂委心任運以聽其自然，而得失之權不操于己，于此有人焉，爲之別而出之，整而比之，博學而詳説之，雖猶之向者天然之物同具之理也，而其去來遷化之迹則固已厘然于人人心目之間，能未知而爲之備矣，此科學之實用也，故其因果最易見者其立爲科學也最早，而因果最難見者其立爲科學也最遲。算學之理，其據一二三四也，其法加減乘除也，其因至暫，其果至近，故其成爲科學也最早，惟其早爲科學，故人亦以此難視之，今有一平方根于此，此算術之至淺也，然而雖有誇誕之夫，使未習者必不敢對人曰我能擅此，無他，因果極近而不可欺也。而于治天下則不然，黄口之子、面牆之生，偶道世事則以爲從吾之道萬事無難，不得志則鬱伊嘆咤以終其身，論者方以爲天下蒼生之不幸，得志則以恆沙之性命以供其試驗之具，再試不效而付之天命矣，無他，其因極繁，其果極幻，常智之人望而不見其際，遂以爲無因無果焉。自然之説，一無因無果也，或云道家所言自然，「自」字指原因言，「然」字指功效言，與佛家「因果」二字無異，此説待考。鬼神之説，一無因無果也，氣數之説，一無因無果也，然人之解如此，而彼循因得果、果再爲因之公例，不待人之知與不知而孤行于宇宙之間，重心之相吸不待奈端而始效其能，物競之爭存不待達爾文而始見其烈，惟夫天事有所必然而人事以爲或然，斯天下有不虞之禍福，而民生蹙、民智閟，生人之道苦矣。斯賓塞有憂之，故有羣學之作，此譯非羣學之本文，乃羣學之先道也，詞雖泛濫而大端則二，一則明羣必有學，二以明羣學必可建立，如此而已，而其發明此二者之道又有二端，一言治羣學者有當具之德，一言治羣學者有當祛之蔽，當具之德則借名數質力、聲光化電以言之，當祛之蔽則舉宗教、議院、戰陣、周恤以言之，其言科學也，非謂必由別科學以通羣學，謂治羣學者亦當如治科學之不自用云爾。其論治道也，非褒貶歐洲之治道，以爲爲之者不通其理則有如此之適得其反云爾，故因果爲定名而名數質力、聲光化電、宗教、議院、戰陣、周恤爲虛位，苟悟其故，則書中所舉之科學、政俗，舉如代數式中甲乙丙丁，隨在而殊，無可固執而其書之指要亦遂不覺其泛濫矣，何有于前四者之失也。至于第五所疑則涉于人心之趨向，其事本非本學所攝，專門之學猶之一器，既得之後若何作用存乎其人仁與不仁，不得歸獄于科學，且吾思之，吾國所受之原因至爲復雜，其中應得滅亡之果者固多，而應得不滅亡之果者未始無有，試執羣學之學説就吾人之社會別而出之，排而比之，博學而詳説之，吾惡知其不囅然以笑，躍然以起也？

徐樹蘭《古越藏書樓書目・學部・東西洋哲學》 《羣學肄言》十六卷。英斯賓塞爾。嚴復譯。光緒二十九年文明書局本。

楊復等《浙江藏書樓乙編書目・雜誌》 《羣學肄言》四冊。英國斯賓塞爾著，侯官嚴復譯。文明書局鉛印本。

勸學篇

徐維則等《增版東西學書録・理學》 《勸學篇》一卷。侯官嚴氏叢刻本。英斯賓塞爾著，嚴復譯。此書以勉人治羣學爲宗旨，以爲凡人民自相生相養，通功易事，以至於禮樂刑政之大，皆從能羣之性以生。故惟羣事爲最難，亦惟治羣學爲最要。是篇以近今格致之理，推明日用人生之事，以及治平之大，精義妙説，深切著明。惜僅譯第一篇耳。徐補。

徐樹蘭《古越藏書樓書目・學部・東西洋哲學》 《勸學篇》一卷。英斯賓塞爾。嚴復譯。《嚴氏叢刻》本。

社會通詮

顧燮光《譯書經眼録・哲理》 《社會通詮》一冊。商務印書館洋裝本，一冊。英甄克思著，嚴復譯。是書提綱凡四，列目十四，據天演之例，以考社會之階級；臚殊俗之制，以證社會之原理。其所發明宗法社會，謂由豢擾禽獸，至於種人羣制，再進而爲耕稼民族，又進而爲工賈行社。雖言我國事絶少，然多與我國四千年來社會脗合。譯者時引伸其義，證以我國社會情狀，可爲治羣學者之龜鑑矣。

《上海格致書院藏書樓書目・東西學書・政治》 《社會通詮》。甄克思。侯官嚴復。一本。商務印書館活印本。

社會學提綱

顧燮光《譯書經眼録・哲理》 《社會學提綱》一册。教科書譯輯社洋裝本。美吉登葛斯原著，日本市川源三譯，吳建常重譯。原名《社會進化論》，專言社會、個人之順應豫期經濟、經驗之觀念。書凡六章，皆發明社會之目的、聚合、聯合、心意、體制、制度各事，蓋社會學提要鈎玄之作也。惜理想高尚，譯筆膚淺，不足達之。

通雅齋《新學書目提要・法制類》 《社會學提綱》。日本東京教科書輯譯社本。《社會學提綱》一卷，分爲六章，美國吉登葛〔斯〕原著，涇陽吳建常譯本，蓋由日本轉譯英文者也。按日人所謂社會，蓋指人羣而言，社會學則論人之所以處于人羣及人與人羣相待之義，此雖倫理中之事，而究其實際則良與政教相關。此篇語近鈎玄，然論同情則推于國產，言思想則重于國民，亦可見其相通之故矣。篇中亦頗引事實以自證其理，書經重譯則原意多晦，惟譯筆甚達，足以發明其義焉。

社會學

顧燮光《譯書經眼録・哲理》 《社會學》二卷。上海廣智書局排印本，二册。日本岸本能武太著，章炳麟譯。社會學爲晚出宏大切實科學，近三十年，在歐美學界有掩襲百流、一爐同治之勢，而吾中國學界猶復懵然。自嚴氏述《天演論》，略闡斯誼，惟作者既非專門，所述僅得鱗爪，學者欲窺完全新説，難矣。全書首緒論，次本論，本論分爲六章：一、原人狀態；二、社會與境遇；三、社會之起原；四、社會之發達；五、社會之性質；六、社會之目的。所論條段簡明，學理精確，實治此學最善之本。蓋原書本爲日本專門學校講義録，幾經審訂，乃成完書，薈粹羣書，自樹一幟。譯者學術博通，所定名詞切實精確。若此書者，殆譯界之善本也夫。

楊復等《浙江藏書樓乙編書目・政治》 《社會學》二册。日本岸本能武太著，章炳麟譯。廣智書局鉛印本。

社會學

顧燮光《譯書經眼録・哲理》 《社會學》三卷。上海開明書店洋裝本，一册。日本澁江保著，金鳴鑾譯。書三卷，十六編。一至八，言社會據及宗教之觀念。九，言社會之進化。十一至十六，言家族之關係。全書以斯賓塞爾之社會學原理第一、二卷爲藍本，雜採東洋諸説，以相發明。大致以迷信爲未開化人之徵，而宗教實人羣之一原動力。故必有家族，而後有社會，而男女之婚姻，尤爲社會主腦搆造之關係爲極鉅。造端夫婦，宜爾室家，中外固一致也。

社會學

徐樹蘭《古越藏書樓書目・學部・東西洋法家之學》 《社會學》一卷。日本遠藤隆吉。《繙譯世界》本。

社會發展和變遷分部

社會學新義

徐維則等《增版東西學書録・政治法律》 《社會學新義》□卷。東亞報本。英斯配查原著，日本澁江保纂，韓曇譯述。言人種進化之理。徐補。

人羣進化論

顧燮光《譯書經眼録・哲理》 《人羣進化論》一卷。上海廣智書局本。

日本有賀長雄著，麥仲華譯。中分《人羣發生》、《人羣發達》、《國家盛衰》三篇。上二篇原本英國碩學斯賓塞爾之説，後一篇則著者之意見。採大家之哲理而折衷之，於優勝劣敗之理，與夫羣治進化之故，反覆推闡，淵淵入微，絜領提綱，條分縷析，使繁賾深奥之學理，燦若列眉。言約理博，可稱善本。譯文雅潔，尤爲深切著明。

《上海格致書院藏書樓書目・東西學書・哲理學》 《人羣進化論》。日本有賀長雄。順德麥仲華。三卷。一本。廣智書局活印本。

楊復等《浙江藏書樓乙編書目・政治》 《人羣進化論》一冊。順德麥仲華譯。廣智書局鉛印本。

社會進化論

顧燮光《譯書經眼録・哲理》 《社會進化論》一卷。《閩學會叢書》本。

日本有賀長雄著，薩端譯。社會狀態，何日不在進化之中？炫於目前之文明，不知所以變遷之理，則識見譾陋，自不待言。是書分三篇，前二篇多據斯賓塞爾之説，後一篇全出著者之心得。其於人事變遷、國勢消長，論之綦詳。

楊復等《浙江藏書樓乙編書目・政治》 《社會進化論》一冊。侯官薩端譯。日本東京鉛印本。

社會改良論

通雅齋《新學書目提要・法制類》 《社會改良論》。上海廣智書局本。

《社會改良論》一卷，分爲十二章，日本烏村滿都夫原著，武陵趙必振譯本。于民俗、教育諸事殷勤注意而思有以進之，此書之所以作也，然空論盈篇，其持説多就日本爲譬，按之中國進學之方似非今日必讀之本。如第九章所引德川氏及美國哲學家之言指爲前鑑，實則此等格言中土古書言之已悉，使吾輩覽此不若還讀我書也，間有一二雋語而未必深警動人。其謂正社會之趨向以示後輩之目的爲先進之責任，又云境遇者吾之所自造也，境遇未善予將改築之，勿爲境遇之所限也，社會之不信予將啓發之，以社會而徇予，勿以予而徇社會也，若此菁華皆可搴擷，然所護僅此則亦蘇子瞻所謂雖得不償勞者也。篇中言及福澤諭吉、加藤宏之二人，乃必述其恩賜五萬元膺授爵之殊典，此當與劉子政《移太常博士書》而以違明詔、失聖意爲言，幷貽譏于學者，此其偶失檢點者歟。譯者于書中言日本事者皆改從中國立論而附注以明之，亦欲求其適用耳。

《上海格致書院藏書樓書目・東西學書・教育學》 《社會改良論》。日本烏村滿都夫。趙必振。一本。廣智書局活印本。

社會關係分部

交友論

《絳雲樓書目・天主教類》 《交友論》。

《四庫提要・雜家類存目二》 《交友論》一卷。兩江總督採進本。明利瑪竇撰。萬曆己亥，利瑪竇遊南昌，與建安王論友道，因著是編以獻。其言不甚荒悖，然多爲利害而言，醇駁參半。如云友者過譽之害，大於仇者過訾之害。此中理者也。又云多有密友便無密友，此洞悉物情者也。至云視其人之友如林，則知其德之盛；視其人之友落落如晨星，則知其德之薄。是導天下以濫交矣。又云二人爲友，不應一富一貧。是止知有通財之義，而不知古禮惟小功同財，不概諸朋友。一相友而即同財，是使富者愛無差等，而貧者

且以利合，又豈中庸之道乎？王肯堂《鬱岡齋筆麈》曰：「利君遺余《交友論》一編，有味哉其言之也。使其素熟於中土語言文字，當不止是。乃稍删潤著於篇。」則此書爲肯堂所點竄矣。

王韜《泰西著述考》 利瑪竇《交友論》一卷。

徐維則等《增版東西學書録・東西人舊譯著書》 利瑪竇《交友論》一卷。《天學初函》本，《續説郛》本，《寶顔堂秘笈》本。此與建安王論友道而作。其言不甚荒悖，然多爲利病而言，醇駁亦參半。

徐樹蘭《古越藏書樓書目・政部・教育》 《友論》一卷。明意大里利瑪竇。《續説郛》本。

家庭分部

齊家西學

王韜《泰西著述考》 高一志《西學齊家》五卷。

童幼教育

王韜《泰西著述考》 高一志《童幼教育》二卷。

教子準繩

廣學會編《廣學會譯著新書總目・蒙學》 《教子準繩》。論父母教子有方。一冊。價洋八分。

英國齊家

廣學會編《廣學會譯著新書總目・小説》 《英國齊家》。詳論英人治家之道。王文思譯。一本。價洋五分。

家庭雜誌

徐維則等《增版東西學書録・幼學》 《家庭雜誌》□卷。《蒙學報》本。日本松林孝純譯。顧補。

家庭教育

顧燮光《譯書經眼録・學校》 《家庭教育》一卷。上海人演社印本。上海人演社輯譯。書凡二十章，以日本民友社之《家庭教育》爲主，參考日本《母親之心得》及吾華之《憲法》等書，譯者間附己意，指摘中國舊時家庭缺點，以補原書所未及。按家庭教育爲幼稚時代之原動力，一或不慎，流弊滋多。本書所言擇交、自治諸説，極有至理。世之愛子若孫者，當於此加之意焉。

家庭教育法

徐樹蘭《古越藏書樓書目・政部・教育》 《家庭教育法》一卷。日本利根川與作。沈紘譯。《教育世界》本。

二十世紀家庭

徐樹蘭《古越藏書樓書目・政部・教育》 《二十世紀家庭》一卷。日本古川花子。田谷九橋譯。《教育世界》本。

家政學

通雅齋《新學書目提要・法制類》 《家政學》。上海作新社本。《家政學》五卷，各分章節，日本下田歌子原著，上海作新社譯本。此書自其條目言之當歸倫理學一類，亦法制家之分子也。作者爲日本女子之秀出，曾學于歐美，歸而任華族女學校校〔教〕員，著書之意已見于總論，以爲治國之道當使國人皆齊其家而以《大學》家齊國治之理證之。按西國學者有所謂功利主義之一派，略謂人人自謀其身之利，合之則全國之人皆得所自利，然則人人自謀其家之利，其例正可相推，皆所謂自治之一事，若不能自利則安言其他？顧亭林辨陳蕃之言謂：「不能掃除一室，豈能掃除天下？」此言自強者所當知，而讀此書者宜明于所貴也。篇中所言各節布置精密，于交際之禮、衛生之方多取法于西人，至于人情所安則輔以東方之理，亦所謂從俗從宜，其言每關于行誼，深合修身之要焉。

《上海格致書院藏書樓書目・東西學書・家政學》 《家政學》。一本。作新社譯印。

楊復等《浙江藏書樓乙編書目・政治》 《家政學》一冊。作新社譯。本社鉛印本。

家政學

通雅齋《新學書目提要・法制類》 《家政學》。上海廣智書局本。此書即下田歌子原本，題云中國湯釗譯，上海廣智書局印本。章節稍移先後，譯筆則不甚相遠，作新書社本較此先刊一月，當是同時幷譯名不相謀者也。

青少年問題分部

少年世界

徐維則等《增版東西學書録・幼學》 《少年世界》□卷。《蒙學報》本。日本高山林次郎著，日本松林孝純譯。顧補。

少年鞭

顧燮光《譯書經眼録・雜著》 《少年鞭》一卷。羣學社本。日本管學應著，鄭誠元譯。言艱難困苦，足爲青年學問之助。發明處頗有至理。

活青年

顧燮光《譯書經眼録・雜著》 《活青年》一卷。東華繙譯社洋裝本，一冊。日本鈴木刀著，范迪吉譯。斯書不分篇章，大旨以自任獨立、進取武健爲大丈夫之本領。其措辭以激發青年剛毅之氣爲歸宿，雖不免偏激，然其救世之心，固不啻瞑眩之藥也。內附案語七則，亦沈痛可讀。譯者文筆，足以達之，故一洗翳障之弊。

學生立志論

顧燮光《譯書經眼録・議論》 《學生立志論》一卷。文明書局洋裝本，一冊。日本柳内蝦著，秦毓鎏譯。本書凡八章，大旨勉人以勇往進取爲成功之母，而以怠惰玩忽爲致敗之原。立論深切著明，而無偏激之語，足爲青年規則焉。

楊復等《浙江藏書樓乙編書目・雜誌》 《學生立志論》一冊。無錫秦毓鎏譯。文明書局鉛印本。

修學篇

顧燮光《譯書經眼録・議論》 《修學篇》一卷。上海廣智書局本，一冊。日本飯田規矩三著，蔣方震譯。書分十章，曰緒論，曰校外修學，曰目的，曰普通學，曰擇書，曰讀書，曰質疑，曰求時，曰有恆，曰括論。大旨以少年修學爲競爭之預備，而以優劣勝敗爲歸；校外修學，尤自修之要。反覆辯證，尤有益於蒙學焉。

通雅齋《新學書目提要・文學類》 《修學篇》。上海廣智書局本。《修學篇》一書内分十章，日本飯田規矩三著，中國蔣方震譯。篇中求時、讀書、有恆等章皆勸人汲汲求學之語，且專爲蒙學之用，如某某爲名詞、某某爲動詞之類，世之蒙學師範于兒童初授教科時解此書之意義，以開其普通之知識爲百事之基礎，則此書亦不無裨益云。

《上海格致書院藏書樓書目・東西學書・教育學》 《修學篇》。日本飯泉規矩三。諸暨蔣震方。一本。廣智書局活印本。

楊復等《浙江藏書樓乙編書目・教育》 《修學篇》一冊。日本飯泉規矩三著，諸暨蔣方震譯。廣智書局鉛印本。

婦女問題分部

女權篇

顧燮光《譯書經眼録・雜著》 《女權篇》一卷。《少年中國新叢書》第一種合刻本。英斯賓塞著，馬君武譯。著者以重女權爲宗旨。全書十節，大都論男女之權，起伏相同，平等、自由之天則。力闢不同權、無靈魂之説。而女子服從爲野蠻唱隨，傷夫婦之感情。及駁夫婦同權不睦、婦人不可操政治權諸説，爲不可信。寥寥二千餘言，雖足達其思想，究未足爲定論也。

女權物競論

《上海格致書院藏書樓書目・東西學書・女學》 《女權物競論》。英達爾文。斯賓塞。一本。活印。

西國農婦圖説

徐樹蘭《古越藏書樓書目・政部・農業》 《西國農婦圖説》一卷。英傅蘭雅。《格致彙編》本。

西洋細君氣質

楊復等《浙江藏書樓乙編書目・雜誌》 《西洋細君氣質》一冊。日本

蘆花生著。文明書局鉛印本。

女訓喻説

廣學會編《廣學會譯著新書總目・小説》　《女訓喻説》。劉樂義著。比喻凡七十章。價洋一角。

女子教育論

顧燮光《譯書經眼録・學校》　《女子教育論》一卷。上海作新譯書局洋裝本，一冊。日本成瀨仁藏譔，楊蔭棟、周祖培譯。全書四章，分宗旨、德育、智育、體育四類。

《上海格致書院藏書樓書目・東西學書・女學》　《女子教育論》。日成瀨仁藏。吳縣楊廷棟，周祖培。一本。東京並木活印本。

楊復等《浙江藏書樓乙編書目・教育》　《女子教育論》一冊。日本成瀨仁藏撰，吳縣楊廷棟、周祖培譯。鉛印本。

女子教育論

徐樹蘭《古越藏書樓書目・政部・教育》　《女子教育論》一卷。日本永江正直。錢單譯。《教育世界》本。

男女交際論

顧燮光《譯書經眼録・雜著》　《男女交際論》一卷。上海文明書局洋裝本，一冊。日本福澤諭吉著，張相文譯。著者爲東邦第一醇儒，因慨念當日日本女子墨守古訓「無才爲德」之説，故特撰是論，以挽救當日積弊。自此書出，日本女學勃興，去壓制服從之習。此書誠女界之新導師矣。

女子新世界

《上海格致書院藏書樓書目・東西學書・女學》　《女子新世界》。日本三輪田眞佐子。一本。時中書局本。

五大洲女俗通考

《上海格致書院藏書樓書目・東西學書・女學》　《五大洲女俗通考》。美林樂知。榮章甫。二十一卷。二十一本。華美書局活印本。

廣學會編《廣學會譯著新書總目・通考》　《五大洲女俗通考》。是書備述五洲各地風俗之源流。凡世之風化，多由女子而起，女俗既良，其國自興，故以「女俗」名焉。共計十集，有畫圖千餘幅。大本二十一冊。價洋六元。

世界女權發達史

顧燮光《譯書經眼録・史志》　《世界女權發達史》二卷。文明書局洋裝本。美他士坦登蒐輯，王維祺重譯。本書原名《婦人之活動》，日本譯名曰《西國婦人立志編》，譯者改名《西歐女子自助史》，桐城吳芝瑛女史叙之，改爲今名。書中內容，所記爲英、法、德、意、俄、荷蘭六國婦人於政治、法律、道德、宗教、教育、美術之活動事略。譯者更爲補輯《歐洲古代女子事略》一卷，由女權放棄時期，進而至於女權發達時期。前者種因，後者食果，複演繁嬗，無承不授，則固史家之通例也。

東洋女權萌芽小史

顧燮光《**譯書經眼録・史志**》 《東洋女權萌芽小史》一卷。廣智書局洋裝本。日本鈴木光次郎編輯，趙必振譯。是書輯日本明治以來閨秀之見稱於時者，輯其逸事，凡七十七人，以爲女權之助。惟書中各人雖有表見，大都受東洋教育，而以幽嫻貞静爲德，而無西洋曠任之風。如此女權，洵可貴矣。譯筆瞻雅，尤便卒讀。

社會病態分部

鴉片毒害宜設院戒除

徐樹蘭《**古越藏書樓書目・政部・外交**》 《雅片毒害宜設院戒除》一卷。泰西惠醫生。《格致彙編》本。

支那鴉片病國史論

顧燮光《**譯書經眼録・議論**》 《支那鴉片病國史論》一卷。文明書局洋裝本，一冊。日本永野吉佑著，金柯譯。鴉片煙之輸入中國，迄今百餘年，漏出之銀凡三十八億兩，國病民貧，至於此極，中西交涉之失機，亦肇端於此。撫今思古，可勝浩歎！本書著之日人，旁觀者清，頗可取法。計五章。一沿革，二各港鴉片貿易之景況，三東印度之鴉片耕作，四論鴉片之流害，五結論。於鴉片原委，列表言之頗詳。其所籌禁煙之法六策，自以改正條約、鼓舞青年二策爲最。

政治部

論述

艾儒略《西學凡・理學》　修齊治平之學，名曰厄第加者，譯言「察義理之學」。復取斐錄之所論物情性理，又加一番學問，是第五家。大約括于三事：一、察衆事之義理，考諸德之根本，觀萬行之情形，使知所當從之善，當避之惡，所以修身也。一、論治家之道，居室處衆，資業孳育，使知其所當取，所當戒，以齊家也。一、區別衆政之品節，擇賢長民，銓敘流品，考覈政事，而使正者顯庸，邪者迸棄，所以治天下也。而身既修，家既齊，國既治平，則人道庶幾備矣。故西土學者，德業必求其精。綱常倫理之詳，日用細微之節，無一不求得其處置之宜。總從知己本性始，以至知萬有。知萬有即知萬有之至尊，然後可以復其初，反其本也。既明於此，又推廣至尊之仁，以及於物，使各充其職而盡其分數，則學始大全矣。

康有爲《日本書目志・國家政治學類序》　政治之學最美者，莫如吾《六經》也。嘗考泰西所以強者，皆闇合吾經義者也。泰西自強之本，在敎民，養民，保民，通民氣，同民樂。此《春秋》重人，《孟子》所謂「與民同欲，樂民樂，憂民憂，保民而王」也。其敎民也，舉國人八歲必入學堂，皆學圖算，讀史書，無不識字之人。其他博物院、藏書庫、中學、大學堂，此吾《禮記》家塾、黨庠、鄉校、國學之法也。其養民也。醫院、恤貧院、養老院以至鰥寡孤獨，皆有養。泰西皆無乞丐，法制詳密，此《王制》、《孟子》恤窮民之義也。其保民也，商人所在，皆有兵船保護之；商貨有所失，則於敵國索之，則韓起買環，子產歸之，且與商人有誓詐虞之約是也。其通民氣也，合一國之人於議院，吾《洪範》所謂「謀及庶人」，《孟子》所謂「國人皆曰賢」也。其同民樂也，國都十里、五里，必有公家之囿，徧陳花木百戲，新埠亦必有一二焉。七日一息，則《孟子》所謂囿與民同，《易》所謂「七日來復，閉關商旅不行」是也。國君與臣民見，皆立免冠答禮，吾《禮記》則「天子當扆而立，諸侯北面而朝」，《公羊》所謂「天子見三公下階，見卿與席，大夫撫席」也。民皆爲兵，是吾寓兵於農也。機器代工，是《易》之利用前民也。其有訟獄，必有陪審官，《王制》所謂「刑人于市，與衆棄之」也。謀事必有三人，《春秋》所謂「族會」，《洪範》所謂「三人占，則從二人言」也。衆立爲民主，《春秋》衛人立晉美得衆，《孟子》所謂「得乎丘民爲天子」也。故凡泰西之強，皆吾經義強之也。中國所以弱者，皆與經義相反者也。《康誥》保民如赤子，而吾吏治，但聞催科。《書》率作興事，而吾吏道，惟省事卧治。《孟子》尊賢使能，俊傑在位，而吾尊資使格，耆老在位，以崔亮停年之格、孫丕楊抽籤之制爲金科玉律也。《禮》「大夫七十而致仕」，而今非七、八十龍鍾昏聵，猶不服官政也。《中庸》稱重祿勸士，《孟子》稱君十卿祿，而吾大學士俸二百金，不及十日之費，僅比上農。知縣養廉僅千，不及一幕友之脩也。《大學》稱與國人交，而吾君與臣隔絕，官與民隔絕也。《禮》稱司空，以時平治道路，而吾茀穢不治也。《王制》選俊秀，論材能，而後授官，而吾鬻官也。故中國所以弱者，皆悖經義而致弱者也。吾中國法古經之治足矣，本非取于泰西，所以可取者，參考其書，以著其治強之故，正以明吾經義之可行。近人習於國故而忘經義久矣，反以近時掌故自尊爲中國之學，而訶斥外人。豈知吾之掌故，歷秦、元諸霸朝，已非中國先聖經義之舊，而禮失求野，外國乃用吾經義之精。孔子之爲《春秋》也，夷而進于中國則中國之，楚莊救鄭則中國之，不予荀林父敵夷狄而進於中國也。晉伐鮮虞，衛伐凡伯，杞用夷禮，則戎狄之中國而退爲夷狄也。《春秋》之義，惟德是親。日本未足以語是，然譯泰西之書，而能保養其民以自強，其政治亦可借鑒矣。吾有《日本改制考》一書，庶以爲鑑而自正焉。

又《政體書類序》　爲政有體有尙文，有尙質，有尊賢尙功，有親親尙仁，有王者與民同樂之政體，有霸朝把持天下之政體，有亡國叢脞廢弛之政體。斯邊瑣氏，政體之專家也。若《朝鮮政鑑》，叢脞廢弛亡國之政體也。前使朝鮮，袁世凱相告曰：「朝鮮，小中國也；中國，一大朝鮮也。」嗚呼，曷其奈何不鑑？

又《議院書類序》　《堯典》曰：「闢四門，明四目，達四聰。」《盤庚》：「登進厥民，命衆悉至於庭。」《洪範》「謀及卿士，謀及庶人」。《孟子》：「左右皆曰賢，諸大夫皆曰賢，未可也；國人皆曰賢，然後用之。左

右皆曰可殺，諸大夫皆曰可殺，勿聽；國人皆曰可殺，然後殺之。」黄帝曰「合宫」、堯曰「總章」，三代曰「明堂」。中國古固有議院哉。通天下之氣，會天下之心，合天下之才，政未有善於議院者也。泰西之強，基此矣。日本又用之，而強矣。觀《國會紀原》、《國會始末》、《國民大會議》，可見日本變法開議院之始末矣。若其規法章程，參之泰西各國，各國議院章於是乎盡譯矣。

又《政治雜書類序》 《傳》曰：「雖小道，必有可觀焉。」《富強策》、《工商政策》美哉。若夫日本之《政治年鑑》，于日本變政之故尤詳焉。恨吾游日本者，未有能留意及此也。其《東方策》、《東方策結論》、《東亞大勢》、《支那内治要論》，于我關焉，咄咄逼人哉！

又《行政學類序》 國雖有律憲，有司行政者又有學焉。不然，則具文耳。東西皆有專書，而德、英最詳。日人所譯《孛國地方行政法類集》、《英國地方政治論》，最爲大宗。《英國地方制度及税法》、《孛國政典》，皆可觀也。若日本《行政大意講義》，亦詳密矣。

又《警察書類序》 聞日人之變法也，數年而無效也，既而通道路，立巡捕，而四方之政行焉。此亦吾之法矣。不然，雖有新政，下之疆吏，轉下州縣，委之書差，雖有良法美意，化爲雲煙矣。

又《監獄法書類序》 《春秋》之義在于仁。霸、王之道，皆本于仁。仁者天心，仁莫大于愛人，故先王之于獄尤慎之。外國人以影法畫吾之監獄而去，黑暗非刑，吏卒逼索，污穢臭毒，無辜而瘐死者，歲不可勝數也。嗚呼！多士滿朝廷，仁者宜戰慄。同治元年，英人破粤城，輒放府縣之囚。彼自矜其惠，而吾以中國仁政禮義之邦，豈可使西人以亞、非黑人之慘暴相視哉？嘗窺外國獄室，潔凈而飲食有度，眞得吾先聖仁政之遺哉。日本昔與我同，維新後變之矣。法人昔與我同，乾隆時國會人破其大獄，其後無是獄矣。

梁啓超《西學書目表附録・讀西學書法》 通論中國時局之書，最先者林樂知之《東方時局論略》、《中西關繫略論》。近李提摩太之《時事新論》、《西鐸》、《新政策》，言論多有可採，餘無足觀。

趙惟熙《西學書目答問・政學》 泰西政治整齊嚴肅，頗得我《周官》遺意，惜譯本無多。兹就涉獵所及者，略分十二門如左，附載三門。

又《政治學》 政學名目甚繁，除兵、農、工、商等列有專門，各從其類外，其有總述庶政，或無門類可歸者，悉録於此。中人言西政之書，亦附及焉。

又《雜著》 是篇採輯專言時務各書，有裨於政治學問者，就所已見臚之。西人代籌中國之説，亦附及焉。至軍興以來，名臣奏議多有涉及洋務者，以非專書，故不著録。

綜述

政治理論分部

西學治平

王韜《泰西著述考》 高一志《西學治平》。

佐治芻言

梁啓超《西學書目表・無可歸類之書》 《佐治芻言》。傅蘭雅，應祖錫。製造局本。三本。三百八十。言政治最佳之書。

又《附録・讀西學書法》 《佐治芻言》言立國之理及人所當爲之事，凡國與國相處、人與人相處之道。悉備焉。皆用幾何公論，探本窮原，論政治最通之書。其上半部論國與國相處，多公法家言；下半部論人與人相處，多商學家言。

顧述廬《通學書籍考・法律類》 《佐治芻言》三冊。原刻本，《西政叢

書》本。英傅蘭雅譯，永康應祖錫述。不著撰人名氏。【略】

趙惟熙《西學書目答問・政學・政治學》 《佐治芻言》。三冊。英傅蘭雅譯，應祖錫述。製造局本。是書爲講求西國内治要本，言雖淺近，理極精深，不可不讀。

徐維則等《增版東西學書録・政治法律》 《佐治芻言》三冊。製造局本，《富強叢書》本，石印本，格致書室排印本，上海排印本，《軍政全書》本，會稽徐氏重印本。英傅蘭雅譯，應祖錫述。前半多言政教，後半多言財用，而以各申自主之權爲持論之主。書中論機器益民及賒借諸法，尤宜詳究。作者不詳名氏，殆深於公理者也。中國宜多譯此種書，以啓來者。東亞書局譯有《歐美强國新政治學博議》、《萬國維新政治學》、《英國社會古今義》，時務報館譯有《日本彙聚法規》，均未出。

徐樹蘭《古越藏書樓書目・政部・教育》 《佐治芻言》三冊。英傅蘭雅譯，應祖錫述。製造局本。《西政叢書》本。

《上海格致書院藏書樓書目・東西學書・通論》 《佐治芻言》。英傅蘭雅。應祖錫。三本。製造局本。

楊復等《浙江藏書樓乙編書目・雜誌》 《佐治芻言》三冊。英國傅蘭雅譯，永康應祖錫述。江南製造局鉛印本。

陳洙《江南製造局譯書提要・政治》 《佐治芻言》三卷。撰人失名。英國傅蘭雅口譯，永康應祖錫筆述。凡三十一章，逐條闡發。前半多言治具，後半多言財用。開章言人生多歷一分患難，即多增一分識見。以下立言，以人人得其自主之益爲指要。第十章有曰：「國以民爲本。」第九章有曰：「國政以能愜民心者爲本。」良以國與民有密切之關係也。第一卷：論家室之道；論人生職分中應得應爲之事；論文教；論名位；論國人作事宜有爭先之意；駁辨爭先之誤；論人類分國；論各國交涉事宜；論國政之根源；論國政分類；論律法幷國内各種章程。第二卷：論國家職分幷所行法度；論教民；論財用；論産業；論保護産業；論保護産業所生之利；論平分産業之弊；論工藝幷造成之物料；人工能定物料之價值；論分工幷管理工人之法。第三卷：論機器；論工價；論資本；論貿易之利；論國家準人獨造貨物出售之弊；論各國通商；論錢法；論鈔票；論開設銀行；論賒借。

治國要務

梁啓超《西學書目表・西人議論之書》 《治國要務》。韋廉臣。廣學會本。二角五分。淺略。

徐維則等《增版東西學書録・議論》 《治國要務》一冊。廣學會本。英韋廉臣著。凡九章。中言林木之益，其說甚可據，惜中國未嘗採用之也。末章復涉教語，可刪去之。

徐樹蘭《古越藏書樓書目・學部・耶穌教》 《治國要務》一冊。英韋廉臣。光緒二十五年廣學會排印本。

楊復等《浙江藏書樓乙編書目・政治》 《治國要務》一冊。美國韋廉臣著。鉛印本。

廣學會編《廣學會譯著新書總目・政學》 《治國要務》。論治國之益，如鑛利、通商、林木等，實爲至要。韋廉臣著。價洋二角五。

國家學

徐維則等《增版東西學書録・政治法律》 《國家學》五卷。日本善鄰譯書館本，□冊。德伯崙知理著，日本吾妻兵治譯。舊說以國家即君長之謂，固爲巨謬，而法國革命，盛唱國家即社會之說，亦不免流弊。德國政學家力矯其失，而伯氏之書集其成。第一卷：國家之性質及其志向；第二卷：國家並國土；第三卷：國體；第四卷：公權及其作用；第五卷：國家及教會。折學說之衷，搴歷史之粹。我國之不知國家爲何物者，讀之可以起矣。徐補。

徐樹蘭《古越藏書樓書目・政部・教育》 《國家學》五卷。德伯崙知理。日本吾妻兵治譯。善鄰譯館本。

國家學綱領

通雅齋《新學書目提要・法制類》 《國家學綱領》。上海廣智書局本。《國家學綱領》一卷，分爲五章，德國伯倫知理原著，題云中國飲冰室主人譯。作者爲法學大家，此雖門徑之書，然其立說之純疵當由全體觀之，自非尋章摘句所能得其要領，且列國既殊其政，則學說難定一尊，此由效驗之異也。即如篇中論國家之所以立，于盧騷契劵之說頗肆譏彈，若自心醉民約論者言之必當以爲文人相輕之習，此亦猶宋人講《易》，見仁見知各徇所知而已。其論國家之年齡各節，謂國家幼稚之時與勢力强大之時性質不同，及進至老境則更得別種性質，故昔時羅馬人區分國之年齡爲幼、弱、壯、老四時，按自來世論皆以少年爲進步之基而老大爲頹唐之狀，此獨以中代爲尚，立義頗堅，求之中土舊記則《曲禮》一篇以悼與耄爲刑之所不加，蓋亦治之所不及，可知法律所被當以中世爲最文明，西人所謂現世于文則曰中天，而過去、未來之事學者所以不言也，亦可以附會者矣。

政治學上編

顧燮光《譯書經眼録・法政》 《政治學上編》二卷。廣智書局洋裝本，一冊。商務印書館排印本，二冊。德那特硜著，馮自由譯。本書曰《國家編》，冠以總論，言無形學、政治學之界限，爲上、中、下三編之大綱。第一篇曰國家之重要質點，凡二章，言天然及社會之要質。二篇曰國家之生理，凡二章，言國體、國家之範圍，皆發明國家原理，而以政治爲結果也。商務印書館戢翼翬、王慕陶合譯之本，僅譯上編，分爲二卷，末爲完本。惟間附譯者按語，則較此爲清晰。

政治學中編

通雅齋《新學書目提要・法制類》 《那特硜政治學中編》。上海廣智書局本。《那特硜政治學中編》二卷，德國那特硜原著，題云中國馮自由譯述。蓋作者原書本爲上、中、下三編，商務印書館本只將上篇譯成，此則三篇幷譯而各爲一冊者也。兩本皆出自和文，故所用名詞及其文理皆近日人，譯筆則不甚相遠。此篇雖無深湛之論、高尚之想，而于各國通行制度言之甚悉，每遇政論之說分爲兩派者，各詳其得失所在而不必爲之折衷，尤合于言治之理論。官吏之義務一節語多可取，其謂國家有以法律嚴禁官吏爲謀利者，此在俸祿優厚之朝則可，若官稍太薄則此弊必多，故官吏在本籍營商在中國尚無明禁，近聞日本亦頗蹈此風雲。論地方行政之制度以英、法、德三國之規則及當時日本之新章分合參互以證其迹，如云今日法國學者每以其地方制度發達之功爲得諸大革命以後，若以歷史事迹征之，則法國革命大壞中央、地方之制度，及拿破侖一世乃盡變舊時區域，改地方制度，又云法國各地方之行政機關絶無仰承代議機關之義務，以是黜陟行政機關皆在中央政府權限之中，地方制度所以趨于中央集權而不甚發達，故其給與各縣會之職權亦甚狹隘，此皆深中肯綮之言。以英國之地方自治爲精神可取，形式不可取，運用之妙可學，組織之迹不可學，此數語可謂分別有識，惜于運用精神所在未嘗縷析其故耳。謂歐洲大陸諸國多取地方分權之方向，惟英國則取中央集權之方向，按英國地方分配之權甚重，近日雖稍取集權之意而地方之權猶未見殺，此書所言不知何據。辨財政預算之性質獨取行政事件之說，比較英、法、德、比四國預算之制，謂英國憲法雖無法律預算之區別，然二者之實際則區別甚明，法國預算制之始爲公法學者誤解英國憲法之預算與法律之關系，而條辨其誤，此皆合于理論，有資講學。惟君主之地位一節有海陸軍不委諸他人而以國家之元首自統帥之，是爲君主制之特質等語，按君主自爲統帥列國雖有此制，皆存其名而不著其實，故鄰邦帝皇相贈每用海陸軍提督之銜，取彼榮名以爲尚武，亦如我朝之制以烏里雅蘇臺將軍稱爲定邊左副將軍，隱寓將軍之銜，實爲上所自主之意，似非君主制之特質。領事制度一節

以治外法權始于紀元千二百年間，其時耶蘇教之意大利人勢力遠過回教之土耳其人，遂于兩國間締結此約，今尚存于土耳其等國，顧聞泰西史家另有一説，謂實因回教強盛之時凡外人之寄居者厭其過繁，不欲自治，故委諸其本國治之，亦原因之小異者也。

顧燮光《譯書經眼録・法政》《政治學中編》二冊。光緒二十八年六月廣智書局洋裝本，二冊。二十九年二月再版本。德那特硜著，馮自由譯。書分三編：一、論國家之主權；二、論國家之機關；三、論國家之機能。著者以英、德、普憲法爲基，而釋今世立憲共和國家之要旨，取義實質，不尚形式。研究特殊國家之法典，規定國家直接之意旨，而憲法區別之要點明矣。

政治學下編

通雅齋《新學書目提要・法制類》《那特硜政治學下編》。上海廣智書局本。《那特硜政治學下編》一卷，德國那特硜原著，題云中國馮自由譯述。前二編專研政治學之原理，此編則考究行政學之事也，所論只在警察、賑濟、衛生、教育數事，蓋以此爲内國行政之範圍。其言教育之條理甚悉，按泰西諸國于普通教育之事爲益至宏，良由學務整齊，施教之規則劃于一定而無過與不及之殊，譬以種樹之方，裁剪培溉各適其平則垂蔭之姿不至參差而異狀，人力所至則天演隨之，故日本學者之持論，或謂地球之上強弱高下之差相去最少，惟歐洲人殆天之所擇而賦以權利者，雖崇拜過分，要非無據之言，此篇似未闡明斯義。警察章内記及制限流浪人之法，蓋無業之人不可不有所懲，今世所傳《商君書》所述有游惰之刑，此其治秦之法，可以今事征之，固不必援中養不中之義爲説。于救濟貧民之理與其法則具見周密，如貯蓄銀行、動産銀行等事推之，中國皆有取資。至衛生之理，西人所慎，然患之太深則其失必苛，如檢疫、察病諸事，其方法尤多未善，學者立論似當更求良策也。篇中又云英國非常警察之處分獨于阿爾蘭見之，在英倫則未之見此，亦不平之一端，若此類者皆所以致阿人之怨，宜乎并立百年而未蠲舊感，讀者于此可占其故焉。

顧燮光《譯書經眼録・法政》《政治學下編》一冊。光緒二十八年六月廣智書局洋裝本，二十九年二月廣智書局再版本。德那特硜著，馮自由譯。書分五章：一、警察制度；二、人口調查；三、拯濟貧民；四、公衆衛生；五、公衆教育。本書爲政治學行政編，故所論多實跡可法。

政治學

徐樹蘭《古越藏書樓書目・學部・東西洋法家之學》《政治學上編》一卷《中編》二卷《下編》一卷。德那特硜。馮自由譯。廣智書局本。

《上海格致書院藏書樓書目・東西學書・政治》《政治學》。那特硜。馮自由。三卷。二本。廣智書局活印本。

楊復等《浙江藏書樓乙編書目・政治》《政治學》四冊。德國那特京著。馮自由譯。廣智書局鉛印本。

那特硜政治學

通雅齋《新學書目提要・法制類》《那特硜政治學》。上海商務印書館本。《那特硜政治學》分爲上、下二編，德國那特硜原著，房縣戢翼翬、東湖王慕陶譯本。那特硜曾爲日本之帝國大學教授，此篇分析章節頗繁，蓋學堂講義之類，中多日本名詞，或就和文轉譯也。採輯西人學説甚博，于各學派皆略具要領，其論國家之淵源一節是衆説之匯歸，所論國權之範圍及其制限各節良多精詣，而叙述各國立憲之制尤詳，至論憲法之義而辨及國體及政體不同之由尤爲名論。又謂英吉利中央政府權力微弱，不能果斷，故其法典至今尚未編纂，按近人謂英國之憲法爲不成文憲法，以未經國家編纂也。則亦可知專制之體未嘗無適用之時矣。持論之間，頗歸美于地方自治之政，以爲共和政體之所由成，英國内閣交迭之變動不能牽及地方自治之政體，爲大陸各國所無，而亞美利堅與瑞士其地方自治皆極發達，共和制之基礎已固，法國則未能整頓，故共和之制難于久遠云云，皆深合事情之説。又云共和國體無須重兵壓制，惟法國因特殊之理由不得不置強大之常備軍，故其共和制常爲奸

雄蹂躪，又云國家主義行于德意志，個人主義行于英吉利，蓋因兩國海陸地形之異與其文化程度之殊而定之，凡此片義亦讀近世史者所當知也。譯筆鬯達，間有附注，皆于原書有關者焉。

楊復等《浙江藏書樓乙編書目・政治》　《那特硜政治學》一冊。日本那特硜講述，房縣戢翼翬譯，東湖王慕陶譯。商務書館鉛印本。

民約通議

徐維則等《增版東西學書録・議論》　《民約通議》一卷。上海譯書局本，一冊。法戎雅屈婁騷著，日本中江篤介譯。

民約論

徐樹蘭《古越藏書樓書目・學部・東西洋法家之學》　《民約論》二卷。法盧騷。《譯書彙編》本。

通雅齋《新學書目提要・法制類》　《路索民約論》。上海文明書局本。《路索民約論》五卷，各分篇章，法國路索近譯多作「盧騷」原著，吳縣楊廷棟譯本。其書譯自日本，已非法文之舊，然譯筆明通，當能不失其本意。路索爲法學名家，此書宗旨尤爲民政之先導，鴻哲偉著傳于我邦，作者如莊生所云博大眞人，而述者之謂明不得不有所歸美矣。按民約之說蓋謂國家之立由人民相約而成，後之持異義者皆謂其言不足徵信，蓋據史事以折其非，然當日之言僅以爲理所當然，不必求之事實，近人或援康德之書以解所言民約之意，其詞甚辯，可息羣疑，昔人所以攻之者大抵泥于言論之迹也。要而論之，路索蓋薄視宗教之人，故能不爲教約諸書所愚，而自樹新義以託爲人類立國之始，蓋教門之舊談每與政術哲理不相符合，故爲通人之所不稱，路索因著書排斥宗教，致不見容于當時，此書亦時露圭角，而末章爲尤著，至詆耶蘇教之法斥爲大害政事，則掊擊尤深，著論之旨于引可見，顧其不矜細行終慮大德，亦由宗教之感微而無以劑之于中正之域，此其學術源流與行誼之品格可以臆測者焉。篇中宏旨公理所昭當于人心，無俟覶縷，惟讀其論生殺之權一章力辟赦罪之說，其言曰赦罪之權非爲君主市惠而設，推其本意所在，良懼可以生之則可以殺之，而爲上者得以操其柄而制之命，故哲學之名言謂仁之爲文不符平等之義，此亦理之所寄也。人民論第二章歷數地大之國諸弊，政府總論第二章謂理事之人過衆則所理之事必荒，皆切中中國之病，幾如爲今日而言者，政談之驗，此其一端。所論設官之事如監國、總裁、審查等職，皆就羅馬、希臘舊法而言，讀者察其用心不必考其制度。又生殺之權章首節殺人者死以下十數語，似當另爲一節而誤合前文者焉。

《上海格致書院藏書樓書目・東西學書・政治》　《路索民約論》。一卷。一本。商務印書館本。

楊復等《浙江藏書樓乙編書目・法律》　《路索民約論》一冊。法國路索箸，吳縣楊廷棟譯。文明書局鉛印本。

原政上編

通雅齋《新學書目提要・法制類》　《原政》。上海作新社本。《原政》二卷，英國斯賓塞爾原著，吳縣楊廷棟譯本。原書卷帙蓋不僅此，此所譯者題曰「上篇」，其第一卷爲總論，第二卷則言政綱，分而爲八章云。總論篇中于文明、野蠻競進遞嬗之故窮其原委，而于近世人民之行誼頗著不滿之辭，政綱各篇析言羣治分合成就之理，語多淵邃，譯筆雖修潔，似未能盡達原意，終使讀者病其扞格，名家專門之書信足以困良譯也。其深警之語略摘一二，如云善羣之術萃于結羣分體之中，分體既備則力圖利己，各求衍其生息于無窮，共結之羣遂失其所憑依而無與爲治，所以秕政流傳云云；治羣之術益進，變化之力益弱，而牴抗變化之力則日壯云云。東西政略善竊攸殊，而哲理所推重溟若合焉，有君子猶吾大夫讀此可爲深念矣。其于治羣之說不以康德之誼爲然，此自學派之異，至謂人事繁迹之世合小羣爲大羣，則政府之政綱不得不擴張完備以應之，而引羅馬及英國之事以明其故，按中國歷代以來疆域之拓較古時何啻數倍，即人民之蓄殖尤迴越于從前，而法度相襲，制

作寂寥，一切條教科令不能與世俱繁，乃有千年未修者，此爲治之大失，而從來未有見及，以此證之，其害愈顯也。

顧燮光《譯書經眼録・哲理》《原政上編》四卷。作新社洋裝本，二冊。英斯賓塞爾著，楊廷棟譯。書爲上篇，共四卷。一曰總論，二曰論綱，三曰政治成體，四曰政治分體。每卷若干節，皆發明羣治、公益各理，以證種族進化之原。蓋政治機關非觝抗不能達其極點，而善因善變，乃足極羣之精神，此政綱政體之成分，所以關人羣之優劣勝敗也。作者素長羣學，故能以社會之觀念，以徵天演學之目的，其旨微矣。惜譯筆間有冗長之病，能刪潤之，則精湛矣。

政治哲學

徐樹蘭《古越藏書樓書目・學部・東西洋哲學》《政治哲學》一卷。英斯賓塞爾。《譯書彙編》本。

自由原理

通雅齋《新學書目提要・法制類》《自由原理》。日本東京《譯書匯編》社本。《自由原理》一卷，分爲五章，英國彌勒約翰原著，臨桂馬君武譯本。西國法家之説陳義既高則析理至賾，其著書之文亦多淵邃之致，惟彌勒約翰推論自由之理一書，宗旨俊偉而縱横博辨，辟闔一世以自成其説。今此書在日本譯成，譯筆明暢有條，尤使讀者易于入腦，因以養成其性質，則異日之收效必有驚人之奇。顧篇中于自由之理與所以干涉之用擘劃甚明，其説若行亦不至漫無檢束，投之今日之中國可謂教育之最宜者矣。所謂自由原理者，其闡發不一致，而以思想自由、言論自由、信教自由、出版自由諸端以爲放任之極，則將以博異趣、求公是也。中國人民久困于文法，其于思想則因禁令而窒其機，其于言論則以禍福而防其口，至于信教一節尚與人事無關，惟嘉慶以來文網漸廢，私家著述久不相聞，近日雖頗禁一二別籍，皆以出自逋臣，而新理新義研求既多，著書愈衆，國家固未嘗遏其流播，此出版一事之略可自由，而彌勒約翰所以鳴建鼓而求之者也。乃近日時彥之所爲，則每欲自棄其權利，故于譯書、學報大率請于官吏，冀得其一睞之榮，則鄭璞逾于周寶，此皆受人以柄，檢察版權之事必由斯舉召之，覽古思今，可爲深慮矣。譯者附注，于原書亦資參益，可并省焉。

顧燮光《譯書經眼録・哲理》《彌勒約翰自由原理》一卷。《譯書彙編》社《少年中國新叢書》第四種洋裝本，一冊。英彌勒約翰著，馬君武譯。彌勒約翰爲泰西十九世紀之哲學家，所著得學界榮偉位置。茲書爲其中年所作，凡五章。一、總論；二、論思想及議論之自由；三、論箇人爲世間福祚之一原質；四、論社會之主權對於個人上之界限；五、論自由之用。皆發明政治上、宗教上自由眞理，而以專制、迷信爲社會之公敵。其言侵害他人利益，法律得干涉之，眞理以壓力而愈助其成，及野蠻人之無自由，均有至理存焉。

羣己權界論

顧燮光《譯書經眼録・哲理》《羣己權界論》一冊。商務印書館洋裝本。英穆勒約翰著，嚴復譯。歐學東漸，自由説盛，然所謂自由者，必有限域。我國社會驟聞其説，遽爾昌言，往往不知權界，侵人損己，流於狂恣，則由於未明其説之本原也。穆氏爲英大儒，學識迥絶，所著輒受讚美。茲篇首釋思想言論自由，次釋行己自由，明特操爲民德之本。次論國羣小己權限之分界，終論自由大義之施行。其精理名譚，洵萬世之奇著。

權利競爭論

顧燮光《譯書經眼録・議論》《權利競爭論》一卷。文明書局洋裝本，一冊。德耶陵著，張肇桐重譯。權利爲人生必需之具，權利失則人之體格失矣。西人保護權利，至出死力以爭。蓋優劣勝敗之理，雖係於天演淘汰，抑

亦人之不善守其權利，而競爭失其道耳。著者爲德國私法家，嘗主奥國大學講席，以奥人萎靡，臨别作此書贈之。全書發明權利競爭之理，凡五章焉。譯者據英、日兩國譯本譯之，殆欲讀者知權利之重，而起競爭之心也乎！新民叢報《權利思想篇》，係掇此書大旨而成。

徐樹蘭《古越藏書樓書目・學部・東西洋哲學》 《權利競論》一卷。德伊耶陵。《譯書彙編》本。

楊復等《浙江藏書樓乙編書目・政治》 《權利競爭論》一册。德國伊耶陵著，張肇桐譯。文明書局鉛印本。

政治學

徐樹蘭《古越藏書樓書目・學部・東西洋法家之學》 《政治學》二卷。美伯蓋司。《譯書彙編》本。

政治學

通雅齋《新學書目提要・法制類》 《政治學》。上海作新社本。《政治學》三卷，分爲各章，美國拍蓋司原著，吴縣楊廷棟譯本。蓋以種族、國家、憲法等事以定政治學之範圍而析其原理，勘論甚精，其文雖頗重復，亦西國法家著述之通例也。以民族地勢合于天然者定立國之界限，爲列表以明之，其在歐羅巴者九處自西班牙、葡萄牙兩國之外皆有缺點，在北亞美利加者則凡三處論及人種，獨盛稱條頓一族之才能，原譯作「偸通」，今就通行之音正之。雖稍涉偏私，顧謂民族國家之説創自條頓人，而往日羅馬大同之説因以不行，此則要非自炫，故其駁國爲世界包涵之論亦正與此理相同。夫使一國之立，不定國家之形體而日侈然于大同之美談，則無以自域，而國民之性質遂無所附，此義一過，其弊所極，將如印度之族自稱爲世界上人，至于亡國之慘反無所恫，然則所謂民族國家者，誠各國所以自立之規而故爲高論者所當擇也。篇中于萬國公法等事皆不甚取，雖立義近狹而所見不可謂不確矣，其斥歐洲學者爲拘于成迹，不知國家與政府之分，又駁德人立憲國家之稱謂立憲者以爲表彰國家之區别，不如以爲表彰政府之區别爲當，兩論相因皆爲新誼，然所引美國制度則固確切可據。言國家之起原一章既主歷史生產一派，又頗往復于神學、羣學二者之間；言國家之形體一章于亞力士多德、原譯「挨立司他脱爾」，今據通稱改之。伯倫知理諸説既有宗主，復有不同；言國家之趨向一章，所論政府自由一節理想甚鋭，第三卷專叙英、美、德、法四國憲法原始，考較尤悉，并以已論證其所聞，皆是篇之大概。至欲以強族盡化他種而託于物競天擇之言，按原文未知是否引據此語。且云條頓民族私其文明而不普之天下是爲溺職，則可爲怵心刺耳者矣。第一卷第三章云亞洲風俗思想之害于政治者前已論及，第二卷第四章云凡民族分播之勢莫不由于自然已言之詳矣，按之書中皆不甚著，亦不解何故也。譯筆明晰，尚少扞格云。

政學原論

徐樹蘭《古越藏書樓書目・學部・東西洋法家之學》 《政學原論》一卷。英賴烈原。日本赤坂龜次郎譯。《繙譯世界》本。

政治泛論

楊復等《浙江藏書樓乙編書目・政治》 《政治泛論》二册。美國域魯威爾遜著，順德麥鼎華譯。廣智書局鉛印本。

自由論略

廣學會編《廣學會譯著新書總目・雜著》 《自由論略》。此自由一道，爲進化之大關鍵也。凡二十二章。英醫生馬林譯。一册。價洋一角。

政治原理

廣學會編《廣學會譯著新書總目・雜著》 《政治原理》。是書專爲議論政治普通所用，更參以歷史、倫理、經濟、法律諸學理，以成是編。凡政治家不可不具以上諸學識，亦猶航海家不可不略明物理學之梗概也。洋裝一冊。價洋三角。

强國秘鑰

廣學會編《廣學會譯著新書總目・雜著》 《强國秘鑰》。政府之本分，不過代表一國之公心，非能製造一國之公心者也。且以法律勉强人之心，其效小，不如以仁義道德感人之心，其效大矣。乃用華、英二文，編成一本。價洋二角五分。

物競論

徐維則等《東西學書録・理學》 《物競論》□卷。《譯書彙編》社刊本。日本加藤宏之著，楊廷棟譯。是書據生物進化之例，以驗天賦人權之説，以發明强權之理。先總論，次舉人類中五大競爭而分論之。一、治人者與被治者；二、貴族與平民；三、自由民與不自由民；四、男與女；五、國與國。博綜約説，勃窣理窟，廉頑立懦，有功世道。徐補。

通雅齋《新學書目提要・文學類》 《物競論》。上海作新社本。《物競論》一卷，分爲十章，日本加藤宏之著，中國楊蔭杭譯。按東方人而研究西洋學説，性情不同則哲學亦異，不能及西儒之異搜顛索而自具鋭解，以合于政談，故作者號稱彼都英彥，然此篇所著推言物競之所生，命意似淺，深文奧旨之所存則不足以力羣倫之驚。如天競之權利一章，辨諸家之説而謂死刑之當設與否可暫置不論，固非本書之所講求，則競不能詰其非，其辨天賦權利之處亦未能中其要害。其論强權第四章徵文至博，析誼亦通，然于是非利害之間尚未直揭其要，所引强權之兩説，一謂兩强相對之勢，兩者之權利互相冲突，遂互相平均，卒至互相認許各有權力，而兩者之權力乃同爲法律制度上所實有之權利，此言合于今日列國所稱之公法一説。謂懦弱退縮、甘心壓制之人種，其强大之族類苟肆行無忌，無以限之，則以强暴之權力視爲應有之權利而多行不義，弱者將不能容于宇宙中，此則當日諸儒所以著性法之書，讀者可思其故矣。其論强權第五章謂，古代邦國，其帝王或酋長不鮮行神權主義者，即今日歐洲各國亦不能謂神權主義全行消滅，如奥地利、西班牙、巴派里等專奉加特力教者，其稱君主皆用神聖等語，至于支那立國全以神權爲主，至今不替，斯言或有説，然謂日本則中古之鎌倉、室町、江户政府均已變神權政治而爲兵權政治，則以武門之制壓服諸侯而不敢少抗，夫日本之稱君主，非猶是神聖天皇乎，其以帝王之位爲天護神佑不可侵犯者，日本之習俗固不免焉，作者謂歷史中所絶無比類，其言似夸。其第七章謂印度之民分爲四級，一曰僧徒，由神言而生；一曰國王、武士、貴族，由神之腕而生；一曰農、工、商，由神之股而生；一曰奴隸，由神之足而生，此等宗教家之言荒誕而弗雅馴，所謂搢紳先生難言之者也。其第八章謂解放黑奴實非有利于黑人，蓋此輩不知不識，絶無謀生之念，故生計日迫反甚于前，于是漂泊者相屬于道，密息息畢今人通譯爲「米西西比」河上黑人之户累累焉，信乎解放黑奴適所以斷滅黑種，斯言之慘，無教育者頗可引爲内視之鑑，然以古代埃及有大建築必使役奴隸，雖死者數十萬人，實開今日之工程學，則奴隸爲不可少，夫應工役者或爲勞働之民，不盡屬于爲奴隸，且即以奴隸言，驅數十萬生命以死于營造之際，未免有傷天地之和，伯倫知理言之甚詳，而作者謂野蠻之世生民之嗜欲未啓，資性極惰，惟迫于饑餓始一服勞役，故雇用工人訂約承辦之法實有不可行者，此言之背于天理至于此極，使中古無性法之書，則美洲之苦力工人將無噍類矣。至第九章論男女之際男尊女卑，考之人類學、人種學，凡爲女子者不問何種、不論何代，其質每劣于男子，此又與彌勒約翰所論異矣，其言曰：「女子宜有參政權，其應有之權利固與男子無所區别。」伯倫知理雖駁之，然亦謂參政權之許與不許當視其力之能否耳，此説最爲適當，若作者謂夫婦之間各盡其職，夫從事于外，妻

執業于內，如此則有利而無害，又曰爲女子者長于治家，其天性然也，此等臆決之詞，不獨女子有所不甘，苟翕丕爾克來福有靈當亦攘臂于九泉矣。

徐樹蘭《古越藏書樓書目・學部・東西洋哲學》 《物競論》一卷。日本加藤宏之。《譯書彙編》本。

《上海格致書院藏書樓書目・東西學書・通論》 《權利競爭篇》。日本加藤弘之。一本。活印本。

楊復等《浙江藏書樓乙編書目・雜誌》 《物競論》一冊。日本加藤弘之著，楊蔭杭譯。日本東京鉛印本。

人權新説

顧燮光《譯書經眼録・哲理》 《人權新説》一卷。《譯書彙編》社洋裝本，一冊。日本加藤宏之著，陳尚素譯。本書主持進化主義，以優勝劣敗爲社會之確論，力駁天賦之權之出於妄想，並博引諸説相駁詰，以徵其説之可信。書凡三章，皆綜論天賦人權及權利妄想進步之理，且以民人有普通選舉權之非，而以英之限制選舉注意實際，爲合於立憲之公理，並能力制過激主義，令民人咸有愛國思想。其立論精純，可謂能見其大者矣。

楊復等《浙江藏書樓乙編書目・政治》 《人權新説》一冊。日本加藤弘之著，陳尚素譯。日本東京鉛印本。

政教進化論

通雅齋《新學書目提要・法制類》 《政教進化論》。上海出洋學生編輯所本。《政教進化論》一卷，分爲五章，日本加藤宏之原著，吳縣楊廷棟譯本。第一章言利己利物以爲利物之心非人固有之性，此自哲理中之一説，然日本人持異義以詰之者極多，以其論之涉于偏宕也，推論強權之義謂政教進化未至則此説猶有未平。按作者于學派師承主張德國，其爲此言似與德人宗旨稍近瞬馳，引韓愈之文以歸咎于孔子，至謂孔教遠遜于基督教而同異之間徵文不備，乃適見其持説之陋。其于人類初生含有倫理之説斥法國福祿特爾之言，至詆爲妄而幷無深文奥旨以辨其非，或作者隨筆記纂之書，非有意于著述也。

顧燮光《譯書經眼録・議論》 《政教進化論》一卷。廣智書局本。日本加藤弘之著，楊廷棟譯。原名《道德法律之進步》，書共三章。譯者以第二章頭緒大煩，析爲三章，共成五章。全書持論，以優劣勝敗爲天演之公理，故必弱者圖強，方足爲爭存之的。其較耶氏兼愛爲物競之反對辯論處，極有至理。

楊復等《浙江藏書樓乙編書目・政治》 《政教進化論》一冊。日本加藤弘之著，吳縣楊廷棟譯。鉛印本。

國家學原理

徐維則等《增版東西學書録・政治法律》 《國家學原理》一卷。《譯書彙編》發行所本。日本高田早苗著，稽鏡譯。是書爲彼國東京專門學校講義録，博綜西儒之説，而要以折衷於哲理、歷史兩派者爲斷。較伯氏所論，尤爲縝密。徐補。

顧燮光《譯書經眼録・法政》 《國家學原理》一卷。《譯書彙編》社排印洋裝本。日本高田早苗講述，嵇鏡譯。是書爲日本東京早稻田專門學校講義録。蓋「國家學」者，譯自德文，與英文所謂政治學相似。德儒伯倫知理分爲國法、行政二學，其總論國家者，則爲國家學原理，而以統計、行政、國際公法、警察諸學附之。其政治學又析爲國內、國外二類，以研究內政、外交之學術。至考國家性質者，則爲普通政治學焉。今以國內政治爲憲法、行政二科，憲法論國家創建之規模，行政言國政施行之秩序。是書計十六章，則專研究國家學原理，以神學、契約爲失當，而以君民立憲爲歷史之要，而其能博綜西儒之説，以折衷於哲理、歷史兩派者爲斷。較伯氏所論，尤有至理。章安寄社譯有日本有賀長雄著《國家學》，又譯有日本乎田東助譯《國家論》，又譯有日本橋爪法學士著《國政學》，陳超譯有日本小野梓著《國憲泛論》，日本譯書社譯有《今世國家論》。

楊復等《浙江藏書樓乙編書目・教育》　《國家學原理》一冊。日本高田早苗箸。日本東京鉛印本。

政治原論

通雅齋《新學書目提要・法制類》　《政治原論》。上海廣智書局本。《政治原論》三卷，分爲二十四篇，日本市島謙吉原著，順德麥曼蓀譯本。上卷言政體，中卷言憲法，下卷言行政之事，徵引既博，析理亦精，凡所申論皆一以實事衡之，無虛憍空談之弊，此其善也。顧有不容不辨者，如第三章論政治之起原一節，痛詆盧騷國家由人民契約而成之説，一則曰荒誕無稽，再則曰浮夸誕妄，然持論太淺，所駁諸端亦不甚合于事情，其引軒利緬因之言曰，社會發達之初，所謂家族時代當家長握至大之權力云云，作者申之曰此時之君長決非如盧氏所云撰舉于契約之上可知，按如所據之説，既有家族又有家長，則已近于列國之體，不在未成國家以前，視契約而成之説，已爲在後一義，事勢既不相背，何得倒果爲因，輒以見難？此顯明易知者也。其第六章一人政體論乃云，原人有獨力之性，無樂羣之思，故欲約束之則不可無統一之大者，雖有統一而權力微弱仍未易制其離散，故權力須非常之強大，據其所見則是家族有權之世已有約束離散之基，雖與盧騷之説不同，適足證國家既成然後其長有權，非有權者崛起而爲長也，例以以矛陷盾之喻，不知將何説之辭，蓋從前日本執政頗不樂聞民權之言，達官著論至有譬盧騷之書如洪水猛獸者，原作者之命意，當是有爲言之，故原譯例言亦謂勿執一端而泥之，然著書以行世而舞文以欺俗，曲學阿世固昔人所以譏公孫宏也。第八章論及美國代議士賄賂之弊，頗聞日本近日亦漸染此風，恐不如是之甚耳。第二十二章引格蘭斯頓之言，以表英國內閣之所長而以美國之失反例之，其言選舉統領限年在職之非，則亦言之成理者焉。

徐樹蘭《古越藏書樓書目・學部・東西洋法家之學》　《政治原論》二卷。日本市島謙吉。麥曼蓀譯。廣智書局本。

《上海格致書院藏書樓書目・東西學書・政治》　《政治原論》。日本市島謙吉。順德麥曼蓀。三卷。一本。廣智書局活印本。

楊復等《浙江藏書樓乙編書目・政治》　《政治原論》一冊。日本市島謙吉著，順德麥曼蓀譯。廣智書局鉛印本。

政治泛論

徐樹蘭《古越藏書樓書目・學部・東西洋法家之學》　《政治泛論》一卷。日本永井惟直。《繙譯世界》本。

政治學提綱

徐樹蘭《古越藏書樓書目・學部・東西洋法家之學》　《政治學提綱》一卷。日本烏谷部銑太郎。《譯書彙編》本。

國家學

通雅齋《新學書目提要・法制類》　《國家學》。上海作新社本。《國家學》一卷，分爲十章，上海作新社編纂。覽其全書，似以日本人之著作輯譯而成之者也。此等議論蓋哲學一流之通于法家者，爲行政之大關鍵，其緒論云國家學必幷用哲學及歷史之研究法，始能得眞正之學問，即作者自證之理也。書中辨析事理頗具精詣，然多就西儒之説摭拾而補苴之，未能自立一義，故于盧騷民主之論與霍布士異義亦幷存其説而無所折衷，其著書之例則然也。第九章言地方自治之政體，考其沿革甚詳，所述自治之利益六條尤有確見，爲治之先務蓋于此徵之，亦是書之要點焉。

政治學教科書

楊復等《浙江藏書樓乙編書目・政治》 《政治學教科書》一冊。作新社編纂。鉛印本。

帝國主義

徐樹蘭《古越藏書樓書目・學部・東西洋縱横家之學》 《帝國主義》一卷。日本浮田和民。出洋學生譯。商務印書館本。

顧燮光《譯書經眼録・法政》 《帝國主義》一卷。上海商務印書館《帝國叢書》本。日本浮田和民著，出洋學生編輯所譯。所論以鐵道、商業、殖民各政略爲帝國主義者所操縱，歸重於德、俄二國柄國者，宜防其擴大也。譯筆庸劣，宜條理之。

楊復等《浙江藏書樓乙編書目・教育》 《帝國主義》一冊。日本游田和民著。商務印書館鉛印本。

二十世紀之怪物帝國主義

通雅齋《新學書目提要・法制類》 《二十世紀之怪物帝國主義》。上海廣智書局本。《二十世紀之怪物帝國主義》一卷，分爲五章，日本幸德秋水原著，武陵趙必振譯本。全篇之意皆以用兵尚武爲非，而于列強擴張殖民地之事排擊之至不遺餘力。按作者曾著《廣長舌》一書，體裁略近説部，曾有譯本，其言論之間每與此書相出入，篇中行文雖以莊論自任，然詆人太甚，有乖文體，其于著作之例殆如司馬子長所云言不雅馴薦紳先生難言之者也，論及武人行事率多吹垢索瘢之辭，未可依據，其深文周納之處，至以俾斯麥克爲大罪，且云德既捷法割地酬金而法國之工商日進，德國之市場大挫，又云美國獨立之戰，法人赴援反助其大革命之動機，德軍入巴黎而德意志諸邦革命之思想因是而傳播，此等附會之談豈有關于學問？至謂義和團之亂日兵泣嘆寧不如死，又謂山縣有朋諸人爲干涉選舉、買收議員之作俑，若使斯言有驗，亦其内國之羞，揚言以著于篇，正不知其何取，殆即篇中所論愛國心之不一致者乎？第三章所引法國德列呼耶一獄以證軍人之凶暴，蓋指舊譯叠雷福斯之案而言，此事雖由陸軍諸人抗議，實由非猶太人一會之議論主之，自是種類之爭，不必涉于軍事，亦未容以此爲譏也。其論戰爭之間則文藝爲所壓服而多阻礙，此説亦不盡然，漢季云擾而經術自茂，六朝波沸而文采斐然，立國雖殊列證，則一作者之言亦如昔人所云知二五而不知有十也，墨翟《非攻》之篇、宋研寢兵之議，亂極思治，理有固然，歐美政談亦多此派，要其陳義過高而按之中國事勢尤爲不宜，故略辨之如此，讀者諒無惑焉。

社會主義

徐樹蘭《古越藏書樓書目・學部・東西洋法家之學》 《社會主義》一卷。日本村井知至。《繙譯世界》本。

顧燮光《譯書經眼録・哲理》 《社會主義》一卷。文明書局本。日本村井知至著，侯士綰譯。全書凡十章，發明歐洲現時之社會問題，及有關涉於道德、教育、美術、婦人、勞工、宗教各原因，皆抉其要言之。其云因工業而有機械，因機械而生社會，因社會而生富財。自十九世紀以來，勞工社會遂變爲資本社會，貧富相懸，競爭軋轢，遂影響於今日歐洲社會。作者意欲釐正盡善，除舊布新，永合於均平之治；欲人各盡其責任，化工業時代而爲道德時代。其旨趣亦大矣。

社會主義

顧燮光《譯書經眼録・哲理》 《社會主義》一卷。廣智書局，一冊。日

本村井知至著，羅大維譯。是書凡十章，發抒歐洲現時社會問題，而推論主義對於道德、教育、美術、婦人、勞動團體、宗教、理想各原因。蓋以平等爲社會之準，以道德時代爲進化之極，力去個人私利，便羣享幸福，其目的亦偉矣。著者擷美國之學説，演説成書，雖不免叢雜之病，而却有精妙之理焉。

近世社會主義

《上海格致書院藏書樓書目・東西學書・政治》 《近世社會主義》。日本福井準造。趙必振。四卷。二本。商務印書館活印本。

楊復等《浙江藏書樓乙編書目・政治》 《近世社會主義》二冊。日本福井準造箸，武陵趙必振譯。廣智書局鉛印本。

鐵血主義

顧燮光《譯書經眼録・哲理》 《鐵血主義》一卷。上海商務印書館本，一冊。日本德富健次郎著，王鈍譯。原名《單刀直入》，譯者改爲今名。語簡能賅，論理爽澈，蓋格言語錄類也。

英雄主義

《上海格致書院藏書樓書目・東西學書・雜著》 《英雄主義》。日本正岡藝陽。武陵羅大維。一本。作新社活印本。

十九世紀列國政治文編

楊復等《浙江藏書樓乙編書目・政治》 《十九世紀列國政治文編》十二冊。仁和邵羲輯。鉛印本。

政治學史

徐樹蘭《古越藏書樓書目・學部・東西洋法家之學》 《政治學史》一卷。日本浮田和民。《繙譯世界》本。

近世歐洲四大家政治學説

通雅齋《新學書目提要・法制類》 《近世歐洲四大家政治學説》。上海廣智書局本。《近世歐洲四大家政治學説》合爲一卷，題云中國飲冰室主人輯譯，蓋撮取英國霍布士、陸克，法國孟的斯鳩、盧騷四家之撰著，搴其英華而以己見益之，以附于漢人贊辨先賢之義。至所引陸克學説一篇，則原注云採自《國民報》原本，按西國法家之崇議尙爲中士學者所未知，至乃述其大要，奇辭奥旨以著于篇，又于其立論之偏抉其本原而直攻其失，則令往日鴻生恡于聞聽而不能贊一辭，尤爲讀西儒書者導之朗轍，自彼土視之，宜稱爲美談，以宏此學派者矣。篇中識別精審者，如以霍布士之説分而于二，又以荀子、墨子之書爲之申證而推論之，謂盧騷浸淫于希臘柏拉圖之説，且以舊義與新義攙雜，謂孟的斯鳩于民主政治之精義尙有見之未瑩者，此皆不刊之論，其諸覽者可以知所擇焉。

《上海格致書院藏書樓書目・東西學書・政治》 《近世歐洲四大家政治學説》。霍布士。陸克。盧梭。孟德斯鳩。梁啓超。一本。活印本。

楊復等《浙江藏書樓乙編書目・政治》 《近世歐洲四大家政治學説》一冊。闕名。廣智書局鉛印本。

泰西政治學者列傳

通雅齋《新學書目提要・歷史類》《泰西政治學者列傳》。上海廣智書局本。《泰西政治學者列傳》一卷，日本杉山藤次郎原著，題云中國廣東青年述譯。所紀寥寥數人，蓋其甄録之苛，每傳之後附以己論，亦多有識之言，不作隨聲之論。如辨孟的司鳩三權鼎立之説極爲可取，駁邊沁現世實利之説言雖淺易，亦可補其闕也。其自稱爲列傳，則文義之未安者焉。

楊復等《浙江藏書樓乙編書目・政治》《泰西政治學者列傳》一册。日本杉山藤次郎編。廣智書局鉛印本。

加藤弘之講演集

顧燮光《譯書經眼録・議論》《加藤弘之講演集》第一册。作新書局洋裝本。作新譯書局譯。加藤氏爲日本德學派名家。是書係摘譯其《講演集》，凡十一節。所言天則權利、道德、法律關係，類能據理而言，無囂張之習。其第十節言立憲政體與自治制度，並斥法人路索之民約主義之誤。英則專依法理，循序謀新制度，憲政漸次發達，遂致強盛；法爲法理諸説所囿，憲政未能完備。蓋有感而發者也。

田川大吉郎之學説

顧燮光《譯書經眼録・雜著》《田川大吉郎之學説》一卷。《新世界學報》本。日本田川大吉郎著，杜士珍（著）〔譯〕。歷叙不平之説，末以日本伊藤諸人證之。蓋以孟晉爲主義者。優游泄沓之流，得此著讀之，或可當瞑眩之藥乎！

興國史譚

楊復等《浙江藏書樓乙編書目・文學》《興國史譚》二册。日本内村鑑三著。泰東書局鉛印本。

世界政治分部

列國歲計政要

梁啓超《西學書目表・史志》《列國歲計政要》。林樂知、鄭昌棪。製造局本。六本。七百二十。此種書甚要，惜此本太舊。

又《附録・讀西學書法》《列國歲計政要》述歐洲各國疆域、户口、官制、教門、學校、國用、商務、兵力等事。然其書爲同治癸酉年之書，去今二十餘年，因廢變遷，已成陳迹。西人此類之書，歲歲皆有，或官撰，或私述，不一而足。若能自癸酉至今，每年譯成一書，豈不甚善？而惜其止於此也。

顧述廬《通學書籍考・史志類》《列國歲計政要》十卷。製造局本，《富強叢書》本，《西學大成》本，慎記書莊石印本易名爲《海國大政記》。英國麥丁富得力編纂，美國林樂知譯，海鹽鄭昌棪筆述。是書編于同治十二年，皆英之公使覼縷各國情形，按年彙寄者，故于疆域、户口、官制、議院、教門、學校、國用、商務羅羅如數掌紋。雖至澳洲紐薩、威爾士、紐齊蘭等地，其政俗制度具體而微，以見英人之用力勤矣。其學校之制特詳于布者，今統名德。蓋學校爲政事，藝術之總脉管，而布制又其精液歟？是書距今二十餘年，一切比較多寡，隨時變遷，要其政術大綱不易也。《湘學新報》。

丁仁《八千卷樓書目・地理類》《列國歲計政要》十二卷。英麥丁富

得力撰。刊本。

趙惟熙《西學書目答問・政學・政治學》　《列國歲計政要》。十二卷，訂六冊。英麥丁富得力編，美林樂知譯，鄭昌棪述。製造局本。是書本英國公使、領事出駐他國，按年錄寄其政府之官單編輯而成。凡各國之疆域、戶口、官制、學校、教宗均資考證，而於國計、兵事、商務尤詳。言西政者極要之本，惟歐美新政月異而歲不同，惜此書止於同治癸酉，後此撰輯，遂無踵而譯述之者，殊可惜也。

徐維則等《增版東西學書錄・政治法律》　《列國歲計政要》十二卷首一卷。光緒元年製造局本，六冊。《富強叢書》本。《軍政全書》本。《西學大成》本。慎記書莊石印本，易名《海國大政記》。英麥丁富得力編，美林樂知譯，鄭昌棪述。各國此類之書，或官撰，或私著，歲歲有之。是書編於同治十二年，英公使彙寄而成。篇中述歐洲各國疆域、戶口、官制、教門、學校、國用、商務、兵政諸大事，雖澳洲、紐薩、威爾士、紐齊蘭等地之政俗，亦無不載，可謂勤矣。惜皆二十餘年前陳迹。聞日本每年有譯本，若由東文按年譯之，則甚易。東亞書局譯有《日本歲紀政要》，未見。《知新報》印有英咳咖路地輯、周逢源譯《丁酉年列國歲計政要》六卷首一卷，未成。東亞書局又有《萬國憲法》、《國情新論》，均未出。

徐樹蘭《古越藏書樓書目・政部・外史》　《列國歲計政要》十二卷首一卷。英麥丁富得力編。美林樂知譯，鄭昌棪述。製造局本。《富強叢書》本。

《上海格致書院藏書樓書目・東西學書・財政》　《列國歲計政要》。麥丁富得力。美林樂知，海鹽鄭昌棪。十二卷。六本。製造局本。

楊復等《浙江藏書樓乙編書目・政治》　《列國歲計政要》六冊。美國林樂知譯，海鹽鄭昌棪述。江南製造局木刻本。

陳洙《江南製造局譯書提要・政治》　《列國歲計政要》十二卷。英國麥丁富得力以駐英各國公使、領事按年錄寄之官單文牘彙輯而成。美國林樂知口譯，海鹽鄭昌棪筆述。此爲各國統計之書，談西政者所宜觀也。卷首：詳列五洲各國比較民數、地數、火車、鐵路、電綫、輪船、國債、錢糧、商民、教民等表。第一卷：奥斯馬加國之宗戚、世系、歲供、議院、官制、教會、學校、國計、兵籍、兵堡、兵輪、疆域、民數、商賈、輪路、信局、電報、商船、錢幣、權度各政事。第二卷：比利時、丹麥各政事。各政事之指名，皆與一卷同，故不贅述。第三卷：法蘭西各政事。第四卷：德意志各政事。第五卷：英吉利各政事。第六卷：希臘、意大利、荷蘭、葡萄牙各政事。第七卷：俄羅斯各政事。第八卷：西班牙、瑞典、挪威、瑞士各政事。第九卷：土耳其、阿根廷、合衆玻利非亞、巴西各政事。第十卷：喀納塔、智利、科侖比亞、考斯塔里、噶唵、蒯道、告提抹辣、海帶、杭度辣、墨西哥、呢加拉巴、來蒯、秘魯、山度、明哥山薩佛道各政事。第十一卷：美利堅、烏拉乖、委內瑞辣各政事。第十二卷：亞坂爾斯、好望角、埃及、里比利亞、摩洛哥、奈塔勒、錫蘭島、印度、日本、噶留巴、波斯、暹羅、紐薩、威而士、紐齊蘭、君士蘭薩、澳斯地利蘭、台司美尼亞、佛多利亞、回斯登、澳斯地利蘭各政事。

新譯列國歲紀政要

通雅齋《新學書目提要・法制類》　《新譯列國歲計政要》。上海海上譯社本。《新譯列國歲計政要》共上、中、下三編，不分卷，篇首載著書者原序，蓋日本人而不著姓名，但題寧鄉傅運森譯述，通州白作霖校補云。按上海制造局曾譯《列國歲計政要》一書，是書蓋沿用其名，以別于舊作而曰「新譯」也。篇中所紀于列國政權法令之本原、戶口人民之多寡、疆域山川之夷塞、商務財政之大綱，要皆羅列有條，略可觀覽。據原序所云，採取之書擇其最近，則是孱輯成書，并非轉譯西籍，周知四國政不易言矣。譯筆雅馴，例言允洽，前列釋語及貨幣表、度量衡合數表諸作讀者便之，凡所臚陳，每資考證。如謂土耳其崇奉摩哈麥德以來，歷世相傳成案君民上下皆謹守之，名曰「墨鐵迦法律」，而前皇沙立曼二世所輯先代諭旨名曰「喀納渾眉法典」者，則以爲是人爲非天定而服從者寡，波斯之法律亦悉依戈蘭經典定之，其王雖有權力，恆受制于教而不能專恣，則知突厥、波斯所墨守者爲教示之舊法，與墨守前代弊政者異出而同歸也。觀土耳其所借外債之多至二萬九千七百五十二萬，波斯關稅課歐洲人以值百抽五，課本國人則自二分之一至八分，核其情形亦我內視之鑑也。考俄人近年之移住美洲者至百餘萬人，中惟猶太人獨多，則憬然于不保富民之失策也。凡斯碎義皆等片金，至于博采異聞，諒有關于典記。奥斯馬加與匈牙利共治之詳情，既爲覘國之實驗；荷蘭廢炮壘而藉堤防爲守，可參兵備之新謀。俄羅斯太平洋及支那之艦

隊以浦鹽斯德即海參威及旅順口爲總區，則知前索朝鮮馬山浦者爲聯絡兩港之用；德意志境内運河開自威廉帝第二之日，則知溝通北海與波羅的海者蓋爲幷省兩隊之防，此皆肇于新述釋此舊疑者矣。其記德國國體云德意志皇帝有宣戰、媾和之權，而記法國國體則云宣戰之事若非經代議、元老兩院于事前承諾則大統領不能行，又云按憲法凡德意志軍隊不論何等事情皆當奉皇帝之命誓立忠義，國内不問何地皇帝有建築城寨之權，如有抗命之國按此指德意志合衆國之各國則得分布戒嚴之令于其地，據其文論之，證以德皇自爲陸軍提督之制，則近人謂德爲兵主之國説非無因。又謂北美洲之人往時奴隸之習尚存，全國中不學者之分數，至一千八百九十年尚居全人口中十三分之三，然則限制華人之議或由不學之論所成者乎？在今日歐文未盛，譯書不廣，重霧爲隔，契丹所譏，此書翔洽可據，故聊摘其要以餉承學者流。惟其記蒙古事于官制外多從闕略，自由中國書籍採取無資，而非洲各邦尤有遺憾，乃至撤必西河流之經行千里灌注内地者亦未叙及，僅以「河流湍激」四字賅之，則稍疏矣。篇中記俄人以旅順口列爲版圖十八州之一，號曰關東州，是亦我國人所未及知者也。

顧燮光《譯書經眼録・法政》　《新譯列國歲紀政要》上中下三編。光緒辛丑海上譯社排印本，十二册。壬寅再版本。原名《萬國統計要覽》。白作霖、傅運森、張相文合譯。首列中國，上編記亞洲各國，中編記歐洲各國，下編記美、阿兩洲各國。計分皇室、政體、官制、面積、人口、宗教、教育、刑法、賑恤、財政、軍備、產業、航海、内地交通、貨幣、屬地若干類，條例詳明，考核精細，講求時事者必宜讀之書也。卷首所載釋語、各國貨幣表、中外度量衡合數表、中日度量衡比較表、中西東紀年表，尤便學者。按鄭譯麥丁富所著，以五洲分列，屬地海島各以類從，如亞洲之錫蘭、印度，非洲之埃及，亦褎然舉録。兹編之例，則附庸雖大，不書；有主權者雖小，亦必特録。是以文匿哥列於歐洲，而印度則附英、荷之下，澳洲各地屬英爲多，不復別編。土邏諸國雖屈伏強大之下，政權猶存；康哥多爲比屬，而行政之權仍歸其國議院，振作有望，未便等夷。至如韓國、阿比西尼等，鄭譯以商務稀少，不予著録，今則情形不同，去取自異，非好有出入也。

《上海格致書院藏書樓書目・東西學書・財政》　《新譯列國歲計政要》。甯鄉傅運森，通州白作霖。十二本。石印。

楊復等《浙江藏書樓乙編書目・政治》　《新譯列國歲計政要》十二册。甯鄉傅運森譯，通州白作霖校。海上譯社鉛印本。

列國歲紀政要續編

楊復等《浙江藏書樓乙編書目・政治》　《列國歲計政要續編》四册。海上譯社譯纂。鉛印本。

最新萬國政鑑

顧燮光《譯書經眼録・法政》　《最新萬國政鑑》五編五十一卷。《國民叢書》社排印本，八本。日本太陽報原譯，趙天擇、王慕陶同編譯。原名《世界國勢要覽》，爲日本《太陽報》按年編輯彙集多數之參考書。歲出一部，如財政、外交、軍事、農工、商業、貿易、交通，月異而歲不同；若皇室、政體、面積、人口、宗教、教育，則大同小異。是書分五編：一、亞洲之部；二、歐洲之部；三、北亞美利加洲之部；四、南亞美利加洲之部；五、阿非利加洲之部。皆分類列表，以資考證。體例與白氏《新譯列國歲計政要》同，且多剿襲之處，馴至例言，亦沿用之，未免爲譯界之累。

楊復等《浙江藏書樓乙編書目・政治》　《最新萬國政鑑》八册。《國民叢書》社編譯。商務印書館鉛印本。

萬國通典輯要

顧燮光《譯書經眼録・法政》　《萬國通典輯要》四卷。四明攻媿軒石印本。日本岡本監輔撰，成飴輯要。書分門三十四，兹存四卷，分類十四，首尾各系論説，書眉分列子目，均便檢查。

楊復等《浙江藏書樓乙編書目・政治》　《萬國通典輯要》四册。日本岡本監輔著，東京三宅憲章校。鉛印本。

世界萬事最新調查表

楊復等《浙江藏書樓乙編書目・政治》 《世界萬事最新調查表》一冊。闕名。有正書局石印本。

萬國政治制度

楊復等《浙江藏書樓乙編書目・政治》 《萬國政治制度》一冊。金匱張肇熊編譯。時中書局鉛印本。

代議政體原論

顧燮光《譯書經眼録・法政》 《代議政體原論》一卷。大宣書局洋裝本，一冊。法義佐著，日本山口松五郎譯，王鈍重譯。書分四編，若干章。一、論代議政體之目的，政權及貴族、平民政體之異同。二、論代議政體之體裁、字義。三、論選舉權之源因、利害。四、論上下議院之利，英國國會上下分離之源因。蓋代議政體，以上置主權，下蒐衆智，合從所推而爲政，以期合於國民政體之程度。亦言憲法者所宜取法者也。

楊復等《浙江藏書樓乙編書目・政治》 《代議政體原論》一冊。法國義佐氏箸，江西王鈍譯。鉛印本。

共和政體論

通雅齋《新學書目提要・法制類》 《共和政體論》。上海廣智書局本。《共和政體論》二卷，分爲十六章，法國納岌爾布禮原著，題云中國羅伯雅重譯。前列作者自叙一篇，書中所論共和政體實專就法蘭西情勢而言，間引他邦之事以爲比絜，作者所以遺其國人也。其義頗深而譯筆尤晦，非惟詞旨不明，乃至大綱要目亦未易猝曉，推其不能達意，殆所謂直譯者流，使讀者于當時費盡腦力始能約略領會，更何論神明其說乎？共和之治于政界之程度過高，斷非今日之中國所能幾及，可勿深論，惟行政論言內閣之權暨議院改選論一章，其說皆當研究，立法權論一章證明議院之制兩院并立與專立一院之孰宜，而欲以憲法劑兩院之平，所言甚中事理。第一章于議立制度之事不欲以今人而干涉后人之思想，褫奪后人之權利，尤爲通論。議及教育之事，以爲教育盛行則敗檢之事自少而罪人絶迹，獨欲用強迫就學之義，此策亦庶可行。政教分離論一章，于損抑教門利益諸端裁酌盡善，蓋欲藉以保護政權，可稱深識。至集權及分權論一章，雖譯筆不明，覽其本意當以中央集權爲是，此説之與他事相關，雖各有理致而與共和政體則必不相合，乃見其爲鑿枘。夫共和政體所以起者在于民權，而民權之所以立者在于自治，凡民所以必顧其權者惟何？亦曰權之所在即利之所在，有欲克削我之利者，則將用我固有之權以爭所應得之分而已，故于其所不能直接者則委諸官吏以任之，于其所能直接者則地方行政在焉，此共和之治之原也，其事甚顯，不必求之哲理。説者謂法爲民主之邦而民權之優反不如英吉利，蓋由地方自治之政有完全與不完全之分而然，此論良爲不易，而推自治之贏絀則又由于中央之權，英國中央之權極輕，其行政之分配于各地方者獨能平均相稱，而法國中央之權極重，乃適與英相反，此自治之風所以不盛而共和政體所以多闕。作者于共和之治力求達于純全，乃反注意于集權之政，亦所謂不揣其本而齊其末也。且法國以中央集權之故，致巴黎首府市肆殷闐而各郡縣地方財力較絀，不能養成自治之基，日本于明治初年法國學派大行，採用中央集權之論，其弊所極則東京富庶而各境凋零，故地方自治創始多年至今仍未臻發達，學者著書頗以爲病。英國倫敦之興由于商務不在集權，而外埠如明支斯德第區，其戶口林立、人民充牣，乃與京城不甚相下，比例之間其明效矣。作者于都府論一章侈陳巴黎之美觀，以爲冠絶天下，而不知巴黎之旺象即共和之缺點也，異同之趣雖在時哲有不敢謂然者焉。

《上海格致書院藏書樓書目・東西學書・政治》 《共和憲政體論》。納岌而布禮。羅伯雅。易季服。二卷。一本。廣智書局活印本。

政羣源流考

通雅齋《新學書目提要・法制類》 《政羣源流考》。上海南洋公學本。

《政羣源流考》二卷，美國韋爾生原著，吳縣李維格、新會伍光建譯本。第一卷泛言建國立法之由，第二卷多考希臘古代之事，篇中自云以下兩卷論列希臘、羅馬初治尤詳，則其爲書固不止此，蓋未經全譯而有待于續出者也。其立說之旨略謂，一國之成其初出于父權家族之制而以親親之義聯之，及族制變爲都制，親親流爲尙賢，而漸至于今日，又據希臘等國之政體沿革以考歐美治體，此其大意之所寄也。按西人著書考古，或以歷史之事迹相衡，或以一己之私見爲斷，征文、憑臆兩者相兼，初不若中國考據者。如謂古時國羣不守疆域，其以疆域爲國者自廢游牧而興耕稼始，以拘法守成之習爲初羣時之所胚胎，以東方自封、西俗善變爲地勢便〔使〕之而然，以初羣遷徙必有過人之才能服其衆而變古維新，于是親親廢而尙賢興，此皆具有精識。至推求希臘古制所云有都之始族重都輕，及家治之制行于是都重族輕，如子出于母而反勝之，其取譬良然，惟揣懸宗老失柄之故則所見尙淺，竊疑族分爲都則占地必愈廣，孳生亦愈衆，而族制以親親之故重于法祖，此用本書之論。其條教之文、約束之法又無所更改，土地、人民日益增殖則舊日法簡而不足以爲治，于是宗老失柄而家治之制以衰，此雖無當哲理，以附是篇之說，或亦可比六朝人所謂又一通也。所記希臘舊事、雅典故聞乃眞有合于近俗，可占西政之先河，較近日所譯西史各書尤具要領，即至瑣事遺俗亦皆詳雅可據，于希臘屬地公治之制，于雅典之索朗變法、畢西士治國、克賴錫尼當國三朝之事，參以辨論，皆能益人神智。記希臘所設特爾費會一節，以同敎一端爲希臘人所恃以合衆，據此可知古代之爲政者有必不能不合于敎之理，言史事者可以此意求之。譯者附注各條徵引甚備，附列所引書目考尤便鉤稽，以「韃靼」二字爲波斯古史陀氏之「陀」，亦合于聲轉之說。然間有失檢者，第一卷第六節所注當改附第七節「一婦多夫」句下，第二卷第九十四節「帝烏敦」三字當爲之注明，第一百零三節有斯巴達地震「死者二萬人」一語，此自本于西史，然此書正文乃云斯巴達之衆始終未逾一萬五千人，故其爲治獨尚武功，則注中所言乃與本書懸異，似亦當有訂核也。

地方自治論

通雅齋《新學書目提要・法制類》 《地方自治制論》。上海廣智書局本。

《地方自治制論》分爲十章，題云馬賽講述，汪貢夫筆譯。所論各節條理極爲詳備，末章引各國行政裁判之法而比較之，允爲實驗之談。按地方自治之法實與人民幸福相關，各國之中如號稱專制之俄近且推行此制，雖列邦制度不齊而精神則無不合，于是則官吏之職事輕而國家之干涉無所用，無論其國體爲共和、爲立憲，其必以此事爲根柢理無二致也。顧自治之要擾在公費之集，其地方之民饒于財產者則收入既豐而百事易舉，不然者反是，故農政不修，商戰不力，國無三年之蓄者則自治之體必無以立，求之事實，此例甚明。論者每謂中國民間自有一種自治法，蓋指善堂、公會等類而言，夫中土史籍于民俗之事不詳，此等風會起于何時要無可考，以臆測之必在歷代全盛之時，物力殷羨，人有餘資而留此自治之基，以餉今日之言政者也。日本工業雖興，而壤地褊小，土瘠則民無以贍，故變法以來事事不後于列強，而自治之條理尙有闕憾，不能方駕歐美者，于此可見其故矣。此書第三章云町村之事務大都財政上之事，即如會計之事，町村行政中至要之務也，較之國家之會計爲重云云，亦其證也。近人講求地方自治之制似未推論及此，故因讀是書而略述其要，至于篇中所著成績燦然，固他日仿行之模範也。

顧燮光《譯書經眼録・法政》 《地方自治論》一卷。上海廣智書局本，一冊。馬賽講述，汪貢夫筆譯。書分十章，採各地地方自治制度，紬其原理，析其規則，分別權利、義務，求合於中國程度。蓋立憲基礎之書也。

《上海格致書院藏書樓書目・東西學書・政治》 《地方自治制論》。英馬賽。汪貢夫。一本。商務印書館譯印本。

伯倫知理自治論

楊復等《浙江藏書樓乙編書目・雜誌》 《伯倫知理自治論》一冊。無錫嵇鏡譯。日本東京鉛印本。

歐美日本政體通覽

徐樹蘭《古越藏書樓書目・政部・外史》 《歐美日本政體通覽》一卷。闕名。巔涯生編輯。《譯書彙編》本。

顧燮光《譯書經眼録・法政》 《歐美日本政體通覽》一卷。《譯書彙編》本，商務印書館本。日本上野貞吉撰，巔涯生譯。詳言德、美、奥、法、英、日六國政體、制度等類，凡六章。譯筆亦淺顯可讀。商務印書館本闕《日本》一章，譯筆則較爲條理。

歐美政體通覽

通雅齋《新學書目提要・法制類》 《歐美政體通覽》。上海商務印書館本。《歐美政體通覽》一卷，分爲五章，日本上野貞吉原著，上海出洋學生編輯所譯本。是書所述僅及德、美、奥、匈、法、英數國，于其國立法行政之綱領，援據明晰，誠爲政治學書之佳本。原序有云，分政體爲專制、爲立憲者，法制之外形，要之歷史有異，人情風俗不同，各國各具有特種性質，苟不察各國制度之本原，不究其用意之所在，漫取而爲運用之資，則流弊不知，伊于胡底云云，尤爲洞悉政體之談，在今日言變法者宜有所擇者矣。其記德意志聯邦參議院之情實，亞美利堅議員代表各州與德國聯邦參議院之同異，美國大統領之職任、法蘭西大統領之權限，法國政府與其內閣之比例，法國議院與德國議會之分別，奥大利亞與匈牙利合治之規模及其參差之狀，要皆紀載詳盡，覘國所資。譯筆亦復雅贍，惟譯音多未經意，如奥相梅特涅則譯爲「密貼魯理希」，法人爹亞則譯爲「寄耶魯」，舍通行之名而用詰屈之音，似不便于讀者也。

徐樹蘭《古越藏書樓書目・政部・外史》 《歐美政體通覽》一卷。日本上野貞吉。上海商務印書館本。

楊復等《浙江藏書樓乙編書目・政治》 《歐美政體通覽》一冊。日本上野貞吉著。商務書館鉛印本。

歐美政黨論

楊復等《浙江藏書樓乙編書目・政治》 《歐美政黨論》一冊。日本石川條著，臨江王鈍譯。新民譯印書局鉛印本。

普通選舉法

顧燮光《譯書經眼録・法政》 《普通選舉法》一卷。開明書店洋裝本，一冊。日本丸山虎之助著，季銘又譯。書凡八章，以普通選舉爲強國之本。蓋欲國民有愛國精神，非使之有權，則不能達其目的，亦言憲法議會之書也。卷末附《改正選舉法》、《各國選舉實例》、《可與選舉婦人之問題》三篇，以資印證。

政治一斑

通雅齋《新學書目提要・法制類》 《政治一斑》。上海商務印書館本。《政治一斑》原分四冊，日本檜前保人、上野岩太郎、池本吉治、緒方直清四人分著，上海出洋學生編輯所譯本。是書或爲并世所作，或由譯者合刊，序跋皆無，不能肊測。其持論每近于放任一派，力斥人民等級之非而推重自

由之權，措詞尤極抗激，至謂警察、官吏名爲維持國家之安全、社會之治安，實則束縛人身之自由，剝奪個人之權利，人民違政府之意者即目之爲犯罪，不啻爲主治者助暴人民之爪牙，地方官吏迎合風旨，不計人民之利害，所行之政多顛倒是非，隱消滅人民之愛鄉心，又慮上議院以一國之元老及貴族組織而成，獨爲暴君、奸相之器械，皆其命意之至顯者也。其于地方自治之條理，關心至切，反復申論，以明其有利無弊。推究其說，頗似不滿于日本現行之制度而思以漸易之者。日本爲帝制之國，開創以來一系相承，故言論尤多忌諱，聞昔有文部省大臣尾崎氏者，嘗于議會宣言謂某案若依共和政體則當以何法處理之云云，一言之誤，遂以免職至終其身不復見用，宜學者之不敢昌言而爲此含意未申之論也。據篇中所叙，書蓋作于明治二十年之間，正當法國學派極盛之時，顧其立說則多以取資法國爲非，略謂當封建反動之勢趨于中央集權之時，喜法國制度之簡易取而效之，致中央政府之權力無限，實人民之不幸，且使東京繁富人口日殖而各地方貧苦凋敝，流徙無已，類于巴黎等語，此亦獨具之識矣。其時日本國會未立而池本氏已討論其建置之宜，備述列邦情形而斟酌其要，緒方氏推究改易官制之事尤詳，皆可見其用心。近日我國學者日言變法而不究其措置之條理若何，讀此書者其亦知所從事乎？

顧燮光《譯書經眼録·法政》 《政治一斑》八卷。上海商務印書館排印本，二冊。出洋學生譯述。全書四冊。第一冊三卷，曰《人民》，爲日本檜前保人著。第二冊曰《地方制度》，爲日本上野岩次郎著。第三冊四卷，曰《國會》，爲日本池本吉治著。第四冊曰《中央政府》，爲日本緒方眞清著。類皆發明社會自由之説，以專制政體爲詬病者。其云守己自由，不妨人之自由，爲法律保護，即有服從法律之義務，其說近是。然揆其全書宗旨，無非以立憲爲然者。蓋時會使然，讀者未可以今例古可也。金陵東文學堂謝曉石、杜子英，又張少海均譯有日本永井惟直著《政治泛論》，金粟齋、日本譯書社、寄東譯社均譯有日本高田早苗譯美韋爾孫著《政治泛論》，白作霖譯有德來獨恩著《政治學》，張少海、篤齋主人均譯有日本石原健三著、日本木三郎譯《政治學》，白作霖譯有日本浮和田民譯《比較行政治》，張少海、篤齋主人均譯有日本市島謙吉著《政治原論》，張少海譯有日本高田著《政治史》，日本譯書社譯有美勃拉司著《平民政治》，杭州譯林社譯有《泰西政治類典》，南洋公學譯有美韋爾孫《政羣源流考》，陳運鵬譯有日本有賀長雄著《行政法》。

憲政論

通雅齋《新學書目提要·法制類》 《憲政論》。上海商務印書館本。《憲政論》三卷，各分章節，日本菊池學而原著，侯官林棨譯本。日本之立憲法，在今日各國爲最后，成規舊說皆有可師，則其研究之方甚易，顧東西殊俗，前無所承，則其創造之功又若獨難。此書討論甚博，雖未嘗自立偉義，然補苴摭拾，爲用已深，玆事體大，難判一尊，遠紹旁搜，多能取益，則學子著書凡言之成理皆在所取者焉。其言日本政黨之目的而述各種之詳情，于政黨内閣論一章能據英國之事實而辨其同異，可謂明于國故，兼察外情。篇中所言，如謂日本爲家長政體，不能倡國家主權之說，即三權鼎立，按此指孟的斯鳩立法、司法、行法之論。亦漠不相涉，證其國家爲可享私法上之權，謂亞力士多德所分三種國體，按此指君主國體、貴族國體、共和國體。適乎事實而不足于理論，且不必適用于二千年以後，言國體與政體之區別，剖析其故，皆有當于事理。惟所論議會兩院之制頗以設立上院爲然，并引日本貴族院之制度以與各國參考，按歐洲貴族之制由來已久，上院之設勢所必循，日本雖重門閥，其世族名家根據之深似不若歐人之甚，而亦取上院之法崇貴族之名，此或效顰之過，非所語于傅會者也。第一卷第一章引法人及俄國波壁那士錫原譯「白琢那士切夫」之言爲議會政黨之事，第三章頗貶今日指日本近日也之議會，皆宜注目之處。譯者于日本文理不能裁節，頗欲令人生厭，又開卷所論原理，在作者著作之體固然，譯述之書不同學校講義，似可刪其繁蕪，毋使覽者眩瞀而不能識其要也。

《上海格致書院藏書樓書目·東西學書·政治》 《憲政論》。日本菊池學而。林棨。一本。商務印書館活印本。

國憲泛論

《上海格致書院藏書樓書目·東西學書·政治》 《國憲泛論》。日本小

野梓。陳昌。二卷。二本。廣智書局活印本。

議會政黨論

顧燮光《譯書經眼録・法政》　《議會政黨論》三卷。商務印書館《政學叢書》第二集本，一冊。日本菊池學而著，商務印書館譯。書凡三編。首曰緒論，凡三章，論國家觀念及主權、國體之區別種類。第一編曰議會，凡五章，論議會之制度、性質、組織、職權等。二編曰選舉，凡三章，論選舉之意義、代表、方法。第三編曰政黨，論政黨政治各原因、目的，及英之內閣政黨之理由、狀況。

警察學

徐樹蘭《古越藏書樓書目・政部・法律》　《警察學》一卷。日本宮國忠吉。《譯書彙編》本。

顧燮光《譯書經眼録・法政》　《警察學》一卷。《譯書彙編》社洋裝本，一冊。日本宮國忠吉著，《譯書彙編》社譯。是書爲警察總論之部，凡六章。一曰警察之沿革，二曰警察之觀念，三曰警察之分類，四曰警察法之概念，五曰警察權之基礎及其範圍，六曰警察之執行機關。於警察應盡之義務規則，言之極盡。警察爲內治要政，東西各國視之極重。其制度發達於十八世紀，至今遂爲行政全部之關係，至設學堂以教之，可謂知治國之道矣。

警察全書

顧燮光《譯書經眼録・法政》　《警察全書》二卷。東華譯社洋裝本，一冊。日本宮國忠吉著。警察之學，以保存治安、防制危險爲主。東西各國，立法綦詳，固地方自治之規模，亦鞏固國權之機體。本書著者爲日本法學大家，所紀特詳。至譯書彙編社之《警察學》，僅譯其總論之部六章，而闕其七、八兩章，未爲完備。本書分爲二編。上編曰總論，凡八章，言警察之沿革、觀念、分類、概念、基礎及範圍、執行機關、形式、責任。二編曰各論，則論保安、行政、司法三類。每章凡若干節，於警察應盡之義務，皆分類詳言之。

《上海格致書院藏書樓書目・東西學書・政治》　《警察全書》。日本宮國忠吉。上虞許家惺。一本。羣學社藏板。

列國變通興盛記

梁啓超《西學書目表・史志》　《列國變通興盛記》。李提摩太。廣學會本。一本。二角。論俄日兩章頗佳。

又《附録・讀西學書法》　《列國變通興盛記》，其名甚動人，然書中惟記俄羅斯、日本二篇足觀，其他則亡國之餘，而以爲興盛，於名太不順矣。

顧述廬《通學書籍考・史志類》　《列國變通興盛記》四卷。廣學會本，玉雞苗館本。英李提摩太著。

丁仁《八千卷樓書目・地理類》　《列國變通興盛記》一卷。英李提摩太撰。石印本。

趙惟熙《西學書目答問・政學・史志學》　《列國變通興盛記》。一冊。英李提摩太譯。廣學會本。是書雜論各國變政等事，體例未善。

徐維則等《增版東西學書録・史志》　《列國變通興盛記》四卷。廣學會本，一冊。玉雞苗館本。英李提摩太著。記俄國則詳於大彼得政法，記日本則詳於明治以來仿效西法諸事，又附載其三條實美、公有棲川親王、巖倉具視、伊藤博文四人傳略於日記後，以著其遷易新政之迹。其中言印度、緬甸、安南等國興盛，乃割歸英、法以後之迹。欲變法自強者，觀是書可以決所從事矣。東亞書局譯有《亞美利加繇盛記》，未出。

楊復等《浙江藏書樓乙編書目・政治》　《列國變通興盛記》一冊。英國李提摩太著。廣學會鉛印本。

廣學會編《廣學會譯著新書總目・史類》 《列國變通興盛記》。李提摩太先生著。論日、俄、印度、緬甸、安南之變興。一冊。價洋一角五分。

各國維新政鑑

楊復等《浙江藏書樓乙編書目・政治》 《各國維新政鑑》一冊。闕名。新世界文化編譯社譯印本。

政史撮要

廣學會編《廣學會譯著新書總目・政學》 《政史撮要》。政學社會撮輯。其要足以灼見古今各處之情狀。一本。價洋三角五分。

十九世紀末世界之政治

通雅齋《新學書目提要・法制類》 《十九世紀末世界之政治》。上海廣智書局本。《十九世紀末世界之政治》分爲五篇，美國靈綏原著，順德羅普譯本。譯名取于日本，頗近繁蕪，而書中論事則多有可採，語及中國大概亦頗合我邦事情，如謂中國官吏雖不能自處以正而責于下人毫不假借，故其國民自釀成一種美風，自奉儉約又耐勤苦，過西洋人遠甚，宜于爲兵，歷來一統以爲中國即世界，不知有與之幷立而爭者，則不知愛國等語，皆能抉見隱微。于地球大勢尤爲明晰，其記德帝威廉第二世與俾斯麥克宗旨之異趣，足補傳聞之遺，叙俄羅斯之內情往往中其肯綮，于英治印度摘其教育之弊，謂文明之識不能容其種人而懼印度之終折于俄，亦有獨到之識。又云今歐洲諸大國方盛意于世界，樹其勢力，未必奪歐洲諸小國以自弱，尤爲洞觀時局之言。篇中條列各國殖民之策，于其得失皆有發明，獨至論斷之間頗不滿于拓土之事，此則識量之未宏也。其持論至確者則以海軍之爲用不至如陸戰結局

之慘，且與民主主義可以兩立而異于陸軍，此歷來未有之名言，立國者經營戎備，于是說不可不察也。述某西人之言謂中國政略即鐵路政略，其語深悚，令人有厷猶大鐘、蜀道金牛之慮，至所引俄國宗教顧問波多士嗜此書又譯作「波壁那士錫」，實即一人之書，其人蓋素日排擊列國政治而專務壓制之策者，于近日政論良有相關，讀者宜措意于其說也。譯者時有附注，固非鹵莽從事者，然于人名、地名譯文用字太雜，是亦微疵耳。

顧燮光《譯書經眼録・法政》 《十九世紀末世界之政治》一卷。上海廣智書局本，一冊。美靈綏著，羅普譯。凡五編：一曰民族、帝族、帝國之主義，二曰中國開放門戶，三曰中國有關於地球全局，四曰德國之帝國政略，五曰美之於東方局面。全書專論近世各國形勢及關係中國之處，而以民族、帝國主義發明之。其言中國民質，原美導之，得人足爲世界實業之中心，而商人崇尚信義，尤足欽佩，西人未可遽以激烈手段處之。所言尤有至理。

《上海格致書院藏書樓書目・東西學書・政治》 《世界之政治》。靈綏。羅普。一本。廣智書局活印本。

近世政治史

楊復等《浙江藏書樓乙編書目・政治》 《近世政治史》一冊。作新社編纂。鉛印本。

近世政治史

徐樹蘭《古越藏書樓書目・政部・外史》 《近世政治史》一卷。日本有賀長雄。《譯書彙編》本。

血史

《上海格致書院藏書樓書目・東西學書・小説》 《血史》。佛蘭斯士專

遜。中國梁啓勳，程斗。一本。廣智書局活印本。

列國旗章圖

楊復等《浙江藏書樓乙編書目・美術》《列國旗章圖》一幅。日本東京造畫舘本。

列國勳章圖

楊復等《浙江藏書樓乙編書目・美術》《列國勳章圖》一幅。日本東京造畫舘本。

中國政治分部

西鐸

梁啓超《西學書目表・西人議論之書》《西鐸》。李提摩太。一本。

徐維則等《增版東西學書録・議論》《西鐸》□卷。廣學會本。英李提摩太著。

新政策

梁啓超《西學書目表・西人議論之書》《新政策》。李提摩太。廣學會本。一本。

趙惟熙《西學書目答問・政學・雜著》《新政策》。一冊。英李提摩太撰。廣學會本。

徐維則等《增版東西學書録・議論》《新政策》一卷。廣學會本，一冊。英李提摩太著。立爲四綱，曰教民，曰養民，曰安民，曰新民。所列諸法，半已見諸施行。惟其於樞要之地，必曰並用西人，其居心可想。

徐樹蘭《古越藏書樓書目・學部・東西洋縱横家之學》《新政策》一卷。英李提摩太。《新學彙編》本。

廣學會編《廣學會譯著新書總目・政學》《新政策》。李提摩太先生著。價洋二分。

中西四大政

梁啓超《西學書目表・西人議論之書》《中西四大政》。李提摩太。廣學會本。一本。三分。

徐維則等《增版東西學書録・議論》《中西四大政》一卷。廣學會本，一冊。英李提摩太著。即《救世教益》之第七章。所列之目，與《新政策》同。此書合中西而論之，其説稍詳。

徐樹蘭《古越藏書樓書目・學部・耶穌教》《中西四大政》一卷。英李提摩太。光緒二十四年商務印書館排印本。即《救世教益》第七章。

楊復等《浙江藏書樓乙編書目・政治》《中西四大政》一冊。李提摩太著。鉛印本。

廣學會編《廣學會譯著新書總目・道學》《中西四大政》。即《救世教益》中第七章，另訂一冊。價洋五分。

時事新論

梁啓超《西學書目表・西人議論之書》《時事新論》。附圖表。李提摩太。廣學會本。三本。六角。

趙惟熙《西學書目答問・政學・雜著》 《時事新論》。附圖，三冊。英李提摩太撰。廣學會本。

徐維則等《增版東西學書録・議論》 《時事新論》十二卷附《圖説》一冊。廣學會本，三冊。湖南翻刻本。英李提摩太著。分國政、外國、養民、新學、利源、軍務、教務、雜學，爲八類。言取淺近，不立高論，事事可見諸施行。李氏蓋主天津報館時所作。末附圖四十有五，觀之可以比較各國政事優劣。

徐樹蘭《古越藏書樓書目・學部・東西洋縱横家之學》 《時事新論》十二卷，附《圖説》一冊。英李提摩太。光緒二十四年排印本。

楊復等《浙江藏書樓乙編書目・政治》 《時事新論》三冊。英國李提摩太箸。廣學會鉛印本。

廣學會編《廣學會譯著新書總目・政學》 《時事新論》。上下二卷，皆論富國養民之道。第三卷均屬圖説。三冊。價洋二角五分。石印者，價洋一角五分。

醒華博議

徐維則等《增版東西學書録・議論》 《醒華博議》一卷。廣學會本，一冊。英李提摩太輯。所輯皆歐美人議論中國之手札，已成陳説。惟後論補救工商之法，最可取。

徐樹蘭《古越藏書樓書目・學部・東西洋縱横家之學》 《醒華博議》一卷。英李提摩太。光緒二十四年美華書館排印本。

楊復等《浙江藏書樓乙編書目・雜誌》 《醒華博議》一冊。英國李提摩太著。廣學會鉛印本。

廣學會編《廣學會譯著新書總目・政學》 《醒華博議》。李提摩太先生著。價洋一角。

救華巵言

徐樹蘭《古越藏書樓書目・學部・東西洋縱横家之學》 《救華巵言》二卷。英李提摩太。光緒二十五年廣學會排印本。

楊復等《浙江藏書樓乙編書目・雜誌》 《救華巵言》一冊。英國李提摩太著。廣學會鉛印本。

廣學會編《廣學會譯著新書總目・政學》 《救華巵言》。李提摩太先生著。價洋五分。

興華萬年策

廣學會編《廣學會譯著新書總目・政學》 《興華萬年策》。李提摩太著。價洋二分。

治安策

梁啓超《西學書目表附録・讀西學書法》 林樂知之《治安策》，見於《中東戰紀本末》，皆多可取者也。

戰局將來論

廣學會編《廣學會譯著新書總目・雜著》 《戰局將來論》。惟戰爲凶器，利更凶。後來各國，不敢言戰，均守和局爲要。一本。價洋一角二分。

興華新義

徐維則等《增版東西學書録・議論》　《興華新義》一卷。廣學會本，一冊。美林樂知著，蔡爾康述。析爲五綱，中言道德一門，仍不免教門之意見。權力一門，其説多可採用。

徐樹蘭《古越藏書樓書目・學部・東西洋縱横家之學》　《興華新義》一卷。美林樂知。蔡爾康述。《新學彙編》本。

楊復等《浙江藏書樓乙編書目・雜誌》　《興華新義》一冊。美國林樂知箸。廣學會鉛印本。

廣學會編《廣學會譯著新書總目・政學》　《興華新義》。林樂知先生著。價洋二分。

九九新論

徐維則等《增版東西學書録・議論》　《九九新論》二卷。廣學會本。美林樂知著，蔡爾康譯。斯書以興華爲宗旨，更雜採九十九年各國近事，以實「九九」二字之名。顧補。

徐樹蘭《古越藏書樓書目・學部・東西洋縱横家之學》　《九九新論》二卷。美林樂知。廣學會排印本。

楊復等《浙江藏書樓乙編書目・算學》　《九九新論》二冊。美國林樂知箸。廣學會鉛印本。

廣學會編《廣學會譯著新書總目・政學》　《九九新論》。集《萬國公報》中所家論説，訂爲是編。二冊。價洋三角五分。

保華新書

徐維則等《增版東西學書録・議論》　《保華新書》四冊。廣學會本。英貝思福著，美林樂知譯，蔡爾康録。書中力闢畫分方罫之妄談，而以洞闢重門爲歐洲各國自保在華權利之上策。各國誠採用其議，保華之局即寓其中。顧補。

楊復等《浙江藏書樓乙編書目・雜志》　《保華全書》四冊。英國貝思福著。廣學會鉛印本。

新學彙編

徐維則等《增版東西學書録・議論》　《新學彙編》四卷。廣學會本，四冊。美林樂知、英李提摩太、美李佳白合著，蔡爾康編。所録諸文，多見於廣學會所刊書及《萬國公報》、《中西教會報》中論時事諸作，等於坊間射利之本也。

徐樹蘭《古越藏書樓書目・學部・東西洋縱横家之學》　《新學彙編》四卷。美林樂知，英李提摩太，美李佳白。蔡爾康編。《圖書集成》局排印本。

楊復等《浙江藏書樓乙編書目・教育》　《新學彙編》四冊。美國林樂知箸，上海蔡爾康輯。廣學會鉛印本。

廣學會編《廣學會譯著新書總目・政學》　《新學彙編》。上海蔡爾康編。取諸家新學、新政之論説，經中西二十餘人手筆，彙成四卷。詞新意明，實爲有用之書。價洋五角。

整頓中國條議

梁啓超《西學書目表・西人議論之書》　《整頓中國條議》。福士達。《時務報》本。

徐維則等《增版東西學書録・議論》　《整頓中國條陳》一卷。《時務報》本。美福士達著。一曰成陸軍，二曰興鐵路，三曰整國課，四曰改刑律，五曰更取士之法。雖寥寥數百言，而中國近來亟應更改之要政，幾洞徹無遺。

東略罪言

徐維則等《增版東西學書録·議論》　《東略罪言》一卷。《中國日報》本。俄伊克那什著，《中國日報》館譯。所言東三省必實漢民，駐漢民，設漢員，延漢儒，然後興觀有由，習尚可化，俾得轉弱爲強。斯語甚有至理。顧補。

支那

顧燮光《譯書經眼録·議論》　《支那》一卷。廣智書局洋裝本，一冊。美魏禮森著，黄斌、范褘同譯。支那問題，西人著書無慮數百種。作者爲美之陸軍統將，遊歷最久，考察亦詳，故所論情形，專注重於教育，以發達農工、商業進步爲救貧弱之原。各篇之中，三致意焉。原書二十二章，譯者刪併，定爲八章。綜論中國地理、政治、教育、商業及歷來交涉之失敗。措辭稍激，然亦有爲之言也。書成拳匪亂後，於各國對我政策危言聳論，深切著明。俄法陰謀，英德日現狀，闡抉無遺，迄今多驗。蓋著者爲美人，固無所容其諱飾。其言美國最近思想，以開通海道，減少運費爲獨擅我華之商務，且云福州、杭州、寧波等處，皆合美國作爲海港屯軍之用。美由孟祿主義變爲帝國主義，其説亦可畏矣。

《上海格致書院藏書樓書目·東西學書·雜著》　《支那》。美魏禮森。香山黄斌，東吴范褘。一本。廣智書局活印本。

中國現勢論

顧燮光《譯書經眼録·議論》　《中國現勢論》一卷。商務印書館《帝國叢書》本。法□□著，日本中國調查會譯，留學生重譯。全書凡三篇。首篇曰中國經濟上之地理，凡二章，分若干節，於中國各省之經濟統計，列表臚載，頗稱明備。二篇曰中國與列強之關係，凡五章，詳言《馬關條約》成後，歐洲各國在中國肆其權力，俄租旅、大，德佔膠州，英據威海、九龍，法亦踏入中國南部。神皋之區，遂爲西人競爭之場，可不懼哉！三篇曰於中國通商口岸之經營，凡二章，言中國路礦之失權，列強勢力之擴張，海軍、貿易各表。讀之彌覺悚然。

《上海格致書院藏書樓書目·東西學書·通論》　《中國現勢論》。法愛姆士。一本。商務書館活印本。

楊復等《浙江藏書樓乙編書目·政治》　《中國現勢論》一冊。東京編輯所編。商務書館鉛印本。

支那化成論

徐樹蘭《古越藏書樓書目·學部·東西洋縱横家之學》　《支那化成論》一卷。英胡奮。立法學士解説。《譯書彙編》本。

支那化成論

通雅齋《新學書目提要·法制類》　《支那化成論》。上海作新社本。《支那化成論》一卷，分爲五章，英國胡奮原著，上海作新社譯本。篇中所論我邦政治風俗各條所見尚淺，引證之處間有誤者，然論斷明白，亦往往中于事情。如云凡世界之國民皆受官吏之干涉，而干涉最少者莫支那民若。按此言蓋譚國之與民不相維系也。支那人不孤立，故不問何業無不結社而相救，此皆有得之言。至謂内閣位高任重而無人制之，弊害百出云云，按内閣衙門地望雖崇，然本朝自雍正以來政權實出于軍機處，要非内閣主之，外人與中國相習几閲百年，而于權門所在終未分曉，亦可異也。第四章專論外交，述及舊事，于各國往時所以待我者亦可證遺聞，第五章之言經濟則略叙大概而已，結論一章推言列國大勢，亦外論之一端也。譯筆簡要，有足尚焉。

中國變新策

楊復等《浙江藏書樓乙編書目・教育》　《中國變新策》一冊。英國甘霖著。美華書館鉛印本。

籌華芻言

《上海格致書院藏書樓書目・東西學書・通論》　《籌華芻言》。李佳白。一本。商務書館活印本。

新聞報館時務論

《上海格致書院藏書樓書目・東西學書・報章》　《新聞報館時務論》。八本。

擬請創設總學堂議

徐維則等《增版東西學書録・學校》　《擬請創設總學堂議》一卷。《新學彙編》本。美狄考文等著。蓋上諸譯署王大臣者。篇中言興學必先改換時文，引朱子《貢舉私議》諸言，以抵制拘墟者之謬說，可謂別具苦心。顧補。

專設農部議

《上海格致書院藏書樓書目・東西學書・農政》　《專設農部議》。美貝德禮。一本。商務印書館譯印活板。

廣學會編《廣學會譯著新書總目・植物學》　《國家專設農部議》。美國貝德禮著。一本。價洋一分。

奉士大夫書

廣學會編《廣學會譯著新書總目・雜著》　《奉士大夫書》。會吏慕亞德著。以告中國當道之言論。一本。價洋五分。

隔韡論

顧述廬《通學書籍考・史志類》　《隔韡論》一卷。日本鹽谷世宏箸。刊于安政六年。雖係守舊家說，然論中國十敗與英國十勝，比互言之，能洞見所以然。於黜林則徐事，爲持平之論，然則日本知中國弊政久矣。

徐維則等《增版東西學書録・議論》　《隔靴論》一卷。東洋本。日本鹽谷世宏著。日本地處同洲，言中國利弊較確。其論英十勝而中十敗，比互言之，誠有見地。鹽谷氏雖守舊家，乃能洞見如此，安得不愧？

國民同盟會始末

通雅齋《新學書目提要・歷史類》　《國民同盟會始末》。杭州通志學社本。《國民同盟會始末》一卷。日本國民同盟會原編，錢塘袁毓麟譯本。此會之立，蓋由東亞同文會組織而成，當戊戌以至庚子之間，日本人之薄游我邦者日以同種同文同洲之説遍語士夫，强聒不已，所爲皆此會中人，暨庚子之役聯軍入都，俄踞東三省，于是國民同盟會起焉，此書由會中人所爲，故獨悉其原委而于當時所有議案、書牘皆備舉其文，譯而傳之，亦足見其運動之苦，雖實力尚乏，而用心則可嘉矣。其記當初之事，有云無形

之團體于朝鮮協定日、俄出兵之區域蓋甚有力者，此語詞意未顯，聞日本于庚子秋間頗欲與俄人定議共分朝鮮，前任內閣實主是說，其約未成而外間業經傳布，一時黨論囂然，謂東三省既不可保全，則朝鮮一國當獨歸日本干涉，庶可屏拒俄轍，若使俄人復于朝鮮半分其地，則日本將何恃以自存？故有某者徑謁某侯，質言其狀，詞殊抗烈，某侯乃有所惕而因以息其議，與此事頗秘，得之傳言，與此文所載略近，當即其事。所謂根津某之軍事私見爲伊藤內閣所忌禁止刊布者，根津氏之書蓋詳陳俄、日兵力之厚薄，于兩國海、陸軍情狀核計甚精，謂一旦若有戰事則俄將必敗于日，所以鞭策其國人也。篇中叙述各節亦間有昧于情實者，如記中俄密約協力拒絶之事，頗欲專其美于會中，然據當時情實，則因日本外部電命其駐滬領事忠告江、鄂兩督，南方大吏始爲所動，力請政府堅持，幷非得力于該會。又引中國各員之復書，一則曰欣喜不知所措，如絶處得生，再則曰甚爲敬佩，夫以酬酢之文而欲求之交際之實，沾沾以自足，此亦何異稚子獲餌之樂乎？至所紀以英日同盟之事爲終，蓋謂已償夙冀，顧此會之成，根于同種同文等之空論，而至英日聯盟之後一年以來，東人持議頗異，昔日甚且力辨同種同文之非，不憚揚言于衆，謂恐以此說觸白人之忌而礙聯合之舉，抑思所謂同者乃其自附于我，若在中國士論則何嘗引而近之，出入之間良堪齒冷，因覽此卷幷竟其說焉。

顧燮光《譯書經眼録・史志》　《國民同盟會始末》一卷。杭州通志學社本。日本國民同盟會原編，袁毓麟譯。此會之立，蓋由東亞同文組織而成。當戊戌以至庚子之間，日本人之溥遊我邦者，日以同種、同文、同洲之説，遍語士夫，強聒不已，皆此會中人也。暨庚子之役，聯軍入都，俄踞東三省，於是國民同盟會起焉。此書由會中人所爲，故獨悉其原委，而於當時所有議案書牘，皆備其文，譯而傳之，亦足見其運動之苦。雖乏實力，而用心則可嘉矣。

楊復等《浙江藏書樓乙編書目・政治》　《國民同盟會始末》一冊。錢塘袁毓麟輯譯。鉛印本。

亞洲各國政治分部

朝鮮政界活歷史

顧燮光《譯書經眼録・史志》　《朝鮮政界活歷史》一卷。開明書店洋裝本，一冊。日本中島生著，中國益聞子譯。書凡十二章，叙朝鮮爭奪政權之根源，階級黨派之流弊，及其國人物之履歷。朝鮮以貧弱小國，處於強俄肱下，政治腐敗，宵小横行，而無改良善法，其危立待矣。請鑒前車，毋貽後悔也可。

楊復等《浙江藏書樓乙編書目・圖史》　《朝鮮政界活歷史》一冊。日本中島生著，益聞子譯。鉛印本。

日本皇室典範義解

徐維則等《增版東西學書録・政治法律》　《日本皇室典範義解》一卷。上海金粟齋本，一冊。日本伊藤博文纂，沈紘譯。爲書六十二條，所言皆日本皇家自條定之家法，非公布之臣民者也。顧補。

徐樹蘭《古越藏書樓書目・政部・外史》　《日本皇室典範義解》一卷。日本伊藤博文。沈紘譯。光緒二十七年金粟齋排印本。

楊復等《浙江藏書樓乙編書目・法律》　《日本皇室典範義解》一冊。日本伊藤博文纂，桐鄉沈紘譯。金粟齋鉛印本。

日本制度提要

通雅齋《新學書目提要・法制類》　《日本制度提要》。日本東京譯書匯

編社本。《日本制度提要》一卷，分爲八篇，系以附則，日本相澤富藏原著，題云陶岷〔珉〕譯本。日本官制昉于《唐六典》，維新以來則參考西法而定其職事，異日中國改革必將有取焉。嘉應黄氏纂《日本國志》，于職官一門最詳，然近年以來多有幷易，黄氏所述殆與今日不同，此書所載全屬官制，于其職任所在皆條系之，蓋抄撮現行規則而爲之者，雖非著作之體，其于中國固不可少之書也。叙及地方制度亦資考核，日本于地方自治之體雖未盡完備，亦當知其略焉。

顧燮光《譯書經眼録·法政》 《日本制度提要》一卷。日本譯書彙編社發行所排印洋裝本。日本相澤富藏著，陶珉譯。日本自明治維新後，官制屢更，至明治二十七年，制度大定，蓋參以西政而能損益者。是書計八編，曰總論，曰帝室部，曰立法部，曰司法部，曰樞密院，曰行政部，曰台灣總督府，曰地方制度。各有子目，以相發明。卷末八類，尤便考核。按日本自政移武門，制度一變。洎德川歸政，王室維新，明治元年至廿七年，屢有變更。本書總論，言之綦詳。其宫内省另設大臣，總理帝室一切事務，無官寺一職，尤得正本清源之道。其餘各省，亦皆立法井然，實事求是。維新三十年，儼然爲東方文物之邦，如此可畏也。夫世之變法者，當急取法焉。杭州譯林社譯有《歐洲各國議院章程》，吴宗濂譯有《法外部章程》，又譯有雷那爾輯《法海軍章程》。

楊復等《浙江藏書樓乙編書目·政治》 《日本制度提要》一册。日本相澤富藏箸。譯書彙編社鉛印本。

日本國會紀原

通雅齋《新學書目提要·法制類》 《日本國會紀原》。日本東京譯書匯編社本。《日本國會紀原》一卷、附録一卷，日本細川廣世原著。日本之有國會實爲亞細亞諸國之創格，當廢藩變法之後，百度維新，獨至議院之制則審愼遲回而未敢遽立，故木戶孝允游歷各國而還，力主勤求内治之説以抗西鄉隆盛諸人徵韓之論，獨于國會一事且不甚以爲然，其學者如加藤宏之則以民智未開爲慮，歷經板垣退助諸人爭辨，此書載其駁議暨附录各人論議，蒼黄無主，左右皆非，可見當時輿論之棼而政策因之不定矣。迨時機已熟則閎之不能，故自由、改進兩黨皆成于明治十三、四年之間，而政府亦遂以其時許開二十三年之國會，篇中所云自政黨成立以來風靡海內，某社某會驟增至數百之多，或擬俄國之虛無黨而稱東洋社會黨云云，當時民氣思伸已可概見，其理無終閼者抑亦勢使之然。近人徒以日本國會爲美談，不知前無所承，則結構之難有若是其甚者。觀是篇所述詔開國會以前之事，知非一手一足之烈所成者矣，然而薩藩所肇則果實同根，當日以爭競得之，志願雖酬而其病亦終于紛擾，聞西鄉從道于近年頗慨日本議會之失，謂襲法國囂亂之風，可覘其短，然此書引后藤元燁之言亦謂從前所設議事院似法國議院，則國會構造之始當是多取法國成規也。所記政社勃興、地方會議各條皆資參考，據末松謙澄之序則作者死于議會未成之前，故其條例之如何爲書中所未及者焉。

顧燮光《譯書經眼録·法政》 《日本國會紀原》一卷附録一卷。譯書彙編社洋裝本，一册。日本細川廣原著，譯書彙社譯。日本以明治二十三年爲設立國會之期，政黨萌芽，民氣大動，惜取法之成規，遂生囂張之習。論者以亞洲各國惟日本有國會爲美談，不知前無所承，其弊必流於紛擾。蓋變法必合國民性質，徒襲皮毛，安能獲益？本書著於議會未成之前，故未載其條例。然所述政治變遷大勢，臣民要求情形，及加藤宏之、板垣退助諸人駁議，附錄各人論議，於國會設立情形，尚能言其本末，則固今日政治家所宜瀏覽者也。

日本職官表

徐維則等《增版東西學書録·政治法律》 《日本職官表》一卷。《會稽徐氏政藝新書》本。日本官書，羅振玉譯。日本變法，首重官制，歲有裁制，以期盡善。此爲明治三十二年所新定，於近年所設省衙、品級、員數、俸金，旁行斜上，門分類析，多參用奉西各國之制度。方今裁併衙署，刪汰冗員，閱此書足以採用其法。徐補。

徐樹蘭《古越藏書樓書目·政部·外史》 《日本職官表》一卷。日本官書。羅振玉譯。《政藝新書》本。

日本各省官制規則二十八條

顧燮光《譯書經眼録・法政》 《日本各省官制規則二十八條》。辛丑教育世界本。山陰樊炳清譯。

日本文部省沿革略

徐維則等《增版東西學書録・學校》 《日本文部省沿革略》一卷。《教育世界》本。從日本官書中譯出。彼國文部省，建於明治四年。是編兼叙前三年舊大學及大學之沿革，自元年至三十二年，具見各學校逐漸改良之迹。徐補。

文部省官制十二條

顧燮光《譯書經眼録・法政》 《文部省官制十二條》。辛丑《教育世界》本。山陰樊炳清譯。

日本文部省沿革及官制

徐樹蘭《古越藏書樓書目・政部・教育》 《日本文部省沿革及官制》一卷。日本文部省原本。出洋學生譯。商務印書館本。

日本行政法

顧燮光《譯書經眼録・法政》 《日本行政法》三卷。《通社叢書》洋裝本，一册。顧昌世編譯。是書凡三編。一曰總則，計七節，記行政規畫、機關自治、官職等類，以揭行政之大要。二曰行政組織，凡三章，記普通地方、特別行政之組織。三曰行政事務，凡五章，記國民物質、精神、公共救恤、安寧資財之行政事務。另有緒論，以冠諸首。日本自明治維新以來，無事不取法歐西，故其行政之法，釐然秩然，詳備周密。是書雖僅一册，然於日本行政諸法制，臚舉得要。有志法政者，曷取讀之。

日本行政法綱領

通雅齋《新學書目提要・法制類》 《日本行政法綱領》。日本東京譯書匯編譯本。《日本行政法綱領》分爲五編，各分章節，仁和董鴻禕著。于日本所以行政之要雖未探討精意，尚能揚榷大凡，惟文詞略近復沓，使覽者病其冗雜而難于省記，則讀書之功勞即于綱領所在仍多檮昧，此由好用日本文法、名詞致蹈此弊，亦賢智之過也。其分析至爲纖悉，自是深通法學之言，雖論日本法制亦頗推及立法之原，于警察一端尤爲加意，蓋以警察爲行政之總匯，故辨論獨詳。如謂古代警察制度在維持國家之安寧，不在增進個人之幸福，其實質稱爲警察，其形式純然唯一之政治，此數語可謂洞悉源流。惟日本憲兵之立，似是于各兵之中擇其品格純正者别爲一部，以防兵士之暴亂而禁其滋事等弊，其職與警察之職相關而不相聯，而篇中乃云憲兵兼補助警察事務之執行，以專務之警察官爲正，憲兵副之，以掌故言雖非誤談，似稍有未晰矣。外交一章，稱我邦爲清國，則此書似系譯本，非必作者之自著歟。

顧燮光《譯書經眼録・法政》 《日本行政法綱領》一卷。《譯書彙編》社洋裝本。董鴻禕譯輯。全書凡五編，分五大部，每編若干章。一曰內務行

政，警察衛生、醫學各事隸之。二曰軍務行政，凡組織軍制、徵發兵員各事隸之。三曰財務行政，凡度支、租稅各事隸之。四曰外務行政，凡外交政策隸之。五曰司法行政，凡民事訴訟隸之。誠以國家精神在於政法，不提絜其綱領而區別之，則先後失序，機關必有腐敗之歎。是書於日本政法種類，系統解釋，尚稱明晰，蓋言政法學者所宜讀也。

楊復等《浙江藏書樓乙編書目・政治》 《日本行政法綱領》一冊。仁和董鴻禕編譯。日本東京鉛印本。

地方自治

顧燮光《譯書經眼録・法政》 《地方自治》一卷。文明書局洋裝本。日本桑田熊三著，陶懋立譯。積市町村而成縣，積縣郡而成國。地方自治，即組合全國團體而爲憲政中之最要者。日本自治，多取法歐洲，故能臻此強盛。著者爲日本東京專門學校法學教授，兹編爲其講義，凡二編，若干章。分總論、特論二類，總論專言自治之制體，特論則論市町村各種自治之行政機關。條理井秩，有上下大小相維之勢。蓋日本以君主立憲政體，雖取法歐西，頗能擷長棄短也。

地方制度要義

楊復等《浙江藏書樓乙編書目・政治》 《地方制度要義》一冊。日本美濃部達吉箸。作新社譯印本。

日本警察新法

徐維則等《增版東西學書録・政治法律》 《日本警察新法》□卷。上海善鄰譯書館本，一冊。日本官書。凡衛生保民之道，有關警察事務者，備著於篇。顧補。

日本警察法令提要

顧燮光《譯書經眼録・法政》 《日本警察法令提要》一卷。譯書彙編社洋裝本，一冊。唐寶鍔譯。譯者以備當局參考採倣爲主義，爰將日本現行之保安、司法、行政三種警察，視中國今日最要而可行者，依次擇要編譯。其緊急要法令，各附緒言，以明其旨。計分二類：一曰治安警察，凡二章，則言集會、結社、演說各類及出版物之認可法令。一曰司法警察，凡二節，則論司法警察官辦事規則。

日本監獄法

通雅齋《新學書目提要・法制類》 《日本監獄法》。上海商務印書館本。

《日本監獄法》二卷，分爲各章，日本佐藤信安原著，上海國民叢書社譯本。中國刑法沿于前代酷虐之政，早見擯于文明，至于監獄一端，尤爲衆惡之窟，如有仁者必將滌蕩瑕穢以爲羣治之基。據此書所述，則日本于明治四年已遣員至英國屬地考察監獄情狀，變政之始，可云如其所急矣。言日本監獄制度條規備極纖悉，以言其善則使被懲者于所犯法律之外不至多受一分之苛，而即以全人類相待之理，此王政之通則也，在今日之中國民德未進，劣種猶繁，似此完備之新章未必推行適當，然使爲政者覽之，先知此意以動其惻隱之心，即其爲益又豈鮮乎。

《上海格致書院藏書樓書目・東西學書・法律》 《日本監獄法》。日本佐藤信安。一本。商務書館活印本。

明治政史

楊復等《浙江藏書樓乙編書目・政治》　《明治政史》一冊。日本白海漁長、日本漢堂居士著，臨江王鈍譯。作新社鉛印本。

明治政黨小史

徐樹蘭《古越藏書樓書目・政部・外史》　《明治政黨小史》一卷。日本東京《日日新報》原本。出洋學生譯。商務印書館本。

通雅齋《新學書目提要・法制類》　《明治政黨小史》。上海商務印書館本。《明治政黨小史》一卷，日本東京《日日新聞》原著，上海出洋學生編輯所譯本。政黨之分立，歐洲各國名目最繁，要皆各具宗旨，政事以抗論而得中，人才以競爭而愈出，國力之盛良由有黨派以維持之，記曰：「一張一弛，文武之道。」政黨之興抑有合于是矣。中國數千年來，惟北宋神宗一朝，王介甫當國引用同趣諸人以堅持其政策，略見政黨風氣，而同時未有抍起者，以外則竟無所聞，此亦可見東西兩洲自古立國之異而風尚之殊也。日本自明治以來崇尚新法，而政黨之相角亦有類於歐人，其初起之時蓋由事歐學者宗派各別，其趨向遂歧，各徇所學而不相下，遂以相激而成，勢之所極，固有莫之爲而爲者如是篇所云。先是，小室信夫、古澤滋二二人久駐倫敦，目睹英國議院政治，私欲行之本國，是時適及歸朝，按其謂明治六、七年之時。乃説合諸人上書，言設立民選議院、興愛國公黨以提振之，是爲明治政黨之權輿云云，亦可覘其所自矣。當時乃有主張民權、希望民主以結爲政黨者，其與日本建國之勢適相背馳，若使其説盛行，必有不寧方來之懼，幸其無秩序、無節制而不能成也。篇中叙各黨分合之迹及其代興之由極爲明晰，一朝政治之流派具載于斯，惜于政見之異同尚近簡略耳。其述憲政本黨之更迭云，頌之則可謂操守貞一，詆之亦可謂無能無策，其實此黨命義每以日本無事可爲而欲投其身，于中國觀犬養毅所聯之進步黨可證其故，其意蓋別有在也，自犬養辭官而大隈伯稍挫其鋭，及星亨罷職而伊藤侯亦暫圖息機，皆各黨之關鍵，以後諸派離合，其要尚不可知，讀書者宜留意于近聞焉。

明治政黨小史

《上海格致書院藏書樓書目・東西學書・史志》　《明治政黨小史》。日日新聞社。陳超。三卷。一本。活印本。

楊復等《浙江藏書樓乙編書目・政治》　《明治政黨小史》一冊。日本日日新聞社纂，南海陳超譯。廣智書局鉛印本。

日本政治沿革史

顧燮光《譯書經眼録・史志》　《日本政治沿革史》一卷。上海富強齋譯書局洋裝本。日本秦政治郎著，張品全譯。本書凡分八綱，若干目，記日本二千餘年政治沿革，自神代迄明治維新時代止。附表若干幅，以相印證。卷首冠以《變遷》、《政治》二總論，足扼全書之要。

日本政治沿革史

通雅齋《新學書目提要・法制類》　《日本政治沿革史》。上海中西譯書會本。《日本政治沿革史》八卷，分爲各章，日本秦政治郎原著，上海中西譯書會譯本。自題第幾綱、第幾目，亦變例也。中國近來主變法者皆有模效日本之意，以爲亞洲鄰國民俗多同，取其成規可爲遵率，然日本立國迄數千年，亦自有其舊法之相沿者，徒見其革新之功而不悉其從前之政，則于損益去取之際漫不察其原因，顧欲襲其現行之貌一舉而贈之中國，亦見扞格之多而已。此書述日本往事起于建國之前所謂神代者，以迄明治變法之初，古代源流當已備舉，其有關近政宜爲體驗者皆在初篇。如述封建之制實因酋長自

治之政而一變，則今日文明日進，此制不容不廢；謂皇室爲日本帝國之一大地主而爲宗教族制之國體，則尊崇君主國勢不得不然；臣民參政之權于前朝早有端緒，則創立憲法之事要非甚難；文武出于一途，兵農合爲一事，則尙武之風已有所本，而國民兵之舉不致相驚。讀書者援古以證今，其迹之著如此，惟作者則頗尊舊聞，故于歐美各國之軍政不甚信其合用于日本，且有弓弩干戈之戰、騎戰步斗之變咸足資今日之範等語，亦可覘其意識矣。夫日本于法律、租稅、官制等事，多取法于有唐而仿我邦之文辭、傳荷蘭之藝術，受納之量自昔所宏，故挹注之資于今爲貴。又觀是篇所述其治法屢變，舊轍未深，則從事改弦不見妨于專一，此其較中國爲易者也。篇末述維新初政雖不甚有條理，要裨稽核。譯筆頗晦，宜求刪潤焉。

日本政體史

徐樹蘭《古越藏書樓書目·政部·外史》 《日本政體史》一卷。日本秦政治郎。李志仁譯述。《勵學譯編》本。

歐美各國政治分部

歐洲新政書

顧燮光《譯書經眼録·法政》 《歐洲新政書》二卷。商務印書館本。德米勒爾著，商務印書館譯。序謂讀其書，使人知流血之慘，懔然有前車之鑒。其用意蓋可知矣。

野蠻之歐洲

顧燮光《譯書經眼録·議論》 《野蠻之歐洲》二卷。上海獨社洋裝本，一册。德麥克塞挪斗著，英亨勒孟書局譯，獨社重譯。是書原名《泰西文化弊僞論》，中分宗教、政治、政體、生計、風俗諸論，痛詆時弊，爲歐美各國所禁。譯者抽譯其政治、政體二編。其立論大旨，以歐洲之納賦稅、守法律之未盡自由，而君主政體尤爲野蠻之惡果。蓋憤時嫉俗之作焉。

歐美政教紀原

顧燮光《譯書經眼録·法政》 《歐美政教紀原》二卷。新民譯印書局洋裝本，一册。日本井上圓了著，林廷玉譯。原書爲歐美各國遊記，專取其關於宗教、政治者，編成一帙。蓋考察西政、西教之作也。著者宗旨，以地球立國，各有性質，政教不能強同。法之政教，不能行之於英，則歐美政教，安能行之於東亞哉？蓋欲弭新舊之爭，必察政體之合。世之醉心歐化而無愛國思想者，讀此可以鑒矣。

社會黨

通雅齋《新學書目提要·法制類》 《社會黨》。上海廣智書局本。《社會黨》二卷，日本西川光次郎原著，仁和周子高譯本。按日本人所指之社會黨蓋謂人民結爲黨派，平民是抗對朝廷，工人則挾制業主，故近人譯之亦曰虛無主義而近于革命之徒。此風盛行于歐洲，而以移民之由近且被于北美。日本變法以來，其國中士民差幸未染此習，故其政府每以此自矜，然觀作者此書，每斤斤而樂述其事，一則曰可喜，再則曰可悲，則荃蕙之化爲茅亦何地而不有，但未審所題姓字是否眞名耳。原此黨之所以立，皆由工黨而成，而

其在俄羅斯者則以農人爲衆，良以貧富不均，勞逸殊趣不平所積鬱，抑遂生此田鳩貴均之論，所以起于戰國，合東西古今之理而如以一爐治之也。至所賴以制之者，則惟警察一端足以遏其亂萌而散其暴舉，説者謂今日各國無論英、法、德、美之文明，若暫廢警察一日則内變必起，故前者湖北創興警察，而美國桑港某華字報竟敢明揭此義以仇執事者，是其明證也。然而本源未澄，則洪流之憂正未知所其屆，故西國之爲政者皆務有以劑之于平而不專以彈壓爲用，抑懼民德之不和則國權終以日熸，固仁人之用心，亦弭衅之良策，此書後篇所引瑞士之制其亦有可采法者乎？篇中所述之言不免浮夸之病，如云今者德意志全國三分之二皆入社會黨，又云意大利昔昔利島之人口四十萬，社會主義者居其三十萬，若斯譽説其誰信之？雖非惑世誣民之説，抑亦小辨破道之類也。

楊復等《浙江藏書樓乙編書目・政治》 《社會黨》一冊。日本西川光次郎箸，仁和周子高譯。廣智書局鉛印本。

歐洲列國變法史

顧燮光《譯書經眼録・史志》 《歐洲列國變法史》二十一卷。文明書局排印本，八冊。法賽那布著，美麥克範譯，許士熊重譯。歐洲各國之變法也，成於十九周以後，遠因近果，各有不同。英之變法也，以和平法之變法也。以擾亂，若意大利、西班牙、瑞士各國，皆以外侮日迫而不能不變者。蓋所處之勢不同，故調劑維持之道遂異。其足爲我借鑒者，一也。全書二十一卷，論嘉慶十九年之歐羅巴。二至四，則記英吉利；五至七，則記法蘭西；八、比利時及和蘭；九、瑞士；十、西班牙、葡萄牙；十一、意大利；十二至十六，則日耳曼；十七、奥斯馬加；十八、瑞典、那威、丹麥；十九、俄羅斯、二十、廿一，則土耳其及巴勒康。書中所記變法，於英、法、日耳曼特詳。著之者爲法人，故能言之侃侃。若俄羅斯變而未善，土耳其拘守不變，均日就衰弱，皆附及焉，以明法之不可不變，而變之不可不盡善也，有如是夫！

楊復等《浙江藏書樓乙編書目・政治》 《歐洲列國變法史》八冊。法國賽那布著，金匱許士熊譯。文明書局鉛印本。

泰西各國立憲史論

楊復等《浙江藏書樓乙編書目・法律》 《泰西各國立憲史論》一冊。金匱張競良譯。日本東京鉛印本。

歐洲列國十九周政治史

通雅齋《新學書目提要・法制類》 《歐洲列國十九周政治史》。上海文明書局本。《歐洲列國十九周政治史》三卷，法國賽紐槃原著，美國麥克范譯本，金匱許士熊轉譯。僅出英吉利一編，此外尚未成書也。史學一門爲列國譯甚重，著書言近代治亂之迹者尤多中國譯本，則自廣學會所譯麥懇西氏之書即《泰西新史攬要》以外概未有述，故其書雖譯筆甚蕪雜，而學人欲略知十八世紀之事實者不得不取資焉。此篇叙述英國百年以來之變更簡而不漏，譯者雖昉日本文體列章分節，不能具紀事本末之條貫，然剖析清疏，于初讀者亦甚便也。

楊復等《浙江藏書樓乙編書目・政治》 《歐洲列國十九周政治史》一冊。法國賽紐槃箸，美國麥克範譯。文明書局鉛印本。

歐洲最近政治史

《上海格致書院藏書樓書目・東西學書・政治》 《歐洲最近政治史》。日本森山守次。一本。商務印書館譯印本。

十九世紀歐洲政治史論

通雅齋《新學書目提要・法制類》 《十九世紀歐洲政治史論》。上海教育世界社本。《十九世紀歐洲政治史論》一卷，分爲四章，日本酒井雄三郎著，無錫華文祺譯。詳于政談幷及事實而益以議論，于其間持説多中于事情，且徵引多而空文少，自是日籍之可觀者。惟題曰「歐洲」而所載僅有英、法、德、奥四國之事，乃至意大利復國之情形亦幷無一語叙及，則似大略矣。

徐樹蘭《古越藏書樓書目・政部・外史》 《十九世歐洲政治史論》一卷。日本酒井雄三郎。《譯書彙編》本。

顧燮光《譯書經眼録・議論》 《第十九世紀歐洲政治史論》一卷。《譯書彙編》本，作新社洋裝本。日本井酒雄三郎著，華文祺譯。凡四章。一曰近代歐洲之起原，二曰政黨之抗爭及制度之變更，三曰歐洲之政界進化，四曰物質進步所及政界之影響。後附結論一篇。書中論英、法、德、奥四國政治之沿革，以共和立憲代專制政府，民黨迭爲衝突，幾經競爭，政治、經濟、社會各界始克進化，文明一新趨向也。

十九世紀歐洲政治史論

通雅齋《新學書目提要・法制類》 《十九世紀歐洲政治史論》。上海作新社本。《十九世紀歐洲政治史論》一卷，分爲四章，附以結論，題云上海作新社編譯，蓋與華文祺所譯之本同名而異實也。其書託始于拿破侖一世敗績之年，蓋自拿破侖之用兵爲列國所深懼，于是以聯合之力扼而亡之，遂復法蘭西之王位，以同盟之用保持君權而專制之風寖盛，兩世紀之間變亂迭起，如環無端，各因大陸之勢以牽動其國權，而或則眞立憲政，或別實行共和，其在今日固一成而不可變矣。列邦之中惟俄羅斯君權素重，昔年民氣猶未囂之，雖與各國聲聞相通而事機終隔，故不爲大局所掣之，二國所以樹威于全球者固百年時勢之所驅也，篇中亦云俄國從來在歐洲政界外圈，又謂歐洲諸國獨英吉利等內部發達無間，亦可謂明于其故矣。近日歐洲平和已垂成象，然可慮之迹猶有兩端，一則法國王黨爲數尙盛，拿破侖之族某者寓公于意大利，前三年叠雷福斯一案因人情之騰躍，頗思乘勢有爲，是其革命之餘禍猶未已；一則愛爾蘭因宗教之異與英人情誼多睽，又每怨英政府治術之偏，前者維多利亞舉行慶典之期，全島竟樹墨幟，而英國陸軍之數則以愛爾蘭人充兵者爲多，異日抗命之舉正不敢決其必無，此亦今世之深憂而于十九周之事已可逆睹者也。此書記事端緒分明，如謂法國議會不信決議之頻繁與代議士之干涉行政實爲民主制之主腦，德意志之政治乃專制義旨與民主義旨相合而成，皆言法學者所宜留意者焉。

俄國政治通考

徐維則等《增版東西學書録・史志》 《俄國政治通考》三卷。《萬國公報》本。美林樂知譯，任延旭述。斯書爲印度廣學會所輯，原本英文也，刊行於一千八百九十三年，都上、中、下三卷。上卷專論俄國歐洲境內人民之情形，中卷專論俄國歐洲境內各城邑之情形，下卷專論俄國亞洲境內人民之情形。其於俄國幅員、戶口、政治、敎宗、學校、刑律、文事、武備、河道、鐵路、耕牧、製造、商務、物產諸大端，以及國俗民風、日用衣食諸細務，莫不詳載，不以瑣碎爲嫌。顧補。

論俄國增兵過度

徐維則等《增版東西學書録・議論》 《論俄國增兵過度》一卷。《亞東時報》本。英西門士著，美林樂知譯，任延旭述。顧補。

俄政考略

徐維則等《增版東西學書録・史志》 《俄政考略》一卷。《嶺學報》本。尹端模譯。言俄事多可考證，而以君主之國皆重世臣，俄國之亂黨不能撓君權者，皆貴族世臣夾輔之力也，頗與孟子「喬木」、「世臣」之言相合。顧補。

俄羅斯經國大略

徐維則等《增版東西學書録・史志》 《俄羅斯經國大略》一卷。《知新報》本。周靈生譯。言俄國政治綦詳，可與《亞東時報》之《俄羅斯近狀》參觀。顧補。

俄羅斯近狀

徐維則等《增版東西學書録・史志》 《俄羅斯近狀》一卷。《亞東時報》本。亞東時報館著。計八章，叙俄人帝系、政治、官制，言甚明晰。亦考求俄事者，不可不讀之書也。顧補。

俄國政略

顧燮光《譯書經眼録・史志》 《俄國政略》二卷，附錄《年表》一卷。京都譯學館洋裝本，一冊。日本加藤房造著，林行規譯。是書總匯羣籍，詮輯要領，明俄羅斯成立及領土擴張之故。凡分三卷，而別以歐羅巴、亞細亞二編。爲章十二章，各爲節。卷首冠以《緒論》，卷末爲《結論》，總論俄之政策。附錄《年表》，始一千三百年，迄一千九百零二年止。蓋數百年來俄之野心，於此具見。其以蠶食鯨吞，滅人國家，覆人宗社者，百異其策，必達其目的而後止，有令人足畏者矣。

最近俄羅斯政治史

通雅齋《新學書目提要・法制類》 《最近俄羅斯政治史》。日本東京譯書匯編社本。《最近俄羅斯政治史》一卷，分爲八章，日本東京譯書匯編社刊行本，蓋日本人之書也。題曰「最近史」，實則篇中所紀自亞歷山德第二時代起訖于今皇尼哥拉斯即位之年，以時系論之似不得稱爲「最近」矣。所述俄羅斯治亂情形尚有條理，日人好言俄事而諳悉俄文者不多，凡所傳聞要皆得自重譯，此書于俄國舊事已著大概，要自可觀，譯而存之，當亦足稗學者。其記俄國初立銀行必嚴預算以外之收支，立財政監督之制，然後信用大增，募集國債皆易，則可知專制之權有必不便于行政之時；薩馬以司寇倡農地改良之議，不觸政府之忌而收民衆之心，則可知實業之興本屬民間自謀之事，舉此二節亦資旁觀，其書固不容略視矣。

徐樹蘭《古越藏書樓書目・政部・外史》 《最近俄羅斯政治史》一卷。日本專門學校原本。《譯書彙編》本。

海參威公董局城治章程

顧燮光《譯書經眼録・法政》 《海參威公董局城治章程》一卷。商務印書館本。李家鏊譯。書爲俄國東海濱兵備巡撫所批定城治章程，共十一節，若干類。凡屋宇街道、飲食起居，以絕疫癘、愼防護、杜火患爲宗旨。嚴密詳備，洵有益民生治安之作。譯者以吾華僑民以不諳語言，每至誤干禁令，故譯之，以告羈旅華人，蓋有苦心存焉。

德國議院章程

梁啓超《西學書目表・官制》　《德國議院章程》。徐建寅。自刻本。一本。

又《附録・讀西學書法》　變法之本原，曰官制，曰學校。官制之書尚無譯本，惟徐仲虎之《德國議院章程》近之。然議院不過官制之一事，徐書又僅言開院之例，未及其他也。惟《英法取概》、《日本國志》中略述一二。

顧述廬《通學書籍考・史志類》　《德國議院章程》。《徐氏三種》本，元和《江氏叢書》本，《格致精華》附印本。是書爲德國議院首領芬福根鑒定，無錫徐建寅譯述。所述皆民院章程，分爲九章。中國每疑議院紛嘵，觀是書所繪議院圖並第四、第五、第六問答議事諸制，則知所慮固毋庸計及也。惟中國文繁，筆難隨語，近來多有爲切音捷字者。若開議院，斯法尚宜講求耳。

趙惟熙《西學書目答問・政學・政治學》　《德國議院章程》。一册。德芬福根原編，徐建寅譯述。自刻本。

徐維則等《增版東西學書録・政治法律》　《德國議院章程》一卷。《徐氏三種》本，《元和江氏叢書》本，上海石印本，《西政叢書》本，《格致精義》附印本。德芬福根鑒定，徐建寅譯述。分爲九章，所述皆民院章程。觀圖及問答，諸制規模整肅，略可想見。紛嘵之習，固無庸慮也。末附筆記條例四則。東亞書局譯有《萬國議院章程》、《萬國選舉公理》，均未出。

徐樹蘭《古越藏書樓書目・政部・外史》　《德國議院章程》一卷。徐建寅譯。《西政叢書》本。

普魯士地方自治行政説

顧燮光《譯書經眼録・法政》　《普魯士地方自治行政説》一卷。商務印書館《政學叢書》本。德莫塞述，日本野村靖編譯，商務印書館重譯，張宗弼校。泰西各國地方之自治也，濫觴於日耳曼列邦，而發達於英、德、瑞典、諾威諸國。其主義，以地方之人辦理地方之事，而受成於政府，非謂自治行政之區，無須政府之命令，而可以自由辦理。蓋民人乃爲國家辦理事務，其地方自治乃爲結合團體之關鍵。普魯士爲日耳曼列邦之一，故所行自治行政之法，屢經審定，其合於國民性質。各國歷史、風俗、疆土各殊，故其國之性質，不能強同。然以其鄉村爲國家基礎，其立法用意則一也。本書凡六章。首言自治要旨，次鄉村總論，繼之以府村郡州各制。所論普之自治行政，提綱絜領，已極詳盡。至其法制所在，當與《地方自治精義》參觀，以此書乃專論大意故也。

《上海格致書院藏書樓書目・東西學書・政治》　《普魯士地方自治行政説》。日本野村靖。一本。商務印書館譯印本。

英國通典

顧燮光《譯書經眼録・法政》　《英國通典》二十卷。文明書局排印本，二册。英高爾敦著，許士熊譯。是書爲英政典，分類臚列，頗便考核。其第十六卷，係言宗教，無關實用，譯者删之，頗具特識。原本作於西曆一千八百八十八年，與今稍異，然宏綱大旨，未嘗更變。簡約詳贍，足爲考政治者之助。

英國議事章程

楊復等《浙江藏書樓乙編書目・法律》　《英國議事章程》一册。李提摩太譯，葭蒼室主述。廣學會鉛印本。

廣學會編《廣學會譯著新書總目・律法》　《英國議事章程》。是書計十四章，附譯《美國議事次序章程》。李提摩太君口譯，程故嘉君筆述。一本。價洋一角。

英國憲政輯要

廣學會編《廣學會譯著新書總目・政學》　《英國憲政輯要》。現在立憲之國，未有超越英國者。近中國適值立憲時期，凡在軍民，皆宜考究此書。一冊。價洋二角五分。

英國樞政志

通雅齋《新學書目提要・法制類》　《英國樞政志》。上海南洋公學本。《英國樞政志》十四卷，英國圖雷爾原著，上海南洋公學師範院譯本。其書首言政府之定體，次及喀賓尼原譯注爲軍機處之制所起，各部各官之沿革與其職守，而以樞政趨向一篇終焉。于各官之權限所在辨之最明，其著書之旨只載設官各門，故于議院之制不復專論，然以所叙諸條觀之，則議院與各部對待之理已著其要矣。紀述賅備而不涉繁蕪，便覽而易記，施于教科尤稱善本。前列新會伍光建所爲序，謂此書不詡淹博，頗便讀者，其説信然。又各卷分譯不出于一人，而于制度之相涉者尙無岐異之弊，譯筆亦如出一致，當由學堂執事人員訂正之功，據伍氏之序，固謂書成爲稍易若干處也。其記樞臣之所昉英文稱爲「喀賓尼」云樞臣之稱國律不載，按律而言樞臣實不得預聞國政，其權得自名存實亡、不預權要之内閣，蓋今樞臣實兼閣臣，閣臣之不得預政已閲二百年，然自西曆一千六百餘年以前雖有樞府而内閣參知政事之名猶存。又云樞臣非例設之官，故英之首相不載憲典，其權雖冠同列，其官亦不過部臣之一，管理戶部大臣宰相居之而于本部事務實不過問，此數語見第二卷。據其所言，則今日以各部大臣編合而成之政府固與舊日之内閣迥殊，而政柄所歸幾與本朝軍機處之設節節相似，此其制之近于中國者。近人譯英事者每以内閣之名加其政府，而以宰相之名被于執政，反不若譯以軍機之名較相合也。第一卷云東方專制之君，立法、行法之權雖一人兼之，然譬如今日發一號令，明日因違令而罰一人，二者雖同出于君主，而政體有別，按此數語語意不甚明了，頗難分晰，未知原本文義若何。第四卷言内務部之制，開篇但陳古時秘書官與内閣之交涉而不及内務部，篇中忽云至今日管部樞臣增至五人即内務部等五大臣也，然則今之内務部與古之秘書官有何干系，内務部之設託始于何時，中間更變若何，皆無可考，似不免于疏漏。第七卷言兵部之制云當議論紛起，謂兵部大臣宜專選自下議院，此等議論其意何屬，似亦宜稍述一二。又各篇每言若大臣出自上議院則以下議院一人爲侍郎，又有久任侍郎之稱，久任侍郎蓋專任此部之職者，然于下議院選任侍郎之法亦未叙及，他如地方行政與戶部、内務、民政等官相涉之處必多，各官遷擢更調之制自有一定之法，皆未嘗一見于篇，亦是書之遺恨。末篇之論雖無深藴，其理自不可易，所云英國法密而官權不重，異于他國，凡民政諸事皆委諸地方各局，此則自治之風獨勝，可以覘英國之長。至譯者所以載官名擬以中國之定職，自云意在近似，顧求合殊難，即如譯次官爲侍郎，其品位、職分似皆不盡相稱也。

楊復等《浙江藏書樓乙編書目・政治》　《英國樞政志》一冊。英國圖雷爾著，新會伍光建譯。南洋公學鉛印本。

英國地方政治論

顧燮光《譯書經眼録・法政》　《英國地方政治論》一卷。新民譯印書局洋裝本。英希西利洛度利科著，日本久米金彌譯，趙必振重譯。英之政治，以保守爲宗旨，故布令發法，惟務勿傷現存制度，以致錯雜糾紛，難於完備。其現行法律關於地方政治者，其數殆達七百，欲審其構成活動之法，不綦難哉！本書以西曆一千八百八十二年出版，凡四章，記上古索遜時代及中古、近時、現時地方政治之成立改正，詳其權利範圍，以明立憲之由變遷而成，非倉卒可以集事。必因地制宜，而地方自治之制，乃能立於完善之地矣。

英國警察

《上海格致書院藏書樓書目・東西學書・政治》　《英國警察》。南陵何元瀚。一本。江楚編譯局石印。

英國教養平民法

徐維則等《增版東西學書録・政治法律》　《英國教養平民法》□卷。《東亞報》本。英托立衣戲氏著，日本大橋鐵太郎譯。治國以教養貧民兒爲最，蓋將來由壯而老之害，非可輕視。今上海所設養蒙義塾，頗得其意。顧補。

英國制度沿革史

通雅齋《新學書目提要・法制類》　《英國制度沿革史》。上海廣智書局本。《英國制度沿革史》三卷，各分章節，英國非立啡斯彌士原著，日本工藤精一譯漢文本。其書專考英國制度之所起，頗述古代弊政，中國言治者類多傾心於英人，此書條舉其布置而求其實施之原，宜爲世人所共讀者矣。英以島國位于歐洲大陸之外，不爲列邦風俗所侵，即一切政事之根源亦無翕受之害，故無論其科條之善否，要其政治之性質獨能純一不雜，而説者謂英之人民風尚所成亦多特異，則所以構此完粹之政體者，未必非地位之所予也。惟中國亦然，地勢雖不同于英，顧伊古以來環而峙者皆蠻羣酋長諸國，不足以擾我文明，縱不獲交通之利，亦不受交通之損，雖閉關自大其弊也封，而混同合污之病則曾未罹其熏染，其政治之性質、人民之風氣比而絜之，雖瑕瑜不掩，終與英爲較近也，故來日之難誠非意計所及，然立憲之體最適于中國則已昭晰無疑。際此之時其纘諸英國者惟何？亦曰憲法之要義、地方之行政、習慣之成法而已。此書叙述英國各情不得謂之不備，惜考據之功多而貫通之意少，蓋其書體例則然。第二篇雖較切用，而條規不具，亦無資于研究。然舍此以外言英政者更無全書，指專論英國一國之政者。此其憾也。夫所謂不成章之憲法、習慣之法律者，在舊日之中國則亦有所存，地方自治之政英爲最美，而自然之自治中國尤每見其風，至考求英國之實際，若所謂不成章者其奉行之方若何，所謂習慣之法律者其相沿之習若何？文不足徵而欲于形質之中察其精神之所寓，亦甚難矣，此言英國制度者所以獨難。若使久居其國，深究其治參之心得，著爲詳篇以餉于世，則其爲福于中國未有艾也。篇中記約翰王設立大憲章之事，于改革諸條略已揭著，賴以考見其目，乃于大憲章所以成立之故則未及備載其始末，此爲英國一大關鍵，是書又重于沿革之典，不知何以宜詳反略。又陪審之制雖通行於諸邦，實初起于英國，而所紀各節竟不及此，亦所未悉也。譯筆雖少疵累，然以日本文體行之，冗復之甚幾令覽者坐困，此亦東籍之通病，反不若直譯之徒文氣尚稍明順。其于實施制度率用日本名辭，亦不知配合之間果能不誤否耳。

《上海格致書院藏書樓書目・東西學書・史志》　《英制度沿革史》。英非立非斯彌士。日本工藤精一。三卷。二本。廣智書局活印本。

楊復等《浙江藏書樓乙編書目・法律》　《英國制度沿革考》二冊。英國非立啡斯彌士著，日本工藤精一譯。廣智書局鉛印本。

英國立憲沿革紀略

廣學會編《廣學會譯著新書總目・雜著》　《英國立憲沿革紀略》。英醫士馬林譯。一冊。價洋六分。

英國政治沿革史

楊復等《浙江藏書樓乙編書目・政治》　《英國政治沿革史》一冊。日本高田早苗，四川黄大暹譯。作新社鉛印本。

法政考

徐維則等《增版東西學書録・史志》

《法政考》三卷。《嶺學報》本。唐紹儀譯。首篇言議院，中言官制，下言聽訟。元元本本，足資考證。顧補。

法國議院選舉法

徐維則等《增版東西學書録・政治法律》

《法國議院選舉法》□卷。《東亞報》本。日本若林信譯。凡二十七條。其第二十條言貴族院議員不得兼參事院議官等職，亦防弊之一法。顧補。

美國政體

徐維則等《增版東西學書録・史志》

《美國政體》一卷。《香港旬報》本。香港旬報館譯。言美國政事頗詳。

美國民政考

通雅齋《新學書目提要・法制類》

《美國民政考》。上海廣智書局本。《美國民政考》二卷，共爲三十六章，美國勃拉斯原著，烏程章宗元譯本。以美人而言美政，故剖析極詳，于其制度諸端能縷述其用意所在。美利堅立國之條理略具兹篇，自來譯外國政史者所不及也。顧自此書所述而求之，則美國政體固以防弊爲命義，作者持論亦稍稍及之，蓋新立之邦甫免驅策，立乎今日以指當初深惘于專制之虐，故開國定法之始注意所重，惟汲汲焉以遏此横流。如創擬憲法之時則必申之曰立法、行政、司政三權平列，不相統屬，懼偏重之害而流爲專擅也；總統必四年一任，恐久于其位則根據已固，將聯絡黨人以漸肆其權力也；總統歲俸僅年給五萬金圓，各部大臣則八千元，患其多財而利用之以爲結納也；總統之舉不必出于國會而國會之職常足以制總統之所爲，所以相與維系而藉多數以監察一人也；內閣各部大臣皆綜攬其大綱而其責多分于國會，慮政府干涉之重而定其權限，使不得逾其分也；其尤大彰明較著者，則外交、財政、兵事三者明自總統主之而尤多牽掣，如上卷第六章所云總統平時幷不親統常徵之兵，即當統兵之時而國會掌糧餉之權足以制總統之命，第二十章云以外交政策之發端權及商議條約之任歸諸總統，而以宣戰、議約之權留于上議院，皆其明證，故書中云總統欲憑藉權勢損壞憲法亦必不能，足見其防弊之深矣。然世變無常，所謂孟祿主義者既不能終守，則政柄要不得不移，蓋往日政體務劑其平，足使有才者困于文法不能自奮于功名，而美國國勢亦將以自域，非計之得也。此書云爭戰之時總統內政之權難定其確限，如南北分裂時總統林肯便宜行事之處頗多，而麥荆來用兵之時其國會且特用新注憲典以助其行事，此美國政體改革之萌蘖歟。

顧燮光《譯書經眼録・法政》

《美國民政考》二卷。文明書局洋裝本，一冊。美勃拉斯著，章宗元節譯。美爲完全民主之國，其憲法大致取法於英而去其不合於己者。其宗旨重在立法、行政、司法三部互相牽制，不使三者之一壓乎二者之上，蓋深懲於英之議院獨攬大權之弊也。自開闢殖民地以來，歷年積成條例，根柢甚深。其新創，不過數條。皆屢經全國政黨審定。原本二大冊，甚爲繁重，擇要譯爲二卷。一曰合衆國家，凡二十四章，論美全國政法之制度。二曰列邦國家，凡十二章，論列邦自治之規模。條理明審，亦講求美國憲法者所宜讀也。卷中插美國四十五邦圖一幅，卷末附美國歷任總統姓氏及在位年期表，及一十三邦簽署憲法三年表，亦足備考核。

楊復等《浙江藏書樓乙編書目・政治》

《美國民政考》一冊。美國勃拉斯著，烏程章宗元譯。文明書局鉛印本。

美國會議條約

楊復等《浙江藏書樓乙編書目·法律》　《美國會議條約》二册。美國科興氏著，錢塘戴克敦譯。武林印刷所鉛印本。

美國治法要略

廣學會編《廣學會譯著新書總目·政學》　《美國治法要略》。欲知美國之治法，先明美國之所以成立。蓋美國者，合各邦而成全國，故謂之合衆國也。始於家，終於國，而大都權輿於學。一册。價洋三角五分。

振新金鑒

廣學會編《廣學會譯著新書總目·史類》　《振新金鑒》。論坎拿大新地如何開闢隆盛，今日之時勢大有關係。季理斐先生鑒定，任申甫君譯。計三本，四百八十八篇。價洋八角。

外交部

論述

梁啓超《西學書目表附録・讀西學書法》 西國公法家言，皆布衣下士持空理以著書。講之既久，執政者漸因用之，頗有成《春秋》而亂賊懼之意。然所据者多羅馬及近世舊案，非能悉由公理；又必彼此兩國文野文謂文明之國，野謂野蠻之國。之軌相近，強弱之度相等，乃能用之。否則徒爲空言而已。然近數十年間，因此而免於戰事者，已無慮百十事，則公法家之息兵會，與有力焉。中國與西人交涉日繁，苟明此學者漸多，則折衝尊俎，其弭患無形者，必不少也。

沈桐生《東西學書録總叙・交涉學》 交涉之學尚矣。按《周禮》行人一職，掌邦交之事。其他如懷方氏、合方氏、形方氏，辨物立命，各有職守。又《論語・爲命》一章，自草創、討論、修飾、潤色，備記其官，慎重周詳。故春秋之世，季札、晏嬰、鄭僑、叔向諸君子，皆以修好聯盟，隱繫國家之輕重。其文采風流，照耀當時焉。可知交鄰有通，振古如兹。今環球大通，各國盟聘和戰，以及商務、界務一切交涉事宜，機牙百出。其層擽曲折，非洞悉各國政法，何以抵制應付？折衝樽俎，致安内輯外之效，則非熟悉公法約章、成案使例不可。兹首述公法交涉之源流，次述交涉考試之章程，次述使臣之職守，以資研究交涉學者之一助也。

曷言乎公法交涉之源流也？考公法初興，肇於奥都維也納之約。英吉利救邢存衛，儼然主牛耳之盟，始泐有專書，爲各國所遵守。觀書中所稱引，有虎哥、賓克舍、霍畢士、布番多、萊本尼子、格蘭、俄拉費、發耳、得海付達、得哩十數人，稱爲公師，皆西國講學之士名望最高者。其學分性法公法兩端。性法者揆之於心之是非，公法者揆之於往來交接之公義，此爲西士之學最醇正者。其書始於虎哥，原名《平戰條規》，主於抑強扶弱。大旨謂各國治法，以利國爲尚；諸國同議，以公好爲趨。此乃萬國之公法。及至後來，諸家推本溯原，截然分性法、公法爲二事，遂流爲法律之學，於是各國競相遵守。凡於主權邦交，盟會權利，制律通使，戰例和議，皆以公法爲準衡焉。西人公法家，又以謂列國往來交際，合於公法者甚多。一、軍旅所至，秋毫無犯。二、兵以鼓進，敵未成列者不擊。三、無故不得興兵。四、禦彊衛弱，恆謂之義。五、諸侯不得擅滅人國，以棄先王之命。六、局外之國，亦儼有權利之可守。此數端者，爲春秋古世公法，與近泰西相合。即雖弱爲比附，亦足見公法公理，古今中外，固無歧異也。至各國交涉案件，則各國公法交涉論中所列成案，可資考鏡。兹擇其尤要者略述之。一、修好弭爭之約。如順治三年，日耳曼、西班牙、英、法、荷、葡戰爭不已，乃於威斯達地方，公立修好之約。又康熙五十二年，於烏德勒支地方立約，敉定西班牙。又同治五年，普、奥二國於潑雷格地方立約，彼此永弭爭端。此修好弭爭之約之最要者。一、公約。如嘉慶十九、二十年，各國因拏破崙窮兵黷武，流之愛力巴島，乃於法京巴黎、奥京維也納及愛克斯排耳地方，訂定公約，以保太平之局。此公約之最要者。一、局外之約。如乾隆三十年，俄人見各國偶有戰事，必有局外之邦或明攻，或暗助，乃於法國京城立兩國互有戰爭，別國各守局外之例，至今遂爲公法成案。此局外之約之最要者。一、認自主之國之約。如順治五年，日耳曼應允瑞士爲自主國。又康熙七年，西班牙應允葡萄牙爲自主之國。又乾隆四十七年，英、美立約，許美爲自主之國。又道光十一年，南北荷蘭相攻，南荷蘭改爲比利時，立自主國。又光緒四年，各國大會柏林，公立瓦喇加、馬喇達二邦爲羅馬尼亞國。又光緒十六年，各國認巴西爲民主國。廿一年，西班牙認古巴爲自主國。此認自主之國之約之最要者。一、界約。如乾隆四十八年，英、法、荷、西四國於佛賽勒地方立約，以定美洲、非洲屬地，分畫界限，毋相侵越。又道光二十二年，英、美於華盛頓京城訂畫屬境界限，以杜爭端。又咸豐六年，英、法、土戰勝俄國，與俄畫定土耳其黑海之界。又咸豐七年，各國於蘇士利畫定意大利交界之事。又光緒二十年，英、俄始定巴馬界約。此界約之最要者。一、購地之約。如道光二十八年，美以洋銀一千五百萬，購墨西哥之德撒勒與新墨西哥及上嘉釐豐尼亞各地。此購地之約之最要者。一、許別國行駛兵船之約。如嘉慶十八年，波斯應允俄國在司邊海行駛兵船。又咸豐四年，英、法諸國議定黑海除兵船外，爲各國商船所公同往來。此兵船不得任意行駛之最要者。以上所據成案，不及千中之一，然交涉公法之原，可以略

見梗概。此公法與交涉之源流也。

曷言乎交涉之考試章程也？按西國交涉之學，業有專門，故銜使命者，類皆通曉律法，精研政俗。百年來以交涉名家者，若意之加孚爾，普之畢士馬，俄之高且加弗，英之巴末司東，奧之代墨直客，日本之伊藤博文，皆由學堂進身，故能操縱自如。至其掄選使才之法，須由考試。案法國新章，其條目約分六種：一曰國制，論歐、美二洲之治體，與其定律、行律、守律之權，並法國各部條例與內外衙門詳札事件。二曰公法源流，論公法家門戶分別之理。三曰公法新論，論講約、立約、准約、守約、廢約、續約之權。約有和好、連好之辨，有遺助作保並居局外之不同，有讓地、劃界、河利及賠款、關提、錢幣、驛鈐、郵電、鐵道、關卡、商船往來、刷印書籍傳奇等事，各因所約而殊者也。論外國人民之律，有戶籍婚嫁之條，有兩國官民彼此控告之式。論列國戰局，有務守局外與排解兩敵之條，有期會、公會及商辦等會之式。論海疆事宜，有捕魚界限，有商船旗幟、兵船權利，以及查艙販禁之例，有巡海封口、追還海船、捕逐海盜，以及禁販黑奴之款。論出使與領事，有奉使之權利，有使員之例章，有使署與領事交涉之儀注，有使署與領事署內所造卷冊、報銷帳目、領俸之格式。又駐劄東方領事，兼有審案之權之論。四曰交涉紀略，上自范斯法尼，下至普法交戰，屬辭比事，詳論其得失。五曰商務，論商政之因革與關榷之稅制，而稅制有通行與訂約之殊。稽查進出口貨，其稅則有估價與按物抽征之別，其估價有官價與市價之異。凡進口貨，以原貨外運者，有躉船、總棧之制。以之成器物外運者，有存稅暫交之別。論商民船隻，有為保護商民起見者，則大開口岸，任人出入，交爭貨利，而舵工有短僱、長僱之傭值，關制有橫征豁免之利弊。凡此者皆隸焉。六曰輿圖物產，論各國之經界，川河之源委，山谷之形勢，稽戶口，查兵額，辨鎮守通商之埠，考兵舶商船之數。論運載之利，有鐵道，有輪舟，有船塢總棧，以便海航。有電綫、郵船，以通消息。再各國郵船公司、鐵道公司，有官幫私設之殊。論各國土地物產，於機器廠、煤礦廠，尤當加意。論錢幣，有各國錢法之不一，並尚論各國度支之源由，借款之永暫，及國債券票□行之通塞。凡此種種，必曲暢旁通，始能應考。其緐難瑣屑，非專心致志不能，執是以求，庶無遺憾矣。此所謂交涉考試之章程也。

曷言乎使臣之職守也？按通使之學，關係最鉅。其總任者為使臣，至參贊、隨員，則使臣之羽翼也。凡呈國書，赴讌會，必也不卑不抗，攝以威儀，善於應對，泛應曲當，無不如志，斯為稱職，然猶其淺者也。西國有《星軺指掌》一書，蕉抽繭剝，誼例森呈。其總論所臚須知八節，尤交涉精要之義。一、須知天然公法，其理係通行萬國，而彼此交際之道，皆以此為準。二、須知各國通例，有出於條約明文者，有出於從俗通行者。三、須知西洋諸大國律例。四、須知各國歷代史記。其尤要者，係所載交戰議和以及近代所定條約。五、須知各國大勢，何國志在侵吞兼併，何國志在均勢守成，何國志在合盟自固。六、須知《富國策》內載貨物何以生產，何以銷售，何以散聚。七、須知各國風土人情，以及戶口、水陸兵額、地丁租稅等項。八、須知各項公文程式。夫而後情形洞悉，智慮周詳，駕輕就熟，鮮有敗事矣。此所謂使臣之職守也。綜此三端，而交涉之道可知矣。夫日本，一島國耳。自維新以來，派大臣往歐州學習交涉，遂乃改約定制。美國首歸其賠償之款，英、法諸國亦允其入公法，踔厲發皇，國權浸振。若考中西交涉，數十年來，惟曾惠敏與俄爭伊犂一案，得易奈約。及薛星使爭立新加坡領事，堅忍不拔，卒轉圜於約章之外。此二者差強人意，其餘彼則着着爭先，我則事事落後。揆之情理，豈可謂平？請即以公法質之。公法謂自主之國，無論國勢大小，皆平行，則不得干預內政可知。又謂於他國主權，貿易征稅，人民權利，內治安泰，有所妨礙不得行，則不得侵佔利權可知。乃觀中外和約條款，大都不遵公法。查英約第五十四款云：「倘若今後他國別有潤及之處，英國無不可同獲其美。」於是「利益均霑」之說，載在約章。一國有所要挾，各國皆思分肥，此交涉之受困者一。又按歐州通律，長江內河，外船不得駛行。如美國之密西昔比江，土著獨擅輪帆之利，他國不准通行。中西立約，准洋船駛入長江。近又開埠內河，實為公法所未有。又西國通商稅則，並無一定之規，而與中國通商，只准值百抽五。華商若運貨出洋，則又加徵貨稅，重納船鈔，如和衆輪船之虧折是矣。此交涉之受困者二。不但此也，照公法，貢賦屬國各有坿庸，不得侵佔其土地也。兩國興戎，各守局外，不得私濟軍火也。兩國匪徒，天下共惡，不得為逋逃藪也。兵船進口，各有限制，不得連檣駛入也。凡此皆萬國公法所宜均行，而於中國則往往異是。且自洋人於內地通商、傳教、游歷以來，如殺傷鬬毆，焚燬搶劫，拐販債務，招工碰船諸案，所在蠭起。辦理諸臣或則習於畏葸，或則

從事鹵莽，上貽廟堂之憂，下激愚氓之憤。欲其操縱剛柔，曲中竅要，往往難之。則以未能權衡於國勢民情，而亦由熟悉交涉學者之鮮其人也。噫！今日之事變亟矣。若再敷衍顢頇，忍辱含垢，則太阿倒持，授人以柄，淵魚叢雀，幾兆已形，其流弊伊胡底止？此有心人所爲太息流涕而不能已也。無以，則惟有於交涉之學，援古證今，折衷至當；於交涉之事，據理爭執，力圖補救。將來改約加稅，漸使就我範圍，則國家億萬年之福，而亦蒼生數百兆之慶也。不禁翹首拭目以俟之。述交涉學。

綜述

外交理論分部

星軺指掌

梁啓超《西學書目表・法律》 《星軺指掌》。丁韙良、聯芳、慶常。同文館本。四本。一兩。

又《附録・讀西學書法》 《星軺指掌》言使臣之職掌及派使、待使之道，條理粲然，亦章程類之書也。惟原書上編言法程，下編言成案，今僅譯上編耳。

顧述廬《通學書籍考・法律類》 《星軺指掌》五卷，附續卷。同文館本。布國馬爾頓著，歐州葛福根註，滿州聯芳、慶常同譯。

丁仁《八千卷樓書目・地理類》 《星軺指掌》四卷。國朝聯芳、慶常同譯。活字本。

趙惟熙《西學書目答問・政學・法學》 《星軺指掌》。四册。英馬爾頓著，美丁韙良譯。同文館本。是書言遣使、待使之道及使臣應盡之職，有志使學者不可不讀。原本上、下二篇，此譯僅上篇耳。

徐維則等《增版東西學書録・交涉》 《星軺指掌》四卷附續一卷。光緒二年同文館本，四册。《西學大成》本。上海排印本。布馬爾頓著，歐洲葛福根注，聯芳、慶常同譯。此亦章程類之書，言使臣分内職掌及派使規則，待使禮法，皆具於中，惜僅譯上編。葛氏所注，或引成案，或載條例，或辨異同，足以補原書所未備。《續》卷爲《美國領事則例》，後幷附公文程式。

徐樹蘭《古越藏書樓書目・政部・外交》 《星軺指掌》四卷續一卷。布馬爾頓。歐洲葛福根注。聯芳、慶常同譯。排印本。

楊復等《浙江藏書樓乙編書目・雜誌》 《星軺指掌》四册。聯芳、慶常同譯。鉛印本。

公使指南

梁啓超《西學書目表・近譯未印各書》 《公使指南》。蔡錫齡。製造局。六本。未印。

通使條例

顧述廬《通學書籍考・法律類》 《通使條例》。荷蘭越克弗著。是書成於一千六百七十八九年間。

人種交涉論衡

《上海格致書院藏書樓書目・東西學書・交涉》 《人種交涉論衡》。英白來思。丁維，蔡爾康。一本。商務書館活印本。

廣學會編《廣學會譯著新書總目・雜著》 《人種交涉論衡》。英白來思著，華蔡爾康述。一册。價洋六分。

邦交提要

《上海格致書院藏書樓書目・東西學書・交涉》　《邦交提要》。四本。活印本。

廣學會編《廣學會譯著新書總目・政學》　《邦交提要》。丁韙良先生在湖北仕學院講習時著此書，堪備外交之用。一本。價洋四角五分。

西禮須知

徐維則等《增版東西學書録・學校》　《西禮須知》一卷《戒禮須知》一卷。格致書室刊本，二册。英傅蘭雅輯。中西之風俗不同，其禮儀亦異。邇來交際日緐，不得不講求於此。是書所載，僅言其大端，宜與袁氏《出洋須知》、蔡氏《出使須知》參看。

徐樹蘭《古越藏書樓書目・政部・外交》　《西禮須知》一卷。英傅蘭雅。光緒十二年刻本。

廣學會編《廣學會譯著新書總目・雜著》　《西禮須知》。《禮》云入國而問禁，入境而問俗，入門而問諱。又云禮從宜，祀從俗。可見禮也者，隨處而各異，因時以制宜。何況中西之攸殊，而遠至於數萬里以外哉？惟是先王制禮，本乎人情。其繁簡疏密之間，具有深意，恐其相狎也。以禮莊之，恐其相暌也。一冊。價洋八分。

泰西禮俗新編

《上海格致書院藏書樓書目・東西學書・政治》　《泰西禮俗新編》。日本司達康氏。劉式訓。一本。中新書社活印本。

戒禮須知

廣學會編《廣學會譯著新書總目・雜著》　《戒禮須知》。此編皆人情物理，體貼入微。循是以行，又何有於干咎蹈愆？繩趨尺步之君子，即基於此矣。視之則易，而爲之實難。願諸君行之焉。一本。價洋八分。

外交通義

徐維則等《增版東西學書録・交涉》　《外交通義》□卷。日本刊本。日本長岡春一著。斯書起筆於外交之觀念，而由與國際法之關係，以至外交機關之品種，列國會議之委曲，條約文之樣式，洪纖不遺。其所述公法家之學說，並所採錄。東西外交之事項，尤無遺蘊，誠有志研究斯學者所宜讀也。顧補。

通雅齋《新學書目提要・法制類》　《外交通義》。日本東京譯書匯編社本。《外交通義》分爲五篇，各分章節，日本長岡春一原著，仁和錢承志譯本。于外交官之職務論列詳明，凡使外國者其權之所在與其限之所立分劃昭然，多引各國通例金鑑所垂法語名言，每通于立國之理，如首篇第三、四章言國家之種類及其權利義務諸條，又不獨交際之事爲然矣。其論使臣授受拒絕之事，羅列故事而比較之，所述各條于我邦近事多可援据者，官中視之可爲鴻寶。中國派遣使臣未嘗定有規則，何者爲應盡、何者爲當戒，自敕書數語以外更無明文，或以僨事見譏，甚乃貽人齒冷，典章未悉，無責其然，是書之譯固有裨于使命也。

徐樹蘭《古越藏書樓書目・政部・外交》　《外交通義》一卷。日本長岡春一。《譯書彙編》本。

楊復等《浙江藏書樓乙編書目・法律》　《外交通義》一册。日本長岡春一著，錢承鋕譯。日本東京鉛印本。

萬國公法

梁啓超《西學書目表・法律》 《萬國公法》。丁韙良。同文館本。四本。一元五角。

又《附録・讀西學書法》 同文館教習丁韙良，公法專家，故館譯多法學之書。然西人治公法有聲於時者，無慮數十百家。丁譯之《萬國公法》，非大備之書也。

顧述廬《通學書籍考・法律類》 《萬國公法》四卷。同文館本，石印本。美惠頓撰，丁韙良譯。惠頓死，其子孫將刊行之，恐其語焉而不詳也，延儒士羅恩斯註釋之，迨一千八百六十三年書成。

丁仁《八千卷樓書目・政書類》 《萬國公法》四卷。英丁韙良撰。日本刊本。

趙惟熙《西學書目答問・政學・法學》 《萬國公法》。四冊。美頓惠撰，美丁韙良譯。同文館本。韙良爲公法專家，故譯筆獨優，然此本亦不甚詳備。

徐維則等《增版東西學書録・交涉》 《萬國公法》四卷。同文館本，四冊。石印本。《西學大成》本。美惠頓著，羅恩斯注釋，美丁韙良譯。卷一釋義明源，卷二論諸國自然之權，卷三論平時往來，卷四論交戰書。成於一千八百六十三年，其後多有增修。案西國講公法學者，無慮數十百家，然皆持空理立說。專其學者，名爲公師，和戰與奪，決其一言，其權在王法之上。是本多据羅馬及近時舊案，未能悉本公理，而所採又未全備。安得明斯學者，考求近年各國辦理之成案，取其合於公理者，一一輯注，彙爲一編，庶中土辦理交涉，得其旨要矣。東亞書局譯有《平權自由新義》，未出。

徐樹蘭《古越藏書樓書目・政部・外交》 《萬國公法》四卷。美惠頓。美丁韙良譯。新學書會石印本。

《上海格致書院藏書樓書目・東西學書・法律》 《萬國公法》。美丁韙良。活印本。

廣學會編《廣學會譯著新書總目・律法》 《萬國公法》。一部。價洋一元。

公法千章

梁啓超《西學書目表・近譯未印各書》 《公法千章》。丁韙良、金楷理。同文館。未印。

顧述廬《通學書籍考・法律類》 《公法千章》。德步倫著，美丁韙良譯。

公法便覽

梁啓超《西學書目表・法律》 《公法便覽》。丁韙良。同文館本。六本。一元二角。

顧述廬《通學書籍考・法律類》 《公法便覽》四卷，附續卷二卷。同文館本。美吳爾璽著，美丁韙良譯。是書所論公而且直，既不狥本國之私，亦不憚斥本國之謬。其續卷《條約考略》，亦包括三百餘年之史乘云。

趙惟熙《西學書目答問・政學・法學》 《公法便覽》。六冊。美丁韙良譯。同文館本。

徐維則等《增版東西學書録・交涉》 《公法便覽》四卷，續一卷。光緒三年同文館本，六冊。上海排印本。美吳爾璽著，美丁韙良、汪鳳藻、鳳儀、左秉隆、德明同譯。此書較惠氏《萬國公法》更爲周密。例有未達者，歷引泰西史乘及近今案牘，以發明之。復經數手精心筆述，故其文義簡顯，非同惠書之佶屈。《續》上卷載歐洲各國三百年來所立條約，下卷名爲《證義》，蓋旁引他書，以補正本書之闕漏。二者皆不可少。然繙譯公法書，一字之殊，情節大異。學者當合諸書參考之，則得矣。

徐樹蘭《古越藏書樓書目・政部・外交》 《公法便覽》四卷，續一卷。美英爾璽。美丁韙良與汪鳳藻、鳳儀、左秉隆、德明同譯。上海排印本。

《上海格致書院藏書樓書目・東西學書・法律》 《公法便覽》。美丁韙良。四卷附續一卷。六本。鉛印本。

楊復等《浙江藏書樓乙編書目・法律》 《公法便覽》六冊。丁韙良譯。鉛印本。

劉錦藻《清續文獻通考・經籍考・法家》 《公法便覽》四卷續二卷。丁韙良、汪鳳藻等譯述。鳳藻字芝房，江蘇元和人。光緒癸未進士，官至翰林院侍讀。臣謹按，是書爲美吳爾璽著，經數人精心筆述，故文義簡顯。其所徵引，亦足以旁通而發揮之。

公法會通

梁啓超《西學書目表・法律》 《公法會通》。丁韙良。同文館本。五本。一元。

顧述廬《通學書籍考・法律類》 《公法會通》。十卷。同文館本。美丁韙良輯。首訟公法源流，二論代國而行，三、四論轄地轄人之權，五論條約，六論邦國啓釁，七、八論交戰時事，九論局外權責，十載行軍訓戒。視韙良先譯《萬國公法》，明絜過之。

趙惟熙《西學書目答問・政學・法學》 《公法會通》。五冊。美丁韙良譯。同文館本。

徐維則等《增版東西學書録・交涉》 《公法會通》十卷。同文館本，五冊。東洋印本，五冊。德步倫著，美丁韙良譯。首論公法源流，二論代國而行，三、四論轄地轄人之權，五論條約，六論邦國啓釁，七、八論交戰時事，九論局外權責，十載行軍訓誡。即事明義，絕無偏倚。丁氏復加注釋，較《萬國公法》更爲明絜也。

徐樹蘭《古越藏書樓書目・政部・外交》 《公法會通》十卷。德步倫。美丁韙良譯。光緒二十五年美華書館排印本。

楊復等《浙江藏書樓乙編書目・法律》 《公法會通》五冊。丁韙良著。鉛印本。

廣學會編《廣學會譯著新書總目・律法》 《公法會通》。一本。價洋六角。

公法新編

《上海格致書院藏書樓書目・東西學書・法律》 《公法新編》。美丁韙良。四卷。二本。活印本。

廣學會編《廣學會譯著新書總目・律法》 《公法新編》。美國丁韙良編譯。共四卷。第一卷爲公法綱領，第二卷平時公例，第三卷爲戰時公例，第四卷爲局外公例。體例完備，爲外交家祕寶，業經外交部抄呈核用。二冊。價洋六角。

各國交涉公法論

梁啓超《西學書目表・法律》 《各國交涉公法論》。傅蘭雅、俞世爵、李鳳苞。製造局本。十六本。二千八百。

又《附録・讀西學書法》 局譯《各國交涉公法論》，分三集，爲書十六本，視館譯爲優矣。聞李丹崖譯有公法書，甚詳備，未印出。

劉錦藻《清續文獻通考・經籍考・法家》 《各國交涉公法論》十六卷。傅蘭雅、俞世爵等譯述。臣謹案，是書爲英費利摩羅巴德著。大率以羅馬律法爲根據，復彙集各國成案，於和戰條例頗稱該備。

趙惟熙《西學書目答問・政學・法學》 《各國交涉公法論》初集四卷，二集四卷，三集八卷，附校勘記一卷，共訂十六冊。英費利摩羅巴德撰，英傅蘭雅譯，俞世爵述。製造局本。是書多載近三十年各國交涉之案，較爲詳備，可資考證。

徐維則等《增版東西學書録・交涉》 《各國交涉公法論》十六卷，附《校勘記》、《中西紀年》。製造局本，十六冊。《富強叢書》本。光緒丙申上海石印本。英費利摩羅巴德著，英傅蘭雅譯，俞世爵、李鳳苞述。分爲三集。大抵以羅馬律法爲根據，復彙集成案而成。於和戰條例，尤爲詳備，較丁譯各書爲優矣。性法、公法，本分二端。言性法之書，譯本頗少，於此可見崖略。東亞書局譯有《萬國交涉新公法》未出。

徐樹蘭《古越藏書樓書目・政部・外交》

《各國交涉公法論初集》四卷，《二集》四卷，《三集》八卷。英費利摩羅巴德。英傅蘭雅譯，俞世爵、李鳳苞述。製造局本，《富强叢書》本。

《上海格致書院藏書樓書目・東西學書・法律》

《各國交涉公法論》。英費利摩羅巴德。英傅蘭雅，太倉俞世爵。十六卷。三十二本。製造局本。

楊復等《浙江藏書樓乙編書目・法律》

《各國交涉公法論》十六册。英國費利摩羅巴德著，英國傅蘭雅譯，太倉俞世爵述。商務書舘鉛印本。

陳洙《江南製造局譯書提要・交涉》

《交涉公法論初集》四卷。英國費利摩羅巴德撰，傅蘭雅口譯，太倉俞世爵筆述，六合汪振聲校正，吳縣錢國祥覆校。凡三十八章。一、引。一、叙列各項次第。一、各國交涉公法之原。一、自然之理。一、各國公是之理。一、各國交涉公法所由始。一、著公法書之人。一、總論交涉公法之原。一、各國無分高卑不能有公法。一、公法爲各國而設解釋國字之義。一、國有數等之分。一、數邦聯合爲一會。一、日耳曼國會。一、美利堅合衆國。一、國之滅亡。一、國之改變。一、交涉公法相關之事。一、國能自主所當得之事并相等各國交涉之有所當得者。一、各國可任行其政。一、各國能自主其界内之物産。一、國産及河道。一、窄海與大洋之分别。一、窄海即海峽。一、海有可屬於一國管理者。一、中亞墨利加在大西洋太平洋中間之隙地。一、自行保護之理。一、各國可與通商之地。一、得新地之理。一、年久收用之地。一、授受土地之理。一、分所當得之理。一、棄地之理。一、收買奴僕并販賣奴僕。一、管理人物之權。一、在本國界外可以管理人物。一、管理海盜。一、寄居之别國人應准該國之請送其回國。一、干預别國之事。

《各國交涉公法二集》四卷。撰人及譯述人與《初集》同，凡三十七章。一、本國相等之國有理所當得之事。一、凡國能保護在他國寄居之民。一、自主之國寄居他國之民被其欠債能令償還。一、凡國認他國爲自主之國。一、自主之國别國應以禮貌相待。一、和約。一、互守和約之法。一、解釋和約之字義。一、和約彼此矛盾。一、國王有分所當得者。一、收派公使之源流。一、可以接收公使之理。一、相待公使有等差之理。一、羅馬國收派公使之法。一、不可加害公使之界限。一、公使犯有害於衆人之罪。一、公使不能爲所到之國審問。一、公使及派往辦理公事之員。一、公使受國王之命令。一、公使到駐國覲見之事。一、領事官之源流。一、近來駐於奉西教各國之領事官。一、領事官之本分與權柄。一、各國内審問堂審問領事官事件之案。一、駐於地中海東邊各處并駐中國之領事官。一、教與國政之相關。一、凡國可在其界内管理各教及教師。一、天主教王之權柄及自稱之品分日漸廣大。一、教門律法及教王所頒諭書有不合公法之處。一、天主教王從頒教會律法時起至多令得設總會時止交涉各案。一、多令得立總教公會時所有與交涉相關之事。一、教王與奉教之國所有交涉事並剛各達和約之源流。一、教王與耶穌教會各國交涉之事。一、教王與奉别教各國交涉之事。一、選舉教王及教王之臣與各國交涉之處。一、土耳其京都東羅馬教總監督及希臘王家教會與英國教會之相關。

《各國交涉公法三集》八卷。撰人及譯述人與《初》、《二集》同，附校勘記并中西紀年，凡三十章。一、交涉事内可起釁端。一、取質之理。一、暫行扣留抵押。一、交戰。一、交戰不必報明之理。一、交戰改變各國之相關。一、誰可任交戰之事。一、交戰時彼此交涉之事。一、局外之國及局外應守之事。一、局外之國分所當得當爲之事及敵國人之産業。一、戰時英國海濱及各屬地之通商貿易又論一千七百五十六年所設之章程。一、私貨。一、封口。一、交戰國查驗船之利權。一、拏獲之利權并拏獲者之本分。一、無國家准拏憑據而拏船又數船合拏一船又轉運副船去拏一船。一、善後之利權拏回與贖回之事。一、審理緝獲敵船之公堂應辦事宜。一、各國設立審問拏獲敵國船案公堂之法。一、審問拏獲敵國船案衙門所憑之理法綱領。一、審問堂辦理船案條目。一、停戰議和之法。一、未戰以前之條約於議和後應如何辦理。一、兩國停戰議和所有民國往來事宜當遵何法何限並於何處規復舊制以示限制。一、交涉公法料理得勝而爲主者與當時爲主者管理無形無體之物之理。一、征收地方之主及實位君主之權力於不隨身之物件。一、黑辛喀色耳邦被人所欠之債及地方被拿没入充公一案。一、生擒之人回本國後得回從前一切之利權並英國律憲所斷定之案。一、利權私業被敵所取未經没入一經收復其情形與未失之前相同。一、已經失和之辦法并總結之説。

公法總論

梁啓超《西學書目表・法律》　《公法總論》。傅蘭雅、汪振聲。製造局本。一本。九十。

顧述廬《通學書籍考・法律類》　《公法總論》一卷。製造局本，《西政叢書》本，《富強叢書》本。英羅柏村著，六合汪振聲、英傅蘭雅同譯。爲論十八，雖未詳舉各國成案，而地球所以應有公法之理，可知大概。

趙惟熙《西學書目答問・政學・法學》　《公法總論》。一册。英羅柏村撰，英傅蘭雅譯，汪振聲述。製造局本。公法之學，濫觴於明末。時有荷蘭人虎哥者，以布衣操清議之權，立説著書，借彰公道。其學分性法、公法兩端。性法者，内度於一心之是非，所謂公理也。公法者，外揆於各國之交際，所謂公義也。原書名《平戰條規》意主抑強扶弱，以息爭競。推所言多以自利其國爲宗旨，正如宋牼一流人物，然近數十年來，此學大盛，因此而免於戰禍者亦不勝指屈，故爲交涉至要之書。惜譯本無多，僅就流傳者著之。

徐維則等《增版東西學書録・交涉》　《公法總論》一卷。製造局本，一册。《富強叢書》本。《軍政全書》本。《西政叢書》本。英羅伯村著，英傅蘭雅、汪振聲同譯。公法有二事，一爲一定有界限之公法，一爲各國現行相待之公法。此《總論》不過將各國常用之法，挈其要領，凡交涉之成案，不及備載。其末篇歸，重講公法，以息爭端，乃仁人君子之用心。學者苦諸公法書繁重，得此足爲綱領。同文館印有德步倫著、美丁韙良、金楷理譯《公法千章》，未出。

徐樹蘭《古越藏書樓書目・政部・外交》　《公法總論》一卷。英羅伯村。英傅蘭雅譯，汪振聲述。製造局本。《西政叢書》本。

《上海格致書院藏書樓書目・東西學書・法律》　《公法總論》。英羅伯村。英傅蘭雅，六合汪振聲。一卷。一本。鉛印本。

楊復等《浙江藏書樓乙編書目・法律》　《公法總論》一册。英國羅柏村著，英國傅蘭雅譯，六合汪振聲譯。製造局本。

陳洙《江南製造局譯書提要・交涉》　《公法總論》一卷。英國羅柏村撰，傅蘭雅口譯，六合汪振聲筆述。泰西講公法者，數百千家。驟觀其書，若涉大川，茫無涯涘。是書取各國常用公法，悉心論斷。雖條目及交涉成案未及備載，而挈領提綱，删繁就簡，讀者可以明邦交之大略矣。公法之源流；公法之大綱；古今公法之沿革；公法與便法攸分；分別自主與不自主之國；預聞別國之事；平權之理；自主國相待爲平等；新得地與定交界法；待使臣法；使臣分三等；立和約；戰時公法；評理免戰法；交戰章程；局外國應守之例；待野人法；會議公法以息兵爭。

廣學會編《廣學會譯著新書總目・律法》　《公法總論》。一本。價洋一角三分。

劉錦藻《清續文獻通考・經籍考・法家》　《公法總論》一卷。傅蘭雅、汪振聲譯述。臣謹案，是書爲英羅伯村著。末篇歸重議公法以息爭端，乃仁人君子之用心。學者苦諸公法書繁重，得此足以爲綱領矣。

邦國通法義

顧述廬《通學書籍考・法律類》　《邦國通法義》。英國阿斯富學院教習蘇志著。是書成於一千六百五十年。

公法釋疑

顧述廬《通學書籍考・法律類》　《公法釋疑》。荷蘭賓克耳著。是書成於一千七百二三十年間。

公法源流考

顧述廬《通學書籍考・法律類》　《公法源流考》。英華洛伯著。是書成於一千七百九十五年。自古起，至葛氏而止。

公法源流考

顧述廬《通學書籍考·法律類》　《公法源流考》。美惠頓著。是書成於一千八百三四十年間。

公法九章

顧述廬《通學書籍考·法律類》　《公法九章》。美干德著。是書成於一千八百二三十年間。

公法條例

顧述廬《通學書籍考·法律類》　《公法條例》。英懷爾曼著。是書成於一千八百二十九年。

公法講義

顧述廬《通學書籍考·法律類》　《公法講義》。英曼寧著。是書成於一千八百三十九年，專主論海戰。

通融公法

顧述廬《通學書籍考·法律類》　《通融公法》。美思多利著。是書成於一千八百三四十年間。

通融公法

顧述廬《通學書籍考·法律類》　《通融公法》。法斐里斯著。是書成於一千八百四十三年。

公法探源

徐維則等《增版東西學書録·交涉》　《公法探源》一卷。《嶺學報》本。德維廉奚夫特著，嶺學報館譯。是書經八易稿，至篤打軒利基夫根而書始成。其中發明引伸，頗爲該博。取而讀之，或亦言交涉之一助也。顧補。

國際公法志

通雅齋《新學書目提要·法制類》　《國際公法志》。上海廣智書局本。《國際公法志》一卷，分爲五章，邵陽蔡鍔著，原題上卷，則固未成之書，當尚有屬稿而未刊者也。按「國際」二字爲日本學者所定之稱，蓋謂國所以爲國之理，其範圍之域似不僅公法一端，而一國自立因與他國相交則公法之用遂廣，凡所以自保其權而不侵他人之權、自盡其職而不使他人代其職，皆所謂國際之義也。此篇于國權所在與國體所關二者論列甚備，所據諸説并引成例，皆足以發明已説，是深有得于此學者矣。惜是篇之作本爲中國治公法者言之，而他日在外交者必將有所擇于此，而于中國故事以及今時情形未能申引而并論之，以資對鑑之用，此則書之遺憾，未知續篇之作其體又何如耳。

顧燮光《譯書經眼録·交涉》　《國際公法志》上卷。廣智書局排印本，一冊。蔡諤譯。書凡五章。首列總論，則論國際公法與歷史之關係，公法與私法之差別。第一章曰邦國獨立權及互相保持之責，二曰處置國財國產法，

三曰邦國之權利及義務，四曰外交上之禮儀，五曰邦國互市之權利及義務。條分縷晰，備極周詳。間引西事，以證公法，尤便考求。惜所編譯，僅成上卷，專言平時國際公法，戰例無聞焉。然其第一章言法普之役，普欲假道比利時以攻法，比以中立，不允所請，德無如何，可徵中立之權限。日俄之戰，以東三省爲戰地，其蔑公法甚矣。

《上海格致書院藏書樓書目·東西學書·法律》 《國際公法志》。邵陽蔡諤。一本。廣智書局活印本。

楊復等《浙江藏書樓乙編書目·法律》 《國際公法志》一冊。邵陽蔡鍔譯。廣智書局鉛印本。

國際法學

楊復等《浙江藏書樓乙編書目·法律》 《國際法學》一冊。吳縣汪郁年譯。蒙學報館鉛印本。

萬國公法要略

廣學會編《廣學會譯著新書總目·律法》 《萬國公法要略》。英國勞麟賜之原本，林樂知譯，蔡子茀述。第一卷開宗明議，第二卷承平規制，第三卷交戰機宜，第四卷局外交涉。一本。價洋三角。

國際公法總論

徐維則等《增版東西學書録·交涉》 《國際公法總論》□卷。《東亞報》本。日本角谷大三郎譯。從最近世國際公法譯出。國際公法者，非法律也，無一定裁制，無一定法廷，又無一定立法，要以保本國權力，不使外人干預爲主腦。雖強國不能出其範圍，謂之地球和平之具，誰曰不宜？顧補。

國際公法之主體

徐維則等《增版東西學書録·交涉》 《國際公法之主體》一卷。《東亞報》本。日本角谷大三郎譯。以國家承認他國，不可不加慎重，以免張亂黨之燄，殊有至理。所言領海、公海，以潮退落之時，自三海里，約縮得之，可爲主權所及之地，亦係確論。顧補。

萬國公法要領

顧燮光《譯書經眼録·交涉》 《萬國公法要領》二卷。譯書彙編社《政治叢書》第七編洋裝本，一冊。日本治崎甚三著，袁飛譯。公法以四種原質而成，其準繩本諸人性，故雖有性法、學說、習慣、條約四類，然天然公理，按以國際成例，故無敢越厥志也。本書分爲二編。一曰平時之部，凡十八欵、七十七條，分論公法關係於邦國民人之權限。一曰戰時之部，凡二十一欵，九十條，論戰爭時對於敵人及局外中立之權力義務。綱舉目張，甚有至理。雖著墨不多，頗足以資考證焉。

國際公法精義

顧燮光《譯書經眼録·交涉》 《國際公法精義》一卷。《閩學會叢書》本。林棨譯。中國開闢以來，垂數十年，交涉日棘，皆吾國人夙未講求國際公法故也。昔所譯公法各書，劣者既嫌其陳腐不適用，佳者僅羅列條文以備參考，毋惑乎？講求者之無專家也。書凡二編，上篇論國際公法之主體，下編論國際上國家之權利義務，皆本近今名家之說演譯成書。博考詳稽，折衷至當，有志外交者所宜亟讀者也。

楊復等《浙江藏書樓乙編書目·法律》 《國際公法精義》一冊。侯官

林棨譯。東京鉛印本。

各國交涉便法論

徐樹蘭《古越藏書樓書目・政部・外交》 《交涉便法論》六卷。英費利摩羅巴德。英傅蘭雅譯，錢國祥述。光緒二十四年慎記石印本。

顧燮光《譯書經眼録・交涉》 《各國交涉便法論》六卷。上海製造局大字本。《續富強叢書》本，二冊。英費利摩羅巴德著，英傅蘭雅譯，錢國祥校。是書係《各國交涉公法論》之末集，又謂之《交涉私法》。蓋公法爲國與國之事所用，而便法則土人與客民之事所用也。互市以來，商埠遍於各國，其政府皆有管轄外人之權。日本仿行西法，亦能自保主權。外人居留遊歷者，無敢越志以行。內政既立，國勢乃張。然則便法也，非今日我中國所宜急講求者乎！原書四十八章，推論詳明，頗不偏倚。合《交涉公法論》前三集參觀之，則其理乃全。

《上海格致書院藏書樓書目・東西學書・交涉》 《各國交涉便法》。三十二本。製造局本。

楊復等《浙江藏書樓乙編書目・法律》 《各國交涉便法論》六冊。英國費利摩羅巴德著，英國傅蘭雅譯。鉛印本。

陳洙《江南製造局譯書提要・交涉》 《各國交涉便法論》六卷。英國費利摩羅巴德撰，傅蘭雅口譯，吳縣錢國祥校。凡四十八章。讀《公法》者，必取此合讀之。第一章：交涉便法。第二章：此卷之綱領大旨。第三章：人所生之處。第四章：居處之律續第四章居處之解說。第五章：人能否有二居處。第六章：人可否爲無居處。第七章：各種居處。第八章：妻從夫之居處。第九章：未成人之居處。第十章：游學及瘋癲之人並奴僕之居處。第十一章：官員之居處。第十二章：自擇之居處。第十三章：分辨居處所依之憑據之第一即出世之處。第十四章：寄籍客民。第十五章：人之品級與身分所應得之益處。第十六章：居住他國律。第十七章：與身體相關之律幷人身分及人身所應得之公理。第十八章：嫁娶。第十九章：嫁娶之事與產業有相關之處。第二十章：與嫁娶有相關之襍事。第二十一章：夫妻相離在別國審問定案。第二十二章：英律料理別國夫妻之案。第二十三章：父能管子之權。第二十四章：不合法所生之子女各國如何料理。第二十五章：照料之人。第二十六章：與產相關分當得之益處。第二十七章：無形迹之公益。第二十八章：移動與不能移動之產業。第二十九章：總論分所應得之事。第三十章：分所當爲之事在羅馬律內之解說。第三十一章：羅馬國合同之理。第三十二章：英律中分當爲之事。第三十三章：分當爲之事各律法有相反處。第三十四章：分當爲之事其體與其理。第三十五章：分當爲之事其體與分論之法。第三十六章：合同解說與通商之帳。第三十七章：合同所遇之事銀價參差及賠補等情。第三十八章：立合同處與產貨處之律法幷傳授產業之保與押質。第三十九章：債戶欠錢及倒帳等事。第四十章：分當爲之事如何了結依何律法。第四十一章：商律。第四十二章：滙票。第四十三章：承業之利權。第四十四章：辦理別國人之案幷錢債人命各種律法與不能移動之產業。第四十五章：辦案律法內論本處律法與憑據口證及別國律法。第四十六章：外國斷案。第四十七章：審問地方之律法幷暫用之律與禁止之事。第四十八章：本人受害何處控告伸理。

國際私法

顧燮光《譯書經眼録・交涉》 《國際私法》一卷。李廣平譯。國與國交際，謂之國際公法；個人與他國交際，謂之國際私法。我華未明國際私法，故失治外法權，而個人交涉，又受屈辱於外人。本書指示詳悉，條理簡明。凡與外人交涉者，宜取讀焉。

國際私法

楊復等《浙江藏書樓乙編書目・法律》 《國際私法》一冊。日本太田政弘講義，日本加藤正雄講義，日本石井謹吾講義。譯書彙編社鉛印本。

論各國交付罪人

徐維則等《增版東西學書録・交涉》 《論各國交付罪人》一卷。《亞東時報》本。亞東時報館譯。國家不得踰境而行法律，出界而執罪人，此公法家之通例也。往往有甲國逋犯，來役乙國，容放交付，皆屬其當然之權，甲國不能過問。故忽其區別，不免毫釐千里之差，爲逋逃淵藪，豈立法者之本意哉？末段引千八百八十五年德、俄兩國訂立條約，千八百六十一年美利堅、墨斯古交付條約，皆有公罪、私罪之別，非務爲袒護匪黨也。謝希傳《歸槎叢刻》有《義、比交犯條約》，可以參觀。按此書係節録《萬國公法講演》一節。顧補。

局外中立

楊復等《浙江藏書樓乙編書目・法律》 《局外中立》一册。張知本譯。鉛印本。

陣地戰例新選

梁啓超《西學書目表・法律》 《陸地戰例新選》。丁韙良。同文館本。一本。五分。

趙惟熙《西學書目答問・政學・法學》 《陸地戰例新選》。一册。瑞士穆尼耶等同輯，美丁韙良譯。是書雖以「戰例」名篇，並非言攻守之事，而諄諄於遵條約，嚴紀律，以紓爭戰死傷之慘，蓋亦公法之一門也，故附於此。

徐維則等《增版東西學書録・政治法律》 《陸地戰例新選》一卷。同文館本，一册。《西政叢書》本。瑞士穆尼耶等著，美丁韙良譯。凡八十六條，皆採諸國已行及願從者，意在範圍戰爭，故不詳述戰攻之法。穆氏爲法學名家，首創此例，經會中十三人詳加評論，始梓行之。近年各國救治被傷兵弁，不分畛域者，即用其議。東亞書局譯有《海戰萬國公法》，未出。

徐樹蘭《古越藏書樓書目・政部・軍政》 《陸地戰例新選》一卷。瑞士穆尼耶等。美丁韙良譯。《西政叢書》本。

平戰例法

顧述廬《通學書籍考・法律類》 《平戰例法》。荷蘭葛羅丟著。是書成於一千六百二十五年。

歐洲公法

顧述廬《通學書籍考・法律類》 《歐洲公法》。德格呂伯著。是書成於一千八百一十九年。

歐洲當今公法

顧述廬《通學書籍考・法律類》 《歐洲當今公法》。德海弗得著。是書成於一千八百四十四年。

中國古世公法論略

梁啓超《西學書目表・法律》 《中國古世公法》。丁韙良。同文館本。一本。六分。

又《附録・讀西學書法》 《中國古世公法論略》，丁韙良得意之書。然以西人譚中國古事，大方見之，鮮不爲笑。中國當封建之世，諸國並立，

公法學之昌明，不亞於彼之希臘。若博雅君子，裒而補成之，可得巨帙也。西政之合於中國古世者多矣，又寧獨公法耶？

顧述盧《通學書籍考・法律類》 《中國古世公法論略》。同文館本，《西政叢書》本。美丁韙良撰。

趙惟熙《西學書目答問・政學・法學》 《中國古世公法論略》。一册。美丁韙良撰。同文館本。是書以公法附會中國古事，語焉不詳，存其目以待有志者之擴充。

徐維則等《增版東西學書録・交涉》 《中國古世公法論略》一卷。同文館本，一册。《西政叢書》本。美丁韙良著。雜引《公羊》、《左氏》，以見列國交際之道。例既未備，且未能動中奧竅，能依其例廣演之，則佳矣。

徐樹蘭《古越藏書樓書目・政部・外交》 《中國古世公法論略》一卷。美丁韙良。《西政叢書》本。

中國外交分部

聘盟日記

梁啓超《西學書目表・游記》 《聘盟日記》。雅蘭布。俄人。《小方壺齋》本。康熙間聘中國所記。

徐維則等《增版東西學書録・遊記》 《聘盟日記》一卷。《中西聞見録》本，小方壺齋本。俄雅蘭布著，柏齡譯。此一千六百九十二年即康熙三十年，俄特派雅蘭布至中國詳訂通商條約時所紀，詳載京都景物而已。

徐樹蘭《古越藏書樓書目・政部・外交》 《聘盟日記》一卷。俄雅蘭布。小方壺齋本。

李傅相歷聘歐美記

徐維則等《增版東西學書録・遊記》 《李傅相歷聘歐美記》二卷。廣學會印本。美林樂知輯譯西報而成。上卷紀李文忠公道出各國優待之隆，下卷採《時務》各報論中俄密約事，具體而微，無甚精意。顧補。

徐樹蘭《古越藏書樓書目・政部・外交》 《李傅相歷聘歐美記》二卷。美林樂知彙譯，蔡爾康編輯。廣學會排印本。

楊復等《浙江藏書樓乙編書目・雜誌》 《李傅相歷聘歐美記》二册。美國林樂知譯，上海蔡爾康輯。圖書集成局鉛印本。

廣學會編《廣學會譯著新書總目・史類》 《李傅相歷聘歐美記》。錄李文忠公至俄，賀加冕禮，並遊他邦，參觀各處美景及機器礮廠等事。二册。價洋三角五分。

中西關係略論

梁啓超《西學書目表・西人議論之書》 《中西關繫略論》。林樂知。製造局本。一本。三角。

趙惟熙《西學書目答問・政學・雜著》 《中西關係略論》。一册。美林樂知撰。製造局本。

徐維則等《增版東西學書録・議論》 《中西關係略論》四卷，續一卷。光緒二年印本無續。益智書會本，一册。小方壺齋本。美林樂知著。首論歐洲與中國關係緊要，及中外交接情形。次多説教事，毫無足觀。三論西域回教情形，及論中國宜招撫喀什噶爾方略。四卷以下，錄赫德威妥瑪、鏤斐迪諸人議論公牘。林氏處中土最久，借箸代籌，頗能洞中奧窔。

徐樹蘭《古越藏書樓書目・學部・東西洋縱橫家之學》 《中西關繫略論》一卷。美林樂知。小方壺齋本。

交涉要覽類編初集

顧燮光《譯書經眼録·交涉》 《交涉要覽類編初集》四卷。光緒壬寅湖北洋務譯書局本，四冊。陳鈺選，鄭貞來譯。是書係譯辛丑秋英國第六之藍皮書冊，所紀皆聯軍入京以後，英外部與駐華公使領事籌議和約、商酌之書電，凡二百三十八件。因欲讀者知交涉之命意，故附件有中文者，概不贅譯。滬上各報，擇要譯登，未及此書之全。慨自庚子亂後，泰西各國對我政策，恆違公法。索懲禍首，最急者出於和平之英加稅免釐商約，迄今未得就緒。公法條約，視強弱也，明矣。讀是書，能不懼哉？

世界政策

顧燮光《譯書經眼録·史志》 《世界政策》二卷。支那繙譯會社洋裝本。美蘭希羅原著，日本吉五源五郎譯，鍾匏塵重譯。著者爲美國挪司東大學政治學科教授。凡四十萬言，調查各國政治關係於中國者，頗爲詳備。譯者撮其大意，編譯成書。分爲上、下二卷。上曰支那之開放，凡四章，論支那社會政治特質及外人在中國所獲利益、勢力、現象、情狀。下卷曰支那開放政策之結果，凡三章，論俄人及西歐列國在東方之形勢，而終之以東西文明之會合。蓋紀列強施其帝國主義於中國之實象也。惟原書作於西曆一千九百零二年，迄今已閲數載，日俄和後，世界大勢一變。讀是書者，勿訝措辭之偏激，引以爲前車之鑒也可矣。

支那國際論

通雅齋《新學書目提要·法制類》 《支那國際論》。上海作新社本。《支那國際論》分爲四篇，法國鐵佳敦原著，桐城吳啓孫譯本。蓋庚子亂後法人著書以論我邦之事者，歷詆中國自來外交之弊而謂列國處此當行干涉之策，雖所指各條未必不合，然召亂之實外人固有以啓之，作者厚責于人而于己斯忘也。篇中引證每有強辭，如以內地徵收絲税爲不合條約之文，按此事于光緒七年迭經法人滋議，然內地各税本與通商無關，豈得牽合約文輒欲指爲失信？此則穿鑿之尤者矣。至所述中國用刑之虐，以爲同等相待之必不可行，是知舊律不改則斷不能收回領事裁判權，以歐人輿論觀之而益信也。

顧燮光《譯書經眼録·交涉》 《支那國際論》一冊。作新社洋裝本。法鐵佳敦著，作新社重譯。凡四章，曰交通，曰排外，曰背約，曰裁制。於吾國六十年外交失策，言之備切，惜措辭鄙夷我華過甚。讀者曷反躬自問，而求一雪此恥也！鐵氏爲法之國際法學家，爲日人所欽佩。此書爲其絶筆，在東譯西書中爲最新之本。講公法者，當取讀之。

楊復等《浙江藏書樓乙編書目·法律》 《支那國際論》一冊。作新社編譯。鉛印本。

花甲憶記

廣學會編《廣學會譯著新書總目·史類》 《花甲憶記》。此書乃丁韙良先生自述來華已六十載，目覩華洋外交情形，一一録之。一冊。價洋二角。

外患史

顧燮光《譯書經眼録·史志》 《外患史》一卷。時中書局《國恥叢書》洋裝本，一冊。陳崎編譯。本書以激發國民志氣爲宗旨，採輯日本各書關於中國外交者，譯輯成書。凡五章。曰交通；曰貿易；曰戰爭類事，以便索引也；曰俄羅斯；曰耶蘇教，其關係特重，別出以資詳稽也。附篇二：曰印度，怵亡象也；曰日本，策兵機也。譯者間附按語，簡明沈痛，於二百餘年來國際失敗之故，洞悉利害，誠外交界中之佳著矣。

楊復等《浙江藏書樓乙編書目・政治》　《外患史》一冊。陳崎譯。時中書局鉛印本。

支那外交表

顧燮光《譯書經眼録・交涉》　《支那外交表》一卷。附廣智書局《中國商務志》後。日本織田一著，蔣簋方譯。始順治元年，終光緒二十六年。所記甚略，備考察而已。

約章分類輯要

通雅齋《新學書目提要・法制類》　《約章分類輯要》。湖南洋務局刻本，上海石印本。《約章分類輯要》三十八卷，附系圖表，番禺蔡乃煌等編纂，蓋湖南洋務局諸員所爲。其書多列官牘，皆取其著爲成例者，以資官吏之信守。中國通商已歷六十年，地方各官有遵奉條約、援据章程之責，而國家則于舊章新約曾無一紙之頒，一旦有事而課以罰，則爲時已遲而不足以間羣僚之口，故此篇之輯，其命意所在識者將有取焉。顧湖南一隅僻在偏服，見聞既隘，咨詢爲難，分纂諸人諒多俗吏，是書之作其闕漏之譏、貽誤之柄，爲失正多，讀者尤當取其綜核之功而鑑其疏略之病也。如卷首所載各國立約年月原始表，所叙諸國國體大約從《瀛寰志略》、《海國圖志》等舊書録出，故于列邦之名多列數稱，此不過譯音之異，當時中外交通未盛，今則定名已久，何取紛歧？至云荷蘭一名紅毛，日本一名東洋，又分新舊敎爲耶蘇、天主，似不知其同源，此類尤爲通人所笑。其謂俄羅斯跨海據亞美利加境，此指監察加屬地而言，此地于三十年前，同治庚午。俄人已售于美國，著書者生在今日，豈可仍襲舊文？又云日本改從西法，習耶蘇敎者甚多，此則尤乖實録。列剛果一國于次注云「非洲小邦」，而不知爲比利時兼轄之國。至引王之春、錢恂之書而稱曰芍棠中丞、念劬太守，亦非著述之例。書中所録奏折、咨文等件，于奉旨及年月、官銜之處或叙或不叙，總理各國事務衙門則省文稱「總理衙門」，或列領銜親王之名而不稱衙門，遣使一表于各使官階或録或不録且多誤，皆嫌淆雜，且與體制未協。近來電文每用詩韻次序以記日期，若不注明則人多不解，篇中多蹈此弊。其交際一門并載檀香山照會條議諸條，此島已歸美屬則舊例全廢，前案似已無用。傳敎各門當爲編書者所重，而于乙未四川之案、丁酉山東之案利害至巨，何竟遺之游學類中？摘録慶寬條陳稱爲御史，按慶寬系以員外郎銜考察商務，官局編書，于曾奉明旨之事不得諉爲不知。權度既列專類，則于各國貨幣之制尤宜致詳。禁令一門于英人梅生私運炸藥之要案，光緒辛卯。當時中英往來互辯，其文牘載于薛福成集中，豈容不録？傭工一門録招募洋將成案，而于各省學堂、各營練軍之聘請洋員充當敎習各合同豈無一二可記，以備一格？租建門録日本杭州租界章程稱爲「塞德耳門章程」，按塞德耳門蓋英文稱租界之譯音，以此標題誤矣。電綫門則并張家口至庫倫修綫之奏案亦忘其事，鐵路門至以盛宣懷之説帖與美工程師立爾樞踏勘蘆漢鐵路情形之第一稟合而爲一，竟不可解，尤爲巨謬，不知當時在事諸人何以鹵莽滅裂一至此甚也。附刊各省勘設鐵路軌道表注云：「皆照日本新編《東亞三國地里志》所載，其未載明里數者概不敢參以臆斷。」蓋據日本人辻時武雄之書，游客記録懸揣將來，豈可據爲典要？且以中國人而考中國土地里數，自有輿圖可稽，何至不敢臆斷？此更不值一噱。他如入籍一事交涉所關，當列專類，公牘可省繁文，即奏章亦可依昔人中闕之，列地名至數處以上者宜用小字平列，此皆所以便覽而原輯所未知也。

楊復等《浙江藏書樓乙編書目・法律》　《約章分類輯要》三十三冊。番禺蔡乃煌纂。緯文閣鉛印本。

各國約章纂要

《上海格致書院藏書樓書目・東西學書・法律》　《各國約章纂要》。六卷附一卷。四本。製造局本。

華英讞案定章考

梁啓超《西學書目表・法律》 《華英讞案定章考》。廣學會本。一本。五分。

顧述廬《通學書籍考・法律類》 《華英讞案定章考》。廣學會本。英副臬司哲美森著，李提摩太、鑄鐵生同譯。

徐維則等《增版東西學書録・交涉》 《華英讞案定章考》一卷。廣學會本，一冊。瀏陽質學社叢刻本。英哲美森著，英李提摩太、蔡爾康同譯。西國人民寓居何國，即歸何國管理。天津之約，因中西法律輕重不同，乃有「會同訊斷」之名目，中國從此無管理之權。是法律不可不急修改也。是書爲哲氏任副臬司時所定，即《華英會審章程》，但僅舉刑律、戶律大綱，未爲詳備。

徐樹蘭《古越藏書樓書目・政部・外交》 《華英讞案定章考》一卷。英哲美森。英李提摩太譯，蔡爾康述。光緒二十三年廣學會印本，《新學彙編》本，在第四卷。

楊復等《浙江藏書樓乙編書目・法律》 《華英讞案定章考》一冊。英國哲美森著。廣學會鉛印本。

廣學會編《廣學會譯著新書總目・律法》 《華英讞案定章考》。英副臬司哲美森著，李提摩太君、鑄鐵生同譯。刻下中西互控，交涉甚繁，是一一詳明。一冊。價洋三分。

上海英工部局章程

徐維則等《增版東西學書録・政治法律》 《上海英工部局章程》一卷。萃報附印本，單行本。英工部局擬計上海洋涇濱北首租界章程二十九條，美國新定西華德路虹口租界章程八條，上海洋涇濱北首西國租界田地章程四十二條。顧補。

會審信隆租船全案

徐維則等《增版東西學書録・交涉》 《會審信隆行租船全案》一卷。《時務報》本。《上海字林西字報》原本，張德坤譯。此爲信隆洋行租用南洋兵船轇轕之全案。其中一字一句，有暗爲埋伏者，有互相抵制者，有避重就輕者，有以曲作直者。統觀前後，於西律之旨，足以略窺一二，而與西人交涉之道，思過半矣。

俄租遼東暫行省治律

顧燮光《譯書經眼録・法政》 《俄租遼東暫行省治律》一卷。商務印書館本。李家鏊譯。原書爲阿穆爾官報所載，爲俄曆一千八百九十九年八月遼東暫行省治律，凡一百三十八條。兵刑錢穀，郵電路礦，類步驟秩然，儼爲俄之屬地。惟俄律隨時更易，不無小異，然大致固不甚相遠也。自日俄戰後，遼東半島屬之日人，則此書已成陳蹟。讀之者追溯遠因，知交涉之不易，留爲前車之鑑也可。

清俄關係

通雅齋《新學書目提要・歷史類》 《清俄關係》。上海會文堂本。《清俄關係》一書分二十二節，以第交涉之後先，日本緑岡隱士編纂，中國鈕鍰譯本。是書起明神宗萬曆四十七年俄之侵略滿洲，訖于光緒二十四年俄之要求伊犁，清、俄之盛衰，交際之得失，作者皆附以論斷，近人頗采其說。中外之交涉以俄爲最先，知中國之實況亦最深，視中國官府之人格亦最當，故改正條約皆出于秘密籠絡大臣，非出于脅嚇，即出于賄賂，無怪要求之事莫不如願以償。奕山，庸才也，千八百五十八年即咸豐八年之條約可以恫喝定

之；崇厚，貪夫也，千八百七十八年即光緒四年之條約可以賄賂得之。若李鴻章、若王之春，皆小有才而營營于富貴者，故始則拒之，繼則引而近之，俾清廷諸臣莫不恩俄德俄，思效奔走以爲快，其計亦狡矣哉！此書詳于叙述而粉飾其事，殆以言者之有罪與。俄羅斯之初在一千二百餘年尚統御于金黨汗國，至元室寖微，西方之大汗國主權皆移于俄人之手，俄勢日益東漸，明穆宗隆慶元年、神宗萬曆四十七年皆遣使以通好中國，以無甚關系，姑置不詳，清世祖順治初年，清、俄兩國干戈屢見，蓋俄國東侵之進步益與中國之領土相近，黑龍江一帶俄思握其利權，或遣使、或構兵，皆爲蠶食東方之策。順治間之交涉，此書所紀多史氏之所未備，頗足以資參考，唯《聖武記》紀康熙二十一年遣都統彭春等以兵獵黑龍江，徑薄其郛偵察形勢，築城于墨爾根及齊齊哈爾以戍之，此書謂二十一年命都統郎垣以畋獵爲名窺阿拔董城之形勢，二十二年命都統朋春等率大兵向阿撥董城，于《聖武記》不無異同，二十四年四月官兵乘兵解水陸并進，克阿拔董城，縱其人歸雅庫舊部，此俄人切齒之恨，至今猶藉爲東侵之口實，此書亦闕而不載。二十五年之圍，彼軍死守，清帝乃以賜書付荷蘭使轉達其汗，俄乃遣使謝罪，詣邊定界而去，兩軍固未分勝負也，此書謂若何敗、若何勝，不知所據何本？魏默深撰《聖武記》，實身當其時，據實以書，無所聞異辭、傳聞異辭之弊，俄與康熙之交涉當以魏説爲準。日文原著人名、地名多以假名代之日本謂字母爲假名，譯者宜譯以漢音，使學者知某爲某名、某爲某地，此書于人名、地名皆沿假名之舊，細寫于旁，閲者且不識其假名，安知其音？且ソレ二字，日本訓爲此，是書誤以爲人名，亦細寫于旁，尤爲涉筆未檢之處。紀文達云，古代人名多以一字之轉音輾轉相誤，有一人而二、三名者，近來譯本亦多此弊，此更不擔其責，然于學者無益也。

顧燮光《譯書經眼録・史志》　《清俄關係》一卷。會文學社本。日本緑岡隱士編纂，鈕鍰譯。是書分二十二節，次第交涉之先後，起明神宗萬曆四十七年俄之侵略滿洲，訖於光緒二十四年俄之要求伊犁。中俄之盛衰，交際之得失，作者皆附以論斷，近人頗采其説。書中所記，多史氏之所未備，頗足以資考。惟其言咸豐八年以後各事，雖詳於叙述，而多粉飾之詞，殆猶有所顧忌與。

《上海格致書院藏書樓書目・東西學書・史志》　《清俄關係》。日本緑岡隱士。二卷。二本。活印。

中俄關係

楊復等《浙江藏書樓乙編書目・圖史》　《中俄關係》一冊。日本緑岡隱士編，陳時夏譯。競化書局鉛印本。

現今中俄大勢論

楊復等《浙江藏書樓乙編書目・圖史》　《現今中俄大勢論》一冊。日本渡邊千春箸，粵西梁武公譯。益新譯社鉛印本。

各國外交分部

亞東各國約章

顧燮光《譯書經眼録・交涉》　《亞東各國約章》一卷。湖北洋務譯書局本。陳肇章譯。是書據英人所輯東亞各國約章原本譯成。條約凡十，終之以一千八百九十九年《英俄互換中國鐵路條約》。剝膚之切，讀之悚然，蓋輯者年訂一書，足資考鏡。以防俄爲宗旨，兼觀德、法、日之意，并以驗東方各國之振拔自奮若何，洵外交之要著也。我國歷年約章雖有訂本，而他國之換約章尚無譯者。然則此書流傳，於交涉中又多一借鏡矣。

外交餘勢

徐維則等《增版東西學書録・交涉》 《外交餘勢》一卷。東洋本，一冊。日本海舟勝安芳著。專言從前日本外交之難，百倍中國。讀之可知任事，貴有堅忍之力以持之。時務報館印有英巴克編、曾廣銓譯《中外交涉記》，又有《萬國通商史》，均未印成。東亞書局譯有《萬國近世外交史》，亦未出。

斷腸記

顧燮光《譯書經眼録・史志》 《斷腸記》一卷。《漸學廬叢書》本，一冊。日本勝安芳撰。是書成於明治十一年，追溯嘉永癸丑以來歐美各國訂約互市之顛末涉己事者，而成此書。備舉生平更歷世患，觸冒危難之險，皆足裨史家掌故。方王室未維新也，大將軍德川氏柄政，懲前毖後，知鎖港孤立之爲害，於是建議通商，而當是時，衆說紛呶，爭詆幕政失計，以攘外爲宗旨。論非不正，而不知其無濟世變也。及長藩構難，釁起蕭牆，兵連不克，有河決兵爛之勢，大將軍深察時變，奉歸大權，贊成帝業，今二十餘年矣。準前後事勢觀之，然後知德川氏所處爲極巨艱，其臣節愈久而益明耳。語曰：「不習吏視已成事。」前事不忘，後事之師也。然則此記，豈止爲幕府闡微也哉？求是室主譯有泰西馬勒爾著《近世政治史》，日本高田早苗譯有《英國國會史》，金粟齋譯有日本森山守次郎著《政治史》，南洋公學譯有日本松平康國著《美國憲法史》，又譯日本下山寬一郎著《萬國政治歷史》，毛乃庸、羅振常同譯有日本坂本健著《日本風俗史》。

内地雜居續論

通雅齋《新學書目提要・法制類》 《内地雜居續論》。上海廣智書局本。

《内地雜居續論》一卷，分爲十章，首刻［列］序論、本論而以結論、附録系之，題云日本井上哲次郎口述，澤定教、笹軒貫原筆記，武陵趙必振譯本。據序論所云，則作者于明治二十三年曾著《内地雜居論》一篇，故此作名曰「續論」，成于明治二十四年，蓋距新條約之成上溯十年，論雜居之害而非所以定雜居之法也。其立論大旨則以哲學家物競之論、優勝劣敗之例，懼日本人之學識程度不及白種而終爲所熸，至引英人之于澳洲、俄人之于西伯利亞等事證歐人之用心，又此布哇即舊稱檀香山亡種之事恐爲其續，反復申辨不遺餘力，其慮甚深而其言愈危，蓋欲以刺國民之腦、動當途之聽也。譯者自爲之序亦謂將以其說藥中國，用意所至，按近來日本許外人内地居住已歷五年，亦尚相安，未聞大失，此或內力之日增，未必立言之不驗。惟條舉各節雖頗明辨，而意料所不及者似尚有兩端，則今昔之間當無所異，一則外人雜居有妨地方自治政體也，日本所以收回領事裁判權者實由于改正法律之效，至于各府縣地方行政之制雖取法于名邦，諒必因其舊俗，東西萬里，習尚不聞，一日以雜居之故，則或因事而遷就，或以己而強人，損益之間必爲所亂，亦勢所必至者；一則雜居既衆，侵壞民間風氣也，奢儉之用，各適其宜，日本獨貧，尤當每事撙節，若與西人相處則雕文纂組、貊炙胡酭，垂羨既殷，傚行必廣，即不計金錢之外溢，而豪華所極，國必隨之而更窮斷可知矣，作者似見及此而尚未質言此，皆害之見于實事者，固不必求之過深也。譯筆殊利，惟于人名宜略除其冗。第六章所云有害宗教等語，譯者附注甚不謂然，顧其言雖淺，尚無害於事理，可毋庸過譏耳。

楊復等《浙江藏書樓乙編書目・政治》 《内地雜居續論》一冊。日本井山哲二郎，武陵趙必振譯。廣智書局鉛印本。

南洋貴有華人旅居說

徐維則等《增版東西學書録・議論》 《南洋貴有華人旅居說》□卷。《萬國公報》本，《湖北商務報》本。西班牙綿嘉義著。所言南洋各島農工商務，非華人不能成，足爲華人可用之證據。美國各地禁止華工之苛例，亦以此。苟在上者能普用之，於富強何有？顧補。

英俄印度交涉書

梁啓超《西學書目表·史志》 《英俄印度交涉書》。林樂知。製造局本。一本。一百二十。

顧述廬《通學書籍考·史志類》 《英俄印度交涉書》一卷，附續編。製造局本。英馬文著，英羅亨利、寶山、瞿昂來譯稿。全書係拉采英、俄官報與其探地陰謀，知阿富汗、波斯有岌岌不可終日之勢，而土耳其及德、奧亦併爲俄所猜忌。末附《俄波和約》，見俄窺印之不易。又檢界圖，有哥潑山限之，乃知其折而謀亞東必矣。

丁仁《八千卷樓書目·地理類》 《英俄印度交涉書》一卷，續編一卷。英馬文撰。刊本。

徐維則等《增版東西學書録·史志》 《英俄印度交涉書》一卷，續編一卷附圖。製造局本，一冊。上海石印本。《軍政全書》本。英馬文著，英羅亨利、瞿昂來同譯。全書凡十四章，續編一卷。多記俄在中亞細亞之策，皆雜採英、俄官報而成。讀之知阿富汗、波斯之可危，與德、奧、土之爲俄所忌。俄知謀印不易，改而圖亞之心，已非一日。觀《俄波和約》，宜知警矣。

《上海格致書院藏書樓書目·東西學書·交涉》 《英俄印度交涉》。英費利摩羅巴德。英傅蘭雅。太倉俞世爵。十六卷。三十二本。製造局本。

楊復等《浙江藏書樓乙編書目·政治》 《英俄印度交涉書》一冊。英國馬文著，英國羅亨利、寶山瞿昂來譯。江南製造局木刻本。

陳洙《江南製造局譯書提要·交涉》 《英俄印度交涉書》一卷，續編一卷。英國馬文撰，羅利亨口譯，寶山瞿昂來筆述。凡十四章。此乃調查英俄官報彙錄而成之書，凡俄國圖謀中亞細亞之情形，歷歷如見矣。亦交涉學中有關係之書也。

英吐奧交涉原委

徐維則等《增版東西學書録·交涉》 《英吐奧交涉原委》一卷。《知新報》本。英倫敦摩寧列打報著，知新報館譯。按篇中所稱吐國，即特蘭士拔爾，又名達浪斯，又名干國。奧即奧凌資也。分條紀載，於英、吐、奧啓釁之由，言之頗詳。《亞東時報》有《特蘭士建國紀》、《圖蘭拔爾案件》二篇，可以互證。顧補。

英吐交涉答問

徐維則等《增版東西學書録·交涉》 《英吐交涉答問》一卷。《知新報》本。知新報館譯。凡十六章。設爲問答，於英、吐啓釁原委，言之甚詳。亦關心時局者所宜閱者也。顧補。

圖蘭士拔爾案件

徐維則等《增版東西學書録·交涉》 《圖蘭士拔爾案件》一卷。《亞東時報》本。亞東時報譯。言圖蘭士與英齟齬，爭自主之原委，詳盡可讀。顧補。

論英人十大罪

徐維則等《增版東西學書録·議論》 《論英人十大罪》一卷。《亞東時報》本。日本福本誠著，劍潭釣徒譯。以英人凌虐特蘭士人不合公理爲英罪，其論甚確。今環球強國，務爲兼并，又豈獨英人哉？顧補。

法外部章程

楊復等《浙江藏書樓乙編書目·法律》　《法外部章程》一册。江寧戴儒珍譯。開明書局鉛印本。

英國外交政略史

通雅齋《新學書目提要·法制類》　《英國外交政略史》。上海文明書局本。《英國外交政略史》一卷，分爲五章，日本高田早苗原著，無錫胡克猷譯本。皆記舊日交涉之案而不及東方各國，所述各情紛紜蕃變，以事勢考之，則英國往日之外交家似異于近來之鎮定以守其宗旨而終底于成也。英爲島國，與鄰邦利害不必相同，故列國相競于中原，英則以其閑暇之時揚其威于域外，而其內治之粹美亦不隨風尚爲轉移，故如俄、奥諸國所稱神聖同盟而英獨不預其事。近世論者以爲，環海之國能受他人之文明而不染異邦之稗俗，此其國勢所以獨優也，顧其對外之方則畏葸爲已甚矣，于梅特涅壓制之策明知其非，而民黨之變不能出一言、發一兵以爲干涉之舉，此篇所著情狀昭然，謂秦無人至今齒冷而波沸云擾，禍且蔓延，此豈一國之憂而獨英人之福也？揆之仗義執言之誼，于此其猶有愧焉。惟此書歸美于滑鐵盧一役，至謂歐洲人民有參預政治之權利皆是役之所賜，則其爲功誠不可沒。于英前相巴麥士頓外交之謀頗詳述之，按中國與英人交涉五口通商之時、咸豐十年之役，當日遙爲相持者皆即此人之用心也。所紀英國對俄、美之政略原委甚明，其言外交之職務亦有取云。

楊復等《浙江藏書樓乙編書目·法律》　《英國外交政略史》一册。日本高田早苗著，無錫胡克猷譯。文明書局鉛印本。

歐洲外交史

《上海格致書院藏書樓書目·東西學書·史志》　《歐洲外交史》。法德比緇兒。順德麥鼎華。廣智書局活印本。

楊復等《浙江藏書樓乙編書目·法律》　《今世歐洲外交史》一册。法國德比緇兒著，順德麥鼎華譯。廣智書局鉛印本。

最近外交史

通雅齋《新學書目提要·法制類》　《最近外交史》。上海作新社本。《最近外交史》二卷，分爲七章，上海作新社編譯本。記近三十年間歐洲各國秘密交涉之案，如德人以事離間意、法之交則令意大利附己以爲助，操縱英、法之爭則使俄羅斯中立而無功，皆俾司麥捭闔之算有以致之，而橫流之被于中國者至今未已，推論事迹略可考見。蓋自德帝威廉第二主結英之説而俄、法之情親，其聯合之勢至今愈固，此一事也；德欲聯英久無成效，乃反自附于俄而以退還遼東之役自見，故膠州之事俄人默許而旅順繼之，各國效尤者紛至，此又一事也。推其枋櫱，皆由俾司麥克退位而外交之策一亂，全局遂以多憂，一人之謀其關于大地者固若是其遠也。此篇記載明切，論及各國政略皆推見其隱衷，讀者觀此于地球大勢已略悉其情。譯筆辨晢，并世殆不多遘，所叙遺聞亦有可參稽者。如俄將司哭勒夫即《東方交涉記》上海製造局譯本所紀之史可柏勒，其人在中亞細亞之事甚多；法人夫蘭士司格羅尼，即著《東蒲寨以東探路記》廣東刻本之晃西士加尼，其著述言西南地理極詳；法國陸軍大臣部蘭痕即近年所譯《馬格利小傳》丁酉上海《求是報》譯述之布朗熱；其軼事亦有關于國政，讀新書者固宜證以舊聞也。

顧燮光《譯書經眼録·史志》　《最近外交史》一卷。作新社洋裝本，一册。作新社譯。書凡八章，始德、奥、俄三國同盟後德、俄之關係，迄千八百九十四年各國外交新政策止。中如非洲之開闢，孔戈之獨立，埃及占於

英，安南屬於法，皆言之甚晰。綜觀大旨，知十九世紀歐洲外交之方針，以我華爲中心點，恫嚇狡詐，因時而應。讀此書，可以懼矣。

《上海格致書院藏書樓書目・東西學書・史志》《最近外交史》。作新社。一卷。一本。日本秀英舍活印本。

楊復等《浙江藏書樓乙編書目・法律》《最近外交史》一册。闕名。作新社鉛印本。

最近外交史

《上海格致書院藏書樓書目・東西學書・交涉》《最近外交史》。美綦策鰲，丁韙良。蔡兆熊。二卷。一本。商務書館本。

近時外交史

徐樹蘭《古越藏書樓書目・政部・外交》《近時外交史》一卷。日本有賀長雄。《譯書彙編》本。

十九世紀外交史

顧燮光《譯書經眼録・史志》《十九世紀外交史》一卷。杭州史學齋本。張相譯。原本爲日本民友社出版之書。論斷簡嚴，頗具特識。譯筆淵懿雅達，頗費鍛鍊之功。惟所譯人、地名，多依日本音，故不免錯誤之病。

楊復等《浙江藏書樓乙編書目・法律》《十九世紀外交史》四册。日本平田久著、仁和張相譯。史學齋鉛印本。

中部美利加五小國會盟爲共和國合盟條約

徐維則等《增版東西學書録・交涉》《中部美利加五小國會盟爲共和國合盟條約》一卷。《譯書公會報》本。日本《中央新報》本。譯書公會報館譯。顧補。

國際關係分部

東方時局論略

梁啓超《西學書目表・西人議論之書》《東方時局論略》。林樂知。製造局本。一本。七十。

趙惟熙《西學書目答問・政學・雜著》《東方時局論略》。一册。美林樂知撰。製造局本。

徐維則等《增版東西學書録・議論》《東方時局論略》一卷。製造局本，一册。《軍政全書》本。英鄧鏗著。書作於一千八百八十九年。第一章記東亞細亞日迫情事，第二章記俄人覬覦高麗證據，第三章各報論俄人動静，内附《中高通商條約》。皆探取各報之論東亞細亞情事者，深切著明，可謂直揭俄國詭謀矣。

徐樹蘭《古越藏書樓書目・學部・東西洋縱横家之學》《東方時局論略》一卷。英鄧鏗。製造局本。

《上海格致書院藏書樓書目・東西學書・通論》《東方時局論略》。一卷。一本。活印。

楊復等《浙江藏書樓乙編書目・政治》《東方時局論略》一册。高麗鄧鏗著。江南製造局鉛印本。

東方時局論略

陳洙《江南製造局譯書提要・史志》　《東方時局論略》一卷。英國鄧鏗撰。蓋調查各報章凡有關於東亞情事者，摘取其說，引伸其義以記之。而俄之陰謀大略，遂顯然可見。書成於一千八百八十九年，可備史學稽古之用。第一章：東亞細亞日迫情形。第二章：俄人覬覦高麗證據。第三章：英國印度各報論俄人動靜。

東亞將來大勢論

通雅齋《新學書目提要・歷史類》　《東亞將來大勢論》。上海廣智書局本。《東亞將來大勢論》，原名《支那問題》，又名《日本國民之覺悟》，日本法學士持地六三郎原著，武陵趙必振譯。夫支那之將來即支那亦難以自知，然以今日社會上、政治上腐蝕朽敗之現狀而欲望其改弦更張，誠非易言，分裂之勢必不能免，其結果也亦未知鹿死誰手，此書謂：「分割者一時之勢，終必歸于統一，所悲者繼而統一之人非亞細亞人種而斯拉夫之人種。」吾謂不然，分割之時期，斯拉夫人種或占支那之一部分，而必歸于亞細亞之人種。何則？支那二千年來建國于其地者亦不盡出漢種，若托落古種，著者以遼人與土耳其同種，誤矣。若蒙古種，若滿洲人種，其始也言語形容雖屬特別，久則與漢種同化，漢人能吸收其文明、研究其學術，漢種之勢力愈大，昔洪、楊騷亂之際，魏斯勒將軍探檢支那之情形，歸而就支那之將來而言之曰：「支那者，終昂首而起之國民也，他人如有英偉政治家及軍人之崛起其間，力圖進步，則彼等先藉用武器以向俄羅斯，支那人逐俄之後乃西進以蹂躪印度，掃英人而出印度洋外，當此生存競爭之關，英不得不聯結歐美以御之。」論者皆謂魏氏之戲言，不知魏氏之口吻蓋指數百年之後而言，有數百年之輾轉而分割、而統一，漢人之懲創已深，漢人之陋習已革，漢人之文明亦達極點，而漢種乃復興矣。至謂俄羅斯人種之氣味與亞細亞酷似，遂謂支那之土地將并于俄羅斯，則尤不然。俄羅斯國民以尚武爲主義，故其雄大之氣象、堅忍之精神，歐羅巴人種猶有不及，何論支那。且俄之氣味果與支那同，其腐敗必類于支那，安有吞并支那之權力？作者又謂俄有統制異種之能，非地球各國所能比擬，然德占膠州灣、英占威海衛及香港對岸之土地，其統制之策有條不紊，安見俄人獨擅其長？如謂俄對異種之政策，不強迫異種之人從本國之政教、制度、風俗，則吾猶未敢信，俄之占旅順口、大連灣也，土著之民有不從其制度、法律者懸首于市以示警，蓋鉗制壓抑之手段本俄人之所長，況非我族類則處之以奴隸、待之以牛馬，無怪其然，占領一隅猶如此，統一全部無論矣。夫一朝之改革，其制度、風俗皆有損益之處，若蒙古、若滿洲文明之程度遠不及支那，而定鼎之始且不免以其野蠻之習俗強百姓以從之，況俄之程度較高于支那乎？俄不并吞支那則已，俄苟奄有支那，專制之政策必變本加厲，支那之人種雖具奴性，誰其堪之？且自各國交通以來，西歐之文明日益輸入國民腦中，漸有所謂世界公理者，莫不思去專制之厄以享和平之福，特受外界、內界之刺激而未能慷慨以開過渡之路，支那即無恙，吾知憲法之爭恐不出十數年之後，矧革命易姓乎？作者謂支那之前程必爲俄羅斯之屬，殆視支那無一人矣，蔑視乎支那而第言日本應如何保全、如何抵抗、如何奮發以挽救大勢，夫日本與支那雖爲唇齒，然亦秦人視越人之肥瘠，無痛癢相關之意，支那之分割，吾知日本且與泰西列強得分羹染指之惠，豈眞有愛情于支那乎？吾得而斷之曰：支那者支那人之支那，支那之亡，支那人自亡之，支那之興，支那人自興之，將來之東亞，其果如持氏所言乎？

顧燮光《譯書經眼録・議論》　《東亞將來大勢論》一冊。上海廣智書局本。日本持地六郎著，趙必振譯。自西洋各國觸接以來，我華政治方針一變。邇來勢成積弱，外人猶耽耽深防黄禍之發，陰謀所伏，謬欲瓜分。國家種族之安危，早爲識者所深慮。是書原名《支那問題與日本國民之覺悟》，計五章，類皆預測俄人可畏，西洋各國互圈勢力以相抵制，而亞洲各國，遂爲集矢之的，可懼也。夫其第五章喚起國民精神，以求自立於不敗。智者之言，固宜爾也。

《上海格致書院藏書樓書目・東西學書・通論》　《東亞將來大勢論》。日本特地六三郎。武陵趙必振。一本。廣智書局活印本。

楊復等《浙江藏書樓乙編書目・政治》 《東亞將來大勢論》一冊。日本持地六三郎著，武陵趙必振譯。鉛印本。

支那問題

通雅齋《新學書目提要・歷史類》 《支那問題》。上海文明書局本。《支那問題》一卷，分爲四章，日本持地六三郎著，題云中國愈思齋主人譯述。按此書即武陵趙必振所譯之《東亞將來大勢論》而廣智書局于壬寅十月所曾刊者也，其議論如何于前本已爲提要，可不贅論云。

顧燮光《譯書經眼録・議論》 《支那問題》一卷。文明書局洋裝本。日本持地六三郎著，中國愈思齋主人譯述。本書即廣智書局趙必振所譯《東亞將來大勢論》。大旨以研究支那問題爲主腦，而以職任懸之日本爲主義。歷引支那歷史及世界各國對於支那之情形，以發明之。雖措辭間有過當，然其議論透澈處，論世者或有取焉。

支那問題

顧燮光《譯書經眼録・議論》 《支那問題》一卷。《譯書彙編》本。赤門生輯譯。是書以日本持地六三郎《支那問題與日人國民之覺悟》，及美人卜氏所著某書爲粉本。書中措辭，驚心動魄。讀之令人悚然起保種強國之心。

支那保全論

徐維則等《增版東西學書録・議論》 《支那保全論》一卷。《亞東時報》本。日本有賀長雄著，飛天道人譯。爲中日聯盟之議而發，凡六章。一總論，二論同盟擔保策，三論聯合擔保策，四論同盟擔保與聯合擔保孰利孰害，五論聯合擔保有益於支那，六結論。徐補。

大東合邦論

徐維則等《增版東西學書録・議論》 《大東合邦論》一卷，附《宇內獨立一覽表》。東洋刊本。上海譯書局本，一冊。日本森本藤吉著。書作於甲午以前，尚未甚輕量中國，又審中國之輕日本，必無合理，故昌言合朝鮮，而微見中國當合之意。名理叠出，近日中日聯盟之先聲也。上海譯書局繙刻，易名《新義》。凡言朝鮮當自主，不必藩屬中國，及言中國滿漢不洽者，皆刪去之，補以表章孔教及男女平權二義。尋行數墨，多無聊語，且有牽就字數，徑刪一葉者，亦是書之厄矣。

連盟論

徐維則等《增版東西學書録・交涉》 《連盟論》□卷。《亞東時報》本。日本有賀長雄著，飛天道人譯。凡十章。皆論日本與中國宜協諾不宜同盟之理，並揭同盟之宗旨於篇。顧補。

日本現勢論

通雅齋《新學書目提要・法制類》 《日本現勢論》。上海廣智書局本。《日本現勢論》一卷，分爲八章，日本東邦協會原著，題云養浩齋主人輯譯。以全球之大運推一國之新機，自云今日之日本，除海、陸兩軍以外皆不能自夸于天下，此則自信之言，非所語于虛憍者矣。其論保全中國之議，詆之爲無力量、無方法，尤爲切中時弊之談。篇中持議有云向墨西哥啄取中美、南美之富源，開拓日本之殖民地云云，其不取于澳洲者，蓋自其國際與其實力言之所以規避英人，以南美諸國政敎衅嗲而思所以奪之也。合觀大地，天演

方殷，欲言定霸之圖，惟此邦尚可措手，然使尼瓜拉哇運河未通，則海途窵遠，繞度多阻，用兵、移民皆非所便，恐此説正未易行也。

楊復等《浙江藏書樓乙編書目・圖史》 《日本現勢論》一冊。養浩齋主譯。廣智書局鉛印本。

伊藤總監治韓政略

廣學會編《廣學會譯著新書總目・政學》 《伊藤總監治韓政略》。是書論韓政府腐敗已達極點，後經伊藤總監治之，皆井井有條。莫安仁先生譯。一本。價洋二角。

西力東侵史

顧燮光《譯書經眼録・史志》 《西力東侵史》一卷。《閩學會叢書》本洋裝一冊。日本齋奥具著，林長民譯。託始於十四世紀之季，至二十世紀之初。於歐人擴張權力，於東洋及吾亞人受侮失計，前後五百年事，歷歷如繪，論斷處尤有特識。全書凡十章，所附年表，略足備考察西力東侵之漸。文明書局之秦元弼譯本與此同。

《上海格致書院藏書樓書目・東西學書・史志》 《西力東侵史》。日本齋籐奥治。秦元弼，無錫秦毓鎏。十卷。一本。文明書局本。

楊復等《浙江藏書樓乙編書目・政治》 《西力東侵史》一冊。日本齋藤阿具著，閩縣林長民譯。日本東京鉛印本。

奉俄皇命記

徐維則等《增版東西學書録・雜著》 《奉俄皇命記》一卷。《中國旬報》本。泰西乞頓約瑟著，中國旬報館譯。斯書詳言俄國政治苛刻，猶太人被俄國窘迫之情狀。蓋冀世知亡國之慘，有以感悟儆醒，使之振奮勉勵以保國也。顧補。

哥薩克東方侵略史

通雅齋《新學書目提要・歷史類》 《可薩克東方侵略史》。上海作新社本。《可薩克東方侵略史》一卷，凡十三章，俄國莫斯科圖書館原本，日本人譯本，上海作新書社重譯。俄羅斯窺我東境，其發端在二百年以前，邇來邦人譯述言俄事者頗繁，要皆注重近聞，未有遠溯當年而察其進取之迹者，此書之在俄國，藏之京師，自是官中要籍。篇中所記涅爾琴士之約，蓋指康熙年間尼布楚一役而言，以地名之對音而譯寫互異也，言掌故者于尼布楚約之十一條尚可覽其全文，于以前失地之由則無從稽考。至于咸豐季年俄人乘英法聯軍之戰掠地于黑龍江之旁，其事爲盡人所知，而俄人所以經營者亦未之有述，此篇則自俄將東行之日以迄于愛琿定約之年，紀載蟬聯，終始相屬，日蹙百里于此徵之，蓋中土舊籍所未聞也。文詞雄厚，似不失原著語意，其述地勢、物產與其人種、民風，尤見邦人悉心此土，顧其自西伯亞而東漸，實由哥薩克種族啓之，故是書以此標名，然百年以來自判剛脆，頗聞哥薩克兵隊其勇敢迥遜從前，庚子天津之戰屢見挫敗，或乃自瞀燃槍反攻租界，今昔之間強弱之殊遂至此云。

徐樹蘭《古越藏書樓書目・政部・外交》 《哥薩克東方侵略史》一卷。作新社譯印本。

顧燮光《譯書經眼録・史志》 《哥薩克東方侵略史》一卷。作新社洋裝本，一冊。作新社重譯。本書爲西曆一千八百八十五年俄都莫斯科所藏，在本國圖書館，曰《阿姆爾烏地士利地誌》，日本取而譯之。其紀述俄之哥薩克東侵情事，至爲詳悉。凡十三章。追記十六世紀之末，露人始肆力東方，迄西曆一千八百六十年北京條約成，乃達其侵黑龍江、松花江兩地佔領之權，俄於是有東方不冰港口，而海參崴遂更名爲鹽浦斯德。書中所述，如俄將姆拉由之雄鷙，教士因納根其之陰險，而數千里之地，遂不戰而拱手爲俄所得矣。此編則自俄將東征，以迄愛琿定約之年，紀載蟬聯，終始相屬，

日蹙百里，於此徵之，蓋中土舊籍所未聞也。俄皇彼得有言：「蠶食敵國，先以耶蘇教奪其民心，然後乘虛擣之。」俄以教滅人國，又豈徒波蘭已哉！至所云黑龍江、松花江二地民情、地勢，均足備地志之用，而所記俄人殖民政策，不畏艱難，必達目的而後止，尤爲可思。譯筆雄厚，頗得原書之旨。

楊復等《浙江藏書樓乙編書目・政治》 《哥薩克東方侵略史》一册。作新社譯。鉛印本。

俄國蠶食亞洲史略

通雅齋《新學書目提要・歷史類》 《俄國蠶食亞洲史略》。上海廣智書局本。《俄國蠶食亞洲史略》一卷，分爲上、下二編，自題養浩齋主人輯譯。上篇蓋日本人佐藤宏之論，下篇則英國人克樂詩之説，合錄而成一書者也。兩篇多主于持論，雖及故實，并非記事之體，似不必輒標史名，改云「論略」則較善矣。上篇略述近迹，人所具知，無庸深論。下篇于俄人侵略新疆暨印度、阿富汗諸地皆綜攬其事情，良由利害相關，所以推論盡致，于英國執政之失策亦復言之成理。至謂俄國于地中海港灣，使昔能占得一地，則侵入東亞之志必不如今日之堅勇而害不甚深原譯稍晦，此以大意述，要亦足備一説。論俄國之內政，則許西伯利亞諸部之自立而料其陸軍之必叛，皆作者心得之言。又云俄國近頻以俄帝之名頒布敕詔，進而漸次改革亦未可知云云，近頗聞俄帝有整理庶政之意，而宮中、府中每多牽掣，觀此所記亦足證也。近日俄謀愈堅，撫卷之餘可爲深念，前烈之遺墨未干，舊都之懸談猶熾，天衢生棘，豈有艾乎？

顧燮光《譯書經眼録・史志》 《俄國蠶食亞洲史》一卷。廣智書局《史學小叢書》本，一册。養浩然齋主人輯譯。上編爲日本佐藤弘著，言俄蠶食旅大、遼東情況。下篇爲英克樂詩著，言俄侵帕米耳、阿富汗，與英爭雄亞洲事。持議透闢，讀之令人知俄之宜遠。

楊復等《浙江藏書樓乙編書目・政治》 《俄國蠶食亞洲史略》一册。日本佐藤弘著。廣智書局鉛印本。

最近俄羅斯情勢論

顧燮光《譯書經眼録・議論》 《最近俄羅斯情勢論》一卷。金陵啓新書局洋裝本，一册。日本內田硬石、吉倉凡農合著，啓新書局編譯。本書原名《露西亞論》，日本黑龍會出版之。書成於光緒二十七年十月，於俄國現在情勢，調查詳備。凡六章，曰總論，曰俄羅斯帝國之根柢，曰俄羅斯帝國之運命，曰日俄海陸軍之實力比較，曰平和之施設，曰結論。於俄之政治、軍制、財用等類，均能詳言其腐敗之故，並籌日本對俄之策。情勢瞭如指掌，以此覘國，宜日人之操勝算矣。其言俄人圖謀東三省，不若圖蒙古爲得計。西伯利亞鐵路，實爲將來致敗之原。所論均有至理。中附軍制、財政比較各表，至爲詳悉。日人之處心積慮，已蓄於數年之前，可畏也哉！

楊復等《浙江藏書樓乙編書目・政治》 《俄羅斯情勢論》一册。日本內田硬石著，日本吉蒼凡辰著。啓新書局鉛印本。

俄羅斯經營東方策

顧燮光《譯書經眼録・史志》 《俄羅斯經營東方策》一卷。《通社叢書》洋裝本，一册。日本蕨山生著，通社譯。記俄人施其膨脹政策於遠東，中國失敗之由，日本關係之大，皆殷殷言之，備極警悚。且以俄之佔領遼東半島，引爲日本深恥，並論條頓斯拉夫民族之野心，及美之可畏不下於俄，猶有特識。凡分八章，五十二節。一、緒論；二、俄之侵略政策；三、俄得日本沿岸地之情形；四、海參崴之發達；五、俄之占領滿洲；六、旅順口之形勢；七、朝鮮半島南岸之問題；八、緒論。

俄羅斯對中國策

顧燮光《譯書經眼録・議論》 《俄羅斯對中國策》一卷。日本洋裝本，一冊。日本度邊千春著。自非洲瓜分後，歐洲列强視綫轉集亞洲。中日戰後，而絶東之問題起矣。是編所論者，惟中俄二國之關係，凡三章。一俄羅斯對亞細亞大陸，二中俄交涉沿革略，三俄羅斯之世界政策與對中國方針。且言俄國財政困難，國債日重，非維持世界和平，不能遂其遼東政策。然列强皆眈眈於此，豈能任其狡獪？其致敗也固宜。

英俄争中部亞細亞始末記

徐維則等《增版東西學書録・史志》 《英俄爭中部亞細亞始末記》一卷。《亞東時報》本。日本長瀨鳳輔著，潛地道人譯。英、俄爲地球强國，兩不相下，每相枘鑿。尤關係者有三：曰東部亞細亞，曰土耳其，曰中部亞細亞。此三地，乃兩國盛衰强弱之所繫，實爲必爭之區。斯篇所記英、俄爭中亞細亞始末，於英爭波斯、阿富汗，尤致意焉。顧補。

印度隸英十二益説

徐維則等《增版東西學書録・議論》 《印度隸英十二益説》□卷。《萬國公報》本，廣學會單行本，《新學彙編》本。美林樂知著，金襄如譯。篇中言印度隸英之益有十二，曰息紛爭，禁盜賊，正律法，拯疾苦，築鐵路，興營繕，課吏治，論時政，增進益，通聲氣。然英之虐待印度，不得舉議員，不得爲兵官，則所謂十二益者，僅英人受之，印度君民何與焉！顧補。

楊復等《浙江藏書樓乙編書目・政治》 《印度隸英十二益説》一冊。美國林樂知著。商務書館鉛印本。

廣學會編《廣學會譯著新書總目・雜著》 《印度隸英十二益説》。英林樂知譯。一冊。價洋二分。

大英治理印度新政考

廣學會編《廣學會譯著新書總目・史類》 《大英治理印度新政考》。亨德偉良原著，任保羅譯。印度制度各項規例。六冊。價洋一元五角。

英國東方勢力史

楊復等《浙江藏書樓乙編書目・政治》 《英國東方勢力史》一冊。英國葛列斐士著。達文社鉛印本。

英人經略非洲記

通雅齋《新學書目提要・輿地類》 《英人經略非洲記》。上海開明書店本。《英人經略非洲記》一卷，分爲十節，附圖一幅。日本戶水寬人原著，嘉定夏清貽譯。此書原名《阿非利加之前途》，譯者易以今名，似于中土文辭較稱馴雅，觀篇中譯述頗有六朝字句，知修辭之意深矣。爲書不逾七千言，顧其述非洲之情狀與英國之政策，證以事實，參之揣驗，語皆近理，當見眞情，于英人所以聯絡非洲全境之事，鑑其用心之所在而洞察其規畫之方，目光所矚，使外交家無所容其隱諱。叙事之文簡明而賅貫，故能達其議論，欲知近狀之要，當以爲瑰寶焉。所紀各節每關典故，如謂英兵之取法壽達，非全用本國之軍，實多以埃及之兵羼焉，蓋以回教之一部與其別一部哉，按此即可證歐人之狡謀，以種人而滅其同種，近日列強漸以此意行于中國，可爲劌心者矣。至云英人吉盎司敦于尼阿薩蘭之北略有一大地，欲歸英國之版圖，若依此計，則阿非利加之縱貫鐵路得以經由此地，極利于英，而

沙烈勃雷侯未知其地情形，竟于與德國訂約時劃入德國屬界之内，及英與比利時訂約將貸剛果之地以成非洲縱貫電綫之功，亦以德約之阻而廢，按英國非洲政略雖外成于勞特諸人，内定于金白雷近譯或作「張伯倫」一派，非有沙侯久任内閣爲之堅持則未易竟功，要不知一眚之誤，其爲失乃至于此，凡當國者可以取鑑也。作者蓋此論時當在中曆戊戌、己亥之際，觀其言得最近軍報知英軍已據法壽達，又云法人方心醉于叠雷福斯之事，據此可定其在是時，今者特蘭斯戰爭方罷而英人侵略之迹益深，非洲全勢又異前日，夫英于東方之事斂袖聽俄，而于波亞黑子之邦乃攘臂而未已，自由懼蘇彝士運河之不可恃而自衛其好望角出海之途，聞此策亦由沙侯主之者，顧必謂英方注意非洲則其謀竟輟于東土抑非也？其以全力通貫非洲者，即所以鞏印度之金城而辟遠東之新路，觀此書末章考阿非利加與印度之關係一條深切地勢之談，可以窺見其故。英國海軍良港駢立，而控制之勝必數紅海之亞丁灣，其得之在百年以前，不知今日之用乃足以内蔽前非、中鎖海峽而遙馭印度、南洋各藩，作者謂亞丁灣與阿拉伯東南模司格德之間必有陸上之聯絡，其言行將有徵，事果至此，則英屬各地首尾方銜，昔爲散漫，今見通聯，形勝之資殆兼俄國。篇末復以英方議及尼瓜拉哇運河爲言，此道果開，英水師之至東方取道尤多便捷，其在澳洲之勢力亦以日堅，席卷囊括之圖將誰與限？其在中國，又非直俄事之憂矣。蠶從初辟，鶉剪尚殷，金輪之號非虛，黄禍之言愈妄。自非生從廩竹，國謚空桐，雖不帝秦，何由蹈海？湛湛泰晤士江之水，灼灼維多利亞之華，瞑念方來，廢書無已。

楊復等《浙江藏書樓乙編書目・圖史》　《英人經略非洲記》一册。日本戶水寬人著，嘉定夏清貽譯。鉛印本。

未來戰事論

徐維則等《增版東西學書録・議論》　《未來戰事論》一卷。《中國旬報》本。俄布樂著，中國旬報館譯。布樂君爲俄舊京木斯哥之銀行老手也。近年棄其故業，留心經濟，著有《過去未來戰事》等書，而尤着眼於未來一説。此卷爲其生平得意之作，四年前脱稿於俄，復譯爲法、德文，共六卷。英人史秩獨取其末卷，節而譯之，已足括全書之要，並將其大意設爲問答，以盡其義。而《中國旬報》即據史秩本轉譯華文，改名《俄人論戰》，附報印行。顧補。

論裁撤軍備大有害於文明

徐維則等《增版東西學書録・議論》　《論裁撤軍備大有害於文明》□卷。《亞東時報》本。英士度尼羅著。論弭兵獨利俄人，以其性好爭戰而力不足。若各國賴有戰事，以鼓動民生氣，否則姑息苟安，有不堪設想者矣。蓋俄人倡議弭兵，而反增軍備，誠有不足取信於人者。顧補。

和平原論

廣學會編《廣學會譯著新書總目・雜著》　《和平原論》。勸各國和平弭兵爲上。一册。價洋八分。

窮兵大幻辨

廣學會編《廣學會譯著新書總目・雜著》　《窮兵大幻辨》。近來歐州政界，有最足驚人視聽之一端，即英德製艦，爭競之將來是也。軍備擴張之競爭，恆致財政困難，導國家於戰爭，不至兩敗俱傷不止矣。計上、中、下三卷，十七章。價洋四角。

歐洲列國慎戰論

徐維則等《增版東西學書録・議論》　《歐洲列國慎戰論》□卷。日本

《國光雜志》本，《通學齋叢書》本。日本《國光雜志》著。顧補。

宇內和平策

徐維則等《增版東西學書録・議論》　《宇內和平策》一卷。《亞東時報》本。日本狩野良知著。書分五章，極言俄人弭兵之説必不可信，且云戰爭足以利世，和平足以害世。及覆辯駁，頗有至理。顧補。

世界之大問題

《上海格致書院藏書樓書目・東西學書・通論》　《世界之大問題》。日本島田三郎。通社。一本。澄衷學堂印本。

現今世界大勢論

通雅齋《新學書目提要・歷史類》　《現今世界大勢論》。上海廣智書局本。《現今世界大勢論》一卷，凡十二節，附《滅國新法論》一篇，題云中國飲冰室主人譯著。據其自序，蓋撮取美人靈綬之《十九世紀末世界之政治》、潔丁士氏之《平民主義與帝國主義》、日本浮田和民之《帝國主義》等書而參以己見者，原書或已譯、或未譯，而惟作者以沉痛迫切之文，審時度勢之語，出之以成此偉著，又以諸亡國之事比較近政而有滅國新法之言，皆所謂驚心劌魄，一字千金者矣。夫以世界主義一變而爲民族主義，再變而爲民族帝國主義，斯言已確，無待贅陳。蓋白種所云殖民之事業，即我黄人亡種之權輿，既爲對待之文，自屬可危之事，震旦之族將何以立于地球乎？意者必有渡海而南以爲扶余之王者，以輿圖論之，帕米爾之高原、西伯利之廣莫，此皆宜于遷徙之地，而斯拉夫之民族甚勇，俄羅斯之兵力猶雄，此隆中之對所云誠不能與爭鋒者，澳大利亞一洲地力未盡，猶待人爲賓萌，既多託生，幅員尤較切近，顧英人治理有方，又厚集海軍之力于此，此亦武侯所謂不可圖者也。然則龍戰玄黃而瞻烏爰止，覬曠土者必在白令海峽而遙紅人雜居之域，度德量力，斷可知矣。以前代之事例之，夏后之祀不復而淳維入于熏鬻，則在漢爲匈奴，在今爲匈牙利，奇渥溫之殄其世也，帖木兒即猶以敗績之餘裔屢毒于突厥、印度諸邦，蓋國本雖顛而種人猶盛，廢于此者或興于彼，天道人事其何可量？故因是篇而聊述所見如此，庶使讀者終自奮迅焉，《詩》曰：「適彼樂土，爰得我所。」其有意乎？

楊復等《浙江藏書樓乙編書目・政治》　《現今世界大勢論》一册。闕名。廣智書局鉛印本。

未來世界論

通雅齋《新學書目提要・歷史類》　《未來世界論》。日本東京留學生印本。《未來世界論》一卷，分爲五章，日本渡部萬藏原著，無錫秦毓鎏、金匱張肇相譯本。此論本有六章，譯者因末章措詞過夸，故特删之。其所以譯述之意，則以近年舉國媚外斥爲喪心，且懼其爲禍之深，欲此論救之、鞭策之用，可謂知所施矣。譯筆頗工，能稱其文，惟人名、地名稍復冗雜。篇中大旨以白人且敗而黄種將興爲言，宗旨甚正，且皆以地理、人種、時事諸端證之，議論皆中症結，徵引尤多確據，非苟爲附會以取快于時者。第一章謂文明之泉源不必有一而無二，此説極爲可取，謂亞細亞最高山峰實東西兩文明之起點，東流入于印度諸國，西流充溢全歐，復蔓延于美洲云云，按中國古書每言黄帝建都于昆侖，而帕米爾之地名釋爲寬平可居之義，則聲名、文物必當于此肇之，此其説之可徵者也。又云文明之靜者必被制于野蠻力，文明之動者必能壓服野蠻力，此亦居要之言，其以分合綜合、自動受動兩端爲東西流文明之比例，似于地質學尚鮮明驗，而以人民生計、社會競爭二者爲兩界進退之原則，自不可易。至論間接之地力，指地形、海岸綫及人種等。每隨文明之程度而異，然電、汽之力奧則天然之障礙除，而白人之文明只爲普及異種之媒介此二語乃第二章之論，尤有至理。第二章謂白人體力獨劣于他種，腦力亦未必盡出他種之右，推測淺顯而常人乃多不察。第三章謂白人人

心漸弛，德義因之薄弱，即所謂德行亦一政策，皆深中西人之失，惟以殖民之策爲非，雖有所見，似亦有所偏耳。第四、第五兩章論世界將進于統一及如何統一之理，以近日政治、學術同盟等事觀之，豈無可信，然多由利便而合，未必可推之國家，顧其言博大無垠，亦所以爲獨到也。竊謂今日歐洲諸國，如西班牙內治不修、意大利國勢不振，至于法國政事多闕，人才不聞，則臘丁一族之衰，在白種人中已先著其象，且意兵則敗于阿皮西尼亞，英兵則困于特蘭斯法爾，庚子京津之役，各國聯軍除日本兵不計亦屢見挫失，西報評之，至以日本兵爲第一而中國兵次之，則軍事之精神于今已竭，他日者以紅白薔薇之兆爲回黄轉緑之機，事未可知，視所自待而已，然而下士聞者猶將大而笑之，則是書之譯其亦不可以已乎。

世界大同議

通雅齋《新學書目提要・文學類》　《世界大同議》。上海仁記書局本。

《世界大同議》一卷，不分章節，所論者凡主宰、曆數、文字、霸術、兵刑、名實、公道七事，日本藤澤南岳著，中國汪榮寶譯。作者七篇，語語皆中肯綮，《名實》一篇謂實不稱名，名存實亡，二者之弊足以亡國，今宇內列邦免此弊者僅僅兩三國，他則皆陷于此弊焉。夫謂兩三國者，殆指英與美而言，顧英國持保守主義，僅席祖宗之餘威，較之改革之初誠不無今昔之感，美之統領麥荆來舍孟盧主義，力求擴張，頗以新進之勢欲稱霸于世界，庶幾差強人意，麥荆來就職于千八百九十七年，與著者同時。作者此説蓋有感于當時日本之情勢而慨乎言之，法學士根岸磐井曰：「維新以來，我邦所謂卓卓者類多言論自由、舉動自由，摹豪杰之狀態，博豪杰之虚名耳。」與作者之説相吻合。《兵刑》一篇，力辟弭兵之論，謂耀德不觀兵之説皆似是而非之辭，斯言誠然，夫競爭之世界只有強權而無公德，故獨立者昌，無權者亡，千八百九十九年俄皇唱萬國弭兵會，其會議時顧謂各國使臣曰：「弭兵之平和，亦歐洲以內之平和耳。」其意蓋調停英、德、法諸國，非眞以干戈易玉帛也，不務自立而徼幸于弭兵，是猶跛者卧于廣漠而希冀豺狼之不我食也，得乎？作者蓋深知弭兵之不足恃而發爲是言耳。所謂諸端皆足爲中國內視之鑑，此書雖篇幅寥寥，固不可漫爲菲薄云。

楊復等《浙江藏書樓乙編書目・雜誌》　《新譯世界大同議》一冊。日本藤澤南岳著，元和汪榮寶譯。鉛印本。

法律部

論述

艾儒略《西學凡·法學》 法學操內外生死之權。即國王治世之公典，乃天命之聲也，國家之筋也，道德之甲也，五倫之紐也，雅俗淆亂之斧也。廢法度於世，如廢日於天，而靈性之神與蠢然之軀殼無異矣。儻以不經專習公法之身，秉國敷治，輕重一任其意，何以上合天理，調萬事，平萬邦耶？夫君代天出政，臣又代君理民。若此處剖分一當，即天主何煩有審判之事？其任何甚重乎！故必先自成一聖賢之品，而熟諳古典，洞徹羣情，既不因人吹噓而出音聲，又不憑所私暱而發喜怒，全不惜己才暗合爲得意，亦不恃己智摘發爲神明，必至於無刑可刑，無訟可折，方是臣承君命而君承天命也。故西國從古恆立法律之庠，以共講明決斷人事之本。特請大臣老吏習慣斐錄之學者，致其厚俸而聽其教。亦六載爲期，六載之末始應嚴試，而取其剖斷精當、可任國家之重者，授之職事。

丁韙良《西學考略·法學院》 法學一科，其義最廣。道科意重化民，法科則事在治國也。不但刑名爲法，即邦國之紀綱，君臣之節義，莫不爲法所範圍；以至隣國交涉，人民通商，亦無不爲法所維繫。是以法學分爲四項：曰刑名，曰通商，曰紀綱，曰公法。士人欲登仕版者，多攻此學，而國家因才器使，意在內安本國之民，外結隣國之交，每從法科選拔之。誠以任內治者，必須通紀綱；使外邦者，必須諳公法，方勝其選。其中最要者，尤莫重於折獄，即所謂刑名也。西國不但設有清訟重臣，如司寇與廉訪等職，即各郡縣，亦立司獄之官，以理詞訟，俾爲專責，而民間一切他務，概不過問。此等官職，多出身太學，而爲法科之尤著者。始克膺之，更有出爲訟師者。西國刑官，必賴訟師襄助，而訟師非擅攬庇護，係按律奉公而行也。訊案之時，須有訟師二人，以審案之出入，將是非曲直當堂剖辯，然後官始判定。況官鮮有獨行折獄者，約須三員會同議擬，更有民之著令名者，或六人，或十二人，隨堂聽審。遇案情重大者，兩造各延訟師數人，屆期在事證佐亦均投到。其情詞卷宗，由訟師面詰。如此造供招已畢，事有未合，亦准彼造訟師斥駁。如此反覆研究，務期水落石出，以成信讞。審問之時，准民衆入內側聽。是以遇有重案，訟師爲才能特著之人，而樂於聽審者往往不下數千人。且准新報館遣人錄取供詞、辨論等件，印入新報。其案情之始末，自無隱而不宣。如此理訟，意在免人屈抑其法固甚美矣。無如世多奸佞之人，挾其所學以枉理，其學尤精者禍人更烈，此弊之難免也。法學院每有十餘講席，分爲教課。所學之限，三年、四年不等。課程已滿，始准理訟。除正課外，師生每虛擬訟事，或假爲官長，或假爲訟師，設案而理，以取供詞，令訟師互相辯駁，以資練習。如弁兵操演，兩軍對壘，以待異日臨敵也。更有富家子弟，不就功名，每習法學，以爲護產衛家之用。然遇有興訟，仍不免延請訟師，代爲措辦。如儒者雖諳醫術，抱恙亦須延醫而理也。

康有爲《日本書目志·法律門總序》 有人，則身、口、手、足必有度焉，人與人交則語言行坐必有矩焉。所謂法也，合人人而成家，合家家而成國，家與家交，國與國交，則法益生矣。《春秋》者，萬身之法，萬國之法也。嘗以泰西公法考之，同者十八九焉。蓋聖人先得公理，先得我心也，推之四海而準也。《春秋》之學不明，霸者以勢自私其國，而法亂矣。泰西諸國並立，交際有道，故尤講邦交之法，推而施及生民。應受之法，力既絀而不得盡伸，則不得折衷於理。觀其議律，能推原法理，能推人性中之法，直探眞源。所謂憲法權利，即《春秋》所謂名分也，蓋治也而幾於道矣。法國律爲羅馬之正，吾中國亦譯之。若《羅馬法》，可考泰西之本。英、德法，可見霸國之治。外國公法、民法諸書，譯之極詳。羅、英、法、蘇比較法律書，合四方而得其中，蓋日人欲變法，大考泰西而得之。今吾中國之法，非經義之舊矣。在大地中，爲五十餘國之一，非復大一統之治也，外之邦交，內之民法，皆當與人通之。泰西謂吾律嚴酷，故其民皆歸其領事自治，吾有司不能過問。租界之地，如一小國，而吾民遊彼，一切皆受治於其地方官，吾領事不得過問。既失往來相報之禮，更失中國自主之義。夫以日本蕞爾小國，而日吏能治吾民，而吾吏不能治日民。此之深恥，又在割台之外者，宜天下共發憤已，又非徒損威重而已。且同一獄也，吾民當殺而彼民僅禁錮數月，民怨其上，吾將駈民安歸？交涉日多，此豈不爲大憂乎？故法至今

日，亦不能不變通盡利者也。考日本之能治西民，蓋自變律始。累遣學生出使，考查西律，斟酌厥宜而施行之。及其施行，經幾許艱阻，而後永定焉。日本爲東方舊國，俗與吾同，舊律與吾同。其變易新法之斟酌考求而施行之順逆難易，亦當與吾同。若吾終不欲自主變法可也，若採變律法，因日本最近已成之文章再加裁變，力省而功溥，事切而弊少。西東爲其難，我爲其易，將以保民命而存國體，豈不在斯乎？守舊則辱，變法則強。辱與強，當國者奚取焉？其商法、學法、鑛法、軍法、會社法、銀行法、商船法、保險法，皆新法，極詳密，吾皆可取爾。

又《外國憲法類序》 聚大衆則不能無律法以治之。族有譜，國有法，天之理也。日本自維新以來，考求泰西之政，更立法度，《講義》、《圖解》詳哉。《國憲汎論》、《美國憲法史》、《各國憲法》、《萬國現行憲法比較》四種最精矣。其《内外臣民公私權考》，人有自主之權，又有互制之法，泰西之良法哉！

又《刑法書類序》 刑罰世輕世重。孔子《春秋》立三世之法，治亂世與治昇平、太平之世，固異矣。夷族、車裂、炮烙，此太古虐刑也。肉刑，據亂世之刑也，漢文去之，隋文變之。今之杖、笞、流、徒，昇平之刑也。太平則人人有士君子之行，刑措矣，其有不得已之罰，則象刑而已。泰西近去繯絞之刑，輕矣，猶未幾于太平也。然其治獄潔，其聽審衆，不鞭撻以示威以代，理達愚民，猶猶乎多愛民之意矣。日人擇而施用之，律有學，學有生，書有講義，問答難題，復吾漢世郭躬、陳寵之業，唐時律學博士、律學生之法。移吏幕之陰學而陽用之，道在一轉移哉！

梁啓超《西學書目表附録・讀西學書法》 西人凡百政事，皆有章程，頒行省署。其定章之始，既已精詳審慎，又復隨時修改，有司奉行，不少假借，其不可奉行者，應時改之。此西政之所以善也。今欲變法，莫亟於多譯章程之書，得以取資。

趙惟熙《西學書目答問・政學・法學》 凡公法、律例、賦稅、度支、條約、章程悉宜隸此，惟譯本祇有公法、律例數種，餘未及也。

綜　述

法學分部

法律釋義

顧述廬《通學書籍考・法律類》 《法律釋義》。英蒲拉斯頓著。是書成於一千七百六十九年。

古法經世

顧述廬《通學書籍考・法律類》 《古法經世》。布國賽非尼著。是書成於一千八百三年。

萬法精理

通雅齋《新學書目提要・法制類》 《萬法精理》。上海文明書局本。《萬法精理》二卷，法國孟的斯鳩原著，桃源張相文譯本。蓋由法文而英文、而日本文、而中國文，凡四譯矣。書分前後兩篇，而前篇亦有數章未刊，姑就已行者先讀之耳。盧騷之著作爲法國革命之動機，而此篇之出則法國改政之所本，其三權鼎立之説，美人立國草制實與命意相符，至其分貴族、立憲、專制爲三政體而定其所以爲元氣，貴族之風，中土所無，無勞學者之討論，

此則可以自幸者也。作者當日有著英國政體論之意，既乃欲以所論英國政體之言列入此書之內，又曾著《羅馬盛衰原因論》以行于世而今無傳本此本偶一引及，是篇所述則于羅馬舊事頗詳，于英國政典亦嘗引及而不成章節。顧世態萬殊，則名言不必悉驗，如書中謂立憲王國之君主不當親臨訟庭，判決是非，而君主審事院之設在英國則未見其弊；謂共和國以版圖狹隘爲宜，至于疆宇恢廓則難期久遠，然美利堅立國已過百年，亦安見其爲短促？于此見理論與實事之相反焉。惟平等過度必流爲專制一語，則觀近日美國修改政律特尊視總統之一身，其象已著，可以證之。篇中頗引中土史事，著書之時交通未盛，此可覘其博聞，其實精要之談每可就中國古書遺事以相參，即如所云專政之民忍耻而偷生，不得不治以嚴刑，共和、立憲之民畏苦痛甚于畏死亡，故奪其性命而止，此非《周禮》大司寇「刑亂國用重典，刑平國用中典」之義乎？至論節儉諸條初讀頗病其隘，然其言曰爲欲經綸一國調劑而得其平，按貧富懸絕之病爲近日政界之奇憂，而百年之前已怵橫流之禍，先識之驗無符著龜，此其異也。又謂法國舊法已具立憲之精神，罰鍰一條貴族重而平民輕，至于加刑則嚴于平民而寬于貴族云云，按中國定例職官與平人之差別亦略近此意，而謂合于立憲之理則惜未詳究其由而察其所以宜耳。所引我邦舊律以爲比較參稽，則傳聞或誤，如第二卷子坐罪一節謂子若有罪連坐其父是其顯著者。屢引某國，今不可知。又第二卷二章第十七節其說恐滋緣飾，譯者似可從刪，庶不致爲舞文之具焉。

徐樹蘭《古越藏書樓書目·學部·東西洋法家之學》 《萬法精理》四卷。法孟德斯鳩。《譯書彙編》本。

顧燮光《譯書經眼録·法政》 《萬法精理》十卷。上海文明書局洋裝本，《譯書彙編》本。法孟德斯鳩著，張相文譯。原書奧衍宏深，該博繁富，自古開化諸邦以及世界著名各國，莫不沿流溯源，窮其利弊，蓋西國言政治書中第一鉅作也。惜語多偏激，流弊隨之。語及吾華，意存訕毁。博而不精，有闕憾焉。

楊復等《浙江藏書樓乙編書目·法律》 《萬法精理》五冊。法國孟斯得鳩著，日本何禮之、桃源張相文譯。文明書局鉛印本。

法意

《上海格致書院藏書樓書目·東西學書·政治》 《法意》。孟德斯鳩。嚴復。十九卷。四冊二本。商務印書館本。

楊復等《浙江藏書樓乙編書目·法律》 《孟德斯鳩法意》四冊。侯官嚴復譯。商務書館鉛印本。

法律探原

顧燮光《譯書經眼録·法政》 《法律探原》二卷。《會稽徐氏政蓺新書》石印本，一冊。《增版東西學書録》收入附冊內，玆查係譯本，改歸此類。馬建忠譯述。上卷曰論法，下卷曰民律。推論法律之行廢，而歸其準於性法。蓋性，人所自有，而法則以濟其窮。恐其侵人權利，於是律例生焉。其律則分民律、公律，而以公法終之，使人民無敢或越，共守其敬人敬己之要旨。然則性法所係，顧可忽哉！求是室主譯有泰西孟□著《商律》。金陵東文學堂謝小石、杜子英合譯，又求是室主，又唐海平均譯有《法律泛論》。杭州譯林社譯有《法蘭西法律書》，又譯有《各國議院典例要略》。

法律學綱領

顧燮光《譯書經眼録·法政》 《法律學綱領》一卷。《譯書彙編》本，一冊。日本戶水寬人著，巔涯生譯。凡六章。一曰法律學者何，二曰法律學之分類，三曰法律哲學者何，四曰推理派、沿革派，五曰比較法學，六曰法律及權利。全書於法律類派，考證極詳。第六章言國際公法爲公共之法，與國內法不同。故締約，必諸國之意相同；若弱國，不能不強從也。約而言之，國內法所以治內，而間能羈束外人；國際公法爲交涉之具，亦爲私家之

直接。此法律所以有公法、私法之別。無權利，則法律失其眞矣。

徐樹蘭《古越藏書樓書目・政部・法律》《法律學綱領》一卷。日本戶水寬人。《譯書彙編》本。

法學門徑書

顧燮光《譯書經眼録・法政》《法學門徑書》一卷。開明書店排印本。日本玉川次著，李廣平譯。本書指示學者讀法學之門徑，凡六章。以實際研究爲各類必要之機關，而以養成法律爲普通之智識。其分晰比較處，頗爲簡明。

楊復等《浙江藏書樓乙編書目・法律》《法學門徑書》一冊。日本玉川次致著，李廣平譯。鉛印本。

法律教科書

顧燮光《譯書經眼録・法政》《法律教科書》一卷。作新社洋裝本。作新社編譯。本書分三編，若干章。分總論、性法、人定法三類。蓋法律以性法爲主，立法者因之而得權衡，法律家因之而識治國之原，民因之以防虐政，國因之以護治。故其關係，極爲至要。而人定法因之完全，遂無遺憾。雖寥寥數千言，於法律源流，成立沿革，憲政國際，皆扼要言之，足資教科之用。

法學通論

顧燮光《譯書經眼録・法政》《法學通論》一冊。上海作新社洋裝本。作新社譯。是書發明法學，概論各法之綱要，爲法學者必要之書。日本著者有數十種，此編未列著作者姓氏。計五編：首泛論；次法律；次權利及法律之私權及法法；四公權及私法；五國權及國際法。德人奈布尼都以法律爲權利之學，故無權利，即無法律，即世所謂以強弱而定公法之類是也。然公理愈講愈明，國際法尤爲交涉之準。西人以權利所及，法律即隨以行。寓華西人既不受我管轄，權利既失，法律安行？所謂義務裁制者，又安可問乎？是書撮法學之大綱，以法學紛繁，先言普通，搜集諸説，尙爲精備。研求專門法學者，當以此爲梯階可耳。至原書多引用日本法律，以資考證，其名目各處，亦沿用日文，蓋以中律無可借證故也。

法學通論

顧燮光《譯書經眼録・法政》《法學通論》□卷。政法學報社本。日本織田萬著。法學通論，所以説明法學，概論各法之綱要，爲治法律學者必要之書。日本法學通論之著，不下數十種，以是著爲其特色。本書大恉，以普及法律思想爲主，故行文平易淺近，且博採衆説，加以斷語，尤覺醒目焉。

法學通論

徐樹蘭《古越藏書樓書目・學部・東西洋法家之學》《法學通論》九章二卷。日本磯谷幸次郎。王國維譯。金粟齋本。

顧燮光《譯書經眼録・法政》《法學通論》二卷。上海金粟齋本，一冊。日本磯谷倖次郎著，王國維譯。書分緒論、本論二卷，各爲章目，蓋磯谷倖次郎教授生徒時所講演也。按法律爲人羣進化之原，國家文物之要，故凡刑法之分，公法、私法之別，莫不具有綱領，使國有獨立之精神，人有完全之權利。日本步武泰西，法律競尚西制，迂者多病之。然其能於保存國粹之中，寓採擷歐化之旨。讀書中各篇，知日本之強，由於法律之改良，而本書所論英國衡平法者，可以鑒拘泥頑固之失矣。

楊復等《浙江藏書樓乙編書目・法律》《法學通論》一冊。日本磯谷次郎講義。金粟齋鉛印本。

法學通論

通雅齋《新學書目提要・法制類》 《法學通論》。上海廣智書局本。《法學通論》二卷，分爲十七章，題云日本鈴木喜三郎講義，中國震生譯意。上卷綜論法律，下卷專言民法，解釋明顯而語有分際，足徵其學之深，其意不主于博采，故于諸家學説不甚旁求，而以切于日用者示人以可守之範圍，誠爲讀律之門徑，亦法學之教科書。譯者自序云用此以引學者，其言固不誣也。原刊既以講義標名，則當是學堂口授之本，故下卷所言較上卷爲邃密，分而觀之各有綱目，一章之義每視前章爲精奥，其由淺入深之序條次秩然，此其迹之顯著者矣。譯筆于日本名詞從改從漢文字義，亦審愼之一端，良便于讀書者焉。

《上海格致書院藏書樓書目・東西學書・法律》 《法學通論》。日本鈴木喜三郎。震生。一本。廣智書局本。

楊復等《浙江藏書樓乙編書目・法律》 《法學通論》一册。日本鈴木喜三郎講義。廣智書局鉛印本。

法律泛論

徐樹蘭《古越藏書樓書目・政部・法律》 《法律泛論》一卷。日本熊谷直太。《繙譯世界》本。

法制新編

通雅齋《新學書目提要・法制類》 《法制新編》。日本東京譯書彙編社本。《法制新編》二卷，題云日本葛岡信虎講義，上海朱孔文筆述。蓋用于教料之書也，就法律易曉之理逐條衍譯，似尚非施于中等教育以上者。其詞旨婉約，深合口授之義，使聽者優游泳涫，可以自求深造，亦可見爲教員者之所用心矣。辨盧騷民約之説而不爲過甚之詞，于自由、平等諸條釐其界限以俾學者之遵循，皆所以預防流弊，然指導有方亦不至教人爲諂，求之近日師説，終屬雅人之言矣。

顧燮光《譯書經眼録・法政》 《法制新編》一卷。《譯書彙編》洋裝本。日本葛岡信虎講義，朱孔文筆述。凡上下二編。上編曰法制大綱，下編曰法制實體。原書不分章節，逐條衍譯，詞旨婉約，蓋講義之體固宜爾也。本書宗旨，於民約之説不甚主張，於自由平等亦能明其界限。防流弊而不失和平之正，可謂循誘有方矣。

政法片片録

徐樹蘭《古越藏書樓書目・學部・東西洋法家之學》 《政法片片録》一卷。闕名。《譯書彙編》本。

小學聞見録

徐樹蘭《古越藏書樓書目・學部・東西洋法家之學》 《小學聞見録》一卷。闕名。《譯書彙編》本。

法政講義

楊復等《浙江藏書樓乙編書目・補遺》 《法政講義》三十册。日本法政留學生編輯。東京鉛印本。

國家法與憲法分部

國法泛論

徐樹蘭《古越藏書樓書目・學部・東西洋法家之學》 《國法泛論》一卷。德伯倫知理。《譯書彙編》本。

國法學

通雅齋《新學書目提要・法制類》 《國法學》。日本東京譯書彙編社本。《國法學》四卷，日本岸崎昌、中村孝合著，烏程章宗祥譯本。此自法學專門之書，其議論反復申譬，皆根據于事理，讀者若未究心于法律一科而就其枝節觀之，于學無當也。全書參考各國制度，具徵博聞，于日本故事多與各國比絜其異同，略見當日變法所以斟酌之要。其論英、德諸國爲共和國體而君主政體，日本爲君主國體而共和政體，其説甚創而能自立其義。又謂今之歐洲國家皆由部落國家而成，民會即國民軍，議長即臨時之大將，後世相沿，遂爲定制之官世襲之云云，此必更有所據，若以舊史所紀東國阿保機之事證之，其制乃適相類也。論臣民之權利一章推闡至盡，徵引普、日兩國憲法比例尤明，欲盡其職者所宜措意于此。論人民生籍之事援例甚詳，其于交涉、行政皆近日所關，當先摘其要焉。

顧燮光《譯書經眼録・法政》 《國法學》四卷。譯書彙編社《政治叢書》第一編洋裝本，一本。日本岸崎昌、日本中村孝合著，章宗祥譯。各國國法之組織起源，均各不同。不明其故，則莫明政治之利害，而法學即以此爲範圍。凡國家如何成立，機關如何運行，舉元首、臣民與立法、司法、行政等項，均包括在内。日本各政治學校，均以此科列入首年，其重可知。法科大學亦然。是書本大學校之説，凡四卷，另列《緒論》於首，論國法學之意義淵源。第一卷曰論國家之組織，凡三篇，論統治權、領土、臣民各法。第二卷曰論國家之機關，凡二篇，論君主、國會之理。第三卷曰論國家之機能，凡二篇，論立法、行政、司法之理。第四卷論國家之聯合，凡三篇，論事實，國際法上之連結。

《上海格致書院藏書樓書目・東西學書・法律》 《國法學》。日本岸崎昌、中村孝，章宗祥。一本。譯書彙編社本。

楊復等《浙江藏書樓乙編書目・政治》 《國法學》一册。烏程章宗祥譯。譯書彙編社鉛印本。

萬國憲法志

《上海格致書院藏書樓書目・東西學書・政治》 《萬國憲法志》。周逵。三卷。一本。廣智書局活印本。

楊復等《浙江藏書樓乙編書目・法律》 《萬國憲法志》一册。湘鄉周逵譯。廣智書局鉛印本。

各國主權憲法對照

顧燮光《譯書經眼録・法政》 《各國主權憲法對照》一卷。《政治學報》本。日本川澤清太郎著。各國憲法不同，學説亦異，然不外立憲主權、共和主權二派。是書闡明憲法原理，兩説並列，互相比較，旁采衆説，以資參考。

萬國憲法比較

通雅齋《新學書目提要・法制類》 《萬國憲法比較》。上海商務印書館本。《萬國憲法比較》一卷，日本辰巳小二郎原著，房縣戢翼翬譯本。憲法

爲立國行政之本，各因其國習俗規制之，宜與其宗教、種族之異而定之，顧欲以一人之力彙爲成書而條列其異同得失，是亦難矣。是書所引各國之憲法似尚非全文，而所系之論則持議極通，且徵引典實，尤資稽考。如記意大利獨與陸海軍官吏以被選之權，其他學識技藝有功于國之人亦得爲上議院議員，以示獎勵；葡萄牙及南美之巴西國憲法有所謂特命權，而葡國又特定國會開閉之期，以示議院不由國王徵集；希臘國會僅有一院，獨行普通選舉之法，其議事之制必經三次討議始得採用；丹麥國王之赦免權不能及于有罪、受彈之人；利邊利亞之立共和政體實出于亞美利堅人之計畫，以明黑色人種亦有自治之能，凡此各條皆足以擴近人之新知者。其論土耳其以十餘種族之人民立于一政府之下，風俗互易，言語不同，利害得失不能一律，若欲以政府之舉徇人民之意向，則政略進取之道必不能豫決；論法、美二國之同異謂法國俗尚武略，逼處列強，敵國外患無日無之，執政威權不得不重，美國以工商致富，四境無虞，執政威權不得不輕，又法國自古諸州畫一，美國州各一制，亦權限所以不同之因；西班牙之憲法與英國之憲法相似，而英國以國王爲主，西班牙以國民爲主，蓋英國憲法由日積月累而成，西班牙則成于旦夕之間之故，諸說皆極著明。學者得此書而讀之，其于各國之政體已可得其概矣。

徐樹蘭《古越藏書樓書目・政部・外交》 《萬國憲法比較》一卷。日本辰巳小二郎。光緒二十八年上海商務印書館本。

楊復等《浙江藏書樓乙編書目・法律》 《萬國憲法比較》一冊。日本辰巳小二郎著。商務書館鉛印本。

各國憲法大綱

通雅齋《新學書目提要・法制類》 《各國憲法大綱》。上海作新社本。

《各國憲法大綱》四卷，各分章節，題云上海作新社編譯，未知原著何人也。其書僅論英、德、法三國及日本立憲之要，蓋以示中國之準以爲他日所取資，用意良善。篇中所記各國憲法之沿革諸條考古甚詳，其有可討論者，如云英國君主之地位實一名譽有力之世襲大臣，君主不列于內閣自佐治一世爲始，按日本叙官無正一位之階級，蓋即以天皇當之，此與孟子所云天子一位列于班爵五等其說略近，英吉利之權重在內閣，亦與中國前代任用宰相相同，故英國無特纂之憲法，而以大寶敕令及權利法典代之，稽之中國歷代政體亦微有此意，特未及發明耳，此英國之治所以宜于我中邦也。又云英國分殖民地爲三種，列其制度于下而不叙地名，此自以明憲法之大意，然既未指實其地，則讀者無由就其疆域以察其行政之方，按英國屬地之政所分三等，一爲專隸政府之制度，一爲地方紳董議政，政府派首行政之制度，一爲地方紳董兼有議政、行政之權而政府派總督以監之之制度其總督仍受成于本國政府，此即是書所謂三等制度者，其地雖不能具知，然如印度、錫蘭殆爲第一等之制，西印度諸島別爲第二等之制，澳大利亞各屬及美洲之坎拿大皆爲第三等之制，分目尚繁而大綱可見，此當爲補證者矣。其謂設施印度政治亦惟內閣，叙印度事務之職云行政歲入，任命各州行政會議員必由印度會之多數而決，此會受國會之委託監印度事務尚書之責，然印度事務大臣之權雖輕，而印度總督之駐節于加拉戛達者則權望甚重，其于本國班在皇太子之上，頗得自專其事，現任殖民大臣金白雷之爲印督，掠我邊界野人山地數千里，皆其拓土之功，而內閣不得侵其權，書中云恐未盡也。論拿破侖一世非盡力共和主義之人，而引其當日之言以爲證，按拿破侖手定法律，自是專擅之旨，據此文觀之益信，近人謂其欲盡廢列國之帝王而代以民主，要是好異之談。至謂德國之政制非聯邦乃諸州之同盟體，記美國憲法而及憲法前文之要，并引美國舊事以明之，論日本憲法止定大體而其詳則載於他法律中，爲防亂于未然，此皆未發之論，其書因多裨也。

楊復等《浙江藏書樓乙編書目・法律》 《各國憲法大綱》一冊。作新社譯。鉛印本。

憲法論

顧燮光《譯書經眼録・法政》 《憲法論》□卷。日本法學士菊池學而著，林棨譯。是書首論國家觀念，次論統法權及國政體，日本議會與夫選舉、政黨諸大綱，中分細目，於憲政一切組織，完備可讀。

憲法論

徐樹蘭《古越藏書樓書目・學部・東西洋法家之學》 《憲法論》一卷。日本逸見晉。《普通學報》本。

憲法法理要義

通雅齋《新學書目提要・法制類》 《憲法法理要義》。日本東京王氏刻本。《憲法法理要義》二卷，分爲五編，各分章節，題云溫州王鴻年撰。據其所作序則作者曾于日本大學校學政治科，而以其校長穗積八束之説摘錄其要以成爲此篇者也。穗積氏蓋素主君權之論者原序亦明言之，其大旨自有所見，未必定非。其書援據得當，斷制尤明，立説既辨，記者復以顯豁之文行之，尤足以動人。顧其言則有近于武斷者，如云憲法者非所以束縛君主而實君主之所以束縛人民，此太偏于一面。謂慣習法必由國家認許以爲有效始可與法律相并，不由于國民之確信，以國家與國民爲對峙之文，則所謂國家者非專指政府而何？又于歐洲人之稱國民而不稱人民亦顯斥之，且云無論何等國體，無主權則不能成國家，若有主權則服從之義則含于其中，其辭甚悍，而所謂含有服從之義者乃并不能剖析，則仍系空言相詆。至論君主憲法上之大權而不稱特權，此尤狡獪之尤，乃復自述所見，沾沾自喜，適形其淺。全書不及美國政體，諒亦以其制度與其主義多相格也。篇中惟謂英國君主與國會并行，而國會之權獨重，徵引討論，皆甚確切，此爲可取。所云共和大統領專制暨比利時原作「白爾義」諸國，名爲君主而實則民主等語，皆供稽覽，讀者當有別擇焉。

國憲泛論

通雅齋《新學書目提要・法制類》 《國憲泛論》。上海廣智書局本。《國憲泛論》二卷，分爲四十七章，日本小野梓原著，題云中國陳鵬譯。蓋日本憲法未立以前所著之書也。其持論皆根據事理，于歐洲名儒之説徵引甚備而不爲苟同，于設官分職諸門研究其本義之所在與其職分所當爲，論行政官參議國會之事、刑法陪審官之制、會計預算決算之方，辨其利弊得失，皆反復申譬，不厭求詳，觀日本近日行政規模雖美，似猶未副此書之所期也。言國民自主諸章立義猶與我邦情勢相合，述日本現時民權一章亦可見其變法之要，至論有國之全權一節以自來言國權所掌者綜其説爲五派，而頗主歸權于主治者之義，蓋謂以全權歸之國人而使主治者爲之代表也，此制若行，流弊自少，顧茲事體大，固當重言以申明之，篇中于此文論定尙略，而于各説之偏重亦未嘗執勢以辨之，其述第一派之説引及柳宗元《封建論》之文，按之其言，要不甚合子厚所論，略近聯邦共長之體，初非專制帝國之言，以云比附似未諦矣。又自來泰西學者論及政權，率分立法、行政、司法爲三而以爲權之所出，故有三大權之説，作者獨譏其分析之未當，謂宜以解散國會議員之事、代議人選舉議員之事，各設專官，名之曰政本之職，而合政本、議政、行政、司法爲四大官職，其于孟的斯鳩諸人三權鼎立之説辟之尤力，而謂立法一官當在行法、司法之上，并引美國憲法及英國之書以證明之，命義雖創而爲説甚辨，要非故爲可憙之談者。然近日歐美學者之論則多以立法、行政兩者并舉而以司法一官爲輕，已與前人之説微殊，推之作者之論，未知其意何似耳。駁盧騷之言謂立法之官非全能之官，蓋恐其説一行則合衆之政體將鄰于專制，故爲峻辭以拒之，其意良韙也。

憲法要義

通雅齋《新學書目提要・法制類》 《憲法要義》。上海文明書局本。《憲法要義》一卷，分爲十三章，日本高田早苗原著，金匱張肇桐譯本。按日本變法幾二十年而立憲之政體始定，其濡滯若此者，良以審愼出之，故伊藤博文編纂憲法首著日本天皇萬世一系之文，又申之曰天皇無責任、天皇神聖不可侵犯、天皇有種種特權，所以防民氣之囂也。此篇亦多法學粹語，要皆依違于憲法之文而以己意附益其間以申辭之，蓋託于尊皇之義而然，譯者自序頗以舊譯之阿附

當道爲非，顧此書雖不致襲此病，似于譯者原意尤未悉合，不知何以必取于此也。第六章言天皇一節乃釋其國皇室典範之文，譯之似無所用。篇末云近俄國宗務大臣著書以論立憲政治之失，蓋即波壁那士錫之言也。

各國國民公私權利考

徐樹蘭《古越藏書樓書目・學部・東西洋法家之學》　《各國國民公私權考》一卷。日本井上毅。《譯書彙編》本。

顧燮光《譯書經眼録・法政》　《各國國民公私權利考》一卷。《譯書彙編》本。日本井上毅著，留學生譯。論國民應有之權利，分爲二章，曰公權，曰私權。公權者，參與公共事務所得之權利，即公益上之權利也。私權者，人民自營生計所得之權利，即私益上之權利也。並引覈各國實例，以爲證。講政學者，宜讀是篇，可知權利爲人人固有之物，宜確守界限，勿放棄責任也。

各國國民公私權考

通雅齋《新學書目提要・法制類》　《各國國民公私權考》。上海商務印書館本。《各國國民公私權考》一卷，日本井上毅原著，上海出洋學生編輯所譯本。書中立說太抵分自營之利與共享之利爲私權、公權，以今日各國之通例言之，私權爲本國人民所有而外人亦得一體均沾，至于公權所在多與國政相關，則不能屬之外國人以其概也，徵引列邦憲法、國法諸條，讀者藉此略知待外人雜居之例。近日有志言收回領事裁判權者于修改法律一端皆知注重，夫法律所以制人而人之權利即不能不明示以保護而加之範圍，此一定不易之理，故是篇之譯尤爲異日之要圖矣。顧猶有質疑者，如外國人任用官吏一條歷引舊例幷中國、朝鮮諸事，又云外國人從事陸、海軍者，司令之重務仍不得任之，然聞俄國官吏多用德人，而其海軍要職尤以瑞典、脳威之人爲重，未悉所據何義；法國首廢外民財産沒收權一條及外國享有不動産等例，按法蘭西境内土地多爲外人所購，其制何若皆所未詳；又如猶太人多著籍于各大國，然或不時驅逐，究之各國相待通用何法，所言歸化各節亦未及之，此皆讀者所欲知也。

《上海格致書院藏書樓書目・東西學書・政治》　《各國國民公私權考》。日本井上毅。出洋學生。一本。商務印書館活印本。

楊復等《浙江藏書樓乙編書目・法律》　《各國國民公私權考》一册。中國留學生編。商務書館鉛印本。

歐美各國法律分部

萬國律例撮要

徐維則等《增版東西學書録・政治法律》　《萬國律例撮要》十六卷。英布茂林著，葉耀元譯。顧補。

羅馬法

顧燮光《譯書經眼録・法政》　《羅馬法》一卷。啓新書局洋裝本，一册。啓新書局譯。羅馬法爲歐美現行法律之淵源，中世以來，歐美學者悉力考求，斯旨益暢。本書凡四章，分四期，自羅馬創立至奢士芝尼亞帝時代止。其第二章爲表十二，第一表至第十表爲平民所規定，以剝奪從來貴族之權利，使進於平民之地位。十一表爲貴族所定，則以壓民權爲宗旨。十二表舉僅存五條中之重要者。三、四章則叙羅馬法沿革之由，及現今各國採用之實。本書爲日本早稻田大學講義，譯者間附案語，有足以發明其理趣者矣。

楊復等《浙江藏書樓乙編書目・法律》　《羅馬法》一册。闕名。日本東京鉛印本。

法蘭西憲法

顧燮光《**譯書經眼録・法政**》　《法蘭西憲法》一卷。羣學社編本。羣學社譯。斯法定於西曆一千七百九十三年，凡三十五條。

法國律例

梁啓超《**西學書目表・法律**》　《法國律例》。畢利干。同文館本。四十六本。六兩。

又《**附録・讀西學書法**》　《法國律例》名爲「律例」，實則拿破侖治國之規模在焉，不得以刑書讀也。惟譯文繁訛。館譯之書，皆坐此弊。

顧述廬《**通學書籍考・法律類**》　《法國律例》。同文館本。法畢利干著。

趙惟熙《**西學書目答問・政學・法學**》　《法國律例》。四十六册。英畢利干譯。同文館本。是書不專載律例，法前王拿波侖立國規制，時附見焉。

徐維則等《**增版東西學書録・政治法律**》　《法國律例》四十六册。同文館本。初印本十二册，未全。法畢利幹譯，時雨化述。皆法王拿破侖所作治國之規模，實非律例。其譯筆繇訛，精政治學者盍條理之？製造局印有英傅蘭雅、趙元益譯《西法洗冤録》，時務報館譯有《法國律例》，均未印出。《求是報》有三乘槎客譯《拿布侖律》、日西律新譯，未成。南洋公學譯有《日本法規大全》，亦未成。

徐樹蘭《**古越藏書樓書目・政部・法律**》　《法國律例》四十六卷。法畢利幹譯。慎記石印本。子目列後：《刑律》四卷。《刑名定範》四卷。《貿易定律》六卷。《園林則律》二卷。《民律》二十二卷。《民律指掌》八卷。

法國歷代司法院之組織

楊復等《**浙江藏書樓乙編書目・法律**》　《法國歷代司法院之組織》一册。孫寶琦。鉛印本。

地利花奇案全録

徐維則等《**增版東西學書録・交涉**》　《地利花奇案全録》一卷。《知新報》本。英倫敦溫故報著，周靈生譯。地利花，法之都司，即脱雷福斯事也。顧補。

法國脱雷福斯案紀事本末

徐維則等《**增版東西學書録・交涉**》　《法國脱雷福斯案紀事本末》一卷。《五洲時事彙報》本。日本田岡佐代治譯。案脱雷福斯以洩漏軍情被逮定案，後流於太平洋魔島三年。其妻徧求著名律師，爲之伸雪，因自島召還，復訊於列奴地方。篇中所紀，頗爲詳確。脱雷福斯不（遇）［過］一兵官要案，中間翻覆數回，牽涉多人，乃成爲軍府政府、君主民主互相爭鬭之一大關鍵，亦考求時務之不可不知者也。顧補。

比國考察罪犯會紀略

梁啓超《**西學書目表・法律**》　《比國考察罪犯會紀略》。傅蘭雅。《格致彙編》本。

顧述廬《**通學書籍考・法律類**》　《比國考察罪犯會紀略》。《格致彙編》本，《質學叢書》本。傅蘭雅譯。

徐維則等《**增版東西學書録・政治法律**》　《比國考察罪犯會紀略》一卷。《格致彙編》本，《質學叢書》本。英傅蘭雅譯。是會開辦在光緒十八年夏，各國派員入會者十有六，各處博學會派員入會者十有九。會中備述醫師、律家諸説，而醫家考察罪犯主腦氣偏左阻塞，實爲聞所未聞。是會中國派吳挹

清觀察宗濂與會，論中國審理詞訟章程，頗得體要，宜爲比王所褒嘉。

徐樹蘭《古越藏書樓書目・政部・法律》　《比利時國考察罪犯會紀略》一卷。英傅蘭雅。《格致彙編》本。

劉錦藻《清續文獻通考・經籍考・法家》　《比國考察罪犯會紀略》一卷。傅蘭雅譯述。蘭雅見上《政書類・考工》。臣謹案，是會開辦，在光緒十八年夏。各國派員入會者十有六，各處博學會派員入會者十有九。會中備述醫師、律家諸說，而醫師考察罪犯主腦氣偏左阻塞，實爲聞所未聞。是會中國派吳宗濂與會，論中國審理詞訟章程皆得體要，宜爲比王所褒嘉焉。

比利時國法條論

顧燮光《譯書經眼録・法政》　《比利時國法條論》一卷。湖北洋務譯書局本，一冊。曾仰東譯。是書據西曆一千九百年比京國學課本，計五章，曰立國總論，曰國民，曰疆域，曰主權，曰津法。蓋四者爲立國之體，非精求其理者，不能去其流弊。比利時以彈丸小地，峙列強之間，巍然獨存，民俗靜穆，乃知立國自有眞也。

英國憲法論

通雅齋《新學書目提要・法制類》　《英國憲法論》。上海廣智書局本。《英國憲法論》分爲五章，日本天野爲之、石原健三合著，題云中國周逵譯述。按立憲政體之與地方自治實爲中國必由之義，而兩者之制皆以英國爲郅美，此書專考英國憲法各條，誠我國言治者所宜亟讀也。顧英國憲法未經編纂，惟據人民習慣之義以定爲常則，而散布于尋常法律之中，蓋茲事體大，英人重視之，雖以君主之尊榮猶不敢特修一書以爲根據，亦《中庸》所謂「非天子則不制度」也，有其精神而無其制作，則英國之立憲學但能研其實際而末由考其全文。惟英吉利既以此立國，故其鴻生碩儒著書以言政者宜有不刊之言，此書所述多取于私家論撰，凡例所列參考之書近二十種而英人之成書獨多，篇中推其創始，闡其用心，考據精詳，議論縝密，昔人之論《周官》稱爲盛水不漏，此書之作庶足當之。前列蔣智由之序以爲取鑑人國以浚吾之理想，而後徐圖見之實事，良爲有識之言，可知是篇之用矣。世有作者，剌取所引諸端以與我邦情形相證，何者合于國體、何者宜于人情，則折衷之宜必審其要，海內君子其有蓄鉛素而懷袖筆者歟，讀書者延佇深之。

《上海格致書院藏書樓書目・東西學書・政治》　《英國憲法論》。日本天野爲之。石原健三。周逵。二卷。一本。廣智書局活印本。

英律全書

梁啓超《西學書目表・法律》　《英律全書》。何啓。香港排本。一本。

又《附録・讀西學書法》　粵人著有《英律全書》，體例未善，慰情聊勝無也。

顧述盧《通學書籍考・法律類》　《英律全書》。香港排本。何啓譯。

趙惟熙《西學書目答問・政學・法學》　《英律全書》。一冊。何啓譯。香港本。

英律

徐維則等《增版東西學書録・政治法律》　《英律》八卷。英布茂林著，葉耀先譯。顧補。

英吉利憲法史

顧燮光《譯書經眼録・法政》　《英吉利憲法史》一卷。《政法學報》本。政治學報社譯。歐洲各國憲法，以英最爲完備。蓋合君主、貴族、共和三政治，取長略短，合國民程度以成，而政體遂昭著於天下。考其建國

立法，原於上古索遜之時。雖屢經變亂，幸國民上下同心，卒以恢復權利。經約翰王德華一世之查爾斯一世之屢經修改，方成篇章。言憲法者，所宜取讀者也。

英國憲法史

《上海格致書院藏書樓書目・東西學書・史志》《英國憲法史》。日本松平康國。順德麥鼎華。三本。活版。

楊復等《浙江藏書樓乙編書目・法律》《英國憲法史》三册。日本松平康國著，順德麥孟華譯。廣智書局鉛印本。

印度刑律

《上海格致書院藏書樓書目・東西學書・法律》《印度刑律》。托瑪。巴理。邱起霖。二卷。三本。商務書館活印本。

廣學會編《廣學會譯著新書總目・律法》《印度刑律》。是書嘉託瑪、美巴理同著，山雅谷譯，邱起森述。上下兩卷，計二十章。備論印律與華律之異同。又註一冊，共三本。計洋七角五分。

美國憲法提要

顧燮光《譯書經眼録・法政》《美國憲法提要》一卷。文明書局本，一册。章宗元譯。美國憲法，各國成典憲法之祖也。訂於乾隆五十二年，凡七章。其後續增十五章，都二十二章、四十五節。其第一章定立法之制，第二章定行政部之制，第三章定司法部之制，第四章爲列邦互相交往及與中央國家交往之制，第五章爲增修憲法之法，第六章爲施行之法，第七章爲簽署之法。其續第一章至第十章，皆載國民之權利。第十一章，修司法部之制。第十二章，修行政部之制。第十三章至十五章，皆南北戰後續訂定釋奴及善後之法。今確依原文，逐句詳譯之。附以案辭，則採諸他書，録諸講義者。

美國憲法纂釋

陳洙《江南製造局譯書提要・政治》《美國憲法纂釋》二十一卷。附憲法、續增憲法。美國總統海麗生撰，慈谿舒高第口譯，海鹽鄭昌棪筆述，江浦陳洙潤色。立憲之旨，各國略同，而憲法則因其國勢民俗之程度而定。言憲法者，可參考焉。

第一卷：憲法源流篇。第二卷至第三卷：國會事宜篇。第四卷至第十卷：總統篇。第十一卷：內閣篇。第十二卷：度支篇。第十三卷：陸軍部、法部篇。第十四卷至十五卷：郵政部篇。第十六卷至十七卷：水師篇。第十八卷：內部、農部篇。第十九卷：各派班派員篇。第二十卷至二十一卷：大理院篇。

美國憲法

徐維則等《增版東西學書録・政治法律》《美國憲法》□卷。《東亞報》本。日本坪谷四郎著。言美國政治頗詳。徐補。

版權考

顧燮光《譯書經眼録・學校》《版權考》三卷。商務印書館本，一册。英斯克羅敦、英普南美、羅白孫合著，周儀君譯。原著爲英泰晤士報館所輯，詳考各國版權之起點要義，羅列現行法律，足覘各國近日文明之程度。譯者分爲甲、乙、丙三篇，甲篇論版權之胚胎，乙篇論版權之發達，丙篇論版權之完備。蓋經無數法學家判定，而始勒爲定章。雖至藝學戲曲之微，莫

不給以版權仝受國家保護之益。以此率民，宜其強矣。譯筆亦條暢可讀，無滿紙砂石之病。

《上海格致書院藏書樓書目・東西學書・商政》 《板權考》。美羅白孫。周儀君。一本。商務印書館本。

歐美著書板權限制

徐樹蘭《古越藏書樓書目・政部・教育》 《歐美著書板權限制》一卷。譯者闕名。《教育世界》本。

日本法律分部

日本憲法義解

徐維則等《增版東西學書録・政治法律》 《日本憲法義解》一卷。上海金粟齋本，一冊。日本伊藤博文著，沈紘譯。書凡七章，章各爲條若干。爲天皇十有七，爲臣民權利義務者十有五，爲帝國議會者二十有二，爲國務大臣、樞密顧問者二，爲司法者五，爲會計者十有一，爲補則者一。總七章，七十三條，而日本維新之規，凡所以體國保民、紀綱四國、經緯萬端者，具於此矣。顧補。

徐樹蘭《古越藏書樓書目・政部・外史》 《日本帝國憲法義解》一卷。日本伊藤博文。沈紘譯。光緒二十七年金粟齋排印本。

楊復等《浙江藏書樓乙編書目・法律》 《日本憲法義解》一冊。日本伊藤博文纂，桐鄉沈紘譯。金粟齋鉛印本。

現行法制大全

顧燮光《譯書經眼録・法政》 《現行法制大全》一卷。《譯書彙編》本。譯書彙編社輯譯。日本自維新以來，採用西法，法令日備。學者不扼其要，教科難竟其功。此篇所採輯，以明治三十年爲止，蓋最新之本也。全書分四編，曰國家，曰法，曰公法，曰私法。皆發明國家統治權力之作用，人民服從法律之義務。綱舉目張，有條不紊，洵政治界之要典也。其行政各部言通常警察、非常警察各款，尤堪借鑑。

日本法律參考書概評

顧燮光《譯書經眼録・法政》 《日本法律參考書概評》一卷。《譯書彙社》本。不著譯者姓名。是書就憲法、國法、行政、民商、刑事、民事、國際公私各法等書，撮其大要，蓋書目提要類也。

現行法制大意

徐樹蘭《古越藏書樓書目・學部・東西洋法家之學》 《現行法制大意》一卷。日本樋小廣業。《譯書彙編》本。

新法律字典

顧燮光《譯書經眼録・法政》 《新法律字典》一卷。《政法學報》本。未著編譯人姓氏。日本法律專門字，多從西書譯出，幾經審定，大都的當可用。近譯法律諸書，沿用日本定名，驟難索解。得此書，研究之，則思過

半矣。

日本商律

徐維則等《增版東西學書録・政治法律》　《日本商律》一卷。《湖北商務報》本。日本河瀨儀大郎譯。書分五編，分法例、公司各商務、票券、海商等類，逐條詳列，洵商業中準的也。

日本商律

楊復等《浙江藏書樓乙編書目・商業》　《日本商律》二册。日本丸山長渡著。商務報舘鉛印本。

日本新定專利章程

徐維則等《增版東西學書録・政治法律》　《日本新定專利章程》一卷。《湖北商務報》本。湖北商務報館譯。計五十三條，蓋定於西曆一千八百九十九年七月初一日。所有一千八百八十年舊章，概行廢棄。當日所發專利執照所定年限仍須接算，以昭公允。顧補。

日本報律

徐維則等《增版東西學書録・政治法律》　《日本報律》一卷。己亥中外日報本。樊炳清譯。凡三十七條。顧補。

報營業法

徐維則等《增版東西學書録・商務》　《報營業法》一卷。《江南商務報》本。駐紮日本神戶領事譯。顧補。

明治法制史

徐維則等《增版東西學書録・史志》　《明治法制史》□卷。《杭州譯林》本。日本清浦奎吾著。是書備載日本維新以來法制之沿革，詳今略古，鉅細畢具。閱之可審其國實情，於講政治學者不無小益。按日本法制變遷分三大期：一、自神武即位，迄千三百年，唐貞觀時。此爲固守成法之期。二、自千三百年，迄三十年以前，此爲折衷於華夏法制之期。三、爲採用歐美法制之期，以成維新盛業。觀是編者，可知因時制宜，非一朝一夕之故矣。顧補。

日本明治法制史

顧燮光《譯書經眼録・史志》　《日本明治法制史》三卷。商務印書館《政學叢書》本，一册。《杭州譯林》本，未全。日本清浦奎吾著。是書分三編。一曰國法，凡二章，言憲法、議院、公文、法例等事。二曰政法，分爲三部，共十六章，言行政機關各部行政、行法、訴訟等事。三曰司法，凡分三章，言裁判所及刑、民、商各法。於日本維新以來法制之沿革，詳今略古，鉅細畢具，可審其國實情。於講政治學者，不無小益。按日本法制變遷，分三大期。一、自神武即位迄千三百年，唐貞觀時。此固守成法之期。二、自千三百年迄三十年以前，此爲折衷於華夏法制之期。三、爲採用歐美法制之期，以成維新盛業。觀是編者，可知因時制宜，非一朝一夕之故矣。

《上海格致書院藏書樓書目・東西學書・史志》　《日本明治法制史》。

日本清浦奎吾。鄞縣章起渭。三卷。一本。商務書館活印本。

日本變法次第類考

通雅齋《新學書目提要・法制類》《日本變法次第類考》。上海政學譯社本。《日本變法次第類考》共爲初集、二集、三集，各分二十五類，不列卷數，阜陽程恩培、程堯章集譯本。初集皆明治三十二年以前之事，二集、三集則皆近日所頒之成案也。其書專採日本施行之制度而述其大要，且各系以年月、綜其體例，蓋就日本人內川義章所纂之《法規大全》而加以摘錄者，原書備列各種章程規則，載其全文，此則略叙其事由而益以論斷，徵引明晰，條理清疏，所以異于原書而有裨于學者，良可翹異。乃本書凡例則云，是書系集法學、政學各書，擇其切要者譯之，又採取法學、政治家之議論考據而成云云，其言似非實錄，或者涉筆之未檢歟。要其孱輯既詳，綱領畢具，凡言日本變法之書，其切用蓋未有過此者，亦見作者縷析之勤矣。第三集于刑法之次、官制之前注云「原闕」，蓋即謂內川氏之書于此獨闕一門，此則葛龔故奏之譏正不容諱，抑亦手民鈔胥之誤而校者刊對之疏也。

顧燮光《譯書經眼録・法政》《日本變法次第類考》初二三集十二冊。壬寅政學譯社排印本。程恩培集案，程堯章譯述。分二十五類，共九千餘條。始日本明治元年，迄明治三十四年十一月止。以憲法居首，蓋寓統治之意也。

法醫學分部

西法洗冤録

梁啓超《西學書目表・近譯未印各書》《西法洗冤錄》。傅蘭雅、趙元益。製造局。付印未成。

法律醫學

徐樹蘭《古越藏書樓書目・學部・生理學》《法律醫學》二十四卷，首一卷，附一卷。英該惠連、弗里愛同譔，英傅蘭雅譯，徐壽述。製造局本。

《上海格致書院藏書樓書目・東西學書・醫學》《法律醫學》。英該惠連。英傅蘭雅。英弗里愛。二十四卷附一卷。十本。製造局本。

楊復等《浙江藏書樓乙編書目・生理》《法律醫學》十冊。英國傅蘭雅譯，新陽趙元益述。江南製造局鉛印本。

陳洙《江南製造局譯書提要・醫學》《法律醫學》二十四卷，首一卷。英國惠連、弗里愛同撰，傅蘭雅口譯，無錫徐壽、新陽趙元益筆述。有圖一百八十七。書爲中國《洗冤錄》之類，但其說理處較微耳。首卷：總論。第一卷：辨驗人身年紀男女。第二卷：不能生育及強姦受胎生產。第三卷：打胎殺子辨驗親子。第四卷：保命假冒疾病。第五卷：靈性不正及其假冒者幷查驗法。第六卷：初見死人眞死與顯死猝死，又數人略同時同故而死辨其後先。第七卷：溺死縊死絞死悶死。第八卷：受傷及工藝害身。第九卷：火焚自焚觸電死凍死餓死。第十卷：毒之解釋及性情改變毒性之故分毒分種類。第十一卷：服毒證詞。第十二卷：辨理疑心服毒之案。第十三卷至第二十四卷：各種毒名目；計消蝕；惹胃；金石類；寧睡；昏暈；醉迷；發痼；減血氣；停止心動；迷悶；植物感惹；動物感惹等十三類。末附分別毒質微數法。

軍事部

論述

丁韙良《西學考略·武學》 武備院專於教習將弁。至士卒之習兵法，祇可使由之，不可使知之。或於營伍，或於團所，隨時操練。若能識字讀書，則益增勇氣而知大義。故各國於軍營每設學，以書算等事課士卒者。布國則民間子弟既出鄉學，非單傳非有疾者，無不入營爲兵，以二、三年爲期。邇來法國整頓軍務，與布國相似，以冀異日能與之敵。夫士卒如爪牙，將弁如首領。士卒強壯而將弁昏懦，仍致敗亡。故各國皆設武學，慎選子弟，優給餉糈，令讀兵書。閱五、六年之久，然後因材器使。所習課程，雖與各學院稍有相同，究以有裨戰事爲重。如測算、火器、描繪圖式、建造營壘橋梁，考究古今史記，俾知歷代兵法沿革。文字則稍涉羅馬古文，而以鄰邦今文爲要，尤以公法與本國軍例爲急務。其本國軍例，固不可不知，而與他國會戰，亦應遵照諸國通例，始爲中肯，故公法爲課程之大端。生徒學有餘力，則操演騎步戰事。論武弁之品，固以勇敢聰慧爲貴，尤以廉恥謙讓爲先。一切交接酬應之禮儀，每較文學院習之加慎。要之，武學課程實可概以六藝。蓋禮雖無專課，須始終而勤習之；樂雖有其課，但選人以專習之。以鎗礮之命中代射，以騎之縱送代御，皆較古推廣耳。至於書、數二事，尤爲制勝之要圖。蓋古之戰，多恃血氣之勇；而今之戰，專在心智之精也。

康有爲《日本書目志·兵書類序》 吾讀《列國陸軍制》，日本參用法、德軍制，其卒皆知算數、圖繪、天文、地理、格致、醫學，雖極粗淺，然較之吾舊法爲將帥而不識丁者，相去如何也。其行兵也嚴整而百物皆具，雖不敢望泰西，亦庶幾訓練之師矣。此兵書蓋寡，蓋日人之驟強，在變舊俗，開新學，人人發憤，有飛揚拔扈之氣，無委靡苟安之習。士農工商，人盡其智，工械技巧，物究其極。其所以勝強者，在此不在彼，實其餘事也。吾中國言自強者，攬日人述作之多寡輕重，亦知所從事矣。

又《馬政書類序》 《月令》、《周官》之言爲政詳矣，而今乃無一書。治國之政，無所不治，下及牧畜，纖悉皆舉，日人遂恢恢乎有其意矣。

又《銃獵書類序》 太古人與獸爭地，故人道始于獵。中古國與國爭地，故成于兵。後古講信修睦，人亦無所爭，惟有馴獸。今中土已無獵地，蓋獸爲人滅盡矣。木蘭秋獮久不行，日人之獵，亦北海道耳。

梁啓超《西學書目表附録·讀西學書法》 《臨陣管見》、《前敵須知》、《防海新論》、《列國陸軍制》、《英國水師章程》、《德國軍制述要》等書，可先讀。其餘皆專門致用之書，非壹志於兵學者，可以緩讀。

綜述

軍事理論分部

戰爭哲學

楊復等《浙江藏書樓乙編書目·兵書》 《戰爭哲學·一斑》一冊。日本井上圓了著，常熟丁氏譯。鉛印本。

戰法學

梁啓超《西學書目表·兵政》 《戰法學》。北京刻本。一本。

又《附録·讀西學書法》 日本人新著有《戰法學》一書，刻於都中日本使署，乃中東戰爭以後所著。言極詳盡，華文兵書中最佳者也。坊間無通行本。

趙惟熙《西學書目答問·政學·兵政學》 《戰法學》。一冊。北京本。

是書爲日本人所著，在中東戰事後，故所言多出閱歷之談，非臆造空論者比。

戰法學

徐維則等《增版東西學書録・兵制》 《戰法學》二卷。日本善鄰譯書館印本，一冊。日本石井忠利著，王治本訂。書分二卷，曰高等戰法學、初等戰法學。高等者曰戰略學，曰軍制學，初等者曰軍紀，曰教育，曰訓練。書作於甲午戰事以後，頗糾正中國兵法之弊，而立言簡要，於海、陸各軍法制，已無不備。上卷之言編成，下卷之言教育，尤爲切要。英奴里司撰、英傅蘭雅摘譯有《預擬將來陸戰議》，未見。

徐樹蘭《古越藏書樓書目・政部・軍政》 《戰法學》二卷。日本石井忠利。善鄰譯書館本。

戰術學

徐維則等《增版東西學書録・兵制》 《戰術學》三卷。南洋公學本，四冊。日本士官學校原本，南洋公學譯書院譯。是書爲日本士官學校教將之書，採取諸家兵學，分類編輯，屢經增訂，始於明治二十年，凡九年而後成。爲篇十三，爲圖五十有二。首篇論用兵要旨。二、三、四篇論長短兵之用與步騎、礮工諸兵戰術聯合諸法。五篇論命令報知。六篇論警戒偵探通法。七篇論行軍。八篇論駐軍。九、十兩篇論警戒偵探，則詳六篇之條目也。十一篇以下，皆戰鬥之法。總其所論，蓋多身在行間、閱歷有得之言，故慮遠思周，非紙上談兵者比。徐補。

楊復等《浙江藏書樓乙編書目・兵書》 《戰術學》四冊。日本細田謙藏譯。南洋公學鉛印本。

養兵秘訣

顧燮光《譯書經眼録・兵制》 《養兵秘訣》二卷。泰東同文局排印本，二冊。日本辻明俊著。本書酌採德國養兵之概，參以著者閱歷，今分前後二編。前編七章：一、總論；二、新兵教育；三、射擊法；四、兵語及地形學；五、徵候及方位學；六、記號及暗號；七、兵役義務。後編八章：一、行軍；二、宿營；三、警戒；四、步哨；五、巡察及斥候；六、戰鬥；七、步兵之工程；八、衛生法。雖寥寥萬餘言，於兵之性質、責任、訓練，尤三致意。文筆亦暢達可讀。末附銅版圖六幅，共四十類，皆本書下編中行軍時之用。

治旅述聞

顧燮光《譯書經眼録・兵制》 《治旅述聞》上中下三卷。光緒二十八年明恥堂排印洋裝本，三冊。顧臧譯。是書爲日本國士官學校教程，分爲三編。上編曰各種兵戰法原則，計六章，附圖二十八。步、騎、砲兵各自戰鬥之法詳焉。中編曰野外帥兵法則，計八章，行軍、駐軍、饟給、命令之事屬焉。下編曰臨敵決計通則，計十章，因地制宜，聯合指揮之用，略載焉。查日本士官卒業者，位僅將校末職，指揮祗數十人，而其教程，簡明詳核若此，宜其強矣。

楊復等《浙江藏書樓乙編書目・兵書》 《治旅述聞》三冊。番禺顧臧輯。日本東京鉛印本。

火攻挈要

張之洞《書目答問・兵家》 《火攻挈要》三卷。明焦勗。海山仙館本，單行本。

梁啓超《西學書目表·通商以前西人譯著各書》 湯若望《火攻挈要》三卷。海山仙館本。

丁仁《八千卷樓書目·兵家類》 《火攻挈要》三卷。泰西湯若望撰。海山仙館本。

徐維則等《增版東西學書録·東西人舊譯著書》 湯若望《火攻挈要》三卷圖二卷。焦勗述。明崇禎癸未刻本。道光辛卯揚州重刻本名《克則録》，不全。《海山仙館叢書》本。

陸軍戰法

梁啓超《西學書目表·近譯未印各書》 《陸軍戰法》。傅蘭雅。製造局。未印。

臨陣管見

梁啓超《西學書目表·兵政》 《臨陣管見》。金楷理、趙元益。製造局本。四本。四百八十。

趙惟熙《西學書目答問·政學·兵政學》 《臨陣管見》。九卷，附圖，訂四冊。布斯拉弗司撰，布金楷理譯，趙元益述。製造局本。是書詳記布奥、布法兩次大戰用兵之事。其前卷作於勝奥之後，而篇中屢論布軍之未能盡善處，足見西人實事求是，不自滿假，宜其更有師丹之捷也。

徐維則等《增版東西學書録·兵制》 《臨陣管見》九卷。製造局本，四冊。《富强叢書》本。布斯拉弗司著，美金楷理譯，趙元益述。書成於一千八百六十六年布國大勝奥國後，据事立説，非同虚擬。每論本國軍事不善，一一指明其錯誤，以垂鑑戒。復採各國修改軍法與法國一千八百六十六年後修改之法，引爲比較，以證利弊。講武事者宜細讀之。

徐樹蘭《古越藏書樓書目·政部·軍政》 《臨陣管見》九卷。布斯拉弗司。美金楷理譯，趙元益述。製造局本，《富强叢書》本。

《上海格致書院藏書樓書目·東西學書·兵政》 《臨陣管見》。布斯拉弗司。布金楷理。新陽趙元益。八卷。四本。製造局本。

楊復等《浙江藏書樓乙編書目·兵書》 《臨陣管見》四冊。布國斯拉弗司撰，金楷理譯。江南製造局刻本。

陳洙《江南製造局譯書提要·兵制》 《臨陣管見》九卷。布國兵官斯拉弗司撰，美國金楷理口譯，新陽趙元益筆述。此書作於西曆一千八百六十六年普國大勝奥國之後，至綏丹納降後全書始成，故引證及發論預料者，皆其時戰事，信而有徵也。第一卷：論交戰。第二卷：論歐洲各國修改軍法。第三卷：論法國自一千八百六十六年後修改軍法。第四卷：論普法兩軍之源流。第五卷：論分軍法及普法交戰時移兵之大略及招募兵士法。第六卷：論用兵之事及列陣交鋒之大略。第七卷：論各兵列陣法。第八卷：論圍巴黎與密次兩城之戰事。第九卷：論兵列陣之理比較今昔戰事並操練步兵之法。

劉錦藻《清續文獻通考·經籍考·兵家》 《臨陣管見》九卷。金楷理、趙元益譯述。臣謹案，是書爲普國斯拉弗司原著，成於西曆千八百六十六年普國大勝奥國之後。據事立説，非同虚擬。每論本國軍事之不善，則索瑕指瘢，不稍假借。講武事者，宜研究之。

前敵須知

梁啓超《西學書目表·兵政》 《前敵須知》。舒高第、鄭昌棪。製造局本。五本。三百八十。

趙惟熙《西學書目答問·政學·兵政學》 《前敵須知》。四卷，附圖，訂五冊。英克利賴撰，舒高第、鄭昌棪同譯。製造局本。

徐維則等《增版東西學書録·兵制》 《前敵須知》四卷，圖一卷。製造局本，五冊。《富强叢書》本。英克利賴著，舒高第、鄭昌棪同譯。全書宗旨，偵探爲主，歷舉各國戰事若何合法，若何失勢，皆引戰史爲證。其圖皆各國戰事營陣之式。西人凡觀戰者，必有圖説，報之本國，共相考究。是書即當時所呈報也。《彙編五》有英奴里司《預擬將來陸戰論》，可參觀。

徐樹蘭《古越藏書樓書目·政部·軍政》 《前敵須知》四卷《圖》一冊。英克利賴。舒高第、鄭昌棪同譯。製造局本。

《上海格致書院藏書樓書目・東西學書・兵政》　《前敵須知》。英克利賴。慈谿舒高第，海鹽鄭昌棪。四卷。四本。製造局本。

楊復等《浙江藏書樓乙編書目・兵書》　《前敵須知》五冊。英國克利賴著，慈谿舒高第譯。江南製造局刻本。

陳洙《江南製造局譯書提要・兵學》　《前敵須知》四卷。英國兵官克利賴撰，慈谿舒高第口譯，海鹽鄭昌棪筆述。有圖十九。引歐洲大戰事爲證，以論戰法甚詳。第一節：論偵探。第二節：論行營巡探。第三節：論分隊出探。第四節：排列隊伍。第五節：各軍行法。第六節：先鋒軍事宜。第七節：馬步砲三項軍隊性情。第八節：論地勢。第九節：步兵。第十節：馬兵。第十一節：砲兵。第十二節：步馬砲隊并用。第十三節：總論攻守。第十四節：後護。第十五節：江河。第十六節：峽地。第十七節：村鎮。第十八節：樹林。第十九節：轉運。第二十節：歐洲末次戰務。

劉錦藻《清續文獻通考・經籍考・兵家》　《前敵須知》四卷《圖》一卷。舒高第、鄭昌棪譯述。臣謹案，是書英國克利賴原著。大旨以偵探爲主，皆引各國戰史爲證。其圖皆營陣之式。西人凡觀戰者，必有圖說，報之本國。是書即當時呈報之本也。

護隊輯要

徐樹蘭《古越藏書樓書目・政部・軍政》　《護隊集要》一卷。德譚發勒。德斯泰老譯，馮錫庚述。《湖北武學》本。

顧爕光《譯書經眼録・兵制》　《護隊輯要》一卷。上海掃葉山房本，《湖北武學全書》本，武昌刻本，寶善齋石印本。德譚發勒原本，德斯泰老、馮錫庚同譯。發勒，德之名將也。於德國頒行《護隊章程》外，各有自訂講護隊之書，俾官弁兵丁考求實在之法。斯書刪繁就簡，分行護隊、坐護隊二類。語簡可法，蓋譯以資學者肄習之書也。廣智書局所印英毅譯《德國名將兵法論》，與此同。

楊復等《浙江藏書樓乙編書目・兵書》　《德國名將兵法論》一冊。英國盧毅譯。廣智書局鉛印本。

步隊戰法

徐樹蘭《古越藏書樓書目・政部・軍政》　《步隊戰法》二卷。德梅爾開。蔣煦譯。《湖北武學》本。

顧爕光《譯書經眼録・兵制》　《步隊戰法》二卷。《湖北武學全書》刻本，上海掃葉山房石印本，寶善齋石印本。德梅開爾撰，德斯泰老、蔣煦同譯。上卷七章，言步隊操演之法。下卷十二章，言步隊打仗之法。於步隊進退疾徐，皆言之井井。附圖九幅，發明因地制宜之理，頗覺瞭然。

馬隊戰法

徐樹蘭《古越藏書樓書目・政部・軍政》　《馬隊戰法》一卷。德梅爾開。德斯泰老譯，蔣煦述。《湖北武學》本。

顧爕光《譯書經眼録・兵制》　《馬隊戰法》一卷。《湖北武學全書》刻本，上海掃葉山房石印本，寶善齋石印本。德梅開爾撰，德斯泰老、蔣煦同譯。馬隊利於攻敵，用違其法，最易取敗。是書九章，言馬隊衝敵灑開、打仗列排各法甚當，洵軍政要籍也。

礮隊戰法

徐樹蘭《古越藏書樓書目・政部・軍政》　《礮隊戰法》一卷。德梅爾開。德斯泰老譯，蔣煦述。《湖北武學》本。

顧爕光《譯書經眼録・兵制》　《礮隊戰法》一卷。《湖北武學全書》刻本，上海掃葉山房石印本，寶善齋石印本。德梅開爾撰，德斯泰老、蔣煦同譯。凡十一章，於礮隊攻守、施放子彈各法，皆分條言之，可資取法。

三隊合戰法

徐樹蘭《古越藏書樓書目・政部・軍政》　《三隊合戰法》一卷。德梅爾開。德何福滿譯，楊其昌、蔣煦同述。《湖北武學》本。

顧燮光《譯書經眼録・兵制》　《三隊合戰法》一卷。《湖北武學全書》刻本，上海掃葉山房石印本，寶善齋石印本。德梅開爾撰，何福滿、楊其昌同譯，蔣煦筆述。步、馬、礮三隊，爲軍制所必備。蓋步隊利於近戰，馬隊利於衝敵，礮隊利於擊遠，互相補救，收效極大。書凡二章，則言各隊合戰之益，各隊聯合之法。雖千餘言，譯筆簡賅可讀。合以上三書讀之，而兵隊戰法乃全。

戰法輯要

徐樹蘭《古越藏書樓書目・政部・軍政》　《戰法輯要》六卷。德梅開爾。德何福滿譯，楊其昌、蔣煦同述。《湖北武學》本。

顧燮光《譯書經眼録・兵制》　《戰法輯要》六卷。《湖北武學全書》刻本，上海掃葉山房石印本，寶善齋石印本。德梅開爾撰，何福滿口譯，楊其昌同譯，蔣煦筆述。卷一言戰時報傳信令各法。卷二言開差安營糧食各法。卷三言戰時攻守各事，附醫藥隊法。卷四言偵探保護各法，附意、法、奧、德各國前行護隊式圖一幅，又各圖坐護隊式圖二幅。卷五言隨地打仗之法。卷六言小戰法，附我兵各種記號圖一幅於後。

預擬將來陸戰議

徐樹蘭《古越藏書樓書目・政部・軍政》　《預擬將來陸戰議》一卷。英奴里司。英傅蘭雅譯。《格致彙編》本。

美國行軍訓戒

顧述廬《通學書籍考・法律類》　《美國行軍訓戒》一卷。《公法便覽》附刻本。德公法家李伯爾編輯。德國步倫氏閱而善之，附於《公法會通》之末。非惟補公法之未備，且發明公法之疑難云爾。

徐維則等《增版東西學書録・政治法律》　《美國行軍訓戒》一卷。《公法便覽》附刻本。德季伯爾編輯。荷蘭葛羅丟有《平戰例法》，未譯出。

行軍指要

徐樹蘭《古越藏書樓書目・政部・軍政》　《行軍指要》六卷。英哈密。美金楷理譯，趙元益述。光緒二十七年製造局本。

《上海格致書院藏書樓書目・東西學書・兵政》　《行軍指要》。英哈密。布金楷理。新陽趙元益。六卷，附圖一卷。六本。製造局本。

楊復等《浙江藏書樓乙編書目・兵書》　《行軍指要》六册。英國哈密撰，布國金楷理譯。江南製造局刻本。

陳洙《江南製造局譯書提要・兵學》　《行軍指要》六卷。英國兵官哈密撰，美國金楷理口譯，新陽趙元益筆述。有圖四十九，並附地圖與歐洲各大戰之戰場圖。此書專爲造就將材立意，蓋火器之制愈改愈精，用兵之法亦愈研愈密，而爲將之道遂愈演愈難。讀者與《前敵須知》參觀可也。第一卷：論近今交戰之要務。第二卷：論將用兵時預定各事。第三卷：論兩國之軍面與其糧道有關係。第四卷：論兩國之軍面彼此相關不論其糧道何如。第五卷：論阻軍之物。第六卷：論列陣交鋒。

劉錦藻《清續文獻通考・經籍考・兵家》　《行軍指要》十八卷。金楷理、趙元益譯述。臣謹案，是書英國哈密原著。專爲造就將材而設。蓋火器之制愈改愈精，用兵之法亦愈研愈密，而爲將之道遂愈演愈難。讀者與《前敵須知》參觀可也。

行營防守學

徐樹蘭《古越藏書樓書目・政部・軍政》　《行營防守學》一卷。北洋武備學堂譯。光緒二十三年浙江書局本。

顧燮光《譯書經眼録・兵制》　《行營防守學》一卷。《浙江武備新書》刻本，《續富強叢書》本。北洋武備學堂原譯，浙江武備學堂重譯。防守有久暫之分，並宜視時刻短長與當時就地取材，故其學分三種：一、經久防守；二、將戰防守；三、行營防守。此書所論，係第三種行營。其造法出於頃刻，勝負係之。全書凡三章，十五節，以建造槍溝、礮隊遮蓋、另造幫壘爲防守之要。附圖十五，均清晰簡明，可資考證。其計算每點鐘取土數目，以地質鬆堅定其多少，尤爲考核工程之準。

海戰指要

梁啓超《西學書目表・兵政》　《海戰指要》。金楷理、趙元益。《格致彙編》本。

顧述廬《通學書籍考・兵政類》　《海戰指要》一卷。《格致彙編》本，《質學叢書》本。美金楷理譯，新陽趙元益述。

趙惟熙《西學書目答問・政學・兵政學》　《海戰指要》。一冊。美金楷理譯，趙元益述。《格致彙編》本。

徐維則等《增版東西學書録・兵制》　《海軍指要》一卷。《格致彙編》本，《西學大成》本《名海戰指要》。美金楷理譯，趙元益述。海戰之要，既在船堅礮利，尤在布陣進退不失範圍。書中論攻防交戰諸法，或設問答，以窮其旨，又列圖式，以明其用。與《輪船布陣》，足以參觀。《彙編六》有《海戰要訣》一篇，亦可互證。

徐樹蘭《古越藏書樓書目・政部・軍政》　《海戰指要》一卷。美金楷理譯。《格致彙編》本。

劉錦藻《清續文獻通考・經籍考・兵家》　《海軍指要》一卷。金楷理、趙元益譯述。元益見《史部・政書類》。臣謹案，海戰之要，既貴船堅礮利，尤貴布陣進退，不失範圍。書中論攻防交戰諸法，設問答以窮其旨，列圖式以明其用。雖海戰新義日異而月不同，要已櫽括於是矣。

海軍調度要言

梁啓超《西學書目表・兵政》　《海軍調度要言》。舒高第、鄭昌棪。製造局本。二本。二百。

趙惟熙《西學書目答問・政學・兵政學》　《海軍調度要言》。三卷，附圖，訂二冊。英拏核甫撰，舒高第、鄭昌棪同譯。製造局本。

徐維則等《增版東西學書録・兵制》　《海軍調度要言》三卷，圖一卷。製造局本，二冊。《富強叢書》本。英拏核甫、英賴甫吞、英魯脫能、闞麥爾同著，舒高第、鄭昌棪同譯。首卷摘西國史事與現在水師徵驗，爲拏氏撰。次卷論水戰，論撞及分隊，論行陣與戰法不同籌畫，與徵驗不同，爲賴氏撰。三卷論水師輪船戰法幷圖，爲魯氏撰。

徐樹蘭《古越藏書樓書目・政部・軍政》　《海軍調度要言》三卷《圖》一卷。英拏核甫、英賴甫吞、英魯脫能、闞麥爾同撰。舒高第、鄭昌棪同譯。製造局本。《富強叢書》本。

《上海格致書院藏書樓書目・東西學書・兵政》　《海軍調度》。英拏核甫。慈谿舒高第，海鹽鄭昌棪。三卷。二本。製造局本。

楊復等《浙江藏書樓乙編書目・兵書》　《海軍調度要言》二冊。慈谿舒高第、海鹽鄭昌棪同譯。人演社鉛印本。

陳洙《江南製造局譯書提要・兵制》　《海軍調度要言》三卷。英國拏核甫、賴甫吞、魯脫能同撰，慈谿舒高第口譯，海鹽鄭昌棪筆述。首卷爲拏氏所撰，次卷爲賴氏所撰，末卷幷圖一卷爲魯氏所撰。議論翔實謹嚴，譯筆亦簡達。第一卷：總旨；論砲；論撞頭；論水雷；試演陣法；論陣式。第二卷：原水戰；原撞；論分隊；行陣與戰法不同；籌畫與徵驗不同。第三卷：戰艦需用之煤；戰陣暗號令；海面水師船會戰通信法；英水師船臨陣派法。

劉錦藻《清續文獻通考・經籍考・兵家》　《海軍調度要言》三卷，圖一卷。舒高第、鄭昌棪譯述。

輪船布陣

梁啓超《西學書目表・兵政》　《輪船布陣》。傅蘭雅、徐建寅。製造局本。二本。二百四十。

丁仁《八千卷樓書目・兵家類》　《輪船布陣》十二卷。英賈密倫撰。傅蘭雅譯。刊本。

趙惟熙《西學書目答問・政學・兵政學》　《輪船布陣》。十三卷，附圖，訂二冊。首卷英賈密倫撰，後十二卷英裴路撰，英傅蘭雅譯，徐建寅述。製造局本。

徐維則等《增版東西學書録・兵制》　《輪船布陣》十二卷，首一卷，圖一冊。製造局本，二冊。《富強叢書》本。英賈密倫、斐路同著，英傅蘭雅譯，徐建寅述。進退布陣之法，畢具於此。製造局印有美金楷理、李鳳苞譯《布國兵船操練》一冊，未出。

徐樹蘭《古越藏書樓書目・政部・軍政》　《輪船布陣》十二卷，首一卷圖一冊。英賈密倫、斐路同撰。英傅蘭雅譯，徐建寅述。製造局本。《富強叢書》本。

《上海格致書院藏書樓書目・東西學書・兵政》　《輪船布陣》。英賈密倫原。英傅蘭雅，無錫徐建寅。十二卷，附圖一卷。二本。製造局本。

楊復等《浙江藏書樓乙編書目・兵書》　《輪船布陣》二冊。英國賈密倫著，徐建寅譯。江南製造局刻本。

陳洙《江南製造局譯書提要・兵學》　《輪船布陣》十二卷，首一卷。英國賈密倫撰，傅蘭雅口譯，無錫徐建寅筆述。有圖五十八。專發明水師布陣之法。水師、陸軍各種陣法，總不外乎一字魚貫，太極雁行，及圓陣而已。其包圍、衝擊、踦角，并設法以避敵彈。通行打之線路，水師與陸師亦仍無異。所特要者，爲繞圈之法。能明各種繞圈之法，則水師布陣之公理，可十得六七矣。故此書可兼作教授學生之用。首卷：獨行一圈說；連行多圈說；成列繞行法；衝撞法。第一卷至第二卷：總理總法。第三卷：分羣法。第四卷：速旗。第五卷：名目解釋。第六卷：正陣。第七卷：斜陣。第八卷：銳陣。第九卷：魚貫改方向。第十卷：分陣法。第十一卷：換列反列法。第十二卷：增減相距法。

劉錦藻《清續文獻通考・經籍考・兵家》　《輪船布陣》十二卷，首一卷，圖一卷。傅蘭雅、徐建寅譯。

海戰新議

丁仁《八千卷樓書目・兵家類》　《海戰新議》四卷。奥阿達爾美阿撰。活字本。

海戰要訣

徐樹蘭《古越藏書樓書目・政部・軍政》　《海戰要訣》一篇。英傅蘭雅。《格致彙編》本。

國防戰備分部

論武備書

徐樹蘭《古越藏書樓書目・政部・軍政》　《論武備書》一卷。英戈登。英傅蘭雅譯。《格致彙編》本。

擬請中國嚴整武備說

徐維則等《增版東西學書録・議論》　《擬請中國嚴整武備說》一卷。

《格致彙編》本。德瑞乃爾著。瑞君於同治九年來中國，爲登榮水師教習。是編所列，凡八章，計二十條。歷言德國武備之精及兵額，以冀中國更改其制。惜當時未嘗信從之。

徐樹蘭《古越藏書樓書目・政部・軍政》　《擬請中國嚴整武備説》一卷。德瑞乃爾。《格致彙編》本。

論中國宜改用西法治兵議

徐樹蘭《古越藏書樓書目・政部・軍政》　《論中國宜改用西法治兵議》一卷。德西鐸。《格致彙編》本。

日本兵備要略

徐維則等《增版東西學書録・兵制》　《日本兵備要略》□卷。《亞東時報》本。法查原著，亞東時報館譯。所言雖係明治三十一年之事，不免有芻狗之譏，然其奇警處，自有可觀。顧補。

日本武備教育

顧燮光《譯書經眼録・兵制》　《日本武備教育》一卷。商務印書館《政學叢書》本。商務印書館譯。日本，尚武之國也。自明治以來，仿行西法，迄今摧折強俄，武功稱盛。是書凡五章，於日本武備教育，言之極明。篇中臚列各國海軍比較表，愈足徵日人之留心兵事。所論百年長策，以制我華爲武備教育主義，則其忌我畏我之心，固與歐西各國表同情焉。其第七、第八章，海軍、陸軍二史，尤足徵日人軍事進步之速。

法國武備考略

楊復等《浙江藏書樓乙編書目・兵書》　《法國武備考略》一冊。闕名。鉛印本。

防海新論

梁啓超《西學書目表・兵政》　《防海新論》。傅蘭雅、華蘅芳。製造局本。六本。七百二十。

顧述廬《通學書籍考・兵政類》　《防海新論》十八卷。製造局本。布希理哈撰，英傅蘭雅譯，金匱華蘅芳述。是書一卷至八卷，論今之船與礮比昔更精，則防守之法必與新法船礮相敵。九卷至十一卷，論阻住行船之路，令敵船難入內地。十二卷至十八卷，論水雷之造法用法。末卷論作燈火，以照海面河口，使黑夜能得光明，以免敵船偷渡之法。

丁仁《八千卷樓書目・兵家類》　《海防新論》十八卷。英布希理哈撰。傅蘭雅譯。刊本。

趙惟熙《西學書目答問・政學・兵政學》　《防海新論》。十八卷，訂六冊。布希理哈撰，英傅蘭雅譯，華蘅芳述。製造局本。是書亦曰《南北花旗戰紀》，即戰事以考驗船礮之用，防守之法頗資取鑑。然近來器械日精，運用之妙又不可拘守故轍矣。

徐維則等《增版東西學書録・兵制》　《防海新論》十八卷。製造局本，六冊。《富強叢書》本改名《南北花旂戰記》。布希理哈著，英傅蘭雅譯，華蘅芳述。專記南北花旗交戰水路攻守情形，大抵綴輯文報，而希氏復有所論斷也。書中將所得新理、新法，一一指出門徑，而藏伏水雷之法，論之獨詳；末於燈光照海之法，尤爲致意。

徐樹蘭《古越藏書樓書目・政部・軍政》　《防海新論》十八卷。布希理哈。英傅蘭雅譯，華蘅芳述。製造局本。《富強叢書》本，改名《南北花旗戰紀》。

楊復等《浙江藏書樓乙編書目・兵書》　《防海新論》六冊。英國傅蘭雅譯，金匱華蘅芳述。江南製造局刻本。

陳洙《江南製造局譯書提要・兵制》 《防海新論》十八卷。布國希理哈撰，英國傅蘭雅口譯，金匱華蘅芳筆述。有圖九十五。論南北花旗戰事，以發明防海新法。觀其目録，可見崖略。水師戰法學入門書也。第一卷：總論美國防海之事。第二卷：論近時之城壘不能用古法。第三卷：論泥沙築城壘勝於磚石。第四卷：論露置之炮臺不能當兵船合力攻打。第五卷：論水路不可無阻船之物。第六卷：論船路若不全阻雖有炮臺不能阻多。第七卷：論船路用法攔阻又有炮臺守之可阻多數兵船。第八卷：波爾特所論防海事宜。第九卷：論攔阻船路之理。第十卷：論沉物阻路之法。第十一卷：論浮物阻船之法。第十二卷：論水雷。第十三卷至第十四卷：論電線發火之法。第十五卷：論水雷之力。第十六卷：論排列水雷之法及水雷之利弊。第十七卷：論攻船之水雷。第十八卷：論明燈照路之法。

劉錦藻《清續文獻通考・經籍考・兵家》 《海防新論》十八卷。傅蘭雅、華蘅芳譯述。

海上權力要素論

徐維則等《增版東西學書録・兵制》 《海上權力要素論》一卷。《亞東時報》本。美馬鴻著，日本劍潭釣徒譯。此書成於一千八百八十九年。當時北美怡熙爲風，海軍衰替，故爲大言，以激勸國民。其後十年，有古巴之役，美國政略情形一變，海軍推擴之議興，蓋馬鴻與有力焉。原書所謂一安穩口岸，即古巴三査左之謂。當時該島國屬於西班牙，不便明言，故迷離其詞，俾讀者暗知其意之所在。美覬覦二島，蓋濫觴於此。迨至一千八百九十八年，藉救民而行其雄略，馬鴻之志始酬矣。顧補。

海防臆測

顧述廬《通學書籍考・兵政類》 《海防臆測》二卷。日本侗庵古賀先生箸。序稱侗庵著述百二十一種，是書天保九年所撰，特先生緒餘耳。然其先見卓識，可以窺矣。

徐維則等《增版東西學書録・兵制》 《海防臆測》二卷。湖南長沙刻本。日本侗庵賀古著。序稱侗庵著述百二十種，是書天保九年所撰，特其緒餘耳。然其先見卓識，可以窺矣。顧補。

借箸籌防論略

梁啓超《西學書目表・西人議論之書》 《借箸籌防論略》。來春石泰，沈敦和。金陵刻本。一本。二角。

趙惟熙《西學書目答問・政學・雜著》 《借箸籌防論略》。一冊。德來春石泰撰，沈敦和譯。南京本。

徐維則等《增版東西學書録・議論》 《借箸籌防論略》一卷，附《礮概淺説》。金陵刻本，一冊。德來春石泰著，沈敦和譯。此來春石泰訓督自強軍時，上之南洋大臣之作。德人入中國稍後，其能洞悉我各省水陸形勢，爲之從容措置，瞭如指掌，令人驚愧。至論查照人數，抽編兵額，雖屬泰西之制，然裁汰綠營之後，未嘗不可漸以仿行也。《礮概淺説論》別具。

揚子江籌防芻議

梁啓超《西學書目表・西人議論之書》 《揚子江籌防芻議》。雷諾，張永熞。《時務報》本。

徐維則等《增版東西學書録・議論》 《揚子江籌防芻議》一卷。《時務報》本。德雷諾著，張永鑑譯述。長江本天險，江深水濶，大幫兵輪亦可暢行。雷氏奉江督之命，委勘吳淞至金陵一帶江防而作。書凡八篇，於一切布置臺濠，安設礮位，皆因地制宜，慮周藻密。又輔具所需之電光燈、測遠鏡、水雷、電報機、德律風，復應添用藥庫、兵房、護牆、礮架等，皆條分縷析，不厭詳盡，可謂知所要矣。

中國海防編

徐維則等《增版東西學書録・兵制》　《中國防海編》一卷。《亞東時報》本。德窩克涅爾著，日本晴獵雨讀園主人譯。專言扼守順天天津，當以築連系堡爲第一要義。其築鐵路、練海軍、經營膠州灣諸論，頗有至理。斯書作於光緒十七年，呈諸使德太臣李君鳳苞，《亞東時報》譯之於二十五年五月。使當局者能採用之，何至有西兵之入踞哉？顧補。

上船政大臣裕製船條陳

徐維則等《增版東西學書録・兵制》　《上船政大臣裕製船條陳》一卷。《昌言報》本，《秦中彙報》本。法杜爾業著。所言各國新製各船，非盡是三十海里至三十二海里之速率，故歐洲各國製造各等快船，無過二十二三海里者。惟魚雷艇兵船，方有三十海里左右之速率。大東溝之役，日人之勝中國，實賴有上等快炮，非以速率取勝也。前後所列各表，言船政頗爲詳晰。惟言德廠非確實可靠諸款，未免有偏袒之意。顧補。

軍事制度分部

西國兵制源流

梁啓超《西學書目表・近譯未印各書》　《西國兵制源流》。傅蘭雅、范。製造局。未印。

德國軍制述要

梁啓超《西學書目表・兵政》　《德國軍制述要》。沈敦和。金陵刻本。一本。

顧述廬《通學書籍考・兵政類》　《德國軍制述要》一卷。德國子爵游擊來春石泰述，鄞縣沈敦和、德錫樂巴同譯。凡二十條，言陸軍事十有九，海軍一，舉其大略而已。

趙惟熙《西學書目答問・政學・兵政學》　《德國軍制述要》。一冊。德來春石泰撰，沈敦和、德錫樂巴同譯。南京本。

徐維則等《增版東西學書録・兵制》　《德國軍制述要》一卷。金陵刻本，一冊。《西政叢書》本。光緒乙未刊本。德來春石泰著，沈敦和、德錫樂巴同譯。書中言陸軍十有九，言海軍一。此來氏在江寧充洋操教習時所述，意有專注，故詳陸略水，但言軍制，而訓練戰陣之法，皆不及。自沈仲禮觀察成《自強軍西法類編》後，此書可不讀也。

徐樹蘭《古越藏書樓書目・政部・軍政》　《德國軍制述要》一卷。德來春石泰。德錫樂巴譯，沈敦和述。《西政叢書》本。

楊復等《浙江藏書樓乙編書目・兵書》　《德國軍制述要》一冊。鄞縣沈敦和、德國錫樂巴同譯。鉛印本。

日本現今兵制考暨陸軍表

徐維則等《增版東西學書録・兵制》　《日本現今兵制考暨陸軍表》一卷。《中國旬報》本。日本有賀長雄著。日本未變法以前，大權旁落，君等守府。迨幕府既傾，政在王室，至明治二年新置兵部省，鋭意改革軍制，設學堂，募近衛，團招漁戶，以充海軍，舉通國之人皆兵，又仿常豫後備之制，國遂日強矣。顧補。

列國陸軍制

梁啓超《**西學書目表・兵政**》　《列國陸軍制》。林樂知、瞿昂來。製造局本。三本。四百二十。

趙惟熙《**西學書目答問・政學・兵政學**》　《列國陸軍制》。九卷，訂三冊。美歐潑登撰，美林樂知、瞿昂來同譯。製造局本。

徐維則等《**增版東西學書録・兵制**》　《列國陸軍制》三卷。製造局本，三冊。《富強叢書》本。《軍政全書》本。美歐潑登著，美林樂知、瞿昂來同譯。所載自日本、俄、英、法、德、奥、意、印度、波斯九國一千八百六十年後所設之兵額。作者美人，故美國兵制從缺。日本自國變後，借材法國，更定軍制新章，卒成強國。印度、波斯，兵事頽廢，遂起各國干與之漸。其後印度卒滅於英，波斯屈於英、俄，未能自振，其亡也可立而待。作者首日本，終波斯，殆所以諷中國也。製造局印有英傅蘭雅譯《西國兵制源流》，未出。實學報館印有法愛乃培撰、朱樹人譯《歐洲防務志》二十卷，圖一卷，未成。時務報館譯出有《西國陸軍制考略》，亦未印。

徐樹蘭《**古越藏書樓書目・政部・軍政**》　《列國陸軍制》三卷。美歐潑登。美林樂知譯，瞿昂來述。製造局本。《富強叢書》本，九卷。

《**上海格致書院藏書樓書目・東西學書・兵政**》　《列國陸軍制考》。美歐潑登。美林樂知。寶山瞿昂來。九卷。三本。製造局本。

楊復等《**浙江藏書樓乙編書目・兵書**》　《列國陸軍制》三冊。美國林樂知、寶山瞿昂來同譯。江南製造局刻本。

陳洙《**江南製造局譯書提要・兵制**》　《列國陸軍制》三卷。美國歐潑登撰，林樂知口譯，寶山瞿昂來筆述。叙列軍制凡九國，而美國軍制未載，蓋作者爲美人，取列國軍制之強弱，爲本國借鑑，故從闕也。第一卷：日本軍；印度軍；波斯軍。第二卷：意大利軍；俄國軍；奥國軍。第三卷：德國軍；法國軍；英國軍。

劉錦藻《**清續文獻通考・經籍考・兵家**》　《列國陸軍制》三卷。林樂知、瞿昂來譯述。樂知見上《天文類》。臣謹案，是書美國歐澄登原著。所載於日、俄、英、法、德、奥、意、印度、波斯各國兵制，靡不詳哉言之。日本自國變後，借材法國，更定軍制新章，卒成強國。印度、波斯，兵事頽廢，遂起各國干預之漸，故一滅於英，一屈於英、俄。未能自振，亡可立待。作者首日本，終波斯，其爲我中國諷乎？

近世陸軍

顧燮光《**譯書經眼録・兵制**》　《近世陸軍》二卷。商務印書館《政學叢書》本。陶森甲譯輯。書分二編。一曰日本陸軍，凡十六章。二曰各國陸軍，凡二十六章。原書著自日人，故言日本軍制組織特詳。其下編臚舉歐美各國，亦能舉要言之。洵爲近日言陸軍者最新之本。

楊復等《**浙江藏書樓乙編書目・兵書**》　《近世陸軍》一冊。楚南陶森甲編。商務書館鉛印本。

西國陸軍制考

《**上海格致書院藏書樓書目・東西學書・兵政**》　《西國陸軍制考》。英柯里。英傅蘭雅，范本禮。八卷。四本。製造局本。

陳洙《**江南製造局譯書提要・兵制**》　《西國陸軍制考略》八卷。英國柯里撰，傅蘭雅口譯，上海范本禮筆述。凡歐西各國兵制源流，異同得失，備載無遺，而於英、法、俄、德尤詳。第一卷：總論兵制源流。第二卷：英國兵源流；英國現行兵制；加拿他國團練兵。第三卷：德國兵。第四卷：法國兵。第五卷：奥地利亞國兵。第六卷：俄羅斯國兵。第七卷：意大里亞列國兵；西班牙國兵；葡萄牙國兵；荷蘭國兵；比利時國兵。第八卷：丹國兵；瑞典挪耳威國兵；瑞士國兵；土耳其國兵；美國兵。

德國陸軍考

顧燮光《譯書經眼録・兵制》 《德國陸軍考》四冊。江南製造局排印本。法歐盟著，吳宗濂譯文，潘元善執筆。全書計八章，言德國兵制，始乾隆四十年至光緒十六年，損益處頗爲詳備。其卷首總叙德國今日情形及歷朝皇系，則摘譯法蒲以資《五洲通志》之德史補之。按自同治十年普法戰後，環球遂艷稱德之陸軍。然其能自強，實造端於菲哩特威廉第一之講求武備，迨威廉第二始能克奏膚功。蓋二百餘年之經營締造，方克成此精美之制。是書爲法將編輯，以專家而紀寇讎，其言尤爲可信。卷末另附《德皇三代年表》暨今德王全家小像、俾士麥小傳影片，并德戰歌、國典等類。

《上海格致書院藏書樓書目・東西學書・兵政》 《德國陸軍制考》。法歐盟。嘉定吳宗濂，潘元善。四卷。四本。製造局本。

楊復等《浙江藏書樓乙編書目・兵書》 《德國陸軍考》四冊。嘉定吳宗濂、潘元善同譯。江南製造局鉛印本。

陳洙《江南製造局譯書提要・兵制》 《德國陸軍考》四卷。法國統將歐盟輯撰，嘉定吳宗濂口譯，潘元善筆述。詳述德國陸軍制度，窮源竟委，條理井然，附俾士麥小傳、遺像并德今皇全家照像。第一卷：總叙德國今日情形及歷朝皇系；論普國來歷崛興緣起並戰時情形戰後事宜；論一千八百七十四年至八十年德國各軍政。甚爲詳細。第二卷：歷叙一千八百七十四年軍政兵制及增兵新例。第三卷：歷叙一千八百九十二三年增兵新例及一切軍制。第四卷：兵法摘要及一千八百九十五年德國續脩軍制。

美國陸軍制

徐維則等《增版東西學書録・兵制》 《美國陸軍制》一冊。南洋公學本。南洋公學譯書院編譯。是書原本，不著撰人名氏，惟論及法蘭西事，皆稱「我國」，當是法人隸美籍者所撰。譯者就原書次第，釐爲八篇，惟前後皆叙國兵之制，獨第三篇言民兵、義兵，第四篇紀脚車隊，又爲民兵中之一事。且第一篇已略舉步、騎、礮、工兵制，而第五篇又專論騎兵一門。疑必是急就之作，故體例多未完整，然美國軍制夙無譯本，得是書亦可見大略矣。徐補。

徐樹蘭《古越藏書樓書目・政部・軍政》 《美國陸軍制》一卷。葛勝芳譯。南洋公學本。

楊復等《浙江藏書樓乙編書目・兵書》 《美國陸軍制》一冊。餘杭葛勝芳譯述。南洋公學鉛印本。

日本憲兵制

徐維則等《增版東西學書録・兵制》 《日本憲兵制》一冊。南洋公學本。日本《憲兵章程》原本，南洋公學譯書院譯。憲兵之設，所以約束海陸軍人而輔警察之不足。其制始於歐洲，日本明治十四年仿行之，其後屢有損益。是書據三十一年《改正章程》譯出，凡四款。首憲兵章程，次服務章程，次服務細則，次服務細則施行章程，末附勤務表三。憲兵之制，大略可見矣。徐補。

徐樹蘭《古越藏書樓書目・政部・軍政》 《日本憲兵制》一卷。孟森譯。南洋公學本。

楊復等《浙江藏書樓乙編書目・兵書》 《日本憲兵制》一冊。陽湖孟森譯。南洋公學鉛印本。

水師歲紀

顧述廬《通學書籍考・兵政類》 《水師歲紀》。英人勃來西著。每年一冊，詳論各國兵力，實爲兵家要書。今一千八百九十六年歲紀新歲，中多至論，爲英人所當留意。其體例亦有更新。

世界海軍力

顧燮光《譯書經眼録·兵制》 《世界海軍力》上下編二卷。《上海通社叢書》本，一册。日本淺野正恭著，錢无畏譯。自鐵甲、魚雷各物興，海上旌旗爲之變色。江南製造局舊譯《輪船布陣》諸書，大都陳腐，已不適用。兹書作者係日人，稿成於甲午戰後，深明海軍爲防護國權根本，於列強艦隊強弱考查極細。上編言海軍之制度，下編言各國海軍之強弱。於日本海軍構造，言之尤詳。卷後附表三十五，尤極有用。全書無一泛語，非近日譯書冗雜可比。

俄國水師考

徐樹蘭《古越藏書樓書目·政部·軍政》 《俄國水師考》一卷。英白拉西。英傅少蘭譯，李嶽蘅述。排印本。

顧燮光《譯書經眼録·兵制》 《俄國水師考》一卷。《續富強叢書》本，一册。英百拉西撰，英傅少蘭、李嶽蘅同譯。自俄土之役，英禁俄舡不出黑海，俄幾無水師矣。自東得琿春，而海上旌旂爲之變色。甲午後得據旅順，俄之水師遂不可制。斯書所紀，係一千八百九十五年俄國水師情形。後列鐵甲表十五，巡船於礮船表十二三，副佐巡船表二十八。於船名、船質、噸數、馬力，考察甚詳。出自英人，亦可謂有心人矣。

《上海格致書院藏書樓書目·東西學書·兵政》 《俄國水師考》。英百拉西。英傅少蘭，湘鄉李嶽蘅。一卷。一本。製造局本。

楊復等《浙江藏書樓乙編書目·兵書》 《俄國水師考》一册。英國傅少蘭、湘鄉李嶽蘅同譯。江南製造局鉛印本。

陳洙《江南製造局譯書提要·兵制》 《俄國水師考》一卷。英國伯拉西撰，傅少蘭口譯，湘鄉李嶽衡筆述。略紀費用數目，製造形式，而詳於列表，凡六十有奇，頗便觀覽。

俄國海軍考

楊復等《浙江藏書樓乙編書目·兵書》 《俄國海軍考》一册。慈谿舒高第、海鹽鄭昌棪譯。人演社鉛印本。

英國水師考

梁啓超《西學書目表·兵政》 《英國水師考》。傅蘭雅、鍾天緯。製造局本。二本。一百六十。

趙惟熙《西學書目答問·政學·兵政學》 《英國水師考》。二册。英巴那比、美克理同撰，英傅蘭雅、鍾天緯同譯。製造局本。

徐維則等《增版東西學書録·兵制》 《英國水師考》一卷。製造局本，二册。《富強叢書》本。《軍政全書》本。英巴那比、美克理同著，英傅蘭雅、鍾天緯同譯。先言船礮源流，繼言船艦數目及製造體力，次言兵額、兵費數目及招兵、調備、操練、俸餉、充賞各章程，後載法、德、意、俄、奧水師大略，以比較英制。固管理兵船者所當知。其《鐵甲船表》不及《外國師船表》之詳，而有船料礮數，爲《師船表》所缺。

徐樹蘭《古越藏書樓書目·政部·軍政》 《英國水師考》一卷。英巴那比、美克理同譔。英傅蘭雅譯，鍾天緯述。《富強叢書》本。

《上海格致書院藏書樓書目·東西學書·兵政》 《英國水師考》。英巴那比。英傅蘭雅，華亭鍾天緯。二卷。二本。製造局本。

楊復等《浙江藏書樓乙編書目·兵書》 《英國水師考》二册。英國傅蘭雅譯，華亭鍾天緯述。江南製造局鉛印本。

陳洙《江南製造局譯書提要·兵制》 《英國水師考》不分卷。英國巴那比、美克理同撰，傅蘭雅口譯，華亭鍾天緯筆述。詳載材料數目以及費用、徵調、管理、操練、俸餉、賞賜各章程，並載法、德、俄、奧水師大略，以比較異同強弱。所列各表亦極詳細。論英國兵船源流；船礮源流；造

船材料船礮；英國兵船開銷；各國兵船相比；水師官弁人員總説；水手各雜色人等；備調之水手水兵；管理兵船之權與章程；操練之法；兵船免病治病法；兵官俸祿；拏獲敵船充賞章程；别項零星賞賜；補水兵源流考；各國水師官與人相比。

水師章程

梁啓超《西學書目表・兵政》 《水師章程》。林樂知、鄭昌棪。製造局本。十六本。二十。

又《附録・讀西學書法》 《水師章程》譯文極佶屈。因官名及所辦事務等名，皆譯音不譯義，故滿紙多不相屬之字，幾於不能讀也。

顧述廬《通學書籍考・兵政類》 《水師章程》十四卷。英國水師兵部原書。是書前一卷，惟殘五十五款。後四卷，詳言格式。美林樂知譯，海鹽鄭昌棪述。又附《續編》六卷。

趙惟熙《西學書目答問・政學・兵政學》 《水師章程》。十六冊。美林樂知譯，鄭昌棪述。製造局本。

徐維則等《增版東西學書録・兵制》 《水師章程》八卷，《續編》六卷。製造局本，十六冊。英水師兵部原書，美林樂知譯，鄭昌棪述。書中凡官名及所辦事務等名，皆譯音不譯義，故滿紙多不相屬之字，佶屈難讀。

徐樹蘭《古越藏書樓書目・政部・軍政》 《水師章程》十四卷，《續編》六卷。英水師兵部原書。美林樂知譯，鄭昌棪述。製造局本。

《上海格致書院藏書樓書目・東西學書・兵政》 《水師章程》。美林樂知，海鹽鄭昌棪。十四卷。十六本。製造局本。

楊復等《浙江藏書樓乙編書目・兵書》 《水師章程》十六冊。美國林樂知譯，海鹽鄭昌棪述。江南製造局刻本。

陳洙《江南製造局譯書提要・兵制》 《水師章程》十四卷，《續編》六卷。英國水師部原書。美國林樂知口譯，海鹽鄭昌棪筆述。分正、續二編，析爲五十五欵。所列各格式，尤爲明晰。《續編》分添補、增附、改正、指點四端，詳細貫綜，一覽無遺。第一卷：兵船等級暨應改置不改置例；砲位更置例；見旗升砲暨升旗迎送禮數恩賞並衣服例；品級職分派法。第二卷：水陸文武相當品級；派員例；升缺例；考試職司例。第三卷：水手等上砲船分班次暨教習例；大砲官砲水手教習例；砲船會審例；水師營規。第四卷：水巡捕事例；告假離船例；陸兵上砲船例；水師槍兵例暨獎賞嘖欽年例；開特脱報效學習例；導引行船舵工例。第五卷：砲船出洋用輪帆例運送陸兵例；護送船例避疫例；救援船貨例；給食品例；全俸外加祿糈例。第六卷：扣減俸餉例；額外加俸例；失物補給銀兩例；搭送客品開支公項例；乘用公司輪船及商輪船例；英轄境内往來路費例；人員因公傷損邮養銀兩例。第七卷：存邮寡婦嘖欽及撫邮孤兒銀兩例；文報例；食貨用物例；醫院養疾所例；委員查勘例。第八卷：結總帳例；總戒令；堪曼特引欹福戒令；旗官愛特美而籟勒第一等亢莫濆爾戒令；主一羣之旗官船甲必頓戒令；甲必頓總戒令。第九卷：魯脱納戒令；瑪斯德戒令；式孛魯脱納戒令；大砲官掛納戒令；薄勝戒令；指奔得戒令。第十卷：爵伯倫戒令；醫官戒令；不瑪斯德戒令；安其業爾戒令；内乏爾暎司脱勒島戒令。第十一卷至第十四卷：格式。《續編》：添補前編之遺；增附前編之缺；改正前編之誤；指點前編之要。

劉錦藻《清續文獻通考・經籍考・兵家》 《水師章程》十四卷，《續編》六卷。林樂知、鄭昌棪譯述。

英國水師律例

梁啓超《西學書目表・法律》 《英國水師律例》。舒高第、鄭昌棪。製造局本。二本。四百六十。

顧述廬《通學書籍考・法律類》 《英國水師律例》。製造局本。舒高第、鄭昌棪同譯。

趙惟熙《西學書目答問・政學・兵政學》 《英國水師律例》。二冊。英德麟、極福德同纂，舒高第、鄭昌棪同譯。製造局本。

徐維則等《增版東西學書録・政治法律》 《英國水師律例》三卷，附一卷。製造局本，二冊。《軍政全書》本。《富強叢書》本。英德麟、極福德同著，舒高第、鄭昌棪同譯。名曰《水師律例》，頗與《讞案條理》可參證。後附

一千八百六十六年《整頓水師條例》，尤爲詳慎。時務報館譯有《英國律義》、《英倫巡捕章程》，均未印出。東亞書局刻有《俄國東洋軍政新策》二卷，《俄國東方新政策》，亦未見。

徐樹蘭《古越藏書樓書目・政部・法律》 《英國水師律例》三卷，附一卷。英德麟、極福得同撰。舒高第、鄭昌棪譯。製造局本。《富强叢書》本。

《上海格致書院藏書樓書目・東西學書・法律》 《英國水師律例》。英德麟、極福德。慈谿舒高第，海鹽鄭昌棪。五卷。三本。製造局本。

楊復等《浙江藏書樓乙編書目・兵書》 《英國水師律例》一册。慈谿舒高第，海鹽鄭昌棪同譯。江南製造局鉛印本。

陳洙《江南製造局譯書提要・兵制》 《英國水師律例》四卷。英國德麟、極福德同纂，慈谿舒高第口譯，海鹽鄭昌棪筆述。蒐羅甚廣，後卷調查尋常案例而摘録其要，并見證口供，最便仿辦。第一卷：論水師疇昔情形；論查訪案件；論拘人；論請派武會審員；論扎派武會審員之權幷預備審判事件；論武會審章程；論武會審公堂辦法。第二卷：論公堂糾察司職司；論水師武會審界限；論水師罪名並軍律。第三卷：論歸尋常律法所治之罪；論刑罰奉行公堂所判之刑罰；論尋常陸路公堂與水師管轄處相關係；論取證據。第四卷附編一：條奏。附編二：一千八百六十六年整頓水師條例。

法國水師考

梁啓超《西學書目表・兵政》 《法國水師考》。傅蘭雅、鍾天緯。製造局本。一本。一百。

趙惟熙《西學書目答問・政學・兵政學》 《法國水師考》。一册。美杜默能撰，美羅亨利、瞿昂來同譯。製造局本。

徐維則等《增版東西學書録・兵制》 《法國水師考》一卷。製造局本，一册。《富强叢書》本。美杜點能著，美羅亨利、瞿昂來同譯。前載船艦隻數與造船法制，中載水師官弁額數，後專記造船之廠。法自西曆七百五十年復興船政，其後逐年增改，遂與英匹，足見西國講求水師不遺餘力。是書所記，至一千八百八十五年止，以後更定兵制，增造戰艦，宜備考之，以附於後。

徐樹蘭《古越藏書樓書目・政部・軍政》 《法國水師考》一卷。美杜默能。美羅亨利譯，瞿昂來述。《富强叢書》本。

《上海格致書院藏書樓書目・東西學書・兵政》 《法國水師考》。英杜默能。美羅亨利。寶山瞿昂來。一本。製造局本。

楊復等《浙江藏書樓乙編書目・兵書》 《法國水師考》一册。美國羅亨利譯，寶山瞿昂來述。江南製造局鉛印本。

陳洙《江南製造局譯書提要・兵制》 《法國水師考》一卷。美國杜默能撰，羅亨利口譯，寶山瞿昂來筆述。詳載源流、數目、造法、官額、船廠。所列各表亦詳晰。第一章：論船政船數。第二章至第四章：論形式製造職司。第五章：論船廠。

法國海軍職要

梁啓超《西學書目表・兵政》 《海軍職要》。一本。二角五分。

又《附録・讀西學書法》 兵學之書，馬眉叔所譯《海軍職要》、李丹崖所譯《陸操新義》最佳。

趙惟熙《西學書目答問・政學・兵政學》 《法國海軍職要》。一册。馬建忠纂。上海本。

楊復等《浙江藏書樓乙編書目・兵書》 《法國海軍職要》一册。南徐求在我者斠，適可居士纂。木刻本。

美國水師考

梁啓超《西學書目表・兵政》 《美國水師考》。傅蘭雅、鍾天緯。製造局本。二本。一百。

趙惟熙《西學書目答問・政學・兵政學》 《美國水師考》。二册。英巴那比、美克理同撰，英傅蘭雅、鍾天緯同譯。製造局本。

徐維則等《增版東西學書録・兵制》 《美國水師考》一卷。製造局本，

二冊。富強叢書本。軍政叢書本。英巴那比、美克理同著，英傅蘭雅、鍾天緯同譯。蓋雜采報章成書。首論源流，次論辦理兵船之事，次述各司職掌，次記各事，後總論海部須改章程及辦事之法，條理秩然。美自立國以來，辦理交涉，向以和平爲主，所設水師，不過保護本國，然每年海部用款，已耗費不資。書中所載，未爲詳備。

《上海格致書院藏書樓書目·東西學書·兵政》 《美國水師考》。美巴那比，美克理。英傅蘭雅，華亭鍾天緯。一卷。一本。製造局本。

楊復等《浙江藏書樓乙編書目·兵書》 《美國水師考》一冊。英國傅蘭雅譯，華亭鍾天緯述。江南製造局鉛印本。

陳洙《江南製造局譯書提要·兵制》 《美國水師考》一卷。英國巴那比、美克理同撰，傅蘭雅口譯，華亭鍾天緯筆述。首論源流，次辦理，次職司，次學院費用雜事，次平亂造船陞官，末總論須改章程與辦事之法，叙次極有條理。論美國兵船源流并現在情形；美國辦理兵船之事；美國海部年終奏案；工程司；營務司；行船司；船政司；軍械司；汽機司；醫藥司；水兵；海圖局；水師學堂；觀星臺；水師韜略院；拍賣舊船廢料；寶星節期；海部一年經費；附表。巴拿馬之亂；添造遊覽兵船；海部內升官；准用國帑造新船；往紐粵陵斯博物院兵船；總論海部須改章程與辦事之法。

美國水師緣起

徐維則等《增版東西學書録·兵制》 《美國水師緣起》一卷。《知新報》本。美尖士班著，知新報館譯。顧補。

清國海軍近況一斑

顧燮光《譯書經眼録·兵制》 《清國海軍近況一斑》一冊。日本明治二十二年排印本。日本海軍參謀部著。於中國海軍船艦、馬力、旂幟，言之綦詳。原書作於明治二十三年末，數年而有甲午之役，大東溝一戰我之海軍殲焉。則日人籌劃於數年前，其深謀遠慮，可畏也哉！

日本水師艦隊報

徐維則等《增版東西學書録·兵制》 《日本水師艦隊報》□卷。《時務報》本。時務報館譯。顧補。

列國軍隊服裝圖

楊復等《浙江藏書樓乙編書目·美術》 《列國軍隊服裝圖》一幅。日本東京造畫舘本。

日本軍政要略

徐維則等《增版東西學書録·兵制》 《日本軍政要略》三卷。南洋公學本，二冊。日本陸軍經理學校原本，南洋公學譯書院編譯。日本陸軍學校教爲陸軍監督補軍吏者曰經理學校，其教科書有《經理教程摘要》者，載軍制條目頗備。譯者復取陸海軍省官籍，刪冗補遺，以成此書。凡三卷，分九篇。一切兵卒徵募、編列、更代、教育、廩給之法，與夫官秩、營制、軍用、馬政臚列詳備，其所增益十倍原書云。徐補。

徐樹蘭《古越藏書樓書目·政部·軍政》 《日本軍政要略》三卷。日本細田謙藏譯。南洋公學本。

楊復等《浙江藏書樓乙編書目·兵書》 《日本軍政要略》二冊。日本細田謙藏譯。南洋公學鉛印本。

日本軍隊給與法

徐維則等《增版東西學書録・兵制》 《日本軍隊給與法》一册。南洋公學本。日本《陸軍成規類聚》原本，南洋公學譯書院摘譯。彼國稱凡頒給在官員役錢物曰「給與」，屬軍隊者有平時、戰時二種，所給有俸給、房租、糧食、被服、馬匹、消耗、物陳、營具、旅費、演習、津貼等類。是書據明治三十二年定章，分類條載，凡三篇。首篇叙會計出納定則，二、三篇論給與之法，一平時、一戰時也。戰時給與較平時略增，然大致無甚殊異，故二篇紀述獨詳。徐補。

徐樹蘭《古越藏書樓書目・政部・軍政》 《日本軍隊給與法》一卷。孟森、楊志洵同譯。南洋公學本。

楊復等《浙江藏書樓乙編書目・兵書》 《日本軍隊給與法》一册。陽湖孟森、無錫楊志洵譯述。南洋公學鉛印本。

軍隊内務書

徐維則等《增版東西學書録・兵制》 《軍隊内務書》一册。南洋公學本。日本陸軍省原本，南洋公學譯書院譯。凡二十六章，章各有目。其大綱約分數端，曰官守，曰醫事，曰營規，曰軍禮，曰兵律，曰馬政，而冠以服從，終以報告。原書本二十八章，譯者刪其無益實用者二章，而於二十二章增譯懲罰法令大略，以便誦覽焉。徐補。

徐樹蘭《古越藏書樓書目・政部・軍政》 《軍隊内務書》一卷。日本陸軍省原本。楊志洵譯。南洋公學本。

楊復等《浙江藏書樓乙編書目・兵書》 《軍隊内務書》一册。無錫楊志洵譯述。南洋公學鉛印本。

野外要務令

徐維則等《增版東西學書録・兵制》 《野外要務令》□卷。南洋公學本。日本陸軍省原書，南洋公學譯書院譯。是書爲陸軍省頒示將校下士兵卒練習戰時應變之書，分上、下二編。上編爲陳中勤務，凡十四篇。首軍隊統屬聯絡之法，次偵探警戒，次行軍宿營，次行李彈藥輜重，次給養衛生，次補充子藥，次使用鐵路、電信、船舶，而終以憲兵。下編爲秋季演習，凡七篇。首總説，次演習之結構實施審判，次與演習之工兵，電綫架橋行李等隊，暨一切關繫之雜事，而終以地圖文書焉。是書初名《野外演習軌典》，取裁法、德兩國兵家之言，折衷本國軍事已然之迹，成書於明治十五年。越五年，修訂之，改名《野外要務令草案》。二十四年，又損益之，以成此本，並定今名云。徐補。

徐樹蘭《古越藏書樓書目・政部・軍政》 《野外要務令》二卷。日本陸軍省原本。盧永銘譯。南洋公學本。

楊復等《浙江藏書樓乙編書目・兵書》 《野外要務令》四册。日本陸軍學校原本，閩縣盧永銘譯。鉛印本。

軍事教育與訓練分部

南洋水師學堂考試紀略

徐樹蘭《古越藏書樓書目・政部・軍政》 《南洋水師學堂考試紀略》一卷。英傅蘭雅。《格致彙編》本。

陸軍教育摘要

徐維則等《增版東西學書録・兵制》　《陸軍教育摘要》二冊。南洋公學本。日本陸軍省原本，南洋公學譯書院編譯。日本陸軍省歲刊《陸軍成規類聚》，凡軍事之條教號令，皆載之。是編據明治三十二年本，摘譯其有關教育者，凡十七款。爲軍士教育者二，爲將校教育者四，爲雜役教育者九。首末兩篇，則指導考核之事，皆與教育相聯繫者。各款皆由陸軍省審定頒發，通行全國，著爲成憲。雖或舉條例，或挈指要，彙而合之，體裁不無歧雜，然摭集官書，類次成帙，例仍原文，亦不必以此議之。徐補。

徐樹蘭《古越藏書樓書目・政部・軍政》　《日本陸軍教育摘要》一卷。盧永銘譯。南洋公學本。

日本陸軍學校章程彙編

徐維則等《增版東西學書録・學校》　《日本陸軍學校章程彙編》四冊。南洋公學本。日本陸軍省原本，南洋公學譯書院輯譯。不分卷，凡名學校者十三，不名學校而稱「教導團」者一。自應募入學習業，乃至學校中起居瑣節，各有章程。蓋取單行各本綴而合之，取其重複，自成首尾，彼中陸軍學校之制，一覽可盡。徐補。

徐樹蘭《古越藏書樓書目・政部・軍政》　《日本陸軍學校章程彙編》無卷數。孟森譯。南洋公學本。

日本陸軍士官學校條例

徐維則等《增版東西學書録・學校》　《日本陸軍士官學校條例》□卷。《昌言報》本。昌言報館譯。分三章：一曰總則，二曰職制，三曰召募定則。丹徒姚錫光著有《東瀛學校舉概》，可以參觀。顧補。

陸軍士官學校生徒心得

徐樹蘭《古越藏書樓書目・政部・軍政》　《陸軍士官學校生徒心得》十三章一卷。王肇鋐譯。周家録校本。

日本陸軍大學校論略

顧燮光《譯書經眼録・學校》　《日本陸軍大學校論略》一卷。浙江官書局木刻本，《續富強叢書》本，《新政叢書》本。日本東條英教口述，川島浪速初譯，張濬杳雙綏點定。分本旨、原始、編制、學生、教育、退校、經費七篇，語簡辭賅，多可取法。惟每名學生三年之費需二千餘元，薪水旅費尚在其外，儲材不易，可見一斑。然兔罝干城，得戰勝於廟堂，則此區區，何足惜哉！丹徒姚錫光有《東瀛學校述略》，張大鏞《日本學校紀略》，可以參觀。

楊復等《浙江藏書樓乙編書目・兵書》　《日本陸軍大學校》一冊。日本東條英教述，川島浪速譯。浙江局刻本。

陸操新義

梁啓超《西學書目表・兵政》　《陸操新義》。李鳳苞。一本。一元。坊間鏤刻，改名《德國練兵新書》。

顧述廬《通學書籍考・兵政類》　《陸操新義》四卷。坊間翻刻改名《德國練兵新書》。德國提督康貝撰，崇明李鳳苞譯。是書於同治五年戰事後輯録發印。其大旨即本是年戰事，先論一隊自戰，全營合戰。次論不許亂發槍子，又敵兵雖有最捷之後膛槍，我兵辦應奮勇前攻，不可坐守。終論攻法以

何種排列爲最善。是書既出，人皆爭先快睹，屢次排印。及同治十三年第四次排印，雖加增改，尚有未盡。今光緒七年，參考近年戰事，復又增加，而第五次之排印，因十年前德、法之戰所增，見識互有同異，故是編採折衷之論，專以切用爲主。

趙惟熙《西學書目答問・政學・兵政學》 《陸操新義》。四卷，訂一冊。德康貝原本，李鳳苞譯撰。自刻本。坊間翻印，改名《德國練兵新書》。

徐維則等《增版東西學書録・兵制》 《陸操新義》四卷，附録一卷。天津機器局印本，上海石印本，《西學大成》本，坊間改名《德國練兵書》。德康貝著，李鳳苞譯。首論一隊自戰，全營合戰；次論奮勇進攻，不可坐守；終論攻法以何種排列爲最。自同治五年戰事始，至光緒七年止，叠有增益。德國陸軍爲全球冠，師丹一役，成效顯著。其致勝之法，不出乎各小綜自爲戰，仍成一大軍以合戰，在因地因人，時有變化而已。製造局有英傅蘭雅譯《陸軍戰法》，時務報館譯有《陸戰新法》，均未印出。

徐樹蘭《古越藏書樓書目・政部・軍政》 《陸操新義》四卷，附録一卷。德康貝，李鳳苞譯。上海石印本。

楊復等《浙江藏書樓乙編書目・兵書》 《陸操新義》。德國康貝撰，崇明李鳳苞譯。鉛印本。

劉錦藻《清續文獻通考・經籍考・兵家》 《陸操新義》四卷。李鳳苞譯述。鳳苞見《史部・雜史類》。

自强軍洋操課程

趙惟熙《西學書目答問・政學・兵政學》 《自強軍洋操課程》。十卷，訂四冊。天津本。是書於操練部伍程式口號、旗燈器械分記極詳，有志洋操者不可不讀。

步兵操法摘要

顧燮光《譯書經眼録・兵制》 《步兵操法摘要》一卷。《浙江武備新書》刊本，《續富强叢書》本。北洋武備學堂原譯，浙江武備學堂重譯。計分三類，曰論列隊時一哨官弁應跕地步，曰操隊章程，曰撤操隊章程。寥寥萬餘言，簡要可法。圖二十二，發明列隊變化各式。

徐樹蘭《古越藏書樓書目・政部・軍政》 《步隊操法摘要》一卷。北洋武備學堂譯。光緒二十三年浙江書局本。

槍法圖説

顧燮光《譯書經眼録・兵制》 《槍法圖説》一卷。《湖北武學全書》本，上海掃葉山房石印本，寶善齋石印本。法國武備原本，德何福滿、楊其昌同譯，蔣煦筆述。凡八章，二十三圖，皆言持槍操演之法。

徐樹蘭《古越藏書樓書目・政部・軍政》 《槍法圖解》一卷。德武備原本。德何福滿譯，楊其昌、蔣煦同述。《湖北武學》本。

快槍打靶通法

徐樹蘭《古越藏書樓書目・政部・軍政》 《快槍打靶通法》二卷。德武備原本。德斯泰老譯，蕭誦芬述。《湖北武學》本。

顧燮光《譯書經眼録・兵制》 《快槍打靶通法》二卷。《湖北武學全書》本。上海掃葉山房石印本，二冊。寶善齋石印本。法國武備原本，德斯泰老口譯，蕭誦芬筆述，王肇鋐繪圖。凡十章，有圖有表，發明子彈速率、飛路、準力、器具等理。譯筆亦淺明可讀。

毛瑟槍學

徐樹蘭《古越藏書樓書目・政部・軍政》 《毛瑟槍學》一卷。北洋武備學堂譯。光緒廿三年浙江書局本。

顧燮光《譯書經眼録・兵制》 《毛瑟槍學》一卷。《浙江武備新書》刊本，《續富強叢書》本。北洋武備學堂原本，浙江武備學堂重譯。後膛槍至毛瑟，精利極矣。不善用之，反足以自害。教練士卒，必使之明全槍機括裝卸之理，乃足以殺敵致果。書中備舉大端，分十八條。其零件、備件、瞄準諸法，爲目六十有五。蓋本德國《毛瑟槍章程》而加以損益者。

新式毛瑟快槍學

徐樹蘭《古越藏書樓書目・政部・軍政》 《新式毛瑟快槍學》一卷。北洋武備學堂譯。光緒廿三年浙江書局本。

顧燮光《譯書經眼録・兵制》 《新式毛瑟快槍學》一卷。《浙江武備新書》刊本，《續富強新書》本。北洋武備學堂原本，浙江武備學堂重譯。前書言明毛瑟槍之理，此乃專言打靶命中之法。操演新軍者，所宜急讀者也。

克虜伯演礮彙譯

梁啓超《西學書目表・兵政》 《克虜伯演礮彙譯》。一本。一角。

徐維則等《增版東西學書録・兵制》 《克虜伯演礮彙譯》一冊。

克虜伯礮操法

梁啓超《西學書目表・兵政》 《克虜伯礮操法》。金楷理、李鳳苞。製造局本。二本。四百八十。

顧述廬《通學書籍考・兵政類》 《克虜伯礮操法》四卷，附《表》八卷。布國軍政局原書，美金楷理譯，崇明李鳳苞述。卷一論置定獨砲，卷二論曳動獨礮，卷三論礮兵乘馬，卷四論礮隊成行。後列表八卷，礮制甚詳。

丁仁《八千卷樓書目・兵家類》 《克虜伯礮法》六卷。美金楷理譯。刊本。

趙惟熙《西學書目答問・政學・兵政學》 《克虜伯礮操法》。四卷，訂二冊，有圖。布軍政局原書，美金楷理譯，李鳳苞述。製造局本。

徐維則等《增版東西學書録・兵制》 《克虜伯礮操法》四卷，附《表》八卷。製造局本，二冊。《富強叢書》本。布軍政局原書，美金楷理譯，李鳳苞述。記操演法，可謂周備。《表》記礮彈大小、遠近、遲速，專爲取準之用，亦甚精善。然在教演者，神明其用耳。

徐樹蘭《古越藏書樓書目・政部・軍政》 《克虜伯礮操法》四卷，附《表》八卷。布軍政局原書。美金楷理譯，李鳳苞述。製造局本。《富強叢書》本。

楊復等《浙江藏書樓乙編書目・兵書》 《克虜伯礮説操法》二冊。美國金楷理譯，崇明李鳳苞述。江南製造局刻本。

礮準心法

梁啓超《西學書目表・兵政》 《礮準心法》。金楷理、李鳳苞。製造局本。二本。一百六十。

丁仁《八千卷樓書目・兵家類》 《礮準心法》二卷。美金楷理譯。刊本。

趙惟熙《西學書目答問・政學・兵政學》 《克虜伯礮準心法》。一卷附圖，訂二冊。布軍政局原書，美金楷理譯，李鳳苞述。製造局本。

徐維則等《增版東西學書録・兵制》 《礮準心法》一卷，圖一卷。製造局本，二冊。《富強叢書》本。布軍政局著，美金楷理譯，李鳳苞述。用礮取準，庶不虛糜子藥。此書專言克虜伯礮取準法，但於圖表算法，未能詳明。如謂彈在空中行，抛物線不合，可按表以畫各段之圖，然核算之法，仍未道及。製造局印有英傅蘭雅、徐建寅《操格林砲法》一冊，未出。

徐樹蘭《古越藏書樓書目・政部・軍政》 《克虜伯礮準心法》一卷，圖一卷。布軍政局撰。美金楷理譯，李鳳苞述。製造局本。《富強叢書》本。

《上海格致書院藏書樓書目・東西學書・兵政》 《礮準心則》。布金楷理。崇明李鳳苞。一卷。一本。製造局本。

楊復等《浙江藏書樓乙編書目・兵書》 《礮準心法》一冊。美國金楷理譯，崇明李鳳苞述。江南製造局刻本。

陳洙《江南製造局譯書提要・兵學》 《克虜伯砲準心法》上下卷。普國軍政局原書。美國金楷理口譯，崇明李鳳苞筆述。有圖二十三。卷帙雖少，論説詳明，兵工學入門所不可少之書也。卷上：一、察砲體；論製造制度；論新舊；論積煤。二、考彈藥；論銕論鉛殼；論全重；論藥之良楛。三、辯地段。四、審氣候。五、度遠近。六、擇位置。七、明用法。八、校砲準。卷下：一、論抛物線。二、論能力之强弱。

管礮法程

徐維則等《增版東西學書録・兵制》 《管礮法程》一卷。光緒丙申金陵刊本。德瑞乃爾輯譯，沈敦和重編。原書名曰《克虜卜海岸礮管理法》，仲禮觀察詳加校正，乃改今名。書中論查明臨用法，用礮時法，用完時法，收存法，最詳密。

施放砲書

徐樹蘭《古越藏書樓書目・政部・軍政》 《施放礮書》一卷。北洋武備學堂譯。光緒二十三年浙江書局本。

顧燮光《譯書經眼録・兵制》 《施放砲書》一卷。《浙江武備新書》刊本。北洋武備學堂原譯，浙江武備學堂重譯。全書凡十一章，論分甲乙。甲論飛路，凡六章。一、解説；二、論飛路情形因何力而成；三、論飛路由砲口至擊中處之情形；四、論子彈擊出將與一物相遇及已遇之後情形；五、論子母彈；六、論羣子彈。乙論砲之能力，凡五章。七、論命中之功；八、論砲表；九、能事表；十、論子彈中物效驗；十一、論砲位本身相關之事。

施放行營砲章程

徐樹蘭《古越藏書樓書目・政部・軍政》 《施放行營礮章程》一卷。北洋武備學堂譯。光緒二十三年浙江書局本。

顧燮光《譯書經眼録・兵制》 《施放行營砲章程》一卷。浙江武備新書刊本。北洋武備學堂原譯，浙江武備學堂重譯。凡三章：一、擊靜物；二、擊動物；三、隨機施法，共四十九條。於考究改正相距與偏差之法，用彈試擊之理，言之極確。

格魯森快放砲操法

徐樹蘭《古越藏書樓書目・政部・軍政》 《格魯森快放礮操法》一卷。北洋武備學堂譯。光緒二十三年浙江書局本。

顧燮光《譯書經眼録・兵制》 《格魯森快放砲操法》一卷。《浙江武備新書》刊本。北洋武備學堂原譯，浙江武備學堂重譯。全書凡三大節，曰未套馬之砲操法，曰上下砲尾，曰移動已下架尾之砲。臚列操法口令，共四十條，各有釋語，以發明之。《瞄準要法》專言瞄準，此則詳論操法，蓋互相體用者也。

瞄準要法

徐樹蘭《古越藏書樓書目・政部・軍政》 《瞄準要法》一卷。北洋武備學堂譯。光緒二十三年浙江書局本。

顧燮光《譯書經眼録・兵制》 《瞄準要法》二卷。《浙江武備新書》刊本。北洋武備學堂原譯，浙江武備學堂重譯。第一卷論起首教練法，凡三章。第二卷論教練深進之法，凡五章。發砲以瞄準爲要，其機巧快捷，非練

習有素，則臨陣不能得其利用，故新兵使其由初法練起，舊兵向深處習之，以期學至極精，方有實效。蓋訓練砲隊新兵之要書也。譯筆亦條鬯簡明，專爲武備而設，無艱深蕪雜之病。

步兵操典

徐維則等《增版東西學書録・兵制》 《步兵操典》□卷。南洋公學本。日本陸軍省原本，南洋公學譯書院譯。是書據明治三十一年陸軍省所頒本譯出，凡二篇，分九章，總三百四十四款，附録十四款，則步兵科軍禮也。前篇述基本教練，以步伐謹嚴、技藝純熟爲主。後篇述戰鬬教練，以通權達變、不守故常爲主。明治初，陸軍師法蘭西，至二十年，更採用德意志法，於是成各兵操典。然兵兵一種，初無後篇，屢經修訂，始成今本，可謂擇之審矣。徐補。

徐樹蘭《古越藏書樓書目・政部・軍政》 《步兵操典》二卷。日本陸軍省原本。孟森譯。南洋公學本。

步兵各個教練書

徐維則等《增版東西學書録・兵制》 《步兵各個教練書》□卷。南洋公學本。日本軍事教育會稻村新六編，南洋公學譯書院譯。日本現役兵，每年以十二月一日入營。入營之始，未諳軍事，人各施教，令就範圍，限十週畢業，是爲各個教練。是書彙《步兵操典》、《野外要務令》、《軍隊教育次序令》諸書，而又以作者平日所閲歷附著之。首緒言，次教練綱領，次十週課目，而終以結論。於作止、進退、軍禮、槍法、攻守、偵探等事，指導備至又時時設爲問答，使各兵知返求之道，又以毋泥成法，勗諸教官，可謂詳盡矣。徐補。

徐樹蘭《古越藏書樓書目・政部・軍政》 《步兵各個教練書》一卷。日本軍事教育會原本。日本稻村新六輯補，孟森譯。南洋公學本。

楊復等《浙江藏書樓乙編書目・兵書》 《步兵各個教練書》二册。日本稻村新六輯補，陽湖孟森譯述。南洋公學鉛印本。

步兵射擊教範

徐維則等《增版東西學書録・兵制》 《步兵射擊教範》□卷。南洋公學本。日本陸軍省原書，南洋公學譯書院譯。《射擊教範》爲陸軍省頒行各部隊教育步兵射擊之書，與《步兵操典》相濟爲用。是編據明治二十八年改正本譯出，凡四篇。首射擊學理，次射擊教育，三場地器具，四簿記報告。末附圖十七，說理者七，證器具者十；表十三，據實測者四，示成式者九。徐補。

徐樹蘭《古越藏書樓書目・政部・軍政》 《步兵射擊教範》四卷，附表一卷，圖一卷。日本陸軍省原本。日本山根虎之助譯。南洋公學本。

楊復等《浙江藏書樓乙編書目・兵書》 《步兵射擊教範》二册。日本山根虎之助譯。南洋公學鉛印本。

步兵工作教範

徐樹蘭《古越藏書樓書目・政部・軍政》 《步兵工作教範》四卷。日本陸軍省原本。樊炳清譯。南洋公學本。

步兵部隊教練書

徐樹蘭《古越藏書樓書目・政部・軍政》 《步兵部隊教練書》一卷。日本戶山學校原本。日本稻村新六輯補，孟森譯。南洋公學本。

楊復等《浙江藏書樓乙編書目・兵書》 《步兵部隊教練書》一册。日本稻村新六輯補，陽湖孟森譯述。南洋公學鉛印本。

步兵戰鬭射擊教練書

徐樹蘭《古越藏書樓書目・政部・軍政》《步兵戰鬭射擊教練書》二篇一卷。日本陸軍戸山學校原本。日本山根虎之助譯。南洋公學本。

水師操練

梁啓超《西學書目表・兵政》《水師操練》。傅蘭雅、徐建寅。製造局本。三本。三百。

顧述廬《通學書籍考・兵政類》《水師操練》十八卷，附《雜説》一卷。製造局本。英國戰船部原書，英傅蘭雅譯，無錫徐建寅述。是書卷首列總例，其中十八卷言操練各法并操練器具，至詳且悉，後附《雜説》。

丁仁《八千卷樓書目・兵家類》《水師操練》十六卷，附録一卷。英傅蘭雅譯。刊本。

趙惟熙《西學書目答問・政學・兵政學》《水師操練》。三冊。英傅蘭雅譯，徐建寅述。製造局本。

徐維則等《增版東西學書録・兵制》《水師操練》十八卷，附《雜説》一卷。製造局本，三冊。英戰船部原書，英傅蘭雅譯，徐建寅述。名曰「水師」，而陸地戰陣諸法，間亦述及。其中言水師船艦操法，未能詳盡，槍礮操法，則略具矣。首卷所述，爲戰船操練要例，不可不讀。特譯筆欠簡達。

徐樹蘭《古越藏書樓書目・政部・軍政》《水師操練》十八卷，附《雜説》一卷。英戰船部原書。英傅蘭雅譯，徐建寅述。製造局本。

《上海格致書院藏書樓書目・東西學書・兵政》《水師操練》。英傅蘭雅，無錫徐建寅。十八卷附一卷。三本。製造局本。

楊復等《浙江藏書樓乙編書目・兵書》《水師操練》三冊。英國傅蘭雅譯，無錫徐建寅述。江南製造局刻本。

陳洙《江南製造局譯書提要・兵學》《水師操練》十八卷，首一卷，附一卷。英國戰船部原本。傅蘭雅口譯，無錫徐建寅筆述。首述戰船操練要例，後述船艦槍礮操練各事，附卷更詳及陸路守法。首卷：分派砲位；砲手定數；分派職司；給發小兵器；對砲法；前赴敵船并用帆；將戰時預備各事；備夜戰；喇叭吹號；槍砲隊登陸；舢板備用兵器及各料；火藥等艙要法；出海戰船操例；砲法教習要事。第一卷：操砲初法；戰法；減人；更换絆繩；移砲順船；起砲上架。第二卷：移轉砲樞。第三卷：輪架螺絲砲操法。第四卷：轉臺螺絲砲操法。第五卷：後膛砲操法。第六卷：田鷄砲操法。第七卷：陸地戰砲操法。第八卷：陸地戰砲陣法。第九卷：槍操法。第十卷：槍刃操法。第十一卷：腰刀。第十二卷：手槍。第十三卷：礮彈引火。第十四卷：火箭。第十五卷：下水器。第十六卷：喇叭號令。第十七卷：考試。第十八卷：各砲尺寸。附卷：火藥；螺絲砲與彈；穿鐵甲之大砲；鐵甲與木墊；鐵甲把；棉花藥；打壞木橋木城；水雷；築營壘法；鹿角花籬；梅花坑；暫守鄉村；打壞敵壘；地道；地雷；舢板運放水雷；附圖説。彈遠表。

劉錦藻《清續文獻通考・經籍考・兵家》《水師操練》十八卷，附《雜説》一卷。傅蘭雅、徐建寅譯。

布國兵船操練

梁啓超《西學書目表・近譯未印各書》《布國兵船操練》。金楷理、李鳳苞。製造局。一本。未印。

軍事後勤分部

水師保身法

梁啓超《西學書目表·兵政》　《水師保身法》。程鑾、趙元益。製造局本。一本。一百。

趙惟熙《西學書目答問·政學·兵政學》　《水師保身法》。一冊。程鑾、趙元益同譯。製造局本。

徐維則等《增版東西學書録·兵制》　《水師保身法》一卷。製造局本，一冊。《軍政全書》本。法勤羅阿著，英伯克雷譯，程鑾、趙元益重譯。此法人所著，英人譯之，以告船主軍醫者。凡飲食、操練、潔身諸法皆備，論船毒之害尤詳。

徐樹蘭《古越藏書樓書目·政部·軍政》　《水師保身法》一卷。法勤羅阿。英伯克雷譯，程鑾、趙元益重譯。製造局本。

《上海格致書院藏書樓書目·東西學書·兵政》　《水師保身法》。法勤羅阿。英伯克雷。嘉善程鑾，新陽趙元益。一卷。一本。製造局本。

楊復等《浙江藏書樓乙編書目·兵書》　《水師保身法》一冊。法國勤羅阿撰，英國伯克雷譯。江南製造局刻本。

陳洙《江南製造局譯書提要·兵學》　《水師保身法》一卷。德國勤羅阿撰，英國伯克雷譯，嘉善程鑾重譯，新陽趙元益筆述。凡六章。專論水師保身之理法，而透達光綫，調換空氣，尤爲船中要義。近年西國水師以海水浴身，體尤健壯，此書尚未發明其理。蓋各國學術日精，水師進步亦愈速。讀此編者，其于保身諸法宜精加研究，毋自封故步爲也。首論法國水師初用輪船漸得養身美法；論飲水；論饅頭素菜等物；論肉；調換飲食；論水手服食之改變；論潔身；論操練等事；論免身虛泄血病法；論防鉛毒之法。

臨陣傷科捷要

梁啓超《西學書目表·醫學》　《臨陣傷科捷要》。舒高第，鄭昌棪。製造局本。四本。四百八十。

趙惟熙《西學書目答問·藝學·醫學》　《臨陣傷科捷要》。四冊。舒高第、鄭昌棪同譯。製造局本。

徐維則等《增版東西學書録·醫學》　《臨陣傷科捷要》四卷附圖。製造局本，四冊。英帕脱編，舒高第、鄭昌棪同譯。此爲臨陣便用之書。醫生於軍營職司，隨處喫重，尤不可不先事研求。附《傷科捷要圖》，與《割症全書》參看。

徐樹蘭《古越藏書樓書目·學部·生理學》　《臨陣傷科捷要》四卷附圖。英帕脱。舒高第、鄭昌棪同譯。製造局本。

《上海格致書院藏書樓書目·東西學書·醫學》　《臨陣傷科》。英帕脱。慈谿舒高第，海鹽鄭昌棪。四卷。四本。製造局本。

楊復等《浙江藏書樓乙編書目·生理》　《臨陣傷科捷要》四冊。慈谿舒高第、海鹽鄭昌棪同譯。鉛印本。

陳洙《江南製造局譯書提要·醫學》　《臨陣傷科捷要》四卷。英國帕脱撰，慈谿舒高第口譯，海鹽鄭昌棪筆述。有圖一百五十一。蓋兩軍決鬭，受傷者多。戰事之勝負，與醫士之料理關係非淺。此書名目繁瑣，縷析條分。今就卷中所載，綜其目錄，以便閱者。第一卷：兵醫整備；就地備物；粗車運載；鐵路醫車；山中運具；戰場料理法；戰場醫務；柴水；遮蔽；被圍所在料理法；槍彈傷骨；接骨具；襯墊之物；石膏粉；傷損緣由；損傷之辨；分別治法；風彈之傷；彈傷情形；查驗傷損法；取出槍彈并他外物法；治槍彈傷總法；解毒藥；全體治法傷重神昏；治箭傷法；頭顱損傷。第二卷：面傷；頸骨傷；胸前損傷；腹前損傷；背脊損傷；盆骨一帶損傷；溺具損傷；生育具損傷；出糞具損傷；四肢損傷；臂骨損傷；大小腿損傷；脚骨損傷。第三卷：節骱損傷；腦線并肌筋損傷；蒙汗藥；鋸截法：應行鋸截；論各種鋸截；雙鋸截法；洗鋸肢法；保血；鋸截法；鋸截新法；剜骨法。第

四卷《附論》：骨之截端症病；治流血法；紮束脉管法；爛死；驚癇；醫院爛死病侍染；皮膚發炎；迴血管發炎；骨及髓發炎；身虛泄血類症；救溺斃法；水；藥方。

作戰糧食給養法

徐維則等《增版東西學書録・兵制》 《作戰糧食給養法》一冊。南洋公學本。日本陸軍經理學校原本，南洋公學譯書院譯。彼國陸軍經理學校學生分兩科，曰監督，曰軍吏。是書爲監督科教程本，分上下二篇。上篇爲預習事項，凡五章。首章釋給養名義，二、三章論軍隊區別及行止事宜，四章論水陸交通之法，爲本書最要關鍵，末章論凡關繫給養之事。下篇爲給養職事綱領及施行方法，凡三章。前二章即本篇條目，後二篇復推論給養之非常法者，至是而給養之道備矣。徐補

徐樹蘭《古越藏書樓書目・政部・軍政》 《作戰糧食給養法》一卷。日本陸軍經理學校原本。楊志洵譯。南洋公學本。

楊復等《浙江藏書樓乙編書目・兵書》 《作戰糧食給養法》一冊。日本陸軍學校原本，無錫楊志洵譯。鉛印本。

武器裝備分部

軍械圖説

徐樹蘭《古越藏書樓書目・政部・軍政》 《軍械圖説》一卷。德武備原本。德何福滿譯，楊其昌述。《湖北武學》本。

顧燮光《譯書經眼録・兵制》 《軍械圖説》二卷。《湖北武學全書》本，上海掃葉山房石印本，寶善齋石印本。德國武備原書，德何福滿、楊其昌同譯。卷一曰軍械總揭，則言軍械分別，砲彈聲路。卷二曰火藥，則言各種藥力、運送、管理之法。附圖三幅，以明之。

火器略説

梁啓超《西學書目表・兵政》 《火器略説》。黄達權、王韜。上海印本。一本。三角。

趙惟熙《西學書目答問・政學・兵政學》 《火器略説》。一冊。黄達權譯，王韜述。上海本。

徐樹蘭《古越藏書樓書目・政部・軍政》 《火器略説》一卷。西國原本。黄達權譯，王韜述。天南遯窟排印本。

劉錦藻《清續文獻通考・經籍考・兵家》 《火器略説》一卷。黄達權譯，王韜編。韜見《史部・地理類・雜記》。達權字平甫，廣東人。

哈乞開司槍圖説

梁啓超《西學書目表・兵政》 《哈乞開司槍圖説》。天津學堂本。一本。三錢。

趙惟熙《西學書目答問・政學・兵政學》 《哈乞開司槍圖説》。一冊。天津學堂譯本。

徐維則等《增版東西學書録・兵制》 《哈乞開司槍圖説》四卷。光緒壬辰天津學堂本，一冊。

快槍圖説

徐樹蘭《古越藏書樓書目・政部・軍政》 《快槍圖説》一卷。德武備原本。德瑞乃爾譯，蕭誦芬述。《湖北武學》本。

顧燮光《**譯書經眼録・兵制**》　《快槍圖說》一卷，附《總件名目考》一卷。《湖北武學全書》本，上海掃葉山房石印本，寶善齋石印本。德國武備原本，德瑞乃爾口譯，蕭誦芬筆述。七密里九毛瑟快槍，爲德國最新之式，於西曆一千八百九十五年改定者，致遠攻堅，兩臻其美。此圖乃法國政府於是年頒發之本，凡四十一圖，專言快槍件數用法、子彈施放、管理章程，使有此槍者，熟悉而善用之。至打靶瞄準、線路、身手等法，或與老毛瑟槍同放，故未備載。書分槍件、總考、管理、槍法四類，尤爲明晰可讀。

美國新出薩維治新出靈巧六响來福槍利用功效圖說

顧燮光《**譯書經眼録・兵制**》　《美國新出薩維治新出靈巧六响來福槍利用功效圖說》一卷。益新西報館石印本。元豐順洋行敘。書中言該槍雖屬六响，可當單响之用，隨裝隨放，快慢自由，急時可六响聯貫而出，洵軍中利器也。篇後臚列較他槍優處十條，自係確論，非揚己抑人者可比。附圖六幅，亦詳明可觀。

西礮說略

梁啓超《**西學書目表・兵政**》　《西礮說略》。傅蘭雅。《格致彙編》本。

徐維則等《**增版東西學書録・兵制**》　《西礮說略》一卷。《格致彙編》本。英傅蘭雅著。先論各種駁造法，後載各種礮圖，極精細。中有《各廠前後膛礮優絀論》一篇，詳言礮製子藥之合法與否，爲全書綱領。講兵學者，所宜深究。《彙編》二有斯米德《礮紀略》一篇，可參觀。

徐樹蘭《**古越藏書樓書目・政部・軍政**》　《西礮說略》一卷。英傅蘭雅。《格致彙編》本。

攻守礮法

梁啓超《**西學書目表・兵政**》　《攻守礮法》。金楷理、李鳳苞。製造局本。一本。一百六十。

丁仁《**八千卷樓書目・兵家類**》　《攻守礮法》一卷。美金楷理譯。刊本。

趙惟熙《**西學書目答問・政學・兵政學**》　《攻守礮法》。附《克虜伯腰箍礮說》、《礮架說》、《船礮操法》、《螺繩礮架說》，均有圖，合訂一冊。布軍政局原書，美金楷理譯，李鳳苞述。製造局本。

徐維則等《**增版東西學書録・兵制**》　《攻守礮法》一冊。製造局本。布軍政局著，美金楷理、李鳳苞述。

徐樹蘭《**古越藏書樓書目・政部・軍政**》　《攻守礮法》一冊。布軍政局撰。美金楷理譯，李鳳苞述。製造局本。

《**上海格致書院藏書樓書目・東西學書・兵政**》　《攻守礮法》。布金楷理。崇明李鳳苞。四卷。一本。製造局本。

陳洙《**江南製造局譯書提要・兵學**》　《攻守砲法》一卷。普國軍政局原書。美國金楷理口譯，崇明李鳳苞筆述。分六節，有圖五十四。論簡而理明。其別之爲攻守砲者，因非野戰快砲類也。第一節：攻守砲法之布置運用。第二節：造腰箍鋼砲之法及子藥法用法。第三節：論船砲。第四節：克虜伯船砲操法。第五節：堡砲之架及說。第六節：用螺軸連繩之砲架說。

礮法求新

梁啓超《**西學書目表・兵政**》　《礮法求新》。舒高第、鄭昌棪。製造局本。八本。一千六百。

徐維則等《**增版東西學書録・兵制**》　《礮法求新》三卷，附編附圖。製造局本，八冊。英烏里治官礮局原書，舒高第、鄭昌棪同譯。

趙惟熙《西學書目答問・政學・兵政學》　《礮法求新》。八冊。舒高第、鄭昌棪同譯。製造局本。

徐樹蘭《古越藏書樓書目・政部・軍政》　《礮法求新》六卷，附編附圖。英烏里治官礮局原書。舒高第、鄭昌棪同譯。製造局本。

陳洙《江南製造局譯書提要・兵學》　《砲法求新》六卷，《附編》三卷，《補編》一卷。英國烏理治礮廠原書。慈谿舒高第口譯，海鹽鄭昌棪筆述。大致論改舊砲，易新砲，鑄法、製法、試法、用法皆備。數目甚繁，概括於下：第一款，論金類之情及牽漲等力率並砲料。第二款至第三款，鑄砲法如漲力藥膛、彈膛、來福綫彈行各路速率、發火管、表尺、田雞砲及各質砲。第四款，論各種砲彈藥裏速率彈鑽力及表。第五款，各種製造法如車鑽磨銼等工程。第六款，製砲之各附件。第七款，英軍用各種來福砲重數。第八款，新式來福大砲造法及查察法。第九款，前膛大砲表尺各件。第十款，改光膛爲來福前膛並零件。第十一款，論軍前現用之來福前膛砲。第十二款，大砲並其零件查察保護脩理各法。第十三款，各大砲比較力量。《附編一》：一、論每年按期詳報兵部格式；二、表照星幷砲體上上色法；三、論格林砲；四、論砲距拋物線。《附編二》：阿姆斯脫郎八寸徑後膛砲說。《附編三》：七磅彈螺改後膛砲兩接山砲用法說略。《補編》：論水師所用之砲架及壓水櫃等用法。

礮乘新法

梁啓超《西學書目表・兵政》　《礮乘新法》。舒高第、鄭昌棪。製造局本。六本。八百。

趙惟熙《西學書目答問・政學・兵政學》　《礮乘新法》。六冊。舒高第譯，鄭昌棪述。製造局本。

徐維則等《增版東西學書録・兵制》　《礮乘新法》三卷，首一卷，圖一卷。製造局本，六冊。英製造官局原書，舒高第、鄭昌棪同譯述。首論造礮乘材料，次論陸路礮車，次論水師礮架。於近時製造新法，纖悉詳盡。

徐樹蘭《古越藏書樓書目・政部・軍政》　《礮乘新法》三卷，首一卷，圖一卷。英製造官局原書。舒高第、鄭昌棪同譯。製造局本。

《上海格致書院藏書樓書目・東西學書・兵政》　《砲乘新法》。慈谿舒高第，無錫徐建寅。三卷附一卷。六本。製造局本。

楊復等《浙江藏書樓乙編書目・兵書》　《礮乘新法》附圖。慈谿舒高第譯，海鹽鄭昌棪述。江南製造局刻本。

陳洙《江南製造局譯書提要・兵學》　《炮乘新法》三卷，首一卷。英國製造廠原書。慈谿舒高第口譯，海鹽鄭昌棪筆述。專論造砲車砲架之法，有圖一百四十一，甚詳備。首卷：論造件所用料：木料，金類，皮條繩索等料。第一卷：一，造輪及軸各法；二，陸路砲車全事之各件造法；三，攻堅砲車山砲車製造法；四，轉運車行營各車製造法。第二卷：一至二，行營屯營砲架木砲架及並列平臺；三，田雞砲座；四，熟鋏有銼砲架及後準炮架；五，熟鋏無銼砲架；六，配單層轅板砲架之熟鋏平臺；七，銼雙層轅板熟鋏砲架兼及壓水櫃；八，雙層轅板砲架滑架兼及壓水櫃幷以油代水之法；九，芒脫釐砲架滑架；十，配旋滑架之磨盤幷齒軌；十一，熟鋏砲架幷滑架裝用零件及保護法；十二，轉運車；十三，小機器；十四，零件。第三卷：一，木砲架及滑架；二，船砲用之熟鋏斯來定砲架；三，船用斯來特；四，砲艇之砲架及斯來特；五，便行車架；六，零件。

劉錦藻《清續文獻通考・經籍考・兵家》　《礮乘新法》四卷《圖》一卷。舒高第、鄭昌棪譯述。

礮法畫譜

梁啓超《西學書目表・兵政》　《礮法畫譜》。製造局本。一本。一百。

《上海格致書院藏書樓書目・東西學書・兵政》　《礮法畫譜》。一卷。一本。製造局本。

楊復等《浙江藏書樓乙編書目・兵書》　《礮法畫譜》一冊。錢塘丁乃文著。江南製造局刻本。

礟概淺說

徐維則等《增版東西學書録・兵制》 《礟概淺說》一卷。附《借箸籌防論略》後。德來春石泰著，沈敦和譯述。礟表礟法，中國已多譯本。是書專講各礟口徑大小種類。蓋中國所用之礟，各處互歧，一有軍事，則彼處藥彈，此處未能通用。甲午之役，北軍皆坐此弊。是宜及早講求也。

附礟紀略

徐樹蘭《古越藏書樓書目・政部・軍政》 《附礟紀略》一卷。泰西斯米德。《格致彙編》本。

操格林礟法

梁啓超《西學書目表・近譯未印各書》 《操格林礟法》。傅蘭雅、徐建寅。製造局。一本。未印。

回特活德鋼礟說

梁啓超《西學書目表・兵政》 《回特活德鋼礟說》。傅蘭雅、徐壽。製造局本。一本。在《西藝知新》中。

趙惟熙《西學書目答問・政學・兵政學》 《回特活德鋼礟說》。一冊，有圖。《西藝知新》之一。

徐維則等《增版東西學書録・兵制》 《回特活德鋼礟說》一卷。製造局本，在《西藝知新》中，一冊。《富強叢書》本。英回特活德著，英傅蘭雅譯，徐壽述。論回特活德創制螺絲礟緣由及造法。內有《鋼性表》，將鋼分紅、藍、棱、黄四類，並記各種鋼合宜之用。固製造軍器者，所當詳究。《彙編二》有論，可參觀。

徐樹蘭《古越藏書樓書目・政部・軍政》 《回特活德鋼礟說》一卷。英回特活德。英傅蘭雅譯，徐壽述。製造局《西藝知新》本，《富強叢書》本，《格致彙編》本。

克虜伯礟說

梁啓超《西學書目表・兵政》 《克虜伯礟說》。金楷理、李鳳苞。製造局本。二本。四百八十。

顧述廬《通學書籍考・兵政類》 《克虜伯礟說》四卷。布國軍政局原書，美金楷理譯，崇明李鳳苞述。卷一論先事籌備，卷二論臨時致用，卷三論礟門礟彈，卷四論礟表用法。

趙惟熙《西學書目答問・政學・兵政學》 《克虜伯礟說》。四卷，訂二冊。布軍政局原書，美金楷理譯，李鳳苞述。製造局本。

徐維則等《增版東西學書録・兵制》 《克虜伯礟說》四卷。製造局本，一冊。《富強叢書》本。布軍政局原書，美金楷理譯，李鳳苞述。卷一記先事籌備，卷二記臨時致用，卷三記礟門礟彈，卷四記礟表用法。此書所說，在當時誠爲精密。但外洋於克虜伯礟之制與舊式，多所更易，是宜覆加考求矣。《彙編》四有徐建寅閲《克虜卜廠造礟記》，可參觀。

徐樹蘭《古越藏書樓書目・政部・軍政》 《克虜伯礟說》四卷。布軍政局原書。美金楷理譯，李鳳苞述。製造局本。《富強叢書》本。

《上海格致書院藏書樓書目・東西學書・兵政》 《克虜伯礟說》。布金楷理。崇明李鳳苞。四卷。二本。製造局本。

楊復等《浙江藏書樓乙編書目・兵書》 《克虜伯礟說》附圖二冊。美國金楷理譯，崇明李鳳苞述。江南製造局刻本。

陳洙《江南製造局譯書提要・兵學》 《克虜伯砲說》四卷。普國軍政局原書。美國金楷理口譯，崇明李鳳苞筆述。有圖三十五。專論操演克虜伯砲之法。蓋後膛來復線砲，其擊力速放，較之前裝藥光膛砲有什百倍之利，

而兵士用砲之法，亦遂有什百倍之難。就砲而論，要事有四：一劈即後門塞，二墊底鋼圈，三轉動機，四表尺。就彈子論，要事有二：一鉛箍，二火引。此數事關係甚大，非可淺嘗薄涉而爲之也。故是書爲練兵家所必讀。第一卷：先事籌備，分二款。一、砲兵分掌。二、藥彈要旨。第二卷：臨時致用，分五款。一、用開花彈及火彈；二、用垂線及象儀；三、用洋鋏管彈；四、回出彈藥；五、開放餘事。第三卷：砲門砲彈，分四款。一、圓劈砲門；二、開花彈；三、放砲記；四、雜物名目。第四卷：砲表用法。第五卷至第八卷：各種操法。

克虜伯礮表

梁啓超《西學書目表・兵政》 《克虜伯礮表》。金楷理、李鳳苞。製造局本。二本。四百八十。

丁仁《八千卷樓書目・兵家類》 《克虜伯礮表》一卷。美金楷理譯。刊本。

趙惟熙《西學書目答問・政學・兵政學》 《克虜伯礮表》。八卷，訂二冊。布軍政局原書，美金楷理譯，李鳳苞述。製造局本。

克鹿卜陸路礮行礮表

梁啓超《西學書目表・兵政》 《克鹿卜陸路礮行礮表》。一本。三角。

克鹿卜新式陸路礮器具

梁啓超《西學書目表・兵政》 《克鹿卜新式陸路礮器具圖說》。天津學堂本。一本。三錢六分。

丁仁《八千卷樓書目・兵家類》 《克鹿卜新式陸路礮圖說》一卷。德瑞乃爾譯。石印本。

趙惟熙《西學書目答問・政學・兵政學》 《克鹿卜新式陸路礮器具圖說》。一冊。天津學堂譯本。克鹿卜即克虜伯，蓋譯音互異，原書如此，名從主人之義也。

克鹿卜電光瞄準器具圖說

梁啓超《西學書目表・兵政》 《克鹿卜電光瞄準器具圖說》。天津學堂本。一本。一錢二分。

趙惟熙《西學書目答問・政學・兵政學》 《克鹿卜電光瞄準器具圖說》。一冊。天津學堂譯本。

徐維則等《增版東西學書録・兵制》 《克虜伯電光瞄準器具圖說》無卷數。天津學堂本，一冊。不著撰人及譯述名氏。觀《總說》，知原書即克虜卜礮廠所撰《電光瞄準》者，加電燈於表尺準星之上，以利昏夜交戰之用。書分四節，論造法、用法、管理章程及所用電氣。後列四圖，極精致。

克虜伯腰箍礮說

徐樹蘭《古越藏書樓書目・政部・軍政》 《克虜伯腰箍礮說》一卷。布國軍政局原書。美金楷理譯，李鳳苞述。杭州衢樽局石印《兵書十二種》本。

螺繩礮架說

徐樹蘭《古越藏書樓書目・政部・軍政》 《螺繩礮架說》一卷。布國軍政局原書。美金楷理譯，李鳳苞述。杭州衢樽局石印《兵書十二種》本。

礮位礮架圖説

《上海格致書院藏書樓書目・東西學書・兵政》　《礮位礮架圖説》。三卷。三本。製造局本。

兵船礮法

梁啓超《西學書目表・兵政》　《兵船礮法》。金楷理、朱恩錫。製造局本。三本。三百二十。

又《近譯未印各書》　《兵船礮法》。金楷理、朱格仁。製造局。四本。未譯成。

趙惟熙《西學書目答問・政學・兵政學》　《兵船礮法》。六卷，訂三冊。美水師書院原書，美金楷理譯，朱恩錫述。製造局本。

徐維則等《增版東西學書録・兵制》　《兵船礮法》六卷。製造局本，三冊。《富強叢書》本。美水師書院著，美金楷理譯，朱恩錫、李鳳苞述。兵船槍礮與陸路槍礮不同，此書專言體式及然放法。《彙編七》有《大礮與鐵甲論》，可互參。製造局有美金楷理、李鳳苞譯《美國兵船鎗法》一冊，未印出。又金楷理、朱格仁有《兵船砲法》四冊，亦未譯成。

徐樹蘭《古越藏書樓書目・政部・軍政》　《兵船礮法》六卷。美水師書院撰。美金楷理譯，朱恩錫、李鳳苞述。製造局本，《富強叢書》本。

《上海格致書院藏書樓書目・東西學書・兵政》　《兵船礮法》。美金楷理。嘉興朱恩錫，崇明李鳳苞。六卷。三本。製造局本。

楊復等《浙江藏書樓乙編書目・兵書》　《兵船礮法》三冊。美國金楷理譯，嘉興朱恩錫述。人演社鉛印本。

陳洙《江南製造局譯書提要・兵學》　《兵船砲法》五卷。英國水師學堂原書。美國金楷理口譯，嘉興朱恩錫筆述。有圖一百八十。教課書體例也。第一卷：槍炮緣起水師用炮炮之形式制度；造件所用物料模範鼓鑄及車鑽各法；查察法；試驗法；坐退之故；破壞之由，廢棄有法，收藏有地。第二卷：炮架致用質料形式利弊；炮之俯仰及位置高低；火藥之緣起；配成之質料；造成顆粒及其化合性燒性速率試驗法。第三卷：炮彈造法及查驗；實彈炸彈；砲彈種類形式擊力；火箭造法及致用；火引種類及時刻；碰引或自來火引。第四卷：下墜速力；空氣阻力；審定砲準；越擊。第五卷：後膛來復綫槍砲之緣起；造彈子法；擊力用砲戰法。

劉錦藻《清續文獻通考・經籍考・兵家》　《兵船礮法》六卷。金楷理、朱恩錫、李鳳苞譯述。

海戰用礮新説

梁啓超《西學書目表・兵政》　《海戰用礮新説》。一本。八角。

徐維則等《增版東西學書録・兵制》　《海戰用礮新説》一冊。

美國兵船鎗法

梁啓超《西學書目表・近譯未印各書》　《美國兵船鎗法》。金楷理、李鳳苞。製造局。一本。未印。

水雷秘要

梁啓超《西學書目表・兵政》　《水雷秘要》。舒高第、鄭昌棪。製造局本。六本。一千。

趙惟熙《西學書目答問・政學・兵政學》　《水雷秘要》。六冊。舒高第、鄭昌棪同譯。製造局本。

徐維則等《增版東西學書録・兵制》　《水雷秘要》五卷，圖一卷。製造局排印本，六冊。又重刻本。英史理孟著，舒高第、鄭昌棪述。此書出於一千

八百八十年，故其法稍新。凡水雷及水雷船防禦、保護、攻守、然放、製造及入水查看各法悉具，後論電光并製電法，與電學參看。《彙編一》有斯米德《水雷說》一篇，又《四》有徐建寅《水雷外殼造法》一篇，亦可互證。

徐樹蘭《古越藏書樓書目・政部・軍政》 《水雷秘要》五卷，圖一卷。英史理孟。舒高第、鄭昌棪述。製造局本。

《上海格致書院藏書樓書目・東西學書・兵政》 《水雷秘要》。英史理孟。慈谿舒高第，海鹽鄭昌棪。五卷，附圖一卷。六本。製造局本。

楊復等《浙江藏書樓乙編書目・兵書》 《水雷秘要》六冊。英國傅蘭雅譯，華亭鍾天緯述。江南製造局刻本。

陳洙《江南製造局譯書提要・兵學》 《水雷秘要》五卷。英國史理姆撰，慈谿舒高第口譯，海鹽鄭昌棪筆述。有圖二百二十四。水師之用水雷，猶陸戰之用地雷，然地雷偶用而水雷恆用，且水雷之功用，十倍於地雷，而水雷引火之難，亦十倍於地雷。全書中除論雷式藥法外，大半皆論以電法引火爲水雷中最新最便之法。電法不精，則所設水雷盡屬無用。此最宜研究者也。第一章：水雷緣起及近時水雷情形。第二章：水雷保護法；用機捩；機捩引藥；安置法。第三章至第四章：水雷防守各法。第五章：水雷出擊法。第六章：雷船；雷舢板；水下行之雷船。第七章：水雷攻擊情形。第八章：論爆藥。第九章：試演記錄。第十章：電光照察；攻水雷砲入水查看。第十一章：論電法。

劉錦藻《清續文獻通考・經籍考・兵家》 《水雷秘要》五卷，圖一卷。舒高第、鄭昌棪譯述。

海用水雷法

梁啓超《西學書目表・近譯未印各書》 《海用水雷法》。傅蘭雅、華蘅芳。製造局。一本。未印。

水雷問答

梁啓超《西學書目表・兵政》 《水雷問答》。天津學堂本。一本。二錢三分。

趙惟熙《西學書目答問・政學・兵政學》 《水雷問答》。一冊。天津學堂譯本。

水雷圖說

徐維則等《增版東西學書録・兵制》 《水雷圖說》四卷。天津局印本。英施立盟輯譯。英傅蘭雅、華蘅芳同譯有《海用水雷法》一冊，稿存吳氏。

水雷說

徐樹蘭《古越藏書樓書目・政部・軍政》 《水雷說》一卷。泰西斯米德。《格致彙編》本。

魚雷圖說

梁啓超《西學書目表・兵政》 《魚雷圖說》。天津學堂本。二本。四錢六分。

趙惟熙《西學書目答問・政學・兵政學》 《魚雷圖說》。二冊。天津學堂譯本。

鐵甲叢譚

梁啓超《西學書目表・兵政》　《鐵甲叢譚》。製造局本。二本。三百。

趙惟熙《西學書目答問・政學・兵政學》　《鐵甲叢譚》。二冊，附圖。製造局本。

徐維則等《增版東西學書録・兵制》　《鐵甲叢談》五卷，圖一卷。製造局本，二冊。英黎特著，舒高第、鄭昌棪同譯。臚列英、法、意、俄、德、奧、土、美、日本、巴西、智利近年所製鐵甲水雷諸船之數，至千八百八十九年止，並詳言其製造及操演法，附論爲美國凱來撰，足以補原書所未備。《彙編二》有《近時戰船論》一篇，又《六》有《歐洲各國兵艦比較論》一篇，可參觀。製造局印有英傅蘭雅、徐建寅譯《砲與鐵甲論》十冊，未出。

徐樹蘭《古越藏書樓書目・政部・軍政》　《鐵甲叢談》五卷，圖一卷。英黎特。舒高第、鄭昌棪同譯。製造局本。

《上海格致書院藏書樓書目・東西學書・兵政》　《鐵甲叢談》英黎特。慈谿舒高第，海鹽鄭昌棪。三卷。一本。製造局本。

楊復等《浙江藏書樓乙編書目・兵書》　《鐵甲叢譚》二冊。慈谿舒高第、海鹽鄭昌棪譯。人演社鉛印本。

陳洙《江南製造局譯書提要・兵學》　《鋏甲叢談》五卷，附一卷。英國水師船廠總管黎特撰，慈谿舒高第口譯，海鹽鄭昌棪筆述。專討論鐵甲師船之利弊。蓋火器日精，則鋏甲愈宜堅固，船之出水宜更低。其他若船行之速率也，撞鼻等器也，鍋鑪及轉動砲臺、柁房、司令臺之保障也，砲位之多寡良窳也，無不力求精巧。學者可從已知之船械而發明未來之船械，固不徒作紙上談也。第一卷：英水師。第二卷：法水師。第三卷：意俄德奥土諸國水師。第四卷：美水師。第五卷：英國水師兵官魯脱能凱所著師船論。附卷：水下行船法；防海法。

劉錦藻《清續文獻通考・經籍考・兵家》　《鐵甲叢談》五卷，圖一卷。舒高第、鄭昌棪譯述。

艇雷記要

梁啓超《西學書目表・兵政》　《艇雷記要》。李鳳苞。一本。一元五角。

趙惟熙《西學書目答問・政學・兵政學》　《艇雷記要》。一冊，附圖。李鳳苞輯譯。自刻本。

礮與鐵甲論

梁啓超《西學書目表・近譯未印各書》　《礮與鐵甲論》。傅蘭雅、徐建寅。製造局。十本。未印。

大礮與鐵甲論

徐樹蘭《古越藏書樓書目・政部・軍政》　《大礮與鐵甲論》一卷。英傅蘭雅。《格致彙編》本。

歐美各大國師船表

徐維則等《增版東西學書録・兵制》　《歐美各大國師船表》一卷。戊戌十月《申報》本。英惠而生著。斯表載一千八百九十八年各國水師情形幷水師所用器械，惠而生閲之，擊節稱賞，幷捐貲若干，以示鼓勵。惠君曾於白雷斯福叠《詳論各國水師書》中採近百年中情形，而輯成者。顧補。

螺絲兵船表　行輪兵船表　礮架表

徐維則等《增版東西學書録・兵制》　《螺絲兵船表、行輪兵船表、礮架表》。附《汽發軔》後，又附《開煤要法》後。英美以納、白那勞合著，英偉烈亞力、徐壽同譯。顧補。

歐洲各國兵艦比較論

徐樹蘭《古越藏書樓書目・政部・軍政》　《歐洲各國兵艦比較論》一卷。英傅蘭雅。《格致彙編》本。

近時戰船論

徐樹蘭《古越藏書樓書目・政部・軍政》　《近時戰船論》一卷。英國船廠原本。英傅蘭雅譯。《格致彙編》本。

兵船汽機

梁啓超《西學書目表・工政》　《兵船汽機》。傅蘭雅，華備鈺。製造局本。八本。一千二百。

趙惟熙《西學書目答問・政學・工政學》　《兵船汽機》。六卷並附卷，訂八冊，有圖。英息尼德撰，英傅蘭雅譯，華備鈺述。製造局本。

徐維則等《增版東西學書録・工藝》　《兵船汽機》六卷，附一卷。製造局本，八冊。《富強叢書》本。英息尼德著，英傅蘭雅譯，華備鈺述。專言理法及近今合用之式，於汽機源流與舊式汽機概置不論。詞從淺近，算去深奥，專爲便管理兵船之用。附一卷，爲重印時所補輯，中言三合抵力汽機與封挑煤艙以強風力二事爲詳，蓋近來均用此法。

徐樹蘭《古越藏書樓書目・政部・工業》　《兵船汽機》六卷，附一卷。英息尼德。英傅蘭雅譯，華備鈺述。製造局本。

《上海格致書院藏書樓書目・東西學書・兵政》　《兵船汽機》。英尼德。英傅蘭雅，金匱華備鈺。六卷，附一卷。八本。製造局本。

楊復等《浙江藏書樓乙編書目・兵書》　《兵船汽機》八冊。英國傅蘭雅譯，金匱華備鈺述。人演社鉛印本。

陳洙《江南製造局譯書提要・工藝》　《兵船汽機》六卷，附一卷。英國息尼德撰，傅蘭雅口譯，金匱華備鈺筆述。有圖二百六十二。息尼德爲英國兵船學堂教習，著此書專發明汽機新式理法，舊式幾棄置不問。後增三合抵力汽機與封挑煤艙以強風力二事。論理用淺近之辭，布算去深奥之説，務取簡明爲主，不獨學生一目了然，即兵船官之非專考汽機者，亦易通曉，頗合教課之用也。第一卷：論船汽機公法：一、源流；二、功力及利益；三、熱之性情；四、水加熱法。第二卷：論鍋鑪：一、燒煤省煤法；二、排列汽機法；三、需配各件；四、鏽壞與耐久。第三卷：論汽：一、汽之功益；二、令汽自漲之功益；三、合抵力汽機；四、汽之凝水。第四卷：論汽機行動各件：一、制汽門並各種自漲汽門及其相配各器；二、汽罨及其相配各器；三、起水器與進退器；四、汽筩與其相配各件；六、轉動各器；七、大小合抵力及大中小合抵力。第五卷：論船動：一、船動之事；二、功力之係數與其曲線；三、明輪；四、螺輪。第六卷：船機雜事：一、漲力表與自記漲力圖；二、起水阻水暨滅火法；三、副汽機與其相配各件；四、管理與司機之事；五、造機所用材料。附卷：一、合抵力汽機漲力表理圖；二、依幾何法顯明曲拐扭力；三、汽機往復動及各件之永靜性；四至五、英國及其商部公司所定汽機章程；六、英水師學堂考汽機各題。

火藥機器

梁啓超《西學書目表・兵政》　《火藥機器》。傅蘭雅、徐壽。《格致彙

編》本。

顧述廬《通學書籍考・兵政類》《火藥機器説》。英傅蘭雅譯，無錫徐壽述。

徐維則等《增版東西學書録・兵制》《火藥機器》一卷。《格致彙編》本。英傅蘭雅譯，徐壽述。自造藥備料，以至測火藥疏密之氣，一一論列，可謂纖悉無遺。《彙編六》有《造大子藥銅殼機器圖説》，可參觀。

徐樹蘭《古越藏書樓書目・政部・軍政》《火藥機器》一卷。英傅蘭雅。《格致彙編》本。

造大子藥銅殼機器圖説

徐樹蘭《古越藏書樓書目・政部・軍政》《造大子藥銅殼機器圖説》一卷。英傅蘭雅。《格致彙編》本。

子藥準則

梁啓超《西學書目表・兵政》《子藥準則》。製造局本。一本。一百。

楊復等《浙江藏書樓乙編書目・兵書》《子藥準則》一冊。錢塘丁乃文著。江南製造局刻本。

阿墨士莊子藥圖説

梁啓超《西學書目表・兵政》《阿墨士莊子藥圖説》。天津學堂本。二本。四錢二分。

趙惟熙《西學書目答問・政學・兵政學》《阿墨士莊子藥圖説》。二冊。天津學堂譯本。

徐維則等《增版東西學書録・兵制》《阿墨士莊子藥圖説》一冊。天津學堂本。

克虜伯礮造彈法

梁啓超《西學書目表・兵政》《克虜伯造彈法》。金楷理、李鳳苞。製造局本。三本。二百四十。

丁仁《八千卷樓書目・兵家類》《克虜伯礮彈造法》二卷。《彈圖》一卷。《餅藥造法》一卷。美金楷理譯。刊本。

趙惟熙《西學書目答問・政學・兵政學》《克虜伯礮彈造法》二卷，附圖，並《餅藥造法》，訂三冊。布軍政局原書，美金楷理譯，李鳳苞述。製造局本。

徐維則等《增版東西學書録・兵制》《克虜伯礮彈造法》二卷，附圖一卷。《餅藥酒造法》一卷。製造局本，三冊。布軍政局原書，美金楷理譯，李鳳苞述。克虜伯來復礮彈製造之法，至精且密，然大要不外鑄鐵體，包鉛殼，配彈引，儲炸藥。書中於此數端，反覆詳盡。

徐樹蘭《古越藏書樓書目・政部・軍政》《克虜伯礮彈造法》二卷，附圖一卷。《餅藥酒造法》一卷。布軍政局原書。美金楷理譯，李鳳苞述。製造局本。

楊復等《浙江藏書樓乙編書目・兵書》《克虜伯礮藥彈造法》三冊。美國金楷理譯，崇明李鳳苞述。江南製造局刻本。

陳洙《江南製造局譯書提要・兵學》《克虜伯炮彈造法》四卷。普國軍政局原書。美國金楷理口譯，崇明李鳳苞筆述。有圖一百五十三。爲克虜伯廠製來復砲彈之法，其最要之大端，爲鑄車銕殼，爲包鉛箍，爲灌各種火藥，爲安火引。蓋砲之利用，尤在彈之精良，而子母彈開花炸彈，其製法尤繁於實心彈也。一，彈房鑪竈各法。二，量器。三，查驗銕體。四，彈引量器。五，包鉛諸器。六，查鉛模。七，子母彈諸器。八，用洋銕管諸器。九，造藥裏諸器。十，彈房物料。十一，收查各件如漆料紙袋彈體火引等。十二，包鉛。十三，磨光。十四，抹油。十五，裝子母彈。十六，灌磺。十七，加底螺。十八，安火引及銅盂。十九，回出彈內藥物。二十，收藏及發運諸法。末附新式子母彈造法。

劉錦藻《清續文獻通考・經籍考・兵家》《克虜伯礮彈造法》二卷，圖一卷。《餅藥酒造法》一卷，圖一卷。金楷理、李鳳苞譯述。

克鹿卜子藥圖説

梁啓超《西學書目表・兵政》《克鹿卜子藥圖説》。天津學堂本。一本。三錢八分。

趙惟熙《西學書目答問・政學・兵政學》《克鹿卜子藥圖説》。一冊。天津學堂譯本。

克鹿卜量藥漲力器具圖説

梁啓超《西學書目表・兵政》《克鹿卜量藥漲力器具圖説》。天津學堂本。一本。二錢。

趙惟熙《西學書目答問・政學・兵政學》《克鹿卜量藥漲力器具圖説》。一冊。天津學堂譯本。

丁仁《八千卷樓書目・兵家類》《羅德滿器具説略》一卷。德瑞乃爾譯。石印本。

徐維則等《增版東西學書録・兵制》《克虜卜量藥漲力器具圖説》無卷數。天津學堂本，一冊。不著撰人名氏，德瑞乃爾譯。首略説羅滿德器具，蓋其法創自羅滿德。次略説銅柱器具，皆有試法章程及表圖。次略説量藥漲力微尺，論羅滿德及銅柱兩種用法，後列兩圖。泰西火器，愈出愈精。讀此及《電光瞄準》，益歎功用之微妙。是書一名《羅德滿器具説略》。

克虜伯造餅藥酒

梁啓超《西學書目表・兵政》《克虜伯造餅藥酒》。金楷理、李鳳苞。製造局本。三本。二百四十。

趙惟熙《西學書目答問・政學・兵政學》《克虜伯造餅藥酒》。三冊。布軍政局原書，美金楷理譯，李鳳苞述。製造局本。

克虜卜新式陸路礮專用銅殼子藥圖説

徐維則等《增版東西學書録・兵制》《克虜卜新式陸路礮專用銅殼子藥圖説》無卷數，附《行礮表》。天津學堂本，一冊，無表。天津局印本。不著撰人名氏，德瑞乃爾譯，蕭誦芬述。凡分五章，論礮身、礮閂、礮車、子藥、引信等件，後列礮表及各圖，極精細。此即《克虜卜新式陸路礮圖説》。

英機器報試彈圖

徐維則等《增版東西學書録・兵制》《英機器報試彈圖》八幅。《萃報》本。英機器報著。昔會巴黎斯時試急冷鐵法，所製造之彈丸，其射擊力能將全鍛鐵甲板貫通。其後用新壓縮法，造鋼甲板，年進一年，巴黎斯之彈丸，遂不能擊貫之，於是造彈者亦更求精當。一千八百八十五年及八十六年中，法國有幾家製鋼者，以秘密新法創造頂上著色鋼，製彈丸。英國某公局即擬仿製，先購此種徑口十寸之彈丸，取十寸半厚之複製鐵甲板，後更加以厚柏板，向之試彈，能貫全板。彈丸全長二十六寸，僅短縮其半寸，英遂購買此法用之。此後英政府試驗彈丸之法甚嚴，所用試彈之複製甲板，必有彈子徑口之尺寸一倍半厚，遠約有一百二十碼，所定之火藥速力，通例一杪時之間有一千七百餘尺。至製彈所用之鐵，須以上等最量瑞典鐵鍛冶尤要者，使其鐵變爲極剛硬之性，彈丸尖極硬，尾後略柔，則其射擊不裂破。此皆其試驗之圖焉。顧補

造礮彈法

《上海格致書院藏書樓書目・東西學書・兵政》 《造礮彈法》。布金楷理。崇明李鳳苞。一卷。一本。製造局本。

製火藥法

梁啓超《西學書目表・兵政》 《製火藥法》。傅蘭雅、丁樹棠。製造局本。一本。一百五十。

顧述廬《通學書籍考・兵政類》 《製火藥法》。英利稼孫、華得斯同撰，英傅蘭雅譯，華丁樹棠述。

丁仁《八千卷樓書目・兵家類》 《製火藥法》三卷。英利稼孫華得斯撰。傅蘭雅譯。刊本。

趙惟熙《西學書目答問・政學・兵政學》 《製火藥法》。三卷，訂一冊，有圖。英利稼、孫華、得斯同輯，英傅蘭雅譯，丁樹棠述。製造局本。

徐維則等《增版東西學書録・兵制》 《製火藥法》三卷。製造局本，一冊。《富強叢書》本。英利稼孫、華斯得同著。英傅蘭雅譯，丁樹棠述。以電氣然放水雷之法，略論於此。惟未及無煙藥，宜輯補之。《彙編五》有《論新出新法火藥》，可參觀。

徐樹蘭《古越藏書樓書目・政部・軍政》 《製火藥法》三卷。英利稼孫、華斯得同撰。英傅蘭雅譯，丁樹棠述。製造局本。《富強叢書》本。

《上海格致書院藏書樓書目・東西學書・兵政》 《製火藥法》。英利稼生、華得斯，英傅蘭雅，番禺丁樹棠。三卷。一本。製造局本。

楊復等《浙江藏書樓乙編書目・兵書》 《製火藥法》一冊。英國傅蘭雅譯，番禺丁樹棠述。江南製造局刻本。

陳洙《江南製造局譯書提要・兵學》 《製火藥法》三卷。英國利稼孫華德斯輯，傅蘭雅口譯，番禺丁樹棠筆述。有圖五十八。專講製火藥各法。第一卷：火藥源流；取硝提硝法；取硫提硫法，製炭法。第二卷：製火藥各器具；收藏法；各種火藥法；炸藥滅火藥；製造各種之法。第三卷：火藥之外性；堅性；燃性；以各種電燃火藥法；火藥之力；試力法各種；分化火藥原質如含水及硝硫炭之分劑各法。

劉錦藻《清續文獻通考・經籍考・兵家》 《製火藥法》三卷。傅蘭雅、丁樹棠譯述。

新出新法火藥

徐樹蘭《古越藏書樓書目・政部・軍政》 《新出新法火藥》一卷。英傅蘭雅。《格致彙編》本。

爆藥記要

梁啓超《西學書目表・兵政》 《爆藥記要》。舒高第、鄭昌棪。製造局本。一本。一百二十。

丁仁《八千卷樓書目・兵家類》 《爆藥記要》六卷。國朝舒高第譯。刊本。

趙惟熙《西學書目答問・政學・兵政學》 《爆藥記要》。六卷，附圖，訂一冊。美水雷局原書，舒高第譯，趙元益述。製造局本。

徐維則等《增版東西學書録・兵制》 《礮藥記要》六卷，附圖。製造局本，一冊。《西學大成》本。美水雷局原書，舒高第譯，趙元益述。以化學之理，解其化分化合之性質切用。其理既確，其配合愈精，是書能詳言之。

徐樹蘭《古越藏書樓書目・政部・軍政》 《礮藥記要》六卷，附圖。美水雷局原書。舒高第譯，趙元益述。製造局本。

《上海格致書院藏書樓書目・東西學書・兵政》 《爆藥紀要》。慈谿舒高第，新陽趙元益。六卷。一本。製造局本。

楊復等《浙江藏書樓乙編書目・兵書》 《爆藥記要》一冊。慈谿舒高

第譯，新陽趙元益述。江南製造局刻本。

陳洙《江南製造局譯書提要・兵學》　《爆藥記要》六卷。美國水雷局原書。慈谿舒高第口譯，新陽趙元益筆述，可以知水雷攻法及他礮法之用。第一卷：論爆藥及爆法；如交互變化解釋徵驗情形；使齊爆發之故及法；切用及勢力；成藥法。第二卷：論淡養四各里司里尼；成法造法；變成之理；分別洗淨；情形；放法；存貯；轉用；功用與勢力；化化餘之物及含此質之物；地那美德及其放法功用；比較齊發之勢力。第三卷：論棉花火藥；幷法成法；制長絲紋棉藥法；壓棉藥成漿法；預備棉藥漿配用法；情形及放法；存貯料理轉運法；功用與比較勢力化分所餘質；含棉藥各物。第四卷：論畢克里類與汞震藥類與法幷情形；鉀畢克里；阿摩尼阿畢里；汞震藥之幷法成法情形功用。第五卷：論含爆藥類之藥幷法；總說；以硝強水與鉀養綠養五爲合質。第六卷：論淡養四各里司里尼與棉藥之功用與別種礮石藥之功用；料理法；收藏轉用法放法用藥之數。

劉錦藻《清續文獻通考・經籍考・兵家》　《礮藥記要》六卷，圖一卷。舒高第、趙元益譯述。

淡氣爆藥新書

陳洙《江南製造局譯書提要・兵學》　《淡氣爆藥新書》上編五卷，下編五卷。英國棉花藥廠製造師山福德博士著。上編慈谿舒高第口譯，海寧沈陶璋筆述，江浦陳洙勘潤。下編舒高第口譯，陳洙筆述。凡各種爆藥材料熱度及製造收藏各法，原原本本，靡不從實驗得來，誠海陸軍學堂必備之參考書也。第一卷：淡氣爆藥；與淡氣化合之物質；危險界限；秦格梅爾生斯諸博士之保護廠屋禦電法；淡氣格列式林略論。第二卷：淡氣格列式林性質；製造法；加淡氣法；分法；沙濾滌法；廢強酸。第三卷：啓式耳古但捺抹脫；但捺抹脫之分類；但捺抹脫性質及勢力；柯達無煙藥。卷四上：寫留路司性質；棉花藥性質；棉花藥分消化與不消化；棉花藥製造法；浸棉花藥於強水並令強水透入法；漩出強酸；洗法；煮法；打漿法；壓緊棉花法；華呑阿培法。卷四下：婁蒲歇製法；令棉花藥成細顆粒形；哥路弟恩棉花；製造法；含淡氣之棉花藥；湯捺得製造法；製棉花藥之危險；脫林取之滅火藥；哥路弟恩棉花用處；寫留路以得；淡氣小粉；淡氣朱脫蔴；淡氣瑪内脫。上編目録終。下編第一卷：由偏蘇恩所得之爆藥；淡氣偏蘇恩並淡氣朶路恩；陸蒲拉脫；倍拉脫；西居來脫；啓納太脫；三號湯捺得；三淡氣朶路恩；淡氣那普塔林；阿摩來脫；司拍林格爾爆藥；比克里克酸；艾白耳合藥；貝魯齊亞散藥；汞震藥。第二卷：各種無煙藥略論；柯達無煙藥；華爾司羅得；苦派耳；安拍來脫；方福司克爆藥；拏美耳爆藥；比克里克藥。第三卷：啓式耳古但捺抹脫化分法；直辣丁合藥化分法；湯捺得；柯達脫化分法；阿西通化分法；未化棉花；查鏈性法；灰質並無機物質；龍甘測淡氣具所查淡氣多少；寫留路以得化分法；比克里克酸並含比克里克和物化分法；鉀比克里酸化分法；阿摩尼恩比克里酸化分法；似碱類與比克里酸相併物化分法；格列式林化分法；用銀試法；收淡氣試法；查酸性共數；測查中立性數；測自由油膩酸數；測相和油膩酸質；測攙雜之不潔物；查鈉綠法；查格列式林法；用鈣養試法；造淡氣格列式林及棉藥用剩之廢酸質查驗法；鈉淡養查法；化驗汞震藥。第四卷：爆藥攬火界點；試驗但捺抹脫轟石直辣丁幷直辣丁但捺抹脫法；試轟石直辣丁但捺抹脫直列捺脫等法；試棉藥許耳子藥衣西藥壓棉藥等法；試許耳子藥衣西藥哥路弟恩棉花等法；試藥之滋失及融流法；轟石直辣丁但捺抹脫等。佩志試驗具；爆藥重性與水比較表；以水爲一；齊爆藥熱度表；各爆藥用齊爆藥比較靈捷表。第五卷：測查爆藥比較力；測壓力具；拏布爾測壓力具；各種爆藥分劑詳表。

雷火圖説

徐樹蘭《古越藏書樓書目・政部・軍政》　《雷火圖説》一卷。德武備原本。德何福滿譯，楊其昌、閔廣勳同述。《湖北武學》本。

顧燮光《譯書經眼録・兵制》　《雷火圖説》一卷。《湖北武學全書》刊本，上海掃葉山房石印本，寶善齋石印本。德國武備原本，何福滿、楊其昌譯，閔廣勛筆述。地雷爲行軍利器，轟毁敵軍工程，其效極大。藥性有猛緩之

殊，工程有險易之別，臨敵有攻守之不同，故必相機行之，始能收摧枯拉朽之功。書中備列埋雷轟工程、藥性各説，附表以明其理，附器械圖三十四以明其用。蓋雷火書中之最新適用者。

開地道轟藥法

梁啓超《西學書目表・兵政》 《開地道轟藥法》。傅蘭雅、汪振聲。製造局本。二本。三百。

趙惟熙《西學書目答問・政學・兵政學》 《開地道轟藥法》。二冊。英傅蘭雅譯，汪振聲述。製造局本。

徐維則等《增版東西學書録・兵制》 《開地道轟藥法》三卷，圖一卷。製造局本，二冊。吳縣葉氏重校本。英武備工程學堂定，英傅蘭雅譯，汪振聲述。先論各處開道工程，後論各藥及轟用法，以圖明説，皆有法度。《彙編二》有《鑿石機器》一篇，可互證。製造局有美金楷理、朱格仁譯《喇叭法》一冊，未成。

徐樹蘭《古越藏書樓書目・政部・軍政》 《開地道轟藥法》三卷，圖一卷。英武備工程學堂定，英傅蘭雅譯，汪振聲述。製造局本。

《上海格致書院藏書樓書目・東西學書・兵政》 《開地道轟藥法》。英傅蘭雅，六合汪振聲。四卷。二本。製造局本。

楊復等《浙江藏書樓乙編書目・兵書》 《開地道轟藥法》二冊。英國傅蘭雅譯，六合汪振聲述。江南製造局刻本。

陳洙《江南製造局譯書提要・兵學》 《開地道轟藥法》四卷。英國武備學堂編，傅蘭雅口譯，六合汪振聲筆述。有圖一百十四。攻城以不用地道爲上策，守城亦然，非若水戰之必用水雷也。然或兩軍勢力相敵，堅持頓兵，則往往從事於掘地以出奇，遂不得不防人之掘地攻我。此《開地道轟藥法》亦爲兵學中之要書，而其旁通，則開礦之補助也。第一章：開地道工程。第二章：鑽石用爆藥轟裂。第三章：砲臺及城內地道。第四章：地面下相攻各法。第五章：地道通風透光法。第六章：裝藥與轟藥之力。第七章：地道預備轟藥法。第八章：引火放藥各法。第九章：用電線放轟藥法。第十章：爆藥。第十一章：棉藥。第十二章：用藥慢轟。第十三章：用藥急轟。

劉錦藻《清續文獻通考・經籍考・兵家》 《開地道轟藥法》三卷，圖一卷。傅蘭雅、汪振聲譯。

軍事工程分部

營工要覽

梁啓超《西學書目表・兵政》 《營工要覽》。製造局本。二本。三百五十。

顧述廬《通學書籍考・兵政類》 《營工要覽》四卷。英武備工程課則四卷。二、三、四三卷後附圖，極精詳。英傅蘭雅、六合汪振聲同譯。

徐維則等《增版東西學書録・兵制》 《營工要覽》四卷，附圖。製造局本，二冊。英武備工程課則，英傅蘭雅、汪振聲同譯。首攻守各法，二行軍取水法，三成行營各要件，四造望臺及開路法。所論皆陸行工程，爲工兵要事。聞近年德國新出書，所論尤詳，盍譯證之。

徐樹蘭《古越藏書樓書目・政部・軍政》 《營工要覽》四卷，附圖。英武備工程課則。英傅蘭雅譯，汪振聲述。製造局本。

《上海格致書院藏書樓書目・東西學書・工政》 《營工要覽》。英傅蘭雅。六合汪振聲。四卷附表一卷。四本。製造局本。

楊復等《浙江藏書樓乙編書目・兵書》 《營工要覽》二冊。英國傅蘭雅譯，六合汪振聲述。江南製造局刻本。

陳洙《江南製造局譯書提要・兵學》 《營工要覽》四卷。書爲英國武備工程課則，傅蘭雅口譯，六合汪振聲筆述。有圖一百九十。綱少目繁，論理尤詳，教課書體例也。第一卷：論攻守各法。第二卷：論行軍取水法。第三卷：論築行營各要件。第四卷：論造望臺法。

劉錦藻《清續文獻通考・經籍考・兵家》　《營工要覽》四卷圖一卷。傅蘭雅、汪振聲譯。臣謹案，是書首攻守各法，二行軍取水法，三築行營各要件，四造望臺法並開路法。所論皆陸行工程，爲工程兵之要事。

步隊工程學

徐樹蘭《古越藏書樓書目・政部・軍政》　《步隊工程學》一卷。北洋武備學堂譯。光緒二十三年浙江書局本。

顧燮光《譯書經眼録・兵制》　《步隊工程學》一卷。《浙江武備新書》刊本，《續富强叢書》本。北洋武備學堂原譯，浙江武備學堂重譯。凡十一節，於步隊工程各事，言之綦詳。所論溝墻各節，尤爲全書之要。蓋與《行營防守學》互爲表裏者也。附圖三十三，足資實用。

營城揭要

梁啓超《西學書目表・兵政》　《營城揭要》。傅蘭雅、徐建寅。製造局本。二本。二百。

顧述廬《通學書籍考・兵政類》　《營城揭要》二卷。製造局本。英儲意比撰。是書分上、下二卷，後附圖四十有九。英傅蘭雅譯，無錫徐壽述。

丁仁《八千卷樓書目・兵家類》　《營城揭要》二卷。英儲意比撰、傅蘭雅譯。刊本。

趙惟熙《西學書目答問・政學・兵政學》　《營城揭要》。二卷，附圖，訂二册。英儲意比撰，英傅蘭雅譯，徐壽述。製造局本。

徐維則等《增版東西學書録・兵制》　《營城揭要》二卷附圖。製造局本，二册。《富强叢書》本。英儲意比著，英傅蘭雅譯，徐壽述。備採各國造築城牆、營壘之式，以成書。説有未明，益以圖算。講兵事者，所宜留意。

徐樹蘭《古越藏書樓書目・政部・軍政》　《營城揭要》二卷。英儲意比。英傅蘭雅譯，徐壽述。製造局本，《富强叢書》本。

《上海格致書院藏書樓書目・東西學書・兵政》　《營城揭要》。英儲意比。英傅蘭雅，無錫徐壽。二卷。二本。製造局本。

楊復等《浙江藏書樓乙編書目・兵書》　《營城揭要》二册。英國傅蘭雅譯，無錫徐壽述。江南製造局刻本。

陳洙《江南製造局譯書提要・兵學》　《營城揭要》上下卷。英國儲意比撰，傅蘭雅口譯，無錫徐壽筆述。有圖五十七。古者城以高爲固，自火器行而城壘之法一變，後膛槍砲行而城壘之法又一變。昔之巖巖者，今皆易而爲平坦幽隱矣。昔之磚石疊砌者，今皆易而爲沙土矣。蓋槍彈之通行打也，註：凡彈子自陣首貫至陣尾，或從船首貫至船尾，謂之通行打。炸砲鋼丸之摧堅陷鋭也，皆非舊法之所能抵禦也。讀此則各理自明。上卷：第一款，論營城原始。第二款，推算牆壘尺寸。第三款，營壘新制。下卷：第一款，城牆形勢。第二款，弗班氏造城法；果門汀造城法；新法；係城外牆。第三款，守城兵器。第四款，荷蘭國凹字形牆法。第五款，總論各法普耳曼法。第六款，攻守餘論。

劉錦藻《清續文獻通考・經籍考・兵家》　《營城揭要》二卷圖一卷。傅蘭雅、徐壽譯述。壽見《史部・政書類・考工》。臣謹案，是書英國儲意比原著。

營城要説

梁啓超《西學書目表・近譯未印各書》　《營城要説》。傅蘭雅、徐建寅。製造局。四本。未印。

徐維則等《增版東西學書録・兵制》　《營城要説》二卷。製造局本。英傅蘭雅、徐壽同譯。

城堡新義

梁啓超《西學書目表・兵政》　《城堡新義》。李鳳苞。

營壘圖說

梁啓超《西學書目表・兵政》 《營壘圖說》。金楷理、李鳳苞。製造局本。一本。一百。

顧述廬《通學書籍考・兵政類》 《營壘圖說》一卷。比利時國伯里牙芒著，美金楷理譯，崇明李鳳苞述。

丁仁《八千卷樓書目・兵家類》 《營壘圖說》一卷。美金楷理譯。刊本。

趙惟熙《西學書目答問・政學・兵政學》 《營壘圖說》。一冊。比伯里牙芒撰，布金楷理譯，李鳳苞述。製造局本。

徐維則等《增版東西學書録・兵制》 《營壘圖說》一卷附圖。製造局本，一冊。《西學大成》本。比伯里牙芒著，美金楷理譯，李鳳苞述。凡用兵者，能明急成土壘之法爲要義。西國曩時以築壘獲勝者，史不絕書。書中於布置造作之法，言之詳慎。蓋土壘既可蔽護圍內之兵丁，又可防馬兵之攻突。各國用此，顯著成效，誠軍政之要事。

徐樹蘭《古越藏書樓書目・政部・軍政》 《營壘圖說》一卷，附圖。比伯里牙芒。美金楷理譯，李鳳苞述。製造局本。

《上海格致書院藏書樓書目・東西學書・兵政》 《營壘圖說》。比伯里牙芒。布金楷理。崇明李鳳苞。一本。製造局本。

楊復等《浙江藏書樓乙編書目・兵書》 《營壘圖說》一冊。美國金楷理譯，崇明李鳳苞述。江南製造局刻本。

陳洙《江南製造局譯書提要・兵學》 《營壘圖說》一卷。比國伯里牙芒撰，美國金楷理口譯，崇明李鳳苞筆述。有圖八。與《營城揭要》互有詳略，相輔而行之書也。第一款，總論。第二款，築法。第三款，用器。第四款，布置。第五款，用兵之法。第六款，引證。第七款，卡堡砲臺。第八款，火藥房。第九款，堡門。第十款，矮牆。第十一款，鎮外堡。

劉錦藻《清續文獻通考・經籍考・兵家》 《營壘圖說》一卷，附圖。金楷理、李鳳苞譯述。鳳苞見《史部・雜史類》。臣謹案，是書比利時國伯里牙芒原著。行軍以能速築土壘爲要義，此書於布置造作之法，言之極詳。蓋土壘既可蔽護圍內之兵丁，又可防馬丁之攻突。各國用此，顯著成效，誠軍事上之勝算也。

行軍帳棚說

徐樹蘭《古越藏書樓書目・政部・軍政》 《行軍帳棚說》一卷。德武備原本。德何福滿譯，楊其昌、閔廣勳同述。《湖北武學》本。

顧燮光《譯書經眼録・兵制》 《行軍帳棚說》一卷。《湖北武學全書》刊本，上海掃葉山房石印本，寶善齋石印本。德國武備原書，德何福滿口譯，楊其昌同譯，閔廣勳筆述，石其榮繪圖。凡十二節，言帳棚製用各法甚詳。卷末附圖一大幅，言帳棚之用。

溝壘圖說

徐樹蘭《古越藏書樓書目・政部・軍政》 《溝壘圖說》四卷。德武備原本。德福克斯選譯，詹貴珊述。《湖北武學》本。

顧燮光《譯書經眼録・兵制》 《溝壘圖說》四卷。《湖北武學全書》本，上海掃葉山房石印本，寶善齋石印本。德國武備原本，德福克斯選譯，詹貴珊同譯。行軍以營壘爲要，築造工程非簡易堅固，不能禦於倉卒。是書凡四卷，於溝壘因地制宜之法，詳晰靡遺。附圖若干，尤便檢查。

砲臺說略

徐樹蘭《古越藏書樓書目・政部・軍政》 《礮臺說略》二卷。德武備原本。德何福滿譯，楊其昌、蕭誦芬同述。《湖北武學》本。

顧燮光《譯書經眼録・兵制》 《砲臺說略》二卷。《湖北武學全書》刊

本，上海掃葉山房石印本，寶善齋石印本。德武備原本，德何福滿、楊其昌譯，蕭誦芬筆述。上卷言工程形勢之宜扼要，爲説凡二十有八，附圖十有五。下卷言攻台守台之因時制宜，爲説一十有九。按砲台爲固圉要著，譯印尚無專書。苟取是書法之，則鐵甕金城，又誰敢越雷池一步哉！

行軍鐵路工程

梁啓超《西學書目表・工政》　《行軍鐵路工程》。製造局本。一本。二百。

趙惟熙《西學書目答問・政學・工政學》　《行軍鐵路工程》。二卷，附圖，訂一冊。英武備工程課則，英傅蘭雅譯，汪振聲述。製造局本。

徐維則等《增版東西學書録・工藝》　《行軍鐵路工程》二卷，附圖。製造局本，一冊。《富強叢書》本。英武備工程課則，英傅蘭雅、汪振聲同譯。行軍鐵路爲工程兵專責。此書所載，一爲兩要隘處，擇適中地，造鐵路，以利軍行之法。一爲已成鐵路，爲敵人毁壞，修整復用之法。一恐敵人據此，臨時自毁之法。其號令法，尤宜採用。若常路、汽車所配零物及裝運分兩、尺寸，又另爲二表，頗極詳細。

徐樹蘭《古越藏書樓書目・政部・工業》　《行軍鐵路工程》二卷，附圖。英武備工程課則，英傅蘭雅譯，汪振聲述。製造局本，《富強叢書》本。

《上海格致書院藏書樓書目・東西學書・路政》　《行軍鐵路工程》。英傅蘭雅。六合汪振聲。二卷。一本。製造局本。

楊復等《浙江藏書樓乙編書目・工業》　《行軍鐵路工程》一冊。英國傅蘭雅、六合汪振聲譯。江南製造局刻本。

陳洙《江南製造局譯書提要・工程》　《行軍鐵路工程》二卷。英國武備學堂工程課本。傅蘭雅口譯，六合汪振聲筆述。有圖八十四。第一款，造行軍鐵路總綱。第二款，預備地面鋪設鐵軌。第三款，久存鐵路各件。第四款，成鐵路手器。第五款，鋪設鐵墊工程。第六款，叉路與交路。第七款，停車場。第八款，號令法。第九款，各鐵軌寬數。第十款，車阻力。第十一款，鐵軌各件價目。第十二款，各車所任之重。第十三款，運兵章程。第十四款，修整已毁之鐵路。第十五款，毁已成之鐵路。第十六款，街道鐵路。第十七款，街道鐵路橋。第十八款，營外溝内鐵路。第十九款，行常路汽車。

騎兵斥候答問

徐維則等《增版東西學書録・兵制》　《騎兵斥候答問》□卷。南洋公學本。日本陸軍教導團原本，南洋公學譯書院譯。凡答問六十四則，於搜索斥候一事，曲折詳盡，細大弗遺。徐補。

徐樹蘭《古越藏書樓書目・政部・軍政》　《騎兵斥候答問》一卷。日本陸軍教導團原本。王鴻年譯。南洋公學本。

軍事地形學分部

地勢學

徐樹蘭《古越藏書樓書目・政部・軍政》　《地勢學》五卷。德庫司孟。德福克斯增補，詹貴珊譯。《湖北武學》本。

顧燮光《譯書經眼録・兵制》　《地勢學》五卷。《湖北武學全書》本，上海寶善齋石印本，掃葉山房石印小字本。德庫司孟撰，德福克斯增補，詹貴珊譯述，周家禄編校。武備中所謂地勢，乃就地上之山川而言；其城郭、樹木、房屋，則爲人上地勢，故其學分二種。曰溥通地勢，則泛論天生及人工并就各地形勢以定其名目。其類有三，曰地面，曰水學，曰地勢分類學。武備地勢，則專論行軍駐營、布陣扼守之處，故皆分別表明，於橋渡之事，尤三致意焉。附圖八十一，亦淺近易行。軍隊中要書也。

行軍測繪

梁啓超《西學書目表・圖學》 《行軍測繪》。傅蘭雅，趙元益。製造局本。二本。二百四十。

顧述盧《通學書籍考・圖學類》 《行軍測繪》十卷。製造局本。英連提著，英傅蘭雅譯，新陽趙元益述。西一千八百七十三年刊。卷首列界說，末附六圖，至詳且悉，洵行軍之鴻寶也。

丁仁《八千卷樓書目・兵家類》 《行軍測繪》十卷。英連提撰。傅蘭雅譯。刊本。

趙惟熙《西學書目答問・藝學・圖學》 《行軍測繪》。二冊，附圖。英連提撰，英傅蘭雅譯，趙元益述。製造局本。

徐維則等《增版東西學書録・圖學》 《行軍測繪》十卷，附圖。製造局本，二冊。英連提著，英傅蘭雅譯，趙元益述。書刊於同治十二年。凡一百五十四款。既論測量、繪畫、行軍諸圖之法，復論考察天時、地理、政事、風俗、水陸諸道、武事、考古諸事，後附《英國講武書院章程》。於行軍講求繪地之事，可謂詳盡靡遺。

徐樹蘭《古越藏書樓書目・政部・西洋測繪學》 《行軍測繪》十卷，附圖。英連提。英傅蘭雅譯，趙元益述。製造局本。

《上海格致書院藏書樓書目・東西學書・兵政》 《行軍測繪》。英連提。英傅蘭雅，無錫徐建寅。十卷，附圖。二本。製造局本。

楊復等《浙江藏書樓乙編書目・兵書》 《行軍測繪》一冊。英國傅蘭雅譯，新陽趙元益述。江南製造局刻本。

陳洙《江南製造局譯書提要・圖學》 《行軍測驗》十卷。英國連提撰，傅蘭雅口譯，新陽趙元益筆述。首界說，次畫養法，次測量法，次儀器之用，次高下，次論次序，次草圖，次大地面測略法，附各種線號。卷帙雖略，而繪測之要旨已備矣。卷首：界說。第一卷：畫行軍圖法。第二卷：地面分三角形。第三卷：測量之法。第四卷：測向羅盤用法。第五卷：平面棹用法。第六卷：紀限儀用法。第七卷：測高下各法。第八卷：相地畫圖依次總解。第九卷：論行軍畫圖各法。第十卷：測大地面之略法。

行軍測繪學

徐樹蘭《古越藏書樓書目・政部・西洋測繪學》 《行軍測繪學》四卷。德武備原本。德何福滿譯，楊其昌、閔廣勳同述。《湖北武學》本。

顧燮光《譯書經眼録・測繪》 《行軍測繪學》三卷。《量地表》一卷。湖北武學刊本，掃葉山房石印本，寶善齋石印大字印本。德國武備原本。德何福滿、楊其昌同譯，閔廣勳筆述，石其榮繪圖。卷一凡三十三圖，言繪各種地圖之法。卷二凡六圖，言繪圖著色之法。三卷凡圖二十，言測量應用器。卷四則《量地表》，爲測量最要之件，推測天度，極便檢查。

戰史分部

歐洲各國和戰表

徐維則等《增版東西學書録・史志》 《歐洲各國和戰表》一卷。《滙報》本。滙報館學譯。爲表二，第一表列内訌外征，第二表惟列外征。顧補。

地球十五大戰紀

楊復等《浙江藏書樓乙編書目・兵書》 《地球十五大戰記》二冊。歸善賴鴻翰譯。大同書局石印本。

普法戰紀

梁啓超《西學書目表・史志》　《普法戰紀》。王韜。自刻本。十本。三元五分。

顧述盧《通學書籍考・史志類》　《普法戰紀》二十卷。淞隱廬本。南海張宗良口譯，吴郡王韜撰輯。全書采綴各日報而成，不無舛錯重複之病，然于兩國盛衰、歐洲大局，一覽瞭然。其稱述將相人物，如法之爹亞發孚，普之俾思麥、毛奇鑠，將軍士顛密士，勃勃有生氣。其紀法于戰後變法艱難情形亦備，讀者可以懼然矣。其實普法搆釁，始于西班牙立王子事，而法人梟張跋扈，舉國若狂，詳卷一。尤可爲輕言戰事者戒。考是役，法人戰死者二十萬人，病死者六萬人，被俘者又四五十萬人。普雖獲全勝，死亡亦略相當。約計兩國死者之數，當不下百萬，亦歐洲近來最慘之禍也。

趙惟熙《西學書目答問・政學・史志學》　《普法戰紀》。十冊。王韜述。自刻本。

徐樹蘭《古越藏書樓書目・政部・外史》　《普法戰紀》二十卷。張宗良譯，王韜述。光緒二十一年弢園王氏自刻本。

《上海格致書院藏書樓書目・東西學書・史志》　《普法戰史》。南海張宗良，吴郡王韜。二十卷。十本。木板。

楊復等《浙江藏書樓乙編書目・兵書》　《普法戰紀》十冊。南海張宗良、吴郡王韜譯輯。王氏鉛印本。

普奧戰史

通雅齋《新學書目提要・歷史類》　《普奧戰史》。上海商務印書館本。《普奧戰史》分爲七篇，係以附録。題云日本羽化生原著，桂林趙天驥譯本。溯普法之戰以前而有普奧之戰，德意志聯邦之成立實於此役肇之，蓋非有此戰則日耳曼聯邦之局或折而奉奧亦未可知，俾司麥克慮之一戰，定霸正在斯時，抑亦歐羅巴一洲中原大局之所係也。此書於兩國開釁之原委、媾和之始末并前後兩約之全文皆詳紀之，固非專論兵謀，當時意大利與普爲援，因與奧軍相哄，篇中亦及其事，而以三國之兵力相爲比較焉，獨惜俾司麥克一傳記事未備耳。作者自序引中日之戰以爲比例，蓋甲午戰後其國人持論頗欲調和我邦，而以普奧戰後普人聯奧之事以自圓其說，此乃推論于事前，雖貧兒之自暴，自我察之正當使禮義之不愆也。

顧燮光《譯書經眼録・史志》　《普奧戰史》一卷。商務印書館《戰史叢書》本。日本羽化生著，趙天驥譯。德意志聯邦之合，實肇於普、奥之戰，蓋大有關繫於歐洲之大局也。本書於兩國開釁原委，媾和始末及前後兩約，皆詳記之，固非專論兵謀。當時意大利與普爲援，因與奥軍相鬭，篇中亦及其事。惜《俾斯麥》一傳，略而不詳，未足窺當局經營之策。作者自序引中日之戰，以爲比例，蓋主持調和東亞，以敵白人，其心亦良苦矣。

《上海格致書院藏書樓書目・東西學書・史志》　《普奧戰史》。日本羽化生。桂林趙天驥，東湖王慕陶。七卷。一本。商務書館活印本。

楊復等《浙江藏書樓乙編書目・兵書》　《普奧戰史》一冊。日本羽化生著，桂林趙天驥譯。商務書館鉛印本。

美西戰紀本末

徐維則等《增版東西學書録・史志》　《美西戰紀本末》一卷。《知新報》本。美紐約蝦巴報館著，周靈生譯。美、西之戰，爲古巴而起。西國船艦礮藥，雖堅猛過於美，然駕馭不得其人，以致敗衄。孟尼拿及汕私衣高之役，西之大砲皆無所用，而美之十二寸、十三寸之礮，亦止中二響。軍械以靈速爲上，固不在大也。中、日鴨綠江之役，德國懲於船木易焚，改用鐵代之。泰西人經一次戰，長一次閱歷，不惜舍己從人，宜其強矣。若拘守舊器，不求新製，觀於滿滔造在孟尼拿之敗，舊船之不足敵新船，愈可知矣。顧補。

美人侈譚戰略

徐維則等《增版東西學書録・史志》 《美人侈譚戰略》一卷。《知新報》本。美紐約哈龍月報館著，周靈生譯。言美、西戰事甚詳。雖不免鋪張美師，然其言西師處處失機，雖有堅船利礮不能致用，非美師足以敗之，實西人自取敗亡也。合前《紀事本末》觀之，於美、西海戰之得失，思過半矣。顧補。

西美戰史

陳洙《江南製造局譯書提要・史志》 《西美戰史》二卷。德國勃利德撰，上海李景鎬譯，寶山黄伯申鑑定。凡十六章，詳晰貫綜，可與《普法戰記》相頡頏，兵志中佳本也。史事：古巴之亂；西班牙遠東經營；用洋之國；失和；平人通例節略；西美兵力第一砲聲；夢中艦隊；美人在曼尼剌之舉動；桑潑松擊賽耳維拉；美攻三剔阿谷；三剔阿谷歸降；出征坡妥利哥；曼尼剌之陷；巴黎條約。

記美日兩國戰争緣起

徐維則等《增版東西學書録・史志》 《記美日兩國戰争緣起》一卷。《亞東時報》本。日本有賀長雄著，亞東時報館譯。美國遺訓，不許干與國外紛爭。自孟駱氏結盟於英，以拒法、日，一變以保全本國利益爲宗旨。迨一千八百四十五年，單星黨起於美之南方，主張古巴不可屬日之說，終以不敵而敗。然美之欲圖古巴，實基於此。篇中所言美、日啓釁之故極詳，惜未譯全。顧補。

英攻黑人日記

徐維則等《增版東西學書録・史志》 《英攻黑人日記》一卷。《知新報》本。英倫敦頗路磨路報著，周靈生譯。篇中記埃及之役，英兵進攻黑人，取道司拉勞，塗中所歷，驚沙撲面，災熱異常，黑人勇敢善戰，死而不厭。苟非軍械窳陋，英必爲所敗。暗打文爲著名大埠，而譾陋無狀甚矣，文野之差別也。顧補。

斐南戰釁推原

徐維則等《增版東西學書録・史志》 《斐南戰釁推原》一卷。《滙報》本。滙報館譯著。非洲地當赤道，又多沙漠，宜垂涎者少矣。乃以產黄金、金剛石之富，各國爭分其地。英既購得新開河利權，欲自加不通道於埃及，以期戎馬無阻，中有德公額、阿比西尼、波爾斯各小國阻之，乃聯好阿比西尼，假保利權爲名，凌波爾斯之達國。斯編推論啓釁原委極詳。其責英人處，亦有至理。顧補。

土國戰事述略

梁啓超《西學書目表・史志》 《土國戰事述略》。艾約瑟。小方壺齋本。

徐維則等《增版東西學書録・史志》 《土國戰事述略》一卷。小方壺齋本。英艾約瑟著。記土爾其與其屬地瑣爾非雅之戰事。案瑣本欲興師，取土君士但丁都城，反爲土所幷。中間米羅施族克自奮發，其子米迦勤立整頓軍旅，講求政治，土將監守之兵撤回，尋被刺，子米蘭立復能繼父志。此篇所著，寥寥數葉，然足見其大概。俄蘇佈勒有《英阿戰紀》，未譯出。

徐樹蘭《古越藏書樓書目・政部・外史》　《土國戰事述略》一卷。美艾約瑟。小方壺齋本。土耳其國與屬地瑣爾非雅之戰。

東方交涉記

梁啓超《西學書目表・史志》　《東方交涉記》。林樂知、瞿昂來。製造局本。二本。二百。記俄土戰事。

丁仁《八千卷樓書目・地理類》　《東方交涉記》十二卷。英麥高爾撰。刊本。

趙惟熙《西學書目答問・政學・史志學》　《東方交涉紀》。二册。美林樂知譯，瞿昂來述。製造局本。是書記俄土之戰，亦紀事本末類也。

徐維則等《增版東西學書録・史志》　《東方交涉記》十二卷。製造局刻本，《軍政全書》本，《富強叢書》本。英麥高爾輯著，美林樂知、瞿昂來同譯。是書詳敘俄、土之戰及山斯替夫、伯靈兩約始末。其第十卷載俄皇與英使西厤之言，以見兩國之注意與政策之所在。是英、俄交涉，尤汲汲矣。《譯書公會報》有美威廉司著、張書紳譯《交涉記事本末》，未印成。

《上海格致書院藏書樓書目・東西學書・交涉》　《東方交涉記》。一本。活印本。

楊復等《浙江藏書樓乙編書目・政治》　《東方交涉記》二册。英國麥高爾著，美國林樂知譯。江南製造局本。

陳洙《江南製造局譯書提要・交涉》　《東方交涉記》十二卷。英國麥高爾輯，美國林樂知口譯，寶山瞿昂來筆述。凡十二卷。詳紀俄、土戰事本末，以見東方交涉關係歐西匪淺也。談交涉者，其參證之。第一卷：克里迷亞之戰本末。第二卷：英於東方改行新法。第三卷：英於東方獨排衆議。第四卷：虐害保該力阿人事。第五卷：英於東方前後異法。第六卷：土京會議紀略。第七卷：土京議後情形。第八卷：俄、土之戰咎有攸歸。第九卷：局外與定和之要法。第十卷：俄與印度有何關係。第十一卷：英與各國宜如何會議。第十二卷：英與俄戰關係大局。

俄土戰紀

徐維則等《增版東西學書録・史志》　《俄土戰紀》六卷，附録一卷。上海譯書局本。日本□□著，湯叡譯。

楊復等《浙江藏書樓乙編書目・兵書》　《俄土戰紀》二册。番禺湯叡譯。大同書局石印本。

日俄戰爭寫真帖

顧燮光《譯書經眼録・史志》　《日俄戰爭寫眞帖》初二三四集四册。商務印書館洋裝本。日本諸畫家繪。每集凡六十圖，皆寫日俄戰爭景况。每圖有中、英、日三國文字，以記其事。摹寫逼眞，閱之如置身槍林彈雨之中。大和士尚武之魂，胥於此表之矣。

楊復等《浙江藏書樓乙編書目・兵書》　《日俄戰爭寫眞帖》二册。闕名。商務書舘鉛印本。

日俄戰紀

《上海格致書院藏書樓書目・東西學書・史志》　《日俄戰紀》。十四本。活印。

列國海戰記

梁啓超《西學書目表・兵政》　《列國海戰記》。李鳳苞。

趙惟熙《西學書目答問・政學・兵政學》　《列國海戰紀》。一册。李鳳

苞輯譯。上海本。是書記俄土、秘智、英埃三海戰，詳晰可觀。泰西船礮日精，各國均不敢先發難端，故近來海西無大戰事。不謂戰禍之慘烈，乃見於華海。中東一役，猛虎在山，藜藿不採，信已。

近世海戰史

通雅齋《新學書目提要・歷史類》 《近世海戰史》。上海羣誼譯社本。

《近世海戰史》二卷，日本淺野正恭原著，華亭葉人恭譯本。上卷記甲午中日之戰，下卷記美國與西班牙之戰，作者爲日本海軍少將，當黃海戰時未悉曾否預役，然自云事實譯自英書，則旁觀之言恐未必盡昭信論也。劉公島之役，中國海軍諸員受謗至深，今猶未息，據此篇所述，當日調度雖乖，尙非毫無措手，惟失律之事則縷數難終，至謂中國戰艦以最大之船居中央，適與強固兩翼之戰術相背，又戰時全隊之半被蔽于己艦而不能發彈，在機關室傳話管之士官畏接戰之危不傳指揮官所發傳速力之令，此皆關係戰術之尤大者。西人之于兵事，每經一役則實驗猶多，獨中國海軍于馬江、威海之間兩爲敵燔而事後體察之用曾未有聞，但作欷歔之言，豈睹利鈍之績？篇中乃以從前粵意之戰與此相衡，考較之精可爲法矣。所述美將馬鴻之言，似在臨陳參謀之際，又云大佐英格耳于斯開戰之始以電信獻策，則日本軍中亦頗用西人爲顧問，惟所叙語不分明，未知有誤否耳。其以經遠之沉比于維多利亞艦，按維多利亞一號爲英國著名兵船，聞以操練而沉，至今未明其故，英國海軍宿將多駐是船，及其沉淪而人才日絀，此或譯自英文，故以致沉之同擬于經遠，亦遺聞之不廢者也。述美西戰事雖詳，于勝敗之容于指揮得失之間不及其前編之悉，此則所見所聞判其詳略，然如桑的亞哥原稱「生的谷牙」，此據中國舊譯之戰，述美兵船封港之謀，論西班牙之失策，皆言兵事者之所究心，塞耳佛拉用兵之勞，亦以較丁汝昌諸人略勝焉。

顧燮光《譯書經眼録・史志》 《近世海戰史》一卷。羣誼譯社洋裝本，一冊。日本淺野正恭著，葉人祿譯。書分上下二編，凡十四章，記近世中日、美西二次海戰勝敗得失之故，足爲考察海軍之助。插圖若干幅，繪明當時戰陣、綫路、形勢，尤足爲推求駕駛者之規則。其言中國海軍以列陣失法，西班牙海軍以軍艦陳腐，均爲致覆敗之原，而日美之海軍，經此次戰事之實驗，遂得以進求完善，爲東西半球新起之雄國，於東南洋海權各張一幟。海軍爲立國根本，顧可忽哉？

楊復等《浙江藏書樓乙編書目・兵書》 《近世海戰史》一冊。華亭葉人祿譯。鉛印本。

英美海戰史

顧燮光《譯書經眼録・史志》 《英美海戰史》三卷。上海世界譯書局石印本，一冊。美愛德華史賓著，日本越山平三郎譯。是書分三類。一曰威利湖戰事，在一千八百十二年，記英人怨美自立，籍查逃兵啓釁，美將玻理力戰之勇，竟敗英之海軍。一曰毋亞路派列沙灣戰事，記美將撲他一千十四年與英海軍戰敗被擒情形。一曰鳩耶痕普列痕湖戰事，記撲他還美，英復舉水陸兩軍侵美北境，美將馬苦獨諾敗之，殺英名將，自是美之北境，無英隻騎焉。馬苦諾之功偉矣。綜覽英、美海戰諸役，玻理之厚待英人俘虜，撲他之與英將交際，馬苦獨諾之堅忍卓越，各有所長，未可以成敗論之也。

尼羅海戰史

《上海格致書院藏書樓書目・東西學書・史志》 《尼羅海戰史》。美耶特瓦德斯邊。日本越山平三郎。一本。商務書館活印本。

經濟部

論述

康有爲《日本書目志・橫文經濟學類序》　《春秋》經世，先王之志，凡《六經》，皆經濟書也。後之《九通》，掌故詳矣。泰西立爲專門，其說原本天人，閎深著明。若《麻氏經濟哲學》，茂矣，美矣。泰西從政者，非從經濟學出不得任官，理財富國，尤爲經濟之要。日人變法之始，方病貧，無以舉新政，先易貨幣，其法美可施行。吾土政事，與日舊俗同，維新之先，採而用之，亦治標之宜也。其《自由保護兩黨活劇史》、《萬國進步實況》，足見泰西立國之本，強盛之由。人情以比較而勇生，以憤發而智出。中國之敗，在大一統自尊，無比較而求進，無相形而生媿哉！

又《歲計書類序》　蓋乎孟子之言曰：「莫善於助，莫不善於貢。」貢者，校數歲之中以爲常。吾中國征税，一切皆有常則，所謂貢也。泰西則不然，先歲，戸部會下歲之度支而議税焉，所謂助也。又《王制》冢宰制國用司會，會歲計之法也。泰西行之矣，信乎經義之足以致用也。不通經義而徒閉於國故，宜其貧弱哉。

又《財政學類序》　《財政學》，泰西之佳書哉！日本財政要覽備矣，直税、間税之法，析之甚精。若夫鐵路之問題，財政之本末，不可不考。

又《統計學類序》　《王制》九官，皆于歲杪獻成，而司會專其政，統計之義哉！吾非無報銷之冊，而百政之統、比較之表不立，非專官則不知其事，專官亦不能熟其進退之曲折。人士何以講求，政事何由激勵？觀《日本政治年鑑》、《全國耕地人口比較圖表》、《全國農產表》、《農務統計表》、《府縣物產表》、《府縣資力統計》，攬全國之事，若數掌上之螺紋，而後作之鼓之，損之益之，提絜而操縱之，惟爲政者所欲爲。嗚呼，日本所由驟強哉！

又《專賣特許書類序》　泰西所以富強，所以智慧，所以通大地而測諸天致精極奇驚猶鬼神者，無它，倍根立專賣特許之法而已。國有專賣特許，則其人民竭其心思耳目，以著書製器，而致富養生在是焉。故舉國走趨，人智所開，無不發舒。吾無此法，故箸新書、製新器者，竭其畢生之心思財力，不旋踵而爲人所摹，重刻再製。沓沓滔滔，權利不專，誰則竭諸？此雖小道，而關繫遠大，豈可不圖？

又《商業書類序》　吾聞商於日本者曰：日人之爲商，不如吾中人也。日人惰逸而中人勤苦，泰西人亦然。中人於利之所在無不至，偏地球矣。然泰西諸國，皆有日本公司、巨商行焉。中國之大，人民之富，乃無一商能行於泰西者，是亦可駭可痛矣。泰西之商既雜沓來中國，香港之百萬豪富但甘心俛首爲之買販，伈眉側步，立何顏色，而其所謂商者，乃反貧寠遠出其下，而甘爲奴婢者不少忤。此亦可駭可痛矣。是何以故？泰西之爲商也，有學校、有日報、有專書以教之，有商會以講之，有比較會以勵之，有官有兵有巡捕，有保險有鐵船以保護之，有游歷使臣、領事以查考之，有鐵路輪舟以通之，故其人皆通萬國之故，解萬貨之情，進無所畏，退無所失，而商力能橫絶地球。如五印度者，則英直以商會成之矣。而吾中人反是，無學校，無日報、無專書、無會以摩之，無比較廠以勵之，無兵、無船、無巡捕、無保險以保護之，無游歷領事以查考之，無鐵路、輪舟以通之，故勢拙力屈，如蹷株枸，無敢以其貨資嘗於萬里之外，少嘗即敗矣。昔之國戰以兵，今之國戰以商。戰以兵，則明奪其土地；戰以商，則陰吸其精華。今之士夫憂土地之失，則惶泣瞿瞿，憤然于土地之失，至於割臺灣千里，猶有限也。若陰吸精華，日月侵削，舉十八行省衣其衣，食其食，器其器，而舉國立盡矣，而人不之憂。它日精華既竭，搴裳去之，不知何以有此民也。日本島國耳，而商貨之流行，至歲贏美貨百餘萬，美議院至思限制之法，而吾商不與焉。蓋商戰至於全軍盡覆，民人皆盡。夫知彼知己，百戰百勝。知日本所以勝而吾所以敗者，即商可見矣。《商業學校問題答案》則商學之課試，如吾之課舉業也。《小學校商業書》則初學有級也，《商業讀本》則誦讀有資也，《商業指針》、《商業之骨》、《商賣秘訣》則教育實用也，《商業博物志》、《日本產業事蹟》、《工商技藝看報考》則商見聞廣矣，而又通之本國商業之沿革，博矣。萬國之歷史，考萬國之地理，以爲商之國土；考萬國之工藝，以爲商之轉移。學校次第而精博如此，而以吾中國人僅識之，無粗通書算，與爲商戰，而不敗者乎？且吾未有學，是未有商也，安有戰也？但爲其傳

櫛而定耳。昧于時者，或尚持崇本抑末之說，豈知治一統之世與諸國並立之世，固有異乎？一統之世雖阜商務，不過一室自爲流通而已，故先王務農以定民心焉。諸國並立之世，商務不立，則爲人取矣。太公、管仲之強齊也，務女工，修輕重，故齊三服，衣履天下，以致爲霸。此諸國並立之成效也。若視商務不修，委而去之，是自棄其民，自棄其國也。

又《銀行書類序》 人以血爲脈，脈通則身強；國以財爲脈，財通則國強。銀行者，國之脈也。國得以通其財，商得以通其財，塞則精氣痿弱，通則精神王長，義之至也。故先王命名爲泉，貴流通也。吾中國貢稅所入，皆藏戶部。藩運海關之庫，未嘗有所安置。非徒不取其息，失泉流之義矣；又不取其息，惡其言利也。乃鬻官至於監司守令，以輕名器，貿廉恥朘削其民，名實俱喪，過言利遠矣。獨不惡之，何歟？爲其用不足耶？則戶部入官之冊，吾見之矣。歲入多者百三十萬，少者八十萬。若以庫鏹息焉，裁鬻官而尚溢其半矣。外國皆有銀行，銀行皆權其存錢之多寡而給之鈔，倍半數焉，商民爭輸之。其有敗者，取償於戶部，故舉國銀行，寡虧閉之患。民間所通行者，皆鈔也。其現銀皆存國庫，而以購外國之物，化一以爲二，故國驟富而民不苦焉。若泰西銀行以通軍國之用，其利人皆知之矣。銀行以其一卷之紙，盡買吾之道府州縣而有餘，吾尚何以爲國？尚何惡銀行言利之有！以爲中國無是政體歟？則三代至唐宋，府庫無藏銀者，自明宣德時，(棄)［葉］淇、李敏乃始創此。論者譏之，是亦豈得爲先王之政哉？特人習而忘之耳。

又《貿易書類序》 貿易者，互市也。諸國並立，更無閉關之理。我無所取於人，人將盡取於我。尚欲守一統之舊，坐視人之剳割而自以爲至富，此亦不解者也。故內地商務，向所謂取東室而並之西室也。無貨以易外國之財，不得謂之富國也。互市之書十種，而講求吾國商務半焉，而吾經營日本之商務者，無一字也。盈絀之數，豈待新立條約而後知哉？中人掩耳盜鈴，不考外國之故，無以動其心耳。

又《度量衡書類序》 《書》曰：「同律度量」，治之法也。而中土家殊而戶異，一度也，民尺與工部尺異，匠尺與民尺又異。一量也，大斗小斗，地地異。一衡也，大秤小秤，處處異。此亦宜檢定規程，非細故也。若夫外國之異，亦當使民曉然通之，然後互市便也。日人固無不用厥心哉！

又《相場書類序》 學至於纖悉，而後可行也。萬貨之低昂損益盛衰，如萬國之損益盛衰。欲觀國者，宜相國勢；欲相貨者，宜知物價。人情所不禁者，因人情所不能少物理之自然，而書出矣，奚可貶哉？

又《簿記書類序》 簿記之書，乃如是夥哉！有小學校之教，有高等學校之教，有楷梯之入，獨習之便，有拒活之法，有官農之用。蓋合古者上計之法、後世筆記之用，而加精捷之，以適用便作事，凡人皆宜有焉。而商學但考今不考古，尤資簿記哉！吾中土尚無此。

趙惟熙《西學書目答問・政學・商政學》 西人以商富，即以商強。其立國恆視商爲命，故言商學之書獨多。中人視商爲末，故譯商學之書獨寡。現聞製造局及南洋公學堂譯有數種，尚未印行，然風氣既開，必有踵而譯述之者。善乎計然之說也：「知鬥則修備，時用則知物」，是能得商戰之要者矣。按此門宜與計學分看，蓋彼言其理，此言其事也。

又《計學》 即理財學也。英人言之最精，專門名家者不一其人，故國以富饒。如斯密亞丹，如馬羅達，如安得生，如威斯特等，其尤著者也。其學於言利剖析毫芒，獨得精義。大致主於合力以舉事，分功以治事，用收生衆食寡之效。歐洲富強之基，識者多歸功於計學云。

綜 述

經濟學分部

富國策

梁啓超《西學書目表・商政》 《富國策》。丁韙良。同文館本。三本。八錢。

顧述廬《**通學書籍考・計學類**》《富國策》三卷。同文館本。英法思德著，美丁韙良口譯，華汪鳳藻述。大旨申明生財不生財及消耗於有益無益之別。其論貨財流通，主均輸平準，蓋兼管、墨而言。

趙惟熙《**西學書目答問・政學・計學**》《富國策》。三冊。英法思德撰，美丁韙良譯，汪鳳藻述。同文館本。是書論通商之理，謂商務裒多益寡，非通不興。英人商務之盛，實得力於此本。

徐維則等《**增版東西學書録・商務**》《富國策》三卷。同文館本，三冊。益智書會本。日本排印本。時務報館刻有通正齋生重譯本，惜未成。英法思得著。美丁韙良譯，汪鳳藻述。其論商理、商情，專主均輸、平準，以幾何公法酌劑而消息之。泰西於商學一門，類能闡發其公理，故其行事，無往不得其平。中土自管、墨之學微，士夫未有講求於此者，此所以弱也。欲振興商務，非急讀此種專門書講明義理不可。是書第十章言稅法，尤多要義。製造局印有英傅蘭雅、徐家寶譯《保富興國》，東亞書局有《歐美富國新策》，均未出。

徐樹蘭《**古越藏書樓書目・政部・計學**》《富國策》三卷。英法思得。美丁韙良譯，汪鳳藻述。光緒二十五年美華書館排印本。

楊復等《**浙江藏書樓乙編書目・政治**》《富國策》一冊。丁韙良著。美華書舘鉛印本。

富國養民策

梁啓超《**西學書目表・商政**》《富國養民策》。艾約瑟。稅務司本。一本。在《西學啓蒙十六種》中。

又《**附録・讀西學書法**》同文館所譯《富國策》與稅務司所譯《富國養民策》，或言本屬一書云。譯筆皆劣，而精義甚多。其中所言商理、商情合地球人民土地，以幾何公法盈虛消長之。蓋非專門名家者，不能通其窔奧也。中國欲振興商務，非有商學會聚衆講求，大明此等理法不可。

顧述廬《**通學書籍考・計學類**》《富國養民策》一卷。稅務司本。英哲分司著，艾約瑟譯。全書分十二章，謂凡士農工商，皆宜爲發蒙之用。其旨在發明貨財流通及財非一人能專之理，使各人銷其爭心，而風俗可臻大同。

趙惟熙《**西學書目答問・政學・計學**》《富國養民策》。一冊。英哲分斯撰，英艾約瑟譯。稅務司本。在《西學啓蒙》十六種中。

徐維則等《**增版東西學書録・商務**》《富國養民策》一卷。《西學啓蒙》本，《西政叢書》本。英哲分司著，英艾約瑟譯。公理既明，則人人無專財之理，足以銷弭爭心而風俗大同。書分十二章，以地爲財之本源，以工作爲生財之善法，以行商爲通商之要道，但貴有策以維持之耳。譯本雖劣，宜急讀之。

徐樹蘭《**古越藏書樓書目・政部・計學**》《富國養民策》一卷。英哲分司。英艾約瑟譯。《西學啓蒙》本，《西政叢書》本。

生利分利之別

梁啓超《**西學書目表・商政**》《生利分利之別》。李提摩太。廣學會本。一本。六分。

又《**附録・讀西學書法**》《生利分利之別》一書，不滿三千言。其所論者，商學理中之一義也。俗儒多疑機器一興，小民失業，皆未明此論故也。

顧述廬《**通學書籍考・計學類**》《生利分利之別論》二篇。廣學會本。英李提摩太著，上海蔡爾康譯。是書不滿三千言，其所論者商學，理中之一義也。

趙惟熙《**西學書目答問・政學・計學**》《生利分利之別論》。一冊。英李提摩太撰。廣學會本。是書字數不多，然頗得要理。

徐維則等《**增版東西學書録・商務**》《生利分利之別論》二卷。廣學會本，一冊。《西政叢書》本。英李提摩太著，蔡爾康譯。即《大學》生衆食寡之義，中國人有謂機器一興，有妨民業者，讀之可釋然矣。《實學報》印有《美國家銀行》原本，容閎譯《美國開設國家銀行條例》一卷，未成。

徐樹蘭《**古越藏書樓書目・政部・計學**》《生利分利之別論》二卷。英李提摩太。蔡爾康譯。《西政叢書》本，《新學彙編》本。

《上海格致書院藏書樓書目・東西學書・財政》《生利分利之別》。英李提摩太。蔡爾康。一本。商務書館活印本。

廣學會編《廣學會譯著新書總目・理財》《生利分利之別》。李君提摩太著。論生利、分利之要則。一本。價洋五分。

富國須知

徐維則等《增版東西學書録・商務》《富國須知》一卷。《格致須知三集》本，一冊。英傅蘭雅著。書分七章，曰開源，曰政教，曰農事，曰資本，曰人功，曰貨物，曰錢幣。不事遠大，不求淺隘，立説甚爲平近。講商學者先讀此書，再求商學之策。

廣學會編《廣學會譯著新書總目・理財》《富國須知》。邦國之富盛，端賴民牧之經營，萬姓之康樂。而不以安國爲本者，國終不富；保民而不以足民爲心者，民終未保也。一冊。價洋八分。

富國眞理

徐維則等《增版東西學書録・商務》《富國眞理》二卷。廣學會本。英嘉托瑪著，英山雅谷譯，蔡爾康述。全書分十五章：一、論專門名家；二、論通工易事；三、論省力；四、論通寶；五、論賒尺；六、論借貸與賃田同意；七、論誠實；八、論同心協力；九、論學問；十、論則便有，有則必需；十一、論生利、分利之別；十二、論賦税；十三、論治國之法；十四、論均富；十五、論賑濟。顧補。

徐樹蘭《古越藏書樓書目・政部・計學》《富國眞理》二卷。英嘉托瑪。英山雅谷譯，蔡爾康述。光緒二十五年廣學會排印本。

楊復等《浙江藏書樓乙編書目・政治》《富國眞理》二冊。英國嘉託瑪著，英國山雅谷譯，上海蔡爾康述。廣智書局鉛印本。

廣學會編《廣學會譯著新書總目・理財》《富國眞理》。議論宏富，以生利之法爲重。英國嘉託瑪著，華蔡子茀審義。二冊。價洋二角。

富民策

徐樹蘭《古越藏書樓書目・政部・計學》《富民策》二卷。英馬林。李玉書譯。光緒二十五年廣學會排印本。

楊復等《浙江藏書樓乙編書目・政治》《富民策》一冊。英國馬林著，金陵李玉書譯。廣學會鉛印本。

廣學會編《廣學會譯著新書總目・理財》《富民策》。英醫士馬林著。言機器較人力之工，速於數培矣。一冊。價洋三角。

足民策

徐樹蘭《古越藏書樓書目・政部・計學》《足民策》一卷。英馬林。李玉書譯。光緒二十五年廣學會排印本。

楊復等《浙江藏書樓乙編書目・政治》《足民策》一冊。英國馬林著，金陵李玉書譯。廣學會鉛印本。

廣學會編《廣學會譯著新書總目・理財》《足民策》。一本。價洋一角。

原　富

趙惟熙《西學書目答問・政學・計學》《原富》。三冊。英斯密亞丹譯，嚴復譯。南洋公學本。原書分五部，今譯出者只甲、乙二部。

徐維則等《增版東西學書録・商務》斯密亞丹《原富甲》二卷，《部乙》、《部丙》各一卷。南洋公學本。英斯密亞丹著，嚴復譯。是書凡五部，尚有丁、戊二部未印。斯密氏當英國行護商法時，創立自利、利他一貫之説，

而自由貿易之局，由是開焉，英以致富。其言綜博精闢，多足爲我國近狀之藥石。今去著書時已百餘年，枝葉之義，或爲後出之説所勝，嚴氏悉附著之，而又時援我國近狀以相證，可謂完善矣。徐補。

徐樹蘭《古越藏書樓書目・政部・計學》 《原富甲編》二卷，《乙編》一卷，《丙編》一卷，《丁編》二卷，《戊編》二卷。英國斯密亞丹。嚴復譯。南洋公學排印本。又一部，無丁、戊二編。

《上海格致書院藏書樓書目・東西學書・財政》 《原富》。斯密亞丹。侯官嚴復。八卷。八本。活印本。

楊復等《浙江藏書樓乙編書目・政治》 斯密亞丹《原富》八冊。侯官嚴復譯。南洋公學鉛印本。

致富錦囊

顧燮光《譯書經眼録・雜著》 《致富錦囊》一卷。開明書店《實業叢書》第一編洋裝本，一冊。王建善譯。是書原名《成功錦囊》，以勉人勤奮爲成功致富之由，歷舉泰西名人事跡證之，俾人有所觀感，蓋有功社會之作也。譯者間附片語，足以發明本書之旨矣。

最新經濟學

通雅齋《新學書目提要・法制類》 《最新經濟學》上海作新社本。《最新經濟學》共分爲十六章，上海作新社編譯。按歷來之求新者皆知注意實業而勸工保商之説行，顧實業之興宜有專門之學説闡明其義而提挈之，則經濟學之書爲尤要矣。近人侯官嚴氏譯英人斯密亞丹《原富》一書，海内學者競稱其説，然其書見理雖賾，究屬一家之言，不足以兼收異論，兹篇于西儒諸説擷取至博，不株株于一先生之説，異同之際能析其微而準之以實驗，其自立之説亦皆精卓不磨，此其大旨也。夫理財之途至廣而其爲術不窮，故以淺顯易知者而其義乃進而愈深。若以書中所言略舉一二爲證，如禁農產之輸出、重入口之關税皆常理也，或反爲不便而害及財政，故如俄羅斯以谷米不售爲患則暫爲親英之謀己亥年事，麥玹爾知重税不足病商則竟作裁厘之請，參以近事，其效朗然。且如振恤貧民一舉，英國學者羣謂此事無益，故英政府特廢其制而俾司麥克執政則反于德國行之，蓋英吉利藩屬衆多，可爲殖民之計，德意志領土尙隘，其人多轉徙于四方，國勢攸殊，則政體亦各適其當，此皆自然之誼也。篇中所列各節惟幣貨一條于用金、用銀之分單本位與復本位之制尙未詳其利弊若何，爲讀者研究之憾，至謂斯密亞丹之言不分經濟學與經濟術之區別而誤學爲術，則似中其失矣。其論宗教之關于經濟，事雖易曉，理固不刊也。

經濟學大意

顧燮光《譯書經眼録・法政》 《經濟學大意》一卷。日本東京專修學校洋裝本，一冊。同文滬報排印本。日本法學博士男爵田尻著，日本吉田謹三郎譯。考「經濟」二字，英人名爲普利替克樂伊克諾，日本則譯爲經濟，於中國所稱之「經濟」，微有不同，蓋專論財政計學之書也。全書分若干章。譯筆明暢，發揮比例處，頗有至理存焉。

楊復等《浙江藏書樓乙編書目・政治》 《經濟學大意》一冊。日本田尻稻次郎著，日本吉見謹三郎譯。日本東京鉛印本。

經濟通論

顧燮光《譯書經眼録・法政》 《經濟通論》五卷。商務印書館《財政叢書》本。日本持地六郎著，商務印書館譯。卷一曰總論，凡五章，論經濟學講究根本及國民經濟各學及其沿革。卷二曰財之生產，凡五章，則論自然、勞力、資本要素之組織。三曰財之交易，凡十章，則論貨幣、匯兑、銀行恐慌，外國貿易之交易。四曰財之分配，凡六章，則論地代賃銀息潤之關係。五曰財之消耗，則論奢儉、保險、人口之理。蓋於生財、用財之道，生利、分利之原，均能闡發精微，研窮本末。苟取而法之，與民生國計亦或不無小

補矣。

經濟學講義

顧燮光《譯書經眼録·法政》 《經濟學講義》一卷。商務印書館《京師大學堂講義》本。日本杉榮三郎編。經濟學係論人類理財之學，分通論、各論二類。是書凡五篇，篇各爲章，若干節。首曰總論，曰生産，曰交易，曰分配，曰消費，蓋通論中最簡明者。

經濟各論講義

顧燮光《譯書經眼録·法政》 《經濟各論講義》二卷。商務印書館《京師大學堂講義》本。日本杉榮三郎撰。本書發明貨幣各理，凡二篇。上編曰硬貨論，凡十七章，言金、銀、銅三品各貨本位之變遷，制度之沿革。下篇曰紙幣論，凡十章，言紙幣之性質，利害、準備、機關各法。

經濟綱要

顧燮光《譯書經眼録·法政》 《經濟綱要》一卷。癸卯時中書局洋裝本，一册。日本普通教育研究會編纂，時中書局譯。全書發明租庸贏各理，而以主張實用爲主，故不偏於學説。計分六章，章各爲節。一、經濟之概念；二、財之生産；三、財之交換；四、財之分配；五、財之消費；六、財政。類皆參考西儒李楷圖、斯密斯各説，而以日本之經濟之實驗，以相印證。於奢侈大有害於社會、經濟二者，尤痛切言之。

最新經濟學

徐樹蘭《古越藏書樓書目·政部·計學》 《最新經濟學》一卷。日本田島錦治。《繙譯世界》本。

二十年來生計界劇變論

通雅齋《新學書目提要·法制類》 《二十年來生計劇變論》。《二十年來生計劇變論》一卷，日本民友社原著，順德陳國鏞譯本。生理之學于將來政界關係至重，近來列國學者于此極爲究心，此篇于經濟之理尚鮮發明，然縷述近狀，足使讀者藉以考見其原，要不爲無益之作。論成于壬寅冬末，則西伯利亞鐵路已通，而于二三年間歐洲各國商途之變未經推究，又中國裁厘加税亦于是年著爲明文，其于商業之間必有利鈍之續，此篇亦未論及，皆似漏也。

徐樹蘭《古越藏書樓書目·學部·東西洋縱横家之學》 《二十年來生計界劇變論》一卷。日本田尻稻次郎講義。陳國鏞譯。廣智書局本。

經濟教科書

通雅齋《新學書目提要·法制類》 《經濟教科書》。上海廣智書局本。《經濟教科書》六卷，分爲各章，日本和田垣謙三原著，不著譯者姓名，當係漢文原本，其命名爲「教科書」，則或由刊行之人以意爲之也。按施于教育之讀本必當由淺入深，此則授受之時本有一定之法，今此書分章之處乃各爲一義，并非循序漸進，似非所以資初學之門徑也。且經濟一門名目較繁，引端求緒之功當不專恃書籍而在聽時之咨詢，然後事理始能詳悉，即省臆之方亦便，筆之于書即無從以質疑，且爲用既賾，縱極明顯猶懼不能盡喩，雖

富于腦力者亦何能悉記乎？如此篇言財之交換、分配等章，亦正多此患也。

萬國國力比較

顧燮光《譯書經眼録・法政》 《萬國國力比較》二十三卷，表一卷，附録一卷。商務印書館《政學叢書》第一種本。英默爾化撰，富士英譯。全書係蒐輯各國之統計報告，於人工動力、蒸汽力、農林漁礦、製造各業、貿易、運輸、銀行、貨幣、租税、公債等，皆詳載之。比較精確，網羅無遺，誠講求經濟學者所宜讀也。惟書名《萬國國力比較》，闕亞洲諸國，體例似較《新譯歲計政要》爲遜。

通雅齋《新學書目提要・法制類》 《萬國國力比較》。上海商務印書館本。《萬國國力比較》二十三卷，係以比較表及附録，英國默爾化原著，出洋學生編輯所譯本。題曰「萬國」而所紀不及亞細亞諸邦，且所述僅在各國之財政與其商工諸業，而政事、兵威皆所未及，似不得冒以「國力」之文也。其書著録詳審，據譯者原序，當日蓋搜集列國之統計報告而成，故能羅列其條目而加以綜核之功，稽之古書，殆如有夏氏之鑄九鼎，是亦私家之偉著矣。篇中引英人利威帛爾之言，謂英國之農業若盛則英國必窮，則知其以工商立國之有故；紀法蘭西人口鋭減之率則知其習俗華靡，民多不婚之所致；俄羅斯鐵價昂貴至于農器用木、馬不著蹄，則知其不能凌駕英吉利之由；奧大利海岸綫短則商業不能出地中海，而挹注僅恃鄰邦意大利，食物不足則人民大半凋亡，而國勢常列于二等，在讀者能以意推之，凡此片義單文要皆瑰珍異寶也。又云俄國勞工浪費人力，全國無論男女因微渺之所得而終身碌碌者不知凡幾，因生活之難而虛無之主義以起，并歷述其農民之苦狀，此亦覘國者之要聞也。

《上海格致書院藏書樓書目・東西學書・財政》 《萬國國力比較》。默爾化。二十四卷。六本。商務書館活印本。

十九世紀萬國統計比較表

楊復等《浙江藏書樓乙編書目・政治》 《十九世紀萬國統計比較表》一冊。歐美調查會編。有正書局石印本。

經濟學史

徐樹蘭《古越藏書樓書目・政部・計學》 《經濟學史》一卷。日本濱田健二郎、伊勢本一郎。《繙譯世界》本。

農業經濟分部

萬國農業考略

徐維則等《增版東西學書録・農政》 《萬國農業考略》卷。《農學報》本。從《萬國比較》中摘譯。

地球人數漸多應設法以添食糧

徐樹蘭《古越藏書樓書目・政部・計學》 《地球人數漸多應設法以添食糧》一卷。英傅蘭雅。《格致彙編》本。

農業經濟篇

徐維則等《增版東西學書録・農政》 《農學經濟篇》二卷。《農學報》本。日本今關次郎著，日本古田森大郎譯。顧補。

徐樹蘭《古越藏書樓書目・政部・農業》 《農業經濟篇》二卷。日本今關常次郎，吉田森太郎譯。《農學叢書》三集本。

農業本論

徐樹蘭《古越藏書樓書目・政部・農業》 《農業本論》二卷。日本新渡戶稻造。《農學報》本。

斐利迭太王農政要略

徐維則等《增版東西學書録・農政》 《斐利迭太王農政要略》□卷。《農學報》本。德師他代爾曼著，日本和田維四郎譯，樊炳清重譯。普魯士在十七世紀之時，僅轄白蘭丁保一國，其長尚未稱君，惟稱克爾費爾斯脱而已。十字軍之役，白蘭丁保人口大遭損害，田園荒蕪。一千六百四十年，斐利迭禮璽大王即位，首以振興農務爲任，爰自和蘭召集農民及外國之爲宗教而被逐者移居之。民隨其故鄉風俗，各奏所長，農務爲之日盛。後嗣諸王，能繼厥志，普國之強實基於此。讀此書者，可知農學殖民爲強國根本，宜先從事矣。顧補。

徐樹蘭《古越藏書樓書目・政部・農業》 《斐利迭禮大王農政要略》一卷。德師他代爾曼著，日本和田維四郎譯，樊炳清重譯。《農學叢書》三集本。

農政學

徐樹蘭《古越藏書樓書目・政部・農業》 《農政學》二卷。德洪迭廓資。日本高岡熊雄譯，日本田谷九橋重譯。《農學報》本。

農政學

楊復等《浙江藏書樓乙編書目・農學》 《農政學》一册。作新社編輯。鉛印本。

英倫務農會章程

徐維則等《增版東西學書録・農政》 《英倫務農會章程》一卷，附録一卷。《農學報》本。英務農會原書，吳治儉譯。首載英君主准設會詔，次欽定會章，次化學分原之例，次化學分原之價，次買賣糞壅畜牧食料規例，次會友醫治牲畜條例，次請本會除動物之害規例，次請本會查驗植物規條，次論買種子，次擇植物樣至本會查驗之法。此章定於英君主即位之第三年，首列大旨十事，可謂握得其要。《求是報》譯有墨西哥《開墾章程》，未全。

法國農務説

徐維則等《增版東西學書録・農政》 《法國農務説》一卷。《嶺學報》本。馮維綱譯。法之爲國也，商務不如美，礦不如日耳曼，生計之勤不如英，而農事所獲，歲值一千八百餘兆，惟俄足與之較。故雖普法之戰賠款極巨，不數年即成雄國。斯篇臚陳土地，備考方里，爲詳會計，次及農官，次

及農學，終爲農事。條其品目而法之，農事備矣。顧補。

埃及棉花歷年産地面積表

徐維則等《增版東西學書録・農政》　《埃及棉花歷年産地面積表》□卷。《湖北商務報》本。湖南商務報館譯。顧補。

印度茶葉紀要

徐維則等《增版東西學書録・商務》　《印度茶葉紀要》一卷。《湖北商務報》本。湖北商務報館譯。顧補。

日本農業書

徐維則等《增版東西學書録・農政》　《日本農業書》二卷。《農學報》本。日本森要太郎著，樊炳清譯。書分九篇，言氣候、植物生理、土壤、肥料、農用植物、農用動物、農産製造、農業經濟各事頗詳。顧補。

徐樹蘭《古越藏書樓書目・政部・農業》　《日本農業書》二卷。日本森要太郎。樊炳清譯。《農學叢書》三集本。

日本茶業公會中央會議所規約

徐維則等《增版東西學書録・商務》　《日本茶業公會中央會議所規約》一卷。《江南商務報》本。江南商務報館譯。顧補。

日本蠶務情形説略

徐樹蘭《古越藏書樓書目・政部・農業》　《日本蠶務情形説略》。英傅蘭雅。《格致彙編》本。

蠶務條陳

徐維則等《增版東西學書録・農政》　《蠶務條陳》一卷。《農學報》本。《格致彙編》本，印前二卷有圖名《日本蠶務圖説》。《西政叢書》本，仝。單行本。英康發達著。中論中外蠶務情形甚詳，復極言中國蠶政敗壞及蠶病之由，除病之法。蓋法國蠶務總會致函總署，總署令榷署通札各關考察，此光緒十五年前後呈榷署名公牘也。

中國蠶務亟宜整頓説

徐樹蘭《古越藏書樓書目・政部・農業》　《中國蠶務亟宜整頓説》一卷。英傅蘭雅。《格致彙編》本。

採訪中國蠶業記

徐維則等《增版東西學書録・農政》　《採訪中國蠶業記》□卷。《亞泉雜志》本。日本中村利元著，亞泉學館譯。顧補。

湖北農學

楊復等《浙江藏書樓乙編書目・農學》　《湖北農學》四册。日本佐藤信景原箸，佐藤信淵增補，伊東貞元譯。湖北農務局鉛印本。

工業經濟分部

工程致富論略

梁啓超《西學書目表・工政》　《工程致富》。傅蘭雅，鍾天緯。製造局本。八本。一千二百。

趙惟熙《西學書目答問・政學・工政學》　《工程致富論略》。十三卷，附圖，訂八册。英瑪體生撰，英傅蘭雅譯，鍾天緯述。製造本局。

徐維則等《增版東西學書録・工藝》　《工程致富論略》十三卷，附圖。製造局本，八册。《富強叢書》本，《西政叢書》本。英瑪體生著，英傅蘭雅、鍾天緯同譯。前三卷專論工程利益，及國家定律保息、擅利助本，又包工查驗根源、工程弊端。四卷以下，分論各項工程利弊、開辦利益。蓋以工程能使商務興盛，英人視工程爲最要事，故其商務亦獨盛。書中皆就英人所作之工程立論，頗稱賅備。益智書會印有英傅蘭雅《泰西工藝》，製造局印有英傅蘭雅、徐家寶《工藝準繩》，均未出。

徐樹蘭《古越藏書樓書目・政部・工業》　《工程致富論略》十三卷，附圖。英瑪體生。英傅蘭雅譯，鍾天緯述。《西政叢書》本。

《上海格致書院藏書樓書目・東西學書・工政》　《工程致富》。英瑪體生。英傅蘭雅，華亭鍾天緯。十三卷。八本。製造局本。

楊復等《浙江藏書樓乙編書目・工業》　《工程致富論略》八册。英國傅蘭雅譯。江南製造局鉛印本。

陳洙《江南製造局譯書提要・工程》　《工程致富》十三卷。英國瑪體生撰，傅蘭雅口譯，華亭鍾天緯筆述。有圖六十七。係英國考究工藝與商業之關係，故立論獨詳英國。第一卷：英國得利之工程，開鐵路必得議院允准；英國工程律法與他國相比。第二卷：在他國開得利之工程須得該國之準許或專利及津貼保息等事。第三卷：續論他國朝廷家准行工程之事；富家及包工家應如何查各事之根源及工程弊端。第四卷：鐵路汽車。第五卷：各種電線。第六卷：海口船塢大小碼頭。第七卷：各種橋。第八卷：農學水利；築圩法。第九卷：自來火及通水法。第十卷：城鎮開溝引糞。第十一卷：煤氣燈。第十二卷：城鎮街道及鄉間街道鋏路。第十三卷：開市集。

劉錦藻《清續文獻通考・經籍考・政書》　《工程致富》十三卷。傅蘭雅、鍾天緯譯述。蘭雅，英國人。天緯字鶴笙，江蘇華亭人。

考工記要

梁啓超《西學書目表・工政》　《考工記要》。傅蘭雅，鍾天緯。製造局本。八本。一千五百。即《工程致富》之續編。

又《附録・讀西學書法》　《工程致富》、《考工記要》二種，合爲一書，言修房、築路、建橋等大工程。

顧述廬《通學書籍考・工學類》　《考工記要》。製造局本，《西政叢書》本。英傅蘭雅、華亭鍾天緯同譯。是書言修房、築路、建橋等大工程最詳。

趙惟熙《西學書目答問・政學・工政學》　《考工記要》。十七卷，附圖，訂八册。此即《工程致富》之次集。前編論辦理各種工程之要務，此則專言製造需用之材料器具，與夫購買機器、訂立合同各事。二書俱甚精密，撰譯人並同前。

徐維則等《增版東西學書録・工藝》　《考工記要》十七卷。製造局本，八册。《西政叢書》本。英瑪體生著，英傅蘭雅、鍾天緯同譯。言辦理各種工程器具材料，如何立合同，如何購買，如何定尺寸成色，即《工程致富》之二集，兩書相爲表裏。原名《製造須知》。《求是報》印有曾仰東譯《工程選料書》，未成。

徐樹蘭《古越藏書樓書目・政部・工業》 《攻工記要》十七卷。英瑪體生。英傅蘭雅譯，鍾天緯述。《西政叢書》本。

《上海格致書院藏書樓書目・東西學書・工政》 《考工紀要》。英瑪體生。英傅蘭雅，無錫徐華封。十二卷。八本。製造局本。

楊復等《浙江藏書樓乙編書目・工業》 《攷工記要》八册。英國傅蘭雅譯。江南製造局鉛印本。

陳洙《江南製造局譯書提要・工藝》 《攷工紀要》十七卷。英國瑪體生撰，傅蘭雅口譯，華亭鍾天緯筆述。有圖一百九十五。與《工程致富》一書相爲表裏，而此集爲用尤廣，故又名爲《製造須知》。第一卷：各種工程工藝之立合同置貨等事。第二卷：運往他國之出售品。第三卷：製造廠。第四卷：各種力法。第五卷：煤及鋼鐵之貿易。第六卷：買大小汽機之理。第七卷：起水滅火等機器及水池大小水管。第八卷：鐵路所需各事及器具房屋。第九卷：續前論各車。第十卷：各種機器如車鑽刨銼之類。第十一卷：打鐵器及汽錐。第十二卷：鑽地用挖泥鑽石機器及水中用打樁挖泥入水諸機器。第十三卷：尋常起重架及汽力水力起重架。第十四卷：水內凝結之灰。第十五卷：鐵屋及鐵瓦。第十六卷：鐙塔。第十七卷：各種雜事。

劉錦藻《清續文獻通考・經籍考・政書》 《考工記要》十七卷。傅蘭雅、鍾天緯譯述。臣謹案，書爲英瑪體生原著。言辦理各種工程之器具、材料，若何立合同，若何購買，若何定尺寸成色。與《工程致富》一書，相爲表裏。

工業與國政相關論

徐樹蘭《古越藏書樓書目・政部・工業》 《工業與國政相關論》二卷。英司旦離遮風司。美衛理譯，王汝騁述。光緒二十六年製造局排印本。

《上海格致書院藏書樓書目・東西學書・工政》 《工業與國政相關論》。司旦離遮風司。衛理。王汝騁。二卷。二本。製造局本。

楊復等《浙江藏書樓乙編書目・工業》 《工業國政相關論》二册。美國衛理、烏程王汝騁譯。江南製造局鉛印本。

陳洙《江南製造局譯書提要・商學》 《工業與國政相關論》二卷。英國司旦離遮風司撰，美國衛理，烏程王汝騁同譯。凡八章。專論國家干預工業皆所以保護工業，以發明相關之義。此書可與《國政貿易》參觀。卷上：工業國法之理；國家直干預工業；製造廠律法及他項同類之律法。卷下：國家繞道干預工業及工藝會律法；工業結黨律法；合力法及工業合夥；公斷與調停；總結各論。

萬國公司新法

徐維則等《增版東西學書録・商務》 《萬國公司新法》一卷。《東亞報》本。德普洛布賢茲孰路誇痕拉著，日本橋本海關譯。顧補。

英國頒行公司定例

徐維則等《增版東西學書録・政治法律》 《英國頒行公司定例》卷。《新學彙編》本。英哲美森著，英李提摩太譯，蔡爾康筆述。顧補。

楊復等《浙江藏書樓乙編書目・法律》 《英國頒行公司定例》一册。英國哲美森著。美華書館鉛印本。

廣學會編《廣學會譯著新書總目・雜著》 《英國頒行公司定例》。英領事哲美森著，李提摩太君譯，蔡子茀君筆述。近年以來，中外股份互購者相繼而起，然泰西公司定例，華人茫然莫辨，與市道關係誠非淺鮮。現擇其與上海公司等相合者，備録之。一册。價洋三分。

新譯海塘輯要

張之洞《書目答問・地理》 《新譯海塘輯要》十卷。西洋人。上海製造局刻本。

梁啓超《西學書目表・工政》 《海塘輯要》。傅蘭雅，趙元益。製造局

本。二本。二百四十。

顧述廬《通學書籍考・工學類》　《海塘輯要》十卷。製造局本，《富強叢書》本。英韋更斯撰，英傅蘭雅、新陽趙元益述。是書首列總論。英國海濱有數處造海塘，數年以內，得利有之，失利亦有之。茲從各利弊中取其最善之法，集成此書。分爲十卷，於一千八百五十二年印行。今又重加修改，幷增西士馬立德所著，附釋於後。

趙惟熙《西學書目答問・政學・工政學》　《海塘輯要》。十卷，訂二冊。英韋更斯撰，英傅蘭雅譯，趙元益述。製造局本。

徐維則等《增版東西學書録・工藝》　《海塘輯要》十卷。製造局本，二冊。《富強叢書》本。英韋更斯著，英傅蘭雅譯，趙元益述。西人以爲築塘可以救出沒海之地，所獲利益，未可限量，不特捍水已也。故雖耗費鉅資，亦所不惜。是書於擇地築塘、瀉水、禦水、修築舊塘之法，及工程經費、交涉利弊，與夫成工利益，造塘條理，無不詳載。後附馬立德所撰《釋解》，足以補韋書所未備。

徐樹蘭《古越藏書樓書目・政部・工業》　《海塘輯要》十卷。英韋更斯。英傅蘭雅譯，趙元益述。製造局本，《富強叢書》本。

《上海格致書院藏書樓書目・東西學書・工政》　《海塘輯要》。英韋更斯。英傅蘭雅，新陽趙元益。十卷。四本。製造局本。

楊復等《浙江藏書樓乙編書目・兵書》　《海塘輯要》二冊。英國傅蘭雅譯，新陽趙元益述。江南製造局刻本。

陳洙《江南製造局譯書提要・工程》　《海塘輯要》十卷。英國韋根斯撰，傅蘭雅口譯，新陽趙元益筆述。海塘之或築堤，以障居民，或界水以增平陸，鞏固則其利非輕，潰決則其險亦非細也。有志水道者，宜細玩之。第一卷：築塘之要領。第二卷：擇海口築塘合宜之處。第三卷：瀉水之法。第四卷：塘內之地備爲各用之法。第五卷：築海塘各款之經費。第六卷：塘成後之利益。第七卷：築塘有阻遏之難。第八卷：築塘各事交涉之利弊。第九卷：近時造塘各事之條議。第十卷：修築舊海塘之法。

劉錦藻《清續文獻通考・經籍考・政書》　《海塘輯要》十卷。傅蘭雅、趙元益譯述。【略】

泰西河防

徐維則等《增版東西學書録・工藝》　《泰西河防》一卷《續》一卷。《中西聞見錄》本。英艾約瑟輯譯。此從英國名因賽格、羅比帝亞、白理達尼迦書中，采其論水利之理者著之。凡地勢自成之江河與人工所治之水路，無不詳論。艾氏復採中國言治河之法，反覆辨論，以證西法之周美。後有《淘水澆灌法》一篇，農家尤宜致意。

通雅齋《新學書目提要・輿地類》　《泰西河防》。江西通學齋本。《泰西河防》一卷，題云艾約瑟著，通學齋校印。開卷有同治十年一語，則艾約瑟當是敎士之久居中土者，近人所輯其遺篇以布之于世也。據書所云，蓋因中國北方河患頻仍，以爲治河之拙，故詳述泰西各國治河之工程，疏浚之方法，欲以行之于中國，其命意正當嘉許。所引各條于歐美舊迹頗能臚舉，惜于中土情形所言尙略，似未能爲之對勘以著其異同之故，故西人既垂成效，則推之中土以見諸實事，固當收效無疑，前者李文忠奉命治理黃河，已用西員采西法，雖功猶未竟，其于作者之命意則已遙符矣。所言水性語甚核實，或由實驗之功，于築閘用機等事尤見條理，至論及河工財用乃能舉道光年間之經費而列表以比較之，留心之密亦可異也。惟列國治河之術咸以荷蘭爲最長，其方罫之堤說者謂用之中國黃河最爲利便，且平日蓄水，一遇兵事可以決使橫流，資于防守之用，此河防之要聞，而是篇不詳其防法，良爲闕憾。又興工之事或當繪爲小圖，以明其狀，既未附著，恐閱者于其功用之處或未易猝明也。

河工記略

顧述廬《通學書籍考・工學類》　《河工記略》。美狄考文紀，英傅蘭雅譯。

徐維則等《增版東西學書録・工藝》　《河工記略》一卷。《格致彙編》本。美狄攷文著，英傅蘭雅譯。所記祇一篇，即美國義德氏《修治米西西比

大河之法》。今日黄河淤塞之形勢，與從前米西西比河相同，故狄氏引據《格致新報》所刊之論，以答山東巡撫之問。《彙編一》有《新法開河機器船》，又《五》有英瑪禮孫《黄河論》，可互證。

徐樹蘭《古越藏書樓書目・政部・工業》　《河工記略》一卷。英傅蘭雅。《格致彙編》本。

劉錦藻《清續文獻通考・經籍考・政書》　《河工記略》一卷。傅蘭雅譯述。

新法開河機器船

徐樹蘭《古越藏書樓書目・政部・工業》　《新法開河機器船》一卷。英傅蘭雅。《格致彙編》本。

修水口以利通商

顧述廬《通學書籍考・計學類》　《修水口以利通商》一卷。廣學會本。英國李提摩太著。

治河四策

徐維則等《增版東西學書録・地學》　《治河四策》□卷。《新學彙編》本。美李佳白著。

治水闢地策

徐維則等《增版東西學書録・地學》　《治水闢地策》□卷。《新學彙編》本。比利時沙度恆著。

山東貧窶考

徐維則等《增版東西學書録・議論》　《山東貧窶考》□卷。上海廣學會本，《新學彙編》本。英仲均安著譯，張召棠述。言東省貧窶，不關河患，惟民間未學工藝，不知製作，以抵制漏塞，爲貧窶之源。其言頗確。顧補。

楊復等《浙江藏書樓乙編書目・政治》　《山東貧窶考》一册。仲均安譯，張召棠述。美華書館鉛印本。

廣學會編《廣學會譯著新書總目・理財》　《山東貧窶考》。英國仲均安著。彼居山左有年，察各州縣利弊，深有所得，故録之。一册。價洋三分。

中國紡織情形

徐維則等《增版東西學書録・工藝》　《中國紡織情形》三卷。《湖北商務報》本。日本《時事新報》著，湖北商務報館譯。顧補。

印度産金額數紀略

徐維則等《增版東西學書録・礦務》　《印度産金額數紀略》一卷。《湖北商務報》本。湖北商務報館譯。顧補。

歷覽英國鐵廠紀略

徐樹蘭《古越藏書樓書目・政部・工業》　《歷覽英國鐵廠紀略》一

卷。英傅蘭雅。徐壽述。《格致彙編》本。

英國路鑛工程纂要

廣學會編《廣學會譯著新書總目·雜著》 《英國路鑛工程纂要》。季理斐先生譯，曹曾涵君述。採鐵路、電線、五金、煤鑛等。一冊。價洋三角。

英國實業史

廣學會編《廣學會譯著新書總目·史類》 《英國實業史》。英歷代實業振興之源流，今述其改良進步之情狀。一冊。價洋四角。

貿易經濟分部

國政貿易相關書

梁啓超《西學書目表·近譯未印各書》 《國政貿易相關書》。傅蘭雅、徐家寶。製造局。未印。

徐維則等《增版東西學書録·商務》 《國政貿易相關》。製造局本，二冊。光緒戊戌上海石印本。英法拉著，英傅蘭雅譯，徐家寶述。英以商立國，故貿易之事竭意講求，如定律法，均稅則，擴輪路，開河道，限金銀之價，創郵運之局，定利息之界，立專利之期，設公司之例，議保險之法，凡國政職分所當爲者，無微不至。是貿易者，實爲英國開闢植民之長策。書中所設各法，於保護貿易之事，無不具載。大旨以衆人能自主爲根本，然因地制宜，在管理者隨時更變。同時英人直文思作《國政與各工相關書》，惜尚無譯本。

徐樹蘭《古越藏書樓書目·政部·外交》 《國政貿易相關書》二卷。英法拉。英傅蘭雅譯，徐家寶述。製造局本。

《上海格致書院藏書樓書目·東西學書·商政》 《國政貿易相關書》法拉。英傅蘭雅，徐家寶。二卷。二本。製造局本。

楊復等《浙江藏書樓乙編書目·商業》 《國政貿易相關書》二冊。英國傅蘭雅譯，無錫徐家寶述。江南製造局刻本。

陳洙《江南製造局譯書提要·商學》 《國政貿易相關書》二卷。英國法拉撰，傅蘭雅口譯，無錫徐家寶筆述。凡二十章。詳述英商貿易，英政府推廣護持情形。第一章：論國政與貿易之意。第二章：國政料理貿易之事用律法堂定各種罪名。第三章：國政保護人之性命與產業將衆人相爭之事評定其公理并興起文教益智之事。第四章：國政解說衆人所立之合同或增其缺或強兩邊人之遵守。第五章：貿易律法。第六章：國家管理立合同而定其總界限。第七章：國政定合同之詞句與各事之法度及所用之錢枚銀票等事。第八章：國政定各事各物之價值并准人專辦禁止他人跟辦等法。第九章：國政保護新法與新書。第十章：國政料理數種事件全准一人數人專作或幾分准人專作。第十一章：文報局。第十二章：鐵路。第十三章：商船。第十四章：國家料理別國與英來往之貿易不肯袒護本國留難別國。第十五章：國政料理各種特設之工藝貿易總理。第十六章：試驗與印戳記與貿易記號與攙和醜物。第十七章：國政料理數種工藝保護衆人之性命不受危險。第十八章：貿易納稅。第十九章：交戰時國政與貿易之相關。第二十章：總論。

中西互論

徐維則等《增版東西學書録·議論》 《中西互論》一卷。廣學會本，一冊。美林樂知著。此因尼山聖裔六廉有《東西洋通商總論》之作，而林樂知作《書後》一篇，以駁正之。

徐樹蘭《古越藏書樓書目·政部·外交》 《中西互論》一卷。孔六廉

《東西洋通商總論》，蔡爾康書後。《新學彙編》本。

楊復等《浙江藏書樓乙編書目・政治》 《中西互論》一册。孔六廉述。廣學會鉛印本。

廣學會編《廣學會譯著新書總目・雜著》 《中西互論》。尼山聖裔隨筆《東西洋通商總論》，林樂知著《通商總論後》。一册。價洋三分。

致富新書

徐維則等《增版東西學書録・商務》 《致富新書》□卷。英布茂林著，葉耀元譯。顧補。

太平洋商戰説

徐維則等《增版東西學書録・商務》 《太平洋商戰説》一卷。《江南商務報》本，《萬國公報》本。美佑尼干著，美林樂知、蔡爾康合譯。斯書言大西洋之商務，以開通蘇彝士河而盛，今世美商業日隆，乃擬仿蘇彝士河故事，鑿通泥加瀨瓜、派邪馬兩地頸，以通大西洋、太平洋，從此商途大暢，太平洋一帶皆爲利藪。且美與中國緯度、土產亦大半從同，更可從新河販運，不必沾沾於蘇彝士河矣。顧補。

貿易穩法

徐樹蘭《古越藏書樓書目・政部・外交》 《貿易穩法》一卷。英傅蘭雅。《格致彙編》本。

生計學

廣學會編《廣學會譯著新書總目・理財》 《生計學》。莫安仁先生著。書中言西國學子研究商業預備何書。一册。價洋二角。

商務教程

徐維則等《增版東西學書録・商務》 《商務教程》一卷。《江南商務報》本。日本田岡佐代治譯。此書原爲日本小學學生知商務初步而作，故其所叙説，悉依日本商務事項，與中國商務不同。譯者存本書面目不改，而所紀講説摘要、教授要領、方法、問答，頗多可採。顧補。

列國商業撮要

徐維則等《增版東西學書録・商務》 《列國商務撮要》□卷。英布茂林著，葉耀元譯。顧補。

論近二十年間英國所執商業政策

徐維則等《增版東西學書録・商務》 《論近二十年間英國所執商業政策》一卷。《江南商務報》本。江南商務報館譯。顧補。

法國商業調查記

楊復等《浙江藏書樓乙編書目・商業》《法國商務調查記》一冊。闕名。鉛印本。

西國象牙貿易

徐樹蘭《古越藏書樓書目・政部・外交》《西國象牙貿易》一卷。英傅蘭雅。《格致彙編》本。

鎮南浦開埠記

徐樹蘭《古越藏書樓書目・政部・外交》《鎮南浦開埠記》一卷。日本古城貞吉。《小方壺齋再補編》本。在朝鮮平安道。

印度商業之四大種

徐維則等《增版東西學書録・商務》《印度商工業之四大種》一卷。《湖北商務報》本。日本中外商業新報原本，湖北商務報館譯。一、製麻；二、咖啡；三、阿片；四、棉花。皆列表編年，考其地積、産額、收穫，而與棉花之關繫，尤致意焉。顧補。

出洋通商舉隅

徐樹蘭《古越藏書樓書目・政部・外交》《出洋通商舉隅》一卷。法雷翁何刪。吳宗濂譯。壽萱室本。

楊復等《浙江藏書樓乙編書目・法律》《出洋通商舉隅》一冊。嘉定吳宗濂譯。壽萱室鉛印本。

各國通商條約

趙惟熙《西學書目答問・政學・交涉》《各國通商條約》。十六冊。同文館本。

楊復等《浙江藏書樓乙編書目・法律》《各國通商條約》十冊。闕名。浙江局刻本。

通商約章纂要

趙惟熙《西學書目答問・政學・交涉》《通商約章纂要》。六冊。勞乃宣輯。天津本。

通商約章成案彙編

楊復等《浙江藏書樓乙編書目・法律》《通商約章成案彙編》十二冊。闕名。鉛印本。

長江通商章程

楊復等《浙江藏書樓乙編書目・法律》　《長江通商章程》一册。闕名。浙江局刻本。

中日通商行船條約

楊復等《浙江藏書樓乙編書目・法律》　《中日通商行船條約》一册。闕名。浙江局刻本。

解釋中英改訂商約

通雅齋《新學書目提要・法制類》　《解釋中英改訂商約》。江西課吏館本。《解釋中英改訂商約》二卷，江西課吏館著本，蓋在館肄習人員所爲之札記也。于商約全文尚未盡録，然解釋各條言其弊之所在，頗能窺見隱微而抉其心思，自中英商約布有成議，上海《外交報》曾條論其事，勘訂尤密，此篇之作所見似較淺，然于外國情狀不致誤會，于我邦近事亦知內視，固不得不許其留心也。于外人購買中國公司股票一節，能據近出《地球大勢變遷論》所謂平準界風潮之説以究此約之本旨，雖近于摭拾，亦可謂善解人意，一書之中此條尤見聰穎。于除去廣東珠江阻礙一節頗疑涉及兵事，此則求之過深而其言近陋，反不合于事理。于裁厘之舉意頗非之而特爲隱約其辭，蓋尤不免俗吏之見，要無足深論者。至論及加税而謂入口之税仍隨貨而納之吾民，此固盡人所慮，然察其實際則外人之謀尚不僅此，其所以允加重税者欲逼其商人不以成貨入口，而援據馬關舊約均沾之例以爭內地設廠製造土貨之權，是加税之説行乃足使中國無税之可收也，此理甚顯而近人似未論及，故略摘其要于此。此等實施條件，凡有悉心研究者皆足嘉尚，宜有取焉。

英國續議通商行船條約

楊復等《浙江藏書樓乙編書目・法律》　《英國續議通商行船條約》一册。闕名。浙江局刻本。

中美續議通商行船條約

楊復等《浙江藏書樓乙編書目・法律》　《中美續議通商行船條約》一册。闕名。浙江局刻本。

上海西商總會會章

徐維則等《增版東西學書録・商務》　《上海西商總會會章》一卷。《時務報》本。西商總會董定，曾廣銓譯。凡置産入會、公舉醵資、理事會議規例、餐房、臥房、罰款、散會，諸章皆備。

華洋貿易總册

梁啓超《西學書目表・商政》　《華洋貿易總册》。税務司本。每年一本。每本三角六分。

趙惟熙《西學書目答問・政學・商政學》　《華洋貿易總册》。税務司本。是書歲出一册，詳載中國各口商務情形並出入貨物價值，不可不觀。

徐維則等《增版東西學書録・商務》　《華洋貿易總册》。總税務司本。中國總税司輯譯。自中國通商始，每年一册，至光緒二十三年，已積三十九册。凡各口出入貨物、船艘、關税數目，貿易情形，及所設沿海燈塔、燈

船、海浮、新查礁石，皆由各關稅司與巡洋稅司查報，而總稅司總其成。中國商務之進退，閲此足以攷見原委。按税司之設，始於咸豐三年，四年即在上海開辦，其後續行分設，於是有總税司及税司之名。《知新報》印有香港西字報原本，周逢源譯《東方商埠述要》，未成。

通商各關華洋貿易總册

楊復等《浙江藏書樓乙編書目・商業》 《通商各關華洋貿易總册》二十六册。闕名。鉛印本。

又《法律》 《通商各關華洋貿易總册》二十六册。闕名。鉛印本。

光緒通商總覈表

趙惟熙《西學書目答問・政學・商政學》 《光緒通商總覈表》。十六卷，訂二册。錢恂撰。自刻本。此表止於十三年，後戶部踵續成之。談國計者，所亟宜留意也。

光緒二十六年華洋貿易總册

徐樹蘭《古越藏書樓書目・政部・外交》 《光緒二十六年華洋貿易總册》一本。中國總税務司輯譯。總税務司本。

戊戌年中國農産物貿易表

徐樹蘭《古越藏書樓書目・政部・外交》 《戊戌年中國農産物貿易表》一卷。西字報。陳壽彭輯譯。《農學叢書》二集本。

中國工作商業考

梁啓超《西學書目表・近譯未印各書》 《中國工作商業考》。時務報館。二本。未印。

中國工藝商業考

徐維則等《增版東西學書録・商務》 《中國工藝商業考》一卷附表。時務報館本，二册。日本緒方南溟著，日本古城貞吉譯。分十章，所記皆中國與外國貿易大勢，然各港但載上海、蘇州、杭州、漢口、重慶、宜昌、沙市、九江、蕪湖、鎮江，他皆不及。言中國民業之不興，頗能深切著明。東亞書局譯有《中國商業全書》、《俄國産業新書》、《英國工業新書》，均未出。

楊復等《浙江藏書樓乙編書目・商業》 《中國工商業攷》一册。日本熊本緒方南溟撰，古城貞吉譯。時務報館石印本。

中國商務志

顧燮光《譯書經眼録・商務》 《中國商務志》一卷。上海廣智書局本，一册。日本織田一著，蔣簋方譯。自道、咸以來立約通商，當局者昧於商戰之公理，失治外之法權，租界之地，即同外國，漏卮之溢，等恆河沙，礦路航業各利，皆與外人共之。中國之商務，尚足志哉？是書計十章，於各商埠推廣輪運各情，言之綦詳。欲振興我華商務者，當亟讀之。

徐樹蘭《古越藏書樓書目・政部・外交》 《中國商務志》一卷。日本織田一。蔣簋方譯。廣智書局本。

《上海格致書院藏書樓書目・東西學書・商政》 《中國商務志》。日本織田一。諸暨蔣簋方。一本。廣智書局本。

楊復等《浙江藏書樓乙編書目・商業》 《中國商務志》一冊。日本織田一著，諸暨蔣簋方譯。鉛印本。

中國通商物産志字典

顧燮光《譯書經眼録・博物》 《中國通商物産志字典》二卷。科學儀器館《科學叢書》本，二冊。日本上野專一編纂，鍾觀光、鍾觀誥譯述。本書據海關税目及《本草綱目》等書，於中國所産動、植、礦、製造各品，皆考其出處、種類、價目，共三百三十種焉。惟書名《通商物産志字典》，殊欠洽切。

華英通商事略

徐維則等《增版東西學書録・交涉》 《華英通商事略》一卷。石弢園《西學輯存》本中。英偉烈亞力譯，王韜述。

徐樹蘭《古越藏書樓書目・政部・外交》 《華英通商事略》一卷。英偉烈亞力譯，王韜述。弢園《西學輯存》本。

條陳與中國議和之際事宜

徐維則等《增版東西學書録・商務》 《條陳與中國議和之際事宜》一卷。《湖北商務報》本。日本貿易調查會著。一、改革中國貨幣制度；二、實廢釐金税及通過税；三、改正度量衡制度；四、解除輸出米穀之禁；五、對工業原料品須保證輸出無税；六、保護商標。顧補。

萬國商業地理志

通雅齋《新學書目提要・輿地類》 《萬國商業地理志》。上海廣智書局本。《萬國商業地理志》一卷，分爲二十三章，英國嘉楂德原著，上海廣智書局譯本。就書名之義而論，自應研討地理與商業所以關係而究其經緯之用，乃與命意相符，今此書所述不過略記列邦商務，分國爲章，其于商情地利之門未見所以發揮其理，顧曰「商業地理志」似不安矣。紀載既多簡略，譯筆亦未留心，如記英國度量之名每云幾志幾邊，此太不檢，不若改云英重若干而注明合華權某數較爲合例。其餘物産之名率用原音，亦每不可解，第十九章云埃及乃四大貿易通路之中心，第一隊商運象牙謨護所必由之道也，「護謨」二字本係樹名而文義不明，幾難斷句，則頗疑爲地望，令閲者不能猝曉，此皆直譯之過，毛舉一二可見其失。于商埠興衰情勢亦無所陳，又南美一洲出産最多，植物尤富，而篇中所舉不及數種，全篇皆詳于歐洲而略于各境，或作者涉歷所至不出歐羅巴一隅，外域情形半由耳食，故不能搜求宏博歟？然即論歐洲各國商務，遺事正多，皆關商學，如澳大利歷來貿易多茶，蓋由海口太少之故，意大利前此交通未盛，亦以崇山蔽塞而然，蘇彝士運道已開而英屬好望角之途不出，尼瓜拉新河方鑿則美國太平洋之勢必增，此皆地理與商業相爲連係之故，其事率爲盡人所知，未諗何以不質其理。譯者前列凡例，謂此書可充商業學校教科書之用，以此類推之，未敢許其言也。至第一章及第五章所言亞麻布一種，原文不詳其物爲何，聞日本向有拉美草者，其國人用之以制爲布，屬説者謂與中國之麻同類，據此所述，亞麻、拉美其音相從，日人此名蓋用英譯，且與中國之呼麻無殊，或者歐人本用中國之稱耳。其第二十二章既以菲律賓羣島屬于美領，而其第十六章仍謂古巴一島歸西班牙所領，足見是書之譯本非出自一部，諒由摭拾而成，君子于是有斷爛譏焉。

《上海格致書院藏書樓書目・東西學書・商政》 《萬國商業地理志》。英嘉楂德。一本。廣智書局譯印。

楊復等《浙江藏書樓乙編書目・商業》 《萬國商業地理志》一冊。英

國嘉楂德著。廣智書局譯印本。

商工地理學

徐維則等《增版東西學書録・商務》　《商工地理學》一卷。《江西商務報》本。日本田岡佐代治譯。第一篇總論，分爲二章，曰商工業盛衰之宗旨，曰商工業盛衰之原因。後分二大篇，曰地文之狀態，曰政治之狀態。於工商各事，言之甚詳。顧補。

亞東貿易地理

楊復等《浙江藏書樓乙編書目・商業》　《亞東貿易地理》四冊。日本永野耕造箸。南洋公學譯印本。

日本商業地圖

楊復等《浙江藏書樓乙編書目・圖史》　《日本商業地圖》一冊。日本太田健吉郎箸。日本博文舘鉛印本。

美國博物大會圖説

梁啓超《西學書目表・無可歸類之書》　《美國博物大會圖説》。傅蘭雅。《格致彙編》本。一本。一角五分。

又《附録・讀西學書法》　五十年來，西國屢興博物大會，集五洲之土產及製造等物，而大賽之。凡有新學新法，悉萃焉。所以振厲其國人，使工作、商業浡興。此西國富強之所由也。光緒十六年，爲美洲開闢四百年之期，開大會於芝嘉皐，其盛爲前此所未有。《格致彙編》中曾譯有《美國博物大會圖説》，學者讀之，可知此事與商務相關，殊非淺尠也。

徐維則等《增版東西學書録・商務》　《美國博物大會圖説》一卷。《格致彙編》本。英傅蘭雅著。專記光緒十九年美洲希加哥地方之會。西人博物會之設，專攷究五洲工藝商業，以振厲國人。是編凡爲院十有五所，章程二十有四條，各院細自一百七十六門。制度精美，指陳緐富。其有益於工商業者，誠非淺尠。《彙編二》有《美國百年大會紀略》一卷，記其圖説、章程，足稱後先輝映。

徐樹蘭《古越藏書樓書目・政部・農業》　《美國博物大會》一卷。英傅蘭雅。《格致彙編》本。

美國百年大會記略

徐樹蘭《古越藏書樓書目・政部・教育》　《美國百年大會記略》一卷。英傅蘭雅。《格致彙編》本。

美費城萬國商務公會記

徐維則等《增版東西學書録・商務》　《美費城萬國商務公會記》一卷。《江南商務報》本。伍廷芳定，周自齊編纂，容揆譯。係光緒二十五年九月，美國邊西溫尼亞省費里地斐亞城商務博物院舉行萬國商務會，先期文請各國派員赴會，共議商務關係之事。與會者凡國四十，赴會衆請伍星使登壇宣議，昌言中美商務盛衰之由，並及美不當苛禁華民之意。會畢，因取會中演説論列切實可行者，擇要譯録，星使復取而刪訂詮次。蓋五洲之物產，列國之邦交，於此具得大略。至其因革損益、變通盡利之處，尤足借鑑，裨於治道者良多，豈第區區商務矣哉！顧補。

法國賽會總章

徐維則等《增版東西學書録・商務》 《法國賽會總章》一卷，附《物件分類名目》一卷。《時務報》本《分類名目》未畢，《昌言報》接印。英萬國公賽會原本，潘彥譯。

大阪博覽會便覽

顧燮光《譯書經眼録・商務》 《大阪博覽會便覽》一册。日本裕鄰館洋裝本，一册。日本石原昌雄等著。日本明治三十一年三月，設第五回內國勸業博覽會於大阪，聚通國所產，分類擺設。今特准人入賽，以相比較。凡分十門，五十九類。舉凡有關會場之會館局所、旅肆、銀行、名勝、寺觀等，皆詳載之，以便我華赴會者遊覽。卷首附第五回內國勸業博覽會俯瞰圖一大幅，大阪圖二幅，畫像八人，皆與會事有關者。樓閣風景圖凡二十六處，皆鏤寫眞銅版，景況逼眞，今人神往扶桑三島間矣。

楊復等《浙江藏書樓乙編書目・雜誌》 《大阪博覽會便覽》一册。闕名。日本東京鉛印本。

中西度量權衡表

梁啓超《西學書目表附録・讀西學書法》 天津新印《中西度量權衡表》未能大備，若有好事者能續補之，則亦有功於西學也。

中西度量權衡表

趙惟熙《西學書目答問・政學・雜著》 《中西度量權衡表》。一册。沈敦和撰。上海本。

度量權衡大同表

楊復等《浙江藏書樓乙編書目・商業》 《度量權衡大同表》一册。葉翼雲輯，葉有聲述。江南製造局鉛印本。

中國度量權衡表

徐維則等《增版東西學書録・商務》 《中國度量權衡表》一卷。《江南商務報》本。日本藤田豐八譯。顧補。

萬國通商史

徐維則等《增版東西學書録・商務》 《萬國通商史》□卷。南洋公學本。英瑣米爾士原書，日本經濟雜志社譯，南洋公學譯書院重譯。原叙稱是西曆一千八百九十年英人瑣米爾士撰，其書詳歐而略亞，以此。徐補。

徐樹蘭《古越藏書樓書目・政部・外交》 《萬國通商史》一卷。英瑣米爾士。日本經濟雜誌社譯，日本古城貞吉重譯。南洋公學本。

通雅齋《新學書目提要・歷史類》 《萬國通商史》。上海南洋公學本。《萬國通商史》九卷，分爲九章，英國瑣米爾士原著，日本古城貞吉就日文重譯，上海南洋公學印行本。詳于西事而不及東方，多記舊聞而漏于近事，

作書之旨固以略見原委，其爲簡要非所病，然上古商業雖微，歐洲境土雖隘，此篇僅以寥寥數章述之，似不足以推見源流而著其崖略。就所言各節觀之，則航海之風起于腓尼西亞，及加爾達額人商法、商學盛于威尼斯人，而所謂都邑同盟者則近世通商立約之所昉也，此等故實亦散見于他書，此篇記之可以參證。第七章言護商稅法之阻礙，雖佐證不豐，所言淺近，亦略見計學之理，英國自由貿易之策係及五洲之利害，若此等議論固當存之以備博采。第八章言美、澳兩洲金礦極盛而物價工值幷騰，莫測其故，此既自發題而下文云云乃終不能質言其理。第九章言萬國通商後來之重任一節幾累千言，純爲空論，乃眞可以節譯。又第四章言意大利之藝術，有「約當其時之前二百年」一語，所云其時者不知屬于何代，似亦譯者之過也。據前列舊譯之序，則附有地圖二則，而此本重譯未經幷著云。

萬國商業志

顧燮光《譯書經眼録・商務》 《萬國商業志》二卷。廣智書局《萬國通志》第五編本，一冊。陳子祥編譯。本書分上下二卷，共四章。一曰《太古商業志》，記埃及、亞西利亞、巴比倫、中國、印度、腓尼西亞、加塞治、希臘、羅馬之商業。二曰《中古商業志》，記查列曼帝國、意大利、英吉利之商業。三曰《近世商業志》，記葡萄牙、西班牙、內則蘭、法蘭西、日耳曼、英吉利之商業。四曰《最近商業志》，記英、法、日耳曼、俄羅斯、奧地利、瑞士、西班牙、北美合衆國、印度、日本、中國之商業。蓋追溯數千年上下，商業關於文明發達之由，商戰競爭之猛，於《最近世》章中，尤三致意焉。至其蒐輯精博，議論通暢，足爲研究商學之助。

《上海格致書院藏書樓書目・東西學書・商政》 《萬國商業志》。陳子祥譯。二卷。一本。廣智書局譯印。

楊復等《浙江藏書樓乙編書目・商業》 《萬國商業志》一冊。陳子祥編譯。廣智書局鉛印本。

世界商業史

徐維則等《增版東西學書録・商務》 《世界商業史》□卷。《譯林》本。日本六條隆吉、近藤千吉合著，譯林館譯。斯書參考英人伊支氏、丐賓氏所著者，其中凡言財政農業之事，採長棄短，以成此書。所叙古今萬國之商業沿革，極爲詳明。誠以外國貿易之興已數十年，其關係在文明二大原力，曰蒸汽，曰電氣。今日之五洲通道，四海一家者，非藉此蒸、電二原力之用哉！顧補。

《上海格致書院藏書樓書目・東西學書・商政》 《世界商業史》。器賓。日本永田健助。許家慶。三卷。一本。山西譯書院本。

楊復等《浙江藏書樓乙編書目・商業》 《世界商業史》一冊。日本永田健助譯。山西大學堂印本。

廣學會編《廣學會譯著新書總目・雜著》 《世界商業史》。各國商業歷史蒐輯宏富，條理精細。東洋、美洲航路之開通，以及英法之商戰，德俄之商策，保護、自由之主義，製器械之發明，是書無不包舉，洵稱完備。一本。價洋四角五分。

近世世界商工業史

楊復等《浙江藏書樓乙編書目・商業》 《近世世界商工業史》一冊。人演社譯。鉛印本。

遠東商品史

徐維則等《增版東西學書録・商務》 《遠東商品史》一卷。《江南商務報》本。英威廉毋著，席有齡譯。原書凡分四類：一、農産品；二、水産

品；三、陸產品；四、製造品。書成於西曆一千八百九十九年，席君取而譯之，因事中輟，僅得棉花、羊毛、磁器三篇。顧補。

財政分部

理財節略

丁仁《八千卷樓書目・政書類》 《理財節略》一卷。英戴樂爾撰。刊本。

徐維則等《增版東西學書録・商務》 《理財節略》□卷。《江南商務報》本，《萬國公報》本，《亞東時報》本，稅務司自刻本。英戴樂爾著。分十三條，於中國商務出口貨之宜如何整頓，頗有見地。惟末條言禁內地種罌粟，俾得廣種五穀，使洋藥暢旺，得增釐稅，未足爲探本之論。顧補。

楊復等《浙江藏書樓乙編書目・政治》 《理財節略》一冊。西國戴樂爾著。廣學會鉛印本。

廣學會編《廣學會譯著新書總目・理財》 《理財節略》。上海稅務司戴樂爾著。言通商仿製之利。一冊。價洋五分。

袁批理財節略

通雅齋《新學書目提要・法制類》 《袁批理財節略》。上海新中國圖書社本。

《袁批理財節略》一卷，造冊處稅務司美國戴樂爾原著，故太常寺卿桐廬袁昶批本。戴樂爾以中國近來商務情形及所宜整頓者凡十三條上之于我政府，而袁氏則就原本圈識其要以記上之例爲平議之作者也，庚子亂後，袁之家人以其手迹付之石印而行于世。戴以職守所在，其研究利弊以爲忠告之言，自多可信，袁批分別精細，察于盈虛之用，尤爲不磨。當日款款之誠，覽之如著，惟以通人謇節，其言論爲一世所歸，或將見諸實事，則于其未諦者要不能無以申之。如原文云「中國所借洋款雖出乎國家，而還款實由于國中，國家似是居間之人」，袁批駁之曰：「洋債之害在國家，土貨之利在商人，惡得云居間？」按戴說似謂出口貨抵還借款，語意稍晦，然「還款由于國中」一語則此理甚明，試問各海關每季攤還借款非由進出口關稅而何？袁久任關道，豈不知此，乃必謂專害國家而利商人也，且謂「歐洲立國君與紳民共財，中國則否」，不知各國之財亦非君與民共，實國家與國民共耳，今以君民對舉則必國庫爲一人產業，此等舊義當由習染太深，非所以昭示來哲。又云：「非有白圭、計然能審勢合時之人爲之商務大臣，不能挽回利權。」此亦不切事理，外國之有工商等部，重在掌握專門之律而綜攬其大綱，非必爲之長者持籌握算以示之趨向也，前此策時者之論每謂以專門學堂之人學成則使任某某部之事，良爲可笑之，尤且必求所謂大臣者以謀挽回之術，抑知大地之廣、消息之微，又豈一二大臣所能具得要領？況民間營業之事，若使官吏干涉，其弊將不勝言，此凡人之猥計，不謂名賢著論亦不出此範圍也。謂日本重入口稅而免出口稅，所以商務振興，此則誠然，然入口稅過重或亦反害本國，英人斯密亞丹創自由貿易之說深究此理，一時學者從之，其政府亦陰采其說，此亦不可不知，至致慨稅厘之重則所見者大，自非俗吏所幾，顧裁厘之舉今日已有定約，而爲得爲失論者猶有遲疑，則以乙未日本之約內地製造一條與此事有牽連之患也，在袁太常發論之時似尚未省及此，使在近日必將有異議焉。袁子梁肅附記數條，亦能持論云。

徐樹蘭《古越藏書樓書目・政部・計學》 《理財要略》一卷。泰西戴樂爾。石印袁昶手評本。

《上海格致書院藏書樓書目・東西學書・財政》 《袁批理財節略》。戴樂爾著。袁昶批。二本。石印。

理財學

徐樹蘭《古越藏書樓書目・政部・計學》 《理財學》一卷。德李士德。《譯書彙編》本。

工商理財要術

《上海格致書院藏書樓書目・東西學書・財政》 《工商理財要術》。德那特硜，蒯壽樞、周達。二本。廣智書局本。

楊復等《浙江藏書樓乙編書目・政治》 《工商理財要術》二冊。德國那德硜講述。廣智書局鉛印本。

商工理財學

楊復等《浙江藏書樓乙編書目・政治》 《商工理財學》一冊。作新社編輯。鉛印本。

理財學精義

通雅齋《新學書目提要・法制類》 《理財學精義》。上海商務印書館本。《理財學精義》一卷，分爲四章，日本田尻稻次郎原著，吳縣王季點譯本。推究經濟之理，剖析甚精，時作譬喻之詞，亦使初讀易明其故，于治生計學者示以康莊，誠善本也。日本人著書每以空文敷論演而長之，其名家專門之書蹈此病者正多，其弊使人眩惑而難曉，則覺其無意義而厭之，此書以至繁極博之說，其理殆通于幾何算書而能以條達通鬯之文出之，不惟作者之功，亦見譯筆之雅，譯東籍者宜知此意焉。

顧燮光《譯書經眼録・法政》 《理財學精義》一卷。商務印書館本，一冊。日本田尻稻次郎著，王季點譯。即《理財學之大意》，譯筆條暢過之。蓋前書以東人譯漢文，宜其不及也。

楊復等《浙江藏書樓乙編書目・政治》 《理財學精義》一冊。日本田尻稻次郎著，吳縣王季點譯。商務書舘鉛印本。

最新財政學

通雅齋《新學書目提要・法制類》 《最新財政學》。上海作新社本。《最新財政學》五卷，各分章節，上海作新書社編纂。覽其征引各條多係日本人語氣，則爲東籍之譯出者無疑。作新社于所譯之書皆題曰編纂，其爲例則然也。其書于制度之沿革種類厘析甚當，于諸儒論斷亦能推溯其源流而羅列其同異，研究公費、私費之說及國家收出、收入之方，則于人民與國家相聯之故分際猶明，而財政得失之間尤作者所注重，故博采衆說欲以定其是非，惜于從違之間未能博辨鴻論，言之成理，凡剖決之處率以一二語賅之，發明殊鮮。又篇首考察財政之主因及其性質，此雖學理所關，在讀者終病其冗，似當略省繁文。至于推求財政學之性質，則頗似學校之初級教授專門煩數之言，幾有注《堯典》十四萬言之患矣。第一編第二章所云内帑派謂設官衙以管理王室之財產，既未叙述其制，後文又云德國新建官房學之一科以管理王侯財產爲主云云，與此文相應，然申譬不明，措詞尤晦，實未易曉。第二篇第四章所謂永久費者，既係英國亂世之制，自宜詳審其利害，作者雖力主其說，似無確見，不過欲從日本憲法之文耳。第三編第四章謂日本之制森林殆無爲官有者，按此語考之日本之實其言似誤，後文又云日本森林大半爲官所有，則前後互異，必由誤譯可知，此亦不檢之甚者。惟篇中謂斯密亞丹混個人理財與國家理財而一之，致後起之人多重私理財論而不及公理財論，故至今研究理財學者英國不能如法、德之盛，此則或有所見而云然。第四、五編詳辨租税、公債之法，尤爲學者所當研悉，所言各國機密費亦附著之要聞也。然直譯之文每不達意，是則可憾者焉。

財政四綱

楊復等《浙江藏書樓乙編書目・政治》 《財政四綱》二冊。錢恂譯。日本東京鉛印本。

地方自治財政論

通雅齋《新學書目提要・法制類》　《地方自治財政論》。上海商務印書館本。《地方自治財政論》一卷，分爲五編，日本石塚剛毅原著，題云中國友古齋主譯。是書專論地方稅與地方自治之事所宜整理之財政，征引列國成績頗詳，按地方自治之事當以財政爲之基，作者專論及此，可謂能討其源矣。地方稅之名，蓋謂以本土所出之稅爲境内治事之費而不歸之于國家常用者也，歐美各國之中，其地方自治或有未完者，而地方稅與國家經費之異用則莫不同，日本變法以來，諸務漸臻完密，顧于地方自治之體則粗觕猶多，似未能推行盡善，故其國人從前著書立說猶諄諄以此爲言。原其所以多略者，雖以千年帝國，其權集于政府而保護之任重，亦半由其内國之貧，公費不集而無以植其體也，如此書所云自治制基本財産之整理殆未就緒，其利益甚微，無補于自治之發達，而望政府割其所轄山林原野之一部以讓與自治體云云，是亦其明證矣。《詩》曰：「高山仰止，景行行止。」雖不能至，然心向往之，其諸作者意歟？

顧燮光《譯書經眼録・法政》　《地方自治財政論》一卷。商務印書館《政學叢書》第八集本，一册。日本石塚剛毅著，友古齋主譯。本書凡五編。一、總論，凡四章，論地方自治體之性質、種類，財政學之目的，自治體之經濟限制。二、歲出論，凡七章，論日本，歐美自治體經費歲出實況，增加原因，及經濟政法律上判定查定歲出之當否原則。三、歲入論，凡十六章，論自治體之收入，國稅、地方稅之區别沿革，及日本府縣市町村直接、間接特立稅之得失性質，而以英、法、普各國地方稅以徵明之。四、共有財産論，凡七章，則論財産、財政之性質類别，及日本、歐洲各國市町村之基本財産，及森林、土地一切財産管理之法。五、地方債論，凡五章，則論地方債募集之目的、現況實況，及償還之法。首尾别有緒論、結論，以發明之。蓋組織地方自治團體，以財政爲全局機關，而國家之基礎固矣。故觀察地方自治財政之學理，與日本現行制度，旁考歐美各國地方財政實況，而詳述之，誠言立仞法所宜借鏡者矣。

楊復等《浙江藏書樓乙編書目・政治》　《地方自治財政論》一册。日本石塚剛毅著，友古齋主譯。商務書舘鉛印本。

歐洲各國比較財政及組織

顧燮光《譯書經眼録・法政》　《歐洲各國比較財政及組織》一卷。《譯書彙編》本。德海開路著，譯書彙編社譯。比較財政，自古爲難，然國勢盛衰係之。此歐洲各國所以有預算之法，而無多取寡取之患也。是書列表凡十有七，分類爲二：一曰各國財政年表，可知一國之財力；一曰各國比較組織表，可知各國之財力。觀其出入各項，井秩不紊，蓋幾經討議調查，始能成此善政。其間尤以郵電收入之費盈於郵電局費，爲可法。讀是編者，勿驚其收入之宏，當觀其條理之密；勿訝其徵歛之苛，當知其分布之公。國計於是覘，預算法於此立，或亦可以爲借鏡之資乎！

徐樹蘭《古越藏書樓書目・政部・計學》　《歐洲各國比較財政及組織》一卷。德海開路。《譯書彙編》本。

英國度支考

通雅齋《新學書目提要・法制類》　《英國度支考》。上海廣智書局本。《英國度支考》一卷，爲六章，英國司可得開勒原著，金匱華龍譯本。其第一章言英吉利一千六百八十八年革命以來財用之情形，則英人偉勒生之所作也，以英人而考察英國之財賦，自有官書文告以爲之據，固當較爲明核。英國屬地之廣甲于列邦，觀其所用于藩屬之經費，可證其治理殖民地之績，而印度之支款獨巨，則七萬四千之兵費爲之也。多列表以明之，固便于比絜者焉。

顧燮光《譯書經眼録・法政》　《英國度支考》一卷。商務印書館本。英司可後開勒著，華龍譯。本書凡六章。一曰《一千六百八十八年革命以來財用考》，爲英偉勒生所撰。言英政府籌款之法，其入款以關稅貨捐爲大宗，

出款以軍費債費爲大宗，而債費由軍費而積，故商工業宜興，而戰事宜慎也。第二章則總英本國與歐洲屬地財政，分出入總數、稅務、國債、各地方財用四類，皆列表以資考核。三至五，則分論亞、非、美、澳四洲屬英各地之財政，亦列表甚詳。讀者當知西人理財學之精，而有相維相繫之道。若訝其賦稅之重，藉口取法，而大困吾民也，則大背譯者之旨矣。

日本財政及現在

顧燮光《譯書經眼録・法政》　《日本財政及現在》一卷。《譯書彙編》本。日本小林丑三郎著，王宰善譯。凡五章：一、維新之財政；二、明治十年後之財政；三、明治二十三年後之財政；四、明治二十七年後之財政；五、今後之財政。於日本三十餘年來財政盈絀，籌畫預算，列表附說，言之綦詳。惜譯筆用新名詞過多，未免蕪雜之病。

中國歲計録要

徐維則等《增版東西學書録・政治法律》　《中國歲計録要》□卷。《時務報》本。英哲美森譯。言中國度支極詳。辛丑《中外日報》登有《度支簡録》，可以互證。顧補。

中國度支考

徐維則等《增版東西學書録・政治法律》　《中國度支考》一卷。廣學會本，一冊。英哲美森輯，美林樂知譯。是書專考中國度支，蓋綜中國壬辰以後三年奏報，鈎稽成書。分計出入之數，復總計全國每年出入清單，皆朗若列眉。篇中又歎息中國負債之可危，貸金之不易，是宜仿泰西設立預算來年出入之簿，以爲開源節流計焉。

徐樹蘭《古越藏書樓書目・政部・掌故》　《中國度支考》一卷。英哲美森輯，美林樂知譯。光緒二十三年圖書集成局排印本。

《上海格致書院藏書樓書目・東西學書・財政》　《中國度支考》。英哲美森。美林樂知。一本。廣學會印本。

廣學會編《廣學會譯著新書總目・理財》　《中國度支考》。錄國家出入之大綱，後附《印度鹽法考》。一本。價洋五分。

中國財政記略

顧燮光《譯書經眼録・法政》　《中國財政記略》一卷。廣智書局排印本。日本東邦協會纂，吳銘譯。原書係取《日本東邦小鑑》中論述中國財政一篇譯之，雖寥寥四章，然於中國財政，考之頗詳，而食鹽加價，洋鹽進口，尤致意也。教育世界社石印劉氏《光緒會計表》、李提摩太《中國度支考》、《新譯列國歲計政要》卷首《中國門》，均可參觀。求是室主譯有泰西殷格蘭著《理財》，史越僧重譯有日本天野爲之譯《財政學》。

《上海格致書院藏書樓書目・東西學書・財政》　《中國財政紀略》。日本東邦協會。吳銘。一本。廣智局活印本。

楊復等《浙江藏書樓乙編書目・政治》　《中國財政紀略》一冊。日本東邦協會纂，吳銘譯。廣智書局鉛印本。

各國通商稅則

趙惟熙《西學書目答問・政學・商政學》　《各國通商稅則》。每國一冊。稅務司本。

稅斂要例

顧述廬《通學書籍考・計學類》　《稅斂要例》一冊。美卜舫濟著。

徐維則等《增版東西學書録・商務》　《稅歛要例》一卷。廣學會本，一冊。美卜舫濟著。汲汲爲中國籌稅歛之法，取各國重歛公例與中國相較，見中外待民之仁苛，相去不可以道里計。中論烟寮酒肆等遊戲之地，設票收捐，隱寓禁止之法，中國未嘗不可仿而行之也。

徐樹蘭《古越藏書樓書目・政部・計學》　《稅歛要例》一卷。美卜舫濟。《新學彙編》本。

楊復等《浙江藏書樓乙編書目・政治》　《稅歛要例》一冊。美國卜舫濟著。廣學會鉛印本。

廣學會編《廣學會譯著新書總目・理財》　《稅歛要例》。美國卜舫濟先生著。其説貧富均平爲斷。小本一冊。價洋三分。

登録稅法

徐維則等《增版東西學書録・商務》　《登録稅法》一卷。《江南商務報》本。江南商務報館譯。顧補。

英國印花稅章程

徐維則等《增版東西學書録・商務》　《英國印花稅章程》一卷，《續編》一卷。《江南商務報》本。沈鑑譯，楊葆寅輯。全書計一百二十二章，附表若干。於印花稅辦法，無微不詳，可與《時務報》譯《法國印花章程》參觀。原書訂於西曆一千八百九十年，《續編》則增修於一千八百九十一年，凡六章，附表於後。顧補。

徐樹蘭《古越藏書樓書目・政部・計學》　《英國印花稅章程》一卷，沈鑑譯。《續編》一卷。劉鏡人譯。上海印書公會本。

楊復等《浙江藏書樓乙編書目・法律》　《英國印花稅章程》一冊。商務書局輯。鉛印本。

英國印花稅例摘要

徐維則等《增版東西學書録・商務》　《英國印花稅例摘要》一卷。《江西商務報》本。鄧廷鑑譯，李企晟編輯。顧補。

法國賦稅考略

徐維則等《增版東西學書録・商務》　《法國賦稅考略》一卷。《嶺學報》本。尹端模譯。詳於法國之進款，分條紀載，甚便繙閲。顧補。

法國印花稅章程

徐維則等《增版東西學書録・商務》　《法國印花稅章程》一卷。《時務報》本。法印花局原本，黄致堯譯。法自一千七百九十九年廢印花舊例，更定新章，以後隨時增修，悉祖於此。此章程分爲四類，曰按張大小之印花，曰按值微稅之印花，曰躉購印花，曰專項印花。其辦理皆遵此四類，可謂簡括。昔言印稅以法爲最重，觀此可知。時務報館譯有《英國印花稅則》，未印出。

日本印紙稅法

徐維則等《增版東西學書録・商務》　《日本印紙稅法》一卷。《江南商務報》本。江南商務報館譯。顧補。

增稅裁釐議

廣學會編《廣學會譯著新書總目・理財》 《增稅裁釐議》。每一本價洋二分。

國債論

徐維則等《增版東西學書録・政治法律》 《國債論》□卷。《杭州譯林》本。日本織田一著。合計各國國債，多至二百七十萬萬員。以各國人口計之，每人擔二十三員。以各國土地計之，每平方英里擔七百二十二員。各國負此重債，每年當各出其歲入四分之一或五分之一以理之。然則整頓各國財政，誠非易易，而《國債論》爲不可少也。顧補。

國債論

顧燮光《譯書經眼録・法政》 《國債論》一卷。商務印書館《財政叢書》本。日本土子金四郎著，王季點譯。全書凡三章，言國債之性質、利害得失、種類各節，詳晰綜貫，足研究財政之用。夫國債取之於民則強，借諸外人則弱。歐美、埃及諸國成績，固昭昭也。我華政體，雖已更新，尚無預算，以示天下。欲恃募集以發國民愛國之心，難矣。然講明學理，固亦言財政者所當研究者也。

《上海格致書院藏書樓書目・東西學書・財政》 《國債論》。日本土子金四郎。王季點。一本。商務書館活印本。

歐洲財政史

通雅齋《新學書目提要・法制類》 《歐洲財政史》。上海商務印書館本。《歐洲財政史》一卷，分爲四章而以各表附録卷次，日本小林丑三郎原著，休寧胡宗瀛譯本。歐羅巴一洲中古變亂繁興，其原于度支租稅之苛政者蓋半焉，故歐洲前代之財政爲近日言政治學者所當措意而纂歷史者之所必詳也。此篇爲經濟專門之史，博考各國古時用財征稅之本末，以迄于近代，源流貫徹，讀者便之。附録各表于各國近年經費財政之用、國債國力之詳，與其歲出歲入之數，皆縷述而并挈之，亦可見作者考據之功矣。當十八世紀中法蘭西大亂，蓋由公債積重以致民不堪命而召革命之基，故路易十五臨終亦逆知將有洪水之禍，是書記路易十四、五兩代情事最詳，其理財之迹乃與我邦近政大略相同，覽至終篇，惕于往事，而不禁郭林宗瞻烏爰止之嗟也。

顧燮光《譯書經眼録・法政》 《歐洲財政史》一卷，附表一卷。上海商務印書館《政學叢書》本，日本專修學校本，《譯書彙編》本，廣智書局本。日本小林丑三郎著，胡宗瀛譯述。凡四章：一、概論；二、古代之財政；三、中世之財政；四、近世之財政。始紀元前，迄十九世紀末。凡英、俄、法等國一切財政歷史，紀録極詳。後附七表，以明各國近歲出入，並富力擔當之比較。其國債表一幅，尤足資考證。

《上海格致書院藏書樓書目・東西學書・財政》 《歐洲財政史》。日本小林丑三郎。出洋學生胡宗瀛。一本。商務書館活印本。

歐洲財政史

徐樹蘭《古越藏書樓書目・政部・計學》 《歐洲財政史》一卷。日本小林丑三郎。羅普譯。廣智書局本。

楊復等《浙江藏書樓乙編書目・政治》 《歐洲財政史》一冊。日本小林丑三郎著，羅普譯。廣智書局鉛印本。

歐洲財政史

徐樹蘭《古越藏書樓書目・政部・計學》 《歐洲財政史》一卷。日本小林丑三郎。譯書彙編社譯。《譯書彙編》本。

貨幣分部

歐洲貨幣史

顧燮光《譯書經眼録・法政》 《歐洲貨幣史》二卷。新民譯印書局洋裝本，二冊。英達布留耶西容著，日本信夫淳平述，新民譯印局重譯。本書爲西曆一千二百五十二年至一千八百九十四年歐洲各國通貨史，凡三章。其始於歐洲金貨鑄造之創始，絶筆於輓近印度政廳之停止銀貨自由鑄造。其間或以當時之政策究學理，咸徵人民之休戚於實際。述關於貨幣消長，古來學者之謬見。考證詳確，統計精晰。中列各表，尤足考金銀貨幣消長之由。蓋財政學中調查之善本也。惜多用和文名詞，不免蕪晦，是在善條理者耳。

楊復等《浙江藏書樓乙編書目・政治》 《歐洲貨幣史》二冊。英國達布留耶西容著，日本信夫淳平述。新民書局鉛印本。

日本貨幣史

顧燮光《譯書經眼録・法政》 《日本貨幣史》一卷。新民譯書局洋裝本。日本信夫淳平著，新民譯印局譯。書凡三章：一、德川幕府以前之貨幣概略；二、德川幕府之貨幣制度；三、明治政府之貨幣制度。於日本千餘年貨幣之制，考核極細。按日本維新以前，其貨幣多類華制；自安政間，與美締約，始改用金銀二貨。論者爲日本明治之興，實基於此。

楊復等《浙江藏書樓乙編書目・政治》 《日本貨幣史》二冊。日本信夫淳平著。新民書局鉛印本。

金融分部

中國各地銀兩表

徐維則等《增版東西學書録・商務》 《中國各地銀兩表》一卷，附説。《江西商務報》本。日本藤田豐八譯。採譯各西人論説而成。顧補。

保富興國

梁啓超《西學書目表・近譯未印各書》 《保富興國》。傅蘭雅、徐家寶。製造局。未印。

保富述要

趙惟熙《西學書目答問・政學・計學》 《保富述要》。二卷，訂一冊。英布來德撰，英傅蘭雅譯，徐家寶述。製造局本。

徐維則等《增版東西學書録・商務》 《保富述要》二卷。製造局本，二冊。《西政叢書》本。英布來德著，英傅蘭雅譯，徐家寶述。書中專主保護工商，尤詳論經理錢幣之法。其論錢法，專主用金；論貿易，不主賒買；論關

稅，不主重徵入口而免出口。其酌劑工商之理，可謂深得消息。然中外勢有不同，談商務者當審察用之。《彙編二》有言《貿易穩法》，可參考。

徐樹蘭《古越藏書樓書目・政部・計學》《保富述要》二卷。英布來德。英傅蘭雅譯，徐家寶述。製造局本。

《上海格致書院藏書樓書目・東西學書・財政》《保富要述》。布來國。英傅蘭雅，徐家寶。一卷。一本。製造局本。

楊復等《浙江藏書樓乙編書目・政治》《保富述要》二冊。英國傅蘭雅譯，無錫徐家寶述。江南製造局刻本。

陳洙《江南製造局譯書提要・商學》《保富述要》上下卷。英國布來德撰，傅蘭雅口譯，無錫徐家寶筆述。凡十七章。書中大恉以工商爲富國之質點，以保護工商爲保富之方針，而於錢幣論之尤詳。卷上：論錢財總理；造錢源流；錢之名義；通用之錢；金錢；銀錢；銀行與鈔票滙票；銀行股分；銀行辦法。卷下：論匯銀之事；利息；錢財；本錢；銀行抄擠。即貲本虧蝕而有盤帳、倒帳之意。一人得益；一國興旺之理；總結各論。

法國官銀行總章程簡明條款例章

楊復等《浙江藏書樓乙編書目・政治》《法國官銀行總章程簡明條款例章》一冊。文溥譯。鉛印本。

日本大銀行章程

徐維則等《增版東西學書録・商務》《日本大銀行章程》一卷。《湖北商務報》本。湖北商務報館譯。凡四十八條，興利防弊，足資取法。顧補。

農業保險論

徐維則等《增版東西學書録・商務》《農業保險論》一卷。《農學報》本。日本吉井東一著，日本山本仍譯。凡各種保險之法及章程，悉具其中。名曰「農業」，特略詳於農。

徐樹蘭《古越藏書樓書目・政部・農業》《農學保險論》一卷。日本吉井東一。日本山本憲譯。《農學叢書》初集本。

教育部

論述

丁韙良《西學考略・學校課程》 一、學者以本國語言文字爲始，而練習本國之文，始終不怠，以期有成。

一、各國今文既出於希臘、羅馬古文，則兩國之文亦宜講求通曉。況近今各國往來甚密，學者必旁及鄰邦今文，以與本國之文互相印證，補其不足。英、法、德三國之文，幾爲通行。

一、諸國既通使貿易，無論爲士爲商，須知地球大勢與邦國之强弱，風俗之淳漓，故學者必熟悉地球圖説以及各國史乘，方爲通材。

一、人之所覆者天，所載者地，則課業必以天文、地理爲要端。地理即地學也，論地中層次、體質等事。金石之學，亦在其内。

一、水火風土，即西國所謂四行也。莫不具以大力，若明其理，則役之不啻僕隸。萬物原質，含有感應，苟能得其妙訣，即可令之配合分離，易舊生新。是以西學以格化爲重。

一、習天文格致諸學，而不以算學爲階者，必不能升堂入室。故西學以算術爲要端，而與格致諸學並進。

一、萬物爲人所役使，則草木、鳥獸、鱗介，不但應識其名，亦應各知其性。故植物、動物等學，亦爲要端。按此學非爲士者所必習，好則入之，否則出之。

一、人爲萬物之靈，而人之靈，實原於天，則天理人性，不可不究。況天地萬物，皆以一理維繫，是西學之精微者，莫如性理一門。按學之者多，而明之者鮮。

一、爲士所貴，明體達用，内則富國裕民，外則睦鄰修好。故富國策、公法等學，皆爲太學課程之切要。

又《師道館》 孟子曰：「人之患，在好爲人師。」蓋造詣能爲師者，每難其選；即品學兼優而不善於訓誨，亦不足爲初學之師。夫幼穉知識未開，惟以先入爲主，非成人聰明漸啓，可以問難質疑，是授經者有不宜於啓蒙也。各國因廣設蒙館，以教民間子弟，復設師道館，以習教授之術。除習所素學之業，尤主嫻於開導之法，約束之規，可謂循循善誘者矣。英國之英、威二邦，即英吉利、威利斯。師道館有數百之多。確數未詳。男女學爲師者，有三千一百之衆。每歲學滿而爲師者，約居其半。其良法美意，不但通國互相則效，即鄰邦亦爲仿行。義大利近興鄉學，以圖自强，復遣學士數人，遊歷外國，採訪教術以聞。有人思得啓蒙良策，如瑞之貝氏，英之蘭氏，不獨有益本國，且能貽惠遐方。兹略述其事以證之。乾隆間，有貝斯羅西者，因教有義方，名垂後世，而休聲遂洋溢於海外矣。貝氏家素封，視民之貧乏者多由無識而致，乃設法整頓學校，以教民焉。先於家中收養無依子女百餘人，以試其端。其教法，以名實兼盡爲重。童蒙來歸誦讀者，既識鳥獸草木之名，兼悉飛潛動植之體。貝氏每索實物，與之辨認，物不可得，即以圖資其考證，則初學既知實跡，必啓新機也。其家貧因是告罄，易簀之日而四壁蕭然矣。然遺徽遠播，各國無不率從焉。後有英人蘭戛斯德者，其教法與貝氏齊名。童蒙列爲等第，每班或十數人，或數十人，令前班之優者助教，其師督率以勉勵之。課讀之時，令生徒齊聲覆之，有問必衆口同答，故所教之人雖多，而授教之法甚簡。童蒙樂其啓迪者，因得事半而功倍云。兹附布國師道館課程綱領，則此等館所授受者，亦可略知其概矣。

一、德、英、法三國之今文。未及古國之文，因鄉學習之者少。

一、代數、幾何、勾股各術。雖小學無不習之，但不及微分、積分之奥妙。

一、格物、化學、金石之學。

一、動植之學即栽植花木、豢養鳥獸之理。

一、地球圖説、各國史記。

一、作字繪圖。

一、律吕之學。

一、敬神修德之道。德之小學，莫不以此爲重。

欲爲師者，除温理以上諸學外，須每日練習教授之法。課程既滿，領有文憑，則於民間學校，易得師席，而訓誨自措之裕如矣。

又《女學》 自古各國皆設學以教士，於是蔚爲人才。而無設學以教女者，因其責主中饋故也。然既振興鄉學以爲强國之策，則女學不得不議及

焉。蓋爲母者，知讀書之有益，必勉其子女以期有成。况婦爲閫內之助，能識字者自屬明理之人，富而多才固能治家而表率，貧而有識亦克佐夫以經營。故鄉學始而許其可入，繼且令之必入嚴爲防範，仍不忽男女之別，以免嫌疑。年逾十歲分屋而學，或另設館以教之。小學以上女學書院，向有民間私立者，今則官爲布置，日見蒸蒸。其課程與男子有異，小學則誦讀之餘，習以針黹。大學以鄰邦語言文字代各項古文，略涉天、算、格、化諸學，多有習音樂而陶詠性靈，習繪畫而紛呈妙技；道法醫三科習者無幾，而製造等事則絕無習之者。既入鄉學，復進之以專設書院，而鍾靈毓秀，坤順不讓乾剛矣。其才質超羣者，視所教之課爲不足，而專心於古文，探討精微之學，以不得與男子一體薰陶爲憾。近歲准婦女赴試太學，懷咏絮之奇才膺探花之曠典，而與士子爭榮者有之，雌處雄飛，眞堪豔羡。又有專設醫學，欲令婦、兒等科獨歸女醫經理，則一切疑難之證自能措之裕如，無庸另訪岐黃矣。若非知其有裨風化，作養人才，未能如斯之推廣也。蓋女子學有根源、自知禮義、相夫益子、宜室宜家，而文名蜚聲鄉里者，更有招之以幣而聘爲女師焉。美國學校男師有九萬七千餘，女師有十四萬，女師西國皆多。無論男女，十歲以下者率從女師受教。故女子多有舌耕而廣宣文化也，亦有以鈔錄書籍、勾稽帳目、辦理郵政電報爲業者。此等事務皆須細心經理，美國銀庫多用女子勾稽。某尚書曾云：女子精細安詳，較男子爲優。女子善於詞令，發爲文章如曹大家、班婕妤者，各國皆有，因著述以成名者，每繼起之有人也。雖吟咏詞章似較男子稍遜，而英、法、美之爲稗史小說者各有女才子一人爲男子所不及，亦屬藝林盛事。夫閨秀身列學宮，一切女經、女誡無不洞徹於懷，既終年伏案，詩書之氣必深斯，一旦結褵，琴瑟之情自篤，不但與婦德無損，且守已倍著貞操，教子亦垂義訓也。然則女學之設，蓋可忽乎哉！查《周官》有女史，則古人之留意女學可知矣。

又《聾瞶學》 昔時民之，聾瞶者，每以殘廢目之，不屑教誨。或任粗學工作而操業爲生，或竟虛度光陰而累人養贍，良可憫也。百餘年來，有仁人思得妙法以振發之，國家因設學而啓迪焉。夫聾者目既無損，則以目而代耳，作手勢以達語言，且可藉以通文字也。按西國字母僅有二十五六，法文二十五，英文二十六，俄文三十七。前後輾轉附合成音，聾者按字母之反切以指形之，由此即能讀書。先難而後易，教者以筆代口，自能一目了然。迨學業既成，除習各種手藝以食其力，有善於描畫而馳譽丹青者，有善於書寫而精心筆墨者，甚有能爲極佳文字而著述詞章者。夫學既恃目，目必倍明，晤談之時以手代口，其便捷幾與他人無異。每見學院聾啞子弟數十人聚於一室，教者以手訓誨，雖寂然無音，大旨均已領會，並能以筆達其所未聞，可謂心心相印矣。瞽者雖盲於目，然耳能聞聲，口能通語，教之似覺稍易，但日進之後，反較聾者爲難，蓋他人所讀之書既不能用，須另創一格以便誦習。簡易法令手以代目，將文字凸出有稜，指按儼同目睹，即有目者按其字體亦能辨識。惟以厚紙作板不免笨滯，索値亦昂，然已勝於無書矣。惜卷帙不多，緣專爲滅明者而設也。除學縫紉、編織等工外，習樂器者頗多，其善音律如師曠之聰者有之。至人之既聾又瞶，雖具敏才，實難訓誨，然亦有能教之者，令其心思發越、志氣通明，如破堅石而探璞玉，其愛人不遺餘力矣。嘗見聾瞽接談，既不能以口通語言，又不能以手明體勢，惟有兩手相交作字，將其欲言者互爲形容，以示其意而通其情，則聾者不必借助於瞽者之目，自如昏夜之秉燭；瞽者不必借助於聾者之口，自如空谷之傳聲。以手兼司五官之妙用，各補其缺，相輔而行，噫奇矣！世之有目而明、有耳而聰，自甘暴棄而等於聾瞶者，未免有負大造之生成也。

康有爲《日本書目志・實地教育類序》 泰西之強，吾中人皆謂其船械之精，軍兵之鍊也，不知其學校教育之詳也。故五十年來，吾中國亦漸講軍兵砲械，費帑萬萬，而益以藉寇兵而齎敵糧耳。此中西強弱之大鍵，不可不明辨也。日人之變法也，先變學校，盡譯泰西教育之書，學校之章程。倍根氏之《教育學》，爲泰西新變第一書。魯氏、如氏、麟氏，條理尤詳矣。若《教育學新論》、《原論》、《普通學》諸書備哉粲爛，無微不入矣。吾中國以先聖之教爲文化大國，然士人知國而不知教，故重人主之富貴，而輕聖人之道義。而前明朱元璋，乃陰售其八股愚民之術，本朝未暇改之，而不肖有司乃增加大卷摺子之楷，枯困割裂之題，務弊天下千百萬人士之精神才力於無用之地。故危亡中國者，教爲之也，非先聖之教也。割截枯困之文，大卷摺子之楷，士人以此致貴，以此終老。求一稍通今古之故者，郡邑或無一人焉，或一省無幾人焉；况欲其明天人分際，達治教之原，通中外之故，小大精粗六通四闢者，安可得哉？野皆愚民，庠皆愚士，朝皆愚吏，於此而國不危也，可得乎？試考各國教法之精粗疏密，可以知其國之強弱盛衰矣。

若夫其農工商業有專學，單級高等有別科，師範教育有綱目，學校管理有法，教室教具有法，其他《澳獨佛瑞學校概論》、《日本德國合級小學校》、《公私學校比較論》、《學校通論》，皆兼備各國，精微詳盡，皆可參觀而思兼之，亦得失之林矣。觀國者，必本於是焉。

又《小學讀本掛圖類序》 中國人數四萬萬，皆自童幼來也。法之與安南，日本之與朝鮮，國等大耳；英則不及緬甸之半耳，而舉之如掃枯檢葉，何哉？人才之愚智異耳。國之強不強，視乎人才之多不多。能舉一國之男女童，而悉教之有法，則有四萬萬之才，何可當也！若舉一國之男女童而不教之，或教之非其法，則舉四萬萬之人而沉瘞之也。今吾自女童既不教之矣，其男童之識字入學者，十不得其半也。而往往村塾鄉童，讀書十年，不解文義，因不得成其材者皆是也。負床之孫，名物未識，而授之以治國平天下之道、鳶魚性命之微、卦爻彖象之奧，宜乎部行而無所入也。夫孟子者，所謂命世亞聖之大儒也，而全書若不知有《易》者，而兒童冬學乃鬧之，豈不異乎？正則正矣，然乃《易》所謂「位不當也，終悔吝」矣。且學者，欲啓其聰明，通其體義耳，何成誦之爲？而蒙學之法，不求通義，但求闇記，日誦數行，夏楚以威，中資有終歲不誦一經者。歷數年能誦數經，然存于口，盲于心，名物不知，大義不達，甚有讀書十年不能通書札者，不可勝數也。原課童之所以必求闇誦者，爲試塲搜撿，慮不能記題之上下而違犯也。夫文不許違犯上下文，已非聖人立言之體矣。考試而搜撿，乃宋、明之敝法，豈周、漢待士之禮哉？學童固大半多農工，而爲士者，固百不得一也。而一課以卦爻彖象之奧，鳶魚性命之微，唐詩古文對聯破承之瑣，周誦數行之法，令四萬萬之童幼，不收其用而增其愚，此皆由小學之法之失也。頃者，李秘園侍郎請立大學於國，戶部郎中瑞金陳熾次亮告康有爲曰：小學無基，無以爲大學之才也。何不編小學之書也？康有爲告其門人曰：吾中國小學無書，無以爲天下之才計也，何不編小學之書也？乃爲編《幼學》一書定體例焉。先之幼學名物，凡中國一名一物，皆圖而名之，俾望而可識。凡蒙崽離襁褓者，可指圖而呼焉。次曰幼歌，凡童謠土諺，澤以義理而暢之。三曰幼學南音，用荀子《成相》之調，楊升庵《彈詞》之體，因其方言，傳以事理，俾童子易識焉。四曰幼學小說。吾問上海點石者曰：何書宜售也？曰：《書經》不如八股，八股不如小說。宋開此體，通于俚俗，故天下讀小說者最多也。啓童蒙之知識，引之以正道，俾其懽欣樂讀，莫小說若也。五曰幼學捷字，因喉齶唇齒舌之開合，以點撇波磔之長短大小濶窄，代以成極簡之字，緯以字母，而童子之作字易矣。六曰幼學文字，以《六書略》及《文字蒙求》之次第，明六書，俾童子知六書之本原，則易識矣。七曰幼學文法，取《六經》、漢唐宋之文，通行之書，虛實之字，共名異名，單名雙名，貫串顛倒，則如大將之使兵，束伍引隊，或有方矣。八曰幼雅，用《爾雅》、《廣雅》某謂之某之例，以雅述天下名物，則考古今有方矣。九曰幼學問答，用《公羊傳》體，以教治、風俗、事理爲問答，以釋疑明義焉。十曰習學津逮，凡古今義理本同，以時代遠變，名詁少異，故不可解。大率三代爲一體，漢爲一體，晉、六朝、唐爲一體，宋後爲一體，表而聯貫之，一攬而古今書皆可解矣，而又傅以中外各圖，庶幾蒙學期年可通。上之士人，考經義而言治教之方；下之農工，識文義而爲制作之助。觀日本小學讀本之詳、圖畫之切，其強豈無故哉？

又《幼稚女學類序》 人何所自始乎？皆始乎童稚。人何所自受乎？皆受之於其母。童稚之學失，婦女之學失，則胎教、幼儀內則無方。即能長大好學，而胎質既戾，幼習自然，即人皆被教，其本先失，亦僅得半而已。泰西幼學、女學極詳，而日人先用之，其《洋學年表》一書可考也。其他日課表、試驗題、箸書、報告簿，皆可採焉。

又《漢文書類序》 吾中國所自尊者，非以廣土衆民也，以被服先聖之道，以敎化最美自名也。然教士皆驅十八韻、八股、楷法之中，不得爲教。其農工婦女不識字者十而九，而幼學無方，自髫齔之子不審其才力，皆將授以《大學》、《中庸》、《書》、《易》之精深，而又誦文而不求解義，或教之屬對、破承題、臨帖，以待爲八韻、八股摺卷之用也。故童學十年而無所知識，幸而登高科，掇膴仕，其茫然于天地之大，古今之故，萬國之事，猶其童學之顓愚也。然而不亟講教育而但問兵械，此泰西所以詆我以無教也，此吾中國所由弱亡也。日人用泰西教育法，自學校之詳，教員、學室之制，下及女子、商賈、士卒科級之詳，解題、讀本之精，備哉粲爛。尚慮中文深奧，雜以伊呂波之片假名，以達其意。不求古雅，但思逮下，于是舉國皆識字知學。日之驟興，良由此故。吾開國數千載，周世文義名物與今隔絕，幾同外國；即漢唐，亦復迴異；而又公私所用語言文字皆絕殊，故爲學極難。

此亦宜多製小學書，多採俗字，以便民。變法自治，此爲第一事矣。

又《體操書類序》 古者舞象舞勺，蓋以固人肌膚之會、筋骸之節。故靜以養陽，以神明靜，則益清；動以養陰，以體骸清，動則易使也。朱子廢舞學而士人廢萎薾爾矣。泰西男女，皆有體操，故能強力而任事。日人爲體操之教，游戲之事，附於舞末，有意哉！

梁啓超《西學書目表附録・讀西學書法》 西人學堂，皆立體操定課，每日以一二小時爲之。此西人所以多強壯，而舉國皆可爲兵也。中國讀書種子，率文弱柔脆，皆不講體操所致也。

又 今之教子弟者，扶牀入塾，即教以《四書》《五經》。夫誠、正、治、平之大義，學者白首猶未能言。今以初學識字之人，驟焉語之，何以能解其意？則非欲其成學也，欲其剽竊兔冊，嚮壁虛造，僥倖於科第而已。故常有讀書十年，而於一切事理未能明晰者。初教之不如法也。今宜於入學之始，教以粗淺之事物，如算學、天文、地理之類，設爲問答，隨機指點，則孺子不苦其勞而能受其益矣。西人所著，如《啓悟要津》、《筆算數學》、《格致啓蒙》等書，皆可讀。葉氏《天文歌略》、《地理歌略》，亦甚善也。此等書皆未備，異時當分類標例，屬吾黨編纂之，令各種專門之學，皆有入手之處。學童於尋常之物理人事，既已略明，則求《六經》之微言，不難矣。

梁啓超《東籍月旦・普通學》 凡求學者，必須先治普通學。入學校受教育者固當如是，即獨學自修者亦何莫不然？吾中國人疇昔既未一受普通教育，於彼中常兒所通有之學識猶未能具，而欲驟求政治、經濟、法律、哲學等專門之業，未有不勞而無功者也。往昔留學生，亦多犯此弊，今皆知之而革之矣。學者即不能入其中學校循次而進，亦當取其中學課程相等之書，抉擇參考而自讀之。今將日本現行中學校普通科目列示之：一、倫理；二、國語及漢文；三、外國語；四、歷史；五、地理；六、數學；七、博物；八、物理及化學；九、法制；十、經濟。尚有習字、圖畫、唱歌、體操等科，以不關於讀書，故省之。其法制、經濟兩科，乃近年新增者，前此無之。以上諸學，皆凡學者所必由之路，盡人皆當從事者也。除國語漢文一科，我國學者可勿從事外，自餘各門皆不可缺者也。大抵欲治政治學、經濟學、法律學等者，則以歷史、地理爲尤要。欲治工藝、醫學等者，則以博物、理化爲尤要。然非謂治甲者便可廢乙，治乙者便可廢甲也。不過比較之間，稍有輕重而已。

趙惟熙《西學書目答問・政學・學校學》 泰西學校之制，頗與我三代古法相合，幾於無地不建學，無事不設學，無人不入學，故人才之盛，國勢之強，悉由於此。禮失求野，我不可不亟圖也。惜譯本無多，僅具大略而已。

教育學分部

綜　述

教化議

梁啓超《西學書目表・學制》 《教化議》。花之安。廣州刻本。一本。一角九分。極可笑。

顧述廬《通學書籍考・學制類》 《教化議》。廣學會本。德花之安著。

徐維則等《增版東西學書録・學校》 《教化議》一冊。廣州刻本。德花之安著。

徐樹蘭《古越藏書樓書目・學部・耶穌教》 《教化議》五卷。德花之安。光緒元年廣東小書會眞寶堂刻本。

文學興國策

梁啓超《西學書目表・學制》 《文學興國策》。林樂知。廣學會本。二本。二角。

又《**附録·讀西學書法**》　近印之《文學興國策》，爲日本興學取法之書，然多閒文矣。

顧述廬《**通學書籍考·學制類**》　《文學興國策》二卷。廣學會本。日本森有禮輯，林樂知譯，任廷旭述。有禮曾肄業英國，繼使美國，于任內考求善法，獻諸日廷，大興學校。林樂知謂權輿學校之盛，乃編輯興學成法著於篇。其論救世教及一切閒文賸句，當分別觀之。

趙惟熙《**西學書目答問·政學·學校學**》　《文學興國策》。二冊。日森有禮輯，美林樂知譯，任廷旭述。廣學會本。日本訪求美國學制之牘札，不甚切用。

徐維則等《**增版東西學書録·學校**》　《文學興國策》二卷。廣學會本，二冊。日本森有禮輯，美林樂知譯，任延旭述。有禮曾肄業英國，復使美國，深鑑美之盛，實賴學校，乃訪求其文學成法，告諸本國朝廷採而用之，遂廣設學堂，徧召生徒，幾如美盛。此編所載，皆美國各部大臣、議院各紳及各書院監院照覆公函。凡設塾之良規，教學之成法，具著於此。惟其中論救世教語，不免囿於美俗耳。

徐樹蘭《**古越藏書樓書目·政部·教育**》　《文學興國策》二卷。美林樂知譯。光緒二十二年排印本。

楊復等《**浙江藏書樓乙編書目·文學**》　《文學興國策》一冊。美國林樂知譯。圖書集成局鉛印本。

廣學會編《**廣學會譯著新書總目·政學**》　《廣學興國策》。林樂知先生譯。價洋二分。

愛美耳鈔

徐樹蘭《**古越藏書樓書目·政部·教育**》　《愛美耳鈔》五卷。法盧騷。日本山口小太郎、日本島崎恆五郎同譯，日本中島端重譯。《教育世界》本。

教育學綱要

徐維則等《**增版東西學書録·學校**》　《教育學綱要》□卷。《亞東時報》本。奥林度涅爾著，日本劍潭釣徒譯。凡六章，一論人所以必需教育，二論教育要件並教育宗旨，三論所化性暨區分。每章各繫備考，以相發明。顧補。

教育學

《**上海格致書院藏書樓書目·東西學書·教育學**》　《教育學》。德格特殊。元和蔡俊鏞。一本。廣智書局活印本。

格氏特殊教育學

楊復等《**浙江藏書樓乙編書目·教育**》　《格氏特殊教育學》一冊。德國格露孟開倫著，元和蔡俊鏞譯。廣智書局鉛印本。

歐美教育觀

徐樹蘭《**古越藏書樓書目·政部·教育**》　《歐美教育觀》一卷。日本育成會編。沈紘譯。《教育世界》本。

教育學

徐維則等《**增版東西學書録·學校**》　《教育學》一卷。《教育世界》本。日本立花銑三郎講述，王國維譯。是書分爲三編。第一編曰《教育之精神》，分宗旨、方便、方法三章。第二編曰《教育之原質》，分體育、智育及實際教育三章。第三編曰《教育之組織》，分教育、訓練、教授三章。作者自言以德國教育學家留額氏所著書爲本，其所未盡，以己意補之。《智育》一章

最詳，皆以心理學説明之。讀者可以證我國舊日專制強灌之非法矣。徐補。

徐樹蘭《古越藏書樓書目・政部・教育》　《教育學》無卷數。日本立花銑三郎。王國維譯。《教育世界》本。

實用教育學

顧燮光《譯書經眼録・學校》　《實用教育學》一卷。文明書局洋裝本，一冊。日本越智直、日本安東辰巳郎合著，張肇桐譯。凡五篇，首附《概論》。一、論智育；二、論致智之方；三、論德育；四、論養德之方；五、論體育，兼論學校衛生事宜；六、論管理事宜。蓋綜合教育學、教授法、學校管理法而爲一書，簡明扼要，有足取焉。其論智育、體育、德育，即《中庸》所謂三達德，足爲中外古今一理之據。所言修身之教，以躬行實踐、取法鴻哲爲上，萬不可採用宗教家言。此指西教而言，讀者勿誤會之。

楊復等《浙江藏書樓乙編書目・教育》　《實用教育學》一冊。金匱張肇桐譯。文明書局鉛印本。

教育學原理

通雅齋《新學書目提要・法制類》　《教育學原理》。日本東京教科書輯譯社本。《教育學原理》一卷，分序論、本論、餘論爲五篇，題云日本尺秀三郎、中島半次郎講述，海門季新益筆譯。按教育之道所以使人爲學，而教育一事亦自係學問之一端，此篇所言皆深合授受之理，語多高尚，尤爲從事師範者所當知。頗引西國大儒論學之言，可爲準則。近來談教科者皆以智育、體育、德育幷列爲三，蓋本于希臘阿里士多德之旨，此書獨增情育一條以補其未備，感化一篇所推各節即情育之事也，蓋略出于盧騷、康德之緒論，其發明新理尤多，皆本于心得而課之事實，有足取焉。

顧燮光《譯書經眼録・學校》　《教育學原理》一卷。教科書譯輯社《教育叢書》第一編洋裝本，一冊。日本尺秀三郎、日本中島半次郎講述，季新益譯。是書爲東京專門學校文學教育科講義之一，專述教育學之原理。分序論、本論、餘論之類，綜論教育之形式終之。蓋國民不能無教育，而教育非管理、制度二者所能發抒其精神。是編博採泰西教育家言，而徵以心理、宗教各理，故無陳腐庸陋之譚，亦教育書中之善本也。

教育學原理

顧燮光《譯書經眼録・學校》　《教育學原理》一卷。《速成師範講義叢録》本。日本波多野貞之助講述，顔可鑄編輯。有各種科目，然後有教育學，而教育之理，必假科目以立。是書擇最要言之，凡分十有八節。其教育分普通、職業二類，尤有至理存焉。

教育學教科書

徐樹蘭《古越藏書樓書目・政部・教育》　《教育學教科書》一卷。日本牧瀨五一郎。王國維譯。《教育世界》本。

實用新教育學

徐樹蘭《古越藏書樓書目・政部・教育》　《實用新教育學》一卷。日本加納友市，日本上田仲之助。《教育世界》本。

教育學

楊復等《浙江藏書樓乙編書目・教育》　《教育學》一冊。闕名。商務印書館譯印本。

教育新論　教育新史

顧燮光《譯書經眼録・學校》《教育新論》一卷。《教育新史》一卷。文明書局洋裝本，一冊。張肇熊譯。《新論》爲日本天眼鈴本力所著《丈夫之本領》一書中之一篇，名曰《自助》，舉泰西教育家言，側重自修，頗與吾儒君子求諸己之旨相合。譯者分爲五章，其中精理名言，均能發明其奥。《新史》係摘譯日本野體四郎所著《東西洋教育史》中《歐洲各國教育現情》一章。凡歐洲各國學校種類、課程、卒業期，均列説著表以明之。譯者分爲四章，條理亦甚精密。凡司教育者，宜取讀之。

楊復等《浙江藏書樓乙編書目・教育》《教育新論新史合刻》一冊。金匱張肇熊譯。文明書局鉛印本。

德育及體育

通雅齋《新學書目提要・法制類》《德育及體育》。上海廣智書局本。《德育及體育》二卷，凡二十二章，日本久保田貞則原著，上海廣智書局譯本。泰西言教育者率以德育、智育、體育三者分舉，此書獨不及智育者，以其理繁博，非一時涉筆所能具述也，于德育多純粹之言，體育稍略，然其法亦尚備焉。

《上海格致書院藏書樓書目・東西學書・教育學》《德育及體育》。日本久保田貞則。二卷。二本。廣智書局譯印本。

德育鑑

楊復等《浙江藏書樓乙編書目・補遺》《德育鑑》一冊。鉛印本。

精神之教育

徐樹蘭《古越藏書樓書目・政部・教育》《精神之教育》二卷。日本隅谷己三郎。趙必振譯。廣智書局本。

《上海格致書院藏書樓書目・東西學書・教育學》《精神之教育》。日本隅谷己三郎。趙必振。一本。活印本。

楊復等《浙江藏書樓乙編書目・教育》《精神之教育》二冊。日本隅谷己三郎編輯，武陵趙必振譯。廣智書局鉛印本。

讀書法

徐樹蘭《古越藏書樓書目・政部・教育》《讀書法》一卷。日本澤柳政太郎。《教育世界》本。

教育學史

通雅齋《新學書目提要・歷史類》《教育學史》。上海廣智書局本。《教育學史》上卷凡分三編，編區以節，日本金子馬治著，順德陳宗孟譯。首叙古代之教育，次叙中代之教育，次叙近代前半期之教育，所列自然、現實兩派略仿傳紀之例而述其言論焉。希臘爲教育之祖，其主義在肉體之壯美，然梭格拉底、柏拉圖、亞里士多德皆謂肉體之善美不如精神上之善美，有強健之體魄無文明之精神，其弊必流于野蠻。羅馬之教育主于實用，以理想爲不屑，故其教授之法以記臆爲先，腦力之能受與否概置不問，其弊在苛酷而閉國民之知識。基督教育主于神學，以聖書爲唯一之課程，聖書外即教以教儀，故社會子弟無智無學，懵然于宗義之根本精神，于世事普通之理一無所知，雖以路德美萊克頓革宗教發見新教育，究不免失于偏狹。篇中所叙上古

之教育頗撮其要，而端叙亦甚分明。近世歐洲之教育已臻完善，仿希臘之遺意而裁定于倍根與陸克、盧梭，倍根倡歸納法，其教育以養成完全之人物爲主，嘗語人曰：「持歸納之精神，遍經觀察、實驗等法而猶不能構多數之知識者，吾未之信。」近代科學之精神，實發揮于倍根、陸克、盧梭，承自然、現實兩派以提倡新教育，謂教師之要務在造人心，在練磨生徒之能力，養成生徒之勇氣，以扶植感覺之知識，使人人皆知名譽之可貴、學問之可好，派雖不同而皆獨立與自治之基。是書以教育家之言，分類以紀于三編，頗爲詳備。夫倍根與陸克、盧梭之教育，其影響于社會若何普及，驟觀似不能辨，然歐人所敬、所慕、所崇拜者實不外此三人，蓋陸克先示英國教育之方針，盧梭又以其議論鼓動法國而漸次影響于各國，東洋雛兒亦能取歐西之緒餘而加以研究，教育之功，顧不偉與？

《上海格致書院藏書樓書目·東西學書·教育學》 《教育學史》。日本金子馬治。順德陳宗孟。一本。廣智書局活印本。

楊復等《浙江藏書樓乙編書目·教育》 《教育學史》一冊。日本金子馬治著，順德陳宗孟譯。廣智書局鉛印本。

教學理論分部

應用教授學

廣學會編《廣學會譯著新書總目·雜著》 《應用教授學》。爲校師必用之書。分二篇，上總論，下分敍各科教授，皆係實驗方法。師範之準繩也。一冊。價洋四角五分。

教授學

徐維則等《增版東西學書録·學校》 《教授學》一卷。《教育世界》本。日本陽本武比古著。凡十四章，曰小學校教師，曰教授通義，曰興味，曰類化，曰教授材料之選擇及參互，曰教授之統合，曰教授材料之處置法，曰指示大旨，曰第一、第二、第三、第四、第五形式堦段，即豫備授與聯合結合應用，曰教授之原則。此書亦以體育、智育爲宗旨，其推論教授之義理，可謂反覆詳盡。後附各學教授案六則。凡爲教師者讀之，足以知教授之門徑。徐補。

顧燮光《譯書經眼録·學校》 《教授學》一卷。《教育世界》，一冊。日本湯本武比古著。原書計十四章，附録各一章。言教授各事極詳。其言孔子爲世界大教育家，發明憤起悱發舉隅之理，尤可謂有功聖道。

徐樹蘭《古越藏書樓書目·政部·教育》 《教授學》一卷。日本湯本武比古。《教育世界》本。

新教授學

顧燮光《譯書經眼録·學校》 《新教授學》一卷。杭州排印本。日本小山忠雄著，田眞譯。本書發明教授之理，凡五篇，若干章。分總論、教授原理、材料、才法、問答五類，皆詳其體要。惜譯筆冗弱，未足以達全書之奥。

新學教授學

顧燮光《譯書經眼録·學校》 《新學教授學》一卷。上海排印本。日本槙山榮次著。是書首列緒論，次教授之目的，次教授之材料，次教授之作用。其於教授新法，靡不賅備，洵教科書中別開生面也。

統合新教授法

顧燮光《譯書經眼録·學校》 《統合新教授法》二卷。上海南海公學

本，一冊。日本樋口勘次郎著，董瑞椿譯。上卷十一章，論教授不可妨礙活潑之理。下卷十一章，則言統合教授之法。蓋以日本用德人愛培脱教育法過於拘泥，致妨幼童靈潑天機，各學科支節，漫無倫次，故學生不能專精。蓋欲以游戲循誘，而以普通歸宿焉。

小學各科教授法

顧燮光《譯書經眼録・學校》 《小學各科教授法》九卷，附論一卷，附表一卷。文明書局排印本，二冊。日本寺内穎、日本兒崎爲槌同著，白作霖譯。本書專發明小學各科教授之法，故於注意實際，分科言之，不厭詳盡，且措辭平易，無偏激之言。附論九章，所言教育原理，足輔教授法之用。附表七，亦足資考核。

小學教授法

徐樹蘭《古越藏書樓書目・政部・教育》 《小學教授法》一卷。日本東基吉。沈紘譯。《教育世界》本。

理科教授法

徐樹蘭《古越藏書樓書目・學部・東西洋格物學》 《理科教授法》一卷。日本矢澤米三郎。《教育世界》本。

教授法沿革史

徐樹蘭《古越藏書樓書目・政部・教育》 《教授法沿革史》一卷。日本太瀨甚太郎，日本中川延治。《教育世界》本。

世界教育事業分部

萬國教育志

顧燮光《譯書經眼録・學校》 《萬國教育志》三卷。上海進化譯社洋裝本。日本寺田男吉著，趙必振譯。本書分爲三編：一、國家與教育之關係；二、歐美諸國之教育制度；三、日本帝國之教育制度。皆發紓教育制度之概要，以明立國特質、進化精神之作用。卷末復列二表，以觀教育行政及教育制度之關係。所論頗多精義，足資考證。

楊復等《浙江藏書樓乙編書目・教育》 《萬國教育志》一冊。日本寺田勇吉著，武陵趙必振譯。作新社鉛印本。

世界教育譚

通雅齋《新學書目提要・法制類》 《世界教育譚》。上海開明書店本。《世界教育譚》一卷，凡十二章，日本澤柳政太郎原著，南匯王曾頤譯本。分教與育爲二事，粹語良多，裨于師範之學，凡所箴砭各情皆中肯綮，觀此亦見日本教育之遺憾。著書之旨以爲各事之源皆由于教育，故汲汲以此事改良爲先，而以目前之施教尤多未足，篇中所云教育不修則政治、法律以及農、商、工藝、美術各實業不達，亦可謂知本矣。

楊復等《浙江藏書樓乙編書目・教育》 《世界教育譚》一冊。日本澤柳政太郎著，南滙王曾頤譯。開明書局鉛印本。

各國學校制度

通雅齋《新學書目提要・法制類》　《各國學校制度》。上海海上譯社本。《各國學校制度》三卷，日本寺田勇吉原著，通州白作霖譯本。據作者自序，則是書作于明治三十年，在今日譯書較廣，學務一端尤世人之所欲知，此篇之存已近陳論，然上卷雖涉空談而語尚征實，中卷叙述各國學制約而能賅，即下卷言日本學校情狀亦每較近人爲詳，正當拔幟譯林，不容東置高閣也。其云各國論英國教育之盛爲風氣使然，致其制度不能畫一，良爲有本之言。其云各國制度與日本相同者，略可考見日本采擇之要，然謂各國同于日本，豈非倒果爲因？至上卷第三章推論才由天稟之義，似于哲學太淺，且更無征文以自圓其説，不足以游于達爾文、斯賓塞爾諸人之門也。

萬國教育通考

楊復等《浙江藏書樓乙編書目・教育》　《萬國教育通考》一冊。金匱張競良譯。明權社鉛印本。

教育探源

顧燮光《譯書經眼録・學校》　《教育探源》一卷。辛丑教育世界本。日本岡本監輔著。

東西洋教育史

顧燮光《譯書經眼録・學校》　《東西洋教育史》二卷。獵較社洋裝本，一冊。日本中野禮四郎著，蔡良寅、賀廷謨合譯。書分三編，編各爲章。第一編所述東洋教育家，則首中國而次以印度、波斯、埃及、猶太，於中國尤三致意，令人慨想堯、舜、周、孔往時教育之盛。其二、三編所述西洋，則首太古時之希臘，次中古教育家，次近代教育家，而終以十九世紀教育之大勢。上下縱橫，使知泰西各國氣象日新，其來有漸。卷首冠以總論，所言頗能扼要。譯筆亦通達暢適，足以卒讀。張氏競良所著《萬國教育通考》，殆以此爲藍本焉。上海蘇報館亦有譯本。

楊復等《浙江藏書樓乙編書目・教育》　《東西洋教育史》一冊。日本中野禮四郎著，湖南蔡良寅、賀廷謨譯。作新社鉛印本。

教育史

徐樹蘭《古越藏書樓書目・政部・教育》　《教育史》一卷。日本中野禮四郎。《繙譯世界》本。

内外教育小史

顧燮光《譯書經眼録・學校》　《内外教育小史》二卷。辛丑教育世界本。日本原亮三郎編，沈紘譯。原書分上下二卷。上卷專言中日教育，計十五章：一、日本上古至天智天皇；二、支那上古；三、秦漢以後；四、唐代；五、六、日本王朝時代；七、佛教；八、鎌倉町時代；九、宋明時代；由十至十四，德川時代；十五、維新以後。下卷言泰西教育，計十四章：一、西洋古代；二、三，西洋中古；四至十四，西洋近世。

徐樹蘭《古越藏書樓書目・政部・教育》　《内外教育小史》二卷。日本原亮三郎。沈紘譯。《教育世界》本。

十九世紀教育史

徐樹蘭《古越藏書樓書目・政部・教育》 《十九世紀教育史》一卷。日本熊谷五郎。《教育世界》本。

歐美各國教育事業分部

西國學校

梁啓超《西學書目表・學制》 《西國學校》。花之安。廣州刻本。一本。一角五分。好。

又《附録・讀西學書法》 學校之書，有《德國學校》一書，分門别類，規模略見。

顧述廬《通學書籍考・學制類》 《西國學校》一卷。一名《大德國學校論略》。廣州刻本。德花之安譯。原編七卷，今合爲一卷。所論皆德國學校之制。叙課程不及《西學課程彙編》之詳，而學制較備。每學皆有總説，以挈其要。其末卷所載德人新著書目，以一千八百七十一年計之，共書一萬零六百六十九種，視英人僅得四千八百三十四種，過之遠矣。

趙惟熙《西學書目答問・政學・學校學》 《西國學校》。一冊。德花之安撰。廣州本。

徐維則等《增版東西學書録・學校》 《西國學校》一卷。廣州刻本，一冊。上海石印本，改名《學校論略》。《西政叢書》本。德花之安譯。原書七卷，今爲一卷，所記皆德國學校之制。叙課程不及《西學課程彙編》之詳，而學校較備。每學皆有總説，以挈其要，蓋德制於學校最爲精密。《列國歲計政要》所載，亦詳於德，當參觀之。湘學會有删改本，今未見。

徐樹蘭《古越藏書樓書目・政部・教育》 《西國學校》一卷。德花之安譯。同治十二年廣東小書會眞寳堂刻本，《西政叢書》本。

德國學校全書

《上海格致書院藏書樓書目・東西學書・教育學》 《德國學校全書》。德花之安。王炳堃。一本。活印本。

德國文教説略

徐維則等《增版東西學書録・學校》 《德國文教説略》一卷。《嶺學報》本。嶺學報館譯。德以文學雄地球，普魯士興，藉其通學慧智之民而兵之，以傾嗹、撻奥、蹶法，赫然爲歐洲望國。間考德史「文教」列表，其文學以撒遜爲最，通國不知書者，僅千之七，宜其强矣。此編考德之鄉校書院頗詳。顧補。

德國學校制度

通雅齋《新學書目提要・法制類》 《德國學校制度》。上海商務印書館本。《德國學校制度》分爲二編，日本加藤駒二原著，上海中國國民叢書社譯本。是書譯德意志各種學校規模極爲明備，所列章程每引憲法及各條規以明其理，具見德國當日興學之圖。作者間有附論，亦資采取，如云國家之教育以小學爲基，而幼學之根原又以小學校教員爲重等語，自是名言。據加藤氏原序，其書蓋以德人孤拉德那愛魯氏之書爲底本，蓋亦重譯而來者矣。

楊復等《浙江藏書樓乙編書目・教育》 《德國學校制度》一冊。日本加藤駒二纂著。商務書舘鉛印本。

英德學制比較

顧燮光《譯書經眼録·學校》　《英德學制比較》一卷。武昌繙繹學堂洋裝本。英查理斯伯德撰，項驤譯。英查理氏遊於德之司德掰學校，討論其課程教育，以英之學制比較之，著爲論説，計三章。著論宏通，譯筆暢達。其言德人受高等教育者多於英，足見學制之善，欲英政府擇善而從，誠屬熱心之論。所論科學各節，尤爲本書特色也。

英國十學校説

顧燮光《譯書經眼録·學校》　《英國十學校説》一卷。泰東時務譯印局洋裝本，一冊。陳壽彭輯譯。本書詳考英國十大學校規則沿革，具徵英人學制之善。卷首列《歐洲各國大學校沿革考》及表各一篇，亦足資考證。

法國學制

顧燮光《譯書經眼録·學校》　《法國學制》一冊。京都譯學館洋裝本。上海時務書局本，改名《法國經世輯要》。林行規譯。是書編譯英人格烈森《法國教育沿史》，並參考日人土屋政朝《佛蘭西通國制度》二書而成，計三編。首詳言法國學政得失，前代教務改革，以明學制之變更成立。次載述文部省及各教務局之模型，以至選舉局員稽查功課，以揭教育之樞紐。末編綜核各學區規則，制稽察督勵之方，而以地方學政終焉。編更分章，章復析節，條序釐然，頗資證考。時務書局之本，小有異同，似係譯者初稿，故字句無此整飭。

法國鄉學章程

徐維則等《增版東西學書録·學校》　《法國鄉學章程》一卷。《教育世界》本。法鄉學原本，鄭守箴譯。章程凡二十六條，課程三種。一、有益身體；二、啓悟聰明；三、馴定心性，即體育、智育、德育之謂。以毋教學堂及上、中、下三等學堂表之。徐補。

徐樹蘭《古越藏書樓書目·政部·教育》　《法國鄉學章程》一卷。鄭守箴譯。《教育世界》本。

美國太學考

徐維則等《增版東西學書録·學校》　《美國太學考》□卷。《萬國公報》本。泰西布蘭颺著，美林樂知、蔡爾康譯。顧補。

美國教育制度

楊復等《浙江藏書樓乙編書目·教育》　《美國教育制度》二冊。日本納富忠一著。人演社譯印本。

新大陸教育通考

楊復等《浙江藏書樓乙編書目·教育》　《新大陸教育通考》一冊。吳民譯。日本東京鉛印本。

美國學務大全

廣學會編《廣學會譯著新書總目・雜著》 《美國學務大全》。莫安仁君譯。蓋取該國各處學堂報告，自幼稚園至大學堂等學課情形，無不詳明。洋裝一冊。價洋四角。

啞吧學房説

徐樹蘭《古越藏書樓書目・政部・教育》 《啞吧學房説》一卷。梅理士。《格致彙編》本。

實業教育

徐樹蘭《古越藏書樓書目・政部・教育》 《實業教育》一卷。英斐理普、麥古那。日本一戶清方、日本上岡市太郎合譯。《教育世界》本。

泰西教育史

通雅齋《新學書目提要・法制類》 《泰西教育史》。上海金粟齋本。《泰西教育史》二卷，分爲九章，日本能勢榮原著，仁和葉瀚譯本。詳論泰西古代教育之事業并及今日興學之規模，其于名人論學之言尤能詳其宗旨，而其説之有流弊者，復引他説或出己意作爲評略以折衷之，求合于教育之理，可謂切實有用者矣。第五章述近代文學再興之事，以爲東羅馬既滅，其寄居之希臘學者遠遁于意大利，故意大利文學與美術之極盛在第十五、六世紀之間，實爲諸國之先導，因思中國于康熙年間已遣學徒于意大利，計其時代正當所謂極盛之後，舊事無傳，不知其成效何若，而學術不能東漸于我邦，徒留中華書院之名于拿波利之故府，此則可慨者也。第七章云斯賓塞爾之徒著書譯傳于日本，師範學校之教科無不用其書，教師無不讀其書，則日本之教育必多出于英國學派，然謂今日尊信智育之家亦有倡德育爲教育主目之論，將再興支那古代之德育法，按近來日本頗有言保全國粹之義者與此説相似，雖曰剝極必復，亦由近日風氣有以召此等議論也。篇中所引陸克、盧騷之書皆覘深藴，然盧騷主張民權，獨謂女子當重服從之德，此亦出入之異者。至所云智力研求一以實利實益爲主，則強種強國必由之方矣。譯筆斟酌過恆籍焉。

徐樹蘭《古越藏書樓書目・政部・教育》 《泰西教育史》二卷。日本能勢榮。葉瀚譯。金粟齋排印本。

顧燮光《譯書經眼録・學校》 《泰西教育史》二冊。金粟齋本。日本能勢榮著，葉瀚譯。是書分上下二篇，上篇論教育沿革，下篇記近世教育家，略及改良法。方今海族勃興，學戰最烈，新理日出，捷如傳電。哀我中國，沈夢方酣，欲喚醒國民精神，振興遠東國勢，必自講求教育始也。

楊復等《浙江藏書樓乙編書目・教育》 《泰西教育史》二冊。日本能勢榮著，仁和葉瀚譯。金粟齋鉛印本。

新體歐洲教育史要

楊復等《浙江藏書樓乙編書目・教育》 《新體歐洲教育史要》一冊。日本谷本富著，江蘇江郁年、浙江馬叙倫譯。北京大學堂鉛印本。

費爾巴爾圖派之教育

徐樹蘭《古越藏書樓書目・政部・教育》 《費爾巴爾圖派之教育》三卷。美查勒士德葛爾毛。日本中島端譯。《教育世界》本。

梁馬利亞傳

廣學會編《廣學會譯著新書總目・史類》　《梁馬利亞傳》。此女士在美國首創大女學，其事蹟頗有可採。一本。價洋二分。

日本教育事業分部

日本學政纂要

顧燮光《譯書經眼録・學校》　《日本學政纂要》二卷。勸學會洋裝本，二冊。日本冲禎介著。本書臚舉日本學政大要，以普通、師範、中等、高等、專門、貴族、女子、廢疾、私立、軍事各種教育爲之綱，各有細目，以相發明。其規制、課程，足爲考察之助。卷首所論各節，尤足以知日人教育精神之所在。

教育與國家

顧燮光《譯書經眼録・學校》　《教育與國家》一卷。《速成師範講義叢録》本。日本山路一遊講，顔可鑄編輯。書分八類：一、漢學之傳來；二、西洋文物之傳來；三、通俗教育；四、書籍及學術器之輸入；五、西洋之學術及分類；六、學問之應用；七、東西學風之差異；八、學校之統系。通篇皆發明日本國家教育之理，其所言學校統系尤詳，惟海軍、礮兵、鐵路、郵便、電綫，皆有特殊學校，故不講述焉。

東學遊記

徐維則等《增版東西學書録・學校》　《東學遊記》一卷。《嶺學報》本。嶺學報館譯。言日本學校之事頗詳。顧補。

日本現時教育

徐樹蘭《古越藏書樓書目・政部・教育》　《日本現時教育》三十四章一卷。日本吉村寅太郎。羅振常譯。《教育世界》本。

日本教育之新調查

廣學會編《廣學會譯著新書總目・雜著》　《日本教育之新調查》。英國莫安仁先生著。調查日本各學堂成績。洋裝一冊。價洋二角五分。

日本教育制度

徐維則等《增版東西學書録・學校》　《日本教育制度》一卷。時務報館本，在《日本學校章程三種》內。日本古城貞吉譯。此明治二十三年十月敕定，蓋集諸教育書而成者。凡帝國大學令十八條，學位令五條，學位令細目十條，中學校令十四條，師範學校令十二條，尋常師範學校學科及程度十二條，小學校令九十三條。其更制設學，許狀授官諸要，皆任之文部大臣，故其氣通，其法密，而於小學校教令尤爲周詳。日本變法，首在學校，其知所重矣。徐補。

日本學校章程彙編

通雅齋《新學書目提要・法制類》　《日本學校章程匯編》。上海商務印書館本。《日本學校章程匯編》一卷，寧鄉陶森甲編輯。日者朝廷注意興學，諭各直省一律設立大小學堂，于是各省遣員赴日本考察學務者駢踵錯趾，相望于道，顧于日本教育之科條管理之方法未必有得，歸國時寫錄官立章程數份而自謂已盡考察之責，不若此書之匯爲一冊，取便觀覽爲已足于用也。篇中于私立各學校章程廣爲抄撮，具見孱錄之劬，且于各學校按年應讀之書亦皆載入，尤資取法，言學務者不容廢焉。

楊復等《浙江藏書樓乙編書目・法律》　《日本學校章程彙編》一冊。楚南陶森甲編輯。商務書館鉛印本。

視學提要

徐樹蘭《古越藏書樓書目・政部・教育》　《視學提要》十八章一卷。日本吉村寅太郎。《教育世界》本。

學校管理法

徐維則等《增版東西學書録・學校》　《學校管理法》一卷。《教育世界》本。日本田中敬一編，周家樹譯。不知教育學而管理學校，猶之不明工藝學而管理製造廠，不惟無益，且其危險。是書分十章：一、緒論；二、校舍；三、校具；四、教科；五、學級；六、教員；七、管理狹義；八、衛生；九、經濟，即理財；十、表簿。舉學校關係之事，一一詳其利弊。我國近日士夫競言學校，不可不熟玩是書。徐補。

徐樹蘭《古越藏書樓書目・政部・教育》　《學校管理法》一卷。日本田中敬一。周家樹譯。《教育世界》本。

新令學校管理法

徐樹蘭《古越藏書樓書目・政部・教育》　《新令學校管理法》一卷。日本寺内刻。《教育世界》本。

原　師

顧燮光《譯書經眼録・學校》　《原師》一卷。武昌緇譯學塾洋裝本，一冊。日本澤抑政太郎著，武昌緇譯學塾譯。全書凡十二章，專言教育重要、將來資格、效果、規則各事。觀其緒論中言日本小學校教員，至六萬千有餘名，宜其強矣。

學生訓

楊復等《浙江藏書樓乙編書目・教育》　《學生訓》一冊。日本大町桂月著。日本東京鉛印本。

日本學校系統説

徐樹蘭《古越藏書樓書目・政部・教育》　《日本學校系統説》一卷。闕名。《譯書彙編》本。

日本各校紀略

楊復等《浙江藏書樓乙編書目・法律》 《日本各校紀略》一冊。闕名。浙江局刻本。

學校建築模範圖

顧燮光《譯書經眼録・學校》 《學校建築模範圖》一幅。譯書彙編社本。日本文部省秘本。詳列學校房舍一切配置之法，自師範以至幼稚園，無不具備。吾華近日興學，所建學校苦無成式，曷取此圖參考之。

小學校令

顧燮光《譯書經眼録・學校》 《小學校令》一卷。辛丑教育世界本。胡鈞、樊炳清合譯。原書係日本明治二十三年十月敕令第二百十五號。全書八章，計九十六條。一、小學校之本旨及種類；二、小學校之編制；三、就學；四、小學校之設置；五、小學設置上所有府縣郡市町村之負擔及授業費；六、小學校長及教員；七、管理及監督；八、附則。

日本小學校新令

楊復等《浙江藏書樓乙編書目・教育》 《日本小學校新令》一冊。皖江李宗棠編。日本東京鉛印本。

日本小學校章程

徐維則等《增版東西學書録・學校》 《日本小學校章程》一卷。日本松林方純孝譯。是書係鈔録明治二十四年十一月官報，分二十四條，於小學各事頗詳備。顧補。

小學校要則

顧燮光《譯書經眼録・學校》 《小學校要則》二卷。《速成師範講義叢録》本。日本山路一遊講述，朱杞、龍紀官編輯。是書分上下二卷，共計十章。上卷曰編制，曰設備，曰地方制度，曰設置。下卷曰就學，曰教員，曰地方制度之概要，曰學校費及授業科，曰教育之機關，曰校務整理。於日本小學校規制沿革，言之極詳。近日我華講求教育，小學規制未備，盍取而法之。

實驗學校管理術

通雅齋《新學書目提要・法制類》 《實驗小學管理術》。上海廣智書局本。《實驗小學管理術》一卷，分爲九章，日本山高幾之丞原著，題云中國胡家熙譯。據原序所言，則作者于管理學校之職從事其間已幾十年，以體驗出之，故凡所措置皆中于程格，書爲小學校而作，然如監護、命令、訓誨、賞罰、試驗儀式諸條，即今日中國之爲塾師而稍知事理者皆有可取資焉。

顧燮光《譯書經眼録・學校》 《實驗學校管理術》一卷。上海廣智書局本。日本山高幾之丞著，胡家熙譯。計九章：一、總論；二、位置；三、編制；四、設備；五、管理；六、經濟；七、衛生；八、表簿；九、教師。寥

寥數千言，於小學應盡教育義務，頗爲扼要。小學爲立身始基，所係極重。日人興學育才，尤留意幼稚園，可謂知本矣。

小學校教授學及管理法綱目

顧燮光《譯書經眼録·學校》　《小學校教授學及管理法綱目》一册。上海會文堂本。日本田口義治編纂，章梫譯。學校教授學及管理法之係於教育進退，蓋什與伍之比例。彼東西諸國教育進步之速，蓋由教育學及管理法之良美周密也。吾國學校雖立，於此二者駁而不純，欲求教育進步，豈不難哉？是書言教授學者，分章十八，自修身至於歷史、地理，均詳言其要旨、方法。言管理法者，分章十二，自學級至於學舍、器具，均明其關係、編制。凡學校校長、教員，皆宜家置一編也。

日本關小學校教員檢定等規則三十三條

顧燮光《譯書經眼録·學校》　《日本關小學校教員檢定等規則三十三條》。辛丑教育世界本。高鳳謙譯。

日本中學校令施行規則　教授要目

顧燮光《譯書經眼録·學校》　《日本中學校令施行規則》一卷。《教授要目》一卷。上海作新社洋裝本，一册。錢恂譯。皆本明治三十四年三月五日文部大臣松田正久所頒第三號之省令也。計七章：一、學科及其程度；二、學年教授日數及式日；三、編制；四、設備；五、設置及廢止；六、入學、在學、退學及懲戒；七、補則；八、附則。日本自明治十三年以來，教育程度歲歲進步，學校規則屢屢改良，至明治三十三年，而小學校之令定，三十四年，而中學校之令定。蓋小學教育爲國家應擔之義務，而中學校則關上等社會，所繫尤重。釐定規則，選擇學科，非教育家所當留意者乎？其《教授要目》爲日本明治三十五年二月文部大臣、理學博士菊池大麓所頒訓令。中最新者，其要目首列修身科所云「對國家責務，以忠君愛國爲首」；其教授上之注意第一條云：「彼詭激例語，總須避之，若偶爾言及，亦當留意，不令誤用」；第三條云：「當第二學年或第三學年時，生徒之身體及精神漸起變動，易陷於内外之誘惑，此時宜注意，務使養堅固之志操，成良習慣」；第四條云：「倫理學之一斑，無徒馳於高尚，或涉於諸學派之異説」。由此以觀，是平權、自由諸説，固非日人所許。其防學生囂張之弊，蓋有先幾之燭者矣。

中學校要則

顧燮光《譯書經眼録·學校》　《中學校要則》一卷。《速成師範講義叢録》本。日本平田芳太郎講述，周鳳起編輯。學校以教員爲重，而師範尤爲造就教員之地。是書計四章，首總説，次高等師範學校，三女子高等師範學校，四師範學校。全書於日本學校，均括其要説。《總論》一章，言日本學制甚詳，足資取法。師道立則善人多，可謂知本矣。

中學校學科及程度

顧燮光《譯書經眼録·學校》　《中學校學科及程度》一卷。辛丑教育世界本。日本明治十九年六月文部省令本，陳毅譯。

日本高等學校規則要覽

徐樹蘭《古越藏書樓書目·政部·教育》　《日本高等學校規則要覽》一卷。日本小野磯次郎。周維新譯。《教育世界》本。

日本大學規制攷略

《上海格致書院藏書樓書目・東西學書・教育學》《日本大學規制攷略》。一卷。一本。製造局本。

日本東京大學規制

陳洙《江南製造局譯書提要・學務》《日本東京大學規制》一卷。撰人失名。是書備載課程規則，條理秩然，教育家所宜法焉。大學總規；教科；學規；研究料規則；副手規則；選科規則；貸費規則；脩金學費；各科學科課程；附官用醫學講習科規則與農學林學獸醫學諸二科規則。大學院規則；附入學規則。大學官制；大學官俸；大學總長職務規則；大學評議會規則；聘用外國人規則；大學衛生委員規則；卒業考驗規則；學位規則；附考驗規則。圖書館規則；列品室；實驗室。

文部省外國留學生規程

顧燮光《譯書經眼録・學校》《文部省外國留學生規程》一卷。辛丑教育世界本。日本明治三十四年三月敕令本，沈紘譯。山陰樊炳清譯有《文部文課規程》八條，《文部大臣官房圖書課事務分掌課程》六條，可以參證。

日本高等師範學校章程

徐維則等《增版東西學書録・學校》《日本高等師範學校章程》一卷。時務報館本，在《日本學校章程三種》內。日本古城貞吉譯。日本變法，首在師範。其高等章程五十七條，曰文科，曰理科。分倫理教育、國語、漢文、英語、歷史、地理、哲學、理財、體操，爲教目九。理科分倫理教育、國語、英語、數學、物理學、化學、地學、動物學、植物學、生理學、農業、工藝、圖學、體操，爲教目十五。每學之中，又自有條目。其教授時刻、卒業年限、考校選擇章程，亦並詳載。內附譯者解語數則。譯書公會印有日本安藤虎雄譯《日本女子高等師範學校章程》，東亞書局譯有《女學校胎教新法》，均未出。

師範學校學科及程度

顧燮光《譯書經眼録・學校》《師範學校學科及程度》一卷。辛丑教育世界本。日本明治二十五年七月文部省令本，陳毅譯。書分十二條，於學科程度言之極有條理。講求教育者，所宜取法者也。

師範學校簡易科規則

顧燮光《譯書經眼録・學校》《師範學校簡易科規則》一卷。辛丑教育世界本。日本明治二十五年七月文部省令本，陳毅譯。

師範學校卒業生服務規則

顧燮光《譯書經眼録・學校》《師範學校卒業生服務規則》一卷。辛丑教育世界社本。日本明治二十五年七月文部省令，陳毅譯。原書二十四條，言卒業服務規則極詳，當與《學科程度》參觀。日本步武泰西教育界，尤爲講求文明進步。其説如此，其強也宜哉。

日本速成師範講義叢録

《上海格致書院藏書樓書目·東西學書·教育學》　《日本速成師範講義叢録》。日本山路一游。顔可鑄。二本。湖南編譯局活印本。

師範講義初編

楊復等《浙江藏書樓乙編書目·教育》　《師範講義初編》一册。日本波多野貞之助講述。鉛印本。

師範講義二編

楊復等《浙江藏書樓乙編書目·教育》　《師範講義二編》一册。日本葛岡信虎講述。鉛印本。

師範講義三編

楊復等《浙江藏書樓乙編書目·教育》　《師範講義三編》一册。日本山路一遊講述。鉛印本。

師範講義四編

楊復等《浙江藏書樓乙編書目·教育》　《師範講義四編》一册。日本世戸測講述。鉛印本。

高等女學校令施行規則

顧燮光《譯書經眼録·學校》　《高等女學校令施行規則》一卷。辛丑教育世界社本。日本明治三十四年三月文部省令本，沈紘譯。全書八章：一、學科及程度；二、學年教授日、式日；三、編制；四、設備；五、設置及廢止；六、入學、在學、退學及懲戒；七、補則；八、附則。

日本華族女學校規則

徐維則等《增版東西學書録·學校》　《日本華族女學校規則》一卷。時務報館本，在《日本學校章程三種》内。日本宫内省奉諭定，中國使館譯。徐補。

成城學校生徒心得

顧燮光《譯書經眼録·學校》　《成城學校生徒心得》一卷。辛丑教育世界本。高鳳謙譯。全書計八章：一、綱要及通則；二、尊稱；三、敬禮；四、服裝；五、寄宿規則；六、班長及規則；七、講堂管理生徒之勤務；八、校外寄宿舍之規則。日本仿行西法，學校尤所注重，規則所立，學生視爲目的，罔敢違犯。書中尊稱、敬禮、服裝列爲專章，具有深心。孰謂自由易服之説，爲日人所認許哉？

宏文學院章程要覽

楊復等《浙江藏書樓乙編書目·法律》　《宏文學院章程要覽》一册。

日本嘉納治五郎著。浙江局刻本。

日本學校源流

徐樹蘭《古越藏書樓書目·政部·教育》 《日本學校源流》一卷。美路義思。美衛理譯，范熙庸述。石印本。

顧燮光《譯書經眼録·學校》 《日本學校源流》一卷。《新政叢書》本，製造局大字本。美路義里撰，美衛理口譯，范熙庸筆述。全書四章：一、明治以前學校情形；二、新教法始行之大略；三、詳論新法；四、新教法相關之各事。於日本學校源流，考之極詳。附歷年各學校比較表，尤便考核。

《上海格致書院藏書樓書目·東西學書·教育學》 《日本學校源流》。路義思。美衛理。上海范熙庸。一卷。一本。製造局本。

陳洙《江南製造局譯書提要·學務》 《日本學校原流》一卷。美國路義思撰，衛理口譯，上海范熙庸筆述。讀之可知新教法之源流也。明治以前學校情形。新教法始行之大略。詳論新教法。新教法相關之各事。

教育史教科書

顧燮光《譯書經眼録·學校》 《教育史教科書》一卷。作新社洋裝本。作新社編譯。本書所述，乃日本教育，詳考其如何變遷而有今日之發達。自秦漢迄明，則取法乎吾華；安化、明治以來，則取法歐西。故第一章叙日本古來至王朝教育；二至三叙他國教育與當時關係者，如唐、宋、明以來之學術及印度佛教等；四、五叙日本中世至近世之教育；六至十一叙近世之末至王政維新後，日本教育之變動與歐美教育之淵源；十二叙日本教育受歐美教育之波及，所以有今日之教育。綜全書觀之，則日本學術自古迄今，類皆借助他山，擇善而從，毫無固執拘迂之習，故能文明大啓，國勢日強。所述中西歷來學派，洞明源流，語多實際。雖專言日本教育源流，固可當西洋教育史讀也。惟言日本處，多用「我」字，譯者未加删改，殊屬疏忽。

楊復等《浙江藏書樓乙編書目·教育》 《教育史教科書》一冊。作新社譯。本社鉛印本。

日本教育家福澤諭吉傳

徐維則等《增版東西學書録·史志》 《日本教育家福澤諭吉傳》一卷。《教育世界》本。日本奥村信太郎編，汪有齡譯。福澤生於天保五年，至明治三十年年六十餘，尚精神煥然。生平著述，不下數十百種。大抵皆採集西洋之文明，以爲國運進步之助。其言曰：「吾所引爲己責者，一使全國男女之氣質日趨高尚，不愧文明之名。二不問耶穌教與佛教，惟意之從，以和民心。三各出其力，以研究有形無形一切高深之學問。」故終其身，於教育譯述演説之内，而卒得酬其所願，何其快也！此傳詳記其修業以及遊學之事迹，讀之足以知君之孳孳於教育矣。徐補。

徐樹蘭《古越藏書樓書目·政部·外史》 《日本教育家福澤諭吉傳》一卷。日本奥村信太郎。汪有齡譯。《教育世界》本。

初等教育分部

西塾訓蒙法

徐維則等《增版東西學書録·幼學》 《西塾訓蒙法》一卷。《嶺學報》本。嶺學報館譯。從德文原譯本譯出。斯書先後序次，頗有合於古者小學教人之意。惟原書漫漶，篇帙無紀，嶺學報取而潤色之，次爲十類，曰才質，曰師範，曰誘教，曰訓講，曰教法，曰溫習，曰懲戒，曰家學，曰問答，而以詞論終焉。顧補。

養蒙正軌

徐維則等《增版東西學書録・幼學》 《養蒙正軌》二卷。《萬國公報》本。英李耀春、汪振聲合譯。上卷爲瑞士柏思大羅齊訓蒙新法，下卷爲德福若伯訓蒙法。皆能闡發教育之理，宜西人奉爲定法也。顧補。

《上海格致書院藏書樓書目・東西學書・教育學》 《蒙養正軌》。英秀耀春。六合汪振聲。一卷。一本。活印本。

廣學會編《廣學會譯著新書總目・蒙學》 《養蒙正軌》。第一，學校之正理，根本於性。二、由性生者，其身體所發之力及思慮也。三、凡於讀書有礙（去）〔者〕力去之，有益者力助之。四、學生初學時，全憑五官之用，由外感動，而歸之於心。此爲思慮之本也。五、孩童之性，好動好靜，是天機發露出來，不可勉強，迎機以善導之。一冊。減售大洋五分。

教育説略

徐維則等《增版東西學書録・幼學》 《教育説略》□卷。澳門荷蘭蒙學書塾本。荷蘭澳門蒙學塾著。書分論五篇，章程若干，皆由淺及深，便於開蒙益智。顧補。

比類學

徐維則等《增版東西學書録・幼學》 《比類學》□卷。《蒙學報》本。曾廣銓譯。又名《西國敎養小孩法》。其書後半部，多言教事，無甚精義。所譯僅五篇，已足括全書之要。顧補。

幼學初階

梁啓超《西學書目表・無可歸類之書》 《幼學初階》。一本。一角。

徐維則等《增版東西學書録・幼學》 《幼學初階》一冊。香港文裕堂刻本。不著撰人名氏。專取簡筆之字，以成淺俗語。蓋香港西書塾中敎幼童而作。

初學階梯

梁啓超《西學書目表・無可歸類之書》 《初學階梯》。三本。二角五分。

徐維則等《增版東西學書録・幼學》 《初學階梯》三冊。香港文裕堂刻本。不著撰人名氏。亦西書塾敎初學之本，取習見習聞之事物，著爲小論。第三《論故事》、《論五金》、《論香港》各篇，頗足觀。中有涉敎中語，可厭。

啓悟要津

梁啓超《西學書目表・無可歸類之書》 《啓悟要津》。卜舫濟。上海排印本。一本。一角。訓蒙極便。

徐維則等《增版東西學書録・幼學》 《啓悟要津》一卷。上海排印本，一冊。坊間改名《格致西學啓蒙》。美卜舫濟著。凡天地萬物之理，略舉其要。設爲問答，專爲發蒙之用。

楊復等《浙江藏書樓乙編書目・補遺》 《啓悟要津》一冊。美國卜舫濟譯。鉛印本。

發蒙益慧録

梁啓超《西學書目表・無可歸類之書》 《發蒙益慧録》。三本。四角七分。

徐維則等《增版東西學書録・幼學》 《發蒙益慧録》三冊。

蒙學淺説

徐維則等《增版東西學書録・幼學》 《蒙學淺説》一卷。廣學會本，一冊。不著撰人名氏。此久於中土之教士所作，篇中所説情景，半多中俗，期易於感發也。惟其宗旨，不離乎行教，教孩提者，宜節取之。

楊復等《浙江藏書樓乙編書目・教育》 《蒙學淺説》一冊。廣學會輯。商務印書館鉛印本。

廣學會編《廣學會譯著新書總目・蒙學》 《蒙學淺説》。惟孩童本性皆善，將忠孝淺説，比喻講解，長大無有不成器矣。計二十章，一冊。價洋一角。

養正新編

廣學會編《廣學會譯著新書總目・蒙學》 《養正新編》。擇往事之有誨訓者，逐段演説，以教蒙童，使知其修身養心之道。一冊。價洋八分。

孩訓喻説

廣學會編《廣學會譯著新書總目・小説》 《孩訓喻説》。劉樂義著。比喻一百零二則。價洋一角。

西事略

徐維則等《增版東西學書録・雜著》 《西事略》一卷。蒙學報本。曾廣銓譯。所言皆西國故事，意主箴規，使幼童易解。顧補。

幼學讀史叢集

廣學會編《廣學會譯著新書總目・小説》 《幼學讀史叢集》。古時猶太國有參孫其人者，智勇兼備，舉國人不能步武之。此小傳，記罕口利司事，亦頗（舉）〔與〕參孫相類。一冊。價洋一角。

蒙學地理紀要

徐維則等《增版東西學書録・地學》 《蒙學地理紀要》一卷。《蒙學報》本。藍寅譯。

訓蒙地理志

廣學會編《廣學會譯著新書總目・地理》 《訓蒙地理志》。一本。價洋八角。

蒙學地文教科書

楊復等《浙江藏書樓乙編書目・圖史》　《蒙學地文教科書》一冊。闕名。文明書局譯印本。

蒙學地質教科書

楊復等《浙江藏書樓乙編書目・圖史》　《蒙學地質教科書》一冊。闕名。文明書局鉛印本。

教授圖説

徐維則等《增版東西學書録・幼學》　《教授圖説》□卷。香港石印本。英協巴旬著。每套二十幅，便華童習英文日課之用。顧補。

雙字合編

廣學會編《廣學會譯著新書總目・蒙學》　《雙字合編》。將字分開，併成三字句，以便誦讀。一冊。價洋二分。

啓蒙讀本

廣學會編《廣學會譯著新書總目・蒙學》　《啓蒙讀本》。此書純用普通話，於方言既可流通，而所有各課，又能體童年性質。每課均有圖畫，使

孩童易知，尤妙，適合民國之用。首卷價洋二角，二卷一角五分，三卷一角六分。

兒童笑話

徐維則等《增版東西學書録・雜著》　《兒童笑話》□卷。《蒙學報》本。日本《少年新報》本，日本古城貞吉譯。雖係寓言，足以啓發童蒙智慧。顧補。

訓蒙窮理圖解

徐樹蘭《古越藏書樓書目・學部・東西洋格物學》　《訓蒙窮理圖解》一卷。日本福澤諭吉。臺灣民政部譯。攻媿軒本。

顧燮光《譯書經眼録・學校》　《訓蒙窮理圖解》二卷。《攻媿軒日本叢書》本。日本福澤諭吉著。書凡十章，爲臺灣民政部學務課本，言格致諸理，語簡能賅，尙便學子。

蒙學理科教科書

顧燮光《譯書經眼録・物理》　《蒙學理科教科書》四卷。文明書局石印本，四冊。無錫三等學堂編譯。上海二卷，譯《日本高等小學校理科教科書》，删其深奥之理暨彼國之物產，而存其日用淺顯與吾國之兒童常伴合者，缺者輯而補之。蓋鄉土格致之類也。下篇二卷，則專言普通物理，分類列入，大半譯自東籍，參以吾國教授經驗之本。明晰簡便，頗適教科之用。

小學理科教科書

顧燮光《譯書經眼録・物理》 《小學理科教科書》四冊。教科輯譯社洋裝本。日本棚橋源太郎、樋口勘次郎合著，曾澤霖譯。書共四冊，每冊分三篇，適合兒童一學年之用。所載悉以農工、水産、林業并育兒、衛生、家事，以成科學之全體焉。

小學理科新書

顧燮光《譯書經眼録・物理》 《小學理科新書》一卷。《便蒙叢編》本。王季點譯。全書計二十章，語簡能賅。

小學理科新書初編

徐樹蘭《古越藏書樓書目・學部・東西洋格物學》 《小學理科新書初集》一卷。王季點譯。《東文選譯》本。

社會教育分部

二十五言

趙琦美《脈望館書目・大西人著述》 《二十五言》一本。

沈初等《浙江採集遺書總録・天文術算類》 《二十五言》一卷。刊本。

右前書本西人利瑪竇所述。

《四庫提要・雜家類存目二》 《二十五言》一卷。浙江巡撫採進本。明利瑪竇撰。西洋人之入中國，自利瑪竇始。西洋教法傳中國，亦自此二十五條始。大旨多剽竊釋氏，而文詞尤拙。蓋西方之教，惟有佛書。歐邏巴人取其意而變幻之，猶未能甚離其本。厥後既入中國，習見儒書，則因緣假借以文其説。乃漸至蔓衍支離，不可究詰，自以爲超出三教上矣。附存其目，庶可知彼教之初，所見不過如是也。

王韜《泰西著述考》 利瑪竇《二十五言》一卷。

勵學古言

王韜《泰西著述考》 高一志《勵學古言》。

譬學

王韜《泰西著述考》 高一志《譬學》。

五十言餘

王韜《泰西著述考》 艾儒略《五十言》。

國民教育資料

徐維則等《增版東西學書録・學校》 《國民教育資料》二卷。《教育世界》本。日本峰是三郎著，沈紘譯。一國之人，無國家思想而言論自由，則流弊甚大。故各國皆籌教育普及之法，而寓國家主義於其中。是書則日本教

育家所持以爲演繹國家主義之資料者也。我國有志教育者，當依其例而酌於我國國體以爲之。徐補。

徐樹蘭《古越藏書樓書目・政部・教育》　《國民教育資料》二卷。日本峰是三郎。沈紘譯。《教育世界》本。

顧燮光《譯書經眼録・學校》　《國民教育資料》二卷。《教育世界》本，一册。日本峰是三郎著，沈紘譯。全書計三十三章。上卷八章，發明國民愛國之義務。下卷二十五章，則言政治之教育焉。夫一國之人，無國家思想而言論恣肆，則流弊甚大。故各國皆籌教育普及之法，而寓愛國主義於其中。是書日本教育家所特以爲演繹愛國主義之資料者也。

教育家言

顧燮光《譯書經眼録・議論》　《教育家言》一卷。廣智書局排印本，一册。蔣百里譯。本書爲日本蘇峰生《教育小言》中之第一論，凡分五大節。以富進取、重責任、去倚賴性爲教育國民之實效，歷引歐西史事，以相印證。蓋無活潑、堅實、猛勇之性，不足以屹立於天演淘汰之中故也。譯者間附按語，亦有見到之處。

簡便國民教育法

徐樹蘭《古越藏書樓書目・政部・教育》　《簡便國民教育法》一卷。日本清水直義。沈紘譯。《教育世界》本。

楊復等《浙江藏書樓乙編書目・教育》　《簡便國民教育法》一册。日本清水直義箸。浙江書局譯印本。

國民教育愛國心

楊復等《浙江藏書樓乙編書目・教育》　《國民教育愛國心》一册。日本穗積八束著，章起渭譯。北京書局鉛印本。

國民内長鏡

楊復等《浙江藏書樓乙編書目・教育》　《國民内長鏡》一册。山陽林志其譯。鉛印本。

體育分部

幼學操身

梁啓超《西學書目表・無可歸類之書》　《幼學操身》。慶丕、翟汝舟。益智書會本。一本。五角。有用。

又《附録・讀西學書法》　《幼學操身》述體操之法，與中國《易筋經》等相彷彿，而其法較善。有志繕生之學者，不可不留意。

徐維則等《增版東西學書録・幼學》　《幼學操身圖説》一卷。益智書會本，一册。光緒丙申北洋官書局本。會稽徐氏重刻本。上海石印本。坊間改名《西國易筋經》。《格致彙編》摘刻，名《易筋西經》。英慶丕輯，翟汝舟述。是編凡圖三十二圖，各有説義，取淺近便於指授體操之法，與中國《易筋經》大略相似，西國學堂列入程課中。國人秉質柔脆，亟宜講求。體操亦強學之一助也。

楊復等《浙江藏書樓乙編書目・生理》　《幼學操身》一册。美國慶丕著，翟汝舟編。慶學會鉛印本。

廣學會編《廣學會譯著新書總目・體學》　《幼學操身》。專論啞鈴體操。一本。價洋一角。

易筋西經

徐樹蘭《古越藏書樓書目・政部・軍政》　《易筋西經》一卷。英傅蘭雅。《格致彙編》本。即《幼學操身圖說》之節本。

女學體操

廣學會編《廣學會譯著新書總目・體學》　《女學體操》。男操之書，譯者不乏。獨女操，無人過問。今雲南女醫士特備。一冊。價洋一角。

體操法

徐樹蘭《古越藏書樓書目・政部・軍政》　《德國體操法》五卷。德武備原本。德瑞乃爾譯，蕭誦芬述。《湖北武學》本。

顧燮光《譯書經眼録・體操》　《體操法》五卷。湖北武學本，上海掃葉山房石印本，寶善齋石印大字本，作新社洋裝本。德國武備原本，德瑞乃爾口譯，蕭誦芬筆述。體操爲西人強種要法，大小學堂皆定爲課程，故通國之民，皆可爲兵。其操法有四：曰空手體操，曰運槍體操，曰用架體操，曰越險阻體操。附圖六十以明之。此乃教兵士之書，故不厭其詳焉。

楊復等《浙江藏書樓乙編書目・生理》　《體操學》二冊。德國瑞乃爾譯，山左蕭誦芬述。湖北武備學堂鉛印本。

體育圖說

《上海格致書院藏書樓書目・東西學書・體育學》　《體育圖說》。美羅克斯。中姚受庠。二卷。一本。廣學會活印本。

廣學會編《廣學會譯著新書總目・體學》　《體學圖說》。專講體操之法，詳而且備。一本。價洋二角五分。

簡易體操法

徐維則等《增版東西學書録・幼學》　《簡易體操法》□卷。《蒙學報》本。日本澁江保編纂。顧補。

蒙學體操教科書

顧燮光《譯書經眼録・體操》　《蒙學體操教科書》一卷。文明書局三版本。日本坪井玄道、日本田中盛業合著，丁錦譯。此書原名《小學普通體操法》，參酌《新撰體操書》、《新製體操法》二書，又證以經驗，始著爲定本。譯者僅譯其上篇，其下卷啞鈴操，另編爲高等教科書。其原例則，備譯入此本，以備參考。書計四章：一曰整頓法，二曰矯正身體術，三、四徒手體操。附圖列說，皆甚明晰。

高等小學游戲教科書

顧燮光《譯書經眼録・體操》　《高等小學游戲教科書》一卷。文明書局本。日本山本武著，丁錦譯。本書凡二章，四十八節，皆以游戲之法，活潑幼稚體力，以養成尚武精神、愛國性質。事雖纖微，收效甚大，讀之者毋以游戲忽之也。

普通體操摘要

徐樹蘭《古越藏書樓書目・政部・軍政》 《日本普通體操摘要》一卷。日本師範學校原本。王肇鋐譯。《湖北武學》本。

顧燮光《譯書經眼録・體操》 《普通體操摘要》一卷。《湖北武學》本，上海掃葉山房石印本，寶善齋石印大字本。王肇鋐譯。原書爲日本師範學校教授生徒課本，八十七章，今摘取其演習啞鈴八章譯之。其空手體操已詳《體操法》中空手體部，此故略之。

普通體操學教科書

楊復等《浙江藏書樓乙編書目・生理》 《普通體操學教科書》一册。元和王肇鋐譯。石印本。

國民新體操

顧燮光《譯書經眼録・體操》 《國民新體操》一卷。科學儀器館洋裝本，一册。日本嘉納治五郎編，鍾觀光譯。本書記德人孫唐體力養成之法，及孫唐之在歐美興行鬬獅各事。卷末附年齡表、練習法及解剖圖一幅，皆徵明本書所言之理，以勵青年之學步者。卷首插孫唐十歲及現今肖像，俾讀者比較，知練習之有益焉。

國民體育學

顧燮光《譯書經眼録・體操》 《國民體育學》一卷。文明書局排印本，一册。日本西川政憲著，楊壽桐譯。日本自甲午戰勝後，益知國民之體強弱，爲生存競爭之要質，創體育會，以訓練國中之青年。西川氏復著是書，以傳布各處支會，以資研究。書共六章，首論結婚，二論嬰兒之體育，三論幼時之體育，四論少年之體育，五論青年之體育，六論少女之體育。於兒童發育康健之機，教養之方，皆三致意焉。惟第一章至四章，多與陳氏毅所譯《胎內教育》相同。雖著者各殊，然公理則一，固未可以用意雷同相病也。

楊復等《浙江藏書樓乙編書目・生理》 《國民體育學》一册。日本西川政憲著，無錫楊壽桐譯。文明書局鉛印本。

球術

《上海格致書院藏書樓書目・東西學書・體育學》 《球術》。范迪吉。一本。育文書局印本。

射擊術

《上海格致書院藏書樓書目・東西學書・體育學》 《射擊球》。范迪吉。一本。育文書局印本。

陸地競走

《上海格致書院藏書樓書目・東西學書・體育學》 《陸地競走》。范迪吉。一本。育文書局印本。

水面賽船

《上海格致書院藏書樓書目·東西學書·體育學》

《水面賽船》。范迪吉。一本。育文書局印本。

語言文字部

論述

康有爲《日本書目志・文字語言門總序》 日本僻在荒島，無文學也。六朝以前師佛學，隋唐以後師吾中學，皆加重譯而後能之，艱苦甚矣。然以艱苦曲折之故，條理反密，故學作文有專書，學用文有專書，學記事有專書，學言語有專書，教童幼有專書，教女子有專書，教農工商各有專書，書皆百數十種。其教授有科級，其書不憚啚瑣，悉有讀本、論題、演説、問答，極其繁詳。故自童崽婦豎，無不握觚操管，能知書算。近移向者學吾之法，移而學泰西橫文之學，加以修辭、演説、捷記諸法，則駕輕車，就熟道。又能枝葉繁夥，偏逮愚民。而吾中人，以文學惟吾所自有，學之但少有古今之異，名義固自全同，學之既易，教之反疎，乃於一切逮下教童幼、婦女、農工商之書皆無之。方聞綴學之人，誇託門戶，有所撰注，高語經史，而詆逮下之書爲鄙俚不雅。其鄙人又不能述作。於是幼學無本，愚民更多，教之更難，風俗隳壞，人心式微，皆内無逮下之書故，使日人青出於藍，吾亦可以自返矣。

又《修辭演説類序》 孔子四科，德行之後，以言語先政事、文學。竊嘗怪之。春秋時會盟聘問，戰國時飛辨騁辭，晉世握麈玄談，皆面相酬答，剖析辨折。佛、道苦甚，而能鼓動大衆從其教者，亦以言語爲多。六朝、隋、唐，文辭既盛，言語道廢。而適用動人言語爲大。泰西公議、傳教，猶尚演説之風。四科之一學，豈可忘哉？

又《速記法類序》 由繁而簡者，天道之自然，人事之至情也。行、草書行用之廣，從事之敏，可增壽命。泰西多捷記法，亦吾草書之意，後世其必行哉，吾中人多創之矣。姑取日書鑑焉。

梁啓超《西學書目表附録・讀西學書法》 譯出各書，多二十年前之舊籍，彼中人士已吐棄不道，且屢經筆舌，每失其意。故欲周知四國、成一家言者，非習西文不可。日本舉國之人能通英、法文者，幾及其半。此人才之所以盛也。中國一孔之儒吐棄不屑，固爲可哂。其稍有志趣者，或慮齒長舌強，學步爲難，斯固不然。余所見二十以後始學此者，其成就之人指不勝屈。西國學童，必習拉丁文，羅馬文字。蓋法文、英文各書之中，大半用拉丁文法，猶今人著書，必用秦漢文義也。故欲求能讀西書，莫如先從拉丁文入手。閒一年之内，即可以自讀各書矣。

梁啓超《東籍月旦・叙論》 治東學者，不可不通東語，此亦正格也。蓋通其語則能入其學校，受其講義，接其通人，上下其議論，且讀書常能正確，無或毫釐千里，以失其本意，誠不可少之具矣。雖然，學東語雖較易於西語，然亦非居其地接其人，以歲餘之功習之不能。若用簡便之法，以求能讀其書，則慧者一旬，魯者兩月，無不可以手一卷而味津津矣。故未能學語而專學文，不學作文而專學讀書，亦一急就之法，殊未可厚非也。

綜述

語音文字語法分部

西儒耳目資

錢謙益等《絳雲樓書目・天主教類》 《西儒耳目資》。

《四庫提要・小學類存目二》 《西儒耳目資》。無卷數。兩江總督採進本。明金尼閣撰。金尼閣字四表，西洋人。其書作於天啓乙丑，成於丙寅。以西洋之音，通中國之音。中分三譜：一曰譯引首譜，二曰列音韻譜，皆因聲以隸形。三曰列邊正譜，則因形以求聲。其説謂元音有二十九：自鳴者五，曰丫、額、依、阿、午。同鳴者二十，曰則、測、者、撦、裕、克、百、魄、德、忒、日、物、弗、額、勒、麥、搦、色、石、黑。無字者四。自鳴者爲

萬音之始，無字者爲中國所不用也，故惟以則、測至石、黑二十字爲字父。其列音分一丫，二額，三衣，四阿，五午，六愛，七澳，八盎，九安，十歐，十一硬，十二恩，十三鴉，十四葉，十五藥，十六魚，十七應，十八音，十九阿荅切，二十阿德切，二十一瓦，二十二五石切，二十三尾，二十四屋，二十五而，二十六翁。二十七至二十九，非中國所有之聲，皆標西字而無切。三十隘，三十一堯，三十二陽，三十三有，三十四烟，三十五月，三十六用，三十七雲，三十八阿蓋切，三十九無切，四十阿剛切，四十一阿干切，四十二阿根切，四十三歪，四十四威，四十五王，四十六彎，四十七五庚切，四十八溫，四十九碗，五十遠，皆謂之字母。其輾轉切出之字，則曰子，曰孫，曰曾孫，皆分清、濁、上、去、入五聲，而五聲又各有甚次，與本聲爲三。大抵所謂字父，即中國之字母。所謂字母，即中國之韻部。所謂清濁，即中國之陰平、陽平。所謂甚次，即中國之輕重等子。其三合、四合、五合成音者，則西域之法，非中國韻書所有矣。考句瀆爲穀，丁寧爲鉦，見《左氏傳》。彌牟爲木，見於《檀弓》。相切成音，蓋聲氣自然之理。故華嚴字母出自梵經，而其法普行於中國。後來雖小有增損，而大端終不可易，由文字異而聲氣同也。鄭樵《七音略》稱七音之韻，出自西域。雖重百譯之遠，一字不通之處，而音義可傳。所以瞿曇之書能入諸夏，而宣尼之書不能至跋提河。聲音之道，有障礙耳。是或一說歟？歐邏巴地接西荒，故亦講於聲音之學。其國俗好語精微，凡事皆刻意研求，故體例頗涉繁碎，然亦自成其一家之學。我皇上耆定成功，拓地蔥嶺，欽定《西域同文志》兼括諸體，巨細兼收。歐邏巴驗海占風，久修職貢，固應存錄是書，以備象胥之掌。惟此本殘闕頗多，《列音韻譜》惟存第一攝至十七攝，自十八攝至五十攝皆佚，已非完書。故附存其目焉。

王韜《泰西著述考》　金尼各，字四表。拂覽第亞國人。明萬曆三十八年庚戌至，傳教浙江。崇禎二年己巳卒。墓在杭州方井南。著有《西儒耳目資》三卷。

演說學

楊復等《浙江藏書樓乙編書目・雜誌》　《演說學》一冊。日本岡野英太郎著，鎮海鍾觀誥譯。鉛印本。

字　考

王韜《泰西著述考》　曾德昭，字繼先。路西大尼亞國人。明萬曆四十一年癸丑至，傳教杭州，轉金陵，復回廣東，卒。墓在香山墺。著有《字考》。

徐維則等《增版東西學書録・東西人舊譯著書》　曾德昭《字考》。

文字考

王韜《泰西著述考》　恩理格，字性涵。熱而瑪尼亞國人。順治十七年庚子至，傳教山西。康熙十年辛亥，爲修正曆法，欽取來京。十五年丙辰告假，奉旨往山西絳州。著有《文字考》，未刻。

梁啓超《西學書目表・通商以前西人譯著各書》　恩理格《文字考》。

徐維則等《增版東西學書録・東西人舊譯著書》　恩理格《文字考》。

朝陽閣字鑑

顧燮光《譯書經眼録・學校》　《朝陽閣字鑑》三十卷，附《古籀篇》首卷《書體要覽》《目錄》二卷。日本宏文館本，一名《篆學大全》。日本高田忠周著。上自三代秦漢金石文字，下至唐宋元明清諸說，考經論說，網羅蒐

集，無有遺漏。古文篆籀摹寫，凡二萬數千百字，每字注脚，援《爾雅》，據《説文》，正歐、趙之誤，補許、鄭之闕。至其論古籀爲世界文字鼻祖，字母不過一百四十七形，實爲千古創論。上海碧梧山莊易名爲《金石大字典》。

華語考原

梁啓超《西學書目表・無可歸類之書》 《華語考原》。艾約瑟。《格致彙編》本。

又《附録・讀西學書法》 艾約瑟《華語考原》，曾附印於《格致彙編》中。以西人而考據中國古言，其剌謬固甚多，然有好學深思之處，不可沒也。

顧述廬《通學書籍考・西文類》 《華語考原》。英艾約瑟稿，英傅蘭雅輯。是書以西人而考據中國古言，其剌謬固甚多，然有好學深思之處，不可沒也。《西學通考》。

徐維則等《增版東西學書録・理學》 《華語考原》一卷。《格致彙編》本。英艾約瑟著，英傅蘭雅輯譯。考究中國古語源委，而於心聲之發，尤能推闡其理。蓋心靈學之支流。西人好學深思，於此可見。至其論古音，亦頗有理。雖謬處不少，其發明中國音學之功，誠不可沒。惜其書似未譯全耳。

外國語分部

法字入門

徐樹蘭《古越藏書樓書目・政部・外交》 《法字入門》一卷。龔渭琳編譯。光緒十三年美華書館本。

增廣華英指南

徐樹蘭《古越藏書樓書目・政部・外交》 《增廣華英指南》六卷。楊勳。光緒二十五年商務印書館本。

英語初學

顧述廬《通學書籍考・西文類》 《英話初學》。西儒理雅各著。是書中自上帝之體性、功用以及所造之天文、地理、人事、服食、器用，與夫一切飛潛動植之物，罔不悉載卷中。將英、唐文字分列上下，俾學者開卷了然，以增知慧也。本書跋。

華英通用要語

徐樹蘭《古越藏書樓書目・政部・外交》 《華英通用要語》一卷。闕名。光緒十三年點石齋石印本。

英文舉隅

徐樹蘭《古越藏書樓書目・政部・外交》 《英文舉隅》一卷。汪芝房譯。斐英館石印本。

華英字典集成

徐樹蘭《古越藏書樓書目・政部・外交》 《華英字典集成》一冊。鄺

其照。洋裝本。

縮本華英字典

徐樹蘭《古越藏書樓書目・政部・外交》《縮本華英字典》一冊。鄺其照。石印本。

英語考原

徐樹蘭《古越藏書樓書目・政部・外交》《英語攷原》一卷。謝洪賚。《普通學報》本。

論英文讀本

徐樹蘭《古越藏書樓書目・政部・外交》《論英文讀本》一卷。謝洪賚。《普通學報》本。

英字入門

徐樹蘭《古越藏書樓書目・政部・外交》《英字入門》一卷。曹驤潤。耕山書莊本。

英話注解

徐樹蘭《古越藏書樓書目・政部・外交》《英話注解》一卷。馮祖憲。光緒二十年申昌書畫室本。

無師自通英語録

徐樹蘭《古越藏書樓書目・政部・外交》《無師自通英語録》一卷。王明。六先書局本。

華英尺牘

徐樹蘭《古越藏書樓書目・政部・外交》《華英尺牘》一卷。闕名。光緒二十五年石印本。

盛世元音

徐樹蘭《古越藏書樓書目・政部・外交》《盛世元音》一卷。沈學。上海石印本。

譯雅

徐樹蘭《古越藏書樓書目・政部・外交》《譯雅》一卷。唐詠裳。特健藥齋本。

清俄字典

顧述廬《通學書籍考・西文類》《清俄字典》。俄羅斯人著。是人於光緒元年駐京，遂著此書。中述亞細亞東北文字，其略云：考唐代以上，亞

西亞東部多係中國文字，滿洲、渤海兩地皆用之。傳至日本、高麗，亦兼習焉。《萬國公報》。

中俄話本

徐樹蘭《古越藏書樓書目・政部・外交》 《中俄話本》一卷。闕名。光緒二十五年石印本。

中學日本文典

徐樹蘭《古越藏書樓書目・政部・外交》 《中學日本文典》一卷。周闕名。海陵學社本。

廣和文漢讀法

徐樹蘭《古越藏書樓書目・政部・外交》 《廣和文漢讀法》一卷。疇隱主人。石印本。

日本假名文字考

徐樹蘭《古越藏書樓書目・政部・外交》 《日本假名文字攷》一卷。杜煒孫。《普通學報》本。

和文釋例

楊復等《浙江藏書樓乙編書目・文字》 《和文釋例》一冊。桐城吳啓孫著。鉛印本。

和文奇字解

楊復等《浙江藏書樓乙編書目・文字》 《和文奇字解》一冊。桐城陶珉輯。鉛印本。

東語簡要

楊復等《浙江藏書樓乙編書目・文字》 《東語簡要》一冊。日本井上圓了著，梁有庚譯。鉛印本。

言文對照漢譯日本文典

楊復等《浙江藏書樓乙編書目・補遺》 《言文對照漢譯日本文典》一冊。日本松本龜次郎著。東洋鉛印本。

文學部

論述

艾儒略《西學凡・文科》　文科云何？蓋語言止可覿面相接，而文字則包古今，接聖賢，通意胎於遠方，遺心產於後世。故必先以文，闢諸學之大路。其文藝之學，大都歸於四種：一、古賢名訓；一、各國史書；一、各種詩文；一、自撰文章議論。又附有交接進退之規，有拊奏之樂，有合節之舞，有書數之奧，讀經之詠。此諸學，各有一公堂習之。自幼習文學者，先於一堂試其文筆，後於公所試其議論。其議論之法，大約必由五端：一、先觀物、觀事、觀人、觀時勢，而習覓道理以相質，所謂種種議論之資料是也。二、賢乎先後布置，有序而不紊。三、以古語擷華潤色。四、將所成議論，嫻習成誦，默識心胸。其人靈悟善記，則有溫養之法；其人善忘難記，則有習記之法；終至公所主試者之前，誦說之；或登高座，與諸智者辯論焉。蓋議論本欲破人之疑，而發其志，以善處其事。不能通人之心，感人之情，無益也。故言語之輕重疾徐，以至容貌顧盼，舉手瞬目，皆有其法，俾聽之者愛惡悲喜，言下卽觸，不徒浮言散於空中而已。五者之中，又以實理爲主，以致於用，決可見諸行事。或衿紳偶有大事難決者，或民習於陋業、沉於邪俗者，或當誦說聖賢之功德，或當譏彈不肖之惡行，或防國家之災而杜將來之亂者，皆須有識能文之士立論匡扶，衆前剖析，使其事理調暢，羣疑盡釋。枉者伸，詐者服，凶頑者罪，及以修道設教，使弱者見易而立志，狂者見難而加謹也。

康有爲《日本書目志・文學類序》　日本古無大學，所傳肥人書、薩人書及鎌倉八幡寺、河內國平岡寺、和州三輪寺體如蝌蚪，不過代結繩而已。自王仁傳經以來，博士段楊爾、漢安茂並來，大行吾中土學矣。及吉備朝臣空海作爲假名，以便愚民，于是其書雜和、漢而成體。佛法大流，適當武門柄政之世，儒學絀焉。至德川氏興，崇尚孔學，林信勝、伊藤維楨、物茂卿、賴襄之倫出，彬彬偁盛焉。維新以來，尚蠏行書。然而學校偏于全國，無不讀書識字者。觀日本之變，可以鑑也。《大學紀要》、《博物館書目》，日人之強，固在文學哉！

又《謠曲本類序》　《詩》曰「式歌且舞」，以暢人之肌膚而和人之血氣。墨子謂孔子「歌詩三百，弦詩三百，舞詩三百」，詩皆樂章也。戲曲卽古樂府，能深入人心，使人樂，使人悲，忽然不知所由來。故移風易俗，莫善於樂。戲曲實爲六教之大本，宜隸學官，損益以贈民。墨子非樂，生不歌，莊生譏其道太觳，反天下之心，天下不堪。離于天下，去王遠矣。宋賢未通禮樂之本，較量律呂，求古樂之復則古樂不可復，于是棄樂黜歌，暗蹈墨學而不知。而樂爲天籟，歌爲人性，卒不可禁，則淫聲、凶聲、慢聲、哇亂聲四出嘈奏。士大夫無雅樂可託寄，乃悉歸之，則適以蕩佚風俗。而日本爲東方樂國，謠俗治化靡靡，然俠風激昂俊上，時有夏聲，周徧上下，施及士夫，採聽風謠，亦足以聞聲知政焉。日人自隋唐時來學樂，效吾詩章，其作者雅健有可採者。惟地邈音殊，學之良苦，邾、鄶陋小，終不能抗衡大國。然日人之苦思好學，善師法人之長，故學中、學西，轉圜捷疾。

又《小說門總序》　易逮于民治，善入于愚俗，可增《七略》爲八，四部爲五，蔚爲大國，直隸王風者，今日急務，其小說乎！僅識字之人，有不讀經，無有不讀小說者。故六經不能教，當以小說教之；正史不能入，當以小說入之；語錄不能諭，當以小說諭之；律例不能治，當以小說治之。天下通人少而愚人多，深於文學之人少而粗識之無之人多。六經雖美，不通其義，不識其字，則如明珠夜投，按劍而怒矣。孔子失馬，子貢求之不得，圉人求之而得，豈子貢之智不若圉人哉？物各有羣，人各有等，以龍伯大人與僬僥語，則不聞也。今中國識字人寡，深通文學之人尤寡經義史，故亟宜譯小說而講通之。泰西尤隆小說學哉！日人尚未及是，其《通俗教育記》、《通俗政治記》，亦其意矣。其《懷思奧說》、《若佛國不思議》、《未來之面》、《未來之商》、《世界未來記》、《全世界一大奇書》、《世界大演說會》、《大通世界》、《月世界一周》、《新日本》、《新太平記》、《南海之激浪》，皆足以發皇心思焉。日人通好于唐時，故文學制度皆唐時風。小說之穠麗怪奇，蓋亦唐人說部之餘波，要可考其治化風俗焉。

梁啓超《譯印政治小說序》　政治小說之體，自泰西人始也。凡人之情，莫不憚莊嚴而喜諧謔，故聽古樂，則惟恐臥，聽鄭衛之音，則靡靡而忘

倦焉。此實有生之大例，雖聖人無可如何者也。善爲教者，則因人之情而利導之，故或出之以滑稽，或託之於寓言。孟子有好貨好色之喻，屈平有美人芳草之辭，寓譎諫於詼諧，發忠愛於馨豔。其移人之深，視莊言危論，往往有過，殆未可以勸百諷一而輕薄之也。中土小說，雖列之於九流，然自虞初以來，佳製蓋鮮。述英雄則規畫《水滸》，道男女則步武《紅樓》。綜其大較，不出誨盜誨淫兩端。陳陳相因，塗塗遞附，故大方之家，每不屑道焉。雖然，人情厭莊喜諧之大例，既已如彼矣。彼夫綴學之子，黌塾之暇，其手《紅樓》而口《水滸》，終不可禁；且從而禁之，孰若從而導之？善夫南海先生之言也！曰：「【略】今中國識字人寡，深通文學之人尤寡，然則小說學之在中國，殆可增七略而爲八，蔚四部而爲五者矣。」在昔歐洲各國變革之始，其魁儒碩學，仁人志士，往往以其身之所經歷，及胸中所懷政治之議論，一寄之於小說。於是彼中綴學之子，黌塾之暇，手之口之，下而兵丁，而市儈，而農氓，而工匠，而車夫馬卒，而婦女，而童孺，靡不手之口之。往往每一書出，而全國之議論爲之一變。彼美、英、德、法、奧、意、日本各國政界之日進，則政治小說爲功最高焉。英名士某君曰：「小說爲國民之魂。」豈不然哉！豈不然哉！今特採外國名儒所撰述，而有關切於今日中國時局者，次第譯之，附於報末。愛國之士，或庶覽焉。

通雅齋《新學書目提要・文學類》 處今日之世而用文學爲名辭，幾如對夏蟲而語冰寒，其不爲時人所詫者亦微矣。夫歐洲碩彦，鴻傳爲宗，既切世圖，彌懷故學，臘丁文義，著重方深。埃及斷碑，既有資於辨體；羅馬銅表，猶多效於典章。此非西人考古之迹耶？何其洵且雅也。若乃德尊苟克，英贊李提，則滂理舊文，至於中土，劬劬者垂五十年，耄而不釋。噫！抑何篤耶？而近日不學之徒，習爲蔽冒，詆諆故典，廢棄雅言，操管之間方滋騰笑，咨以歐儒之學派、西冶之深微，固猶是叩槃而捫籥也，此亦承學之阨已。今之所錄，半爲日記、講義之倫，初非任筆沈詩之作，爲目不及三十種，故茲篇提要頗復寥寥，顧必存此名者，視文學之貴，冀以返積重之勢也。大雅淹洽之羣，庶不責焉。

范煙橋《小説話》 言情小說，作者如林，而西方乘船而來者，亦以此類爲最夥。平心論之，西方作者於箇性觀察甚詳，故刻畫入情理，且西方愛情神聖，戀愛自由，其男女間交際方式至多，非若我國之千篇一律也。因此我國之工言情者，前者以詞采爲工，近則以悲苦相尚。欲高尚純潔之作，須於譯本中求之矣。彼於情之一字，細鍼密縷，用十二分心思筆力者也。

覺我《余之小説觀・著作小説與翻譯小説》 之二者之得失，今世未定問題，而亦未曾研究之問題也。綜上年所印行者計之，則著作者十不得一二，翻譯者十常居八九。是必今之社會，向以塞聰蔽明，不知中國外所有之人種，所有之風俗，所有之飲食男女，所有之儀節交際，曾以犬羊鄙之，或以神聖奉之者，今得於譯籍中，若親見其美貌，若親居於莊嶽也。且得與今社會成一比例，不覺大快。而於摹寫今日家庭之狀態，社會之現象，以爲此固吾人耳熟能詳者，奚事贅陳耶？此著作與翻譯之觀念有等差，遂至影響於銷行有等差，而使執筆者亦不得不搜索諸東西籍以迎合風尚，此爲原因之一。抑或譯書，呈功易，卷帙簡，賣價廉，與著書之經營久，筆墨繁，成本重，適成一反比例。因之舍彼取此，樂是不疲與，亦爲原因之一。由後之說，是藉不律以爲米鹽日用計者耳。此間不乏植一幟於文學界者，吾願諸君之一雪其恥也。

綜述

日本文學分部

佳人奇遇

丘煒萲《客雲廬小説話・新小説品》 《佳人奇遇》，如清商度曲，子夜聞歌。

電術奇談

寅半生《小説閒評》卷一 《電術奇談》。一名《催眠術》。日本菊池幽芳氏原著，東莞方慶周譯述，我佛山人衍義。書凡二十四回。敍英人喜仲達在印度辦鑛，得利回國，有貴族女林鳳美背父私隨。喜令其暫寓韶安埠客舍，俟取得允許狀然後結婚。隻身

赴倫敦，先訪舊友蘇士馬。蘇故業醫，精催眠術，顧貧甚，見喜，款洽備至，欲炫其術，用電過重，誤斃仲達，因投屍於河，捲其所有，潛逃於法。林久候不至，追尋至倫敦，復不遇，託偵探甄敏達訪查，尤杳然。甄以爲喜之有意撇林也，勸林置之。林在客邸久，幾爲歹人所誘，幸機警得脫，無路可歸，遂投河，爲鈍三所救。鈍三者，四股五官，與常人殊，人以其鈍也，故名之，而待林頗熱心。林在鈍家，貲斧漸罄，顧自幼喜音樂，徇技師金龍馬之請，習曲登臺，豔名日著，法人以重價聘之。蘇本在法，一見消魂，思以利誘，出金鐲相贈。鐲故林物，蘇蓋得之於喜者。林見之，大惑，遂電告甄敏達，欲探其實。孑身訪蘇，喜物具在，蘇不能辯，大恐，復用其術偕遁。敏達得電後即至法，得其故，遂偕龍馬、鈍三，連夜追襲，至梧州客舍，獲之，案遂破。蘇論抵。初蘇之投仲達於河也，實不死，特受電過重，肢體五官，失其常度。遇救，蠢如木偶。鈍三者，即喜之原身也。後重觸電氣，返其原，使林認之，果喜也。互述前事，驚爲隔世，遂合婚。聞原書僅六回，衍義者剖分二十四。其中寫仲達之達，鳳美之美，敏達之敏，鈍三之鈍，允能名副其實，而情跡離奇，筆墨變化，穿插布置，尤有草蛇灰線，匣劍帷燈之妙。

第二回，痛罵時醫，窮形盡相，定非原書所有，特譯者借題發揮耳。第四回，寫鳳美纏綿淒楚，因耳內觸著「亡夫」兩字，想到我這未婚妻，只怕還不能以此稱喜君，酸楚之詞，不堪卒讀。第五回，寫索債一段，調侃不少。第六回，寫阿卷之勸鳳美，忽爾癡呆，忽爾決絕，絕筆歌墨舞之態。第七回，寫鳳美在銀行中問信，心中猶如開了千朵蓮花一般，想到如何見面，如何埋怨，如何體諒，一霎那間，偏有如許波折，不知作者如何體會出來。第九回，寫鳳美對偵探説，不肯節外生枝一段，惟至情人方有此至情語，令人痛哭。第十三回，寫鳳美在著衣中看破舉動，何等機警，掉換酒杯，何等敏捷，區區輝鳳，豈是敵手？第十六回，寫鈍三熱心處，令人可感，癩蝦蟆想吃天鵝肉，拿起鏡子一照，不由的灰心起來，寥寥數語，神情活現。第十七回，寫鳳美廁身梨園，入於下流社會，論者或爲鳳美惜。不知外國大戲曲家亦頗有聲望，不比華人視優伶爲輕賤，蓋不如此，何足以動蘇士馬？讀至二十三回，立志不再登臺，仍不失尊貴身分。可知此番全爲遇士馬張本，況又曾經改名乎？君子之過也，如日月之食焉，過也，人皆見之，及其更也，人皆仰之，於鳳美乎何害？第十八回，鈍三説，頭腦子痛的好像翻轉來似的，是畫龍點睛法。

丘煒萲《客雲廬小説話・新小説品》 《電術奇談》，如白舍人詩，老嫗能解。

經國美譚

楊復等《浙江藏書樓乙編書目・雜誌》 《經國美譚》一冊。闕名。商務書館鉛印本。

丘煒萲《客雲廬小説話・新小説品》 《經國美談》，如清風故人，翩然入座。

累卵東洋

徐維則等《增版東西學書録・雜著》 《累卵東洋》一卷。明治三十四年日本排印本，一冊。日本大橋乙羽著，大房元太郎譯，愚公訂。言英人蠶食印度種種酷虐情形，有智度其人者，欲雪此恥，遊歷亞洲，以冀借助外人重興印度。皆寓言也。顧補。

未來戰國志

楊復等《浙江藏書樓乙編書目・雜誌》 《未來戰國志》一冊。東洋奇人著。廣智書局鉛印本。

政海波瀾

顧燮光《譯書經眼録・小説》 《政海波瀾》四卷。作新社洋裝本。賴子譯。書凡四卷，三十五滴，爲政治小説。所記係十餘年情形，爲彼都風俗、議論之影。書中如東海國治及松葉、竹枝、梅花三女史情形，纏綿講求政治，而無佻達之行，大異吾國小説家所記才子佳人幽期密約之事。所論「自由演講」各節，亦措辭正大，無偏激詭隨之習。吾於小説而知國家盛衰、社會興替之由矣。至其文筆旖旎，頗得六朝氣習，是亦大可觀者。

雪中梅

顧燮光《譯書經眼録・小説》 《雪中梅》一卷。江西廣智書莊洋裝本。

日本廣重恭著，熊垓譯。書成於明治十年。當時黨派紛爭，互相水火，外侮內患，交迫而來，因著此書，以調停平民貴族之間，約十餘萬言，蓋以政治家言，作先河之導。文筆亦旖旎可讀。

月月小説社編《説小説》 《雪中梅》是書爲日本廣末鐵腸所著，譯者江西熊夢九君。譯筆雅馴，流利條鬯。篇中所述，爲明治初年改革時代故事。寫幾多英雄兒女致身國事，奕奕如生。其國野基於少年英雄樓演説「社會如行旅」一段，議論縱橫，滔滔汨汨，誠足鼓動人之政治思想。吾預備立憲國民，尤堪借鑑。至於國野基與春兒，自幼訂婚，未經謀面，既而數遇，兩各傾心，乃有人從而覬覦，設計讒間，詎知茲因非偶，徒用心機？誰謂好事多磨，竟成眷屬。余嘗題七絶二章於其後云：扶桑島國逞雄姸，立憲徒強詎偶然？我國祇今龍見首，何如明治卅年前？相逢夫壻不相識，但識斯人抱負奇。海內英才誰個是？丈夫國野女春兒。

游俠風雲録

楊復等《浙江藏書樓乙編書目·雜誌》 《游俠風雲録》一册。獨立蒼茫子譯。鉛印本。

極樂世界

丘煒萲《客雲廬小説話·新小説品》 《極樂世界》，如新人織縑，日盈一匹。

奪嫡奇寃

觚菴《觚菴漫筆》 偵探小説，余甚佩《奪嫡奇寃》一書，即一名《枯寡婦奇案》者，不僅案之反覆曲折處見長，即搭司官之裁判時，其審度寬嚴，折衷至當，實足令人五體投地，且有裨於臨機斷事處不淺。

星球遊行記

顧燮光《譯書經眼録·小説》 《星球遊行記》一卷。彪蒙譯書局洋裝本，一册。日本井上圓了著，戴贊撰。凡六章，記覺世生歷遊共和、商德、女子、老人、理學、哲學六世界，蓋寓言之類也。書中立意，頗有秩序。大旨以變法各事非一蹴可幾，必循序爲之，乃可立於不敗之地也。

空中飛艇

顧燮光《譯書經眼録·小説》 《空中飛艇》上下二卷。明權社洋裝本，二册。日本押川春浪著，海天獨嘯子譯。是書以科學之思想爲主腦，復以才子佳人之事組織之，遂覺結搆新奇，一洗陳腐。譯筆復雅馴修潔，尤覺豁目。書中所記法武柄博士日本一條，武文輕城伯，薔薇娘諸事，各具情狀，洵屬寫生妙手。

丘煒萲《客雲廬小説話·新小説品》 《空中飛艇》，如挾彈少年，意氣自許。

新舞臺

丘煒萲《客雲廬小説話·新小説品》 《新舞臺》，如李代郭軍，旌旗變色。《新舞臺》中卷，如勾踐報吳，焦思嘗膽。

千年後之世界

楊復等《浙江藏書樓乙編書目·雜誌》 《千年後之世界》一册。天笑生譯。羣學社鉛印本。

啞旅行

寅半生《小說閒評》卷一　《啞旅行》。日本末廣鐵腸著，昭文黃人譯述。小說林社印行。書凡上下兩卷。敍日本紳士隱太郎，游歷英法，不通語言，無論汽船、火車、旅館、市場，種種可笑之事，如癡如顛，如盲如啞，故名曰《啞旅行》。然試設身處地，不諳語言者，確有此種形狀，描摹神情，淋灕盡致，足爲漫遊者鑑。

丘煒萲《客雲廬小說話・新小說品》　《啞旅行》，如髯參短簿，能喜能怒。

懺情記

顧燮光《譯書經眼錄・小說》　《懺情記》上下二卷。商務印書館洋裝本，二冊。日本黑岩淚香原譯，商務印書館重譯。原著爲法蘭西小說，記法女花娜鍾情醫士穆洛根事。中經男爵福雷曼爾，法女憶茶各變，因案繫獄，幾陷謀殺二夫之罪，卒以昭雪，得與穆洛根成夫婦。譯者仿章回體出之，寫情頗覺栩栩。

丘煒萲《客雲廬小說話・新小說品》　《懺情記》，如抽刀斷水，不斷復流。

銀山女王

丘煒萲《客雲廬小說話・新小說品》　《銀山女王》，如師摯《關雎》，洋洋盈耳。

新法螺先生譚

丘煒萲《客雲廬小說話・新小說品》　《新法螺》，如稷下說士，炙輠不窮。《新法螺續譚》，如大將登壇，指揮如意。

英雄之肝膽

《上海格致書院藏書樓書目・東西學書・小說》　《英雄之肝膽》。日本烏伊苛脫由剛。青浦陸士諤。一本。活印本。

寒牡丹

寅半生《小說閒評》卷一　《寒牡丹》。日本尾崎紅葉原著，錢塘吳檮譯。商務書館印行。書凡二十四回，分上下兩卷。敍俄羅斯貴族柯列基伯爵與薩開那、李召夫兩參將，黑夜途遇休職軍醫之女霍麗查，乘醉擁入紅茶館，肆行囉唣，至夜半送回。麗查之母本久病，一憤而亡。父女遂立意告發，柯等悔且懼，賂以金不受。事聞於皇，御斷將三家財產，概與麗查。復賜與柯列基伯爵結婚。婚禮畢後，將柯等三人充發西伯利亞。此前半之節略也。後半敍麗查身爲伯爵夫人，毫無貴族氣習，整頓門庭，不遺餘力。總管福華斯心悅誠服，屢致信於柯，稱道主婦之賢。柯宿怨未消，不之信，柯有妹曰愛蓮，冒殺夫之名，久不齒於人類，麗查竭力訪查，寃爲之雪。愛蓮感甚，亦致信於兄，白其才德。柯不爲動。後柯病，女入宮奏請恩赦。女固精醫術者，隻身赴配所，親爲診治調理，柯得以轉危爲安。然舊怨未釋，病痊後，遽謀離婚，女慨然出指環還之。薩李二人勸之不聽，遂結伴還京。將到家，柯忽悔悟，復以指環強納於女，認爲夫婦，書遂結。

柯列基等三人，本係貴族，並非風狂之輩，觀其後任罪不辭，毫無推諉，人品可知，特爲酒所誤，幾使毀家辱身，甚矣，酒之爲害烈矣哉！御斷結婚一節，實爲千古奇聞，不特身受者出諸意外，卽閱者亦無不驚以爲異，所謂怨耦者非耶？麗查整頓門庭，不愧爲賢婦，觀其前卻金一事，卽非尋常女子所能有此氣概。自後一切作爲，求之古今列女傳中，何可多得？以仇人爲夫壻，況又虛挂其名，成禮後卽充發而去，麗查心中，何等境界。妙在寫來卻落落大方，不露圭角，而一種怨恨情形，時流露於不言之表，此是筆墨善於寫生處。柯列基爲女而充軍，一腔怨恨，自未能遽釋。惟福華斯告之，不信，愛蓮告之，不信，至隻身尋夫，竭力調護，仍不能感動，卒至離婚，可爲匪石難轉矣。何以轉關如此易易？此處似嫌太率。鄙意到家後，宜實行離婚，女還產獨處，怡然自得。當由愛蓮知恩報恩，竭力斡旋，大費一番周折，然後破鏡重圓，則結局較爲有味。況有柯夫人可用，有福華斯可儘力，侭可欲擒故縱，欲合故離，騰挪變化，做一篇大好文章。作者見不

及此，惜哉。

美人煙草

寅半生《小説閒評》卷二　《美人煙草》。日本尾崎德太郎原著，錢塘吳檮譯述。商務書館印行。是書凡八節。敍私立大學學生吉見義久與女學科學生五十嵐琴子相契，苦無學費，勢將黜業。琴子自願力任苦工幫助吉見，私在源兵衛、村開設煙草鋪，賺錢以供吉見學費衣服等用。二年後，吉見卒業，因被友人金原揭破，並添設污蔑等語，遽形反目。及查明原由，互相認罪，而琴子已決意守貞不字云。前半寫琴子爲成就學業起見，力任艱苦，深情款款，那得不使吉見五體投地，迨金原證明來歷，陡然決裂，爲琴子者，其何以堪？終身不字，人謂其立志可嘉，而實則其勢有不得不如此者。

丘煒萲《客雲廬小説話・新小説品》　《美人煙草》，如盆中種蓮，葉細如錢。

俠黑奴

寅半生《小説閒評》卷二　《俠黑奴》。日本尾崎德太郎著，錢塘吳檮譯。商務書局印行。是書凡六節。敍西印度哲美加島有兩英人，一名郗菲里，刻薄、寡恩，視黑奴如牛馬，一名愛德華，天性仁慈，視奴婢如一體。有黑奴西查夫婦，郗日加鞭撻，愛德華見之不忍，遂買歸，馭之以恩。後郗氏之奴有海克道者，不堪其虐，糾集黑人，欲盡殺白人以雪憤，西查勸之不聽。及起事，西查力護其主，至以身死，故名《俠黑奴》云。寫西查護主情形，出於天性，誰謂黑奴中無人心者？惜乎篇幅太短，令人一望無餘。

莫愛雙麗傳

丘煒萲《客雲廬小説話・新小説品》　《莫愛雙麗傳》，如將軍盤馬，彎弓不發。

地中秘

寅半生《小説閒評》卷二　《地中秘》。日本江見忠功著，鳳仙女史譯。廣智書局發行。書凡五十九章。敍日本富戶小田切家祖代相傳，豢一大蛇，每年產出血塊，由京都富源丸主上谷儀三收採合藥，互守祖訓，不許人知，知則必藥殺之，以此致富。定右衛門爲小田切家贅壻，眷一婢仲子，生子雪雄，主婦鹿子悍妒性成，將仲子閉入地窟，使爲飼蛇之役，永不見天日。慮定右衛門洩其祕，遂日謀毒殺之。定右衛門自知必死，乃遺書二通，備述其事，藏之祕所，留示雪雄。後經雪雄之友西岡純次郎發掘古塚，得第一書，莫明其故，遂請偵探菊池氏悉心偵探，案乃破。鹿子及儀三均死之，雪雄遂得奉母仲子以終天年云。

此書之奇幻，妙在先得第一書，書中隱約其詞，但言將受毒而死，欲知其詳，須閱第二書，而第二書卒不能得，遂致一個悶葫蘆無從打破。書中忽插入盜案，其敍鷺本平次郎、掛井慶三郎及女盜阿玉等，皆係有名劇賊，每敍一事，無不奕奕如生，筆情恣肆，不可捉摸。觀瀧兒之於平次郎，幾如飛鳥入籠，無從倖免，乃竟能自完清白，匹配西岡，此中殆關天緣。第二十七章，鹿子不惜犧牲生命，竭力護一鑰匙，卒之家貯藏庫，無一合者，洵屬奇幻莫測。第三十章怪吼一段，不獨時子心膽俱碎，即讀者亦覺毛骨悚然，筆力之妙，如是如是。第二十六章，平次郎持祕密書，力索三千金，鹿子應對從容，且能乘其不備，蹴入穴中，此種膽量，洵不可及。此章敍平次郎親以祕密書付鹿子，鹿子即就庭前燈下細讀，則此祕密書，已入鹿子之手，平次郎並未索還，何以第五十一章菊池入穴，向平次郎索祕密書，此書仍在伊手，前後矛盾，殊欠經意。第三十九章，慶三郎竟死於阿玉之手，出人意外。鹿子從容不迫，蹴平次郎於地窟，阿玉從容不迫，殺慶三郎於荒郊，可謂無獨有偶。恐鬚眉男子，有此權變，無此膽量。第四十一章情諜一段，描摹小女子情態，活現紙上。第四十五六章，菊池之誘上谷儀三，以前並未埋根，似覺突如其來，特嫌殊圓。第五十七章，寫鹿子手刃時子，凶悍之狀，盡情畢露，於親生骨肉如此，則定右衛門之死乃無疑義。第五十八章禍水一段，先世早有預備，累傳惡業，宜受滅門之報。彼五人者，未遭毒手，誠關天幸。若鹿子之飲刃，儀三之投溺，按之法律，尚覺從輕，又何惜焉。

薄命花

疑覺我《小説管窺録》　《薄命花》。商務袖珍本。是書譯筆，似有欠妥處，

如云「科潑洋盃」，「蘭泊洋燈」，「披斯脱爾手槍」等。按杯子，西文爲 cup，譯音爲科潑，譯義則盃也；燈，西文爲 lamp，譯音爲蘭泊，譯義則燈也；手槍，西文爲 pistal，譯音爲披斯脱爾，譯義則手槍也。音義並列，殊爲鮮見。

機器妻

疑覺我《小説管窺録》 《機器妻》。新世界小説社發行。日本羅張氏原著。敍言羅君久寓意國，此事喧傳意國報紙，實非空中樓閣者。書述意北境密蘭府，有一通明市。少年沙爾退賓爲美術家，於車中遇一老人，言及其父死事。旋至密蘭府，及將歸家，忽見一絶色女子向之微笑，並贈花一枝。沙爾青年無偶，積思成病，知所見女子爲名妓紅雪娘，而無由通情愫。時紅雪娘有狎客二人，一爲熊立鏗，一爲愛列克，因妓故互相嫉妬。未幾，熊爲海盜所殺，後再三偵探，始知爲愛列克所謀斃。而紅雪娘爲埃夫大尉之女焦珠，亦爲父報仇，託身爲妓，得與沙爾結婚。其寫雲和先生之俠，焦珠之孝，康夫之義，針足洵砭薄俗，主持名教，不僅事迹譎詭，動人觀聽已也。

不如歸

侗生《小説叢話》 余不通日文，不知日本小説何若。以譯就者論，《一捻紅》、《銀行之賊》、《母夜叉》諸書，均非上駟。前年購得小説多種，中有《不如歸》一書，余因爲日人原著，意未必佳，最後始閲及之。及閲終，覺是書之佳，爲諸書冠（指同購者言），恨開卷晚也。友人言：「是書在日本無人不讀，書中之浪子確有其人，武男片岡至今尚在。」又曰：「林先生譯是書，譯自英文，故無日文習氣，視原書尤佳。」

印度與阿拉伯文學分部

香粉獄

疑覺我《小説管窺録》 《香粉獄》。本社發行。印度田溫斯著，病狂譯。是書名爲譯本，疑亦出於著作。書係田溫斯自述其幼年讀書時，與寓主人之女雨花相戀愛。既卒業，至倫敦遊學，船到錫蘭，竟宿於遊倡家。至英京，遂暱娼婦，沈溺至二年之久，始得跳出牢籠。書所以名《香粉獄》也。一般青年學生社會讀之，可引爲殷鑒。爲《小本第二集》之第五册。

蚍艾立詩

王士點《元秘書監志》卷七《回回書籍》 《蚍艾立詩》一部。

又《司天監》 《實喇岱詩》一部。

新盦諧譯

顧燮光《譯書經眼録・雜著》 《新广諧譯初編》一卷。上海清華書局本。周樹奎譯。本書撮譯泰西諧語，輯爲此書，頗多雋永之詞，足以啟人思想。蓋小説中之新頴者。

月月小説社編《説小説・新盦諧譯》 吾友上海周子桂笙所譯之《新盦諧譯》第二卷中，則皆能兼而有之。其第一卷中之《一千零一夜》即《亞拉伯夜談録》也，原名爲「Arabian Nights Entertainment」。此書在西國之價值，猶之吾國人之於《三國》、《水滸》，故男女老少無不讀之，宜吾國人繙譯者之多也。先是吾友劉志沂通守接辦上海采風報館，聘南海吳趼人先生總司筆政。至庚子春夏間，創議附送譯本小説，劉君乃訪得此本，請於周子，周子慨然以義務自任。蓋彼此皆至交密友，時相過從，且報中亦恆有周子譯著之稿也。當時風氣遠不如今，各種小説亦未盛行。周子雖公餘之暇時有譯述，而書賈無過問者，故慨然允爲劉君遂譯此篇。借乎是年炎威肆虐，酷暑逼人，周子乃延涼於姑蘇臺畔，譯事遽廢。自是以後，公私麕集，不遑兼顧，遂未卒業，然續譯之志，未嘗少怠也。亡何，上海《大陸報》小説欄中亦譯登此書矣。周子見之，喜曰：「吾未竟之志，今可如願以償矣。」然未盡數十頁，亦即中輟。又越數載，商務印書館之《天方夜話》既出版，而全書乃始告成焉。此外如連孟青所主之《飛報》中，亦嘗略譯一二，不過片鱗殘爪而已。是此書開譯之早，允推周子爲先，而綜觀諸作，譯筆之佳，亦推周子爲首，彰彰不可掩也。蒼古沈鬱，令人百讀不厭，不特爲當時譯著中所罕有，即今日譯述如林，亦鮮有能勝之者。至第二卷中所載諸篇，大抵爲《寓言報》而譯者。當時《寓言報》爲吳門悦菴主人沈君習之之業，筆政亦吳君趼人所主也。會壬寅春，吳君應《漢口日報》

之聘，客居無俚，乃取此書詳加編次，且爲文以序之，旋付上海清華書局，遂得公之於世云。（紫英）

天方夜譚

顧燮光《譯書經眼録・小説》　《天方夜譚》卷。商務印書館繡像小説本。繡像小説報譯。是書爲亞刺伯著名小説，歐美各國均迻譯之。最前十則，已見他報，兹擇其未印者譯出。篇中所記三噶稜達五幼婦事，尤爲奇闢。至記某魔情狀，則有類《西遊記》焉。

丘煒萲《客雲廬小説話・新小説品》　《天方夜譚》，如吳剛修月，七寶合成。

航海述奇

顧燮光《譯書經眼録・小説》　《航海述奇》一卷。文明書局洋裝本，一冊。阿臘伯原本，英穀德譯，錢鍇重譯。西人以商立國，視海若戶庭，涉險探奇，列爲專學。若教士，若輿地家，均以此爲要事。科侖布、古克等，其名固昭昭在天壤也。是書凡八章，記黑廬臘希時代排倍特航海家新倍特七次航海遇險各事。事蹟離奇，譯筆雅馴，足可當《述異記》讀也。

俄羅斯文學分部

俄國情史

顧燮光《譯書經眼録・小説》　《俄國情史》一卷。作新書局洋裝本。俄普希馨著，日本高須治助譯，戢翼翬重譯。書凡十三章，一名《花心蝶夢錄》，記俄人彌士與瑪麗結婚，中更兵燹，幾經患難而後團圓，蓋傳奇類也。全書三萬餘言，情致纏綿，文筆亦雋雅可讀。

新譯俄國包探案

顧燮光《譯書經眼録・小説》　《新譯俄國包探案》卷。商務印書館《繡像小説報》本。繡像小説報譯。書記俄包探梅嘉諾偵探女士裘麗華用海留卜兒汁毒死俄大豪伊坤圖及姪伯蘭一案。其述包探梅嘉諾改變面目爲某伯爵，至裘氏家借宿各節，尤奇鑿可讀。

曇花夢

寅半生《小説閒評》卷一　《曇花夢》。俄國薩拉斯苛夫原著，商務書館編譯所。此薩拉斯苛夫自悼其亡妻風蓮而作也。風蓮爲俄國警察總監麥撒羅夫之女，投身虛無黨，反抗政府。以一弱女子抱此熱腸，較我國之所謂才女閨秀，相去不啻霄壤。書中敍結黨之秘密，愛友之眞摯，捐產之慷慨，救父之委婉，俱奕奕有生氣。卒之麥撒羅夫脱離政界，養疴巴黎，不及於難。蓋風蓮爲薩氏妻，故紀載獨詳云。

丘煒萲《客雲廬小説話・新小説品》　《曇花夢》，如緑毛么鳳，倒掛身輕。

銀鈕碑

疑覺我《小説管窺録》　《銀鈕碑》。商務袖珍本。旅客趕程高加索山中，途遇一中尉，適天雪，同宿一農家中。二人閒談，由中尉談前所經歷奇事：女子白愛娜爲咯斯皮梯所劫，受傷而死。因將其情人配丘林所給之銀鈕嵌於墓碑上，故定爲書名。

托氏宗教小説

廣學會編《廣學會譯著新書總目・小説》　《托氏宗教小説》。托爾斯泰

者，俄國有名著小說家也。德國葉道生譯，麥梅生述。一冊。價洋三角。

英國文學分部

海外軒渠録

寅半生《小說閒評》卷二　《海外軒渠錄》。英國狂生斯威佛特原著，閩縣林紓、長樂曾宗鞏同譯。商務書局印行。是書分上下兩卷，每卷八節。上卷敘葛利佛航海遇礁，飄流至一島，曰利里北達，其人長不及六寸，見葛，大驚異，奉爲人山。下卷敘葛至一巨人國，其人身直如塔，每一舉步，高逾百碼，見葛，又驚異，視爲頑物。一細一巨，卻好相反，殊令觀者捧腹。及歸，尚有巨人國之物，遺帶還鄉云。原敘有云：『葛著書時，敘記年月，爲一千七百餘年，去今將二百年。』當時英政不能如今美備，葛利佛傺侘孤憤，拓爲奇想，以諷宗國。言小人者，刺執政也，試觀論利里北達事，咸歷歷斥其弊端，至謂貴要大臣，咸以繩技自進，蓋可悲也。其言大人，則一味稱其渾樸，且述大人詆毀歐西語，自明己之弗勝，又極稱己之愛國，以掩其迹。然則當時英國言論，固亦未能自由耳。嗟夫！屈原之悲，寧獨葛氏？葛氏痛斥英國，而英國卒興，而後人抱屈原之悲者，果見楚之以三戶亡秦乎？則不敢知矣。

迦因小傳

徐維則等《增版東西學書録・雜著》　《迦因小傳》一卷。《勵學譯編》本。蟠溪子譯。此書西名《迦因嘉托來》，所譯係下半部。纏綿悱惻，甚可觀。顧補。

長生術

徐維則等《增版東西學書録・雜著》　《長生術》一卷。《時務報》本。

英解佳著。曾廣銓譯。敘述中亞、非利加洲荒古蠻野之形狀。託言親身遊歷，所述文情，離奇怪誕，頗堪悅目。東亞書局譯有《長命術》、《催眠術》，均未出。《昌言報》印有美勞立志撰、曾廣銓譯《西伯利亞避虐記》，未成。

丘煒萲《客雲廬小說話・新小說品》　《長生術》，如印度眩人，一味善幻。

毒蛇案

顧燮光《譯書經眼録・小說》　《毒蛇案》一卷。成都《啟蒙通俗報》本。黃鼎、張在新合譯。書記英議探休洛克福而摩司於西曆一千八百八十三年所輯英醫牢愛勒此用印度蛇毒殺女子鞠利歐一案。於案中情節，言之極詳。譯筆亦奇警可喜。

寶石冠

顧燮光《譯書經眼録・小說》　《寶石冠》一卷。成都《啓蒙通俗報》本。黃鼎、張在新合譯。記福而摩斯緝明英某銀行股東亞歷山德花而特遺失寶石冠一事。案情離奇，福能精細考察，俾股東之子阿收得以昭雪，誠智矣哉。

絶島漂流記

顧燮光《譯書經眼録・小說》　《絶島漂流記》一卷。開明書店洋裝本。英狄福撰，沈祖芬譯。狄福氏爲英之小說家，繫獄作此，以述其不遇之志。原名《勞下生克羅沙》，日人譯改今名。茲由英文譯出，而用日名。書凡二十章，記勞下生氏泛海，漂流海島，及經商於北支那、印度各處，所遇頗經危險，而得安泰返國。蓋以激勵青年爲宗旨者。

海底旅行

丘煒萲《客雲廬小說話・新小說品》　《海底旅行》，如倒啖甘蔗，漸

入佳境。

海底漫游記

月月小説社編《説小説》 《海底漫游記》。近年來，吾國小説之進步，亦可謂發達矣。雖然，亦徒有虚聲而已，試一按其實，未有不令人廢然悵悶者。別出心裁自著之書，市上殆難其選。除我佛山人與南亭先生數人外，欲求理想稍新，有博人一粲之價值者，幾如鳳毛麟角，不可多得；即略有意義，位置妥貼者，亦不數數覯也。而新譯小説，則幾幾乎觸處皆是，然欲求美備之作，亦大難事哉。最可恨者，一般無意識之八股家，失館之餘，無以謀生，乃亦作此，無聊之極，思東剿西襲，以作八股之故智，從而施之於小説，不倫不類，令人噴飯。其尤黠者，稔知譯書之價，倍於著述之稿也，於是閉門杜造，面壁虚搆，以欺人而自欺焉。雖然，小説之道，本無一定之理，苟能虚造成篇，亦未始非理想小説，惜乎其不能也，其技不過能加入一二口旁之人名而止矣。譯界諸君，亦有漫不加察，而所譯之書，往往與人雷同者。書賈不予調查，貿然印行者，亦往往而有。甚至學堂生徒，不專肄業，而私譯小説者，亦不一而足。嗚呼！吾國之小説至於今日，不其盛歟！然而此等小説，謂將於世道人心，改良風俗，有幾微之益，儔其能信之耶？一昨余於坊間獲見一新小説，封面題曰《海底漫遊記》而書中則又作《投海記》，上加「最新小説」四字，其邊際復書作「新聞小説」，支離至此，可謂極矣。迨細閲其内容，則竟直抄横濱《新小説》中之科學小説《海底旅行》一書。此書本爲紅溪生所譯述，而彼書忽題曰「著作者海外山人」云。噫！異矣，其爲無恥者之剽竊欺人耶，抑爲書賈之改頭換面耶？殊欲索解人而不得也；然二者必居一於此矣。所可笑者，彼書之後，居然亦大書特書四字：「不許翻印。」

新譯包探案

徐樹蘭《古越藏書樓書目・政部・法律》 《新譯包探案》一卷。英滑震。昌言報館排印本。

續譯華生包探案

楊復等《浙江藏書樓乙編書目・雜誌》 《續包探案》一冊。警察學生譯。作新社鉛印本。

補譯華生包探案

顧燮光《譯書經眼録・小説》 《補譯華生包探案》一卷。商務印書館《説部叢書》第一集本。英《華生筆記》，商務印書館譯。最先譯《包探案》者，爲上海時務報館，即所謂《歇洛克晤斯筆記》是也。呵爾晤斯，即福而摩斯；滑震，即華生。蓋譯寫殊耳。嗣上海啟明社續譯，凡六則。上海文明書局復選譯七則。顧華生自言，嘗輯福生生平所偵奇案，多至七十件。然此不三分之一耳。本書所譯凡六節，情跡離奇，令人目眩。而禮典一案，尤爲神妙。機械變詐，今勝於古，環球交通，智慧愈開，而人愈不可測。得此書棖觸之事變紛乘，或可免鹵莽滅裂之害乎？

《上海格致書院藏書樓書目・東西學書・小説》 《包探案》。華生。一本。商務書館譯印本。

唯一偵探譚四名案

顧燮光《譯書經眼録・小説》 《唯一偵探譚四名案》一卷。上海文明書局洋裝本，一冊。商務印書館譯本，名《案中案》。英休洛克呵姆斯緝案，英愛考難陶列輯述，吳榮鬯意譯，嵇長康作文。本書原文爲《醫士華生筆記》，凡十二章。蓋記英兵官罅丟背約，獨挾珍寶五十萬磅，自印度遁歸倫敦，友人莫敦索之於前，罪人思廝報復於後，卒致子死非命，寶沈諸江。首謀四人固未得之，而罅丟父子或以憂死，或被害死。象以齒焚，財能賈禍，天理循環報應之説，固不盡誣也。惟華生隨呵氏探案多年，竟因此得偕嘉耦，殆由天定。書中所記，如呵氏察表而知華生之兄之爲人，用犬而得罪人之蹤跡，神妙莫測，實存至理。讀廝思所供一章，知負人之宜譴，而怨毒之於人甚矣哉。譯筆冗複，可刪三之一。然寫情栩栩如生，固小説之佳搆也。

寅半生《小説閒評》卷一 《四名案》。原文《醫士華生筆記》，英國愛考難陶列輯述，無錫吳榮鬯、嵇長康同譯。文明書局印行。此《福爾摩斯包探案》也。《華生筆記》，多至七十餘案。其首先譯出而爲小説家所歡迎者，始於《時務報》，曾經彙印成冊，名曰《包探案》。而商務書館《繡像小説》中《續包探案》繼之，然皆集録之體，自成篇段。惟此書奇情壯采，於離奇變幻中，更寓一段美滿姻緣，巧爲作合，實爲探案中生一特色。嵇序有云：「譬諸講圖學者，摹寫一種横槊高歌，看劍引杯之豪情勝概，必間以

紅鬟低唱，翠袖提壺情韻以點綴之，倍覺有聲有色。」書凡十二章，敍一英國女子名梅麗莫敦，父由印度歸，忽不見，自後歲歲由郵局寄來明珠一顆，凡六次。又得一匿名信，招之使去。女遂約福爾摩斯與華生同往。至則晤主人名腮杜鎛丟，備言女父實死其家，歷年寄珠之由，出自伊父遺命，尙有珍寶一箱，價值五十萬鎊，在兄盤沙路姆處，亦女應分之物，其他語多不解。乃共至其兄處，兄已於是夜被人刺死，寶箱亦失去。經福嚴密訪探，始知該賊思廡得寶後，已乘汽船遠遁，併力窮追及之，僅存空箱，珍寶已爲思廡拋入海中。據思廡供：「此寶得之非義，四人共之，實以性命相易，後被腮杜父麥喬及女父甲必丹謀攫，飲恨多年，必有以報，不甘爲人所有，故拋諸海。」案既破，華生遂與女結婚云。第一章論理審之學，趣味雋永，不愧偵探唯一，惜乎全書人名多至五六字，易啓閱者之厭，苟易以中國體例，當更增趣味不少。

楊復等《浙江藏書樓乙編書目·雜誌》 《唯一偵探譚》一冊。稽長康、吳榮鬯譯。文明書局鉛印本。

丘煒萲《客雲廬小說話·新小說品》 《滑震筆記》偵探案，如屠牛坦刃，解十二牛。

觚菴《觚菴漫筆》 偵探小說，東洋人所謂舶來品也，已出版者，不下數十種，而羣推《福爾摩斯探案》爲最佳。余謂其佳處全在「華生筆記」四字。一案之破，動經時日，雖著名偵探家，必有疑所不當疑，爲所不當爲，令人閱之索然寡歡者。作者乃從華生一邊寫來，祗須福終日外出，已足了之，是謂善於趨避。且探案全恃理想規劃，如何發縱，如何指示，一一明寫於前，則雖犯人弋獲，亦覺索然意盡。福案每於獲犯後，詳述其理想規劃，則前此無益之理想，無益之規劃，均可不敍，遂覺福爾摩斯若先知，若神聖矣。是謂善於鋪敍。因華生本局外人，一切福之秘密，可不早宣示，絕非勉強，而華生既茫然不知，忽然罪人斯得，驚奇自出意外。截樹尋根，前事必需說明，是皆由其布局之巧，有以致之，遂令讀者亦爲驚奇不置。余故曰：「其佳處全在『華生筆記』四字」也。或謂余：「如子言，則仍其布局，而易其事實，必可多得佳文。」余答曰：「必仍作《福爾摩斯探案》然後可。文章本天成，妙手偶得之，否則，是咬人乾屎橛，不是好狗矣。」或又問：「《福爾摩斯案》，不妨僞作乎？」余笑曰：「福爾摩斯並無其人，何一非僞作者？既有十案、八案，何不可有數十案、數百案？雖然，珠玉在前，若不自量其力而爲之，則直畫虎不成耳，不且令讀者笑煞。」

案中案

寅半生《小說閒評》卷一 《案中案》。商務印書館編譯所譯。是書卽《四名案》，其中情節，一無增減，然依事直敍，不及《四名案》之有神韻。書中女名美蘭馬斯頓，寄珠之人，兄名勃沙洛茂，弟名撒特斯喜爾拖。其餘諸人，亦無一雷同者。

《上海格致書院藏書樓書目·東西學書·小說》 《案中案》。英亞柯能多爾。一本。商務書館譯印本。

丘煒萲《客雲廬小說話·新小說品》 《案中案》，如雲傍馬頭，峰回路轉。

汗漫遊

顧燮光《譯書經眼録·小說》 《汗漫遊》卷。英司忒夫脫著，《繡像小說報》譯。書仿章回體，記英人搰里物泛海遇險，至小人國年餘，乘舟得歸，復遇險，至長人國見聞各事。情節離奇，蓋《鏡花緣》類也。

昕夕閒談

梁啓超《西學書目表·無可歸類之書》 《昕夕閒談》。申報館本。四本。一名《英國小說》。讀之亦可見西俗。

又《讀西學書法》 前申報館印有《昕夕閒譚》，亦名《英國小說》，乃彼中說部之書。讀之可見西俗，惜僅譯成上半部耳。

徐維則等《增版東西學書録·雜著》 《昕夕閒談》四冊。申報館本。不著撰人名氏。亦名《英國小說》。讀之可以見彼土風俗，惜僅譯上半部。

吟邊燕語

顧燮光《譯書經眼録·小說》 《唫邊燕語》一卷。商務印書館洋裝本。英莎士比著，林紓、魏易同譯。書凡二十則，記泰西曩時各佚事，如吾華《聊齋志異》、《閱微草堂》之類。作者莎氏爲英之大詩家，故多瑰奇陸離之譚。譯筆復雅馴雋暢，遂覺豁人心目。然則此書，殆海外《搜神》、歐西《述異》之作也夫。

丘煒萲《客雲廬小說話·新小說品》 英國詩人《吟邊燕語》，如夏雲奇峰，閒處作態。

金銀島

顧燮光《譯書經眼録・小説》　《金銀島》一卷。明權社洋裝本，一冊。英司的反生著，商務印書館譯。書記霍根司哲姆者，得海盜弗令脱地圖，偕醫士利弗山等往海島掘藏鏹一事，審知同舟中盜黨密謀，旋相攻殺，卒能以寡勝衆，而桀驁如錫爾福，卒受其制，可謂智矣。

《上海格致書院藏書樓書目・東西學書・小説》　《金銀島》。英司的反生。一本。商務書館譯印本。

埃司蘭情俠傳

邱煒萲《客雲廬小説話・新小説品》　《情俠傳》，如正平撾鼓，作金石鳴。

福爾摩斯再生案

丘煒萲《客雲廬小説話・新小説品》　《福爾摩斯再生後探案》一至十三，如竹肉競爽，漸近自然。

迦茵小傳

楊復等《浙江藏書樓乙編書目・雜誌》　《迦茵小傳》二冊。閩縣林紓、仁和魏易譯。商務書館鉛印本。

丘煒萲《客雲廬小説話・新小説品》　足本《迦茵小傳》，如雁陣驚寒，聲聲斷續。

埃及金塔剖尸記

《上海格致書院藏書樓書目・東西學書・小説》　《金塔剖屍記》。英哈葛德。閩縣林紓，長樂曾宗鞏。三卷。三本。商務書館譯印本。

楊復等《浙江藏書樓乙編書目・雜誌》　《埃及金塔剖屍記》三冊。閩縣林紓、長樂曾宗鞏譯。商務書舘鉛印本。

丘煒萲《客雲廬小説話・新小説品》　《埃及金塔剖屍記》，如公孫劍器，天地低昂。

侗生《小説叢話》　《埃及金塔剖屍記》一書，半言鬼神，有吴道子繪地獄之妙，其敍兒女私情處，亦能曲繪入微。

英孝子火山報仇録

丘煒萲《客雲廬小説話・新小説品》　《英孝子火山報仇録》，如巨厓旋石，不達不止。

撒克遜劫後英雄略

丘煒萲《客雲廬小説話・新小説品》　《撒克遜劫後英雄略》，如快馬斫陣，鋭不可當。

斐洲煙水愁城録

丘煒萲《客雲廬小説話・新小説品》　《斐洲煙水愁城録》，如觀王維畫，吾無間然。

玉雪留痕

寅半生《小説閒評》卷一　《玉雪留痕》。英國哈葛德原著，閩縣林紓、仁和魏易同譯。商務書館印行。書凡二十三章，無回目。敘一英國才女名奥古司德，善著書，曾與大書肆主米仁者訂約，五年之内，不得售稿他處。會女弟紹美病劇，醫生令其移居，費無所出，走商米仁，大爲所辱，妹遂死。米仁有姪曰幼司透司憫之，與叔力爭。叔憤甚，逐之出，意猶未足，至律師處立囑，身後遺産二百萬鎊，悉付同事愛迭生、露司哥兩家平分，姪分文無所得。奥古司德聞之，感甚，因思僻居窮巷，青眼無人，且欲脱五年之約，憶有從兄客於紐西蘭，擬往依之，附輪而往。米仁適與同舟，誤觸鯨船，舟立碎，全船之人盡沈沒。奥與米仁及二舵工，由救生船飄至克爾格冷荒島。米仁病劇，垂死，甚悔所爲，奥力勸重立遺囑，將遺産付姪，苦無筆墨，欲刺血書，並無寸帛，計窮力竭。奥念幼司透司爲己故而失産，今事迫矣，此老一死，無可爲力，慨然請黥背以代血書。翌日，米仁遂死。未幾有船過島，載以歸，乃與幼司透司請一律師雅各訟之。兩家廣延律師至二十三人，卒翻前囑。幼司透司遂與奥古司德合婚。奇事奇情，古今罕見。前半敘米仁之驕踞，令人生怒，敘奥古司德之窮窘，令人生憐，敘幼司透司之義憤，令人生敬。中間敘米仁之結局，令人生快，敘奥古司德之受黥，令人生愛，末後敘公堂之涉訟，令人生急，敘二人之合婚，令人生羡生妬。山陰金爲鶴笙父曾題《金縷曲》一闋於簡端云：「愛國非吾事，判料理，纏綿歌哭，爲情甘死。便令刳心噴熱血，臠肉一丸而已。況談笑劖皮代紙。卻羡春痕留玉雪，剔香瘢取次諧連理。僥倖者，有如此，含瓤瓣瓣成瓜字，渾不似桃花薄命，梅陰結子。知否大千三千界，情種彌天罄地。含悲愛更無佛諦。騃女癡兒皆至性，借丹忱揩拄人間世。法華轉，一彈指。」

鬼山狼俠傳

寅半生《小説閒評》卷二　《鬼山狼俠傳》。英國哈葛德原著，閩縣林紓、長樂曾宗鞏同譯。商務書局印行。是書分上、下兩卷，凡三十六章。敘蘇嚕酋長查革事。查革幼年，曾隨其母乞食於藍靖尼族摩波之母，乞牛乳不與，乞水又不與，摩波憐之，乃與以水。查革曰：「他日得志，當赤爾族，所留者僅爾摩波一人，以報今日杯水之賜。」卒如其言，甚至弑母，殺妻、戮子，慘無人理，蓋所殺者不下一百兆云。摩波一族，盡爲查革所殲，而查革卒死於摩波之手。子洛巴革，初生時，查革卽命殺之，爲摩波潛易。後入鬼山，與革拉氏如兄弟，驅使狼族，雄踞一方。愛蓮花娘，卒以致敗。全書所敘，野蠻殘酷，達於極點。譯者自云：「奇譎不倫，大弗類於今日之社會。」誠哉言也。然筆力之顯豁雄偉，則查革之梟雄，摩波之詭譎，洛巴革之果敢，革拉氏之俠烈，蓮花娘之情愛，均活現於紙上云。

丘煒萲《客雲廬小説話・新小説品》　《鬼山狼俠傳》，如蘇子長嘯，風起水湧。

魯濱孫飄流記

楊復等《浙江藏書樓乙編書目・雜誌》　《魯濱孫飄流記》二冊。英國達孚著，閩縣林紓譯。商務書館鉛印本。

丘煒萲《客雲廬小説話・新小説品》　《魯濱孫飄流記》，如背水陣法，死而復生。

魯濱孫飄流續記

丘煒萲《客雲廬小説話・新小説品》　《魯濱孫飄流續記》，如短兵巷戰，殺人如草。

愛河潮

寅半生《小説閒評》卷一　《愛河潮》。英國哈得葛著，元和奚若譯，武進許毅述。小説林印行。書分上、中、下三卷，共三十章。上卷敘荷蘭少女麗斯佩斯，與中表都克約觀冰賽，爲西班牙貴官猛得爾復所悦。女遺産甚富，猛傾心結之，卒舍都克而嫁猛，産業遂爲揮霍。猛故有舊婦，經人告發，處以死罪。女遺腹生一子，窮無所依，復嫁都克，亦生一子。上卷卽以此結。書曰言情，實則無情可言。故中下二卷，不復取閲，僅記上卷之略如此。

丘煒萲《客雲廬小説話・新小説品》　《愛河潮》，如屈刀作鏡，時露鋒鋩。

萬里鴛

寅半生《小説閒評》卷一　《萬里鴛》。英國婆斯勃原著，洞庭吳步雲譯。小説林社印行。書凡三十三回。敍英國一女子名白蘭姬，因胞兄古蘭芬在美辦鑛，三年無信，存亡未卜，託兄好友羅騰郎訪查。適美國墨霍孫亦訪古蘭芬而至。羅以其行蹤詭祕，避之。古有姑表兄馬格蘭夫，以謂古之必不返也，謀占其產。白蘭姬乃與羅騰郎航海追尋，墨亦繼至，初古之在美也，與西班牙皇族富來拉之女耐珠互結愛情，爲馬所妬，置富於死地，並陷古於獄，意謂道遠莫之知也。卒爲墨探得，遂偕羅騰郎等赴救得出，乃與耐珠並返。馬謀之畢生，始終失望，無顔共處，遂附輪他往，不知所終。羅與白蘭姬亦訂婚焉。寫墨霍孫訪友，來得突兀，初似熱心可取，乃行蹤詭祕，忽隱忽現，令人莫測，所以此是筆墨狡獪處。第六回，寫馬格蘭夫對羅騰郎純是滿心滿意語，開首再不肯露出破綻，讓人看破云云。匣劍帷燈，讀者可以意會。第十四回，百忙中忽插入白蘭姬與羅騰郎因愛生感，因感生情一段，及二十回「情切切並肩求好約，意綿綿對面結同心」，細膩風流，遂覺文情異常鮮豔。第二十二回，寫馬格蘭夫忽然驚倒，此中情節，不言而喻，自是寫生妙手。第二十五、六回，寫越獄之後，又生風波，文情曲折，便覺好看。第二十八、九回，古蘭芬自談歷史，有頓挫，有跌宕，自是絶好一篇傳記。

妬之花

丘煒萲《客雲廬小説話・新小説品》　《妬之花》，如兒女喁喁，恩怨爾汝。

阿難小傳

寅半生《小説閒評》卷一　《阿難小傳》。英國笠頓著，支那平公譯。時報館印行。書凡十五回，無回目。書中敍長者森羅納鐸之主人禮斯多有二女，長曰華娜，幼曰伊娜，偶眺晚景，遇凶漢杜蕃兒，避入草溪村烏鍾阿難家。阿難者，博學士也，名重一時，以幽絶之書室，忽覩絶世之嬌姿，焉得不情動？自此遂與華娜兩情眷戀，彼來此往，悱惻纏綿。玩第五回在淑女座各訴心曲，語語沁人心脾，爲自來寫情小説中所未能夢見。禮斯多有姊早沒，姊夫不知所之，遺一甥曰善夫禮，依舅氏以居，輒仇視阿難，一日飄然而去。杜蕃兒，阿難舊友也，入盜黨，自是村中多警。阿難助其貲斧，遂遠去。於是阿難與華娜婚有日矣。忽善夫禮率役至，謂阿難係殺父之仇，遂捕去。華娜不捨，伴送至裁判處。書卽於此結束。噫！豈阿難果有是行，潛身避捕，而爲是隱居耶？惟婚期已屆，倉皇就捕，亦未免太殺風景矣。爲華娜者，其何以堪？

俄皇宫中之人鬼

丘煒萲《客雲廬小説話・新小説品》　《俄皇宫中之人鬼》，如清笳畫角，獨奏城頭。

日本劍

寅半生《小説閒評》卷一　《日本劍》。英國屈來珊魯意原著，沈伯甫譯意，黄摩西潤辭。小説林印行。書凡上下兩卷。敍英人韓夫來大衛，因堂弟亞來被人戕殺，輿論譁然，咸以大衛爲凶手，經二次審判，雖遇赦得釋，而惡名未除，乃求包探白來特來勤拿特訪緝凶手，以雪己寃。白查得凶手貌似大衛，而實非大衛，卒之水落石出。凶手亞買，以毒藥自戕。全書所敍偵探，本屬平庸，絶無出人意外之處，而姓名又往往六、七、八字不等，甚屬可厭。予最喜閲偵探小説，而於此書不知何以索然無味，勉強終卷。白自言：「予生平從未遇案情如是之紊亂者也。」余亦謂然。

丘煒萲《客雲廬小説話・新小説品》　《日本劍》，如半畝方塘，一間茅屋。

洪罕女郎傳

丘煒萲《客雲廬小説話・新小説品》　《洪罕女郎傳》，如調譜清平，遲聲取媚。

侗生《小説叢話》　英人哈葛德工於言情，盡人皆曉，然守錢虜之醜態，武夫之慷慨，一經哈氏筆墨追摹，亦能惟妙惟肖。《玉雪留痕》中之書賈，《璣司剌

虎記》中之大尉，形容如生，可歌可泣。《洪罕女郎傳》，兼武夫錢虜而有之，宜見特長，然其中著墨處，反遜二書。似哈氏狀物最工，今遇其善狀之人，不應如是。再三思之，中有一理：哈氏身爲小說家，書賈之性質，哈氏所最曉，《璣司剌虎記》中之大尉，身在兵間，其事足爲國人範，想亦哈氏所樂述。一切於身，一關於國，言之較詳，理也。《洪罕女郎傳》之大尉，固屬賦閒，且於本書無絕大之關係，故不能偏重。書中之小人，爲哈氏所唾罵者，又不僅一錢虜，勢不能少分墨瀋以狀餘人，以是故不能如二書之詳盡。

蠻荒誌異

丘煒萲《客雲廬小說話・新小說品》

《蠻荒誌異》，如一朵晴雲，隨心舒卷。

《蠻荒誌異》，下半部，如竹外一枝，橫斜更好。

蘇格蘭獨立記

丘煒萲《客雲廬小說話・新小說品》

《蘇格蘭獨立記》，如楓葉霜紅，停車愛晚。

險中險

寅半生《小說閒評》卷一

《險中險》。英國亨利美士著，鴛水不因人譯。科學會社印行。是書原名《航海遇險日記》，爲意人莫克傑而律士所著，後由英人亨利美士點綴成書。敘傑而律士乘輪探險，由意大利入印度洋，忽遇颶風，全船沈沒，獨傑入一險島，遇巨蛇，遇猛獸，並遇種種可怖可駭之奇險。傑並不畏險，且冒險以窮其險。凡一年零六日，卒能由險以出險，且所愛之獵犬，亦隨之入險，復隨之出險。人謂其入險而能出險，其冒險爲不可及，吾謂其處險而不以爲險，其探險爲尤不可及。

佛羅紗

月月小說社編《說小說》

《佛羅紗》陳壽彭譯，夏元鼎潤。佛羅紗者，乃嶷崖泊島中一女主之名也。嶷崖泊島崛起於地中海，長廣四十餘里，爲土耳其南之屬境。其地膏腴天賦，百穀蕃衍，樹木蓊翳，風景絕佳，四時晴雨，皆成美觀。惟是此島自古以來，閉關自守，不與人通，故島民知識鄙陋，性情拘執，一切舉動，近乎野蠻，幾難理喻，而對於島王則極尊敬服從，有古專制之遺風焉。其先島主相傳之號，曰史帝芬拿破勒思，撫有全島，萬民貼服。島主衣租食稅之外，僅歲納英金百磅爲土政府壽，餘俱獨享，故甚富饒，然至島主而中落矣。亡何，島主春秋既高，政事不免於惰廢，而其子復放蕩不羈，無能約束，日與從兄康思堆太呧漫遊倫敦、巴黎間，荒淫無度，揮霍甚豪。尤好博，千金一擲，不稍吝，以致逋負纍纍，無以爲償，旋卽早世。於是索逋者乃羣集於島主一人。島主羅掘既空，無復爲計，不得已謀貸其島，土政府允焉。先是有英人揮脫來者，新襲遺產，謀購別業，喜島地靜僻，願以鉅金相易，遂輾轉入島，而島中人不能從也。交鬨久之，島主逝，女主佛羅紗嗣位，與揮脫頗相愛悅，而女之從兄康思堆太呧瞰之，幾至不測。康故有妻，秘不使出，而欲強女與之婚，且奪其位焉。揮出死力以救之，康敗，女主乃適揮云。全書三十有三章，波瀾疊起，奇偶相生，閱之殊有五光十色，目不暇給之概，譯筆亦甚飾，誠近今不可多得之作也。惟條理不甚連貫，倏東倏西，狀極凌亂，亦是一病。此自是著者之過，然亦可見譯書之難矣。

喻言叢談

廣學會編《廣學會譯著新書總目・小說》

《喻言叢談》。季理斐夫人著。比喻要理。一本。價洋一角，官話一角二分。

鍊才爐

寅半生《小說閒評》卷二

《鍊才爐》。英國亞力杜梅原著，乍浦甘作霖譯。商務書局印行。是書凡十八章。敘法國譚德斯爲番龍船副主，時正拿破侖潛謀返國，譚受船主李克來遺命，投遞書函，爲仇家所陷，下入區都獄。獄中先有一僧番蘭，學識過人，

在獄數年，製造筆墨，著書數十萬言。譚於是事之以師，悉心受教。不數年，學業大成，儈且以祕密窖金相授。後儈死於獄，譚潛逃得出。在獄凡十四年，前後判若兩人，殆《孟子》所謂動心忍性，增益其所不能者歟！不愧稱爲《煉才爐》云。

一束緣

寅半生《小説閒評》卷一　《一束緣》。英國索來姆原著，商務書館編譯所譯印。是書凡二十回。敍英國女子列德，先與賴盧登訂婚，後復心豔富貴，冒認亞脱之女，與李飛力襲爵結婚，卒以一束敗露，爲賴盧登槍斃，足爲慕勢隳德者戒。亞脱眞女黛西，始則寄養貧家，繼則力學遠遊，終且按律與襲爵成婚，不慕富貴而富貴自至。書中寫列德之狡獪，黛西之純正，兩兩比較，奚啻天淵。情節固屬離奇，筆墨亦能雋雅，是亦小説中之上乘者。

波乃茵傳

寅半生《小説閒評》卷二　《波乃茵傳》。英國赫拉原著，商務書館編譯所譯印。是書凡十五章。敍英國女子波乃茵，孑然一身，依姑丈助維化姆家。年及笄得病，乃養疴於波得府。遇少年亞利生，兩情眷戀，遂訂婚約，病亦日起。亞利生誤犯命案，因波乃茵力得昭雪。未幾得姑丈書促歸，遂與亞利生別。一日，亞接助維化姆書，言波乃茵乘車出遊，爲貨車衝擊，傷腦莫救。亞一痛幾絶，親至葬處祭奠，後乃不知所往云。全書所敍，皆言情小説中應有之事，毫無耐人尋味處，且篇幅甚短，令人興致索然。

阱中花

寅半生《小説閒評》卷一　《阱中花》。英國巴爾勒斯原著，商務書館編譯所譯。書凡三十二回，分上下兩卷，敍俄國船政大臣巴爾得之女愛德，本英人而入俄籍者，與英公使隨員賈爾登互結愛情，爲俄宗室貴女亞娥所妒。時警察大臣佳爾閣專制横行，威權炙手，謀弑俄皇於戲園之中，卸其罪於愛德。適愛德爲避禍計歸國，爲佳所偵知，截以去。巴爾得爭之，不釋，欲訴於皇，佳遣人於朝房中毒斃之。時亞娥亦入佳黨，入密室，見愛德，縱之。愛德不知亞娥之將害己也，甚德之。佳知之，恐爲亞娥所挾制，乃陽與亞娥謀，遺之毒藥，使斃之，實則將借殺人罪並除亞娥也，爲虚無黨魁樂納福破其奸，亞娥乃悟，與愛德共謀見皇。佳先發制人，使警兵捕二女，定其罪，連夜充發西伯利亞。車已備矣，樂納福復面陳俄皇，引之來，盡得其隱，即以所備之車，充發佳於西伯利亞，送亞娥入道院，使終其身。攜愛德去，與賈爾登結婚，書遂結。

寫佳爾閣之横暴，覺自古奸雄，無此機警，無此殘酷，令人髮指目裂。著者自云「書中事實，親見親聞，毫無虚構，宜乎虚無黨之遍地皆是」。考察俄國政治者，此書可略見一斑。後半寫警察部與虚無黨各施手段，爲自來小説中所僅見。《水滸傳》寫宋江、戴宗臨刑，語語著急，然法場之劫，倘屬意想得到，此書自見影魂，飛至請君入甕數回，無不出自意外，耐菴有知，亦當退避三舍。全書結構謹嚴，無懈可擊，惟愛德之母，據第六回巴爾得自述，是個假屍首，權當眞的入殮，實則存亡未卜，意謂後文必當出現，母女定有重會之日，乃竟不然，不知作者何意忽插入此一段無用筆墨。

彼得警長

寅半生《小説閒評》卷一　《彼得警長》。洞庭吳步雲譯。小説林社印行。是書即《阱中花》，彼分兩卷，此分上中下三卷。書中姓名與《阱中花》無一雷同。船政大臣名白雅德，女名愛黛，英公使隨員名古登，公主名華佳，警察大臣名哥老羅開親王，而其中事實，無一不同。是一書而兩譯者。彼曰言情小説，此曰偵探小説，實則兩義均未愜當。以云言情，則並未敍及若何鍾情之處；以云偵探，則並無奇案之煩偵，奇情之煩探。全書所敍，重在警察部之殘忍，虚無黨之秘密，無已，則不如歸之政治小説也可。

丘煒萲《客雲廬小説話・新小説品》　《彼得警長》，如枯木寒巖，庵主入定。

簾外人

寅半生《小説閒評》卷二　《簾外人》。英國格利吾原著，商務書局編譯所譯述。是書凡三十四章。敍紐約富人奇來伯，有一老僕曰伊烏孫。曾立遺書，死後與伊洋一千元。伊利其速死，遂毒殺之，移禍於小主人萊登。經偵探甘泉細心研究，乃得其實，於是置伊於法云。奇來伯自知必死，乃不呼其子，不呼女甥，而獨呼一路人，此老用心，可謂奇突。伊烏孫服役多年，觀奇來伯之遺囑，與以千金，則平日之忠實可知，乃竟以此啓其殺機，見利忘義，人心之叵測，一至於此。天性至親，何來大逆？亞爾夫之言，自是

正理。顧萊登之被疑，實緣於奇來伯授花薛之信。竊不解彼時伊烏孫雖障其面，獨不能辨其聲耶？因其冒呼我父，遂疑及三子之一，平日家庭之間，必有不堪設想者。不然，此老臨死尙細心如是，何當夜竟漫不加察也耶？

髑髏杯

寅半生《小説閒評》卷二 《髑髏杯》。英國楷陵著，元和奚若譯。小説林印行。是書分上、中、下三卷，都二十四章。書中所敍凡兩案，前半敍露基福將杜興殺死，而移禍於馬維爾。馬妻勃來克夫人，攜其子阿特列斯僦居於奎列克斯。露基福恐人之疑己也，特將馬維爾救出。馬歸家，追兵踪至，馬放手槍，誤斃其妻，復逸去。後半敍馬維爾本係貴族來文嫡派，因所出非正，爲異母弟奥雷負謀斃，遂襲爵產。時露基福之女利未駱麗，已知父爲前案罪犯，阿特列斯應襲來文爵產，乃佯與侯爵子亞愛伐結婚，以催眠術使侯爵自言一切。侯爵遂死，亞愛伐亦憤憤而去，未幾病死，駱麗仍往侍疾，後乃一去無踪。阿特列斯誓不他娶，以待駱麗，卒如其願云。

高手下棋，必無閒著，往往有落子於數十著以前，而得力於數十著以後。小説之起伏照應，亦不外此法。此書閒文極多，如第一章敍泊而馬刺斯夫妻，雖爲勃來克夫人僦居而設，然觀其詳寫一切，似乎爲書中要緊脚色，乃後文全無所用，此等處甚多，不無可議。作者譯本甚夥，筆墨甚爲乾淨，極無支蔓，此書竟若另出一手，何歟？

鐵錨手

寅半生《小説閒評》卷二 《鐵錨手》。英國般福德倫納原著，商務書館編譯所譯印。是書凡四十二章，所敍命案重疊。凶手醫士馬亘，毒殺情婦雷亞勝之妻，復扼殺雷亞勝，屍爲人竊去，遇救得未死。復用毒氣殺青衛而而解其屍，又閉死看護婦曼娘。其他殺機時起。欲殺雷萱郎，而圖全得產業，欲殺高偵探以滅口，幸皆無隙可乘，未遭毒手。至於李佐治之自戕，長海雷之癲斃，雖不關馬事，而仍與案情牽連。一波未平，一波又起，後經高偵探查獲證據，案遂破。高偵探謂自古命案，皆因財色而起，誠哉是言。惟凶狠如馬亘，實爲世界所僅見。無時不起殺心，卽無時不欲逞毒手。總之不外一「貪」字，「色」字一關尙在其次。甚矣，利之害人也，如是如是。

女首領

寅半生《小説閒評》卷二 《女首領》。英國媚姿女史著，井蛙譯述。小説林社印行。是書分上下兩卷，凡九章。敍七皇黨女首領古蘭甘，名爲聖醫。所敍凶案，如用毒藥水針謀斃耿恩，用刺刺繩謀害烏虬，以傾覆賈朝坡，刺殺杜爾果，計碎畢珊堂玉杯，裝炸藥於寒暑表，以害杜法蘭，竊寶海之子魯賓，而並謀斃寶海以滅口，使羅格赫謀死武蘭西，挾制解爾通妻，以盜取露尾爾寶。種種罪案，無不出人意外。偵探海得，與律師杜法蘭，百計搜羅證據，卒不可得。杜法蘭反爲所害，海得亦幾瀕於死。著名女偵探博令琚，亦爲所窘，窮極搜捕，凡歷四年，乃與警察等獲之。而古蘭甘預埋炸藥於室內，卒自轟死，警員福德亦同死。海得幸而免。所敍各案，一波未平，一波又起，而無不歸罪於古蘭甘，卒無證據可獲。元凶巨憝，偏致頌聲徧地，寫來卻是好看。第八章放鴿之後，意謂可以一鼓成擒，乃竟變詐百出，李代桃僵，元惡卒脱網而去，可謂出人意表。

屍櫝記

丘煒萲《客雲廬小説話・新小説品》 《屍櫝記》，如穴洞失炬，時曜水光。

福爾摩斯最後案

寅半生《小説閒評》卷二 《福爾摩斯最後案》。宿上白侶鴻譯。新世界小説社印行。是書凡二十二節。敍法國鏡岩村富紳石雅魯，中年喪耦，無子，僅一女錦霞，遂續娶律師柯利牟之女柯施媚爲繼室。時錦霞年已及笄，爲母舅馬利達攜去，與女立娥同入學堂。兩美相逢，異常莫逆。忽接父病電音，馬利達父女親送錦霞歸家。至則雅魯已歿。父女乃暫留，幫辦喪務。一日，立娥早起，閒步入園，陡被手槍轟斃，偏輯凶手不獲。旋由神探福爾摩斯與幫辦國海，查係柯利牟爲謀產起見，買囑赫立木謀害錦霞，誤斃立娥，案遂破。初，立娥曾與博士嘉萍訂婚，一聞凶信，嘉萍卽往鏡岩村哭祭，爲柯施媚陷害，誘入警署，至是得釋，後遂與錦霞結婚云。立娥不死於家，而死於石氏，其爲錦霞替身，善讀小説者一望而知。乃神探如福爾摩斯，猶細詢馬利達家世，並欲檢看乃姪舊

信，雖係曲佈疑陣，未免錯尋綫索。西國法律，苟證非據確鑿，未能輕易捕人。嘉萍之被誘入署，在中華差役慣有此種伎倆，似與西律未合。且國海明知嘉萍無辜，而不爲出脱，似非偵探家所爲。此等處不無可議。

疑覺我《小説管窺録》　《福爾摩斯最後之奇案》。是書顛末尚未卒讀，第其廣告有謂「友人白君留學英國，與其後嗣立露辣斯君同學，得見其家乘軼事，爲福君晚年在法偵獲之奇案，譯此」云云。案《福爾摩斯探案》係著名小説家陶高能（Sir A. Conan Do Yle）所著，彼以華生自稱，業醫，本有《福爾摩斯化身》一篇，詳言著書之故。是福爾摩斯爲理想之偵探，非實有其人可知已，何來此後嗣立露辣斯君？本社於《化身》一篇，早已譯出，擬於刊行全案時列入，質諸當世之喜讀《福爾摩斯偵探案》者。

地心旅行

寅半生《小説閒評》卷一　《地心旅行》。一名《地球隧》。上海周桂笙譯。廣智書局發行。書凡六章。敍英人濮齡錫，富有家貲，躭於科學。師哈馥卿，積學士也，發明地球由北極以達南極，有隧道可通，所謂地心也，擬與濮偕作是遊。哈有猶女曰寶林，亦願從，濮遂與女訂婚。哈製成一器，式若鳥籠，三人共入其中，由南極隧道而入。將至北極，吸力甚盛，哈遂犧牲一身，以減重量，俾二人得以出隧。詳敍各節，皆科學家言，以小説之眼觀之，實不得其趣味云。

丘煒萲《客雲廬小説話·新小説品》　《地心旅行》，如拳石盆魚，案頭清供。

十字軍英雄記

疑覺我《小説管窺録》　《十字軍英雄記》。商務印書館發行。英司各德原著，林紓、魏易同譯。本書敍英王李卻十字軍軼事，極詭譎壯麗。如蘇格蘭太子亨定登侯爵大限，忽爲努比亞之黑奴，忽爲臥豹將軍撒拉定蘇丹，忽爲哈木基醫士，忽爲回騎愛米爾，非至終篇不能洞其奧隱。而寫雄暴之霸主，寫奸狡之教長，寫喜譽童騃之奧公，寫潔操堅志之翁主。言軍事則纛影遮天，鼙聲震地；言宗教則靈蹟邃祕，神龕莊嚴。而又蛛絲蚓迹，灰線草蛇，前後映帶，左右縈拂，非雄於文者，蓋不能爲此。然而讀琴南先生文者，每聞毁譽參半。記者嘗溯近人藉口之故，大抵見描寫社會現象，與今日已迥不相同，甚者心醉歐西文明，而不知前此野蠻，則以爲所言多誣。有心者又謂驅策社會進步，小説之影響極大，今日不宜再以神怪妖妄者浸染讀者腦筋，則以爲所言無裨。至若擊賞心欽於先生之文，則合毁譽者而如一。竊謂仁者見仁，智者見智，不必強同。而高文典冊，使讀天花藏才子書者移以讀之，必不解作何語。若吾人僻居遠東，而欲覘外域舊社會狀況，又舍此奚屬哉？執一道以繩墨之，殆未能中肯者。質諸喜讀小説諸君，其以不才之言爲然否？

神樞鬼藏録

疑覺我《小説管窺録》　《神樞鬼藏録》。商務書館發行。林紓、魏易同譯。自序謂獨未譯偵探一種，盡十餘日力譯成。又云「讀海上所譯包探諸案，則大驚喜」云云。六案分上下兩卷，細細檢之，卽本社上年所發行之《馬丁休脱偵探案》也。對核如下：《窗下伏屍》，卽《以維考且其祕密案》（五案）；《霍而福德遺囑》，卽《哈爾富特遺囑案》（十一案）；《斷死人手》，卽《燒手案》（七案）；《獵甲》，卽《銀行失竊案》（十案）；《菲次魯乙馬圈》，卽《瘋人奇案》（八案）；《海底亡金》，卽《聶可勃銀箱案》（九案）。尚有五案，未經林君譯出。想本社所印本，林君未曾寓目，否則不爲此駢拇枝指之舉也。久擬輯一譯小説檢查表，將原書名、原著者、今定名、出版年月、譯者姓氏、全書大意一一詳載，惜事冗因循未果，如成，必有裨於譯者。

侗生《小説叢話》　林先生所譯《神樞鬼藏録》出版，某報譏之。實則該書雖非先生傑作，詳狀案情，形容盡致，有足多者。惟近譯《貝克偵探譚二編》，事實譯筆均無可取。轉思某報所言，似對是書而發者，貝克、貝克，誤林先生不淺也。

花因

疑覺我《小説管窺録》　《花因》。中外日報館本。英幾德拉原著，林紓、魏易同譯。書述少尉路登與巴路極同在軍中，積不相能，乃以美洲法決鬮，以拈鬮決勝負，得黑者於十年後自戕。巴路極得黑券。既與愛忒珈定情，請路解約，路既許之，因電阻不

達，終死焉。路雖悔之，幸得間以謀愛，又自喜。愛誓復仇，惟不識姓氏。既與路結婚生子矣，伉儷極篤，而前事漸發見，愛憤鬱而卒。事迹極似《今古奇觀》諸書所載，結構無甚奇突。琴南先生諸作本以文章著，固較他譯本爲優耳。

丘煒萲《客雲廬小説話・新小説品》 《花因》，如十丈遊絲，隨風裊漾。

金風鐵雨録

疑覺我《小説管窺録》 《金風鐵雨録》。商務發行。英柯南達利著，林琴南先生譯。柯南（前譯作高能）爲小説名家，《福爾摩斯偵探案》即彼所作，因著小説得受爵賞。書述美克語當雅各王時發難東偏，力爭自由事。

丘煒萲《客雲廬小説話・新小説品》 《金風鐵雨録》，如看劍引杯，雄心忽逗。

雙孝子噀血酬恩記

丘煒萲《客雲廬小説話・新小説品》 《雙孝子噀血酬恩記》，如李廣射虎，沒石飲羽。

劍底鴛鴦

疑覺我《小説管窺録》 《劍底鴛鴦》。商務印書館發行。英司各得原著，林紓譯。書敍一少年與一女子相悅，而女爲其叔父休鼓挂西之聘妻，即爲其叔母也。既深知，乃以名義之嫌中止。然誹謗四騰，叔大疑之。後歷試，始知言者之妄。自以風燭老年，不應娶此少艾，遂毀婚約，而成就其姪之美滿姻緣也。事奇情奇，是眞別創一格著。

空谷佳人

疑覺我《小説管窺録》 《空谷佳人》。商務書館發行。英博蘭克巴勃原著。敍一少年入其家中之秘窟，得晤一久痼之少女。女已不能言，不知人事，惟饑食倦寢而已。少年卜乃德教之言語，教之世事，又設法穴地而出。敍男女之相愛出於天性，一種情致纏綿之狀，殊爲他書所未經道者。雖略有疏漏處，其佳處自不可掩。

飛行記

疑覺我《小説管窺録》 《飛行記》。本社發行。一名《非洲內地飛行記》，英蕭斯勃內原著。是書雖小説，而於非洲內地山水道里，土人蠻族風俗習慣，無一非徵實者。前後三十五日，瀕於死者數次。一冒險小説，亦一地理小説也。

黄鉛筆

疑覺我《小説管窺録》 《黄鉛筆》。上下二册，全。本社發行。英斐立潑斯著，無錫章仲謚、季偉同譯。書述索師亰奴公爵之夫人魯西，忽不別他去。公爵追之。至紐約，爲警吏所窘，幾誤行期。旋至倫敦。時英京貴族有一同盟會，奉王子李尼索爲首領，以反對民黨，會中以黄鉛筆爲記。民黨首領爲勃洛脱。魯西亦爲貴族黨，有殊色，李尼索令其僞名爲伯爵女公子來滕，以結交勃洛脱，使轉移其政見。勃洛脱惑之，卒爲民黨人所戕。李尼索亦欲娶魯西，魯西願從公爵，蓋與公爵在倫敦已晤數次矣。公爵至柏林，見德皇，因德皇爲黄鉛筆會之會長也，面陳王子不法狀，會遂解散，王子逃往南美洲。公爵夫婦復璧合。譯筆雅飭，處處發明政治實際，貴族與平民之衝突，於中國前途，足引爲龜鑑焉。

懸崖馬

疑覺我《小説管窺録》 《懸崖馬》。上下二册，本社發行。英麥去麥脱著，

吴郡盧達譯。書述英人馬鐵馬爲公司寫字人，收得公司款項，擬攫之赴美洲爲營業計。至中途，自悔，折還，爲人襲擊，暈去。及醫愈，則面容被毁，囊金已失。喧傳馬竊金遁，死於河中，驗屍之報告已登報紙矣。馬乃往美洲。馬所眷女掰來司華南，守貞不嫁。九年後，馬成富人，由美歸英，尋其仇人。乃知其妹史推拉受保護於舊同事華南，而襲擊竊金者亦即同事苛來與華南也。既得罪人，乃與掰來司復成眷屬。十年破鏡重圓，一旦菟裘偕老，使非悔禍臨歧，誕登覺岸，則此懸崖之馬，將一失足成千古恨矣。讀此足策勵人之心志不淺。

秘密地窟

疑覺我《小説管窺録》　《秘密地窟》。商務書館發行。英華司原著。培爾爲富家女，宴客之夕忽失竊。竊物者一爲女所歡高德，一爲威廉，二人相遇於竊所。然高德之竊物，乃爲一醫士所指使。威廉旋爲高德之圉人，主僕甚相得。威廉欲脱其主於阨，乃密探醫士之地窟，縶醫士而置之法。高德本與培爾相愛，事覺，愧而病死，培爾雖深情眷注，無益也。令人讀之，書盡而意亦與之俱盡。

鬼室餘生録

疑覺我《小説管窺録》　《鬼室餘生録》。本社發行。《小本小説第一集》八冊已印竣，此爲《第二集》第一冊，共分三十六節。内載一客寓於克郎斯大廈中之一室，室新有自殺者，故以鬼室名。有一女人潛入室竊物，客執之既而離室送一信，返則女已被殺於牀矣。所延之醫生，證客爲凶手，遂被拘。裁判日，以辯護得無罪。女父來尋仇，又暴死室中，不得已移屍他處，而鄰室之律師又來戲之。蓋是書之妙，在事之不可解而實不難解，不可言而實不妨言。然已令讀者石破天驚，魂悚神動。

金絲髮

疑覺我《小説管窺録》　《金絲髮》。商務印書館本。是書開首敍一富室忽於某夕失去一縫衣女子。實則此縫衣女即富室之主婦，惟主人主婦之家世，與前此之如何相逢，如何結婚，結婚之後，又如何不爲主婦而爲縫衣女，種種情節，皆爲作者藏去。而縫衣女所以失踪之故，即在此數者之中，故其前半頗耐咀嚼。

俠英童

疑覺我《小説管窺録》　《俠英童》。本社發行。書述英博士沈偉之子，名哈蘭童子，寄居法侯爵客克司家，爲伴讀。哈蘭少年任俠，臨難不撓。適法國革命亂起，貴族多被民黨所攻，侯爵夫婦及子均陸續被殺，僅遺三女，哈護之而逃，屢瀕於死，終乃返英，而與侯爵次女璣娜結婚焉。沈海若譯，英文原本。此書不獨結構精嚴，而描寫亂離時狀態，一朝決裂，玉石不分，殊足戒輕談國事者。且見民心憤激，壓制愈甚，則將來報酬之道亦倍烈。是等小説，有益於國家社會，殊非淺鮮。

情俠

疑覺我《小説管窺録》　《情俠》。商務書館發行。書述英國一少年，貌似俄莫斯科總督，以悦一女子故，冒險僞稱總督，直入莫斯科，出女弟於獄，歸而與女結婚焉。勇往壯快，令人神往。

劫花小乘

疑覺我《小説管窺録》　《劫花小乘》。廣智書局發行。書述一女子自由結婚，貪某伯爵之豪貴，委身焉。不意伯爵性情乖戾，時相反目，釀成悲慘之結果。近日自由結婚之風已渡太平洋而來，願青年閨女讀本書與《紅閨鏡》者，擇交時一爲審慎出之也。

羅仙小傳

疑覺我《小説管窺録》　《羅仙小傳》。商務袖珍本。英人蹻機氏之女孫，富

有礦產，其訂婚夫白洛特往訪，則女適患熱病垂死。白洛特不得見，乃薦一催眠術士，用術醫病，一星期而愈，得全眷屬。

盜窟奇緣

疑覺我《小說管窺録》 《盜窟奇緣》。商務發行。英蒲斯培著。書述一小鎭上之屋產經理人德倫孟，一日有伯爵夫人龍旦來託租西達氏屋。此屋極荒僻，既成議，夫人家焉。夫人有一女伴，曰康堯氏，爲新招得者。德倫孟屢往來其家，頗悅夫人及康堯氏之美。既而美洲富豪雪拉史，忽至英而失踪。夫人又詐使德倫孟送一要件於美洲人，不意函中所述，即爲報信雪拉史之行踪，而索價□十萬元者。德知被欺，即偕往報警署，及逮捕，則夫人與其黨已遁矣。德即娶康堯氏爲妻。

海屋籌

疑覺我《小說管窺録》 《海屋籌》。本社發行。英哈葛德原著。哈氏之書，林琴南先生譯之最多，此書其遺珠也。所敘事與《長生術》相彷彿，或謂爲《長生術》後編者，實則非是。怪譎詭麗，本爲哈氏書特色，而中間第二十四章至二十七章，忽插入他人筆記，連續四章，此我國盲左、龍門筆法焉。西國咸以文豪推哈氏，不宜哉。

霧中案

寅半生《小說閒評》卷二 《霧中案》。英國哈定達維著，支那笑我生譯。小說林社印行。是書凡三章。敘英國祕密會，名曰金鍋，會中各員，均不相識。聚會時，有一會員，喜閱偵探小說。時會中有美國人特揑造，一命案以聳其聽，詳敘顛末，一若實有其事者然。實則案中人亦同在座，故祕不言，以誤其入議院時刻，道破後一哄而散。初閱之，似是實事，然各種偵探小說，大半皆由意造，是在作者之善於附會耳。盡信書則不如無書，經史且然，況小說乎？必欲刻舟求劍，誤矣。

里城案

疑覺我《小說管窺録》 《里城案》。本社發行。英羅蕊原著，沈賓顏譯。書述美人李史華，有姊曰馬丁特，嫁馬利斯，生一女，曰美機邦。馬丁特爲夫所棄，告官，下其夫於獄。未幾，馬亦憤死。李史華撫其女，遷居里城，爲避地避人計，懼馬利斯出獄報怨也。美年長，與華德交好。華爲馬利斯族姪。李不允其結婚。一夜，李忽被殺，時馬已出獄外遊矣。盡疑華德，並及美。偵探章伯尼，探悉凶手爲李之子，將被捕，而李子又自殺，遺書白顛末。始知李未曾死，而前所被殺者，實爲出獄之馬也。情節極曲折，筆亦條達可觀。爲《小本》第二集之第二冊。

海門奇案

疑覺我《小說管窺録》 《海門奇案》。本社發行。英福格興原著。一偵探案也。死者名哥倫，或謂與阿利分爭婚故致死。又謂死之者係女子，而疑所爭婚之女格蘭維爾所爲。實則哥從弟阿斯談假爲女裝，托名格，以書招哥倫夜會於崖上，索重要紙件，相持擠墮而死耳。偵探地落氏偵破是隱，案乃結。

黃鑽石

疑覺我《小說管窺録》 《黃鑽石》。本社發行。英蘇琴原著。首敘革倫司泰芬，因僞造鈔幣，監禁達摩獄中，乘間逸出，匿荒林，而與史屈來頓遇。史亦匪類，新竊坤司湯夫人之黃鑽石。次日，革先起，取史之袖珍簿而遁，不意簿內黃鑽石存焉。由是石入革手，爲此書開幕之事。後越二十年，史屈來頓有一女，名麗娜，已長成矣，與一少年喬拂蘭相友善。喬求婚於史，史謂須彼父允則可。歸謀諸父樂理摩（即革倫司泰芬之僞名），父不許。史知其父之不許也，亦拒之，然實不知彼父何以見絕。史娶外婦克來拉，而女不之知。克爲坤司湯夫人婢之。史因彼知其陰事，誘娶以掩其口。克爲寡

婦，有一子曰廓品鄧溺爾，年十四，同居母派克夫人處，而史僅知克爲派克姪女，鄧爲派克之孫。鄧受役於史，蓋克使之窺史之舉動者也。適史遇樂理摩於門外，窺破行止，曳入，逼之書據，還黄鑽石，而賸以二萬五千磅。鄧悉偷見之，以告克。未幾，而史被槍斃於辦事所矣。偵騎百出，不得兇手。蒯爾者，喜鉤稽祕事，而不業偵探，於火車中遇麗娜，因事相識，爲之盡力探查，始漸悉底藴。史爲克所誤斃，而黄鑽石則爲鄧藏於屋上小樓中。前後約八萬言，有一最優點，爲寓教孝意。寫一天性狠戾之喬拂蘭，寫一天性溫和之麗娜，所以善始而隙末者，均由於孝與不孝之一念。復寫一曲爲成全之小童，天性敦篤，令人不忍卒讀，孝親之心油然自生。偵探小説云乎？實可作一倫理小説讀，一道德小説讀也。本社《小本小説》第一集中，當以此書爲最。

三名刺

疑覺我《小説管窺録》 《三名刺》。商務袖珍本。一英巡長至巨室前，見一毒蛇，遂入空室，發見男女屍各一。乃告其友訪事者同往檢查，得一女子謁客刺，刺面僅粗墨水所畫圓圈；又一刺，則僅有一畫；第三刺，則兩面空白，並有一異樣之銅錢。輾轉探訪，至後由女子伊伐口中述其顛末，始知死者爲寇氏夫婦，寇有巨產，爲勃雷所覬，設法藥斃之。

畫靈

疑覺我《小説管窺録》 《畫靈》。商務印書館本。分上下二卷。上卷爲醫士比靈德所述，下卷則芬吞所記者也。書述富人迦利士頓眷一貧女羅武英，其族兄弗拉夫謀奪其產，乘間刦羅而去。迦目有神經病，於空中見監守羅者之像，迦本善畫，乃圖之，遍託各友。比靈德亦得其一，於雪中遇焉，遂得破案，攜羅而出。書中所述，似近神怪，然自天眼通、催眠術發明後，精誠所至，形神若接，不足異焉。於此並悟《太平廣記》所載《情感》各篇，亦不盡子虚者。

塊肉餘生述

侗生《小説叢話》 西人所著小説雖多，巨構甚少，惟迭更司所著，多宏篇大文。余近見《塊肉餘生述》一書，原著固佳，譯筆亦妙。書中大衞求婚一節，譯者能曲傳原文神味，毫釐不失。余於新小説中，嘆觀止矣。

天囚懺悔録

侗生《小説叢話》 《天囚懺悔録》一書，亦林先生所譯，事實奇幻不測，布局亦各得其當。惟關節過多，以載諸日報爲宜，今印爲單行本，似嫌刺目，且書中四十章及四十五章間有小錯，再版時能少改訂，方成完璧。

遺囑

疑覺我《小説管窺録》 《遺囑》。本社發行。英人勃蘭郎脱培雷少孤貧，居倫敦，有叔甚富，僻處海島，十餘年不相見。培雷偕友往訪，叔不納。居數日，得晤叔之保護女愛敦，女美甚，培雷悦之，求爲婦，叔又不允。乃知叔神志失常，已成疾，前與老姑孚德，同居，孚德又死，叔益顛倒。培雷大疑，潛偵之，始知死者非孚德，實其叔也。事白，孚憤死，培雷得與愛敦成伉儷也。

雙淚碑

侗生《小説叢話》 《雙淚碑》，亦時報館出版，篇幅甚短，寓意却深。時報館諸小説，此爲第一。《雙冒絲》與此書爲一人所著，遠遜此書。前人謂文字有一日之短長，觀此二書而益信。

法國文學分部

茶花女遺事

徐維則等《增版東西學書録・雜著》 《茶花女遺事》一卷。《昌言報》本。林紓譯。記法國名妓馬格尼事。刻摯可埒《紅樓夢》，且亦籍以見法國風俗之一斑。徐補。

丘煒萲《客雲廬小説話・新小説品》 《茶花女遺事》，如初寫《黄庭》，恰到好處。

八十日環遊記

寅半生《小説閒評》卷一 《環球旅行記》。一名《八十日環遊記》。法人朱力士房原著，琴瑟寄廬外書，逸儒口譯，秀玉女史筆述。書凡三十七回，敍倫敦非利士福格，在維新會作葉子戲，論及環遊地球一週，僅八十日已足，願以二萬金磅，與諸友作賭，遂與僕阿榮即刻啓行，計七十八日而返。在印度時救一婦，名阿黛，挈之回英，遂以爲夫婦云。全書不過敍水陸行程耳，幸有包探非克士誤認爲劫賊，疑神疑鬼，一路隨行，否則毫無生趣矣。

宜春苑

丘煒萲《客雲廬小説話・新小説品》 《宜春苑》，如流觴曲水，暢敍幽情。

獄中花

《上海格致書院藏書樓書目・東西學書・小説》 《獄中花》。法散顛。美亮樂月。潤州陳春生。二卷。一本。活印本。

廣學會編《廣學會譯著新書總目・小説》 《獄中花》。法國散顛氏著。一本。價洋三角。

鐵世界

《上海格致書院藏書樓書目・東西學書・小説》 《鐵世界》。法迦而威尼。吴門天笑生。一本。文明書局活印本。

楊復等《浙江藏書樓乙編書目・雜誌》 《鐵世界》一冊。法國迦爾威尼著，吴門天笑生譯。文明書局鉛印本。

十五小豪傑

丘煒萲《客雲廬小説話・新小説品》 《十五小豪傑》，如火樹吐花，星橋燦彩。

冶工軼事

楊復等《浙江藏書樓乙編書目・工業》 《冶工軼事》一冊。上海朱樹人譯。文明書局鉛印本。

利俾瑟戰血餘腥記

楊復等《浙江藏書樓乙編書目・圖史》　《利俾瑟戰血餘腥記》二冊。閩縣林紓、長樂曾宗鞏譯。文明書局鉛印本。

觚菴《觚菴漫筆》　軍事小説，以林琴南先生所譯《戰血餘腥記》爲最早，亦最負盛名。因其寫戰爭事實，殆非親臨戰場者，難得寫到如此淋漓盡致也。余甚惜其出現於今世。吾國軍人素以吃糧（俗名隸軍籍者爲吃糧）爲義務，卽赴疆場，不過盲從旅進，有大半畏縮不前者。前書所述，何與吾人程度不差累黍哉。前歲日俄戰爭，旅順之襲，廣瀨中佐之死事，激烈壯往，令聞者爲之起舞，庶足以激勵衆心，樂殉國難。若利俾瑟之戰，滑鐵盧之戰，頽喪摧敗，適足啓戰者畏死之念耳，余故恐其有影響於吾國軍人也。

雙碑記

寅半生《小説閒評》卷一　《雙碑記》。法國金威登原著，鐵英生譯。是書敍法國女子媚蘭色斯克幼與畢斯姆互結愛情，叔愛比克厭畢之貧，而心貪華利之富，凡遇畢致書於媚蘭，皆匿不使見。久之，媚蘭漸怨畢負心，而華利又百般迎合，遂與華利結婚。華利者，富而無行人也，卒爲所棄，乃大歸。時叔已死，發遺篋，得當日畢所致書甚夥，於是悔恨成疾，託女友羅生致書於畢。不得達，反遇華利。時華利亦甚悔，轉託羅生迎媚蘭。至則媚蘭已死。死之夕，魂赴畢處，與永訣，畢遂號哭奔喪，爲之立碑紀念。事竣，發狂，蹈海而死。羅生親見之，亦爲之立碑紀念。故名《雙碑記》云。婚姻爲男女大倫，西人自相擇配，父母不能參權，所以免怨耦也。然使吾國人效之，適滋流弊。蓋風俗所宜，習慣自然，不能強爲之同也。譯者本意，蓋欲諷世，恐非數十年後，不可以轉移此事。盲瞽之見，偶附於此。

丘煒萲《客雲廬小説話・新小説品》　《雙碑記》，如人影在地，木葉微脱。

秘密使者

丘煒萲《客雲廬小説話・新小説品》　《秘密使者》，如醫師之良，兼收並蓄。

環遊月球

顧燮光《譯書經眼録・小説》　《環遊月球》一冊。商務印書館洋裝本。法焦奴士威爾士原著，日本井上勤譯，商務印書館重譯。書爲科學小説，發明礮彈速率、星月引力各理，而以美人巴昆根尼哥爾、馬斯頓亞騰諸［人］乘礮彈，飛行天空，環遊月球一轉組織之。事雖子虛，然所論製造各事，非深於科學者不能。譯筆亦修潔可讀。

《上海格致書院藏書樓書目・東西學書・小説》　《環游月球》。法焦奴士威而士。日本井上勤。一本。商務書館活印本。

丘煒萲《客雲廬小説話・新小説品》　《環遊月球》，如織女金梭，非人間巧。

無名之英雄

楊復等《浙江藏書樓乙編書目・雜誌》　《無名之英雄》二冊。闕名。作新社鉛印本。

寅半生《小説閒評》卷一　《無名之英雄》。法國迦爾威尼原著，吳門天笑生譯。小説林社印行。書分上、中、下三冊，凡二十五章。敍加拿大法人祕密運動覆英政府事。主動者爲無名氏，乃賣國奴史孟毛雅之子，名次安。抱幹蠱之志，爲革命黨首領，不願以姓名顯，故自號曰無名氏。全書所敍，筆力矯健，令人爲國捐軀之念油然而生。賦友絳靈，至性纏綿，尤足令人感泣。惜乎衆寡不敵，志士流血，讀竟爲之憮然。

丘煒萲《客雲廬小説話・新小説品》　《無名之英雄》，如僧繇畫龍，

點睛飛去。

手足仇

寅半生《小説閒評》卷一 《手足仇》。法國波羅彌甯著，皖南江之泳口譯，江之屏筆受。新小説社印行。是案敍一猶太人，名喀倫達，在美設立船廠二十餘年，家貲千萬。弟喀立特，亦係高等工匠，新發明一種沈水魚雷船。喀倫達願以重價購之，不允。遂僞爲送行也者，賄通水手，乘夜於船中謀殺之，剷其面目，使人不復認識，拋屍入水；復恐水手漏言，並殺之以沉諸海。偵探科比威林，以奇巧之心思，敏鋭之手段，嚴密細查，得其證據，率役往捕。喀知事敗，即與同謀二人，藉電力自裁，遺書一通，自述崖略。明年船成，即名曰喀倫達。全書敍偵探，離奇恍惚，不可思議。至自述一通，詳簡合宜，可云佳構。

雙金球

寅半生《小説閒評》卷二 《雙金球》。法國小説。日本黑巖淚香原譯，中國祥文社重譯印。是書凡四十回。敍英國貴族竹田男爵家藏金兩球，重九百四十斤。年老無子，作一遺言書，託青山老人作公證人。竹田有女甥二，一柳娘，法人，一櫻娘，英人。竹田喜櫻娘而不喜柳娘，視如奴婢。又有一忠實黑奴，名片助，甚勤謹。一日疾篤，遺言以金球一與櫻娘，未及簽名而卒。於是青山老人開發遺言書，由荒川醫士作證，書中備述幼年曾與法國貧女清水娘結婚，生一子清水岩夫，一切家產及金球，均與岩夫承受，並留十萬元作尋訪之費，有照片作證。柳娘一見甚喜，謂此即伊未婚夫，衆皆驚異。突來一少年自稱清水岩夫，與照片相合，除片助外無人能識，而片助已於前夜被人刺死，兩金球亦失去。衆論譁然，乃囑岩夫回國取證據，一面報警察請偵探探案。偵探乃疑公證人因謀產起見，特雇人將片助刺死，另覓假岩夫承受家產。荒川醫士信之，私偵公證人，果覺形迹可疑。適岩夫爲人刺死，另來一人，自稱眞岩夫，攜有證據，遂羣疑公證人所爲，共入警署。後查得前岩夫係假冒，皆柳娘所爲。柳娘者，亦非眞柳娘，案破逸去。公證人遂得白其冤，眞岩夫乃與櫻娘結婚。金球亦並未竊去，片助恐爲人盜，藏入男爵棺内，失而復得。岩夫遵男爵遺言，仍分一金球與櫻娘云。既曰公證人，必爲男爵素所信服者，何人不可疑，乃竟疑及公證人？殊出情理之外。觀柳娘一切舉動，不及櫻娘萬萬，想竹田早洞悉其奸，故視如奴婢云。

紅茶花

丘煒萲《客雲廬小説話・新小説品》 《紅茶花》，如蟻穿九曲，因難見巧。

母夜叉

丘煒萲《客雲廬小説話・新小説品》 《母夜叉》，如孤舟簑笠，獨釣寒江。

世界末日記

顧燮光《譯書經眼録・小説》 《世界末日記》一卷。《北京經濟叢編》本。法佛林瑪利安著，某氏譯。言地球日老，太陽日冷，世界遂成冰雪而人類盡矣。其末日也，僅有男名阿美利加，女名愛巴，以終其局，蓋寓言類也。語極凄慘奇鑿，譯筆典雅，足以達之。著者爲法之著名文家兼天文學者。是書爲其所著，原名《地球末日記》，以科學精確之理與哲學高尚之思，融會而成斯著，小説中奇構也。

丘煒萲《客雲廬小説話・新小説品》 《世界末日記》，如長康畫人，傳神阿堵。

鐵假面

《上海格致書院藏書樓書目・丁未年續添書目》 《鐵假面》。法波殊古碧者，中聽荷女士譯。三卷。三本。廣智書局本。

疑覺我《小説管窺録》 《鐵假面》。廣智書室發行，全三冊。歐洲未開化

前，酷刑殘殺，幾非人類所爲，鐵假面亦其一也。當時以之處置國事犯。是書敍法皇路易十五時代，政府壓制太甚，民間組織一黨，以推翻政府爲目的。其首領則晏守雄，奔走國事，妻頻花易裝相從。及晏失敗下獄，蘋花多方營救，歷三十年而志不渝，卒出其夫於死地。布局緻密，足以刻勵人情，陶冶心性，益增其堅持忍耐之度。歷史小説中之良構也。

影之花

丘煒萲《客雲廬小説話・新小説品》　《影之花》，如翠羽啁啾，師雄夢醒。

美人手

丘煒萲《客雲廬小説話・新小説品》　《美人手》，如柳岸曉風，其葉湑湑。

毒蛇圈

丘煒萲《客雲廬小説話・新小説品》　《毒蛇圈》，如子猷看竹，不問主人。

女人島

寅半生《小説閒評》卷二　《女人島》。孔羣子譯。新世界小説社出版。是書共分三十二篇。敍法國海濱游家岡古邸伯爵游朗如，於十六年前，將親子秀春放逐，身邊僅男女二甥，男名林優進，女名高琬貞。未幾病篤，登報招子。及殁，遺言家產悉歸親子秀春，萬一不歸，則由二甥平分。琬貞於是與優進謀吞全產。適秀春之女穆須美乘輪而返，至女人島，觸礁舟溺，爲琬貞所救，見戒指中一「遊」字，疑之，乃使優進盜其鐵函，得證據，焚之，須美不知也。高與林遂結婚，坐擁其產。旋復謀斃須美，誘入地窟，遇救得出。時琬貞已溺於海。秀春返，父女相會，仍受遺產。林亡去，不知所終。

謀產之心，起自琬貞，優進不過爲其所用。觀其或以柔媚，或以威脅，陽迫陰誘，務使墮其術中，乃知婦人之貪，勝於男子，婦人之險，亦勝於男子。因須美戒指上一「遊」字，即防到秀春之女，琬貞之機警實不可及，彼頑鈍如優進，那得不奴畜之而隸役之？鐵函已毁，證據已焚，他人應享之產業，攘奪不留餘地，琬貞可以高枕無憂矣。況須美感恩之不暇，亦斷無絲毫疑忌，乃必欲謀斃之者，實一念之妬，有以啓之。嗟乎！世未有貪而不妬者，亦未有妬而不狠者，彼須美尚在夢中，抑何可憐。海溺一篇，優進竟能歷數其罪，不特琬貞出於意外，即讀者亦爲一快。乃琬貞遽爾溺斃，遂令全書從此結穴。以後，秀春父女重逢，承襲產業，皆意中事，毫無興味。蓋此種謀案，必須由著名偵探逐一探出，庶能步步引人入勝。乃案尚未破，凶手先斃，以後事皆屬可有可無，令人意興索然。

俠隱記

疑覺我《小説管窺録》　《俠隱記》。商務發行。法大仲馬著。大仲馬爲小仲馬之父，文名播遐邇。中敍法王路易第十三時代，特拉維火槍營三少年及另一軍之少年，與紅衣主教爲敵，幾失敗於女偵探之手。好勇鬬狠，描寫古時社會情狀，殊非近人所能想見。書四厚册，亦一大觀也。

續俠隱記

疑覺我《小説管窺録》　《續俠隱記》。商務書館發行。法大仲馬著，君朔譯。是書原名《二十年後》述紅衣主教馬薩林與路易第十之母后相愛戀，又與英相克林維勒有祕密交涉。性極貪鄙，爲擲石黨所深疾，激成巴黎民變。達特安與其友三人，奔走英、法間，至英時又值英國革命之戰，英皇查爾斯第一被執，定死罪行刑。達等屢瀕於危，終得出險。原名爲 Viconte de Bragelome，共三卷。尚有第三編譯爲《白蘭善子爵夫人》共六卷，想當續譯也。

大俠盜邯洛屏

疑覺我《小説管窺録》 《大俠盜邯洛屏》。新世界小説社發行。法國仲馬原著，英國合立森譯。中國公短重譯。英自腦門豆人王英以後，時與撒克遜人仇視。邯洛屏，撒克遜人之雄者也，聚而爲盜，於休賀林，專與腦門豆人爲難。其劫財法甚奇，每以酒食饗過客，食畢而取其囊金。寫教中之神父最爲不堪。全書取徑殊別，足爲社中發行書之冠。原著者係法國極有名之小説家，譯筆亦韶秀，一佳本也。

孤星淚

疑覺我《小説管窺録》 《孤星淚》。商務發行。法國小説家嚣俄著。嚣俄以慘苦之筆墨，寫下等社會之情形，至令人不堪卒讀，一時馳名文學界。是書卽世所稱爲《哀史》者也。前某店所發行之《慘社會》及近日《時報》所印之《逸囚》，皆節取其一節譯之者。是書叙服爾基幼失學，受撫於姊家，姊亦貧不給，乃學作竊賊。因竊麪包被繫獄，屢逃屢獲。繫獄至十九年，始釋之出獄。後投宿一主教家，乘間竊其銀器遁，又爲巡士所獲，送歸主教。主教僞言係贈彼者，解免之，並以銀蠟臺贈焉。因大愧悔，立志一反前之所爲。力爲善行，成巨富。人呼爲末特里，不知卽服也。後屢爲警察吏所捕，屢免脱，其險至不堪設想。繼拯一孤女，爲之婚嫁，苦心孤詣，而受者不知焉。讀至此，未有不下淚者。實近數月中不經見之名作也。友人某語余曰：「此書尚非全璧。曾見原本，有六巨册，此尚爲節本。」殆然。

侗生《小説叢話》 《孤星淚》一書，叙一巨盜改行，結構之佳，狀物之妙，有目共賞。嚣俄氏善作悲哀文字，是書尤沈痛不忍讀。余讀是書，三舍三讀，未終篇也。書末未署譯者姓氏，余頗以爲歉。

劇盜遺囑

丘煒萲《客雲廬小説話·新小説品》 《劇盜遺囑》，如鼓鑄洪爐，克肖物狀。

漫郎攝實戈

丘煒萲《客雲廬小説話·新小説品》 《漫郎攝實戈》，如摩登伽女，色相示人。

李覺出身傳

丘煒萲《客雲廬小説話·新小説品》 《李覺出身傳》，如處女劍術，忽自有之。

其他歐洲國家文學分部

况　義

王韜《泰西著述考》 金尼各《况義》。

伊索寓言

顧燮光《譯書經眼録·雜著》 《伊索寓言》一卷。光緒二十九年商務印書館第四版本。希臘伊索著，林紓、嚴培南、嚴璩同譯。伊索爲希臘古時名士，距今二千五百餘年。所著大半寓言，其説理新奇，大有裨於蒙學修身之用。近時歐西哲學輩出，各本創見，立爲師説。雖碩學如斯賓塞爾，其重蒙學，仍不廢伊索氏之書。蓋正言莊論，不

如詼諧之感人深也。譯筆修潔，間附按語，尤足醒目。

《上海格致書院藏書樓書目・東西學書・通論》　《伊索寓言》。林紓。嚴培南。嚴璩。一本。商務書館活印本。

楊復等《浙江藏書樓乙編書目・雜誌》　《伊索寓言》一冊。侯官嚴培南、閩縣林紓譯述。商務書館鉛印本。

賣國奴

寅半生《小説閒評》卷二　《賣國奴》。德國蘇德蒙原著，商務書館編譯所譯印。是書凡十六回。敍一千八百零六年俄、德兩國聯滅波蘭，法國拿破侖援波蘭爲名，直壓德境，德國史那特男爵私引法兵進境，遂犯衆惡，目爲賣國奴。子約西諫而不聽，乃出亡，易名雅曼投軍，授千總之職。後聞男爵身死，冒險回家，舉行葬禮。約西又與敎士之女福蕙甚契，至是福蕙心變，與梅克戴訂婚，梅愈與約西爲仇，屢欲陷害，卒不可得，反隸約西部下出征。約西立意戰死，以雪先人之恥，卒如其願云。

寫約西初次回家，一片瓦礫，踽踽獨行，淒涼情狀，令人不堪卒讀。歐麗一無知女子耳，乃實心爲主，生死以之，其一種天眞爛漫處，令人可憐，亦復可敬。梅村長確是市儈暴發，雖是封翁，不脱村夫氣派，其聚衆集議時，處處留心酒盃酒壺，爲之絶倒。第九回郡長審問約西，村衆虎視眈眈，欲得甘心。乃至展讀敕書，忽授金鵄勳章，不獨村衆愕然，卽約西亦出諸意外。此時情形最難描寫，作者卻能面面都到，絶無遺漏。約西有約西神情，郡長有郡長神情，敎士有敎士神情，梅克戴有梅克戴神情，村民有村民神情。百忙裏又插入穆斯克痛打歐麗，紛紜嘈雜中竟能一絲不亂，此爲全書最占勝處。

大除夕

寅半生《小説閒評》卷一　《大除夕》。德國蘇虎克著，卓呆譯。小説林社印行。書凡十五回。敍一跛足更夫信丞，於大除夕夜，雪冷難行，命兒子吉兒代巡。吉兒本與羅花姐有約，途遇幽龐菴皇子戴面具出行，互換裝束，吉遂入宮，赴跳舞會。所遇諸人，皆誤以爲皇子，吉亦隨機應對，一無破綻。至十二點鐘，始易原裝。時皇子巡更，唱歌罵人，爲警察所追，俱執之面君，以遊戲，赦之。吉本習種花樹之業，皇子遂賞銀五千圓，命作園丁。吉返，詳述之父母，與花姐皆喜。於是與花姐成婚。此書以吉兒與花姐爲主腦，配以灑脱詼諧之皇子，顧天下斷無更夫可以入宮冒充皇子者，亦斷無皇子代作更夫者，雖各國風尚容有不同，且此事原屬一時遊戲，然遊戲亦須近理，方有趣味可尋。若此書所述，未免太覺離奇矣。管見如是，請質高明。

虛無黨真相

疑覺我《小説管窺録》　《虛無黨眞相》。廣智書局發行。德摩哈孫原著，天涯芳草館主人譯。全書以學生爲經，黨人爲緯，又以兩奇女及娘子軍渲染之。其寫官場腐敗，社會黑暗，可作前車之鑒。

小仙源

顧燮光《譯書經眼録・小説》　《小仙源》卷。商務印書館《繡像小説》本。瑞士文學家某著，泰西戈特爾芬美蘭女史重訂，繡像小説報譯。原著係德文，記瑞士人洛萃生夫婦及子五人，泛海遇險，居南洋小島，經營田宅，家居纖悉之事，紀載極詳。雖事涉子虚，足徵西人性質強毅果敢，勇往不撓。其殖民政策，可畏也夫。

環瀛遇險

顧燮光《譯書經眼録・小説》　《環瀛遇險》卷。商務印書館《繡像小説》本。泰西奥愛孫孟著，繡像小説報譯。所記皆西人遇險之事，情狀離奇，譯筆暢達，讀之可增人急智焉。

夢遊二十一世紀

顧燮光《譯書經眼録・小説》　《夢遊二十一世紀》一卷。商務印書館洋裝本，一冊。《繡像小説》排印本。荷蘭達愛斯克洛提斯著，楊德森譯。書紀西曆紀元後

二千零七十一年事。屆時科學日精，造成大同世界，人民樂利，銷盡戰爭，氣球御風於天中，氣筒運暖於地下。文明極點，讀之令人神往。此書風行歐土，遞相繙譯。此本英文譯成，文筆亦暢達可讀。

《上海格致書院藏書樓書目·東西學書·小說》 《夢游二十一世紀》。荷蘭達愛斯克洛提斯。楊德森。一本。商務書館活印本。

丘煒萲《客雲廬小說話·新小說品》 《夢遊二十一世紀》，如屠門大嚼，亦足快意。

神女緣

寅半生《小說閒評》卷一 《神女緣》。荷蘭麥巴士著，嘉定吳竟口譯，秀水洪光筆受。時報館印行。此書乃摘譯《麥巴士遊記》中一篇。敘麥巴士與友凱加特君共遊印度，至卡夫多村，遇一神女，引入石窟寺院。該處風俗，每年四月初九、初十、十一三日，大合有情男女，於此結婚。適當其時，遂得見所未見。盤桓三日，神女欲以印度道術相授，麥等不悟其旨，受書一冊而返。書中所述，皆佛教上乘之旨云。

兒童修身之感情

顧燮光《譯書經眼録·小說》 《兒童修身之感情》一卷。文明書局洋裝本，一冊。天笑譯。書凡五章。記意大利瑞那地方工人子十三齡尋其母於北美洲事。塗中備歷艱辛，卒得達其目的。至孝格天，固無中外別也。譯筆亦清晰可讀。

楊復等《浙江藏書樓乙編書目·教育》 《兒童修身之感情》一冊。吳門天笑生譯。文明書局鉛印本。

新蝶夢

侗生《小說叢話》 《新蝶夢》前半頗可觀，惟結處過遠事理。冷血所著小說，多有蛇尾之譏，此書尤甚。

美國文學分部

百年一覺

梁啓超《西學書目表·無可歸類之書》 《百年一覺》。李提摩太。廣學會本。一本。五分。亦四人說部書，言世界百年以後事。

又《讀西學書法》 廣學會近譯有《百年一覺》，初印於《萬國公報》中，名《回頭看紀略》，亦小說家言。懸揣地球百年以後之情形，中頗有與《禮運》「大同」之義相合者，可謂奇文矣。聞原書卷帙甚繁，譯出者不過五十分之一二云。

徐維則等《增版東西學書録·雜著》 《百年一覺》一卷。廣學會本，一冊。美畢拉宓著，英李提摩太譯。言美國百年以後事，亦說部之屬。泰西人亦有此種書，甚可觀。惜此本未全耳。書中多叙養民新法，原名《回頭看》。

楊復等《浙江藏書樓乙編書目·雜誌》 《百年一覺》一冊。英國李提摩太譯。廣學會鉛印本。

廣學會編《廣學會譯著新書總目·雜著》 《百年一覺》。美國畢拉宓著，李提摩太君譯。乃敍美國百年後改良諸事之景象。一冊。價洋三分。

黑奴籲天録

徐維則等《增版東西學書録·雜著》 《黑奴籲天録》四卷。林譯本。泰西土斯活著，林紓、魏易合譯。原名《湯姆》，叙當日南美洲淩虐黑奴之狀，慘暴至無人理，而情文凄惋，聞者酸鼻。讀斯書，可以悚然懼矣。顧補。

《上海格致書院藏書樓書目·東西學書·小說》 《黑奴籲天録》。美斯土活。閩縣林紓，仁和魏易。四卷。一本。活印本。

楊復等《浙江藏書樓乙編書目・雜誌》《黑奴籲天録》四冊。閩縣林紓、仁和魏易譯。木刻本。

丘煒萲《客雲廬小説話・新小説品》《黑奴籲天録》，如石鐘山下，奇石搏人。

幼女遇難得救記

廣學會編《廣學會譯著新書總目・小説》《幼女遇難得救記》。此書乃季師母譯。論人身遭逢甘苦，孩童淑德性成，爲賢孝佳兒。價洋二角。

小英雄

《上海格致書院藏書樓書目・東西學書・小説》《小英雄》。美亮樂月。潤州陳春生。二卷。二本。美華書局活印本。

廣學會編《廣學會譯著新書總目・小説》《小英雄》。論英國之家法並教育嬰孩之道。二本。價洋三角。

貧子奇緣

廣學會編《廣學會譯著新書總目・小説》《貧子奇緣》。美國亮樂月女士譯。敍一貧人力勸致富之事。一冊。價洋五分。

美洲童子萬里尋親記

丘煒萲《客雲廬小説話・新小説品》《美洲童子萬里尋親記》如咀嚼哀梨，爽脆可口。

郵賊

顧燮光《譯書經眼録・小説》《郵賊》一卷。《東方雜志》附刊本。美某氏著。記美人勞而飛爲偵探，盜婚書以成友人梅甫葛麗蘭婚姻之事。書中記穆漢爾之陰險，卒以自敗，於以知天道之尚存，而機械適以自害也。譯者用演義體譯之，尤覺一洗翳障。

毒美人

顧燮光《譯書經眼録・小説》《毒美人》一卷。《東方雜志》附刊本。美國樂林司郎治原著。是書記美人孛勞來設塾於格偏維爾鎮，被傑姆森鎗斃一案，經偵探福拉史偵破。其中情節變遷，頗有出人意表，亦足見西人偵探之術精矣。

黃金血

《上海格致書院藏書樓書目・東西學書・小説》《黃金血》。美樂林司郎治。一本。商務書館譯印本。

小公子

寅半生《小説閒評》卷一《小公子》。小説林社員譯述。書凡十六回，敍一解意小兒，名錫特黎，本英國特凌考侯爵之裔，幼孤。父哀魯，爲侯爵幼子，母美產，出身微賤，侯以是絶之，居於美。父死，母子二人，零丁孤苦，顧錫甚解事，無異成人。未幾侯長次二子均歿，繼續無人，遣使迎之

歸，意謂鄉僻小兒，定然頑劣，不意一見後，天眞爛漫，委婉可人。侯雖暴戾性成，亦與俱化，遠近贊賞，爭以一見爲榮。後忽來一少婦，自稱曾與侯長子皮弗斯結婚，遺子一，例應襲爵。此婦實係錫友桀克之嫂。底蘊畢露，事破遠颺。遂爲祖孫如初。於是迎母入城，一家完聚云。初讀此書，頗有靜氣，其敍錫特黎拯濟窮困，並與霍布士、桀克等往還，純乎一片天眞。敍夫人亦落落大方，居然有名貴氣象。至迎錫入侯邸後，曲意承歡，饒有天趣。惜乎喋喋家常，並無變化。至敍錫庚司及奥斯考忒市已爲司空見慣，一望而知。末敍爭襲一事，正好大起波瀾，以娛閱者之目，乃竟旋起旋伏，易如反掌，毫無波折，甚爲可惜。難者曰：「子言喋喋家常，一似有不滿意者然，《紅樓夢》獨非喋喋家常乎？何以萬口同聲，推爲説部領袖？」應之曰：「此《紅樓夢》之所以佳也。不但喋喋家常，即如吃飯一事，《紅樓夢》中屢見不一見，而閱者並不討厭。他人學之，便同嚼蠟，問之我心，我亦不解，即問之普天下讀小説者，恐亦不能自解也。謂予不信，請質高明。」

奇獄二

疑覺我《小説管窺録》 《奇獄二》。本社發行。吳門華子才譯。共四案：一、《亞門特被殺案》；二、《假死竊產案》；三、《銀柄斧案》；四、《虛無黨之祕密案》。筆墨甚簡潔，與《奇獄一》相伯仲。惟《虛無黨之祕密案》與上年《偵探談增刊》之《虛無黨》複譯，本社從英文迻譯時未及檢出。

黑行星

寅半生《小説閒評》卷一 《黑行星》。西蒙紐加武著，東海覺我譯述。小説林印行。全書敍一黑行星，與太陽衝突，將太陽外殼衝破，其元質便流散地球，焚燒殆盡。此外別無事實。科學家或有意味可尋，非小説家所能索解也。

紅柳娃

寅半生《小説閒評》卷一 《紅柳娃》。美國拍拉蒙原著，商務書館編繹所繹述。是書拍拉蒙敍其友耶芳斯，自言探險至一處，爲諸小人所困。其人皆僅長五六寸。相處數月，略通語言，始知彼族不下數十萬人，近爲虎頭王所制服。虎頭王者，大於彼種二倍，或至三倍，僅數百人，野蠻凶暴，慘無人理。初以耶爲神，敬奉備至，繼又以爲仙果，謀烹食之。後復來一族曰哈馬國，虎頭王爲所敗，問計於耶，耶遂爲之媾和。擬振興教育，不果，乃乘氣球而遁，出日記以貢於世。紀曉嵐《閱微草堂筆記》，言烏魯木齊有一種小人，棲於林間，居民名之曰紅柳娃，譯者遂以名是書云。譯者原序，言此編爲美國人所著，其言多汗漫自肆，滑稽隱射，然往往有見道語，可以見著者之語重心長，有爲而言也。夫曰滑稽，則語近於妄，曰隱射，則意有所指。閱者勿以辭害志也可。

舊金山

寅半生《小説閒評》卷一 《舊金山》。英國諾阿布羅克士原著，會稽金石、海寧褚嘉猷譯述。商務書館印行。書凡十二回。敍數十年前美國加里奉尼亞——一名舊金山——金礦出現。伊黎瑙省有童子四人，結伴同行，前往開採。路隔二千餘里，仗冒險精神，卒能達其目的，獲利而返。所敍途中艱苦，大有一波未平，一波又起之概。妙在寫來情景逼眞，且又處處不脱孩子氣，的是寫生妙手。

情魔

寅半生《小説閒評》卷二 《情魔》。美國某著，無歆羨齋譯。廣智書局印

行。是書不分章回。敍紐約茶商王詠仙無故被殺，詠仙本富家子，有兩姪女相依，一名梅英，一名巧珠，年亦相若。復有一書記程雲越。偵探邱貞，綽號小鬼，因詠仙遺書，將家產盡與梅英，遂疑巧珠爲奪產起見刺死詠仙，舉動神情，無不合拍。辯護士賴春田，力保巧珠斷非凶手，於是羣疑梅英，因梅英曾與嚴千里祕密結婚，爲詠仙所惡，被刺之前一日，嚴千里曾冒名投刺。惟侍婢阿花，忽於是夕逃去。偵探乃密探嚴千里行徑，及阿花下落，及覓得阿花，已先服毒自盡，枕畔留書一通，詳細考核，確是梅英嚴千里二人所爲，梅英情急自盡，遇救得免。於是程雲越良心不昧，自行吐實，實爲欲得梅英起見。適梅英爲嚴千里事與叔齟齬，心思若殺詠仙，則梅英定當感激，婚事可望，遂入詠仙房，從後轟殺之。爲阿花所見，乃許以重賂，囑其遠颺。繼思阿花不死，必將吐實，乃遺以毒藥，誘其自盡，並假作遺書，以冀脱卸己罪。至是盡得其實，按律施行，案遂結。凡偵探小説，往往將一無罪之人認爲凶手，乃至事事合拍，證據顯然，幾將定案，然後由偵探查出眞眞凶手，重翻前案，閱者於是如撥雲霧而見青天，各種偵探，無不如是，幾乎千部一律。此案始疑巧珠，繼疑梅英，閱者已心知其非，然凶手必須由偵探查出，方有趣味，若程雲越之自行吐實，則需偵探何用？全書減色不少。

新劍俠傳

寅半生《小説閒評》卷二　《新劍俠傳》。美國史露斯翁著，香港中國日報編譯處譯印。是書以白話體演成十回。敍法國著名劇盜山蒺藜，黨羽四佈，無惡不作。法政府向美國聘請聖手偵探祁軒利與虢雅梨二人偵緝凶案。一正一邪，可稱勁敵。山蒺藜卒爲祁偵探所獲。雖係白話體裁，卻寫得聲勢奕奕，精采動人，一路無懈可擊，令閱者全神貫注，不讀至終卷不止。此小説中龍鬱集也，必傳無疑。

丘煒萲《客雲廬小説話・新小説品》　《新劍俠》，如兔起鶻落，不可方倪。

拊掌録

丘煒萲《客雲廬小説話・新小説品》　《拊掌錄》，如釋尊拈花，迦葉微笑。

旅行述異

丘煒萲《客雲廬小説話・新小説品》　《旅行述異》，如古傷心人，別有懷抱。

疑覺我《小説管窺録》　《旅行述異》。商務發行。書爲美人歐文作。中間寫鬼，寫名士，寫盜，寫掘藏，皆以滑稽語描寫中下社會情狀，於歐洲風俗，可見一斑。林琴南先生譯。

棄兒奇冤

疑覺我《小説管窺録》　《棄兒奇冤》。本社發行。美國老斯路斯原著。村農皮叟，一日晨起，拾得一棄孩，並金千，乃撫之成人，名弗蘭克。皮夫婦死，爲其壻所逐，轉入銀行司簿記，被誣竊金入獄。弗發憤越獄出，變姓名，自探偵，務得陷己者而報仇焉。辛苦數年，終得遂意，且得本生父母而歸宗。書殊有裨益，足以策勵少年之志氣，可作一立志成功談觀。

俠女碎琴緣

丘煒萲《客雲廬小説話・新小説品》　《俠女碎琴緣》，如湓浦江頭，楓荻瑟瑟。

疑覺我《小說管窺録》　《俠女碎琴緣》。時報館發行。一名《西伯利亞流竄記》，美屠乃賴著，中國屠光裕譯。是書共十八章，記乃泉冒夫因子大佐凱旋，開筵歡迎，而命國事犯馬克兒之女埃兒達奏《天佑俄皇曲》。女不奏，擲琴碎裂，乃泉冒夫大怒。不意碎琴之女，即爲大佐所愛者。大佐因救埃兒達，遂至竄內。竄爲秘密黨集會所，女亦黨員也。旋被捕，流於西伯利亞。二人備歷艱苦，始得赦歸。

情海魔

疑覺我《小說管窺録》　《情海魔》。本社發行。美國柯怖著。書述美國一海盜名理拿德，據島稱海王，逐一西班牙船，擄得女子綳楷與其老父，豔其美，悅之。但島中本有愛者亨蔗麗亞，及王歸，遂生妬念。而老父則請被擄之船主歸取贖金以贖其女。盜王食言不踐，然內亂作矣。剿賊之兵又乘之，盜王遂死。其間如兄弟及兄妹相逢，盜妻之守節，婚姻之互締，情節頗有可觀者。

紅閨鏡

疑覺我《小說管窺録》　《紅閨鏡》。本社發行。美史蘭德原著，吳門華兮譯。書述女子愛倫少孤，育於泰雷家，入塾讀書，爲一男子曼蘭所誘，甚悅之，潛與結婚，而不知爲盜焉。婚後，曼被拘入獄，遣其黨勞霖致女札，索金，許解婚約，女不得已質金飾與之。曼得金，賄獄卒遁去，邏者追之，謂已斃矣。女聞曼死，頗喜。後與亞南訂婚，成親後，遇曼，歲賂以巨款。又遇一女子同行，旋知爲曼之棄婦，見曼忿爭，爲侍婢所知，曼殺婢，伏法。事迹極曲折有致，其輕於許婚，幾至成終身之玷，足爲青年女子殷鑑，故易以今名焉。

聶格卡脱探案二

疑覺我《小說管窺録》　《聶格卡脱探案二》。本社發行。吳門華子才譯。是書順序之一、二，乃冊數，非案數也，與《福爾摩斯探案》標目略異。本冊共兩案。一、《雙生案》。敍一銀行主女美林出門，方入馬車，即失其踪，遍訪不得。河中忽浮起一女屍，係爲人謀斃者，佩飾盡失，乃美林也。聶偵之，惡黨已被擒矣，忽全兔脱。及案破，乃知死者非美林，爲美林之婢，而事實起於美林之妹羅斯。事跡變幻複雜，當以是案爲最。一、《覬產案》。少女革來姆因弟往學校肄業後失踪，請聶偵察。姐弟係孿生者，於本年將各得遺產二百五十萬，其後父串通醫生毒革來姆，且藥其弟。醫生因巨萬財產，欲從而攫之，設種種計劃，卒被偵破，繼父亦自殺，而案遂結。

聶格卡脱探案三、四、五、六

疑覺我《小說管窺録》　《聶格卡脱探案三、四、五、六》。本社出版。《探案三》，共兩案。一爲《車屍案》。火車中發見一假裝女屍。先是少年女子迦鄧南，於十餘日前有失踪之告，至是始發現其屍。後由聶偵得，乃爲夫謀爾來所下毒手，而聶亦幾喪於謀之手。謀早娶妻，其又訂婚於迦鄧南者，蓋欲謀其產也。一爲《蓄音案》。蓋海落特忽於留聲片中，聽得一殺人案，既不知何人，且不知何時何地，僅由十二音片中報告其事耳。惟難推測，故告之聶。設想極奇，破案亦巧。此爲近時探案中所鮮見者。

《探案四》，爲前《蓄音案》之後案。前案被捕之女人田雅娜，忽由獄中赦出，親臨聶室，聲言欲復前仇。既而關於前案之友人海落特被殺於逆旅，而助手溪克又爲田雅娜所惑，以鍾情而被執，及聶重破羅網，再拘凶手，而案始結。

《探案五》，分前後二案，名《寶刀影》。聶忽接得一郵函，此函爲圬者於途中所拾得，囑寄聶者。書係一女子名哇爾軋蒙難求其援手，訖克求得圬

者，而聶又得約倫都大佐被殺桌上名刺，亦有哇爾軋字。前後隔五星期，乃同時發見。後百計披索，始得罪人率佛尼更縛之。此爲前案。後案則越兩月，聶爲僞警察騙去，而蒙一殺人罪案。聶時大醉，一手執凶刀，一手搤女子吭。但聶非嗜酒者何以醉？聶非殺人者，何以現象若是？得助手訖克極力施救，始得雪冤，破其巢穴。前後僅十二小時，而離奇百變，殊不可測。

《探案六》，亦分前後二案，名《奇窟記》。華盛頓高原有一巨廈，女主李妙蓮邀聶往觀一窟室，堅固異常，中藏巨額之金，每年省視一次，何意竟失去三兆元。及細檢，乃知有攻窟者。窟破，賊被擒，此前案也。繼李妙蓮又爲賊劫去，聶又連狙擊及救出妙蓮，而案始結。

聶格卡脱探案七

疑覺我《小説管窺録》　《聶格卡脱探案七》。本社發行。聶於積雪中，救得一殭臥之女子歸家，及醒，已茫然若隔世，並自己之名亦不知焉。聶乃認爲己女，旋於報中悟女爲英革林蘭盤脱勳爵之女，且知女將襲產，其遠親吉段夫婦與盆代及馬謀斃之。後案將破，而女又爲彼凶徒所擊暈去，及蘇，竟得復其記憶力，凶徒盡被執而案結。

聶格卡脱探案八、九、十、十一

疑覺我《小説管窺録》　《聶格卡脱探案八、九、十、十一》。本社發行。《探案八》，分前後二案。前案爲《戕姊案》。紐約一空屋，多年鎖閉，一日雪後，見草場上留有男女足印，聶入探，見一女子死於室内，聶遭狙擊幾死，幸警察入救乃免。後悉死女名大蘭，夫死，遺產甚豐，妹談娜偶劫盜，計脅大蘭入此宅，致之死，已則僞爲大蘭，居其室。案破，談娜下獄。後案一名《盜女案》。大蘭無子，僅有夫之幼妹意熳，聶護養之，送入聖奈散女校讀書。既長，一夕爲盜劫去，適戕姊之談娜已越獄遁。聶知爲談所爲，追踪至巴黎擒之。談自殺，得意熳歸。

《探案九》，分前後二案，總名爲《假面女子案》。克爾浮園左近，連出竊案。一夕，海斯丁家又被竊去圖書表目及底稿等，延聶緝之。據被竊家所見，賊係帶假面之女子。而海斯丁家有子一，名亨利；女一；外甥女一，名意麗娜；保護女一，名意賽倍，並其夫人。聶細察，即決竊賊必爲本宅中人。屢偵得之，屢被逸去，且見假裝者有二人。及被獲，不意非意賽倍，亦非意麗娜，而爲亨利，海斯丁遂逐出之，不認爲子而結案。後案爲意賽倍來訪聶。距前案破已一月餘，而假面女子復出現。海斯丁在書室，被縛於椅上，人皆以爲意賽倍。聶約意夜往探之。及往，被擊，暈於祕道中。其友推姆棄派斯單往探，亦爲所擒。既而聶釋縛，即獲亨利之友人桀斯膽縛之，且獲意麗娜及亨利而置之法。

《探案十》，共二案。一爲《瘋子劫殺案》。老人基美建二宅，一自居，一給其子愈那。子不孝，基美逐之。以屋有鬼，售居者輒他徙，最後爲派爾孫所租。派新婚，居未幾而二人被殺矣。基美告聶請偵之。聶往偵探，而基美又被縊死於大門中，旋屍又不見。此兇手笑聲徹耳，末由得其踪影。既於書室得祕道之門，豈知繞室祕道，層列至末，兇手自首，乃老人長子克立甫，爲愈那之兄，有瘋病，疾發，殺人爲樂。尚有同黨一人，亦瘋者，爲克立甫所戕，而己亦自殺也。惟克立甫之屍，終不獲云。一爲《飛刀案》。美人哈華德，白日被刺刀插於胸，同坐者祇哈蘭一人，其未婚壻也。咸謂殺人者必彼，哈女亦疑之，竟離婚也。哈蘭既被逮，因與聶善，就商之。聶爲探得哈遊印度，得印度皇子之金剛石，印人索還，不與，乃以飛刀刺殺之。聶捕印人，而哈蘭冤始白，哈女亦悔，復與哈蘭結婚焉。

《探案十一》，共二案。一爲《戕父劫女案》。美人理卻特與女卡美同居。一日，理卻特被殺，卡美失踪。聶偵之，悉凶手名山勒斯，因求婚卡美，其父不許，忿而殺之，並劫卡美，將遁遠方。聶偵獲之，卡美得歸，山勒斯付法。一爲《假王案》。卡陸沈國内亂，叛黨囚王及后，擇貌似王者一人王之，國之臣民皆不知也。將軍摩斯削官被禁，就聶商之。聶探確，與其國人共執假王，而眞王及后始得復位，卡亂乃已。

狡兔窟

疑覺我《小説管窺録》 《狡兔窟》。商務印書館發行。袖珍小説，商務印書館最近發行，書品雅飭。此書實亦聶格卡脱探案之一。美國隆道村有一皮虎佛所設之酒肆，酒客二人忽相爭，一爲楷達猻，一即聶也。聶因聞楷欲誘馬炳挪，行其勒贖計，僞作牧人以羅奸黨，改裝爲印第安土人，深入盜穴，遂得破案。

玫瑰花下

疑覺我《小説管窺録》 《玫瑰花下》。商務袖珍本。此書亦爲聶格卡脱探案之一，發行於上年。舊金山大地震後，有一火車客蓋敦斐，挾銀券往舊金山。途中遭德林胠篋，不意券早失去。由聶偵得，爲德林妻妹所竊，查得券於玫瑰花下，始得返趙璧。

惜畜新編

廣學會編《廣學會譯著新書總目・雜著》 《惜畜新編》。英季理斐夫人譯。描寫犬之情形，與人生命略同。讀此書，慈愛之心油然而生。一册。文理官話，均價洋二角。

逃　緣

丘煒萲《客雲廬小説話・新小説品》 《逃緣》，如滕王寫生，栩栩然蝶。

國別待考作品分部

金剛鑽小説

徐維則等《增版東西學書録・雜著》 《金剛鑽小説》一卷。《工商雜志》本。杼湘生譯，天倪子筆述。顧補。

露漱格蘭小傳

楊復等《浙江藏書樓乙編書目・圖史》 《露漱格蘭小傳》一册。信陵騎客譯。文明書局鉛印本。

丘煒萲《客雲廬小説話・新小説品》 《露漱格蘭小傳》，如間關鶯語，幽咽泉流。

瑞西獨立警史

寅半生《小説閒評》卷二 《瑞西獨立警史》。雲間陸龍翔譯。譯書彙編社印行。是書凡十六回，並楔子、結尾兩回。敘西洋女教習韻蘭娘，於課餘對諸生演講瑞西獨立故事。瑞西本以一小國，受制於日耳曼。酷吏卻士勒郎田山壓制國民，慘無人理。於是民權黨瓦爾德、威兒尼、亞兒那脱等，聯合同志三十餘人，約期起義，全國嚮應，卒至驅除虐吏，恢復自由，成一獨立之國。有志者事竟成，區區瑞西能奮發有爲如是，而況皇皇大國乎哉。書本爲豪傑立傳，而激昂慷慨中，忽爾深情款款，如慧利那之於威爾尼，利姿之於亞兒那脱，悱惻纏綿，自有一種愛情，躍然紙上。倏爾俠客，倏爾美人，倏

爾英雄，倏爾兒女，遂覺異樣好看。

楊復等《浙江藏書樓乙編書目・圖史》 《瑞西獨立警史》一册。陸龍朔譯述。日本東京鉛印本。

生死自由

丘煒萲《客雲廬小説話・新小説品》 《生死自由》，如蘇論漢高，木彊而止。

離魂病

顧燮光《譯書經眼録・小説》 《離魂病》一卷。文明書局本，一册。《新小説報》本。披髮生譯述。本書所演奇案，乃美國事實，年月無考，約二十年前事也。所記乃美之奥利安州厚利銀行失銀一事。中如阿松之貞，雁英之義，院長之酷虐，眞二福太阿桃之陰險，余金藏之病，縷晰言之，一洗翳障。惟譯筆間有冗複，然演義體固宜爾也。

丘煒萲《客雲廬小説話・新小説品》 《離魂病》，如寒蛩砌畔，唧唧通宵。

青年鏡

寅半生《小説閒評》卷一 《青年鏡》。南野浣白子譯述。廣智書局印行。書凡十八回，即《新小説》中所刻《二勇少年》。曼殊謂小説回目，不宜草率，若《二勇少年》之目録，雖内容絕佳，亦將減色。浣白子殆因是言，重加修飾，易以今名，於醒目處略加圈點，每回添撰回目。然裁對牽強，仍未出色，顧視原書，則較勝矣。

孟恪孫奇遇記

楊復等《浙江藏書樓乙編書目・雜誌》 《孟恪孫奇遇記》一册。公潔編。作新社鉛印本。

俠戀記

丘煒萲《客雲廬小説話・新小説品》 《俠戀記》，如楊少師書，純用險筆。

指環黨

丘煒萲《客雲廬小説話・新小説品》 《指環黨》，如山殽野簌，共話漁樵。

車中美人

寅半生《小説閒評》卷一 《車中美人》。小説林社員譯述。書凡十二章。敍一倫敦富人加格佛之子，名小加，性情磊落，三十未娶，途遇一麗人，眷戀倍至。麗人者，名雪夫人，與一老者罕葛巴偕。罕待之酷，雪不能堪，遂萌死志，適爲加所見，護之歸。是夜，罕被殺，雪亦亡去，判者遂疑雪。且事前雪曾至肆購手槍一，肆主出而作證，愈見雪不堪其虐蓄意謀斃，懸賞緝捕。加心知其冤，遂聘著名偵探白來爾訪緝凶手，既而得之。蓋凶手名來百音革，與罕有殺父之仇，雪夫人之母女，亦爲罕所刼，故與雪之父奇古活幾二人，謀所以報。罕適獨居，遂扼殺之。雪歸，載與俱去。案定，二人皆自

裁，雪遂與加合婚。名爲豔情小說，實則偵探小說耳。前半寫加之眷戀，雪之淒楚，活現紙上。後半索然無味，不及他種偵探書之離奇變幻，令人拍案叫絕者。且雪夫人之購手槍，亦未敍明其故，處處插入加之友曰密特梅，實則毫無助力之處，未知何意。

花富廬奇案

丘煒萲《客雲廬小說話・新小說品》 《花富廬奇案》，如宜僚弄丸，神閒志定。

雙公使

丘煒萲《客雲廬小說話・新小說品》 《雙公使》，如斷橋流水，掩映夕陽。

鴻巢記

寅半生《小說閒評》卷二 《鴻巢記》。酒瓶著，飯囊譯。小說林社印行。是書凡十四章，沒頭沒惱。敍蘇格蘭人鴻衛爾家稻倉，藏匿敎匪叛黨數人，子鴻阿雷實心保護。繼恐爲軍士所偵知，乃遷匿他處。以外並無事實。此種小說，觸目皆是，欲開民智，欲有益於社會，難矣。

情海劫

寅半生《小說閒評》卷二 《情海劫》。吳江任墨緣譯意，武進李叔成潤詞。小說林社印行。是書分上、下兩卷，凡五十七篇。敍白脫蘭梅使姪倍恩以刑餘之人與哈蘭羅、特力等航海取寶。哈蘭故與白脫女芬恩交情甚密。途次，羅特力與鼐特等潛起謀心，爲倍恩所知，乃與哈蘭遁入荒島。哈蘭以所喪甚鉅，無顏復歸，倍恩乃隻身返。白脫蘭梅聞信後，遂與芬恩、倍恩入海，冀尋哈蘭。羅特力窮追不已，併吞其所有，復將芬恩劫去。倍恩捨身保護，屢遇難而屢救之。卒能父女會合，重返家園。時哈蘭已置身外事，芬恩遂與倍恩結婚云。

率眞子總評有云：「以一囹圄囚人，而負百折不回氣，品奇。以一脆弱女子，而存歷劫不磨想，情奇。以素所夷落，素所疾惡之人，而卒乃白頭矢志，緣奇。以絕無希望，絕無僥倖之事，而竟致青眼有加，遇奇。以兩不相投之緣，若遇蒼蒼者故爲造作，使之合而離，離而合，合而仍離，離而終合，文奇。」噫嘻！率眞子可謂少見多怪者矣。倍恩之犯法也，不詳其何事，安知非深文羅織，誤入法網者？且囹圄中人，豈盡一無志氣？古今來英雄豪傑，半出於此，小說中如倍恩其人者，正不堪屈指計，則其品何足爲奇？歐美女子與男子並立，非如華女之俯仰依人。如芬恩者，隨在皆是，更有較勝萬萬者。無論芬恩並不存歷劫不磨之想，即有此想，亦與「情」字何涉？則其情未足爲奇。芬恩與倍恩本未嘗夷落，未嘗疾惡，況能捨身保護，屢出於險？其白頭矢志也，亦屬應有之事，則其緣未足爲奇。倍恩於芬恩未必絕無希望，觀其處處以情相感，以恩相結，何嘗不作僥倖之想？夫以如是捨身從事，而猶不加以青眼，必非人情，則其遇未足爲奇。離合悲歡，小說家必然之事，近來文人鈎心鬥角，無不肆力於小說，眞覺無奇不有，無美不臻，往往有出人意外者。此書所敍，猶是尋常解數，則其文亦未足爲奇。乃竟極力推崇之曰「品奇」、「情奇」、「遇奇」、「緣奇」、「文奇」，眞令人拍案大呼曰：「奇奇奇！」

纖手秘密

寅半生《小說閒評》卷二 《纖手祕密》。鐵冰譯。小說林印行。是書敍畫師韓得生，與同業文司登爲友。韓眷一少女突來惜那，曾繪一小像，因之得名。文司登勸其勿入情網，適得遺產，乃同作遠遊。後韓因

母病而返，遂與非非恩之女馬來互結愛情，婚有日矣，忽遇突來惜那於途。時文司登已陰與結婚。既而愛情中變，遽將突來惜那殺死，移禍於韓，復潛藏凶器於其家。案發，得生被捕，乃請一著名偵探家包樓悉心偵探，盡得其故。文司登乃認罪，韓因得釋，與馬來成婚云。文司登勸韓得生勿爲「情」字所累，義正詞嚴，少年人俱當奉爲圭臬。君子不以人廢言，願讀者三復之。

新社會

《上海格致書院藏書樓書目・東西學書・小説》《新社會》。一本。作新社譯印本。

奇　想

《上海格致書院藏書樓書目・東西學書・小説》《奇想》。一本。時中書局譯印。

劍魄花魂

疑覺我《小説管窺録》《劍魄花魂》。新世界小説社發行。是書係虛無黨小説。詳述俄皇駕遊奧國，虛無黨乘間屢行暗殺手段，而終不能成事，爲華培思一人所偵破。

賣解妃

疑覺我《小説管窺録》《賣解妃》。本社發行。一名《狄克傳》，鋋夸譯。書述羅奈爾特欲得美姬爲偶，而同時富人蒲爾斯查特亦悅之。其母夫人擬辭貧而就富，羅遂不得當，忿極欲自殺，又不果，遂飄落爲旅客演戲術以自給。遇一賣技女子名賽潑者，頗愛戀，相遇非一次。賽父狠戾，不勝其虐，遂奔狄、輾轉相從。既忽又與美姬遇，約夜會，而爲賽所窺，賽求去，狄留之，與之舉婚禮，演技如初。賽父尋得，以刀劈狄，賽以身屏之，中焉，傷重死，狄亦倦遊歸。會兄查弗賴死，父伯爵老而獨，遂歸養，父子已不相識矣。是書獨闢蹊徑，余喜其娟媚多姿，曾誌數言以弁其首。爲《小本》第二集之第六冊。

百合花

丘煒萲《客雲廬小説話・新小説品》《百合花》，如卓氏文君，遠山眉嫵。

少年偵探

疑覺我《小説管窺録》《少年偵探》。三冊全，本社發行。是書自第一章至第二十二章，敍酒室中械鬬殺人案起之原因。自第二十三章至四十二章，追敍老公爵時與樂希納交涉，橫暴無禮，而樂希納父子報仇慘殺，以致彼此同歸於盡。結尾始回顧少年偵探羅高，見公爵證明前事而案結。

竊賊俱樂部

丘煒萲《客雲廬小説話・新小説品》《竊賊俱樂部》，如調冰雪藕，明淨玲瓏。

回天綺談

丘煒萲《客雲廬小説話・新小説品》 《回天綺談》，如盧仝七椀，兩腋生風。

文學史分部

羅馬文學史

通雅齋《新學書目提要・歷史類》 《羅馬文學史》。上海開明書店本。

《羅馬文學史》分三時期爲三篇，篇區以章，日本澀江保著，江陰何震彝譯。羅馬之文學吸取于希臘，而與希臘迥異，希臘之學術重實用，尤重理想，故哲學、理學、法學及美術學闡發于紀元以前，影響及十五世紀以後，開歐洲之文明，希臘實爲初祖。羅馬承希臘之後，專主實用，而以理想爲不屑，故其國民有善美之體魄而無善美之精神，當時所謂文學，自詩歌、散文、戲曲、小説而外未聞有以學説名者，此編所載所謂王政時代、共和時代、帝政時代，上下千餘年而文學之程度未見進步，至于亞烏軋利亞斯馬可比亞士所著《沙他那利亞》一書，不過選集羅馬諸家之文加以評語，抄胥家之所爲，安得謂學術之博洽？布利尼之理學，在羅馬時代固文學之宗，然謂學術高尚，爲歐洲文明之源泉，則又名浮其實。羅馬之戲曲，不過供春秋報賽之用，故韻脚無律，且流于猥褻，不能合文學之格，此書列爲文學之一種，未免失于蕪雜。蓋自理想之派絕于羅馬，而羅馬之學術遂滅迹于歷史，即其文學諸家如詩歌、散文皆無裨實際，文學史之名亦作者好大之詞，不足據爲實錄者矣。

顧燮光《譯書經眼録・小説》 《羅馬文學史》一卷。開明書店洋裝本。日本澀江保著，何震彝譯。本書考羅馬文學，分三大期，時代有王政、共和、帝政之異，計三篇，凡若干章。於羅馬古世戲曲詩歌、文史哲理之源流沿革，著作姓名，皆言其大略。惟譯筆宜加條理，方能醒目。

楊復等《浙江藏書樓乙編書目・文學》 《羅馬文學史》一冊。日本澁江保著，江陰何震彝譯。開明書局鉛印本。

歷朝文學史

楊復等《浙江藏書樓乙編書目・文學》 《歷朝文學史》一冊。日本笹川種郎著。中西書局鉛印本。

藝術部

論述

丁韙良《西學考略・精藝館》 精藝與百藝不同，各有所求，各殊其用。尋常工藝所求，在供給日需。人之起居飲食，胥賴之。精藝則不在物之體，專於有用，而在物之美，足以娛人。夫踵事增華，原非出於不得已，然不得謂爲徒事奢侈也。緣人性與獸性有異，不僅在明理而辨其是非，尤在體物而知其美惡。獸得巢穴，以蔽風雨，即可知足。人必善爲營造，極其輪奐，而後方可稱快，以仰體大造生物之心也。蓋兩間憑造化以斡旋，覆於上者有星辰之點綴，載於下者有花木之鋪陳。而人之精藝，雖曰巧奪天工，究不若大造裁成之萬一也。精藝有音樂、丹青、雕鏤三種，昔營造亦在其内。大抵分館而課。欲明其理，須深通算術，熟諳格致，方底於成。蓋樂本於氣學，由氣顫以成聲。顫之疾則聲高，顫之徐則聲低。其輕重緩急之間，則以算術計之。然明其理者未必能行其事，能製其器者未必能奏其樂。有天性能爲音樂而於其理一無所知者，倘能理用兼通，斯爲美備，此設館延師之由來也。其課有習口歌者，有吹笙簫者，有撫琴瑟者，皆分而教之。西國樂器甚繁，未能枚舉，而其品之高者，莫如洋琴、風琴二種。洋琴形如方桌，長方形、三角形者均有之。内有鋼絃數十，無粗細，而音以絃之長短爲別。每絃上懸小錘，錘柄爲平滑象牙，指一按錘即下，而擊絃成聲。除貧民外，家家皆備此器，婦女彈者頗多，士大夫亦有習之者。風琴小者略似洋琴，大者高寬各數丈，用管代絃，以管之長短粗細，辨音之高低、賴風箱以吹氣。其管之啓閉，由懸鎚以爲之。彈法與洋琴同。小者以足鼓風，大者需人推箱，甚有以汽機行之者。其最大者，或在宮殿，或在廟堂。其聲可輕如蟬鳥，可重如雷霆。屋小則琴力大而鏗鏘，屋大則琴音和而清越。此二種恆以人聲和之，或以各樂器和之尤佳。常見四五十人操器作樂，頗爲歡暢。余在德、法、義等國屢聞之，而竊憾諸友未能同聆雅奏，不禁有感於懷矣。因思孟氏有言曰：「獨樂樂，與人樂樂，孰樂？」良有以也。德、義兩國每以音樂入蒙館課程，英、法、美三國則惟好者習之。丹青首在練習繪圖，不但水陸軍營、航海舟楫均需其技，即建造屋宇，製辦機器，亦有所賴。其理本於測量，其事與樂器相若。非指骨熟練，未易盡善。其藝之精者能隨心象形，於人談笑之間，竊繪其容，使之不覺。俗謂繪像爲畫喜容，又名行樂圖，然必面目神情畢肖，令人愛敬，依稀如在目前，並能垂及後世其丰采神韻不減，方爲可珍。至繪山水，能致遠若近；畫花卉，能選色爭妍，故足貴也。民間以畫圖裝飾居室，國君亦以之點綴宮廷，復設閣以儲之，有以古遺名畫而奉爲國寶者。學畫以鉛墨筆爲始，迨學有規模，然後習以著色，所謂繪事後素也。其課程無定限，按才力以酌之。此事雖不甚難，然非天資穎悟而復進以苦工者，萬難造極。是以出類拔萃者，莫不揚名於天下，而榮富並臻焉。雕鏤石像，塑像亦在其内。亦屬盛行。各國雖鮮有立館設教，然名士每有開課而授法也。以雕鏤而著名，往羅馬設館者，多因古遺石雕神像、人像，其地最富。合觀音樂、丹青、雕鏤三種，其精藝之有益於學問，爲何如哉！

康有爲《日本書目志・美術門總序》 日本三島，山水秀美，其人民便慧巧智，迥出諸夷中。所製什器、繪畫、雕刻，神彩生逸，泰西亟稱之。日本藝事，皆吾出。而漆器之泥金、描金、漂霞，明郎瑛謂出於日本。《泊宅編》以螺填器出於倭。近之瓷器，亦巧搆新意，變態百出，花鳥皆美而艷奪人目。美術關於文學，蓋水地致然也。

又《畫手本學校用類序》 日人步武唐世風流，書畫極盛，皆吾法也。舊法多院體，後有土佐家，有雪舟派，有狩野派，及沈南蘋客長崎，傳以南北宗，近邊華山椿傳後首法，皆有神采。舉國尚渲染，今則兼西畫矣。

又《茶湯書類序》 煎茶事，始於唐張又新、陸羽。日人得之，足利義政好之，此風大扇。公侯庶士，皆尚茗宴，茶室徧地，候火揀泉，點花辨味，然且爭購怪竹癭木以爲器。茶博士且據密室，操大權。今尚西法，但爲待客游讌，此風衰矣，亦可見國俗焉。圍棋亦同中國，貴游多好之。蓋裹屐翩躚，皆晉宋之風也。

又《音曲類序》 《後漢書》稱倭人好歌舞，蓋國俗哉。日與唐通，即皆用唐樂。吾土自崑曲以上，宋元已不存，而日本尚傳唐時樂曲，如《萬歲樂》、《回波樂》、《菩薩破》、《武德樂》、《蘭陵王安樂》、《鹽甘州胡》、《玉樹後庭花》、《泛龍舟》、《破陣樂》，凡數十曲。不傳其辭而傳其譜，所謂制氏

能記鏗鏘鼓舞者。然樂譜最難傳，千年舊樂尚賴日人傳之。其它笙琶之器，五六工凡之聲，皆吾故物，亦可貴矣。猿樂爲足利豐臣之散樂，可見彼之俗焉。

又《演劇類序》 享爰居者，豈可以鐘鼓哉？以經教愚民，不如小說之易入也；以小說入人心，不如演劇之易動也。孔子曰：「移風易俗，莫善於樂。」一成北出，再成滅商，周公左，召公右，非演劇歟！教化之誘民，未有過此。宜以大儒通人，居樂府領之，而後世乃付之優人，故樂亡而俗壞。日人尚未能及此意也，然能爲《通史》、《改良》考之矣。

柳亞子《二十世紀大舞台發刊辭》 歐、亞交通，幾五十年，而國人猶茫昧於外情。若儕崇拜共和，歡迎改革，往往傾心於盧梭、孟德斯鳩、華盛頓、瑪志尼之徒，欲使我同胞效之，而彼方以吾爲鄒衍談天，張騫鑿空，又安能有濟？今當捉碧眼紫髯兒，被以優孟衣冠，而譜其歷史，則法蘭西之革命，美利堅之獨立，意大利、希臘恢復之光榮，印度、波蘭滅亡之慘酷，盡印於國民之腦膜，必有驩然興者。此皆戲劇改良所有事，而爲此《二十世紀大舞台》發起之精神。

箸夫《論開智普及之法首以改良戲本爲先》 中國舊日喜閱之寇盜、神怪、男女數端，淘汰而改正之。復取西國近今可驚可愕、可歌可泣之事，如波蘭分裂之慘狀，猶太遺民之流離，美國獨立之慷慨，法國改革之劇烈，以及大彼得之微行，梅特涅之壓制，意大利之三傑，畢士麥之聯邦，一一詳其歷史，摹其神情，務使鬚眉活現，千載如生。彼觀者激刺日久，有不鼓舞奮迅，而起尚武合羣之觀念，抱愛國保種之思想者乎？日本維新之初，程效之捷，亦編譯小說之力居多。吾國而誠欲獨立，角逐於二十世紀大舞台也，舍取東西洋開智普及之法，其孰與於斯？

天僇生《劇場之教育》 昔者法之敗於德也，法人設劇場於巴黎，演德兵入都時之慘狀，觀者感泣，而法以復興。美之與英戰也，攝英人暴狀於影戲，隨到傳觀，而美以獨立。演劇之效如此，是以西人於演劇者則敬之重之，於撰劇者更敬之重之。自十五、六世紀以來，若英之蒿來庵，法之莫禮藹、那錫來諸人，其所著曲本，上而王公，下而婦孺，無不人手一編。而諸人者，亦往往現身說法，自行登場，一齣未終，聲流全國。夫西人之重視戲劇也如此，而吾國則如彼，即此一端，可以覘強弱之由矣。吾以爲今日欲救吾國，當以輸入國家思想爲第一義。欲輸入國家思想，當以廣興教育爲第一義。然教育興矣，其效力之所及者，僅在於中上社會，而下等社會無聞焉。欲無老無幼，無上無下，人人能有國家思想，而受其感化力者，舍戲劇末由。蓋戲劇者，學校之補助品也。

LYM《學校劇之沿革》 學校演劇，肇於歐西，近我國教育家頗有提倡之者。留學界中，曾一再實習，評判遂多。贊同者，謂於社會上、教育上皆有裨益；反對者，詆爲廢時荒業，隳靡學風。要之，舍短取長，端在善擇。

綜　述

美術分部

西畫初學

梁啓超《西學書目表・圖學》 《西畫初學》。傅蘭雅。《格致彙編》本。

顧述廬《通學書籍考・圖學類》 《西畫初學》六卷。《格致彙編》本。英傅蘭雅譯。是書乃英淺巴司《啓蒙叢書》之一種。首列總論，卷一論視法，卷二論臨畫，卷三論看物繪畫，卷四論佈置方向，卷五論光暗總理，卷六論渲染各色。其書之作意，欲初學易明，故用最簡便之說，指證畫山水等之理法。所設條論，講明各事之形勢，並畫工所賴之理法，細解詳究，足爲啓蒙之用。本書《序》。

趙惟熙《西學書目答問・藝學・圖學》 《西畫初學》。一冊。英傅蘭雅撰。《格致彙編》本。

徐維則等《增版東西學書録・畫學》 《西畫初學》六卷。《格致彙編》本。英傅蘭雅譯。是書乃英淺巴司啓蒙叢書之一，首列總論，次視法，次臨畫，次看物繪畫，次布置方向，次光暗總理，次渲染各色。作書之意，欲學者易明，故指證繪山水之理法，並畫工所賴之理法，淺詞詳解，足爲啓蒙之用。

徐樹蘭《古越藏書樓書目・政部・美術》 《西畫初學》一卷。英淺巴司《啓蒙叢書》之一。英傅蘭雅譯。《格致彙編》本。

論畫淺説

梁啓超《西學書目表・圖學》 《論畫淺説》。上海排印本。一本。三分。

徐維則等《增版東西學書録・畫學》 《論畫淺説》一卷。上海排印本，一冊。不著撰人名氏，山英居士譯。譯筆甚劣，説亦淺甚，於畫學之理未得其門徑，可不讀。

圖畫範本

徐維則等《增版東西學書録・畫學》 《圖畫範本》四冊。南洋公學本。南洋公學譯編。取日本小學校所用範本，去其非我國常有之物而摹之。徐補。

鉛筆習畫帖

顧燮光《譯書經眼録・畫學》 《鉛筆習畫帖》三冊。文明書局洋裝本。日本廣田藤治著，丁寶書編譯。本書爲高等小學之用，故結構漸形繁密，惟所選擇者，皆平易習見之物，以爲寫生之導。原本雜入東邦品物，爲吾華所無，且不切實用，故特刪之。

楊復等《浙江藏書樓乙編書目・補遺》 《鉛筆習畫帖》四冊。文明書局石印本。

毛筆習畫帖甲編

楊復等《浙江藏書樓乙編書目・補遺》 《毛筆習畫帖甲編》三冊。文明書局鉛印本。

毛筆新習畫帖

楊復等《浙江藏書樓乙編書目・補遺》 《毛筆新習畫帖》四冊。文明書局石印本。

動物植物圖

楊復等《浙江藏書樓乙編書目・美術》 《動物植物圖》八幅。日本東京造畫舘本。

世界人種相貌圖

楊復等《浙江藏書樓乙編書目・美術》 《世界人種相貌圖》一幅。日本東京造畫舘本。

世界發明元始家圖

楊復等《浙江藏書樓乙編書目・美術》 《世界發明元始家圖》一幅。

日本東京造畫舘本。

世界百傑肖像圖

楊復等《浙江藏書樓乙編書目・美術》 《世界百傑肖像圖》一幅。日本松聲堂本。

世界締盟君主圖

楊復等《浙江藏書樓乙編書目・美術》 《世界締盟君主圖》一幅。日本松聲堂本。

裝潢禽獸書

王樹善《農務要書簡明目録・漁獵》 《裝潢禽獸書》。無論禽獸、蟲豸、魚蛇等動物，去皮嵌眼，裝飾如生，各自有法。農家暇時，習此工夫，亦有益於農學。有圖一百二十五。一圓五。

攝影分部

照相器

梁啓超《西學書目表・工政》 《照相器》。傅蘭雅。《格致彙編》本。一本。一角五分。

趙惟熙《西學書目答問・藝學・光學》 《照像器》。一冊。英傅蘭雅撰。《格致彙編》本。

徐維則等《增版東西學書録・工藝》 《照像器》一卷。《格致彙編》本，在《格致釋器》中。英傅蘭雅著。專論照像應用器具，故獨詳於製器之法。然亦間有載於《略法》中者，學者宜互考之。

徐樹蘭《古越藏書樓書目・政部・美術》 《照像器》一卷。英傅蘭雅。《格致彙編》本。

照相略法

梁啓超《西學書目表・工政》 《照像略法》。傅蘭雅。《格致彙編》本。一本。二百。

趙惟熙《西學書目答問・藝學・光學》 《照像略法》。一冊。英傅蘭雅撰。《格致彙編》本。

徐維則等《增版東西學書録・工藝》 《照像略法》一卷。《格致彙編》本。英傅蘭雅輯。分十有八章，皆論器具、材料而照像法亦具於中。在講求斯學者推究其理，神明其用耳。然近來西人復創照骨與照色之法，此書早出，其法未具，當別求新本參考之。

徐樹蘭《古越藏書樓書目・政部・美術》 《照像略法》一卷。英傅蘭雅。《格致彙編》本。

照相乾片法

梁啓超《西學書目表・工政》 《照相乾片法》。傅蘭雅。《格致彙編》本。一本。八十。

趙惟熙《西學書目答問・藝學・光學》 《照像乾片法》。一冊。英傅蘭雅撰。《格致彙編》本。

徐維則等《增版東西學書録・工藝》 《照像乾片法》一冊。益智書會單行本附《照像略法》後。不著撰人名氏。英傅蘭雅譯。照像用溼片，其事緐重不便。此書專言近設乾片之法。前仍論照像之工，後論照像器具，蓋與

《略法》相輔而行。

脱影奇觀

梁啓超《西學書目表・工政》 《脱影奇觀》附《續編》。德貞。北京刻本。五本。一元五角。

顧述廬《通學書籍考・工學類》 《脱影奇觀》，附《續編》。北京刻本。泰西德貞著。

徐維則等《增版東西學書録・工藝》 《脱影奇觀》三卷《續編》一冊。北京醫院刻本，五冊。《中西聞見録》本，摘刻未全。英德貞著。此書所言，即燈影鏡套大之法。然近來於脱影一事，法更加密。放大照像，有用電光以攝影者，可爲奇妙。書中所論，尙屬舊法。

色相留真

顧述廬《通學書籍考・工學類》 《色相留眞》。不著撰人名氏。英傅蘭雅譯，無錫徐壽述。

徐樹蘭《古越藏書樓書目・政部・美術》 《色相留眞》一卷。闕名。英傅蘭雅譯，徐壽述。《西藝知新》第八卷，製造局本。《富强叢書》本。

影相會説

徐樹蘭《古越藏書樓書目・政部・美術》 《影相會説》一卷。英傅蘭雅。《格致彙編》本。

音樂分部

律吕正義

顧述廬《通學書籍考・聲學類》 《律吕正義》。遠年有西國天主教人，曾將西國樂法之大小規矩，著成一書，名曰《律吕正義》，咸訂於《律曆淵源》之中。但此書今不易得，其説亦太繁多。《西國樂法啓蒙序》。

西國樂法啓蒙

梁啓超《西學書目表・聲學》 《西國樂法啓蒙》。狄就烈。益智書會本。一本。一角五分。

顧述廬《通學書籍考・聲學類》 《西國樂法啓蒙》。益智會本。西女士狄就烈著。是書極淺顯，不過於西國樂法大略，尙能言之了然。

徐維則等《增版東西學書録・聲學》 《西學樂法啓蒙》一卷。益智書會本，一冊。西士女狄就烈著。書極淺顯，於西國樂法大略，尙能言之了然。

《上海格致書院藏書樓書目・東西學書・聲學》 《西國樂法啓蒙》。英狄就烈。二卷。一本。美華書館本。

吹喇叭法

梁啓超《西學書目表・近譯未印各書》 《喇叭法》。金楷理、朱格仁。製造局。一本。未譯成。

《上海格致書院藏書樓書目・東西學書・聲學》　《吹喇叭法》。美金楷理。平陵蔡錫齡。一卷。一本。製造局本。

小詩譜

廣學會編《廣學會譯著新書總目・雜著》　《小詩譜》。李提摩太夫人著。按宮、商、角、徵、羽，與西國音律編成。一冊。價洋一角五分。

建築藝術分部

羅馬居民屋宇考略

徐維則等《增版東西學書録・工藝》　《羅馬居民屋宇考略》□卷。《知新報》本。美《紐約格致報》原本，周靈生譯。言羅馬樓屋之製頗詳，亦考求西國工程之不可不閲者也。顧補。

華麗花園説

王樹善《農務要書簡明目録・花圃》　《華麗花園説》，麥桃司著。此書專論花園布置各花得最動目之法。有圖。四角。

家園植物論

王樹善《農務要書簡明目録・田園》　《家園植物論》，希翰著。書論屋中、園中布置各種植物，點景悅目。自玻璃窗台布置花盆起，至小花園止，各法俱備。四角。

歷史部

論述

康有爲《日本書目志·各國歷史類序》 昔者大地未通，號史學者，祇識本國而已。其四裔記載，僅爲附庸。今則環球通達，天下爲家，談瀛海者悉當以履門庭、數米鹽視之，援古証今，會文切理，一開口即當合萬國論之。否則，雖以錢、王之學，亦村學究而已。然且地球之國，啓自泰西，其政學、律例、風俗皆出于希臘、羅馬，而法爲羅馬之宗邦，美開民主之新義。百餘年來，爲地球今古萬歲轉軸之樞，凡有三大端焉。一、自倍根創新學而民智大開，易守舊而日新。一、自哥倫布闢新地而地球盡闢，開草昧而文明。一、自巴力門倡民權而君民共治，撥亂世而昇平。故近今萬國史學，關涉重大，尤非舊史可比哉。吾中土亦多有譯之者，而記事未詳，史理尤少，僅有《佐治芻言》一書而已。日本所譯蓋多，而《歷史哲學》、《歐羅巴文明史》、《泰西通鑑》及《攬要》、《綱記》諸書備哉粲爛，其印度、希臘、羅馬、埃及、佛國《革命史》，皆可考焉。我之自論，不如鑑于人言，可去忌諱而洞膏肓，若鑑而用焉，皆藥石也。支那諸史皆吾事，謂吾支那者，佛語也。若其《教育》、《問答》、《試驗》諸書，以發童蒙，猶有裨焉。

又《日本史類序》 日本以武門柄政，舊無國史。至德川氏始崇文學，而物茂卿、新井君美、賴襄之流乃出，始箸史事，正史體裁猶未備，本無可採焉。惟自維新以來，大變政俗，以成富強。夫更化之初，變守舊之人心，推行之始，去積久之宿弊。新舊相接，其齟齬極多；甲乙相牽，其因連極遠。先後緩急，其施用易誤；寬猛互病，其操縱多方。有一失宜，譁阻即見。吾中國言變法數十年，而每變一法，弊端百出，反爲守舊者藉口爲攻擊之地，而國未嘗少收其效。夫道必有徑，事必有門，層累艱阻，入焉而後知曲折，銳銀歷過而乃出。日本與吾同在東方，同文，同俗，同政，同教。吾藉日本爲經途，爲探路，而後安步從之，蟻封九曲，從容駕駛，盡棄阻坂而驅坦途。以吾土地之大，人民之多而且智，而又先得鄉導之宜，其速治而立效，雖數倍于日本可也。輶軒之使，亦有求日本之書而談其政事者，然率皆陳其已然之迹，而未考其更變之由。今考日本之史，若《日本文明史》、《開化起源史》、《大政三遷史》、《明治歷史》、《政史》、《太平記》、《近世史略》、《近世太平記》、《三十年史》，皆變政之迹存焉。吾既别爲《日本改制考》以發明其故，而著其近世史之用，以告吾開新之士焉。若其小學校之用問答、挂圖備極明淺，以開民智，猶有旨哉。

又《傳記類序》 日本文學，德川後乃啓山林，傳記寥寥哉！然印度、美、暹之《偉觀》、《七大敎育宗傳》、《親鸞傳記》可考敎宗，《拿破崙傳》可考世變。雖一丘一壑，亦有可觀者焉。

又《言行録類序》 紀言行，爲儒學極古之體，《論語》實爲太祖，而《新序》、《說苑》專明此義。日之風俗、人才，有取爾，其《明治豪傑談》、《紳士談》，尤可考變政之才焉。

又《年表類序》 江淹謂史莫難于志，鄭漁仲《二十略》遂標新異焉。日本當東海熱流，其人聰巧，舊多制作。暨維新變法，一日千里。其《洋學年表》、《博物學年表》、《美術年表》，可以考其遷變之速焉。若其《古物》、《古器》、《古文字》、《博物館目錄》，皆可爲多識東國之助也。

梁啓超《東籍月旦·歷史》 歷史者，普通學中之最要者也。無論欲治何學，苟不通歷史，則觸處窒礙，倀倀然不解其云何。故有志學問者，當發篋之始，必須擇一佳本歷史而熟讀之，務通徹數千年來列國重要之事實、文明之進步，知其原因及其結果，然後討論諸學，乃有所憑藉。不然者，是猶無基址而欲起樓臺，雖勞而無功矣。欲治政治、經濟、法律諸學者，則歷史爲尤要，必當取詳博之本讀之。綜日本歷史之書，可分爲八類論之。一曰世界史（西洋史附焉），二曰東洋史（中國史附焉），三曰日本史，四曰泰西國别史，五曰雜史，六曰史論，七曰史學，八曰傳記。

又《世界史（西洋史附）》 日本人所謂世界史、萬國史者，實皆西洋史耳。泰西人自尊自大，常覺世界爲彼等所專有者然，故往往敍述阿利安西渡之一種族興廢存亡之事，而謬冠以「世界」之名；甚者歐洲中部人所著世界史，或并美國、俄國而亦不載，他更無論矣。日本人十年前，大率翻譯西

籍，襲用其體例名義。天野爲之所著《萬國歷史》，其自敍乃至謂東方民族，無可以廁入於世界史中之價值。此在日本，或猶可言。若吾中國，則安能忍此也？近年以來，知其謬者漸多。大率別立一「西洋史」之名以待之，而著眞世界史者亦有一二矣。日本作史者甚多，然大率互相沿襲，其眞能饜心貴當者蓋寡。

以一書而通上下數千年，其勢萬不能詳，固也。然則欲求詳者，宜讀斷代史。泰西史家，率分全史爲上古、中古、近世、最近世四時代。

惜著最近世史者，往往專敍其民族爭競變遷，政策之煩擾錯雜，已屬應接不暇。故於學術、工藝、教育等文明進化之跡，勢不得不別爲書以述之。頃日本人於此類書，尚未有佳本。

文明史者，史體中最高尚者也，然著者頗不易。蓋必能將數千年之事實，網羅於胸中，食而化之，而以特別之眼光，超象外以下論斷，然後爲完全之文明史，日本今日尚無一焉。

又《東洋史（中國史附）》 日本人所謂東洋者，對於泰西而言也，即專指亞細亞洲是也。東洋史之主人翁，實惟中國。故凡以此名所著之書，率十之八九紀載中國耳。故今兩者合論之。【略】要之，東洋史之不完全，比西洋史更甚。蓋材料不足，欲成一偉大之作，斷非一手一足之力所能致矣。中國史至今訖無佳本。蓋以中國人著中國史，常苦於學識之局而不達；以外國人著中國史，又苦於事實之略而不具。要之，此事終非可以望諸他山也。【略】中國爲地球上文明五祖國之一，且其文明接續數千年，未嘗間斷，此誠可以自豪者也。惟其文明進步變遷之跡，從未有敍述成史者。蓋由中國人之腦質，知有朝廷而不知有社會，知有權力而不知有文明也。

又《日本史》 國民教育之精神，莫急於本國歷史。日本人之以日本歷史爲第一重要學科，自無待言。但以華人而讀東籍，則此科甚爲閑著，因其與數千年來世界之大勢，毫無關係也。故我輩讀日本史，第一義，欲求知其近今之進步，則明治史爲最要。第二義，欲求知其所以得此進步之由，則幕末史亦在所當讀。若前乎此者，則雖闕之可也。

通雅齋《新學書目提要・歷史類》 歷史一門最切于今日學界，亦莫難于今日學界。舊日乙部充棟盈車，乃者世變相仍，兼以智識日吁，前人窳例、歷代破書，語其爲體既不足言囊括之功，論其立言亦無當于一映之用，東鄰產貓之喻，一姓家譜之譏，取而代之，改弦而更張之，固時哲之用心，亦當世之先急矣。而承學者流抑又不審，或乃下筆不能自休，偶張其辭，鬼神易繪，于新史學各體之中則專傳一門其尤泛濫者也，忠誠甫謚便錄詔書，岳飛已遙徒鈔別史，有欺耳目，無補評論，若使漁仲有靈，子元不昧，笑人已甚，拊掌何時？若此類者，以其現行，姑爲存錄，并附識于提要，《詩》不云乎：「見晛日消。」天演留良之論，非虛委之自生自滅而已，必欲摧陷廓清，亦豈宏獎之意？解人可索，諒符默許者焉。

綜　述

世界史分部

帖里黑總年號國名

王士點《元秘書監志》卷七《回回書籍》 《帖里黑總年號國名》三部。

萬國通鑑

梁啓超《西學書目表・史志》 《萬國通鑑》。謝衛樓、趙如光。通行本。六本。一元。教會之書。

顧述廬《通學書籍考・史志類》 《萬國通鑑》五卷。原刻本。美牧師謝衛樓著，北通州趙如光述。是書乃教會之書，其言不盡可信。《西學通考》。

徐維則等《增版東西學書録・史志》 《萬國通鑑》五卷，地圖一册。

通行本，六册。坊間石印，改名《萬國史論》。美謝衛樓著，趙如光述。卷一東方國度，卷二西方古世代，卷三中世代，卷四近世代。所論皆教門、種族爲詳，各國治蹟轉多缺略。名曰《通鑑》，太不順矣。其圖亦甚略，無足觀。東亞書局譯有《地球文明開化史》，勵學譯編有《世界文明史》，均未出。

徐樹蘭《古越藏書樓書目・政部・外史》 《歷代萬國史論》四卷。美謝衛樓。趙如光述。光緒二十四年杭州石印本。即《萬國通鑑》，惟卷數稍異。

楊復等《浙江藏書樓乙編書目・圖史》 《萬國通鑑》六册。美國謝衛樓箸。木刻本。

廣學會編《廣學會譯著新書總目・史類》 《萬國通鑑》。一部。價洋二元一角。

萬國史

梁啓超《西學書目表・近譯未印各書》 《萬國史》。林樂知、王德均。製造局。六本。未印。

萬國史略

梁啓超《西學書目表・近譯未印各書》 《萬國史略》。石氏。益智書會。未印。

各國史略

梁啓超《西學書目表・近譯未印各書》 《各國史略》。同文館。未印。

萬國通史前編

徐維則等《增版東西學書録・史志》 《萬國通史前編》十卷。廣學會本。英李思約翰比事，蔡爾康屬辭。第一卷曰太古志，皆地質學家、人類學家所鈎稽而得者，所敘較《古史探源》等書爲詳。第二卷志埃及，第三卷合志迦勒邸、亞述，第四卷合志米塔、波斯，第五卷志猶太，第六卷志韭泥基、赫涕、阿剌伯，第七卷、第八卷志希臘，第十卷志羅馬。其書於國政戰事之外，於民間俗尚、宗教之沿革，言之尤詳，藉以見各國不免興亡，而人事必有進步。并附圖四百幅以明之。雖譯筆煩冗，然西洋古史，固以此爲最詳贍矣。李與蔡將通譯天下古今之國史，故名此爲「前編」云。徐補。

徐樹蘭《古越藏書樓書目・政部・外史》 《萬國通史前編》十卷。英李思倫白輯譯，蔡爾康述。廣學會本。

楊復等《浙江藏書樓乙編書目・圖史》 《萬國通史》十册。上海蔡爾康紀述。廣學會鉛印本。

萬國通史續編

顧燮光《譯書經眼録・史志》 《萬國通史續編》十卷。上海廣學會排印大字本，十册。英李思約翰輯譯，曹曾涵纂述。是書凡十卷。一至四爲英吉利志，詳溯英吉利立國之由，至一千九百零三年今王愛德華第二止，插圖一百八十有九，另有《英王世系表》一大幅，列入第一卷之首。其五、六爲英之屬地志，插圖四十有九。七至十爲法蘭西志，自立國迄今，共插圖一百二十八圖，中附墨羅彬楷、丕特閡羅、哇步爾朋、拿破崙、奥利痕五朝世系表五幅，卷末列表十九幅，記法之大事。人地諸名表一卷。卷首另列《中西年表》，以資印證。每卷各附彩色地圖十幅於首。

《上海格致書院藏書樓書目・東西學書・史志》 《萬國通史續編》。英李思倫。白約翰。元和曹曾涵。十卷。十本。鉛印本。

萬國通史

廣學會編《廣學會譯著新書總目・史類》 《萬國通史》。英國李思倫白輯譯。《前編》蔡爾康纂述。皆記載古國，如埃及、迦勒邸、亞述、米塔、波斯、希伯來、斐尼基、希臘、羅馬之歷史，並附《中西年表》及各種地圖、人物、器械、城邑等圖。再版十冊。價洋三元五角。

《續編》曹曾涵纂述。計英史四卷，英屬地志二卷，法史四卷，皆記其立國至於近今一切政教文物、歷代更變，以至今日興盛之歷史，並《帝王世系表》、五色地圖及古今各種人物插畫。大本十冊。價洋五元。

《三編》亦曹君筆述。德、俄史各五卷，亦記其開國以至近今之盛事，亦附插各種圖畫。十冊。價洋五元。

讀此三史，歐洲情形可了然矣。全部價洋十三元五角。

世界通史

梁啓超《東籍月旦・歷史》 《世界通史》。德國布列著，和田萬吉譯。一冊。定價一元七角。此書在歐西極有盛名，德國文既重十餘版，美國人某譯爲英文，亦已重六版。聞英、德諸國之學生，每上堂受講義之時，恆攜帶之，以便記憶云。此書所長，在以極簡潔之筆，敍述極多數之事實於少數紙片之中，學生取備遺忘，莫良於此。但其於史事之關聯因果少所論及，初學者讀之，未免厭厭欲睡。惟既讀他書有心得者，得此則裨益不淺耳。

《上海格致書院藏書樓書目・東西學書・史志》 《世界通史》。德布列氏。三卷。一本。特社譯印本。

萬國史要

顧燮光《譯書經眼録・史志》 《萬國史要》上中編二卷。杭州史學齋石印本，四冊。美維廉斯因頓著，張相譯。第一編曰古代東洋諸國，凡八章，言地理，埃及，阿西里亞人及巴比倫人，海部流人，腓尼西亞人，印度人，波斯帝國，古代人民之商業。第二編古利司史，凡五章，分總説，第一、二、三年期三史，古利司之文明。第三編羅馬史，凡四章，言地理及人種，古代羅馬王政之時期，共和政治，羅馬史。四編中代史，凡八章，分緒論，三百年間史，霞立縵立國，封建制度，教皇十字軍，騎士之興廢，中代之文明，政治史要。每編末各有溫習提綱，以便讀者記憶。譯筆亦雅馴可讀。

楊復等《浙江藏書樓乙編書目・補遺》 《萬國史要》上編中編四冊。美國維廉斯因頓著。石印本。

萬國歷史

通雅齋《新學書目提要・歷史類》 《萬國歷史》。上海作新社本。《萬國歷史》三卷，各分爲章，上海作新社譯，不著作者姓名。上卷記羅馬帝國以前之事，爲古代史；中卷記十字軍起以前之事，爲中世史；下卷則迄于今日，爲近世史。惟所述諸事不及亞細亞諸邦而輒命曰「萬國」，此其名義之未安也。按史學家言古時事迹，當研究希臘之文學、斯巴達之武事爲切于用，而亞歷山德用兵之迹尤爲讀者究心，上卷所紀斯巴達制度各條能補近人著述之闕，至云斯巴達之公民禁爲商業，貨幣只有鐵錢，農業委之奴僕等語，按所謂「公民」者，此文未嘗質言其例，度略如國朝之制，旗人志習騎射，不許服賈、屯田，而作者乃有此主義之結果大不利于人類之開化，此則囿于今日風尚，似未計及古俗之殊科也。于亞歷山德之戰功不甚詳其方略，叙希臘學派則于柏拉圖與蘇格拉底師徒之異趣亦未析言，皆其略也。中卷記蒙古人侵略之事迹，未能旁稽舊記而證以新聞，如《元秘史》紀成吉思汗之

征伐，曾至紇里蠻斬馘而還，紇里蠻蓋日耳曼之轉音，當時兵威已及歐洲中部，近人亦謂元兵曾入匈牙利之都，此皆可補入書者。其言十字軍之役綿亘二百年而歐羅巴之利益甚大云云，則考史之心得其謂當時之文明皆集于阿剌伯而蒙古人盡蕩除之，然則使元世宗之兵不及此域，或者數百年來科學早傳于中國，必不由西班牙而獨被歐洲也。下卷記近時事，于史裁較深，惟第十章之言則命義尚淺，至斤斤于萬國平和會一事，適見其爲歐人所蔽而已。

顧燮光《譯書經眼録・史志》 《萬國歷史》三卷。上海作新社洋裝本，一册。作新社譯。上卷記羅馬帝國以前之事，爲古代史。中卷記十字軍起以前之事，爲中世史。下卷則迄於今日，爲近世史。惟所述諸事，不及亞細亞諸邦，於命名「萬國」，未免不順。上卷所記亞歷山大之戰功，蘇格拉第師徒之學説，中卷所記蒙古人之侵略，均爲歷史重要事實，略而不詳，殊爲讀史之病。惟所記斯巴達制度各條，足補他書未及。其下卷記近時事，亦尚合史裁。全書可取者，殆在斯乎！

楊復等《浙江藏書樓乙編書目・圖史》 《萬國歷史》一册。作新社編纂。普通學書室鉛印本。

五洲史略

《上海格致書院藏書樓書目・東西學書・史志》 《五洲史略》。英李提摩太。一卷。一本。商務書館印本。

廣學會編《廣學會譯著新書總目・史類》 《五洲史略》。李提摩太君著。計百篇，一册。價洋三角。

埏紘外乘

《上海格致書院藏書樓書目・東西學書・史志》 《埏紘外乘》。美林樂知。吴縣嚴良勳。二十六卷。八本。製造局本。

楊復等《浙江藏書樓乙編書目・雜誌》 《埏紘外乘》八册。美國林樂知、吴縣嚴良勳同譯。江南製造局木刻本。

陳洙《江南製造局譯書提要・史志》 《埏紘外乘》二十五卷，《補遺》一卷。美國林樂知口譯，吴縣嚴良勳筆述。是書廣《海國圖志》、《瀛寰志略》之不足，考西史者必備之要書也。第一卷：法蘭西。第二卷：日耳曼并德國續志。第三卷：荷蘭。第四卷：比利時。第五卷：土耳其。第六卷：丹國。第七卷：挪威。第八卷：瑞士。第九卷：葡萄牙。第十卷：俄羅斯、俄羅斯國債。第十一卷：波斯。第十二卷：意大利。第十三卷：西班牙。第十四卷：瑞典。第十五卷：印度。第十六卷：秘魯、希臘。第十七卷：意大利。第十八卷：波蘭。第十九卷：墨西哥。第二十卷：巴西。第二十一卷：奧大利亞。第二十二卷：匈牙利。第二十三卷：布魯斯。第二十四卷：埃及。第二十五卷：英吉利並英國續志、補遺，美利堅。

邁爾通史

廣學會編《廣學會譯著新書總目・史類》 《邁爾通史》。美國史學家著。爲高等學校教科善本。附印名勝原圖、五彩地圖百餘幅。洋裝一册。價洋二元二角。

萬國史記

梁啓超《西學書目表・史志》 《萬國史記》。岡本監輔。上海排印本。十本。五角。雖甚略，然華文西史無詳者，姑讀之。

顧述盧《通學書籍考・史志類》 《萬國史記》二十卷。申報館本，上海排印本，石印本字大小。日本岡本監輔著。監輔好讀書，遊中國最久，洞見夫萬國中惟中國文明之運早啓，次埃及，次日本、希臘、羅馬。今諸國多改其政，以進富強，而埃及、羅馬反遠遜於前。大率研求新政、新學者，勝擁虚名而亡實際者，敗古今不易之理也。至爭教爭種，動糜爛數十萬衆，蔓延千百餘年，未有所底，尤爲地球萬國之奇懼。讀是書者，可以悚然矣。《湘學新

報》。

丁仁《八千卷樓書目・地理類》　《萬國史記》二十卷。日本岡本撰。活字本。

趙惟熙《西學書目答問・政學・史志學》　《萬國史記》。二十卷，訂十冊。日本岡本監輔撰。上海本。是書言以二十卷包舉全球數十國古今事蹟，其略而弗詳，不問可知。且與吾華爲同文之國，乃記載亦多失實，並痛詆不遺餘力，尤失傳信之體。本無足取，姑以譯本別無全史收之。

徐維則等《增版東西學書録・史志》　《萬國史記》二十卷。申報館本。上海排印本，十冊。石印本，字太小。《富強叢書》本摘刻爲三卷，改名《萬國總説》。日本岡本監輔著。書雖甚略，然五洲各國治亂興衰之故，頗能摘抉要領。讀西史者，姑先從事是書，以知大略。益智書會印有石氏《萬國史略》、來因氏《萬國近世》，同文館刻有某人《各國史略》，製造局刻有美林樂知、王德均譯《萬國史》六冊，譯書公會印有法高祝著、張國琛譯、胡惟志述《萬國中古史略》五卷，均未成。

徐樹蘭《古越藏書樓書目・政部・外史》　《萬國史記》二十卷。日本岡本監輔。洋裝原刻本。光緒二十七年石印本。

《上海格致書院藏書樓書目・東西學書・史志》　《萬國史記》。日本岡本子博。二十卷。六本。兩宜齋石印。

楊復等《浙江藏書樓乙編書目・圖史》　《萬國史記》八冊。闕名。鉛印本。

萬國史綱

梁啓超《東籍月旦・歷史》　《萬國史綱》。元良勇次郎、家永豐吉合著。二冊。定價一元二角。

《上海格致書院藏書樓書目・東西學書・史志》　《萬國史綱》。日本元良勇次、家永豐吉。邵希廉。一本。商務書館活印本。

世界史

梁啓超《東籍月旦・歷史》　《世界史》上卷。坂本健一編。一冊。定價一元六角。此書東洋、西洋合編，材料宏富，文章亦流暢有姿態，現僅成上卷。其西洋史不過敍至阿剌伯人西漸，其東洋史不過敍至南北朝，然已褎然一巨帙，冠絶此類同名之羣著矣。學者苟專讀此本，亦可以識全球民族榮悴之大勢也。見上海各報告白，已有譯之者。

萬國史綱目

梁啓超《東籍月旦・歷史》　《萬國史綱目》。重野安繹著。上編四冊。定價一元。著者爲文學博士，大學教授，日本漢學家第一流也。其書全用漢文，所用人名、地名，亦依《瀛寰志略》等舊籍所常用者，蓋專爲中國人而著也。其體例仿朱子《綱目》，用編年體，每條皆列一綱，其目則低一格，敍事頗爲簡潔，宜於中國人腦質。但近今西史之佳搆，無不用紀事本末體。舊裁之作，萬不能及新著矣。重野氏以漢學著名，至其新學之學力，或不逮後輩遠甚。學者苟能讀東文，則正不必乞靈於此編耳。現僅出上編，其下編須本年八、九月可以出版云。未通東文者，得此亦勝於讀岡本監輔之《萬國史記》，且勝於坊間尋常譯本也。

通雅齋《新學書目提要・歷史類》　《萬國史綱目》。日本東京印本。《萬國史綱目》分上、下編。自日本紀元二千餘年前，西曆紀元前三千餘年。至後鳥羽帝建久二年四卷爲上編；自建久三年至明治四年四卷爲下編。日本文學博士重野安繹著。其書全用漢文，所用人名、地名亦依《瀛寰志略》等舊籍所常用者，蓋專爲中國人而著也。其體例仿朱子《綱目》，用編年體，每條皆立一綱，其目則低一格，敍事頗爲簡潔，宜于中國人腦質，但近今西史之佳構無不用紀事本末體，舊裁之作萬不能及新著矣。蓋以一書而通上下數千年，其勢萬不能詳，欲求詳者必讀斷代史，泰西史家率分全史爲上古、中古、近世、最近世四時代，各著爲編，然分離斷續，又苦于無一氣貫輸之精神，學者欲知泰西民族、社會、政治之大原，宜先讀斷代史，繼讀萬國史，于古今世界大勢可以了如矣。此書雖略，然較岡本監輔之《萬國史記》及坊間尋常之譯本有霄壤之別矣。

顧燮光《譯書經眼録・史志》　《萬國史綱目前後編》八卷。日本東京

勸學會排印本，八册。日本重野安繹著。書起埃及建國，迄普法戰爭。於五洲邦土疆域、形勢盛衰、政治事蹟臚列靡遺，發揮悉遵紫陽之例。其音義、講義，亦皆考覈精當。惟不合教科之用，可作歷代大事表觀之。

楊復等《浙江藏書樓乙編書目・圖史》　《萬國史綱目》八册。日本重野安繹著。勸學會鉛印本。

世界史要

通雅齋《新學書目提要・歷史類》　《世界史要》。上海開明書店本。《世界史要》一書，日本雨谷羔太郎、坂田厚允編輯，吴縣吴家煦、傅紱譯補。全書凡分四編，第一編爲上世史、希臘史、羅馬史，第二編爲中世史，三編爲近世史，四編爲現世史，書成于明治三十二年，即中國光緒二十五年，故于歐洲十九世紀之事靡不詳備，而于上世、中世尤能括其綱要，詞簡意賅，條理串貫，爲諸史所不及。是書之宗旨叙述西洋文明發達之由及國家強弱之原理，故其歷史詳于西洋而略于東洋，西洋自希臘開化遞傳而及羅馬，由羅馬而灌輸全歐，受其感化者遍于地中海以北，亞剌亞比僅小亞細亞之一島耳，而采用歐洲學術技藝以獎勵其國民，遂能侵略西歐，擴張勢力，于世界文化之發達有密切之關係焉。自九世紀至十一世紀之間，歐洲之希臘學術漸衰，潘崛達及哥多瓦之學者發明種種之學術，十字軍之興，説者謂皆是等學術之潮流與智識之影響刺激而成，甚矣文化之消長與國勢之強弱互爲因果，世界雖變遷而皆不能出乎公例之外。此書論宗教之改革、論民黨革命、論滅亡、論獨立、論勃興，莫不種因于數百載以前而結果于數百載以後，浮田和民著《上古史》，坪内雄藏著《中古史》，松平康國著《近世史》，皆分離斷續，無一氣貫輸之精神，此著上世以反現世，雖雜采諸史排比以成，然有精神以貫注其間焉。雖然，紀録失實，良史不免。亞美利加之大陸實開辟于哥侖波，一千四百九十八年之事，歐美童孺皆能道之，北人迢頓人之一德派，或稱期咯人發雖跋扈，只侵入歐洲之中部及英吉利而已，此書謂八百六十年歐人發見愛蘇蘭，遂由大西洋而達革林蘭，繼入亞美利加北部而殖民于其地，作者蓋沿《亞美利加洲通史》之誤，而未如參考近人譯《哥侖波》一書叙述甚詳，頗足以資考證。彼得之勛業，人之所崇拜也，然創都城于尼蛙河口，史家之所略，讀者所不經意，不知創都之舉于中國之現勢不無影響，莫斯科俄之中土也，庶民會集，形勢險阻，無異中國之關中，彼得必欲徙而之他者，因其時俄之時局在西北不在中土，西北定則中土亦固，第固中土則必坐失西北，彼得果無遷都之舉，則瑞丁掣俄之首，丹墨掣俄之肘，日耳曼等國折俄之脅，俄之東部必失，徙海隅而都之，深知其勢之在外也，俄處勢力在外之時而遷都于海隅，中國處勢力在外之時議遷都于關中，度量相越豈不甚遠？作者只言彼得之遷都而不言遷都之要旨，不足以資學者之參考。至此書之所紀皆西洋之事，東洋歷史概付闕如，于世界史之名稱不無矛盾，顧泰西以文明自詡，雄長地球之心，凌滅他人之志，視世界中無一國可與相并，故恆稱其史爲世界史，實則世界史即西洋史耳。

顧燮光《譯書經眼録・史志》　《世界史要》一册。上海開明書店洋裝本。日本雨谷羔太郎、阪田厚允合著，吴家煦譯補。全書凡分四編，上溯太古，下迄現世。詳述民族之變遷，文明之遞嬗，社會之興革，政治之得失，提綱絜領，纖悉靡遺。譯者復網羅近年來有影響於世界之大事，以補原書所未備，且於人、地諸名，詳加審擇，一從舊譯名之通行者，並以歧異者附註於下，甚便學者。韞芬室有譯本，未出版。

萬國通史

顧燮光《譯書經眼録・史志》　《萬國通史》三卷。文明書局本，二册。日本天野爲之著，吴啓孫譯。全書三編，分上世、中世、近世三史。始埃及建國，迄十九世紀末止。惟所記詳西略東，未免與《萬國通史》之名不符。蓋作者以發揮世界全體情實文明爲主，故獨詳歐洲，實有感於白種之於政治界大有進步也。譯筆詳贍暢適，具有史材。

萬國興亡史

通雅齋《新學書目提要·歷史類》 《萬國興亡史》。日本東京覺民社本。

《萬國興亡史》不分卷篇，略有上古史、中古史之區別，日本松村介石著，日本東京覺民社譯。詳于古代史，略于中古史，而近世史、最近世史則無，古代史不過叙文明之源流，中古史則叙文明發達之由，詳上古而略中古，于歐美文明之先路且未得其要領，何由知彼國之神髓？至于國民之進步、國力之強弱、古今盛衰之故、萬國消長之迹，非研究近世史不能。篇中叙埃及數國之興衰，或一種一族之起滅，即謂備萬國之興亡，似與體例不合。夫一國之建設，必幾經挫折，幾經慘沮而其基乃鞏固而不搖，伊大利之建國，一覆于賈斯卿，再覆于斜爾門，自七百七十四年至千八百七十餘年始藉法援而獨立，一國之興，其經分裂、遭吞噬者蓋千百餘年，拿破侖曰國之興如孩提之行，言自立之不易也。此著記伊之建設僅于紀元七百年前，伊之興廢尚未可定。斯拉夫人種在二十世紀其勢固足以稱雄于宇內，然非丁麥二世之後，嗣王之暴虐無道者史不絕書，此著謂非丁麥二世垂有敕語，後王皆遵守弗失，而何以子孫之昏愚，終令豪杰叛離，成諸侯割據之政治耶？數百年有安德紐母西史羅夫起而俄始歸一統，不得謂俄皆賢君也，今日俄之強誠甲于列國，然皆公明自治之力，非其君之德之足以感人也，如謂俄君皆賢，彼無政府黨中又何日日快其刃而思剚其腹耶？

顧燮光《譯書經眼録·史志》 《萬國興亡史》上下二卷。大宣書局洋裝本，二冊。日本松村介石著，戢翼翬譯。本書以追溯人種歷史根幹爲宗旨，故獨詳於古代史，而略於中世史。其近世、最近二史，則付闕如，蓋有待於續補也。惟其詳於古代，略於中古，僅叙文明源流發達之由，似未得謂扼要。緣歐美文明之盛，全在近世、最近二世，不於此求之，而徒言古代難徵之事，未免失讀史之法矣。且命名「萬國」，而闕東洋各國，揆之著書之例，未免名實不符之誚。日本東京覺民社、上海言志社均有譯本，與此事同文異。

世界通史

楊復等《浙江藏書樓乙編書目·圖史》 《世界通史》十冊。日本石川利之著。鉛印本。

古史探原

《上海格致書院藏書樓書目·東西學書·史志》 《古史探原》。英克羅德。吳江任廷旭。一本。美華書館排印本。

楊復等《浙江藏書樓乙編書目·圖史》 《古史探原》一冊。英國克羅德撰，吳江任廷旭譯。美華書館鉛印本。

萬國史講義

顧燮光《譯書經眼録·史志》 《萬國史講義》一卷。商務印書館《京師大學堂講義》本。日本服部宇之吉講述。萬國史者，記國與國關係之書也。蓋用以研究今日世界文明諸國之大團體，其始原於何時何地，如何變遷，而進於今日情狀。此即萬國史之宗旨是也。此係第一卷，凡二章，曰埃及與亞細亞諸國之關係，曰希伯來族全盛之時代。蓋言太古史而未終者。

世界上古史

楊復等《浙江藏書樓乙編書目·圖史》 《世界上古史》一冊。作新社編纂。本社鉛印本。

世界中古史

楊復等《浙江藏書樓乙編書目・圖史》　《世界中古史》一册。作新社編纂。本社鉛印本。

萬國近史

梁啓超《西學書目表・近譯未印各書》　《萬國近史》。來因氏。益智書會。未印。

列國現狀

徐維則等《增版東西學書録・史志》　《列國現狀》一卷。《亞東時報》本。法施塞著，亞東時報館譯。計分英吉利、澳地利、匈牙利、德意志、俄羅斯、意大利、西班牙、白耳時、荷蘭、葡萄牙、瑞典、挪威、嗹馬、瑞士、巴爾坤半島、日本北合衆國。雖法人所撰，不免有揚俄抑英之處，然其概括列國時事，首尾了然，讀之亦可知天下大勢矣。顧補。

近世史略

廣學會編《廣學會譯著新書總目・史類》　《近世史略》。載論今世諸國之歷史敎化。華立熙著。價洋三角五分。

萬國新史大事考

《上海格致書院藏書樓書目・東西學書・史志》　《萬國新史大事攷》。十八卷。十六本。漢讀樓刊本。

世界近世史

梁啓超《東籍月旦・歷史》　《世界近世史》。松平康國著。一册。定價一元二角。近世史出版者亦頗少，此編實專門學校講義録也。題爲《世界近世史》，蓋眞屬於世界，東洋、西洋並載者也。體例謹嚴，文章條達，學者不可不讀之書。

通雅齋《新學書目提要・歷史類》　《世界近世史》。上海商務印書館本。《世界近世史》爲日本松平康國原著，中國國民叢書社譯。分一卷爲五編，第一編言封建之餘波，第二編言君主之壓制及教皇之威權，第三編言歐洲各國之民變及宗教改革之戰爭，第四編言東洋諸國之變動及教派之衰微，第五編言各國立法之如何、議會之如何及總政帝政之如何。論全書之體段，于部分之得宜不無缺憾，然其于封建而君主、由君主而共和，列國大事叙述纂詳，但于歐西雖詳而于中國甚略，中國之專制于歷史頗爲特色，專制之法，凡地球上之國莫不經此階級始達立仞之程度，然各國之改革、各國之戰爭、各國之競自由、各國之求獨立，立仞政體福已昭昭然載于史册。此篇紀中國之事頗傷簡略者，以中國自秦以來，中央專制之威積之數百年，既深既劇，君主屢易而所施政策二千年來如出一轍，故專制外亦無所紀，雖然，華盛頓血戰八年，終撥亂而返正，中國民果各謀自治之策，人人有獨立之精神，則新政體之發見必不出于數十年之後，即與泰西各國同輝煌于世界史也不難，而一卷近世史，詎僅略述三藩之顛末耶？蓋自周以至漢初爲專制未盛之時，自漢景、武以後至清初爲專制猶有憾之時，自康熙平三藩以後爲專制之術極巧、極工之時，特叙三藩者，慨中國專制之進步有百世而不易者。或曰庚子

之役，東南督撫亦有抗朝旨與他國立約之事，雖然，是有特別原因焉，不能認爲中央、地方兩權消長之證也。

顧燮光《譯書經眼録・史志》 《世界近世史前後編》二卷。上海作新社洋裝本，一冊。癸卯五月再版本。商務印書館排印大字本。廣智書局本。日本松平康國編著，作新書局譯。凡五編。前編分二編，曰近世之發端，曰歐洲宗教改革之時代。後編分三編，曰歐洲列國之波蘭，曰亞東諸國之變化，曰歐美自由主義之發動。蓋始於新世界之發現，迄於拿破崙第一之創業。每論分若干章，章分若干節。所記事實，頗爲詳核。譯筆亦明暢可讀。卷首列亞、歐、美洲圖三幅，亦精采。商務印書館所印國民叢書社本，譯筆互有詳略，惟以此五編爲前編，另有後編，未譯。廣智書局本加有案語百餘條，尤便讀者。

《上海格致書院藏書樓書目・東西學書・史志》 《世界近世史》。日本松平康國。中國國民叢書。五卷。一本。商務書館活印本。

楊復等《浙江藏書樓乙編書目・圖史》 《世界近世史》一冊。作新社編纂。本社鉛印本。

十九世紀

梁啓超《東籍月旦・歷史》 《十九世紀》。《太陽報》臨時增刊，一冊。定價四角。此書乃由十數人分門編輯。內分西洋東洋政治史及產業史、學術史、文藝史、教育史、宗教史等篇。雖非能如諸大家之精心結撰，然其書固日本現時所獨一無二也。與大內氏《歐洲十九世紀史》合讀，於百年來大勢可瞭如矣。此兩書上海廣智書局皆已譯成付印。

萬國春秋

顧燮光《譯書經眼録・史志》 《萬國春秋》二卷。《成都啓蒙通俗報》本。日本岩原次郎撰，榴芳女學生譯。原名《地球十九世紀大事史》，譯者恐童蒙難記，暫改今名。起嘉慶五年，至光緒二十六年止。僅舉大綱，稍嫌疏略耳。

古世文明

《上海格致書院藏書樓書目・東西學書・史志》 《古世文明》。英華立熙。張翰。三卷。三本。活印本。

廣學會編《廣學會譯著新書總目・史類》 《古世文明》。是書論古國之歷史教化。計三本，三百六十篇。價洋五角。

世界文明史

楊復等《浙江藏書樓乙編書目・圖史》 《世界文明史》一冊。作新社編纂。本社鉛印本。

世界文明史

梁啓超《東籍月旦・歷史》 《世界文明史》。高山林次郎著。一冊。定價三角五。此書敍述全世界民族文明發達之狀況，自宗教、哲學、文學、美術等，一一具載，可以增學者讀史之識。惟僅至十八世紀，戛然而止。自序言別有《十九世紀文明》一書，數月之後，便當殺青。然至今已三年有餘，尚未出版，良可惜也。

顧燮光《譯書經眼録・史志》 《世界文明史》一卷。商務印書館本。日本高山林次郎著，商務印書館譯。書計三篇。一曰未文明之人類，計二章，言人之原始、自然民族之類。二曰東洋文明，凡六章。三曰歐羅巴，凡九章。舉凡東半球歐、亞、非三洲之宗教、文學、美術、哲學源流，莫不備載。以及東亞文弱之源，西歐尚武之性，並發明其所以然。洵考求文明進步所當讀者。書中各有細目，列諸書眉，尤便檢查。勵學社另有譯本，未見刊行。

四裔編年表

梁啓超《西學書目表・史志》 《四裔編年表》。林樂知、嚴良勳、李鳳苞。製造局本。四本。七百二十。雖非完備，而頗便檢覽。

又《附録・讀西學書法》 《四裔編年表》頗便繙閱，而舛錯亦多。

顧述廬《通學書籍考・史志類》 《四裔編年表》四卷。製造局本，石印本。英博那撰，美林樂知、吳縣嚴良勳同譯，崇明李鳳苞彙編。託始於洪水爲災之年，即西曆前二千三百四十九年，訖於西曆一千八百六十一年，凡四千二百一十年。所紀皆亞細亞、歐羅巴、阿斐利加三洲古今著名諸國及新闢美利堅各國之事。旁行斜上，體仿《周譜》，而以中國紀年標於上，以西曆紀年注於下，一展卷而知某國某事在西曆若干年，當中國何帝何年，誠爲裨益後學不可少之書。惟其所用中國紀年，頗有偏信《竹書》之過。本書《書後》。

丁仁《八千卷樓書目・地理類》 《四裔編年表》四卷。國朝李鳳苞撰。石印本。

趙惟熙《西學書目答問・政學・史志學》 《四裔編年表》。四冊。美林樂知、嚴良勳同譯。李鳳苞編。製造局本。是書間有譌謬處，然頗便檢察。

徐維則等《增版東西學書録・史志》 《四裔編年表》四卷。製造局本，四冊。上海石印本。英博那著，美林樂知、嚴良勳同譯，李鳳苞彙編。自少昊四十年，當西曆前二千三百四十九年起，訖咸豐十一年，當西曆一千八百六十一年止。其中種族變遷、政學始末，與夫戰爭大局，一一具載，頗便檢閱。而舛錯處，亦不少。依《竹書》紀中國年代，尤其巨謬。製造局有英傅蘭雅、徐建寅譯《年代表》一冊，未印出。

徐樹蘭《古越藏書樓書目・政部・外史》 《四裔編年表》四卷。英博那。美林樂知譯，嚴良勳述，李鳳苞彙編。製造局本。

《上海格致書院藏書樓書目・東西學書・史志》 《四裔編年表》。美林樂知。吳縣嚴良勳，崇明李鳳苞。四卷。四本。製造局本。

楊復等《浙江藏書樓乙編書目・圖史》 《四裔編年表》四冊。美國林樂知，吳縣嚴良勳譯。木刻本。

陳洙《江南製造局譯書提要・史志》 《四裔編年表》四卷。英國博那撰，美國林樂知口譯，吳縣嚴良勳筆述，崇明李鳳苞輯述。以年表例編輯各國帝王、總統年代，用以查檢各國締造更革及種族、政教、爭戰之大勢，便易如指掌。自少昊氏四十年起，迄咸豐十年。史學家攷訂所必須也。

劉錦藻《清續文獻通考・經籍考・雜史》 《四裔編年表》四卷。李鳳苞編。鳳苞字丹崖，江蘇崇明人。三品卿銜記名海關道，出使德國大臣。臣謹案，書爲英博那原著，美林樂知譯，嚴良勳述。

年代表

梁啓超《西學書目表・近譯未印各書》 《年代表》。傅蘭雅、徐建寅。製造局。一本。未印。

歷代帝王年契

徐維則等《增版東西學書録・史志》 《歷代帝王年契》一卷。光緒十六年刊本。英華約翰著。以耶蘇紀年與中國年代並列，略無用處。早年教會之書，多如此。

中西年表圖

廣學會編《廣學會譯著新書總目・圖畫》 《中西年表圖》。李提摩太君撰。將中西各大國併歸一圖。每張一元。未裱者六角五分。

中西年歷合璧表

廣學會編《廣學會譯著新書總目・雜著》 《中西年歷合璧表》。同安黃鼎輯。價洋四角。

和漢洋年契

徐維則等《增版東西學書録・史志》 《和漢洋年契》一冊。東洋刊本。日本蘆屋子著，尙之補，大館正林校正。凡分三列，上紀日本，次中土，次西洋各國。起自中土盤古，訖同治八年。伏羲以前帝號多本《路史》，而次民、離光，皆有年紀。西洋各國太略，不足讀。紀本國事，神武以前無年紀，大率荒誕不足徵。神武以後所紀，核之《四裔表》，頗有出入。《四裔表》自光嚴建號，始列兩層，此則自鳥羽起，即分上下層，其間出入尤多。

東西年表

徐樹蘭《古越藏書樓書目・政部・外史》 《東西年表》四卷。日本井上賴囶、日本大槻如電合撰。小方壺齋單行本。

顧燮光《譯書經眼録・史志》 《東西年表》一卷。小方壺齋石印本，羣書寶窟小字本。日本井上賴囶、大槻如電合撰。凡分三列，上紀日本，次中國，下西洋各國。中國始太昊，迄光緒二十四年。日本神代時荒渺難信，所記從略；鳥羽起，分上、下層。蓋仍《和漢洋年契》舊體而增益者。天津東華譯書局譯有日本小川銀次郎編《萬國大事表》，未出版。

十九世紀大事表

顧燮光《譯書經眼録・史志》 《十九世紀大事表》一卷。《便蒙叢編》本石印本。董瑞椿譯。此表以西曆爲綱，附東亞大事於中，而存中日兩國年號。凡一國事，總隸一系，涉及數國，乃别其條。若非大事，則仍彙列焉。

中國史分部

中國史略

梁啓超《西學書目表・近譯未印各書》 《中國史略》。歐氏。益智書會。未印。

支那新史

楊復等《浙江藏書樓乙編書目・圖史》 《支那新史》一冊。美國魏禮森著。廣智書局鉛印本。

中國政俗考

廣學會編《廣學會譯著新書總目・通考》 《中國政俗考》。美國佑尼干著，林樂知譯。一冊。價洋一角五分。

支那通史

徐維則等《增版東西學書録・史志》 《支那通史》四卷，附《地球沿革圖》。光緒二十六年東文學社印本，五冊。日本那珂通世著。首總論。曰上世史，自唐虞三代至戰國。曰中世史上，自秦漢至晉并吳。曰中世史中，自晉至唐。曰中世史下，自五代至金章宗末年。其體例略如紀事本末，取精於諸史。凡我國二千年之治亂、政刑、地理、種類、教育、制度、風俗及農工商之大要，無不略具，可謂簡而賅，質而雅。吾國之史卷帙紛紜，難於卒讀。讀是書，亦足以知古今政治之大綱，盛衰之要略。每卷後載歷代世系，又卷末載宋儒傳授圖、文廟從配沿革表、宋遼金職官沿革表、宋百官品級表，尤便尋檢。徐補。

梁啓超《東籍月旦・歷史》 《支那通史》。那珂通世著。已出五冊。定價二元五角。此書全用漢文。前在上海已有重刻本，但僅至宋代而止，其近世史尚闕如也。此書與市村氏之著體裁略同，而完善尚不逮之。蓋前書頗近新體，此書全仍舊體也。此外著者雖多，更等諸自鄶矣。

楊復等《浙江藏書樓乙編書目・圖史》 《支那通史》五冊。盛岡那珂通世編。鉛印本。

增補支那通史

顧燮光《譯書經眼録・史志》 《增補支那通史》十卷。文學圖書公司石印本。日本那珂通世原著，狩野良知增訂。那珂氏原著僅四卷，分總論、上世史、中世史上中下四大期，蓋自唐虞迄宋末止。兹增補之本，改爲十卷。其卷一至卷五，概係增狩野氏增入；其六至十，則那珂氏原著也。卷一記歷代圖系沿革各表三類，至宋末止。二至五，則記歷代政教各事。

續支那通史

顧燮光《譯書經眼録・史志》 《續支那通史》二卷。會文政記石印本，八冊。日本山峰畯藏著，漢陽青年譯。書分近世上、中、下史，最近史四期。自元太祖元年，迄光緒中日之戰止。另列子目於書眉，以資考證，間有錯誤之處。全書仿紀事本末之體，記載尚不簡陋。

楊復等《浙江藏書樓乙編書目・圖史》 《續支那通史》八冊。日本山峰畯藏著。鉛印本。

支那史要

顧燮光《譯書經眼録・史志》 《支那史要》六卷。上海廣智書局本，四冊。日本市村瓚次郎著，陳毅譯。卷首列《歷代一覽表》、《歷代帝系表》、《歷代帝都表》。全書八卷。一、總論。二、古代史，自開闢至秦之併吞六國止。三、上世史，自秦一統至隋止。四、中世史，自隋統一至宋末止。五、近世史，自元至道光止。六、近代史，自道光以後迄臺灣、伊犂之議止。於中史數千年沿革掌故，類能扼要，文筆亦條暢貫串。蓋論史之書也。書眉分列子目，尤羅羅清疏。

支那全書

顧燮光《譯書經眼録・史志》 《支那全書》七卷。教育世界社石印本。日本藤田久道編次，增田貢校。始太古人皇氏，迄光緒五年止。書中按朝代摘録要事數條，不編年次，蓋史鈔類也。僭閏各朝，低一格別之。至遜清事蹟，則鈔録增田貢《清史攬要》補之。於歷朝興衰治亂，略舉其綱，未能別具識見。童蒙備翻閱可也，未爲善本。

中國歷史

通雅齋《新學書目提要・歷史類》　《中國歷史》。日本東京東新社本。

《中國歷史》，横陽翼天氏編輯于日本東新譯社，蓋普通教科書三十編之首編也。編中區爲甲、乙，甲編止于唐虞，乙編止于周末，中國二千年來所稱爲歷史學如二十四史、《資治通鑑》等書皆不過王家年譜、軍人戰紀，非我國民全部歷代競爭進化之國史，此書于古今人羣進化之大勢、盛衰隆替之原因結果及于社會有密切關係之事實，無不叙述詳備，武王伐紂，夷齊諫諍，學者莫不賢夷齊，不知商紂横暴，民罹其凶，牿野之師，去民賊也，而夷齊謂爲不仁，然則欲如紂遍魚肉天下之國民而後可謂仁乎？迂妄之説，二千年來奉爲經典，誠歷史上之污點也。秦之一統，晉實使之，觀晉之地勢，包秦東、東南、東北三面，儼成合圍之勢，秦之舉動晉得而掣其肘，是以晉不破則門戶不開，門戶不開而東南諸侯鞭長莫及，至晉地分裂而河南上郡、少習次第入秦，虞、虢、桃林、孟津、潼關亦不得不爲秦有，秦之基礎日益鞏固，故三晉之分關乎晉之亡者小，關乎周之亡者大也。以上二説皆此書思想獨及之處，學者雖百喙而不能爲之辨者。至其論中國之學術，則尤確察我國民缺少之原質而灌輸焉，墨子爲中千之大宗，觀《尚同》三篇知其救世之主義不外國民之自治、社會之獨立，故其精神可犧牲其身爲國民以求幸福，誠今日虛無黨之遠祖也。楚之攻宋，其徒赴難者七十二人，尚武之精神豈偶然哉？楊朱爲士夫所鄙，然不損一毛之説，實權利競爭之達于點極，特惜乎其學中絶，不能影響于後世耳。許行爲孟子所斥，然聖君賢主與民幷耕，實今日歐洲社會主義之源泉，許行之創此説，蓋以非君民一體以盡力于人人之公產之利益，不能立于競爭之世界，法儒孟德斯鳩有言曰「國有階級之風者處競爭之世必亡」，許行之意固與孟德斯鳩同。此三子者後世之所闢而目爲異端者也，此書舉爲哲學，吾知相驚相駭者必有人，然揆之公理實難附和其説焉，雖然，此之理想誠破壞有史以來腐敗之習，然亦有不能不爲公共之見所惑者。衛滅于狄而齊改封之于楚丘，夫衛受齊封，衛之辱孰甚？斯時衛之君臣宜如何卧薪嘗膽以雪前耻，傳云「衛國忘亡」，蓋衛甘服于齊之保護之下，以爲泰山之屏蔽，即此小朝廷亦可優游于世界，哀莫大于心死，衛之忘亡，衛民之心死矣，何怪菟圃之圍而以國讓父兄子弟及朝衆乎？左氏于改封下而形容之曰「忘亡」，美齊乎哀衛民也，此書謂齊桓善恤亡國，豈左氏之意哉？

最近支那史

徐維則等《增版東西學書録・史志》　《支那最近史》□卷。日本原刊本。上海編譯局印本，四冊。日本河野通之、石村貞一合著。仿《通鑑紀事本末》體例，始於元明，至我朝光緒乙未止。編譯局復續至辛丑和議告成之後。洵政治家研究近史必用之書。徐補。

《最近支那史》四卷。日本原刊本。光緒二十七年上海振東室學社編印本，四冊。日本河野通之、石村貞一合著。自元明以至光緒乙未中日戰後止，仿編年體，剌取正史，復旁搜各家記載，以成此書。其兵制原因、宗教沿革、外交始末，亦間載之。偶有考證及註釋，均載書眉，尚便檢閲。惜搜採未廣，未爲詳備耳。徐補。

支那近三百年史

通雅齋《新學書目提要・歷史類》　《支那近三百年史》。上海開明書店本。《支那近三百年史》四卷，日本三島雄太郎原著，不題譯者姓名。近來日本人于中邦事實，若能毛舉數節便爾沾沾著書，此亦其類也。其于《皇朝開國方略》、《聖武記》、《滿洲源流考》、《嘯亭雜録》、《湘軍記》等書摘録尚能簡淨，篇中議有直録曾文正《國朝先正事略》序之文者，又引乾隆上諭「朱果發祥」等語而前文不明著其事，幾令閲者不解。言聖祖優禮儒臣一節，蹄涔測海亦見留心，而于博學鴻詞科一舉竟未叙及，則不免漏略之譏。論秀全之亂一節足參異論，卷末所叙文學諸章尚無訛舛。然中國人欲知本朝掌故，自有典籍可稽，不必藉重于此，要非世所急讀也。

顧燮光《譯書經眼録・史志》　《支那近三百年史》四卷。上海開明書店洋裝本，一冊。日本三島雄太郎著。本書摘録《開國方略》、《聖武記》、《滿洲源流考》、《嘯亭雜録》、《湘軍記》等書，尚稱雅飭。出自外人，尤爲難得。我華掌故，自有專書可讀，不必乞諸其鄰，轉貽數典忘祖之誚。

清史攬要

徐維則等《增版東西學書録・史志》　《清史攬要》□卷。日本增田貢著。用朱子《綱目》體例，將我朝三百年朝野大事，悉載無遺。徐補。

梁啓超《東籍月旦・歷史》　《清史擥要》。六冊。敍述二百年來事，頗有爲中國史家所諱者，亦可以供參考也。

《上海格致書院藏書樓書目・東西學書・史志》　《清史攬要》。日本增田貢。六卷。二本。活印本。

政典絜要

顧燮光《譯書經眼録・史志》　《政典絜要》八卷。上海石印本，四冊。北洋官報館本。日本增田貢著，毛淦補編。始天命，迄同治。仿編年體，頗備考核，惜有錯誤。原名《清史攬要》，於此稍有同異。此本蓋經毛君刪改故也。

中國六十年戰史

《上海格致書院藏書樓書目・東西學書・史志》　《中國六十年戰史》。英愛特華斯。史悠明，程履祥。十三卷。六本。美華書館排印本。

楊復等《浙江藏書樓乙編書目・兵書》　《中國六十年戰史》六冊。古鄞史悠明等譯。美華書舘鉛印本。

戰餘録

顧燮光《譯書經眼録・雜著》　《戰餘録》一卷。時中書局《民辱叢書》洋裝本，一冊。陳崎編譯。是書凡五篇，曰擔夫，曰難民，曰土人，曰起居，曰雜記，皆記咸豐年英法聯軍犯北京北塘一帶居民情況。原書摘譯自英人斯文化氏所著《北支那戰爭記》之一部分。其措辭譏我民族之媚外無氣節，備極戲謔，讀之令人憤憤。譯者間附按言，尤足令人激發國民之志氣焉。

楊復等《浙江藏書樓乙編書目・兵書》　《戰餘録》一冊。陳崎譯。時中書局鉛印本。

閩江觀戰記

徐維則等《增版東西學書録・史志》　《閩江觀戰記》一卷。《亞東時報》本。美羅蚩著，亞東時報館譯。於光緒甲申馬江之役，言之頗詳。顧補

中東戰紀本末

梁啓超《西學書目表・史志》　《中東戰紀本末》。林樂知、蔡爾康。廣學會本。八本。一元五角。當分別觀之。

又《附録・讀西學書法》　至近印之《中東戰紀》，其書議論之是非，稍有知識者能道之，無待余言。

顧述廬《通學書籍考・史志類》　《中東戰紀本末》八卷。廣學會本。美林樂知著譯，上海蔡爾康纂輯。是書慷慨激昂，亦復細膩熨帖，多琢磨潤色之功。至其議論之是非，在有心世道者，分別觀之可耳。《西學通考》。

中東戰紀本末續編

顧述盧《通學書籍考・史志類》 《中東戰紀本末續編》四卷。廣學會本。美林樂知審訂，上海蔡爾康纂輯。是書於中國重大新政，東洋搆釁實跡，歐洲交涉情形，頗爲詳備。《西學通考》。

中東戰紀本末正續編

趙惟熙《西學書目答問・政學・史志學》 《中東戰紀本末》，八冊。《續編》四冊。美林樂知纂，蔡爾康述。廣學會本。是書無雜不倫，然於近事時見一斑。

徐維則等《增版東西學書録・史志》 《中東戰記本末》八卷，《續編》四卷。廣學會本，八冊。美林樂知輯著，蔡爾康纂。所採皆甲午以後三年內中外文報、私家議論，而未戰以前、罷戰以後中外人振興中國之策，亦裒而附之。未嘗稍加編訂，有謂其書當分別之者，蓋寓微詞。然甲午一役，賴以知其始末。他日記中東事者，或有所取資也。《譯書公會報》有俄來廸懋著、胡濬謨譯《中日搆兵紀》三卷，未印成。東亞書局譯有《清日戰爭日記》中《陸海戰記》，未出。

中東戰紀本末三編

徐維則等《增版東西學書録・史志》 《中東戰紀本末三編》四卷。廣學會排印本，四冊。美林樂知、蔡爾康合輯。斯書譯英兵部礮兵司蒲雷主事所著《東方觀戰記實》七章，作全書之骨。按泰西觀戰人員，遇事端詳審慎，已非報館訪事之比。蒲雷復恪遵英例，俟罷戰後，徧搜各大國觀戰諸記，一一覆對，勒爲信史，就正本兵大司馬，復咨送議院，纂入官書。二君既譯華文，亦期無一字出入，附以北京美使館、英京華使館議戰守和諸電報，暨日人所得丁汝昌遺墨若干篇，用石印以存眞蹟。而合肥相國奏疏七章，某君《臺灣紀事詩》十八首，亦附刊焉。顧補。

中東戰紀全集

楊復等《浙江藏書樓乙編書目・兵書》 《中東戰紀本末》十五冊。美國林樂知著譯。廣學會鉛印本。

廣學會編《廣學會譯著新書總目・史類》 《中東戰紀全集》。甲午中日交戰事及先後各種文牘、各家論說、政策、條陳，無不搜羅備載。林樂知著，蔡子茀纂輯。計十六本。價洋一元八角。

中東戰史

顧燮光《譯書經眼録・史志》 《中東戰史》上下二卷。《攻媿軒日本叢書》本，二冊。日本清香田村維則編。言甲午中東之役頗詳，措辭間有偏抑處。日人之辭，固宜爾也。合姚氏《東方兵事紀略》觀之，則知武備之不可不講，此書可藉以爲鑑矣。金粟齋譯有日本澀江保著《日清雅片戰史》，又《法國革命戰史》，又譯有日本辰巳著《海上權力史論》，蘇州勵學社、福州東文學堂均譯有《歐米獨立戰史》，南洋公學譯有日本松井廣吉著《意大利獨立戰史》，吳宗濂譯有英穆和德著《武志說略》，吳宗濂譯有法臘復勒著《中西啓釁始末》，毛乃庸、羅振常譯有日本松井廣吉著《美國南北戰史》，章安寄社譯有日本澀江保著《英國革命戰史》，又譯有日本松井廣先著《伊大利獨立戰史》，又譯有日本澀江保著《希臘波斯戰史》。

日清海陸軍戰史

楊復等《浙江藏書樓乙編書目・兵書》 《日清海陸軍戰史》一冊。日本松井廣吉、范枕石編譯。會文社石印本。

拳匪紀事

徐維則等《增版東西學書録・史志》 《拳匪紀事》六卷附《圖》。上海排印本，四冊。日本佐原篤介輯。卷首詳繪聯軍入京兩軍相戰情形，並本書目録。卷一恭録上諭，卷二匪亂紀聞，卷三各省防衛志，卷四八國聯軍志，卷五通論，卷六附記並附《教士受難記》及《救濟日記》，刊圖百餘幅。於拳匪肇事始末，和議約款條目，詳盡無遺，足資考鑑焉。顧補。

楊復等《浙江藏書樓乙編書目・兵書》 《拳匪紀事》六冊。日本佐原篤介輯。鉛印本。

西巡大事記

顧燮光《譯書經眼録・史志》 《西巡大事記》六卷。上海石印本。日本吉田太郎輯。記庚子拳匪之亂，附以議拒中俄密約、各演説，與析津生所輯《拳匪紀略》大同小異。

支那開化小史

梁啓超《東籍月旦・歷史》 《支那開化小史》。田口卯吉著。一冊。定價六角五。此書實史論體也。所重者在論斷而不在事實，故其所記載，惟擇其有關於議論者而録之。至其論則目光如炬，善能以歐美之大勢，抉中國之病源，誠非吾邦詹詹小儒所能夢也。漢以前尤爲精絶。又眉端有評騭者數家，皆用漢文，其議論頗足與原書相補云。此書上海廣智書局已有譯本，而譯筆頗劣。

通雅齋《新學書目提要・歷史類》 《中國文明小史》。上海廣智書局本。《中國文明小史》原名《支那開化小史》，每代紀其始末，凡分十四章。日本田口卯吉著述，中國劉陶譯稿。夫文明由戰爭購來，英儒赫胥黎之言曰：「戰爭者，文明之母。」故泰西列國戰爭愈烈者，文明之程度愈高，而中國則戰爭之前，民之明義務者恆多鑿井而飲、耕田而食，帝力何有于我，其富于自治之精神、豐于平民之思想爲何如？至其後戰爭愈多，民見愈愚，民志愈卑，戢戢于專制之下無纖毫發達之思想，蓋泰西之戰爲公民而戰，中國之戰爲一人而戰，易姓者一人，吾民以血肉相搏者會無絲毫之益，或變本而加厲焉。篇中叙中國之文明，蓋爲上古時言耳，一統之勢至秦而始成，此書謂始于帝堯，夫堯欲讓舜而必先讓四岳，俟四岳舉然後試之，所以示不專也，使堯而果有大一統之勢，意中既有舜則舉而用之可也，乃必于四岳一再試其讓者何哉？堯咨治水于四岳，四岳舉鯀，堯斥其方命圮族而不能不屈意用之，以至九載無功，使堯果有大一統之勢，則以民命所繫，委諸明知不可之人，堯不重負天下乎？且舜受禹禪而必先自避于南河之南，禹受舜禪而必先自避于陽城，待朝覲、訟獄、謳歌之皆歸然後踐天子位，亦視當時貴族爲趨向而已。蓋堯、舜、禹之時爲貴族極盛之時，非能大一統之時，謂舜、禹皆務中央集權之政以擴張其政府，非明于時勢之言也。又云封建爲周公制服天下之第一策，井田爲制服天下之第二策，且云地有山川沼澤，人有強弱老幼，不能畫一安能授田？不知山川沼澤則置之矣，老弱不可以授田，擇其強者以授之，所謂食八人、食七人、食六人、食五人者，皆指老弱言之也，三代之民仰事俯畜一視同仁，而無甚富甚貧之弊，井田爲之也，此書謂爲最大之疑問，毋亦以元魏之太和、李唐之貞觀皆欲行之而卒歸無成歟？不知秦漢以來天子私天下，庶民私田產已非一朝一夕，欲復井田，是強奪民之田產，勢實有所不行。周則不然，廣封建、定采地，天下之田悉屬于官，民受田于官，食其力、輸其賦，平均孰甚焉？上無可制下，下無所受制于上，君民所以一體也。如謂封建、井田皆爲專制之策，是深文周納之言，庸足憑乎？

顧燮光《譯書經眼録・史志》 《中國文明小史》一卷。上海廣智書局本。原名《支那開化小史》，東亞譯書會譯本未改名。日本田口卯吉著，劉陶譯。計十五章，自開闢至明末，蓋日人論中史之作，發揮間有識見。吾華論史之書甚多，此書可略涉獵，以覘外人學識，毋庸急讀也。寄東譯社譯有日本矢野仁一編《清國史》，韞芬室主譯有《支那文明史》。

楊復等《浙江藏書樓乙編書目・圖史》　《中國文明小史》一冊。日本田口卯吉箸，劉陶譯。廣智書局鉛印本。

支那文明史

梁啓超《東籍月旦・歷史》　《支那文明史》。白河次郎、國府種德同著。一冊。定價三角五。此書乃草創之作，雖非完善，然大輅椎輪，厥意亦良善矣。內分十一章。第一章，世界文明之源泉及支那民族。第二章，原始時代之神話及古代史之開展。第三章，支那民族自西亞細亞來之說。第四章，學術、宗教之變遷概說。第五章，政治思想及君主政體之發展。第六章，曆數、地理之發達及變遷。第七章，建築土木之發達及變遷。第八章，文字、書法、繪畫之發達及變遷。第九章，支那人用歐洲印刷術之源流。第十章，音樂之發達及變遷。第十一章，金屬之使用及舟車。其第三章、第五章最有獨到之論，此外門外漢語亦不少。

通雅齋《新學書目提要・歷史類》　《支那文明史》。上海競化書局本。《支那文明史》一卷，分爲十一章。日本白河次郎、國府種德原著，上海競化書局譯本。以尋常日用事理暨學術、宗教諸事推之往古，以證中國先世之文明，而摘叙諸條不甚得體，征引舊籍青黃雜糅，殆將自炫其博，實則徒亂人意。又頗涉及經學，然家法不明，則所知已淺，所挾者小，而欲持此以窺古國之文明，亦見其不自擇也。惟第二、三兩章雖近附會，尚多新義，如謂黃帝與埃拉孟德歷史之奈科芬德爲一人，契爲西方亞細亞民族之後裔，謂巴比倫尼亞楔形文字與《周易》卦畫之形相類，謂四岳爲加爾齊亞君主所生四州國王之尊稱，「黔首」之名即亞希利亞巴比倫之黑頭民，《尚書》六宗之祭適合于斯希阿奈之六少神，下文又引《竹書》所載王神謂正與加爾齊亞之神同名，然今世傳《竹書》乃僞中之僞，所引猶不足信。此皆可憙之論。今者東西對語，書名聲教抵掌能談，必欲合爲一之者，世固不少其人，如德國教士花之安則云古代巴比倫所用之年號符于《爾雅・釋天》歲陽歲名之文，見所著《自西徂東》一書。瑞金陳熾則以摩西爲墨翟之轉音，見所著《庸書》。仁和姚文倬則以亞當爲伏羲、夏媧即女媧，聞前十年有湖北教民文生蔣某者，據《易》卦「龍戰于野，其血元黃」二語爲指銅龍攀架之事，是孔子先知後世有耶蘇將西至歐洲，援此以送于羅馬教，未果而卒，以上兩說皆未見著書。其爲異說皆與此同，在心力方孳之時，固不容限其所至也。至以堯時洪水之禍爲即西曆紀元以前之洪水，此歷來衆說所同。又云奈科芬德即支那之黃帝，率巴古民族達于支那土耳斯坦，然後沿喀什噶爾而達于昆侖，即花國之東，昆侖、花國之名稱以其豐饒，後世支那土即以爲華而永用焉，此亦創見之論。篇中屢言中國民族自亞西亞等處而來，邇來我邦學者亦每主此說，然果出自巴比倫等處，則漸被之迹首在南方，何以滇、粵諸邦教化之遲、文物之絀，乃反後于各地，此其未必可據者矣。著此種書，其理愈繁而其證每晦，若自中土碩彥爲之，其于別裁之際必當斐然可觀，愼勿使東家髫兒操管以睨我也。

顧燮光《譯書經眼録・史志》　《支那文明史》一卷。上海競化書局洋裝本，一冊。日本種白河次郎、國府種德合著，競化書局譯。本書分十一章，以尋常事理暨學術、宗教諸事，推之往古，以證中國先世之文明。而摘敘諸條，不甚得體，徵引舊籍，亦病蕪雜。涉及經學，然家法不明。所知已淺，蓋所論之理愈繁，而其證愈晦。欲持以窺古國之文明，歧多而羊亡矣。

楊復等《浙江藏書樓乙編書目・圖史》　《中國文明發達史》一冊。日本白河次郎、國府種德著。東新譯社本。

中國學術史綱

通雅齋《新學書目提要・歷史類》　《中國學術史綱》。上海開明書局本。《中國學術史綱》，分一卷爲六編，編區爲章。上自太古，下迄本朝，凡有關於文化者備叙于篇。日本白河次郎、國府種德原著，梁溪楊志洵譯述。中國之學術，堯、舜以前皆荒渺不可稽，自堯、舜以至三代，所傳者唯道沾之學，紀載無傳，後世史家無從考其源委。漢興以來，斯時書已盡焚于祖龍，天下學者莫衷一是，于是漢代始用經學而學始有派名，自此以來，或尙性理學，或重文學，而讖緯之與佛教亦或爲當王之貴。篇中統上古、中古而視爲一致，條目似未分明，箋注之學始于馬融、鄭玄、王肅之徒，至唐人復疏解漢注，委曲旁引，瑣細煩冗，固如作者云云矣，然既知其細瑣煩冗，而又謂使學者能窺見往古，實

漢、唐人之力爲多，此説不無矛盾。且漢學之興雖較優于唐，然碎義逃難，便辭巧説，《漢書・藝文志》所謂説五字之文至于二、三萬言，幼童而守一藝，白首而不能通者，無裨實用莫此爲甚，而此書謂當時人守遺經不創異説，不事朋黨，何于當日聚訟之案未參考與？至于遼、金兩朝政策皆尚詭譎，故遼制書禁甚嚴，凡國人著述不聽刊行，其有著書鄰境者處以死罪，與今日虎狼之俄禁載國事報章也同，當日書不能盛行，後世亦不知其學術之所在，篇中亦略叙此説，而又謂學術各有發達，放一奇異之光彩，不免近阿諛。蓋中國之學術名儒之實際，有非扶桑雛兒所能得其梗概者，若小説、戲曲不過文人游戲之筆，何與于學術。是書之分章以記者，亦近世新史家之例也。

楊復等《浙江藏書樓乙編書目・文學》 《中國學術史綱》一册。日本白河次郎、國府種德著。楊志洵譯。華洋書局鉛印本。

王安石新法論

通雅齋《新學書目提要・文學類》 《王安石新法論》。上海廣智書局本。《王安石新法論》分爲三編，每編區以章節，日本法學士高橋作衛著，中國陳超譯。其第一編論安石時代之政治、之財政，第二編論新法之主義、之總説、之綱領、之由來，第三編論新法之所短及其所長，層次井然，有條不紊。夫安石洞于國帑之空乏、邊寇之驕横，用人取士之失宜，御盜練兵之無術，故急言變法，次第更張，蘄以進治改良，挽回積弱，是以青苗、均輸、市易、預買、募設、方田、保甲、保馬諸法遂行，其以章惇、呂惠卿爲輔者，非以章、呂爲能臣也，特自章、呂外無一贊成新法者，至久而無功，遂歸獄于安石，安石之咎咎在行法之不善而不在法之不能行。均輸之法，短之者謂官而自行商賈，其弊不可勝言，不知是即平均貨物之運輸，使大賈巨商無暴利可貪，實一種之專賣法也；青苗之法，短之者謂貧民負債勢必逃亡，逃而責之鄰保，鄰保受其累矣，不知是即利民興産之政策，實一種之勸業銀行法也；保甲之法，短之者謂足以奪農時且浸淫而爲大盜，不知是即國民皆兵之制度也。即其他措施，皆隱隱于泰西近百年之政治若合符節，日本吉田宇之助論之甚詳，此書未揭此義，讀者尚不能釋然。至于變科舉之法，蓋欲朝廷興建學校，講求三代所以教育、選舉之法，尤得興賢立學之本務，短之者謂自文章言之則策論爲有用，詩賦爲無益，自政事言之則詩賦、策論均爲無用，然自祖宗以來莫之廢者，以爲設法取士不過如此也，數語實備彌縫、苟且、粉飾三者之弊而當世奉爲至論，後世藉爲口實，人人皆存一不過如此之心而遂一無所成，此新法之一大阻力，而此篇闕載者也。或者謂安石之所行，如僅謂其于古法則合《周官》，于今則合泰西論者，或有今古中外民俗異宜之説，兹舉其最近者以征之，青苗之法則唐代宗行之，均輸之法則漢武帝行之，助役之法則元至治中行之，至泰定之際以此法行之于江南而民皆稱便，保甲之法無論與《管子》内政軍令之義相合，即以後世論，且沿用其法不衰，特不行保馬之政，于立法之精意百不存一耳，然觀韓琦以創保甲置河北三十六將，爲契丹所以生疑之故，而不求固邊制敵之方，蘇軾謂國家之存亡在于道德而不必求富強，則當時朝論亦概可推矣。蓋自漢世重循吏，務求因循奉法，飾爲寬簡持重之説，後世才智之士莫不以循守舊章無大更革以爲能，安石之變法雖未免流于執拗，然當時攻擊者衆稍一轉移其事立敗，安石之爲國爲民誠有不拔之志，使諸賢同心協贊，持之以久，富強之效計日可睹矣，何至有靖康之禍哉？此又論安石者所不可不知也。

《上海格致書院藏書樓書目・東西學書・通論》 《王安石新法論》。日本高橋作衛。陳超。一本。廣智書局活印本。

中國第一大偉人岳飛

通雅齋《新學書目提要・歷史類》 《中國第一大偉人岳飛》。《岳飛》一書，日本笹川種郎著，中國金鳴鑾譯。書中語意及全書之體例均與稗史相類，殆近人所編而僞託于譯本與？是編意主鋪張，不求考核，故未免踵訛襲謬。如第三節所云武穆爲人喜戰嗜殺，又謂武穆禦敵不恃殺戮之手段，一人之言如出兩口，且武人供鷄，武穆弗食，《宋史》本傳及章穎所撰《南渡十將傳》均不載其事，猥瑣之舉，不類武穆所爲，殆後人附會之説。武穆詩詞，載于岳廟集與《精忠類編》兩書居多，然此書皆散佚無存，所傳詩詞已屬吉光片羽，是書所載題壁之詩不下十餘首，不知所據何本？且叙事而夾

以詩詞，尤與史家體例不合。武穆爲人勇于進取，誠于獨立，與秦檜之獻媚戎狄、割地媾和不同，賢奸之辨歷史自有定論，作者謂岳飛爲武人派，秦檜爲文治派，岳、秦并列，實屬不倫，而武人、文治之有派，尤爲世界之新名詞。秦檜之當國也，政治、學術之敗壞幾于不可收拾，何文治之有？若以媚外爲文治，則當時無郾城之捷、朱仙鎮之功，檜能持此玉帛、土地以禦金人之南下乎？至謂檜主保守，不知保守者何物，高宗杭州之臨，江淮南北幾無淨土，使當日無韓、岳諸人，雖求爲小朝廷而不可得，至建康既定，中原已有恢復之機，何取乎保守？南自南、北自北，賣國奸計不可勝誅。是書謂檜之媾和蓋求天下之小康，且可以奉迎二帝，其心良苦，不知金兵果強雖和好不可恃，金兵已疲則中原之恢復如操左券，二帝之歸指日間事耳，爲檜原者何昧于建炎之時勢耶？夫以秦檜爲是，好奇者曾爲此說，此蓋摭拾唾餘，排比成編，故論岳則謂檜爲奸，論檜則又謂岳爲冤，前後之說互相矛盾，至于叙事之間不紀年月，事實多所顛倒而詞意不無重復，不足以資考證，徒滋學者之疑竇耳。

成吉思汗少年史

通雅齋《新學書目提要·歷史類》 《成吉思汗少年史》。上海人演譯社本。《成吉思汗少年史》，日本文學士坂口楧次郎著，錢塘吳檮譯。分十二章，叙成吉思幼年之事實，略仿紀事本末之體例，于每節後附以案語，援古證今，未嘗不可以資考鏡。考《元史》本紀謂「帝深有大略，用兵如神」，而其事實頗多未備，于其少年時期尤略而不詳，此篇藍本于《元朝秘史》而組織以文辭焉。別克帖兒，成吉思之異母弟也，以奪雛雀之故而不惜遺以一矢，此有知之屬所不爲，况泰亦赤惕之仇猶昨日事耳，先父彌留，言猶在耳，舍不共戴天之仇，而因小忿以滅其親，愛情之絶、良心之滅，顧亭林謂其狼性猶存，誠不誣也，明宋濂修《元史》特隱諱其事，中國之無信史已非朝夕之故，此篇直揭其失，于史學要不爲無助。陰陽讖緯，史家之所樂道，白鷹之夢謂爲天婚，毛車之匿謂爲神護，本紀所不載，《元朝秘史》特詳其事，此亦沿其説而附會之，委巷之談，其誕妄不足辨。至于成吉思之遺訓，後人以俄皇彼得爲比，夫成吉思與彼得之異同吾姑不論，第觀其垂戒之言與作者之案語多抵牾不相合，出令一條，案語謂與立憲、共和政體如出一轍，夫立憲之國，其議舉也皆出于議院，非三人謂然而即可也，以三人之言定奪于一己，其仍操于君主，此專制之長策，非共和之主義。內助一條，案語謂男女平權之起點，夫歐西女權由于女學之興，非僅主中饋而婦道已盡也，以敬客爲盡婦職，此放廢女學之原因，非提唱女權之主義。忘本一條，案語謂國家之成立難保無忘國之子孫，不知別克帖兒之死無以訓後世，開創之業不百年而土崩瓦解者，其弊不在子孫之忘，而正在祖宗之創。宗教一條，案語謂歐美賢哲名流莫不本于宗教之信仰，夫迷信之說非謂崇拜萬有以冀幸福之幸獲也，空言祈禱，無怪貶孔子而爲中賢，信桑門而毀上帝，不再傳而祖宗之成法已變更殆盡，無所謂教，何言乎宗，更無論乎信仰。夫泰西之政體、宗教，至十九世紀始爲完善，成吉思時之時尚未萌芽，謂成吉思之思想已開歐洲文明之先聲，吾未敢信。譯者謂擴充其思想，實行此主義，其公民人權之昌榮必發皇輝耀于亞洲大陸，援引牽合，殊無義例。作者之意，蓋以成吉思之英武，其兵力所及直至斡羅思以西，誠中國罕見之君主，故不憚粉飾其辭以光于歷史，然亦不無失實矣。

顧燮光《譯書經眼録·史志》 《成吉思汗少年史》一卷。上海人演譯社本。日本坂口楧次郎著，吳檮譯。本書據《元朝秘史》而加删飾，分十二章，叙成吉思汗少年之事實。略仿紀事本末之體例，於每節後附以案語，援古證今，尚足以資考鏡。惟間有粉飾失實處。

楊復等《浙江藏書樓乙編書目·雜誌》 《成吉思汗少年史》一冊。日本坂口楧次郎譯，錢唐吳檮述。文明書局鉛印本。

成吉思汗傳

《上海格致書院藏書樓書目·東西學書·傳記》 《成吉思汗傳》。日本太田三郎。一卷。一本。作新社譯印本。

鄭成功

《上海格致書院藏書樓書目・東西學書・傳記》 《鄭成功》。日本丸山正彥。中國張鑄六。一本。東京文瀾書肆印本。

楊復等《浙江藏書樓乙編書目・圖史》 《臺灣開創鄭成功》一冊。日本丸山正彥著，張鑄六譯。鉛印本。

曾國藩

顧燮光《譯書經眼録・史志》 《曾國藩》一卷。開明書店洋裝本，一冊。日本川崎三郎著，顧學成、唐重威合譯。是編本東文體例，提綱挈領，寥寥數千言，於公之學問、經濟，綜括靡遺。推許處能得其大，而無一貶詞。蓋公之忠貞，格及遐方，於玆益信。

亞洲史分部

東洋史要

徐維則等《增版東西學書録・史志》 《東洋史要》四卷。上海排印本，四冊。日本桑源騭藏著，樊炳清譯。其書合東洋諸國爲一歷史團體，於亞細亞東方民族之盛衰、邦國之興亡，言之甚詳。而南方亞細亞、中央亞細亞與有關係者，亦略述之。洵爲世界史教科善本。徐補。

梁啓超《東籍月旦・歷史》 《中等東洋史》。桑原騭藏著。二冊。定價一元。此書爲最晚出之書，頗能包羅諸家之所長，專爲中學校教科用，條理頗整。凡分全史爲四期：第一上古期，漢族膨脹時代。第二中古期，漢族優勢時代。第三近古期，蒙古族最盛時代。第四近世期，歐人東漸時代。繁簡得宜，論斷有識。

《上海格致書院藏書樓書目・東西學書・史志》 《東洋史要》。日本桑原騭藏。山陰樊炳清。二卷。四本。東文學社印本。

楊復等《浙江藏書樓乙編書目・圖史》 《東洋史要》四冊。日本桑原騭原藏著，山陰樊炳清譯。鉛印本。

東洋小史

顧燮光《譯書經眼録・地學》 《東洋小史》附圖一冊。日本明治三十三年東京目黑山房、成美堂合梓洋裝本。日本下村三四吉編纂。首亞細亞總圖，次周以前支那圖，迄現世歐洲借領地圖止，凡十六幅。於古今沿革，皆載大略，亦研究歷史所必需者。

楊復等《浙江藏書樓乙編書目・圖史》 《中學東洋小史》附圖一冊。日本下村三四吉編。鉛印本。

東邦近世史

梁啓超《東籍月旦・歷史》 《東邦近世史》。田中萃一郎著。上卷一冊。定價一元。東洋之斷代史，舍是書更無他本。此書凡分十章。第一章，歐人通商之初期（拉丁民族）。第二章，滿洲之興起。第三章，歐人通商之第二期（條頓民族）。第四章，俄國東方侵略之初期。第五章，印度之蒙古帝國勃興及其瓦解。第六章，英人侵略印度。第七章，滿洲朝之經略西方。第八章，緬、越諸國侵略之初期，并南洋諸島。第九章，中亞英俄衝突之初期。第十章，鴉片戰爭及洪楊之難。其搜羅事實而連貫之，能發明東西民族權力消長之趨勢。蓋東洋史中最佳本也。上海廣智書局近已譯。

顧燮光《譯書經眼録・史志》 《東邦近世史》二卷。漢口日報館印本。

日本田中萃一郎著，漢口日報館譯。書分上下二卷，上卷庚子年出版，下卷癸卯年出版。自明季葡人喀瑪發見東印度航路起，訖於現今。取材宏富，著眼高深。讀之可見歐勢東侵之漸，亞洲削弱之原。蓋東籍史界中，言近事之最詳者。上卷附報印行，下卷另排單行本。

亞細亞西部衰亡史

顧燮光《譯書經眼録・史志》 《亞細亞西部衰亡史》一卷。《譯書彙編》本。日本野口竹次郎著，丁文江譯。詳叙印度、安南、緬甸衰亡之原因，歐人殖民之政略，而於印度尤加詳焉。自其開國以迄於亡，分上世、中世、近世三紀。凡宗教、風俗、地勢，無不明備。足使崇拜外人者，見之憬然而悟。

東洋文明史

顧燮光《譯書經眼録・史志》 《東洋文明史》一卷。支那繙譯社洋裝本，一册。薩幼實譯，郭奇遠、馬君武潤色。是書以專述東洋文明爲主，足徵地球開化最早之區，蓋五千年於兹矣。凡四編。一、支那之文明，凡六章。二、印度之文明，凡六章。三、美梭巴達之文明，凡四章。四、埃及之文明，凡七章。於中國、印度、波斯、巴比倫、腓尼基、希伯來、埃及各國數千年之地理、種族、政治、學術、宗教、美術等，皆言其沿革，於中國尤詳。蓋取材於日本白河次郎之《支那文明史》，日本高山林次郎之《世界文明史》二書。書中不列日本者，蓋日本維新以前，多爲漢化，維新以後，易爲歐化，無特別之文明焉。高麗、安南與支那文明同，故亦不及。以埃及開化最早，東鄰印度，與東洋文明頗有關係，故附及之。

亞西里亞巴比倫史

通雅齋《新學書目提要・歷史類》 《亞西里亞巴比倫史》。上海廣智書局本。《亞西里亞巴比倫史》一卷，分爲九章。日本北村三郎原著，武陵趙必振譯本。于古代事迹與其文學之盛徵引似尚不誤，恨未賅博爾。亞西里亞、巴比倫并爲地球名邦，歐洲史家著錄尤衆，作者冒以史名而于各書未能參考，不得謂爲成書也。近德國教士花之安所著《自西徂東》一書，謂《爾雅・釋天》一篇歲陽歲名之文符于巴比倫之年號，此考古之異聞而著書者或不及知云。

顧燮光《譯書經眼録・史志》 《亞西里亞巴比倫史》一卷。廣智書局《史學小叢書》本，一册。日本北村三郎編述，趙必振譯。書凡七章，述亞西里之覆滅，新舊巴比倫之盛衰，簡明可資考證。其云「凡涉《舊約》經典者，概删除之，一洗東西古今之舊説，爲史界開一生面」，尤有特識。

《上海格致書院藏書樓書目・東西學書・史志》 《巴比倫史》。日本北村三。武陵趙必振。一本。廣智書局活印本。

楊復等《浙江藏書樓乙編書目・圖史》 《亞西里亞巴比倫史》一册。日本北村三郎編，武林趙必振譯。廣智書局鉛印本。

亞述國沿革攷

徐維則等《增版東西學書録・史志》 《亞述國沿革攷》一卷。《嶺學報》本。尹端模譯。西方之人重教，教之所至，國之興替因之。而所紀類，不出示拿之間。文字不備，諸國蠭起，紛如亂絲，《萬國史記》詳而滋惑。斯編爲調理亞述以來似續之迹，差爲可據矣。顧補。

腓尼基喀頽基考

徐維則等《增版東西學書録・史志》 《腓尼基喀頽基考》一卷。《嶺學報》本。唐紹儀譯。當羅馬之隆，闢歐洲，摧馬其頓，壞波斯，屬之印度，合東西爲一統，蓄志積慮，硎刃待發。喀頽基違其先志，悍然攖其鋒，千年之積倉廩廣土，爲羅馬藉，因以宰割天下，惜夫！腓尼基乘亞述、巴比倫之隙，竊一藝之長，水之所至，築船澳，儲新糧，陸四十里建館舍，周行旅之乏，逐時趁虚，邀世之利甚悉，殆亦今之英吉利與！顧補

腓尼西亞史

通雅齋《新學書目提要・歷史類》 《腓尼西亞史》。上海廣智書局本。《腓尼西亞史》一卷，分爲七章，日本北村三郎原著，武陵趙必振譯本。叙腓尼西亞之事，于建國之情形及其興亡之迹考證太疏，篇中幷記加達臘之事，則腓尼西亞古時之屬地也，其記兩國前世之商業征述尚備，不爲無裨，獨于物名間以英語、俄語幷注之，則不知何所取也。

顧燮光《譯書經眼録・史志》 《腓尼西亞史》一卷。廣智書局《史學小叢書》本，一冊。日本北村三郎撰，趙必振譯。凡七章，記腓尼西亞之興亡及其貿易、文學各事，皆甚簡略。惟於腓尼西亞殖民地曰加達額之歷史、商務，言之尚詳。蓋以彈丸之地，貿易之國，執尚武政略，與方強之羅馬抗，其覆滅宜矣。

楊復等《浙江藏書樓乙編書目・圖史》 《腓尼西亞史》一冊。日本北村三郎編，武林趙必振譯。廣智書局鉛印本。

猶太史

通雅齋《新學書目提要・歷史類》 《猶太史》。上海廣智書局本。《猶太史》一卷，分爲十七章，北村三郎原著，武陵趙必振譯本。詳于教主之事迹及其宗教之源流，而于古時建國之情形則似未備，蓋西史記猶太前世事者已較希臘、埃及、巴比倫諸邦爲少，此篇紀述寥落，諒由書缺有間而然。惟猶太一國即《唐書》所載之拂菻，當時摩西教宗已入中土，近人歙縣俞氏所著《癸巳存稿》嘗考挑筋敎即猶太教之俗稱，而吳縣洪氏《元史譯文證補》亦謂河南一省尚有猶太人之苗裔，此亦言教派者所宜知，而是書所未及述者也。

顧燮光《譯書經眼録・史志》 《猶太史》一卷。廣智書局《史學小叢書》第五種本。日本北村三郎著，趙必振譯。猶太爲耶教發源之地，亞伯拉罕創業於上古，摩西繼之以立教，大闢瑣羅門，以武略服四鄰，以色列人遂極一時之盛。耶穌崛起，以傳福音，遂奪歐洲政教之權，終莫補猶太之衰弱。紀元十周以來，十字軍興而教禍遂烈。是書首章至十一章，則言猶太歷史，始亞伯拉罕，迄十字軍之役止。十二章至十七章，則言猶太政治、美術、商業之盛衰，文學、宗教之沿革。然皆寥寥數語，無裨考古之資。其所引證，多出《創世記》，未免近於神話。

楊復等《浙江藏書樓乙編書目・圖史》 《猶太史》一冊。日本北村三郎著，武林趙必振譯。廣智書局鉛印本。

波斯史

通雅齋《新學書目提要・歷史類》 《波斯史》。上海廣智書局本。《波斯史》一卷，分爲三篇，日本北村三郎原著，武陵趙必振譯本。是篇叙事尚不甚陋，其記蒙古兵侵略亞細亞中部之事亦具首尾，惜于中土史乘鈎摘得體而歐洲紀載未能撮其異聞耳，所引俄人之説蓋辨《元史》本紀之文，亦有稗于考古。第三篇記波斯于英、俄之關係一章，幷資省覽焉。

顧燮光《譯書經眼録・史志》 《波斯史》一卷。廣智書局《史學小叢書》本，一冊。日本北村三郎著，趙必振譯。波斯爲亞洲中部之國，與俄土接壤，蓋歐、亞之關鍵也。紀元前有齊魯士、岡庇西士之英武勇敢，滅巴比倫、埃及各國；繼之士太流士之雄武，赫然爲東方強國；近世紀以來，內政不修，

遂爲英、俄魚肉，可慨也夫。凡三篇，分上世、中世、近世三紀，於波斯數千年盛衰，皆擇要言之。其記蒙古侵略亞細亞中部事，亦具首尾。雖摘引中史得體，而西史未能詳稽，爲闕憾耳。卷首另撰《地勢說略》一篇，記英俄關係一章，均有裨實用焉。

楊復等《浙江藏書樓乙編書目・圖史》《波斯史》一冊。日本北村三郎編，武林趙必振譯。廣智書局鉛印本。

阿刺伯史

通雅齋《新學書目提要・歷史類》《阿刺伯史》。上海廣智書局本。《阿刺伯史》一卷，分爲二篇。日本北村三郎原著，武陵趙必振譯。蓋以教門之書涉于阿刺伯之宗派摘錄而爲是篇，此外各門皆略數述言而已，文學一門漏略尤甚，于古時學術未能推究，乃至字母亦未述及。其二篇第七章言近時商業挽回一節語多摹糊，幾不曉爲何代之事。寥寥一萬言而疏蕪已甚，或當日露鈔雪寫，急就成篇者歟？

顧燮光《譯書經眼録・史志》《阿刺伯史》一卷。廣智書局《史學小叢書》本。日本北村三郎著，趙必振譯。馬哈默德以勇毅創教，善戰立國，威震歐、亞二洲，固一代偉人也。是書凡二篇，首列《亞刺伯之說略》。第一篇凡六章，言馬哈默德創教立國及亞彪庇結、阿馬二君之勇武，亞刺伯隆盛之時。二篇凡七章，則言亞刺伯之分裂滅亡及其政治、文學、宗教、貿易各事。類皆述其大略，語焉不詳。蓋以教門之書，涉於阿刺伯之宗派摘錄而成。文學一門，挂漏尤甚。其第七章言商業處，亦多模糊影響之譚。寥寥萬言，實無可取。

楊復等《浙江藏書樓乙編書目・圖史》《亞刺伯史》一冊。日本北村三郎編，武林趙必振譯。廣智書局鉛印本。

土耳機史

通雅齋《新學書目提要・歷史類》《土耳機史》。上海廣智書局本。《土耳機史》分一卷爲四篇，每篇分章節。日本北村三郎編述，武陵趙必振譯。土耳機之政策非民治之主義，實君治之主義，于中國實不無影響。篇中于其盛衰之原因叙述甚詳，當其始也，英明雄略之君後先繼起，君民一類，文武一致，國民尚武之精神凜烈，有席卷歐洲之志焉；及其衰也，君奢臣惰，民氣萎靡，阿多曼帝國遂如一貨囊，英如獅、法如狼、奧如蛇，皆采囊以取物，而欲探囊底而全攫之者則有如虎之俄。夫以土耳機之強盛，而其亡之速竟不出于轉瞬，其故何哉？蓋自馬哈默德以來悉索敝賦以勤征略，數十年來民力已竭，民財已窮，漢武帝之虛中國以討匈奴，史家猶非之，謂盡民力耀國威，兵家之所忌也，且土自一敗之後，人心皆餒，山谷之間草木皆兵，一蹶不可復振，職是故耳。特不可解者，英、法之與俄爲同盟以碎土、埃之艦隊也，土之國勢日退一步，俄人南侵之機則進一步，土之版圖日減一尺，俄人侵略之機則增一尺，希臘之分爲小獨立國也，即土耳機退一步、減一尺之勢也，俄人之所大喜、歐人之所大戚也。那衛厘諾意之戰爭，識者早謂英、法之失策矣，至英、法自知失策，始抗俄而扶土，幸而俄可抗、土可扶則已耳，使君士坦丁一旦竟爲俄所有，如昔日之強秦馳騁于韓、魏之郊，燕、趙、齊、楚雖連衡合從亦其如秦何，英、奧、法、德又其如俄何，而受英、法之保護者又其如英、法何？英、法之保土，非愛土也，藉土以抗俄也，俄不可抗，而今日之保土者異日之仇土最深者也。

顧燮光《譯書經眼録・史志》《土耳機史》一卷。上海廣智書局本，一冊。日本北村三郎撰，趙必振譯。土耳機，古之強國，今則列於病夫。其地綰亞、歐兩洲之管鍵，固金城湯池之區而亞洲屏翰也。是書首編三章，論土耳機之形勢。第一編曰上世紀，凡四章，始土耳機開國，迄幕刺特第二世之武略。第二篇曰中世紀，記進略世代，凡五章，始馬哈默德第二世之偉績，迄索利曼之殂落。第三編曰衰頽時代，凡七章，始塞利慕第二世，迄塞利慕第三世。其六、七兩章，則專言政治、兵制而參以議論。第四編曰近世紀，凡十三章，始馬毛度第二世之中興，迄塞爾維亞、羅馬尼亞、勃爾俄利亞及東琉米尼亞之位置。其第七章以下，則分記近世政治、兵制、財政、宗教、教育、美術、貿易、交通等。十三章結論，論土耳機之形勢，尤有無限感慨。另附圖一幅，統系時代，表勘誤於後。

楊復等《浙江藏書樓乙編書目・圖史》《土耳機史》一冊。日本北村

三郎編述。廣智書局鉛印本。

朝鮮史

楊復等《浙江藏書樓乙編書目・圖史》　《朝鮮史》一冊。日本吉備西村著。新民譯書局鉛印本。

中等教育日本歷史

徐維則等《增版東西學書録・史志》　《中等教育日本歷史》二卷。教育世界社本。日本荻野由之著，劉大猷譯。上卷四編，曰總論，曰太古史，曰上古史，曰中古史。下卷三編，曰近古史，曰近世史，曰今代史。前附歷代表略及皇室執政系略，譜略後附諸國封建沿革略。是書爲日本中等教育課本，略如紀事本末體。於建國之體制，皇代之系統，相門將門之更擅，忠烈賢哲之精誠，以及今世國政變革、文革進步，分章立題，首尾完具，足爲歷史學善本。徐補。

日本歷史

徐樹蘭《古越藏書樓書目・政部・外史》　《日本歷史》二卷。日本荻野由之。劉大猷譯。光緒二十七年教育世界社本。

顧燮光《譯書經眼録・史志》　《日本歷史》五卷。上海教育世界社石印本，五冊。日本荻野由之著，劉大猷譯。上自神代，下迄明治二十九年。其時憲法已經頒布，國會已經開議，下距改正實行之期二三載，法制大備，又與吾國結鄰，所謂近己而俗變相類，尤學者所宜留心也。書雖不多，而日本建國之體例，皇代之統系，相門將代之更擅，忠烈賢哲之精誠，以及今世國政變革、文明進步，分章立題，首尾完具，蓋紀事本末體也。

楊復等《浙江藏書樓乙編書目・圖史》　《日本歷史》五冊。日本荻野由之著，丹徒劉大猷譯。教育世界社鉛印本。

國史略

徐維則等《增版東西學書録・史志》　《日本新史攬要》七卷。上海石印本。日本石村貞一著。本漢文。觀林松山序，言自著內《國史略》間假字，不可與此編並論，可見此本係用原本翻印，而妄題遊瀛主人譯。是書用編年體，記神武天皇至明治天皇二千五百餘年事。參證之書凡五百六十餘部，一一注其所出，可謂博學而孱守矣。原名《國史略》，而翻印者依《泰西新史攬要》例改之，亦大謬也。徐補。

徐樹蘭《古越藏書樓書目・政部・外史》　《日本新史攬要》七卷。日本石村貞一。游瀛主人譯。光緒二十五年石印本。

顧燮光《譯書經眼録・史志》　《國史略》七卷。日本明治十六年三版本。上海石印本改名《日本新史攬要》，七冊；又改名《東洋新史攬要》。日本石村貞一撰。始日本神代，迄明治十五年止。仿編年體，而叙事簡老。日本三千餘年之政治典章沿革，皆能舉其大略。據日本岩垣氏之《國史略》，增入近代時事，於南北朝正閏亦多訂正。參證之書凡五百六十餘部，一一註其所出，可謂博學而孱守矣。坊估用原本翻印，依《泰西新史攬要》例改之，妄題游瀛主人譯，殊屬大謬。

《上海格致書院藏書樓書目・東西學書・史志》　《日本新史攬要》。日本石村貞一。游瀛主人。七卷。六本。時學廬石印本。

楊復等《浙江藏書樓乙編書目・圖史》　《日本新史攬要》七冊。日本石村貞一編。鉛印本。

日本外史

徐維則等《增版東西學書録・史志》　《日本外史》十二冊。東洋刊本。

日本賴子成著。自源平氏專政始，至德川氏止。《求是報》有《日本維新記聞》，均未譯成。

顧燮光《譯書經眼録・史志》《日本外史》二十二卷。日本明治三十四年刊本，十二冊。上海石印小字本。日本賴襄箸，賴龍三補。原書成於文政十年，專志將門興廢。始於源氏，終於德川氏。仿司馬《史記》列傳體，文筆亦樸茂可讀。賴君山陽痛王室之失權、武門之跋扈，採日本書二百五十餘種，而成此書。感慨淋灕，精審宏博，蓋得史家之三長矣。迨明治十年，尊王議起，政變維新，日本之強，遂冠東亞。山陽提倡之功，可謂先時豪傑。顧亭林云：「儒者立言，當爲後世」，信然。所附系譜沿革諸國，亦足備考核。丁志譯有《東洋史略》，杭州譯林社譯有日本澤田吾一著《明治史》，均未出版。

日秘史

徐維則等《增版東西學書録・史志》《日秘史》二卷。《通學齋叢書》本。實學報館印本，未成。日本新井君美著。蓋讀日古史之劄記。書中多所考核，且援引中國史事，以相發明，亦史學之精本也。顧補。

高等小學日本史

徐維則等《增版東西學書録・史志》《高等小學日本史》一卷。《蒙學報》本。日本松林孝純譯。顧補。

日本編年史

顧燮光《譯書經眼録・史志》《日本編年史》二十卷。日本明治十六年刊本，二十冊。教育世界社石印本改名《日本全史》。日本小西惟冲編次。始神武天皇，迄後龜山天皇。叙事較《國史略》爲詳，文筆亦雅雋可讀，論贊處頗深探馬、班之奧，日本史書中佳本也。續作始後小松天皇，至明治止，體例與前編同。教育世界社《日本全史》，曾收入焉。

新選日本歷史問答

顧燮光《譯書經眼録・史志》《新選日本歷史問答》二冊。上海廣智書局本。日本岡野太郎著，逸人後裔譯。全書用問答體，分四編：曰上古史，記神代王政時代，曰中世史，記武門政治之時代，曰近世史，記新時代，曰通史，記國體國家之發達。共十四章。於日本歷史舉綱提要，便蒙善本也。

楊復等《浙江藏書樓乙編書目・圖史》《新選日本歷史問答》二冊。日本岡野英太郎著。廣智書局鉛印本。

日本史略

徐樹蘭《古越藏書樓書目・政部・外史》《日本史略》一卷，附《日本師船考》一卷。日本岡本監輔。沈敦和譯。排印本。

日本諸國封建沿略

顧燮光《譯書經眼録・史志》《日本諸國封建沿略》一卷。附《日本歷史》後。上海教育世界社石印本。日本荻野由之著，劉大猷譯。《日本歷史》逐時叙事，略明大勢推移，關於諸藩建置，未能詳舉。此作能述其要略，再證以本書地圖，則學者自得要領矣。

日本維新史

徐維則等《增版東西學書録・史志》《日本維新史》二卷。日本善隣

譯書館本。日本重野安繹著，東京善鄰譯書館及國光社印行。起於慶應三年幕府還政，迄於明治三十二年新條約實施。於維新大政，提綱挈要，一覽瞭然。所採輯事故，據實直書，無鋪張誇美之習。讀之可以覘鄰邦之國勢與郅治之規模矣。顧補。

徐樹蘭《古越藏書樓書目・政部・外史》 《日本維新史》二卷。日本重野安譯。善鄰譯館本。

楊復等《浙江藏書樓乙編書目・圖史》 《大日本維新史》二冊。日本重野安繹著。鉛印本。

日本維新始末

徐維則等《增版東西學書録・史志》 《日本維新始末》一卷。《知新報》本。周靈生譯。言明治變法事甚詳，可與《維新史》參觀。顧補。

日本維新三十年史

梁啓超《東籍月旦・歷史》 《明治三十年史》內分學術思想史、政治史、軍政史、外交史、財政史、司法史、宗教史、教育史、文學史、交通史、產業史、風俗史等十二編，由一時名士分門纂輯，實近史中之最適於我學界者也。上海廣智書局有譯本，改題《日本維新三十年史》。

徐樹蘭《古越藏書樓書目・政部・外史》 《日本維新三十年史》十二卷。日本東京博文館編。廣智書局譯本。

顧燮光《譯書經眼録・史志》 《日本維新三十年史》十二編，附録《三十年國勢進步表》一卷。上海廣智書局排印，六冊。日本東京博文館編輯，羅孝高譯。是書體裁，分十二編：一曰學術思想史，二曰政治史，三曰軍政史，四曰外交史，五曰財政史，六曰司法史，七曰宗教史，八曰教育史，九曰文學史，十曰交通史，十一曰產業史，十二曰風俗史。於日本維新三十年以來政治程度，言之綦詳。譯筆雖間有繁冗，然可資取法。原書成於明治三十年日本人舉行維新大祝典於東京博文館，乃聘日本著名博士高山林次郎、姊崎正始等十二人分纂而成此書。蓋有黄氏《日本國志》，可以上溯日本三千年政教之沿革；得是書，可以研究三十年維新之進步。泰東變法得失之林，亞洲政界先路之導，洵傑作也。其中軍政史、外交史、財政史三編，尤宜取而先讀。附《三十年國勢進步》一卷，頗便考鏡之用。顧學成譯有日本石田新太郎編《西洋歷史》，張少海譯有日本天野著《萬國歷史》，日本坪谷善四郎著有《明治歷史》，福建延暉樓張弧譯有《明治二十四年之日本》，福建延暉樓施景崧又邵仲威均譯有《世界歷史問答》，邵仲威譯有《支那歷史問答》，張尊五譯有《日本歷史問答》。

《上海格致書院藏書樓書目・東西學書・史志》 《日本維新三十年史》。東京博文館。羅孝高。十二卷，附一卷。六本。廣智書局本。

楊復等《浙江藏書樓乙編書目・圖史》 《日本維新三十年史》六冊。博文館編。廣智書局鉛印本。

日本維新三十年大事記

徐樹蘭《古越藏書樓書目・政部・外史》 《日本維新三十年大事記》一卷。作新社譯印本。

楊復等《浙江藏書樓乙編書目・圖史》 《日本維新三十年大事記》一冊。作新社編。鉛印本。

日本維新活歷史

顧燮光《譯書經眼録・史志》 《日本維新活歷史》一卷。譯書彙編社洋裝本，一冊。日本阪東宣雄著，陸規亮譯。日本維新之治，以尊王覆幕諸人爲首功，西鄉隆盛其最著者。書記西鄉氏始末歷史極詳，論斷平允，譯筆雅達。惜熱心俠腸之士雖建偉功，卒招奇禍，此不學無術之霍氏，終於族滅，可哀也夫！

暹羅考

徐維則等《增版東西學書録・史志》　《暹羅考》一卷。《萃報》本。英浮乃著。所言暹羅政蹟頗詳。顧補。

飛獵濱獨立戰史

通雅齋《新學書目提要・歷史類》　《飛獵濱獨立戰史》。上海商務印書館本。《飛獵濱獨立戰史》一卷，分爲十四章而附錄志士列傳于後，并作者所爲自傳，飛獵濱人棒時原著，譯者爲中國人，自題爲「同是傷心人」。棒時當日曾預獨立之舉，宜其慷慨言之，足使觀者動色。篇中所紀，于抗拒西班牙之事頗詳而不及戰美之事，至第十一、十二、十三諸章所述建邦之情形，自稱爲共和國，其于立法、行政、司法三大權已具條理，所引獨立黨首領阿桂拿爾度之言，謂飛獵濱之議會乃模仿歐美諸國及日本之議會而成，是其立國規模燦然明備，而美利堅猶肆其攻略，宜爲世論所不容者矣。作者于敗亡之後寓迹日本，作爲是書，按飛獵濱一島實爲西班牙前代飛獵濱王所得，隸之版圖之下而以其名名之，然其地雖久屬歐洲，其輿圖實列于亞細亞，當時與美國久戰各國處此，甘以舞文之公法自困而不爲仗義執言，獨日本人慨念同洲，其士人嘗有間關以赴其難者，亦猶德、法諸國人之私助特蘭斯也，或爲美軍所購則暫執之以俟事平而釋之云，此亦當日之遺聞，可補是書所未及。所紀各志士列傳生氣奕奕，令人有楚雖三戶之思，今者阿桂拿爾度之踪迹聞尚流轉于臺灣、香港之間，讀書知人，拳拳勿釋，識定凡君竟不亡，誦顧亭林之詩而不禁廢書三嘆也。

顧燮光《譯書經眼録・史志》　《飛獵濱獨立戰史》一卷，附錄《志士列傳》一卷。上海商務印書館《戰史叢書》本。飛獵濱樟時著，日本留學生譯。美敗西班牙，沿有飛獵濱羣島。土酋阿桂拿度起而抗之，卒以敗，遜於外。事雖不成，其志固未可非也。是書凡十四章，係飛人樟時亡命於日本時所作。記當日美、西戰事，飛島獨立原因甚詳。後附《樟時小傳》、《志士列傳》，始阿桂拿度，凡二十三人。書辭旨沈痛奮激，譯筆足以達之，殆有感於亡國之慘也夫！

《上海格致書院藏書樓書目・東西學書・史志》　《飛獵賓獨立戰史》。棒時一本。商務書館活印本。

楊復等《浙江藏書樓乙編書目・圖史》　《飛臘濱獨立戰史》一冊。飛臘濱棒時著。商務書舘鉛印本。

印度國史

梁啓超《西學書目表・近譯未印各書》　《印度國史》。林樂知。製造局。二本。未印。

印度史攬要

廣學會編《廣學會譯著新書總目・史類》　《印度史攬要》。英國亨德偉良著，李提摩太君鑑定，任申甫君譯。三冊。價洋五角。

印度蠶食戰史

徐維則等《增版東西學書録・史志》　《印度蠶食戰史》□卷。《勵學譯編》本，杭州譯林館單行本。日本澁江保著，汪郁年譯，戴昌熙校定。言印度宗教哲學甚詳。杭州譯林本文詞微有不同。顧補。

徐樹蘭《古越藏書樓書目・政部・外史》　《印度蠶食戰史》三卷。日本澀江保。汪郁年譯。《勵學譯編》本。

印度滅亡戰史

通雅齋《新學書目提要・歷史類》 《印度滅亡戰史》。上海羣誼譯社本。《印度滅亡戰史》，嘉定夏清馥藍本于日本《印度史》之《印度覆滅記》，參用英國文學博士所著《印度史》匯譯成編。起于印度之政略，訖于全印之淪亡，其中述社會之腐敗、英法之權力、滅亡之慘酷，頗能撮其指要，體例略與紀事本末相近，凡十二章。印度之滅亡亡于兵，實亡于商，自千五百九十四年荷蘭設商税于印度，千六百年之後英與法之商業遂凌駕于荷蘭之上，印度社會之設，凡布〔爪〕哇、蘇門答臘、暹羅、孟買等處皆星羅棋布，印度之精血吸收幾盡，故克雷武以商社之一書記率商兵數百，能使五千餘年之文明，二十餘萬里之土地，二萬萬人口之大族不數十年而盡歸歐人之掌握，藉商力以滅人國，固白皙種人之長計，此書所叙亦中國内視之鑑。克雷武爲印度總督，改革弊政，擴張軍備，其于印度之政治有無限之主權，若管轄其土地、征收其租税則必稱奉命于總督，而貨幣之鑄造、文告之頒布又系以印度之年號，印度自主之權外雖完全無缺，實則僅存其名耳。印度立國二千年，皆誤于虚名之好，英吉利通印度最先，知之亦最深，故謀其國也不以兵而以商，處置印度之策是書亦較他書爲詳，至于奉彌爾耶法以王號，給俸十六萬鎊而宏大其第宅，蓋十七世紀以來取人國者皆利用此政策，俄之滅芬蘭、滅波蘭、滅波爾的諸國無不以英爲師，英人之狡獪備載此編，亦足以資學者之參考。雖然，印度之亡亡于印度公司，而公司之設其志不僅在印度，觀其自孟嘉辣灣移于爪哇、暹羅、蘇門答臘也，與中國固有緊密之關係，中外之通商亦由東印度公司之權力漸次擴張，思以待印度者以待中國，夫印度其已矣，彼處印度之東而立國于亞洲大陸者能以印度爲鑑戒，則此書誠有功于世，有不得不急爲表章者矣。

顧燮光《譯書經眼録・史志》 《印度滅亡戰史》一卷。上海羣誼譯社本。夏清馥編譯。本書藍本於日本《印度史》之《印度覆滅記》，參用英文學博士某所著《印度史》彙譯成書。起於印度之政略，訖於全印之淪亡。其中述社會之腐敗，英、法之權力，滅亡之慘酷，頗能撮其指要。體例略與紀事本末相近，凡十二章。印度爲五千餘年文明舊國，土地人民，廣莫繁殖。英人克萊武以商社書記，率兵數百，竟滅其國。英人以商爲處置印度之策，其陰謀即爲各國之準。利益均沾，遍地通商，遂羣以印度視我矣。作者備述英之狡獪，爲他書所未詳，足爲參考之資。其亦同抱嫠緯之痛也乎！

非洲史分部

埃及政柄記

徐維則等《增版東西學書録・史志》 《埃及政柄記》一卷。《滙報》本。滙報館譯。顧補。

埃及變政史略

廣學會編《廣學會譯著新書總目・史類》 《埃及變政史略》。埃及衰弱，不能自治，幾乎一蹶不起，幸得鄰國扶助，國勢日強。改良一切事宜。洋裝三冊。價洋一元五角。

埃及史

通雅齋《新學書目提要・歷史類》 《埃及史》。上海廣智書局本。《埃及史》一卷，分爲三篇。日本北村三郎原著，武陵趙必振譯本。埃及爲古時名邦，其文學、法律諸端爲歐洲人所著稱，著埃及史者自以考古爲要，乃作者于此書則獨多記于近事而闕于舊聞，詳略失宜，當由讀書不博而所記事迹亦未暇致詳。第三篇所作阿剌比之傳，征引其議論之全文而深致惜于其人，至以文天祥擬之，阿剌比者乃國民黨中之首領，顧聞其初起之時，實賴英人援引而得躋要位，以利用其黨人，使召埃及之内亂，英兵遂以平亂爲名而入攬其大權利，是斯人其愚已甚，雖有關于國是，諒無當于美評者也。譯者附注

一二則，蓋糾正書中持論之失者焉。

顧燮光《譯書經眼録・史志》　《埃及史》一卷。廣智書局《史學小叢書》本。日本北村三郎著，趙必振譯。埃及爲古時名國，其文學、法律諸端，爲歐洲人所稱道。著埃及史者，自以考古爲要。本書分爲三篇，詳今略古，措詞多疏。以此著書，未免齒冷矣。

楊復等《浙江藏書樓乙編書目・圖史》　《埃及史》一冊。日本北村三郎編，武林趙必振譯。廣智書局鉛印本。

埃及近世史

通雅齋《新學書目提要・歷史類》　《埃及近世史》。上海廣智書局本。《埃及近世史》一卷，分爲二十六章。日本柴四郎原著，順德麥鼎華譯本。于治亂興衰之迹能明其所以然，立國于今日者覽之可以爲鑑。中篇叙事頗重謨罕麥德阿梨之治功及國民黨之情狀，顧威斯明流一代鋭意圖新，其求治之誠終不可沒，作者或取于歐人著述，故多著毀辭，若使秦人不死，或當驗苻生之受誣也。引英相之言謂蘇彝士河若成則不可不急圖埃及云云，內政不修而欲通來轍，其危機蓋如此，焉可不知所措哉？

顧燮光《譯書經眼録・史志》　《埃及近世史》一卷。廣智書局本，一冊。又再版本。商務印書館《帝國叢書》本。日本柴四郎著，麥鼎華譯。埃及，上古開化之國也。文學美術，照鑠古今。其地扼歐、亞、非三洲之要，自蘇彝士河通，尤爲列強必爭之地。是書專記十九世紀埃及衰亂情狀，凡二十四節。卷首述埃及中興雄主謨罕默德阿梨之事，終以國民黨亞刺飛欲復主權，排外之敗亡。篇中言埃主濟度開蘇彝士河失計於前，威斯主醉歐風失計於後，負債累累，權落外人，黨同伐異，各私其國，而埃及亡矣。國債、客卿，足亡人國，可畏也夫。

楊復等《浙江藏書樓乙編書目・圖史》　《埃及近世史》一冊。日本柴四郎著，麥鼎華譯。廣智書局鉛印本。

埃及近世史

徐樹蘭《古越藏書樓書目・政部・外史》　《埃及近世史》一卷。日本柴四郎。出洋學生譯。商務印書館本。

埃及史

《上海格致書院藏書樓書目・東西學書・史志》　《埃及史》。日本柴四郎。鄞縣章起渭。一本。商務書館譯印本。

特蘭士拔爾建國記

徐維則等《增版東西學書録・史志》　《特蘭士拔爾建國記》一卷。《亞東時報》本。亞東時報館著。言特蘭士拔爾建國緣起甚詳。其國民本荷蘭種，一名貌爾人，勇敢善戰，視死如歸，其地又產鑽石、黃金，國頗富強。合阿連日兩國計，略與日本相等。《亞東時報》另譯有《特蘭士拔爾案件》，可知英、特齟齬之由。顧補。

特蘭斯法爾

通雅齋《新學書目提要・歷史類》　《特蘭斯法爾》。杭州合衆譯書局本。《特蘭斯法爾》一卷，分爲四篇，日本福本誠原著，杭州合衆譯書局譯本。英吉利南非洲之戰爲全球一大關鍵，特蘭斯法爾以一隅之地抗方張之勢，血戰三年，雖俘其長而不能得其衆，終立交互之約而罷，自有此役，足使列強挫其雄心而潛心銷其毒焰，其有裨于世局者尤深。此書記戰局將開時其大統

領古魯家之言曰「事不可知，吾人必欲英國出驚駭全世界人類之高價以得之」云，觀其措辭，固不以利害而撓其意趣，亦所謂雖敗猶榮者矣。以地勢言之，若使特人終爲英梗則好望角海口本書譯作喜望峰之權將非英國所能執，異日蘇彝士河一有所隔，則英艦幾無出海之途，其屬地之棋布于五洲者將有魚爛之憂，英國于我邦旅順口之事則幷不阻俄，于非洲法壽達之爭則甘于遜法，獨至南非爭選舉之微不憚出全國之力以服之者，蓋亦形勝所系，不得不然，此固沙烈勃雷謀國之深算也。篇中于兩國往來之文牘皆載其文，足備稽考，其記南非人物尤詳，亦有資于觀感。當英人要索鐵路之時，特人乃別就捷徑，自築一路以應之，輕減商税以興此路，尤見古魯家運用之謀，于我邦近事多可對鑑，是亦讀者所宜留意者矣。行文多慷慨之談，足覘作者之意向。篇末論英、特曲直之詳情，衡理至平，藉申公論，毋使烏淆黑白，尤有當于人心。近日列國爭強，不復明于公義，榮枯所判，世論隨之，希臘自親于英、法則戰士之役皆著袒辭，猶太見嫉于列邦則購地自存皆成罪狀，不獨英、特之戰爲然矣，匪有直筆是賴，不將使虎哥笑人乎？至所記英人壽模菘之名，則從前中國各報章皆譯作「哲美生」，此雖無關要義，譯者似宜改就通稱，庶使覽者不惑也。嗚呼！世竟滔滔，天猶夢夢，寧勞呵壁之問，終見常山之符，此則《陳書》有感，流涕何從者矣。

顧燮光《譯書經眼録·史志》　《特蘭斯法爾》一卷。杭州合衆譯書局本。日本福本誠著，合衆譯書局譯。本書即廣智書局所譯之《南阿新建國史》。譯筆雖殊，事實則一。篇中所論英、特曲直，頗存公理。行文亦慷慨淋灕，令人生尚武之念。蓋特蘭斯以一隅小國，抗方張之英，終立交互之約，使弱小者得免魚肉之患，則特人雖敗，其志固足多矣。

南阿新建國史

通雅齋《新學書目提要·歷史類》　《南阿新建國史》。上海作新社本。《南阿新建國史》共分四編。日本福本誠著，桂林陳志祥譯。首編論地理政治，次論新建國，次論英阿之衝突，次概論南阿，體例頗爲完善。南阿之殖民也，始于千六百八十五年，法、荷之民相率遷徙于喜望岬，以不堪荷蘭之抑壓，北徙而至阿列西河北，建自由之新都，其後納他爾之戰敗、英吉利之橫奪，固布爾軍進取之所召，抑南阿共和國建設之基也。自是以來，英、阿交涉日益繁劇，始衝突于一千八百八十一年，繼衝突于一千八百九十九年，雖勢力不敵，然布爾之名輝垂史鑑，論南阿者每謂布爾之民宜止于阿列西，不知阿列西非布爾所可久居，使當時稍涉于偷安，布爾之民久爲蠻族所吞噬，進取不能，安望獨立？論者又謂英之于阿，非迫以不可堪之境，不過干涉參政權耳，不知政權爲國家之命脈，國無政權，于國家爲屬地，于人民爲奴隸，古魯家之出死力以爭者，職此之由，不然，阿之不能敵英，彼豈不知之而必爲螳之當車者？蓋以戰亦亡，不戰亦亡，戰或如千百八十一年之和議，不戰則永受羈勒而未有已，誰其堪之！列國革命軍之初起也，其勢亦不敵政府，非律賓之反抗也，其力亦不敵強美，然皆不顧利害、不恤生死以爭得其自由，特蘭斯佛爾之抗英，其慷慨奮呼時目中只知有特蘭斯佛爾之自由，幷不知有英，英國雖強，其鋒爲之頓，其舵亦不得不爲之轉。當英阿之交戰也，報紙中曾以景延廣十萬橫磨劍爲南阿之比，夫延廣之抗契丹見麾而先潰，杜阿之抗英吉利婦女亦同仇，國民競爭之力相去殆不可以道里計。此書于杜阿精神叙述甚詳，頗資學者之參考，至兩國開釁未詳其戰若何，亦以報紙所傳不無失實，故暫付闕如，然觀南阿人物一節不必瑣紀諸戰役而國民之奮不顧身已如見云。

顧燮光《譯書經眼録·史志》　《南阿新建國史》四卷。上海廣智書局本，二冊。日本福本誠撰，賀廷謨譯，又作陳志祥譯。杜蘭斯哇爲南阿非利加小國，人口僅二十萬，與英血戰三年，窮英兵力，始以和罷。古魯家之價值，遂輝騰於歷史，而維多利亞之霸業衰矣。書凡四篇，紀杜蘭斯哇與阿列西新建國事甚詳。首地理及政治，次新建國史，三英、阿最近之衝突，四南阿概論。夫阿州魚肉於歐人久矣，得古魯家振作民氣，其收效若此，然則地廣人衆者，可以鑑矣。

楊復等《浙江藏書樓乙編書目·圖史》　《南阿新建國史》一冊。日本福本誠著，桂林陳志祥譯。文明書局鉛印本。

歐洲史分部

歐洲史略

梁啓超《西學書目表・史志》　《歐洲史略》。艾約瑟。稅務司本。一本。在《西學啓蒙》十六種中。

趙惟熙《西學書目答問・政學・史志學》　《歐洲史略》。十三卷，訂一冊。英艾約瑟譯。稅務司本。是書體例，頗似紀事本末。

徐維則等《增版東西學書録・史志》　《歐洲史略》十三卷。《西學啓蒙》本，一冊。英艾約瑟輯譯。卷一記歐洲諸族。卷二之五，紀希臘、羅馬盛衰。卷六之八，紀歐洲諸國分并始基，戰爭顛末。卷九紀耶穌教源流並戰事。卷十之十二，紀法國諸政。卷十三紀德意志諸國聯盟。全書以事爲綱，不分國隸事，體例似紀事本末，遠勝《萬國史記》及《通鑑》。每卷後有總結一篇，蓋仿中史論贊，頗爲醒目。雖譯筆未佳，讀之可知遠西中古近今成迹也。製造局印有美林樂知、嚴良勳譯《歐羅巴史》六冊，東亞書局譯有《歐洲列國新史》、《日耳曼新史》，均未出。

徐樹蘭《古越藏書樓書目・政部・外史》　《歐洲史略》十三卷。英艾約瑟輯譯。《西學啓蒙》本。

歐羅巴史

梁啓超《西學書目表・近譯未印各書》　《歐羅巴史》。林樂知、嚴良勳。製造局。六本。未印。

泰西十八周史攬要

顧燮光《譯書經眼録・史志》　《泰西十八周史攬要》十八卷。上海廣學會排印本。英雅各偉德元本，英季理斐成章譯，李鼎新述。稿始漢平帝元年，終康熙五年。所述十八周情形，儘得大概，言教務興衰特詳，蓋教會之書，非史家者言也。惟篇中列每周各國帝王世系，尚爲明晰，論古者宜有取焉。附以圖畫若干幅，亦楚楚可觀。日本譯書社譯有日本博文館編《十九世紀》，勵學譯社譯有《十九世紀大事紀》，又譯有《十六周至十九周大事記》，譙陵譯者重譯有日本大同暢三郎譯、美遐度宣著《歐洲十九世紀》，杭州譯林社譯有《十九周大事記》。

楊復等《浙江藏書樓乙編書目・圖史》　《泰西十八周史攬要》六冊。英國季理斐成章譯，臨桂李鼎星述。廣學會鉛印本。

廣學會編《廣學會譯著新書總目・史類》　《泰西十八週史攬要》。季理斐先生譯，李鼎星君述。書中所載，自西曆第一週至十八週事。每周一卷。六冊。價洋一元。

西洋通史前編

顧燮光《譯書經眼録・史志》　《西洋通史前編》十一卷。壬寅會文譯書社石印本，七冊。法駝懊屢原撰，日本村上義茂譯。原書係西曆一千八百六十五年出版，計十一卷，分神代紀八，上古史紀十二，中古史紀十一。蓋始於天地開闢，而終於西曆一千四百八十一年。所分各紀，年歲互有長短。蓋以事蹟爲主，非若近日西曆以百年爲一紀也。所記神代紀，多本教書，荒誕不足信。譯筆亦艱澀可厭。每紀末臚列年表，頗爲清晰，全書可取者僅此。

歐化篇

廣學會編《廣學會譯著新書總目・通考》　《歐化篇》。論歐洲自羅馬

滅後至法國反對時事，皆可見世運之逐漸進化。高葆眞先生譯。洋裝一冊。價洋一角五分。

歐羅巴通史

徐維則等《增版東西學書録・史志》 《歐羅巴通史》□卷。東亞譯書會本，四冊。日本箕作元八、峰岸米造合著，胡景伊、徐有成、唐人傑同譯。本名《西洋史綱》，上溯埃及、波斯諸國之興亡，下逮近百年歐美大事，刪繁舉要，與《東洋史要》相埒。至體裁、文法，譯者悉遵原書。書中地名、人名雖用譯音，並載洋文於書眉，尤便讀者。徐補。

梁啓超《東籍月旦・歷史》 《西洋史綱》。箕作元八、峰岸米造合著。二冊。定價一元七角五。此二書皆據歷史上之事實，敍萬國文明之變遷，以明歷史發展之由來，故最重事實之原因結果，而不拘拘於其陳跡。元良家永之書，凡分三編。上古編三章，曰古代東洋，曰希臘，曰羅馬。中古編二章，曰黑闇時代，曰復興時代。近世編二章，曰宗教改革時代，曰政治革命時代。每章分政治史、宗教史、工藝技術史、文學哲學科學史、社會史等門，誠簡要賅備之作也。箕作峰岸之書，上海某局有譯本，題曰《歐羅巴通史》。

通雅齋《新學書目提要・歷史類》 《歐羅巴通史》。上海東西譯書會本。《歐羅巴通史》，日本箕作元八、峰岸米造纂，中國胡景伊、徐有成、唐人傑合譯。全書分上古、中古、近古、最近世爲四卷，上古、中古有教權無王權，近古有王權無民權，最近世有民權、有君民共主權無王權，此書于歐西之進步叙述綦詳，然吾于其首卷、四卷不無遺憾焉。首卷紀羅馬國勢之強弱及教派之盛衰，而其政治、教育概乎未詳，蓋羅馬之強弱盛衰人知之，羅馬之所以強弱盛衰人未知之。羅馬在民政時代其政治主自由，其教育主勇敢，故兵士應募皆以必死爲戒，以保全其政體，且羅馬之兵見黄金鷲羅馬之國旗之閃則中心莊肅，萬馬無聲，是又一種宗教之感情，降至帝政時代，政治、教育宗旨大變，而宗教之精神、愛國之精神始漸就澌滅，此羅馬盛衰之原因而首卷之當詳者也。革命者進化之母，故叙進化不得不叙革命，然革命即當叙革命之價值，一千八百三十年之革命，其收效則有議院法規幷社會主義，一千八百四十八年之革命其有益于白人固非淺鮮，而以行共舉權凡年逾二十一者有此權與引導統一指瑞士言之功爲最大。一千八百七十年之戰爭，法兵雖敗，然其結果有三要端，一德國自立、二教王失權及意大利之統一、三維新之戰法，此革命之酬值而四卷之當叙者也。不獨此也，各國之哲學、史學于政治、教育上有密切之關係者，此書概不過紀于卷末，而科學之進步尤從略焉，似不足以饜學者之心也。

《上海格致書院藏書樓書目・東西學書・史志》 《歐羅巴通史》。日本箕作元八、峰岸米造。杭州徐有成，重慶胡景伊，太倉唐人傑。四卷。四本。東京譯書會印本。

楊復等《浙江藏書樓乙編書目・圖史》 《歐羅巴通史》四冊。日本箕作元八、峰岸米造合纂。東亞譯書會鉛印本。

泰西通史上編

通雅齋《新學書目提要・歷史類》 《泰西通史上編》。上海文明書局本。《泰西通史》即日本箕作元八、峰岸米造所著之《西洋史綱》今名《歐羅巴通史》暨《西洋史綱要解》二書合纂，無錫華氏純甫、李氏靜涵譯。全書所分節均循《歐羅巴通史》例，列《要解》于每章之後，凡《歐羅巴通史》之所略及其遺漏之事實，均于《要解》詳其原、補其闕，日本藤田豐八曰：「此書簡明精要，可爲歷史教科書中之善本。」誠哉斯言。夫史者非徒爲陳人塑繪其面目而已，一羣一族之漸張、一文一野之遞嬗，始必有其所由來，後必有其所終極，研究史學唯此焉賴。《歐羅巴通史》叙述謹嚴，然于羣族文野之原因、結果每略而弗詳，《歐羅巴通史》提要已抉其失，得《要解》以輔之始成完全之西洋史。埃及建國有三十一王朝，或云以次遞嬗，或云同時割據，此篇謂第一朝始祖爲美內士，即位于紀元前三千六百四十三年，較原書似爲有據。梭倫爲希臘七賢之一，其任執政官也，首制法律，禁貸金以取重利，發官帑以贖奴隸，立憲法以固共和政治之基，準財産多寡以定國民之權利義務，紀希臘之初政亦原書之所未詳。亞歷山大既歿，小亞細亞中如別加摩、弃多諸國僅云割據一方而不詳割據何地，幷滅于何時，羣族興廢，概從

渾括，無以資學者之參考。東方諸國及羅馬之內亂紛如亂絲，其端緒頗爲難詳，然不言其亂之源及亂之結果，則羅馬內政之腐敗、各國叛亂之終極皆不過得其影響，羅馬教衰、基督教盛，然不言羅馬之教何以衰、基督教何以盛，則宗教之改革及改革宗教之戰爭均屬無謂。羅馬之有東西，一分于三百十四年，再分于三百六十七年，三百十四年之分君士坦丁與利冠紐主之，三百六十七年之分法倫斯與革拉典主之，然皆復歸一統。以上數節皆《要解》之所詳，蓋《歐羅巴通史》僅撮其要，《史綱》、《要解》兼紀其事。且人類學、地理學于歷史皆有密切之關係，若人爲若何種、若人占若何地，《要解》之所考核皆《通史》之所略，夫合匈牙利于蒙古，入印度、波斯于額利亞，此人種學上之貴分類，魯突跨兩州而不能易歐亞之界，英領遍四海而不能紊華離之形，此地理學上之貴分類，篇中所叙固知人類之不同，實爲戰爭之媒，而某國興于某地、某國滅于某地，盛衰興廢之迹亦如觀諸鑑焉。此書僅當《歐羅巴通史》之第一部，故于羅馬之外無所叙。

楊復等《浙江藏書樓乙編書目・圖史》　《泰西通史上編》四冊。無錫華文祺、李澂譯纂。文明書局鉛印本。

西洋史要

徐維則等《增版東西學書録・史志》　《西洋史要》四卷，附圖二十九葉。金粟齋本。日本小川銀次郎著，樊炳清、薩端同譯。分上世史、中世史、近世史、現世史四期，如《歐羅巴通史》而斷限小異，事蹟亦大略相同。譯書較爲雅馴。其表各國帝王世系及輿圖，則通史所無也。徐補。

徐樹蘭《古越藏書樓書目・政部・外史》　《西洋史要》四卷，圖一卷。日本小川銀次郎。樊炳清、薩端同譯。金粟齋本。

顧燮光《譯書經眼録・史志》　《西洋史要》四卷，圖一卷。上海金粟齋排印本，三冊。日本小川銀次郎著，樊炳清、薩端合譯。泰西自有史籍以來，約四千五百餘年。埃及、波斯、希臘、羅馬互相爭競，迭爲盛衰。迨救世教出，而宗教一變。紀元十九周以來，門戶紛紜，黨派水火，殺戮之慘，言者酸鼻。至十八周教皇失權，君綱失統，革命崛起之風雲，遂深布於歐洲民嵒，洵可畏也。夫是書分四大期，曰上古史、中世史、近世史、現世史。雖三萬餘言，事能扼要，譯筆清晰可讀。附圖二十九幅，亦精細可觀。東亞譯書會之《歐羅巴通史》，敬業學社之《歐洲歷史攬要》，體例相同，事蹟稍異，均宜參觀。白振民譯有日本長澤市藏箸《新編萬國歷史》，杭州求是書院譯有日本辰己小川著《萬國史要》，天津東華譯書局譯有日本元良勇次郎、家豐永吉合著《萬國史綱》，日本譯書社譯有法尼騷著《歐洲文明史》，范通甫、王琴希合譯《世界史》，南洋公學仿中學校課本，彙集英文本，編譯有《列國史》。

《上海格致書院藏書樓書目・東西學書・史志》　《西洋史要》。日本小川銀次郎。樊炳清，薩端。二卷。二本。金粟齋石印本。

楊復等《浙江藏書樓乙編書目・圖史》　《西洋史要》附圖。三冊。日本小川銀次郎著，樊炳清、薩端譯。金粟齋鉛印本。

歐洲歷史攬要

顧燮光《譯書經眼録・史志》　《歐洲歷史攬要》四卷。敬業學社石印本，二冊。日本長谷川誠也著，敬業學社譯。大致與《西洋史要》相同，而記事互有簡略。譯筆雅馴可讀。

西洋史鈎元

顧燮光《譯書經眼録・史志》　《西洋史鈎元》一卷。上海新中國圖書社洋裝本，一冊。日本箭內亘、小川銀次郎、藤岡作次郎合編，留學生譯。凡十四篇。於西洋東方古代諸國，迄今諸國之成立止。凡有關時局者，皆提要言之。羅羅清疏，足備考核。

楊復等《浙江藏書樓乙編書目・圖史》　《西洋史鈎元》一冊。日本小川銀次郎、箭內亘、藤岡作次郎合編。圖書社鉛印本。

泰西史教科書

梁啓超《東籍月旦·歷史》 《新體西洋歷史教科書》。文學士本多淺治郎著。一冊。定價一元。附參照圖畫。同。一冊。定價八角。附參考書。同。一冊。定價一元八角。此書之所以優於他作者無他，其敘事條分縷析，眉目最清。以若干乾燥無味之事實，而有一線索以貫之，讀之不使人生厭。每敘一事，不過兩三行而止，而必敘述其原因結果，毫無遺漏，此其所特長也。然以求簡之故，或言之而不能盡，此又無可如何者也。故別著一參考書，以補之。大抵日本人所著西洋史，可充吾國教科之用者，莫良於此書矣。其《參考書》則可以供教師之用也。獨修之學者，宜兩書兼讀之。此書上海廣智書局有譯本，題曰《泰西史教科書》。

西洋歷史教科書

顧燮光《譯書經眼録·史志》 《西洋歷史教科書》二卷。商務印書館本，二冊。出洋學生編譯所譯述。全書計六編，分古代、中代、近代、最近四史，於泰西千年歷史興衰，政教沿革，類能分條臚列，體例甚精。惜事蹟未能首尾貫串，閲者或致茫然，亦一闕憾也。

西史通釋

楊復等《浙江藏書樓乙編書目·圖史》 《西史通釋》一冊。日本浮田和民著，吴啓孫譯。鉛印本。

泰西新史攬要

梁啓超《西學書目表·史志》 《泰西新史攬要》。李提摩太、蔡爾康。廣學會本。八本。二元。譯筆劣而書極佳。

又《附録·讀西學書法》 《泰西新史攬要》，初名《泰西近百年來大事記》。述百年以來歐美各國變法自強之迹，西史中最佳之書也。惜譯筆繁蕪，眩亂耳目。苟得能文者刪潤之，可去其半。

顧述廬《通學書籍考·史志類》 《泰西新史攬要》二十四卷。廣學會本，石印小字本，湖南刪本。英馬懇西著，英李提摩太譯。大指以國爲經，以事爲緯。英爲泰西樞紐，所紀獨詳。法爲歐洲治亂關鍵，首、二、三卷先以法事爲本，又爲二卷，綴於英後。此外德、奧、意、俄、土、美六國，各一卷。教皇一卷，總結一卷，附記一卷。蓋一以取法，一以垂鑑者也。近譯各國史志，多二十年前書，惟此書近事頗詳，寔爲西史肯要。《湘學新報》。

趙惟熙《西學書目答問·政學·史志學》 《泰西新史攬要》。二十四卷，訂八冊。英馬懇西撰，英李提摩太譯，蔡爾康述。上海廣學會本。是書原名《十九周大事記》，述西國近百年來變法自強之事，頗具條理。

徐維則等《增版東西學書録·史志》 《泰西新史攬要》二十四卷。廣學會本，八冊。石印小字本。湖南刪刻本。上海石印大字節本。英馬懇西著，英李提摩太譯，蔡爾康述。亦名《泰西第十九周大事記》。首法事，記歐洲治亂關鍵也。英爲泰西樞紐，故所記尤詳。大旨以國爲經，以事爲緯，於近百年來各國變法自強之迹堪稱翔實，爲西史佳本。時務報館譯有《泰西新政史》、《日本新政史》，並未見。《勵學譯編》有《十九世紀大事記》、《十六周至十九周大事紀》，均未印。

徐樹蘭《古越藏書樓書目·政部·外史》 《泰西新史攬要》二十四卷。英馬懇西，英李提摩太譯，蔡爾康述。美華書館鉛印本。

楊復等《浙江藏書樓乙編書目·圖史》 《泰西新史攬要》二冊。上海蔡爾康述。美華書館鉛印本。

廣學會編《廣學會譯著新書總目·史類》 《泰西新史攬要》。英國李

提摩太先生著，上海蔡爾康筆述。泰西諸大國歷來改變之情形。八冊。價洋一元五角。縮本價洋八角。

節本泰西新史攬要

徐樹蘭《古越藏書樓書目·政部·外史》　《節本泰西新史攬要》八卷。周慶雲節錄。夢坡室本。

楊復等《浙江藏書樓乙編書目·圖史》　《節本泰西新史攬要》二冊。英國李提摩太譯，烏程周慶雲錄。夢坡室刻本。

歐洲近世史

徐維則等《增版東西學書録·史志》　《歐洲近世史》□卷。《勵學譯編》本。英闞礌師著，顧培基譯述。所記係十六世紀歐洲各事，以斯紀爲歐洲進步之始。書宗教改革之故特詳，考察教務者，不可不讀也。顧補。

徐樹蘭《古越藏書樓書目·政部·外史》　《歐洲近世史》一卷。英闞礌師。顧培基譯。《勵學彙編》本。

歐洲十九世紀史

顧燮光《譯書經眼録·史志》　《歐洲十九世紀史》一卷。上海廣智書局本。美軒利普格質頓著，麥鼎華譯。全書計七編，凡三十章。言歐洲十九世紀事甚詳。其第七編言今日之情形三章，頗足爲知新之助。

《上海格致書院藏書樓書目·東西學書·史志》　《歐洲十九世紀史》。美軒利普格賓頓。順德麥鼎華。一卷。一本。文明書局本。

近世泰西通鑑

梁啓超《東籍月旦·歷史》　《近世泰西通鑑》。美國棣亞著。全二十七冊。此書乃明治十六年至二十三年陸續出版，距今十九年至十二年前。係島田三郎、波多野傳三郎、肥塚龍、鈴木良輔、青木匡、沼間守一、等六人同譯，皆學界中錚錚人物也。其書自土耳其人陷君士但丁奴不起，至日耳曼意大利建國統一止，凡二十七卷，七十三篇，比松平氏之書，其卷帙約過十四倍。東文近世史之詳博，無過是者。然頗不見重於當今學界，日人至今殆無過問者。或病其稍繁蕪歟？然苟欲專門名家於史，則固不可以不讀矣。原書初出時，定價極昂，每冊售值一元。今則二十七冊，以二元五角可以得之矣。

徐樹蘭《古越藏書樓書目·政部·外史》　《近世泰西通鑑》十八卷。英棣奧。上海通社譯。洋裝本。非全書也。光緒三十年五月通社遭回祿停譯，故所譯止此。

近世歐洲大事記

顧燮光《譯書經眼録·史志》　《近世歐洲大事記》一卷。《國民叢書》第二種，洋裝本一冊。日本森山守次著，國民叢書社譯。始維也納會議，迄十九世紀後半期歐洲諸國之動靜止。歐洲自十八紀以來，拿破侖敗亡，各國文明因以日昌，民氣大動，不可遏止。如法之革命，意之獨立，普之自強，均於維也納會議後爲之灰線。中如西班牙、波蘭之問題，墨西哥之事件，普奧、普法、俄土之戰爭，皆大有影響於世界。雖弱肉強食，天演之淘汰方新，而文化野蠻，社會之公理難恃。迄十九世紀以後，亞東大陸遂爲外交家之大舞臺，而立仞共和之政，亦爲國民所公認矣。讀是書者，可不懼哉？至其譯筆雅瞻，尤得行文之法。

西洋文明史之沿革

顧燮光《譯書經眼録・議論》 《西洋文明史之沿革》一卷。文明書局洋裝本。美家永豐吉著，日本山澤俊夫編輯，王師塵譯。本書大綱，以進步、統一、自由三思想爲結合，文明所以發現者。由上古迄今，追討其發達之故，且徵引法之歷史、哲學諸家學説，以詳究文明史之沿革。其精粹處，頗多人所未言者。

楊復等《浙江藏書樓乙編書目・圖史》 《西洋文明史之沿革》一册。美國家永豐吉著，臨江王師塵譯。文明書局鉛印本。

泰西文明史

《上海格致書院藏書樓書目・東西學書・史志》 《泰西文明史》。法賽奴巴。日本野澤武之助。沈是中，俞子彝。一卷。一本。商務印書館活印本。

希臘志略

梁啓超《西學書目表・史志》 《希臘志略》。艾約瑟。税務司本。一本。

顧述廬《通學書籍考・史志類》 《希臘志略》七卷。艾約瑟譯。爲《西學啓蒙》十六種之一。是書言希臘種族、民會、國律之大，瞭如指掌，足見泰西風化之美，格致之萌，自古已然。其第一節追溯希、意二族制度文爲與斯時泰西諸國埒，良非虚言。《四裔年表》紀民主之政，始于希臘，與此書十五節紀五百人議政會，十六節紀民會，遂開今日歐洲上下同心之運會。若其九節紀律例諸賢，爲後來果魯西亞士諸人先聲，讀此可知其原。此書節次井然，視《萬國史記》、《萬國通鑑》删節之本，較爲詳盡。

趙惟熙《西學書目答問・政學・史志學》 《希臘志略》。七卷，訂一册。英艾約瑟譯。税務司本。

徐維則等《增版東西學書録・史志》 《希臘志略》七卷，附《紀事年表》。《西學啓蒙》本，一册。《西政叢書》本。英艾約瑟譯。希臘爲泰西古文明國，其政教、風俗、制度、文爲，雖不及近數十年之美備，然民會、國律、戰例之大，公理、公法之原，格致、製作之學，已無不具。是書所載，條理秩然，而今日歐洲以民立政，以學強國之淵源，可資以考證。其九節紀律例諸賢，爲後來果魯西亞士諸人先聲，讀此可知其原。

徐樹蘭《古越藏書樓書目・政部・外史》 《希臘志略》七卷，附《紀事年表》。英艾約瑟譯。《西學啟蒙》本，《西政叢書》本。

希臘史

顧燮光《譯書經眼録・史志》 《希臘史》一册。日本桑原啓一纂譯。是書叙事詳密，而又參酌諸書，援引精確。其於希臘興亡之迹，歐洲文化之原，尤能慨乎言之，發人猛省，誠史學中所宜讀之書也。戴任一譯有日本宮川鐵次郎著《希臘羅馬史》。

希臘史

通雅齋《新學書目提要・歷史類》 《希臘史》。上海商務印書館本。《希臘史》，日本柴舟桑原原著。全書凡分八篇，前四篇總叙希臘極盛時代，後四篇總叙希臘衰微時代，一、二篇言團體之效，三、四篇言合縱連横之益，五、六篇言各邦之分裂、國民之殘殺，七、八篇言希臘衰弊、羅馬内侵之由。此書于希臘戰爭事不爲不詳，然希臘爲歐洲各國文化之原，若理學、若哲學、若政治學、若美術學、若文學，凡歐洲各國爛然于學界者，莫不胚胎于希臘，是書于政治、教育概乎未詳，即理學、哲學之大家如梭格拉底、柏拉圖、亞里士多德皆略記出處，于其學略之眞際一未闡發，至于技術亦希臘

所最精，篇中僅言建築、雕刻、繪畫三事，而鐸利克之究蒸汽、克洛東之播音樂，作者概謂不足稱述，蓋輕薄實業。數十年前日本士大夫猶不免爲流俗之見所惑，豈知東印度公司遍設于孟買、錫蘭等地，而數千年之帝國可傾倒于數百商兵之手，工商之業其權力實能滅人之國家，此書于技術一門僅以數節附于卷末，昌黎所云紀事必提其要者，其謂之何？

顧燮光《譯書經眼録・史志》　《希臘史》一卷。上海商務印書館本。日本柴舟桑原著，商務印書館譯。全書凡分八篇。前四篇總敘希臘極盛時代，後四篇總敘希臘衰微時代。一、二篇言團體之效，三、四篇言合縱連横之益，五、六篇言各邦之分裂，國民之殘殺，七、八篇言希臘衰弊、羅馬內侵之由。此書於希臘戰爭，言之特詳。然希臘爲歐洲各國文化之原，若哲理、文學、政治、美術諸學，實胚胎於此。作者皆略而不詳，未足爲信史焉。

古希利尼建國考略

徐維則等《增版東西學書録・史志》　《古希利尼建國考略》一卷。《嶺學報》本。李承恩譯。希利尼中南際海，以故言人才者稱中南，蓋希臘之故壤也。不知其所自起，或曰雅弗之裔，自小亞細亞航海往居焉。其國雅典以學勝士，帕太以專勝理，古力所倫得藉手政柄，國頓富強。其經畫規模垂於後，雖雜霸功，其善要不可掩。後人安其所遇，不知振興，俯首聽人之命，豈非人事之不藏哉？讀此書，可以鑑矣。顧補。

馬其頓考略

徐維則等《增版東西學書録・史志》　《馬其頓考略》一卷。《後馬其頓考略》一卷。《嶺學報》本。李承恩譯。亞力山大足爲一世之雄，因民所利，掠地編三洲，建名城以十數，據要害，上節度，諸方伯無敢有異志。令將士八十人皆娶波斯之女，聯其情，泯諸族翹異禍賊之患，爲西方祖述，宜矣。鑑希利尼諸國無統紀，綱領不振，或相攻擊，以至於亡，翻然美波斯之政，乃下至衣履之微，則而效之。權主於上，風同於下，雖欲無強，烏可得耶？功高而驕，荒於酒色，夭其天年，可慨也夫。顧補。

希臘興亡史

楊復等《浙江藏書樓乙編書目・圖史》　《希臘興亡史》一冊。日本官川鐵次郎著，寒山片石子譯。湖南編輯社鉛印本。

希臘獨立史

通雅齋《新學書目提要・歷史類》　《希臘獨立史》。上海商務印書館本。

《希臘獨立史》，日本柳井絅齋原著，中國秦嗣宗譯。共分四編，前二編叙獨立之未成，後二編叙媾和及獨立之時。夫希臘爲羅馬所并吞，失獨立者凡二千年，後爲土耳其所并吞，又幾及四百年，至一千八百二十九年英、露、佛三國共始認爲世襲王國，英、法之援希臘，憐希臘也，露之援希臘，非愛希臘，藉希臘爲傀儡以假英、法之力降服土耳其也，此書叙俄邀英、法以共擊土耳其，可以見其狡謀，希臘之獨立徒存其名，其不能出于俄之股掌，俄人知之，土耳其不滅而列國齊驅中原，究不知鹿死誰手，使英、法當日能逆料俄人之奸謀，無援救希臘之志，俄即開釁于土而有英、法之掣其肘，俄之志終無由逞，俄不滅土，俄終扼于土，蓋俄之志在南侵而土爲南北之冲，俄雖圖南，其如君士坦丁之不能飛越何？自英、法合于俄而希臘獨立之名布告天下，土耳其之命已懸于俄人之掌中，英、法猶墮其術而不之覺，篇中所述較他書爲詳。土耳其之與希臘較量關係之輕重，當以土耳其爲首，爲英、法計者宜急援土耳其而不專力于希臘，援土耳其其勢可以抗俄，援希臘僅得獨立之虛名而實以助俄，置虛名之獨立國于俄保護之下，由保護而爲屬國，由屬國而爲吞并，希臘失其地，土耳其失其勢，俄人南侵之機日迫一日，于英、法曾無絲毫之益，英國總理大臣達比卿言曰：「俄國之能施得意手段者，實英國成全之。」此説與作者宗旨如出一轍。夫俄爲專制政治而忽援獨

立之希臘，其存心叵測三尺童子知之，英、法以救援希臘之故而不妨虎狼之露，英、法之失策有百喙莫能解者，故法援意大利之獨立其理當，其勢順，英、法援希臘之獨立其理當而其勢逆，觀其末章所載英、法之占土地、思擴張，其利權亦不過分羹染指之惠，二十世紀之俄能稱雄于世界者，于此書已見得其萌芽云。

徐樹蘭《古越藏書樓書目・政部・外史》　《希臘獨立史》四編一卷。日本柳井絅齋。秦嗣宗譯。廣智書局本。

顧燮光《譯書經眼録・史志》　《希臘獨立史》一卷。上海廣智書局本，一冊。日本柳井絅齋著，秦嗣宗譯。希臘爲古文明國，始併吞於羅馬者，垂二千年。繼受制於土耳其，凡四百年。終則志士灑盡熱血，及今世紀之初，人民倡義，復立爲國。是書計四編，凡十六章，追溯希臘古來之略史，迄媾和及獨立之期止。盛衰原委，戰爭巔末，詳盡靡遺。至參考之書，乃積斯美士、古德里志、呼伊烏等諸氏之《希臘史》，馬肯志氏之《十九世紀史》，美哥列爾之《近世政治史》，伯加氏之《歐羅巴》、《土耳其史》各書，提其大綱，略其繁冗而彙成者。原書附有希臘、土耳其古來諸名士之列傳甚夥，因於書無關，故未譯入。

羅馬志略

梁啓超《西學書目表・史志》　《羅馬志略》。艾約瑟。稅務司本。一本。以上一書，古史之佳者。

顧述盧《通學書籍考・史志類》　《羅馬志略》十三卷。艾約瑟譯。案歐洲治亂之迹，自以羅馬爲大關鍵。其君民爭權，禍千百年未渫，尤後世有國者無窮之鑑戒。卷一紀羅馬議政院名父老議院，其國王乃議政院首位統領，足知議院爲西國最古最良之法。其後紳民搆釁，種族紛爭，曚黯無天日，乃不平等之爲害烈矣。然羅馬雖亡，而律例法制至今未泯，則固議士之力居多。是書所紀，關繫至大。卷首小引數節，洎末附《羅馬年表》，尤令閱者豁目。

趙惟熙《西學書目答問・政學・史志學》　《羅馬志略》。十三卷，訂一冊。英艾約瑟譯。稅務司本。以上三書，均在《西學啓蒙》十六種中，泰西古史之最佳者。希、羅二國爲歐洲聲名文物舊邦，今之政藝各學，率導源於此。考西事者，不可不讀。惜譯筆出自西人，故行文未能盡善。

徐維則等《增版東西學書録・史志》　《羅馬志略》十三卷，附《年表》。《西學啓蒙》本，一冊。《西政叢書》本。英艾約瑟譯。羅馬立國，實爲歐洲千百年之大關係。其美風善政，至今未泯，亦開今日各國君民同權、法令至公之運會。是書所紀，自西曆前七百五十三年，即周平王十八年，至一千八百六年，當嘉慶十一年西羅馬亡止。凡歐洲治亂興亡之樞紐，無不具載，誠要書也。讀西史者，先希臘、羅馬二《志》，以次及於專史，方知其自強開化之成迹。首《小引》，末《年表》，尤爲醒目。《格致彙編六》有《羅馬志傳》、《蘭雅圖說》，附記於此。

徐樹蘭《古越藏書樓書目・政部・外史》　《羅馬志略》十三卷，附《年表》。英艾約瑟譯。《西學啓蒙》本，《西政叢書》本。

羅馬史

《上海格致書院藏書樓書目・東西學書・史志》　《羅馬史》。日本占部君。二卷。二本。商務書館譯印本。

俄國史略

梁啓超《西學書目表・近譯未印各書》　《俄國史略》。同文館。未印。

俄羅斯國史

梁啓超《西學書目表・近譯未印各書》　《俄羅斯國史》。林樂知、嚴良勳。製造局。二本。未印。

俄史輯譯

梁啓超《西學書目表·史志》 《俄史輯譯》。闞裴迪、徐景羅。益智書會本。四本。六角五分。佳。

顧述廬《通學書籍考·史志類》 《俄史輯譯》四冊。闞斐迪、徐景羅輯譯。起唐懿宗咸通三年，西八百六十二年。訖咸豐六年。一千八百五十六年。凡七十七章。其十三章紀伊凡第三機警任數，革儒味各六俄屬部名。民主之政，廢議院，徙豪宗，更法律，嚴貴賤，實爲俄國呑噬專制之始。自是各君多殘酷，喜爭戰，蓋雄武猜忌，其家法歟？其陰謀如分波蘭，弱瑞典，窺波斯，危突厥，搆釁英俄，殆難指數。而數百年坐大，樞機實握之大彼得一人。觀三十章所紀遺詔十四條，尤爲環球公懼。其于各章內旁徵曲論，鑑戒森然，得史法矣。

趙惟熙《西學書目答問·政學·史志學》 《俄史輯譯》。四冊。徐景羅譯。益智會本。

徐維則等《增版東西學書録·史志》 《俄史輯譯》四卷。益智書會本，四冊。《富強叢書》本。英闞斐迪譯，徐景羅述。俄國自西曆八百六十二年合而爲一，始有俄羅斯之名。是書所記，即從此年起，當中國唐咸通三年，訖於咸豐六年。凡書七十七章，中如分波蘭，弱瑞典，窺波斯，危突厥，虞英法，其家法尚雄武，喜爭戰，君與臣居心殘酷，皆可想見。而大彼得遺詔十四條，其忍心險語，尤爲五洲各國所公懼。至其旁徵曲引，凡政教沿革與夫專制始末，臚載尚備。製造局印有美林樂知、嚴良勳譯《俄羅斯國史》二冊，同文館刻有某人《俄國史略》，東亞書局譯有《俄國内政外交史》、《俄國近時大事記》，均未出。

徐樹蘭《古越藏書樓書目·政部·外史》 《俄史輯譯》四卷。英闞斐迪譯，徐景羅述。《富強叢書》本。

《上海格致書院藏書樓書目·東西學書·史志》 《俄史輯要》。英闞斐迪。寧波徐景羅。四卷。四本。益智書局木刻本。

廣學會編《廣學會譯著新書總目·史類》 《俄史輯譯》。一部。價洋八角。

俄史輯譯

楊復等《浙江藏書樓乙編書目·圖史》 《俄史輯譯》四冊。英國傅蘭雅、烏程潘松譯。製造局刻本。

俄羅斯史

《上海格致書院藏書樓書目·東西學書·史志》 《俄羅斯史》。日本山本利喜雄。順德麥鼎華。二卷。二本。廣智書局活印本。

楊復等《浙江藏書樓乙編書目·圖史》 《俄羅斯史》二冊。日本山本利喜雄著，順德麥鼎華譯。廣智書局鉛印本。

俄史譯要

徐維則等《增版東西學書録·史志》 《俄史譯要》一卷。《滙報》本。滙報館譯。始於俄皇祿立克西曆一千八百六十一年，終於俄皇雅陸斯拉西曆一千五百五十四年。言俄國政治甚詳。顧補。

俄國近史

廣學會編《廣學會譯著新書總目·史類》 《俄國近史》。法國蘭波原洋。直至日俄戰爭而止，附圖百餘頁。一冊。價洋一元。

近世露西亞

通雅齋《新學書目提要・歷史類》 《近世露西亞》。上海通社本。《近世露西亞》一書共分十節。日本占部百太郎著述，中國寥〔廖〕壽慈譯。首叙民族與人種，次叙社會及經濟產業之狀態，次叙國民之思想及政府對待之政策，體例尚爲完善。地球各國論強大之現象，莫不首推露西亞，然其地合芬蘭、波蘭、巴爾的諸領土，故跨歐、亞兩大陸，其民則合韃靼、波蘭、斯拉夫諸種族，故稱哥薩克之強兵，哥薩克之開拓阿母爾烏土利也，露實坐享其利，哥薩克之有大造于露，三百年前事耳，而露人對哥之政策日益酷烈，剝奪其自治之權，更革其軍隊，離間其團體，哥薩克雖疾視露政府，而其力有不能反抗之勢，此固露政府之所甚快，然亦政黨之所自出。露之專制政治近四五十年來，其權力愈大，凡政治上、學術上、宗教上、生計上無分毫之自由，無在不可，使其國民對於中央政府有決然絕望之態，故政黨之潛勢力日見發達，亞歷山大二世弒于千八百八十一年，聖彼得堡裁判之結果據于千八百八十四年，禁令雖嚴，警察雖密，軍人之流于西伯利亞者雖歲以萬計，而傾覆政府之心有若極沸之羹，愈掩蓋而愈膨脹者，蓋自哥薩克兵受其箝制而專制之功遂嘖嘖于露政府之口，其對待政黨之方法與待哥薩克同，千七百七十一年之案，死者十餘人，至今言者猶飲恨焉，然則露勢雖強，其行政之腐敗、國民之運動衝突之舉勢或不免，外強中干，豈足恃哉！此書叙露之內政或傷于簡略，且于他書不無異同，而于外交無一字言及，尤不足以饜讀者之心。露人之外交視列國爲純熟、爲陰險，往者希臘獨立，俄與英、法同盟擊土耳其以助希臘，露非愛希臘也，藉二國之力以滅土耳其爲南侵之計耳，英國總理大臣達比卿言曰：「露之能稱雄于世界者，實英、法贊成之。」夫以如狼之英、如鷹之法猶墮其術而不之覺，無怪二百年來割中國之土地、虐中國之人民而中國之政府猶飲鴆而甘，以爲可信、可恃、可爲吾保護土地，雖分割而如芬蘭、如印度，或可藉強大之力保一隅之地，以建設小朝廷，享幸福於世界，其亦痴耳。治阿之託庇于露，教會裁判制度則廢止之，出版之書則頻禁之，大學之設立則堅拒之，數十年來露人外交之策已變其方針，豈猶夫十八世紀之頃乎？露人波鰵那士德夫有言曰：「露之經略東亞，英、美必出全力以抵抗，能使英、美有所利而支那在吾掌握。」又曰：「支那官府其氣卑靡，支那人民猶多倔強，能以賄賂通其政府，以脅嚇馭其人民，無慮其不爲埃士梯德。」譯云奴隸之稱，日本之譏多非、印度之略私德皆屬此類。支那人格彼已洞見臟腑，近日東三省之經營頗實行其策，其對待支那人之心至冷且酷，而猶謂他日可仰其鼻息耶？聯俄之策唱于數年之前，今猶有持此議者，放虎自衛，是誠何心！日本山本利喜雄著《露西亞通史》，于其外交亦略而不詳，蓋露之政策最詭譎、最秘密，有令人莫測淺深者，賈誼《過秦論》謂戰國諸侯合從攻秦，秦人開關以延敵，九國之師遁逃而不敢進，俄策之詭秘頗與秦相若，故知之者鮮，此書之付外交于闕如，殆以是與？然未免負讀者之望矣。

顧燮光《譯書經眼録・史志》 《近世露西亞》一卷。上海通社本。日本占部百太郎著，廖壽慈譯。首叙民族與人種，次叙社會及經濟產業之狀態，次叙國民之思想及政府對待之政策。體例甚爲完善。叙露之內政，或傷於簡略。且於他書不無異同，而於外交，無一字言及，尤不足饜讀者之心。蓋俄人政策，素尚陰險詭秘，雖以日人之善覘人國，亦不能得其底蘊，固可畏矣。

俄國秘事

徐維則等《增版東西學書録・史志》 《俄國秘事》一卷。《地球雜誌》本，《通學齋叢書》本。地球雜志館著。亦言俄事者，不可不讀。顧補。

俄國政俗通考

楊復等《浙江藏書樓乙編書目・政治》 《俄國政俗通考》二冊。林樂知、任廷旭譯。廣學會鉛印本。

廣學會編《廣學會譯著新書總目・通考》 《俄國政俗通考》。印度廣

學會原本，計俄國疆域人物，並俄國黨派及日俄戰事。二冊。價洋二角。

俄羅斯大風潮

通雅齋《新學書目提要・法制類》　《俄羅斯大風潮》。上海少年中國學會本。《俄羅斯大風潮》一卷，英國克喀伯原著，題云中國獨立之個人譯。其書蓋紀俄國革命黨人巴枯寧之行事，俄羅斯虛無派之情狀宜爲世人所經意，得此書而紀之亦可覘其概矣。篇中述巴枯寧之言，謂人之有特權者必至自殺其良知，專制之君吏固當除去，即被民選舉者亦當除去云云，是其主義所不極獨以帝制爲非，亦并以民主爲失，故革命黨或名之曰無政府黨，即由此等議論召之也。中國當前代擾攘至極之時，亦間有具此懷抱者，若葛洪《抱樸子・詰鮑》一篇記鮑生之言，謂有君不如無君，即此類也，其在《易》曰「宜建侯而不寧」，聖人其有怵于是乎？又其紀俄羅斯農黨乃成立社會之機關，居鄉耕田之人其聚合力甚固，勢力極大，遍于全國，而巴枯寧之言亦曰棄婚姻之制，男女有自然之法律以相交合，棄等級之制，無不平等之政治，無不平等之生計，棄承襲遺產之制，人人作工自食其力，田爲公等之物，資產爲全社會之公產，惟作工者能用之，依自然法律世間固不容有不作工之人，不作工則無所得，食人有二類，曰農、曰工，由斯二類組成極自由之社會云。據其言觀之，則知無政府之論多由農、工兩黨所成，乃與中國古世之論正合，如古謠諺所云：「日出而作，日入而息。」「鑿井而飲，耕田而食，帝力于我何有哉？」是即其見于語言者，他如樊遲請學稼而孔子以上與民之義告之，子路所遇之丈人則云「四體不勤，五穀不分，孰爲夫子」，戰國時之許行則謂賢者與民并耕而食，饔飧而治，而與其徒躬耕，尤爲實行之義，而墨子書引神農之令「一夫不耕或受之饑，一女不織或受之寒」，所謂「一夫」、「一女」，實指君后而言，此則衆說之薤藻，又不獨田俅貴均之論矣。通古今合中外而其轍如一，消息之故抑何可言耶？聞俄國政府每以革命黨之被捕者流之于西伯利亞，按巴枯寧亦曾被放于西伯利亞。此蓋漢武帝徙游俠以實關東之意，然聚黠桀之才于一方，或者有田一成、有衆一旅則革命之舉即未必成，而西伯利亞一隅竟叛俄而成自主之國，事未可知也。今者鐵路大通之日，正黨人東漸之機，默念數年之間其流派必將播于中國、日本，是又益我之憂也。東門倚嘯，何代無人？竟讀此書，不勝杞人善眩之慮矣。

《上海格致書院藏書樓書目・東西學書・雜著》　《俄羅斯大風潮》。英克喀伯。一本。活印本。

波蘭衰亡戰史

顧燮光《譯書經眼録・史志》　《波蘭衰亡戰史》一卷。日本譯書彙編社洋裝本，一冊。日本澀江保著。波蘭者，西方之大國也。其版圖僅小於俄，兵強極於一時，未幾爲俄、普、奥三國瓜分，貴族民人，同淪滅亡，可悲也夫。是書分三編，總論共十二章。推論波蘭滅亡之三原因：一、國王公選之弊；二、外國干涉之禍；三、人民不得與政治之故。言之極詳，堪爲殷鑑。惟推其受禍之深，則在教徒之互相侵虐，俄人乃乘瑕肆其要挾。教之足亡人國，可不懼哉？

楊復等《浙江藏書樓乙編書目・圖史》　《波蘭衰亡戰史》一冊。日本澀江保箸。譯書彙編社鉛印本。

波蘭遺史

顧燮光《譯書經眼録・史志》　《波蘭遺史》　卷。江西官報本。日本澀江保著，陳澹然重訂。體例與羽化生所譯同，文筆簡雅過之。蓋陳君治古文家言，故能一洗繁冗也。

德國史

梁啓超《西學書目表・近譯未印各書》　《德國史》。林樂知、嚴良勳。製造局。二本。未印。

德意志史

通雅齋《新學書目提要・歷史類》 《德意志史》。上海通雅書局本。《德意志史》四卷，各分章節。日本河上清原著，海寧褚嘉猷譯本。起于日耳曼人種出現之時，迄于德意志聯邦成立以後，約爲古代、中世、近世三期，于日耳曼種族之統系、普魯士政治之源流皆紀載有條，關于考證。其記法皇之舊事可知從前舊教威權之烈，記列國之紛爭足見近來帝國統一之功，此皆宜爲着意者也。第一卷云上古之日耳曼人所最愛者惟戰斗與田獵，復考古時軍隊之制，則今日德人尚武之風可于此證之。又云公議爲治方針之主義，在草創之時代早以思想充滿于日耳曼民族之腦中，自大村小邑迄各種族罔不有一議會存焉，按歐洲常談每云自由種子由日耳曼森林蠻族所布，據此所述乃正可爲征文。第二卷叙義勇奇士之舊俗，按歐洲警察之制度，説者謂由日耳曼古時騎馬俠士之風所成，此篇可以參考。謂日耳曼中古市府之始臻繁盛，其故由于十字軍之役各國師旅往返之頻，有以速商賈貿易之發達，市民因而漸致富厚，創設自治之制度，按地方自治政體非人民殷富、財政易舉則事未易行，此節乃其確據。凡此單文孤義，皆深可寶貴者矣。此外軼聞頗備，讀者可以此意求之。惟斐迭禮第二之在位，敎農治兵，成績所著，至今稱之不衰，此書僅泛論數言而不及其行事，爲獨闕耳。譯筆明核通鬯，幷世殆不多覯焉。

顧燮光《譯書經眼録・史志》 《德意志史》四卷。上海通雅書局洋裝本，一册。日本河上清原著，諸嘉猷譯。起日耳曼人種出現之時，迄於德意志聯邦成立以後，約爲古代、中世、近世三期。於日耳曼種族之統系，普魯士政治之源流，皆有關於考證。其記法皇之舊事，可知從前舊敎威權之烈。記列國之紛爭，足見近來帝治國統一之功。至所云上古日耳曼人最愛戰鬬田獵，公議爲治方針之主義，叙義勇奇士之舊俗，均足考近日德人尚武，自由警察各學，所由出焉。譯筆通鬯，洵屬佳史。

德意志史

楊復等《浙江藏書樓乙編書目・圖史》 《德意志史》三册。日本白石眞著，陽湖楊擇、莊兪譯。文明書局鉛印本。

德國最近進步史

廣學會編《廣學會譯著新書總目・史類》 《德國最近進步史》。林樂知譯，范子美述。德國自緒論、政治、通商、殖民、興學、理財各大端，言之精詳。一册。價洋二角五分。

日耳曼史

顧燮光《譯書經眼録・史志》 《日耳曼史》一卷。《譯書彙編》本。史壽白譯。詳述日耳曼人種興盛之由，足供歷史研究之用。誦讀一過，恍見偸通人種祖先情狀焉。

《上海格致書院藏書樓書目・東西學書・史志》 《日耳曼史》。英沙安。一卷。一本。商務書館譯印本。

德國合盟本末

梁啓超《西學書目表・史志》 《德國合盟本末》。徐建寅。自刻本。一本。

顧述廬《通學書籍考・史志類》 《德國合盟紀事》一卷。《徐氏三種》本。無錫徐建寅譯述。蓋從德人所著政治之書摘譯。是書所載，皆德人敗

奥，兼幷日耳曼、諸部奉爲盟主之始末。觀其所述，以布王爲德王，以布相兼德相，兵政屬於政府之兵司，其餘各部類以布部兼之，而布之兵部、海軍部不入德盟，雖拜晏之兵，仍歸自管，蓋均有名無實矣。偉夫畢士麻克之奇謀，有類於管仲而又過之也。讀是書者，其有所感乎！

趙惟熙《西學書目答問・政學・史志學》 《德國合盟本末》。一冊。徐建寅譯述。自刻本。

徐樹蘭《古越藏書樓書目・政部・外史》 《德國合盟紀事本末》一卷。徐建寅輯譯。《西政叢書》本。

意大利獨立戰史

通雅齋《新學書目提要・歷史類》 《義大利獨立戰史》。上海商務印書館本。《義大利獨立戰史》六卷，附錄列傳一卷。題云東京留學生譯。按此等事迹當用中國史家紀事本末之例爲之，乃合體裁，日本人之文大率分節另起，諒由才弱不舉其文，若準其條目紀述大事，則枝言滿前，徒累篇牘，甚無謂也。此書所記故實尚詳，可云賅備，然亦正蹈此病，使讀者不能首尾貫徹，其弊良深。附錄各傳題曰《義大利獨立諸傑列傳》，而篇中所載乃及于奥相、法王，雖以事實相關，其于標名則已背矣。譯筆尚尤，惟于人名、地名皆用日本假名之音而不加以修飾，蕪雜頗甚，亦不可不檢也。

顧燮光《譯書經眼録・史志》 《義大利獨立戰史》六卷。上海商務印書館《戰史叢書》本，一冊。日本留學生譯。卷一曰前記，凡十一章，言義大利之地理原起，始西羅馬滅亡，迄拿破侖時止。卷二、卷三各四章，言義大利獨立戰之遠近原因。卷四凡五章，卷五凡四章，均記義大利獨立之戰。卷六凡六章，記義大利統一之戰。附錄諸傑凡十一人，皆有關於義之獨立者，惟雜奥王、法相於中，未免不類。譯筆頗病蕪雜，似宜檢點者也。

《上海格致書院藏書樓書目・東西學書・史志》 《義大利獨立戰史》。東京留學生。六卷附卷一。一本。商務書館活印本。

楊復等《浙江藏書樓乙編書目・圖史》 《義大利獨立戰史》一冊。東京留學生譯。商務書舘鉛印本。

意大利獨立史

徐樹蘭《古越藏書樓書目・政部・外史》 《意大利獨立史》六編一卷。日本松井廣吉。張仁普譯。廣智書局本。

大英國志

梁啓超《西學書目表・史志》 《大英國志》。慕維廉。益智書會本。二本。五角。

顧述廬《通學書籍考・史志類》 《大英國志》八卷。益智會本，上海排印本。英慕維廉譯。是書依英士托馬斯、米爾納所作《史記》譯出，悉從原本，觀者勿以中國體例例之。英史原本七卷，無志。凡一朝政刑之制，總叙每卷之末，與中國史例不符。是書七卷外，略述職政、地理等志爲第八卷，名曰《志略》。其詳當仍於每卷篇末求之。本書《凡例》。

丁仁《八千卷樓書目・地理類》 《英國志》八卷。英慕維廉撰。原刊本。

趙惟熙《西學書目答問・政學・史志學》 《大英國志》。八卷，訂四冊。英慕維廉譯。益智會本。

徐維則等《增版東西學書録・史志》 《大英國志》八卷。益智書會本，二冊。墨海書院刊本。《西學大成》本。上海排印本。英慕維廉譯。依英士托馬斯米爾納所作《史記》譯出，嫌太略。首列《維多利亞世系表》，與《英興記》所載足以互勘。其議院、教堂、地理等圖，尚明爽可觀。製造局印有美林樂知譯《印度國史》二冊，譯書公會印有英極盎而里雀掰林著、胡濬謨譯《英民史略》十卷附圖、大事表一卷，皇家世系表一卷，未成。東亞書局譯有《英國古今歷史》，亦未出。

徐樹蘭《古越藏書樓書目・政部・外史》 《大英國志》八卷。英慕維廉譯。光緒七年益智書會本。

楊復等《浙江藏書樓乙編書目・圖史》 《大英國志》二冊。英國慕維廉譯。益智書會刻本。

英國紀略

徐維則等《增版東西學書録·史志》　《英國紀略》一卷。昌言報本。昌言報館譯。言英之屬地，當以印度爲最。所練土兵，不甚得力，而土人之心，尚有種教之見存於心。惟古跡名勝爲亞洲之冠，亦講時務者不可不知者也。至坎拿大面積等於美，如能振興農政，必可勝於美。且礦務所產甚旺。英據有如此屬地二處，宜其強矣。加之沿海皆覓屯煤之所，握海軍重權，可謂得自強之道矣。顧補。

英吉利史

《上海格致書院藏書樓書目·東西學書·史志》　《英吉利史》。日本須永金三郎。一本。廣智書局譯印本。

大英十九週新史

廣學會編《廣學會譯著新書總目·史類》　《大英十九週新史》。英國之盛，莫過於十九週，而改革之良，亦莫過於十九週。維新之士，盍取法焉。季理斐君譯，李小浦君述。西裝洋白紙訂，一冊。價洋七角。

英民史記

廣學會編《廣學會譯著新書總目·史類》　《英民史記》。英醫士馬林譯。三冊。價洋七角五分。

又《雜著》　《英民史記》。不出戶而達民情者，賴有歷史之可考。此書英人葛耳雲氏原著，英醫士馬林譯述。考民族之原本，辨仞章之得失，中國現時必覽之善本也。三冊。價洋七角五分。

英國維新史

通雅齋《新學書目提要·歷史類》　《英國維新史》。上海作新社本。《英國維新史》分爲四編，上海作新社編纂。察其文筆，似係轉譯日本之書也。英吉利當二百年以前虐政繁興，民不堪命，衆議院起而抗命，先逐權臣，後弑君主，中間以總統當國者凡十數年，英國郅治之機實肇于此役，當時諸人回黃轉綠，誠爲希世之功。此篇所紀名曰維新，蓋即革命之事也，記載始末甚備，起于查爾斯即位之年，迄于克林威爾執政之日，賦稅之苛斂、教權之迫壓、民情之拂逆、黨獄之株連皆爲召亂之由，述之用示炯戒，惜于議員之運用、民黨之機謀僅著其外觀而未詳其實際耳。又據作者自注，謂于克林威爾掌權之顛末詳細叙述，揭載評論，餘稿尚存百五十頁云云，是當必有可觀，深有望于續出也。篇中于查爾斯行事紀之良悉，雖非由衷而發，時有自抑之言，其于衆口沸騰未必毫無所懼，徒以權變盈廷，又屢失信于下，終以構禍，可以鑑矣。書中于克林威爾之生平未能得其大要，附記亨利偉恩之事謂革命之後因與執政相左，遂囚于獄，則未著明何事，似皆不盡合宜也。

顧燮光《譯書經眼録·史志》　《英國維新史》四卷。作新書局洋裝本，一冊。羽化生編譯。書凡四編，編各爲章。專記十六紀時英王查爾斯寵信嬖臣，力行專制，卒爲民黨所侵，身弑名裂各事。每編各附有關涉之人小傳，以資考核。

楊復等《浙江藏書樓乙編書目·圖史》　《英國維新史》一冊。闕名。作新社譯印本。

英國革命戰史

楊復等《浙江藏書樓乙編書目·圖史》　《英國革命戰史》一冊。日本

澀江保著，福建薩憂敵譯。作新社鉛印本。

英興記

徐維則等《增版東西學書録・史志》 《英興記》二卷，首一卷。廣學會本，二冊。英鄧理槎著，美林樂知、任延旭同譯。所記皆英主維多利亞在位六十年中之政教，大抵彙集報章而成。雖未詳備，亦足考見英之日臻強盛也。記近今英事，無過是書。

楊復等《浙江藏書樓乙編書目・政治》 《英興記》二冊。英國李提摩太述，蔡爾康譯。圖書集成局鉛印本。

廣學會編《廣學會譯著新書總目・史類》 《英興記》。英君主維多利亞登極以來，已歷花甲一周。享國之長，罕與倫比。而觀英國今日之既富且強，而君主之獨超也。二冊。價洋二角五分。

英維多利亞大事記

徐維則等《增版東西學書録・史志》 《英維多利亞大事記》一卷。杭州譯林本。英某氏著，譯林館譯。泰西以商立國，而十九世紀英爲獨雄，雖由立法定制之善，議院宰相之力，然其君不爲無功。百年以來，英國領地面積自一百四萬二千五百九十五方英里，擴張至一千二百十五萬一千方英里。他如定巴黎、柏林之盟，平孟加拉櫻種之亂，澳、非、坎拿大、印度、緬甸以次賓服，遂能以英倫三島，控制五洲，爲地球一等強國者，君主維多利亞之力也。斯書所記，起西曆一千八百十九年，迄九十六年間。維多利亞死，故此四年，闕不譯。顧補。

英蘭覘國記

通雅齋《新學書目提要・歷史類》 《英蘭覘國記》。上海開明書店本。

《英蘭覘國記》不分卷篇。日本好本督氏原著，譯者署名曰曙海後人，并未詳其姓名。此書大旨謂英國文明之感化由于民智之高尚，故能政無不舉而風俗蒸蒸日上，夫英之風俗與他國略同，而盲人之教育、女子之教育學校林立，規則詳備，誠加人一等，故卡磨倍爾、雷痕茄、愛爾番特、哈司忒等無不出于盲人，至于女子之職業或爲教師、或爲醫師而宣教于他國者尤多，盲人、女子亦盡天職爲國家指臂之助，英之富強蓋有由也。此書于盲人、女子之教育甚詳，即慈善會之規則亦端緒分明，犁然可考，然于其現今之政策、國俗、人情漫無所考，亦不足貴也已。

顧燮光《譯書經眼録・史志》 《英蘭覘國記》一卷。上海開明書店洋裝本，一冊。日本好本智著，曙海後人譯。是書詳於英之教育、風俗，而於倫敦之繁盛，略不置詞。蓋取其精神之文明，而遺其物質者也。書中所記各教養貧民、盲人、女子之盡善，奥克司福特大學之完備，慈善事業之周詳，蓋能於教育之中，使無物不得其所。雖聖王之政，何以異斯？以此覘國，可謂能得其本矣。惟於英之現今政策，未加詳考，美猶有憾焉。

楊復等《浙江藏書樓乙編書目・圖史》 《英蘭覘國記》一冊。曙海後人譯。作新社鉛印本。

蘇格蘭獨立史

顧燮光《譯書經眼録・史志》 《蘇格蘭獨立史》一卷。商務印書館《歷史叢書》本。美那頓著，商務印書館譯。蘇格蘭，一島國也。其民人苦英重稅，起圖獨立。威靈槐累司爲之於前，勞拔得白路司繼之於後，卒能脫英羈絆，爲歷史之光。雖建國不久終爲英滅，然諸人愛國精神終不可滅。作者爲美人，故叙蘇人獨立戰蹟特詳。蓋美之於蘇，固有同病相憐之概。全書凡二十章，始言蘇格蘭亡國之由，迄蘇主勞拔得白路司卒止。敘事甚詳，足備考核。

蘇格蘭獨立志

通雅齋《新學書目提要・歷史類》 《蘇格蘭獨立志》。上海通社本。

《蘇格蘭獨立志》一卷，英國華德蘇格原著，上海穆湘瑤譯本。蘇格蘭抗英之舉，事在泰西十三世紀之初，已當中國宋、元之際，凡當日之經營至今則爲陳迹耳，目所不接，即事實豈有相關？且作者不詳何代之人，載筆各條爲見爲聞亦不可曉，要當更求根據也。其書開卷即云，蘇格蘭自亞歷山大第三以降，黨派紛擾，不言起自何年，及至篇中乃顯時代，此則西文著述之體，似此者多，不足爲病，然譯文務取便讀，固當稍易其文。且蘇格蘭以姻戚之誼終合于英，今爲一國，譯者不爲附注，則專讀此篇者必謂蘇與英分非情實矣。所述各節亦資稽考，以備西史之一條，正不必廢。近來譯書風氣，好述此等事情，亦襲自珍所云「四海變秋氣，一室難爲春」者也，其于爲學之方則似不甚相切耳。譯筆近率，然行文尚暢，于記事頗宜，終篇所言可懸厲鑑，雖其辭過犿然，意之所寄，卿言亦復佳也。

顧燮光《譯書經眼録・史志》 《蘇格蘭獨立志》一卷。上海通社洋裝本，一冊。英華德蘇格著，穆湘瑤譯。蘇格蘭之抗英，在泰西十三世紀初，未幾，復合於英。距今數百年，已爲陳跡。作者未詳何代之人，所記各條爲見爲聞，亦不可曉，蓋譯筆之疏也。所述各節，尚資參考。惟記首尾事實，無商務印書館所譯《蘇格蘭獨立史》之詳，因所據之本，有同異耳。

楊復等《浙江藏書樓乙編書目・圖史》 《蘇格蘭獨立志》一冊。英華德蘇格著，穆湘瑤譯。澄衷學堂鉛印本。

荷蘭紀略

楊復等《浙江藏書樓乙編書目・圖史》 《荷蘭紀略》二冊。廣學會編。鉛印本。

法國志略

梁啓超《西學書目表・史志》 《法國志略》。王韜。自刻本。八本。三元。

趙惟熙《西學書目答問・政學・史志學》 《法國志略》。八冊。王韜撰。自刻本。

楊復等《浙江藏書樓乙編書目・圖史》 《法國志略》十冊。長洲王韜著。鉛印本。

重訂法國志略

顧述廬《通學書籍考・史志類》 《重訂法國志略》。淞隱廬本。長洲王韜輯著。全書雜取日本岡千仞《法蘭西志》、岡本監輔《萬國史記》、《西國近事彙編》及近時日報并泰西撰述有關法事者以成，體例不盡合史法，有如昔人所謂斷爛朝章者。然言法事，迄無完本，惟是書志世紀、官制、議院、國會、疆域、郡邑暨英法婚盟和戰頗具，而於黨禍尤三致意。蓋法之強弱動靜，動關歐洲全局，韜每擇其至要處，係以論說。如徐景羅《俄史輯譯》之例，知所務矣。至無論何段，輒涉及民間瑣事，及創一議，造一器，必追原所自出，乃西史常例，亦以見歐洲之以民立國耳。

《上海格致書院藏書樓書目・東西學書・史志》 《重訂法國志略》。吳郡王韜。製造局本。

法蘭西史

顧燮光《譯書經眼録・史志》 《法蘭西史》五卷。商務印書館《歷史叢書》第一集本，一冊。商務印書館編譯，張宗弼校。始上古高盧建國，迄一千

八百七十六年共和新政止。凡分五卷。一、上古之政治；二、封建時代之政治；三、法蘭西立君之政治；四、法蘭西革命時代之政治；五、法蘭西今世之政治。於二千年來法國民俗之強悍，政黨之傾軋，教禍之水火，皆扼要言之，頗足以資考證。其言法之大革命處，詞多平恕，無偏激之弊。譯筆亦雅飭可讀。

法史攬要

顧燮光《譯書經眼録・史志》 《法史攬要》二卷。會文學社排印本，三冊。法費克度著，劉翹翰、王文耿同譯。是書凡三編，上編凡五十一章，中編五十七章，下編百一十章。始法之建國，迄一千八百八十七年止。於法之政治沿革，皆擇要言之。惜譯筆尚欠條理，宜潤色之，乃佳。附法王歷代世系表四幅，尚足資考核也。

法蘭西志

徐維則等《增版東西學書録・史志》 《法蘭西志》六卷。原刊本，湖南新學書局本去眉批及東文。日本高橋二郎選譯。是書多取資於猶里之《法國史要》、《近古史略》。法國史始克魯建國，至拿破崙止。體例似紀事本末，其所記載亦稱翔實。王韜撰《法國志略》，多取材於此。製造局印有英傅蘭雅《法國新志》，未出。譯書公會報印有英華耳司雷著、陳佩常譯《拿破崙失國記》，未成。東亞書局譯有《法國新歷史》，亦未出。

革命前法朗西二世紀事

顧燮光《譯書經眼録・史志》 《革命前法朗西二世紀事》二卷。出洋學生編輯所洋裝本，一本。日本中江篤介著，出洋學生譯。歐洲十八世紀末，爲新舊交訌之時代。法當其衝，遂有大革命之舉，以開今日歐洲之局。雖法之乏賢君，實孟的斯鳩、盧騷諸人之學説有以鼓吹之也。本書二卷，紀路易十五、路易十六時事。斯時法之政治腐敗，官吏昏庸，路易十六以柔懦寡斷，獨立於民燄方張之日，不知未雨綢繆，卒被弒死。可哀也夫！

楊復等《浙江藏書樓乙編書目・圖史》 《法蘭西二世紀事》一冊。日本中江篤介著。鉛印本。

佛國革命戰史

通雅齋《新學書目提要・歷史類》 《佛國革命戰史》。上海人演社本。《佛國革命戰史》共分八編，日本澀江保著，人演社譯印，但不著譯人名氏，蓋人演譯社之譯員也。此著始論佛國政治之腐敗，次論革命立仍及立法盟約之議會，而終叙山岳黨之反動，凡所叙述悉扼其要。法蘭西當十八世紀之初，昏沉顛冥，氣頹志痿，使無孟德斯鳩諸哲著書立説，鼓舞自由之志，激發愛國之心，民智不能開，民氣不能變，即有拿破侖之才力智勇，亦不過殺人流血盈野盈城，同遭塗炭已耳。此著雖爲戰史，而必首叙新思想之漸出者，以明千七百八十九年革命之原因也，特惜乎民黨殘忍，有自由之形式無自由之精神，徒令盎日爾曼之熱心漸就澌滅，米剌伯之言曰：「革命之善後莫如建設政府，而組織政府之人之意見與議會之多數相同，始足以維持秩序，收攬人心。」此説也蓋以蜩螗沸羹，非政府之基礎鞏固、權力強大，不能冲今日之風潮發官令，無能之令，不獨國民愈委靡不振，而議會、王室互相傾軋，卒之厭倦共和，反以戴強力之君主，以定一尊爲得計，而實權與名譽遂歸于拿破侖之手，拿之建不朽之偉業萌芽于孟德斯鳩、福祿特爾，培植于惕爾岳克、洛恩而始有此結果也。此書之梗概略具于是，雖然，《佛國革命史》一著于封斯勃爾，再著于廨立得，澀氏參酌二氏之説以著是編，凡地方區劃之改正、宗教之改革皆據封斯勃爾之説，宗旨不甚相遠，至于財政之議會，據廨立得所著之書，則與作者之意未免差池，然皆與革命戰史無密切之關係，故略而不詳。要之，十八世紀之佛猶二十世紀之支那，國民蒙昧如久寐然，縱有大聲疾呼之人，而其行也不辨東西，有不免隕越之患者，然則

無獨立之思想、無自治之精神，即興革命之師，亦徒以人命爲兒戲耳。拿破侖即位，親就學于荷蘭，歸而教其國民，豈不以無禮、無學不足以盡國民之義務哉？

顧燮光《譯書經眼録・史志》 《佛國革命戰史》八編。上海人演社本，一冊。日本澀江保著，人演社譯。本書記法國革命之亂，共分八編。始論佛國政治之腐敗，次論革命立仍反立法盟約之議會，而終叙山嶽黨之反動。凡所叙述，悉扼其要。蓋參酌於法人封斯勃爾、廝立得二氏之《佛國革命史》，而爲成書，非毫無根據之作也。且法民好動，得孟的斯鳩著書立説，以鼓舞其自由愛國之心，遂一動而不復靜。民黨之殘忍，甚於昔日之政府，以暴易暴，讀史者未能爲民黨寬也。拿破侖乘之，以民政之形式，行專制之實力，立法興學，以教其民，佛之國基始定。民可使由，不可使知，孟氏雖賢，猶未足以語此也。

《上海格致書院藏書樓書目・東西學書・史志》 《法國獨立戰史》。日本澀江保。一本。商務書館活印本。

法蘭西近世史

通雅齋《新學書目提要・歷史類》 《法蘭西近世史》。《法蘭西近世史》一卷。日本福本誠原著，臨桂馬君武譯本。所述制度但略言其外觀，不足以窺見政體，惟于境内地理、物產及其人民之實業所紀較詳，當已著其崖略。其記學術各門亦有資于考核，然法學巨子多生是邦，此篇所載，于名人學派分別未甚詳盡，而遺聞瑣記著録獨多，則其爲書之體裁，蓋與游記一門爲近，要非覘國之談也。至論法蘭西人民增殖最遲而縷析其原因，則于國勢之盛衰良有相涉之理，聞法國因人少之故，至于國内土地多爲外人所購，其政府察知其弊，乃下令凡買地至若干畝者即應隸名法籍，以謀挽救之術，亦可見其不得已矣。篇中間有附注，皆作者之言。其于文詞尚近修潔，然隨筆之作，固非經意而出之者也。

顧燮光《譯書經眼録・史志》 《法蘭西今世史》一卷。出洋學生編輯所洋裝本，一冊。日本福本誠著，馬君武譯。本書原名《現歐洲記》。現今法蘭西制度，僅得其大略，而於經濟、科學、文學、美術、性格各類，頗能詳其沿革。遺聞瑣記，著録亦多。蓋游記隨筆之書，非政治覘國之史也。譯者間附按語，以相發明，文筆尚稱修潔。

楊復等《浙江藏書樓乙編書目・圖史》 《法蘭西近世史》一冊。日本福本誠著，桂林馬君武譯。鉛印本。

美洲史分部

亞美利加洲通史

通雅齋《新學書目提要・歷史類》 《亞美利加洲通史》。上海商務印書館本。《亞美利加洲通史》，桃源戴彬編譯。全書凡分十編，每編分章節。一、二編總論美洲之形勢及其殖民，三、四編言競爭及革命，五至八編言大統領之遞嬗，九、十編言文明及技藝之進步，體例頗爲完善。美洲歷史其有關于世界者在十五世紀以後之事，大半出于傳聞，失實之處知必不免，如謂挪威、丹馬二國人民在紀元八百六十年已發見阿衣郎達，又云素魯芬先哥侖布而至芬蘭巡墨西哥灣及加里比海，諸佳港早爲伊等殖民之地，是發見新大陸者應歸功于歐洲北部土人，而《哥侖布史》云哥侖布初至美洲，土人以爲天神，謂其船之帆爲翼，果歐人先至美洲，則航路久通，數見不鮮，奚容懷疑？且本史云哥侖布知天球爲圓體，遂由歐西進航，果至亞洲之極東，哥之發見新大陸明明然矣，何前後不符耶？新大陸之發見，不過各國之殖民地耳，至英坐強大，遂食諸國而獨握利權，使非血戰八年，美洲之土人將化爲蟲沙。此書叙戰事雖備，而庫賓斯之役華盛頓救穆爾于傷，達拉登足龍革阿衣郎之戰華盛頓腹背受敵，幾爲敵獲，兩事見《大美國志》。此二事皆于華盛頓有緊密之關係者，篇中獨付諸闕如，殆紀載之未備與？政黨之競爭亦立憲國無形之天演，然合衆國之設銀行必壟斷通國財政，大有損于社會之利益，駕革孫之排之拒之，公例也。北部執自由貿易主義，南部執保護主義，兩部

衝突，各執一說，非保護而袒自由，亦允論也。至于奴隸之問題，南北之戰爭勢弗能緩，一千七百九十年奴隸之數已有六十九萬七千六百九十六人，一千八百年復增二十餘萬，蓋當是時民力盡、民財窮，皆思爲奴隸以偷生，國家多一奴隸少一國民，七年之苦戰，保國民也，然則仞法之立、奴例之去，勢在必然，去奴例，興教育，兵、農、工、商諸事無不有學校以教之，即技藝亦教育之一。如蒸汽器、鐵道、電信機類。顧據一千八百八十八年國民中不讀書者居人數五分之一，而南部諸洲百人中約有七十人不讀書。夫南部諸洲日日有他國人之移住，無怪其蒙昧，何北部國民亦若，是其放棄耶？無惑乎限制華人之請有加無已也。雖然，美國，新造之國耳，地方新闢，荆榛初翦，非有舊制美俗以爲基礎也，而十三洲攘臂崛起，創完固之聯邦，定成文之法典，其仞法之美備、政體之善良，能使歐洲諸邦歡舞歌泣以隨其後，使非富于自治之精神、豐于平民之思想，則美爲英國之殖民，同爲盎格魯撒遜民族，而後來者能居上乎？讀《亞利美加通史》，于美洲之形勢已得其要領云。

顧燮光《譯書經眼録・史志》 《亞美利加洲通史》二卷。商務印書館《歷史叢書》本，二冊。戴任編譯。凡十章。一曰總論，言地理、人種、氣候、物產之類。二曰殖民之時代。三、四記競爭及革命之時代。五至八言仞法施行、仞法施政之時代，記各大總統之遞嬗，而分內亂、再興、發達三史。九曰文明史。十曰技藝。美洲自十四紀後發現，歐人據以殖民。迨華盛頓出，而創獨立，開西半球共和政體之先聲。厥後門洛、林肯、格蘭德、麥荆來諸人繼之，仞政、農商、美術、工藝遂足凌駕泰西。英雄造時勢，良有以夫！本書專記美之立國始末，墨西哥、巴亞各事，僅附一二。取名《亞美利加洲通史》，未免名實不符。

楊復等《浙江藏書樓乙編書目・圖史》 《亞美利加洲通史》二冊。桃源戴彬譯。商務書館鉛印本。

花旗國史

梁啓超《西學書目表・近譯未印各書》 《花旗國史》。施氏。益智書會。未印。

美史紀事本末

顧燮光《譯書經眼録・史志》 《美史紀事本末》八卷，首末二卷。《求我齋叢譯》木刻本，二冊。美姜寧著，章宗元譯。本書爲美國哈伐特大學校史學教授之本，凡十四卷。其前六卷，述開國前事，別譯爲《美國獨立史》。今譯其自總統始，都八卷，又首末二卷，起乾隆五十四年，迄光緒二十八年止。於美立國百餘年仞政共和、民政諸黨之興替，保守、帝國二主義之反對，南北西美之戰爭，皆能探原言之，足資讀史之證。其卷末原書僅附於上卷，以著者絕筆時西班雅之戰尚未結局。譯者採輯叢報之記補之，乃成完本。美史無善譯本，得此書讀之，可以無憾。至譯筆詳贍雅飭，無譯書陋習，洵屬通材。

美國史略

楊復等《浙江藏書樓乙編書目・圖史》 《美國史略》二冊。美國蔚利高著譯。美華書館鉛印本。

美國獨立史

顧燮光《譯書經眼録・史志》 《美國獨立史》一冊。譯書彙編社本。美姜寧原著，章宗元譯。原書前後各六卷，此爲前六卷。一、覓地之原；二、殖民之原；三、殖民地之進境；四、合衆；五、自主；六、立仞。蓋專記美國開國之史。其餘各卷，另譯爲《美史紀事本末》一書，可以參觀。

美國合盟本末

梁啓超《西學書目表・史志》 《美國合盟本末》。

南北花旗戰紀

徐樹蘭《古越藏書樓書目・政部・外史》 《南北花旗戰紀》十八卷。布希理哈。英傅蘭雅譯，華蘅芳述。《富強叢書》本。

米利堅志

梁啓超《西學書目表・史志》 《米利堅志》。岡千仞。日本刻本。三本。八角。

顧述廬《通學書籍考・史志類》 《米利堅志》四卷。日本河野通之譯，岡千仞刪述。時柳原前光駐紮吾京，爲交鄰使，岡君郵寄，囑吾國通人爲之評定。李善蘭爲之序，乃刻於日京。是書叙科倫布尋新州，至布堪南爲大統領而止，蓋在日本通海之時。其中叙華盛頓立國之事尤詳。米人近欲誘古巴爲聯邦，覩是史則知迭納爲統領之時，已有黨魁糾民六百人，往説之矣。雖其後國會曾擒治黨魁，然流風餘韻，自今不衰，致成西班牙之患。亦可見民主志氣之強，無怪全州之國，概變爲民主也。是書體例與《法蘭西志》同，而於叙米國立政之善，民氣所以能強之由，尚未能闡發也。

趙惟熙《西學書目答問・政學・史志學》 《米利堅志》。三冊。日本岡千仞撰。東洋本。

徐維則等《增版東西學書録・史志》 《米利堅志》四卷。日本原刻本，三冊。湖南新學書局本。上海石印湖南本。美格堅扶著，日本河野通之譯，日本岡千仞刪述。是書自敘科倫布尋新州，至一千八百六十年布堪南爲大統領止。其中述華盛頓立國之事尤詳。體例與《法蘭西志》同，但於政教沿革，風俗遷移，罕有發明，則猶不如《法志》也。益智書會印有施氏《花旗國史》，未印出。時務報館譯有《美國政書》，未出；日本經濟雜志原本、孫福保譯《非尼西亞國史》，未成。

徐樹蘭《古越藏書樓書目・政部・外史》 《米利堅志》四卷。美格堅扶。日本河野通之譯，日本岡千仞刪述。排印本。

楊復等《浙江藏書樓乙編書目・圖史》 《米利堅志》二冊。日本岡千仞、河野通之撰。鉛印本。

美國獨立戰史

通雅齋《新學書目提要・歷史類》 《美國獨立戰史》。上海商務印書館本。《美國獨立戰史》爲《萬國戰史》之一種，分上、下二卷，區以九編。日本澀江保著，中國東京留學生譯。第一編叙美與殖民地之軋轢，第二編至八編叙革命數大戰，第九編叙戰後情狀及種種政策，體段甚爲完善。美之隸于英也，蜷伏爲其屬土，重稅之軛制日有所增，主權損棄，美幾不國矣，使非舉兵抗爭，八年血戰，十三州之人民將沉淪終古而永無獨立之望。此書謂泰西數大戰，其可稱義戰者唯英國革命之戰與美國獨立之戰，此説頗爲允當。蓋戰爭之起不由于憂國愛民，而其成功則往往以專制之政略施于新造之國，如亞歷山大、拿破侖皆具有此種之思想，能犧牲一人，始終以利公衆者，唯華盛頓一人，英國白愛龍謂華盛頓優于拿破侖萬萬，是書頗采其説。唯英人殖民地與法、西殖民地之戰爭，有英王維廉之戰，有女王鞍之戰，有薛爾基王之戰，有法郎西、印度之戰，而薛爾基王之役適法屬路易司巴爾攻陷之時，此編未載其事，不無疏漏，且名臣列傳其本皆可單行，至于通史所紀不過取其人之犖犖大端系于夾注，著者以名將事實附于每節之後，捃拾細瑣，于當日戰爭之局漫無關係，又不著所出之書，使讀者無從考證。華盛頓之執政，其于內政、外交及調停黨派均有獨立之精神，夫內政莫難于經濟，而美則于一千七百九十二年凡農業會社、工業會社及機器、經財各會社均次第創設，外政莫難于交涉，而華盛頓峻拒法使，不刼英國之商舶，誠識時之

傑也，此二者皆合衆國獨立之結果，是書于內政、外交皆略而不詳，緣取載于伯通《合衆國史》、左司馬奧堪《美國革命史》二書，于戰爭後狀態皆無所錄，是書之略固有所承矣。左氏作《春秋傳》，凡戰爭之大者其因必種于數年之前，其果必見數十年之後，作者詳于革命之因而略于善後之策，首尾不能完具，作史者之大忌也。至譯者所附之考證，皆涉于煩瑣，補苴之功其亦不足道也已。

顧燮光《譯書經眼録・史志》 《美國獨立戰史》二卷。商務印書館《戰史叢書》本，一冊。日本澁江保著，中國東京留學生譯。書分上下二卷，區以九編。一、叙美與殖民地之軋轢。二至八，叙革命大戰，叙戰後情狀及種種政策。體例尚稱完善。美之隸於英也，困於重稅，盡失主權。華盛頓出，起兵抗英，血戰八年，乃得獨立，今且爲地球強國。使無此戰，則美之爲美，未可知矣。書中謂泰西數大戰可稱義戰者，惟英國革命之戰及此戰耳。其說甚當。蓋無愛國愛民之心，而窮兵黷武，此拿破侖所以致敗也。作者取材於伯通《合衆國史》、左馬司奧堪《美國革命史》二書，詳於革命之因而略於善後之策，以致首尾不能完具，亦屬闕憾。至譯者所附考證，涉於煩瑣，無裨實用。

《上海格致書院藏書樓書目・東西學書・史志》 《美國獨立戰史》。日本澀江保。一本。商務書館活印本。

楊復等《浙江藏書樓乙編書目・圖史》 《美國獨立戰史》一冊。日本澁江保著，留學生譯。商務書舘鉛印本。

傳記分部

地球一百名人傳

《上海格致書院藏書樓書目・東西學書・傳記》 《地球一百名人傳》。英李提摩太。上海蔡爾康。一卷。一本。廣學會活印。

楊復等《浙江藏書樓乙編書目・圖史》 《地球一百名人傳》一冊。英國李提摩太譯，林朝圻述。圖書集成局鉛印本。

廣學會編《廣學會譯著新書總目・史類》 《地球一百名人傳》。首本論宗教，次本論性學，末本論大臣。李提摩太君著，蔡爾康筆述。三冊。價洋四角五分。

世界名人傳

廣學會編《廣學會譯著新書總目・史類》 《世界名人傳》。今通中外，研究歷史上重要之人物。是書由英國張伯爾《名人字典》譯出，採其事跡，提要鉤元，不啻吸取世界歷史之精髓，是謂傳記惟一之鉅帙。全書二十五卷，一冊。價洋三元。

世界英雄論略

廣學會編《廣學會譯著新書總目・史類》 《世界英雄論略》。今日時代，人人崇拜英雄，亦人人英雄自勵矣。世界事，亦英雄整理。此書計六章，論古時英俊十一人。洋裝一冊。價洋二角。

古雄逸語

徐維則等《增版東西學書録・史志》 《古雄逸語》一卷。《蒙學報》本。日本幸田露伴著，日本松林孝純譯。顧補。

泰西歷代名人傳

顧燮光《譯書經眼録・史志》　《泰西歷代名人傳》六卷。上海鴻寶齋石印本，四冊。滙報館原譯，徐心鏡增訂。始洪荒，迄光緒，凡百三十餘人。各以所長，分註目録之下，計分德行、政事、武功、神勇、才智、辭令、帝王、將相、碩儒、教士、性理、哲學、天文、輿地、醫算、格致、形性、農化各類，尤爲明晰。卷首另列圖十二幅，殊便檢查之用。原書係彙滙報而成，故多敎士列傳。然紀元以前，泰西文化未進，其儒者，半敎中人。得此書考核古事，或亦柔日讀史之一助與！

楊復等《浙江藏書樓乙編書目・圖史》　《泰西歷代名人傳》四冊。浙江徐心鏡輯。鴻寶齋石印本。

泰西名人事略

廣學會編《廣學會譯著新書總目・史類》　《泰西名人事略》。季理斐先生著。價洋三角。

泰西豪傑言行録

楊復等《浙江藏書樓乙編書目・圖史》　《泰西豪傑言行録》一冊。日本秋山哲藏箸。廣益書局鉛印本。

環球國主表論

徐維則等《增版東西學書録・史志》　《環球國主表論》一卷。《滙報》本。滙報館譯。論中引西儒亞利之言，並云君主民主、君民共主，皆有損益，貴在得人而理，自是公論。表中所記人數、面積，皆由西書譯出，指本國而言，屬地不在內。顧補。

天下各國帝王總統姓氏即位年歲表

徐維則等《增版東西學書録・史志》　《天下各國帝王總統姓氏即位年歲表》一卷。《通學齋叢書》本。周道章、許同藺輯譯。顧補。

闢地名人傳

《上海格致書院藏書樓書目・東西學書・傳記》　《闢地名人傳》。愛德華。王汝宇。一本。商務書館譯印本。

歐洲八大帝王傳

梁啓超《西學書目表・史志》　《歐洲八大帝王傳》。李提摩太。廣學會本。一本。

顧述廬《通學書籍考・史志類》　《歐洲八大帝王傳》。廣學會本。英李提摩太著。是書凡八篇，將歐洲古今帝王事蹟略編成帙，以爲談歐事者之一端耳。

趙惟熙《西學書目答問・政學・史志學》　《歐洲八大帝王傳》。一冊。英李提摩太譯。廣學會本。

徐維則等《增版東西學書録・史志》　《歐洲八大帝王傳》一卷。廣學會本，一冊。英李提摩太著。亦名《歐洲八帝紀》，輯八帝事，各自爲傳。歐洲往古戰爭之跡，於此略見。其振興文學，創修新政，由草昧而進文明，亦粗具梗概。雖寥寥數葉，固談歐事者一助也。《知新報》印有英約翰巴羅著、周逢

源譯《俄皇大彼得傳》□卷，東亞書局譯有《亞歷山大王戰記》，《譯書公會報》印有英拔納脫司密剌著、張令宜譯《維多利亞載紀》十二卷，均未成。

楊復等《浙江藏書樓乙編書目·圖史》 《歐洲八大帝王傳》一冊。英國李提摩太著。廣學會鉛印本。

廣學會編《廣學會譯著新書總目·史類》 《歐洲八大帝王傳》。李提摩太君特將歐洲古今帝王事蹟編成一冊。價洋八分。

自由三傑傳

顧燮光《譯書經眼録·史志》 《自由三傑傳》一卷。《譯書彙編·傳記叢書》洋裝本。黨民子譯述。書記威臘斯、勃魯士之拒英，獨立於蘇格蘭。維廉德爾之拒日耳曼，獨立瑞士。備歷艱難，前仆後繼，卒達其目的，孰謂匹夫之可侮哉？

社會改良家列傳

通雅齋《新學書目提要·文學類》 《社會改良家列傳》。上海大經書局本。《社會改良家列傳》，日本松村介石著，中國郁任譯。其中叙威廉倫革蘭、約翰波羅、思甫卑侯、他思謨羅、約翰威思來、宇盧白盧啞斯之歷史，此數人者皆迷信宗教而持平民主義以思改革社會者也，十四世紀以前，各國平民之爲非道壓制者幾不忍言，自威廉倫革蘭之《哀細民歌》、約翰波羅激烈之演説，遂激起十四世紀英國社會之變動，自此以來，或唱社會主義，或唱自由宗教主義，社會上之積習掃除凈盡，而人人乃知自由之幸福。雖然，諸家之主義雖不外犧牲一人以利公衆，然天主、耶穌等教迷信過深則易滋流弊，著者只録其長而彌縫其短云。

泰西八大愛國者傳

楊復等《浙江藏書樓乙編書目·圖史》 《泰西八大愛國者傳》一冊。日本下里彌生著。惠學書局鉛印本。

亞洲三傑

《上海格致書院藏書樓書目·東西學書·傳記》 《亞洲三傑》。帖木兒、成吉思汗、豐臣秀吉。一本。時中書局譯印本。

世界十二女傑

顧燮光《譯書經眼録·史志》 《世界十二女傑》一卷。廣智書局洋裝本，一冊。日本岩崎徂堂、三上寄鳳合著，趙必振譯。彙集法之沙魯士格兒垤孃、蘇泰流夫人、加安打娘、朗蘭夫人，意大利之加釐波兒地夫人、路易美世兒女史，俄之女帝伽陀釐，英之縷志發珍遜女、克路崎美蘇女王，西班牙之女王伊紗百兒，美之扶蘭志斯娘，普之王后流易設，共十二人。或身刺亂黨，或盡忠國事，或身支危局，或力犯艱難，或具桀驁之天才，或擅奸雄之本領。薰猶同列，足爲女界之鑑。譯筆贍雅，可歎觀止。

《上海格致書院藏書樓書目·東西學書·女學》 《世界十二女豪傑》。日本岩崎徂堂，三上寄鳳。武陵趙必振。一本。廣智書局本。

楊復等《浙江藏書樓乙編書目·圖史》 《世界十二女傑》一冊。日本岩崎徂堂、三上寄鳳箸。武林趙必振譯。廣智書局鉛印本。

世界十女傑

通雅齋《新學書目提要·歷史類》 《世界十女傑》。上海譯書局本。《世界十女傑》一書，不著撰人名氏，載烈女閨秀諸傳，大約以《十二女傑》爲藍本，其已于叢報中印行者刪之，其于世界無緊密關係者削之，而取裁于他書以補增焉。此書之體例與《列女傳》略似而宗旨迥別，中國之女學備載于《內則》一冊，以勤儉爲賢，以無才爲德，故女子之主義大抵以殉父、殉姑、殉父母爲應盡之天職，其矯情從事以博名譽于鄉里者無論已，即有一二出于至誠亦不過盡其心力以犧牲一人，此倫理家、教育家之所不取。是書之出，爲言女學者之標本，于世界甚有裨益，唯叙述之體貴簡明而該貫，篇中譯述富于六朝字句，雖修辭之意，未免涉于空論，傳記體裁似有未協。且是書內容多取野史爲證，潤色之詞頗及瑣屑雜事，不盡關乎大綱，如美利萊恩持珈琲面包以飼生徒，撫慰病狀，毛舉細故亦擇焉不精之處。至謂馬尼他爲紅粉俠、奈經慨盧爲普救主，殆以名詞新穎，故據爲標目與？顧稱伽陀厘曰露西亞怪魔，蘇泰流曰那破侖勁敵，名目固未切合，且無意義可索，不得謂非此書之所短。雖然，中國之女學已盡沒矣，中國之女權已久失矣，蒲柳之質、愁病之身，久視爲玩具，付諸無足重輕之列，豈知天下之大，一人有責，一介嬋娟千鈞一發，自十五世紀以來能力挽狂瀾，使一草一木百世下尚得飲平和幸福之澤者，其出于女子之手豈少也哉？篇中所述不無近于瑣雜，然皆史氏之所未詳，固足以備史家之參考，且于女權之提唱亦稍爲臂助云。

顧燮光《譯書經眼録·史志》 《世界十女傑》一卷。上海譯書局本。不著撰譯人名氏。所載列女閨秀諸傳，大約以《十二女傑》爲藍本，其已於叢報印行者刪之，於世界無關係者削之，而取裁於他書以補增之。其體例略似《列女傳》，而宗旨迥別。雖雜瑣事皆爲史氏之所不詳，文筆多六朝氣習，具徵述者修辭之功。

惹安達克

楊復等《浙江藏書樓乙編書目·圖史》 《惹安達克》一冊。日本中內蝶二著。鉛印本。

亞歷山大

通雅齋《新學書目提要·歷史類》 《亞歷山大》。上海新民譯印書局本。《亞歷山大》一書爲《世界歷史》之一種，區一卷爲十三章，日本文學士幸田有成著，武陵趙必振譯。著者于亞歷山大之功罪評論悉當，獨于其戰事略而不詳，紀元前三百三十五年平希臘，三百三十二年取埃及，三百三十一年陷蘇撒、亡波斯，三百二十六年征印度，以十三年之治世間，其躬歷戰陣滅國者三，幷地數萬里，奇偉之戰績，亞歷山大實開其端，此書僅叙述波斯之戰，意埃及、蘇撒已屬于波斯，故以波斯概之與？不知埃及雖滅于波斯，然一叛于紀元前四百六十二年，再叛于三百六十二年，埃之獨立者百數十年，至亞歷山大而始定其全土，《萬國史綱目》直書曰亞歷山王取埃及于法，甚合，獨是亞歷山大之戰功固昭昭在人耳目間，然聽婦人之言而焚波都補奚賀利斯，信讒言而戮忠臣，列名他斯。因醉而殺良將，科拉伊托斯。皆爲名譽上之一大污點，歷史家每叙其功勛于其失德之處均粉飾其詞，史家之失實沿爲體例，此著直書其事，略無隱諱，固足以補通史之闕，且可以資學者之考證，雖篇帙寥寥，亦當以信史視之矣。

顧燮光《譯書經眼録·史志》 《亞歷山大》一卷。新民譯印書局本。日本幸田有成著，趙必振譯。全書十二章，評論亞歷山大之功罪悉當，獨於其戰事略而不詳。雖叙述波斯之戰，然不足以概其戰蹟。至記其失德之處，直書而無粉飾之辭，可以當信史讀矣。

楊復等《浙江藏書樓乙編書目·圖史》 《亞歷山大》一冊。日本幸田友成著，武林趙必振譯。譯印書局鉛印本。

愷撒

通雅齋《新學書目提要・歷史類》 《古羅馬之首傑凱撒》。上海人演社本。

《凱撒》一書，分十一章。美國克拉哥著，秀水張大椿、陽湖沈聯譯。此編只叙凱撒之戰事，似爲凱撒一人之私史，然羅馬之所以強、高魯之所以克，頗能述其梗概，且于當日世界之形勢亦多有所表見，于史學要不爲無益。當高魯未屬羅馬之先爲富里高魯，合白耳義、若耳治、愛闊塔尼亞三大部而成，其兵力之強，久爲羅馬之所懼，高魯之克，實凱撒之功，然高魯大革命烏新及力之慘狀，凱撒鹵莽之咎，有百喙莫能辭者，失志則餒，得志則驕，鈹交于胸，禍非天降，實自招耳。觀第五章與第十章之所紀，首尾頗爲完具，日爾曼之役爲紀元前最慘酷之一戰，兵戈十年，震動數千里，凱撒之瀕于死者亦更仆難數，卒能以肆殺之手段大捷于來因河上，其功顧不偉與？此書述日耳曼之戰事略而未詳，讀史者不無憾焉。然一戰之功，殺戮者不可以數計，俘囚之虜烹其大半，餘皆沒爲奴，隨征之兵專事劫掠，豈法律之不嚴歟？蓋戰爭之際，志存利己，衆軍將士得乘其隙，投其好而肆其毒，羅馬史述客持蘭之論，謂凱撒欲壑難填，貪心靡饜，有利可圖者，雖魚肉糜爛生民而不顧，旨哉斯言！篇中略于日耳曼之戰事，殆有說以處此。專制之策，處野蠻之邦所不可闕，埃及之破也撒則攬求其權，高魯之降也撒則厭制其民，半開化之國，政令、法律紊如亂絲，非力行專制之法不能挽回其衰，然羅馬國勢與埃及異，法令、制度雖未完善，然白羅脫、開蘇司、屈里朋及黎搿立諸人皆各據黨羽，思握羅馬之利權以稱雄于一世，凱撒之回羅馬，宜開誠布公與黨人同心協力立共和之政治，以救祖國數百年之弊，吾知白、開諸人亦無不首肯者，其思礪刃而剸其腹者誰與？乃欲執羅馬之全權，凡屬國務悉歸裁定，事無可否欲行則行，衆怒難犯，彼豈不知且稱帝號傳子孫詎斯時之所能乎？散萬金以結人心，此人情之大忌，何怪妒之、惡之而密謀殺害之者日伺其側也。挨哀司之會，反對黨之叵測，雖愚者知之，惑于爲王之說而以身相殉，爲公乎，爲私乎？論者或謂犧牲一人以利公衆，此後世曲原之詞，不足據爲定論。此篇詳叙事實于前而以諸家之論斷附于卷後，頗足以資證訂，唯夢寐之奇、神鬼之幻，類于小說家言，然妻惑于夢，凱撒惑于妻，凱撒之願力吾于此篇第九章知之，則此夢又不可不詳者。

顧燮光《譯書經眼録・史志》 《愷撒》一卷。上海人演社洋裝本。美克拉哥著，張大椿、沈聯譯。本書分十一章，祇叙愷撒之戰事，似爲愷撒一人之私史。然羅馬之所以強，高盧之所以克，頗能述其梗概，且於當日世界形勢，亦多表見。愷撒爲羅馬首傑，以善戰稱，然嗜殺成性，卒不得其死，豈非不學無術之爲累乎？著者叙事實於前，而以諸家論斷附於卷後，頗足以資證訂。

楊復等《浙江藏書樓乙編書目・圖史》 《愷撒》一冊。英國克拉哥著，秀水張大椿、陽湖沈聯譯。人演社鉛印本。

羅馬古傳圖說

徐樹蘭《古越藏書樓書目・政部・外史》 《羅馬古傳圖說》一卷。英傅蘭雅。《格致彙編》本。

彼得中興記

徐維則等《增版東西學書録・史志》 《彼得中興記》一卷。《知新報》本。容廉臣譯。言彼得幼時受制於姊及士土李列黨人，卒能削平大難，大振乾綱。微行至歐洲，以致強大其國，俄遂因之中興，至今猶強，可不謂之令主與？斯編詳於彼得幼時之事，而於遷都彼得羅堡，滅荷蘭，凌瑞典，概付闕如，未爲詳備。

彼得大帝

通雅齋《新學書目提要・歷史類》 《彼得大帝》。上海文明書局本。《彼

得大帝》一書爲《世界歷史譚》之一。日本佐藤信安著，譯者署名曰愈愚齋主，不知爲何許人。此書叙彼得之生平，詳其細事而略其大端。彼得之優點在富于獨立之思想、進取之精神，洞府吴路基所謂「先帝所能者，一治國以公，二改革弊習，完成海、陸軍之備，三大開門戶，愼重外交，輸入文化，增進國益」，此語雖近諂諛，然俄當一千六百九十年間，其國土曠漠，其物產稀少，其國民野蠻蒙昧，彼得即位，親赴荷蘭學種種技術，歸而教其子弟，十七世紀之俄非專制不足以挽回其衰，日儒松陰有言曰「專制者亦國家必經之階級」，誠哉斯言，且彼得專制非逞其權勢而已也，深明夫專制之宗旨，實盡夫專制之責任，故其民以安，其國以強，後王奉其遺訓而不知精神之所在，徒用飼狙豢虎之政術以爲罔民之地，何怪虛無黨、無政府黨之日日磨礪以須也。然則彼得殆專制之厲階與？曰不然。專制非害，無法主之專制乃爲害，環球六十餘國苟皆如彼得之專制，則民權可斥，君權可正，何論乎共和政治，何論乎周旋其間之立憲政治。今之論彼得者莫不謂其私天下之心達于極點，不知私之極即公之端，彼得之于天下眞能私天下者也，能私天下則于公爲近矣。此書謂彼得建立事業如有狂癖，聞女尼夫開河既竣，遂力疾往視，以其有利于國也，國之利即民之福，洞氏所謂治國以公者，蓋于其至私之處見之，至其經略全歐進取之精神更足以陵轢一世，天縱不假其年而影響及于子孫，能使日盛月強，馴至今日，爲世界第一雄邦，吾故謂波鱉那士德夫之罪雖不可勝誅，然必臥薪嘗膽以求達其目的，要亦彼得之功臣也。昔李克用臨終以三矢賜存勖曰：「吾有三仇，願汝毋忘。」其後存勖破梁及燕，還矢太廟，作史者譏其不終，而豈知其進取之精神誠足睥睨一世，視彼忘河北難，甘以根據之地拱手以讓外人者，其度量相越豈不遠哉？

顧燮光《譯書經眼録・史志》　《彼得大帝》一卷。上海文明書局洋裝本，一本。日本佐藤信安著，愈愚齋主譯。本書凡九章，叙彼得生平事蹟，詳於細事。其雄才大略，語焉未詳。瑣碎之譏，當無可遁。卷末附彼得遺訓十五款，足徵俄人陰謀，蓋有所受之矣。

《上海格致書院藏書樓書目・東西學書・傳記》　《大彼得傳》。愈愚齋主譯。一本。文明書局活印本。

楊復等《浙江藏書樓乙編書目・圖史》　《彼得大帝》一册。愈愚齋主譯。文明書局鉛印本。

俄皇彼得傳

楊復等《浙江藏書樓乙編書目・補遺》　《俄皇彼得傳》一册。日本佐藤信安著，甘泉毛乃庸譯。刻本。

俄國歷皇紀略

廣學會編《廣學會譯著新書總目・史類》　《俄國歷皇紀略》。林樂知譯，范禕述。自俄開國之皇魯立克，至今皇尼古拉第二。分上下兩卷，附録政法各制。一本。價洋一角五分。

德王紀略

徐維則等《增版東西學書録・史志》　《德王紀略》一卷。《知新報》本。英倫頓溫故報著，周靈生譯。記威廉第二之事，瑣屑無足觀。末段言德國稅項等事，足資考證之用。《亞東時報》有《德意志皇帝略傳》，可參觀。顧補。

俾斯麥傳

徐維則等《增版東西學書録・史志》　《俾斯麥傳》一卷。《知新報》本。知新報館譯。言俾思麥治德事綦詳，可資考證。集成報有《俾斯麥小傳》一篇，可參觀。勵學譯編館新譯有《俾士麥傳》，未刊。顧補。

俾斯麥傳

通雅齋《新學書目提要・歷史類》 《俾斯麥傳》。上海廣智書局本。《德相俾斯麥傳》一卷，分爲八章。題云上海廣智書局同人編譯。所紀事實能檃括得要，附錄逸話亦非無益之談。篇中論斷列其一生政策爲三，略謂改革軍政聯奧以破丁抹按即舊譯「丹馬」爲一事，破丁抹後結法以破奧爲第二事，摧喪法威以張霸權爲三事云云，此蓋自其顯著者言之，實則改革軍政者，內示聯邦以新容，外向列國以實力，其攻丁抹而必約奧者，固以資其兵威，即以分地之事以激之怒而使必出于戰也，戰奧之役以聯捷之勢而不入其都城者，所以爲示恩之舉，使敵國畏威懷德，不至起復仇之心，則異日南向以與法戰更無內顧之憂也，與奧戰而先以地許法者，既以敗其助奧之約，即用此以樹法人之怨，使之憤鬱不平，反致先冒不韙，而曲直之數，勝負亦以判之也。迹其生平運用之謀，蓋略近于古人鉤距之術，覽兹所載，如見其用心矣。至其辭職之由，此傳記之頗悉，其謂威廉第二帝命凡經國要務不與之議一事，按德意志自改聯邦以後，其權集于普魯士國宰相一人，所以維持本邦之勢，新皇此命雖有憾于俾司麥，實與國權有關，當時上書力爭，良以此故，所述此節未及兹意，似不甚明晰也。若乃臨終題墓之言，諒同烏盡弓藏之慨，所列評論各節或至以此爲譏，當是迂生以辭害意，不足病也。昔晉袁宏作《三國名臣序贊》，其于諸葛忠武則曰：「武侯處之無懼色，繼體按之無貳情，君臣之際，良可咏矣。」竟讀是傳，有感斯言，抑亦異地而遙契者焉。

顧燮光《譯書經眼錄・史志》 《俾斯麥傳》一卷。上海廣智書局本。上海廣智書局同人編譯。全書凡分八章，紀卑斯麥事實，能括其大要，附錄逸語，亦非無益之談。篇中論斷，列其一生政策爲三，略謂改革軍政，聯奧以破丁抹爲一事。破丁抹後，結法以破奧爲第二事。摧喪法威，以張霸權爲第三事。蓋皆自其顯著者言之。跡其平生運用之謀略，近於古人鉤距之術。覽兹所載，如見其用心矣。

《上海格致書院藏書樓書目・東西學書・傳記》 《俾斯麥傳》。一本。廣智書局譯印本。

楊復等《浙江藏書樓乙編書目・圖史》 《俾斯麥傳》一冊。闕名。廣智書局鉛印本。

卑斯麥

顧燮光《譯書經眼錄・史志》 《卑斯麥》一冊。少年社洋裝本。愛卑斯麥者譯。本書凡分四章，曰傳略，曰鐵血政略，曰國家社會主義，曰評論。章分若干節，每節系以譯者識語。寥寥數千言，頗有餘音不絕之趣。

鐵血宰相

楊復等《浙江藏書樓乙編書目・雜誌》 《鐵血宰相》二冊。日本吉川潤二郎著，崇明錢應清、無錫丁疇隱譯。文明書局鉛印本。

奧后特勒薩實録

廣學會編《廣學會譯著新書總目・史類》 《奧后特勒薩實錄》。奧后一生事蹟。英國哲美森夫人撰，華任保羅譯。一冊。價洋二角。

梅特涅

顧燮光《譯書經眼錄・史志》 《梅特涅》一卷。競化書局洋裝本。日本森山守治著，陳時夏譯。梅特涅，奧之名相也。其政策以抑自由、重主權爲宗旨，其功業以覆拿破崙、倡神聖同盟爲歐西各邦推重。卒以操縱失宜，身逐國亂，爲天下笑。然其人之才智，固未可厚非也。書凡五章。一、總論；二、梅特涅之修業時代；三、四，梅特涅之成業時代；五、梅特涅之末路。

全書於梅之生平事蹟，言之綦詳。於其崇專制，抑民權處，獨著深意。殆有前車之感也夫。始於千七百九十五年，終於千八百四十五年。

加里波的傳

通雅齋《新學書目提要・歷史類》 《加里波的傳》。上海廣智書局本。

《加里波的傳》一卷，題云上海廣智書局同人編譯。按加里波的一身之行事關于全國之中興，此篇雖專記一人，實則意大利復國記也，以浹逷洞冥之奇功而中國向者蓋無述焉，或至不能舉其人名，固陋之譏，何啻墮霧。此傳之作，不惟關係舊聞，抑且有資興起，其命意自有所託，叙事之作而以憑吊之文行之，并附逸話數則，是列傳之變體，求之中國史家舊例，則《晉書》夏統一傳是其所昉也。

顧燮光《譯書經眼録・史志》 《加里波的傳》一卷。上海廣智書局本。

廣智書局編譯。加里波的爲意大利建國三傑之一，此書即叙其事蹟。雖爲一人私傳，實意之復國史也。

《上海格致書院藏書樓書目・東西學書・傳記》 《加里波的傳》。一本。廣智書局譯印本。

楊復等《浙江藏書樓乙編書目・圖史》 《加里波的傳》一册。闕名。廣智書局鉛印本。

噶蘇士傳

楊復等《浙江藏書樓乙編書目・圖史》 《噶蘇士傳》一册。日本島田文之助著。新民譯印書局鉛印本。

意大利興國俠士傳

徐維則等《增版東西學書録・史志》 《意大利興國俠士傳》一卷。上海譯書局本，一册。日本松井廣吉著，日本橋本大郎譯。意大利爲羅馬舊都，地居濱海，有國數十，常見侮於強國，幾難自立。於是聯邦之議起，辛苦堅卓，卒列於大邦。是書所記，人各爲傳，皆曩時君相志士之事迹。其上下同志，奮發自雄之概，猶令讀者興起。《彙編二》有《英國傳蘭克令傳》，又《三》有《法國巴司嘎拉記》、《瑞典立尼由司記》，又《四》有《科倫探新洲紀略》、《英國高布敦紀略》，又《六》有《探地名人傳略》，又《七》有《英國瓦特傳》，特附記於此。東亞書局譯有《日本四十七俠士傳》二卷，《日本寬政勤王三奇士傳》，未出。譯書公會報印有英駱盤鐵著、沈晉熙譯《威林呑大事記》，未成。

徐樹蘭《古越藏書樓書目・政部・外史》 《意大利興國俠士傳》二卷。日本松井廣吉，日本橋本大郎譯。上海譯書局本。

英王亞弗勒傳

廣學會編《廣學會譯著新書總目・史類》 《英王亞弗勒傳》。是書詳載英國當九世紀時，如何外攘夷狄，內修政治，聯三島之民，開一統之國。一巨册。價洋二角五分。

英王肥柁喇亞盛德記

廣學會編《廣學會譯著新書總目・史類》 《英王肥柁喇亞盛德記》。述女王生平，盛德懿行。華立熙著。一册。價洋一角。

愛爾蘭威廉母傳

徐維則等《增版東西學書録・史志》 《愛爾蘭威廉母傳》一卷。《農學報》本。英熱地農學報本，農學報館譯。威廉母姓盂爾器，盂爾器譯言游行之人也，爲愛爾蘭望族。傳中所紀，皆威廉母措施農商，設立行棧各情形，

并稱其善於種植加非，並精於泡製，以致巨富云。顧補。

訥耳遜傳

通雅齋《新學書目提要・歷史類》 《訥耳遜傳》。日本東京譯書匯編社本。《訥耳遜傳》分一卷爲四章，英國羅培索叟述，東京譯書彙編社譯。是編叙訥耳遜之歷史，不過訥耳遜一人之私傳，然英國海軍之發達，其進步備載此編，且當時歐洲之形勢及英、法用兵之方略亦多有所表見，雖撮舉大概而英雄時勢之關係端緒分明，于讀史者固不無裨益。唯于千七百九十八年地中海之戰，英艦過堪其亞之時實與法艦同行，遜以無備，未敢進擊，至失敵艦之所在，迨復行搜索，往返千八百里，雖三旬而無功，《萬國史綱目》記其事頗詳，此篇謂烟霧迷漫，遂失法艦之所在，未免近于粉飾。至樹旗于羅馬都城遂盡驅羅馬之法人，復意大利土地遂盡驅在意之法人，遜之志滿氣盛，或不免有夸大之語，然欲實行其政策則俄與丹墨、瑞典均有間接之關係，英雖稱海上王，而以敵一國之力與四國構難，其勢亦有所不敵，作者欲張大英國之海權，遂鋪張其詞，以高訥耳遜之價値，非可以傳信者也。至所紀事實皆不載年月，意旨固不無重複，且無以資學者之參考，亦此書之所短也。

顧燮光《譯書經眼録・史志》 《訥耳遜傳》一卷。日本東京譯書彙編社本。英羅培索叟述，譯書彙編社譯。是書分四章，記訥耳遜一生歷史。於英之海軍發達進步，備載其間，且於當日歐洲形勢，英、法用兵之方略，亦多表見。雖撮舉大略，而英雄、時勢之關係，端緒分明。於讀史者，固不無裨益焉。惟所記事實，皆無年月，無以資學者參考。此則體例之未盡善者矣。

楊復等《浙江藏書樓乙編書目・圖史》 《訥耳遜傳》一册。譯書彙編社輯譯。鉛印本。

納爾遜傳

《上海格致書院藏書樓書目・東西學書・傳記》 《納爾遜傳》。日本中村佐美。江陰何震彝。一卷。一本。商務書館活印本。

寧耳遜

楊復等《浙江藏書樓乙編書目・補遺》 《寧耳遜》一册。國民叢書社譯。東洋鉛印本。

海軍第一偉人

楊復等《浙江藏書樓乙編書目・圖史》 《海軍第一偉人》一册。金匱侯士綰譯。文明書局鉛印本。

沙裴伯雷傳

廣學會編《廣學會譯著新書總目・史類》 《沙裴伯雷傳》。是書乃英國沙君改革一切政治，定律法，興商業，莫不有益於國民。今經莫安仁先生譯出，一厚册。價洋五角。

格蘭斯登傳

廣學會編《廣學會譯著新書總目・雜著》 《格蘭斯登傳》。格氏之爲

人，内而骨肉至親，外而朋友僚屬，無不敬而愛之，奉爲模範。《詩》有云：「高山仰止，景行行止。」如格氏者，其足以當之矣。洋裝一册。價洋三角。

格蘭斯頓

楊復等《浙江藏書樓乙編書目・圖史》　《格蘭斯頓》一册。日本近松宇太郎著。人演社鉛印本。

畢維廉傳

廣學會編《廣學會譯著新書總目・雜著》　《畢維廉傳》。畢君當日，位高望重。外則但知與各國君相相往來，內則但與各邑之操選權者相結納，故下議院同心之政黨，恆居三分之一；即在上議院中，亦常優勝之權也。洋裝一册。價洋二角。

克萊武傳

通雅齋《新學書目提要・歷史類》　《克萊武傳》。上海商務印書館本。

《克萊武傳》，英國麥可利著，上海商務印書館譯印。是編于克萊武之事叙述甚多，然自戰功外，凡學説、政策、思想皆略而不詳，殆武人中之卓卓者與。然當十八世紀之頃，英吉利以三島之雄，逞蠶食之志于中亞，而五印度國相繼淪夷，不數十年而盡歸英人之掌握，借商以滅人國，克萊武亦世界之一偉人。蓋自幼齡東渡爲印度公司之一書記，其經營事務凡在印度洋及太平洋諸國有專用貿易之權，克萊武之組織儼欲吸取五印度之精血而空之，而二十餘萬里土地、二萬萬人口之大族可以不勞一兵、傷一艦撫而有之，如拾芥然，不然，以區區之書記，安能率商兵數百使印度帝國盡隸于英之版圖乎？是編述印度衰頽之狀，西力東漸之原，及克萊武開拓商務之策，多西史之所未載，頗足以資考證。至所記奈泊伯暗于外情，不無失實之處，然其交涉之失策，與中國政府終日以聯英拒俄、聯俄拒英，津津然以較量者，宛異世而同揆，洵中國之法鑑也。唯謂克萊武得他項貯蓄以爭選舉于國會，又謂私受米路巨金及欺華米準壽等事，種種罪惡臚具是編，不知自古英傑雖拿破侖、華盛頓猶不能無微疵，克萊武奏偉功于東洋，亦宜依大功不顧微瑕之例，不得以普通刑律例之，閲是書者取克萊武之大節，不必以所列罪案以沒克萊武之功也。

顧燮光《譯書經眼録・史志》　《克萊武傳》一卷。商務印書館本洋裝本。英麥可利著，商務印書館譯。印度以二十餘萬里之國，英人克萊武以商會書記，不勞一兵，遂墟人國，可不謂之人傑哉？是編雖爲克氏私傳，然其述印度衰頽之狀，西力東漸之原，及克氏開拓商務之策，皆有關於印度滅亡，且多西史所未載，頗足以資考證。惟於戰功外，凡學説、政界、思想，皆略而不詳，殆武人中之卓卓者與？

《上海格致書院藏書樓書目・東西學書・傳記》　《克萊武傳》。英麥可利。一卷。一本。商務書館活印本。

楊復等《浙江藏書樓乙編書目・圖史》　《克萊武傳》一册。英國麥可利著。商務書館鉛印本。

畢查但傳

廣學會編《廣學會譯著新書總目・雜著》　《畢查但傳》。查但晚節，參錯無常。總其大綱，厥有三焉。一曰整頓愛而蘭、印度及各屬地治法，使之盡善。二曰整頓仍法及議院之制度，俾合時宜。三曰消弭美州各屬地及美國之爭端，永保和平。洋裝一册。價洋二角。

巴賴德傳

廣學會編《廣學會譯著新書總目・史類》　《巴賴德傳》。近世英國名人，令人敬愛者，莫若巴君。樸誠仁藹，天資明達，思慮詳愼，膽識逾人。其心之所宣者，必達於口，無所畏葸。前英國數十年情形，與中國現在無異。如選舉、和平各問題，足供今日中國之借鑑。願政界中偉大人物兀然崛起，使弱爲強矣。洋裝一冊。價洋二角五分。

亞但氏約翰傳

廣學會編《廣學會譯著新書總目・史類》　《亞但氏約翰傳》。約翰自少及壯，無驚人處，人亦莫測其有異稟而爲大器者，惟是留心於時務，凡係國事，無鉅細，有聞必錄。即其生平行誼，亦自敍甚詳，均載日記。洋裝一冊。價洋一角二分。

戈登將軍

通雅齋《新學書目提要・歷史類》　《戈登將軍》。上海新民譯印書局本。《戈登將軍》一書，爲《世界歷史譚》之二。日本法學士赤松紫川著，中國趙必振譯。是篇于戈登戰事敍述甚詳，始立功于中國，繼立功于埃及，殆以殘忍之手段慣爲人以戮同種者與。第考《東華錄》所載，戈登之志不在平他國之內亂，而在藉武功以干涉人國政，觀其勸改革軍隊之編制及國防戰略等事，駸駸乎欲參淸政府之權，奈兩渡淸國，志皆未逞，一千八百七十三年得埃及政府之請，遂從事于埃及之政界，戈登之顧問官至無一埃及人，戈登之作用豈僅僅爲頭銜計耶？雖然，戈登能擴張其國權，中國則委兵權于異族以鋤同種，記云有知之屬莫不自愛其類，嗾犬以噬人，其何心耶？管子固嘗戒之矣，一則曰「毋仕異國之人，是爲失經」，再則云「疏戚而好外，企以仁而謀泄，此所以危」，況聽外人以救其難而謂可以立武，其亦知同類之傷非族之福，謀國者之大忌乎？夫春秋謀戰，未嘗不用客卿，楚之起疆、秦之獲志、吳越之狡焉以競噬，不能不借材于異地，然皆他國不能自用其材，激之使亡，故我得資其用，非乞于他國而他國貽之以良也，矧國家之畛域、種類之殊別者乎？金田之亂，不過內部之競爭耳，而乃延異服異言數十輩，持以太阿，使同種人相魚肉，悲夫異哉！數十年來，白皙人種遍于亞洲大陸，玩漢人于掌，碎漢人于齒，蹈漢人于足，何莫非己之召之與？春秋之時，衛人伐邢，殺二禮而滅之，禮至爲銘曰：「余掩殺國子，莫余敢止。」一則詐以滅同姓，一則延異種類以滅同種，愛情之絕、人心之死，中國人之特性何如出一轍耶？吾因戈登之事而不能不有痛于漢族，至于戈登之爲人，他事無所傳，惟其區區之戰功，亦備載于此編，補史氏之所闕，于學者不無裨益云。

顧燮光《譯書經眼録・史志》　《戈登將軍》一卷。新民譯印書局本。日本赤松紫川著，趙必振譯。是書爲《世界歷史譚》之二，敍述戈登戰事甚詳。始立功於中國，繼立功於埃及。其宗旨，在藉武功以干涉政權。其志雖未得逞，其心亦甚狡矣。用客卿者，愼毋惑於小忠小信，而太阿任其倒持也。

楊復等《浙江藏書樓乙編書目・圖史》　《戈登將軍》一冊。日本赤松紫川著，武林趙必振譯。新民譯書局鉛印本。

威廉振興荷蘭紀略

徐維則等《增版東西學書録・史志》　《威廉振興荷蘭紀略》二卷。廣學會本。廣學會譯。歷叙威廉雄才大略，功業巍巍，而其道仍不外「敎養」二字，洵興邦之左券也。顧補。

廣學會編《廣學會譯著新書總目・史類》　《威廉振興荷蘭記》。威廉，荷蘭名王。敍其信奉耶穌，以興其國。二冊。價洋二角。

拿破侖

顧燮光《**譯書經眼録・史志**》　《拿破侖》一卷。文明書局本。吳元潤、秦國璋譯。本書凡三十九節，記述拿破侖一生歷史，極爲詳備。譯筆亦詳贍可讀。

拿破崙傳

《**上海格致書院藏書樓書目・東西學書・傳記**》　《拿破崙傳》。南豐趙宗正。一卷。一本。作新社活印本。

楊復等《**浙江藏書樓乙編書目・圖史**》　《拿破侖全傳》一冊。南豐趙宗正譯。作新社鉛印本。

拿破侖

通雅齋《**新學書目提要・歷史類**》　《拿破侖傳》。上海益智譯社本。《拿破侖傳》撰于日本土井晚翠，武陵趙必振譯。此書于拿破侖之事業雖綜括大略，然其精神之所注已躍然于紙上。拿破侖之遇合，實由法蘭西大革命之變亂醖釀而成，自一千七百九十一年路易十六既滅，唱共和之説者百弊叢生，而人心復倦于共和，思戴強力之君主以定一尊，拿破侖之得乘機而起，建不朽之偉業者非偶然也。或曰以拿破侖用兵之方略、外交之手段，十九世紀之列強孰敢攖其鋒者？觀其述懷之言曰「吾能使泥土爲吾大將」，足知其心力之雄大、才力之宏博，誠有高立須彌俯視羣虻之慨，雖然，拿破侖之心之才誠雄大矣，而其意見則私而不公，其胸襟則狹而不宏，故其用兵也得志則驕，失志則餒，見莫斯科之塔大呼落我掌中，自困于哥薩克之兵，而五十萬之大軍所存尚不足四分之一，斯時神氣之沮喪如苻堅之敗于淝水，草木皆兵焉。且從軍子弟孰非吾民？用其力尤須愛其身，而契路加之役凍餓死者九萬餘人，曾牛馬之不若，且曰自古創開天辟地未有之偉業者，不以人類視衆庶而以器械視之，專制之主義暴虐之情狀誠令人不寒而栗。鎖港之説可行于十五世紀以前，非所論于開通之世界，拿破侖封港之令何時之不審也？況以英國海上之主權，欲以武力抑制之亦徒招歐洲之怨讟，速他日傾覆之禍，私而不明，拿破侖雖長于兵，抑何短于謀乎？《普法戰紀》謂其剛愎自用，又謂其勇而無謀，誠哉斯言。此書于戰事雖詳，而于前事均未紀載，猶不免有善善從長之意，雖然，作者之意固別有所在，以腐敗之邦而果得撥亂反正之拿破侖雪前仇、握霸權，豈不可以稱雄于世界？太史公列項羽于本紀而不加以貶辭，千載下讀其片詞隻字猶有奮然興起者，此書之主義殆同是國民之思想與。

顧燮光《**譯書經眼録・史志**》　《拿破侖》一卷。上海益智譯社本。日本土井晚翠著，趙必振譯。此書綜括拿破侖事業大略，行文頗多精采。惟詳於戰事，於其剛愎自用、外交失策處，均甚簡略。蓋善善從長，著者或別有會心也夫。

楊復等《**浙江藏書樓乙編書目・圖史**》　《拿破侖》一冊。日本土井林吉著，武林趙必振譯。作新社鉛印本。

高隆傳

徐維則等《**增版東西學書録・史志**》　《高隆傳》一卷。《滙報》本。滙報館譯。從法文中擇要譯出，即覓美洲之科侖布也，或作閣龍。篇中言高事蹟頗詳。顧補。

哥倫波

楊復等《**浙江藏書樓乙編書目・圖史**》　《哥倫波》一冊。美國勃臘忒著，無錫丁疇隱譯。文明書局鉛印本。

哥普電

楊復等《浙江藏書樓乙編書目・圖史》 《哥普電》一冊。臨江王鈍譯。大經書局鉛印本。

開辟美洲閣龍航海家獨列幾合傳

徐維則等《增版東西學書録・史志》 《開闢美洲閣龍航海家獨列幾合傳》一卷。東亞書局本，一冊。日本橋本海關譯。上卷爲閣龍傳，下卷爲獨列幾傳。一闢美洲，成合衆之局；一週全球，開航海之業。實爲古今罕有之奇人。惜傳中所載，未能詳其功業。閣龍即科侖布，《彙編四》有傳，可參觀。

古克傳

徐維則等《增版東西學書録・史志》 《古克傳》一卷。《滙報》本。滙報館譯。乾隆三十三年，西國天文家推算金星與日相蝕，擬至期細察其形，墨大依地島尤爲清晰。於是英廷遣都司名古克者，駕舟前往考察。傳中所記，皆古克途中所經景象，亦尋覓新地者也。顧補。

汽機師瓦特傳

徐樹蘭《古越藏書樓書目・政部・工業》 《汽機師瓦特傳》一卷。英傅蘭雅。《格致彙編》本。

兒路士

楊復等《浙江藏書樓乙編書目・圖史》 《兒路士》一冊。寶山仇光裕、陽湖嚴新翰譯。日新書局鉛印本。

華盛頓傳

梁啓超《西學書目表・史志》 《華盛頓傳》。黎汝謙。時務報館本。美國開國本末略備。

又《附録・讀西學書法》 遵義黎氏譯《華盛頓傳》，實則美國開創記也。

顧述廬《通學書籍考・史志類》 《華盛頓傳》。時務報館本，石印小字本。合衆國學士耳汾華盛頓撰，遵義黎汝謙、番禺蔡國昭同譯。是書分七十六章，雖華盛頓一生事蹟，而美利堅全國開創事寔，與夫用兵、徵餉、制度、人物之大致，無不備具。故閱是書，則美未闢以前、既闢以後數十年中之事，皆瞭如指掌，則謂美國開國史略亦可。

徐維則等《增版東西學書録・史志》 《華盛頓傳》□卷。《時務報》本，止刻一卷。另行本，改名《泰西史略》。石印小字本。合衆國耳汾華盛頓著，黎汝謙、蔡國昭譯。書分七十六章，其中皆紀華盛頓事蹟。然美國創立民主合衆之規則，與夫用兵徵餉制度、人物大致，無不具。閱此於美國未闢以前、既闢以後數十年中事，已瞭如指掌。謂之「美國開國史略」，亦無不可。

徐樹蘭《古越藏書樓書目・政部・外史》 《華盛頓泰西史略》八卷。合衆國耳汾華盛頓。黎汝謙、蔡國昭同譯。光緒二十三年新學會石印本。即《華盛頓傳》。

楊復等《浙江藏書樓乙編書目・圖史》 《華盛頓全傳》八冊。遵義黎汝謙、番禺蔡國昭譯。鉛印本。

華盛頓

《上海格致書院藏書樓書目・東西學書・傳記》　《華盛頓》。湯濟滄。一本。公利活印本。

美國大總統林肯傳

廣學會編《廣學會譯著新書總目・史類》　《美國大總統林肯傳》。述林肯一介子民，先爲商，後爲弁，見黑奴立釋放之志，且善體人心，既合衆人之心，則全省人信，繼信於全國矣。再敍其一生事跡。洋裝一冊。價洋二角五分。

林肯傳

顧燮光《譯書經眼録・史志》　《林肯傳》一卷。文明書局洋裝本，一冊。日本松村介石著，錢增、顧乃珍合譯。本書以勉勵青年立志爲宗旨，故述林肯歷史，以徵豪傑英雄可學而成，不必以艱難困苦而自阻也。書凡十三章，分記林肯幼年、青年、容貌、智辨、德行、政治、代言大統領及被刺之事。復作《豪傑論》，以冠於卷首，而以《結論》終之。於林肯氏生平歷史，皆能舉其大略。文筆夾以敘議，故能一洗歷史複雜之習。使美無林肯其人，則南北戰爭必無定局，黑奴之赦未審何年，乃大功甫竣，旋被暗殺，則林肯之生，其關係美洲者甚大。至其德行才略，超然絶俗，宜其爲東西人之所崇拜矣。

楊復等《浙江藏書樓乙編書目・圖史》　《林肯》一冊。日本松村介石著，無錫錢增、顧乃珍譯。華洋書局鉛印本。

麥荆來

顧燮光《譯書經眼録・史志》　《麥荆來》三卷。通雅書局《新史學叢書》第二編洋裝本，一冊。一名《米利堅近世史》。日本根岸磐井著，張冠瀛譯。美自麥荆來氏，以帝國主義爲政策，遂敗西班雅，收取非獵賓、古巴等地，而孟祿保守之主義替矣。是書分上、中、下三編，編各爲章，記麥氏之生平及内治外交政策，至爲詳晰。下編間記羅斯福氏歷史政策，以明麥氏繼起得人，死可不朽。復以日、美相比較，以證帝國主義之發達。作者於政治、經濟兩界，皆有心得，藉麥氏以發之。其文筆夾叙夾寫，尤能深中肯綮。譯筆足以達之，故能一洗翳障。

美國明君言行録

廣學會編《廣學會譯著新書總目・史類》　《美國明君言行録》。貝德禮先生著。從華盛頓至盧思福，凡二十五總統。考其言行治理之道，並精印肖像，如見其人。大本一冊。價洋五角。

美國政治家哈蜜登傳

廣學會編《廣學會譯著新書總目・史類》　《美國政治家哈蜜登傳》。美國新建之初，舉哈氏，以理財爲第一要政，使國成其富強。詳伊事略，計九章。一冊。價洋一角五分。

日本龍馬俠士傳

徐維則等《增版東西學書録・史志》 《日本龍馬俠士傳》二卷。東亞書局本，二册。日本愚山眞軼郎著。日本當慶應之季，外有各國聯合之患，內有諸藩追迫之變，龍馬以一人首創攘夷，翊助王室，四方豪士，雲集響應，遂至殺身而後已。其後西鄉大久保諸人傾幕府，張民權，卒致維新，克覲強盛，皆採納其議爲多。此傳所記，略具其事。東亞書局譯有《日本維新三傑傳》、《英美文人傳》，均未見。

巖倉具視

楊復等《浙江藏書樓乙編書目・圖史》 《巖倉具視》一册。九江黄爲基譯。鉛印本。

西鄉隆盛

楊復等《浙江藏書樓乙編書目・圖史》 《西鄉隆盛》一册。英國韋廉臣著。鉛印本。

吉田松陰

通雅齋《新學書目提要・歷史類》 《吉田松陰》。上海通雅書局本。《吉田松陰》一書，分十七章。日本德富豬次郎著，中國王鈍譯。原書凡二十章，今改爲十七章者，以其重複煩雜，無關緊要，故特删其文，俾此書之精神有一氣貫注之美。篇中叙吉田松陰之歷史首尾頗爲完具，而安政之孱弱、大和民之昏聵，于當日之時勢亦多有所表見，明治之維新非恃政府數人之力，全恃國民運動之力，蓋當時國民之多數尚謳歌于封建政治，其欲傾倒德川之幕府者不過少數之智勇辯力者輩耳，松陰主義在攘夷而不在鎖國，在尊王而不在討幕，然爲時勢之刺激，其主張類于鎖國之政策而爲討幕之先率者，勢實使然，非其本意，觀此書《攘夷》、《尊王》二篇可知松陰之心曲。松陰之攘夷也，始主戰，繼主和，神奈川之條約且開下田、箱館二港，論者咸責松陰之無定見，不知外交之手段，雖百變而不離其宗旨，自美國總領事哈里士結下田之條約，而松陰之熱心主張，非和親論者復不可以已，蓋神奈川之條約，松陰所不得已而認者，下田之條約雖不得已而不可認者，關係之輕重，相距殆不可以道里計，斯時之非和親論者審于時、迫于勢，對外之政策有不覺屢易其方針者，主和、主戰視同兒戲，不觀篇中所云而松陰之籌謀、廷臣之昏瞀終無以表白于天下。至謂革命之三種，有豫言家、有革命家、有建設之革命家，此篇謂松陰屬于二種，而以打破革命派之全勝結局，以養成明治之局勢，爲松陰之功，尤此書思想獨及之處。夫松陰之再次入獄，雖與周布長井衝突，實彌縫主義與打破之主義相衝突耳，蓋久坂、高杉之攘夷倒幕，長井之開港論，公武合體之周旋，勢成犄角，而長藩以一低一昂能打破革命派之結局而冀成後日之作用者，皆松陰首唱之力。論松陰始末之詳，當以此書爲最，至于紀事不載年月，近來譯本多蹈斯弊，亦難爲此書責矣。

日本維新三傑傳

徐維則等《增版東西學書録・史志》 《日本維新三傑傳》三卷。蘇州勵學譯社本。日本北村紫山著，馬汝賢譯。彼國維新之治，基於覆幕；覆幕之事，基於薩長聯合；而聯合之策，則西鄉隆盛、大久保利通、木戶孝允三人所爲也，故合而傳之。大抵覆幕尊王，隆盛之力爲多；維新政策，多取決於利通；而地方自治制，如開町村會、府縣會、國會之議，則孝允所建也。傳中均詳其本末。徐補。

楊復等《浙江藏書樓乙編書目・圖史》 《日本維新三傑》一册。日本

北村紫山著，馬汝賢譯。勵學社鉛印本。

維新三傑事略

徐維則等《增版東西學書録・史志》 《維新三傑事略》一卷。《五洲時事彙報》本。日本北村紫山著，日本佐原篤介譯。顧補。

日本中興先覺志

徐維則等《增版東西學書録・史志》 《日本中興先覺志》□卷。上海石印本。日本岡本監輔著。中載明治維新人物事蹟頗詳。岡本君與諸君生相前後，故叙事得以核實。讀此書者，於日本當日變法與今日自強之原委，思過半矣。顧補。

楊復等《浙江藏書樓乙編書目・圖史》 《日本中興先覺志》二冊。日本岡本監輔著。開導社刻本。

明治中興雲臺圖録

徐維則等《增版東西學書録・史志》 《明治中興雲臺圖録》一卷。《蒙學報》本。日本阿東處士、日本田島象二圖畫并修纂，蒙學報館譯。日本明治變法二十年，名震全球，爲亞東雄國。雖由睦仁之力排衆議，以求維新，然其得人之盛，有足稱者。讀此書者，知變法自強之際，非一手一足可奏效，則所以廣學校、開民智者，可不亟亟圖之哉！顧補。

日本維新慷慨史

顧燮光《譯書經眼録・史志》 《日本維新慷慨史》二卷。廣智書局排印本，二冊。日本西村三郎編輯，趙必振譯。本書原名《日本慷慨家列傳》，譯者稍更次第，編爲二卷，以先覺者叙於前，攘夷者次之，而以維新功臣殿之。雖從時之先後，而以事類相從，頗合史家列傳之法。所列諸人，雖出於明治以前，似於世界無關，然無先時之英雄，則無後來之建設。追溯本原，則諸人固人傑矣。

徐樹蘭《古越藏書樓書目・政部・外史》 《日本維新慷慨史》二卷。日本西村三郎。趙必振譯。廣智書局本。

通雅齋《新學書目提要・歷史類》 《日本維新慷慨史》。上海廣智書局本。《日本維新慷慨史》分爲上、下二卷。日本西村三郎編輯，中國趙必振譯述。此書爲日本維新諸人所傳，以先覺者叙于前，攘夷者次之，而以維新功臣爲殿，蓋仍治列傳原名《慷慨家列傳》之舊而稍更次第焉。列傳體裁詳于漢史，服虔曰：「傳次其時之先後耳，不以賢智功之大小也。」顔師古曰：「雖從時之先後，亦以事類相從。《漢書》以江充、息夫躬與蒯通同傳，賈山與路温舒同傳，嚴助與賈捐之同傳，皆不以時而以事實之相類。」兩説相參，頗滋疑竇，此書宗旨多本師古之説，亦覺犁然有序。至于藤田攘夷失于鹵莽，蒲生尊王失于虚憍，日本史學家多隱諱其事，然其事諱，其志轉隱，譯者加以案語，揭其失而表其志，使後世之忽而攘夷、忽而媚外者不得據爲口實。維新之史亦得失之林也，但此書所列諸傳皆出于明治以前，似于世界無甚關係，然欲知明治後之建設，必先知明治前之破壞，則此書亦未嘗不可以資參考云。

《上海格致書院藏書樓書目・東西學書・史志》 《日本維新慷慨史》。日本西村三郎。趙必振。二卷。二本。廣智書局活印本。

楊復等《浙江藏書樓乙編書目・圖史》 《日本維新慷慨史》二冊。日本西村三郎輯，趙必振述譯。廣智書局鉛印本。

日本維新百傑傳

通雅齋《新學書目提要・歷史類》 《日本維新百傑傳》。上海開明書店本。《日本維新百傑傳》一卷。日本干河岸貫一原著，上海開明書局刊本。

必欲取足一百人之數，此自淺學之陋習，揆之著作之體，固不宜如是也。篇中所列諸人未必盡爲英彦，尤與明治新政無關，作者凡例自云一百人皆胚胎維新之士，蓋強辭也，如林子平、蒲生君平、伊能忠敬、吉田松陰諸人爲最著，而菅茶村山之詩人亦復孱入書中，適以見其泛矣。紀事之文尚非庸冗，而其餘諸人或至無事可紀，濫竽之譏，抑作者之過也。

顧燮光《譯書經眼録・史志》《日本維新百傑傳》一卷。上海開明書店洋裝本。日本干河岸貫一原著。篇中所列諸人，不盡維新之彦，著者必欲足百人之數，故不免濫竽充數之病。以此著書，其識隘矣。至文筆尚屬明暢，可取僅此耳。

楊復等《浙江藏書樓乙編書目・圖史》《日本維新百傑傳》一冊。闕名。鉛印本。

日本近世名人事略

徐維則等《增版東西學書録・史志》《日本近世名人事略》一卷。杭州譯林本。譯林館譯。輯日本干河岸氏之《近世百傑傳》、小宮山氏之《洋學大家傳》，益以維新以後諸功臣傳而成。斯書名曰《日本近世名人事略》，考求日本變法維新之基由，與遊俠義憤，博學遠見之士知有國恥，甘殺身以佐其君，興其國。至今讀之，尤凜凜有生氣焉。顧補。

日本近世豪傑小史

《上海格致書院藏書樓書目・東西學書・史志》《日本近世豪傑小史》。四卷。一本。商務書館活印本。

中江篤介傳

楊復等《浙江藏書樓乙編書目・圖史》《中江篤介傳》一冊。無錫黃以仁譯。明權社鉛印本。

渥雅度小傳

徐維則等《增版東西學書録・史志》《渥雅度小傳》一卷。《知新報》本。英侯滑布煙著，周靈生譯。渥雅度以非律賓羣島抗西班牙、美利堅二國之師，至年餘之久，雖力竭爲美所併，然其志固可嘉也。傳中言渥雅度之事甚詳。顧補。

史評分部

歷史哲學

通雅齋《新學書目提要・歷史類》《歷史哲學》。上海廣智書局本。《歷史哲學》二卷，各分章節。美國威爾遜原著，番禺羅伯雅譯本。題云重譯，則當係述自和文也。以書名論之，度必專考古來學說，或就言論之枝葉而求學問之源流，始符標目之意，顧篇中紀載所及頗復糅雜無章，雖注重于文明，似不盡關哲學，未知原本是否茲稱耳。所叙埃及等國文學、風俗等事，資于考古，教門儀節亦裨研究，于泰西新舊教能析其原委，歐洲學術出于希臘，政治沿于羅馬，則欲充新識，要當不廢舊聞，所謂將有事于配林，必先

有事于汗池也。然書經展轉流布，則文辭每患模糊，即如「羅馬文明論」一章所引麥氏《歐洲共和政體論》，既不悉麥爲何人，若按之原文則必有音可據，而其言曰希人哲學適于埃飄拉之主義，羅人哲學合于士托壹之主義，于埃飄拉與士托壹之下注以英文，然既不釋明則不知所謂主義者果何所屬，尙賴旁有符號知爲人名而已，似此一節，豈云詳審？至書之可采者，則以「中世史論」一篇爲獨優，以明于古世今紀政俗沿革之間也，其謂帝王、貴族、宗敎三政治制勝于社會，于亞細亞及埃及固阻害文明之進步，在歐洲則因此相爭而大助近代之革新，又謂歐洲因十字軍之戰爭遂生感動之變化，而以史家著述之良惡例之，且以中央集權、王政組織之事皆由于十字軍起而貴族領地之權利寖削，此皆深思獨造之言。述英、法、美諸國革命之事亦可瀏覽，惟論及貴族主義、共和主義兩節則其言太泛，似無所取也。

楊復等《浙江藏書樓乙編書目・理學》 《歷史哲學》二冊。美國威爾遜著，番禺羅伯雅譯。廣智書局鉛印本。

新史學

楊復等《浙江藏書樓乙編書目・圖史》 《新史學》一冊。金匱侯士綰譯。文明書局鉛印本。

史學原論

顧燮光《譯書經眼録・議論》 《史學原論》一卷。《閩學會叢書》洋裝本，一冊。《北洋學報彙編》本。進化譯社洋裝本，一冊。日本浮和田民著，劉崇傑譯。書凡八章，一特質及範圍，二定義，三價値，四國家，五地理，六人種，七大勢，八研究。博引泰西學說，加以論斷，蓋泰西論史之書也。惟譯自和文，悉用日本名詞，爲美中不足耳。北洋官報本加以註釋，殊便觀覽。進化譯社羅大維譯本，與此大同小異。

史學通論

通雅齋《新學書目提要・歷史類》 《史學通論》。杭州合衆譯書局本。

《史學通論》一卷，分爲八章。日本浮田和民原著，中國李浩生譯。按中國舊史大率偏記朝政而與學術、民俗諸事無關，近人已歷言其弊，此書泛述史學大旨，門徑既闢，堂奧愈宏，足爲中土史家摘其冥行而導之逵路。第八章所論研究歷史之法猶能開通智識，昔蘇子瞻之論讀史，謂每覽一過當先究一門，其意蓋與此近，惜未擴充其說也。歷史之價値一章，于歐人所傳時勢造英雄一語不以爲然，而歷引衆說以析之，又引《文中子》「自知者英，自勝者雄」二語以考其字義，然三國劉邵著《人物志》，析英與雄爲二，其言較有識，不若詳引其文而一反復之也。歷史與地理一章，謂古今文明之發源地必氣候溫暖，而寒帶與熱帶于歷史上無價値，此固歷來定論，乃作者忽以秘魯、墨西哥之事爲疑，謂其文明之發生在哥倫布發見美洲以前，不在此例，而以緯度之氣候解之，此則未能自圓其說，究其所謂文明發生者，諒不過以秘魯有五萬年前之古碑，此亦不爲典要，至今日則之二國者人才、政術一無可觀，而敎宗迷信之事尤熾，傳芭會鼓之俗且爲文明所譏，亦何發生之足云而以之顧影生疑也？又謂意大利、西班牙、葡萄牙三國不出偉大之科學家爲天然之現象所關，此雖有見而然，要未歸之實測，即如近者無綫電信之制，豈非意大利人愛克尼之所創而已著成功者乎？論英、俄拓土之事，述史學家之言以爲地理機會所成，良爲深識，至于推考大勢而慮及貧富、智愚之懸隔，且云未始非將來社會之大動機，此則列國所同憂，邇年以來巨生瞻儒至結會以專研此事，猶未有定見者也。

楊復等《浙江藏書樓乙編書目・圖史》 《史學通論》一冊。日本浮田和民述，李浩生譯。作新社鉛印本。

史學概論

顧燮光《譯書經眼録・議論》　《史學概論》一卷。《譯書彙編》本。袞父輯譯。是書以日本坪井九馬之《史學研究法》爲粉本，復參以日本浮和田民、日本久米邦武諸氏之著述，及他雜誌論文，輯譯而成。所採皆最近史學界之學説，與古史學有異。然其立論，近於偏宕，蓋論社會歷史之類也。

世界進步之大勢

通雅齋《新學書目提要・文學類》　《世界進步之大勢》。上海文明書局本。《世界進步之大勢》一卷，不分章節，其中述革命時代之殖産思想、道德之改革，及十九世紀物質之進步與文明之前途，以明佛國革命之影響之反動，日本東京民友社員著，中國曾劍夫譯。此書藍本于亨利孫氏之《十八世紀論》及《十九世紀論》而以意改變之，蓋作者以平民主義之見，洞見歐美十九世紀爲過渡時代，其胚胎在前世紀，其希望在後世紀，故此書大旨以物質文質爲作用而道德進步爲趨勢，非達于社會平等之天則不止，是誠思想界之斗極也。唯謂十九世紀之科學不落于他時代之後，斯言誠然，然謂十九世紀之學者不知自然界，但就自然千萬分之一分爲數億萬之觀察，苦學二十年，就一小蟲著數卷大冊，此于十八世紀之學者以闊大之知見，究萬有之現象，考人性之全體，誠萬有不及，夫至一小蟲而著數卷大冊，實科學發達之極致，爲進步非爲退步也。又謂物質進步增科學之器機、材料而科學之能力不加多，生涯之歲月不延長，且數千倍之材料徒足以困迷之，學問分業始有精致深遠之研究，語氣頗不聯貫，且與上節所言大相矛盾，譯者于漢讀之間或有失于檢點之處。至物質進步之功德一節，謂物質或優于前代，而哲學、科學、美術、風俗之優則遠不及前代，夫物質之優亦由科學研究而得，科學既大發明，不得不優其物質，使足供美術之用，物質、科學、美術之進步實無二致也，故謂科學爲發明于十八世紀可，謂科學退步於十九世紀則不可，西哲有言曰：「世界愈久則愈進文明，改革愈良，文明愈進。」此天演之例也，作者蓋以科學之進步爲形式之文明，民種之進步爲精神之文明，形式之文明也暫，精神之文明也久，重精神而不重形式，遂謂十九世紀遜于十八世紀，亦理想之所必及也。

十九世紀大勢變遷論

《上海格致書院藏書樓書目・東西學書・通論》　《十九世紀大勢變遷論》。吳銘。一本。廣智書局活印本。

十九世紀大勢略論

楊復等《浙江藏書樓乙編書目・政治》　《十九世紀大勢略論》一冊。日本加藤弘之著，養浩齋譯。廣智書局鉛印本。

支那文明史論

徐維則等《增版東西學書録・史志》　《支那文明史論》一卷。普通學書室印本，一冊。日本中西牛郎著，普通學書室譯。此書凡十章，推論中國人思想、性質及風俗、政治變遷之理，復收採經文史事，以徵我國之向有文明所在，而得其研究之法；復推論中國將來時事，及西人與日人推測中國而處置之法。皆深切著明，不涉泛詞。後載現時我邦漢文學之研究法，專爲日本人學漢文而設。惜所列各書，未爲善備。徐補。

梁啓超《東籍月旦・歷史》　《支那文明史論》。中西牛郎著。一冊。定價三角五。亦足供參考。上海普通學書室有譯本。

英國文明史論

楊復等《浙江藏書樓乙編書目·圖史》 《英國文明史論》一冊。英國碩儒伯古路著。新民譯印局本。

十九世紀歐洲文明進化論

通雅齋《新學書目提要·法制類》 《十九世紀歐洲文明進化論》。上海廣智書局本。《十九世紀歐洲文明進化論》一卷，分爲二章，日本民友社原著，順德陳國鏞譯本。第一章言十九世紀以前之事，所以溯其源流，第二章則專言今世紀之事，于學術、政治諸端質文相嬗之理言之詳盡，可以覘其大凡，持論亦頗有所見。如云法國革命之事，寧謂其無所始而其問題至今未斷，言近世物質進步能使貧富之度量相去太遠，其流弊至于社會不能平等，皆足以資省覽要，非淺學所能述也。

徐樹蘭《古越藏書樓書目·學部·東西洋縱横家之學》 《十九世紀文明進化論》一卷。日本民友社原本。陳國鏞譯。廣智書局本。

顧燮光《譯書經眼録·議論》 《十九世紀歐洲文明進化論》一卷，附《二十年來生計劇變論》一卷。上海廣智書局排印本，一冊。日本民友社著，陳國鏞譯。歐洲各學之進步，始於十七世紀，至十八世紀而發達，迄十九世紀而文明進化乃定。其中如哲學、美術、工藝、宗教、政治、殖産等之改革，皆前者種因，後者結果。其無形之轉移潛化，有執歷史而不得其故者矣。本書凡二章。一曰十九世紀之前紀，追溯文明進化之母。一曰十九世紀，則論物質進步之影響，而以法國革命之亂爲感動歐洲進化之原。蓋西人學識，經一次騷亂，則民人增一番閱歷，非貿貿然而能達此極點也。原名《十九世紀之大勢》，作於日本明治二十六年，故篇稱二十世紀爲未來。譯者以近來生計變遷皆由物質進步之故，擇譯日本田尻稻次郎所著《二十年來生計界劇變論》，以附於後。

進化要論

通雅齋《新學書目提要·法制類》 《進化要論》。日本東京譯書彙編社本。《進化要論》三卷，各分篇章，香山嚴一著。其書多談治術，亦述近事，以書名論之則政學家言也。研察世情極有理致，推之科學、經濟諸說皆鮮誤談，惜于哲學之義不深，未能盡達所見耳。所論機器有益于全部人民一節、機器能增年壽與丁口一節，皆非無據之言，而闡明不廣，尚未質言其故。合力主義之改革一節，謂中國之貿易僅出百金之股份而擔無限之義務，按中國營商之業利多則剖分，資絀則竟輟，凡預股者無再償金之理，今以外國無限公司之制相擬，似非其例也。第三卷專論歐洲近代大事，皆能囊括大要，記希臘自立之事振起國民主義一條析爲四説，具覘灼見，至推希臘革命之由而謂別國之語言文字若于平常日用之間推而行之，將有傷于我之國民主義，以戒世之學西語西文者，則其識尤深，即今日好用日本和文名辭者亦當引爲金鑑也。篇中措詞過激，間有貽人口實者，如云中國工人與美國工人其食用之程度大相徑庭，無怪美人呼中國及日本人爲賤種；又云今日之時代斷不能恃人口之多，以四萬萬之衆爲榮幸，既與事理無關，且病其言直率，律以鍾儀楚音之諠，恐非邦人所安也。

地理部

論述

康有爲《日本書目志·地文學類序》 國朝學者亦喜言地理之學矣。自徐乾學、黄子鴻修《一統志》，顧棟高《讀史方輿紀要》談內地之志，然道路未通，圖測未精，但以供考古而已。何秋濤、張石洲、祁韻士作《朔方備乘》、《蒙古游牧記》、《西域釋地》，述外藩之服，皆行蹤未到，但以首闢蠶叢，推爲絶作而已。若夫《禹貢》、《班志》、《酈經》之外，至於地球剖闢，五洲大通，萬國旁薄，近日《小方壺齋輿地叢書》亦徧輯輶軒之言矣。而學校之教，未聞傳授，故俄之割精奇里江、哈滚江、混同江、烏蘇里之地六千里，中人皆若未知之。近者俄界黑頂子、巴未爾之案出，舉國茫然。割澳與葡，大臣有以爲在星架坡之東者。日本之入我疆邊也，探報地名，吾大臣皆不之識，至待問之洋教習，爲彼所訕。若夫割野人山地於英也，吾使者不知，待詢於英之外部。割滇界土司於法也，大臣不知中邊，至割腹裏土司於法人。至夫詞館之英，不知中國省會郡邑之東西；疆土之吏，不知全地外國之名號，其他更不足責已。譬由舊家，遺產甚多，子弟甚愚，至不能按其圖契，其爲人盜賣欺占也固宜。推原其由，皆學校僅課舉業，不講地理之故。童子不習，士人不講，則公卿大臣皆由此出，宜其聞名罔然，窺圖索然也。泰西之闢地也，皆以講求地理之故。合大會而講求之，游歷測繪之士日出月異，窮極幽險。其童崽之子，摹印地圖，有文書可誦，遠近南北，指畫如流。日人效之，皆有小學、中等地理之書，以徧智其國民。有教科，有問題，故非博雅士考據之謂。凡農工商人皆通之，謂教也。觀地文其條理之詳如此，吾豈可不少變耶？若《如氏地理教科書》、《西伯利地誌》，尤要哉！

又《萬國地圖類序》 蕭何入關，先收地圖，以知秦山川阸塞，遂得天下。圖之爲用大哉！然自晉裴秀、唐賈耽、宋李宗諤、稅方禮、元周思本、明山陰朱氏以外，鮮有作者。國朝內府之圖，過於古遠矣，胡文忠刻之武昌局是也，然亦粗疏。治國經野者，無縮里爲尺之圖，能著山川、道路、鄉落、室屋、橋梁之瑣，豈能爲治哉？若夫大地全圖，吾開強學會於京師時尚無之。故士夫多有不識萬國，況能責之鄉塾小童子？長官尚無圖以爲治，況能責于僻壤邊方乎？泰西之強也，強於童塾之小學也。自七、八歲入學，即摹繪地圖。日本法之，其地圖多暗射法，蓋童子皆熟習之。今大地球圖之至中國者，皆日本物也。吾在香港見之，將二十年矣。聞日兵之攻我者，其懷皆有吾地圖，自村店道路之曲皆繪之。而吾大帥擁十餘萬大軍，幕下僅得吾鄉一畫山水者任圖繪之役，故於吾地亦茫然不識。然則其割臺灣也，宜矣。其製圖會社終成講求不輟，而吾開圖局倉卒繪畢即閉置，安能致精？今泰西於吾內地山嶺之平險、江河之深廣皆盡得其微曲，乃至青海、川、藏亦備繪之，而吾且置罔聞也。若萬國地圖，乃彼教人爲吾萌芽，嫌無精者。昔購巨圖於倫敦，而西文人不可識也。今鄒沅帆所譯之圖，庶幾哉。今欲通天下之故，非常開地圖會無由考也；欲士民之智，非令學校課試地理、學童摹圖誦題不可得也。圖者，固爲治之始，若舍圖而言治，是盲人騎瞎馬以臨深池，惟有顛仆覆墜而已。

又《記行類序》 記行之書，盛於宋世。近者吾土遊泰西之記載，益夥矣。日人所記，亦有足助吾聞見者，記印度天竺事尤詳也。

又《名所記類序》 日本三島，爲昆崙東幹盡處，渡海由庫頁、蝦夷而成。島如茶芽，如花蕊，嫩枝葱葉，英英溢出，故其山水秀絶寰區，西人亦以爲過于瑞士。其士女裙屐翩翩，歌舞淫詠，冶遊美術，皆過南洋諸島，有由也。又有熱水自赤道來，環之與英國同，故激力益大，雕山鏤水，盡成金碧，宮闕漸皆白矣。

梁啓超《西學書目表附録·讀西學書法》 中國地圖，無一精本。胡文忠之圖號稱最善，而舛謬漏略，不可僂指。近年新修《會典》，各省派專員測繪，然多因襲舊圖，未能稱善。故欲讀圖者，必以譯出西圖爲斷。

又 西人游歷各地，多學會所派，或地學會，或商會，或教會。其國家專派人者，亦有焉。其所派者，率皆學成之人。所至測驗氣候，量繪阸塞，詳紀俗尚，勒成一書，歸報國家。其國家他日欲有事於此地，則取資焉。游歷之所關重矣。

沈桐生《東西學書録總敘·地志學》 竊嘗欲横覽坤軸，控目寰瀛，以放跡乎岡寞窅冥之區，徧歷乎殊俗絶國之廣，揮戈逐日，遠蹠高掌，顧宗生

之志未逮，漢使之槎莫附也。於是惓惓夢軫，披圖指畫，聊復卧遊，髣髴乎泝東海而上下，策六鰲，濯扶桑，乘風破浪，望神山之縹緲而至東瀛焉。故老告余曰：日地舊分九道八十四國，自明治維新以來，盡撤藩封，爲郡縣之治。初置三府六十縣，其後併爲三十六縣。三府者，東京府、京都府、大坂府是也。三十六縣者，神奈川、兵庫、長崎、新瀉、崎玉、千葉、茨城、山梨、靜岡、愛知、三重堺、滋賀、岐阜、長野、羣馬、橡木、福島、宮城、岩手、青森、山形、秋田、石川島、根岡山、廣島、山口、和歌山、愛媛、高知、福井、大分、熊本、鹿兒島、沖繩等縣是也。惟北海道不在此例。至於要害之區，東爲横濱，西爲長崎，南爲鹿兒島，中權爲大坂、神戸、下關，爲全國關鍵。他若壹岐、對馬等島，則爲外蔽之藩籬焉。

小駐旬餘，即乘輪東指。自亞細亞之東，繞道於澳大利亞之北，遙望新金山，南極正臨，巨浪拍天。詢之舟人，曰此即所謂新南威利士也。其地爲英人所屬，分建五省，曰紐所威路，十域多利亞，衮司倫，亞都律，西澳士地利。昔屬鴻荒，今闢榛蕪。其大埠有雪利、美利濱、咊打穩等，其近島有紐西蘭，稱要區焉。未幾，舵輪駛行，至太平洋，緜四萬里，巨浸汪洋，浩無際涯。然第覺波平如鏡，上下天光，一碧萬頃，曠視海面，島嶼縈迴，羅列如星。其東南曰會島、低島者，法蘭西之屬也。曰友島者，英吉利之屬也。其西南曰拉特羅尼廿島，西班牙之屬也。其西曰希勃力第等島，德意志之屬也。其北五十羣島，日本之屬也。其餘散島，皆酋長分攝，不相統屬。惟所稱檀香島者，黄白族繁，土番漸少，風俗臻美矣。

由此西指，約半月輪程，抵北美彌利堅之紐約埠，爰舍舟登陸，至華盛頓都城。觀其崇墉櫛比，闤闠交通，知爲精華薈萃之區，爰假駐焉。適有美友造訪，具通款曲，因詢其國地，曰：是即所謂合衆國是也。都城之外，尚有緬邦、牛邦、花邦、馬邦、洛邦、干邦、紐邦、烏邦、邊邦、特邦、瑪邦、費邦、諾邦、叟邦、卓邦、福邦、雅邦、密邦、祿邦、德邦、耳邦、典邦、建邦、米邦、默邦、音邦、伊邦、愛邦、威邦、梅邦等地，子盍而往觀乎？曰：余將次遊歷歐洲，未暇遍歷南、北美諸邦，煩吾友爲我約略言之。曰：可。美之西南有墨西哥焉，其都城曰達拉爾搬，山川秀發，風景清幽，奧壤神皋，產銀之礦甚多焉。墨國之東，有得撒國，其東南又有危地馬拉、桑薩爾瓦多爾、閧都拉斯、尼加拉瓜、哥斯德爾尼加五國。其地在海頸漸狹之區，有巴拏馬頸者，闊僅六十里，爲全境之綰轂焉。至巴拏之南，又有可侖比亞。其國分爲三，曰加拉大、曰厄瓜多、曰委內瑞辣。地氣溫和，植物豐饒焉。可侖之南，則有秘魯，其都城名曰利馬，濱河建築，頗極宏壯。境內有安達斯山，西環如帶，形勢天然。其南有玻利非亞，均饒有銀鑛焉。玻利之南，是爲智利，幅員褊小，而土沃礦旺。智利之東，則有拉巴拉他。其地荒草彌野，叢棘載道，終於蠻荒焉。若拉巴之東，又有巴拉圭。湖河縈灌，土甚肥沃，都城曰阿松桑。此外尚有公塞桑等部，昔盛而今衰矣。其南尚有烏拉乖，除都城蒙德維納之外，尚有馬多、那多等部。山屏河帶，物產饒富焉。至若南美大國，則首數巴西，縱横約九千餘里。除都城黑約熱盧之外，尚有勝寶盧等部。境內有亞馬孫大江横貫東西，商船蟻集百貨填溢焉。其北境尚有歪阿那者，分屬於法、荷、英諸國。其南境有巴他我拏，則近於冰疆矣。他若北美之坎拏答，爲英屬之統稱。此外尚有古巴、牙買嘉、海提等島國焉。客言既畢，因泚筆記之。

越宿，挐裝登舶，作歐洲之遊矣。爰繞球背，鼓浪而前，覺朔風凜烈，陽威潛沒，已入歐洲北海矣。因登舵樓眺望，忽見海面有地形如葵扇下垂者，知所謂瑞典、挪威是也。因披圖展閲，知瑞典之地，舊分四大部，幷以挪威舊屬六部而成。至其都城，則建於美拉湖濱，爲通國之大埠焉。且其西與瑞隔海峽相迎距者，則又有丹馬，地形褊小，如握拳伸臂于海中。除都城哥本赫根外，有人德蘭等部。其峽口曰加的牙，横亘如根，貨船經過，設關傕税焉。未幾，見島渚敻然，鼎足互峙，蓋已抵英倫矣。因往倫敦遊覽，見林花嫣然，風景清幽，顧而樂之。詢之土人，知其國實合三島而成。其曰英倫者，即本國。其北境曰蘇格蘭，西島曰阿爾蘭。倫敦之南有根得薩塞司、烏義爾得等部，又有諾爾佛爾、厄塞士、岡比利司等部，又有諾東、白蘭諸部，中爲支士德部。至蘇格蘭，則在英倫之北，舊都曰壹丁不爾厄，爲北方之都會。其西隔海峽，別爲一島，即阿爾蘭。其會城曰都伯林，皆各領屬部。至於口岸，則墨屑河口之利物浦，爲歐美往來薈萃之所。樸芝嫫口，則爲水師船艦聚泊之區，形勢天然，稱要地焉。

英遊既畢，旋乘艦渡海往法，縱一葦之所如，望哈浮而進發，見沿岸砲台林立，知已抵埠矣。既而進賽納河口，深廣清澈。傍岸石垣周繚者，即法都巴黎城也。爰登陸遊覽，弔拏破侖之故址，歎佳兵之不祥。因訪其屬地，

則與英國隔海相望者，爲下塞納加爾、瓦多斯滿砂等部。與西班牙接壤者，爲比里牛斯、厄羅爾德等部。與比利時接壤，爲亞爾德尼、斯木塞納等部。與布魯斯接壤者，爲羅內羅亞諸部。與意大利接壤者，爲亞爾卑斯諸部。平原沃野，溝洫蓄洩，物產稱爲極盛。

旋乘鐵車飈馳，遍歷西、葡、荷、比、德、奥、義、瑞諸國，將皆有車塵軌迹焉。因先逾比里斯牛山，見大山數疊，自東而西，横亘如垣者，則已至西班牙矣。爰至其都城馬得里，乃歐洲最高之地。憑眺四顧，見其北爲舊加斯德辣部，其西爲義斯得勒馬都拉部，西北爲加黎薩部，東北爲加達魯尼亞等部，其極南之及布羅陀海峽，爲地中海之咽喉。既乃乘車西發，渡德人河，見有砲壘聳峙者，則葡萄牙之里斯玻亞都城也。按其屬地，在中者爲義斯德勒馬多，在北者曰卑拉，在東者曰亞零德人，在南者曰亞利牙爾威，極北曰達拉斯德蒙德斯，均爲要埠。尋出葡境至海濱，見有地形窪下者，乃荷蘭之晻斯特坦都城也。考其地，北部曰北荷蘭，南部曰南荷蘭，迤東爲烏德蘭支給爾德勒德倫得諸部迤南爲非里薩古羅凝加等部。中有來因、馬斯二河交跨，横直築隄，形如方罫焉。既而南往比利時，至伯魯色爾都城。問其疆域，則北有安都厄爾比西部，西有發蘭斯德諸部，迤南有海腦德那慕爾諸部，國甚褊小焉。因向北進發，已至德境，蓋歐洲之中原也。因駐柏靈都城小憩，主人告余曰：吾國分東西二土。東土巴郎的不爾厄部，即爲都城所在。迤北爲波美拉尼亞，東南爲西里西亞，東爲波森，西爲薩克亞極，東北爲布魯斯特。西土會城曰閔士得，在西法里部。其北爲勒那納，即萊尼也。近則合漢挪瓦而統東西爲一土矣。因溯多惱河，至奥斯馬加之羅也納都城，登藏書樓，見其儲庋甚富。緬昔隆軌，不禁感慨係之，因問其地，則在都城之西者爲的羅爾部，西南爲義士的里亞部，南爲壹黎里亞部，北爲波希米亞部，東爲摩里維里部。至所合匈牙利地，則有達郎西里瓦尼等部，皆西與土耳其接壤。因西南過海峽，往意大利，遊羅馬教王之故都焉。問其地，則有勝馬里虐等部。至其要口，則曰波賽，曰然恩。其埠曰亞力山德者，乃闤闠之藪也。於是乘火車穿阿耳魄士，北往瑞士，見峰巒起伏，萬景變幻，旋傍官斯丹薩大湖行，明漪蕩漾，如入桃花源中，忘路之遠近，蓋歐洲勝境也。其腹地有百爾尼諸部，西有加拉利斯諸部，北有梭律勒諸部，南有德西怒諸部。全境清奇，甲於歐洲焉。

諸國遊歷既周，爰乘艦過波羅的海，至俄京彼得羅堡。見形勢險阻，北拱冰疆，西枕黃海，誠地球雄國焉。考其國境，跨據亞、歐、美三洲，環長二萬餘里，共分四大省。在歐羅巴洲者二省，一曰波羅的省，爲俄羅斯本土。東爲彼得羅堡部，北爲芬蘭部，其中土爲墨斯科部，其西曰加婁牙部，南曰都拉部，北臨北冰洋者曰亞爾干日爾部，東境曰加匽部，西南曰小俄諸部，南曰南俄諸部。二曰波蘭省，乃兼併波蘭八部，以合於白俄六部之地者也。在亞細亞洲者二省，一曰高加索省，亞洲西境也。東至裏海，西至黑海西境之白爾木，與加匽接壤，以阿斯達拉干爲首部，北爲可侖不爾部，蒙回各部互市於此。南爲薩加社部。又南爲諸尼阿部，日爾日部。二曰西伯利省，亞洲北境也。西起烏拉山，東至大洋海，南抵外興安嶺，西北近烏拉山者曰海波蘭斯科部，其西南爲都木斯科部，迤東爲也尼塞士科部、可慕斯科部、義古斯科部，又南爲恰克圖，與中國互市之城焉。又東爲亞古德斯科，又東爲亞哥斯科，至堪加察部，爲亞細亞極東地。自此而東南至亞美利加，爲亞魯甸羣島。其後跨白令海峽，而據美洲之監加札荒地。又據歐洲極西北之芬蘭，與日本相近之古列羣島。蠶食鯨吞，餘威籠絡。近又佔朝鮮之月尾、絕影二島焉。

俄遊既畢，因便道過土耳其境，往地中海，不禁讀「昔也日闢國百里，今也日蹙國百里」之詩，而爲之太息也。按土境分西、中、東三土，古羅馬猶太故地。其東土本西域游牧各部，在地中海東岸者爲西里亞，以阿爾山德爲首邑。迤南爲猶太，以耶路撒冷爲都。迤南爲美索不達迷亞，又東爲古爾提士丹。其北爲阿爾美尼亞，其東南爲巴索勒貿易之地。其中土曰買諸，東境馬拉德勒比遜，與東土接壤。北距黑海，其西爲西威斯亞達那，又西爲加拉馬尼，又西爲阿那多里亞，三面距海，與西土隔一海峽，爲出入要道。其西土曰羅美羅部，即都城君士坦丁所在也。西濱海隅，商船所聚。其西北爲西里士的黎亞，又東北爲瓦拉支摩爾達維亞，西北爲波西尼阿，迤東南爲沙威日薩爾黑坐義，而抵希臘界。此土疆域之可考者也。未幾，已近地中海岸，見有伸臂海中、槎枒如掌者，乃希臘國也。因至其都城雅典一遊。按希自昔爲聲名文物之邦，今則景象蕭條矣。除雅典外，其北有亞德納斯等部，其南有拏波里等部，并有戞卑亞羣島。此希境之大略也。

希遊既畢，迺乘輪出地中海、紅海，道經蘇彝士河，明鐙照岸，恍如綴

旒。右顧埃及，山水清修，欲登岸訪舊時石刻，迺炎熇特甚，瘴癘之氣咄咄逼人來，異國之人誠有不可久留者。因展地志，以資考證。按非洲地當熱帶，大半沙漠，迤北爲回部，迤南爲土番。其地約分五上：曰北上者，與紅海鄰，首爲埃及。其都城曰加義羅，地分二十五部，大半皆沙磧之地，惟傍尼羅河兩岸，稱爲嘉壤。其南曰努比阿，東枕紅海，散爲四小部，各有酋長。又南曰阿比西尼，地氣炎熱特甚。東接埃及者爲的黎波里，民皆遊牧。迤西爲突尼斯，其民安居執業，稱爲善良。又西爲阿耳及爾，今爲法屬。再西曰摩洛哥，其地北枕地中海，西距大西洋。其曰中上者，爲撒哈拉沙漠，東偏有回部二，南偏有總回部一。近努比阿者曰哥爾多番，有巴拉大河貫之。其會城曰可卑德，其要部曰巴拉，爲商賈所萃。迤西曰達爾夫耳，沙壤相雜，廣八百里。都城曰哥卑，國屬埃及焉。至沙漠之南，回部甚多。中原坦闊，總名爲蘇丹焉。其曰東土者，在印度海之西。傍海隅者曰亞得爾，地勢高聳重疊，河流交貫。其南曰亞然城，建海濱，有深港可以泊船，貿易頗盛。又南曰桑給巴爾，國分數小邑，其著者曰蒙巴薩、美林德等，皆爲海濱埠頭。又南爲莫三鼻克，地多瘴癘。其索發拉埠，已爲葡人佔據矣。迤南爲磨諸麻達，皆係黑番，亦爲英人囊括矣。其曰西上者，在大西洋東岸。境内西屬法，曰幾内亞，東屬英，曰塞内岡比。迤南有美闢之地，曰奕尼。迤東屬比利時，曰孔戈。其公額大河之傍，則爲葡所立之昂痾拉、奔給拉二部焉。其曰南上者，地形微橢。東面向印度海者，曰加弗勒里。西面距大西洋者，曰星卑巴西亞，曰痾丁多的亞。距大南海者，曰加不加弗里亞。其地叢林茂密，獸多獅象，鳥多鷙鷹。迤南有大浪山，舟人望之，以爲標準焉。

方閲非洲地志畢，忽見波濤噴湧，海頸狹隘，乃舟出亞丁口也。爰登舵樓瞭望，則馬達斯加羣島環列目前。忽見天空海闊，薰風南來，文儵蕩漾，海鷗浮沈，知舟行已過阿剌伯海，抵印度洋面矣。順流而下，則錫蘭一島，屹立海中。昂頭四顧，豪情勃發，不禁懷天竺之遺，溯身毒之舊，而慨焉興歎。還舟小憩，因檢印度回部地志而考證之。按印度在藏衛之西南，地形三角，南鋭北平。乾隆時，英人括有全土，於海濱建立三馬頭。東曰孟加拉，所以控其東陲，二曰曼打拉薩，所以扼其南疆，三曰孟買，所以鈐其西北。東印度之城曰加爾各答，最爲富庶。東北有阿薩爾之若爾合德城，廝大拉薩之海濱有法國之埔，曰本第治利。至孟買亦英屬會城。其適中之地曰亞加拉。至印度西北爲賽哥等部，其會城曰勞爾。孟加拉之東，英人新闢一地，曰亞山。其東南有數小部落，俱爲英屬。再南海灣有跋散漾貢各新埠，皆昔緬甸屬地，今割隸於英矣。此五印度之大略也。夫印度爲佛教所興，乃鷲嶺雞峰，河山依舊，舍衛鹿苑，遺跡蕩然，所謂慧光照於震旦，而淨土反滋他族，良可慨已。至印度以西，尚有四回部，一曰阿富汗，二曰俾路芝，三曰波斯，四曰亞喇伯。昔號強勁，今則不振矣。

既而見對面列樹葱青，蜂房層疊，乃蘇門答臘島也，是謂南洋境矣。時值金輪西沒，玉鑑宵明，微風瀾漪，萬象呈露，偕友人登高眺望，見島嶼環列，有若屏障。蘇之東南爲三佛齊，其西北爲大小亞齊，立埠于西南之叭嘴。其南之巽他海峽，北之廝六甲海峽，乃歐洲東來之門戶也。廝六甲東南有新加坡，西北有檳榔嶼。其附近小埠，尚有芙蓉、彭亨、石蘭峨、卑力、吉隆、罅律等島國，由此而來，舟行已過波羅洲，有馬神、昆甸、文萊、吉里問諸埠，其東有蘇祿小島。至婆羅正南爲爪哇，其埠有噶羅巴、泗里末、三寶壠，爲估帆輻湊之區。既至呂宋之弗立賓島，地形如魚，振尾欲縱。迤南有西武、民答那峨、西里伯、摩鹿加、巴布亞諸島，拳石紛羅，皆分屬于西國焉。因嘗慨前明之置呂宋、爪哇於度外者，實與棄大寧、東勝、河套、哈密，同一失策。蓋南洋各島環繞，儼爲海國長城，乃昔之共球相屬者，今爲他族之逆旅，不禁感慨係之。因入艙假寐，聞舟人相語云，已抵滬濱矣。而奔騰澎湃之聲，怪誕奇離之狀，尚歷歷在耳目間。壯哉此行，可酬素願矣。乃晨雞載唱，黃粱已熟，栩栩蘧覺，此身仍蜷伏牖下也，爲悵然若失者久之。述地志學。

趙惟熙《**西學書目答問・藝學・中國地輿圖**》　中國輿圖，向鮮精本。胡文忠曾在湖北刊有直省分合各圖，亦近疏漏。近年會典館請飭各省派員測繪，有數省並未奉行，只將舊圖潤飾，爲敷衍塞責之計，故仍不能盡精，現聞亦付劫灰矣。今欲求善本，以譯自西人者爲佳，蓋均得諸實測故也。

又《**政學・遊記**》　西人最喜游歷，或學會，或商會，或教會，時有派人周游各地之事。所至考核其山川道里，阨塞險要，詳察民風物產，一一筆之於書，以資證驗。亦有爲國家特派者，他日欲有事於其地，即借此爲藍本。西國恆重視之，於政學大有關係，故附於此。中人有馳域外之觀者，其筆記亦類及焉。

通雅齋《新學書目提要・輿地類》 輿地一門，古無專類，即至圖經之作，僅成爲史部地志之一種而已。交通頻仍，世寓日郅，昆侖采其靈藥，瀛洲拾其玉塵。知赤岸之多虛，信紅毛之有國，既詳交聘之表，宜述畫地之圖。兼以游客駢來，每多測繪，作爲短記，還餉其邦。雖不著于陰謀，已多關於土俗，展轉譯布，流傳較多。等諸秦諜則求之已深，訝此胡雛則知之尤灼，非有羅列，不將墜霧之譏乎？若論此學之專科，大率析爲兩派，辨氣候、識經緯，相土脈、窮川流，是爲一種；述及貨賄，賦其都鄽，國有常條，民存特質，是爲一種。名家之學，皆在所詳，必欲附會雅言，可分質、文二説，此又同歸之中見爲異出者也。惟游記之內或與文學類相通，區別之功諒當審諦，今就其篇中主于旅行之事者皆入此類，庶不辭羼錯云。

綜　述

地理學分部

地理略論

梁啓超《西學書目表・近譯未印各書》 《地理略論》。貝氏。益智書會。

地理略説

梁啓超《西學書目表・地學》 《地理略説》。附圖。戴集。上海重印本。一本。五角。亦名《淺説》，太淺而舊。

徐維則等《增版東西學書録・地學》 《地理略説》一册，附圖一册。美華書館印本。上海重印本，二册。美戴集著。亦名《地理淺説》，凡一百十四章，皆設爲問答。所載之説，太淺太舊。論中國亦甚簡。益智書會印有貝氏《地理略論》，未出。東亞書局譯有《美國紐約京城風土記》一卷，亦未見。

楊復等《浙江藏書樓乙編書目・圖史》 《地理略説》一册。闕名。美華書館鉛印本。

地理問答

梁啓超《西學書目表・近譯未印各書》 《地理問答》。甘弟德。已佚。

顧述廬《通學書籍考・地學類》 《地理問答》。原印本。泰西甘弟德著。

地志啓蒙

趙惟熙《西學書目答問・藝學・地學》 《地志啓蒙》。四卷，訂一册。英艾約瑟譯。稅務司本。

徐維則等《增版東西學書録・地學》 《地志啓蒙》四卷。《西學啓蒙》本，一册。英艾約瑟譯。不論各國輿地，不論地球體質，不論有關地理之天文，惟取地球儀與測繪原由及地上之水陸山谷，總言其形勢。凡行船測量者，取而觀之，可得其要理。

徐樹蘭《古越藏書樓書目・政部・地理學》 《地志啓蒙》四卷。英艾約瑟譯。《西學啓蒙》本。

地理須知

顧述廬《通學書籍考・地學類》 《地理須知》一册。英傅蘭雅著。是

書擇地理之一切緊要者，分列六章，已可知西國地理大略，非若中土堪輿家專以地脈風水，陰陽宅寓，愚惑庸衆者比也。本書序。

徐維則等《增版東西學書録·地學》　《地理須知》一卷。《格致須知》初集本，一冊。英傅蘭雅著。約分六章，略論地勢、空氣、雨雪、水源、潮汐之理，簡明可讀。

徐樹蘭《古越藏書樓書目·學部·氣學》　《地理須知》一卷。英傅蘭雅。《格致須知》初集本。

廣學會編《廣學會譯著新書總目·地理》　《地理須知》。地理一學，所該甚廣。如地質、地勢、礦石、水澤、空氣以及光熱、雷電、吸力、草木、禽獸、人類等，莫不屬乎地理，蓋地所以載物也。凡此諸事，皆不能離乎地也。一冊。價洋八分。

地理初桄

梁啓超《西學書目表·地學》　《地理初桄》。卜舫濟。益智書會本。一本。

顧述廬《通學書籍考·地學類》　《地理初桄》。益智書會本。美孟梯德著。共十六章。美會牧卜舫濟譯。序稱今也忝理淞濱院務思譯一編，以啓童蒙，因檢舊篋，中得吾鄉孟梯德先生所著《地理初桄》一書，皆簡明易曉。暇時隨繙隨錄，集成卷帙。附圖則有新增者，有舊刊者。其中略參林君樂知之《地理小引》，傅君蘭雅之《地理須知》，非敢掇拾他書，以爲己有，聊助余之不逮耳。

徐維則等《增版東西學書録·地學》　《地理初桄》一卷，附圖。益智書會本，一冊。光緒二十三年重印本。《格致彙編》本，未全。美孟梯德著，美卜濟舫譯。凡十八章。先言地殼、地形及海洋、洲島、空氣之屬，後論動植物及人類。其中略參林樂知《地理小引》、傅蘭雅《地理須知》。

徐樹蘭《古越藏書樓書目·學部·地質學》　《地理初桄》一卷，附圖。美孟梯德。美卜舫濟譯。光緒二十五年第三次排印本。《格致彙編》本。

楊復等《浙江藏書樓乙編書目·圖史》　《地理初桄》一冊。美國卜舫濟譯箸。鉛印本。

地理淺説

顧述廬《通學書籍考·地學類》　《地理淺説》。原印本。美林樂知著。

徐樹蘭《古越藏書樓書目·政部·地理學》　《地理淺説》一卷。美林樂知。小方壺齋本。

普通地理學

徐維則等《增版東西學書録·地學》　《普通地理學》□卷。《勵學譯編》本。美福來著，周先振譯。顧補。

徐樹蘭《古越藏書樓書目·政部·地理學》　《普通地理學》一卷。美福來氏。周先振譯。《勵學譯編》本。

輿地入門

徐維則等《增版東西學書録·地學》　《輿地入門》一卷。《滙報》本。孫文楨譯。凡十六章。從西國啓蒙書中譯出，附《滙報》印行。分宇宙淺説、方向、地面、形勢、釋名、五洲總論、亞洲總論、亞洲列國、歐洲總論、歐洲列國、非洲總論、非洲列國、美洲總論、美洲列國、澳洲總論、澳洲列國、略論中國直省題名等類。所言頗明晰可讀。顧補。

輿學續編

徐維則等《增版東西學書録·地學》　《輿學續編》一卷。《滙報》本。孫文楨譯。斯書較《入門》尤爲詳備，惟卷首事多相類，因作書者皆以釋名

爲講學之端，入後則不雷同。計分坤輿，分洲，美洲、非洲、奧洲、歐洲、亞洲，所言甚詳備可觀。顧補。

地文學問答

顧燮光《譯書經眼録·地文》 《地文學問答》一冊。上海商務印書館本。邵羲譯。邇來地理之書，譯者日衆，惟地文學則闕如。然地文爲天然之科學，凡欲研究地質學者，不可不先求諸地文。若空中之水分，陸界之組成，生物之分布，皆地文學之顯而易見者。

楊復等《浙江藏書樓乙編書目·圖史》 《地文學問答》一冊。仁和邵羲譯。商務印書館鉛印本。

格致地理教科書

顧燮光《譯書經眼録·地文》 《格致地理教科書》一卷。武昌繙譯學塾洋裝本。英博士阿克報爾著，仇光裕、嚴保誠同譯。全書分八章，發明天地自然之理，由淺入深，秩然有序，爲各專學必由之軌道。於地礦、格致、汽機諸理，皆扼其要。蓋地文學之書也。作者以教習率諸生於休息日清遊起，設數問題，逐段解明，引人入勝，於不覺頗得循循善誘之理。惜譯筆稍冗，當刪潤之。卷首附圖四張，共二十一小幅，皆與本書中有關涉者。

地文學教科書

廣學會編《廣學會譯著新書總目·地學》 《地文學教科書》。此書附印精圖七十餘種，簡明美備。一冊。價洋四角。

地勢略解

梁啓超《西學書目表·地學》 《地勢略解》。一本。五角。

徐維則等《增版東西學書録·地學》 《地勢略解》一冊。光緒癸巳滙文書院排印本。美李安德著。採掇諸說而成，分二十章。凡洋海、陸地、風雨、時令、火山、冰川、颶風、空氣及物類原質之理，並能參究其奧，訓蒙最便。甘弟德有《地理問答》，已佚。

亞歐兩洲熱度論

徐樹蘭《古越藏書樓書目·政部·地理學》 《亞歐兩洲熱度論》一卷。泰西歐伯苓。《小方壺齋再補編》本。

潮汐論

徐樹蘭《古越藏書樓書目·學部·東西洋格物學》 《潮汐論》一卷。美《格致新報》。英傅蘭雅譯。《格致彙編》本。

潮汐致日漸長論

徐樹蘭《古越藏書樓書目·學部·東西洋格物學》 《潮汐致日漸長論》一卷。英羅亨利。《格致彙編》本。

二十世紀第二年之南北冰洋

通雅齋《新學書目提要·輿地類》 《二十世紀第二年之南北冰洋》。嘉定日新書所本。《二十世紀第二年之南北冰洋》二卷，瑞典屋土諾得肯司喬、那威屋士史缶局辣撥著，寶山仇光裕、陽湖嚴新轍譯本。蓋分探南北極所爲之日記也，南行者爲瑞典人，北行者爲那威人。據南冰洋一卷之前作者自記云，是書作于南冰洋船，時某年月日船泊赤道南緯若干度，則是最近之作，又爲經驗之言，雖所述僅及崖略，于最新探極之事實測猶微，顧以短帙未湮，盛游可踵，甘英之見弱水，玄奘之歷風災，世有摯虞，能無作賦？惟原書紀載未知即是作者本國之言，抑英、法諸邦通行文字，其爲偉業矚目方殷，書出甫逾二年，所譯未必初本，篇中頗用東籍習慣字義，或自日本展轉譯布者歟？綜覽兩篇分叙之處，行路之險、獸迹之繁，則北緯之多邅較南端而已甚，以二人所值例之，似動物之產北爲異常，而植物之豐于南日茁，相按之下，其狀若呈，讀者于是可證。北冰洋卷中所言遣派游隊等事分布有體，西人于結隊游歷之事，行止舉措皆立國治軍之條理，隨處見之，不獨涉險爲然，古時游牧所以成國家者，其理亦若是已，獨恨兩極之間生物未稀，即論地氣又非久冷，何以不遘人類，此乃巨疑。就此篇之所陳，游于南冰洋者見有水鳥，謂其物能作人狀，其狀惟猴類或能肖之，初莫辨爲人爲鳥，人近其巢輒振翼相抵，雌守而雄出，人立而斗，一鳥既呼，羣鳥競作，環聚而攻人云云，夫窮發不毛之域，或綿古而不見一人，則物作人狀者將何從而取，肖擬以猴類庶猶近之。人之初生，出于吉蘭猴種，其說久著于白人，南極水鳥可以見例，堅冰硈硈，人種方來，誰與降祥，遽集于此，觀其拮据禦侮，則合羣與智力三者相兼，若使毗騫多謬，末日猶懸，斯種進化之期終宜有驗，求之科學或可備一說乎？至那威人之向北，畜犬多頭，時時以犬糧自困，此不可解，游客所攜必將有用，惜未具言其意，不知使犬與探極何關耳。兩卷之成，皆作者未竟之業，來日可復，近迹如何，夢入華胥，方同瞑涉，地毛終盡，洞劫將熸，安得向全知全能之主而相與質之。

楊復等《浙江藏書樓乙編書目·圖史》 《南北冰洋》一册。寶山仇光裕、陽湖嚴新轍譯。日新書局鉛印本。

地理學講義

徐維則等《增版東西學書録·地學》 《地理學講義》□卷，附《六洲表》四幅。上海金粟齋本。日本志賀重昂著，薩端譯。原書及表成於明治二十二年。其書略言數理地理、自然地理、政治地理三種之分別，而尤詳於研究政治地理之法，鉤玄開徑，有裨學者。附表四紙，分別亞細亞、歐羅巴、亞非利加、太平洋北亞美利加、南亞美利加六大洲邦國，而記其位置、面積、人口、政體、宗教、教育、人種、人情、財政、氣候、職業、物產、貿易、交通、都邑、港場、度量衡等事。顧補。

徐樹蘭《古越藏書樓書目·政部·地理學》 《地理學講義》一卷，附表四紙。日本志賀重昂。薩端譯。金粟齋排印本。

楊復等《浙江藏書樓乙編書目·圖史》 《地理講義》一册。日本志賀重昂述，侯官薩端譯。金粟齋鉛印本。

國際地理學

顧燮光《譯書經眼録·地學》 《國際地理學》一卷。《閩學會叢書》洋裝本。日本守屋荒美雄編，楊允昌譯。地理爲歷史之關係，人人知之。近今地理學之書，大都詳言面積、形勢等，不適歷史參考之用。此書特闡明地理與國際之關係，舉近今國運大勢、領地殖民之沿革，言之綦詳。誠地理學中之善本也。

楊復等《浙江藏書樓乙編書目·法律》 《國際地理學》一册。海澄楊允昌譯。東京鉛印本。

地理學舉隅

楊復等《浙江藏書樓乙編書目·圖史》 《地理學舉隅》一册。日本中

村五六著。浙江局刻本。

中學地文教科書

顧燮光《譯書經眼録・地文》《中學地文教科書》一册。教科輯譯社洋裝本。日本神谷市郎著。以最新之學説，明地球之構造，論證確鑿，説理詳明。插圖五十餘幅。

楊復等《浙江藏書樓乙編書目・圖史》《中學地文教科書》一册。日本神谷市郎，古吳汪郁年著譯。鉛印本。

地文學教科書

楊復等《浙江藏書樓乙編書目・圖史》《地文學教科書》一册。日本横山次郎，山陰樊炳清編譯。江楚編譯局鉛印本。

地理教授法

顧燮光《譯書經眼録・地學》《地理教授法》一册。東大陸譯印局洋裝本。日本齋藤鹿三郎、陳由己譯。本書爲小學教授地理之用，凡九章。述明地理科之意義、性質、要點、歷史、目的、教授之時期材料、地理方法、器械注意等類。作者係日人，所定課程多日本地理。苟取爲吾華教科書之用，當酌改之，庶免鄰貓產子之誚。

小學地理教授法

徐樹蘭《古越藏書樓書目・政部・地理學》《小學地理教授法》一卷。日本富直禮。張相文譯。南洋公學本。

世界地理分部

海牙剔窮曆法段數

王士點《元秘書監志》卷七《回回書籍》《海牙剔窮曆法段數》七部。

又《司天監》《哈里雅爾曆法段數》七部。

海外輿圖全説

黄虞稷《千頃堂書目・地理類上》龐迪我《海外輿圖全説》二册。

《明史・藝文志・地理類》龐迪我《海外輿圖全説》二卷。

職方外紀

《絳雲樓書目・天主教類》《職方外紀》。

黄虞稷《千頃堂書目・地理類下》艾儒略《職方外紀》五卷。

《明史・藝文志・地理類》艾儒略《職方外紀》五卷。

沈初等《浙江採集遺書總録・天文術算類》《職方外紀》五卷。刊本。《職方外紀》明艾儒略增釋，楊廷筠彙記。乃推演論天、水、火、氣、土，並有圖説。

《四庫提要・地理類四》《職方外紀》五卷。兩江總督採進本。明西洋人艾儒略撰。其書成於天啓癸亥。自序謂利氏賷進《萬國圖志》，龐氏奉命

翻譯儒略更增補以成之。蓋因利瑪竇、龐我迪舊本潤色之，不盡儒略自作也。所紀皆絶域風土，爲自古輿圖所不載。故曰《職方外紀》。其説分天下爲五大州。一曰亞細亞州。其地西起那多理亞，離福島六十二度。東至亞尼俺峽，離福島一百八十度。南起爪哇，在赤道南十二度。北至冰海，在赤道北七十二度。二曰歐邏巴州。其地南起地中海，北極出地三十五度。北至冰海，北極出地八十餘度，徑一萬一千二百五十里。西起西海福島初度。東至阿比河，距福島九十二度，徑二萬三千里。三曰利未亞州。西南皆至利未亞海，東至西紅海，北至地中海。極南南極出地三十五度，極北北極出地三十五度，東西廣七十八度。四曰亞墨利加。地分南北，中通一峽。峽南之地，南起墨瓦蠟泥海峽，南極出地五十二度。北至加納達，北極出地十度半。西起福島二百八十六度。東至三百五十五度。峽北之地，南起加納達，南極出地十度半。北至冰海，其北極出地度數則未之測量。西起福島一百八十度，東盡三百六十度。五曰墨瓦蠟尼加。則彼國與之初通，疆域道里尚莫得詳焉。前冠以《萬國全圖》，後附以《四海總説》。所述多奇異不可究詰，似不免多所夸飾。然天地之大何所不有，録而存之，亦足以廣異聞也。

張之洞《書目答問·地理》 《職方外紀》五卷。明艾儒略。守山閣本，《金壺》本，《龍威》本。

王韜《泰西著述考》 艾儒略《職方外紀》五卷。

梁啓超《西學書目表·通商以前西人譯著各書》 艾儒略《職方外紀》。《天學初函》本，守山閣本，墨海金壺本，《龍威秘書》本。《四庫》著録。

丁仁《八千卷樓書目·地理類》 《職方外紀》五卷。明西洋艾儒略撰。守山閣本。

繆荃孫《藝風藏書記·地理》 《職方外紀》六卷。明天啓癸亥刊本。李之藻、葉向高、楊廷筠序之。地圖皆摺疊。守山閣佚去三序，圖亦平列矣。

徐維則等《增版東西學書録·東西人舊譯著書》 艾儒略《職方外紀》五卷。《天學初函》本，《守山閣叢書》本，墨海金壺本，《龍威秘書》本。所紀皆絶域風土，爲當時輿圖所不載，故曰《職方外紀》。

坤輿圖説

《四庫提要·地理類四》 《坤輿圖説》二卷。內府藏本。國朝南懷仁撰。懷仁，西洋人，康熙中官欽天監監正。是書上卷自坤輿至人物，分十五條，皆言地之所生。下卷載海外諸國道里、山川、民風、物産，分爲五大州，而終之以西洋七奇圖説。大致與艾儒略《職方外紀》互相出入，而亦時有詳略異同。按東方朔《神異經》曰：東南大荒之中有樸父焉，夫婦竝高千里，腹圍。按此下當有腹圍之里數，原本脱佚，今姑仍之。自輔天初立時，使其夫婦導開百川，嬾不用意，謫之竝立東南。不飲不食，不畏寒暑，須黄河清，當復使其夫婦導護百川云云。此書所載有銅人跨海而立，巨舶往來出其胯下者，似影附此語而作。又《神異經》曰：北方層冰萬里，厚百丈，有磎鼠在冰下土中焉，形如鼠，肉重千觔，可以作脯，食之已熱云云。此書記此物全與相合。又周密《癸辛雜識》曰西域有沙海，正據要津，其水熱如湯，不可向邇。此天之所以限華夷也。終古未嘗通中國。忽一日有巨獸浮水窐，其骨長數十里，横於兩涘，如津梁然。骨中有髓竅，可容竝馬，於是西域之地始通中國。謀往來者每以膏油塗其骨，懼其枯朽而折，則無復可通故耳云云。此書記此事亦全與相合。疑其東來以後，得見中國古書，因依仿而變幻其説，不必皆有實迹。然核以諸書所記，賈舶之所傳聞，亦有歷歷不誣者。蓋雖有所粉飾，而不盡虚構，存廣異聞，固亦無不可也。

張之洞《書目答問·地理》 《坤輿圖説》二卷。明南懷仁。《指海》本。

王韜《泰西著述考》 南懷仁《坤輿圖説》二卷。

梁啓超《西學書目表·通商以前西人譯著各書》 南懷仁《坤輿圖説》二卷。《指海》本。《四庫》著録。

劉鐸《古今算學書録·天文》 《坤輿圖説》二卷。日耳曼南懷仁撰。《指海》本，《曆象彙編·乾象典》本，又《方輿彙編·坤輿典》本。

丁仁《八千卷樓書目·地理類》 《坤輿圖説》二卷。國朝西洋南懷仁撰。原刊本。

徐維則等《增版東西學書録·東西人舊譯著書》 南懷仁《坤輿圖説》

二卷。《指海》本，《圖書集成·乾象典》本又《坤輿典》本。上卷自坤輿至人物，分十五條，皆言地之所生。下卷載海外諸國道里山川，民風物產，大致與《職方外紀》互相出入。

坤輿外紀

《四庫提要·地理類四》 《別本坤輿外紀》一卷。大學士英廉購進本。舊題本。國朝南懷仁撰。載吳震方《説鈴》前集中。案懷仁《坤輿外紀》別有全本，已著於錄。此本摘錄其文，併刪其圖說，乃叢書之節本。猶明季坊刻竄亂古書之陋習也。

梁啓超《西學書目表·通商以前西人譯著各書》 南懷仁《坤輿外紀》一卷。

丁仁《八千卷樓書目·地理類》 《坤輿外紀》一卷。國朝西洋南懷仁撰。《龍威秘書》本。

徐維則等《增版東西學書録·東西人舊譯著書》 南懷仁《坤輿外紀》一卷。《説鈴》本，有刪節。《龍威秘書》本。

坤輿格致略説

丁仁《八千卷樓書目·地理類》 《坤輿格致》一卷。國朝西洋南懷仁撰。抄本。

徐維則等《增版東西學書録·東西人舊譯著書》 南懷仁《坤輿格致説略》二冊。明萬曆甲寅與《坤輿圖説》合刻本。

地球圖説

周中孚《鄭堂讀書記·天文算法類》 《地球圖説》一卷，圖一卷。揚州阮氏刊本。國朝西洋蔣友仁譯，何國宗、錢大昕同潤色，李銳補圖。友仁，歐邏巴人。乾隆二、三十年間入中國，在養心殿造辦處行走。國宗字翰如，康熙時欽賜進士，官至禮部尚書。大昕仕履見《傳記類》。銳字尚之，號四香。元和人。案地球即地員。元時西域札馬魯丁造西域儀象，有所謂苦來亦阿兒子者，漢言地理志也。其製以木爲圓球，畫水與地。今之地球，即其遺法。乾隆中，友仁奉旨譯《地球圖説》，翰如等並爲之潤色。其書較熊有綱《表度説》等書，更爲明晰詳備。惟侈言外國風土，或不可據。至其言天地、七政、恆星之行度，則皆沿習古法，所謂疇人子弟，散在四夷者也。阮雲臺師得其書於竹汀，以其有説無圖，爰屬四香補坤輿全圖二，太陽併游曜諸圖十九，併説三則，列之卷首，又爲之序而刊之。

張之洞《書目答問·地理》 《地球圖説》一卷。西洋蔣友仁譯。何國宗、錢大昕奉敕潤色。文選樓本。

梁啓超《西學書目表·通商以前西人譯著各書》 蔣友仁《地球圖説》。何國宗、錢大昕奉敕潤色。文選樓本。

劉鐸《古今算學書録·天文》 《地球圖説》一卷。蔣友仁進，何國宗、錢大昕奉敕潤色。《文選樓叢書》本。

徐維則等《增版東西學書録·東西人舊譯著書》 蔣友仁《地球圖説》一卷。何國宗、錢大昕奉敕潤色。《文選樓叢書》本。焦循有補一卷，在《木犀軒叢書》中。

地理備考

張之洞《書目答問·地理》 《新譯地理備考》十卷。西洋瑪吉士。海山仙館本。

梁啓超《西學書目表·通商以前西人譯著各書》 瑪吉士《地理備考》十卷。海山仙館本。

顧述廬《通學書籍考·地學類》 《地理備考》十卷。原印本。泰西瑪吉士著。

徐維則等《增版東西學書録·東西人舊譯著書》 瑪吉士《地理備考》十卷。《海山仙館叢書》本。

楊復等《浙江藏書樓乙編書目·圖史》 《外國地理備考》六册。西洋瑪吉士譯。木刻本。

地球總論

顧述廬《通學書籍考·地學類》 《地球總論》一卷。葡瑪吉士著。

徐維則等《增版東西學書録·東西人舊譯著書》 瑪吉士《地球總論》一卷。《小方壺齋叢書》本。

徐樹蘭《古越藏書樓書目·政部·地理學》 《地球總論》一卷。葡瑪吉士。小方壺齋本。

地球説略

梁啓超《西學書目表·近譯未印各書·地學》 《地球説略》。沙氏。益智書會。

地球説略

顧述廬《通學書籍考·地學類》 《地球説略》。泰西褘理哲著。

丁仁《八千卷樓書目·地理類》 《地球説略》三卷。合衆褘理哲撰。日本刊本。

徐維則等《增版東西學書録·地學》 《地球説略》一卷。光緒四年排印本，一册。《小方壺齋再續鈔》本。美褘理哲著。益智書會印有沙氏《地球説略》，未出。

徐樹蘭《古越藏書樓書目·政部·外史》 《地球説略》一卷。美褘理哲。《小方壺齋再補編》本。

八星之一總論

梁啓超《西學書目表·地學》 《八星之一總論》。李提摩太。廣學會本。一本。五分。初名《地球奇妙論》，印入《格致彙編》。

又《附録·讀西學書法》 近譯《八星之一總論》，初名《地球養民關係》。尤多新理。

劉鐸《古今算學書録·格致·氣學》 《八星之一總論》一册。李提摩太撰。美華書館鉛印巾箱本，《格致彙編》本名《地球奇妙論》。以日之熱力，演其生數。其宗旨在推尊教術，故不用密率。

顧述廬《通學書籍考·地學類》 《八星之一總論》一卷。廣學會本。英李提摩太著。共二十一節。初名《地球奇妙論》，印入《格致彙編》。又名《地球養民關係》，尤多新理，爲地文之書。

趙惟熙《西學書目答問·藝學·地學》 《八星之一總論》。一册。英李提摩太輯。廣學會本。初名《地球奇妙論》，頗多新理。

徐維則等《增版東西學書録·地學》 《八星之一總論》一卷。廣學會本，一册。《格致彙編》本。英李提摩太著。初名《地理奇妙論》，印入《格致彙編》中。後乃復有增損，更名《地球養民關係》。以地球列於日月行星，故名「八星之一」。然其中言地，不及言天之詳，而言天又不及言地之暢。論種族異同、宗教流派，極可觀。

徐樹蘭《古越藏書樓書目·政部·地理學》 《八星之一總論》一卷。英李提摩太。《新學彙編》本。

又《政部·計學》 《地球養民關係》一卷。英李提摩太。《格致彙編》本。

楊復等《浙江藏書樓乙編書目·理學》 《八星之一總論》一册。英國李提摩太著。廣學會譯印本。

廣學會編《廣學會譯著新書總目·地學》 《八星之一總論》。李提摩太君著。論地球爲八行星之一。每册價洋五分。

地球之過去未來

《上海格致書院藏書樓書目・東西學書・通論》　《地球之過去未來》。日本加藤弘之。一本。文明書局譯印。

楊復等《浙江藏書樓乙編書目・雜誌》　《地球之過去及未來》一冊。日本横山又次郎輯，鎮海虞泰祺譯。開通社鉛印本。

地理全志

顧述廬《通學書籍考・地學類》　《地理全志》五卷。益智書會本。英慕維廉著。是書太簡略，且亦太舊。近年變遷多矣。《西學通考》。

趙惟熙《西學書目答問・藝學・地學》　《地理全志》。五卷，附圖，訂二冊。英慕維廉撰。益智會本。是書頗明備，惜稍簡略耳。

徐維則等《增版東西學書録・地學》　《地理全志》五卷。益智書會本，一冊。《西學大成》本。英慕維廉著。讀此書可知國地政俗大略，地學門徑。惜太簡太舊，而於近年沿革，相殊亦多。但每卷各列文質政論，頗可觀。益智書會印有江載德《萬國地理》，又地理大圖譯書公會報印有法蒲以賢著、法賽商重編、法古雷業增訂、吳宗濂譯《增訂五洲通志》，均未成。

徐樹蘭《古越藏書樓書目・政部・外史》　《地理全志》五卷。英慕維廉。光緒九年益智書會排印本，光緒二十八年石印本，《小方壺齋再補編》本。

廣學會編《廣學會譯著新書總目・地理》　《地理全志》。一本。價洋五角。

地理全志上下編

丁仁《八千卷樓書目・地理類》　《地理全志上編》五卷《下編》十卷。英慕維廉撰。日本刊本。

萬國地理

梁啓超《西學書目表・近譯未印各書》　《萬國地理》。江載德。益智書會。未印。

地理志略

梁啓超《西學書目表・地學》　《地理志略》。

徐維則等《增版東西學書録・地學》　《地理志略》一卷。《小方壺齋再續鈔》本。美戴德江著。

徐樹蘭《古越藏書樓書目・政部・外史》　《地理志略》一卷。美戴德江。《小方壺齋再補編》本。

顧燮光《譯書經眼録・地學》　《地理志略》一卷。光緒壬寅福音印刷合資會社再版洋裝本，一冊。美戴德江著，謝子榮、丁輯五合校。計百有九章，於五洲輿地、形勝、物產繪圖列説，頗爲精審。原書作於光緒七年，二十年來時局變遷，已非曩昔，非洲已隸西人，美亦新增數省。此係再版，均已更正。卷末所載各國方里、人數、高山、大河數篇，爲初版所未有。其地名與《萬國通鑑》異者，概改一律，蓋新加校訂本也。

楊復等《浙江藏書樓乙編書目・圖史》　《地理志略》一冊。美國江敎士箸。鉛印本。

地志須知

顧述廬《通學書籍考・地學類》　《地志須知》一冊。《格致須知》本。英傅蘭雅著。

徐維則等《增版東西學書録・地學》　《地志須知》一卷。《格致須知》初集本，一冊。英傅蘭雅著。約分六章，於五洲各國風俗、人物大略，專就近今略述之，可謂簡矣。

徐樹蘭《古越藏書樓書目・政部・地理學》　《地志須知》一卷。英傅蘭雅。《格致須知》初集本。

廣學會編《廣學會譯著新書總目・地理》　《地志須知》。竊以不登山者，不知泰岱之高；不赴海者，不知滄溟之深。况人各處一方，何論編知地球之大也？數十年前，東方數處未知有泰西諸國；數百年前，西人未知有西半球之地。是因水遠洋寬，帆船所難通也。今則輪船既造，行海如衢，遊覽人等，無往不至。每到之處，閱其地土之形勢，訪其人民之風俗，物產之多寡，一一記於書中，是謂地志。大略各國所記，本境再詳其外，則略閱之，當不無小補云。一冊。價洋八分。

天下五洲各大國志要

梁啓超《西學書目表・史志》　《天下五洲各大國志要》。李提摩太。廣學會本。一本。二角。甚簡略。

趙惟熙《西學書目答問・政學・史志學》　《天下五洲各大國志要》。一冊。英李提摩太撰。廣學會本。是書紀述太略，然大端粗具。

徐維則等《增版東西學書録・史志》　《天下五洲各大國志要》一卷。廣學會本，一冊。瀏陽《質學社叢刻》本。《小方壺齋再續鈔》本。英李提摩太著，鑄鐵生述。以「富於養民，強於敎民」二語爲本書宗旨，歷論古今各國有益於民諸大政。其意將合五洲萬國爲一家，尤汲汲以講求敎養。諷中國李敎士所作諸書皆以保國養民爲主，與他敎士取義不同。雖簡略，未可厚非。是書亦名《三十一國志略》。益智書會印有歐氏《中國史略》、英魯斯約翰《朝鮮紀略》、《滿洲考》二卷。東亞書局譯有《萬國新史提要》、《五大洲人類種族考》，均未出。集成報有法賴阿司撰、王衡齡譯《五洲古今野史》，亦未成。

徐樹蘭《古越藏書樓書目・政部・外史》　《天下五洲各大國志要》一卷。英李提摩太。光緒二十三年刻本。《小方壺齋再補編》本，改名《三十一國志要》而删去後附《襍論》。

楊復等《浙江藏書樓乙編書目・圖史》　《五大洲各國志要》一冊。英國李提摩太著，鑄鐵生述。廣學會鉛印本。

廣學會編《廣學會譯著新書總目・史類》　《三十一國志要》。現今三十一國志事。李提摩太先生著。一冊。價洋一角。

世界地理志

徐維則等《增版東西學書録・地學》　《世界地理志》一卷。《蒙學報》本。蒙學報館譯。六篇。一、總論；二、亞細亞洲誌；三、歐羅巴洲誌；四、阿非利加誌；五、美利加洲誌；六、大洋洲誌。顧補。

輿地啓蒙

徐維則等《增版東西學書録・地學》　《輿地啓蒙》□卷。《蒙學報》本。曾廣銓譯。於五洲各國政治、出產、面積、戶口，言之綦詳。所附之圖，亦精核可觀。

坤輿撮要問答

徐維則等《增版東西學書録・地學》　《坤輿撮要問答》四卷。《滙報》本。孫文楨譯。於五大洲列國疆界、山陵、河海，分類別門，繪圖著說，演成問答，語簡意明。顧補。

五洲圖考

徐維則等《**增版東西學書録・地學**》《五洲圖考》四冊。滙報本。法龔古愚、許采白合譯。將天下大小各國考證方隅、風俗、政事、物產、人材以及山川險要、名勝要區，皆自西書中譯出，彙爲一編。附地圖五十七幅。顧補。

顧燮光《**譯書經眼録・地學**》《五洲圖考》四卷。上海滙報館本，四冊。龔柴、徐邁、許彬合譯。輯原書附印於《益聞録》中裒輯而成。舉凡五洲大小各國，皆考證方隅、風俗、政事、物產、人材以及山川險要、名勝要區，譯自西書，言之縷晰。附地圖五十七幅，亦甚精細。

楊復等《**浙江藏書樓乙編書目・圖史**》《五洲圖考》四冊。前京龔柴古愚氏撰。鉛印本。

五大洲圖說

徐維則等《**增版東西學書録・地學**》《五大洲圖說》一冊。美華書館刊本。美潘雅麗著。

廣學會編《**廣學會譯著新書總目・地理**》《五大洲圖說》。一本。價洋三角五分。

列國地說

徐維則等《**增版東西學書録・地學**》《列國地說》一冊。廣學會排印本。美衛羅氏譯，金向敷述。凡十三章。所附之圖，亦甚精審。顧補。

楊復等《**浙江藏書樓乙編書目・圖史**》《列國地說》二冊。美國衛羅氏譯著，金向敷述録。廣學會鉛印本。

廣學會編《**廣學會譯著新書總目・地理**》《列國地說》。卷一專論中國，卷二論英國。每一本價洋一角五分。

外國地理問答

通雅齋《**新學書目提要・輿地類**》《外國地理問答》。上海廣智書局本。《外國地理問答》一卷，分爲六章，題云盧籍剛編輯，蓋中國人所爲，惟卷末又題盧籍剛翻譯，則似轉述舊本。就其書觀之，蓋由摹摭歸并而成者也，于地輿之方位脈絡約皆録自他書，要不甚誤，其立說亦本自外人，如篇首言地圓之理數則其言即出日本中村五六《世界地理志》之書，若此者雖不足以登于著述，持授蒙稚未必無功，過而存之，當在善取者矣。總論一章，謂地球以太陽爲中心，在金星、火星之間云云，此當先叙七星之名與地列于八星之一之故，并宜略述八星繞日、日繞昂宿第六星之理，端緒始明。亞細亞總志一章，謂本洲自蘇彝士運河而接阿非利加，似以蘇彝士河全爲亞洲所屬，此亦近誤；數亞洲獨立之國，只有中國、日本、高麗、波斯等，不知將何以處暹羅？歐羅巴洲志一章云，英吉利自稱太陽所照之地靡不有英國之旗，按英人之言似以日所照臨，東西殊晷，而其國屬地錯峙全球，桄被所臨，此入彼出，故云太陽常臨英旗，以侈其藩國之多遍于兩域也，此文所引乃致誤會。又所載各國大勢并不及其人種爲何，皆其疏忽之一端。至于譯音蕪雜爲近人之通病，此書專言地理，則覽者受害尤深，如俄屬之堪察加前作「加末察家」，後又作「加末殺加」，緬甸上流之依瓦拉諦江即金沙則作「依拉華敵」，巴〔爾〕干半島則作「伯路更諸邦」，羅馬尼亞則作「路馬二亞」，此類之弊幾與積葉俱繁，難可悉掃，若不拈其一二，異日必有誤沿之者。且如比利時之國名載在條約，中土書籍何必襲日本所譯「白爾義」之稱？而所紀剛果情形復改比利時爲「比路期」，其爲龎雜亦已甚矣。

顧燮光《**譯書經眼録・地學**》《外國地理問答》一卷。廣智書局本，一冊。盧藉剛譯。語淺近可讀，便於啓蒙。

地理初階

顧燮光《譯書經眼録・地學》　《地理初階》一卷。北京滙文書院本，一冊。美李安德著。凡七章，首論地球，次中國，三至八則論亞、歐、非、美、澳五洲各國，九總論。書中概以官話，編成問答，附圖畫以資觀覽。另附地圖若干幅，設以彩色，亦甚精細。

世界地理

通雅齋《新學書目提要・輿地類》　《世界地理》。上海作新社本。《世界地理》二卷，各分章節，上海作新社編纂。據前刊凡例，自云遍采各家之書與直譯一書者有異，此自博涉之意，然著書之例固當視其分門以劃爲定體，政論之作可以融會各説而示以折衷，史記諸書亦當薈集衆流以成其信實，至于地理一事，征其脉絡，述其物產，皆以現象爲衡，雖作者考察之功有精粗、詳略之異，而媪神不昧，山川有靈，斷不因著述殊科而遷移其大勢，兩説不容并立，亦何必遍采爲貴乎？此書之作尚無顯謬，叙述各節亦近詳明，然缺點頗繁，不能不略舉數則，凡例曾云纂譯是書特以供中國教科書之用，則補苴之事亦未必無裨矣。如世界總論章云若尼加拉瓜運河鑿成，又將爲交通上一大要點，而于此河開後其在美洲流域何數城可以興衰不能具言。亞細亞總論章云亞細亞有世界第一之高山、第一之高原、第一之半島，按此蓋指希馬拉雅山、西藏、印度三處而言，顧何不指明其地望？中國總論章云據日本參謀本部之中國地志有三千九百十萬里，據幾痕氏亞細亞地志有三千四百五十萬方里，據政家年鑑有三千二百二十萬方里，此係地理要事，其懸若是其甚，究以何説較確，固當有所適從。其記天山山脉分爲二派而不詳南北路之分，則于回疆各城與新疆内地之分壤未能區劃。謂瓊州海峽及島口別爲一灣名曰東京灣，又云過明江口則入東京之境，東京即法屬安南之東京，然不叙國名，初閲者豈知屬于何地？記揚子江下流一則，于長江與運河通貫之條理亦似不甚分明。其最誤者乃以漢字爲不顯音而顯思想，此于中國文字瞢昧已甚，且云漢字凡七萬字，通常所用者不過四千字，知二千五百字即可以讀孔孟之書，略解諸子百家之言，斯語訛謬，有識共知，在日本人著書或有此誤已深駭異，况既經編纂，何得沿之？若以施于教科，豈非重累後學？謂河南開封府有猶太教，此蓋出于仁和葉翰所譯日本山上萬次郎大地志之書，而山上氏亦非別有所據，不過以吴縣洪氏《元史譯文證補》之説爲本，于此教之源流要非甚悉，又云此教盛于往時，今則不過數百人，此亦臆造之語，實則唐時或有此教，今已就微，國朝俞正燮《癸巳類稿》書中謂挑筋教即屬此教，今則并挑筋教之名而忘之矣。于日本一國則紀載較審，可資稽覽，然日本海軍五區，其室蘭一港實未經屯駐兵船之處，日人稱爲未開廳港，自當爲之注明。南部亞細亞章于印度通至中國之路且未明言，更何貴有地理書籍。歐羅巴總論章謂英國初等、中等教育大劣于德國，高等教育亦未能凌駕德國之上，此語當出自日本爲治德國學派者之言，然于所以較劣之故亦未嘗得其確據。惟比較各洲異同之迹則于地質學尚有發明，差可重耳。考古之功亦關輿地之學，篇中于此亦疏，如「騰格里」者蒙古人呼天之名，即漢所云匈奴稱天爲「撑犁」也騰格里即「撑犁」之轉音，故騰格里峰即天山之謂，而此書云天山山脉騰格里峰，于文豈非重復？羅布淖爾即《唐書》「蒲昌」之轉音，而云羅布湖者，中國尚呼爲鹽澤，則不若謂向呼蒲昌海矣。且日本人于地理諸書每好流連風景，依戀古迹，過垓下則爭言項羽，游姑蘇則先訪寒山，雖迂闊已甚，亦其性質使然，此篇于中國各處尤多此病，仍而不删，亦頗令人刺目也。人名、地名多所未檢，雖附注原文，終非便讀。印本訛漏之字尤多，甚至條頓人僅作「條人」，亦豈可解乎？

顧燮光《譯書經眼録・地學》　《世界地理》二卷。作新社洋裝癸卯第五版本，一冊。作新社編譯。斯編薈萃輿地各書，求合中國教科之用，故於亞洲諸國，三致意焉。書分三編。首編曰世界總論，凡一章三節，分言天、地、人文三類之地理。上編曰本國之部，凡二章。下編外國之部，凡二十九章。始日本，迄英領之北美止，中附輿圖七幅，名勝圖六幅，另附東西合璧地名譯名於書眉，以便考核。全書編輯體例，尚稱詳核，惜誤字太多，爲讀者所苦耳。

楊復等《浙江藏書樓乙編書目・圖史》　《世界地理》一冊。作新社編。

本社鉛印本。

環瀛誌險

楊復等《浙江藏書樓乙編書目・圖史》 《環瀛誌險》一冊。闕名。商務書館鉛印本。

最近地文圖志

廣學會編《廣學會譯著新書總目・地學》 《最近地文圖志》。是書有圖有志，精審詳備。附五彩銅板大圖二十餘幅。於世界海陸、氣候、洋流、地質、物產等，莫不備具，洵爲地文學之傑作。美國崎冀著。洋裝一冊。價洋三元五角。

瀛寰全志

楊復等《浙江藏書樓乙編書目・圖史》 《瀛寰全志》附圖。二冊。山陰謝洪賚編。商務印書館鉛印本。

世界地理志

通雅齋《新學書目提要・輿地類》 《世界地理志》。上海金粟齋本。《世界地理志》六卷，題云日本中村五六編纂，頓野廣太郎修補，樋田保熙譯。按日本人言地理者類多詳于東方而略于外域，惟此書于歐、非兩洲及南、北美諸國叙述獨備，可爲翹異。篇中于地質文之關係推測皆有理致，考較地面高低之處亦有合于測量，然涉及水道則較言陸地者爲疏，故于海港要隘皆未論及，此其所闕耳。就篇中之所言有致疑者數事，「地理學總論」章云地熱有隆起地面之動力，水有平坦地面之動力，二者作用相反，數千年後今日之地形何時復爲滄海亦不能預指；「亞細亞總論」章云里海、咸海之水準綫甚低于黑海，可見土耳其斯坦平原往時亦爲海底，其水原通于黑海，不知何時隔絕，年年干涸，淺處爲平原，深處爲湖水。按滄海桑田之感，文人習爲恆詞，然使海而田，田而陸，則陸地驟增三倍之多，是魚鱉失其游衍而人得其饒，嬴政當殖民，豈有相吊？今日科學大盛，人力可掩天行，即如英國泰晤士江之一部，于數十年前已用機器榨水而成干土，作者乃謂地復爲海求之現象，良屬多憂，竊意將來地力既窮，不足以統世人之用，則新機遞嬗，必有率其智力以收利于元溟者，今日淘金、捕鯨已著其效，或且資之耕植，藉以居諸，龍伯相從，鱗洲種橘，蕃變所演，其孰界之乎？「歐羅巴總論」章謂，歐洲動物之產遠不如非、亞兩洲，以爲幅員較小，去熱帶遠，又土地盡拓，人烟稠密之故，然考動物之多者，在野蠻之國最盛，文化漸進則動物之生日見其希，而野蠻愈著者其動力亦愈猛，兩者相循，殆與爲正比例，如非洲之程度最劣，則所產青獅一種尤著猙獰，印度、暹羅諸國學術較非洲稍高，故虎、豹諸獸雖多，其惡猶有未至此，亦天演說之一證。雖歷來哲學家所未及，而其理最屬顯明，徒以人事之外迹推之，似未宣其蘊矣。又第一章分列地球人口爲五種，于馬來人種但云住亞細亞之馬來半島，皮膚褐色，而不詳其所自出，按馬來地名中國舊譯稱爲巫來由，廣東稱獼猴爲馬流巫來由，與馬來皆即，馬流，之轉音，蓋南洋島人以其種名被之猨類，顧人爲猴種之説，近代盛行，則謂馬來一種竟爲猨種屬，要不得以爲誣，廣東語斥人之無狀者亦曰「巫來」，蓋惡而絀之之辭，此種人之所起而著書者所未知也。此外于地理諸條，方位、脈絡大率明晰鮮誤，其獨訛者如謂長江、黃河皆出于昆侖，而以昆侖與希馬拉雅山分而二之，按昆侖祖山載籍所重，然峰巒何屬，指實爲難，羣書所稱、世俗所目皆未必爲典要，惟近日新化鄒氏始以希馬拉雅當昆侖，以高度準之差爲近似，故人多從其説，此書云云，反恐誤析。至以阿拉伯所屬之亞丁爲南端蕞爾一小島，則未知何意，亞丁地在蘇彝土之間，爲紅海之一小灣，其附近之丕林乃爲海島，自非亥神多勇，愚公未衰，如此江山無能舉步，昔五臺徐氏作《瀛寰志略》亦以亞丁爲海島，其失

政與此同，溯往若符，涉溟相契，心力所到，亦異聞也。謂中國以大臣四員、軍機數人爲最高之政府，此亦不悉我邦情形而漫言之者。然全書譯筆甚允，蓋由印行者刪潤爲多，其迹猶可見云。

顧燮光《譯書經眼録・地學》 《世界地理志》首一卷，甲乙丙丁戊己六卷。壬寅六月金粟齋第一版本，三冊。日本中村五六編纂，頓野廣太郎修補，樋田保熙譯。卷首列地理學總論、數學地理學、自然地理學、政治地理學四類。部甲記亞洲各國，部乙記歐洲各國，部丙記非洲各國，部丁記北美諸國，部戊記南美各國，部己記澳洲各地。於六洲各國位置、境界、屬島、山脈、平原、河流、氣候、農産、製品、礦物、貿易、交通、人種、政體、都市、區畫、屬地等，皆縷晰言之，而於歐、非、美洲諸國，尤加詳焉。其於地面有關係者，亦皆推測言之。惟海港要隘，諸多挂漏舛誤，是亦書中一闕事耳。而其體例詳贍，譯筆淵雅，固新籍中之上乘也。

萬國地理志

通雅齋《新學書目提要・輿地類》 《萬國地理志》。上海廣智書局本。

《萬國地理志》分爲七編，各分章節，題云日本中村五六編纂，頓野廣太郎修訂，番禺周起鳳譯述。蓋與金粟齋所印《世界地理志》同爲一書，此本印行者將匯爲《萬國通志》一書而此爲「地理志」之一篇，列于全書第六種，故改題曰「萬國」。金粟齋本以卷首「地理學總論」與「亞細亞洲總論」合爲一卷，故僅六卷，此則兩篇分置，共得七編也。以譯筆言，則金粟齋本較稱典核，然此本亦尚修潔可觀云。

五大洲志

顧燮光《譯書經眼録・地學》 《五大洲志》三卷。泰東同文書局本，三冊。日本辻武雄著。書分六編，首五洲概論，餘以亞、歐、非、奧、美繼之。每編末附《沿革論略》一篇，議論頗有特識。惟卷中闕中、日、韓三國，蓋以另著有《東亞三國地誌》一書，故不闌入。其記各洲人口、兵備、貿易、鐵路、輪船、電綫、郵便，皆二十八年調查者，尚稱核實。每卷末揭華英地名對照表，以資印證。附銅版地圖七幅於各卷首，亦甚精細。

萬國地誌

徐樹蘭《古越藏書樓書目・政部・外史》 《萬國地誌》三卷。日本矢津昌永。樊炳清譯。《科學叢書》本。

顧燮光《譯書經眼録・地學》 《萬國地誌》三卷。《科學叢書》本，三冊。日本矢津昌永著，樊炳清譯。本書據《日本地誌》之例，以爲中等教育課本。先解説地理學上要旨，以便學者。至地文、政治地理，二者概不闌入。上卷曰總叙，曰亞洲總論，曰亞洲各國誌。中卷曰歐洲總論，曰各國誌。下卷曰非洲總論，曰各國誌，曰北美總論，曰各國志，曰南美總論，曰各國誌，曰大洋洲澳洲總論，曰各部誌。體例詳審，所言亦簡要得宜。惟言特蘭斯法爾，未及英、特交爭，非獵賓、檀香山未屬於美。於中日戰事，則多言及。則此書固甲午後之本，今視之業已舊矣。

新撰萬國地理

顧燮光《譯書經眼録・地學》 《新撰萬國地理》五卷。開明公社排印本，三冊。日本山上萬次郎、濱田俊三郎合編，林子芹、林子恕合譯。本書分五編，分記亞、歐、非、美、澳五洲諸國地理。每編各有總論，以記其要。體例雖善，措詞太簡，譯筆又復生澀，雖名新撰，實無勝人之處。

地理學

顧燮光《譯書經眼録·地學》　《地理學》一卷。《速成師範講義叢録》本。日本矢津昌永講述，朱杞編輯。分亞細亞、大洋洲、歐羅巴、亞美利加、中國大勢、世紐，列表言之，足資考核。

世界地理學

楊復等《浙江藏書樓乙編書目·圖史》　《世界地理學》一冊。日本矢津昌永著，吳啓孫譯。鉛印本。

改正世界地理學

通雅齋《新學書目提要·輿地類》　《改正世界地理學》。上海文明書局本。《改正世界地理學》六卷，卷首通論一章、附録一章，日本矢津昌永原著，桐城吳啓孫譯本。「世界地理學」五字爲原書所用之標名，其曰「改正」云者，蓋吳氏之譯此書先有初本，後以文不稱意而地域名稱但取和音，且病其紀日本事太繁，故整齊而釐定之，以别于前編也。地理學一門于政治科學皆有連屬，故西國學校尤必以是爲始基，作者云激發愛國之心莫逾于地理學，以其挈長校短，多足觀感之故，可謂垣爛之言矣。其書以明晳見重而非取詳贍之長，雖略置尚多而條目甚朗，發言平允，淵識可稱，我國管理大學堂事務大臣曾爲審定，采入教科書目以頒之各行省爲學堂課本，以書之層次咸秩，其于教授之事亦最相宜。中間略有參評或資補拾，如通論一章分别寒、熱兩帶動物之性，謂熱帶之動物害人者多而溫帶皆有用之產，此例固然，然動物之馴獰異趣，亦由文化優絀與人爲制力而分，要不盡由兩帶之異。謂人情由所居地理之情態而各異，因以平原、山間之居民證之，篇中亦每著其故，按凡人性質係于地理，此自一定之儀，即如《爾雅·釋地》所謂「太平之人智，丹穴之人仁」，在故書之中尤多疊見，惜近日理論大盛而于此一節實驗尚微，獨多泛擬，所謂知其然而不知所以然，考察之功或當俟醫學日精以後。亞細亞洲一卷叙中國本部面積、人口表，由譯者新就本年英國最近調查之書易之，具見求詳之意，至述及中國各省大勢，有山西省位山東之西一語，此乃成爲巨誤，中國建立省分之初所以取名山西者，實指恆山之西而山東之名亦指恆山之東，古時直隸屬境接今山東之北境，率稱爲山東，譬如漢諺所云「山東出相，山西出將」皆以此分界，至元人建都燕土以其地直隸于中書行省，後世因之有直隸省之名，而山東一省與山西省屬遂無寸壤之接而遙指恆山以位于其東，此名義之未協者，作者云山東之西則竟以山西爲位于泰山之西，其爲重性安所得辭？不有辨章，終成貽累。其言及制度于分旗一事，又以上三旗與下五旗平列爲上下各四，此亦未檢之疏。此外則凡屬于亞細亞洲之各邦，凡是立君皆有論列，殆將取足世界分國之數而獨遺廓爾喀一方。大洋洲即澳大利亞洲與太平洋散列羣島一卷于行政之體太略，不足取證，此土昔爲重鎮，今建聯邦，自立政府者有年，不當以他處藩屬而忽視其治迹。歐羅巴洲一卷謂俄國半爲愚昧之農民，近年虛無黨等逞其不平，爲國家患，其實俄國之虛無黨即係農民所爲，于此曰愚昧，于彼則曰虛無，亦見其強分而已。謂匈牙利多蒙古種，按匈牙利即古匈奴之遺裔，其人率爲黃種，僅云多蒙古種似不足以征之。謂英國爲世界創始之立㓹政體，此亦未諦，立㓹之治不必前有所承，英之㓹法文告未頒，安于習慣，世人方目爲成典，創始之說似無所依。阿非利加洲一卷尙稱典核，謂埃及尼綠河之水所以定期漲溢，爲阿比西尼亞塔拿湖之發源，由六月至九月之雨而致，此爲往日載筆所未聞者。于特蘭斯法爾之事略綴數語，慨念未聞，桐城吳氏之序獨殷殷以此爲說，似非作者之所措意。北亞美利加洲一卷簡而尙備，然如坎拿大一隅地位不適于航路，英人不惜迂道行舟，漸臻此盛，西印度之稱蓋因當日發見指爲印度，後知其誤遂係以西，凡此淺聞皆堪彌闕。南亞美利加洲一卷紀載寥落，于諸邦國體亦近模糊，當非詳爲研究之作。綜覽全集，爲用若斯，篇中有云歐洲地形區分人類之營業，事殊識判，以競爭著其發達，其得便于地勢者爲多，及附録章記開通之大要一節皆合事程，可供搴攬。譯筆修潔，不涉繁蕪，所列地名則與通譯、舊譯未盡劃一，書前列有某氏評語盛許

記日本事中論山脈一段，以爲史遷未闢之境界，就省其文，未見可異，要非「顧瞻有河，粤瞻雒伊」之比也。

顧燮光《譯書經眼録・地學》《改正世界地理學》六卷。文明書局本，二册。日本矢津昌永著，吳啓孫譯。矢津君爲日本地學專家，所著書爲全國學校課本。此書爲最近之作，多新學理，且意欲爲吾華教科之用，紀事著言，多爲中國而發。凡亞洲十七章，南洋羣島四章，歐洲二十章，非洲五章，北美五章，南美十一章。卷首通論一篇，則括全書之要。卷末附録一篇，論列國大勢，於交通、貿易、人種、財富、兵力、領土等類，列表著説，尤爲有關時局之言。譯筆重加點竄改正，故亦啚雅可讀，較初譯之本據和文直譯者，宜其有霄壤之别也。

外國地理學教科書

顧燮光《譯書經眼録・地學》《外國地理學教科書》上中下三卷。同文滬報館石印本，一册。日本白洋一夫譯述。全書七章，發明六洲位置、境界、地勢、區畫、邦國各情，頗爲簡明，譯筆亦清晰可讀。附圖若干，頗便印證。卷末所附《世界各國面積比較表》、《世界各國人口比較表》，尤便學者。

萬國地理統計

楊復等《浙江藏書樓乙編書目・圖史》《萬國地理統記》一册。日本若原著，元和馬汝賢、吳縣顧培基輯譯。勵學譯社鉛印本。

萬國總説

徐樹蘭《古越藏書樓書目・政部・外史》《萬國總説》一卷。日本岡本監輔。《續》二卷。朱克敬。《富強叢書》本。

世界諸國名義考

通雅齋《新學書目提要・文學類》《世界諸國名義考》。上海廣智書局本。《世界諸國名義考》五卷，日本秋鹿見二原著，番禺沈誦清譯本。蓋分亞細亞、歐羅巴、阿非利加、亞美利加、澳大利亞原文稱大洋洲，此從其本名五洲而計爲五卷之書也。按國于天地，首曰正名，萬邦綺錯，各執定義，有沿古昔之稱者，有從地勢形脈之解者，有取于大名之頌孅者，有冠以偉人之尊稱者，駢衍俶異，各就所宜，若不揆其初則曷云問俗？考厥命義而溯其所昉，斯亦爲學之要津矣。且一國之取名，固有一聞其稱而可藉知其國之大勢，即如此書之前載作者之序有云，譬諸言白耳義，即比利時。和蘭低地國之稱如何而起，則二國之地勢自了然如指掌，聞英吉利之所由來，則如讀一部之英吉利史，然則謂知國號之稱可通世界之形勢，豈過論哉？此數語明核已甚，可謂知言，著書之意正當從此而起。篇中所考，研究典博，多爲近人之所未知，于非、美洲之間類從舉實，以言觀國，裨佐匪淺，中有一二宜事補苴者，聊用辯之。第一卷「亞細亞洲」一條云，亞細亞者東方及太陽之義，猶言東大陸日出處也，或曰希臘語稱中央爲亞細亞，按近日順德李侍郎文田以「亞細亞」三字爲「安息」之轉音，其説新而有理，此作者之所未詳，亞洲之地以中土爲大，亞細亞肇稱之雅誼，但有淹洽之言，猶當并存其義，以張而摭之。「支那」一條，備著衆説，如謂震旦有思惟之義，支那即「秦」之轉音，又爲東方之義，此皆取自舊聞者，然考「支那」二字傳播之萌，雖曰託始佛書，而屬在歐儒已多枝指，故或譽以文明之姱謚，或視同磁器之良工，凡斯兩言，有兼國望，其説初非甚晦，流布已深，顧作者獨至遺之，未諗終以何故。至曰今之清國，取于一清天下之義而頗肆譏辭，此則臆揣之談，未足以彰事實。我朝之用「清」字，雖莫由窺測高深，大抵鑑古立名，有取于字誼之昭順，且屬在當時地圓之説未聞，不知更有海外，入關以後方謂天下早定，何貴于一清之文？據此相嘲，乃爲無本。其引日本舊呼中國爲「摩羅果西」，即是山河懸絶之義，獨可成逸聞之一節。「印度」一條，能引《西域記》之文以證印度之名義，具見滂憙之贍，此其所以當重。

「西伯利亞」一條，釋之云西伯利亞者露西亞語稱北方之義也，按近人以西伯利亞爲「鮮卑」之轉音，諒無乖迕，而此條獨闕未采，似非言掌故者之所甘心。第二卷于「奧地利匈牙利」一條有云，匈牙利者謂匈及牙利合二種族以爲名，匈者即支那所謂匈奴，按「匈牙」宜爲「匈奴」之聲轉，明人修史譯其音爲「紅孩兒」，然據服虔之注《漢書》有「獯鬻，堯時匈奴」之語，則是斯種曼衍五千年，轉徙數萬里，猶未忘其夙號，于今歐土著黃裔之居焉，此以匈與牙利絕讀，似昧轉音之迹，良由誤執他書以爲證耳。「露西亞」即俄羅斯一條，征文蓋鮮，于舊說皆未引及，嘗考迄漢以來，若丁零、敕勒、堅昆、奄蔡、欽察諸邦，皆或指爲俄地，其以《魏書》之烏洛侯「侯」爲「俟」字之訛，烏洛俟即俄羅斯者，厥誼尤確，而《元史》、《元秘史》兩書之記俄音略繁，若斯類者必有記錄，以今追古，庶猶粲然。「土耳其」一條未著突厥之本音，日本人通書土耳其爲突厥，此何以獨襲漢譯，所爲未喻。第三卷釋非洲國名至悉，然似遺一二小邦，當俟更檢。第四卷「亞美利加洲」一條，言西曆一千四百九十二年哥倫布始發見巴拿馬一島，按其時哥倫布之創獲者實惟古巴，今誤以巴拿馬當之，徂絕已甚，且巴拿馬地屬海腰，初非島嶼，就此所述乃成重惿。于「墨西哥」、「秘魯」、「智利」諸條其名義皆云未詳，顧緬此諸邦華績夙斐，今日吉金樂石猶見流傳，古國之名諒非必無可知者，異日或有好循故史之士爲討論其所以，繕此篇之孅。第五卷「濠斯太利亞」一條，即澳大利亞。記各土殖民之歲，深便稽閱，頗足見珍。英人之治澳洲但及邊境，而中央猶是磽确之區，此洲天位于南而度綫偏近東大陸，此東方諸國言移民者之所宜經意也。覽斯所著，并爲論之，以上所摘，贊辯略具，觀者可以彌憾矣。篇中考古太略，此由義在證今，且屬日本人之作，要不足以爲病。惟是山河歷歷，星辰離離，尊命已非，強權猶炳，竟閱斯卷，備列邦名，絜圖較表，如何可量。嗚呼！撒爾尼之王未復則意大利僅成歷史之名辭，土耳其之德將衰則遠東國先列病夫之謚法。猶太無國，儷其女子者且不得游列國之皇居；波亞新頹，前任總統者乃至作名邦之逐客，知國名之與旗幟固一昃而并隳者矣。海有颶埃，社聞嘻木，書梁未沫，嘆魯深之。

顧燮光《譯書經眼録・地學》 《世界諸國名義考》一卷。廣智書局排印本，一冊。日本秋鹿見三著，沈誦清譯。本書按五洲分爲五節，以約說、名義二類，解釋地名、過去歷史及現在影響。雖略舉大要，頗便地理教授之用。惟亞洲缺日本，因著者另著有《日本諸國名義考》，故不闌入。

《上海格致書院藏書樓書目・東西學書・史志》 《世界諸國名義考》。日本秋鹿見二。番禺沈誦清。一本。廣智書局活印。

楊復等《浙江藏書樓乙編書目・教育》 《世界諸國名義考》一冊。日本秋鹿見二著，番禺沈誦清譯。廣智書局鉛印本。

外國地名人名字典

顧燮光《譯書經眼録・學校》 《外國地名人名字典》。覺民編譯社本。日本版本健一編輯。世界歷史、地理，譯音各殊，歧多羊亡，徒耗腦力。是書以日本文部省所譔爲粉本，加以採擇。凡地名位置、歷史情狀、人物事蹟，皆瞭如指掌，誠世界之大字典焉。

楊復等《浙江藏書樓乙編書目・補遺》 《外國地名人名辭典》一冊。日本坂本健一著。新學會社鉛印本。

萬國輿圖

王韜《泰西著述考》 利瑪竇《萬國輿圖》。

梁啓超《西學書目表・通商以前西人譯著各書》 利瑪竇《萬國輿圖》。

徐維則等《增版東西學書録・東西人舊譯著書》 利瑪竇《萬國輿圖》。

坤輿全圖

王韜《泰西著述考》 南懷仁《坤輿全圖》。

梁啓超《西學書目表・通商以前西人譯著各書》 南懷仁《坤輿全圖》。

徐維則等《增版東西學書録・東西人舊譯著書》 南懷仁《坤輿全圖》。

地球圖

劉鐸《古今算學書録・天文》　《地球圖》一幅。戴進賢撰。欽天監刊本，京都重刻本。

徐維則等《增版東西學書録・東西人舊譯著書》　戴進賢《地球圖》一幅。欽天監刻本，京都重刻本。

平面地球圖

趙惟熙《西學書目答問・藝學・中國地輿圖》　《平面地球圖》。二大幅。製造局本。

平面地球圖

趙惟熙《西學書目答問・藝學・中國地輿圖》　《平面地球圖》。一大幅。益智書會本。

徐維則等《增版東西學書録・地學》　《平圓地球圖》一幅。益智書會本。

地球圖

楊復等《浙江藏書樓乙編書目・圖史》　《地球圖》一幅。闕名。鉛印本。

歷代地球圖

楊復等《浙江藏書樓乙編書目・圖史》　《歷代地球圖》一册。闕名。廣學會鉛印本。

地理大圖

梁啓超《西學書目表・近譯未印各書》　《地理大圖》。江載德。益智書會。未印。

萬國輿圖

徐維則等《增版東西學書録・地學》　《萬國輿圖》一册。上海同文書局石印本。英原圖，陳兆桐譯。

徐樹蘭《古越藏書樓書目・政部・外史》　《萬國輿圖》一册。英原圖。陳兆桐譯。同文書局石印本。

五洲各國統屬圖

徐維則等《增版東西學書録・地學》　《五洲各國統屬圖》一幅。廣學會本。英李提摩太著。

廣學會編《廣學會譯著新書總目・地理》　《五大洲各國統屬全圖》。單張價洋五分。着色者價洋一角。

五大洲屬圖貢扇

廣學會編《廣學會譯著新書總目・地理》　《五大洲屬圖貢扇》。絹面者四角，紙面者一角。

世界大地圖

楊復等《浙江藏書樓乙編書目・圖史》　《世界大地圖》一幅。闕名。鉛印本。

坤輿兩半圖

楊復等《浙江藏書樓乙編書目・圖史》　《坤輿兩半球》二頁。闕名。商務書舘石印本。

坤輿方圖

趙惟熙《西學書目答問・藝學・中國地輿圖》　《坤輿方圖》。一大幅。日本本。

徐維則等《增版東西學書録・地學》　《坤輿方圖》一幅。日本印本，上海重印本。日本木村佶卿繪。

萬國全地圖

顧燮光《譯書經眼録・地學》　《萬國全地圖》一冊。日本明治二十九年二月東京協誠堂洋裝本。日本渡邊忠久編輯。太舊，圖未精審。

新案萬國地圖

顧燮光《譯書經眼録・地學》　《新案萬國地圖》一冊，附《教科摘要》一卷。日本明治三十三年三松堂增定十二版洋裝本。日本吉倉次郎編輯。計圖十一幅。首行星軌道圖，次發明月之盈虧、晝夜、氣候、潮汐、日月蝕、各星現象圖，三世界圖，四地球，五亞洲，六非洲，七歐洲，八北美洲，九南美洲，十大洋洲，十一日本，十二朝鮮。後附《教科摘要》，言地球水陸位置、氣候、溫度、雨量、政體、兵備、財政、物產、度量等，足輔圖之未備。原書成於明治二十八年九月，此係三十三年增訂本也。

萬國新地圖

顧燮光《譯書經眼録・地學》　《萬國新地圖》一冊，附《統計表》一卷。日本明治卅四年大倉書店增訂第四版本。日本島田豐著，日本岩永義晴校。共圖十五幅。雜和文過多，未習東文，難於卒讀。《統計表》亦不詳備。

近世萬國新地圖

顧燮光《譯書經眼録・地學》　《近世萬國新地圖》一冊。日本明治三十五年四月大阪田中宋榮堂洋裝本，一冊。日本服部悅次郎編纂。圖極精細，每圖之後，附以各洲名勝影片若干幅。日本近出萬國地圖之最精本也。另有《萬國著名市街圖》一卷，《地理統計表》一卷，均極精詳，亦附諸後。

中等教育輯製新地圖

顧燮光《譯書經眼録・地學》　《中等教育輯製新地圖》一册，附《地志一斑》一卷。日本精華堂洋裝第四版本。日本野口保興著。爲圖二十二幅。首曰斜面地勢，次曰雨量、風向、植物帶、世界政治地圖，六洲各自然地圖、政治地圖各一幅，清、韓、印度、俄、英、法、德各國圖一幅。後附《地志一斑》一卷，則詳言面積、位置、政治、戶口各事，以相發明，蓋地文類也。圖中無日本，顏曰《外國之部》，著自日人，固宜爾也。惜多和文，未習東文者，不能卒讀。

《清全地圖》一大幅。日本三省堂銅版本。日本宮忠龜一著。圖繪吾華廿一行省及內外蒙古、西藏各地，設彩色以資醒目。面積華度，開方六尺，餘山川路綫，城邑市鎮，皆詳誌焉。惜間有錯誤，地名亦多挂漏。如此鉅製而不免失之疎陋，惜哉！

《清國分割新圖》一册。日本洋裝本。不著編輯者姓名。圖十六幅。廿一行省及內外蒙古、伊犂、青海、西藏、札薩克圖，唐努烏梁海、天山南北路各圖，而以日本、朝鮮殿之。行省圖僅備參考，惟東北各邊，較內府本爲精細。

楊復等《浙江藏書樓乙編書目・圖史》　《輯製外國新地圖》一册。日本野口保興著。鉛印本。

世界新地圖

楊復等《浙江藏書樓乙編書目・圖史》　《世界新地圖》一册。日本野口保興著。日本東京鉛印本。

世界讀史地圖

楊復等《浙江藏書樓乙編書目・圖史》　《世界讀史地圖》一册。日本依田雄甫箸。日本東京鉛印本。

世界讀史地圖略説

楊復等《浙江藏書樓乙編書目・補遺》　《世界讀史地圖略説》一册。日本依田雄甫編纂。東京鉛印本。

世界新地圖

楊復等《浙江藏書樓乙編書目・補遺》　《世界新地圖》一册。日本人著。東京石印本。

萬國地圖

楊復等《浙江藏書樓乙編書目・圖史》　《萬國地圖》一册。日本佐藤傳藏編。日本東京鉛印本。

萬國新地圖地理統計表

楊復等《浙江藏書樓乙編書目・圖史》　《萬國新地圖地理統計表》一册。日本若原箸。鉛印本。

分邦詳密萬國地圖

楊復等《浙江藏書樓乙編書目·圖史》　《分邦詳密萬國地圖》一冊。日本上田貞治郎譯。鉛印本。

漢文萬國地圖

楊復等《浙江藏書樓乙編書目·圖史》　《漢文萬國地圖》一冊。日本松邑孫吉著。鉛印本。

中外輿圖

梁啓超《西學書目表附録·讀西學書法》　新化鄒君沅帆現譯一圖，據西人極精之本，全分其有六百七十張，三年之内可以全圖告成。眞不朽之盛業矣。

趙惟熙《西學書目答問·藝學·中國地輿圖》　《地學公會五大洲全圖》。六百七十幅。鄒代鈞譯本。是圖集西人極精之本印，以日本銅版細析秋毫刻，尚未全出。將來印成，實圖學中一鉅觀也。

中國地理分部

中國險要圖誌

顧燮光《譯書經眼録·地學》　《中國險要圖誌》二十二卷，《補編》五卷，附圖五卷。上海經世文社石印本，十五冊。英伯利特輯，英海軍海圖官局原本，陳壽彭譯。是書原名《中國海方向書》，爲英國海軍海圖官局第三次裒集晚近新出之本，都四大乘。兹取第三乘專言吾國濱海者十卷譯之。原書闕瓊海一帶，因取第二乘中所言雷、瓊、廉濱海者，作爲補編。又取甲午後至己亥八月，各西報及警船示冊所載港岸轉移、燈塔浮錨改設之事益之，得書五卷，乃成完書。夫志乘愈修愈備，後必勝前。昔年王氏德均所譯《海道圖說》，似係西人初輯之本，故間有不詳。今此原書乃其第三次所增廣者，據云所增二百四十餘條。細按之，實較《海道圖說》多逾一半，可謂精矣。然江海屢有變更，險要即隨以異。上海海關有歷年警船示冊，以告適從。再閱十餘年，英之海軍必有新增之本，則此書又成筌蹄矣。查原書成於甲午，正當中日之役。書中多言商埠、商務事，是顧我之保國，如其保商，吾國安則彼商寄寓於我者亦安。但言險要而不言攻守者，恐蹈越俎代庖之誚耳。乃自臺、澎外屬以後，廣灣膠州、旅順、威海等相繼出賃。《圖誌》依然，河山非舊。讀斯書者，能無感時興歎耶？圖五卷，凡二百零八幅，以原本九十幅展拓爲之。

楊復等《浙江藏書樓乙編書目·圖史》　《新譯中國江海險要圖誌》十五冊。侯官陳壽彭譯。經史文社石印本。

唐土名勝圖繪

楊復等《浙江藏書樓乙編書目·圖史》　《唐土名勝圖會》六冊。闕名。日本東京鉛印本。

東三省叢話

顧燮光《譯書經眼録·遊記》　《東三省叢話》。《政法學報》本。日本戶水寬人著，政法學報社員譯。是書爲日本戶水博士遊歷哈爾濱各處日記，雖語多瑣屑，而其間涉及政治，足爲我棒喝不少。留心東三省時局者，當取

讀之。

滿洲地誌

《上海格致書院藏書樓書目・東西學書・地學》 《滿洲地誌》。日本參謀本部。一卷。一本。商務書館譯印。

蒙古地志

顧燮光《譯書經眼録・地學》 《蒙古地志》一卷。金陵啓新書局洋裝本，一冊。日本下村修介、關口長之編輯，王宗炎譯。此爲日本參謀本部官書，乃日人游歷蒙古所記，參以俄人布拉第拕斯奇氏記載，又詳考中國圖籍，滙爲一書。於蒙古部落廣狹、山川險要、兵制、物産、道路、商業，無不備載。其歷史一門，詳考蒙古古今沿革，尤足備柔日之助。

《上海格致書院藏書樓書目・東西學書・地學》 《蒙古地誌》。日本下村修介，日本關口長之。王宗炎。一本。日本秀新書局藏板。

楊復等《浙江藏書樓乙編書目・圖史》 《蒙古地志》一冊。日本參謀本部編，大興王宗炎譯。啓新書局鉛印本。

喀什噶爾略論

顧述廬《通學書籍考・地學類》 《喀什噶爾略論》一卷。美林樂知著。

金陵誌

徐維則等《增版東西學書録・地學》 《金陵誌》□卷。《滙報》本。法方□著。斯書元本法文，凡金陵省城内外形勢、物産、商市、工程、古蹟、武備、教堂、學堂、醫院、局廠、衙署、通商約章及名賢巨宦等，無不備載，並列圖畫若干，以資醒目。顧補。

黄河論

徐樹蘭《古越藏書樓書目・政部・工業》 《黄河論》一卷。英瑪禮孫。英傅蘭雅譯。《格致彙編》本。

長江圖説

梁啓超《西學書目表・船政》 《長江圖説》。傅蘭雅，王德均。製造局本。一本。一千。

長江新圖説

梁啓超《西學書目表・近譯未印各書・船政》 《長江新圖説》。傅蘭雅，徐家寶。製造局。未譯成。

長江圖

趙惟熙《西學書目答問・藝學・中國地輿圖》 《長江圖》。四冊。製造局譯本。

長江形勢測量圖記

徐維則等《增版東西學書録・地學》 《長江形勢測量圖記》□卷。滙報館本。法蔡□□著。於一千八百九十七年西十一月，自滬啓行，乘舟至宜昌一帶，測量長江形勢，直至一千八百九十八年西三月間，始抵四川叙州府屏山縣界。將一路經緯線及江心深淺、水紆曲嶺、埠岸、礁石、沙灘等，一一詳説，爲輪舟往蜀之南針。繪圖六十五葉，每葉長一尺半，廣一尺三寸，幷著法文圖説若干卷。顧補。

最近揚子江之大勢

通雅齋《新學書目提要・輿地類》 《最近揚子江之大勢》。上海廣智書局本。《最近揚子江之大勢》一卷，分爲六章，日本國府犀東原著，武陵趙必振譯本。專述行船便利之方，本非囊括世事之作，作者原名《揚子江航路記》，差爲近實，今改用此名似反不見信核也。間及各口租界情形，幷及關畫鐵道等事，亦非其所注重。此等新籍于學術不甚相關，然既譯漢文，要當過而存之，供人檢閱耳。

顧燮光《譯書經眼録・船政》 《最近揚子江之大勢》一卷。廣智書局排印本，一冊。日本國府犀東著，趙必振譯。本書原名《揚子江航路記》，記重慶至上海揚子江航路發達及商埠興盛之由，凡六章。所言偏重航路，似原名較爲近實。譯者改之，未免不合。且所論各埠情狀，亦多歧異，或可以備參考，然亦不足據也。惟言大阪汽船各事，較爲扼要。作者日人，固宜爾也。

楊復等《浙江藏書樓乙編書目・圖史》 《最近揚子江之大勢》一冊。日本國府犀東箸，武林趙必振譯。廣智書局鉛印本。

揚子江流域現勢論

顧燮光《譯書經眼録・議論》 《揚子江流域現勢論》一卷。廣智書局本，一冊。日本林繁著，汪國屏譯。揚子爲中國血脈所關，古所稱天塹也。互市以來，爲外人競爭之場。其出口物産，足以敵輸入之品，富源所灌，宜爲東西人所注目矣。是書計四編，二編闕航路、鐵道二章，三編闕就兵備上所見揚子江一章。綜觀全書，溯江流而論各商埠地勢，頗極精詳，於四川、湖南，尤屬目焉。未雨綢繆，保我要區，其毋令爲印度、埃及之續也夫！

《上海格致書院藏書樓書目・東西學書・地學》 《揚子江流域現勢論》。日本林繁。中國汪國屏。一本。廣智書局譯印。

楊復等《浙江藏書樓乙編書目・圖史》 《揚子江流域現勢論》一冊。日本法科大學士林繁著。廣智書局鉛印本。

揚子江

通雅齋《新學書目提要・輿地類》 《揚子江》。上海商務印書館本。《揚子江》一卷，各分篇章，日本林安繁原著，不題譯者姓名，蓋由某報轉録也。西人稱長江爲「揚子江」，蓋由互市之初沿用吳兒之語，實則揚子江之名著于前代，其流域所被僅在今鎮江、揚州之間，乃長江之一部，不得以概全流也。此書原名《揚子江谿谷之研究》，則當注重源流，窮其經絡，始爲地理專書，顧其所陳乃獨偏于商業，自各口租界之外曾未有述，考及水道則寥寥數言，簡略已甚，非獨標名不符，即云輿地之範圍亦太狹矣。昔英使巴夏禮初涉長江，觀其蓄德利用、形勝所資，慨然有古人天塹之嘆，氣象浩博，至今傳之，而近年日本人之游歷者仆仆相繼，求其所著之書若此類者，

意計不深，叙述多瑣，此偉略獨優不得不許條頓之族也。所記土産、商務各節不無可存，其引西人之言稱四川一省爲赤帶之地，此有關于地質學家之言，謂中國于商業一端獨重信用，可以覘民俗之所尚，至作者命意所在，則以湘人待之獨摯，因思攬湘河航路之權，又欲築廈門、九江之鐵路，以興臺灣，此皆日人之成謀，幷非著書之創論。然英人之曾抵湖南者謂，洞庭湖所有淤泥若以機器搾干則宜于耕植，闢土之廣可新增二三郡縣，而深水輪舟之入湘者由此可終歲通行，又西人嘗言以上海爲商途樞紐而以蘇州爲工藝製造之場，則比之新錫蘭雙埠口岸尤稱勝地，似此新説則非是書所及知者矣。篇末言英國在揚子江權利界限所以不劃定者，乃其政略之不可及，此則中國人所當深察者焉。

中國歷代疆域沿革考

《上海格致書院藏書樓書目·東西學書·地學》 《中國歷代疆域沿革考》。重野安繹，河田熊。一本。商務印書館活印本。

楊復等《浙江藏書樓乙編書目·圖史》 《中國歷代疆域沿革考》一冊。日本重野安繹、河田熊箸，仁和邵羲譯。商務印書舘鉛印本。

支那紀遊

徐維則等《增版東西學書録·遊記》 《支那紀遊》一卷。《通學齋叢書》本。德利施和芬著，英艾約瑟譯。蓋遊歷中國日記，於中國諸省形勢、礦産，記載甚詳。顧補。

觀光紀遊

徐維則等《增版東西學書録·遊記》 《觀光紀遊》十卷。明治十九年排印本，小方壺齋本。日本岡千仞著。當光緒十一年間遊中國所作。曰航滬日記，曰蘇杭日記，曰滬上日記，曰燕京日記，曰滬上再記，曰奧南日記。憤中國之積弱，而以《六經》毒與雅片毒並言。儒者當自反取詬之由。

徐樹蘭《古越藏書樓書目·政部·外交》 《觀光紀遊》一卷。日本岡千仞。小方壺齋本。

滿洲旅行記

顧燮光《譯書經眼録·遊記》 《滿洲旅行記》二卷。廣智書局排印。作新書局改名《白山黑水錄》，洋裝本，一冊。日本小越平隆著，克齋譯。上卷記滿洲全地之形勢，於俄人經營東方鐵路情形，尤極注意。下卷考求滿洲物産、疆域沿革、山嶽、江河、平原、窩集面積方里，言之綦詳。蓋滿洲地理志之書也。原書集自日本田邊工學博士之調查，及遷膜氏之實見，並露國之書，及聞諸日本遠山景直氏及某氏之言，以爲證。

《上海格致書院藏書樓書目·東西學書·地學》 《滿洲旅行記》。日本小越平隆。克齋。二卷。二本。廣智局活印本。

楊復等《浙江藏書樓乙編書目·雜誌》 《滿洲旅行記》二冊。日本小越平隆著。廣智書局鉛印本。

白山黑水録

通雅齋《新學書目提要·輿地類》 《白山黑水錄》。上海作新社本。《白山黑水錄》一卷，分爲鐵道志、道里志、風土志、沿革志諸章，題云作新社編譯。據書中自道之語與所習用之名辭，蓋日本游歷東三省各境之所爲，其曰「白山黑水」者，指長白山與黑龍江也，故書有著者所記一條，明爲作者自言，該社只譯其文而印行之，必曰「編」者，亦其習慣之例。書于道里各條親歷其故，紀述方輿賅洽不誤，爲究心東北邊事者之助。此外言及風土沿革諸節，皆能考古知今，而視察鐵道之情形則尤作者所經意，其時俄人築

路，末數段猶未竣功，篇中稽其功費，皆由實核。論列俄國政策每宣底蘊，非徒臆測浩感之言，爲書大端，其略如此。至緒論篇中以咸豐十年黑龍江劃界爲恭親王密約，則外人不察之辭，此約雖定于京師，而當時成之者實爲將軍奕山所主，且其約久經明布，亦何所謂密乎？鐵道志中言鐵道綫路經過之地，其云通過滿洲中央之綫幾經更變，具見考訂之精。俄羅斯原作「露西亞」，此准中國官通稱之新都一條，謂俄人規畫創建大都會，以爲經營滿洲之根據地，當時豫定伯都訥之地，旋棄而就哈爾濱，故俄人或稱其地爲新尼喀拉斯克，按俄國今皇稱爲尼喀拉斯二世，此蓋用其名。而以比于聖彼得堡、莫斯科之都城，按俄人肆力東方必將移其都府以建于新國，此所論乃有明征，舊日懸談可爲深慮。鐵道過處都邑變遷一條，謂俄人選擇綫路之法，一以地勢爲標準而不論固有之都邑，蓋利用鐵道勢力以爲新都邑之開基云云，俄人整理鐵路之迹，觀此略著優識偉力，于是信之。道里志中寧古塔至三姓一條，所云夏有哈湯之險，泥淖數百里等語，按「哈湯」之言當出土語，相傳已久，人涉淺草方行忽陷，蓋由窪下而然，不得比之泥淖，或謂唐征高麗士卒，陷者數十萬人，即墮此害，是亦深係地理者矣。其以今之阿拉楚喀當黃龍府，而以呼蘭爲五國城，考辨地名兼參舊籍，立義頗辨，較之以三姓爲五國城之說地望可稽，要非無據。沿革志中滿洲古代之諸國一條，摘錄尙備，然近人有以建州爲滿洲，而以我朝國姓愛新覺羅即新羅故國之後者，其說謂唐人譯語取入辭章，故省稱新羅。此則作者所未言也。庚子之亂俄略東三省情形一條，載有元注，于各城名辨訂甚審，顧云元注，豈有自駁之理？此令人難喻。又書中有引及「福金」二字者，按今作「福晉」。注爲夫人，頗合音轉之義，國語所稱或本出漢音耳。

楊復等《浙江藏書樓乙編書目・圖史》 《白山黑水録》一冊。作新社編。本社鉛印本。一名《滿洲旅行記》。

長城游記

通雅齋《新學書目提要・輿地類》 《長城游記》。嘉定日新書所本。《長城游記》一卷，日本大鳥圭介原著，嘉定黃守恆譯本。書作于明治二十五年，實當我光緒十八年之際，作者于時方以其使命駐我北京，冥想涉遐，遂有此役，雖曰周原之歷，諒非地學之言，以日新書所譯本列于所編《輿學叢書》之內，故用因仍之耳。秦人之築堅垣，初惑于讖緯迷信之談，固非趙簡子北望常山之比，原其東戍巴丘之意，已謝五丁開道之功，蓋所謂自限而非以限人者，子長稱始皇得聖人之威，于此有遜色矣。德水爲河，千年不復，峨峨積石，終謚漆城。羈旅游踪，愴懷未已，披覽是作，吊古深之，外人蓄念，方鬱壯懷，凡登山臨水之情，即遠矚高瞻之概，而玆編所紀形勢匪詳，悵行路之多砠，述道旁之故俗，實測之用，于是無聞，良由秉筆之時，聊志驅車之狀，初非著述，不待多言，讀者視之略摘意向可已。今者世德屢遷，關門多故，東來之轍方盛，則北門之鑰可除，頗聞旁觀建議者流有謂長城四隅磚料至多，同于埃及之密陀古墓，兩國河患近日頻聞，故欲以長城之材遏黃河之決，而用密陀之產斷尼綠之橫者，此雖一時好異之言，亦見地運之衰非關險隘，向所竭一代之力以成之者，其在後世之用乃無異于稊柳枯秸也。作者此行取道于居庸關，按龔自珍文集有記居庸關一篇，謂其間有間道行旅所通而守吏不知，慮一旦有兵則是關可襲云云，此亦留心之用，篇中未及，要可引而補之焉。

楊復等《浙江藏書樓乙編書目・圖史》 《長城游記》一冊。日本大鳥圭介著，嘉定黃守恆譯。文明書局鉛印本。

西行瑣録

徐維則等《增版東西學書録・遊記》 《西行瑣録》一卷。小方壺齋本。德福克著。此克氏與奧國人滿德至甘肅辦理織局時，所紀行程及甘省風景。蓋光緒五年間情形也。

探路日記

梁啓超《西學書目表・游記》 《探路日記》。密斯耨。英人。小方壺齋

本。探西藏、雲貴。

趙惟熙《西學書目答問・政學・遊記》 《探路日記》。二册。英密斯耨撰。小方壺齋本。是書係探察滇、黔、藏、衛之形勢道路所作。

徐維則等《增版東西學書録・遊記》 《探路日記》一卷。小方壺齋本。英密斯耨著。此一千八百六十八年使中國，至七十七年差滿，遂遊西藏、雲貴等處而作。《譯書公會報》印有英巴伯探《西藏行記》一卷，法岱理松著、袖海客譯《東遊隨筆》，均未成。

西藏遊記

徐維則等《增版東西學書録・遊記》 《西藏遊記》一卷。《亞東時報》本。英撒倍朗達著。拉薩爲西藏首府所在，達賴拉厤居焉，向不許外人入其境。邇者西人冒險探討是地不啻千百，皆爲土司所阻而返。撒氏於二年前由印度起程，漸至拉薩附近，爲官吏所縛，投於岸獄，幸事申免死，送出國境。歸國後，記録道涂所經，而作此書。顧補。

遊歷西藏記

徐樹蘭《古越藏書樓書目・政部・外交》 《遊歷西藏記》一卷。英李提摩太。小方壺齋本。

康熙地圖

徐維則等《增版東西學書録・東西人舊譯著書》 林德美《康熙地圖》一册。西洋雷思孝、麥大成、費隱如同奉敕測繪。內府本。凡內地十六葉，外邊十六葉，皆著明經緯度數。

支那現世地圖

楊復等《浙江藏書樓乙編書目・圖史》 《支那現世地圖》一幅。闕名。石印本。

清國形勢地圖

楊復等《浙江藏書樓乙編書目・補遺》 《清國形勢地圖》一頁。日本中路新吾箸。石印本。

中國十八省全圖

楊復等《浙江藏書樓乙編書目・圖史》 《中國十八省全圖》一幅。闕名。石印本。

十九省全圖

楊復等《浙江藏書樓乙編書目・圖史》 《十九省全圖》一頁。日本原田信幹著。石印本。

大清國疆域分圖

楊復等《浙江藏書樓乙編書目・圖史》 《大清國疆域分圖》一册。日本松邑孫吉輯。日本東京鉛印本。

中俄交界圖

趙惟熙《西學書目答問・藝學・中國地輿圖》　《中俄交界圖》。三十五幅。洪鈞繪。是圖爲鈞出使俄國時本俄圖考訂而成，中圖極精之本也。

徐維則等《增版東西學書録・地學》　《中俄交界圖》三十五幅。天津局印本。俄原圖洪鈞譯繪。按原圖祇數幅，文卿侍郎展爲三十五幅。

北支那圖

顧燮光《譯書經眼録・地學》　《北支那圖》一幅。日本明治二十八年信陽堂本。日本幅內政固編輯。圖分兩面，陽面列盛京、直隸、山東沿海郡縣、村落、地名、山川甚詳，陰面列中國各行省全圖。蓋甲午日人攻取東方，軍隊所用也。圖中於中、日接戰處，記以紅色方旗，另作戰記於圖左。屆時適中、日停戰議和，俄、德、法三國未倡還遼東半島之議，故圖中由鳳凰城偏西北至海城，另以紅綫界之，若儼然已歸日本掌握者。詎知時局變遷，旅、大屬俄，未幾遂有日、俄之戰，則此圖其朕兆矣。

清國北東地圖

楊復等《浙江藏書樓乙編書目・圖史》　《清國北東地圖》一幅。日本後藤常太郎著。石印本。

最新滿洲圖

顧燮光《譯書經眼録・地學》　《最新滿洲圖》一幅，附《交通解說》一冊。日本明治三十四年黑龍江會銅印本。日本葛生修亮繪圖，日本伊東正基、小越平六、吉倉汪聖、高田三六、辻暎內田甲合著說。圖高華度一尺八寸，廣二尺，於滿洲險要形勢、路鑛，考察極詳。其《交通解說》，言滿洲道里，尤足備東方地理之用。

楊復等《浙江藏書樓乙編書目・補遺》　《最新滿洲圖》一頁，附《交通解說》一冊。日本葛生修亮著。石印本。

八省沿海圖

趙惟熙《西學書目答問・藝學・中國地輿圖》　《八省沿海圖》。十六幅。天津譯本。

八省沿海輿圖

徐維則等《增版東西學書録・地學》　《八省沿海輿圖》七十九幅。天津局石印本。日本陸軍測量部繪。是圖本東方沿海俱全，今刻祇直隸、奉天、山東、江蘇、浙江、福建、臺灣、廣東八省，然其圖最精密。

支那中部八省地圖

楊復等《浙江藏書樓乙編書目・圖史》　《支那中部八省地圖》一冊。日本木崎盛政著。石印本。

廣東省全圖

楊復等《浙江藏書樓乙編書目・圖史》　《廣東省全圖》一頁。日本松邑孫吉著。鉛印本。

新長江圖

徐維則等《增版東西學書録·地學》　《新長江圖》□冊。總稅務司印本。中國總稅務司繪。

長江計里圖

楊復等《浙江藏書樓乙編書目·圖史》　《長江計里圖》一頁。闕名。石印本。

唐土歷代州郡沿革圖

徐維則等《增版東西學書録·地學》　《唐土歷代州郡沿革圖》一冊附《日本圖》。日本重印本。

支那疆域沿革圖

顧燮光《譯書經眼録·地學》　《支那疆域沿革圖》一冊，附《略説》一冊。日本明治三十六年六月富山房洋裝四版本，大小二冊。日本重野安繹、日本河田羆仝輯。始夏迄今，圖凡十六幅，附圖三幅。縱華度一尺二寸餘，横一尺八寸餘，銅版著色，精細可玩。其圖以清代地名爲基，歷代地名別以朱字。舉其郡縣，餘從略焉。晉代十六國，複雜太甚，另爲三圖，附於晉後。至元代幅員甚廣，則據德意志人某氏所撰《元代地圖》，別製一幅。黄河爲中國積患，河道變徙，亦載大略。《略説》一冊，則據廿四史、《通鑑》，節取歷代關地理者，按圖編輯，俾讀者左圖右史，有互相發明之用。

楊復等《浙江藏書樓乙編書目·圖史》　《支那歷代沿革圖》一冊。附《略説》一冊。日本重野安繹、河田熊同著。日本富山房印本。

支那古今沿革地圖

顧燮光《譯書經眼録·地學》　《支那古今沿革地圖》一冊。日本三松堂洋裝銅版本，一冊。日本小島彥七著。本圖據日本重野安繹所著《支那疆域沿革圖》爲藍本，而稍變其體例，計圖二十二幅。一、《禹貢》九州；二、殷九州；三、周代；四、春秋列國；五、戰國；六、秦三十六郡；八、西漢十三部；九、東漢十三部；十、三國鼎立；十一、西晉十九州；十二、東晉；十三、南北朝；十四、劉宋二十州；十五、北魏一百十三州；十六、隋代各州；十七、唐十道；十八、五代及十國；十九、宋十三道及遼五道；二十、元代十省；二十一、明代十五省；二十二、清代一京十八省。皆界以彩色，取便觀覽。惟圖面積較《支那疆域沿革圖》爲小，僅具大略，未爲詳備。後附《歷代地志摘要》一卷，始太古，迄現今，止擇要言之，尚足備考。

亞洲地理分部

新撰亞細亞洲大地誌

通雅齋《新學書目提要·輿地類》　《新撰亞細亞洲大地誌》。上海正記書局本。《新撰亞細亞洲大地誌》七卷，分爲各節，日本山上萬次郎原著，仁和葉瀚譯本。原書蓋以地球全志爲任，此所譯而傳之者則書中亞細亞洲之一部分及世界地理總論一篇而已。譯者作序謂，現譯之地志雖伙，然精核賅博終無出此右者。統觀其書，方輿川野眉目既清，地脈天行研求已至，于地理所屬之民俗、宗教、政體諸事綈節豐條，饜飫尤多，近日如某書社所編之《世界地理》一書即半據此篇以爲胚質，持較其餘各籍，或理論稍深而詳審宏富微爲不逮，以合于序文所言，知非自助其木矣。譯筆兼信、雅之長，尤

足以傳顯學，故于地文、地論皆有以達其精微，求之操管直譯之徒，殆猶下視藪澤耳。前列諸圖尚非細本，亦資核對。第一卷第一節所云地球屬于太陽統系八大行星之一，又云東大陸縱長于東西，西大陸縱長于南北，此自尋常學者之定説，然八星環繞太陽，太陽復繞昴宿第六星，是昴宿之大固當幾許，而自上古詩人言之則曰「嘒彼小星，維參與昴」，東大陸之形勢既以東西長而南北短，乃《禹貢》所紀則有東漸西被而朔南所至其域未詳，反若南北兩方長于東西者，亦見測量探討之學古謝于今矣。第二節謂東大陸之動物較之西大陸則巨而猛云云，按動物之馴與獰實文化相關，于天演、人事皆著其理，當以此意推之。第二卷第二節以西藏之巴爾節湖爲湖中控圓形之大島如輪狀而致有名，從前視作圓形之大島者蓋誤，此據近時游歷家之説，足正向來誤解譯義之非。第三卷專言朝鮮，于其國勢大概可代史家之言，謂朝鮮似歐羅巴之巴干半島，于地形、人事皆有切合，可見輿圖之關於典實。惟此卷第二節有法人嘗云如爲暴而生于海面波濤一語，此當涉于地質之義，惜語義太晦，或有論文。第四卷專言中國，每有藉以考見之處，其言中國民俗、行政雖或未究，顧其言曰支那人之熱心求利，不顧不潔等事，一旦立于利之外則溫雅而貴禮節，斯言乃頗合于恆情，獨是中國人移住海外，其對于他種人之利害至是一難究之題，作者云此事全無爲問題之價値，似尚無説以處此。謂猶太教即青回教，今者教徒數百人，多在河南開封府，蓋本于吳縣洪氏《元史譯文證補》一書，其實洪氏之説不過得諸德國金楷理之言，或由考古而知，必謂今尚有人，恐非篤論。謂中國政府之對宗教含蓄政治意味，窺測之談，非云無見。叙各行省之道路仍以蜀之棧道爲險，則未知今昔之殊，聞劍閣危區昔垂山半，今者高陵遷變，已至岩巔，則夷砠之分，斷非往比，此語沿古説，故以爲驚。第五卷詳于西伯利亞各部故實，最切于時，譯者附譯《地學雜誌》帕米爾問題一章載之兹帙，此事爲英、俄、阿富汗、印度各地之交涉，而光緒十八年劃界一案其害尤係于我邦華離之形，學子所當措意。第六卷第二節謂暹羅湄南河河口有沙洲不能通大船，按此河若以新法開之，則南洋商船取道其間較稱便利，而新嘉坡之勢將衰，若暹爲法熸，法人必出此計以分英在東方之權，英之歷次保暹正由此故，斯地理之要聞，非徒標載地望。及第三節謂印度宗教信耶蘇者至少，殆全信婆羅門教，按印度婆羅門心性之説于今盛行，稚子田夫皆能默會，英人之深識者過其境而訝之，以爲此土復興之兆云，印度分族之制蓋以人爲階級，此最昧于佛法平等之文，似不必指爲族制之興盛，譯者于此節附注云據上所述，印度人種、言語、風俗等之伙同于支那，因之乏爲一國民之觀念，此論甚諦，印度所以多分階級者其弊乃致于斯，故今日顛國之餘，或執其種人而叩之，則自稱爲世界之人而非印度人，亦由此病所極。第七卷第一節謂波斯稱君主曰沙，案沙之爲名出于古代羅馬皇之號，義取主宰一世，故德皇今日依用此稱，而土耳其之謚其君，聞譯爲保護依石藍教即回教之主之謂，或爲主宰一世，或則保護全教，循名責義，當非受制于教宗者，不知何以屈服墨鐵迦與戈蘭之經典也。此篇既并譯其世界總論章而概以亞細亞洲之名統之，似未盡協，以言目錄之學，其將有所改焉。

顧燮光《譯書經眼録・地學》《新撰亞細亞洲大地誌》四冊。上海正記石印本，四冊。日本山上萬次郎編，葉瀚譯。書凡七章。一、世界地理總論；二、亞細亞總論；三、朝鮮；四、支那；五、露領亞細亞；六、南部亞細亞；七、西部亞細亞。每章首節則泛論位置、境界、極點、廣袤、面積等類，次節則言地文地理，三節則言人文地理，體例甚善。惟亞洲各地，雖英、法、葡所屬南洋各島，均詳載之，獨闕日本，未免於《亞洲大地誌》之名不符，豈別有見地耶？附圖八幅，足備考證。

楊復等《浙江藏書樓乙編書目・圖史》《新撰大地誌》四冊。日本山上萬次郎編，仁和葉瀚譯。新學書會鉛印本。

西伯利亞大地誌

通雅齋《新學書目提要・輿地類》《西伯利亞大地誌》。江寧啓新書局本。《西伯利亞大地誌》共爲八編，原分五卷，各分章節，日本下村修介、加藤稚雄原著，題云中國王履康等合譯，蓋日本陸軍參謀本部編纂之作也。其書之體以天然、國體、歷史分爲三部，每部之前又爲總論，附圖一幅，據所述原例云，是圖本于俄人并參考俄國官著之圖，此外亦多采自他書，故書中每于俄人經驗之説尤多引據。書以「西伯利亞誌」爲名，其疆界之綫于首卷第三章明劃之，泛論所及，精核無倫，于政事、宗教、民俗、人種諸大端

詳博無遺，山脈、河流測量猶密，當日勘察員弁殆深明地質學而能借算法以濟之者，譯而布之，諒有關于時用。日本北海一道，地與錫伯相望，從前俄報譃言謂日人如願借耕，當許其舉國移住，利害之故，及辨已深，所以鄰國相聞，風敎相期，東戍巴丘安得不西城白帝？是籍偶露，可見用心高掌之圖倜乎遠矣。就譯者所言，知原書出版較早，然邇年所異者不過鐵道、移民中之一二事，若謂彝章形勢，要非日有所遷，故不容以舊本爲慮。第一卷總論考西伯利亞之源流，備列俄、德人相傳之數說，于光澤何氏鮮卑一證之外更錄異聞。第二卷烏拉爾山一條，引土人及哈薩克種習用之名，以定是山爲遮斷行路之義，阿爾泰山一條，以山上各部石層定是山爲上古時代所成，皆稱堅確。河湖一節，以西伯利亞都所屬之河流與歐羅巴洲各流絜其相異之處，良與航路相關。略舉枝節，皆見名理。俄比河一條云，或于河岸得巨象骨，後文于各地亦屢著之，此爲研究地層之助；其叙動物一節又云象骨多埋藏于西伯利亞河海各岸，比印度所產稍巨，蓋太古時繁殖于北半球，半爲洪水所埋沒，迄今猶有存者。按泰西史家有云世界開闢之初，象爲古代生物，因避氣候之冷，率其類以盡徙于南，以此求之，乃成實據也。尼賽河一條云，土巴河支流之岸岩上有鐫刻成吉思汗時代之回紇語者，此由得自目擊，鴻荒遺石多備闕聞，他日策馬過之，固當扶黎上讀。勒那河一條云，俄來克麻河之支流者，近來俄之地理學士就學術上研究，欲利用此域圖遠征者不少，是說當言東事者之所悉心。卓倫奇河之處有支那往古之界標，既云往古，似非本朝所立，玉斧劃河之事，恨其措詞模糊。綏芬河一條云，河之下流左岸有土壘遺跡，爲古酋長之城址，支那人謂即古之哺爾單，考「哺爾單」之呼不見圖史，或由「奴兒干」轉音之訛。北冰洋一節，西伯利亞海岸若無溫度潮流必不能生育有機物，按近人持說有欲設法注池引地球之上適合溫度之水以灌于南北兩極之冰田者，河漢無極之言，未始不根事實。韃靼海峽一條記前此日人、俄人考查海路之事，中國庫頁一島之初淪日本，以跡爲斷，料在其時。植物一條駢羅萃格，當議築東方鐵路之際，俄廷有以就地取材請者，說不果行，以木軌不切于行軍也。動物一條，河湖所畜魚類畢繁，金人食尙鰐鰉，足征竭澤之利。第三卷蒙古人種一條云，契丹國名本音爲契塔特，蒙古至五代時初通支那，故以「契塔特」稱之，按今之俄人其稱我中國之名，審音正爲契塔特，非獨蒙古爲然，歐洲列國謚我爲秦，出于印度呼「支那」之音轉，而俄人之稱「契塔」又從蒙古重譯而來，此乃忽而未省。通古斯人種一條備言其族，通古斯者中國語稱爲通肯，音轉或呼登干，地據河流，以俄界相接，于己亥十一月新置都統駐之。薩滿教一條附載俄國某僧官之言，以開通薩滿、喇嘛二教之土人爲主，并將欲消亡其名實，頗具沉鷙之略，其人諒即波壁那士錫之途〔流〕。行政一節最錄俄皇所制黑龍江總督府定章，并載俄屬太平洋沿岸航業通例，遮眼文書皆成故典，其俄人雅士林聶《殖民論》之文中多遠到之識，知俄國理藩之策猶有失宜，所列土人減少之四大問題，亦見人爲之闕。凡此類者，如歷昆圃，拾其片璣。第四卷于西伯利亞所屬實業諸事覼縷未終，目計中國此時欲求營運之利者必在亞俄境內地方，此篇備陳情形，足柢投標之準。俄廷近來注意我邦商務，中國貨物由鐵道以運赴海參崴者有免稅優待之條，而商約集議之時俄使所舉數端乃多益于中國，此雖外交決勝之策，亦貨殖取盈之機，良賈五之可鑑于此。漁業一條述支那人在烏拉地俄斯德府捕獲海參之法，烏拉地俄斯德者中國習稱爲海參崴，即由俗名取其地多海參之義，實非西文音轉，乃近出日本某人所著地理學之書竟目「海參崴」三字爲烏拉地俄斯德急讀所成，可云附會不切。獵業一條以太平洋海獸日少爲近來濫殺所致，此說亦取證物理，近人筆記有疑禽類之鶴何以古少今多，此正由于多畜之故，所疑乃失之在睫。礦業一條爲俄人注意經營之事，所考尤詳，錄其條例要件，兼資稽核。貿易一條有云，歐羅巴各國停止上年市，而俄之于西伯利亞財政有關，非獨不停，且將日盛，按年市之制蓋每年定期以爲交通，此古時風氣所存，東、西同俗，唐人集中每云「趁墟」即是此類，後世人稠市邇，故事不期而移，惟邊朔蕭條，于今未改，然西史或載埃及舊典紀元以前因尼綠河之水定期漲溢，潮退而地熟，鄰國居者屆時偕會以相往來，故埃及上古商業獨盛，良用此故，此年市之占勝者，未諗百年之際森林茂鬱之所，其視古之金塔高臨者當復何如？又此條附載俄國與朝鮮所締陸路通商之約，他書未登，亦宜珍視，或有藉于對勘之鑑。鐵道一條云，俄政府建築西伯利亞鐵道，當初志在速成，除各種工費外，其他鐵道及公共土木等費均責成私立會社，無需政府資助，蓋出于大藏大臣威西涅之意見，按威西涅之名今譯率作「威第」，東方鐵道事業是其一力主持，然集費之源或云以外交方策得法國之助，又謂募自比、法兩國之猶太種人，似未必出于本國社會。此節之末附譯田邊朔郎新著鐵道綫路之

書，蓋譯者以原書先出，與近時綫路略有岐異，故載此以參考，是其不苟之一端。第五卷討論舊史，兼綜胡書，鮮卑一條用何願船《朔方備乘》之言，以爲丁零即今西伯利亞之地，竊謂丁零之與敕勒本屬一方音轉，終非異俗，匈奴爲古赤狄之種，故受狄歷之名，丁零、敕勒皆就此聲而變，地居西北，不欲以東部之鮮卑當之。蠕蠕一條據俄羅斯年代記列爲三説，種人建國，繹其名號，乃有意義可尋，固勝《魏書》狀類于蟲之謬，中土史籍于外國列傳語率亂眞，從此可見。惟此條又云考支那史及古冢發見器物，知蠕蠕部落在西伯利亞南部阿爾泰山之地，爲芬人種，常與希臘人種貿易，此則不知所據何文，或由誤信曲説。黠戛斯一條，黠戛斯之呼出于往記，頗疑「哈薩」之轉音，其先見破于回紇，故至今哈薩克之族每著土于天山外區，亦其顯證。蒙古一條引日爾曼史家之言，亦根種族之學，多抄《元史》等書，似傷凌冗，而于元代分封四王之區域亦復依違故紙，未見精求。此由測繪有違，故討論未悉。西伯利亞一條前無所承，多據西書以爲之疏證，然後掌故可知，于「率哈薩克八百名」句下附注考辯尤明，至追記探地之初俄人波兒費利報告達瑚爾地方情形數條，并康熙年間中俄交涉情事，瑣條軼節，兼補哈薩克東方侵略史之闕。中間涉筆于俄國之事偶誤一二，要不致淆及聽聞，叙乾隆年間遺事尤各書之所未曉。篇中引日人間宮倫宗《樺太海峽記》注釋致密，述俄艦初探黑龍江之事勝概躍然。就以上之臚陳，皆斯篇之内狀，爲書繁重，初閲困難，不錄其枝言，坐成亂葉，故用表其微節，庶使會聞，若其編訂審愼，勘鑑淵微，以視中國官書何渠不若總裁爲苟而任事諸員爲簡，此固相傳之雅謔而秘籍之良方矣。

顧燮光《譯書經眼録·地學》 《西伯利亞大地誌》四卷。金陵啓新書局洋裝本，二册。日本下村修介、加藤稚雄編纂，王履康、辛漢、經家齡合譯。此書爲日本參謀本部所輯，分天然、國體、歷史三大部，而以總論冠之。凡該地沿革情形，言之綦詳，並據中、俄、英、法各國書籍，日人旅行報告等書，分門編入。其鐵道關係極重，譯者又將日本田邊朔郎新著《西北利亞鐵道》一書内各綫路，截譯載入，尤爲最新最要。卷首另附《中外貨幣度量衡比較表》、《西伯利亞全圖》、西伯利亞航海及陸行綫路圖各一幅，精細如髮，可資印證。按西伯利亞者，古之鮮卑遺地，今亞洲新造之邦土也。俄國經營此地，在十五世紀之末，迄今全歸所有，爲殖民。工業、殖產、兵備等，注入國帑不可數計。邇來密林深菁，咸成村落，山谷河湖，悉開道路。然遠溯太古，各種民族之蕃息、興亡、遷徙者，尤宜知其經過年代。此書於歷史、人種詳加考證，以示變遷。至事物，則取最近者改正之。全書凡五十餘萬言，可謂體大思精者矣。

楊復等《浙江藏書樓乙編書目·圖史》 《西伯利亞大地志》二册。日本下村修介、加藤稚雄編。辛漢、王履康、經家齡譯。啓新書局鉛印本。

中亞細亞論略

顧述廬《通學書籍考·地學類》 《中亞細亞論略》二篇。俄大儒士麥登斯曾著《中亞細亞論略》分上、下二篇，上篇以新疆爲主，意在結好於中朝。下篇以印度爲主，意在釋嫌於英國。《西國近事彙編》。

猶太地理擇要

徐維則等《增版東西學書録·史志》 《猶太地理擇要》一册。光緒八年刊本。美紀好弼著，陳覺民述。備採古書言猶太地理者，輯録成書。尚有條理，讀之可稍明國地沿革、風俗大略。惟其敘述各事，必稱引教書，以徵彼教之非虛，亦其大弊。

土耳其國志

徐樹蘭《古越藏書樓書目·政部·外史》 《土耳其國志》一卷。吳宗濂、郭家驥同譯。張美翊述。石印本。

東亞三國地誌

徐維則等《增版東西學書録・地學》　《東亞三國地誌》二卷，附《內外比較表》附圖。日本刻本，二冊。日本辻武雄著。其間於東亞脣齒之情勢，及水陸邊防、通商口岸、人口、人種、風氣、物產、航線、鐵路、政事、軍備、交涉，胥能言之有物。附以《內外比較表》、精細地圖數葉。緣辻君前由朝鮮而游支那，訪問風俗、政治，歸國後據三國形勢，博考內外地理家之所著作，與其親歷之地，取舍折衷，參以新議，而成是書。顧補。

通雅齋《新學書目提要・輿地類》　《東亞三國地志》。日本東京印本。《東亞三國地志》二卷，日本辻武雄原著漢文本，蓋紀中國、朝鮮、日本三國之事也。作者爲日本《教育時報》之主筆，戊戌年曾游我邦及朝鮮，歸而有是作，雖無深識之論，亦頗質實有條，足令初學略知目前事勢，頗合于初級教授之用。游客隨筆之作日見其多，再積數年必將充棟要，在擇而善用之，固不必視爲陳跡也。篇中謂帕米爾原文作「巴密爾」之地，其高殆匹敵西藏，晚近輿地家稱爲世界屋脊，亞洲之山脈無一非根于此處云云，按帕米爾之得名譯爲寬平可居之義，故近人據此以證帕米爾即爲昆侖，此亦今時之新說。其言黃海沿岸自膠州灣以南，從淤黃河口至揚子江口一帶，地皆卑濕，海水極淺，港灣亦無有名者，然如江蘇海州一地，則據測量家之言頗合海軍軍港之用，作者之言度亦耳食之謂耳。敘述中國江流水道而于金沙江之原委枝節竟無一字及之，此雖涉筆之多疏，諒亦游蹤之未到，所紀各處出產多就京都坊本《搢紳》而抄撮之，則多未可據，蓋所錄者每就貢品而言，又數百年以來未經修考，如欲憑文征物，漏誤必多。又每言各處民風，率是空言褒譏，非必實錄，無所取義，流連風景尤屬可厭，此類皆日人游記之通病也。朝鮮事實頗備，此則其可取者。前刻伊藤博文、副島種臣之題辭，日本人著書類此者正多，此爲作者原印，故未經削去，此要非美習，求出版自由之利者尤將避之若浼焉。

楊復等《浙江藏書樓乙編書目・圖史》　《東亞三國地志》二冊。日本辻武雄著。鉛印本。

東亞各港口岸志

通雅齋《新學書目提要・輿地類》　《東亞各港口岸志》。上海廣智書局本。《東亞各港口岸志》八卷，題云日本參謀本部編輯，上海廣智書局譯。按此書既爲日本陸軍參謀本部所爲，未必刊布于國中，不知譯者從何處得其原本也，惟據篇中叙及臺灣一地，其時尚列我版圖，則編輯此書之時當在甲午戰事之前，故其稿本至今日而流傳亦意中事，然閱時過久，固已成爲陳籍矣。其叙各港之事跡，于城市、街道皆能詳其方位、里數，則必當日分遣多人親歷其境以考察大勢，就此一端，可證尚非贋本。然記載簡陋，未見精審過人之處，僅能毛舉一二商品，泛論商業數語，凡心營口述者皆以自形其陋，曾無大略深藴，挾此以覘人國，亦猶羅者之視藪澤，所見爲已小矣。惟記口岸水道之淺深，以爲商船碇泊之標準，似曾經測量之用。至言及各處風俗，則盡屬空言，不切已甚。考論地里之遠近或用中里，或用日里，且或用海里，蕪雜已甚，而里數之相距尤多踳駁舛誤之病，未悉任事諸人何以不學至此也。其記上海之四至云，西界福泉縣，按福泉一縣舊隸松江，即今之青浦，其名久廢，此殆錄自《讀史方輿記要》一書，若使一檢官本《搢紳》，當較新而可據。記寧波徒兵之俗，此俗在各處之散見者尚多，不止一地，嘉慶年間曾奉明諭禁止，無庸以日本從前待穢多人之事爲比。謂廣州人之無愛國心，咸豐之役多爲英法同盟軍效力者，此語似無確據。譯筆亦劣，亦至一節之中「也」字不絕于目。又如所記俄領烏拉地俄斯德港，實即中國所稱海參威，譯者不爲注釋，在初讀豈知其地所屬？此亦其失也。

徐樹蘭《古越藏書樓書目・政部・軍政》　《東亞各港口岸志》八篇一卷。日本參謀本部編。廣智書局譯本。

顧燮光《譯書經眼録・地學》　《東亞各港口岸志》一卷。上海廣智書局本，一冊。日本參謀本部輯，廣智書局譯。全書凡七篇。首篇凡廿三章，記中國各通商口。二篇凡二章，記俄領沿海州。三篇凡三章，記朝鮮。四篇一章，記法屬之西貢。五篇記安南之海防。六篇一章，記英屬之新加坡。七篇一章，記暹邏之盤谷。八篇一章，記小呂宋羣島。於各港位置、沿革、行

政、兵備、風俗、氣候、物產、貿易、街市、碇泊，均分節言之。惟語多泛論，考核亦有舛誤，未爲精審之作。且此書譯於光緒壬寅八月，而書中於臺灣尚屬吾華，則係甲午以前所輯可知。時逾一稔，風景多殊，當不免塵羹土飯之誚矣。

《上海格致書院藏書樓書目・東西學書・地學》 《東亞各港志》。日本參謀本部。一本。廣智書局譯印。

楊復等《浙江藏書樓乙編書目・圖史》 《東亞各港志》一冊。日本參謀部編。廣智書局鉛印本。

日本地理編纂要旨

徐維則等《增版東西學書録・地學》 《日本地理編纂要旨》二卷。《蒙學報》本。日本松林孝純譯。甲卷二章，曰日本地理總論，曰畿道地理上。乙卷三章，曰畿道地理下，曰各道總括，曰地球。蓋爲小學校敎則大綱之旨，以充高等小學校地理科之用。其爲目，則日本地理二卷，外國地理一卷，日本地理補習一卷，都合成篇。附《日本地圖》一幅，以資考證。顧補。

日本地理志

通雅齋《新學書目提要・輿地類》 《日本地理志》。上海金粟齋本。《日本地理志》一卷，題云日本中村五六編纂，頓野廣太郎修補，海寧王國維譯。按近譯《世界地理志》一書亦作者之所爲，其于輿地之學似非專門者，惟此篇以本國之人談本國之事，自當較核，且日本壤地偏小，近日道路交通，著書者抵掌可述，要非甚難，綜覽玆作，條理分明，于各道方向標證甚悉，叙及地方物產亦資稽考，其爲書之大略也。然作者既爲日本人，則其言日本地理似不僅鋪陳表面，若徒摘經緯、具縱横則覘國之資抑非所重，譯而傳之中國，豈謂有裨？論其爲憾，略有數事。地理之說與人文、政治皆有相通，其契合之原因雖爲地理學家之言關於專科之研究，而篇中于此曾不稍述一二，何以見一國進化之理由與人民之性質乎？前列汪德淵之序頗論日本人民與地理感接之義，蓋亦有見于此，其說足補全書之闕矣。至于立國大勢，外對列邦，日本以區區數島屹立太平洋中海，若所君更無可界，故昔者其國人林子平之言謂，平望橋頭之水乃直接于英之倫敦、法之巴黎，其爲海國之規模若是之著，又自馬關一隅而瞻眺，則東當美國、西負中邦而東北之交強俄，咫尺猰貐磨齒，形隘宜詳，于此略而不言，更何藉以論事？況地理書之所屬及于地面行政之事，則兵備一節尤爲守寓要聞，其于陸軍師團分區一事自應分配各地稍稍加詳，似不宜冒叙于篇首，且各道地方率是古時封建之域，沿革所在，爲日本地理之要點，讀者將此以考廢藩改縣之治，今但于篇首略著數言而分叙之處每每略于故迹，亦不得爲善也。又礦產所在及口岸商業雖經道及，亦頗簡率，皆爲不備耳。

顧燮光《譯書經眼録・地學》 《日本地理志》一卷。上海金粟齋本。日本中村五六編纂，日本頓野廣太修補，王國維譯。日本以三島立國，強起亞東，雖政治之維新，寬地理之扼要。英以海水熱流灌注而強，日本亦以印度、太平兩洋之注射，而吸得歐美之文明。此日本地理講新學者，所宜注意者也。是書計十一章，於日本各道之位置、廣袤、人口、區畫、疆域、河流、氣候、物產、都市臚列甚詳，惜於口岸、商業，僅言大略。然則此書，猶未爲完善之本也。

楊復等《浙江藏書樓乙編書目・圖史》 《日本地理志》一冊。海寧王國維譯。金粟齋鉛印本。

日本政治地理

通雅齋《新學書目提要・法制類》 《日本政治地理》。上海商務印書館本。《日本政治地理》七卷，日本矢津昌永原著，秀水陶鎔譯本。蓋以地脈之起伏係于國勢之盛衰，就日本之地望以推論一國之政治，此地學家之新説而西國碩彥之所已傳也。上海商務印書館刊行是書，列爲所集《地學叢書》之一，然推作者之意，固以政治爲經，并非考察輿地，若以目錄而言似當在

互見之例矣。按日本之位于亞細亞，雖以海岸延長稱爲文明之現狀，然驗其地質則厥土不良，故凡卉無馨而衆鳥歇韻，此雖無預人事，要爲全球所未聞，至于地震不時則危象顯著，火山屢發則智術難開按此二事此書亦曾論之，此皆言地理學者之所深忌。顧自其立國之勢觀之，則方位甚佳，有足以自守者，蓋日本全國臨海，其在太平洋猶披襟以當美洲而傴僂以負中國，自馬關一隅眺之當可證明其跡，故與我邦交通已歷千餘年，以區區三島卒能立于不敗者，其形勝則然，此輿圖之可稽而作者所未及，故略論之。篇中叙事持論皆多根柢，贊揚本國亦不爲過甚之言，至謂日本人情乏實行契約之念及不證重共同物等，于交際之間頗招輕侮，此則有愧于中國人者也。第四卷言富之配布一節云，東京首府爲經濟社會之中心，故富家之多占全國富豪總數之三分五等語，并詳列各地方富家之數，然則日本地方自治之制終不能比駕歐美者，良由京城繁庶而内地凋零，經費不敷則條理多闕，觀此文之所著當曉然于爲治之源矣。譯筆甚達，前載譯例具見悉心，然如「殺風吹荒」四字，第一卷國之位置節。殆不可解諒，由一時之未察耳。

徐樹蘭《古越藏書樓書目・政部・外史》　《日本政治地理》七編一卷。日本矢津昌永。陶鎔譯。商務印書館本。

顧燮光《譯書經眼録・地學》　《日本政治地理》一卷。《南洋七日報》本。日本矢津昌永著，上海廣方言館譯。研究地理有三種，曰數理地理，曰自然地理，曰政治地理。東西各國，類有專科。吾華此學，尚少精本。斯編講求地理與政治之關係，於日本最詳。一、國土；二、人民；三、邦制；四、經濟；五、交通；六、生業及財産；七、外交。凡日本維新後致強之根源，皆備載焉。

楊復等《浙江藏書樓乙編書目・圖史》　《日本政治地理》一冊。日本矢津昌永著，秀水陶鎔譯。商務書舘鉛印本。

東南洋島紀略

顧述盧《通學書籍考・地學類》　《東南洋島紀略》一卷。美林樂知録。

東南海島圖經

楊復等《浙江藏書樓乙編書目・圖史》　《東南海島圖經》三冊。鐵嶺世增譯，鄞縣張美翊述。

安南小志

徐樹蘭《古越藏書樓書目・政部・外史》　《安南小志》一卷。姚文枏。小方壺齋本。又題姚文棟譯，俟考定。

越南志

徐樹蘭《古越藏書樓書目・政部・外史》　《越南志》一卷。泰西闕名。小方壺齋本。

緬甸志

徐樹蘭《古越藏書樓書目・政部・外史》　《緬甸志》一卷。泰西闕名。小方壺齋本。

印度志略

徐樹蘭《古越藏書樓書目・政部・外史》　《印度志略》一卷。英慕維廉。小方壺齋本。

印度紀遊

徐樹蘭《古越藏書樓書目・政部・外交》　《印度紀遊》一卷。泰西堅彌地。小方壺齋本。游花利秦觀葬法。

印度風俗記

徐樹蘭《古越藏書樓書目・政部・外交》　《印度風俗記》一卷。日本岡本監輔。小方壺齋本。

東遊紀略

徐維則等《增版東西學書録・遊記》　《東遊紀略》五卷。《通學齋叢書》本。英艾約瑟著。當中國元世祖時，有歐洲加路博俄革五博士，相繼東遊亞地，即所見聞，各有著述。艾君就其所作，摘譯以成斯書。顧補。

柬埔寨以北探路記

梁啓超《西學書目表・游記》　《柬埔寨以北探路記》。晃西士。法人。同文館本。十六本。自西貢起，游歷雲貴、四川等處。

丁仁《八千卷樓書目・地理類》　《柬埔寨以北探路記》十五卷。法晃西士加尼撰。活字板本。

趙惟熙《西學書目答問・政學・遊記》　《柬埔治以北探路記》。十五卷，訂十冊。法晃西士加尼撰，同文館本。是書作於同治中，乃法人侵踞越南海疆之後，遣船主特拉格來探測西路險易，自西貢以達滇蜀。晃，其隨員也。柬埔治即顧氏《利病書》所稱甘孛智者，在越之西，暹羅之東。

徐維則等《增版東西學書録・遊記》　《柬埔寨以北探路記》十五冊。同文館本。法晃西士著。自西貢起，遊歷雲南、四川等處。

中亞洲俄屬游記

梁啓超《西學書目表・游記》　《中亞洲俄屬游記》。蘭士得路。英人。同文館本。二本。

趙惟熙《西學書目答問・政學・遊記》　《中亞洲俄屬游記》。二冊。英蘭士德路撰，莫鎭藩譯。同文館本。是書成於光緒十一年。蘭，故教士。其游歷起自烏拉山，東入伊犁，南及木富，臨鹹海而還。其言與古載記不盡合，然均得自實測，當不誣也。

徐維則等《增版東西學書録・遊記》　《中亞洲俄屬遊記》二卷。時務報館印本。同文館本，二冊。英蘭斯德路著，楊樞、莫鎭藩同譯。詳記俄人所屬諸部，足以見英人注視俄國。眉間所注，出自李順德師及沈子培比部手，詳考輿地爲多。講西北地學者，宜取資於此。

楊復等《浙江藏書樓乙編書目・圖史》　《中亞洲俄屬游記》二冊。英蘭士德箸，莫鎭藩譯。鉛印本。

游歷亞中記

徐維則等《增版東西學書録・遊記》　《游歷亞中記》一卷。《滙報》本。瑞典赫定著，滙報館譯。書中記赫君遊歷亞洲中央，備嘗辛苦。由俄國烏拉山抵燕京，由烏拉山出帕米爾山，跋涉於回部、西藏間。該處中、俄、英三國交界，爲必爭之地，故所記特詳。所言加斯加城之冰山光怪陸離，讀之令人生噤。惟西北苦寒缺水，驚沙萬里，資斧費至四萬餘佛郎，則此遊誠不易矣。顧補。

亞細亞全圖

趙惟熙《西學書目答問・藝學・中國地輿圖》 《亞細亞全圖》。十六幅。日本參謀本部測量局本。是圖極爲精贍，惜除中國郡邑而外，全用西文，不易讀也。

東洋歷史地圖

顧燮光《譯書經眼録・地學》 《東洋歷史地圖》一冊。日本弘文館洋裝第五版本。第六版改名《亞細亞歷史地圖》，洋裝本。日本市村瓚次郎監修，日本石澤發身編輯。凡圖二十幅。始亞細亞古代地圖，迄現世亞細亞諸國略圖止。每幅各附小圖一、二幅於其側，卷末附參考圖畫九幅。以寫眞版印之，無不逼眞，足備考閱。其第六版改名《亞細亞歷史地圖》，全圖面積較第五版大及一倍，文字全用漢文，頗便我華學者。其第廿一圖，附圖缺日清戰爭地、揚子江口圖各一幅，蓋有所增訂也。

楊復等《浙江藏書樓乙編書目・圖史》 《東洋歷史地圖》一冊。日本石澤發身輯。鉛印本。

亞細亞東部圖

趙惟熙《西學書目答問・藝學・中國地輿圖》 《亞細東部圖》。一大幅。日本本。

徐維則等《增版東西學書録・地學》 《亞細亞東部圖》一幅，附《朝鮮圖》一幅。日本刊本。日本省三繪。

亞細亞東部輿圖

徐維則等《增版東西學書録・地學》 《亞細亞東部輿圖》一幅。日本石印本。日本河合喜太郎著。日本那珂通世校正。顧補。

楊復等《浙江藏書樓乙編書目・圖史》 《亞西亞東部輿地全圖》一頁。日本河合利喜太郎著。石印本。

極東地圖

顧燮光《譯書經眼録・地學》 《極東地圖》一幅。日本明治三十五年正月信陽堂再版本。日本今泉秀太郎著。全圖平方面積，約華度五尺餘。中國各行省，測繪甚精細。日本、朝鮮，亦附及之。蓋極東地圖，固應爾焉。左方下附列北京天津近傍地圖、世界總圖、世界將來之道路圖三小幅，以備參考。雖測繪尙稱精密，中國內地各州縣位置，間有錯誤。蓋作者不能偏遊華土，僅據舊籍考證而成，雖體大思精，不能無遺憾焉。如江西蓮花廳在永新、萍鄉之間，圖中列於永寧龍泉之中，蓋沿胡文忠《輿圖》之誤也。洞庭湖之新南州廳，設已數年，圖中亦遺之。

中日韓三國大地圖

顧燮光《譯書經眼録・地學》 《中日韓三國大地圖》一幅。日本青木嵩山堂明治卅四年十一月本。日本恆三郎製圖，原田藤一郎校閱。此圖據新地圖組織而成，且係大陸旅行者原田藤一郎訂正，著者自云謬誤尙少，然細按之，中國各行省州縣名頗多遺漏。雖稱精審，究未盡善。然圖面積開方，至華度六尺餘，除以東洋著名軍港圖九幅於圖左方。測繪細密，印製精良，固未可多得者也。

日清韓三國戰要圖

楊復等《浙江藏書樓乙編書目・圖史》　《日清韓三國戰要圖》一頁。日本渡邊忠久著。鉛印本。

戰地必攜極東地圖

楊復等《浙江藏書樓乙編書目・圖史》　《戰地必攜極東地圖》一幅。闕名。鉛印本。

朝鮮地圖

楊復等《浙江藏書樓乙編書目・圖史》　《朝鮮地圖》一幅。日本中村芳松著。石印本。

日本全圖

楊復等《浙江藏書樓乙編書目・圖史》　《日本全圖》一冊。闕名。鉛印本。

日本地圖

楊復等《浙江藏書樓乙編書目・圖史》　《日本地圖》一冊。日本佐藤傳藏編。鉛印本。

輯製日本新地圖

楊復等《浙江藏書樓乙編書目・圖史》　《輯製日本新地圖》一冊。日本野口保興箸。鉛印本。

非洲地理分部

非洲疆域説略

徐維則等《增版東西學書録・地學》　《非洲疆域説略》□卷。《知新報》本。周逢源譯。顧補。

阿非利加洲

顧燮光《譯書經眼録・地學》　《阿非利加洲》一卷《西阿非利加洲》一卷。經濟書林洋裝本，一冊。英輿地學士某氏原著，瞿昂來世增分譯。原書係薛叔耘星使時命世君譯自法文，瞿君譯自英文。嗣經散失，惟瞿君譯稿尚全，其世君譯稿，僅存《西非洲》一冊，即法屬塞内加爾、西蘇丹、南河三部，故附印於後，以備參考。書中於非洲各國疆域、形勢、江河、礦産、戶口、動植各物、氣候、歷史，皆縷晰言之。惟譯稿成於光緒十九年，如意伐阿比西尼亞、英脱相爭、法并馬達戛斯加島之事，均未載入。然非洲地志，尚少專書，得此讀之，或亦足備考證乎。

中阿非利加輿地新書

顧述廬《通學書籍考・地學類》　《中阿非利加輿地新書》。美國士人某躬歷其間，著《中阿非利加輿地新書》。略云阿非利加之人士，亘古未與外人相通，是以內地之長江大河，山川城邑，莫能詳考。輿圖之繪，亦虚其中。今而後得以補白矣。

埃及述略

徐維則等《增版東西學書録・史志》　《埃及述略》一卷。《中外輿地圖説集成》本。英韋廉臣著。顧補。

徐樹蘭《古越藏書樓書目・政部・外史》　《埃及紀略》一卷。英韋廉臣。小方壺齋本。在非洲東北。

埃及國略

徐樹蘭《古越藏書樓書目・政部・外史》　《埃及國略》一卷。日本岡本監輔。小方壺齋本。

阿比西尼亞國述略

徐樹蘭《古越藏書樓書目・政部・外史》　《阿比西尼亞國述略》一卷。美林樂知。小方壺齋本。在阿非利加洲之東。

公額小誌

徐維則等《增版東西學書録・地學》　《公額小誌》□卷。《滙報》本。滙報館譯。公額即剛果，在非洲之南。篇中言該處山川甚詳。其風俗，《滙報》曾譯《公額陋俗》一篇，可資考證。顧補。

黑蠻風土記

梁啓超《西學書目表・游記》　《黑蠻風土記》。立温斯敦。英人。上海石印本。二本。述非洲內地雜事。

又《附録・讀西學書法》　英人立温斯敦居非州內地二十年，諳其地利，習其人情。近年歐人剖分非洲，半用其言也。今彼之著述，譯成華文者有《黑蠻風土記》一書，敘述瑣屑，無關宏恉，蓋必尚有他書未譯出者也。

丁仁《八千卷樓書目・地理類》　《黑蠻風土記》一卷。英立温斯撰。活字本。

趙惟熙《西學書目答問・政學・遊記》　《黑蠻風土記》。二冊。英立温斯敦撰。上海本。立居非洲內地二十年，是書雜記非洲瑣事，無甚足觀，然於彼中風土，可資檢察。

徐維則等《增版東西學書録・遊記》　《黑蠻風土記》二冊。上海石印本，小方壺齋本。英立温斯敦著。游阿非利加洲之日記。專記其風俗及歷涉情景，無關宏旨。立温斯敦居非洲最久，宜其所記，尚爲翔實。

顧燮光《譯書經眼録・地學》　《泰西風土記》一卷。上海時務書局排印本，一冊。英立温斯敦著，史錦鏞譯，沈定年述文。是書爲昔年申報館譯本，原名《黑蠻風土記》，記阿非利加洲蠻族情狀，頗爲詳晰。立温氏寓該地多年，此乃其日記。所記雖無關宏旨，然語多實録，或可當海外《述異記》讀也。重印本改名《泰西風土記》，名實不符。卷首附圖十一幅，繪記黑蠻之景者。

楊復等《浙江藏書樓乙編書目・政治》 《泰西風土記》一冊。英國立溫斯敦箸，山陰沈定年、南海史錦鏞述譯。時務書局鉛印本。

黑人種類俗尚説略

徐維則等《增版東西學書録・雜著》 《黑人種類俗尚説略》□卷。己亥《知新報》本。美紐約哈罷報著，知新報館譯。言烏卑也之黑奴種類俗尚極詳，可與英女溫斯敦所著《黑蠻風土記》參觀。顧補。

斐洲遊記

徐維則等《增版東西學書録・遊記》 《斐洲遊記》四卷。上海中西書室排印本。英施登萊著，滙報館譯。述洲内地方物產、民情甚詳，附圖若干幅。坊間刪改其書，名《三洲游記》，殊嫌割裂。顧補。

南部阿非利加遊歷談

徐維則等《增版東西學書録・遊記》 《南部阿非利加遊歷談》□卷。《亞東時報》本，《通學彙編》本。日本古谷駒平著，亞東時報館摘譯。古谷駒平君夙有意於南部阿非利加，此次遠游塗次，抵印度麻都拉斯，由麻都拉斯駛往那大爾，沿東岸而南進，經苡西都倫頓、波土埃里沙、倍斯茉些爾、倍遠喜望峰，轉而赴岌朴丹，更中央鐵路北進，入內地，於金魃聯地方視察金剛石坑，在都蘭士拔兒地方探見金銀坑，又旁察其風土人情焉。顧補。

歐洲地理分部

西方答問

王韜《泰西著述考》 艾儒略《西方答問》二卷。

梁啓超《西學書目表・通商以前西人譯著各書》 艾儒略《西方答問》。

徐維則等《增版東西學書録・東西人舊譯著書》 艾儒略《西方答問》二卷。

西方要紀

《四庫提要・地理類存目七》 《西方要紀》一卷。編修程晉芳家藏本。國朝西洋人利類思、安文思、南懷仁等撰。利類思、安文思皆以明末入中國，南懷仁以順治十六年至京師。此書則康熙初年所述，凡二十條。專記西洋國土、風俗、人物、土產及海程遠近。大抵意在夸大其教，故語多粉飾失實。

梁啓超《西學書目表・通商以前西人譯著各書》 南懷仁《西方要記》一卷。

丁仁《八千卷樓書目・地理類》 《西方要紀》一卷。國朝西洋利類思、安文思、南懷仁等撰。《學海類編》本，《昭代叢書》本。

徐維則等《增版東西學書録・東西人舊譯著書》 南懷仁《西方要紀》一卷。利類思、安文思同撰。《昭代叢書》本，《學海類編》本，《小方壺齋叢書》本。專記西洋國土風俗，人物土產及海程遠近。意在夸大，語多失實。

歐洲新志

徐維則等《增版東西學書録·地學》　《歐洲新志》□卷。《通學齋叢書》本。英計羅原本，李家駒譯。是書原名《地學》，卷帙甚繁，兹擇要譯成，頗資考證。顧補。

英法俄德四國志略

梁啓超《西學書目表·史志》　《英法俄德四國志略》。沈敦和。金陵刻本。二本。二角五分。新於前數書。

顧述廬《通學書籍考·史志類》　《英法俄德四國志略》四卷。金陵刻本，石印小字本。四明沈敦和輯譯。敦和通泰西語言文字，遊歷二十餘國，所得沿革、疆域、政治、財賦、文學、武備、風俗、物產、制作諸大端，以西字筆之，旋譯作華文，而條理其大者。何鏞謂其文簡，其意深，良非阿好。又或疑所志，僅此四國，餘等諸自鄶以下，滲漏殊多。不知歐洲政學，四國實爲綱領，且今日中國，俄北耽，英西瞵，法南瞰，德、日修其軍制商務，思染指各海疆，危悚萬分，言外凜然。書中述各國學校規制，推德爲尤詳備，蓋畫龍點睛處也。

趙惟熙《西學書目答問·政學·史志學》　《英法俄德四國志略》。二冊。沈敦和撰。南京本。

英法義比譯略

通雅齋《新學書目提要·輿地類》　《英法義比志譯略》。無錫薛氏刻本，上海石印本。《英法義比志譯略》四卷，題云無錫薛福成鑑定。據其子瑩中刊本所爲識跋，蓋福成奉使外洋之時，集隨使諸人分曹纂錄，幷爲圖繪，冀成一書，以嗣徐松龕、魏默深之後者，比及歸國而逝，瑩中乃以原稿編行，又病卷帙繁重，以英、法、義、比四國是其先人奉使之邦，故爲輯録如此，此書之原始也。未完之作，首尾不具，叢殘等誚，斷爛爲譏，縱出許沖，何由理董？披覽之下，見其凡例不齊，溯往求之，蓋非一人之手，其命詞在于從質尚文之際，其體裁涉于地志、國史之間，惟英吉利志略一卷端緒頗著，從可得窺耳。當日著書之命的既以《瀛寰志略》、《海國圖志》兩者爲宗，原跋又云有圖數十幅，則分部之用自歸之地理爲宜，其于國體、政治諸事每付闕佚，偶一道及語率模糊，不足以見製作，雖曰未竟之業，而兼年留滯，觀聽已深，黄皮紀事之史，城長集宴之談，以類推之，料非幷若霄漢，而精神形式徒見茫然，此由分任各員嘗于觀政之典，乘槎奉職，爲闕如斯，當非作者著書之意。言英國之事，阿爾蘭、蘇格蘭兩島自來分幷之故，征文之詳，皇統係出之原亦未見有别白，記法蘭西之史于往代革命之跡不著其由，述意大利之典故于中興復國之功僅存其略，此皆不備之處，不足以言著者，既使成章，聊堪覆瓿而已。至于英分三島，據其國中定説本以英倫、蘇格蘭、維而司當之，阿爾蘭一邦初非此列，民風、宗敎正爾逈殊，民族系氏每冠「阿」字，是其種類有判，豈得以地成島，率用鼎足爲稱？篇中數阿爾蘭而棄蘇格蘭，亦非相傳之通論矣。麗冊宏編，匪云易構，道、咸之際，海若掩靈，五臺、邵陽命筆之年，猶是鬼神易畫之比，今者珊瑚列貢，拂菻如齊，操管偶違，膏肓相望。河源、玉山，已發閱微之難，準噶、銅界，終成檐曝之譏。賦名六合，昔人所笑，張皇補苴，無責其然，必謂傖父作都，要非過而存之之義耳。

楊復等《浙江藏書樓乙編書目·圖史》　《英法義比四國譯略》二冊。嘉定吴宗濂譯，新陽趙元益述。石印本。

泰西城鎮記

顧述廬《通學書籍考·地學類》　《泰西城鎮記》一卷。原刻本，《輿地叢抄》本。美丁韙良著。

俄國新志

梁啓超《西學書目表・近譯未印各書》 《俄國新志》。傅蘭雅、潘。製造局。未印。

顧燮光《譯書經眼録・史志》 《俄國新志》八卷。上海製造局刻本。石印本，四冊。《續富強齋叢書》本。英陔勒低撰，英傅蘭雅、潘松同譯。全書十六章，於俄之政治各件，列表作論，互相發明。其國之戶口、物產、武備、商政，無不與日俱進，殊可畏也。金粟齋重譯有日本林毅陸譯法坡留著《露西亞帝國》，日本譯書社、金粟齋均譯有日本利喜雄著《俄羅斯史》，戴任一譯有日本川島純幹著《米國史》，杭州智育譯社譯有英約翰克老特帕司著《合衆國史》，金粟齋譯有《比公時代獨逸帝國史》，譯林社譯有《英國通史》，南洋公學譯有英白克爾《英國文明史》，杭州智育譯社譯有英嘉爾穀著《英司中小學校課本》，譯林社譯有日本澤田吾一著《德國通史》，又譯有日本澤田吾一著《美國通史》。

徐樹蘭《古越藏書樓書目・政部・外史》 《俄國新志》八卷。英陔勒低。英傅蘭雅譯，潘松述。石印本。

《上海格致書院藏書樓書目・東西學書・史志》 《俄國新志》。陔勒底。英傅蘭雅，烏程潘松。製造局本。

楊復等《浙江藏書樓乙編書目・圖史》 《俄國新志》三冊。英國陔勒低撰，英國傅蘭雅、烏程潘松譯。上海製造局刻本。

陳洙《江南製造局譯書提要・史志》 《俄國新志》八卷。英國陔勒低撰，傅蘭雅口譯，烏程潘松筆述。凡十六章，地理、人數、物產、製造、政教、兵制俱列焉。按俄爲君權專制，壓制屬地例尤苛。其民歆羡自由權利，故多亂黨。是書末紀芬蘭暨亞細亞屬地事，殆亦不以專用壓力爲然歟？第一卷：論地面積及人數。第二卷：論製造工藝及地產之物。第三卷：論通商貿易及船務。第四卷：論內地運動法。第五卷：論銀錢出入公款。第六卷：論國政及國王世系、教派、學校、刑律。第七卷：論保護本國鑄幣及銀行等事。第八卷：論錢與分量各事，欽差及領事等官，芬蘭、俄國在亞細亞屬地。

俄國志略

徐樹蘭《古越藏書樓書目・政部・外史》 《俄國志略》，附圖一卷。鷺江寄迹人譯。《格致彙編》本。

希臘國志

徐樹蘭《古越藏書樓書目・政部・外史》 《希臘國志》一卷。世增譯，顧錫爵述。石印本，附《土耳其國志》後。

羅馬尼亞國志

徐樹蘭《古越藏書樓書目・政部・外史》 《羅馬尼亞國志》一卷。吳宗濂、郭家驥同譯，張美翊述。石印本，附《土耳其國志》後。

布加利亞國志

徐樹蘭《古越藏書樓書目・政部・外史》 《布加利亞國志》一卷。吳宗濂、郭家驥同譯，張美翊述。石印本，附《土耳其國志》後。

西里庇島考

徐維則等《增版東西學書録・地學》 《西里庇島考》□卷。《格致新報》本。格致新報館譯。

塞爾維亞國志

徐樹蘭《古越藏書樓書目・政部・外史》 《塞爾維亞國志》一卷。吳宗濂、郭家驥同譯，張美翊述。石印本，附《土耳其國志》後。

門得内各羅國志

徐樹蘭《古越藏書樓書目・政部・外史》 《門得内各羅國志》一卷。吳宗濂、郭家驥同譯，張美翊述。石印本，附《土耳其國志》後。

英屬地志

徐樹蘭《古越藏書樓書目・政部・外史》 《英屬地志》一卷。英慕維廉。小方壺齋本。

英君主維多利亞一代内所增屬地情形記

徐維則等《增版東西學書録・史志》 《英君主維多利亞一代内所增屬地情形記》一卷。《經世報》本。英泰晤士報館著，壽蘐室主譯。英以孤懸島國，而所有屬地如亞洲之南，墨洲之北，澳洲、非洲，皆有新闢之土宇，約束之藩邦，又得水師、電線、鐵路以資保護，握海上之商權，稱地球之雄國，而印度、加拿大、新疆日見緐盛，再閲數十年，其進境尚可量乎！論者謂泰西以商立國者，然尤以殖民爲急。印度之亡，公司之力；南非洲之特蘭士，因英人之多，而奪其自主之權。澳洲、加拿大土人，皆以反客爲主，因之不振。噫！可畏矣。顧補。

法國新志

梁啓超《西學書目表・近譯未印各書》 《法國新志》。傅蘭雅、潘。製造局未印。

顧燮光《譯書經眼録・史志》 《法國新志》四卷。上海製造局原刻本。上海石印本，四冊。《續富強齋叢書》本。《政治藝學分類全書》本。英該勒低輯，英傅紹蘭口譯，潘松筆述，英秀耀春、范熙庸仝校。第二卷以後，則爲英秀耀春口譯，范熙庸筆述。全書計十七章，輯於光緒二十三年。所列各表，極有條理。考求法政者，當於此求之。按近來譯者譯西音「敵怕門」爲「省」，「爾朗敵司芒」爲「府」，「光登」爲「州」，「康謬恩」爲「縣」。法國共八十七敵怕門，是八十七省矣。竊以中國疆域之廣，僅二十二行省，法國之地，不及中國十分之一，而言八十七省，似覺未妥。考《瀛環志略》言佛朗西國，舊分三十三部，近改爲八十六府。《海國圖志》言佛蘭西有八十一大部落，均無作「省」者。是書譯爲羣縣鄉黨，而以君守、縣令、鄉正、黨正名其官焉，似較妥協。嘉定吳宗濂譯法培爾時著《法國史記提要》，又譯有《繪圖法史問答》，譯林社譯有日本澤田吾一著《法國通史》。

徐樹蘭《古越藏書樓書目・政部・外史》 《法國新志》四卷。英陔勒低。英傅紹蘭譯，潘松述。石印本。

《上海格致書院藏書樓書目・東西學書・史志》 《法國新志》。陔勒底。英傅蘭雅，烏程潘松。八卷。三本。製造局本。

楊復等《浙江藏書樓乙編書目・圖史》 《法國新志》二冊。英國陔勒低撰，英國傅蘭雅、烏程潘松譯。上海製造局刻本。

陳洙《江南製造局譯書提要・史志》 《法國新志》四卷。英國陔勒低輯，傅蘭雅口譯，烏程潘松筆述，英國秀耀春、上海范熙庸同校。凡十七章，紀述詳盡。所列各表，尤一覽瞭然。末載各屬地情形，亦史學考訂書也。第一卷：地面積人數與物產。第二卷：商務與船，内地轉運，度支。第三卷：國政，教會，學校，刑律，濟貧，防務，錢幣，錢之分量，使臣。第四卷：屬地，阿非利加洲内屬地，亞美利加洲内屬地，澳大利亞洲内屬地。

歐美漫遊記

徐維則等《增版東西學書録・遊記》　《歐美漫遊記》□卷。譯林本。

日本鎌田榮吉著。於歐美各名埠、險要、勝蹟，言之甚詳。顧補。

西洋歷史地圖

顧燮光《譯書經眼録・地學》　《西洋歷史地圖》一册。商務印書館銅版洋裝本，一册。日本小川銀次郎著，張元濟校訂。凡二十幅，爲圖三十八。自古代迄近世世界止。凡歐洲歷史變遷沿革有大關係者，皆有圖以明之。

大洋洲地理分部

墨澳覓地記

徐維則等《增版東西學書録・遊記》　《墨澳覓地記》□卷。《滙報》本。滙報館譯。書中所記，乃麥折倫尋覓新地之事，蓋繼高隆後一人而已。顧補。

澳大利亞全洲情形

徐維則等《增版東西學書録・地學》　《澳大利亞全洲情形》□卷。《知新報》本。周逢源譯。顧補。

澳洲風土記

通雅齋《新學書目提要・輿地類》　《澳洲風土記》。上海作新社本。《澳洲風土記》一卷，美國白雷特原著，上海作新書社譯本。蓋美人游歷澳太利亞洲所作也，書不過一萬五千言，備述形勝，亦及瑣俗，雖遜于立溫斯敦《黑蠻風土記》之詳，亦尚簡明有要。按澳洲全境屬于英吉利，其中分爲無數小國，每國各有一長以執其政，有事則請命于英皇，然自主之權猶未盡失，各設長官，各立議會，略似地方自治之規模，惟各國分據疆土，法律既殊，貨税亦異，而政策遂以不同，其志士憂之，乃創爲聯邦之議，自西曆一千八百八十五年設立澳洲連合協議會以考察其政俗，務使劃一，各邦合力以期，漸收自立之權，歷十餘年，其間幾經摧折，卒于一千八百九十九年合諸聯邦而建一政府，邀請英皇以自後凡澳洲事若不關于英國者則不必聞于英廷云。以各國殖民地論之，其制度之完密蓋未有過澳洲者，蓋其民種本屬白人，故能力所呈無殊母國，無錫薛氏《海外文編》曾著《澳太利亞可生人才説》，謂其地雖近赤道而燠度不過盛，終有異才特生，觀于聯邦之舉而信其言之先識也。又聞澳洲土地未盡開墾，四隅之境已具横由，而中央各區尚待人力，其全洲地勢之隩與其草萊之功，蓋類我之瓊州，此書所紀亦云内地泥土干燥，非如沿海之肥美滋潤，易于種植，故至今未闢者尚多，是其明證，而日本人之徙于澳洲者年約三四千人，聞多于沿海各州以採取珍珠爲業，則府海之利尤宏，異日中國移民之圖，當以是邦爲最合矣。阿非利加一洲距歐羅巴爲近，既任歐人開之，澳洲距亞細亞爲近，其未竟之業固將有待于亞人，近世列國之中盛傳天演之説，若以爭存之理言之，此亦無競之術也，因覽是書并及兹意，世無克雷飛其人，將孰語之。

顧燮光《譯書經眼録・地學》　《澳洲風土記》一卷。作新社洋裝本，一册。美白雷特著，作新社譯。凡十九節，於澳洲各地風土、人民、動植各物，擇要搜奇，言之備晰。全書僅一萬五千言，可謂簡而能要也。第七節中，言該處金鑛有得金塊大徑尺許，重百餘磅。地球產金之鉅，當以此爲最巨矣。有此寶藏，而爲英之屬地，土人半就衰滅，而開闢假手他族。讀《山

樞》之詩，吾不能無動於中矣。

《上海格致書院藏書樓書目・東西學書・地學》 《澳洲風土記》。英白雷特。一本。作新社譯印。

楊復等《浙江藏書樓乙編書目・政治》 《澳洲風土記》一冊。美國白雷特箸。作新社鉛印本。

三得惟枝島紀略

顧述廬《通學書籍考・地學類》 《三得惟枝島紀略》一卷。美林樂知錄。

徐樹蘭《古越藏書樓書目・政部・外史》 《三得惟枝島紀略》一卷。美林樂知。小方壺齋本。自主之小國，在太平洋。

美洲地理分部

聯邦志略

梁啓超《西學書目表・史志》 《聯邦志略》。裨治文。一本。甚簡。

顧述廬《通學書籍考・史志類》 《聯邦志略》一卷。原刻本，《西學大成》本。米利堅人馬邦畢禮遮邑裨治文撰。是書紀聯邦政治及開國原始，凡四十一邦，皆十三邦所分。其中有德過瑟斯一邦，本墨西哥地，後入聯邦。其中有稱部者七，蓋米人治體，聯邦公會但掌征伐會盟，而自有內治。其民數未足未能自治者，即由公會遣官代理，名之曰部，所以異于邦也。《湘學新報》。

丁仁《八千卷樓書目・地理類》 《聯邦志略》二卷。美禪治文撰。刊本。

趙惟熙《西學書目答問・政學・史志學》 《聯邦志略》。一冊。美裨治文撰。上海本。是書述美國開闢原始及各聯邦之政教土俗，雖略而可資考證。

徐維則等《增版東西學書録・史志》 《聯邦志略》一卷，附圖。原刊本，一冊。《西學大成》本。米利堅畢禮遮邑、裨治文著。凡四十一邦，皆由十三邦所分。紀聯邦故事及開國緣由，一一臚載，足以考見米人之治體，公會之淵源。惜四十一邦政治未詳備。製造局印有美林樂知、嚴良勳譯《德國史》二冊，未出。

美理哥國志略

徐樹蘭《古越藏書樓書目・政部・外史》 《美理哥國志略》一卷。美高理文。《小方壺齋再補編》本。即美利加。

美國記

徐樹蘭《古越藏書樓書目・政部・外史》 《美國記》一卷。日本岡本監輔。小方壺齋本。

舊金山記

顧述廬《通學書籍考・地學類》 《舊金山記》一卷。美丁韙良著。

游布哇事宜

徐維則等《增版東西學書録・遊記》 《游布哇事宜》□卷。《譯書公會報》本。日本金城生著，譯書公會報館譯。篇中言布哇人情風俗，而區別日人宜來不宜來者，逐次解說，皆有根據。然自美人收布哇入版圖，恐日人不能來去自由

矣。按布哇又名火奴魯，又名夏威仁，又名檀香山，特附注於此。顧補。

徐樹蘭《古越藏書樓書目・政部・外交》《游布哇事宜》一卷。日本金城生。《普通學報》本。

北冰洋洲及阿拉斯加沿海聞見録

顧燮光《譯書經眼録・地學》《北冰洋洲及阿拉斯加沿海聞見録》一卷。政學報館本。日本阿部敬介著，唐人傑譯。按阿拉斯加，即監札加，在北美洲之西北，始屬於俄，尋售諸美。距墨海嶺甚近，與西伯利亞僅隔衣帶水。三面瀕海，島嶼港灣極多。斯書於該處部落、形勢、物產、風俗，皆詳言之。

墨西哥記

徐樹蘭《古越藏書樓書目・政部・外史》《墨西哥記》一卷。日本岡本監輔。小方壺齋本。北亞美利加之西南。

古巴述略

徐樹蘭《古越藏書樓書目・政部・外史》《古巴述略》一卷。日本村田。《小方壺齋再補編》本。

美風歐雲録

顧燮光《譯書經眼録・遊記》《美風歐雲錄》一卷。鏡今書局洋裝本，一冊。日本松本君平著，鍾樸岑譯。書爲日本松本氏遊美、英二國時調查政治、風俗之作，蓋日記類也。其中言美之殷富，英之強盛，一切工商實業，日事振興，足爲全球競爭之母。卷末附《英國論》二，言英國殖民政策膨脹彌縫之理，均甚有見地。惟原書未記遊歷之年，然考其言日本伊藤侯在紐約所寓館在李文忠以後，又著者得見美統領麥荆來氏，其時大約在我華光緒二十四五年間也。

《上海格致書院藏書樓書目・東西學書・政治》《美風歐雲錄》。日本松本君平。岑鍾樸。一本。廣智書局活印本。

新大陸游記

楊復等《浙江藏書樓乙編書目・補遺》《新大陸游記》一冊。鉛印本。

數學部

論述

艾儒略《**西學凡·理學**》　第四年，總理三年之學，又加細論幾何之學與修齊治平之學。幾何之學，名曰馬得馬第加者，譯言「察幾何之道」，則主乎審究形物之分限者也。復取斐録之所論天地萬物，又進一番學問，是第四家。蓋斐録本論其性情變化，而瑪得瑪第加獨專究物形之度與數。度其完者，以爲幾何大；數其截者，以爲幾何衆。然度數或脱物體而空論之，則數者立算法家，度者立量法家。或二者在物體而偕其物論之，則數者在音聲相濟爲和，立律吕家，度者在動天轉運爲時，立曆法家，而各家始分流别派矣。此度與數，所關最鉅。不但識各重天之厚薄、遠近、大小，與其晝夜之長短，節氣之分至啓閉，年月之閏餘，道里之圍徑，地海之廣深，而農以此知旱潦，醫以此察運氣，商以此計蓄散，工以此詳堅脆，無不資焉。即如國家大事，治水者而不審高庳，何由酌其聚洩？用兵者而不諳器數，何從運其方略？故西方所尚，雖不立此科取士，若有精於此者，便人人推轂，而國王隆禮延之，以爲共學之師，尊顯之矣。故士人多相傳習，自備測天之器，天地之儀，筆算之書，測量之具，以爲讀書玩好。其于國家之事，屢顯有大功用。

丁韙良《**西學考略·西學源流**》　算學之本出於數，數爲六藝之一，推之可括諸學之會歸，約之則爲測量之發軔。初學之加減乘除及四率比例，諸國自古皆有；至幾何則始於埃及，代數則始於希臘。幾何之出自埃及者，不但因開化最早，亦地勢使之然也。其國除尼羅江岸一帶，餘皆沙漠不毛之地。天時少雨，農田盡恃江流灌溉。但每歲江水漲發，全土被淹，雖資水以肥腴，溝渠往往梗塞，因而阡陌莫辨，乃以幾何之術，將界限推算分明。所著幾何之書，惟有歐几里得一家尚存。歐氏，希臘人，遷居埃及。其書何者由土人而得，何者由己創論，未可判定。然論説詳明，逾二千年猶爲諸國隆重焉。畢氏在歐氏之前，創論幾何要理，前己言之。自云：吾既得之，喜曷勝言！遂恭備牲禮，以謝天神啟牖。歐氏之前，更有算學家亞及密底者，即亞奇默德，亦希臘人。創論圓球體等於圓桶體三分之二，乃幾何之要理也。命人將圖鐫於墓碣，以垂永久。越數百年，有歷其地者，見墓碣鐫有此圖，遂知爲亞氏之墓。惜二氏僅知以幾何測地量物，倘知後人用以測天航海，其欣喜又何如耶？夫幾何之論辨，既憑綫之曲直用之，不免繁重，况以數推算，恆有未知之數及不得以數論者，因創有代數法，與中土天元一理同。學者便之。且幾何數理所不可知者，以代數即可推焉。代數一學，西語名阿爾熱巴拉，由希臘而創。漢代有丟番都者，著書曾述其法。自希臘傳至亞喇伯，唐宋間自亞喇伯回人復傳至歐洲。前明法國有德戛爾者，以縱横綫推幾何之形，並用代數推諸深遠。至奈氏推廣代數，而創微分、積分之學，實爲代數學之别開門徑。天文與格致每得難題，非以微、積之術，無由致之。不但可爲一門，即算學之各術自奈氏後，無日不創新法。故每有奇理，靡不刊諸新報，以達於四方焉。

梁啓超《**西學書目表附録·讀西學書法**》　中國譯出各西書，半皆彼中二十年前之著作。西人政學日出日新，新者出而舊者廢。然則當時所譯，雖有善本，至今亦率爲彼所吐棄矣。惟算學一門，西人之法無更新於微積者，而當時筆受諸君，又皆深於此學，不讓彼中人士，故諸西書中，以算書爲最良也。學算必從數學入，乃及代數。【略】代數既通，可習微分、積分，則爲今時世界上算學之峰極矣。

西法借根，即中法天元；西法代數，即中法四元。天元密於借根，代數捷於四元。西塾課程，率明筆算後，即習代數；而華若汀以爲先習天元，乃習代數，更便易也。

趙惟熙《**西學書目答問·藝學·算學**》　算學權輿中土，西人名曰東來法。推演既精，遂至勝藍。華人譯西書鮮佳本，獨算學一門，筆述者多深通其業之人，又有實理眞數可憑，故能得廬山眞面。兹篇亦先譯本，而以中人之著作附焉。按算學一門，《書目答問》分中、西法，著録極多。其已見者，不更採入。

綜　述

總論分部

罕里速窟允解算法段目

王士點《元秘書監志》卷七《回回書籍》　《罕里速窟允解算法段目》三部。

又《司天監》　《海拉蘇庫稜解算法段目》三部。

呵些必牙諸般算法

王士點《元秘書監志》卷七《回回書籍》　《呵些必牙諸般算法》八部。

又《司天監》　《和斯布哈諸般算法》八部。

同文算指

錢謙益《絳雲樓書目·曆算類》　《同文算指通編》。

黃虞稷《千頃堂書目·小學類·附算學》　李之藻《同文算指通編》八卷，又《前編》二卷。

《明史·藝文志·小學類》　李瓚《同文算指通編》二卷，《前編》二卷。

《四庫提要·天文算法類二》　《同文算指前編》二卷，《通編》八卷。兩江總督採進本。明李之藻演西人利瑪竇所譯之書也。《前編》上、下二卷，言筆算定位、加減乘除之式，及約分、通分之法。《通編》八卷，以西術論《九章》。卷一曰三率準測，即古異乘同除；曰變測，即古同乘異除；曰重測，即古同乘同除。卷二、卷三曰合類差分，曰和較三率，曰洪衰互徵，即古差分，又謂之衰分。卷四曰疊借互徵，即古盈朒。卷五曰雜和較乘，即古方程。卷六曰測量三率，即古句股；曰開平方，曰奇零開平方，即古少廣。卷七曰積較和開平方。卷八曰帶縱諸變開平方，曰開立方，曰廣諸乘方，曰奇零諸乘方，皆即古少廣。案《九章》乃周禮之遺法，其用各殊，爲後世言數者所不能易。西法惟開方、即古少廣。句股各有專術，餘皆以三率御之。至若《方田》、《粟米》、《差分》、《商功》、《均輸》五章，本可以三率御之。至於盈朒以御隱雜互見，方程以御錯糅正負，則三率不可御矣。蓋中法、西法，固各有所長，莫能相掩也。是書欲以西法易《九章》，故較量長短，俱有增補。其論三率比例，視中土所傳方田、粟米、差分諸術，實爲詳悉。至盈朒、方程二術，則皆仍舊法，少廣略而未備，且法與數，多出入之處。梅文鼎《方程餘論》曰：「《幾何原本》言句股、三角備矣，《同文算指》於盈朒、方程取古人之法以傳之，非利氏之所傳也。」又曰：「諸書之謬誤，皆沿之而不能察。其必非知之而不用，能言之而不悉，亦可見矣。」誠確論也。然中土算書，自元以來，散失尤甚，未有能起而蒐輯之者。利氏獨不憚其煩，積日累月，取諸法而合訂是編，亦可以爲算家考古之資矣。

張之洞《書目答問·天文算法》　《天學初函器編》：《同文算指前編》二卷，《通編》八卷。明李之藻譯。又海山仙館本。明本有《別編》一卷。

王韜《泰西著述考》　利瑪竇《同文算指》十一卷。

梁啓超《西學書目表·通商以前西人譯著各書》　利瑪竇《同文算指前編》二卷，《通編》八卷，《別編》一卷。《天學初函》本，《海山仙館》本。《四庫》著錄。

徐維則等《增版東西學書録·東西人舊譯著書》　利瑪竇《同文算指前編》二卷，《通編》八卷，《別編》一卷。《天學初函》二編本，《海山仙館叢書》本，《中西算學叢書》本。《前編》言筆算，《通編》以西術論《九章》。

算式集要

梁啓超《西學書目表・算學》 《算式集要》。傅蘭雅，江衡。製造局本。二本。二百四十。便學者。

顧述盧《通學書籍考・算學類》 《算式集要》。製造局本。英哈司韋撰，傅蘭雅譯，華江衡述。一千八百七十七年刊。《譯書事略》。

丁仁《八千卷樓書目・天文算法類》 《算式集要》四卷。英哈司韋撰，傅蘭雅譯。刊本。

趙惟熙《西學書目答問・藝學・算學》 《算式集要》。四卷，訂二册。英哈司韋輯，英傅蘭雅譯，江衡述。製造局本。

徐維則等《增版東西學書録・算學》 《算式集要》四卷。製造局本，二册。《富強叢書》本。英哈司韋輯，英傅蘭雅譯，江衡述。前二卷專言各種面積、體積算式，第三卷專言圜錐、曲綫算式，第四卷附論測算地面諸法。每款先解題，次圖，次法，次公式，次設題。所列各表，大半以最小之根數，從其求邊之本術返求之而得。故雖深奧之題，依式推算，一目瞭然，而各種有法之形，幾無不備，測算家最爲簡便。華蘅芳譯有《相等算式理解》二册，未刻。又合衆國好司敦、開奈利同撰，英傅蘭雅、李善蘭譯有《算式别解》十四卷，未見。

徐樹蘭《古越藏書樓書目・學部・天文算學》 《算式集要》四卷。英哈司韋。英傅蘭雅譯，江衡述。製造局本。《富強叢書》本。

《上海格致書院藏書樓書目・東西學書・算學》 《算式輯要》。英哈司韋。英傅蘭雅，元和江衡。四卷。二本。製造局本。

楊復等《浙江藏書樓乙編書目・算學》 《算式集要》二册。英國傅蘭雅、元和江衡譯述。江南製造局刻本。

陳洙《江南製造局譯書提要・算學》 《算式集要》四卷。英國哈韋司輯，傅蘭雅口譯，元和江衡筆述。首論各種曲綫之式，次各種體積之算式，次論圓錐曲綫之算式，附卷論測算地之法。皆言法不言理，每法後必設數以顯其用。卷端有表有圖。法簡而明，最便推算。第一卷：各種線面算式。第二卷：各種體積算式。第三卷：圜錐曲線算式。第四卷：附測算地面諸法。

量法須知

顧述盧《通學書籍考・算學類》 《量法須知》一册。英傅蘭雅著。是書撮其要領，擇人所常見常用者，按款繪圖，按圖設題，按題立法，一一釋解，使綫面體形各種相求之法，無不一目了然也。本書《序》。

徐維則等《增版東西學書録・算學》 《量法須知》一卷。《格致須知》二集本，一册。英傅蘭雅著。是書即《算式集要》之節本。同文館譯有美丁韙良《格物測算》，已佚。

徐樹蘭《古越藏書樓書目・學部・天文算學》 《量法須知》一卷。英傅蘭雅。《格致須知》二集本。

廣學會編《廣學會譯著新書總目・算學》 《量法須知》。量法者，乃因所已知之數而推算所未知之數也。大概分爲四等：一爲推筆某線之長短，二爲某面之方積，三爲某體之皮積，四爲某體之立積。由是觀之，量法亦日用工作内所必需者。一册。價洋八分。

算式解法

徐樹蘭《古越藏書樓書目・學部・天文算學》 《算式解法》十四卷。美好敦司、美開奈利同著。英傅蘭雅譯，華蘅芳述。石印本。

《上海格致書院藏書樓書目・東西學書・算學》 《算式解法》。美好敦司，美開奈何。英傅蘭雅，金匱華蘅芳。十四卷。二本。製造局本。

楊復等《浙江藏書樓乙編書目・算學》 《算式解法》二册。英國傅蘭雅、金匱華蘅芳譯述。江南製造局刻本。

陳洙《江南製造局譯書提要・算學》 《算式解法》十四卷。美國好敦司、開奈利同撰，英國傅蘭雅口譯，金匱華蘅芳筆述。其解法新奇，類非尋常算書中所見者。本序言作書之意，欲指出其平常之式極易明白，故詳細讀畢，則後來所遇製造工藝之算書，無不易通。而此書實爲教課旁助之本也。

第一卷：加法。第二卷：減法。第三卷：乘法。第四卷：約法。第五卷：乘方。第六卷：開方。第七卷：相等式。第八卷：對數。第九卷：三角法。第十卷：雙曲線三角函數。第十一卷：微分。第十二卷：積分。第十三卷：定準數。第十四卷：解說代數各種記號。

算學奇題　算學奇論

徐維則等《增版東西學書録・算學》　《算學奇題、算學奇論》無卷數。《格致彙編》本。英傅蘭雅輯。此皆當時中外人所問答或見諸報章者，採輯成書。中有奇特之算法，爲尋常思索不到者，不可不閱也。李鏐有《算學奇題創筆》一卷，在《衍元海鑑》內。

算學淵源

楊復等《浙江藏書樓乙編書目・算學》　《算學淵源》九冊。美國狄考文輯，蓬萊鄒立文述。美華書館鉛印本。

算學公式及原理

顧燮光《譯書經眼録・象數》　《算學公式及原理》一卷。上海文明書局洋裝本，一冊。日本白井義督撰。都九類，曰算術，曰代數，曰平面幾何，曰立體幾何，曰平面三角，曰球面三角，曰解析幾何，曰微分，曰積分。凡一公式之下，附以原理圖解。理論精晰。

中學算理教科書

顧燮光《譯書經眼録・象數》　《中學算理教科書》第一卷。教科輯譯社洋裝本。日本水島久太郎著，陳榥譯補。說理透闢，措詞明達，於數理公式尤所詳備。

算術分部

心算數學

梁啓超《西學書目表・近譯未譯各書・算學》　《心算數學》。哈氏。益智書會。未印。

心算啓蒙

梁啓超《西學書目表・算學》　《心算啓蒙》。奴愛士。一本。一角。太淺，不必讀。

顧述廬《通學書籍考・算學類》　《心算啓蒙》。益智會本。泰西奴愛士著。

徐維則等《增版東西學書録・算學》　《心算啓蒙》一卷。美華書館排印本，一冊。美那夏禮著。演數必先記數，故西人習算，以心算始。此書釋題習問，由淺及深，依次誦習，步步入勝。前數章雖一覽無餘，入後愈引愈深。即已通數學者，亦須耐想，方得其妙，蒙學中善本也。益智書會印有哈氏《心算數學》，未出。

心算教授法

徐維則等《增版東西學書録・算學》　《心算教授法》一卷。南洋公學

本。日本金澤長吉著，董瑞椿口述，朱念椿筆述。是書屬單級教授法。單級者，合四種學級之生徒，而一教師課之於一時也。書中按級設題，甚便學者。徐補。

徐樹蘭《古越藏書樓書目・學部・天文算學》《心算教授法》一卷。日本金澤長吉。董瑞椿譯，朱念椿述。光緒二十六年南洋公學師範院本。

西算啓蒙

梁啓超《西學書目表・算學》《西算啓蒙》。一本。一角。太淺，不必讀。

徐維則等《增版東西學書録・算學》《西算啓蒙》一册。不著撰人名氏。太淺，不必讀。

算學須知

徐樹蘭《古越藏書樓書目・學部・天文算學》《算學須知》一卷。英傅蘭雅。《格致須知》初集本。

廣學會編《廣學會譯著新書總目・算學》《算法須知》。算法之事，不獨日用飲食米鹽零雜，有無相易，子母互權，必藉算法爲用也。蓋其術雖極精深，仍不外乎加減、乘除、開方等法，所積累變化而成，故可漸得其解也。如加減、乘除、開方之法習之未熟，其理未能了然於心，欲觀各種深算術，是猶未能步履於平地而欲登山也。一册。價洋八分。

算學問答

徐維則等《增版東西學書録・算學》《算學問答》□卷。上海中西書室本。德佘賓王著。近教徐家滙學堂學生之用。以官話手録歸叠乘除筆算四法，末附英、德、法三國文。其書頗便於教授幼童。顧補。

西算初階

徐樹蘭《古越藏書樓書目・學部・天文算學》《西算初階》一卷。華蘅芳。藝經齋《西算新法叢書》本。

筆算教科書

楊復等《浙江藏書樓乙編書目・算學》《筆算教科書》二册。南洋公學譯述。鉛印本。

算術教科書

廣學會編《廣學會譯著新書總目・算學》《算術教科書》。我國算書，號稱繁博，然適用於教授者殊鮮。山西大學譯書院編成。二册。價洋六角。

物算教科書　筆算教科書

徐維則等《增版東西學書録・算學》《物算教科書》二卷。《筆算教科書》二卷。南洋公學本。日本文學社編，董瑞椿口述，朱念椿筆述。前者本名《實物計》，故省曰《物算》。後者是算算，故逕以《筆算》名之。各分爲上、下兩卷。上卷教師所用，下卷生徒所用。是書較筆算數家，尤合於童子心才。蓋幼童學算，其位數不宜過多也。徐補。

楊復等《浙江藏書樓乙編書目・算學》《物算教科書》三册。南洋公學譯述。鉛印本。

算法天生法指南

徐維則等《增版東西學書録・算學》 《算法天生法指南》五卷。日本東明石舍刊本。日本安明著。

算法古今通覽

徐維則等《增版東西學書録・算學》 《算法古今通覽》六卷。日本東都書肆申椒堂本。日本安明著。顧補。

算法點竄指南

徐維則等《增版東西學書録・算學》 《算法點竄指南》三卷。日本千鍾房青黎閣刊本。日本利政著。顧補。

算法起原集

徐維則等《增版東西學書録・算學》 《算法起原集》三卷，《續集》附録一卷。日本千鍾房本。日本佐久閒讚著。顧補。

代數分部

代數學

梁啓超《西學書目表・近譯未譯各書・算學》 《代數學》。偉烈亞力，李善蘭。已佚。

顧述廬《通學書籍考・算學類》 《代數學》。製造局本。英偉烈亞力著，海寧李善蘭譯。

數學啓蒙

張之洞《書目答問・天文算法》 《數學啓蒙》一卷。西洋人偉烈亞力。上海活字版本。

梁啓超《西學書目表・算學》 《數學啓蒙》。偉烈亞力。上海排印本。二本。六角。《數理精蘊》之節本，極便初學。

顧述廬《通學書籍考・算學類》 《數學啓蒙》二卷。上海排印本。英偉烈亞力著。專明筆算，分加減乘除分法，比例方法，對數各門，蓋《數理精蘊》之節本，而簡明切近，最便初學，誠授圖之寶筏也。《湘學新報》。

徐維則等《增版東西學書録・算學》 《數學啓蒙》二卷。上海排印本，二冊。湖南刻本。上海縮印本，改名《西算入門》。英偉烈亞力著。專明筆算。分加減乘除、分法、比例、方法、對數各門。每法但列一題，蓋《數理精蘊》之節本。第二卷有開諸乘方捷法，爲《數理精蘊》所無，最便初學。此法創自何而捺，在西土爲新術，即中土天元開方也。但語太簡潔，初學易忽略讀過耳。英艾約瑟亦有《數學啓蒙》譯成，未刻。

劉錦藻《清續文獻通考・經籍考・推算》 《數學啓蒙》二卷。偉烈亞

力撰。

代數術

張之洞《書目答問・天文算法》《代數術》二十五卷卷首《釋號》一卷。今人譯。上海刻本。

梁啓超《西學書目表・算學》《代數術》。傅蘭雅，華蘅芳。製造局本。六本。八百。最要。

顧述廬《通學書籍考・算學類》《代數術》二十五卷。製造局本。英華里司著，傅蘭雅譯，華蘅芳述。是書學者欲讀各卷，必於平常算理如加減乘除等類之法也。本已明白者，方可通，因代數乃算學之更深者，不必再包學算之理在其中也。本書。

徐維則等《增版東西學書録・算學》《代數術》二十五卷。製造局本，六冊。上海石印本。《西學大成》本摘刊第二十二卷《代數幾何》。《中西算學大成》本幷《三角數理》，通名《代數術》，有刪節。英華里司輯，英傅蘭雅譯，華蘅芳述。徧檢代數諸書，由加而減，而乘而除，而比例，而開方，本末兼賅，無有出於是書之右，誠代數之叢書也。初學閱第一卷後，宜先閱六、七、八、九四卷，否則至求等數、分指數諸法，必厭倦不能再閱。其二十三卷方程界綫，近人往往以爲誤而不讀。曾細研之，實爲由代數通微積最便之路。《中西算學大成》幷將此卷刪去，尤爲非是。其《八綫數理》與《三角數理》之前數卷，參訂每款，皆標明求某某之式，有目一淸，頗便學者。《中西聞見録》有艾約瑟、阿爾熱巴喇《源流考》，可參觀。

徐樹蘭《古越藏書樓書目・學部・天文算學》《代數術》二十五卷。英華里司。英傅蘭雅譯，華蘅芳述。製造局本。

《上海格致書院藏書樓書目・東西學書・算學》《代數術》。英華里司。英傅蘭雅，金匱華蘅芳。二十五卷。六本。製造局本。

陳洙《江南製造局譯書提要・算學》《代數術》二十五卷。英國華里司輯，傅蘭雅口譯，金匱華蘅芳筆述。是書爲代數之叢書，較《代數學》及《代數備旨》爲詳備。編輯既精，譯筆尤善，爲算學家必讀之書。卷首：釋號。第一卷：加法，減法，乘法，除法。第二卷：諸分法，求等法，通分法，分數加減法，分數相乘法，分數除法。第三卷：乘方法，開方法。第四卷：分指數化法。第五卷：比例之法。第六卷：獨元一次式。第七卷：多元一次式解法。第八卷：解一次式各題。第九卷：二次式解法。第十卷：總論各次式。第十一卷：三次式。第十二卷：四次式。第十三卷：等職各次式。第十四卷：等根各次式。第十五卷：求實根之法。第十六卷：求略近之根。第十七卷：無窮級數。第十八卷：論對數。第十九卷：計息法。第二十卷：連分數。第二十一卷：無定之式。第二十二卷：代數幾何。第二十三卷：方程界線。第二十四卷：八線數理。第二十五卷：八線數理。

劉錦藻《清續文獻通考・經籍考・推算》《代數術》二十五卷。傅蘭雅、華蘅芳譯述。

代數術補式

楊復等《浙江藏書樓乙編書目・算學》《代數術補式》八冊。英國傅蘭雅，金匱華蘅芳譯述。順成書局石印本。

代數難題解法

梁啓超《西學書目表・算學》《代數難題解法》。傅蘭雅，華蘅芳。製造局本。六本。九百六十。

又《附録・讀西學書法》習代數者，當以《代數術》爲正宗，而以《代數備旨》輔之。《備旨》習問太多，頗嫌繁而不殺，其弊與《筆算數學》同；且除加減乘除命分外，止有一次、二次方程式，於代數一術亦未完備也。然《代數術》卷二十三論方程界線頗有錯誤，學者讀至此姑緩置之，躐讀下卷可也。《代數難題解法》率有算草，無解說，非已習代數者不能明之。

顧述廬《通學書籍考・算學類》《代數難題解法》十六卷。製造局本。英倫德輯，英傅蘭雅譯，金匱華蘅芳述。此書所解之題，大半從英國算學家

吳德所著之《代數書》內錄出，又益以大書院中考試之題。其解題之法整齊簡易，最便初學。又有微妙之法，爲初學之人所思索不到者。本書。

丁仁《八千卷樓書目・天文算法類》 《代數難題解法》十六卷。英倫德輯，傅蘭雅譯。刊本。

趙惟熙《西學書目答問・藝學・算學》 《代數難題解法》。十六卷，訂六冊。英倫德編輯，英傅蘭雅譯，華蘅芳述。製造局本。

徐維則等《增版東西學書録・算學》 《代數難題解法》十六卷。製造局本，六冊。石印本。英倫德編輯，英傅蘭雅譯，華蘅芳述。用代演草，極整極簡。所列之式，初無刪節，始終完備。此從英國算學家吳德所著代數書及岡布利智書院所考課中錄出，有數法爲初學思索不到者，讀之極能啓發人心。既讀《代數術》以後，即宜讀是書。

徐樹蘭《古越藏書樓書目・學部・天文算學》 《代數難題解法》十六卷。英倫德。英傅蘭雅譯，華蘅芳述。製造局本。

《上海格致書院藏書樓書目・東西學書・算學》 《代數難題》。英倫德。英傅蘭雅，金匱華蘅芳。十六卷。六本。製造局本。

楊復等《浙江藏書樓乙編書目・算學》 《代數難題》六冊。英國傅蘭雅、金匱華蘅芳譯述。江南製造局刻本。

陳洙《江南製造局譯書提要・算學》 《代數難題》十六卷。英國倫德編輯，傅蘭雅口譯，金匱華蘅芳筆述。原書云：「此書所解之各題，大半從英國算學家吳德所著書內錄出，又益以大書院中考試之題。其解題之法，整齊簡易，最便初學。又有微妙之法，爲初學人所思索不到者。」又云：「依書中之式以解題，無人能議其非。因解題之法繁簡不得其當，則考試時得數雖不誤，亦致被黜，故解法不可不講求也。」以上二說，語語確切，眞能提全書之綱領也。第一卷：分數；小數；乘法；求最大公約數；求最小公乘數；化分。第二卷：開方乘方；無理之根式；一次式內有一未知之數；一次式內有二未知之數；一次式內有三未知之數。第三卷：二次式內有一未知之數；二次式內有二未知之式。第四卷：比較大小類；率數比例數變數。第五卷：算學級數類；幾何級數聲學級數；排列變換之法。第六卷：二項例之類；不合理之式開方；求乘數之法。第七卷：連分數；未定之相等式；進位之法；數之性情能斂能發之級數；對數。第八卷：本利生息；決疑數。第九卷：雜題類一；雜題類二。第十卷：雜題類三。第十一卷：雜題類四。第十二卷：雜題類五。第十三卷：岡布理智書院第一次考題；第二次考題；第三次考題；第四次考題。第十四卷：岡布理智書院第五次考題；第六次考題；第七次考題；第十五卷：岡布理智書院第八次考題；第九次考題；第十次考題。第十六卷：岡布理智書院第十一次考題；第十二次考題。

劉錦藻《清續文獻通考・經籍考・推算》 《代數難題解法》十六卷。傅蘭雅、華蘅芳譯述。臣謹案，是書爲英倫德編輯。用代演草，頗極整簡。所列之式，始終完備。有數法爲初學所思索不到者，讀之益人神智不淺。

代數總法

梁啓超《西學書目表・近譯未譯各書・算學》 《代數總法》。傅蘭雅，華蘅芳。製造局。四本。未印。

趙惟熙《西學書目答問・藝學・算學》 《代數總法》。四冊。英華里司輯，英傅蘭雅譯，華蘅芳述。製造局本。

數學理

梁啓超《西學書目表・算學》 《數學理》。傅蘭雅，趙元益。製造局本。四本。四百八十。

又《附録・讀西學書法》 《數學理》說理由淺而深，每門必及代數，頗嫌躐等，於初學不甚相宜。惟天才絕特者讀之，或有速效。

顧述廬《通學書籍考・算學類》 《數學理》九卷，附一卷。製造局本。英棣麼甘著，新陽趙元益、英傅蘭雅同譯。凡記數加減、乘除、分數、加方、比例之理，悉以淺近出之。其附卷習算各法，初學皆可曉然。即質性聰穎者，亦毋以其瑣而忽之。

丁仁《八千卷樓書目・天文算法類》 《數學理》九卷。英棣麼甘撰，傅蘭雅譯。刊本。

趙惟熙《西學書目答問・藝學・算學》 《數學理》。九卷，附一卷，訂四

冊。英利麼甘撰，英傅蘭雅譯，趙元益述。製造局本。是書說理由淺而深，頗有引人入勝之致。其附卷則習算各法也。

徐維則等《增版東西學書録・算學》　《數學理》九卷，附一卷。製造局本，四冊。英棣麼甘著，英傅蘭雅譯，趙元益述。凡記數加減、乘除、分數、開方、比例之理，悉以淺近出之，於數學一切變化之理，均已包括全盡，其深處已寓微分之理。附卷習算各法，學者皆可曉然。第十款論何而捺解相等式之理，能開多位小數之方，其說較《數學啓蒙》爲詳備，其理與天元同，其列式則異，《學算筆談》第六卷亦引及之。製造局有英傅蘭雅、李善蘭譯《奈端數學》四冊，未成。

徐樹蘭《古越藏書樓書目・學部・天文算學》　《數學理》九卷，附一卷。英棣麼甘。英傅蘭雅譯，趙元益述。製造局本。

《上海格致書院藏書樓書目・東西學書・算學》　《數學理》。英棣麼甘。英傅蘭雅，新陽趙元益。九卷，附一卷。四本。木板。

楊復等《浙江藏書樓乙編書目・算學》　《數學理綜》四冊。英國傅蘭雅、新陽趙元益譯述。江南製造局刻本。

陳洙《江南製造局譯書提要・算學》　《數學理》九卷，附一卷。英國棣麼甘撰，傅蘭雅口譯，新陽趙元益筆述。爲數學中說理最精之書。其深處已寓微分之理，質性聰穎者讀之必有速效。第九卷論排列之法甚詳，爲他算書所不及者。第一卷：記數之理。第二卷：加減之理。第三卷：乘法之理。第四卷：約法之理。第五卷：分數之理。第六卷：小分數之理。第七卷：開平方之理。第八卷：比例之理。第九卷：排列之理。附卷：共分十一款。

質數證明

梁啓超《西學書目表・近譯未譯各書・算學》　《質數證明》。傅蘭雅，徐壽。製造局。四本。未譯成。

代數須知

顧述廬《通學書籍考・算學類》　《代數須知》一冊。英傅蘭雅著。是書將代數一學，檢其淺而易明者，約分四章，不敢謂能將代數之理全行發透，而所載理法亦堪玩味，猶令人一目了然，聊爲入門之階也。本書序。

徐維則等《增版東西學書録・算學》　《代數須知》一卷。《格致須知》二集本，一冊。英傅蘭雅著。將代數法檢其淺明者，約分四章。雖透發未爲詳備，而簡潔可喜，足爲入門之階。製造局印有英傅蘭雅、華蘅芳譯《代數總法》四冊，未出。

徐樹蘭《古越藏書樓書目・學部・天文算學》　《代數須知》一卷。英傅蘭雅。《格致須知》二集本。

廣學會編《廣學會譯著新書總目・算學》　《代數須知》。中國之四元，即西國之代數。學習算學而至此，知算學中別有一等樂趣，心領而神會者也。蓋代數乃以字求數題中將來之數。即設字代之題中已有之數，而所載理法亦堪玩味，猶令人一目了然，聊爲入門之階。一冊。價洋八分。

合數術

徐維則等《增版東西學書録・算學》　《合數術》十一卷。製造局本，未刊。英白爾尼著，英傅蘭雅譯，華蘅芳述。合諸項乘數之指數，以成一數，故曰「合數」。其法由古廉法表而生，以新理發明指數之義藴，推廣眞數之作用。凡眞數對數之雜糅難明與夫戴勞之例、馬格老臨之例、拉果闌諸之例、拉不拉斯之例所難通者，以合數推之，簡易什倍，實算學中之偏師制勝者。昆明林紹清曾本其立術之旨，另述二卷刊行，名曰《合數述》。上卷明其法，下卷詳其用，簡明易曉。學者先取讀之，亦足見合數之梗概。

代數備旨

梁啓超《西學書目表・算學》　《代數備旨》。狄考文，鄒立文。上海排印本。一本。五角。雖未備而便初學。

顧述廬《通學書籍考・算學類》　《代數備旨》。上海排印本。美狄考文著，蓬萊鄒立文譯。是書習問太多，頗嫌繁而不殺，其弊與《筆算數學》同。且除加減乘除命分外，止有一次、二次方程式，於代數一術，亦未完備。《西學通考》。

趙惟熙《西學書目答問・藝學・算學》　《代數備旨》。四卷，訂二冊。美狄考文輯，鄒立文述。上海本。是書與《筆算數學》同出一手，故習問亦繁，且法未完備，不如《代數術》之善也。《代數術》已見《答問》。

徐維則等《增版東西學書録・算學》　《代數備旨》六卷。益智書會排印本，一冊。美狄考文著，鄒立文、生福維同述。此書除加減乘除、命分外，止有一次、二次方程式。習問之多，與《筆算數學》同。蓋專爲初學入門而設也。第二百零四、五兩款解二次方程之變法，立術甚新。又第二百零七款第十六問光學題所論乘方反比例之理甚詳，學者閱之，亦可略知光理。聞此六卷，乃其上編，尚有下編，已譯出，未刊。益智書會有美狄考文《代數初基》，未印出。

徐樹蘭《古越藏書樓書目・學部・天文算學》　《代數備旨》六卷。美狄考文。鄒立文、生福維同述。光緒二十四年美華書館三次鉛印本。

又　《代數備旨》下卷一卷。美狄考文譯。光緒二十八年會文編譯社本。

廣學會編《廣學會譯著新書總目・算學》　《代數備旨》。一部。價洋四角。

筆算數學

梁啓超《西學書目表・算學》　《筆算數學》。狄考文，鄒立文。益智書會本。三本。一元。用俗語教學童甚便，惟習問太繁。

又《附録・讀西學書法》　偉烈之《數學啓蒙》，即《數理精蘊》之節本。每法取其一題，而去其蕪詞，極便學者。狄考文之《筆算數學》，專爲授蒙之用，全用俗語，習問極多，皆便於初學之書也。二書於比例、開方兩門皆極簡明，狄書更能舉其要，非中國舊説所能及。惟狄書譯筆太繁耳。

顧述廬《通學書籍考・算學類》　《筆算數學》。益智書會本，美華書館第五次排印本。美狄考文著，蓬萊鄒立文譯。是書專爲授蒙之用，全用俗語，習問極多，便於初學。

趙惟熙《西學書目答問・藝學・算學》　《筆算數學》。三冊。美狄考文輯，鄒立文述。益智會本。是書全以俗語設問，詞淺意明，初學易於問津。

徐維則等《增版東西學書録・算學》　《筆算數學》四卷。益智書會本，三冊。美狄考文著，鄒立文譯。以官話發明算術，甚便初學，其論理法亦詳盡。全書約二千八百餘題，日演十餘題，足爲一年程課。中年學算，或不能全演習問，可習至第十章後，再習十八、十九兩章，即接學代數可也。

徐樹蘭《古越藏書樓書目・學部・天文算學》　《筆算數學》四卷。美狄考文。鄒立文譯。光緒二十七年美華書館排印本。

廣學會編《廣學會譯著新書總目・算學》　《筆算數學》。一部。價洋七角。

代數初基

梁啓超《西學書目表・近譯未譯各書・算學》　《代數初基》。狄考文。益智書會。未印。

代數學教科書

廣學會編《廣學會譯著新書總目・算學》　《代數學教科書》。是書日本西師意譯。理法明備，詞意暢達，代數科文佳本，中學堂教授之用。二

本。價洋一元二角。

溥通新代數

顧燮光《譯書經眼録・象數》　《溥通新代數》六卷。江楚編譯局木刻本，三冊。上海石印本。徐虎臣選譯。本書規則，仿日本諸家所譯英國突兌翰多爾之《代數學》、英史密司《大代數》、美駱賓生之《代數教科書》等，參酌損益，以副《溥通新代數》之旨，故自代數加減乘分，迄多次式之解法，於每款之内悉解例題，並附問題數則，由淺及深。間有摘從古書者，以示古今中西一轍之理。且析理極精，形式至簡，設問反復引申，旁推曲容，無罣漏支離之病。誠習代數教科中之善本也夫。

算法圓理括囊

徐維則等《增版東西學書録・算學》　《算法圓理括囊》一卷。《白芙堂叢書》本。日本加悦傳一郎俊興著。設題均甚奇奥。大率以級數立算，頗不易讀。其友邨上國輝序謂：其高妙精微，非入其室者不能輒解。信然。書序永嘉五年壬子，按即中國咸豐二年。

算術條目及教授法

徐樹蘭《古越藏書樓書目・學部・天文算學》　《算術條目及教授法》二卷。日本藤澤利喜太郎。王國維譯。《教育世界》本。

顧燮光《譯書經眼録・象數》　《算術條目及教授法》上下二卷。辛丑《教育世界》本。日本藤澤利嘉太郎著，王國維譯。上編曰泛論，計十二節：一、普通教育中數學科之目的。二、算術科之目的之特殊。三、英、法、德算術之異。四、以算術解釋代數上之事項之困難。五、於算術中深入整數論之不可。六、於英國算術與代數之遠別。七、於本邦算術之來歷。八、所謂理論流義算術於本邦普通教育之不適當之事。九、所謂理論流義算術於本邦普通教育之弊害。十、競爭試驗之材料中不可重置算術。十一、算術即日本算術。十二、注意。下編曰各論，計十四節：一、算術條目。二、數學之定義當自算術中除之。三、定義。四、數之呼法及數之寫法。五、四則。六、諸等。七、整數之性質。八、分數暨循環小數。九、比及比例。十、步合算及利息算。十一、開平方、開立方不盡根數。十二、省略算。十三、級數。十四、求積對數。

算術代數貳樣之解法

顧燮光《譯書經眼録・象數》　《算術代數貳樣之解法》一卷。同文印刷舍洋裝本。日本白井義督著，聽秋子譯。科學以數理爲基本，而由淺入深，自繁得簡，於同一問題得貳樣之解法，即算術、代數是也。本書合貳樣解法，譯者並補演解式，以明其理，則此書誠爲是學貫通之善本矣。

幾何分部

兀忽烈的四劈算法段數

王士點《元秘書監志》卷七《回回書籍》　《兀忽烈的四劈算法段數》十五部。

又《司天監》　《烏赫哩造四擘算法段數》十五部。

撒唯那罕答昔牙諸般算法段目儀式

王士點《**元秘書監志**》**卷七**《**回回書籍**》 《撒唯那罕答昔牙諸般算法段目儀式》十七部。

又《**司天監**》 《實勒塔克達實雅爾諸般算法段目幷儀式》十七部。

幾何原本

趙琦美《**脈望館書目・大西人著述**》 《幾何原本》二本。

錢謙益《**絳雲樓書目・曆算類**》 《幾何原本》。

黃虞稷《**千頃堂書目・小學類・附算學**》 利瑪竇《幾何原本》六卷。

又《**天文類**》 利瑪竇《幾何原本》六卷。

《**明史・藝文志・天文類**》 利瑪竇《幾何原本》六卷。

《**四庫提要・天文算法類二**》 《幾何原本》六卷。兩江總督採進本。西洋人歐几里得撰，利瑪竇譯而徐光啓所筆受也。歐几里得，未詳何時人。據利瑪竇序云，中古聞士。其原書十三卷，五百餘題。瑪竇之師丁氏爲之集解，又續補二卷於後，共爲十五卷。今止六卷者，徐光啓自序云：「譯受是書，此其最要者，遂刊之。」其書每卷有界說，有公論，有設題。界說者，先取所用名目解說之；公論者，舉其不可疑之理；設題則據所欲言之理，次第設之，先其易者，次其難者，由淺而深，由簡而繁，推之至於無以復加而後已。是爲一卷每題有法有解，有論有系，法言題用，解述題意，論則發明其所以然之理，系則又有旁通者焉。卷一論三角形，卷二論線，卷三論圓，卷四論圓內外形，卷五、卷六俱論比例。其於三角、方圓、邊線、面積、體積、比例變化相生之義，無不曲折盡顯，纖微畢露。光啓序稱「其窮方圓平直之情，盡規矩準繩之用」，非虛語也。又案此書爲歐邏巴算學專書，且瑪竇序云「前作後述，不絕於世，至歐几里得而爲是書」，蓋亦集諸家之成，故自始至終，毫無疵纇。加以光啓反復推闡，其文句尤爲明顯，以是弁冕西術，不爲過矣。

張之洞《**書目答問・天文算法**》 《天學初函器編》：《幾何原本》六卷。明徐光啓譯。又海山仙館本。全書十五卷，餘九卷未譯，今始譯行。

王韜《**泰西著述考**》 利瑪竇《幾何原本》六卷。

徐樹蘭《**古越藏書樓書目・學部・天文算學**》 《幾何原本》三卷。即舊譯六卷。光緒十九年製造局依《數理精蘊》排印本。前附《河洛周髀》一卷，即《數理精蘊》首卷也。

楊復等《**浙江藏書樓乙編書目・算學**》 《幾何原本》八冊。泰西利瑪竇、吳淞徐光啓譯述。金陵刻本。

陳洙《**江南製造局譯書提要・各書附刻**》 《幾何原本》十二卷。案是書爲御製《數理精蘊》中之一種。是時《幾何》後半未入中土，故僅取前半所列各題而亦未全。蓋幾何之理，繁賾細密，人每望而生畏。此書獨取淺簡，可爲學者從入之途。行遠自邇，登高自卑，未可以其略而忽之也。

新譯幾何原本

張之洞《**書目答問・天文算法**》 《新譯幾何原本》十三卷《續補》二卷。李善蘭譯。上海刻本。

梁啓超《**西學書目表・算學**》 《幾何原本》。利瑪竇、徐光啓。偉烈亞力、李善蘭。金陵刻本。與《則古昔齋算學重學》三種合刻，共二十本，值二千七百。初學宜先讀前六卷。

又 前六卷。利瑪竇，徐光啓。製造局依《數理精蘊》排印本。三本。四角。有刪改，不加讀原書。

又《**附録・讀西學書法**》 《幾何原本》徐文定僅譯前六卷，至李壬叔乃續成之。然第十卷之理甚深，非初學所能解；即西人學校通習者，亦僅在前六卷。故偉力亞烈謂西人欲求此書善本，當反索之中國矣。學者初但觀徐譯，久之此學日深，神明其法，自能讀全書也。《數理精蘊》本較簡，然究以讀原書爲佳。

顧述廬《**通學書籍考・算學類**》 《幾何原本》十五卷。金陵刻本。泰西歐幾里得譔。十三卷，後人續增二卷，共十五卷。前六卷泰西利瑪竇譯，

吳淞徐光啓筆授。後九卷英偉烈亞力續譯，海寧李善蘭筆受。

趙惟熙《西學書目答問·藝學·算學》 《幾何原本》。十三卷，續增二卷，訂十五冊。希利尼人歐几理撰。前六卷意利瑪竇譯，明徐光啓述。後九卷英偉烈亞力譯，李善蘭述。南京本。是書爲歐西算學之祖，入中國亦最先，故凡習西算者咸讀之。自十卷以後，理境更深，頗難索解。初學者必先從事於前六卷，即西人學校所習亦然。按是書已見《答問》，因其爲西算要本，故錄之。

徐維則等《增版東西學書録·算學》 《幾何原本》。舊譯六卷，新譯九卷，共十五卷。萬曆辛亥再校本。《天學初函二編》本。製造局依《數理精蘊》排印本，三冊。《海山仙館叢書》本。以上僅刻前六卷。咸豐七年韓應陛刻本，祇後九卷。金陵與《則古昔齋算學重學》三種合刻本，共二十冊。上海石印本。以上皆十五卷。《中西算學大成》本十七卷。希利尼歐几里得著。前六卷，意大利利瑪竇口譯，明徐光啓筆受。後九卷，英偉烈亞力口譯，李善蘭筆受。前四卷論綫與面，五卷論比例，六卷認面與比例相合，七、八、九卷論數，十卷論無比例之幾何，十一卷至末卷俱論體，而十三卷論中末綫之用，其十四、十五卷申言等面。五體首例與薄大古書，則後人所續也。每款先列界說，每題有法有解，有論有系。言理不言術，言象不言數。非心思細密者，不可讀。狄考文謂將當時算學，幾盡載其中。又謂七、八、九、十四卷，各國多不譯。偉烈君譯各國所不屑譯者，不過爲好奇者所樂觀。其語未免過當。要之，此四卷於幾何中最精奥，故李壬叔亦云：各國俗本多掣去之。製造局六卷本有異同。金陵局本第十卷分上、中、下。《中西算學大成》本析而爲三，故有十七卷。益智書會印有美狄考文《幾何初基》，時務報館譯有《幾何快讀》，英華里司輯。英傅蘭雅、華蘅芳有《代數幾何》，均未出。

徐樹蘭《古越藏書樓書目·學部·天文算學》 《幾何原本》十五卷。希利尼歐几里得。前六卷意大利利瑪竇譯，明徐光啓述。後九卷英偉烈亞力譯，李善蘭述。同治四年金陵刻本。

《上海格致書院藏書樓書目·東西學書·算學》 《幾何原本》。泰西利瑪竇、吳淞徐光啓。英偉烈亞力，英傅蘭雅。十五卷。八本。製造局本。

劉錦藻《清續文獻通考·經籍考·推算》 《新譯幾何原本》十三卷，《續補》二卷。偉烈亞力、李善蘭譯。偉烈亞力見《史部·政書類·考工》。曾國藩序略曰：《幾何原本》不言法而言理，括一切有形而概之曰點、綫、面、體。點、綫、面、體者，象也。點相引而成綫，綫相遇而成面，面相疊而成體。而綫與綫，面與面，體與體，其形有相兼，有相似，其數有和，有較，有有等，有無等，有有比例，有無比例。洞悉乎點、綫、面、體而御之以加、減、乘、除，譬閉門造車，出而合轍也。

圓容較義

錢謙益《絳雲樓書目·曆算類》 《圓容較義》。

錢曾《述古堂藏書目·曆法》 利瑪竇《圓容較義》一卷。

黃虞稷《千頃堂書目·天文類》 利瑪竇《圓容較義》一卷。

《明史·藝文志·天文類》 利瑪竇《圓容較義》一卷。

《四庫提要·天文算法類》 《圓容較義》一卷。兩江總督採進本。明李之藻撰。亦利瑪竇之所授也。前有萬曆甲寅之藻自序，稱凡厥有形，惟圓爲大；有形所受，惟圓至多。渾圓之體難名，而平面之形易析。試取同周一形以相參考，等邊之形必鉅於不等邊形，多邊之形必鉅於少邊之形。最多邊者圓也，最等邊者亦圓也。析之則分秒不漏，是知多邊；聯之則圭角全無，是知等邊。不多邊、等邊，則必不成圓；惟多邊、等邊，故圓容最鉅。昔從利公研窮天體，因論圓容，拈出一義。次爲五界十八題，借平面以推立圓，設角形以徵渾體云云。蓋形有全體，視爲一面，從其一面，例其全體，故曰借平面以測立圓。面必有界，界爲綫爲邊，兩綫相交必有角，析圓形則各爲角，合角形則共成圓，故曰設角以徵渾體。其書雖明圓容之義，而各面各體比例之義，胥於是見；且次第相生，於《周髀》圓出於方、方出於矩之義，亦多足發明焉。

張之洞《書目答問·天文算法》 《天學初函器編》：《圓容較義》一卷。明李之藻。又海山仙館本，守山閣本。

王韜《泰西著述考》 利瑪竇《圓容較義》。

丁仁《八千卷樓書目·天文算法類》 《圓容較義》一卷。明李之藻撰。守山閣本，海山仙館本，抄本。

徐維則等《增版東西學書録·東西人舊譯著書》 利瑪竇《圓容較義》一卷。或標明李之藻撰。《天學初函》二編本，掃葉山房本，《海山仙館叢書》本，《守山

閣叢書》本，《西學大成》本，《中西算學叢書》本。此書專明圜容之義，而各面各體比例之義亦備。

幾何要法

黃虞稷《千頃堂書目・小學類・附算學》　艾儒略《幾何要法》四卷。

又《天文類》　艾儒略《幾何要法》四卷。

《明史・藝文志・天文類》　艾儒略《幾何要法》四卷。

張之洞《書目答問・天文算法》　《新法算書》：《幾何法要》四卷。

王韜《泰西著述考》　艾儒略《幾何要法》四卷。

梁啓超《西學書目表・通商以前西人譯著各書》　艾儒略《幾何法要》四卷。《新法算書》本。《四庫》著錄。《新法算書》著錄於《四庫》，故凡在算書中者，皆標著錄。

徐維則等《增版東西學書録・東西人舊譯著書》　艾儒略《幾何法要》四卷。《新法算書》本。即《幾何原本》求作線面諸法，而較《幾何原本》爲詳。

幾何舉隅

顧燮光《譯書經眼録・象數》　《幾何舉隅》一、二、三、四、六卷。《補譯幾何原本》第六卷、一卷。江夏董氏家塾刊本。上海掃葉山房石印本，三冊。英託咸都輯，鄭毓英譯述，湯金鑄校繪。《幾何原本》言算理極深，中西算學奉爲圭臬。近日西人迭有增修，用記號解釋設題問答，尤稱簡明。鄭氏以英人託咸都所演幾何法式，譯爲《舉隅》一書，而西人幾何演題始傳中國。是書中名目概照原本，另作界說，弁於卷首。其第五卷因論綫之比例，靡有所推，故從缺如。而託氏原本第六卷亦闕數題，爲是書他題推論所及，因補譯之，弁於卷首。書中題理深邃者，則附圖以明之。

代形合參

梁啓超《西學書目表・近譯未印各書・算學》　《代形合參》。潘慎文。益智書會。未印。

徐維則等《增版東西學書録・算學》　《代形合參》三卷，附一卷。美華書館排印本，一冊。美羅密士著，美潘慎文譯，謝洪賚述。是書前二卷，即《代微積拾級》之前九卷，而條段算式，均有增益。後兩卷，論空中之點與直綫以及平面曲面，皆以代數三次式推體積中各事。三變數二次公式一章，則以容諸曲綫之變，甚爲明晰。附卷以圖顯格致之理，又及諸曲綫之用。此書可與《方程界綫》參看。已明方程界綫之理者，閱此較易。潘序云：原書至今屢加增訂，蓋後出之本益臻美備。其微、積兩種，必有可觀，惜未譯出。

徐樹蘭《古越藏書樓書目・學部・天文算學》　《代形合參》三卷，附一卷。美羅密士。美潘慎文譯，謝洪賚述。光緒二十八年美華書館排印本。

《上海格致書院藏書樓書目・丁未年續添書目》　《代形合參》。美羅密士著，潘慎文譯，山陰謝洪賚筆述。三卷，附一卷。一本。美華書館本。

廣學會編《廣學會譯著新書總目・算學》　《代形合參》。一本。價洋一元。

劉錦藻《清續文獻通考・經籍考・推算》　《代形合參》三卷，附一卷。潘慎文、謝洪賚譯述。洪賚字鬯侯，別號寄塵子，浙江山陰人。臣謹案，此書爲美羅密士原著。明曲綫之用，題格致之理，蓋算術至今益臻精密云。

形學備旨

梁啓超《西學書目表・算學》　《形學備旨》。狄考文，鄒立文。益智書會本。二本。七角五分。

又《附録・讀西學書法》　《形學備旨》序謂：有許多要題，乃近世新得，不在《幾何原本》之内者。西國每譯《幾何》，必將要題增補於各卷之後，今李譯皆無之云云。然則讀《幾何》者，不得不兼讀此書矣。

顧述廬《通學書籍考・算學類》　《形學備旨》十卷。益智書會本。美狄考文選譯，蓬萊鄒立文筆述，萊陽劉永錫參閱。是書與《幾何原本》同而不同。原本之眞有用者無一不載外，所增添者，亦復不少。本書《序》。

丁仁《八千卷樓書目・天文算法類》　《形學備旨》十卷。美狄考文輯。活字板本。

趙惟熙《西學書目答問・藝學・算學》　《形學備旨》。十卷，訂四冊。美狄考文撰輯，鄒立文述。益智會本。是書與《幾何原本》同而實異，蓋《幾何》兼論數，此專論形，且增有新得要題數十則。習幾何者，宜兼讀之。

徐維則等《增版東西學書録・算學》　《形學備旨》十卷。益智書會本，二冊。坊間改名《續幾何》。美狄考文、劉永錫同譯，鄒立文述。是書挈幾何之要，增以近世新得妙理。每卷末皆有習題，足資參詳。後數卷，多用代數式解題，較幾何之解説聯篇累牘者，簡明多矣。算數之書，後出爲勝，理固然也。

徐樹蘭《古越藏書樓書目・學部・天文算學》　《形學備旨》十卷。美狄考文譯，鄒立文述。光緒二十八年美華書館排印本。

廣學會編《廣學會譯著新書總目・算學》　《形學備旨》。一部。價洋七角五分。

劉錦藻《清續文獻通考・經籍考・推算》　《形學備旨》十卷。狄考文、劉永錫譯述。考文，美國人。臣謹案，是書絜幾何之要，增以近世新得妙理，每卷末皆有習題，足資參詳。後數卷多用代數式解題，較幾何之解説連篇累牘者，更覺簡明。

幾何初基

梁啓超《西學書目表・近譯未譯各書・算學》　《幾何初基》。狄考文。益智書會。未印。

代數幾何

顧述廬《通學書籍考・算學類》　《代數幾何》。原刻本，《西學大成》小字本。英華里司輯，英傅蘭雅譯，金匱華蘅芳述。

幾何探要

徐維則等《增版東西學書録・算學》　《幾何探要》□卷。《滙報》本。法□□著，滙報館譯。於幾何之理，言之極詳。顧補。

顧燮光《譯書經眼録・象數》　《幾何探要》九卷。《滙報》本。法□□著，滙報館譯。都爲九卷。蓋歐幾里得《幾何原本》十三去四，聊存其數而已，大較則後人修潤者居多。卷多提其精義，立爲若干題。題所造論，與公論異。公論無待闡明，而題則必須理證，理有餘藴，則系以申之，案以推廣之。卷末各從義類，設問題若干，以練習學者，殆言幾何中之善本也夫。

形學拾級

廣學會編《廣學會譯著新書總目・算學》　《形學拾級》。一部。價洋八角。

幾何學教科書

顧燮光《譯書經眼録・象數》　《幾何學教科書》一卷。寧波新學會社洋裝本。日本林鶴一著，鄔肇元譯。本書爲幾何平面之部，其宗旨以便省學生腦力爲主，故文簡意備，無舊籍沈晦之弊。其證明併用記號，簡略而不失於

嚴正。定理與設問之證明，間有省略，留爲教員各紓所見之地。問題稍難者，亦略示以解法，且以求積問題以説明代數學之應用焉。至書中所用，多日本術語，雖有一二不同，然均於定義中説明，學者亦能索解。

周徑密率

梁啓超《西學書目表・通商以前西人譯著各書》 杜德美《周徑密率》。

徐維則等《增版東西學書録・東西人舊譯著書》 杜德美《周徑密率》。

圜　書

顧述廬《通學書籍考・算學類》 《圜書》。西士亞奇默德著。《圜書》三題，其第二題定周三倍徑又七十之十則朒，周三倍徑又七十一之十則盈。《割圜密率捷法序》。

圓錐曲綫説

張之洞《書目答問・天文算法》 《曲線説》一卷。李善蘭譯。則古昔齋刻本。

梁啓超《西學書目表・算學》 《圓錐曲線説》。艾約瑟，李善蘭。金陵刻本。附重後學。

丁仁《八千卷樓書目・天文算法類》 《曲線説》三卷。西洋胡威立撰，艾約瑟譯。刊本。

徐維則等《增版東西學書録・算學》 《圓錐曲綫説》三卷。金陵刊本，附則古昔齋《重學》。《中西算學大成》，爲《代數術》第十九、二十、二十一三卷。英艾約瑟、李善蘭同譯。論圓錐曲綫三種，曰橢圓綫，曰雙曲綫，曰拋物綫。均以代數比例布算，證明圓錐割成三曲綫之理及求心差弦矢等法。其於法綫、次法綫、次切綫，皆未之及。學者既讀此書，再取《代微積拾級》三、五、六、七卷讀之，於圓錐三曲之學，已具大概。

徐樹蘭《古越藏書樓書目・學部・天文算學》 《圓錐曲綫説》三卷。英艾約瑟譯，李善蘭述。同治五年金陵刻本，石印則古昔齋本。

曲綫須知

顧述廬《通學書籍考・算學類》 《曲綫須知》一册。《格致須知》本。英傅蘭雅著。此書以比爲推求之本，故欲明其理，必先詳明比例之理。雖他種算學，已述比例理法，但所論者，不過云比例乃相除之意，此外不立他説。今複抄舊説，又增新理，俾閲者牢記，可馭以下諸事。本書《弁言》。

徐維則等《增版東西學書録・算學》 《曲綫須知》一卷。《格致須知》二集本，一册。英傅蘭雅著。是書即《圓錐曲綫説》之節本，所節亦不過十分之一。

徐樹蘭《古越藏書樓書目・學部・天文算學》 《曲綫須知》一卷。英傅蘭雅。《格致須知》二集本。

廣學會編《廣學會譯著新書總目・算學》 《曲線須知》。算法之學，精矣奥矣。數算、曆算、天算，有用於日用之間。代數、微積、幾何，有用於事物之理。格致中，算學爲諸學之冠。凡遇難明之理，多以算式明之。算法諸線中，有曲線四種：一、平圓線。二、橢圓線。三、雙曲線。四、拋物線。四線中，有圓錐體。閲者由此推演，以求精進，能解方寸之疑團，益人非淺矣。一册。價洋八分。

奈端數理

梁啓超《西學書目表・近譯未譯各書・算學》 《奈端數理》。傅蘭雅，李善蘭。製造局。三本。未譯成。

又《附録・讀西學書法》 《奈端數理》，製造局譯未成。聞理太奥賾，

李壬叔亦不能譯云。

圓錐曲綫

梁啓超《西學書目表・算學》　《圓錐曲線》。求德生，劉維師。益智書會本。一本。二角五分。

徐維則等《增版東西學書録・算學》　《圓錐曲綫》一卷。益智書會本，一冊。美路密司著，美求德生選譯，劉維師述。是書以比例布算，條段有視艾書較詳處。圓錐學之用，爲形學中最要。是書本附《形學備旨》後，故題中所引諸款，皆憑《形學備旨》。

徐樹蘭《古越藏書樓書目・學部・天文算學》　《圓錐曲綫》一卷。美路密司。美求德生選譯，劉維師述。光緒二十七年美華書館排印本。

廣學會編《廣學會譯著新書總目・算學》　《圓錐曲線》。一本。價洋三角。

三角分部

大測

王韜《泰西著述考》　鄧玉函《大測》二卷。

大測

王韜《泰西著述考》　湯若望《大測》二卷。

梁啓超《西學書目表・通商以前西人譯著各書》　湯若望《大測》二卷。《新法算書》本。《四庫》著録。

劉鐸《古今算學書録・天文》　《大測》二卷。明徐光啓撰。新法曆書本，重訂新法曆書本，曆法典本。

徐維則等《增版東西學書録・東西人舊譯著書》　湯若望《大測》二卷。明徐光啓同撰。《新法算書》本，《重訂新法曆書》本，《圖書集成・曆法典》本。

求正弦正矢捷法

梁啓超《西學書目表・通商以前西人譯著各書》　杜德美《求正弦正矢捷法》。

徐維則等《增版東西學書録・東西人舊譯著書》　杜德美《求正弦正矢捷法》。

三角數理

梁啓超《西學書目表・算學》　《三角數理》。傅蘭雅，華蘅芳。製造局本。六本。八角。

顧述廬《通學書籍考・算學類》　《三角數理》。製造局本。英海麻士撰，英傅蘭雅譯，金匱華蘅芳述。

丁仁《八千卷樓書目・天文算法類》　《三角數理》十二卷。英海麻士撰，傅蘭雅譯。刊本。

趙惟熙《西學書目答問・藝學・算學》　《三角數理》。十二卷，訂六冊。英海麻士輯，英傅蘭雅譯，華蘅芳述。製造局本。

徐維則等《增版東西學書録・算學》　《三角數理》十二卷。製造局本，六冊。上海石印本。《中西算學大成》本，有刪節。英海麻士輯，英傅蘭雅口譯，華蘅芳述。前八卷論平三角，後四卷論弧三角。大率以比例求邊角，而以級數究其極。法無不備，理無不賅。第六卷專論對數，有足以補《代數術》第十八卷之未備。《中西算學大成》於三角祇取其第四卷各種解法，卷中尙節

去其測量器諸款。蓋其前數卷與《代數術》之八綫數理無甚異，故不錄也。弧三角各款，皆不刪節，惟去其十二卷之設題。

徐樹蘭《古越藏書樓書目·學部·天文算學》 《三角數理》十二卷。英海麻士。英傅蘭雅譯，華蘅芳述。製造局本。

《上海格致書院藏書樓書目·東西學書·算學》 《三角數理》。英海麻士。英傅蘭雅，金匱華蘅芳。十二卷。六本。製造局本。

楊復等《浙江藏書樓乙編書目·補遺》 《三角數理》六冊。英國傅蘭雅譯，金匱華蘅芳述。刻本。

陳洙《江南製造局譯書提要·算學》 《三角數理》十二卷。英國海麻士輯，傅蘭雅口譯，金匱華蘅芳筆述。於平弧三角八綫之理推闡無遺，無一款虛設斷推，爲算家至精之言。其第六卷專論對數，足補《代數術》第十八卷之未備，尤宜參觀互證之。第一卷：論三角法中用比例數之理。第二卷：論兩角或多角之各比例數。第三卷：論造八綫表之法。第四卷：論平三角各種解法。第五卷：論各角之比例數乘約變化之理。第六卷：論對數。第七卷：論三角形各理設題。第八卷：論三角雜設各題。第九卷：論弧三角界說。第十卷：論正斜弧三角形解法。第十一卷：論數種特設之事以取弧三角形之法。第十二卷：論弧三角各理設題。

三角須知

顧述廬《通學書籍考·算學類》 《三角須知》一冊。英傅蘭雅著。是書變繁爲簡，轉難成易，其理其用，畢呈目前。欲僅明三角之法者，此書足以償其願。欲深究三角之理者，此書足以開其端。切勿以一本小書而忽之也。本書《序》。

徐維則等《增版東西學書錄·算學》 《三角須知》一卷。《格致須知》二集本，一冊。英傅蘭雅著。約分六章。前五章論平三角，從《三角數理》一卷、四卷節出。第六章論弧三角，從九卷、十卷節出。三角之理雖不甚詳，初學可一讀之。益智書會印有美狄考文《三角測算》，未出。

徐樹蘭《古越藏書樓書目·學部·天文算學》 《三角須知》一卷。英傅蘭雅。《格致須知》二集本。

廣學會編《廣學會譯著新書總目·算學》 《三角須知》。三角法又名八綫術。八綫者，以三角法中所用之數，論三角之用，乃於無法量度之事，而以三角法推算之。或有法量度而需工甚多，仍不得其準數，以三角法推算，則簡而且準，更有物之高不可攀、遠莫能及者，非三角法無由測其高遠也。一冊。價洋八分。

三角測算

梁啓超《西學書目表·近譯未譯各書·算學》 《三角測算》。狄考文。益智書會。未印。

八綫備旨

梁啓超《西學書目表·算學》 《八線備旨》。潘慎文，謝洪賚。上海排印本。一本。四角。

徐維則等《增版東西學書錄·算學》 《八綫備旨》四卷。美華書館排印本，一冊。美羅密士著，美潘慎文、謝洪賚同譯。八綫之學，其用最廣。是書卷帙無多，說理甚詳。每卷又附以習練之題，可令學者隨時推演。又與《形學備旨》相輔而行，故書中每引及之。學者宜互參之。

徐樹蘭《古越藏書樓書目·學部·天文算學》 《八綫備旨》四卷。美羅密士。美潘慎文譯，謝洪賚述。光緒二十七年美華書館鉛印本。

《上海格致書院藏書樓書目·丁未年續添書目》 《八線備旨》。美羅密士著，潘慎文選譯，山陰謝洪賚校錄。四卷。一本。美華書館本。

八線拾級

廣學會編《廣學會譯著新書總目·算學》 《八線拾級》。安邱劉光照

譯。計九章，專講三角及弧三角形。一本。價洋七角五分。

微積分分部

代微積拾級

張之洞《**書目答問・天文算法**》　《代微積拾級》卷。李善蘭譯。上海刻本。

梁啓超《**西學書目表・算學**》　《代微積拾級》。偉烈亞力，李善蘭。上海刻本。三本。一元。難讀。

又《**附録・讀西學書法**》　李壬叔初譯《代數學》，已佚。其存者《代微積拾級》，一依西人文法，不敢稍有變動，故極佶屈難讀。馮林一嘗以己意重演之，爲《西算新法直解》，然不能善也。

顧述廬《**通學書籍考・算學類**》　《代微積拾級》十八卷。上海刻本。米利堅羅密士譔，英偉烈亞力譯，海寧李善蘭述。是書先代數，次微分，次積分，由易而難，若階級之漸升也。《西學通考》。

徐維則等《**增版東西學書録・算學**》　《代微積拾級》十八卷。咸豐己未墨海書局刊本，又活字板本。趙元益、李鳳苞同校本，三冊。坊間改名《代數學》。《中西算學大成》摘刻第九卷論越曲綫，爲《代數術》殿。美羅密士著，英偉烈亞力譯，李善蘭述。前九卷論代數幾何，首作方程圖法，自點與綫，以至越曲綫，圖說明備。其圓錐曲綫各款，則艾書探其原，此書竟其委。中七卷論微分，後二卷論積分。微分者，一剎那中由小漸大之積也。合無數微分之全積，則積分也。大抵由代數級數，以求其限而推其變。列款設題，簡明可讀。惟十卷微分第三款三題答數及十七卷積分第六款兩題答數，皆有誤處，葉氏《筆談》已訂正之。英棣麼甘撰，英偉烈亞力、李善蘭譯有《代數學》本，十三卷。上海墨海書局刊。不戒於火，僅存第一卷。

徐樹蘭《**古越藏書樓書目・學部・天文算學**》　《代微積拾級》十八卷。美羅密士。英偉烈亞力譯，李善蘭述。咸豐九年墨海書局刻本。

《**上海格致書院藏書樓書目・東西學書・算學**》　《代微積拾級》。美羅密士。英偉烈亞力，海寧李善蘭。十八卷。三本。木板。

楊復等《**浙江藏書樓乙編書目・補遺**》　《代微積拾級》三冊。英國偉烈亞力譯，海寧李善蘭述。刻本。

廣學會編《**廣學會譯著新書總目・算學**》　《代微積拾級》。三本。價洋一元。

劉錦藻《**清續文獻通考・經籍考・推算**》　《代微積拾級》十八卷。偉烈亞力、李善蘭譯述。

微積須知

顧述廬《**通學書籍考・算學類**》　《微積須知》一冊。英傅蘭雅著。是書約編，足引人漸入，幸勿譏其理淺法略。本書《序》。

徐維則等《**增版東西學書録・算學**》　《微積須知》一卷。《格致須知》二集本，一冊。行素軒《算學叢書》本。英傅蘭雅著，華蘅芳述。是書即《代微積拾級》第十、十一、十二及十七、十八卷之節本。第十卷微分三款一、二兩題答數，已校正。亦名《微積初學》，刊入《華氏叢書》中。

徐樹蘭《**古越藏書樓書目・學部・天文算學**》　《微積須知》一卷。英傅蘭雅。《格致須知》二集本。

廣學會編《**廣學會譯著新書總目・算學**》　《微積須知》。天下事之至精微者，莫如算學，而算學中之至深妙者，莫如微積。二學實闡千古未啓之妙，理較一切算術尤加一等。其理法亦借代數而顯。此書其理皆淺近，法多簡略。一冊。價洋八分。

微積溯原

梁啓超《**西學書目表・算學**》　《微積溯原》。傅蘭雅，華蘅芳。製造局本。六本。七百二十。

顧述廬《通學書籍考・算學類》　《微積溯原》八卷。製造局本。英華里司輯，英傅蘭雅譯，金匱華蘅芳述。是書前四卷爲微分術，後四卷爲積分術，乃算學中最深之事也。本書《序》。

丁仁《八千卷樓書目・天文算法類》　《微積溯源》八卷。英華里司撰，傅蘭雅譯。刊本。

趙惟熙《西學書目答問・藝學・算學》　《微積溯源》。八卷，訂六冊。英華里司輯，英傅蘭雅譯，華蘅芳述。製造局本。

徐維則等《增版東西學書録・算學》　《微積溯原》八卷。製造局本，六冊。上海石印本。《中西算學大成》本。英華里司輯，英傅蘭雅譯，華蘅芳述。前四卷微分術，後四卷積分術，其書較代數術更深一層。前偉烈氏譯《代微積拾級》但具微積之梗概，又甚覺難讀，例又未備，此書足以明其所晦，補其未備。凡代數甚繁之法，以微積馭之而極簡，故微積足以濟代數之窮，而尤能窮究諸曲綫之情狀，謂微積爲今日算學之峰極，誰曰不宜？微積之書，中土惟《積拾》與此二種，其術尚未詳備，聞日本微積書甚多，海內疇人盍多譯之。

徐樹蘭《古越藏書樓書目・學部・天文算學》　《微積溯原》八卷。英華里司。英傅蘭雅譯，華蘅芳述。製造局本。

《上海格致書院藏書樓書目・東西學書・算學》　《微積溯原》。英華里司。英傅蘭雅，金匱華蘅芳。六卷。六本。製造局本。

楊復等《浙江藏書樓乙編書目・算學》　《微積溯源》六冊。英國傅蘭雅、金匱華蘅芳譯述。江南製造局刻本。

陳洙《江南製造局譯書提要・算學》　《微積溯源》八卷。英國華里司輯，傅蘭雅口譯，金匱華蘅芳筆述。微積之書，拾級甚爲難讀，例文不備。是書譯筆甚善，可以明其所晦。款例亦詳，可以補其所略。第一百三十四款至一百三十六款，有甲乙丙丁四式，爲一切合名微分式求積分之公式，最爲精妙。第一卷：論變數與函數之變比例；論各種函數求微分之公法；求兩函數相乘積之微分；求多函數連乘積之微分；求變數之分函數微分；求變數諸乘方之微分；求變數平方根之微分；求重函數之微分；求多項函數之微分；代函數求微分各題；求二項例之證；越函數微分；圓函數微分；繁函數求微分諸題。第二卷：疊求微係數；論戴勞所設之例；論馬格老臨之例；論戴氏之術所不能馭之題；求雙變數微分；求隱分之數。第三卷：求函數極大極小之數；求曲線之切線式；論極曲線之切線法線公式；論曲線之漸近線；求曲線界內之面積微分並曲線之微分；論漸伸之曲線。第四卷：論曲線相切；求兩箇變數之疊微分；改其自主之變數；論無窮小數之理。第五卷：論反流數；論獨變之函數；求實函數微分式之積分。第六卷：求虛函數微分式之積分；求二項微分式積分；以級數求積分法；求對函數微分式之積分；求指函數微分式之積分；求圓函數角函數微分式之積分。第七卷：求曲線之面積；求曲線之長；求曲線所成之體積；求曲體之皮積；求與拗捩線等長之直線。第八卷：求雙變數微分之積分；求第二類以上微分之積分；求輾腰線之性情。

丁仁《八千卷樓書目・天文算法類》　《代微術》不分卷。英華里司撰，傅蘭雅譯。刊本。

微積學

顧燮光《譯書經眼録・象數》　《微積學》二卷。商務印書館洋裝本，一冊。美羅密士著，美潘慎文原譯，謝洪賚筆述。是書與李氏善蘭所譯之《代微積拾級》一書原本，同出一手，然詳略迥異。各章俱有增益，末章以微積推重學爲推算物理學之要術，爲前譯所無，蓋據英文最新之增訂本也。凡分上、下二卷。上卷言微分，凡八章。下卷言積分，凡七章。原書有《微積源流考略》一篇，譯之冠於卷首，俾講斯學者得資考證焉。按微積爲算學之極，學者驚其程度之高，每有望洋之歎。是編取便初學，造語淺易，取材簡括，較舊譯《微積溯源》，頗合教科之用。

微積學

《上海格致書院藏書樓書目・丁未年續添書目》　《微積學》。美路密司著。山東劉光照新譯。二卷。一本。美華書館本。

應用數學分部

格物測算

梁啓超《西學書目表・近譯未譯各書・算學》　《格物測算》。丁韙良。同文館。已佚。

格物算學入門

徐維則等《增版東西學書録・格致總》　《格物算學入門》一卷。《格物入門》七種本，日本明親館重刻本。美丁韙良著。

決疑數學

梁啓超《西學書目表・近譯未譯各書・算學》　《決疑數學術》。傅蘭雅，華蘅芳。製造局。四本。未印。

又《附録・讀西學書法》　《決疑數術》，局譯成，未印。西國人命保險諸事，即用此法。《格致彙編》中會有一篇，略言其術，然不能盡也。

徐維則等《增版東西學書録・算學》　《決疑數學》十卷。行素軒《算學叢書》本，一冊。製造局本，四冊，未印出。安徽周氏刻本。英傅蘭雅譯，華蘅芳述。是書從拉不拉斯與布韋森等所著書輯出。所採各題，一能顯出決疑算學理所能推得之各事，二能顯出特設算法之最有公用者。蓋決疑數理，在算學中最爲精妙。能以彼例此，以虛課實，凡事皆可求其定率，推其中數。數年之後，必將盛行也。製造局有英傅蘭雅、徐壽譯《質學證明》四冊，未成。

周冪知裁

梁啓超《西學書目表・算學》　《周冪知裁》。傅蘭雅，徐壽。製造局本。一本。在《西藝知新》中。

顧述廬《通學書籍考・算學類》　《周冪知裁》。製造局本，在《西藝知新》中。《西學大成》本。石印小字本。美布倫輯，英傅蘭雅譯，無錫徐壽述。

趙惟熙《西學書目答問・藝學・算學》　《周冪知裁》。一冊。美布倫編輯，英傅蘭雅譯，徐壽述。製造局本。是書爲《西藝知新》八種之一。以上二書，爲習製造者至要之本。

徐樹蘭《古越藏書樓書目・學部・天文算學》　《周冪知裁》一卷。美布倫。英傅蘭雅譯，徐壽述。《西藝知新》第九卷。製造局本。《富強叢書》本。

算磅捷訣

徐維則等《增版東西學書録・算學》　《算磅捷訣》□卷。南洋公學本。

數學表分部

八線表

王韜《泰西著述考》　湯若望共譯各圖《八線表》一卷。

梁啓超《西學書目表・通商以前西人譯著各書》　湯若望《八線表》一卷。《新法算書》本。《四庫》著録。

割圓八線表

徐維則等《增版東西學書録・東西人舊譯著書》 湯若望《割圓八線表》六卷。明徐光啓同譯。《新法算書》本。

割圓八線表

徐維則等《增版東西學書録・東西人舊譯著書》 湯若望《割圓八線表》附《代勾股開方法》一卷。明徐光啓同撰。《重訂新法算書》本。

比例四線新表

徐維則等《增版東西學書録・東西人舊譯著書》 穆尼閣《比例四線新表》一卷。薛鳳祚同譯。《曆學會通》本。

比例對數表

徐維則等《增版東西學書録・東西人舊譯著書》 穆尼閣《比例對數表》一卷。薛鳳祚同譯。《曆學會通》本。

新排對數表

梁啓超《西學書目表・算學》 《新排對數表》。赫士，朱葆琛。上海排印本。一本。一元。用西方極清晰。

徐維則等《增版東西學書録・算學》 《新排對數表》無卷數。益智書會排印本，一冊。美路密司原書。美赫士譯，朱葆琛述。首眞數對數表，次弦切對數表及輔表，次弦切眞數表及正割眞數表，次弧眞數表，次經緯表。每篇皆列較數，甚省推算之煩。觀《三角數理》六卷摘刻一篇，知西國對數表皆如是。其弦切表即八綫表，矢無所用，割綫則可依代數對數求之甚易，故不列也。卷首略述用表各法，數目全用西文。對數雖止一萬，旁列較數，可備十萬之用。八綫亦列較數，可求零秒。清晰便檢，實善本也。

《上海格致書院藏書樓書目・東西學書・算學》 《對數表》。英赫士。朱葆琛。一卷。一本。排印本。

對數表

徐維則等《增版東西學書録・算學》 《對數表》一冊。製造局本。《中西算學大成》本。《數理精蘊》本，未善。泰西人原書。賈步緯校述。對數創自訥白爾，後布里格斯改爲十進，即今表也。以加減代乘除，爲用最便，造法見《代數術》及《三角數理》局本。眞數一萬，假數去首位，凡十位。萬以外，用中比例求之，有說，詳卷首。

楊復等《浙江藏書樓乙編書目・算學》 《對數表》四冊。南滙賈步緯述。江南製造局刻本。

八綫簡表

徐維則等《增版東西學書録・算學》 《八綫簡表》一冊。製造局本。《中西算學大成》本。《數理精蘊》本，未善。泰西人原書。賈步緯校述。割圓一術，中西自古算學家皆以勾股屢次開方，費極大工夫，始得圜周密率，而八綫一表，實創自西人，從三角比例衍級數而立表，始易其法，見《代數術》及《三角數理》。此冊列正餘弦切割各數，至分而止，故曰「簡表」。除首位小數七位平常測算已足敷用，其正餘矢爲正餘弦與半徑相較之數，故不

列表。

八綫對數簡表

徐維則等《增版東西學書録・算學》　《八綫對數簡表》一冊。製造局本。《中西算學大成》本。《數理精蘊》本，未善。泰西人原書。賈步緯校述。八綫眞數，簡者七、八位，用之乘除，殊嫌煩重，故設爲對數，而以加減馭之，爲甚便。此冊亦至分而止，去首位假數九位。

楊復等《浙江藏書樓乙編書目・算學》　《八綫對數表》一冊。南滙賈步緯述。江南製造局刻本。

計算工具分部

比例規解

王韜《泰西著述考》　羅雅各《比例規解》一卷。

梁啓超《西學書目表・通商以前西人譯著各書》　羅雅谷《比例規解》一卷。

徐維則等《增版東西學書録・東西人舊譯著書》　羅雅谷《比例規解》一卷。或標明徐光啓撰。《新法算書》本，《重訂新法曆書》本，《圖書集成・曆法典》本，《中西算學大成》本。凡分十綫。梅勿庵有《度算釋例》，即本是書而有所增訂。

籌　算

黄虞稷《千頃堂書目・曆數類》　羅雅谷《籌算》一卷。

《明史・藝文志・曆數類》　羅雅谷《籌算》一卷。

王韜《泰西著述考》　羅雅谷《籌算》一卷。

梁啓超《西學書目表・通商以前西人譯著各書》　羅雅谷《籌算》一卷。《新法算書》本。《四庫》著録。

徐維則等《增版東西學書録・東西人舊譯著書》　羅雅谷《籌算》一卷。《新法算書》本。西人之法，皆用筆算，易之以籌，雖取簡便，然易於移動，故今日多尚筆算也。

籌　算

徐維則等《增版東西學書録・東西人舊譯著書》　湯若望《籌算》一卷。《新法算書》本。

籌算指

徐維則等《增版東西學書録・東西人舊譯著書》　湯若望《籌算指》一卷。《新法算書》本。

算器圖説

顧述廬《通學書籍考・算學類》　《算器圖説》。《格致彙編》本。英傅蘭雅輯。是書論當時最靈巧算器之制度與用法，乃法人多馬所創製，便捷精妙，適用異常。《西學通考》。

徐維則等《增版東西學書録・算學》　《算器圖説》一卷。《格致彙編》本。英傅蘭雅輯。論當時最靈巧算器之制度與用法，乃法人多馬所創製，僅一篇。

徐樹蘭《古越藏書樓書目・學部・天文算學》　《算器圖説》一卷。英

傅蘭雅。《格致彙編》本。

劉錦藻《清續文獻通考·經籍考·推算》 《算器圖説》一卷。傅蘭雅撰。臣謹案，算器之制度與用法，爲法人多瑪所刱製，最稱靈捷。是編特略見一斑云。

新式算器圖説

顧述廬《通學書籍考·算學類》 《新式算器圖説》。《格致彙編》本。英傅蘭雅輯譯。是書論新式算器之靈便幷所用各法，最簡切。《西學通考》。

徐維則等《增版東西學書録·算學》 《新式算器圖説》一卷。《格致彙編》本。英傅蘭雅輯譯。論新式算器，一爲美國斐拉得他倫廠所造算器，一爲美國加法算器。書僅一篇，其用法、價值均詳列。

物理學部

論述

丁韙良《西學考略・西學源流》 格致之學，意在即物而明其理，即事而求其故。自生民以來，莫不有格致。蓋非稍知五行之功用者，無以供生人所需。然五行隱寓無窮妙理，自非農工所能知也。故自古好學深思之士，尤留意於斯者，本非假以營利，乃在究察造物之底藴，足以增人力而厚人生焉。其學在有體之物，類分爲二：在體大力大較微質微力而言之。之物者，謂之格物；在微渺之質隱感而變化者，謂之化學。格物之學，亦從埃及而始。古時有用機器灌溉者，足證稍達於水學。有希臘人僑寓埃及名希羅者，以蒸汽作旋機，足證於火、氣二學已得端倪。古之造機者，莫如亞氏。僑寓義大利。既進於算學，尤力求物理。以螺絲管汲水，以鏡燃火，均由亞氏而作。引而伸之，水學能辨金之眞僞，火學能製巨鏡燒敵船。古人相傳鏡能船燒，實有其理，恐無其事。物之浮沈及水中權輕重之理，亦由亞氏創論。【略】至格致之學自希臘、羅馬式微後，越千餘年，未有提倡其學者。元明之際，學業復興。義大利有戛里留諸人，法蘭西有德戛爾、裴司格諸人，日耳曼有萊布尼兹、歐利爾諸人，英吉利有培根、奈端諸人，於是重學、光學、氣學、水火之學頗見精進。百年以來，電學、汽學亦皆，深造其微。

康有爲《日本書目志・理科學學校用類序》 地球之闢，自歐人始也。電綫、鐵路，環球而繞之者數十匝。宮室、橋梁、道路、服食、器用，壯麗騰踔，皆百年來所驟進，四千年所未有也。于是揚跨海之巨帆，闢大荒之新地，盡橫地舊國，翦滅而蹙踝之，眞可謂盛強者也。夫歐洲所以驟至盛強者，爲其兵之練歟？爲其炮械之精歟？爲其機器之巧歟？昧昧我思之，其有不然歟？其有本原者存焉。日本蕞爾島國，其地十八萬方里，當中國之一蜀，而敢滅我琉球，剪我朝鮮，破我遼東，躒我威海，虜我兵船，割我臺灣。夫日本所以盛強者，爲其兵之練歟？爲以砲械之精歟？昧昧我思之，其有不然歟？其有本原者存焉。嘗考歐洲所以強者，爲其開智學而窮物理也，窮物理而知化也。夫造化所以爲尊者，爲其擅造化耳。今窮物理之本，製電、製雨、製冰、製水、製火，皆可以人代天工，是操造化之權也。操造化之權者，宜其無與敵也。昔吾中人之至德國也，必問甲兵砲械；日人之至德國也，必問格致。德相畢士馬克曰：異日者，中國其爲日弱乎！觀日本講求格致之書，諸學粲然。而理學之書繁博，分小學、高等之級，入門讀本之次，教授之法，及其大學紀要之詳。嗚呼，吾其宜爲日弱哉！夫今天下之戰，鬬智而不鬬力。亡羊補牢，及今或猶可也。若猶但言軍兵砲械，而不興物理之學，吾豈知所稅駕哉？

又《理化學類序》 于是，泰西物理佳書，水、氣、光、音殆盡譯矣。程子曰：「能通所以然，是天下第一等學人。」通所以然者，能作仰觀俯察，類族別物，不物于物而贊稽物，然後操縱而闔闢之矣。有小學，有中等學，有讀本，有初步，有教授，有問題解答，有試驗，有普通，于是物理學之條理，亦略備矣哉。

又《電氣學類序》 地載神氣，神氣風霆，風霆流形，庶物露生，中土之稱電生庶物也。新學既興，物理蓋闢，數十年來漸知電氣乾濕之力，乃配陰陽。電燈電車，傳聲傳信，其用日大，電乃始萌芽哉！神氣風霆，無所不布濩，將發大力、立大聲於人間世矣。日本猶其學步者耳。

梁啓超《西學書目表附録・讀西學書法》 李提摩太嘗語余云：十年以前之電學書，可以一字不讀，西人悉棄不用矣。頃中國譯出電學數書，皆在十年以前。然必先知舊説之粗淺，乃能語新説之精深，則亦不可以不讀也。

凡人之所見所聞，皆與一身成比例。凡大於身千倍以上，或小於身千倍以上者，其形其聲，即末從聞，末從見矣。西人聲、光兩學，實爲世界上加無限力量。有遠鏡，則恆星五緯之大，皆能見之。有顯微鏡，則蠅目蝨舌之小，皆能見之。此皆光學家巧奪造化之事。

沈桐生《東西學書録總敘・重學》 重也者，力之謂也。能力可以任重，能力可以起重，實爲權衡之本，機器之原，其理至確，其用至廣，此重學之所以可貴也。按《墨子・經下》云：「招負衡木，加重焉而不撓，極勝重也。右校交繩，無加焉而撓，極不勝重也。」蓋即重學所謂重心者是。又云：「挈，有力也；引，無力也。不正所挈之止於柂也。」蓋即重學中所謂斜面助力器者是。又云：「凡重：上弗挐，下弗收，傍弗劫，則下直柂。」

蓋即重學中所謂分、併二力者是。又云：「均髮，均縣。輕重而髮絶，不均也。均，其絶也，莫絶。」吸重之法也。「一少於二而多於五，説在重。」定重之法也。此雖強爲比附，卻有至理可繹。

至若西人之言重學者，則云當中國秦時，有希臘人亞奇默德者，能以大鐵鉤覆沈敵船。此事實爲權輿。逮及前明，意人伽離略始得物墜爲吸力之理，英人瓦利斯始得兩物相撞之理，荷人海根斯始得時鐘擺綫之理，英人奈端始得拋物之徑路，水液兩質之流動并物力互相攝引之理，而重學於是日新月盛。壓水之鐵櫃，起重至百萬噸；浮海之鐵船，載重至二萬噸。此之謂靜重學。推水碓、風磨之意，借瀑以運機輪；廣柳條、龍尾之車，引泉以登樓閣。此之謂動重學。至於蒸水化汽，即以汽運機，細至於鐘表刀針，大至於橋梁砲壘，或以借力，或以傳力，或以壓力，或以托力，或以漲力，或以縮力，或以磨擦之力，或以牽引之力，在在與重學有所關係。而其理之最著者，曰重心，曰分力、併力，實動、靜二重學之樞紐。

所謂重心者，物體穩立之心也。凡物之全體，恆聚重心，如取木箸居中，擔於指上，兩頭均勻，自然平穩，此重心之證也。所謂分力、併力者，二力合一，一力分二也。蓋重學發源於力，靜者遇力而動，動者遇力而靜，兩力相抵而止，兩力相併而前。觀於舟之渡河，水力愈大，沖下愈遠，此二力合一之證也。觀於船之藉風航海，雖風自旁吹，可張帆斜懸以接之，蓋船旁之水力與旁風之横力相抵，此一力分二之證也。故有分力、併力，而一切攝動諸力，悉可由此而明。他若物之墜地，因輕重爲徐疾；砲之擊遠，視天氣爲高低。澄思渺慮，至理可稽。此所謂重學之理也。

至考重學中所用之器，則又分析至精，各當其用。其爲助力之器，如木板、天平、盤掛碼、鐵鉤釘之屬均是。此外略分六類：一曰槓桿，或製以鐵，或製以木，乃以力倚重各點之方位定之。二曰輪軸，蓋輪與軸連成一體，可以接連常動也。三曰滑車，乃架内停軸轉動之輪也。周邊有槽，便於容繩，以拉物上升。其製有動滑車，緐滑車，横連滑車，同心滑車等類。四曰斜面，凡用平板一端而斜倚者，即斜面之形也。五曰尖劈，其體具三稜形，如斧類是。六曰螺旋，以斜絲纏於圓柱，而以旋轉起動諸物，中國亦有此器。論其致用，則譬諸巨石重物，人不能移，則用槓桿。舟車裝載重物，須置斜面。井中汲水，則以輪軸。重物提上，則用滑車。劈木起石，則用尖劈。如用壓力，則以螺旋。此則靜重學諸器致用之略也。若論動重學之器，有離心擺，離心鈎，顯轉輪，速轉筒等器。如流質水火風氣，船舶槍砲，鐘表秒擺，俱賴此重力，以較速率，以定準則。此則動重學諸器致用之略也。

今西法齊動力之輕重疾徐，而制器物。又能使小力增大，舉重若輕，如三十五噸之大砲，以汽機運動，進退高下，無不如意。重學之用，即此一端，其效可睹。噫，丁此時會，如鐵路、輪舟、礦務、兵政一切工程製造，有非人力所可及者。重學者，所以補人力之窮也，所以奪造化之巧也。學者苟能明其理而致其用，則所裨豈淺鮮哉！述重學。

又《汽學》 西法有測天空之氣者，有以火化水氣使積力而生動者，謂之汽學。自此理明，於是鉤心鬬角，窮奇極巧，一切機輪括鍵，導窾批卻，利用前民，制作日新，無不權輿於是。總名之曰汽學，分言之曰天氣學，蒸氣學。

其所謂天氣學者，古書云風寒在下，燥熱在上，溼氣在中，火遊行其間，寒暑亦入，故令虚而化生，此即西人清蒙氣差之所從生，亦與中國氣之輕清者爲天之説頗相合也。按西人言汽學者，謂譬如置流質於露天，或乾燥室中，漸化極微之質而上升，名曰汽。此汽即和入空氣之中，雖不見其化汽，然水亦漸少，久則自乾。近且稱風有術，量雨有術，此汽質之義也。又言以鼻呼吸，覺其出入，以扇搖拂，覺其涼爽。船帆藉汽以駛行，風車賴汽以盤旋。尤足奇者，如氣球之製，扶搖萬里，空際飛行，此汽質之用也。其餘如空氣之有結力，空氣之有阻力，空氣之有托力，空氣之有抵力，瀰漫天空，無形無色，目不能覩，手不能捫，足徵造化之妙，玄之又玄者也。

其所謂蒸汽學者，即煮水滚沸，化去其汽，以助漲力之法。據西人拉德那云：如一片水化汽漲開之力，足將三十七噸之物頂起一尺。一石煤燒水熱度之力，能將五百噸之物拽起百尺。其力之鉅，有爲龍象所不能及者。至考其創始，則昔英人有吳斯德者，因茶壺貯水，偶見蒸氣水沸而壺蓋頂起，因悟得蒸汽之力，而汽機以作。厥後專門名家，迭興踵起，如塞氏、牛氏，皆有盛名，而推瓦氏爲尤精。今所用火輪機關，皆其所定之模式。曰號馬力者，定汽筒之容積也。曰實馬力者，就汽筒所有漲力測算，以驗行駛之速率也。至若以汽力代紡者，有若阿克來。以汽力代織者，有若克德來。造火輪車之汽機者，有若德微底，有若斯提反荀。造火輪船之汽機者，有若塞明敦，有若富拉噸。若能開物成務，利國便民，其冥心孤往，遂將疑鬼神而奪造化矣。

至汽機之公理，不外乎冷之熱之，漲之縮之，傳之引之，發之散之等用。若綜其要義，厥有四端：一曰簡器，如汲水有管，通力有輪，穩行有球，節火有機，恆升之車，凝水之櫃。凡此諸端，機簧咸備。一曰試汽。盛水於鍋，下爇以火，冷點下沈，熱點上升，水沸成泡，全質俱滚，熱度既漲，抵力乃生。一曰考力，汽機綱領，巧力咸呈。牽力擠力，扭力折力，統爲任力，必與材料，結力相稱，運動速率，比較以明。一曰致用，汽機之作，以補人工，或以驅車，或以駛舟，或以製械，或以劚礦。鼓鑄所需，紡織所需，軋蔗所需，壓緜所需，兵農工商其用靡窮。凡此四者，孰非汽機之理與用乎？

噫，惟天有氣，故能包涵萬象；惟地有氣，故能吸引庶類；惟人有氣，故能調和營衛，運行筋骨；而合水火以爲汽，則機輪磨盪，力摧山嶽。氣也，汽也，一而二、二而一者也。述汽學。

趙惟熙《西學書目答問・藝學・重學》 重學分二類，曰動，曰靜。其致用之理甚精，製造家最要之事也。

又《汽學》 凡汽機致用各書，已入工政門。兹僅著其論述此學者。

又《聲學》 聲之學漸精，聲之用亦曰廣。山川之遠聲可以傳，歲月之久聲可以記，蓋巧奪天工矣。現譯本尚未及此，當俟諸異日也。

又《光學》 光學一事，其事似微而用實大，可以補造化之缺陷，得奇闢之新理。天下之至大者，莫如七政，以遠鏡窺測而得其眞形，至細者，莫如微生物，以顯微鏡察視而識其變態。致用之處，不勝僂指，誠卓絶之詣矣。

又《電學》 泰西電學，創始於苟白得，在明神廟年間。近始深究其用，推闡日精，新理益出。譯本已嫌太舊，然愈於已也。

綜　述

總論分部

格致質學啓蒙

趙惟熙《西學書目答問・藝學・格致學》 《格致質學啓蒙》。一冊。英艾約瑟譯。稅務司本。以上二書，均在《西學啓蒙》十六種中。前書泛論人、物，此則專言各物之體質，故曰質學。

徐維則等《增版東西學書録・格致總》 《格致質學啓蒙》一卷。《西學啓蒙》本，一冊。英艾約瑟著。凡十一章。前言萬物之力，後言各質之形性，論電力尤詳。末附用器格言，器物價值，亦便。大恉與司氏《啓蒙》相似。

徐樹蘭《古越藏書樓書目・學部・東西洋格物學》 《格致質學啓蒙》，一卷。英艾約瑟。《西學啓蒙》本。

格致質學

徐維則等《增版東西學書録・格致總》 《格致質學》十卷，附一卷。美華書館印本。美史砥爾原本。美潘慎文譯，謝洪賚述。言物質體變爲格致首要之事。是編前多論公性、公力、公理，後分論各學，而力學、電學爲尤詳。其説多與司氏《啓蒙》、艾氏《質學啓蒙》相出入。《彙編一》有范約翰《格物論質》，可參觀。

徐樹蘭《古越藏書樓書目・學部・東西洋格物學》 《格物質學》十

卷，附一卷。美史砥爾。美潘慎文譯，謝洪賚述。光緒二十三年美華書館排印本。

廣學會編《廣學會譯著新書總目・格致》　《格物質學》。一本。價洋八角。

物理學

楊復等《浙江藏書樓乙編書目・理學》　《物理學》一冊。美國何德賚著，山陰謝洪賚譯。商務書館鉛印本。

物理標準

廣學會編《廣學會譯著新書總目・格致》　《物理標準》。英書院牛負所著，特備高等學堂課本。莫安仁君譯，輯成此書，又經華士多人詳加校閲，頗爲完全。一冊。價洋四角。

質學新編

廣學會編《廣學會譯著新書總目・質學》　《質學新編》。是書備學堂一年之課，共六卷，三百五十節。移熱、電於前，光、聲於後。其分卷之次序，與舊用質學書略異。此編力求新穎，故物：無線電報、透物其光等，皆闡其要理。一厚冊。價洋一元。

物理學上編

顧燮光《譯書經眼録・物理》　《物理學上編》四卷。上海製造局刻本。石印本六冊，又石印大字本四冊。日本飯盛挺造編譯，日本丹波敬三、柴田承桂校補，日本藤田豐八譯，王季烈潤辭。書凡四卷：一曰總論，物理學之區別性質公力。二曰定質重學，凡重心、器具、運動略，詳論其理。三曰流質重學，言流質壓力及運動。四曰氣質重學，言空氣之用。卷各爲章，章各爲節，析理既精，譯言亦雅。言格致者，亟宜讀之。

徐樹蘭《古越藏書樓書目・學部・東西洋格物學》　《物理學上編》四卷。日本飯盛挺造編纂，日本丹波敬三、柴田承桂校補，日本藤田豐八譯，王季烈潤辭。石印本。

《上海格致書院藏書樓書目・東西學書・物理學》　《物理學上編》。日本飯盛挺造，日本籐田豐八，丹波敬三。長洲王季烈。四卷。四本。製造局本。

物理學中編

顧燮光《譯書經眼録・物理》　《物理學中編》四卷。製造局大字刻本，四冊。日本飯盛挺造編纂，日本丹波敬三、柴田承桂校補，日本藤田豐八譯，王季烈重編。書凡四卷：卷一曰浪動通論，凡四章，總論各物浪動之理。二曰聲學，凡二章、若干節，總論聲音、樂音及緊要發音體。三卷曰光學，分爲上、下，凡六章，論發光、傳光、回光、折光、光之分列色及光學器具，光之本性。四曰熱學，凡四章，論熱之本性及熱源，第一、二、三功用，漲大變化熱度各理。中插圖凡二百五十九。論理新確，且各有實驗，列式以相發明，洵理科中善本也。

《上海格致書院藏書樓書目・東西學書・物理學》　《物理學中編》。日本飯盛挺造，日本籐田豐八，丹波敬三。長洲王季烈。四卷。四本。製造局本。

物理學下編

顧燮光《譯書經眼録・物理》　《物理學下編》四卷。製造局刻本，四冊。支那新書局石印本。日本飯盛挺造、丹波敬三、柴田承桂、藤田豐八譯，王季烈重編。凡書四卷：一、磁性學，凡九節，論磁性定義、種類及磁鐵之吸引力、功用、感應、製造各法。二曰電學上，凡十二節，論靜電氣各

類及器具之功用。三曰電氣下，凡二章、若干節，言動電氣之生起、強弱、功用及電氣磁性，及附電所用工藝中致用之理，並附録動靜電氣，以相印證。四曰氣候學，凡四章，論包圍地球之空氣濕度、光學現象。插圖二百二十九，皆立説證明。實驗列代數算式，以求其理之確當。譯筆亦清疏可喜。

《上海格致書院藏書樓書目・東西學書・物理學》 《物理學下編》。日本飯盛挺造，日本籐田豐八，丹波敬三，長洲王季烈。四卷。四本。製造局本。

新物理學

顧燮光《譯書經眼録・物理》 《新物理學》一卷。新世界學報本。馬叙倫譯。書爲日本普通教科書之一，附圖若干，以發明物理試驗之功用。語簡能詳，譯筆亦足達之，足備小學之用。

新編小物理學

徐樹蘭《古越藏書樓書目・學部・東西洋格物學》 《小物理學》一卷。日本木村駿吉。樊炳清譯。《科學叢書》本。

顧燮光《譯書經眼録・物理》 《新編小物理學》一卷。《科學叢書》本。日本木村駿吉著，樊炳清譯。凡十三章。於各物之力質體氣，言之極詳。列圖凡八十八，以明其用。後附《問題》一卷，尤便教科之用。

物理易解

楊復等《浙江藏書樓乙編書目・理學》 《物理易解》一冊。義烏陳榥著。鉛印本。

物理教科書

楊復等《浙江藏書樓乙編書目・理學》 《物理教科書》一冊。日本水島久太郎著，義烏陳榥譯。鉛印本。

力學分部

重學

梁啓超《西學書目表・重學》 《重學》。艾約瑟，李善蘭。金陵刻本。三種合二十本。三種合二千七百。

又《附録・讀西學書法》 李壬叔所譯《重學》甚精。然聞西人原書，本分三編。其前編極淺，以教孩孺；其後卷極深，一切重學致用之理在焉。李譯者，僅其中編耳。

顧述廬《通學書籍考・重學類》 《重學》二十卷。附《圓錐曲綫説》二卷。金陵刻本。英胡威立著。凡十七卷，益以《流質重學》三卷，都爲二十卷，末附《圓錐曲綫説》三卷。英艾約瑟譯，海寧李善蘭述。是書前七卷論靜重學，後十卷論動重學，末三卷附《流質重學略》。

丁仁《八千卷樓書目・天文算法類》 《重學》二十卷。西洋胡威立撰，艾約瑟譯。刊本。

趙惟熙《西學書目答問・藝學・重學》 《重學》。二十冊。英胡威立撰，英艾約瑟譯，李善蘭述。南京本。威立爲重學名家，其學導源於算術，兼及格致諸理，故其書亦由淺入深，頗稱精博。茲譯爲原書之中編，非全豹也。

徐維則等《增版東西學書録・重學》 《重學》二十卷。附《圓錐曲綫説》三卷。同治五年金陵局重刊三種合刻本，無首卷，有附卷。上海石印本。咸豐己未

錢氏活字板本作十七卷，有首卷，無附卷。《中西算學大成》本。英胡威立著，英艾約瑟、李善蘭譯。重學分爲二科，曰靜重學，曰動重學，而其理之最要者有三：曰分力，曰幷力，曰重心，爲動靜二學之樞紐。蓋萬物以重心爲定，若二力加於一體，令之靜，必定於幷力綫，令之動，必行於幷力綫。故知分力、幷力與重心三端。凡環繞攝動諸力之理，皆由此出。是書前七卷論靜重學，後十卷論動重學，末三卷附流質重學。以算法推論諸理，深切著明，實爲善本。西人原書本分三編，此僅其中編。

徐樹蘭《古越藏書樓書目・學部・重學》 《重學》二十卷。英胡威立。英艾約瑟譯，李善蘭述。同治五年金陵刻本。《富强叢書》本。

《上海格致書院藏書樓書目・東西學書・重學》 《重學》。英艾約瑟。海寧李善蘭。二十卷，附三卷。二本。木板。

楊復等《浙江藏書樓乙編書目・理學》 《重學》六册。英國艾約瑟譯，海寧李善蘭述。江南製造局刻本。

劉錦藻《清續文獻通考・經籍考・推算》 《譯重學》二十卷。西士艾約瑟、李善蘭譯。善蘭見上《天文》。善蘭自序曰：重學分二科：一曰靜重學，以小重測大重，如衡之類，以小力引大重，如轆轤之類，皆靜重學也。一曰動重學，暫則飛礮擊敵，久則五星繞太陽，月繞地，皆動重學也。靜重學之器，凡七桿也，輪軸也，齒輪也，滑車也，斜面也，螺旋也，劈也。而其理惟二：輪軸、齒輪、滑車，皆桿理也。螺旋與劈，皆斜面理也。動重學之率凡三，曰力，曰質，曰速。力同則質小者速大，質大者速小。質同則力小者速小，力大者速大。靜重學所推者，力相定。或二力方向同，定於一綫。或二力方向異，定於一點。動重學所推者，力生速。凡物不能自動，力加之而動。若動物不復加力，則以平速動。若動後恆加力，則以漸加速動。而其理之最要者有二，曰分力，曰幷力。曰重心，則動、靜二學之所共也。凡二力加於一體，令之靜，必定於幷力綫。令之動，必行於幷力綫。且物之定，必定於重心。物之動，必行於重心綫，幷力綫必經過重心也。又凡物必環重心，地動是也。二物相連而相繞，必環公重心，月、地相攝而動是也。故分力、幷力及重心，爲重學最要之理也。

重學淺説

梁啓超《西學書目表・重學》 《重學淺説》。偉烈亞力。上海排印本。在王氏《西學輯存》中。

顧述廬《通學書籍考・重學類》 《重學淺説》。上海排印本，在王氏《西學輯存》中。英偉烈亞力著。

趙惟煕《西學書目答問・藝學・重學》 《重學淺説》。一册。英偉烈亞力撰。上海本。

徐維則等《增版東西學書録・重學》 《重學淺説》一卷。上海排印本，在王氏《西學輯存》中，一册。英偉烈亞力譯，王韜述。首述重學源流，備舉創法諸人。後論分科發原，權衡動靜等理。又有總論，曰簡器，曰緐器，而總名之曰《助力器》。意簡詞明，最便省覽。

徐樹蘭《古越藏書樓書目・學部・重學》 《重學淺説》一卷。英偉烈亞力譯，王韜述。弢園《西學輯存》本。

重學圖説

梁啓超《西學書目表・重學》 《重學圖説》。傅蘭雅。益智書會本。一本。一角五分。

顧述廬《通學書籍考・重學類》 《重學圖説》一册。益智書會本，《西學大成》本。英傅蘭雅著。

趙惟煕《西學書目答問・藝學・重學》 《重學圖説》。一册。英傅蘭雅撰。益智書會本。

徐維則等《增版東西學書録・重學》 《重學圖説》一卷。益智書會本，一册。《西學大成》本。英傅蘭雅著。以重學中器具，分爲兩科，曰簡器，曰緐器，一一剖析其理，説頗簡達。

楊復等《浙江藏書樓乙編書目・理學》 《重學圖説》一册。英國傅蘭

雅著，益智書會鉛印本。

重學彙編

顧述盧《通學書籍考・重學類》 《重學彙編》一卷。原刻本，《西學大成》本。英傅蘭雅輯譯。

趙惟熙《西學書目答問・藝學・重學》 《重學彙編》。一冊。英傅蘭雅撰。益智書會本。

徐維則等《增版東西學書録・重學》 《重學彙編》一卷。《西學大成》本。英傅蘭雅輯譯。此書所論攝力重力，合於體質者言之。若重學之義理，此不詳論。

重學須知

顧述盧《通學書籍考・重學類》 《重學須知》一冊。《格致須知》本。英傅蘭雅著。是書篇幅雖少，而於重學之精義要理，無不括該，初學最易通曉。

徐維則等《增版東西學書録・重學》 《重學須知》一卷。《格致須知》二集本，一冊。英傅蘭雅著。篇幅雖少，於靜重學之義理擇要著之，初學最易通曉。

徐樹蘭《古越藏書樓書目・學部・重學》 《重學須知》一卷。英傅蘭雅。《格致須知》二集本。

廣學會編《廣學會譯著新書總目・礦物學》 《重學須知》。致知先言格物，曆象必推算學。至於重學，不但今人無講求者，即古傳書籍，亦不論及，且無其名目，是可知中國本無此學也，實學問中之一大缺憾事。西人之通中、西兩文者，繙譯《重學》一書，兼明格致、算學二理，久經行世，人數快睹也。一冊。價洋八分。

重學器

梁啓超《西學書目表・重學》 《重學器》。傅蘭雅。《格致彙編》本。在《格致釋器》中。

顧述盧《通學書籍考・重學類》 《重學器》。《格致彙編》本，在《格致釋器》中。英傅蘭雅輯譯。是書辭義淺簡，閲之易明。事雖日用平常，理足涉及天地。本書《總引》。

趙惟熙《西學書目答問・藝學・重學》 《重學器》。在《格致釋器》中。

徐維則等《增版東西學書録・重學》 《重學器》一卷。《格致彙編》本，在《格致釋器》中。英傅蘭雅著。專述器具。首助力器，次桿，次滑車，次斜面，次輪軸，次螺絲，次論重心，次論離心力，共分六十圖以明之。學者按圖作器，悉心試驗，自能究其妙理。

徐樹蘭《古越藏書樓書目・學部・重學》 《重學器》一卷。英傅蘭雅。《格致彙編》本。

力學須知

顧述盧《通學書籍考・重學類》 《力學須知》一冊。《格致須知》本。英傅蘭雅著。是書摘取要理，分列六章。第一章總論體性，第二章略論各力，第三章略論重心，第四章略論動理，第五章略論擺動，第六章略論圈動。凡此皆力學之要理也。本書《序》。

徐維則等《增版東西學書録・重學》 《力學須知》一卷。《格致須知》三集本，一冊。英傅蘭雅著。

徐樹蘭《古越藏書樓書目・學部・重學》 《力學須知》一卷。英傅蘭雅。《格致須知》三集本。

廣學會編《廣學會譯著新書總目・礦物學》 《力學須知》。力學者，乃論動重學也。重學本分兩支：一曰靜重學，專論體之相定。一曰動重學，乃論

體之動理，各力之根源。力生於體，無體則無力。欲明各力之理，須先悉質體之性，首以《體性論》。一本。價洋八分。

體性圖説

徐維則等《增版東西學書録・格致總》 《體性圖説》一卷。益智書會本，一冊。英傅蘭雅著。體質性情與動静之理，爲格致重學首要功夫。講重學者，宜先觀。

重學入門

顧述廬《通學書籍考・重學類》 《重學入門》一卷。原刻本總名《格致入門》。石印宋字、楷字兩本。《西學大成》本。美丁韙良著。後附四十有四圖。

趙惟熙《西學書目答問・藝學・重學》 《重學入門》。一冊。美丁韙良撰。同文館本。

徐維則等《增版東西學書録・重學》 《力學入門》一卷，附圖。《格物入門》七種本。《西學大成》本，名《重學入門》。日本明親館重刊本。美丁韙良著。所言皆諸重學之公理。設以答問，力求簡顯。中言動力尤詳。

徐樹蘭《古越藏書樓書目・學部・重學》 《力學入門》一卷。美丁韙良。《格物入門》本。

力學測算

徐維則等《增版東西學書録・重學》 《力學測算》三卷。同文館《格物測算》七種本。美丁韙良著。第一卷六章，論物之動静重質相吸之力墜物之理，以微積分發明墜地之理，物之重心以微積分求重心。第二卷六章，論力之分合旋物之理，火器物之相觸，索綫物之擺動。第三卷七章，論横杆、輪軸、滑車、斜面，斜面下墜之理，螺絲尖臂磨阻之力，梁木之理。每章逐款設爲問答，繪圖，衍代數式，間及微積，皆極簡明。又皆有演題，以爲法式，附題以資鍊習。其書實爲推廣《格物入門・測算》一卷之用。又李氏所譯《重學》，本爲未竟之書，如殘周面積，抛物綫面積，求重心，其法皆闕。是書一出，其術始備，餘亦頗多新理新法。别有水、火、氣、光、電等卷，通名曰《格物測算》。

徐樹蘭《古越藏書樓書目・學部・重學》 《測算力學》一卷。美丁韙良。《格物入門》本。

重學紀要

楊復等《浙江藏書樓乙編書目・理學》 《重學紀要》一冊。英國李提摩太譯，葭深居士述。廣學會鉛印本。

氣學須知

顧述廬《通學書籍考・汽學類》 《氣學須知》一冊。英傅蘭雅著。是書條理清析，特列六章。其試驗理法，多以圖明，引證事端，不辭淺近。本書《序》。

徐維則等《增版東西學書録・氣學》 《氣學須知》一卷。《格致須知》初集本，一冊。英傅蘭雅著。書列六章，略論空氣之動静性及静力，又諸器及測候器。推論試驗理法，多以圖明之，甚爲淺顯。

徐樹蘭《古越藏書樓書目・學部・氣學》 《氣學須知》一卷。英傅蘭雅。《格致須知》初集本。

廣學會編《廣學會譯著新書總目・化學》 《氣學須知》。天地間之物質，總分三類：一曰定質，一曰流質，一曰氣質。定質有堅有軟，體常定而不易，如木石是也。流質或稠或稀，形能活潑流動，如水、汞是也。氣質虛浮幽渺，蹤跡難尋，如空氣是也。惟流、定二質有形有色，人皆信其質實，

而空氣不見不聞，人鮮覺其爲物，故常人每視之爲虛，以爲其無關切也。然細考之，究屬非虛當其靜也。一本。價洋八分。

氣學叢談

徐維則等《增版東西學書録・氣學》 《氣學叢談》二卷。時務報館本，一冊。英傅蘭雅譯，華蘅芳述。以化學幾何之學以證空氣壓力之理，非尋常談氣學之比。書中凡風雨表、寒暑表源流及各器利弊與製造致用原因，一一申論。講格致學者，不可不讀。

氣學器

梁啓超《西學書目表・汽學》 《氣學器》。傅蘭雅。《格致彙編》本。在《格致釋器》中。

劉鐸《古今算學書録・格致・氣學》 《氣學器》一冊。傅蘭雅撰。《格致彙編》本。

顧述廬《通學書籍考・汽學類》 《氣學器》。《格致彙編》本。英傅蘭雅輯譯。是書於《化學器》內所未經列入之氣學各器，補備圖說。本書《總引》。

趙惟熙《西學書目答問・藝學・汽學》 《氣學器》。在《格致釋器》中。

徐維則等《增版東西學書録・氣學》 《氣學器》一卷。《格致彙編》本，在《格致釋器》中。英傅蘭雅著。氣學器以抽氣爲主，已於《化學器》內擇常用者論之。此皆《化學器》內未經列入之氣學器。

徐樹蘭《古越藏書樓書目・學部・氣學》 《氣學器》一卷。英傅蘭雅。《格致彙編》本。

氣學測算

劉鐸《古今算學書録・格致・氣學》 《氣學測算》一卷。美國丁韙良撰。《格物測算》本。

徐維則等《增版東西學書録・氣學》 《氣學測算》一卷。同文館《格物測算》七種本。美丁韙良著。凡二章。上章論天氣，下章論熱地，附測算音學。亦設爲問答，繪圖衍式，演題附題，與《力學測算》同例。

徐樹蘭《古越藏書樓書目・學部・氣學》 《測算氣學》一卷。美丁韙良。《格物入門》本。

氣球考

徐維則等《增版東西學書録・氣學》 《氣球考》□卷。滙報本。滙報館譯。書中言勃利司利之兄見弟所著之《西學大成》，悟氣之輕者必上，以熱氣納物中，必將升上，遂用紙爲球，燒羊毛稻草，吹氣入球，遂乘風而上。繼之者愈闡愈精，而氣之用漸廣。篇中列表列圖，頗便繙閱。顧補。

輪輕氣球

徐樹蘭《古越藏書樓書目・政部・工業》 《輪輕氣球》一卷。英傅蘭雅。《格致彙編》本。

聲學分部

聲學

梁啓超《西學書目表・聲學》 《聲學》。傅蘭雅，徐建寅。製造局本。

二本。二百四十。

顧述廬《通學書籍考・聲學類》　《聲學》八卷。英田大里著，英傅蘭雅譯，無錫徐建寅述。

丁仁《八千卷樓書目・藝術類・雜技》　《聲學》八卷。英田大里撰。刊本。

趙惟熙《西學書目答問・藝學・聲學》　《聲學》。八卷，訂二冊。英田大里撰，英傅蘭雅譯，徐建寅述。製造局本。

徐維則等《增版東西學書録・聲學》　《聲學》八卷。製造局本，二冊。《西學大成》本。《富強叢書》本。英田大里著，英傅蘭雅譯，徐建寅述。西人論聲音之理日精，此書所載，半屬淺説，然論發聲、傳聲、成音、音浪，頗覺透闢。中國極少新譯之本，讀此足以稍窺崖略。英艾約瑟有《音學》，譯成未刻。

徐樹蘭《古越藏書樓書目・學部・聲學》　《聲學》八卷。英田大里。英傅蘭雅譯，徐建寅述。製造局本。《富強叢書》本。

《上海格致書院藏書樓書目・東西學書・聲學》　《聲學》。英田大里。英傅蘭雅，無錫徐建寅。八卷。二本。製造局本。

楊復等《浙江藏書樓乙編書目・理學》　《聲學》二冊。英國傅蘭雅譯，無錫徐建寅述。江南製造局刻本。

陳洙《江南製造局譯書提要・聲學》　《聲學》八卷。英國田大里撰，傅蘭雅口譯，無錫徐建寅筆述。專論各種聲音之理。第一卷：傳聲、發聲。第二卷：成音之理。第三卷：論弦音。第四卷：鐘磬之音。第五卷：管音。第六卷：摩盪生音。第七卷：交音浪與較音。第八卷：論音律相和。

聲學須知

徐維則等《增版東西學書録・聲學》　《聲學須知》一卷。《格致須知》初集本，一冊。英傅蘭雅著。專言成聲、受聲、傳聲、附聲之理，後備論音律，足以考證中國聲律諸書。《滙報》四十七號起，譯有《聲學總論》，可參觀。

徐樹蘭《古越藏書樓書目・學部・聲學》　《聲學須知》一卷。英傅蘭雅。《格致須知》初集本。

廣學會編《廣學會譯著新書總目・化學》　《聲學須知》。凡人身不體，無一爲虛設者。目司視，耳司聽，鼻司嗅香，舌之辨味，莫不各有其職也。究非自能之知覺各事者，全主乎腦。腦髓分散，腦筋偏佈百體，各適應用。遇有外事，即傳動於腦，是腦猶主耳、目、舌、鼻各司職也。均有相關之外務，惟耳之爲聲。聲之爲類甚多，聲之成有三要事：一、本物震動而發爲聲。一、空氣盪動而傳爲聲。一、耳官接受而覺爲聲。三者互相爲依，格致家考求此事，其理微矣至矣。一冊。價洋八分。

聲學入門

徐樹蘭《古越藏書樓書目・學部・聲學》　《聲學入門》一卷。美丁韙良。《格物入門》本。

聲音學測算

徐維則等《增版東西學書録・聲學》　《聲音學測算》一卷。同文館附《格物測算》七種本，附《氣學測算》後。美丁韙良著。

聲學揭要

梁啓超《西學書目表・聲學》　《聲學揭要》。赫士，朱葆琛。益智書會本。一本。二角。

顧述廬《通學書籍考・聲學類》　《聲學揭要》。益智會本。美赫士赫士譯，高密朱葆琛述。是書分七十一節。

趙惟熙《西學書目答問・藝學・聲學》　《聲學揭要》。一冊。英赫士譯，

朱葆琛述。益智書會本。

徐維則等《增版東西學書録·聲學》 《聲學揭要》一卷。益智書會本，一冊。登州文會館本。美赫士譯，朱葆琛述。凡七十一節。所論諸聲之理，簡淺易曉，頗便初學。《彙編一》有《論傳聲器》、《像聲器》二則，可參觀。

徐樹蘭《古越藏書樓書目·學部·聲學》 《聲學揭要》一卷。美赫士譯，朱葆琛述。光緒二十四年美華書舘排印本。

楊復等《浙江藏書樓乙編書目·理學》 《聲學揭要》一冊。美國赫士譯，高密朱葆琛述。美華書舘鉛印本。

廣學會編《廣學會譯著新書總目·礦務學》 《聲學揭要》。一本。價洋二角五分。

格聞

徐維則等《增版東西學書録·聲學》 《格聞》一卷。《求是報》本。英赫皮華著，陳壽彭譯。專論聞根實際，以明聲浪震動，皆寄腦筋之至理。於聲學專家之説，概置不道。

熱學分部

熱學

梁啓超《西學書目表·近譯未印各書·汽學》 《熱學》。金楷理，江衡。製造局。二本。未印。

趙惟熙《西學書目答問·藝學·汽學》 《熱學》。二冊。布金楷里譯，江衡述。製造局本。

物質遇熱改體

梁啓超《西學書目表·近譯未印各書·汽學》 《物質遇熱改體》。傅蘭雅，徐壽。製造局。一本。未印。

徐維則等《增版東西學書録·氣學》 《物體遇熱改易記》四卷。江南製造局本。□冊。英瓦特斯著，英傅蘭雅、徐壽同譯。一、二、三三卷爲總説，及分説氣質、流質、定質，得熱而漲之理。四卷言物質漲大之公式，及分説各種物體遇熱之漲數。其推闡極爲透闢。徐補。

徐樹蘭《古越藏書樓書目·學部·熱學》 《物體遇熱改易記》四卷。英瓦特斯。英傅蘭雅譯，徐壽筆述。製造局本。

楊復等《浙江藏書樓乙編書目·理學》 《物體遇熱》二冊。英國傅蘭雅譯，無錫徐壽述。江南製造局刻本。

陳洙《江南製造局譯書提要·格致》 《物體遇熱改易記》四卷。英國瓦特斯撰，傅蘭雅口譯，無錫徐壽筆述，新陽趙元益校録。明白條鬯，足備研求。書中各表，觀之尤能得益。第一卷：總説；氣質得熱而漲之理；熱之眞零度數。第二卷：流質得熱而漲之理；求汞實漲數之法；汞之顯漲數並定玻璃器體積漲數；別種流質之漲數。第三卷：定質遇熱漲大之數；定長之漲數法；定體積之漲數法；流質與定質之熱率各熱度漲之倍數之相關。第四卷：物熱漲大之公式；汞遇熱之漲數；水遇熱之漲數；別種流質遇熱之漲數；定質遇熱之漲數；顆粒遇熱之漲數。

火學圖説

梁啓超《西學書目表·汽學》 《火學圖説》。傅蘭雅。益智書會本。一本。一角五分。

熱學圖説

梁啓超《**西學書目表・汽學**》《熱學圖説》。傅蘭雅。益智書會本。一本。一角五分。

顧述廬《**通學書籍考・汽學類**》《熱學圖説》一冊。益智會本。英傅蘭雅著。

趙惟熙《**西學書目答問・藝學・汽學**》《熱學圖説》。一冊。美傅蘭雅輯。益智書會本。

徐維則等《**增版東西學書録・氣學**》《熱學圖説》二卷。益智書會本，一冊。英傅蘭雅輯譯。前論熱性，後論熱力，而於空氣內之冷熱度，論之甚透闢。《彙編一》有《論量大熱度表》，可參觀。製造局印有美金楷理、江衡譯《熱學》二冊，未出。

徐樹蘭《**古越藏書樓書目・學部・熱學**》《熱學圖説》二卷。英傅蘭雅輯譯。光緒十六年益智書會刻本。

楊復等《**浙江藏書樓乙編書目・理學**》《熱學圖説》一冊。英國傅蘭雅著。益智書會鉛印本。

熱學須知

徐維則等《**增版東西學書録・氣學**》《熱學須知》一卷。《格致須知》三集本，一冊。英傅蘭雅著。但言熱性、熱度、熱理之大要，與《熱學圖説》相同。若蒸力、火力，乃詳於氣學。此不具。

徐樹蘭《**古越藏書樓書目・學部・熱學**》《熱學須知》一卷。英傅蘭雅。《格致須知》三集本。

楊復等《**浙江藏書樓乙編書目・理學**》《熱學須知》一冊。英國傅蘭雅著。鉛印本。

廣學會編《**廣學會譯著新書總目・電學**》《熱學須知》。熱之爲學，似光若電，更加聲學，皆屬無積無量者。熱與光本出一源，形性多同。電固無物不有，熱亦體物不易。聲賴空氣動蕩以傳，無空氣則無聲，熱賴以脱，震動而發，無以脱，則熱無由傳。故今格致家，皆以熱爲非物也。一冊。價洋八分。

火學入門

徐維則等《**增版東西學書録・氣學**》《火學入門》一卷。《格物入門》七種本。美丁韙良輯。此書論火學之公理，與《重學入門》體例相似。惟上章論熱氣，下章論光學，猶《氣學測算》之附《音學》也。

徐樹蘭《**古越藏書樓書目・學部・熱學**》《熱學入門》一卷。美丁韙良。《格物入門》本。

火學測算

徐維則等《**增版東西學書録・氣學**》《火學測算》一卷。同文館《格物測算》七種本。美丁韙良著。專論熱之功用。蓋熱者火之隱，火即熱之顯。因熱氣而究及漲力、汽力。亦設爲問答，繪圖衍式，演題附題，與《力學測算》同例。

氣學入門

劉鐸《**古今算學書録・格致・氣學**》《氣學入門》一卷。美國丁韙良撰。《格物入門》本。

顧述廬《**通學書籍考・汽學類**》《汽學入門》一卷。石印本。美丁韙良著。附圖二十有二。

徐維則等《**增版東西學書録・氣學**》《氣學入門》一卷附圖。《格物入門》七種本，《西學大成》本。美丁韙良著。專論蒸氣力用，與力學書互參。後

論氣器紡織之益，火輪舟車之式及創造之始，足備工程家省覽。雖未詳備，尚便初學。末附論聲音。

徐樹蘭《古越藏書樓書目・學部・氣學》　《氣學入門》一卷。美丁韙良。《格物入門》本。

熱學揭要

徐樹蘭《古越藏書樓書目・學部・熱學》　《熱學揭要》一卷。美赫士譯，劉永貴述。益智書會本。

楊復等《浙江藏書樓乙編書目・理學》　《熱學揭要》一冊。美國赫士著。美華書舘鉛印本。

量大熱度之表

徐樹蘭《古越藏書樓書目・學部・熱學》　《量大熱度之表》一卷。英傅蘭雅。《格致彙編》本。

力儲于煤説

徐樹蘭《古越藏書樓書目・學部・熱學》　《力儲于煤説》一卷。英傅蘭雅。《格致彙編》本。

電學分部

電學

梁啓超《西學書目表・電學》　《電學》。傅蘭雅，徐建寅。製造局本。六本。九百六十。

顧述廬《通學書籍考・電學類》　《電學》十卷。英瑙挨德著，英傅蘭雅譯，無錫徐建寅述。卷首總論源流，卷一論摩電學，卷二論吸鐵氣，卷三論生物電學，卷四論化電氣，卷五論電氣吸鐵，卷六論吸鐵氣雜理，卷七論吸鐵電氣，卷八論熱電氣，卷九論電氣報，卷十論電氣時辰鐘及諸雜法。

丁仁《八千卷樓書目・藝術類・雜技》　《電學》十卷附一卷。英瑙挨德撰。刊本。

趙惟熙《西學書目答問・藝學・電學》　《電學》。十二卷，訂六冊。英瑙挨德撰，英傅蘭雅譯，徐建寅述。製造局本。

徐維則等《增版東西學書録・電學》　《電學》十卷首一卷。製造局本，八冊。上海石印本。《富強叢書》本。《西學大成》本但刻首卷。英腦挨德著，英傅蘭雅譯，徐建寅述。卷首總論源流，卷一論摩電學，卷二論吸鐵氣，卷三論生物電學，卷四論化電學，卷五論電氣吸鐵，卷六論吸鐵氣雜理，卷七論吸鐵電氣，卷八論熱電氣，卷九論電氣報，卷十論電氣時辰鐘及諸雜法。西人電學日精，此皆十年前舊説，然中土無新譯者，姑讀之。《彙編六》有英歐禮斐《論電》，又附《論雷電》，均可互證。

徐樹蘭《古越藏書樓書目・學部・電學》　《電學》十卷首一卷。英腦挨德。英傅蘭雅譯，徐建寅述。《富強叢書》本。

《上海格致書院藏書樓書目・東西學書・電學》　《電學》。英瑙埃德。英傅蘭雅，無錫徐建寅。十卷。六本。製造局本。

楊復等《浙江藏書樓乙編書目・理學》　《電學》六冊。英國傅蘭雅譯，

無錫徐建寅述。江南製造局刻本。

電學綱目

梁啓超《西學書目表・電學》 《電學綱目》。傅蘭雅，周郇。製造局本。一本。一百二十。

顧述廬《通學書籍考・電學類》 《電學綱目》一卷。製造局本，《富強叢書》本，《西學大成》本。英田大里輯，英傅蘭雅譯，臨海周郇述。共三十九章。

趙惟熙《西學書目答問・藝學・電學》 《電學綱目》。一册。英田大里輯，英傅蘭雅譯，周郇述。製造局本。

徐維則等《增版東西學書録・電學》 《電學綱目》一卷。製造局本，一册。《富強叢書》本。《西學大成》本。英田大里輯，英傅蘭雅譯，周郇述。大凡三十九章，三百五十七款。但搜集諸電學之大旨，提要分陳之，不詳言其理。初學宜先讀腦挨德之《電學》，復以此書作門徑，推究其妙理，最爲有益。

徐樹蘭《古越藏書樓書目・學部・電學》 《電學綱目》一卷。英田大里。英傅蘭雅譯，周郇述。製造局本。《富強叢書》本。

《上海格致書院藏書樓書目・東西學書・電學》 《電學綱目》。英田大里。英傅蘭雅，臨海周郇。一卷。一本。製造局本。

楊復等《浙江藏書樓乙編書目・理學》 《電學綱目》一册。英國傅蘭雅譯，臨海周郇述。江南製造局刻本。

電學圖説

梁啓超《西學書目表・電學》 《電學圖説》。傅蘭雅。益智書會本。一本。三角。

顧述廬《通學書籍考・電學類》 《電學圖説》。益智書會本。英傅蘭雅著。

趙惟熙《西學書目答問・藝學・電學》 《電學圖説》。一册。英傅蘭雅輯。益智會本。

徐維則等《增版東西學書録・電學》 《電學圖説》五卷。益智書會本，一册。英傅蘭雅輯譯。論吸鐵氣、摩電氣、化電氣、電報、電鍍理法，各系以圖，語擇淺近。並多載新理新法，爲《總覽》所未道者。原書大圖五幅，縮摹訂入，不損其眞。《彙編四》有狄考文譯《候氏電機》，可參觀。製造局印有英傅蘭雅、徐建寅譯《攝鐵器説》一册，未出。

徐樹蘭《古越藏書樓書目・學部・電學》 《電學圖説》五卷。英傅蘭雅譯。光緒十三年益智書會刻本。

楊復等《浙江藏書樓乙編書目・理學》 《電學圖説》一册。英國傅蘭雅譯。益智書會鉛印本。

廣學會編《廣學會譯著新書總目・電學》 《電學圖説》。一本。價洋四角。

電學須知

顧述廬《通學書籍考・電學類》 《電學須知》一册。《格致須知》本。英傅蘭雅著。是書避深就淺，舍舊從新，輯成六章，以爲初學門徑。本書《序》。

徐維則等《增版東西學書録・電學》 《電學須知》一卷。《格致須知三集本，一册。英傅蘭雅著。書凡六章，略論電性、摩電氣、吸鐵氣、化電氣以及發電諸器之利用。皆取淺近，不及深奥。雖簡略，頗多新理。《求是報》有曾仰東譯《格致訓蒙・電學》，未成。

徐樹蘭《古越藏書樓書目・學部・電學》 《電學須知》一卷。英傅蘭雅。《格致須知》二集本。

廣學會編《廣學會譯著新書總目・電學》 《電學須知》。格致學內有一電學焉，精微甚細，奥妙無窮。小之可試以玩娛，大之可施諸實用。如鍍金也，飾器皿以美觀；達電信也，縮千里如覿面。燃作燈燭，發光如日，照夜似晝。至於放電燃礮，有用於軍武；運機代織，有用於工藝。製針指南，

有用於航海，造鐵引電，有用於防雷。是皆由電學考究而出者。一冊。價洋八分。

通物電光

趙惟熙《西學書目答問・藝學・電學》　《通物電光》。四卷，附圖，訂一冊。美莫耳登撰，英傅蘭雅譯，王季烈述。製造局本。電氣爲近時新學，其用甚大。據彼中人云，此學精深靡涯。現在討論而得者，不過百之二三耳。是書新出，能以電光通物，如照一人形，則全身之骨節均見紙上，大有益於醫學者也。

徐樹蘭《古越藏書樓書目・學部・電學》　《通物電光》四卷，圖一卷。美莫耳登。英傅蘭雅譯，王季烈述。光緒二十五年製造局本。

《上海格致書院藏書樓書目・東西學書・電學》　《電物通光》。美莫耳登。英傅蘭雅，長洲王季烈。四卷，附圖一卷。一本。製造局本。

楊復等《浙江藏書樓乙編書目・理學》　《通物電光》一冊。英國傅蘭雅譯，長洲王季烈述。江南製造局刻本。

陳洙《江南製造局譯書提要・電學》　《通物電光》四卷。美國莫耳登撰，傅蘭雅口譯，長洲王季烈筆述。有圖九十一。此書爲實驗電學者不可不讀，與無線電報同爲電學中最新之法。第一卷：論各名目解說；弗打；安培與科倫伯；歐姆；瓦特；電容積與微法拉特，附電氣。第二卷：論各種器具；發電氣；附電圖；各種克路克司玻璃泡；顯光器；照相器。第三卷：論各事手工；捻合式之器與通達電路各法；通物電光之性情；通物電光之根原與其論證據；通物電光與眞空所有之相關；用通物電光照相之初工；用顯光器並用平常照相鏡所顯之形。第四卷：論醫學內致用之益；看人身體合法之影；看骨節折斷或脫節等病及不合法之影；看骨節堅硬；牙科；看體內有異質；看輭肉質並體內各器之方位；用此光定讞；用此光滅微生物。

電學全書

陳洙《江南製造局譯書提要・電學》　《電學全書》十卷，首一卷。英國瑙挨德撰，傅蘭雅口譯，無錫徐建寅筆述。論說詳明，誠電學入門之要書也。首卷：初知電氣至弗闌克令時；弗闌克令至初知化電氣時；化電氣幷兌飛所試各事；吸鐵電幷近時新理。第一卷：磨電氣；測驗電氣；附電氣；發與容之氣；來頓瓶空氣中之電氣。第二卷：吸鐵氣。第三卷：生物電氣。第四卷：化電氣；發化電氣之器；化電氣之力；化電氣化分之力；發熱發光。第五卷：電氣吸鐵。第六卷：吸鐵氣雜理。第七卷：吸鐵電氣。第八卷：熱電氣。第九卷：電報；陸地電報；海底電綫。第十卷：電鐘及諸雜法。

電學測算

陳洙《江南製造局譯書提要・電學》　《電學測算》一卷。撰人失名。長洲徐兆熊譯述，烏程王汝駢、江寧陳炳華校勘。凡十一章，附表。電有流力、動力、阻力，三者爲最要，而又有電池、磁電之兩法，或相需，或分用。此書專詳測算電力，每章俱係設題，可作教課之用。第一章：名義；路；時；力；程功；能力；質體重最要之主數；生格秒主數及實電學主數；命名之義；習用之式。第二章：俄末之例；總例；由總例化得六例；單綫題；反向之電池；電路之各節；分綫題；計算分綫所過之電及合阻力之法。第三章：傳電力；阻力；同質傳電綫阻力之比；同阻力傳電綫之比；二綫阻力之比；阻力率；求阻力之公法；重與阻力之比傳阻力；俄末例以傳電力之數代阻力。第四章：動力；支綫內消去之動力及支綫之粗細；推算支綫逐款粗細之法。第五章：圓密爾；以圓密爾爲面積之主數；以圓密爾法求阻力及支綫之粗細。第六章：傳電傳法；三綫傳電法；推算傳電之法。交流；增減平；原電綫之粗細；推算附電圈及銅絲轉數。第七章：程功能力；電流之能

力及生熱力；由尤爾之例生發之各例；尤爾；一秒時所生之熱；瓦特數及盎彼數與時之比例；容熱力；電流使傳電綫生熱；保險絲；電流所程之功；電氣馬力；生力成數及實成數。第八章：電池；化器排列法；推算電流公法；化器排列之公例；已知所需之動力及流電求化器之數及排列法；生力成數；電池內化合之理；計算動力法；電池所程之功；電池生力成數；電池內所消之材料；電氣化分雜質。第九章：磁電；代那模發電機；電動機；磁界；吸鐵力綫；傳磁力；阻磁力；生磁磁電力；磁流；已知磁之吸鐵綫數求所須電之盎彼轉數；推算磁流之法；磁漏；磁漏推算之式；代那模銜鐵；銜鐵之電動力及傳電量；鼓形銜鐵；代那模之電磁卡氏吸鐵力綫。第十章：各法之証。第十一章：以十三乘方推算各法。

電學入門

顧述廬《通學書籍考・電學類》 《電學入門》一卷。原刻本總名《格物入門》。石印宋字、楷字兩本，《西學大成》本。美丁韙良著。後附圖八十有七。

趙惟熙《西學書目答問・藝學・電學》 《電學入門》。附圖，一冊。美丁韙良撰。同文館本。

徐維則等《增版東西學書録・電學》 《電學入門》一卷附圖。《格物入門》七種本。《西學大成》本。美丁韙良輯。此書亦論諸電學之公理，與《重學入門》體例相似。丁氏長於公法，故所著書專以透明義理爲主，足爲初學入門之階也。

徐樹蘭《古越藏書樓書目・學部・電學》 《電學入門》一卷。美丁韙良。《格物入門》本。

電學測算

徐維則等《增版東西學書録・電學》 《電學測算》一卷。《格物測算》七種本。美丁韙良著。凡三章。第一章測靜電，第二章測流電，第三章測算阻力。亦設問答，繪圖衍式，演題附題，與《力學測算》同例。

電學問答

顧述廬《通學書籍考・電學類》 《電學問答》一卷。天津刻本，《西學大成》本。天津水雷局譯。是書設爲問答，最便觀覽。共分十類：一吸鐵，二乾溼電，三電化，四電瓶，五電箱，六阻引，七電綫，八回電，九引火，十放電。

趙惟熙《西學書目答問・藝學・電學》 《電學答問》。一冊。天津水雷局譯本。

徐樹蘭《古越藏書樓書目・學部・電學》 《電學問答》一卷。天津水雷局譯。《格致彙編》本。

電學總覽

徐維則等《增版東西學書録・電學》 《電學總覽》一卷。廣學會本，一冊。英傅恆理譯著。凡七章，多言電報、德律風功用。書雖新出，而於近年講求之新理，未能採譯。

楊復等《浙江藏書樓乙編書目・理學》 《電學總覽》一冊。美國博恆理譯。廣學會鉛印本。

廣學會編《廣學會譯著新書總目・電學》 《電學總覽》。計七章。美國博恆理譯著。一本。價洋五分。

電學紀要

徐樹蘭《古越藏書樓書目・學部・電學》 《電學紀要》一卷。英吳師承。英李提摩太譯。光緒二十五年廣學會刻本。

廣學會編《廣學會譯著新書總目・電學》 《電學紀要》。英李提摩太君著，常州程攷嘉述。爲電學中最簡明而切近之書。一冊。價洋一角。

磁 學

楊復等《浙江藏書樓乙編書目・理學》 《磁學》一冊。新會伍光建輯。商務書舘鉛印本。

電静學

楊復等《浙江藏書樓乙編書目・理學》 《電靜學》一冊。新會伍光建譯。商務書舘鉛印本。

電氣成體

徐維則等《增版東西學書録・電學》 《電氣成體》一卷。《知新報》本。周靈生譯。顧補。

説 電

徐維則等《增版東西學書録・電學》 《説電》□卷。《萃報》本。泰西甘能翰著。言電學各件試驗，詳明可讀。顧補。

論 電

徐樹蘭《古越藏書樓書目・學部・電學》 《論電》一卷。泰西歐禮斐。《格致彙編》本。

光學分部

光 學 附視學諸器圖説

梁啓超《西學書目表・光學》 《光學》。附《視學諸器説》。金楷理，趙元益。製造局本。三本。二百八十。

顧述廬《通學書籍考・光學類》 《光學》二卷。附《視學諸器説》。製造局本。英田大里輯，布金楷理譯，新陽趙元益述。

丁仁《八千卷樓書目・藝術類・雜技》 《光學》二卷，附一卷。英田大里撰。刊本。

趙惟熙《西學書目答問・藝學・光學》 《光學》。二冊。附《視學諸器圖説》。英田大里輯，布金楷里譯，趙元益述。製造局本。

徐維則等《增版東西學書録・光學》 《光學》二卷。附《視學諸器説》一卷。製造局本，三冊。《西學大成》本。石印本名《光學大成》。《富強叢書》本。英田大里、西里門同輯著，美金楷理譯，趙元益述。論諸光之理，已得其大較。其辨別日月、恒星、虹蜺之光氣，近譯天學書中所言較密。蓋新製之器愈精，其功用愈大。田氏所著論聲學凹凸之質力及速率，足與是書互證其理。

徐樹蘭《古越藏書樓書目・學部・光學》 《光學》二卷。附《視學諸器説》。英田大里、英西里門同輯，美金楷理譯，趙元益述。製造局本。《富強叢書》本。

《上海格致書院藏書樓書目・東西學書・光學》 《光學》。英田大里。布金楷理，新陽趙元益。二卷。二本。製造局本。

楊復等《浙江藏書樓乙編書目・理學》 《光學》二冊。英國田大里輯。江南製造局刻本。

陳洙《江南製造局譯書提要・光學》 《光學》上下卷。英國田大里輯，美國金楷理口譯，新陽趙元益筆述。凡五百零二節，附《視學諸器圖

說》一節。論說翔實，足備研求。上卷：光行直綫，光綫過小孔，影，光之濃淡有平方反比例反比較，明，光行速度，光行差，回光，回光之試驗及鏡，凹面回光鏡，回光之照面，球形鏡之照面，凸面回光鏡，折光之理，透光質有時不能透光，全回光，透光鏡，自能透光之理，瞎點，物形在目中之時，眼中小質，西畫鏡。下卷：論光之性情并回光折光之性情，光體發無數質點而成光，光浪，透光之積體，光分各色，不能見之光綫，光浪盪動與筋網盪動有相關，論色光色差并生光色差，人目覺色之異，光色分原，發光與受光之事，論清光帶與發郎胡發綫，發光與熱及嗡光與熱有交互之事，論太陽光學，行星化學，恆星化學，星氣化學，日體外有紅凸之形，虹霓，光浪彼此相阻之理，光浪之長，透光片之色，歧光，極光，回光折光，歧光法成極光，論光綫透過愛可倫刻罷之事，旋轉之極光。附卷：論透光三稜體，論透光鏡，論回光鏡，論弧面回光鏡，論顯微鏡，論遠鏡，論太陽顯微鏡，論收景暗鏡，論收景明鏡。

分光求原

梁啓超《西學書目表·近譯未印各書·光學》　《分光求原》。偉烈亞力。製造局。一本。未譯成。

光學圖說

梁啓超《西學書目表·光學》　《光學圖說》。傅蘭雅。益智書會本。一本。一角五分。

顧述廬《通學書籍考·光學類》　《光學圖說》一冊。益智會本。英傅蘭雅著。

趙惟熙《西學書目答問·藝學·光學》　《光學圖說》。一冊。英傅蘭雅輯。益智書會本。

徐維則等《增版東西學書録·光學》　《光學圖說》二卷。益智書會本，一冊。英傅蘭雅輯譯。前論光之性，彼論視之理。其說多見於田氏之《光學》，然此類簡明便讀。《彙編七》有《光理淺說》，亦傅氏撰，可參觀。

徐樹蘭《古越藏書樓書目·學部·光學》　《光學圖說》二卷。英傅蘭雅。光緒十六年益智書會刻本。

楊復等《浙江藏書樓乙編書目·理學》　《光學圖說》一冊。英國傅蘭雅著。益智書會鉛印本。

光學須知

徐維則等《增版東西學書録·光學》　《光學須知》一卷。《格致須知》三集本，一冊。英傅蘭雅著。書凡六章，略論光性、回光、折光以及視理、光器之理。蓋集光學諸書，摘要而成者。

徐樹蘭《古越藏書樓書目·學部·光學》　《光學須知》一卷。英傅蘭雅。《格致須知》三集本。

楊復等《浙江藏書樓乙編書目·理學》　《光學須知》一冊。英國傅蘭雅著。鉛印本。

廣學會編《廣學會譯著新書總目·電學》　《光學須知》。光之爲用，奇妙莫名。光之來源，不一其端。日爲衆陽之宗，其光特甚。恆星遙處天空，光遠而微。月與行星，本自無光，藉日光回照，亦入人之眼。他若熱極發光，化合生光，電掣成光，北曉散光，無非光也。是書而爲初學入門始基，閱者由此深求，不難精造矣。一本。價洋八分。

光理淺說

徐樹蘭《古越藏書樓書目·學部·光學》　《光理淺說》一卷。英傅蘭雅。《格致彙編》本。

量光力器圖説

梁啓超《西學書目表・光學》　《量光力器圖説》。傅蘭雅，趙元益。《格致彙編》本。

顧述廬《通學書籍考・光學類》　《量光力器圖説》一卷。《格致彙編》本。英傅蘭雅譯。

趙惟熙《西學書目答問・藝學・光學》　《量光力器圖説》。一冊。英傅蘭雅譯，趙元益述。《格致彙編》本。

徐維則等《增版東西學書録・光學》　《量光力器圖説》一卷。《格致彙編》本，一冊。《西學大成》本。英傅蘭雅譯。此器爲英國格致家克羅克司所創。書中論量光與光力之理，并言造器之法。精乎此，於測算之學又加一等功力矣。

徐樹蘭《古越藏書樓書目・學部・光學》　《量光力器圖説》一卷。英傅蘭雅。《格致彙編》本。

光學入門

徐維則等《增版東西學書録・光學》　《光學入門》一卷。《格物入門》七種本。美丁韙良譯。一論光性，二論回光，三論折光，四論視理，五論光色，六論器。所述諸説，皆透發妙理。雖近來新理日出，其大要已不外此。

徐樹蘭《古越藏書樓書目・學部・光學》　《光學入門》一卷。美丁韙良。《格物入門》本。

光學測算

徐維則等《增版東西學書録・光學》　《光學測算》一卷。同文館《格物測算》七種本。美丁韙良著。凡三章。第一章論光性，第二章論返光，第三章論折光。亦設爲問答，繪圖衍式，演題附題，與《力學測算》同例。

徐樹蘭《古越藏書樓書目・學部・光學》　《測算光學》一卷。美丁韙良。《格物入門》本。

光學揭要

梁啓超《西學書目表・光學》　《光學揭要》。赫士，朱葆琛。益智書會本。一本。四角。

顧述廬《通學書籍考・光學類》　《光學揭要》二卷。益智會本。美敎士赫士譯，高密朱葆琛述。是書分上、下卷，共七章。

趙惟熙《西學書目答問・藝學・光學》　《光學揭要》。一冊。英赫士譯，朱葆琛述。益智書會本。

徐維則等《增版東西學書録・光學》　《光學揭要》二卷。益智書會本，一冊。登州文會館本。美赫士譯，朱葆琛述。西人光學新理，日出不窮，然大致皆備於此。後附論然根光，即近年所創照骨之法。此書所説，猶未完具。

徐樹蘭《古越藏書樓書目・學部・光學》　《光學揭要》二卷。美赫士譯，朱葆琛述。光緒二十四年美華書館本。

楊復等《浙江藏書樓乙編書目・理學》　《光學揭要》一冊。美國赫士譯，高密朱葆琛述。美華書舘鉛印本。

格　影

徐維則等《增版東西學書録・光學》　《格影》一卷。《求是報》本。英亞克母雷低著，陳壽彭譯。有形有光，然後有影。西人深測夫影之遠近、濃淡、全分，以驗光力，復推光與影相射之理，以明眼中之小血管相通。書中粗言其理，足以知西人辨影之大略。

化學部

論述

丁韙良《西學考略·西學源流》 晉唐之際，有希臘、羅馬人僑寓埃及者，得悉煉丹之術。自中華、印度傳至。後各國每出燒煉名家，其丹雖未成，竟造諸多有用之藥，物理因之闡明。至乾隆時，丹家秘術成爲儒者之學，名之曰希密，即化學也。遂與丹術分立，實爲格致之大宗。

康有爲《日本書目志·橫文化學類序》 造化、神化、變化，道莫尊於化矣。凡百學，皆由化學也；凡百器用製作之精，皆由化學爲之也。化學能析之，能合之，能離之，能亂之，以一物爲數物，以數物爲一物，錯綜參合，代化工矣。吾製造局亦譯化學書，但不如日本之詳且施之學校也。觀其問題、試驗、普通、分析之學，駸駸乎逼泰西矣。

又《分析書類序》 韓信將兵，多多益善。朱子謂其善用分數。一尺之棰，削之而無盡，點綫之體析之而無窮，分析是爲治之要道哉！

梁啓超《西學書目表附録·讀西學書法》 化學莫要於試驗，故置器爲第一義。

趙惟熙《西學書目答問·藝學·化學》 化學者，考察萬物之質性，分之而得純一之原質，合之而成蕃變之品彙，與格致之事相參。格致其功，化學其用，一則順物之性以深入，一則毀物之性以顯出，事異而理無殊也。

綜述

亦乞昔兒燒丹爐火

王士點《元秘書監志》卷七《回回書籍》 《亦乞昔兒燒丹爐火》八部。

又《司天監》 《伊納克齊燒丹爐火》八部。

化學初階

梁啓超《西學書目表·化學》 《化學初階》。嘉約翰。廣州刻本。四本。一元。即《化學鑑原》，譯文不佳。

顧述廬《通學書籍考·化學類》 《化學初階》二卷。廣州刻本，《西學大成》本。美嘉約翰譯，羊城何瞭然述。附圖八十有二。

趙惟熙《西學書目答問·藝學·化學》 《化學初階》。四冊。美嘉約翰譯，何瞭然述。廣州本。以上二書，即《化學鑑原》原本。蓋西書一經繙譯，其文法遂判若天壤，故譯筆最要，亦最難。

徐維則等《增版東西學書録·化學》 《化學初階》二卷。博濟醫局刊本，四冊。《西學大成》本。美嘉約翰譯，何瞭然述。是書前二卷與《鑑原》同出一本，後二卷亦與《分原》大同小異。雖譯例不同，逐節考證，互相發明，偶有疑難，取兩本對讀之，較省心力。

徐樹蘭《古越藏書樓書目·學部·化學》 《化學初階》四卷。美嘉約翰譯，何瞭然述。同治九年博濟醫局刻本。

廣學會編《廣學會譯著新書總目·化學》 《化學初階》。四本。價洋一元五角。

化學鑑原

梁啓超《西學書目表·化學》　《化學鑑原》。傅蘭雅，徐壽。製造局本。四本。五百六十。以下三書，合成一書。

又《附録·讀西學書法》　《化學鑑原》與《續編》、《補編》合爲一書，《化學考質》、《化學求數》合爲一書譯出之，化學書最有條理者也。廣州所譯《化學初階》，同文館所譯《化學闡原》，聞即《化學鑑原》云。西文本同一書，而譯出之文懸絶若此，誠可異也。徐仲虎語余，是書同時尚有敎會亦譯出一本。蓋並時而有四本云。《初階》譯筆甚劣，幾難索解，可不讀。

顧述盧《通學書籍考·化學類》　《化學鑑原》六卷。《補編》六卷。製造局本。英韋而司撰，英傅蘭雅譯，無錫徐壽述。是書專論化成之物，如氣質、流質、金石之類。《補編》英蒲陸山撰，譯述人同。

丁仁《八千卷樓書目·藝術類·雜技》　《化學鑑原》六卷。英韋而司撰。刊本。

趙惟熙《西學書目答問·藝學·化學》　《化學鑑原》。四冊。《續編》。六冊。《補編》。六冊。英蒲陸山撰，英傅蘭雅譯，徐壽述。製造局本。

徐維則等《增版東西學書録·化學》　《化學鑑原》六卷。製造局本，四冊。《富強叢書》本。英韋而司著，英傅蘭雅譯，徐壽述。其書凡四百十節，專論化成類之質，於原質論其形性、取法、試法及各變化，並成何雜質，變而無垠，小而無內，皆能確言其義理。中譯化學之書，殆以此爲善本。《彙編二》有《原質化合愛力大小説》，可參觀。

徐樹蘭《古越藏書樓書目·學部·化學》　《化學鑑原》六卷。英韋而司。英傅蘭雅譯，徐壽述。《富強叢書》本。

《上海格致書院藏書樓書目·東西學書·化學》　《化學鑑原》。英韋而司。英傅蘭雅，無錫徐壽。六卷。四本。製造局本。

楊復等《浙江藏書樓乙編書目·理學》　《化學鑑原正編》四冊。英國傅蘭雅譯，無錫徐壽述。江南製造局刻本。

陳洙《江南製造局譯書提要·化學》　《化學鑑原》六卷。英國韋爾司撰，傅蘭雅口譯，金匱徐壽筆述。所以鑑別原質，無機化學之首務也。第一卷：論理原質之西名及記號。第二卷：養氣；輕氣；淡氣；綠氣。第三卷：碘；溴；弗；氣；硫；硒；碲；燐；砷；硼砂；矽；炭。第四卷：鉀；鈉；鋰；鏭；鉫；淡輕；鋇；鏓；鈣；鎂；鉛；鉻；鋯；釷；鈦；鉺；鉽；鍩；鋃；鏑；土屬。第五卷：銕；鋼；熟銕附；錳；鉻；鈷；鎳；鋅；鎘；銦；鉛；錫；銅；鉍；鈾；釩；鎢；鉏；鐟；鉬；鈮；銻；鉺。第六卷：汞；銀；黃金；鉑；鈀；鋉；銤；鈣；銥。

化學鑑原續編

梁啓超《西學書目表·化學》　《化學鑑原續編》。傅蘭雅，徐壽。製造局本。六本。八百。

顧述盧《通學書籍考·化學類》　《化學鑑原續編》二十四卷。《西學大成》本。英蒲陸山撰，英傅蘭雅譯，無錫徐壽述。是書專論生長之物，如草木飛走之類，故名《鑑原續編》，所以別前書也。

丁仁《八千卷樓書目·藝術類·雜技》　《化學鑑原續編》二十四卷。英蒲六山撰。刊本。

徐維則等《增版東西學書録·化學》　《化學鑑原續編》二十四卷。製造局本，六冊。《西學大成》本。《富強叢書》本。英蒲陸山著，英傅蘭雅譯，徐壽述。書中專詳生長類之質。首論含衰之質，次論蒸煤、蒸木所得之質，次論油、酒、粉、糖、醋等質性，以至動物變化，植物生長等，各盡其理。

徐樹蘭《古越藏書樓書目·學部·化學》　《化學鑑原續編》二十四卷。英蒲陸山。英傅蘭雅譯，徐壽述。製造局本，《富強叢書》本。

《上海格致書院藏書樓書目·東西學書·化學》　《化學鑑原續編》。英蒲陸山。英傅蘭雅，無錫徐壽。二十四卷。六本。製造局本。

楊復等《浙江藏書樓乙編書目·理學》　《化學鑑原續編》六冊。英國傅蘭雅譯，無錫徐壽述。江南製造局刻本。

化學鑑原補編　附體精分劑

梁啓超《西學書目表・化學》　《化學鑑原補編》。傅蘭雅，徐壽。製造局本。六本。一千。

丁仁《八千卷樓書目・藝術類・雜技》　《化學鑑原補編》六卷。附一卷。不著撰人名氏。刊本。

徐維則等《增版東西學書録・化學》　《化學鑑原補編》六卷。附《體積分劑》一卷。製造局本，六冊。《富強叢書》本。英蒲陸山著，英傅蘭雅譯，徐壽述。書刊於光緒五年，以補《鑑原》之不及。其一、二、三、四卷，論非金類質。五、六卷，論金質類。所論原質，亦六十有四，惟較《鑑原》爲詳。附卷論體積分劑，亦極詳細。《彙編二》有欒學謙譯《論燐質》，可參觀。

徐樹蘭《古越藏書樓書目・學部・化學》　《化學鑑原補編》六卷。附《體積分劑》一卷。英蒲陸山。英傅蘭雅譯，徐壽述。製造局本。《富強叢書》本。

《上海格致書院藏書樓書目・東西學書・化學》　《化學鑑原補編》。英蒲陸山。英傅蘭雅，無錫徐壽。六卷附卷一。八本。製造局本。

楊復等《浙江藏書樓乙編書目・理學》　《化學鑑原補編》六冊。英國傅蘭雅譯，無錫徐壽述。江南製造局刻本。

陳洙《江南製造局譯書提要・化學》　《化學鑑原補編》六卷，附一卷。撰人失名。英國傅蘭雅口譯，無錫徐壽筆述。有圖二百六十。論金類、非金類各種原質，闡發無遺。附卷論體積分劑，亦極精碻，足以補《鑑原》之缺。第一卷至第四卷，論非金類質性，凡十五種：養、輕、淡、炭、硒、矽、硫、硒、碲、燐、鉮、弗、綠、溴、碘。第五卷至第六卷，論金類質性，凡四十九種：鍶、銣、鉀、鈉、鋰、鋇、鍶、鈣、鎂、鋁、鉛、鋯、釷、鈦、鉺、鉽、錯、鋃、鏑、鈮、鋅、鎳、鈷、鐵、錳、鉻、鎘、鈾、鋼、鉬、鈊、鉛、鉛、錫、鐟、鉭、鈅、鎢、釩、銻、汞、銀、金、鉑、鈀、銠、釕、銖、鉢。

化學指南

梁啓超《西學書目表・近譯未印各書・化學》　《化學指南》。畢利干。同文館。已佚。

顧述盧《通學書籍考・化學類》　《化學指南》。原刻本，石印本。法畢利幹著。是書大而軍火電光，小而日用戲玩，凡化學一切應用物料之性情、形質、輕重、造法、用法，分門別類，設爲問答，逐一詳述。又恐學者購藥不便，另列《中西文名目表》附於卷末。

丁仁《八千卷樓書目・藝術類・雜技》　《化學指南》八卷。法畢利幹撰。活字板本。

徐維則等《增版東西學書録・化學》　《化學指南》十卷。同文館本，上海石印本。法畢利幹譯。前六卷論金、非金類交感之理，後四卷論生物化學。書中多設答問，其體例如《格物入門》。

楊復等《浙江藏書樓乙編書目・理學》　《化學指南》十六冊。法國畢利幹著。鉛印本。

化學闡原

梁啓超《西學書目表・化學》　《化學闡原》。畢利干。同文館本。十六本。二兩四錢。難讀。

又《附録・讀西學書法》　《闡原》所譯原質材料各名，與製造局所定之名不同。其發凡皆見於前此所譯《化學指南》一書。指南與《闡原》合爲一書，猶《鑑原》之有《續編》、《補編》也。今《指南》已佚，《闡原》遂不可讀。然《指南》、《闡原》所定之名，如鑭鐵等類，皆杜撰可笑。視製造局之取羅馬字母第一音而加金石偏旁，以示識別，其精審不逮遠矣。《闡原》等書譯在《鑑原》之後，乃不從其所定之名，以致其書不可讀，亦譯者之陋也。

顧述盧《**通學書籍考·化學類**》　《化學闡原》。同文館本。法畢利干著。是書所譯原質材料各名，與製造局所定之名不同。其發凡皆見於前此譯《化學指南》一書。《指南》與《闡原》合爲一書，猶《鑑原》之有續編也。《西學通考》。

趙惟熙《**西學書目答問·藝學·化學**》　《化學闡原》。十六冊。英畢利干譯。同文館本。

徐維則等《**增版東西學書録·化學**》　《化學闡原》十五卷。同文館本，十六冊。法畢利幹譯，承霖王鍾祥述。畢氏既譯《指南》，復譯此以續之。蓋《指南》論化合之理，此書詳化分之法。化學中法文譯本，祇此兩種。此外製造局譯本，皆英文也。論體例名目，則譯英與譯法者不相謀。論學問階級，則《鑑原》及《續編》、《補編》爲入手功夫，《分原》、《考質》、《求數》、《闡原》爲精深地步。學者拾級而上，得英、法文兩種譯本攷證之，較爲詳審。

化學分原

梁啓超《**西學書目表·化學**》　《化學分原》。傅蘭雅，徐建寅。製造局本。二本。三百。

顧述盧《**通學書籍考·化學類**》　《化學分原》八卷。《西學大成》本。英蒲陸山撰，英傅蘭雅譯，無錫徐建寅述。

丁仁《**八千卷樓書目·藝術類·雜技**》　《化學分原》八卷。英蒲六山撰。刊本。

趙惟熙《**西學書目答問·藝學·化學**》　《化學分原》。八卷，訂二冊。英蒲陸山撰，英傅蘭雅譯，徐建寅述。製造局本。

徐維則等《**增版東西學書録·化學**》　《化學分原》八卷，附表。製造局本，二冊。《西學大成》本。英蒲陸山著，英傅蘭雅譯，徐建寅述。專言原質化分之法，爲考質學最簡之本。與《考質》相生法稍有出入，可以參核同異。下卷略及求數，後載金類結成表，化分表，試驗各質表，預備物質細目，與《初階》後二卷相似。

徐樹蘭《**古越藏書樓書目·學部·化學**》　《化學分原》八卷，附表。英蒲陸山。英傅蘭雅譯，徐建寅述。製造局本。

《**上海格致書院藏書樓書目·東西學書·化學**》　《化學分原》。英蒲陸山。英傅蘭雅，無錫徐壽。八卷。二本。製造局本。

楊復等《**浙江藏書樓乙編書目·理學**》　《化學分原》二冊。英國傅蘭雅譯，無錫徐建寅述。江南製造局刻本。

陳洙《**江南製造局譯書提要·化學**》　《化學分原》八卷。英國蒲陸山撰，傅蘭雅口譯，無錫徐建寅筆述。凡十七章，三百三十三節，有圖五十九，表十二。逐節發明化分試驗之法，學者與《化學考質》參觀，可以會通。第一卷：總論；製造玻璃各器。第二卷：試驗已知之物；試驗未知之物。第三卷：論簡質；無金類狀之質；有金類狀之質；水内消化之質；消化於淡水之質；消化於酸水之質。第四卷：論繁質；辨證繁質；水消化之質。第五卷：消化於淡水之質；消化於酸水之質。第六卷：考數條目；考驗重數設例。第七卷：論製合材料；論材料之用辨美惡之法；製合材料簡法。第八卷：附表。

化學考質

梁啓超《**西學書目表·化學**》　《化學考質》。傅蘭雅，徐壽。製造局本。六本。一千。以下二書合成一書。

顧述盧《**通學書籍考·化學類**》　《化學考質》八卷。德富里西尼烏司著，英傅蘭雅譯，無錫徐壽述。末附表。

趙惟熙《**西學書目答問·藝學·化學**》　《化學考質》。六冊。德富里西尼烏司撰，英傅蘭雅譯，徐壽述。製造局本。

徐維則等《**增版東西學書録·化學**》　《化學考質》八卷附表。製造局本，六冊。德富里西尼烏司著，英傅蘭雅譯，徐壽述。書分四類：一、化分功夫並器具。二、化分藥料並用法。三、化分之質遇藥料之變化。四、化分各事。依類排列其考驗各物，定其爲何原質所成。無論簡質、繇質、不知之物，條分縷析，大意與《分原》略同而加詳焉。

徐樹蘭《古越藏書樓書目・學部・化學》　《化學考質》八卷附表。德富里西尼烏司。英傅蘭雅譯，徐壽述。製造局本。

《上海格致書院藏書樓書目・東西學書・化學》　《化學考質》。德富里西尼烏司。英傅蘭雅，六合汪振聲。八卷。六本。製造局本。

楊復等《浙江藏書樓乙編書目・理學》　《化學考質》六冊。英國傅蘭雅譯，無錫徐壽述。江南製造局刻本。

陳洙《江南製造局譯書提要・化學》　《化學考質》八卷。普國富里西尼烏司撰，英國傅蘭雅口譯，無錫徐壽筆述。凡二百五十三章，有圖四十七，末附以表。書分四大綱：一、化分之工夫器具。二、化分之藥料用法。三、化分之質藥料之變化。四、化分之各事。依次排列，縷析條分，本考質之理與法，發揮盡致，視《化學分原》尤爲詳細。

化學求數　附求數便用表

梁啓超《西學書目表・化學》　《化學求數》。傅蘭雅，徐壽。製造局本。十四本。二千。即《考質》之續編。

顧述廬《通學書籍考・化學類》　《化學求數》十五卷。附《求數便用表》一卷。《富強叢書》本。德富里西尼烏司著，英傅蘭雅譯，無錫徐壽述。

趙惟熙《西學書目答問・藝學・化學》　《化學求數》。十四冊，附表。德富里西尼烏司撰，英傅蘭雅譯，徐壽述。製造局本。是書即《考質》之續編。《考質》於各物之原質及何物聚何原質而成，縷晰條分，推闡頗詳。此編於各物中求其原質之實數，以考知化合化分之法，立論更屬精密，習化學者最要之本。

徐維則等《增版東西學書録・化學》　《化學求數》十五卷。附《求數便用表》一卷。製造局本，十四冊。《富強叢書》本。德富里西尼烏司著，英傅蘭雅譯，徐壽述。即《考質》之續編。專求輕重體積之數。或爲原質所分析者，則於所分各求其數。或兩質合而爲一者，則以比例求其數，與夫變換之質性，化合之形狀。蓋化學之理，原憑求數，所求愈工，其理愈密。學者宜細心讀之。後附來以折數，推算原質，皆燦若列眉。

徐樹蘭《古越藏書樓書目・學部・化學》　《化學求數》十五卷。附《求數便用表》一卷。德富里西尼烏司。英傅蘭雅譯，徐壽述。製造局本。

《上海格政書院藏書樓書目・東西學書・化學》　《化學求數》。德富里西尼烏司。英傅蘭雅，無錫徐壽。十六卷。十四本。製造局本。

楊復等《浙江藏書樓乙編書目・理學》　《化學求數》十四冊。英國傅蘭雅譯，無錫徐壽述。江南製造局刻本。

陳洙《江南製造局譯書提要・化學》　《化學求數》十五卷。附《表》一卷。德國富里西尼烏司撰，英國傅蘭雅口譯，無錫徐壽筆述。凡二百七十六章，有圖一百八十六。數分二綱，一輕重，一體積求數。其求數，亦分二綱，一求和合之質數，一求化合之質數。求數之法，就原質所分之數，剖析求之易；舉雜質所合之數，比例求之難。所求愈精，所得愈準。無求數之法，則化分之事徒然。此事可爲《考質》之續，進一步之工夫也。

化學易知

梁啓超《西學書目表・化學》　《化學易知》。傅蘭雅。益智書會本。一本。二角五分。

顧述廬《通學書籍考・化學類》　《化學易知》。益智書會本。英傅蘭雅著。

趙惟熙《西學書目答問・藝學・化學》　《化學易知》。一冊。英傅蘭雅輯。益智書會本。

徐維則等《增版東西學書録・化學》　《化學易知》二卷。益智書會本，一冊。英傅蘭雅著。

化學須知

顧述廬《通學書籍考・化學類》　《化學須知》一冊。《格致須知》本。英傅蘭雅輯。是書撮其要略，分列六章，皆論化成類之質。即死物質，尙有生長類之質，玆不贅及。本書《序》。

徐維則等《增版東西學書録・化學》《化學須知》一卷。《格致須知》初集本，一册。英傅蘭雅輯。專論化成類質之大概，不及生長類原質。是書與羅氏《啓蒙》同出一本，譯者稍異其文。

徐樹蘭《古越藏書樓書目・學部・化學》《化學須知》一卷。英傅蘭雅。《格致須知》初集本。

廣學會編《廣學會譯著新書總目・化學》《化學須知》。古有鍊丹術士鎔冶金石，鍛鍊藥物，或冀得長生不死之丹，或貪求黄白致富之術，因而踵事爐火，代不乏人。此化學之所由起也。及至推考日深，事理愈明，雖古人所求不可得，然於民生利益良有以也。蓋化學一道，爲用甚溥。以之養身，可壯筋骨。以之製藥，足療病源。是化學與丹術，本雖同而功實異。循天地自然之變化而化，察庶物，足識造化之玄機，以化學之不可以不講求也。一册。價洋八分。

原質化合愛力大小説

徐樹蘭《古越藏書樓書目・學部・化學》《原質化合愛力大小説》一卷。英傅蘭雅。《格致彙編》本。

取鋁漸廣

徐樹蘭《古越藏書樓書目・學部・化學》《取鋁漸廣》一卷。英傅蘭雅。《格致彙編》本。

化學啓蒙

趙惟熙《西學書目答問・藝學・化學》《化學啓蒙》。一册。英艾約瑟譯。税務司本。在《西學啓蒙》十六種中。是書製造局亦有譯本。

徐樹蘭《古越藏書樓書目・學部・化學》《化學啓蒙》一卷。英艾約瑟譯。《西學啓蒙》本。

徐維則等《增版東西學書録・化學》《化學啓蒙》一卷。《西學啓蒙》本，一册。英艾約瑟譯。化學之大要，不外乎火、風、水、地。此書專論四物之若何助長，含若何原質，並論金類、非金類，後論測驗。所得諸理，最爲精要。中附習問數十則，專爲考課童蒙而設。

化學啓蒙

顧述廬《通學書籍考・化學類》《化學啓蒙》。原印本，《西學大成》本。英國化學師羅斯古纂，美國林樂知、海鹽鄭昌棪同譯。

徐維則等《增版東西學書録・化學》《化學啓蒙》一卷。製造局刻《格致啓蒙》四種本，上海石印四種本，《西學大成》本。英羅斯古著，美林樂知譯，鄭昌棪述。言化學者，宜從是書及《化學入門》、《化學須知》入手，然後讀《鑑原》諸書，方爲有序。後列試問二十二則，即本書綱領。

徐樹蘭《古越藏書樓書目・學部・化學》《化學啓蒙》一卷。英羅斯古。美林樂知譯，鄭昌棪述。製造局《格致啓蒙》四種本。

化學入門

顧述廬《通學書籍考・化學類》《化學入門》。西醫厚美安著。是書論極簡略，意亦暢明。以火、氣、水、土四行爲大綱，與《化學須知》局勢大同小異，而圖乃西印，較爲精細。《格致彙編》。

徐維則等《增版東西學書録・化學》《化學入門》一册。廣州刊本。泰西美安著。以火、氣、水、土四行爲大綱，與《化學須知》體例略同。詞意簡顯，最便初學。圖乃西印，較爲精細。

化學入門

徐維則等《增版東西學書録・化學》　《化學入門》一卷。《格物入門》七種本。美丁韙良輯。此書亦論化學之公理，與《重學入門》體例相似。

徐樹蘭《古越藏書樓書目・學部・化學》　《化學入門》一卷。美丁韙良。《格物入門》本。

化學新編

顧述廬《通學書籍考・化學類》　《化學新編》。上海排印洋裝本。西儒福開森著，華儒李天相譯。是書福君於宣揚教鐸之暇，既就金陵創匯文書院，以啓迪中華佳子弟，以其餘力，著爲是編。

徐維則等《增版東西學書録・化學》　《化學新編》一册。光緒丙申金陵滙文書院印本。英福開森著，李天相譯。講化學以考質爲基，譯化學書以定名爲要。書中皆用考定之新名，復旁綴西字，至爲清晰。論生物、死物各質，自取法、收法、性情、功用，一一詳載。後附金類二十六種，酸質十二種，考底質之要，又《試驗金類全法圖》，工商業家不可不讀。

徐樹蘭《古越藏書樓書目・學部・化學》　《化學新編》一册。英福開森。李天相譯。金陵匯文書院洋裝本。

楊復等《浙江藏書樓乙編書目・理學》　《化學新編》一册。福開森、李天相譯。滙文書院鉛印本。

化學初桄

徐維則等《增版東西學書録・化學》　《化學初桄》□卷。《勵學譯編》本。泰西李姆孫著，楊學斌譯。書中試驗設問，於化學之事言之明晰，殊便學者。顧補。

徐樹蘭《古越藏書樓書目・學部・化學》　《化學初桄》三卷。泰西李姆孫。楊學斌譯述。《勵學譯編》本。

化學源流論

徐樹蘭《古越藏書樓書目・學部・化學》　《化學源流論》四卷。泰西方尼司輯，王汝駢譯。光緒二十七年石印本。

《上海格致書院藏書樓書目・東西學書・化學》　《化學源流》。方尼司。烏程王汝駢。四卷。二本。製造局本。

楊復等《浙江藏書樓乙編書目・理學》　《化學源流論》一册。烏程王汝駢譯。江南製造局刻本。

陳洙《江南製造局譯書提要・化學》　《化學源流論》四卷。英國化學師方尼司輯，烏程王汝駢譯述。凡天下之物，莫不以生死兩端爲大關鍵，亦莫不以生死兩端爲大化機。窮則變，變則通，通則久。《易》論如此，化理亦然。化學之法，進而益廣，然定理率未嘗易也。故是書論理不論法。第一卷：天地生物之理；生物化學。第二卷：植物化學。第三卷：動物化學。第四卷：植物與動物相關之理。

化學辨質

廣學會編《廣學會譯著新書總目・化學》　《化學辨質》。一本。價洋五角。

化　學

顧燮光《譯書經眼録・化學》　《化學》一卷。商務印書館洋裝本，一册。

美史砥爾著，中西譯社譯，謝鴻賚鑒定。書凡三章。一、總論，言化學各原質，熱光消化比例，物體組織，有機無機之別。二曰無機化學，言非金、金類、貴金各質之原理。三曰有機化學，則言生物各質之作用。四結論。五問題，將全書前三章編爲問題，以便教科之用。卷首另附《教授要言》。《化原質簡要表》分列原質舊名號，元重考得之期，以便學者考證。據《譯例》言，原書訂正後，出版數十次，美國學塾重之。此譯係正編，另有附卷，分試驗方鹹、定性分析舉要、名目表三類，尚未譯刊。綜觀本書，力袪艱深，以求簡要，故所言頗明晰易曉，洵中學教科化學之善本也夫。

楊復等《浙江藏書樓乙編書目・理學》　《化學》一冊。美國史砥爾著，山陰謝洪賚譯。商務書舘鉛印本。

化學探原

徐樹蘭《古越藏書樓書目・學部・化學》　《化學探原》一卷。范震亞。會文學社本。

顧燮光《譯書經眼録・化學》　《化學探原》一卷。會文學社石印本。美那爾德著，范震亞譯。本書以試驗各類元質、雜質爲主要，故臚舉試驗各類甚詳。蓋探原學分兩種，一探雜質內之元質，二定其函元質多寡。故第一分九類，定各金類於鹽內爲何元質。第二凡三類，則再驗鹽內之酸質，并詳論或負電元質之理焉。

昨年化學界

徐維則等《增版東西學書録・化學》　《昨年化學界》一卷。《亞泉雜志》本。日本物理學校雜志原本，王季點譯。顧補。

理科教本化學礦物編　附化學原質異同表

顧燮光《譯書經眼録・化學》　《理科教本化學礦物編》三卷。附《化學原質異同表》一卷。上海進化譯社洋裝本，一冊。日本櫻井寅之助著，楊國璋譯。是書爲日本弘文書院理化專科講義，經文部省檢定者。凡三編。上編述化學原理，爲本書之本論。中編礦物，即無機化學。下編述有機化學。總計六十章，外結論一章。書中以事實實驗推定、決定四類，闡明化學各理。插附八十餘圖，以資印證。卷末所附《化學原質異同表》一卷，爲陳君石麟所編，蒐羅新譯書甚廣，頗便考核。

中等最新化學教科書

顧燮光《譯書經眼録・化學》　《中等最新化學教科書》二卷，表一卷。教科書輯譯社洋裝本，一冊。日本吉田彥六郎著，何燏時譯。本書上編三十五章，爲無機化學，下編十二章，爲有機化學，皆發明物質能力、化合分解、構成實驗各理。徵以歐洲中等教育之教課程度，而觀察有得者。插圖凡三十六，皆於本書有關者。附《元素週期律表》、《日法度量衡比較表》、《原質名異同表》、《化學器具及藥品價目表》。

楊復等《浙江藏書樓乙編書目・理學》　《中國最新化學教科書》一冊。日本吉田彥六郎著，暨陽何燏時譯。鉛印本。

化學新教科書

顧燮光《譯書經眼録・化學》　《化學新教科書》二卷，表一卷。商務印書館洋裝本，一冊。日本吉田彥六郎著，杜亞泉譯。本書與何氏燏時所譯同，惟較原書間有增補竄改之處。蓋譯者取合近日中國教科之用，故特加以訂

正，其精詣處固未嘗刪去也。且是書初稿，由日本中島端氏譯爲漢文，又經易稿數次，其晰理明審，似較何譯爲善。附錄各類，除《週期律表》、《中法度量衡比較法》、《合質名目表》三類，餘皆爲何譯所無。

楊復等《浙江藏書樓乙編書目・理學》 《中國化學新教科書》一冊。山陰社亞泉譯。商務書館鉛印本。

近世化學教科書

徐樹蘭《古越藏書樓書目・學部・化學》 《近世化學教科書》三卷。日本大幸勇。樊炳清譯。湖北農務學堂本。

無機化學

廣學會編《廣學會譯著新書總目・化學》 《無機化學》。山西大學堂教習瑞典新常富君之講義，爲化學實驗書之最佳者。兩冊。價洋一元。

化學新書

顧燮光《譯書經眼錄・化學》 《化學新書》一冊。上海啓文社洋裝本。徐有成譯。是書以實驗爲主，故於各元素化分各理，言極詳明而多新法。中附圖六十八，亦足發明。卷末附列器械品數、藥品重量，皆本書實驗時所必備。

普通實驗化學

楊復等《浙江藏書樓乙編書目・理學》 《普通實驗化學》一冊。日本三澤力太郎講述。鉛印本。

最新實驗化學教科書

楊復等《浙江藏書樓乙編書目・理學》 《最新實驗化學教科書》一冊。上元張修爵編譯。鉛印本。

化學定性分析

徐維則等《增版東西學書錄・化學》 《化學定性分析》□卷。《亞泉雜志》本。普通學書室原印本，一冊。日本下山順一郎校閲，平野一貫、河村汪編，亞泉學館譯。斯書爲日本有名之化學書。編纂之時，取俄國某府大學校排依魯所著之書爲標準，旁採諸家之書，參互考訂。其宗旨實導生徒實習考質之法。書分二章。上章選擇鹽類中常用之物，分別試驗，以示各本質、配質相感之性，名曰「考質分試法」。下章則示以考質相生之法，名曰「考質相生法」。顧補。

楊復等《浙江藏書樓乙編書目・理學》 《定性分析》一冊。日本平野一貫、河村汪著。鉛印本。

實用分析術

楊復等《浙江藏書樓乙編書目・理學》 《實用分析術》一冊。鎮海虞和欽、虞和寅譯。鉛印本。

化學材料名目表

梁啓超《西學書目表・化學》 《化學材料名目表》。傅蘭雅。製造局

本。一本。一角五分。中西文並列，最要。

顧述盧《通學書籍考・化學類》　《化學材料中西名目表》一冊。不著撰人名氏。是表於同治九年在江南製造總局繙譯《化學鑑原》、《續編》、《補編》時所作。原意祇將此表附於本書之後，但因陸續加入別種化學書内之名目，冀其用處更覺寬廣。本書《序》。

趙惟熙《西學書目答問・藝學・化學》　《化學材料名目表》。一冊。英傅蘭雅輯。製造局本。中西文並列，易於檢察。

徐維則等《增版東西學書録・化學》　《化學材料中西名目表》一冊。製造局本。《富強叢書》本。英傅蘭雅編。表成於同治九年，在江南製造局繙譯《化學鑑原續編》、《補編》時所作，故爲《鑑原》諸書之鈐鍵。惟此譯尚仍舊名，於近譯諸書無所用處。

徐樹蘭《古越藏書樓書目・學部・化學》　《化學材料中西名目表》一冊。英傅蘭雅編。製造局本。《富強叢書》本附《補編・體積分劑》後。

《上海格致書院藏書樓書目・東西學書・化學》　《化學表》。二卷。二卷。製造局本。

楊復等《浙江藏書樓乙編書目・理學》　《化學表》一冊。闕名。江南製造局譯刻本。

陳洙《江南製造局譯書提要・化學》　《化學材料中西名目表》一卷。繙譯《化學鑑原》、《續編》、《補編》時所作，極有用。惟化學日異月新，名目亦日益繁多，以後尚須續增也。

化學原質新表

徐維則等《增版東西學書録・化學》　《化學原質新表》□卷。《亞泉雜志》本。杜亞泉譯。表中以原點重率序次，皆近世名家核定之最正確者，以便與化學週期律相對。按斯表所列原質七十六種，舊有譯名者六十三種，未有舊名者十三種，皆近時所得之新原質也。顧補。

化學週期律

徐維則等《增版東西學書録・化學》　《化學週期律》一卷。《亞泉雜志》本。虞欽和譯。週期律爲近來新得之學理，向來譯書中未曾述及。亞泉學館揭録《化學原質新表》，其序次悉依原點重率，以冀與週期律相核證焉。顧補。

化學器

梁啓超《西學書目表・化學》　《化學器》。傅蘭雅。《格致彙編》本。二本。四百。極要。

又《附録・讀西學書法》　《格致彙編》中有《化學器》一篇，《格致・釋器》有單行本。初學必須之器略具矣，其價亦備列。

顧述盧《通學書籍考・化學類》　《化學器》。《格致彙編》本，在《格致釋器》中。英傅蘭雅輯譯。是書於初學必須之器略具矣，其價値亦備列。

趙惟熙《西學書目答問・藝學・化學》　《化學器》。一冊。在《格致釋器》中。

徐維則等《增版東西學書録・化學》　《化學器》二卷。《格致彙編》本，在《格致釋器》中。英傅蘭雅輯。化學以置器試驗爲第一義，是書爲倫敦各里分格致器行所造必須之器，約分二十一類，共有一千餘圖，可謂繁備。材料價値亦備列。《彙編》一有《化學器具説》，可參觀。

徐樹蘭《古越藏書樓書目・學部・化學》　《化學器》一卷。英傅蘭雅。《格致彙編》本。

化學器具説

徐樹蘭《古越藏書樓書目・學部・化學》　《化學器具説》一卷。英傅

蘭雅。《格致彙編》本。

簡易炭酸定量器使用法

徐樹蘭《古越藏書樓書目・學部・化學》《簡易炭酸定量器使用法》一卷。倫맯氏、職肯德氏。普通學書室譯。《普通學報》本。

天文部

論述

丁韙良《西學考略·西學源流》 天文本於巴庇倫，皆由希臘人而西傳焉。周平王時，有希臘人塔理士者，生於小雅細亞，雅細亞極西海濱。能算日食。時伊本國希臘附庸。與鄰邦搆兵，適值日食，敵兵張皇，本國兵毫無恐懼，遂大捷，因塔氏已預爲之言也。襄王時，有希臘人畢他固拉者，游歷雅細亞各處，得聞釋家之論，旋設教，禁人食肉，蓋惑於輪廻之說也。弦方等於勾股兩方之和理，由畢氏而創，足見有功於算學。至以日居中而地（即行星）旋繞之說，亦由畢氏創之。彼時人未之信，越二千餘年，至明弘治間，有日耳曼即德意志。人哥白尼者申論，畢氏之說始得行世，後天文家無不信從，著爲定論，不復有疑意矣。聞漢時有張衡者，著地動一說，其義未得其詳。倘謂日靜而地動，則與畢氏之說暗合，不約而同。西方初不從畢氏，東方亦不從張氏，蓋兩界之天文家其術未能精到，其理未能深通，皆以目所見者爲憑。目見日之出沒而謂其不動，則似難信；湖海非有風則不起波，而謂地運行甚疾，亦屬難信。其理與人之知覺相拂，無怪其流傳之不廣也。況以地靜舊說推算日月食等事，亦可無誤，如人過牖外，其影入，映於壁，影雖反行，亦得測其遲速不誤。因而執之益固。然各行星之運動目固得見之，惟水、火、金、木、土諸星各爲世界，與地球相似，亦均繞日而行，而獨謂地不然，實有未合。若謂地靜，不但須太陽動，亦必須渾天運行，實不如以日靜並天靜，而地球與行星同歸一類，其理簡而易明。地動可以驗之法：以稱錘用二三丈之綫懸之，令正南北擺搖，俄頃必見其偏於東北西南，因地之運動故也。至明末萬曆間，有日耳曼人格布萊者，創行星三綱之說：一、各行星軌道皆爲橢圓，而以日居一心；一、星之運行雖有遠近遲速，帶綫每時所過面積恆等；一、各星周行日期之平方，均與日距之立方正比。二氏之說既著，三光各得其所，動靜合宜，運行不紊。然運行恃以何力，世尚未悉。清初有英國人奈端一作牛董。崛起，生於明崇禎時。此理乃明。相傳奈氏見蘋果墜地，因思何以下墜而不上飛，是必有故。於是推得吸力一作攝力。相引之理。蓋萬物莫不具此力，惟按質之重輕互爲吸引。質之小者被移多，故見蘋果動而墜地，因被地力所吸也。地與各行星之繞日，亦因被日所吸；其吸而不墜者，因直行與下墜二力相稱，故不離不毗，而環繞焉。月之繞地亦然。奈氏推得，力之大小按遠近自乘反比。如物距地心加倍，其重不過四分之一。由此而推各星之輕重與質之疏密，無不可得。奈氏於天文、格致等學更舊推新者無數，而功莫大於發明吸力之一端。因吸力爲重學之根本，無之則天文、格致等學均虛薄而無憑矣。乾嘉間，法國有拉布拉瑟者，創論三光之原。自古習天文者屈指難數，而功至偉者，莫如哥氏、奈氏、拉氏三人。哥氏以日居中，於是恆星、均類日。行星均類地球。均有序而不紊。奈氏以吸力之理闡明，因知大小遠近，其運行如索之維繫。然太陽何以居中，行星何以旋繞，大者何以有小者隨之，運行方向何以均同，太陽何以居其所而自轉，種種精奧，雖經古聖先賢探討，尚未得其眞詮。至拉氏出，始有端倪。同時日耳曼有性理家干德者，曾論其理，惟不如拉氏之詳備也。按拉氏之說，太初之時，天地未判，茫茫空際，惟有熱氣充塞其間。此氣漸涼漸縮而微動，動即轉，如水之灌於器而旋，愈縮其轉愈速。混元之皮凝結，分離而成一球，仍自運行，是爲最遠之行星。就今日論之即海王星。混元復縮，而皮復離，成爲第二行星。即天王星。其土、木、火各星亦如此依次而生。後混元又分而生地，亦行星。在日地之間又有金、水二星，其成形亦復如是。混元層層以次去皮而漸縮，所餘惟水星軌道之中，即太陽也。其圓周九百萬里，二十五日一轉。將來或復縮去皮而再生行星，亦未可定。地球初生，亦清虛如空氣，既縮其皮，分而成月。地外各大行星，莫不有數月隨之。其月自大星而出，亦皆此理。按：火星有二月，木星有四月，土星有八月。拉氏之說，其初世未之信，今經八十年，而天文學士無不從之，皆視爲造化之踪跡顯然可據。其尤可證者，五星之運行同一方向，一也；太陽同向而自轉，二也；地與大星有月隨之，三也。行星之遠者運行較慢，與太陽漸近漸速，四也；因氣漸縮而旋漸速，乃重學自然之理。地中有火，五也。足見本爲熱氣，漸涼而縮，各行星亦如是。因熱有光，涼而遂失，然借太陽返照。惟木星本光尚存少許。據天文家云，其體熱如冶紅之鐵。拉氏之說，其理尚有未盡。蓋空中之元氣本熱，其熱自何而生，則不之解。日星之光，亦不能知其由來。惟英國有茹里者，其人尚在。三十年前闡明以力生熱之理，以力生熱之理，

美國倫甫氏曾思及之，其說未備。並查其定率，方知斤重之物下墜七十丈，能令斤水生熱一度。嗣諸國論及者遂衆。蓋物動遇阻，其動力即易爲熱氣，熱甚則發光，理固易明。舉此以補前說之不足，則原質既動而凝結，自應生火。愈凝而愈熱，故地中之火即係此故，太陽之光熱亦莫非此故也。至日星之質，古人不知爲何物，奈氏始謂星雖極遠，不外重學之理，蓋行星運動均按吸力也。後拉氏之說行世，皆以爲日星與地球質相同。謂地之原質，日星多有之，惟因熱甚，化而爲氣耳。數十年來，有以分光鏡德國人吉爾赫所創。察日星之質者，不但知行星與地球相似，並知恆星與太陽亦相似。分光鏡羣見《中西聞見錄選編》。天文之學如此逐漸而精，越數千年方臻美備，不但一國之人不能獨成，即有攻於此學者，若不借助於測算格化諸學，亦不能探造化之妙諦。蓋上古之世，釐定歲時莫不恃算學推步天文；自奈氏後，莫不以重學發明天文；今則用光學、化學以引伸之。

康有爲《**日本書目志·曆書類序**》　天文書甚略也。日本近改用俄曆，然是建丑。泰西以冬至後十日爲歲首，是建子，仍不出孔子之三正也。緬甸建四月，馬達加斯加建九月，今皆滅矣。天下無出三正外者，信乎孔子之制遠也。

又《**氣象學類序**》　太史《天官書》曰：「凡望雲氣，仰而望之，三四百里；平望，在桑榆上，千餘里二千里；登高而望之，下屬地者三十里雲氣各象其山川人民所積聚，故候息耗者，入國邑，視封疆田疇之正治，城郭室屋門戶之潤澤，次至車服畜產精華。實息者吉，虛耗者凶。望氣固吾中國舊學哉，今絕矣，然幸而絕耳。吾田疇不治，城郭門閭、宮廟邸第枯槀，人民車服、畜產禽獸、魚鱉鳥鼠、倉府廄庫虛耗，四通之路穢塞，鬼哭若呼其人逢俉，豈有郁郁紛紛之喜氣耶！蓋陰陽之精氣本之地生，人呼吸其氣，與之相通，積百產萬物，與精氣騰踤相化。治國物產豐盈繁息，城郭、倉庫、宮室潤澤，則徵氣祥實。此《春秋》所以記異也，牧民者亦可以震動矣。日本猶存之。

趙惟熙《**西學書目答問·藝學·天學**》　中國言天學最早，羲和而後，代有專家，然大致均主天動地靜之說，西國亦然。至歌白尼，乃創爲新編，謂地球與行星同是繞日而行。後之爲此學者，漸得確證，信從益多，遂若定論矣。蓋其測量之器日精，推步之法日密，故立說亦非盡誣。學者但求其是，不必有中西之見存乎中也。

總論分部

綜述

談天

梁啓超《**西學書目表·天學**》　《談天》。偉烈亞力，李善蘭，徐建寅。製造局重刻本。四本。七百。最精善。

又《**附録·讀西學書法**》　《談天》初譯成，在上海墨海書局發印。冊大將徑尺，圖表朗明，紙刻精絕。今坊間無此本矣。製造局本有徐仲虎補譯《談天》一書。必通算學，明測量，乃能卒業。其稍易明曉者，則有《天文圖說》、《天文揭要》二書。《圖說》之圖，精妙可喜。《揭要》則多新法，常有校正《談天》之誤者。《揭要》爲登州文會印本。

劉鐸《**古今算學書録·天文**》　《談天》十八卷，附表。英侯失勒撰。李善蘭、偉烈亞力同譯，徐建寅續譯。咸豐己未上海墨海活字本，江南製造局本。

馮澂《**算學考初編·天文類·西洋附**》　侯失勒約翰《談天》十八卷。存。

顧述廬《**通學書籍考·天學類**》　《談天》十八卷，附表一卷。製造局重刻本，石印本太小。英侯失約原本，英偉烈亞力譯，海寧李善蘭刪述，無錫徐建寅續述。是書皆主地動及橢圜立說。此二者之故不明，此書難讀。《西學通考》。

趙惟熙《**西學書目答問·藝學·天學**》　《談天》。十八卷，附表，訂四冊。英侯失勒約翰撰，英偉烈亞力譯，李善蘭述，徐建寅續述。製造局本。

徐維則等《增版東西學書録・天學》《談天》十八卷，附表一卷。咸豐己未上海墨海書局大字本。製造局重刻本，四冊。《富强叢書》本。石印本。英侯失勒約翰著，英偉烈亞力譯，李善蘭删述，徐建寅續述。西人談天，善求其故。故歌白尼知地球與五星皆繞日，刻白爾知五星與月之道皆爲橢圜，奈端又以爲皆重學之理，由是論定。而中國舊説，更覺無謂矣。是書專主地動及橢圜立説，非通算明測量者不能讀。原本皆准倫敦經度，今改用順天經度，計里亦改用中里。又後列諸表，皆便讀者。製造局中有英傅蘭雅、賈步緯譯《恒星經緯表》一冊，未出。

徐樹蘭《古越藏書樓書目・學部・天文算學》《談天》十八卷附表一卷。英侯失勒約翰。英偉烈亞力譯，李善蘭删述，徐建寅續述。製造局重刻本，《富强叢書》本，光緒二十七年日新社石印本。

《上海格致書院藏書樓書目・東西學書・天學》《談天》。英侯失勒。海寧李善蘭。英偉烈亞力。無錫徐建寅。十八卷。三本。活印本。

楊復等《浙江藏書樓乙編書目・理學》《譚天》四冊。英國偉烈亞力譯，無錫徐建寅述。江南製造局刻本。

陳洙《江南製造局譯書提要・天學》《談天》十八卷，附表。英國侯失勒撰，偉烈亞力口譯，海寧李善蘭删述，無錫徐建寅續述。論天文者，以刻白爾橢圖之理與奈端繞重心之理爲最精，故此書幾全據此理立説，以論太陽及各行星推測之法，洵爲天學之要書也。第一卷：論地。第二卷：命名。第三卷：測量之理。第四卷：地學。第五卷：天圖。第六卷：日躔。第七卷：月離。第八卷：動理。第九卷：諸行星。第十卷：諸月。第十一卷：彗星。第十二卷：攝動。第十三卷：橢圖諸根之變。第十四卷：逐時經緯度之差。第十五卷：恆星。第十六卷：恆星新理。第十七卷：星林。第十八卷：曆法。

劉錦藻《清續文獻通考・經籍考・天文》《談天》十八卷，附表一卷。偉烈亞力、李善蘭譯。偉烈亞力見《史部・政書類・考工》。善蘭字壬叔，號秋紉，浙江海寧人。官三品卿銜戶部郎中。臣謹案，是書英國侯失勒約翰撰。分爲十八章。發明地與行星繞日而月繞地即繞其重心之理，軌道並爲橢圓，歷時等，則所過面積亦等。又證以距日立方與周時平方之比例，恆星之光行差，地道之半徑，視差而地之繞日愈明。證以彗星軌道，雙星相繞，皆合橢圓，而地與五星之行，橢圓愈明，可謂善求其故。其論橢圓諸根之變逐時經緯度之差，推理尤深，誠爲天學之鉅作。原本於年、月、日、時，皆用西國法，準英京倫敦經度。譯改中國法，準順天經度，以便讀者。

天文略論

梁啓超《西學書目表・近譯未印各書・天文》《天文略論》。同文館。未印。

劉鐸《古今算學書録・天文》《天文略論》卷。譯署同文館本。

天文啓蒙

劉鐸《古今算學書録・天文》《天文啓蒙》一冊。英艾約瑟撰。《西學略述》十六種本。

趙惟熙《西學書目答問・藝學・天學》《天文啓蒙》。七卷，訂一冊。英艾約瑟譯。税務司本。在《西學啓蒙》十六種中。是書製造局亦譯有一本，曰《天學啓蒙》，大同小異。

徐維則等《增版東西學書録・天學》《天文啓蒙》七卷首一卷。《西學啓蒙》本，一冊。英艾約瑟著。論地球、日月星行動之眞迹，次論方位，次論推測，專取淺顯之理，以罕譬之，詳於駱書而課蒙尤便。《彙編四》有英羅亨利譯《潮汐致日漸長論》，又《七》有《答日距地遠近論》，可參觀。

徐樹蘭《古越藏書樓書目・學部・天文算學》《天文啓蒙》七卷。英艾約瑟。《西學啓蒙》本。

天文啓蒙

劉鐸《古今算學書録・天文》《天文學啓蒙》一卷。英駱克優纂，鄭昌

棪、林樂知同譯。《格致啓蒙》本，《西學大成》本。

徐維則等《增版東西學書録·天學》 《天文啓蒙》一卷。製造局刻《格致啓蒙》四種本。上海石印四種本。《西學大成》本名《天學啓蒙》。英駱克優著，美林樂知譯，鄭昌棪述。第一章論地球並地球之動，第二章論月並月之動，第三章論太陽所屬天穹諸星，第四章論日，第五章論恆星，第六章論分晝天穹之用，第七章論日月諸星行次亘古不紊。所言簡明易曉，確有至理，爲啓悟初學要書。

徐樹蘭《古越藏書樓書目·學部·天文算學》 《天文啓蒙》一卷。英駱克優。美林樂知譯，鄭昌棪述。製造局《格致啓蒙》四種本。

劉錦藻《清續文獻通考·經籍考·天文》 《天文啓蒙》一卷。林樂知、鄭昌棪譯。樂知，美國人。

天文圖説

梁啓超《西學書目表·天學》 《天文圖説》。庫嘉立，薛承恩。益智書會本。一本。七角。圖極精美，説亦簡明。

劉鐸《古今算學書録·天文》 《天文圖説》一冊。薛承恩、庫嘉立同譯。益智書會本。

顧述廬《通學書籍考·天學類》 《天文圖説》四卷。益智書會本。英天文士柯雅各撰，庫嘉立、薛承恩同譯。是書凡五十二章，簡明易學。卷一論日月並行星之次第，卷二論天文撮要，卷三論天空異象，卷四論天空星宿。外有大圖四幅，細繪天文之形勢，較前之天文更爲詳悉。

趙惟熙《西學書目答問·藝學·天學》 《天文圖説》。四卷，附圖表，訂一冊。美摩嘉立、薛承恩同譯。益智會本。書中附圖四張，以西法印出，形色俱極精緻。

徐維則等《增版東西學書録·天學》 《天文圖説》四卷。益智書會本，一冊。美柯雅各著，美摩嘉立、薛承恩同譯。一卷論日月幷各行星之次，末附《八星日月度里表》。二卷論天文圖撮要，三卷論天空異象，四卷論天空星宿。簡要便讀，圖在每卷之首，極爲精美。

徐樹蘭《古越藏書樓書目·學部·天文算學》 《天文圖説》四卷。美柯雅各。美摩嘉立譯，薛承恩述。光緒九年益智書會刻本。

《上海格致書院藏書樓書目·東西學書·天學》 《天文圖説》。英摩嘉立。薛承恩。四卷。一本。益智書會木印本。

楊復等《浙江藏書樓乙編書目·理學》 《天文圖説》一冊。美國摩嘉立、薛承恩譯。益智書會鉛印本。

廣學會編《廣學會譯著新書總目·天文》 《天文圖説》。附五彩四張，一冊。價洋九角。

天文淺説

梁啓超《西學書目表·近譯未印各書·天文》 《天文淺説》。薛承恩。已印。

顧述廬《通學書籍考·天學類》 《天文淺説》一冊。美國薛承恩著。是書理明義簡，童蒙易學。

天文須知

劉鐸《古今算學書録·天文》 《天文須知》一冊。傅蘭雅撰。《格致須知》本。

顧述廬《通學書籍考·天學類》 《天文須知》一冊。英傅蘭雅著。是書分六章，依次而列。本書《序》。

徐維則等《增版東西學書録·天學》 《天文須知》一卷。《格致須知》初集本，一冊。英傅蘭雅著。但論日月諸星，於測算之法略而不言。後附説用器，亦未備。是書疑即駱氏《啓蒙》，同出一本，惟譯筆略異。

徐樹蘭《古越藏書樓書目·學部·天文算學》 《天文須知》一卷。英傅蘭雅。《格致須知》初集本。

廣學會編《廣學會譯著新書總目·天文》 《天文須知》。人居地面，仰看天空，見朝出而暮入者，日也。時圓而時缺者，月也。光彩點點，如散

珠者，星宿也。而講明日、月、星宿之理者，即天文之學也。明乎此理，則能擴充性靈，增長知慧。考求至精，更有裨於日用。如明此學，可以不信異端，不受邪惑，自能不受其愚。一本。價洋八分。

西國天學源流

梁啓超《西學書目表・天學》　《西國天學源流》。偉烈亞力。上海排印本。在弢園《西學輯存》。

劉鐸《古今算學書録・天文》　《西國天學源流》一卷。清王韜、偉烈亞力同譯。西學輯存六種本。

顧述廬《通學書籍考・天學類》　《西國天學源流》。上海排印本，在《西學輯存》中。英偉烈亞力著。

徐維則等《增版東西學書録・天學》　《西國天學源流》一卷。上海排印本，在弢園《西學輯存》中。英偉烈亞力譯，王韜述。皆講求天學家舊說。所載之人見於阮氏《疇人傳》者，祇七人。此書籍可補其闕略。

徐樹蘭《古越藏書樓書目・學部・天文算學》　《西國天學源流》一卷。英偉烈亞力譯，王韜述。弢園《西學輯存》本。

天文揭要

梁啓超《西學書目表・天學》　《天文揭要》。赫士，朱葆琛。益智書會本。二本。七角五分。有新説，補《談天》所未備。

劉鐸《古今算學書録・天文》　《天文揭要》二卷。清周文原、美赫士同譯。美華書館鉛印本。

馮澂《算學考初編・天文類・西洋附》　赫士《天文揭要》二卷。存。

顧述廬《通學書籍考・天學類》　《天文揭要》。益智書會本。美教士赫士譯，高密朱葆琛述。是書多新法，且校正《談天》之誤。

趙惟熙《西學書目答問・藝學・天學》　《天文揭要》。二冊。英赫士譯，朱葆琛述。益智會本。

徐維則等《增版東西學書録・天學》　《天文揭要》二卷。益智書會本，二冊。登州文會館本。美赫士譯，周文源述。書多新説，足以校正談天之誤者。其大旨假諸器以步諸曜之經緯，爲天文用學。證諸耀之攝力與行向，爲天文力學。論諸耀之形勢體質，爲天文體學。末列雜問、圖表。書從路密司書補闕拾遺而成，甚爲詳密。同文館譯有《天文略論》，未印出。

徐樹蘭《古越藏書樓書目・學部・天文算學》　《天文揭要》二卷。美赫士譯，周文源述。光緒二十四年美華書館第四次排印本。

楊復等《浙江藏書樓乙編書目・理學》　《天文揭要》二冊。美國赫士譯，蓬萊周文源述。美華書館鉛印本。

廣學會編《廣學會譯著新書總目・天文》　《天文揭要》。二大冊。價洋九角。

天文初階

楊復等《浙江藏書樓乙編書目・理學》　《天文初階》一冊。美國赫士譯，萊陽劉榮桂述。美華書舘鉛印本。

天文略解

顧述廬《通學書籍考・天學類》　《天文略解》二卷。京都匯文書院印本。美國李安德著，劉海瀾訂。

徐維則等《增版東西學書録・天學》　《天文略解》二卷。光緒二十二年滙文書院排印本，一冊。美李安德著，美劉海瀾訂。前卷記各國言天文之源流，稍略。後卷記日月、地球、日會、五星、諸行星、小星、日月食、天王海王二星、飛星、慧星、黃道光、潮汐。皆採集諸書而成，頗詳備。

劉錦藻《清續文獻通考・經籍考・天文》　《天文略解》二卷。李安德撰，劉海瀾譯。安德，美國人。臣謹案，李安德爲匯文書院天文教習，以天

學書籍皆奥衍難明，學者未有善本，乃撮舉天學書之綱領，附以所見，分別說明。圖說淺顯，其增入小注多涉天學精理，足以啓學者之悟解。

最新天文圖志

廣學會編《廣學會譯著新書總目・天文》　《最新天文圖志》。爲天文書之善本，如最近測獲情女小行星及新原質之名「氙」者，皆爲是書所發見。圖釋精美，詞旨雅達。英國希特原著。洋裝一冊，價洋三元五角。

天文新編

廣學會編《廣學會譯著新書總目・天文》　《天文新論》。一大冊。價洋一元二角。

混沌說

徐樹蘭《古越藏書樓書目・學部・東西洋格物學》　《混沌說》一卷。英傅蘭雅。《格致彙編》本。

天體測量分部

婆羅門天文經

《隋書・經籍志・天文》　《婆羅門天文經》二十一卷。婆羅門捨仙人所說。

鄭樵《通志・藝文略・天文類・天竺國天文》　《婆羅門天文經》二十一卷。婆羅門捨仙人說。

婆羅門竭伽仙人天文說

《隋書・經籍志・天文》　《婆羅門竭伽仙人天文說》三十卷。

鄭樵《通志・藝文略・天文類・天竺國天文》　《婆羅門竭伽仙人天文說》三十卷。

婆羅門天文

《隋書・經籍志・天文》　《婆羅門天文》一卷。

鄭樵《通志・藝文略・天文類・天竺國天文》　《婆羅門天文》一卷。

文殊菩薩所說宿曜經

王堯臣等《崇文總目・曆數類》　《文殊菩薩所說宿曜經》一卷。釋不空譯。

鄭樵《通志・藝文略・天文類・雜星歷》　《文殊菩薩所說宿曜經》一卷。唐廣智三藏不空譯。

宿　曜

鄭樵《通志・藝文略・天文類・天竺國天文》　僧不空譯《宿曜》二卷。

秘占術

鄭樵**《通志・藝文略・天文類・天竺國天文》**　西門俱摩羅《祕占術》一卷。

大定露膽訣

鄭樵**《通志・藝文略・天文類・天竺國天文》**　一行《大定露膽訣》一卷。

《宋史・藝文志・五行類》　《大定露膽訣》一卷。

都利聿斯經

王堯臣等**《崇文總目・曆數類》**　《都利聿斯經》二卷。釋璩公譯。

《新唐書・藝文志・曆算類》　《都利聿斯經》二卷。貞元中，都利術士李彌乾傳自西天竺，有璩公者，譯其文。

鄭樵**《通志・藝文略・天文類・雜星歷》**　《都利聿斯經》二卷。本梵書五卷。唐貞元初，有都利術士李彌乾將至京師，推十一星行歷，知人命貴賤。

《宋史・藝文志・天文類》　《都利聿斯經》一卷。

又**《五行類》**　《聿斯都利經》一卷。

新修聿斯四門經

王堯臣等**《崇文總目・曆數類》**　《新修聿斯四門經》一卷。陳輔修撰。

《新唐書・藝文志・曆算類》　陳輔《聿斯四門經》一卷。

鄭樵**《通志・藝文略・天文類・雜星歷》**　《新修聿斯四門經》一卷。唐待詔陳輔重修。

《宋史・藝文志・天文類》　《聿斯四門經》一卷。

又**《五行類》**　《聿斯四門經》一卷。

都利聿斯訣

王堯臣等**《崇文總目・曆數類》**　《都利聿斯訣》一卷。安修睦撰，關子明注。

鄭樵**《通志・藝文略・天文類・雜星歷》**　《都利聿斯歌訣》一卷。安修睦撰，關子明注。

《宋史・藝文志・曆算類》　關子明注《安修睦都利聿斯訣》一卷。

聿斯經訣

《宋史・藝文志・五行類》　《聿斯經訣》一卷。

聿斯鈔略旨

王堯臣等**《崇文總目・曆數類》**　《聿斯鈔略旨》一卷。

鄭樵**《通志・藝文略・天文類・雜星歷》**　《聿斯鈔略旨》一卷。

聿斯隱經

鄭樵**《通志・藝文略・天文類・雜星歷》**　《聿斯隱經》一卷。

《宋史・藝文志・五行類》《聿斯隱經》三卷。

又《曆算類》《聿斯隱經》一卷。

都利聿斯大衍書

鄭樵《通志・藝文略・天文類・雜星歷》羅濱《都利聿斯大衍書》一卷。

聿斯都利要旨

《宋史・藝文志・曆算類》《聿斯都利要旨》一卷。

速瓦里可瓦乞必星纂

王士點《元秘書監志》卷七《回回書籍》《速瓦里可瓦乞必星纂》四部。

又《司天監》《松阿里阿爾齊巴星纂》四部。

撒非那諸般法度纂要

王士點《元秘書監志》卷七《回回書籍》(元鈔本)《撒非那諸般法度纂要》十二部。

又《司天監》《薩爾斡諸般法度纂要》十二部。

阿堪決斷諸般災福

王士點《元秘書監志》卷七《回回書籍》《阿堪決斷諸般災福》□部。

又《司天監》《阿堪訣斷諸般災福》闕部。

藍木立占卜法度

王士點《元秘書監志》卷七《回回書籍》《藍木立占卜法度》□部。

又《司天監》《拉木立占卜法度》闕部。

麻塔合正災福正義

王士點《元秘書監志》卷七《回回書籍》《麻塔合正災福正義》□部。

又《司天監》《瑪塔爾立災福正義》闕部。

密阿辨認風水

王士點《元秘書監志》卷七《回回書籍》《密阿辨認風水》二部。

又《司天監》《默哷辨認風水》二部。

福剌散相書

王士點《元秘書監志》卷七《回回書籍》 《福剌散相書》一部。

又《司天監》 《佛琳散相》一部。

明譯天文書

楊士奇等《文淵閣書目・陰陽》 《天文書》。一部，二冊。闕。《天文書》。一部，二冊。闕。

乾坤體義

錢謙益《絳雲樓書目・曆算類》 《乾坤體義》。

錢曾《述古堂藏書目・天文》 利瑪竇《乾坤體義》二卷。二本。

《四庫提要・天文算法類一》 《乾坤體義》二卷。兩江總督採進本。明利瑪竇撰。利瑪竇，西洋人。萬曆中航海至廣東，是爲西法入中國之始。利瑪竇兼通中西之文，故凡所著書，皆華字華語，不煩譯釋。是書上卷，皆言天象。以人居寒煖爲五帶，與《周髀》七衡說略同；以七政恆星天爲九重，與《楚辭・天問》同；以水、火、土、氣爲四大元行，則與佛經同。佛經所稱地、水、風、火，地即土，風即氣也。至以日、月、地影三者定薄蝕，以七曜地體爲比例倍數，日月星出入有映蒙，則皆前人所未發。其多方罕譬，亦復委曲詳明，下卷皆言算術。以邊線、面積、平圜、橢圜互相容較，亦足以補古方田少廣之所未及。雖篇帙無多，而其言皆驗諸實測，其法皆具得變通，可謂詞簡而義賅者。是以《御製數理精蘊》多採其說而用之。當明季曆法乖舛之餘，鄭世子載堉、邢雲路諸人雖力爭其失，而所學不足以相勝。自徐光啓等改用新法，乃漸由疎入密。至本朝而益爲推闡，始盡精微。則是書固亦大輅之椎輪矣。

王韜《泰西著述考》 利瑪竇《乾坤體義》三卷。

劉鐸《古今算學書録・天文》 《乾坤體義》三卷。明利瑪竇撰。明釋廣湊校刊本，明萬曆年余永寧重刊本。

馮澂《算學考初編・天文類・西洋附》 利瑪竇《乾坤體義》三卷。存。

丁仁《八千卷樓書目・天文算法類》 《乾坤體義》二卷。明西洋利瑪竇撰。抄本。

渾蓋通憲圖說

趙琦美《脈望館書目・大西人著述》 《渾蓋通憲圖說》一本。

錢謙益《絳雲樓書目・曆算類》 《渾蓋通憲圖說》。

錢曾《述古堂藏書目・天文》 《渾蓋通憲圖說》二卷二本。抄。

黃虞稷《千頃堂書目・天文類》 李之藻《渾蓋通憲圖說》二卷。

《明史・藝文志・天文類》 李之藻《渾蓋通憲圖說》二卷。

沈初等《浙江採集遺書總録・天文術算類》 《渾蓋通憲圖說》二卷。刊本。右明仁和李之藻輯。自序云：全圖爲渾，割圜爲蓋。《渾儀》語天而弗該厚載，《周髀》兼地而見束地圓。以渾詮蓋，蓋乃始明，以蓋佐渾，渾乃始備。崔靈恩以渾蓋爲一義，而器測蔑〔聞〕，說亦莫考，故爲此書。憲者，法也，謂其法相通也。

《四庫提要・天文算法類一》 《渾蓋通憲圖說》二卷。兩江總督採進本。明李之藻撰。之藻有《頖宮禮樂疏》，已著録。是書出自西洋簡平儀法。蓋渾天與蓋天皆立圓，而簡平則繪渾天爲平圓，則渾天爲全形。人目自外還視，蓋天爲半形；人目自內還視，而簡平止於一面，則以人目定於一處而直視之之所成也。其法設人目於南極或北極，以視黃道、赤道及晝長、晝短諸規，憑視線所經之點，歸界於一平圓之上。次依各地北極出地以視，法取天頂及地平之周，仍歸界於前平圓之內。次依赤道經緯度以視，法取七曜恆星，亦歸界於前平圓之內。其視法以赤道爲中圈，赤道以內愈近目，則圈愈

大而徑愈長；赤道以外愈遠目，則圈愈小而徑愈短。之藻取晝短規爲最大圈，乃自南極視之，晝短規近目而圈大。其意以爲中華之地北極高，凡距北極百一十三度半以内者，皆在其大圈内也。卷首總論儀之形體。上卷以下，規晝度分時刻及制用之法。後卷諸圖，咸根柢於是。梅文鼎嘗作《訂補》一卷，其説曰：渾蓋之器，以蓋天之法代渾天之用，其製見於《元史》扎瑪魯鼎原作扎馬魯丁，今改正。所用儀器中，竊疑爲《周髀》遺術流入西方，然本書黄道分星之法尚闕其半，故此器甚少，蓋無從得其制也。兹爲完其所闕，正其所誤，可以依法成造云云。又有《璇璣尺解》一卷，皆足與此書相輔而行。以已見文鼎書中，兹不復贅焉。

張之洞《書目答問・天文算法》 《天學初函器編》：《渾蓋通憲圖説》二卷。明李之藻。又守山閣本。

王韜《泰西著述考》 利瑪竇《渾蓋通憲圖説》二卷。

劉鐸《古今算學書録・天文》 《渾蓋通憲圖説》二卷。明李之藻撰。《天學初函二編》本，《守山閣叢書》本。

丁仁《八千卷樓書目・天文算法類》 《渾蓋通憲圖説》二卷。明李之藻撰。守山閣本。

簡平儀説

黄虞稷《千頃堂書目・天文類》 《簡平儀説》一卷。熊三拔。

《明史・藝文志・天文類》 熊三拔《簡平儀説》一卷。

《四庫提要・天文算法類一》 《簡平儀説》一卷。兩江總督採進本。明西洋人熊三拔撰。據卷首徐光啓序，蓋嘗參證於利瑪竇者也。大旨以視法取渾圓爲平圓，而以平圓測量渾圓之數也。凡名數十二則，用法十三則。其法用上、下兩盤。天盤在下，所以取赤道經緯，故有兩極線、赤道線、節氣線、時刻線。地盤在上，所以取地平經緯，故有天頂，有地平，有高度線，有地平分度線。皆設人目自渾體外遠視，其正對大圓爲平圓，斜倚於内者爲橢圓，當圓心者爲直線。其與大圈平行之距等小圈，亦皆爲直線。地盤空其半圓，使可合視。二盤中挾樞紐，使可旋轉。用時依其地北極出地平高度，安定二盤，則赤道、地平兩經緯交錯分明，凡節氣、時刻、高度、偏度，皆可互取其數。天盤用方版，上設兩耳表以測日影。地盤中心繫墜線，以視度分。立用之，可以得太陽高弧度。既得太陽高弧，則本時諸數亦皆可取。蓋是儀寫渾於平，如取影於燭，雖云借象，而實數出焉。弧三角以量代算之法，實本於此。今復推於測量，法簡而用捷，亦可云數學之利器矣。

張之洞《書目答問・天文算法》 《天學初函器編》：《簡平儀》一卷。明熊三拔。又守山閣本。

王韜《泰西著述考》 熊三拔《簡平儀》。

劉鐸《古今算學書録・天文》 《簡平儀説》一卷。明熊三拔撰。《天學初函二編》本，《守山閣叢書》本。

丁仁《八千卷樓書目・天文算法類》 《簡平儀説》一卷。明西洋熊三拔撰。守山閣本。

表度説

錢謙益《絳雲樓書目・曆算類》 《表度説》。

黄虞稷《千頃堂書目・天文類》 利瑪竇《表度説》一卷。

《明史・藝文志・天文類》 利瑪竇《表度説》一卷。

《四庫提要・天文算法類一》 《表度説》一卷。兩江總督採進本。明萬曆甲寅，西洋人熊三拔撰。三拔有《泰西水法》，已著録。是書大旨言表度起自土圭，今更創爲捷法，可以隨意立表。凡欲明表景之義者，先須論日輪周行之理，及日輪大於地球比例。彼法別有全書，此復舉其要略，分爲五題。一謂日輪周天上向天頂，下向地平，其轉於地面俱平行，故地體之景亦平行。一謂地球在天之中，若令地球不在天中，則在地之景必不能隨日周轉，且遲速不等矣。今春秋二分，日輪六時在地平上爲晝，六時在地平下爲夜，非在正中而何？一謂地小於日輪，從日輪視地球，止於一點，若令地非一點，則隨在地面不得見天體之半，必上半恆小，下半恆大，而爲半地之厚所礙矣。一謂地本圓體，故一日十二辰更疊互見，如正向日之處得午時，其正背日之處得子時，處其東三十度得未時，處其西三十度得巳時。若以地

爲方體，則惟對日之下者其時正，處左處右者必長短不均矣。一謂表端爲地心，凡立表取景，必於兩平面之上求得兩種景：其一立表平面上，與地平成直角，其所得景，直景也，如山岳、樓臺、樹木等景在地平者是也。其一横表之景，倒景也，如向日有牆，於其平面横立一表於地平爲平行者是也。末言表式、表度幷節氣時刻推算之法，繪畫日晷術，皆具有圖説，指證確實。夫立表取影以知時刻節氣，本曆法中之至易至明者。然非明於天地之運行，習於三角之算術，則不能得確準。是時地圓地小之説初入中土，駭聞而駭之者甚衆。故先舉其至易至明者，以示其可信焉。

張之洞《書目答問・天文算法》《天學初函器編》：《表度説》一卷。明熊三拔。

王韜《泰西著述考》 熊三拔《表度説》。

劉鐸《古今算學書録・天文》《表度説》一卷。明熊三拔撰。《天學初函二編》本。

丁仁《八千卷樓書目・天文算法類》《表度説》一卷。明西洋熊三拔撰。抄本。

天問略

錢謙益《絳雲樓書目・曆算類》《天問略》。

黄虞稷《千頃堂書目・天文類》 利瑪竇《天問略》一卷。

《明史・藝文志・天文類》 利瑪竇《天問略》一卷。

《四庫提要・天文算法類一》《天問略》一卷。兩江總督採進本。明萬曆乙卯西洋人陽瑪諾撰。是書於諸天重數、七政部位、太陽節氣、晝夜永短、交食本原、地形麤細、蒙氣映漾、曚影留光，皆設爲問答，反覆以明其義。末載曚影刻分表，幷詳解晦朔、弦望、交食淺深之故。亦皆具有圖説，指證詳明。與熊三拔所著《表度説》次第相承，淺深相繫，蓋互爲表裏之書。前有陽瑪諾自序，舍其本術而盛稱天主之功，且舉所謂第十二重不動之天爲諸聖之所居，天堂之所在，信奉天主者乃得升之，以歆動下愚。蓋欲借推測之有驗，以證天主堂之不誣，用意極爲詭譎。然其考驗天象，則實較古法爲善。今置其荒誕售欺之説，而但取其精密有據之術，削去原序，以免熒聽。其書中間涉妄謬者，刊除則文義或不相續，姑存其舊，而闢其邪説如右焉。

張之洞《書目答問・天文算法》《天學初函器編》：《天問略》一卷。明陽瑪諾。又《珠塵》本。

王韜《泰西著述考》 陽瑪諾《天問略》。此書曾刻在《藝海珠塵》中。

劉鐸《古今算學書録・天文》《天問略》一卷。明葡萄牙陽瑪諾撰。明萬曆己卯刊本，《天學初函二編》本，乾象典本，《藝海珠塵》本。

馮澂《算學考初編・天文類・西洋附》 陽瑪諾《天問略》三卷。存。

丁仁《八千卷樓書目・天文算法類》《天問略》一卷。明西洋陽瑪諾撰。《藝海珠塵》本。

測量法義　測量異同　句股義

趙琦美《脈望館書目・大西人著述》《測量法義》一本。

錢謙益《絳雲樓書目・曆算類》《測量法義》。《句股義》。

錢曾《述古堂藏書目・曆法》 利瑪竇《測量法義》一卷。

黄虞稷《千頃堂書目・天文類》 利瑪竇《勾股義》一卷。又《測量法義》一卷。又《測量異同》一卷。

《明史・藝文志・天文類》 利瑪竇《勾股義》一卷。《測量法義》一卷。熊三拔《測量異同》一卷。

《四庫提要・天文算法類一》《測量法義》一卷。《測量異同》一卷。《句股義》一卷。兩江總督採進本。明徐光啓撰。首卷演利瑪竇所譯，以明句股測量之義。首造器，器即《周髀》所謂矩也。次論景，景有倒正，即《周髀》所謂仰矩、覆矩、臥矩也。次設問十五題，以明測望高深廣遠之法，即《周髀》所謂知高、知遠、知深也。次卷取古法《九章》句股測量，與新法相較，證其異同，所以明古之測量法雖具，而義則隱也。然測量僅句股之一端，故於三卷，則專言句股之義焉。序引《周髀》者，所以明立法之所自來，而西術之本於此者，亦隱然可見。其言李冶廣句股法爲《測圓海鏡》，

已不知作者之意。又謂欲說其義而未遑，則是未解立天元一法，而謬爲是飾說也。古立天元一法，即西借根方法。是時西人之來，亦有年矣，而於冶之書猶不得其解，可以斷借根方法必出於其後也。三卷之次第，大略如此，而其意則皆以明《幾何原本》之用也。蓋古法鮮有言其義者，即有之，皆隨題講解。歐邏巴之學，其先有歐几里得者，按三角方圓，推明各數之理，作書十三卷，名曰《幾何原本》。按後利瑪竇之師丁氏續爲二卷，共十五卷。自是之後，凡學算者，必先熟習其書。如釋某法之義，遇有與《幾何原本》相同者，第註曰見《幾何原本》某卷某節，不復更舉其言。惟《幾何原本》所不能及者，始解之。此西學之條約也。光啓既與利瑪竇譯得《幾何原本》前六卷，竝欲用是書者依其條約，故作此以設例焉。其《測量法義序》云：「法而系之義也，自歲丁未始也。曷待乎？於時《幾何原本》之六卷，始卒業矣，至是而傳其義也。」可以知其著書之意矣。

張之洞《書目答問・天文算法》　《天學初函器編》：《測量法義》一卷。明徐光啓。又海山仙館本，《指海》本。《測量異同》一卷。明徐光啓。海山仙館本，《指海》本。《天學初函器編》：《勾股義》一卷。明徐光啓。又海山仙館本，《指海》本。

王韜《泰西著述考》　利瑪竇《測量法義》。利瑪竇《勾股義》。

丁仁《八千卷樓書目・天文算法類》　《測量法義》一卷。《測量異同》一卷。《句股義》一卷。明徐光啓撰。海山仙館本。

測天約說

王韜《泰西著述考》　鄧玉函《測天約說》二卷。

劉鐸《古今算學書録・天文》　《測天約說》二卷。明徐光啓、鄧玉函同譯。《新法曆書》本，《重訂新法曆書》本，乾象典本，曆法典本。

徐維則等《增版東西學書録・東西人舊譯著書》　鄧玉函《測天約說》二卷。明徐光啓同撰。《新法算書》本。《重訂新法曆書》本，《圖書集成・象典》本，又《曆法典》本。

測天約說

王韜《泰西著述考》　湯若望《測天約說》二卷。

梁啓超《西學書目表・通商以前西人譯著各書》　湯若望《測天得說》二卷。《新法算書》本。《四庫》著録。

測量全義

周中孚《鄭堂讀書記・天文算法類》　《測量全義》十卷。《崇禎曆書》本。明西洋羅雅谷撰。雅谷字開韶，歐邏巴人。天啓末年入中國，寓祥符縣。崇禎三年，督修新法，徐光啓奏請録用，赴局供事。《明史・藝文志》載徐光啓《崇禎曆書》注云：《測量全義》十卷。蓋光啓所督修也。是書凡《測直線三角形》一卷，《測線》上、下二卷，《測面》上、下二卷，《測體》一卷，《測曲線三角形》一卷，《測球上大圈》一卷，《測星》一卷，《儀器圖說》一卷。前九卷屬法原，後一卷屬法器。法原者，法之所以然也。法器者，法之所當然也。第一卷之首爲《略說》二十三則，四、五卷之首爲《略說》十三則，猶《幾何原本》例也。夫曆家所重，全在測量。所當測者，略有三事：一曰線測其長短，二曰面測其長短廣狹，三曰體測其長短廣狹厚薄。故繇線而面而體，繇直線而曲線，平面而曲面，方體而圓體。譬之跬步，前步未行，後步不得近也。是測量之全義也。前有序目，備論其各篇之次第云。攷《明志》載其全書凡一百二十六卷，共三十四種。今所見者，僅此一種而已。

王韜《泰西著述考》　羅雅各《測量全義》十卷。

梁啓超《西學書目表・通商以前西人譯著各書》　羅雅谷《測量全義》十卷。《新法算書》本。《四庫》著録。

徐維則等《增版東西學書録・東西人舊譯著書》　羅雅谷《測量全義》十卷。《新法算書》本。

黄赤正球

王韜《泰西著述考》 羅雅各《黄赤正球》一卷。

梁啓超《西學書目表・通商以前西人譯著各書》 羅雅谷《黄赤正球》一卷。《新法算書》本。《四庫》著録。

劉鐸《古今算學書録・天文》 《黄赤正球》一卷。湯若望撰。重訂新法曆書本。

徐維則等《增版東西學書録・東西人舊譯著書》 羅雅谷《黄赤正球》一卷。或標湯若望撰。《重訂新法曆書》本。

黄赤距度表

王韜《泰西著述考》 鄧玉函《黄赤距度表》。

梁啓超《西學書目表・通商以前西人譯著各書》 鄧玉函《黄赤距度表》。

徐維則等《增版東西學書録・東西人舊譯著書》 鄧玉函《黄赤距度表》。

正球升度表

王韜《泰西著述考》 鄧玉函《正球升度表》。

梁啓超《西學書目表・通商以前西人譯著各書》 鄧玉函《正球升度表》。

徐維則等《增版東西學書録・東西人舊譯著書》 鄧玉函《正球升度表》。

赤道南極北極圖

錢曾《述古堂藏書目・曆法》 利瑪竇《赤道南極北極圖》一卷。

測北極出地簡法

徐維則等《增版東西學書録・東西人舊譯著書》 顔家樂《測北極出地簡法》。

測驗紀略

王韜《泰西著述考》 南懷仁《測驗紀略》一卷。

梁啓超《西學書目表・通商以前西人譯著各書》 南懷仁《測驗紀略》一卷。

劉鐸《古今算學書録・天文》 《測驗紀略》一卷。南懷仁撰。

徐維則等《增版東西學書録・東西人舊譯著書》 南懷仁《測驗紀略》一卷。

星系分部

經天該

張之洞《書目答問・天文算法》 《經天該》一卷。明利瑪竇。《珠塵》

本，亦在《高厚蒙求》內。

王韜《泰西著述考》 韜按：利西泰算學書多刻在《海山仙館叢書》中，復有《經天該》一卷刻在《藝海珠塵》。此不載，或經後人采輯成書者也。

梁啓超《西學書目表・通商以前西人譯著各書》 利瑪竇《經天該》一卷。《藝海珠塵》本。

劉鐸《古今算學書録・天文》 《經天該》一卷，附圖。明利瑪竇譯。康熙年梅文鼐刻本，《藝海珠塵》本，《高厚蒙求》本，《西學大成》本。

丁仁《八千卷樓書目・天文算法類》 《經天該》一卷。明西洋利瑪竇撰。《藝海珠塵》本，抄本。

徐維則等《增版東西學書録・東西人舊譯著書》 利瑪竇《經天該》一卷，附圖。康熙間梅文鼐刻本，《藝海珠塵》本，《高厚蒙求》本，《西學大成》本。

周天列宿圖

劉鐸《古今算學書録・天文》 《周天列宿圖》一卷。日耳曼湯若望撰。《重訂新法曆書》本，《庶徵典》本。

徐維則等《增版東西學書録・東西人舊譯著書》 湯若望《周天列宿圖》一卷。《重訂新法曆書》本，《圖書集成・庶徵典》本。

星　圖

王韜《泰西著述考》 湯若望《星圖》。

梁啓超《西學書目表・通商以前西人譯著各書》 湯若望《星圖》。

徐維則等《增版東西學書録・東西人舊譯著書》 湯若望《星圖》。

赤道南北星圖

王韜《泰西著述考》 南懷仁《赤道南北星圖》。

梁啓超《西學書目表・通商以前西人譯著各書》 南懷仁《赤道南北星圖》。

徐維則等《增版東西學書録・東西人舊譯著書》 南懷仁《赤道南北星圖》。

簡平規總星圖

王韜《泰西著述考》 南懷仁《簡平規總星圖》。韜按：《疇人傳》中載其有《西方要記》一卷，《别本坤輿外紀》一卷，《日月交食表》。此竝未見，想猶有所軼歟？

梁啓超《西學書目表・通商以前西人譯著各書》 南懷仁《簡平規總星圖》。

徐維則等《增版東西學書録・東西人舊譯著書》 南懷仁《簡平規總星圖》。

星學發軔　引説

劉鐸《古今算學書録・天文》 《星學發軔》十四卷。《引説》二卷。清熙璋、（英）駱三畏等同譯。譯署同文館本。

徐維則等《增版東西學書録・天學》 《星學發軔》十四卷。《引説》二卷。同文館本。英駱三畏、熙璋同譯。

天文表

劉鐸《古今算學書録·天文》　《天文表》一卷。清熙璋、（英）駱三畏同譯。《星學發軔》譯署同文館本。

日月星問答

廣學會編《廣學會譯著新書總目·天文》　《日月星問答》。乃最淺近之天文學。武昌富師母著。一冊。價洋二分。

三光淺説

《上海格致書院藏書樓書目·東西學書·天學》　《三光淺説》。英革筞。華立熙。三卷。一本。活印本。

廣學會編《廣學會譯著新書總目·天文》　《三光淺説》。而講日月星，淺而易明。華立熙君譯。一本。價洋三角。

日躔表

王韜《泰西著述考》　羅雅各《日躔表》二卷。

梁啓超《西學書目表·通商以前西人譯著各書》　羅雅谷《日躔表》一卷。《新法算書》本。《四庫》著録。

徐維則等《增版東西學書録·東西人舊譯著書》　羅雅谷《日躔表》一卷。或作二卷。明徐光啓同撰。《新法算書》本，《重訂新法曆書》本。

日躔曆指

王韜《泰西著述考》　羅雅各《日躔曆指》一卷。

梁啓超《西學書目表·通商以前西人譯著各書》　羅雅谷《日躔曆指》一卷。《新法算書》本。《四庫》著録。

劉鐸《古今算學書録·天文》　《日躔曆指》四卷。明徐光啓、羅雅谷同譯。《新法曆書》本，重訂本作一卷。《乾象典》本，又《曆法典》本。

徐維則等《增版東西學書録·東西人舊譯著書》　羅雅谷《日躔曆指》四卷。明徐光啓同撰。《新法算書》本。重訂本，作一卷。《圖書集成·乾象典》本，又《曆法典》本。

日躔增五星圖

梁啓超《西學書目表·通商以前西人譯著各書》　羅雅谷《日躔增五星圖》。

劉鐸《古今算學書録·天文》　《日躔增》一卷。明李天經、羅雅谷同譯。《新法曆書》本。

徐維則等《增版東西學書録·東西人舊譯著書》　羅雅谷《日躔增五星圖》一卷。明李天經同撰。《新法算書》本。

日距地遠近論

徐樹蘭《古越藏書樓書目·學部·天文算學》　《日距地遠近論》一卷。貴榮。《格致彙編》本。

月離表

王韜《泰西著述考》 羅雅各《月離表》四卷。

梁啓超《西學書目表・通商以前西人譯著各書》 羅雅谷《月離表》四卷。《新法算書》本。四庫著録。

徐維則等《增版東西學書録・東西人舊譯著書》 羅雅谷《月離表》六卷。明徐光啓同撰。《新法算書》本，《重訂新法曆書》本，作四卷。

月離曆指

王韜《泰西著述考》 羅雅各《月離曆指》四卷。

梁啓超《西學書目表・通商以前西人譯著各書》 羅雅谷《月離曆指》四卷。《新法算書》本。《四庫》著録。

劉鐸《古今算學書録・天文》 《月離曆指》四卷。明徐光啓、羅谷雅同譯。《新法曆書》本，《重訂新法曆書》本，《乾象典》本，又《曆法典》本。

徐維則等《增版東西學書録・東西人舊譯著書》 羅雅谷《月離曆指》四卷。明徐光啓同撰。《新法算書》本，《重訂新法曆書》本，《圖書集成・乾象典》本，又《曆法典》本。

測月新論

徐樹蘭《古越藏書樓書目・學部・天文算學》 《測月新論》一卷。英傅蘭雅。《格致彙編》本。

日躔表　月離表

梁啓超《西學書目表・通商以前西人譯著各書》 戴進賢《日躔表》《月離表》。

徐維則等《增版東西學書録・東西人舊譯著書》 戴進賢《日躔表》，《月離表》。二表列入《御製曆象考成後編》中。乾隆二年，復與徐懋德增補《表解圖説》。

躔離引蒙

楊復等《浙江藏書樓乙編書目・理學》 《躔離引蒙》二冊。南滙賈步緯述。江南製造局刻本。

西域日月交食通軌法

錢謙益《絳雲樓書目・曆算類》 《西域日月交食通軌法》。

西洋測食略

錢謙益《絳雲樓書目・曆算類》 《西洋測食略》。

錢曾《述古堂藏書目・曆法》 《西洋測食略》一卷。

黄虞稷《千頃堂書目・天文類》 《西洋測食略》。

王韜《泰西著述考》 湯若望《測食略》二卷。

梁啓超《西學書目表・通商以前西人譯著各書》 湯若望《測食略》二卷。《新法算書》本。《四庫》著録。

劉鐸《古今算學書録・天文》　《測食略》二卷。湯若望撰。《重訂新法曆書》本，《乾象典》本，《曆法典》本。

徐維則等《增版東西學書録・東西人舊譯著書》　湯若望《測食略》二卷。《重訂新法算書》本，《圖書集成・乾象典》本，又《曆法典》本。

交食表

王韜《泰西著述考》　湯若望《交食表》九卷。

梁啓超《西學書目表・通商以前西人譯著各書》　湯若望《交食表》九卷。《新法算書》本。《四庫》著録。

徐維則等《增版東西學書録・東西人舊譯著書》　湯若望《交食表》七卷。明徐光啓同撰。《新法算書》本，《重訂新法曆書》本作九卷，附《交食圖》，意大利閔明我康熙年修。

交食表用法

梁啓超《西學書目表・通商以前西人譯著各書》　湯若望《交食表用法》。

徐維則等《增版東西學書録・東西人舊譯著書》　湯若望《交食表用法》。

交食曆指

王韜《泰西著述考》　湯若望《交食曆指》七卷。

梁啓超《西學書目表・通商以前西人譯著各書》　湯若望《交食曆指》七卷。《新法算書》本。《四庫》著録。

劉鐸《古今算學書録・天文》　《交食曆指》七卷。明徐光啓、羅谷雅同譯，後三卷明李天經續修。《新法曆書》本，《重訂新法曆書》本，《乾象典》本。

徐維則等《增版東西學書録・東西人舊譯著書》　湯若望《交食曆指》七卷。或標明徐光啓、羅雅谷同撰。後三卷，明李天經續修。《新法算書》本。《重訂新法曆書》本。《圖書集成・乾象典》本。

古今交食考

王韜《泰西著述考》　湯若望《古今交食考》。

梁啓超《西學書目表・通商以前西人譯著各書》　湯若望《古今交食考》一卷。《新法算書》本。《四庫》著録。

徐維則等《增版東西學書録・東西人舊譯著書》　湯若望《古今交食考》一卷。或標明李天經撰。《重訂新法算書》本，《圖書集成・曆法典》本。

交食蒙求

梁啓超《西學書目表・通商以前西人譯著各書》　湯若望《交食蒙求》。

劉鐸《古今算學書録・天文》　《交食蒙求》一卷。明李天經、湯若望譯。《新法曆書》本。

徐維則等《增版東西學書録・東西人舊譯著書》　湯若望《交食蒙求》一卷。明李天經同撰。《新法算書》本。

天步真原

《四庫提要・天文算法類一》　《天步眞原》一卷。浙江汪啓淑家藏本。國朝薛鳳祚所譯西洋穆尼閣法也。鳳祚有《聖學心傳》，已著録。順治中，穆尼閣寄寓江寧，喜與人談算術，而不招人入耶蘇會，在彼教中，號爲篤實君子。鳳祚初從魏文魁游，主持舊法。後見穆尼閣，始改從西學，盡傳其

術，因譯其所説爲此書。其法專推日月交食，中閒繪弧三角圖三：一則有北極出地，有日距赤道，有時刻而求高弧。一則有日距天頂，有正午黄道，有黄道與子午圈相交之角，而求黄道高弧交角。一則有黄道高弧交角，有高下差而求東西南北二差。末繪《日食食分》一圖。鳳祚譯是書時，新法初行，又中西文字輾轉相通，故詞旨未能盡暢。梅文鼎嘗訂證其書，稱其法與《崇禎新法曆書》有同有異。其似異而同者，布算之圖、對數之表與《曆書》迥別，然得數無二。惟黄道春分二差，則根數大異，非測候無以斷其是非。然其書在未修《數理精藴》之前，録而存之，猶可以見步天之術由疏入密之漸也。

梁啓超《西學書目表・通商以前西人譯著各書》　穆尼閣《天步眞原》。

劉鐸《古今算學書録・天文》　《天步眞原》一卷。清薛鳳祚、法穆尼閣同譯。《天步眞原》共十四卷，即《曆學會通・新西法選要》。《指海》本。

丁仁《八千卷樓書目・天文算法類》　《天步眞原》一卷。國朝薛鳳祚譯西洋穆尼閣法。守山閣本。

徐維則等《增版東西學書録・東西人舊譯著書》　穆尼閣《天步眞原》三卷。薛鳳祚同譯。《守山閣叢書》本。中卷。《推測易知》摘録下卷。《曆學會通》本。《椿樹齋叢説》附刻論日月食，與《新法算書》互有同異。其所傳《比例數表》，以加減代乘除，折半代開方。今日行之，不知穆氏早言之焉。

天步真原選擇

徐維則等《增版東西學書録・東西人舊譯著書》　穆尼閣《天步眞原選擇》二卷。薛鳳祚同譯。《曆學會通》本。

天步真原人命

徐維則等《增版東西學書録・東西人舊譯著書》　穆尼閣《天步眞原人命》三卷。薛鳳祚同譯。六君子室校本。

交食引蒙

楊復等《浙江藏書樓乙編書目・理學》　《交食引蒙》一册。南滙賈步緯述。江南製造局鉛印本。

日月蝕節要

廣學會編《廣學會譯著新書總目・天文》　《日月蝕節要》。季理斐君摘録。使人明白日月蝕之理。一册。價洋六分。

恒星表

王韜《泰西著述考》　湯若望《恆星表》五卷。

梁啓超《西學書目表・通商以前西人譯著各書》　湯若望《恆星表》五卷。

劉鐸《古今算學書録・天文》　《恆星表》二卷。湯若望撰。《重訂新法曆書》本。

徐維則等《增版東西學書録・東西人舊譯著書》　湯若望《恆星表》五卷。或作二卷。《重訂新法曆書》本。

劉鐸《古今算學書録・天文》　《恆星表》一卷。清熙璋、（英）駱三畏等同譯。《星學發軔》譯署同文館本。

恒星曆指

王韜《泰西著述考》　湯若望《恆星曆指》。

梁啓超《西學書目表・通商以前西人譯著各書》 湯若望《恆星曆指》四卷。《新法算書》本。《四庫》著錄。

徐維則等《增版東西學書録・東西人舊譯著書》 湯若望《恆星曆指》四卷。或作三卷。《重訂新法算書》本。

恒星屏障

梁啓超《西學書目表・通商以前西人譯著各書》 湯若望《恆星屏障》。

徐維則等《增版東西學書録・東西人舊譯著書》 湯若望《恆星屏障》。

恒星出没

王韜《泰西著述考》 湯若望《恆星出没》二卷。

梁啓超《西學書目表・通商以前西人譯著各書》 湯若望《恆星出没》二卷。《新法算書》本。《四庫》著錄。

徐維則等《增版東西學書録・東西人舊譯著書》 湯若望《恆星出没表》二卷。或標明李天經撰。《重訂新法算書》本，《重訂新法曆書》本。

恒星經緯圖説

劉鐸《古今算學書録・天文》 《恆星經緯圖説》一卷。湯若望撰。《重訂新法曆書》本。

徐維則等《增版東西學書録・東西人舊譯著書》 湯若望《恆星經緯圖説》一卷。《重訂新法曆書》本。

黄道經緯恒星圖

劉鐸《古今算學書録・天文》 《黄道經緯恆星圖》一幅。戴進賢撰。欽天監刊本，京都重刻本。

徐維則等《增版東西學書録・東西人舊譯著書》 戴進賢《黄道經緯恆星圖》一幅。欽天監刻本，京都重刻本。

恒星經緯表

梁啓超《西學書目表・近譯未印各書・天文》 《恆星經緯表》。傅蘭雅，賈步緯。製造局。一本。未印。

恒星新表

《上海格致書院藏書樓書目・東西學書・天學》 《恆星新表》。葉友琴。一本。時中書局活印本。

五緯表

王韜《泰西著述考》 羅雅各《五緯表》十卷。

梁啓超《西學書目表・通商以前西人譯著各書》 羅雅谷《五緯表》十卷。《新法算書》本。《四庫》著錄。

徐維則等《增版東西學書録・東西人舊譯著書》 羅雅谷《五緯表説》十卷。《重訂新法算書》本。

五緯曆指

王韜《泰西著述考》 羅雅各《五緯曆指》九卷。

梁啓超《西學書目表·通商以前西人譯著各書》 羅雅谷《五緯曆指》九卷。《新法算書》本。《四庫》著録。

劉鐸《古今算學書録·天文》 《五緯曆指》八卷。明李天經、羅雅谷同譯。《新法曆書》本，《重訂新法曆書》本，《乾象典》本。

徐維則等《增版東西學書録·東西人舊譯著書》 羅雅谷《五緯曆指》九卷。或作八卷。明李天經同撰。《新法算書》本，《重訂新法曆書》本，《圖書集成·乾象典》本。

五緯總論

梁啓超《西學書目表·通商以前西人譯著各書》 羅雅谷《五緯總論》。

劉鐸《古今算學書録·天文》 《五緯總論》一卷。明李天經、羅雅谷同譯。《新法曆書》本，《重訂新法曆書》本，《乾象典》本。

徐維則等《增版東西學書録·東西人舊譯著書》 羅雅谷《五緯總論》一卷。明李天經同撰。《新法算書》本，《重訂新法曆書》本，《圖書集成·乾象典》本。

五緯用法

梁啓超《西學書目表·通商以前西人譯著各書》 羅雅谷《五緯用法》。

徐維則等《增版東西學書録·東西人舊譯著書》 羅雅谷《五緯用法》一卷。《新法算書》本。

水木土二百恒年表

梁啓超《西學書目表·通商以前西人譯著各書》 羅雅谷《火木土二百恆年表》。

徐維則等《增版東西學書録·東西人舊譯著書》 羅雅谷《火木土二百恆年表》。《重訂新法算書》本。

格土星

徐維則等《增版東西學書録·天學》 《格土星》一卷。《求是報》本。英登林著，陳壽彭譯。土星離地較遠，其體較小。書中專言其形狀，而旁及諸小星，皆爲近時新推測之理。《彙編二》有《論土星》，可參觀。

論土星

徐樹蘭《古越藏書樓書目·學部·天文算學》 《論土星》一卷。《法國日報》。吴宗濂譯。《格致彙編》本。

八行星繞日圖貢扇

廣學會編《廣學會譯著新書總目·天文》 《八行星繞日圖貢扇》。由東洋精印絹面者。四角。紙面者一角。

彗星論

徐維則等《增版東西學書録・天學》　《彗星論》一卷。《滙報》本。滙報館著。彗星之體，分爲三，一曰核，二曰圈，三曰尾。隨星以易，不一其式。其軌道有自右徂左者，有自左徂右者。按程以計，或數千年一返，或數萬年一返。西人核知定時返復不過十七星，列表繪圖明之。其形有如刀劍、冰雹者，未精天文者不免疑其關災祥。今西學盛行，知彗星出沒，皆有定期。即觸地球之説，亦復不確。雖天文家有測見日輪漸小，至十兆年日輪盡而地無光之説，然亦未足爲定論焉。《滙報》九十二號有《小行星考》，百二十七號有《流星圖説》，可參觀。顧補。

彗星無關災祲説

徐樹蘭《古越藏書樓書目・學部・天文算學》　《彗星無關災祲説》一篇。李毓蘭。《格致彙編》本。

地球與彗星之衝突

楊復等《浙江藏書樓乙編書目・理學》　《地球與彗星之衝突》一冊。日本横山又次郎編。廣智書局譯印本。

天文儀器分部

麥者思的造司天儀式

王士點《元秘書監志》卷七《回回書籍》　《麥者思的造司天儀式》十五部。

又《司天監》　《敏珠爾丹造司天儀式》十五部。

撒那的阿剌忒造渾天儀香漏

王士點《元秘書監志》卷七《回回書籍》　《撒那的阿剌忒造渾天儀香漏》八部。

又《司天監》　《薩哈勒阿嚕圖造渾儀香漏》八部。

渾天儀説

黄虞稷《千頃堂書目・天文類》　李天經《渾天儀説》五卷。崇禎中編。湯若望授意，李天經編修。

徐乾學《傳是樓書目・天文》　湯若望《渾天儀説》五卷。

《明史・藝文志・天文類》　李天經《渾天儀説》五卷。

周中孚《鄭堂讀書記・天文算法類》　《渾天儀説》五卷。明刊本。國朝西洋湯若望撰。若望字道未，歐邏巴人。崇禎二年，入中國。時禮部奏請開局修改曆法，明年徵若望供事曆局。入國朝，掌欽天監事，累加太僕、太常寺卿。《四庫全書》著録在《新法算書》內，乃其在崇禎時供事曆局所作。《明史・藝文志》作

李天經撰，蓋以每卷之首有「李天經督修」一行也。粵自堯欽曆象，舜察璣衡，是爲渾天鼻祖。第其製久湮，後人仿作，罔所發明，莫適於用。道未奉命修曆，爰授法爲渾儀之製。設爲子午、地平、過極諸圈，併黃赤而六焉。又以用法未明，無以詔來兹，乃更闡其奥旨，疏爲款列，纚纚數萬餘言，彙成是編。卷一論渾天儀之理十一篇，卷二論渾天儀之用三十一篇，卷三立象以下十四篇，卷四依渾儀製日晷法以下十七篇，卷五渾天儀製度以下十二篇，要以北極高度立其基。而凡以求黃赤之經緯，諸曜之出沒，晝夜之永短，五緯之見與伏，各距之時與度，至昧爽有時刻，交食有方位，莫不取足於一掬之渾儀而衆理咸備。其爲用也，顧不大哉！且以句股立算，未能合天，乃闡明圓線、三角形，以盡諸弧之變，而洞交角之理尤信，握籌而算，無若按儀而考之爲便捷也。至依法以制多形日晷，特餘事矣。書成於崇禎丙子，李天經爲之序。案道未有《定新法算書》，總一百卷，凡三十種，今未之見。此書其一也，别有單行之本，故得而記之。

王韜《泰西著述考》 湯若望《渾天儀説》五卷。

梁啓超《西學書目表・通商以前西人譯著各書》 湯若望《渾天儀説》五卷。《新法算書》本。《四庫》著録。

劉鐸《古今算學書録・天文》 《渾天儀説》五卷。湯若望撰。《重訂新法曆書》本，《乾象典》本，《曆法典》本作四卷。

徐維則等《增版東西學書録・東西人舊譯著書》 湯若望《渾天儀説》五卷。《重訂新法算書》本，《圖書集成・乾象典》本，又《曆法典》本，作四卷。

新製靈臺儀象志

周中孚《鄭堂讀書記・天文算法類》 《新製靈臺儀象志》十六卷。武英殿刊本。國朝西洋南懷仁撰。懷仁字勳卿，一字敦伯，歐邏巴人。康熙初，入中國。官至欽天監監正。敦伯以推步之學，其理其法必有先後之序，漸以及焉。故由易可以及難，由淺可以入深，未有略形器而可驟語精微者。因欽天監中舊制儀器有差，疏請改造，並呈式様。敕部照其所指造成，乃繪圖立説，撰次成編。其書首論推測七政之行，諸星相離遠近之類數，幷詳製器法度，輕重堅固之理，逐節申明，演爲解説。精麤兼舉，細大不捐，而復圖之，以互相引喻。總以期乎理精法密，歷久常新。蓋欲使學者由器而徵象，由象而考數，由數而悟理，有所依據而盡心焉，則凡諸曆諸數，靡不可因之而有所考究矣。是以阮雲臺師《疇人傳》四十五論曰：「西人熟於幾何，故所製儀象極其精審。蓋儀象精審，則測量真確，測量真確，則推步密合。而法之有驗於天，實儀象有以先之也。不此之求，而徒鶩乎鐘律卦氣之説，宜爲彼之所竊笑哉。」是書成於康熙甲寅，自爲之序幷進表。其十五、十六卷爲諸儀象圖，凡一百一十七幅。以幅員開方之大月爲一帙，前有自作《弁言》。

王韜《泰西著述考》 南懷仁，字敦伯，一字勳卿。拂覽第亞國人。順治十六年己亥至，傳教陝西。十七年，欽召入京，纂修曆法。康熙八年己酉，特命治理曆法，授欽天監由監副而擢至監正，加太常寺卿，又加通政使司通政使，加一級。嘗言曆之爲學，其理法必有先後之序，未可略形器而驟語精微，洵屬不刊之論。所著各書：《儀象志》十四卷。

梁啓超《西學書目表・通商以前西人譯著各書》 南懷仁《靈臺儀象志》十四卷。多採入《欽定儀象考成》中。

劉鐸《古今算學書録・天文》 《新製靈臺儀象志》十四卷圖二卷。清劉蘊德、法南懷仁等修。康熙　年刊本。《曆法典》本作七卷有圖並説，無表。

徐維則等《增版東西學書録・東西人舊譯著書》 南懷仁《靈臺儀象志》十四卷圖二卷。劉蘊德等同修。康熙年刻本。《圖書集成・曆法典》本，作七卷，有圖並説，無表。此康熙九年，南氏爲監正，改造儀器時所作，多採入《欽定儀象考成》中。

儀象圖

王韜《泰西著述考》 南懷仁《儀象圖》二卷。

梁啓超《西學書目表・通商以前西人譯著各書》 南懷仁《儀象圖》二卷。

美國極大天文鏡圖説

徐樹蘭《古越藏書樓書目・學部・光學》 《美國極大天文鏡圖説》一卷。英傅蘭雅。《格致彙編》本。

曆法曆書分部

西國七曜曆

《宋史・藝文志・曆算類》 錢明逸《西國七曜曆》一卷。

積尺諸家曆

王士點《元秘書監志》卷七《回回書籍》 《積尺諸家曆》四十八部。

又《司天監》 《積尺諸家曆》四十八部。

回回曆法

楊士奇等《文淵閣書目・國朝》 《洪武回回大統曆》。一部，十冊。完全。

焦竑《國史經籍志・曆數》 《回回曆法》三卷。馬沙亦黑。

張萱《内閣藏書目録・技藝部》 《大明洪武回回曆》十四冊。

黄虞稷《千頃堂書目・曆數類》 馬沙亦黑《回回曆法》三卷。《釋例》一卷，《經緯立成》二卷。

《明史・藝文志・曆數類》 馬沙亦黑《回回曆法》三卷。

沈初等《浙江採集遺書總録・天文術算類》 《回回曆法》四冊。寫本。右書卷末有承德郎南京欽天監副貝琳誌云：此書上古未有也。洪武十一年，遠夷歸化，獻土盤曆法，預推六曜干犯，名曰經緯度。時度曆官元統去土盤，譯爲漢算，而書始行於中國，歲久湮沒。予任監副，於成化六年具奏修補，蒙准，至十三年而書始備。

瞿鏞《鐵琴銅劍樓藏書目録・天文算法類》 《回回曆法》一卷。明刊本。是書卷首有洪武辛亥吳伯宗序，下接《回回曆法釋例》，凡六條：曰釋用數例，曰釋回回曆法積年，曰釋宫分日數，曰釋月分大小及本音名號，曰釋七曜數及本音名號，曰釋閏法。以下爲七政經緯度法。案回回積年，以阿剌必年爲曆元，當中國隋開皇十九年己未之歲。其所紀月名，如第一月大，名法而斡而丁。第二月小，名阿而的必喜世。第三月大，名虎而達。第四月小，名提而。第五月大，名木而達。第六月小，名沙合列斡而。第七月大，名列黑而。第八月小，名阿班。第九月大，名阿咱而。第十月小，名答亦。第十一月大，名八哈慢。第十二月小，名亦思番達而麻的。登諸紀載，亦足廣異聞也。

西域立成

錢謙益《絳雲樓書目・曆算類》 《西域立成》。

七政推步

《四庫提要・天文算法類》 《七政推步》七卷。浙江范懋柱家天一閣藏本。明南京欽天監監副貝琳修輯，即焦竑《國史經籍志》所載瑪沙伊赫原作馬沙亦黑，今改正。之《回回曆》也。考《明史・曆志》，《回回曆法》乃西域默德訥原作默狄納，今改正。國王瑪哈穆特原作馬哈麻，今改正。所作，元時入

中國而未行。洪武初，得其書於元都。十五年，命翰林李翀、吳伯宗同回回大師瑪沙伊赫等譯其書，遂設回回曆科，隸欽天監。而貝琳自跋又稱：洪武十八年，遠夷歸化，獻土盤法，預推六曜干犯，名曰經緯度。時曆官元統去土盤，譯爲漢算，而書始行於中國。與史所載，頗不合。案書中有「西域歲前積年至洪武甲子歲積若干算」之語。甲子爲洪武十七年，其時書已譯行，則琳之說非也。其書首釋用數，次日躔，次月離，次五星求法并太陰出入時刻，凌犯五星、恆星度分，末載日食、月食算術，餘皆《立成表》。其法以隋開皇己未歲爲曆元，不用閏月。以白羊、金牛等十二宮爲不動之月，以一至十二大小月爲動月，各有閏日。所推交食之分寸晷刻，雖亦時有出入，而在西域術中，視《九執》、《萬年》二曆實爲精密。梅文鼎《勿菴歷算書記》曰：《回回曆法》刻於貝琳。其布立成以太陰年，而取距算以太陽年，巧藏根數，雖其子孫隸臺官者弗能知。然回曆即西法之舊率，泰西本回曆而加精耳。亦公論也。明一代皆與《大統曆》參用，《明史》頗述其立法大略，然此爲原書，更稱詳晰。惟其法本以土盤布算，用本國之書，明初譯漢之後，傳習頗寡，故無所校讎，譌脫尤甚。今以兩本互校，著之於錄，用存術家之一種而補《明史》所未備焉。

朱緒曾《開有益齋讀書志・天算》 《七政推步》七卷。明貝琳撰。琳字宗器，號竹溪拙叟。其先爲浙之定海人。祖可、父永阜，明初以戎伍至應天，遂爲上元人，居官賢街。琳幼發奮，思脫戎籍，遂往北京，投太僕寺卿廖義仲，欽天監五官靈臺郎臧珩，司曆何洪，求天象之學，得充天文生。正統己巳邊警，監正皇甫仲和薦琳，命隨昌平侯楊洪至獨石。景泰庚午，隨總兵石亨抵賀蘭山。壬申，隨左都御史王翺征瀧水。其占候多有功，授刻漏博士。天順改元，因天象示警，奏對稱旨，賜綵緞白金，陞五官靈臺郎。成化庚寅，陞監副。壬辰，改任南都。與弟珙居武定橋，西庭植絲瓜，一蔕相連而異瓣。倪文僖公謙以文賀之，以張九齡庭木連理，崔希喬室生芝草爲比。自琳以天文起家，次鵬，次仁，次𨞬，次尙質，次元禎，七世以天文與明相終始。𨞬字西山，著《曆法要覽》十二卷，曆書小帙數種。康熙中，有名國珍者，與梅定九交善。其曆法諸書，定九多所採擇。故《曆算書記》云：《回回曆法》刻於貝琳。其布立成，以太陰而取距算，以太陽年巧藏根數，指此書也。貝氏爲金陵天文家，乃志乘漏其名氏，惟路鴻休《明代人文略》言之最詳。琳書得采入《四庫》，惜𨞬書不傳。慈谿張景暘云：貝先世立本仕南唐，至常州刺史，賜錦衣魚袋。宋開寶閒，吳越克常州，被流定海，守志不渝，常服舊賜錦衣，時人呼爲「南唐錦貝」。考馬令《南唐書》云：吳越圍常州，軍使余成禮劫刺史禹萬誠以降。陸游《南唐書》云：吳越攻我常州，權知州軍禹萬誠以城降。並無貝立本事。或貝卸任仍居常州，以禹權事，禹被劫而貝不屈獲罪，未可知也。

陸心源《皕宋樓藏書志・天文算法類》 《七政推步》七卷。文淵閣傳抄本。明貝琳撰。自序。

曆引

王韜《泰西著述考》 羅雅各《曆引》一卷。

梁啓超《西學書目表・通商以前西人譯著各書》 羅雅谷《曆引》一卷。

徐維則等《增版東西學書録・東西人舊譯著書》 羅雅谷《曆引》一卷。

周歲時刻表

梁啓超《西學書目表・通商以前西人譯著各書》 羅雅谷《周歲時刻表》。

徐維則等《增版東西學書録・東西人舊譯著書》 羅雅谷《周歲時刻表》一卷。《新法算書》本。一名《歲周平行表》。

日躔考晝夜刻分

王韜《泰西著述考》 羅雅各《日躔考晝夜刻分》。

梁啓超《西學書目表・通商以前西人譯著各書》 羅雅谷《日躔考晝夜刻分》。

徐維則等《增版東西學書録・東西人舊譯著書》 羅雅谷《日躔考晝夜刻分》二卷。或標明李天經撰。《新法算書》本。

夜中測時

梁啓超《西學書目表・通商以前西人譯著各書》 羅雅谷《夜中測時》。

徐維則等《增版東西學書録・東西人舊譯著書》 羅雅谷《夜中測時》一卷。《重訂新法算書》本。

新法曆引

王韜《泰西著述考》 湯若望《新法曆引》一卷。

梁啓超《西學書目表・通商以前西人譯著各書》 湯若望《新法曆引》一卷。《新法算書》本。《四庫》著録。

劉鐸《古今算學書録・天文》 《新法曆引》一卷。湯若望撰。《重刊新法曆書》本，《乾象典》本，又《曆法典》本。

徐維則等《增版東西學書録・東西人舊譯著書》 湯若望《新法曆引》一卷。《重訂新法算書》本，《圖書集成・乾象典》本，又《曆法典》本。

新法表異

王韜《泰西著述考》 湯若望《新法表異》二卷。

梁啓超《西學書目表・通商以前西人譯著各書》 湯若望《新法表異》二卷。《新法算書》本。《四庫》著録。

劉鐸《古今算學書録・天文》 《新法表異》二卷。湯若望撰。《重訂新法曆書》本，《昭代叢書》本，《曆法典》本。

丁仁《八千卷樓書目・天文算法類》 《新法表異》一卷。英湯若望撰。《昭代叢書》本。

徐維則等《增版東西學書録・東西人舊譯著書》 湯若望《新法表異》二卷。《重訂新法算書》本，《昭代叢書》本，《國書集成・曆法典》本。

新曆曉或

王韜《泰西著述考》 湯若望《新法曉或》一卷。

梁啓超《西學書目表・通商以前西人譯著各書》 湯若望《新法曉或》二卷。《新法算書》本。《四庫》著録。青照堂本。

劉鐸《古今算學書録・天文》 《新曆曉或》一卷。湯若望等撰。《重訂新法曆書》本，《昭代叢書》本，《青照樓叢書》本。

丁仁《八千卷樓書目・天文算法類》 《新曆曉或》一卷。英湯若望撰。《昭代叢書》本。

徐維則等《增版東西學書録・東西人舊譯著書》 湯若望《新法曉式》二卷。《重訂新法算書》本，《青照堂叢書》本，《昭代叢書》本。

學曆小辯

王韜《泰西著述考》 湯若望《學曆小辯》一卷。

梁啓超《西學書目表・通商以前西人譯著各書》 湯若望《學曆小辯》二卷。《新法算書》本。《四庫》著録。

徐維則等《增版東西學書録・東西人舊譯著書》 湯若望《學曆小辯》二卷。或作一卷。明徐光啓等同撰。《新法算書》本，《重訂新法曆書》本。

西洋測日曆

王韜《泰西著述考》 湯若望《西洋測日曆》。

梁啓超《西學書目表・通商以前西人譯著各書》 湯若望《西洋測日曆》。

徐維則等《增版東西學書録・東西人舊譯著書》 湯若望《西洋測日曆》。

曆法西傳

王韜《泰西著述考》 湯若望《曆法西傳》一卷。

梁啓超《西學書目表・通商以前西人譯著各書》 湯若望《曆法西傳》一卷。《新法算書》本。《四庫》著録。

劉鐸《古今算學書録・天文》 《曆法西傳》一卷。湯若望撰。《重訂新法曆書》本，《曆法典》本。

徐維則等《增版東西學書録・東西人舊譯著書》 湯若望《曆法西傳》一卷。《重訂新法算書》本，《圖書集成・曆法典》本。

康熙永年曆法表

王韜《泰西著述考》 南懷仁《康熙永年曆法》三十二卷。

梁啓超《西學書目表・通商以前西人譯著各書》 南懷仁《康熙永年曆法表》三十二卷。

劉鐸《古今算學書録・天文》 《康熙永年曆法表》三十二卷。南懷仁撰。康熙年刊本，即《七政交食立成表》。

徐維則等《增版東西學書録・東西人舊譯著書》 南懷仁《康熙永年曆法表》三十二卷。康熙年刻本。即《七政交食立成表》。表爲湯若望所推，十七年八月，南氏乃續成之。

氣象觀測分部

驗氣説

王韜《泰西著述考》 南懷仁《驗氣説》。

梁啓超《西學書目表・通商以前西人譯著各書》 南懷仁《驗氣説》。

徐維則等《增版東西學書録・東西人舊譯著書》 南懷仁《驗氣説》。

測候叢談

梁啓超《西學書目表・天學》 《測候叢談》。金楷理，華蘅芳。製造局本。二本。二百四十。

又《附録・讀西學書法》 地文之書，《測候叢譚》最足觀。

劉鐸《古今算學書録・格致・氣學》 《測候叢談》四卷。清華蘅芳、金楷理同譯。江南製造局本。

顧述廬《通學書籍考・天學類》 《測候叢談》四卷。製造局本。美金楷理譯，金匱華蘅芳述。據《總論》云：測候之學，須用兩法：一爲已知其大端而推驗其變數；一爲細測其瑣屑之故，按其年月日逐一記之，如是歷久，即可知其一定之理。此書中所論，亦用此二法。《西學通考》。

丁仁《八千卷樓書目・天文算法類》 《測候叢談》四卷。美金楷理撰。刊本。

趙惟熙《西學書目答問・藝學・天學》 《測候叢談》。四卷，訂二冊。美金楷里譯，華蘅芳述。製造局本。

徐維則等《增版東西學書録・天學》　《測候叢談》四卷。製造局本，二冊。《富強叢書》本。美金楷理譯，華蘅芳述。測候之學，須用兩法，或誌其大端，推驗其變，或細推瑣屑之故，有所見，按年月日紀之。是書專究天氣變化、地面熱度諸理，復及纖細之故，以徵其信。篇中間列圖表，皆極詳明。《彙編一》有艾約瑟《測月新論》，可參觀。益智書會印有費理飭《測候易知》，未出。

徐樹蘭《古越藏書樓書目・學部・氣學》　《測候叢談》四卷。美金楷理譯，華蘅芳述。製造局本。《富強叢書》本。

《上海格致書院藏書樓書目・東西學書・天學》　《測候叢談》。布金楷理。華蘅芳。四卷。二本。製造局本。

楊復等《浙江藏書樓乙編書目・理學》　《測候叢譚》二冊。美國金楷理譯，金匱華蘅芳述。江南製造局刻本。

陳洙《江南製造局譯書提要・天學》　《測候叢談》四卷。美國金楷理口譯，金匱華蘅芳筆述。案是書爲測驗氣候之書，天時地位均有關係，亦格致之一端也。第一卷：總論；日光爲熱之源；以化學重學之法；論天空氣；空氣愈高熱度愈小；論水陸傳熱散熱之異；論空氣中水氣變化之理。第二卷：論風；溫帶内風改方向之理；颶風；論空氣之浪；量風之法；論海水流行；論海水氣凝而降下；測空氣中所含之水氣；露；霜；霧；論散熱之霧及水面之霧；鬆霧成雲之理；雲之形狀；成雨之理；冰雹；雪；永雪界；雷電。第三卷：論推算天氣中各事之變數；定函數之各變數及常數；一晝夜壓力之變數。第四卷：論空氣含水之量；空氣中含水之數；論空氣水氣壓力熱度與風之方向相關；論空氣所現之形。虹霓；光環；極光差；雲之顔色；海市；電極光；隕星；旋風。

劉錦藻《清續文獻通考・經籍考・天文》　《測候䕺談》四卷。金楷理、華蘅芳譯。臣謹案，是書專論天氣變化、地面冷熱諸理，爲氣象學書，附列於此。右天文。

測候諸器記

梁啓超《西學書目表・近譯未印各書・天文》　《測候諸器記》。傅蘭雅，江衡。製造局。二本。未印。

劉鐸《古今算學書録・格致・氣學》　《測候諸器記》。清江衡、傅蘭雅同譯。江寧製造局，未刊。

測候器

梁啓超《西學書目表・天學》　《測候器》。傅蘭雅。《格致彙編》本。一本。一百五十。

劉鐸《古今算學書録・格致・氣學》　《測候器》一冊。傅蘭雅撰。《格致彙編》本。

顧述廬《通學書籍考・天學類》　《測候器》一冊。《格致彙編》本。英傅蘭雅撰。是書將西國所有測候之器，備圖解釋。

趙惟熙《西學書目答問・藝學・天學》　《測候器》。一冊。英傅蘭雅撰。在《格致釋器》中。

徐維則等《增版東西學書録・天學》　《測候器》一冊。《格致彙編》本，在《格致釋器》中。英傅蘭雅著。此從倫敦尼古類氏散布拉公司所造器譯印，爲類七，爲圖七十有四。所論皆測量所用各器與各器之理及功用。其詳其密，實講地文學者不可少之書。《彙編一》又有《自記風雨表圖説》，又《二》有論《測風器》、《論汽機測驗諸器》，均可參觀。製造局印有英傅蘭雅、江衡譯《測候諸器記》二冊，傅蘭雅、華蘅芳譯《風雨表説》一冊，傅蘭雅、徐壽譯《燥溼表説》一冊，皆未出。

徐樹蘭《古越藏書樓書目・學部・氣學》　《測候器》一卷。英傅蘭雅。《格致彙編》本。

自記測風器

徐樹蘭《古越藏書樓書目・學部・氣學》　《自記測風器》一卷。英傅蘭雅。《格致彙編》本。

測候易知

梁啓超《西學書目表·近譯未印各書·天文》 《測候易知》。費理飭。益智書會。未印。

劉鐸《古今算學書録·格致·氣學》 《測候易知》。費理飭撰。益智書會本。

風雨表說

梁啓超《西學書目表·近譯未印各書·天文》 《風雨表說》。傅蘭雅，華蘅芳。製造局。一本。未印。

劉鐸《古今算學書録·格致·氣學》 《風雨表說》。清華蘅芳、傅蘭雅同譯。新陽趙氏鈔本。

自記風雨表圖說

徐樹蘭《古越藏書樓書目·學部·氣學》 《自記風雨表圖說》一卷。英傅蘭雅。《格致彙編》本。

論雷電

徐樹蘭《古越藏書樓書目·學部·電學》 《論雷電》一卷。泰西歐禮斐。《格致彙編》本。

燥濕表說

梁啓超《西學書目表·近譯未印各書·天文》 《燥濕表說》。傅蘭雅，徐壽。製造局。一本。未印。

劉鐸《古今算學書録·格致·氣學》 《燥濕表說》。清徐壽、傅蘭雅同譯。江南製造局，未刊。

測繪部

論述

康有爲《日本書目志·測量學類序》 康有爲曰：吾中國之工人豈有通算學測量者哉！泰西之工人皆士人爲之，尺寸規矩準繩皆有學焉。點綫面體，不殊抄黍，故其製作密合，無豳差抄黍之患，宜其精絶哉。算學以測量爲實用，日本以訓工人，有教科便蒙之書矣。

梁啓超《西學書目表附録·讀西學書法》 古人讀書，左圖右史。蕭何入關，收秦圖籍，得以知阨塞，定天下。鄭漁仲《通志》特立《圖譜》一略，可謂高識矣。中國向無精圖，由於測繪之事不講，握籌操觚，難乎其人也。西人入學之始，即教以幾何畫形之學，人人習之。蓋以凡百學問，皆有藉乎此也。

沈桐生《東西學書録總敘·圖學》 古者圖、史並稱，凡籍必系以圖。《尚書刑德攷》禹長於地理，得《括地象圖》，堯以爲司空。他如《白澤》、《玉會》、《益地》諸圖，皆語出毖緯，不足徵信。《周書》伻來以圖及獻卜，此言地圖之始。案《周禮》大司徒掌建邦之土地之圖，周知九州之地域廣輪之數。司險、職方諸官，又分掌之。其圖之互爲詳略可知。又案《管子》曰：凡主兵者，必審知地圖。轘轅之險，濫車之水，名山通谷，經川陵邱。阜之所在，苴草、林木、蒲葦之所茂。道里之遠近，城郭之大小，名邑廢邑，困殖之地，必盡知之。地形之出入相錯者，盡藏之。然後可以行軍襲邑。舉措知先後，不失地利，則古人地圖之詳又可知。戰國時燕有《督亢圖》，漢蕭何入關，先收秦圖，因以具知天下阨塞廣遠。至晉裴秀，作《禹貢地域圖》十八篇。制圖之體凡六：一曰分率，所以辨廣輪之數也。二曰準望，所以正彼此之體也。三曰道里，所以定所由之數也。四曰高下，五曰方邪，六曰迂直。高謂岡巒，下謂原野。方如矩之鉤，邪如弓之弦。迂如羊腸九曲，直如鳥飛準繩。此三者，各因地制宜，所以校夷險之異也。其法至爲詳備。

今西人既工測算，故圖繪特精。凡所至之地窮探極測，山川道里，高深遠近，計里開方，瞭如指掌，皆圖學之功也。玆特舉其測繪之梗概而分敘之。案西人測地，亦分二端：一測地面平形，一測地面高形。其測平形也，所用之器最要者爲經緯儀，爲測向羅盤。均爲圓周，分三百六十度，密者能辨分秒，疏者亦分半度，皆有指南針。經緯儀有窺管測向盤，僅安植表，繫絲於植表之視孔，成十子交點，視交點蔽所測之物，方爲指準。由是遞測，成爲大小角度。至若道里、河流之迂曲，則以記里車記其遠近，使容於各角度之内。此測平形之法也。其測高形也，所用之器最要者爲紀限儀，爲瓶水地平儀。紀限儀爲六十弧度，亦能辨分秒。有活半徑及回光際綫等鏡，有窺管，亦繫十字綫，以測高深之都數。既求得山頂之垂綫，又用紅銅版爲象限儀，九十分之，懸垂綫於版心。繫錘使下墜。自弧之一角，依平邊仰望高處相切，視垂綫所成角，即爲斜度。行軍之圖，斜度約分三等。十五度以下，礟車能行。三十度以下，馬兵能行。四十五度以下，步兵僅能行，過此須攀援矣。故測斜度，止於四十五。瓶水地平儀以測逐層高低之數，器爲銅長管。管之兩端，上安玻璃瓶，刻度盛水。瓶與管成直角，管下承三足架，使管中承處爲活節，置器於高低之閒。升降銅管，視兩端瓶水等平而止，於器之上下，對管口植尺。自管窺之，而取其度高低。懸遠者屢測之，而記其逐層之數。山勢磅礴者，環測之而記各點之向。此測高形之法也。

測事既畢，於是言繪。繪者當首明分率。分率者，地與圖之比例也。地周三百六十度，度二百里，里一千八百尺，是則一尺實爲一萬二千九百六十萬分地周之一。凡爲圖，必先開方。設爲每方一寸，十方一里，是以圖之一尺，代圖之一千八百尺也，其分率爲一千八百分之一。他如或大或小，隨人度其圖之詳略而命之可也。分率既定，始布經緯度。經度當赤道處，每度相距二百里。漸北則漸狹，當用八綫表，以半徑一千萬爲一率，每度二百里爲二率，各地北極出地度之餘弦爲三率，求得四率，爲其地經度相距里數。按度推之，列爲成表，以便檢用。又作分率微分尺，如圖爲九十萬分之一，用四寸六十分之，名曰度尺。用四寸二百分之，名曰里尺。均畫對角斜綫，表微分。又作分度器，密者以銅爲圓弧，玻璃爲中心，能辨三百六十度之分秒。疏者以明角片爲半周，分百八十度，度半分之，以作綫定點。此繪平形之法也。至若畫高之法，大要以山之各層平剖面平距數，依分率入圖。如其

遠近方向作點，以曲綫聯之，爲天空俯視山頂及各層平剖面之形，再於平剖面之間，補作垂綫，上下交於兩平剖面界，必成直角。其疏密定率，兩垂綫相距，等於兩平剖面界相距四分之一，垂綫之方向，即斜度之方向也。粗視之，斜度小者其綫疏，斜度大者其綫密。若辨其度之幾何，則必以共距明之。共距者，山之逐層高較也。凡用共距者，分率愈大，則辨析愈明。此繪高形之法也。至於繪法，原無一定。歐洲各國，尚難一律。學者但當擇善而從，不必刻舟以求，是又在神明其意者。

噫！吾觀測繪之學，所用綦廣，故於城邑川涂，則圖之以敷治理。邊陲險要，則圖之以慎防維。至若上測天星，下繪洋海，披圖以索，按籍以求，萬緒一綱，萬里一室，雖由儀器之精良，亦因習學之專壹。裨益實用，良非淺鮮。世有言測繪學者，願持此以質正之。述圖學。

趙惟熙《西學書目答問・藝學・圖學》 古人圖、籍並稱，漢唐以後，此學遂廢，而泰西乃以爲普通之業，童而習之，幾無人不工圖，亦幾無書不列圖。是圖學爲西藝中最要事，與算術並重，故次算學之後。

綜述

繪地法原

梁啓超《西學書目表・圖學》 《繪地法原》。金楷理，王德均。製造局本。一本。一百四十。

顧述廬《通學書籍考・圖學類》 《繪地法原》一卷。製造局本。英國原書，美金楷理譯，懷遠王德均述。後附圖式。是書論畫地圖之理法極詳。

丁仁《八千卷樓書目・天文算法類》 《繪地法原》一卷。美金楷理撰。刊本。

趙惟熙《西學書目答問・藝學・圖學》 《繪地法原》。附圖，訂一冊。美金楷理譯，王德均述。製造局本。

徐維則等《增版東西學書録・圖學》 《繪地法原》一冊附圖。製造局本，《西學大成》本。英國原書。美金楷理譯，王德均述。爲章十有二，爲圖十有二，爲表五，又附以經緯圓、方等圖。繪地必準諸天，故此書先言測定經緯，考求朔望交食，以準地體。後論繪畫，分總、平、圓諸圖及畫圖諸法。讀此書，不特詳於繪地之理，而天學亦可稍得崖略。《彙編二》有《論測繪器具》，可參觀。

徐樹蘭《古越藏書樓書目・政部・西洋測繪學》 《繪地法原》一冊附圖。英國原書。美金楷理譯，王德均述。製造局本。

《上海格致書院藏書樓書目・東西學書・地學》 《測地法原》。布金楷理。懷遠王德均。一卷。一本。製造局本。

楊復等《浙江藏書樓乙編書目・工業》 《繪地法原》一冊。美國金楷理譯，懷遠王德均述。江南製造局刻本。

陳洙《江南製造局譯書提要・圖學》 《繪地法原》一卷。美國金楷理口譯，懷遠王德鈞筆述。專論繪畫經緯綫正側視形。經緯既定，則山川大陸位置得宜，此繪大圖必需之學也。第一章：論諸曜運行及地球形體。第二章：論本軸旋轉及從黃諸綫。第三章：論地循黃道分四季五帶。第四章：論月繞地球及朔望交食。第五章：測定本處經緯。第六章：考定地體扁圓。第七章：論製造地球法。第八章：論平面圖式。第九章：論繪平面圓圖法。第十章：論繪各測各國分圖法。第十一章：論繪圓柱形全圖法。第十二章：畫圖餘論附表。

測地繪圖

梁啓超《西學書目表・圖學》 《測地繪圖》。坿鋅板印圖。傅蘭雅徐壽。製造局本。四本。六百。

劉鐸《古今算學書録・史・地輿》 《測地繪圖》十一卷。附《天文解題》。英富路瑪撰，徐壽、傅蘭雅同譯。江南製造局刊本。

顧述廬《通學書籍考・圖學類》 《測地繪圖》。製造局本。英富路馬著，傅蘭雅、徐壽同譯。刊於光緒二年。凡十二卷。一總論，二測量底綫，三分地面爲原三角

形，四圖內塡補衆物，五行軍揭要，六準平綫以定高低，七證驗高低諸器，八臨摹鐫刻諸法，附以鐫板印圖法，九經畫新疆屬地，十球形相關之事，十一天文相關之事，附以天文題解。論測繪地圖之法極詳，大有益於勘量地圖、量度道里之用。

丁仁《八千卷樓書目・天文算法類》 《測地繪圖》十一卷。附録一卷。英富路瑪撰，傅蘭雅譯。刊本。

趙惟熙《西學書目答問・藝學・圖學》 《測地繪圖》。十一卷，並附卷附表，合訂四冊。英富路瑪撰，英傅蘭雅譯，徐壽述。製造局本。

徐維則等《增版東西學書録・圖學》 《測地繪圖》十一卷，附一卷，附表一卷，附《照印法》。製造局本，四冊。英富路瑪著，英傅蘭雅譯，徐壽述。附圖，英浙密斯著，英傅蘭雅譯，江衡述。一、總論。二、測量底綫。三、分地面爲原三角形。四、圖內賓補象物。五、行軍揭要。六、準平綫以定高低。七、證驗高低諸器。八、臨摹鐫刻諸法，而照印法附焉。九、經畫新疆屬地。十、球形相關之理。測地必準度數，故十一以下，皆言測天之法。西人凡測新地，極爲審慎，以後逐年測查增改。中土向無善本，宜用其法，從新測量，成一精圖，最不可少。製造局印有英傅蘭雅、黃宗憲譯《海面測繪》一冊，未成。

徐樹蘭《古越藏書樓書目・政部・西洋測繪學》 《測地繪圖》十一卷，附一卷，附表一卷。英富路瑪。英傅蘭雅譯，徐壽述。第八卷後附《照印法》幷圖。英浙密斯。英傅蘭雅譯，江衡述。製造局本。光緒二十三年璣衡堂石印本。

《上海格致書院藏書樓書目・東西學書・地學》 《測地繪圖》。英富路瑪。英傅蘭雅，無錫徐壽。十卷附一卷附表一卷。四本。製造局本。

陳洙《江南製造局譯書提要・圖學》 《測地繪圖》十一卷，附一卷。美國富羅瑪撰，傅蘭雅口譯，無錫徐壽筆述。其要旨以底綫三角爲本，參以天文學，用儀器以定經緯。繪地圖者，能貫通此書，思過半矣。第一卷：總論。第二卷：測量底綫。第三卷：分地面爲原三角形。第四卷：圖內賓補衆物。第五卷：行軍揭要。第六卷：準平綫以定高低。第七卷：證驗高低諸器。第八卷：臨摹鐫刻諸法。第九卷：經畫新疆屬地。第十卷：球形相關之事。第十一卷：天文相關之事。附卷：論天文算法幷表。

海面測繪

梁啓超《西學書目表・近譯未印各書・圖學》 《海面測繪》。傅蘭雅，黃宗憲。製造局。一本。未譯成。

測繪海圖全法

梁啓超《西學書目表・近譯未印各書・圖學》 《測繪海圖全法》。傅蘭雅，趙元益。製造局。付印未成。

《上海格致書院藏書樓書目・東西學書・地學》 《測繪海圖全法》。英華爾敦。英傅蘭雅，新陽趙元益。八卷，附一卷。八本。製造局本。

楊復等《浙江藏書樓乙編書目・工業》 《測繪海圖》六冊。英國傅蘭雅譯，新陽趙元益述。江南製造局刻本。

陳洙《江南製造局譯書提要・圖學》 《測海繪圖》八卷，附一卷。英國華爾登撰，傅蘭雅口譯，新楊趙元益筆述。凡十九章，以底綫原三角爲主，參以天文學。水中測量較測地面爲難，故法更密于測地。第一卷：總論。論器具與配用之物件，測海繪圖事總説。第二卷：論底綫；原三角形測量法；繪圖度點法；行船測海繪圖法；論畫海邊界綫。第三卷：測海水深數；潮水；論陸地之情形；論測高。第四卷：論測量而定緯度之法。第五卷：改正度時表差。第六卷：論經綫相距；論眞方向。第七卷：海面測量方位之各法；論畫成之圖；測深海之深數。第八卷：論零星之要事。

繪圖測量諸器圖説

梁啓超《西學書目表・近譯未印各書・圖學》 《繪圖測量諸器圖説》。傅蘭雅，趙元益。製造局。一本。未印。

測繪器

徐維則等《增版東西學書録・圖學》　《測繪器》一卷。《格致彙編》本，在《格致釋器》中。英傅蘭雅著。西人於測地一事，既有專業之人，復有精良之器，詳明之法，不惜工力，經年細測，宜其密益加密。此書測繪之器，擇其簡要者載之。上半皆測量所用，下半皆繪圖所用，後附鄒代鈞《上會典館言測繪地圖書》，又《湖南測繪輿地圖章程》。所言甚有條理，惜各省辦理，未能一轍。

徐樹蘭《古越藏書樓書目・政部・西洋測繪學》　《測繪器》一卷。英傅蘭雅。《格致彙編》本。

測量器具説

徐樹蘭《古越藏書樓書目・政部・西洋測繪學》　《測量器具説》一卷。英傅蘭雅。《格致彙編》本。

畫形圖説

梁啓超《西學書目表・圖學》　《畫形圖説》。傅蘭雅。益智書會本。一本。一角五分。

顧述廬《通學書籍考・圖學類》　《畫形圖説》一冊。益智會本。英傅蘭雅著。

趙惟熙《西學書目答問・藝學・圖學》　《畫形圖説》。一冊。英傅蘭雅撰。益智書會本。

徐維則等《增版東西學書録・畫學》　《畫形圖説》一冊。益智書會本。英里察森著，英傅蘭雅譯。書中論畫視圖十有二法後，及於數體相並之畫法，各線隱現逗接，亦皆有法，洵初學畫形之捷徑也。製造局印有英傅蘭雅、趙元益譯《測繪海圖全法》，又傅蘭雅、徐建寅譯《繪畫船綫》二冊，均未出。

徐樹蘭《古越藏書樓書目・政部・美術》　《畫形圖説》一冊。英里察森。英傅蘭雅譯。光緒十一年刻本。

楊復等《浙江藏書樓乙編書目・工業》　《畫形圖説》一冊。英國傅蘭雅著。江南製造局刻本。

運規約指

梁啓超《西學書目表・算學》　《運規約指》。傅蘭雅，徐建寅。製造局本。一本。一百二十。

顧述廬《通學書籍考・算學類》　《運規約指》。製造局本。英白起德著，傅蘭雅譯，徐建寅述。一千八百七十一年刊。《譯書事略》。

丁仁《八千卷樓書目・天文算法類》　《運規約指》三卷。英白起德撰，傅蘭雅譯。刊本。

趙惟熙《西學書目答問・藝學・算學》　《運規約指》。一冊。英傅蘭雅譯，徐建寅述。製造局本。

徐維則等《增版東西學書録・圖學》　《運規約指》三卷。製造局本，一冊。英白起德輯，英傅蘭雅譯，徐建寅述。幾何學以作圖爲要。是書即節録幾何，略有附益。然首言單行諸法，次言合形諸法，次言更面諸法，共一百三十六題。條段詳明，能括形學之大綱。其第一百二十一題，其法頗簡。初學每不易解，如究其原因，即從《幾何原本》第六卷、第十五題化出，故宜參閲之。

徐樹蘭《古越藏書樓書目・政部・美術》　《運規約指》三卷。英白起德。英傅蘭雅譯，徐建寅述。製造局本。

《上海格致書院藏書樓書目・東西學書・算學》　《運規約指》。英白蓋力。英傅蘭雅，無錫徐建寅。一本。製造局本。

楊復等《浙江藏書樓乙編書目・理學》　《運規約旨》一冊。英國白起德輯，無錫徐建寅述。江南製造局刻本。

陳洙《江南製造局譯書提要・圖學》　《運規約指》一卷。英國白德起

輯，傅蘭雅口譯，無錫徐建寅筆述。首論單形，次論諸形相合，次論更面，凡百三十六題。能括形學之大綱，洵爲精簡之書。第四十七題求圓内容七等邊形，議者謂非通法，然此卽中國古法正六面七之義。蓋圓徑一尺，其差不及一釐，若圖於尺幅之中，更可不計，作者非不知之也。第一卷：論單形。第二卷：論諸形相合。第三卷：論更面。

地球推方圖説

徐樹蘭《古越藏書樓書目・政部・西洋測繪學》　《地球推方圖説》一卷。美培端。《小方壺齋再補編》本。

測量學摘要

徐樹蘭《古越藏書樓書目・政部・西洋測繪學》　《測量摘要》一卷。北洋武備學堂譯。光緒二十三年浙江書局本。

顧燮光《譯書經眼録・測繪》　《測量學摘要》一卷。浙江《武備新書》刊本。北洋武備學堂原譯，浙江武備學堂重譯。行軍以地理爲要，測繪輿圖，最爲兵家所重，與商家所繪游歷之圖專測面積、界址者異。然其圖亦分大小二種，以精粗而定其功用。故其要有三：曰量，曰算，曰測。蓋求物點，對角、底綫相距之理，城市、山林之高低遠近，非此不足盡其用也。書凡十六章，所言測量理法、器具、比例、儀器、利弊，均簡明淺近。所附各圖，足備印證。洵學測繪者，所宜急讀者。

算法量地捷解前編

徐維則等《增版東西學書録・圖學》　《算法量地捷解前編》三卷。日本明石舍刊本。日本信義編。

地質部

論述

丁韙良《西學考略・西學源流》 各門地學不但發明天文要義，且有益於開採礦窰各術。地學大旨在辨別地中層次，何層含有何物，釐定其序。夫地非陡然成形，先爲氣球，繼而凝爲流質，終則逐漸化爲實體。內火外水，此處凸出爲峰，彼處凹下爲谷，滄海桑田，屢次更易，莫不留有遺跡，可考而知。蓋土石有出於火者，有出於水者，有出於火而經水者。其層次重疊，厚至數里，如干支之有定位，如書頁之有前後，然干支有時缺斷，書頁有時殘失，有時倒置，故攻地學者相地面而推地內各層，儼如古人釐定壁經，揣摩蝌蚪文字。其學之廣深，何如也？今多事礦窰之國，如英、美、法、德等國。皆有地學專家。然祇查考一方，必將諸國地勢比較，如漢代之求遺書以補闕失，方爲詳備。

康有爲《日本書目志・地質學類序》 地之爆出於日而爲金汁也，金汁面乾而爲石也，介蟲苔生積石面而歲成層也，積數萬年而地質厚數十里也。積火成石，蟲積介層、蟲層、大草大木層、火鳥大獸層，而後至於人層也。積火成石，沙成石，泥成石，而地質之學出焉。萬物之資生也，人之僕緣八十萬里之地，所託莫大焉。豈不宜知耶？日人近極考求，有報文分析之部，有地產要覽之圖，其地形質諸圖成資多識哉！

又《地震學類序》 人僕緣二萬七千里熱燒鐵汁之石殼上，太險矣哉！鐵汁之大如此，而以區區數十里之石裹之，勢必不能閉塞之矣。故太古多火山，當時人民之死者烈哉。大木之爲煤，鬱積於地下者，皆火山爆壓之，以貽我後人也。裹之之殼日厚，爆裂之力漸難，而其火力轉動既不能止，于是地震矣。日本爲島國，近太平洋，地震尤多。其《學會報告》一書，可徵地理焉。

梁啓超《西學書目表附録・讀西學書法》 風雲雷雨等，相沿以爲天文，其實皆地面上之物耳。西人言地學者，約分三宗：風雲雷雨等，謂之地文學；地中礦石物迹，謂之地質學；五洲萬國形勢沿革，謂之地志學。地文學之書，如《測候叢譚》等是也；地質學之書，如《地學淺釋》等是也；地志學之書，如《地理全志》等是也。地質學之書，就地中生物之迹，以考地球初成以來至於今日天氣、地形、物種、人類遞變之狀，因識地球由草昧而文明之理。游心荒古，歷歷如在目，蓋未有文字以前地球之全史也。西人亦有「石史」之目。於三宗之中，其致用似不及彼二者，然欲明格致之理者必由之，不僅爲礦政之用而已。《地學指略》、《地學稽古編》與《淺釋》有相備之處。

沈桐生《東西學書録總敘・地學》 《中庸》有言曰：「今天地，一撮土之多，及其廣厚，載華嶽而不重，振河海而不洩，萬物載焉。」此聖人之言地學也。然所謂地學者，講圖志者爲史學，非格致一派。格致之地學，乃地質、地理二學是也。蓋天地之所由分，以陰陽之氣既異古，所謂「輕清者爲天，重濁者爲地」，兩語盡之矣。故張横渠云：氣塊然太虛，浮而上者陽之清，降而下者陰之濁。其感遇聚散爲風雨，爲霜雪。萬品之流形，山川之融結，糟粕煨燼，無非敎也。朱考亭云：天運不息，晝夜輥轉，故地確在中間。地者，氣之渣滓也，所以道重濁者爲地。此先儒語錄，闡發地學之理，固已昭然若揭矣。

今西人精究地學，如地學稽古，則考其本原層級之所由始。如地理徵實，則明其山川、河海、江湖、水地、陸地之所由成，以及海流、潮汐、風雨之理。如地質辨物，則究土石之層累體質。皆確有至理，請分別而叙述之。

其曰地學稽古者，何也？蓋西人之言地學者，以混沌未開之先爲荒古；混沌既開之後爲極古，動、植生爲太古，人類生爲近古。據地學家言，地球當渾沌之初，體原極熱。當時沸蕩天空，稀輭如汁，略成圓形，後漸涼漸縮，外皮凝結堅定，卽成硬殼，漸遇空氣燥溼冷熱之變化，歷若干年，剝蝕腐爛而成土石泥沙，地面始有今形。又謂荒古時，地體漸涼漸縮，外面遂成凸凹之狀，水聚於凹處，卽爲洋海。凸處無水，卽爲山原。其成深海、高山、平原之後，又多經起落漲縮，乃漸成今日之形勢。此之謂極古、荒古層。至太古層者，其始尚未有物，地球結膜，閒有高出水面者，則生綠苔青草，其內則生螺蛤之屬。是爲地球有生物之始。純陽鬱蒸，盛大蕃昌，草皆成樹，高數十丈。海則有巨魚飛鼉，陸則有異禽大獸。久之低者忽升，高者

忽下，山原河海屢經變遷，延歷數十萬年而人始生焉。此之謂太古層。若云近古層者，其時怪禽惡獸，磨牙殺人，人乃斷木礪石，作爲弓斧刀矢之器，以殺之。故近古最下一層，掘出器物，類皆堅石所爲，西人名曰石期。及生人閱歷生巧，乃鍊銅爲兵器，西人名曰銅期。最下一層，己近地面，掘出各物則皆係鐵器，西人名曰鐵期。此之謂近古層。由是知滄海桑田之變易，高陵深谷之遷移，古人言之，西人申之耳。此地學稽古之大略也。

其曰地理徵實者，何也？則以明陸地之山原，水地之江湖河海，以及潮汐、風雨之理也。所謂陸地者，其形北廣南狹，有高山之緜亘，有平原之坦廣，故全球大勢，以近赤道者爲最高，蓋由地火噴發而成。至南、北二極之冰山，則因冰雪凝結而成。若高山之益，爲其能出雲降雨，蓋海水熱漲上行，遇山嶺之冷氣，卽變爲雨澤下降。如地震之理，則由地內熱汁漲縮無恆，一遇地心之火奮發，卽成嶽崩川沸之災矣。至論平原之地，亦有不同。如土地肥沃之區，往往有江河之灌輸，故能物產滋豐。若其地爲沙漠戈壁，則風多雨稀，種植不繁，惟低窪處，閒生水草，以資遊牧而磽瘠特甚。是爲陸地之大勢。所謂水地者，如江河湖海之類，皆屬焉。蓋江河之大，皆由衆水所匯而成。其源多發高山深谷之閒，經支流灌輸，始成浩淼之勢。至湖則由江河諸水瀦蓄之處，高低淺深，因乎地勢。而其究也，以海爲歸。朝宗萬派，長此滔滔，汪洋澒洞，包涵萬象。其深處至於千尋萬丈，其質含鹽二十五分之一，能留地面之熱氣，能降地面之雨露。故環瀛九萬里，而水居七分，其利用靡窮焉。此水之大勢也。

然江海之有潮汐，地面之有風雨，在在與地利有關，亦宜深求其故焉。夫潮者，地之喘息也，隨月消長，早曰潮，晚曰汐。按海半向月，半背月，向、背二地，潮、汐同時。蓋向月者，水爲月攝動而高漲，背月者，月吸球離水，水亦高漲，而且不特係乎月之攝動，并係乎日之吸引。觀夫朔望之際，月近於日，故月行疾而潮應大。朔望之後，月遠於日，故月行遲而潮應小。潮之大者，以月近於日，日之吸力有以助月之吸力也。潮之小者，以月遠於日，日之吸力不足助月之吸力也。故潮、汐之大小，又以月之遠近爲準。此循環妙理，可深思而徐悟也。若夫地面之有風雨，其理尤可推求。蓋地球四周，包有空氣，氣熱則漲，氣冷則縮，一漲一縮，而風以生。故風者，空氣之流動所致也。原其升降遷移之理，一因地球有轉動，二因空氣有冷熱。至風之發熱，亦有二種：一因受日之熱，二因地球發出之熱。空氣受之，則漲而騰，二極冷氣，因流進以補其缺。此恆風之所由生也。若其變則爲暴風，爲颶風。暴風者，因地球上空氣熱極，驟然上升，四面冷氣吹進而起也。颶風者，或因風與地東西相反，或因日熱之光行改變，則風近地行，旋向轉換而生焉。由是而觀，則莊周所謂「大塊噫氣」，豈寓言哉？至若雨之所以降者，則因空氣燥溼之變。蓋地面熱氣吹過水面，氣候乾熱，凡有水處皆漸化而成水氣。水氣多則空氣溼，上升遇冷，卽行凝結，濛濛細點，成霧成雲，至愈凝愈大，較空氣加重，則墜下成雨矣。地球之東南多雨，西北少雨者，以離海遠近故耳。他若霜露之成，由地球日閒所受光熱，至夜閒地冷，其空氣所含之溼，卽降水成珠。雪雹之成，由空中冷結，水氣成冰，則凝爲雪。若墜下時，上熱下冷，乃結爲雹。其理與雨大同小異。此所謂地理徵實之大略也。

其曰地學辨質者何？分考土石之謂也。案地殼之土石，約分兩類：一曰有層累，一曰無層累。有層累者，其石層層相疊，有平鋪，有斜鋪，皆由水淤結而成，故又謂之水成石。無層累者，其石皆渾然體質，無層可分，乃由火融結而成，故又謂之火成石。至查其部位，則分段凡十二。第一段爲近今所成，中爲泥沙。第二段分白粉石、石膏、木煤三層。第三段有綠砂石、五色石脂等類。第四段有魚子石、黑泥片石等類。第五段約分三層，上多石膏，中爲灰石，下皆砂石。第六段爲鎂灰石及紅砂石。第七段多產煤層及青石、礪石。第八段爲砂片石及子母石。第九、十兩段爲泥版、沙版等石。第十一、十二兩段爲花剛、礞片等石。其層次井然，決無倒錯。至水成石中，則又多藏物跡，略分五等。一、本體尚存，如海蘊所遺之殼。二、形體尚存，本體已化爲他物，如煤中草木之踪跡。三、形狀尚存，本體消滅，他物補入其中，如石蟹、石燕、石龜之類。四、體質尚存，空留本物之痕跡，如石中所留蛤螺殼之空像，花木類之影像。五爲活物印跡，如石中所帶鳥獸足跡，蚓類行跡。此外尚有雨點打跡，波浪漾跡，小水流跡，日曬裂跡，均可辨認。至火成石則無層無序，或壁立如牆，或分散如脈，或凸起如山，有如柱者，有四方者，有渾無定形者。然按形體言之，不外花剛、階形、火山三類之石，皆經格致家體察考驗而知，於以見輝含石韞，造物孕育之精華，眞有廣厚莫測者矣。此所謂地學辨質之大略也。

綜此三者，而知大塊鋪菜，大鈞亭毒，其所以鼓盪坤輿者，不外乎定質、流質之力。蓋氣質發熱，流而爲火，火氣凝冷，結爲石層。外面蒸汽注於冷面，重降爲水。地心火力蒸發，與日光照熱，浮爲空氣。氣蝕水盪，石腐爲土，乃生動、植。火發水漲，又多淹沒，上加壓力，土又變爲石。死死生生，世界不一，無非一氣之循環而已。噫！吾觀地學家言，始而愕然，終而渙然，姑略述所聞，採摭成篇，以補《淮南·墬形訓》之闕。然乎？合乎？吾不得而知之矣。述地學。

綜述

地震解

錢謙益《絳雲樓書目·天主教類》《地震解》。

黃虞稷《千頃堂書目·天文類》《西洋地震解》。

王韜《泰西著述考》龍華民《地震解》。

徐維則等《增版東西學書録·東西人舊譯著書》龍華民《地震解》。

地學淺釋

梁啓超《西學書目表·地學》《地學淺釋》。瑪高溫華蘅芳。製造局本。八本。一千二百。精善完備。

又《附録·讀西學書法》人日居天地間，而不知天地作何狀，是謂大陋。故《談天》、《地學淺釋》二書，不可不急讀。二書原本，固爲博大精深之作；即譯筆之雅潔，亦羣書中所罕見也。

丁仁《八千卷樓書目·藝術類·雜技》《地學淺釋》三十八卷。英雷俠兒撰。刊本。

趙惟熙《西學書目答問·藝學·地學》《地學淺釋》。三十八卷，訂八冊。英雷俠兒撰，英瑪高溫譯，華蘅芳述。製造局本。是書言地質頗爲詳備。

徐維則等《增版東西學書録·地學》《地學淺釋》三十八卷。製造局本，八冊。《富強叢書》本。石印本。英雷俠兒著，美瑪高溫譯，華蘅芳述。大旨以地球全體均爲土石凝結而成，其定質雖爲泥，爲沙，爲灰，爲炭，而皆謂之石類，均有逐漸推移之據。觀地中生物之形迹，可知當時生長，既有水陸湖海之不同，又有冷熱凝流之各異，故地層累不明，無從察金石之脈。是書透發至理，言淺事顯，各有實得，且譯筆雅潔，堪稱善本。製造局有美金楷理、李鳳苞譯《地説》八冊，未成。美林樂知有《地理淺説》譯成，未見。

徐樹蘭《古越藏書樓書目·學部·地質學》《地學淺釋》三十八卷。英雷俠兒。美瑪高溫譯，華蘅芳述。製造局本。《富強叢書》本。

《上海格致書院藏書樓書目·東西學書·地學》《地學淺釋》。英雷俠兒。美瑪高溫，金匱華蘅芳。三十八卷。八本。木板。

陳洙《江南製造局譯書提要·地學》《地學淺釋》三十八卷。英國雷俠兒撰，美國瑪高溫口譯，金匱華蘅芳筆述。每卷有圖。地球全體，均爲土石之質凝結而成，顧欲於攷金石層疊之外，更進一步，從變化之迹而究其變化之由，則不得不察其殭石中所留動植物之遺蛻殘枝，以爲識別之據，使未有紀載之世界，亦可依據，以推其所演，而地學由是興。此書譯筆簡潔，圖亦精美，講求地學之寶筏也。第一卷：論石有四大類。第二卷：水層石之形質。第三卷：水層石中生物之迹。第四卷：水底沈積之物堅凝爲石生物變成殭石之理。第五卷：石層平斜曲折凹凸之故。第六卷：石層被水蝕去之處甚大。第七卷：泥河土石之鬆而未結者。第八卷：各類石皆有先後之期。第九卷：論殭石以定水層石之期。第十卷：今時新疊層及後沛育新之疊層。第十一卷：冰遷石。第十二卷：後沛育新冰期。第十三卷：殭石層沛育新。第十四卷至第十五卷：埋育新。第十六卷：瘞育新。第十七卷：第二迹層克里兌書。第十八卷：下克里兌書。第十九卷：茶而克及尼阿可彌水蝕之形。第二十卷：求拉昔克之不爾倍克及烏來脱。第二十一卷：求拉昔克之來約斯。第二十二卷：脱來約斯。第二十三卷：潑爾彌安。第二十四卷：可而美什。第二十五卷：可而美什及灰石。第二十六卷：提符尼安老紅砂石。第二十七卷：西羅里安堪孛里安落冷須安。第二十八卷：火

山石。第二十九卷：火山石之形。第三十卷至第三十二卷：各期中火山石。第三十三卷：鎔結石。第三十四卷：各期鎔結石。第三十五卷：熱變石。第三十六卷：熱變石之紋理。第三十七卷：熱變石之期。第三十八卷：五金藏脈。

地學指略

梁啓超《西學書目表·地學》《地學指略》。文教治，李慶軒。益智書會本。一本。二角五分。

趙惟熙《西學書目答問·藝學·地學》《地學指略》。一冊。英文教治譯，李慶軒述。益智會本。

徐維則等《增版東西學書録·地學》《地學指略》三卷。益智書會本，一冊。英文教治著，李慶軒譯。專論地內之泥沙土石，而未嘗深入其裏。蓋考地殼之書，於地質學中所謂淺説。《中西聞見録》有包爾騰《地學指略》，可參觀。益智書會印有文氏《地學入門》，未出。

徐樹蘭《古越藏書樓書目·學部·地質學》《地學指略》三卷。英文教治。李慶軒譯。光緒七年益智書會刻本。

楊復等《浙江藏書樓乙編書目·圖史》《地學指畧》一冊。英國教士文教治譯，古潞副車李慶軒述。益智書會刻本。

廣學會編《廣學會譯著新書總目·地學》《地學指略》。一本。價洋三角。

地學全志

梁啓超《西學書目表·地學》《地學全志》。慕維廉。益智書會本。一本。簡而頗備。

地學舉要

顧述廬《通學書籍考·地學類》《地學舉要》。原印本。英慕維廉譯。首論地球形勢大率，次地質釋名，次水陸分界，次洲島，次山原，次地震火山，次平原，次洋海，次潮汐湖河，次地氣。所論頗爲賅備。

趙惟熙《西學書目答問·藝學·地學》《地學舉要》。一冊。英慕維廉撰。益智會本。

徐維則等《增版東西學書録·地學》《地學舉要》一卷。《西學大成》本。英慕維廉譯。首論地球形勢大率，次地質，次釋名，次陸水分界，次洲島，次山原，次地震，次平原，次洋海，次潮汐，次湖河，次地氣。簡而能賅，便於初學。

地球奇妙論

徐樹蘭《古越藏書樓書目·學部·地質學》《地球奇妙論》一卷。英慕維廉譯。《格致彙編》本。

地學啓蒙

趙惟熙《西學書目答問·藝學·地學》《地學啟蒙》。八卷，訂一冊。英艾約瑟譯。稅務司本。

徐維則等《增版東西學書録·地學》《地學啟蒙》八卷。《西學啟蒙》本，一冊。英艾約瑟譯。專論以石爲考求地質之根基，帷論礦僅及煤層，於地質學未爲全備。

徐樹蘭《古越藏書樓書目·學部·地質學》《地學啟蒙》八卷。英艾約瑟。《西學啟蒙》本。

地理質學啓蒙

趙惟熙《**西學書目答問・藝學・地學**》《地理質學啓蒙》。七卷，訂一冊。英艾約瑟譯。稅務司本。

徐維則等《**增版東西學書録・地學**》《地理質學啓蒙》七卷。《西學啓蒙》本，一冊。英艾約瑟譯。論地球實形，論晝夜風氣，論水行於地功用，論海，論地球體內。所言皆地面之學，透發公理，頗能詳明，宜與《地學啓蒙》接觀。

地學稽古論

梁啓超《**西學書目表・地學**》《地學稽古論》。傅蘭雅。《格致彙編》本。

趙惟熙《**西學書目答問・藝學・地學**》《地學稽古編》。一冊。英傅蘭雅撰。《格致彙編》本。

徐維則等《**增版東西學書録・地學**》《地學稽古論》一卷。《格致彙編》本。英傅蘭雅著。以混沌未開之先爲極古，既開之後爲荒古，動植生爲太古，人類生爲近古。欲知地球古事，莫如考究地學，以有層累之可尋。明此學，則考土性以便農田，驗地脈以識礦產，辨石質以利工程，而地球往古形迹，亦可於此見焉。傅氏所撰《須知》，與此大略相同。

徐樹蘭《**古越藏書樓書目・學部・地質學**》《地學稽古論》一卷。英傅蘭雅。《格致彙編》本。

地學須知

顧述廬《**通學書籍考・地學類**》《地學須知》一冊。《格致須知》本。英傅蘭雅著。是書刪繁摘要，輯成六章。所論各物，多有圖式，以顯其形，庶人一見，可曉然土石中所存之物類爲若保也。本書《序》。

徐維則等《**增版東西學書録・地學**》《地學須知》一卷。《格致須知》初集本，一冊。英傅蘭雅著。凡六章。略論地質及石之層次，以究生物種類、水陸變遷之理。於石類、礦類之詳細形性，皆未論及。大略與祁氏《啓蒙》相同。

徐樹蘭《**古越藏書樓書目・學部・地質學**》《地學須知》一卷。英傅蘭雅。《格致須知》初集本。

廣學會編《**廣學會譯著新書總目・地學**》《地學須知》。凡人游行山野之間，見夫瑣磊磊者，皆知其爲土爲石。若試就山邊谷旁細爲審視，則見其土石每有層累之狀，然詳察之，則實有奥妙者。一本。價洋八分。

地　說

梁啓超《**西學書目表・近譯未印各書・地學**》《地說》。金楷理，李鳳苞。製造局。八本。未譯成。

地學入門

梁啓超《**西學書目表・近譯未印各書・地學**》《地學入門》。文氏。益智書會。

地理啓蒙

徐維則等《**增版東西學書録・地學**》《地理啓蒙》一卷。製造局刻《格致啓蒙》四種本，上海石印四種本。英祁覯著，美林樂知譯，鄭昌棪述。自地形以至地球內層，詞雖簡而論頗備。講地質學者，宜先讀之。《彙編七》有英慕維廉《地球奇妙論》，其說更新，可互證。

徐樹蘭《古越藏書樓書目・學部・地質學》　《地理啟蒙》一卷。英祁覩。美林樂知譯，鄭昌棪述。製造局《格致啟蒙》四種本。

中學地質教科書

楊復等《浙江藏書樓乙編書目・圖史》　《中學地質教科書》一册。美國賴康忒著，鄞縣包光鏞、丹徒張逢辰譯。商務書舘鉛印本。

地質學簡易教科書

顧燮光《譯書經眼録・地文》　《地質學簡易教科書》一卷。上海科學儀器館叢書本。日本横山又次郎著，虞和欽、虞和寅譯述。地質爲理學之一，其要在考求地球現狀、性質及歷史，故其範圍頗博，且與天文、物理、鑛物、古生物等諸學科交涉甚多。是書五編：曰地相篇，曰巖石篇，曰働力篇，曰搆造篇，曰歷史篇。所言皆能舉其要，而《働力篇》之言水之作用、火山現象，《構造篇》之言巖石配置、地殼構造，尤有至理。其《歷史篇》考求巖層及化石，分爲四期，亦具特識。附圖四十五幅，便於查核之用。

楊復等《浙江藏書樓乙編書目・理學》　《地質學簡易教科書》一册。鎮海虞和欽、虞和寅同譯。鉛印本。

天地奇異志

顧燮光《譯書經眼録・地文》　《天地奇異》一卷。廣學會本，一册。英華立熙撰，張文彬述。書中臚舉地文各學，凡二十四節，各附以圖，以相印證。所論格致各理，尙不相悖。惟雜宗教語，爲可厭耳。

《上海格致書院藏書樓書目・東西學書・格致學》　《天地奇異志》。英華立熙。一本。廣學會活印本。

廣學會編《廣學會譯著新書總目・地理》　《天地奇異志》。華立熙君著。各國皆論火山、沸水、地震、冰雹、海市等類之奇異。一册。

天變地異

徐樹蘭《古越藏書樓書目・學部・東西洋格物學》　《天變地異》一卷。日本小幡篤次郎。臺灣民政部譯。攻媿軒本。

岩石紀要

徐樹蘭《古越藏書樓書目・政部・工業》　《岩石紀要》一卷。普通學書室譯。《普通學報》本。

水學須知

顧述廬《通學書籍考・汽學類》　《水學須知》一册。英傅蘭雅著。是特總彙各説，推陳出新，集成六章，以便初學，且多綴圖様，使更了然。本書《序》。

徐維則等《增版東西學書録・氣學》　《水學須知》一卷。《格致須知》三集本，一册。英傅蘭雅著。總彙各説，集成六章。以圖明理，於初學尙便。

徐樹蘭《古越藏書樓書目・學部・水學》　《水學須知》一卷。英傅蘭雅。《格致須知》三集本。

楊復等《浙江藏書樓乙編書目・理學》　《水學須知》一册。英國傅蘭雅譯。鉛印本。

廣學會編《廣學會譯著新書總目・雜著》　《水學須知》。水居四行之一，其用綦多。飛潛動植諸物，無不賴以潤養。如人之日用內，飲食澣濯所必需。統萬物而計，水亦人生須臾不可少之一物也。一本。價洋八分。

水學圖說

顧述盧《**通學書籍考・汽學類**》　《水學圖說》一冊。益智會本。英傅蘭雅著。是書例尚說圖，未多講理。

趙惟熙《**西學書目答問・藝學・汽學**》　《水學圖說》。一冊。美傅蘭雅輯。益智書會本。

徐維則等《**增版東西學書録・氣學**》　《水學圖說》二卷。益智書會本，一冊。英傅蘭雅著。例尚說圖，未多講理。論動靜水學，依圖立說，尚便檢閲。

徐樹蘭《**古越藏書樓書目・學部・水學**》　《水學圖說》二卷。英傅蘭雅。光緒十六年益智書會刻本。

楊復等《**浙江藏書樓乙編書目・理學**》　《水學圖說》一冊。英國傅蘭雅譯。益智書會鉛印本。

水學器

梁啓超《**西學書目表・汽學**》　《水學器》。傅蘭雅。《格致彙編》本，在《格致釋器》中。

顧述盧《**通學書籍考・汽學類**》　《水學器》。《格致彙編》本。英傅蘭雅輯。是書分兩類，曰靜水學，曰動水學。於靜水學將其要事要理，一一言之。於動水學將其數要理，約略譯釋。本書《總引》。

趙惟熙《**西學書目答問・藝學・汽學**》　《水學器》。在《格致釋器》中。

徐維則等《**增版東西學書録・氣學**》　《水學器》一卷。《格致彙編》本，在《格致釋器》中。英傅蘭雅著。書分兩類，曰靜水學，曰動水學，靜詳而動略。內有一門，專論起水、引水理法，謂之「發水學」，一并言之。

徐樹蘭《**古越藏書樓書目・學部・水學**》　《水學器》一卷。英傅蘭雅。《格致彙編》本。

水學入門

徐維則等《**增版東西學書録・氣學**》　《水學入門》一卷。《格物入門》七種本。美丁韙良輯。此書論水學公理，與《重學入門》體例相似。

徐樹蘭《**古越藏書樓書目・學部・水學**》　《水學入門》一卷。美丁韙良。《格物入門》本。

水學測算

徐維則等《**增版東西學書録・氣學**》　《水學測算》一卷。同文館《格物測算》七種本。美丁韙良著。凡二章。上章論靜水，下章論流水。亦設爲問答，繪圖衍式，演題附題，與《力學測算》同例。

徐樹蘭《**古越藏書樓書目・學部・水學**》　《測算水學》一卷。美丁韙良。《格物入門》本。

水　鑑

徐維則等《**增版東西學書録・氣學**》　《水鑑》卷。《匯報》本。匯報館譯。顧補。

礦冶部

論述

丁韙良《西學考略·治礦館》 開礦採取五金，自古所有。近年用法，與古迥異。蓋古時煤鐵金屬，並無定法尋求，或於山石間顯露其苗，遇則開採，而深藏於地中者，即無由而知，因亦無從而得也。其礦窑既開，雖出產富厚，遇水人力難施，因而廢棄者有之。即幸無水，每覺有積蓄毒氣，致人傷生，不敢復入，因而廢棄者有之。又有挖至數百尺，其上下提運，人力不能復施，因而廢棄者有之。或金屬不在沙土間，藴於堅石之中，難以取煉，因而廢棄者亦有之。種種窒礙難行，以致無可施措。近代地學振興，格化之學漸精，機器之具漸備。挾其術以用於礦窑，則未識之深藏必顯，已廢之舊窑可復，而無窮之利源出矣。蓋地中層次，原有定序。雖深及流火，按地中非水，皆流火也。堅地在上，包括如卵清而裹黄然。其地面即顯露一層，其下應得何層，均可類推；且層層所出何石何金，亦可逆料。古者往往鑽鑿搜求，枉費心力，如入寶山空手而回。蓋必熟諳地學，識其地面内有何等藴藏，始敢破資採取，而不慮有緣木求魚之誚也。因地學如此重要，故各太學均設講席，各省會亦廣設地學一職，以究土脈之利。其覓取地中之寶，更有妙術施焉。係以汽機鑽孔，所用鑿器，形如圓筩，筩底周圍，嵌金鋼石數十枚，如犬牙相錯，令筩旋轉如磨，雖堅石無不洞穿，層層如圓柱而不破碎，滿於筩中，提而視之，以辨地中體質所藏若何，常有鑽至二千尺之深者，既知地中含有石油煤鐵，并知每層厚薄之數。欲鑿井極深而得自湧泉者，亦用此等鑽鑿器具。礦窑既開，不但以汽機運載，即鐵路。亦可用以上提諸物，并可以之取水，較千百夫之力倍速。故礦窑有水，不足爲患。無如煤毒之氣，遇火即燃，烈於火藥，工人每被燻斃轟斃，至數十數百之衆。欲防其毒，則用汽機運扇以散之。此等煤窑，工人不敢用尋常燈燭，其燈名曰防火燈，係以極細銅紗罩熖，能過光而不過火。此燈爲格致家達飛者，於六十餘年前所創，驗之極靈，故工人賴以獲生。向用火藥爲煤毒氣，因而爆烈者，有之去歲有格致家創新法，以除此弊。法鑽深孔，以石灰代藥實之，灌水則漲，而煤石開縫，是以水而代火也。至金銀銅鐵等物，除以化學鍛煉外，其隱於堅石中者，亦能以化學取之。法先搗碎石塊，復研極細，置强水中，則金石遂分，而其寶出矣。古人所開銅銀等礦，不但既廢者淘水可以興復，即所棄之渣滓，亦可按化學之理，煉而得之。是礦窑深賴地理格化諸學之明證也。而需機器以取其利，尤爲至要。故廣開礦窑之國，莫不設專館以教焉。

康有爲《日本書目志·礦學類序》 礦也者，地之金精也；日者，金之精也。日爆鐵屑而爲地，地發火山而爲礦。泰西墨洲，精華已洩矣。吾中國二萬里，一太璞未開之礦也。昆崙爲地脈之祖，火山之始。自阿爾泰山天山以及衛藏，皆昆崙也。故阿爾泰山譯爲金山。吾在總署，見《天山金礦圖》，有得塊金重二十五斤者。此萬里真大地之金窟哉！而吾中國府之。其内地，雲南銅、錫，山西、貴州煤、鐵，湖廣、江西銅、鐵、鉛、錫、煤，山東、湖北銅，四川銅、鉛、鐵、煤，皆四千年封禁，留待今日。積千百世祖父之藏，而子孫今日享之，其富若何也！昔者蔽於瞀儒之説，今則皆以開礦爲事矣。而礦學未開，冒昧從事，譬之不通醫而開方灌藥，其不增病而死者幾希。故今日欲開地中之礦，宜先開心中之礦、眼底之礦。心中之礦、眼底之礦者何？開礦學，譯礦書是也。不然，則欲其入而閉之門也。礦學以比人爲最。自山色石紋、草木苗脈子色，皆有專書。日本蕞爾小島，爲礦無多，然博物院目録甚博，其礦書初學、教科如是其詳也，泰西諸書已譯矣。較之吾中土，則我二萬里大國遍地皆礦而無一書，此真外人所垂涎者哉。嗚呼！臺灣五金煤鐵，久付日人經營之矣。閔馬父之譏不悦學，其可爲國乎？日人其寶玉錬金之篇，皆可採礦泉，足愈疾，而吾中國溫泉多棄之矣。礦章以英爲美，其防火、防病、防壓、防閉、防水、防爭諸法，日本已擇之西人。礦質分金類、非金類二類。金類則金、銀、銅、鐵、錫、鉑、汞、鋅、鉍、鈷、鎳、錳、鋁、鈣、鉀，非金類則磺、硝、雄黄、硃砂、石膏、石灰、硼沙、錘乳。此外各礦之雜質，皆有大用者有數十種。中國無其名而亦不識之，視若泥沙。若能開學譯書，以考求之，得一新物，則有大利存焉。金之有鉑也、鉛也、鐵也，其用尤大。若夫川、滇之間，皆有火井，吾開而運之，不費絲毫之子母，而塞二千萬之漏巵。使日人當此，其必有專書考之矣。

梁啓超《西學書目表附録・讀西學書法》 礦政一門，練礦各書譯出者有數種。察勘礦苗之專書尙無譯者，亦所當留意也。

沈桐生《東西學書録總敘・礦學》 中國之言礦學者，古矣。《周禮・地官》丱人，以時掌金玉錫石之地。若以時取之，則物其地圖而授之。鄭注云：物地，占其形色，知鹹淡也。授之，教取者之處。此卽西人辨苗化質之法也。又按《管子・地數篇》云：出銅之山四百六十七，出鐵之山三千六百九。戈矛之所發，刀幣之所起，上有丹砂者，下有黃金。上有慈石者，下有銅金。上有陵石者，下有鉛錫赤銅。上有赭石者，下有鐵。此山之見榮者也。《淮南子》云：黃埃、青曾、赤丹、白礬、元砥，歷歲生澒。可見五金之礦，有苗可識，自古爲昭矣。至若漢置鐵官凡四十郡，小鐵官又徧天下。魏有銀官金戶之設。宋時產銀者三監五十一場三務，產銅者三十五場一務，產鐵者四監十二冶二十務二十五場，產鉛者三十六場三十九務，產錫者九場，水銀四場，硃砂三場。遼置五冶太師，金制指阬得實有賞，訪察礦苗有使。元有鐵冶銅冶淘金總府提舉使，金銀銅冶轉運使。明之鐵冶銀課，布政司參議與夫按察使僉事主之。此中國歷代辨礦之源流也。

今西人精究礦學，不遺餘力。格致家之言曰：溯汽機之興，距今四十餘年耳。縱覽歐美各邦，鐵軌緜亘五六十萬里，輪船梭織六十餘萬艘。鐵塔則上摩霄漢，礦井則深鑿九泉，而梁江湖，穴長嶺，闢海渚，製巨砲，百物效靈，供人驅策者，皆由新舊金山採獲佳礦之故。由是言之，則礦之所益，誠非淺鮮。雖然，開礦非易事也。夫以渾渾土石，略見苗引，而欲測其鑛質之優劣，礦層之厚薄，礦脈之横斜，施工之難易，是何異見垣一方人之神術乎！是非專心學習不可。

西士偉烈亞力言開礦，其事有三：一爲辨陰陽。凡山得陰氣多而淸者，礦產爲金爲銀爲錫，濁者爲銅爲鐵爲鉛。得陽氣多而淸者，爲硫黃，爲水銀，濁者爲煤。故測量鑛山，在常年日月照臨，而得陰陽之分數，以爲始義。一爲驗礦苗。陰陽氣質，難以分辨，當驗礦苗以徵實。產之在礦，猶樹之根株，苗之枝葉也。察苗之枯潤豐薄，卽可知根株之虛實大小。充斯旨以驗苗，而礦產之多寡美劣，可得其實。一核經費。旣知苗之確據，須核其用工之人數，程功之遲速，器具之總件，運腳之遠近，及一切食用經費。再約計開取礦產，可値若干。兩相比較，利則舉之，不利則不舉也。此皆開礦者所宜知也。

然綜計礦務之要，其大類有三，首爲辨質，次爲開採，終爲鎔鍊，而礦學於是乎備。曷言乎辨質也？按礦類形性，各種不同。曰金礦者，分支交互，凝於砂石，其顆粒恆爲立方形，或立方變形，或八面形，或八面變形。曰銀礦者，其在山中，時有成小脈形者，小層形者，閒有成捆形、囊形者，情形互異。至其礦，亦分數類，有純銀礦，有夾銅銀礦，此外尙有銀汞、銀銻、銀碲、銀硫、墨銀、紅銀、銀綠、銀溴、銀碘等礦。含銀旣有多寡，取銀亦分難易。曰銅礦者，有生成銅礦，此外尙有紅色銅、灰色銅、淡藍色銅、雜色銅及含鹽、含硫、含養、含銻鉀等礦，而以黃、白、赤三種爲最夥。曰鐵礦者，其類約有十九種。經西人試驗而知適用者，只有八等，如黑鐵、紅鐵、鏡面鐵、棕色鐵、炭養鐵、泥鐵、黑層鐵、硫鐵等類是也。曰煤礦者，有紅煤、泥煤等類。所謂紅煤，與木炭相近，係古木所化。泥煤則儼然黑泥，爲水草所化。從地面至地下，煤多者凡九層，少者三層，每一層隔，厚者丈餘，薄者數尺，寬者千里，狹者數丈，皆有苗可尋，有質可辨。曰石礦者，約分三類，如泥石、花剛石、殭石三類。泥石卽中國之青石，花剛石卽白石，殭石卽石灰也。至寶石一類，如金剛鑽、碧霞犀、翡翠、白玉、水晶、瑪瑙及紅綠藍紫各項寶石，其顏色輭硬，西人皆繪圖識別。曰雜礦者，分雜金類、非金類二種。除鉛錫外，如西人所稱爲金類者，則有汞也，鋅也，鉍也，銻也，鈷也，鎳也，錳也，鋁也，鈣也，鉀也。所謂非金類，其名爲中國所知者，如磺也，硝也，砒也。雄黃也，硃砂也，石膏也，硼砂也，石鍾乳也，皆雜於各礦之中。化分配合，均有大用，是宜考究各物凝結根本，原式分類互變，此所謂礦學中辨質之要也。

曷言乎開採也？蓋礦苗多藏於各層土石，其採法必資鑿孔開石。然人工旣需浩緐，機器惟宜輭石，故如遇硬石及鐵硫，非攢挫所易穿者，當用硝強鹽強蝕孔，孔旣蝕成，插玻璃管，管端安設漏斗，再將強水滴入，則孔必深，孔底更大於孔口，能容火藥轟炸。如此則礦面不傷，而礦苗必透矣。至若採煤之法，尤非鑿井深入不爲功。凡近地面之煤，其灰質必較多，其礦氣必較重，其煤質必不甚堅結。若以土法採之，斜穿而不能深入，遇水不能急抽，或積水淹，或煤氣閉，皆足以壞井傷人。今西國吸水之法，多用機器，一爲瓦特汽機，機中鍋鑪，多置小煙管，並有各種巧機，使爐中多得火力，

能起水二千八百萬磅。故用其機以起礦水，雖遇有滂沱大雨，斷不致泛溢爲害矣。然而其法猶未周也。蓋礦内每有敗氣，易致疫癘，故開礦之法，又以灌注空氣爲要圖。西人注氣之法，或於井口累磚，作風氣通，或於井中燃火，鼓氣上升，並有起出風氣器具，如吸氣筩可去毒氣，轉輪風扇可吸風氣，寒暑表、量氣表可防敗氣。是皆礦中所宜預備。今英國《煤礦章程》又於防火、防壓諸法，妥爲整頓，宜譯出備用。此所謂礦學中開採之要也。

曷言乎鎔鍊也？夫大塊資生，洪鈞鑪鞴，礦石既經採獲，必須詳其性功，棄雜取純，庶可致用。是以西人既製鍊礦之器，復審鍊礦之火候。查鍛鍊金質之器，莫善於倒焰爐，係用火磚砌成。爐面圍以鐵板，爐旁啟以火開，爐膛横以鐵柵，爐頂樹以煙通，其爐窩則受鎔各種金類，制度極爲詳備。此外尚有回熱爐，柱形爐，亦皆適用。若鎔金類鑵，其尺寸與形式不一。如鍛鍊寶金類，小至可套於指圈。如鎔别種金類，大至能容八百磅，又略爲三角形，或圓柱形，皆依其容積而爲定準。然器雖精矣，若火候過差，則所鍊必不能純。蓋各種物質，熱量不同，鎔度亦不可不審。如金爲二千零十六度也，銀爲一千八百七十三度也，鋅爲一百七十三度也鈊爲四百七十六度也，鎘則二百四十三度也，錫則四百四十二度也，鉛則六百二十度也，銻爲八百度也。至鐵則分生、熟兩種，生鐵鎔度二千七百度，熟鐵鎔度二千三百八十也。凡此皆經化學家試驗確定，而鍊鑛者可奉爲準則，無過與不及之弊。此所謂礦學中鎔鍊之要也。即此三者，而礦學不外乎是矣。

夫天不愛道，地不愛寶，礦產者爲炎精所藴結，富媪所胚胎，取之不盡，用之不竭，是造物者之無盡藏也。而精與粗，各當其用。如金銀所以鑄錢幣，鉛鐵所以造軍械，銅錫所以作器皿，硫磺所以製火藥，煤炭所以運輸軸。至於雜金、非金等類，或爲照像之神方，或備醫家之妙用，或爲生長植物之要需，或爲工藝製造之取資，皆屬宇宙自然之利，生民利用所關。苟能設法開採，利源日闢，以固疆圉，則無形之甲兵也，以濟度支，則不竭之府庫也。而議者猶以前明礦禍爲説，豈非所謂因噎而廢食乎？述礦學。

張之洞《勸學篇·鑛學》 鑛學者，兼地學、化學、工程學三者而有之，其利甚博而其事甚難。夫以渾渾土石，略見苗引，而欲測其鑛質之優劣，鑛層之厚薄，鑛脈之横斜，施工之難易，是何異見垣一方人之神術矣。西國鑛師之精者，聲價極重，不肯來華；其來者，中、下駟而已。方今興利之法，誠無急於此者。然華商既無數百萬之鉅貲，鑛之易開者，一鑛亦須數十萬。又無數十年之鑛學，但憑西師一言，豈能驟集巨股？且無論何鑛，非深不佳，水源不止一孔，石隔不止一層，資費耗盡，亦必中作而輟。若略備微資，姑用土法，遇水遇石即已廢然而返，是鑛利終不可興也。是惟有先講實學，緩求速效之一法。今山東之鑛，已爲他人所籠；山西之鑛，亦爲西商所覬。若東三省之金，湖南、四川、雲南以及川滇邊界夷地、番地之五金煤炭，最爲豐饒，他省亦尚不少。有鑛之省，宜由紳商公議，立一鑛學會，籌集資斧，公舉數人出洋，赴鑛學堂學習，數年學成回華，再議開采。察鑛之質性，而後購機。水有開通運道之法，陸有接通大小鐵路之法，而後采鑛。能不用西師固善。即仍用西師，我亦可辨其是非，而不爲所欺。如是，則得尺得寸，不等於象罔求珠矣。竊謂今日萬事根本，惟在於煤。故煤鑛較他鑛尤急，而開煤尤非鑿井深入不爲功。凡近地面之煤，其灰質必較多，其磺氣必較重，其煤質必不甚堅結。土法之病，斜穿而不能深入，遇水而不能急抽，或積水淹，或架木圮，或煤氣閉，或地火發。是四者，皆足以壞井。即使淺嘗可得佳煤，而所得無多，其井已廢。數月必棄一井，一年必易一山，人力已竭，而佳煤未動。雖鑿徧九州之山，而斷不能得一可用之煤鑛。鍋爐氣機，止用烟煤、白煤，若煉鐵煉鋼，必須焦炭。非佳煤不能煉焦炭，非西爐西法所煉亦不能精。此又煤鑛之相因遞及者。嘗考英國之富，以煤鑛興。故西人謂煤鑛之利國利民，實在五金以上。五金若乏，可以他物代之，煤則孰能代之？煤源一斷，機器立停，百舉俱廢。雖有富强之策，安所措手哉？大抵西法諸事，皆以先學藝、後舉事爲要義。學將而後練兵，學水師而後購艦，學工師而後製造，學鑛師而後開鑛。其始似遲，其後轉速，其費亦必省。或曰：必待學成而後開鑛，如時迫效遠何？無已，則有一變通之策焉。就本省内擇取一鑛，募西人之曾辦鑛廠確有閲歷者，與議包辦。一切用人購器，聽其主持，不掣其肘。約定出鑛後，優給餘利，限滿而不得鑛有罰。即於局内設礦學堂，礦成獲利以後，我之學生及委員、工匠皆已學成。此藉礦山爲礦學堂之法也。但須嚴定限制，止開此處。若全省包辦，則其害甚大，不可行。《記》曰：「地不愛其寶，人不愛其情。」若人無湛深之思，專壹之志，而欲乞靈富媪，安坐指揮，以儌大利，蓋不可得之數矣。

趙惟熙《西學書目答問·政學·礦政學》 自卄人失職，學遂不傳。

明苦璫禍，更諱言茲事矣。西人謂中國礦産甲於五洲，近風氣漸開，多有議及開採者。惟前經譯出各本，多冶鍊事宜，而於察勘礦苗等專書，尚闕如也。

綜　述

礦産分部

者瓦希剌別認寶貝

王士點《元秘書監志》卷七《回回書籍》　《者瓦希剌別認寶貝》五部。

又《司天監》　《扎蘭齊喇別認寶貝》五部。

坤輿格致

徐維則等《增版東西學書録・東西人舊譯著書》　湯若望《坤輿格致》五卷。明崇禎十三年刻本。

金石識別

梁啓超《西學書目表・化學》　《金石識別》。附表。瑪高溫，華蘅芳。製造局本。六本。九百。

又《附録・讀西學書法》　《金石識別》爲化分極有用之書。然原書圖分五色，今譯本去之，則有圖如無圖矣。

顧述廬《通學書籍考・化學類》　《金石識別》十二卷。附表。製造局本，《富強叢書》本。美代那撰，美瑪高溫譯，金匱華蘅芳述。是書爲化分極有用之書，然原書圖分五色，今譯本去之，則有圖如無圖矣。《西學通考》。

趙惟熙《西學書目答問・藝學・化學》　《金石識別》。十二卷，附表，訂六冊。美代那撰，美瑪高溫譯，華蘅芳述。製造局本。是書於金石品類及試驗礦質與鎔鍊分化之法，論之頗詳。

丁仁《八千卷樓書目・藝術類・雜技》　《金石識別》十一卷。英代那撰高溫譯。刊本。

徐維則等《增版東西學書録・地學》　《金石識別》十二卷，附表。製造局本，六冊。《富強叢書》本。趙元益有重校本，未刊。美代那著，美瑪高溫譯，華蘅芳述。詳言地面地殼兩層各質，皆歸金類，甚合天然之理。所譯金石家諸書，以此爲最有用。原本諸圖，別以五色，頗爲醒目。惜今本改之。

徐樹蘭《古越藏書樓書目・政部・工業》　《金石識別》十二卷，附表。美代那。美瑪高溫譯，華蘅芳述。製造局本，《富強叢書》本。

《上海格致書院藏書樓書目・東西學書・化學》　《金石識別》。美代那。美瑪高溫，金匱華蘅芳。十二卷。六本。製造局本。

楊復等《浙江藏書樓乙編書目・工業》　《金石識別》六冊。美國瑪高溫譯，金匱華蘅芳述。江南製造局刻本。

陳洙《江南製造局譯書提要・地學》　《金石識別》十二卷。美國代那撰，瑪高溫口譯，金匱華蘅芳筆述。金石有可以作顔色者，作藥料者，作宮室器用者，糞壅田土者，故化學家、礦務家、地學家多取焉。化學家以原質連合相同者爲一類，金石家則以結成之形質或積疊之法相同者爲一類，又化學兼生物、非生物，而此書則專論非生物，故與化學諸書微有別也。第一卷：金石結成之形。第二卷：金石形色性情。第三卷：氣類；水類；炭類；硫礦類。第四卷：鏞金類。阿摩尼阿；卜對斯；素特；貝而以養；皂脱浪西；丙而西養；美合尼西養；哀盧彌那。第五卷：土金類。夕里開；灰；美合尼西養；哀盧彌那；谷羅西那；入爾果尼；士里耶。第六卷：礦金類。昔而以恩；以特里恩；浪替尼恩；替脱尼恩；錫礦；目力別迭能；東斯天；凡奈地恩；脱羅里恩；別斯末斯；安的摩

尼；砒；由日尼恩；鐵礦。第七卷：礦金類。孟葛尼斯；客羅彌恩；臬客爾；苦抱爾；白鉛礦；開特彌恩；鉛礦；水銀礦；銅礦。第八卷：礦金類。白金礦；衣日地恩；日和地恩；鈀留底恩；黄金礦；銀礦。第九卷：石類。第十卷：雜論。第十一卷：金石；化學。第十二卷：金石分類之法。

金石表

《上海格致書院藏書樓書目・東西學書・化學》　《金石表》。一卷。一本。製造局本。

陳洙《江南製造局譯書提要・地學》　《金石中西名目表》一卷。譯《金石識别》時所作。凡讀金石書者，必取是書參觀之。

楊復等《浙江藏書樓乙編書目・工業》　《金石表》一册。江南製造局輯。鉛印本。

礦石圖説

梁啓超《西學書目表・礦政》　《礦石圖説》。傅蘭雅。益智書會本。一本。一角五分。

顧述廬《通學書籍考・礦學類》　《礦石圖説》一册。益智書會本。英傅蘭雅著。

趙惟熙《西學書目答問・政學・礦政學》　《礦石圖説》。一册。英傅蘭雅輯。益智會本。

徐維則等《增版東西學書録・礦務》　《礦石圖説》一卷。益智書會本，一册。英傅蘭雅譯。但言純整之礦石，而不及汽水土石各類。並有大圖一幅，繪各沙石之形色，儼然逼真。習礦學者，宜先觀此種書，大有裨益。

徐樹蘭《古越藏書樓書目・政部・工業》　《礦石圖説》一卷。英傅蘭雅譯。光緒十年益智書會刻本。

楊復等《浙江藏書樓乙編書目・工業》　《礦石圖説》一册。英國傅蘭雅著。木刻本。

廣學會編《廣學會譯著新書總目・礦務學》　《礦石圖説》。一本。價洋二角。

金石略辨

梁啓超《西學書目表・近譯未印各書・礦政》　《金石略辨》。傅蘭雅。益智書會。未印。

徐維則等《增版東西學書録・地學》　《金石略辨》一册。益智書會本。英傅蘭雅著。

礦石輯要編

梁啓超《西學書目表・礦政》　《礦石輯要編》。傅蘭雅。《格致彙編》本。

顧述廬《通學書籍考・礦學類》　《礦石輯要編》。《格致彙編》本。傅蘭雅譯。

趙惟熙《西學書目答問・政學・礦政學》　《礦石輯要編》。一册。英傅蘭雅輯。《格致彙編》本。

徐維則等《增版東西學書録・礦務》　《礦石輯要編》一卷。《格致彙編》本。英傅蘭雅輯譯。先論金銀銅鐵之礦，後略論諸寶石之礦。雖形性名目極緐，而辨别精細，復列圖以明之，似繼《圖説》而作。

徐樹蘭《古越藏書樓書目・政部・工業》　《礦石輯要編》一卷。英傅蘭雅。《格致彙編》本。

礦學須知

顧述廬《通學書籍考・礦學類》　《礦學須知》一册。英傅蘭雅著。是書分六章，刪繁輯要，縷析條分，雖於礦類不能盡該，然尋常礦石之易見易明者，莫不歷歷述明。

徐維則等《**增版東西學書録・礦務**》《礦學須知》一卷。《格致須知》。三集本，一冊。英傅蘭雅著。專論礦之性質，於開礦工蓺未詳。時務報館譯有《問礦章程》，未出。

徐樹蘭《**古越藏書樓書目・政部・工業**》《礦學須知》一卷。英傅蘭雅。《格致須知》三集本。

楊復等《**浙江藏書樓乙編書目・工業**》《礦學須知》一冊。英國傅蘭雅著。鉛印本。

廣學會編《**廣學會譯著新書總目・礦務學**》《礦學須知》。礦之爲物，產於地中。其類甚繁，有屬金類者，有屬石類者，有屬煤炭類者，有常見者，有罕見者，有產之多而用廣者，有產之少而珍貴者。夫礦藏地中，任人間取，上可強國，下足富民，實當今之急務也。地不愛寶，人亦何患而不取耶？一本。價洋八分。

普通礦物學

楊復等《**浙江藏書樓乙編書目・工業**》《普通礦物學》三冊。亞泉學館譯。商務書館鉛印本。

礦物界教科書

楊復等《**浙江藏書樓乙編書目・工業**》《礦物界教科書》一冊。鎮海虞和欽等譯。鉛印本。

新式礦物學

顧燮光《**譯書經眼録・礦務**》《新式礦物學》五卷，附録三卷，圖一大幅。啟文譯社洋裝本，一冊。日本脇水鐵五郎著，鍾觀誥譯。書凡五章，章各爲卷，所言頗多新理。其於地殼原料岩石關係，購造沿革，言之綦詳。至其識別各礦性質成分，莫不闡明其生育變化之理，并指明日本所產各礦之地，以爲印證。附録《礦質一覽表》、《吹管分析法大意》、《日本鑛物模範本圖》一大幅，均便礦學參考之用。

中學礦物教科書

顧燮光《**譯書經眼録・礦務**》《中學礦物教科書》卷。北洋官報局排印本，一冊。日本山田邦彥、日本石上孫三合著，陳鍾年譯。此書略從鑛物、岩石、地質等，順次發明，凡四篇，計二十八節，係日本著爲中學課本之用。所言產額、產地、製造等處，多徵諸日本附近，蓋爲本邦人實用起見，固宜爾也。譯者隨筆譯出，亦足爲考證日本礦物之一助。書中附圖若干幅，頗精采可觀。

礦學簡明初級教科書

顧燮光《**譯書經眼録・礦務**》《礦學簡明初級教科書》一卷。導歐譯社石印本，一冊。日本江吉治平編著，梁復生譯。是書部分四版，言礦類凡三十餘種，皆日本所產者。其餘各鑛之形式、取材、試驗，皆舉要言之。附《標本圖》四幅，惜石印模糊，未加彩色，不足供考察之用。

中學礦物教科書

楊復等《**浙江藏書樓乙編書目・工業**》《中學礦物教科書》一冊。日本橫山又次郎著，鎮海王本祥譯。啓文社鉛印本。

礦物學

《上海格致書院藏書樓書目・東西學書・礦政》　《礦物學》。日本神保小富。西師意。上虞許家惺。一卷。一本。山西大學堂譯書院本。

廣學會編《廣學會譯著新書總目・礦務學》　《礦物教科書》。日本神保小虎著，西師意譯，上虞許默齋校訂。一冊。價洋四角。

採礦分部

求礦指南

顧燮光《譯書經眼録・礦務》　《求礦指南》十卷，附一卷。《續富強叢書》本，二冊。英安德孫撰，英傅蘭雅、潘松合譯。首卷論查地面形勢求鑛，二論各種土石層，三論吹火筒分別鑛之法，四論礦石之性情，五論含金類之礦，六論別種有用之鑛，七論各種土石之原質等事，八論用溼法試驗各種礦石，九論試驗礦含金類數目之法，十論測地求礦之法。全書所言礦學，次第不紊，備極詳審。其論開礦，不可謂愈深而可得佳鑛處，亦有至理。附卷論礦中之雜務，臚列各表，頗便考核。近來所譯礦書《寶藏興焉》外，當以此爲善本。

徐樹蘭《古越藏書樓書目・政部・工業》　《求礦指南》十卷。英安得孫。英傅蘭雅譯，潘松述。製造局本。

楊復等《浙江藏書樓乙編書目・工業》　《求礦指南》二冊。英國傅蘭雅、烏程潘松譯。江南製造局刻本。

《上海格致書院藏書樓書目・東西學書・礦政》　《求礦指南》。英安德孫。英傅蘭雅，烏程潘松。製造局本。

陳洙《江南製造局譯書提要・礦學》　《求礦指南》十卷。英國礦師安得孫撰，英國傅蘭雅口譯，烏程潘松筆述。鑛學與地質學、化學皆有關係。此書爲入門之階級，而附表尤有用。第一卷：查地面形勢求礦。第二卷：各種土石層。第三卷：吹火法分別礦質。第四卷：礦石之性情。第五卷：含金類之礦。第六卷：筆鉛。第七卷：各種土石之原質。第八卷：用溼法試礦。即用強水法也。第九卷：驗礦中所含金類數目。第十卷：測地求礦之法。附各種要石及礦分量表。

答覆礦務書

徐樹蘭《古越藏書樓書目・政部・工業》　《答覆礦務書》一卷。英傅蘭雅。《格致彙編》本。

探礦取金

《上海格致書院藏書樓書目・東西學書・礦政》　《探礦取金》。英密拉。慈谿舒高第，六合汪振聲。六卷續一卷。二本。製造局本。

陳洙《江南製造局譯書提要・礦學》　《探礦取金》六卷《續編》一卷，《附編》一卷。英國礦工密拉撰，慈谿舒高第口譯，六合汪振聲筆述。是爲開礦工程學中必備之要書也。第一卷：論工作器，用器轟法各事宜；人馬之功力與機器之功力；機器用法；人馬起重力；水動力；風力汽力。第二卷：木工作礦架；礦井內木架及造礦井法。第三卷：論地學金石類；斜礦地之緣起及金類；所以到斜礦地之故。第四卷：相地；相地礦師所用器；查礦脈查漲地內澱定之重質水匀；金之法。第五卷：開金類各法。第六卷：測量礦地。《續編》：論開礦利弊。《附編》：論礦工危險；淘金砂法拆礦內木料法；開平路及司妥勃所創之法。

相地探金石法

《上海格致書院藏書樓書目・東西學書・礦政》　《相地探金石法》。英喝爾勃特喀格司。烏程王汝駢。四卷。四本。製造局本。

陳洙《江南製造局譯書提要・礦學》　《相地探金石法》四卷。英國喝爾勃特喀格司撰，烏程王汝駢譯述。凡十七章，附《中西文合璧表》。專論探金石及辨礦之法。是書成於西曆一千八百九十八年，故多新法。第一章：礦學總論。第二章：辨別礦質。第三章：成原名之礦質及有商值而無金類之礦質。第四章：寶石與玉。第五章：成層堆積。第六章：礦紋與脈。第七章：無定形之堆積。第十章：貴金類。第十一章：銀鉛。第十二章：水銀。第十三章：銅。第十四章：錫鐠鎢鉬。第十五章：鋅鐵鎳鈷錳鉻鈾。第十六章：硫銻砒鉍。第十七章：可燒之礦質。

礦務演説

徐維則等《增版東西學書録・礦務》　《礦務演説》□卷。《知新報》本。美安打必列治著，周靈生譯。言礦之試驗極詳，頗有新理法。顧補。

驗礦砂要法

徐維則等《增版東西學書録・礦務》　《驗礦砂要法》□卷。廣學會本。同文館化學教習施德明譯。書凡十節，論礦質内提取金、銀、銅、鐵、鉛、錫之類，係爲礦師驗礦所用。開礦之先，將礦砂少許，按法煆煉，查其内含各金之數，以定開礦時如何提鍊，有無利益，記載明晰，法術簡當。器具、藥料，開列全備，頗切於實用。顧補。

徐樹蘭《古越藏書樓書目・政部・工業》　《驗礦砂要法》一卷。施德明譯。光緒二十六年廣學會排印本。

《上海格致書院藏書樓書目・東西學書・礦政》　《驗礦砂要法》。施德明。文秀。一本。廣學會本。

楊復等《浙江藏書樓乙編書目・工業》　《驗礦砂要法》一冊。施德明譯，文秀述。商務書舘鉛印本。

廣學會編《廣學會譯著新書總目・格致》　《驗礦砂要法》。施德明譯。一冊。價洋五分。

各國硫礦同異

徐維則等《增版東西學書録・礦務》　《各國硫礦同異》□卷。《知新報》本。英倫敦礦務報著，周靈生譯。顧補。

化分中國鐵礦

徐樹蘭《古越藏書樓書目・政部・工業》　《化分中國鐵礦》一卷。法畢利幹。《格致彙編》本。

井礦工程

梁啓超《西學書目表・礦政》　《井礦工程》。傅蘭雅，趙元益。製造局本。二本。二百。

顧述廬《通學書籍考・礦學類》　《井礦工程》。製造局本，《富強叢書》本，《西學大成》本，《礦務叢鈔》本。英白爾捺輯。三卷。英傅蘭雅譯，新陽趙元益述。卷一言造自湧水井之法，卷二言開地取礦之法，卷三言用火藥拉開土石之法。

丁仁《八千卷樓書目・藝術類・雜技》　《井礦工程》三卷。英白爾捺撰。刊本。

趙惟熙《西學書目答問・政學・礦政學》　《井礦工程》。三卷，訂二冊。英白爾捺輯，英傅蘭雅譯，趙元益述。製造局本。

徐維則等《增版東西學書録・礦務》　《井礦工程》三卷。製造局本，二冊。《礦務叢刻》本。《礦務五種》本。《富強叢書》本。《西學大成》本。英白爾捺輯，英傅蘭雅譯，趙元益述。開井開礦，所論略備。中言造自湧水井及火藥拉開土石法，可與《東國鑿井法》、《開地道轟藥法》參證。又載中國開井二法，殆行諸北方者，西人之留心可知。《彙編二》有《起水論》，可參考。

徐樹蘭《古越藏書樓書目・政部・工業》　《井礦工程》三卷。英白爾捺。英傅蘭雅譯，趙元益述。製造局本，《富強叢書》本。

《上海格致書院藏書樓書目・東西學書・礦政》　《井礦工程》。英白爾捺。英傅蘭雅，新陽趙元益。三卷。一本。製造局本。

楊復等《浙江藏書樓乙編書目・工業》　《井礦工程》二冊。英國傅蘭雅譯，新陽趙元益述。江南製造局刻本。

陳洙《江南製造局譯書提要・礦學》　《井礦工程》三卷。英國蒲爾奈輯，傅蘭雅口譯，新陽趙元益筆述。有圖一百四十。礦學功夫有二：一爲試驗鎔鍊，一爲開取移運。此書專論礦井開鑿事務。第一卷：造自湧水泉之法。第二卷：開地取礦之法；令鑿轉動法，鑿孔常遇難事；孔内補管爲襯；開石之器具；白爾格開石器具；馬太與希拉特所設鑿孔器。第三卷：用火藥礫開土石之法；平路與火藥膛得光之法；開裂土石所用之別種藥料。

開礦器法圖説

徐樹蘭《古越藏書樓書目・政部・工業》　《開礦器法圖説》十卷，圖三冊。美俺特累。英傅蘭雅譯，王樹善述。光緒二十五年製造局石印本。

《上海格致書院藏書樓書目・東西學書・礦政》　《開礦器法》。美俺特累。英傅蘭雅，上海王樹善。十卷。六本。製造局本。

楊復等《浙江藏書樓乙編書目・工業》　《開礦器法圖説》六冊。英國傅蘭雅，上海王樹善譯。江南製造局石印本。

陳洙《江南製造局譯書提要・礦學》　《開礦器法圖説》十卷。美國俺特累撰，英國傅蘭雅口譯，上海王樹善筆述。有圖六百九十。專論開礦所用器具，皆係近時新式新法，開礦之利益半恃考驗，半恃器械。觀此書，殊有益也。第一卷：論求礦器；鑽地器；機器開地之法；特復鑽地之法。第二卷：論開礦器具；手工鑿孔器；用石機器；鑿石機器架；聚氣膛；通氣管；聚水管放炸石藥之器；開礦手器。第三卷：論開礦器具；金特及收特倫開礦井器，開煤機器取煤機器。第四卷：論運礦與起礦之器具；車；倒車架；交路與換路轉臺；滑車與轆轤；相連車與繩之法；起煤車籠及託器；井口起籠器；井内起料繩。第五卷：論運礦與起礦之器具；馬力絞車；牽礦機器；起重車及機器；英國起籠機器表；活梯。第六卷：論起水機；起水桶；起水機器；起火油筩；水壓力機器；水輪。第七卷：論通風機器；鐘及箱法；量風器；防火燈。第八卷：論軋礦機器；碾輪；軋器；舂機；臼；篩臼底墊；舂器。第九卷：論預備金銀礦所用之舂碾分析等器。第十卷：論預備錫銅鉛三種礦所用舂輾分析等器。

鑿石機器

徐樹蘭《古越藏書樓書目・政部・工業》　《鑿石機器》一卷。英傅蘭雅。《格致彙編》本。

開煤要法

梁啓超《西學書目表・礦政》　《開煤要法》。傅蘭雅，王德均。製造局本。二本。二百四十。

顧述廬《通學書籍考・礦學類》　《開煤要法》二卷。製造局本，《富強叢書》本，《西學大成》本。英士密德輯，英傅蘭雅譯，懷遠王德均述。

丁仁《八千卷樓書目・藝術類・雜技》　《開煤要法》十二卷。英士密德撰。刊本。

趙惟熙《西學書目答問・政學・礦政學》　《開煤要法》。十二卷，訂二

冊。英士密德輯。英傅蘭雅譯，王德均述。製造局本。是書於辨質開井、起運防害各事，論之甚詳。

徐維則等《增版東西學書録・礦務》　《開煤要法》十二卷，附表。製造局本，二冊。《礦務叢刻》本。上海石印《礦務五種》本。《富強叢書》本。《西學大成》本，無表。英士密德輯，英傅蘭雅譯，王德均述。試驗、開採、起運、防備之法及器具工作，無不詳載。後出之書雖多，但加密求便而已。書中論預防各險甚詳，中載中國産煤處所尚未周備。《彙編一》有《鑽地覔煤法》，又有《力儲於煤説》，又有《開煤略法》，並可參觀。

徐樹蘭《古越藏書樓書目・政部・工業》　《開煤要法》十二卷，附表。英士密德。英傅蘭雅譯，王德均述。製造局本，《富強叢書》本。

《上海格致書院藏書樓書目・東西學書・礦政》　《開煤要法》。英士密德。英傅蘭雅，懷遠王德鈞。十二卷。二本。製造局本。

楊復等《浙江藏書樓乙編書目・工業》　《開煤要法》二冊。英國傅蘭雅譯，懷遠王德均述。江南製造局刻本。

陳洙《江南製造局譯書提要・礦學》　《開煤要法》十二卷。英國司密德輯，傅蘭雅口譯，懷遠王德均筆述。有圖五十七。爲開煤礦者所不可不知。第一卷：用煤源流，各種煤及煤層形勢。第二卷：見煤内之動植生物迹可辨煤由何而成。第三卷：論地球全周多産煤之處。第四卷：辨地面形迹定鑿孔求煤法。第五卷：煤井下開煤洞并築平煤洞以取煤運煤各法。第六卷：取煤時預防上面土石壓下各法。第七卷：運煤至井下各法。第八卷：起煤至井上各法。第九卷：引煤洞中水至井下并起水至井上法。第十卷：井下各處得光法。第十一卷：井下進新氣去敗氣各法。第十二卷：預防各種危險法。

試驗鐵煤法

梁啓超《西學書目表・近譯未印各書・礦政》　《試驗鐵煤法》。傅蘭雅，徐壽。製造局。一本。未印。

徐維則等《增版東西學書録・礦務》　《試驗鐵煤法》一卷。製造局本。英傅蘭雅、徐壽同譯。

西國開煤略法

徐樹蘭《古越藏書樓書目・政部・工業》　《西國開煤略法》一卷。英傅蘭雅。《格致彙編》本。

鑽地覔煤法

徐樹蘭《古越藏書樓書目・政部・工業》　《鑽地覔煤法》一卷。英傅蘭雅。《格致彙編》本。

萍鄉安源機礦圖

徐維則等《增版東西學書録・礦務》　《萍鄉安源機礦圖》八幅。照相本。德賴綸測繪，舒秉仁譯。萍鄉煤礦開採有年，自仿西法設機廠後，煤出日多，可與開平埒。此圖卽開創時繪造房屋、機廠之圖也。顧補。

銀礦指南

梁啓超《西學書目表・礦政》　《銀礦指南》。傅蘭雅，應祖錫。製造局本。一本。一百九十。

顧述廬《通學書籍考・礦學類》　《銀礦指南》。製造局本，《富強叢書》本，《礦務叢鈔》本。美亞倫著。一卷，共九章，分八十四節，附圖二十有一。英傅蘭雅譯，永康應祖錫述。亞氏取伯提阿番墩霸鎮諸家之法，潛心參究，推陳出新，體驗有年，遂本平時所心得者，撰爲一書。自試驗銀礦以及採

礦、煆、礦、磨礦、分礦、無法不備。所用器具又極輕巧靈便。即小本經管之人，亦能置辦。誠開礦之南針，鍊銀之秘鑰也。

趙惟熙《西學書目答問・政學・礦政學》 《銀礦指南》。附圖一冊。美亞倫撰，英傅蘭雅譯，應祖錫述。製造局本。

徐維則等《增版東西學書録・礦務》 《銀礦指南》一卷，附圖。製造局本，一冊。《礦務叢刻》本。《礦務五種》本。《富強叢書》本。英亞倫著，英傅蘭雅譯，應祖錫述。此爲亞倫重定本。中詳於煉銀諸法，於驗礦之事，未爲詳備。蓋作者但求親試，力從簡便，勒爲一書，未嘗旁羅衆説，故講究此學者，尚宜搜求新法，參考之。

徐樹蘭《古越藏書樓書目・政部・工業》 《銀礦指南》一卷，附圖。美亞倫。英傅蘭雅譯，應祖錫述。製造局本，《富強叢書》本。

《上海格致書院藏書樓書目・東西學書・礦政》 《銀礦指南》。美亞倫。英傅蘭雅，永康應祖錫。一卷。一本。製造局本。

楊復等《浙江藏書樓乙編書目・工業》 《銀礦指南》二冊。英國傅蘭雅、永康應祖錫譯述。江南製造局刻本。

陳洙《江南製造局譯書提要・礦學》 《銀礦指南》一卷。美國亞倫撰，英國傅蘭雅口譯，永康應祖錫筆述。凡九章，有圖二十一。爲鍊鑛取銀要法。第一章：試礦分銀。第二章：論何法爲便。第三章：論從礦分銀新法。第四章：已煆之礦幷鍛礦法。第五章：消化各法。第六章：磨鑛器。第七章：合水銀器。第八章：論甑。第九章：煉銀瑣事。

礦學考質

陳洙《江南製造局譯書提要・礦學》 《礦學考質上編》五卷，《下編》五卷。美國奥斯彭撰。上編慈谿舒高第口譯，海鹽沈陶璋筆述，江浦陳洙勘潤。下編舒高第口譯，陳洙筆述。此書宗旨，專論有用金類及地下石層中位置幷礦質詳細情形，爐鍊乾鍊各法，靡不備載，且多考驗已有成效之言。研礦學者，奉此書爲秘笈，蓋有事半功倍之效焉。上編：金銀銅鎳銕錫鋅。下編：鉛錳鉑鈦汞銻鉍鉻鈷鉛；可倫登及哀末利浮石微細蟲泥礪石剖石鑽石。

取濾火油法

徐樹蘭《古越藏書樓書目・政部・工業》 《取濾火油法》一卷。美日得烏特。英秀耀春、美衛理譯，汪振聲述。製造局本。

《上海格致書院藏書樓書目・東西學書・工政》 《取攄火油法》。美日得烏特。英秀耀春。美衛理。六合汪振聲。一卷。一本。製造局本。

楊復等《浙江藏書樓乙編書目・工業》 《取濾火油法》一冊。英國秀耀春譯，六合汪振聲述。江南製造局刻本。

陳洙《江南製造局譯書提要・工藝》 《取濾火油法》一卷。美國日得烏撰，英國秀耀春、美國衛理口譯，六合汪振聲筆述。分十二條，有圖十二。論取火油及濾淨火油之法及用法等事。惜甚簡略，尚不足爲實業家研究之資。倘有續譯較詳之書，供人玩索，爲益豈淺鮮哉？第一條，火油之原質。第二條，火油之源流。第三條，查看産火油之地形。第四條，火油之各用。第五條，開井。第六條，機器架及鑽器。第七條，濾法。第八條，濾清鐙用之火油。第九條，濾機器用之火油。第十條，運油法。第十一條，起油筩。第十二條，總則。

日本礦律

顧燮光《譯書經眼録・礦務》 《日本礦律》一卷。《譯書彙編》本。唐寶鍔譯。《日本礦律》頒於明治二十三年。共九章：一、總則。二、試掘及採掘。三、礦區。四、使用之法。五、礦業警察。六、礦夫。七、礦業税及礦區税。八、罰則。九、附則，而別施行細則。凡關於礦産種種辦法，皆定有規則，簡明完備。其於保護國民權利，尤三致意焉。

日本礦砂採取法

顧燮光《譯書經眼録・礦務》　《日本礦砂採取法》一卷。《譯書彙編》本。唐寶鍔譯。是書頒於日本明治三十六年。凡採取砂金、砂錫、砂鐵，皆依此律。共二十五條，另施行細則十四條，附以《規費章程》，以補礦事之不足。

冶金分部

寶藏興焉

梁啓超《西學書目表・礦政》　《寶藏興焉》。傅蘭雅，徐壽，徐建寅。製造局本。十六本。二千四百。

顧述廬《通學書籍考・礦學類》　《寶藏興焉》十二冊。製造局本，石印小字本。英費而奔著，傅蘭雅譯，無錫徐壽述。全冊一鍊金，二鍊鉑，三鍊銀，四鍊銅，五鍊錫，六鎔鍊鋼鐵，七鍊鉛，八鍊鋅，九鍊鎳，十鍊銻，十一鍊鉍，十二鍊汞。

趙惟熙《西學書目答問・政學・礦政學》　《寶藏興焉》。十六冊。英費而奔撰，英傅蘭雅譯，徐壽、徐建寅同述。製造局本。

徐維則等《增版東西學書録・礦務》　《寶藏興焉》十二卷。製造局本，十六冊。《礦務叢刻》本析爲《要法》一種。英費而奔著，英傅蘭雅譯，徐壽述。論金、鉑、銀、銅、錫、鐵、鉛、鋅、鎳、銻、鉍、汞諸礦形性，各盡其理。言鍊法，亦極詳密。中譯礦學之書，以此本爲最要。《知新報》印有英珍遮比令加著、周逢源譯《考礦備要》，未成。

徐樹蘭《古越藏書樓書目・政部・工業》　《寶藏興焉》十二卷。英費而奔。英傅蘭雅譯，徐壽述。製造局本。

楊復等《浙江藏書樓乙編書目・工業》　《寶藏興焉》十六冊。英國傅蘭雅譯，無錫徐壽述。江南製造局刻本。

《上海格致書院藏書樓書目・東西學書・礦政》　《寶藏興焉》。英費而奔。英傅蘭雅，無錫徐壽。十二卷。十六本。製造局本。

陳洙《江南製造局譯書提要・礦學》　《寶藏興焉》十二卷。英國費爾奔撰，傅蘭雅口譯，無錫徐壽筆述。論鎔鍊各種金類礦之法，于各種礦之形性，能盡言其理，甚爲詳核，誠巨觀也。第一卷：金。第二卷：鉑。第三卷：銀。第四卷：銅。第五卷：錫。第六卷：鐵，鋼。第七卷：鉛。第八卷：鋅。第九卷：鎳。第十卷：銻。第十一卷：鉍。第十二卷：汞。

鍊金新語

梁啓超《西學書目表・近譯未印各書・礦政》　《鍊金新語》。舒高第，鄭昌棪。製造局。

《上海格致書院藏書樓書目・東西學書・礦政》　《鍊金新語》。英奧斯呑。慈谿舒高第，海鹽鄭昌棪。一卷。三本。製造局本。

楊復等《浙江藏書樓乙編書目・工業》　《鍊金新法》三冊。慈谿舒高第、海鹽鄭昌棪譯。江南製造局鉛印本。

陳洙《江南製造局譯書提要・工藝》　《鍊金新語》不分卷。英國礦師奧斯敦撰，慈谿舒高第口譯，海鹽鄭昌棪筆述。凡九章，有圖八十三。礦務與商業大有關係，礦務利厚，能增商業之強盛；礦務利薄，能阻商業之發達。而鎔鍊之利弊，毫厘千里，不可不明察也。此書專論礦務鎔鍊分化之事，甚爲詳盡。第一章：提金類法與化學相關。第二章：論金類性。第三章：雜質金類。第四章：用熱度冶金類。第五章：鍊金所用燒料。第六章：鍊金所配各料法並所得之物。第七章：鎔鑪。第八章：使空氣入鑪。第九章：鍊金各法。

冶金録

梁啓超《西學書目表・礦政》　《冶金録》。傅蘭雅，趙元益。製造局本。

二本。二百四十。

顧述盧《通學書籍考·礦學類》　《冶金錄》二卷。製造局本，《富強叢書》本。美阿發滿譔，英傅蘭雅譯，新陽趙元益述。上卷範模造法，中卷鎔鑄各事，下卷各金雜質。

丁仁《八千卷樓書目·藝術類·雜技》　《冶金錄》三卷。英阿發滿撰。刊本。

趙惟熙《西學書目答問·政學·礦政學》　《冶金錄》。二冊。美阿發滿撰，英傅蘭雅譯，趙元益述。製造局本。

徐維則等《增版東西學書録·礦務》　《冶金錄》三卷。製造局本，二冊。《礦務叢刻》本，《礦務五種》本，《富強叢書》本。美阿發滿著，英傅蘭雅譯，趙元益述。上卷論範模法及器具、材料，中卷論鎔鑄事，下卷論金類、雜質、範鑄諸事，堪稱詳備。但近出各器，日趨良便，其法但資參考而已。論雜質未詳。益智書會有英傅蘭雅《金石略辨》，未印出。

徐樹蘭《古越藏書樓書目·政部·工業》　《冶金錄》二卷。美阿發滿。英傅蘭雅譯，趙元益述。製造局本，《富強叢書》本。

《上海格致書院藏書樓書目·東西學書·礦政》　《冶金錄》。美阿發滿。英傅蘭雅，新陽趙元益。二卷。二本。製造局本。

楊復等《浙江藏書樓乙編書目·工業》　《冶金錄》二冊。英國傅蘭雅譯，新陽趙元益述。江南製造局刻本。

陳洙《江南製造局譯書提要·礦學》　《冶金錄》上中下卷。美國阿發滿撰，英國傅蘭雅口譯，新陽趙元益筆述。鼓鑄之事，成整塊易，成件難；成小件易，成大件難。範銅錫類易，範鋼銕類難。鎔一種純金易，鎔多種雜金難。金類件之有鎔鑄，猶學堂之初級蒙養，一不合度，美材盡爲棄物，庸不重哉？上卷：作模範各法。中卷：鎔鑄之事。下卷：各金雜貨。

金工教範

陳洙《江南製造局譯書提要·工藝》　《金工教範》一卷。美國康潑吞撰，烏程王汝駢口譯，上海范熙庸筆述。此金工手工教課書也，共分二十四課。第一課，攻金器具；生熟鐵；切剖。第二課，生火；引長；製頭。第三課，彎；製圈。第四課，扁；撞彎。第五課，彎；製頭；絞。第六課，熱合。第七課，配準與熱合。第八課，鐵匠與副工。第九課，舌形熱合。第十課，試驗鐵；製生鐵。第十一課，型製工。第十二課，熟鐵之性質與製法。第十三課，鋼之性情與製法。第十四課，熱合次等鋼。第十五課，熱合上等鋼。第十六課至十八課，淬鋼各法。第十九課，刨工。第二十課，鑽鋸。第二十一課，銼。第二十二課，銲。用本生煤氣管。第二十三課，銲，用烙鐵。第二十四課，銲，用吹火管。

造鐵全法

顧述盧《通學書籍考·工學類》　《造鐵全法》。英非而奔撰，英傅蘭雅譯，無錫徐建寅述。

徐維則等《增版東西學書録·工藝》　《造鐵全法》四冊。製造局本。英非而奔著，英傅蘭雅譯，徐建寅述。《中西聞見錄》有《泰西製鐵法》，《彙編一》有《造馬口鐵法》，又《三》有鍊銅、鑄銅、軋銅板、鑄銅管、抽銅管、銲銅管各法，均可參考。

論製白鐵

徐維則等《增版東西學書録·工藝》　《論製白鐵》□卷。《知新報》本。知新報館譯。言製馬口鐵之事甚詳。顧補。

西國鍊鐵法略論

徐樹蘭《古越藏書樓書目·政部·工業》　《西國鍊鐵法略論》一卷。英傅蘭雅。《格致彙編》本。

造馬口鐵法

徐樹蘭《古越藏書樓書目・政部・工業》　《造馬口鐵法》一卷。英傅蘭雅。《格致彙編》本。

鑄金論略

《上海格致書院藏書樓書目・東西學書・工政》　《鑄金論略》。英司布勒村。英傅蘭雅，六合汪振聲。六卷，附圖一卷。六本。製造局本。

陳洙《江南製造局譯書提要・工藝》　《鑄金論略》六卷。英國司布勒村撰，傅蘭雅口譯，六合汪振聲筆述。有圖三百五十一。專發明鑄生鐵之事，他金類附及而已。第一卷：論生鐵情形幷配法；配鑄各器式樣與金類結成顆粒相關之理；論鑪及燒料；論造沖天鑪幷用處排列法。第二卷：論鍋形鑪；論倒燄鑪；論量度法；寒暑表；量熱表；各種耐火材料；論鍋。第三卷：論進風機器與風輪等；論木材並各料之樣用造模；論造模各材料。第四卷：論造模。第五卷：論樣板成模及成模機器；論製齒輪法；速冷法。第六卷：打薄之生鐵及鐵面變成鋼法；別種金類器上加鑄生鐵法；論烘乾各模之鑪；鑄各器之坑；用起重架起鎔料之鍋；製造廠內起重各架；鑄鋼鑄銅法；磨光鑄件及做平法；論建鑄金廠式及成件之費。

西國煉鋼説

梁啓超《西學書目表・礦政》　《西國鍊鋼説》。一本。一角。

徐維則等《增版東西學書録・礦務》　《西國鍊鋼説》一卷。《格致彙編》本。英傅蘭雅輯譯。是書蓋擇《鍊鋼全書》要説彙輯而成。凡鍊銅、鍊鋼各法與鋼之用處，一一詳説。按中國近來需鐵甚多，若全取之外洋，則巨資流出特甚，亟宜講求開採鎔鍊，庶不至仰外人鼻息。書中亦見及此，每申論之。《彙編二》有《化分中國鐵礦説》、《西國鍊鐵法略論》，可參觀。

徐樹蘭《古越藏書樓書目・政部・工業》　《西國鍊鋼説》一卷。英傅蘭雅。《格致彙編》本。

煉鋼要言

梁啓超《西學書目表・礦政》　《鍊鋼要言》。製造局本。一本。二十。

趙惟熙《西學書目答問・政學・礦政學》　《鍊鋼要言》。一册。徐家寶譯述。製造局本。

徐樹蘭《古越藏書樓書目・政部・工業》　《鍊鋼要言》一卷。徐家寶輯譯。製造局本，《富強叢書》本。

楊復等《浙江藏書樓乙編書目・工業》　《鍊鋼要言》一册。無錫徐家寶譯。江南製造局刻本。

鑄銅書

梁啓超《西學書目表・近譯未印各書・礦政》　《鑄銅書》。舒高第，朱格仁。製造局。一本。未印。

合金録

徐維則等《增版東西學書録・工藝》　《合金錄》一卷。《工藝叢書》本，四冊。日本橋本奇策著，沈紘譯。外洋販賣金屬之物，多作純質。一經化學分析，分劑自明。故凡金屬結合者，皆曰合金。近來創造合金新製，以適用途，不勝枚舉。若不明其學，不免絡繹輸入，以彼之合金易我之銀金，得失所關非細。茲編專載金屬之物理及化學及特質，以導製造之法。附載《色素

名目合璧表》，分主色、染料，東西文並列，最便查檢。徐補。

徐樹蘭《古越藏書樓書目・政部・工業》　《合金錄》一卷。日本橋本奇策。沈紘譯。《工藝叢書》本。

製羼金法

徐樹蘭《古越藏書樓書目・政部・工業》　《製羼金法》二卷。日本橋本奇策。王季點譯。製造局本。

《上海格致書院藏書樓書目・東西學書・工政》　《製羼金法》。日本橋本奇策。吳縣王季點。二卷。二本。製造局本。

陳洙《江南製造局譯書提要・工藝》　《製羼金法》二卷。日本橋本奇策輯譯，吳縣王季點轉譯。金類工藝器件以一種純金製造，往往不能適合其用，故西人有專論羼金之書。以兩種金類或多種金類如法相羼，能得甚合度之益，或增其堅，或減其值，皆大有關係於工藝學者也。總論：金類關係物理學之性質及化學性質；各金類之特性；羼金通性；製法大概。銅羼金類：金與銅；銀與銅；鋅與銅；錫與銅；鎳與銅；錳與銅。鋁羼金類：銅與鋁；銀與鋁；金與鋁；錫與鋁；□與鋁；鎳與鋁。錫羼金類：鋁與錫；銻與錫。鉛羼金類：銻與鉛；鉺與鉛。鈊羼金類：錫與鈊。銀羼金類。金羼金類。鉑羼金類：銥與鉑；銀與鉑；銅與鉑。鈀羼金類。雜品羼金類。

生物部

論述

丁韙良《西學考略·西學源流》 至動植之學，自古有之，而近代多有專精之者。其講求之旨有二：一在博採旁搜，得識所有草木鳥獸、鱗介昆蟲，分其族類，辨其異同。一在由近推遠，由今溯古，而得物類之所始。昔時攻其學者，儘求其當然而未能追其原本。乾隆間，瑞典國有林尼者，以動植分類之舊說，推陳出新。後法國有賴摩者，又創新說，與拉氏論三光之始相似。拉氏謂日月星均出於一氣運動，各分一界。賴氏則謂動植各物均出於一脈，並非亘古不易。太初之世，天地既分，生物始出。如水中之蟲蟄，其初或一類，或數類，後年代漸遠，變形體，分支派，生足而行陸地，生翼而飛青空。又越千萬代，獸之直立者如猩猩之類。漸通靈性，化而爲人。此說當時鮮有信之者，皆謂動植各物，無不各從其類，不變不易。必是大造有命，而各類陡然而出，生生不息。至人則摶土而成，形靈並出，爲萬物之靈，超萬物之上。若謂人類仰猩猩爲宗，萬無是理。此舊說也，意固宏美，其於新說有別者，在陡、漸之分。無論人、物，或陡然俱出，或經萬劫，次第而出，皆遇大造之命而成也。四十年前，有英國醫士達爾溫者，周遊四海，查勘各地動植，乃舉賴氏之説而重申之。伊云各類之所以變形者，其故有三：一在地勢。如北方天寒，物多厚毛；南方氣暖，物雖同類而無毛，且地之各層所藏骨跡，可取以證之。蓋太古之時，地面多水，其生物水陸皆宜。後水陸分界，陸地禽獸始出，至人則在地之最新一層方有骨跡，可知人生最後也。一在擇配各物之形偶有變異，必求其同形者配合之。如海鳥初不能飛，偶有能飛者，牝牡必相聚而傳新類。一在強弱以決存亡。蓋天時之寒暑，地勢之高下，逐漸改變，惟物類之形體相宜者，強而能存。咸豐九年，達氏著書以明此理，名曰《物類推原》，意深詞達，各國爭譯而廣傳之，今學者多宗其說。要之，由觀天象而推元氣，由攻地學而求往迹，由動植萬類而溯生人之始，皆不外乎密探造化之踪跡。蓋天之生物，皆次第經營而成，實有聰明智慧，而爲萬物之主宰也。

康有爲《日本書目志·生物學書類序》 天地之大德曰生，生生之謂易。能知天地生物之故，萬物生生之原，萬物種分類別之故，則天地位，萬物育矣。生物之學者，化生之學也。讀《萬物退化新説》一書，蓋技也而進於道矣。

又《植物學類序》 泰西之於羣卉草木，皆公家之囿植焉。集大地，集其本國、異國羣卉萬木，別種辨類，分列部居，懸以木牌，著其色香性味、種植之法於牌上，而縱士民之覽觀。凡大地之卉木，一日可徧觀而盡得之，則一日增無量智矣。至其爲是學者，皆有專門考求之書，教授之法，學成專任園囿之事，故其植物學秩如也。日本地環海沃，長於種植，近加以譯用泰西之學，其園囿皆可觀。其普通之教，分科之表，及其國內目錄、博物院目錄，及《性譜》、《辨剖》諸書，皆可採也。吾製造局譯一書耳，名理已無量哉。

又《動物學類序》 製造局亦有譯者，但粗得其萬一，去日人遠矣。日人尤詳於訓蒙初步之書哉，其目錄可觀也。近泰西之囿，皆畜百獸池沼擾萬魚。英人水晶宮，乃畜水產物於夾牆，以便察考矣。風霆流形，近乃知凡物之動皆由於電。其《動物電氣論》猶可取。夫治人物者，皆有所受於天。不得其本始肯綮，豈能用之哉？

又《人類學類序》 人皆曰予知有身而不自知也，可謂智乎？人欲知其身，日考明堂之圖，未能見也。吾在天津，見腊人一體，腦髓肺腸可隨手抽拽開闔也。盡讀《全體論》而未能曉，然一觀人體而負床之孫立解矣。泰西以顯微鏡考人體，近且有電器洞見肺腑矣。日本于泰西專門之學，有傑兒氏、闌氏、歇兒蔓氏、達兒敦氏爲精，其書見皆譯之。其生理圖，亦精，其教小學初學尤詳哉。造化懷衽之論，本生生之始。《人種篇》考轉變之由，蓋異書也。

梁啓超《西學書目表附録·讀西學書法》 動植物學，推其本原，可以考種類蕃變之迹，究其致用，可以爲農學畜牧之資，乃格致中最切近有用者也。

沈桐生《東西學書録總叙·動物學》 嘗讀《禮》而至《樂記》曰：「天地訢合，陰陽相得，煦嫗覆育萬物，然後草木茂，區萌達，羽翼奮，角觡生，蟄蟲昭蘇，羽者嫗伏，毛者孕鬻，胎生者不殰，卵生者不殈，則樂之道得焉耳。」於以知古聖王對時育物，羣生咸若也。閒嘗仰觀宇宙之大，俯察品類之盛，其閒鳥獸魚蟲，形形色色，洪纖各遂。或振翮而鼓翅，或鉤爪而鋸牙，或耀鱗而孕璆，或跂行而蠉動，莫不含靈抱異，亭毒散殊於九萬里

地殼之中。古人云：「一物不知，儒者之恥。」然則動物之學，亦宜多識其名而詳記其實矣。今東西各國，凡都會繇盛之區，均有動物園及博物院。動物園者，搜羅各國鳥獸魚蟲，置於院中，見其動作入息，飲啄飛鳴，以資考證。博物院者，乃以禽獸之已死者，剟其皮以硝之，復以木屑實其中，使形體宛然如生。其蟲魚一類，有裝入玻瓶，浸以藥水者。卽至一骨一角，一鱗一爪，莫不存其眞迹，以備觀覽。非所謂體物不遺者乎！因類敘而實徵之。

首爲有脊骨類。除人爲萬物之靈，不具述外，其四手者，乃猴類也。其種有長尾、長肱、長鼻諸猴，幷伸般西、歌拉利等皆是。其兩翼者，乃蝙蝠類也。其種有食血蝙蝠，及飛利摩、飛狐狸皆是。若四足者，其類甚多。約分兩種，一有爪，一有蹄。有爪者分爲五類：曰食肉之類者，如獅、虎、豹、貍、野猫爲一類，犬、豺、狼、野狗、海乙那爲一類，黄狼、銀鼠、鉛、獺、貓爲一類，熊、貉、樹貍爲一類，海狗、海獅、海馬、海象爲一類。此類等物，齒牙堅利，舌如毛刷，故善齧也。曰食蟲之類者，其齒牙甚圓，利於嚼蟲，如田鼠、刺蝟是也。曰能齦之類，如鼠、兎、海騾、箭豬等是也。曰無齒牙之類，如食蟻獸、阿馬底羅、木狗、穿山甲等是也。曰有袋之類，如袋鼠、幽頞、袋箭豬、鴨嘴獺是也。至若有蹄之一種，如象也，豬也，犀牛也，河牛也，羊也，馬與驢騾也，鹿與犤鹿、長頸鹿及麋也，麝也，麞也，駱駝也。其類約分兩等，有返嚼、不返嚼之別。其外尚有無手足一類，如鯨魚、江豬、海牛之屬，形狀尤奇。以上大都獸類居多，閒有屬水族者，與中書所分，似有別異也。

次爲鳥部，其類亦多。其食肉者爲鷹類，如老鷹、大窵、狗頭鷹、貓頭鷹皆是。至樹棲之類，有圓嘴者，如麻雀、百鴿、鴉鵲、霧鳥之類。有鈎嘴者，如鵙鳥、夜鶯、畫眉、反舌之類。有大嘴者，如燕華麗、翡翠鳥之類。有小嘴者，如蜂雀之類。其他尚有能跁者，則如鸚鵡、啄木鳥是也。有能搔者，則如雞雉、孔雀、鵓鴿是也。有能跑者，則如駝鳥、無翅鳥是也。有能入水者，則如仙鶴、鷺鷥、竹雞是也。有能游水者，如鷗鳥、鵝鴨、火烈鳥、大鶩客是也。次爲魚屬，其體之奇者，外有腮以爲氣之呼吸，內有泡以劑氣之盈虛，大小各種名目，不可勝述，約分兩種：有骨之種，如鱸魚、青魚、黄魚、劍魚、馬魚、飛魚、鰻鱺、電鱔、黄魩魚、黄點鯆皆是。有脆骨之種，則鱘鰉魚、鯊魚是也。次爲爬蟲類，約分五等，一龜類，二鱷魚類，三爲壁虎類，如蛤蚧、虬龍、變色龍皆屬焉。四爲蛇類，有毒蛇、角蛇、響尾蛇、王蟒蛇之屬。五爲兩生類，因其體半肖魚，半肖爬蟲，如蝌蚪、田雞、樹蟾之屬是也。前所述者，綜爲四類，如獸也，鳥也，魚也，爬蟲也，此皆所謂有脊骨動物也。

至於無脊骨動物一項，或爲圓節體，或爲輭體，約皆蟲類。其圓節之體，支派甚多。一飛蟲，有堅翅者，如地鱉蟲、鹿角蟲、掘墳蟲、撲火蟲、跳蟞蟲、斑貓、虎皮甲之類，皆屬焉。有直翅者，如蟑螂、螳螂、蚱蜢、蟋蟀、螽蝗、蜩蟲之類，皆屬焉。有沙皮翅者，如蜻蜓、白蟻之類，皆屬焉。有脆翅者，如黄蜂、蜜蜂之類，皆屬焉。有鱗翅者，如蝴蝶、燈蛾、蠶蛾之類，皆屬焉。有半翅者，如蟬與蟻、牛呀蠊之類，皆屬焉。有兩翅者，如蚊蠅之類是也。有無翅者，如蝨蟲、蚤蝨之類是也。此外有百足一類，其蟲身長多節，少則有二十四足，多則至八十足，大都皆毒蟲也。有多足一類，如蜘蛛、蠍子、瘡蟲是也。有有殼一類，如蝦、蟹是也。有無足一類，如蚯蚓、螞蝗是也。至若輭體之類，其物於體外具堅殼一層，此殼異乎蝦、蟹而若房，約分有首、無首兩種，有首者又分一殼、赤體兩類。一殼者，如缸魚、蝸螺、螺螄是也。赤體者，如蜒蚰、墨魚、鬼魚是也。至有兩殼者，其物皆無首，如蛤、蚶、蚌之類是也。此皆所謂無脊骨之動物也。其外尚有動、植難分之種，如星魚也，海膽也，海參也，海蟄也，海菌也，海燐火也，海梳也，此類皆是。且有肖蔬菜者，則如莬葵、海特、珊瑚、海絨，皆是也。

噫！吾觀動物學之書，歎其類聚羣分。考察體驗，凡五洲所有者，亦已略備。而何以證之《山經》，如當扈嬰勺赤足白身，天吳開明八尾九首之類，曾不一見。豈古有而今無乎？抑西人未之見耶？掩卷沈思，莫明其故。頃聞德人某細核生物之數，有三十八萬六千種，擬彙成巨帙。此書若出，必爲大觀矣，請以俟諸異日。述動物學。

又《植物學》 中國言植物學者多矣。自禹作《山經》，察情紀狀，白實黄華，赤枝青葉，光怪陸離，莫可名狀。《爾雅》所載《釋草》、《釋木》，《禹貢》所紀「惟喬惟夭」，他若《月令》、《風詩》博引繇稱，下及《上林賦》之所陳述，《羣芳譜》之所臚列，則凡吐葩揚芬、修條竦幹之類，莫不琅琅炳炳，箋釋靡遺矣。雖然，格物之功，不獨識其名，亦宜盡其性也。《周禮》大司徒以土會之法，辨五地之物生。山林，其植物宜早物；川澤，其植物宜膏物，丘陵，

其植物宜覈物；墳衍，其植物宜莢物；原隰，其植物宜叢物。古者因物之性，各以土宜，故能物產蕃殖也。今西人格致家考究地面植物，共計十萬餘種，俱有定名定質。因推求其所以生長之理，傳種之理，纖悉細微，莫不畢具，辨博雅君子之所當識者也。茲特辨其種類，詳其體質，以略明其梗概焉。

按植物之體，分爲內外。其內體共分爲四，曰聚胞體，曰木體，曰綫體，曰乳路體。何謂聚胞體？蓋植物有細胞黏合，中生漿液。凡果之瓤，草木之心，葉皮之內層，皆此物所黏合而成。其胞內有漿，夏綠秋黃，故葉之色亦隨而變也。何謂木體？乃無數長管所合而成，如動物之有骨，其管長細，既可使枝幹堅固，又可使上汁上升也。何謂綫體？係合諸管所成，其中有作綫盤形者，有作螺旋形者，如芭蕉水蓮，此體甚多，以莖養氣者也。何謂乳路體？亦支管之類，多在木之根皮處。貫以乳路，令樹之乳往來流通而受外風。此所謂植物之內體也。

若論外體，其類甚多，曰根曰幹，曰枝曰葉，令植物生長之體也。曰花曰蕚，曰瓣曰鬚，曰心曰果，曰胚曰仁，乃令植物傳種之體也。根之體奈何？其體聚胞以固根幹，且根有細管，有小口，以吸土中之汁，與樹上之枝葉相應。若雨露潤下，管中卽吸食之，以資長養也。幹之體奈何？蓋幹在初生之時，係屬萌芽，日光助之，始變木質。其體有外長、內長，上長、通長之分。外長之幹，共分五層，一爲內心，二爲內皮，三爲木質，四爲木質外層，五爲層外皮。若內長之幹，逐年遽長，質大而實，多聚胞體，不分層疊也。上長之幹，空而上削，故每年木落，卽增一節。通長之幹，逐節而生，如葛蘚類。有長成圓體者，如番薯類。有四面分條者，如蕈之類，均幹屬也。

枝葉之體若何？枝發於幹，葉生於枝，其多寡俱依螺綫。故樹枝多者，葉管亦多。由總管分出支管，支管分出細管，次第不亂。其外尙有無枝者，如椶櫚之類是也。又有葉如圓錐針形者，如松杉之類是也。而且葉之背面有數萬口；能吸炭吐養，引風引日，成爲新木質也。至於花之體質，分爲四輪，有蕚、瓣、鬚、心之别。其曰蕚者，厥色甚綠，外苞以護花蕊。至花瓣落後，卽爲果蒂，或爲果皮也。其曰瓣者，內有無數細胞，采色排列，因受日光，故鮮艷各呈也。其曰鬚者，其末有囊，中含粉質，其粉著於花心，始能孕果，爲植物傳種孳生之本也。其曰心者，係數皮所捲而成。每層皮內，分口、管、子房爲三體，內有小卵，卵內更有胚珠，卵外更有胞體。鬚之粉點，飛入子房，則動盪成胎也。至於果者，約分二類，一爲獨生果，如桃李梅杏之屬；一爲衆生果，如松實波羅之屬。果之皮，卽子房衣也；果之蒂，卽花之跗也；果之頂，卽花之莖也。然獨生果祇有一心皮，衆生果則有數心皮，狀類不齊。如蒲萄、橙橘、石榴、西瓜等類，又各有數房也。至若種子，其類有三：一爲胚胞，四圍□毛叢生，能令其入水不沈也。一爲胚乳，卽漿之類。種子未吸土汁時，□此以養活也。一爲全胚，有生一仁、二仁、數仁或無仁者，而皆根□之所以發生。凡此諸端，皆爲開花植物之約體。此外尙有無花植物，約分五類，曰背陰草類，曰毒苔類，曰石蕊類，曰蕈類，曰海帶類。其生長傳種之法，則不相同。且又有暗生植物，亦分二類，曰奇生，曰無法生，其變化尤無窮焉。而且植物之體，復具雌雄，足見化□鼓盪，其奇妙誠有不可思議者。雖然，此不過明植物體質之殊□。至若其種類名稱，則不可覼述焉。近日東西洋各國考察試驗，□說著書，并以此列入學級也。蓋以天地閒品彙紛紜，無事非學，卽無學無用。植物學者，亦格致之一類，豈可以其細而忽之乎？述植物學。

綜述

普通生物學分部

活物學

徐維則等《增版東西學書録・動植物學》 《活物學》二卷。廣州刻本。

泰西厚美安著。書凡八章。所謂活物者，兼動植物而言。植物分爲五種，曰單珠，曰衆珠，曰上長，曰內長，曰外長。動物、植物，初視絕然不同。細

觀之，亦大同小異。書中所載，纖悉畢備。言簡圖詳，初學最便。

徐樹蘭《古越藏書樓書目・學部・動植物學》 《活物學》二卷。泰西厚美安。時務報館石印本。活物兼動植而言。

《上海格致書院藏書樓書目・丁未年續添書目》 《活物學》。美厚醫士著。一本。美華書館本。

楊復等《浙江藏書樓乙編書目・理學》 《活物學》冊。時務報館輯。石印本。

生理學教科書

顧燮光《譯書經眼録・博物學》 《生理學教科書》二卷。商務印書館洋裝本，一冊。廖世襄譯。取法儒包爾培《動植生理學》，略爲增損，分爲二編。第一編凡五十一課，附以五十五圖，論動物行動、養生諸具。二編十八課，附圖十幅，言植物生理、性質。引證比例，頗有新理。每課各編問題，尤便教科之用。

植物動物學分類法

徐樹蘭《古越藏書樓書目・學部・動植物學》 《植物動物學分類法》一卷。闕名。《普通學報》本。

達爾文天擇篇

顧燮光《譯書經眼録・哲理》 《達爾文天擇篇》一冊。《少年中國新叢書》石印本，一冊。英達爾文著，馬君武譯。自嚴氏譯《天演論》出，學者始知天擇物競之理，惜語焉未詳，自達氏《天擇》、《物競》諸篇出，而全世界學術政治，面目一變。是書分十二章，發明天擇生新種、致滅種之情狀，特

性，分歧，生物搆造之程度，而以動植物實驗爲比例，使人知滅種之可懼，而優劣勝敗之説爲可信也。所附滅絶各圖，亦足以資借證。

楊復等《浙江藏書樓乙編書目・理學》 《達爾文天擇篇》一冊。馬君武譯。廣智書局鉛印本。

物競論

顧燮光《譯書經眼録・哲理》 《物競論》一卷。《少年中國新叢書》第一種合刻本。英達爾文著，馬君武譯。全書發明物競與天擇及植物爭存互相關係之理，並引美、非二洲各種動植物之競爭生存，以爲證據。且戒物勿懼天戰，以恆自強，救種之滅。立言可謂透澈矣。

物種由來

顧燮光《譯書經眼録・哲理》 《物種由來》卷一，一冊。開明書店洋裝本，一冊。英達爾文著，馬君武譯。著者以天演淘汰爲萬物公理，而以天擇物競爲優勝劣，敗之原，故詳考物種生殖變異各理，而徵以博物家之實驗。卷首列《新派生物學小史》及《緒言》各一篇。其論家畜變異、自然變異、物競天擇變異之例，凡五章，蓋原書之第一卷也。新中國少年社之《物競》、《天擇》二書，即此書中之第三、第四兩章也。譯筆條暢可讀，惜多枝詞，能刪汰之，則成完璧。

動物進化論

顧燮光《譯書經眼録・哲理》 《動物進化論》一卷。《國民叢書》第一種洋裝本，一冊。英達爾文創義，美摩爾斯口述，日本石川千代松筆記，國民叢書社重譯。本書凡九章，闢宗教家言上帝造萬物之神話，以證萬物同一元

祖，優勝劣敗之至理。其主義在使人知天演淘汰之烈，而奮發其生存競爭之念。若其考究物理之詳盡，猶其鱗爪之餘耳。由第一章至第六章，論動物變遷之原，發明自然、人力雌雄之種、淘汰之故。七至九，則言動物皆一元祖，並證明人類與猿相似之理。蓋以進化爲爭存之本，故其立論甚確。譯筆典贍，足達其詣。欲究窮理盡性之學，不可不一讀也。插圖三十有二。

楊復等《浙江藏書樓乙編書目・理學》 《動物進化論》一册。英國達爾文創義，美國摩爾斯口述。鉛印本。

生物之過去未來

顧燮光《譯書經眼録・哲理》 《生物之過去未來》一卷。開明書店洋裝本，一册。日本横山又次郎著，王建善譯。本書發明生物進化之理，並詳論動物頭骨發育、智識增進之故，並以天演學理推之，數百年後有高等動物出，其智力均較今人爲優，語極奇鑿。中附《洪積期人骨》、《始祖鳥》、《哀龍》、《胎兒》四圖，爲附説明之。

生物之過去未來

顧燮光《譯書經眼録・哲理》 《生物之過去未來》一卷。啟文譯社洋裝本。日本横山又次郎著，虞和欽、虞和寅譯。是書專論生物本源、發生及變遷進化之原因，雄奇瑰麗，能使思想界爲之一新。按之學理，至當不易。其立説大概，爲未來世界當有一種高等動物聰明強力，更過於人，而其形態必腦前鶚後，口無牙齒，且視吾等人類爲醜物云。

達爾文

楊復等《浙江藏書樓乙編書目・圖史》 《達爾文》一册。日本三宅驥一著，嘉定夏清馥譯。開明書局鉛印本。

植物學分部

植物學

梁啓超《西學書目表・動植物學》 《植物學》。益智書會本。一本。二角。

徐維則等《增版東西學書録・動植物學》 《植物學》一册。益智書會本。英艾約瑟、韋廉臣著。於形性、土宜、利用之道，猶未具。其言用功，立冊記、表格之式，學者所宜仿效。惟置器刈取圖，繪無專法以便講授，是大缺事。益智書會印有英韋廉臣《植物形性》附圖，未出。

植物學啓蒙

趙惟熙《西學書目答問・藝學・動植物學》 《植物學啓蒙》。一册。英艾約瑟譯。税務司本。以上二書，在《西學啟蒙》十六種中。

徐維則等《增版東西學書録・動植物學》 《植物學啓蒙》一卷。《西學啟蒙本》，一册。英艾約瑟譯。書中皆言植物學公理。其體貼之精，爲他書所不及。後附植物學程課之式，極可取法。

徐樹蘭《古越藏書樓書目・學部・動植物學》 《植物學啟蒙》一卷。英艾約瑟譯。《西學啟蒙》本。

植物形性

梁啓超《西學書目表・近譯未印各書・動植物學》 《植物形性》附圖。韋廉臣。益智書會。未印。

植物圖説

梁啓超《西學書目表・動植物學》　《植物圖説》。傅蘭雅。益智書會本。一本。二角。

又《附録・讀西學書法》　《植物學》、《植物圖説》皆甚精。

趙惟熙《西學書目答問・藝學・動植物學》　《植物圖説》。一册。英傅蘭雅輯。益智會本。

徐維則等《增版東西學書録・動植物學》　《植物圖説》四卷。益智書會本，一册。英傅蘭雅著。爲講求植物學之初基，以之教習童蒙，最爲相宜。葉氏《植物學歌》，略憑此書而作。欲詳考幹體、部類、土宜、形性者，宜與《西藥大成》參看。益智書會印有英傅蘭雅《植物利用》，未出。

楊復等《浙江藏書樓乙編書目・理學》　《植物圖説》一册。英國傅蘭雅著。鉛印本。

廣學會編《廣學會譯著新書總目・植物學》　《植物圖説》。一本。價洋三角。

植物須知

徐維則等《增版東西學書録・動植物學》　《植物須知》一卷。《格致須知》三集本，一册。英傅蘭雅著。

徐樹蘭《古越藏書樓書目・學部・動植物學》　《植物須知》一卷。英傅蘭雅。《格致須知》三集本。

楊復等《浙江藏書樓乙編書目・理學》　《植物須知》一册。英國傅蘭雅著。鉛印本。

廣學會編《廣學會譯著新書總目・植物學》　《植物須知》。植物者，花草樹木之類也。地球之面，無處不有；各國之中，無人不見。分之則種類萬殊，考之則各有妙理耶！一本。價洋八分。

植物利用

梁啓超《西學書目表・近譯未印各書・動植物學》　《植物利用》。傅蘭雅。益智書會。未印。

種植年譜

王樹善《農務要書簡明目録・花圃》　《種植年譜》。培利著。西曆一千八百九十三年美國大博物會所有花草樹木，備載此書，編成目録，便人檢閲。一圓。

植物全書

王樹善《農務要書簡明目録・花圃》　《植物全書》。亨達生著。此書將各種花草分類排列，每種詳其源流與名目及種法，并其別名。另有《植物學之全名目表》及種植各種菜、果與花之法。此爲大書。四圓。

植物學

《上海格致書院藏書樓書目・東西學書・植物學》　《植物學》。一本。作新社譯印本。

中等植物教科書

顧燮光《譯書經眼録・博物學》 《中等植物教科書》一卷。《科學叢書》本。日本松村任三、日本齊田功太郎合著，樊炳清譯。凡六章。一曰普通植物，凡五十四節，言各植物之構體，各附摘要於後。二曰植物之分類，分隱花、顯花二大部，而別之以菌藻、苔蕨、植裸子、合瓣等類。三曰植物之形態。四曰植物之搆造。五曰植物之生理。六曰植物之應用。共附圖六十六，以相印證。

植物教科書

顧燮光《譯書經眼録・博物學》 《植物教科書》二卷。北洋官報局排印本。日本理學博士松村任三、齋田功太郎合著，北洋官報館譯。凡六章：一、普通植物，凡五十四節，言各種植物之種類。二、植物之分類。三、植物之形態。四至六，則言植物之搆造、生理、應用諸理。各有圖以相發明，足供中學教科之用。

植物教科書

徐樹蘭《古越藏書樓書目・學部・動植物學》 《植物教科書》一卷。日本松村任三、日本齋田功太郎合著。樊炳清譯。《科學叢書》本。湖北農務學堂本。

普通植物學教科書

顧燮光《譯書經眼録・博物學》 《普通植物學教科書》一卷。商務印書館洋裝本，一冊。日本好學原著，亞泉學館譯。全書分爲四篇，篇各爲章。一、植物形態學。二、植物解剖學。三、植物生理學。四、植物種類學。卷首冠以總論，卷末附録《植物記載法》一篇，插圖二百六十五枚。考核詳明，析理簡要。新舊言植物之書，當以此爲最完善矣。原作在日本重版，至二十六次，屢加修改，其價值可知。譯者具有專門學識，復取三好氏之《中等教育植物學教科書》及高橋丹波、柴田諸氏合譯之《普通植物學》，白井光太郎所著之《中等植物教科書》，互相比較，斟酌從宜。雖與原書間有不同，然其折衷至當，其功固不可沒也。

植物學教科書

楊復等《浙江藏書樓乙編書目・理學》 《植物學教科書》一冊。日本大渡忠太郎著，西師意譯。鉛印本。

廣學會編《廣學會譯著新書總目・植物學》 《植物學教科書》。日本大渡忠太郎著，西師意譯，上虞許默齋先生鑒定。是書最新教科本，內分植物外形、解剖、分類、生理四篇，附印五彩精圖二百餘種。一冊。價洋五角。

西國名菜嘉花論

梁啓超《西學書目表・動植物學》 《西國名菜嘉花論》。傅蘭雅。《格致彙編》本。一本。一角。

趙惟熙《西學書目答問・藝學・動植物學》 《西國名菜嘉花論》。一冊。英傅蘭雅撰。《格致彙編》本。

徐維則等《增版東西學書録・動植物學》 《西國名菜佳花論》二卷。《格致彙編》本，一冊。英傅蘭雅著。是書分兩類，一爲常菜類，一爲常花類。傅氏見英國塞敦行中牌印甚多，取其五十餘方，編爲是書，詳加考譯。以爲植物富民之助。前日本橫濱農政學堂每年採辦花草，以資考究，亦此意也。閱卷內似尚擬續譯，惜未踵事。

徐樹蘭《**古越藏書樓書目・政部・農業**》　《西國名菜嘉花論》一卷。英傅蘭雅。《格致彙編》本。

花園圖說字典

王樹善《**農務要書簡明目録・花圃**》　《花園圖說字典》。尼克生著。作者係著名之種花家，故著此書，幷彙集各國種花名家之說。泰西所有種花之書，當以此書爲大全。各花依植物學之法排列，有圖二千三百七十，幷有著色之圖。計四大本。二十圓。

西國植物學家立由尼司記

徐樹蘭《**古越藏書樓書目・學部・動植物學**》　《西國植物學家立由尼司記》一卷。英傅蘭雅。《格致彙編》本。亦名《林娜斯》。

草木圖說前篇

徐維則等《**增版東西學書録・動植物學**》　《草木圖說前篇》二十册。東洋刊本。日本慾齋飯沼長順著。搜羅本國及外來草木，凡三千餘種。其編次則依西國林娜斯氏《藥品本草圖譜》，其命名譯字則依田川氏《植學啟原》、伊藤氏《本草名疏》。其書以辨物爲主，故筆不能盡者，繪之以圖，甚便考察。

日本國新訂草木圖說序

徐樹蘭《**古越藏書樓書目・學部・動植物學**》　《日本國新訂草木圖說序》二篇。日本慾齋飯沼、日本伊藤清民。《格致彙編》本。

動物學分部

動物學啓蒙

徐維則等《**增版東西學書録・動植物學**》　《動物學啟蒙》八卷。《西學啟蒙》本，一册。英艾約瑟譯。是書依法人古非野所定，分爲四類：一曰有脊骨之動物，二曰有圜節之動物，三曰柔體質軟之動物，四曰動植難分之動物。其體格同異，腦筋方位，剖別微妙。原書十卷，今僅八卷。其柔體類動植難分類，俱闕。

趙惟熙《**西學書目答問・藝學・動植物學**》　《動物學啟蒙》。八卷，訂一册。英艾約瑟譯。稅務司本。

徐樹蘭《**古越藏書樓書目・學部・動植物學**》　《動物學啟蒙》八卷。英艾約瑟譯。《西學啟蒙》本。

動物形性

梁啓超《**西學書目表・近譯未印各書・動植物學**》　《動物形性》附圖。韋氏。益智書會。未印。

動物須知

徐維則等《**增版東西學書録・動植物學**》　《動物須知》一卷。《格致須知》三集本，一册。英傅蘭雅者。

廣學會編《**廣學會譯著新書總目・性理**》　《動物須知》。動物者，飛

潛動走之類也，舉世皆有。充其類則千奇百怪，核其種則累萬盈千。自微蟲之細，走獸之雄，莫不各有生長之法。一冊。價洋八分。

動物學新編

梁啓超《西學書目表・動植物學》　《動物學新編》。潘雅麗。益智書會本。一本。四角。不備。

又《附録・讀西學書法》　《動物學新編》則不備，反不如《百鳥圖説》、《百獸圖説》。

徐維則等《增版東西學書録・動植物學》　《動物學新編》一卷。益智書會本，一冊。美潘雅麗著。部類尚清，品目未備，且好引教書，亦其蔽也。益智書會印有英韋廉臣《動物形性》附圖，未出。

徐樹蘭《古越藏書樓書目・學部・動植物學》　《動物學新編》一卷。英潘雅麗。光緒二十五年美華書館排印本。

楊復等《浙江藏書樓乙編書目・理學》　《動物學新編》一冊。美國潘雅麗撰。美華書館鉛印本。

動物淺説

徐樹蘭《古越藏書樓書目・學部・動植物學》　《動物淺説》一卷。闕名。光緒二十五年廣學會排印本。

動物淺説初集

楊復等《浙江藏書樓乙編書目・理學》　《動物淺説初集》一冊。廣學會輯。美華書館鉛印本。

動物淺説二集

楊復等《浙江藏書樓乙編書目・理學》　《動物淺説二集》一冊。廣學會輯。美華書館鉛印本。

動物學

《上海格致書院藏書樓書目・東西學書・動物學》　《動物學》。一本。作新社譯印本。

楊復等《浙江藏書樓乙編書目・理學》　《動物學》一冊。作新社譯。鉛印本。

最新動物學

楊復等《浙江藏書樓乙編書目・理學》　《最新動物學》一冊。美國白納著，香山黄英譯。商務書館鉛印本。

普通動物學

顧燮光《譯書經眼録・博物學》　《普通動物學》一卷。《科學叢書》本。日本五島清太郎著，樊炳清譯。首章緒論，二章至十三章皆言各類動物形體構造之同異，十四章言動物之器官，十五章言動物之分類，列圖百零七，以相印證。蓋動物分腔腸、棘皮、扁蟲、圓蟲、輭體、環蟲、節足、脊椎、原蟲九類，本書剖析甚明，較舊譯《動物學新編》爲勝。末附録，言解剖器具、藥品、實驗三節，列圖八幅，尤切實用。

徐樹蘭《古越藏書樓書目・學部・動植物學》　《動物教科書》一卷。日本五島清太郎。樊炳清譯。《科學叢書》本，湖北農學堂本。

普通動物學

顧燮光《譯書經眼録・博物學》 《普通動物學》一卷。開明書店洋裝本，一冊。王建善譯。本書備內地學堂之用，故取材最淺，語理簡明。卷首列動物學功用範圍之篇，尤足供教科之用。

動物學

《上海格致書院藏書樓書目・東西學書・動物學》 《動物學》。日本大渡忠太郎。上虞許家惺。一卷。一本。山西大學堂譯書院本。

動物采集保存法

徐樹蘭《古越藏書樓書目・學部・動植物學》 《動物采集保存法》一卷。日本武田丑之助。《農學報》本。

百獸圖説

梁啓超《西學書目表・動植物學》 《百獸圖説》。韋門道。益智書會本。一本。二角。

趙惟熙《西學書目答問・藝學・動植物學》 《百獸圖説》。一冊。英韋門道輯。益智會本。

徐維則等《增版東西學書録・動植物學》 《百獸圖説》一冊，附論一卷。益智書會刻本。英韋門道著。論獸有一百三十五種，曰猴類，曰蝙蝠類，曰食昆蟲類，曰肉食類，曰有袋類，曰齦物類，曰無齒類，曰厚皮類，曰返嚼類，曰水陸同居類，曰永居水中類。體例與《百鳥圖説》同。首論百獸之心靈，以證生人之心靈，説甚奇鑿。東亞書局有《動物圖》，又日本《水產動物圖》七幅，均未見。

徐樹蘭《古越藏書樓書目・學部・動植物學》 《百獸圖説》一冊，附論一卷。英韋門道。光緒八年益智書會刻本。

楊復等《浙江藏書樓乙編書目・理學》 《百獸圖説》一冊。韋門道氏著。益智書會刻本。

獸有百種論

徐維則等《增版東西學書録・動植物學》 《獸有百種論》一卷。《格致彙編》本。英傅蘭雅著。其分類與韋氏《百獸圖説》同，惟所論較韋書爲詳贍。學者當與厚氏《活物學》參觀。

徐樹蘭《古越藏書樓書目・學部・動植物學》 《獸有百種論》一卷。英傅蘭雅。《格致彙編》本。

獅子説

王韜《泰西著述考》 利類思《獅子説》。

海洋所見巨動物

徐樹蘭《古越藏書樓書目・學部・動植物學》 《海洋所見巨動物》一卷。英傅蘭雅。《格致彙編》本。

百鳥圖説

梁啓超《西學書目表・動植物學》 《百鳥圖説》。韋門道。益智書會本。一本。二角。

趙惟熙《西學書目答問・藝學・動植物學》 《百鳥圖説》。一冊。英韋

門道輯。益智會本。

徐維則等《增版東西學書録・動植物學》《百鳥圖說》一冊。益智書會刻本。英韋門道著。其論鳥有一百四十五種，曰肉食之鳥，曰家鳥，曰善爬之鳥，曰鴿類，曰雞類，曰善跪之鳥，曰水地行走之鳥，曰有掌之鳥。所列名目，足以證中國言名物諸書。其詞尚淺近，間附臘丁稱謂，專爲訓蒙而設。

徐樹蘭《古越藏書樓書目・學部・動植物學》《百鳥圖說》一冊。英韋門道。光緒八年益智書會刻本。

楊復等《浙江藏書樓乙編書目・理學》《百鳥圖說》一冊。韋門道氏著。益智書會刻本。

禽鳥簡要編

徐維則等《增版東西學書録・動植物學》《禽鳥簡要編》一卷。《格致彙編》本。英傅蘭雅者。西國於動植學，最所講究，皆設院藏蓄，任人觀覽，以資考察。此書雖較韋氏《百鳥圖說》所論更詳，然西國必有特設詳備之書，惜無譯本。

徐樹蘭《古越藏書樓書目・學部・動植物學》《禽鳥簡要編》一卷。英傅蘭雅。《格致彙編》本。

保護鳥圖譜

徐樹蘭《古越藏書樓書目・學部・動植物學》《保護鳥圖譜》一卷。日本農務局纂。《農學報》本。

進呈鷹論

王韜《泰西著述考》利類思《進呈鷹論》。

蟲學論略

梁啓超《西學書目表・動植物學》《蟲學論略》。傅蘭雅。《格致彙編》本。

趙惟熙《西學書目答問・藝學・動植物學》《蟲學論略》。一冊。英傅蘭雅輯。格致彙編本。

徐維則等《增版東西學書録・動植物學》《蟲學論略》一卷。《格致彙編》本。西國華約翰稿，英傅蘭雅輯譯。是書大概分兩種：一、變不全。二、變整全。每種又分八種，八種之中每種更分若干種數，計每蟲可分十七層部位，頭分四層，身分三層，尾分十層。蟲氣出入，不由口而由尾上兩邊有氣管，以通出入之氣。西國院中聚蟲樣二十萬種，悉心考究，可見西人之學纖細不遺。《彙編二》有《說蟲》，可參觀。

徐樹蘭《古越藏書樓書目・學部・動植物學》《蟲學略論》一卷。泰西華約翰。《格致彙編》本。

蟲學初級

王樹善《農務要書簡明目録・蟲》《蟲學初級》。巴楷特著。凡少年喜種果樹者閱之有益，而於農家、園家亦宜。其論蟲各章內，詳各蟲之形狀與滋生，與變化，與成窠，與分種類之法，并詳各種有利之蟲之養法。有圖。此爲第三次重印而增益之書。一圓七五。

說蟲

徐樹蘭《古越藏書樓書目・學部・動植物學》《說蟲》一卷。闕名。《格致彙編》本。

論蒼蠅

徐樹蘭《古越藏書樓書目・學部・動植物學》　《論蒼蠅》一卷。英傅蘭雅。《格致彙編》本。

談蟻

徐樹蘭《古越藏書樓書目・學部・動植物學》　《談蟻》一卷。普通學書室譯。《普通學報》本。

採蟲指南

徐維則等《增版東西學書録・農政》　《採蟲指南》一卷。《農學報》本。日本曲直瀨愛著，沈紘譯。書分十節，所述採集、儲藏、畜養、試驗之法，專指六足蟲一類，不及他蟲。因六足蟲變化之微妙與肆毒之奇横，甲於蟲類。此類能制，則他類可無慮矣。全書大抵就英人貌黎斯氏《蜨蛾譜》、美人巴加德氏《蟲譜》、美國農務省年報，擇要摘譯，以成完書。附圖三十有五。顧補。

徐樹蘭《古越藏書樓書目・學部・動植物學》　《采蟲指南》一卷。日本曲直瀨愛，沈紘譯。《農學叢書》二集本。

昆蟲標品製作法

徐維則等《增版東西學書録・動植物學》　《昆蟲標品制作法》一卷。《農學報》本。日本鳥羽源藏著，農學報館譯。大致與《採蟲指南》仝，惟所言昆蟲，即六足蟲人所知者，有三十餘萬種，而日本已有五萬種。於此可見日本人之留心學業矣。附圖三十有五。顧補。

徐樹蘭《古越藏書樓書目・學部・動植物學》　《昆蟲標品制作法》一卷。日本鳥羽源藏。《農學叢書》二集本。

名和昆蟲研究所志略

徐維則等《增版東西學書録・動植物學》　《名和昆蟲研究所志略》一卷。《農學報》本。樊炳清譯。研究六足蟲之理甚確。顧補。

徐樹蘭《古越藏書樓書目・學部・動植物學》　《名和昆蟲研究所志略》一卷。日本名和清。樊炳清譯。《農學叢書》二集本。

日本昆蟲學

徐維則等《增版東西學書録・動植物學》　《日本昆蟲學》一卷。《農學報》本。

顧燮光《譯書經眼録・博物學》　《日本昆蟲學》上、下二卷。壬寅《農學報》本。日本農學士松村松年著，羅振常譯。地球昆蟲，凡三十餘萬種，其形態則百餘萬焉。此書論昆蟲經過、習性及分類，故統名曰《昆蟲學》。論分類者，爲昆蟲分類學。經過、習性及驅除、防禦法者，爲農用昆蟲學。書分上、下二編。上編言昆蟲彈尾、直翅、總翅、擬翅、脈翅、毛翅、有吻、微翅、雙翅各類。下編言昆蟲鱗翅、撚翅、膜翅各類。共圖二百二十幅，皆有《總説》以發明之。

徐樹蘭《古越藏書樓書目・學部・動植物學》　《日本昆蟲學》一卷。《農學報本》。少第一葉至七葉。

寄生蟲學

徐樹蘭《古越藏書樓書目・學部・動植物學》　《寄生蟲學》一卷。日

本生駒藤太郎。樊炳清譯。《農學報》本。

巴思端爾傳

徐維則等《增版東西學書録・史志》　《巴思端爾傳》一卷。匯報本。

匯報館譯。按巴思端爾卽首創微蟲學之人。顧補。

人類學分部

人類學

徐維則等《增版東西學書録・全體學》　《人類學》□卷。《匯報》本。

匯報館譯。顧補。

民種學

楊復等《浙江藏書樓乙編書目・理學》　《民種學》一冊。閩縣林紓、仁和魏易譯。北京大學堂鉛印本。

人種誌

顧燮光《譯書經眼録・全體學》　《人種誌》一卷。《閩學會叢書》洋裝本。日本鳥居龍藏編纂，林楷青譯。現今爲人種競爭時代，中國學者尠有究心斯學者。《湘學報》內《各國種類考》，僅據譯書，彙考成書，殊欠精審。

族制進化論

通雅齋《新學書目提要・法制類》　《族制進化論》。上海廣智書局本。

《族制進化論》分爲三部，曰族制發生篇、發達篇、盛衰篇，各分章節，不列卷數，日本有賀長雄原著，上海廣智書局譯本。族制之源流關於人種之學問，是篇析理甚繁，徵文亦衆，然所引中國書籍則未諦者良多，如引唐代安祿山洗兒之事以證希腊之舊禮，不知小説所載不見舊史，未可援據也；第二篇第一章引三墳之文不知出何典，記其論人不知生殖之理一節正當引緯書億萬年後民復食土皆知其母不知其父之文以爲確證，而篇中反未及之，此皆引用失宜之病，譯者於卷中附注又謂，此書嘗以中國古書推測今日情況失之太遠，是亦其弊也。第三篇中國之敎若以族制爲基本則當以全國之最舊家爲宰相，然彼不問姓氏之新舊云云，此雖泛論，亦似不知六朝時代專重門第南之王謝、北之崔盧，乃至爲世柄所歸也。又云后之天子亦有舍其子而讓於賢宰相者，此似就歷代禪讓之事牽附而言之，要無當於故實，惟謂日本爲單姓之族，謂一種之族。中國爲復姓之族，謂數姓之族。是其差異，此語則較審耳。

醫藥衛生部

論述

艾儒略《西學凡·醫學》 醫學操外身生死之權。蓋人世所重，莫甚乎祛其所忌，所忌莫甚乎害命之疾病。病之名，無算也，而療病之神藥正方又無幾，故有垂死而得一神藥以復甦，有經疾，而投一妄劑以致殞。古諺云：「賊心莫甚乎邪俗，賊身莫甚乎邪藥。」又云：「病之厲者，什死一二醫之愚者，什死七八。」西國不敢輕易此舉，必立國中講醫之庠，延傳學高明之醫，已曾留心斐録者，始令習醫之徒相從肄學。詮釋古醫之遺經，發明人性之本原，辯外體百肢之殊、內臟諸情之驗，及萬病之所以然，而因設其所用療治之藥。大約六年之內博習醫經，然後隨師日觀所診之脈、所定之方、所試之效，而始令其得與考選也。考非精熟，領主司之命者，不得擅醫人。

丁韙良《西學考略·醫學院》 昔西國無醫學院，醫術或由家傳，或由師授。其精微之奥旨，恆秘密而不宣。所學既無定課，課滿亦無考試，遽出售技，又無官給文憑以證學品，是以庸醫自矜其才，妄行調治，而病者受害匪淺。近代各國，廣設醫學院，以冀杜其弊而正其術。故定新律，凡業醫者，須執有太學文憑，方準診視。其醫學院延請名醫，或數人，或十數人，分科而教，以期精進。故學院外有私傳之術與私製之藥者，人皆鄙之。在院習醫，較家傳其益有五：一、衆名醫會集，如光之燭於一方，學者博聞其義，而不囿於偏端。一、教習口授，須繼以誦讀，而書畫所值甚昂，寒士難以自備。何若官設醫院，廣採有用書畫，藏之於庫，俾師、弟可以考查，不但當時名士，卽古今各國之歧黄，亦無不祖其學也。一、藥品多由化學修製，當爐火烹鍊之時，可以親炙其術。一、精求醫理，非剖視尸身難得確據。倘以獸尸代之，其形骸固異，卽病原亦各不同。故伏法之罪人，恆交學院，得以剖割查驗。又醫院中病人之孤苦無依者，其尸身亦發交學院，以資研究。此皆家傳者所莫辦。一、學習既有端倪，尤貴身體力行，然徒謂聞斯行諸，必至貽誤。蓋平時雖有師傳，臨症亦須名師指示。故醫學院每與施醫院相連敎習，於正課外，時須帶領學者前往，隨同立方切脈。病人既多，則病狀亦必不一。其所應需方藥，學者須極熟諳，方可調治。倘學僅家傳，則見聞不廣，雖行道十年，未必遇如許病症。故課程既滿後，須於官醫院隨同診視二、三年，領有文憑，方可稱爲良醫，而取信於人。至學院廣設講席者，因醫道分爲多科；其內外二科，又復各分數科。如腦髓、筋肝、胃肺各爲一科，耳、目、口、喉亦各設專科。不但徒醫患牙，而尤能補假牙，與生成者無異。又有婦、兒各科。婦人産育大抵經醫士料理。近今婦人入院專習婦科者，亦漸加多。昔西人紀數修短，未若今時多有耆年之人。始以二十八年爲一世，繼以三十二、三年爲一世。今法國之人絶長補短，至四十九年爲一世。鄰邦皆同。其增年已過半矣。殆因今時戰爭較少，一切起居衣食，亦較昔時爲足，而要恃乎醫學之日進也。夫壽爲五福之一，雖長生之術不可復求，而有醫道能採擇山林花木，鍛煉地中金石，修合靈藥，救苦延年。其有功於民者，實非淺鮮。

康有爲《日本書目志·生理門總序》 天之道曰陰與陽，人之道曰生與殺。敎化治亂之進退消長，視生殺之分數多寡。古亂尙力，大林、大獮、大坑數十萬，流血成河，千里無人。故兵者殺道亂世之極也。太平尙仁，刑措不用，含哺歌嬉，極樂長壽，故醫者生道，太平之極也。謁千聖之術，止亂安人，以衛生而已。教學以生其魂靈，醫術以生其體魄。蘇援入微，窮百世之制，陶冶質氣，骨靈神飛。時大治在於醫，故以冠諸篇焉。

又《生理學通俗類序》 《易》曰「天地之大德曰生」，《書》曰「往哉生生」。乾端坤倪，鴻灝屯蒙，呈露文明，皆賴人爲。人之明智首出者，皆欲窮造化之故，萬物之理。至于有生之自來，乃罔知之。舍近而圖遠，明人而昧己，豈不戾哉？凡學有可通，有可不通。如生理之學，近取諸身，人皆有之。凡學者所宜盡人明之。吾《素問》少發其源，泰西近暢其流。鼈傑兒氏、蘭氏、歇兒蔓氏大唱元風，蘭氏闡析尤精矣。日本盡譯其書，施之學校，行之通俗，源之造化，達之男女，由受形之器推其天命之精，蓋爲物理學之源，心靈學之本。由此以入于哲學，則四通六闢，小大精粗，其運無乎不在矣。若其學校、通俗之書，訓蒙、問答、教科，條理曲備。生理圖及達兒敦氏生理書，衛生學尤精矣。老子曰：「人之大患，在吾有身。」既來之，則安之。通其理，衛其生，蓋人道之本，治學之始哉！

又《解剖學類序》 《記》：古不墓祭，立廟於家而鬼享之。葬以送魄，祭以迎精。微哉，孔子之道！又稱體魄則降，知氣在上，若魂氣則無不之。蓋所重者，知氣精氣也。人之識親戚，行仁義，窮學問，解制作，皆知氣爲之。若體魄，則骨血臭敗，腐爛變落，自鬚髮指爪，無日不然。無據無知，故聖人輕之。其尊體魄而舍知氣，若埃及之裹屍，若穆公三良子車、二婢之殉葬，厚死埋而輕生人，皆太古愚界之人也。凡後

聖人，無不貴精而賤體，重生而輕死。土之、火之、水之、金之，其義雖殊，其以五行化變，所以解剖，則一也。螻蟻之蓐，骨肉之釋，豈有殊哉！特遲速少異耳。人之生而得疾，已割削之，況其死乎！其有崇功大德及子孫不可忘者，推其屋烏之愛，路馬之敬，則埋而藏之。自餘則因生殖之一器，以明造物之微理，以裨于萬萬之生人，于死者無損而生者益。吾《內經》之洞明人體者，豈眞見垣一方哉？亦自解剖驗之。全體未明，何以爲治？近泰西解剖之學至精微，賢列氏其冠冕矣。夫天生物，如機人之製機，因其精粗之異，以爲靈蠢之殊。倒生者愚，直生者智，橫生者半愚智。腦團會者智，點綫者愚，小團者半點蚩。製體至于人腦團，電綫之大而繁多，機之物而奇巧，自天地之內，未有比之者，故獨出於萬物也。《動物比較剖解圖》于造物之冥冥，析之昭昭矣。《人體組織攬要》及須氏組織之說，亦精作也，附見焉。

又《衛生學類序》 人非天不生，非父母不生。身也者，天及父母之技也。既受生身，敬而保之。《鄉黨》、《內則》中和養生之篇，聖人于是至謹矣。後世儒者，不明大道之統，禮樂之原，根佛氏苦行之義，蹈墨學太觳之風，王者因以束縛士人，于是高談理氣，溢爲考據，而宮室、飲食、衣服疾病之故，所以保身體，致中和，養神明，以爲鄙事，置不講。儒惟以敝車羸馬、陋室蔬食自高，而異道發導引之說，富貴縱奢欲之尤，皆無關至道。自唐以後，城市敝陋，宮室塵湫，道路不治，穢惡易覯，疫疾相踵，民不得安其生命，長其壽年。豈止陋邦畨俗之風，亦非養民保民之義矣。蓋佛氏養魂而棄身，故絕酒肉，斷肢體，以苦行爲道。孔子以人情爲田，被服、別聲、備色，加以節文，順天理以養生命，豈以佛、墨、夷貊之自苦爲哉？宋儒皆由佛出，故其道薄欲樂，苦身體爲多，故多樂養生之道廢。日人好潔，近講泰西衛生之學甚精，其飲水通風之法，防疫看護之方，亦綦詳矣。嗚呼，天子失官，學在四夷，此豈非聖人意哉！男女搆精，萬物化生，鑿枘之機，捩陰陽之順理。孔子閉房，《繁露》中和，大發明之，加以品節，以明聖道之大，生人之本，故並錄焉。

梁啓超《西學書目表附録・讀西學書法》 西人醫學，設爲特科，選中學生之高才者學焉。中國醫生，乃強半以學帖括不成者爲之。其技之孰良，無待問矣。《漢志》方伎猶自列爲一略，後世廢棄，良足歎也。【略】廣東敎士譯醫書最多，然偏重外科。

中國人數之衆，甲於大地。然歐洲近三十年間，戶口驟增。中國則自嘉慶以來，卽號四萬萬，至今百年，其數如昔，固由水旱兵刼之所致，抑亦養生之道未盡，夭折者多也。西人近以格致之理，推求養生所應得之事。飲食居處，事事講求。近譯如《衛生要旨》、《化學衛生論》、《居宅衛生論》、《幼童衛生論》等書，凡自愛之君子，不可以不講也。

人自有其身，而不知身之情狀，可愍孰甚？故全體學之書，不可不讀。《全體通考》、《全體闡微》號爲詳備。若欲觀大略，則《省身指掌》、《體學易知》兩種，讀其一可矣。

趙惟熙《西學書目答問・藝學・醫學》 泰西醫學，設爲專科，以中學生之高才者入焉。學成加以考驗，得憑後始準行術。其於人身之臟腑骨節，皆得之剖視，故考究甚詳。其治病，一切參以化學，故推求甚密。內科雖精，尚少有試驗者。至外科，則神乎其技，幾於跗、陀之能矣。

綜述

總論分部

弍畢醫經

王士點《元秘書監志》卷七 《回回書籍》《弍畢醫經》十三部。

又《司天監》 《特哩醫經》十三部。

西醫略論

梁啓超《西學書目表・醫學》 《西醫略論》合信。廣州刻本。一本。二角。合氏各書，繙譯最早，故多舊法。

顧述廬《通學書籍考・醫學類》 《西醫略論》。廣州刻本。英合信著。是書刊於咸豐七年，分上、中、下三卷。上論醫理及外科瘡症，中論外科傷症，下論方藥治法。雖未甚詳，殊裨初讀。

趙惟熙《西學書目答問·藝學·醫學》　《西醫略論》。一冊。英合信撰。廣州本。

徐維則等《增版東西學書録·醫學》　《西醫略論》三卷。惠愛醫館刊本，一冊。英合信著。論所不能盡者，著之以圖。雖曰「略論」，而西國審證治療之法，已具於斯。

徐樹蘭《古越藏書樓書目·學部·生理學》　《西醫略論》三卷。英合信。咸豐七年上海仁濟醫館本。

楊復等《浙江藏書樓乙編書目·生理》，《西醫略論》一冊。英國合信氏著，江寧管茂材述。上海仁濟局刻本。

内外科新説

梁啓超《西學書目表·醫學》　《内外科新説》。合信。廣州刻本。

趙惟熙《西學書目答問·藝學·醫學》　《内外科新説》。二冊。英合信撰。廣州本。

徐維則等《增版東西學書録·醫學》　《内外科新説》□卷。廣州刻本。英合信著。

儒門醫學　附慎疾要言

梁啓超《西學書目表·醫學》　《儒門醫學》。傅蘭雅，趙元益。製造局本。四本。四角。簡明。

又《附録·讀西學書法》　《儒門醫學》上卷論養生之理，尤不可不讀。

劉錦藻《清續文獻通考·經籍考·醫家》　《儒門醫學》三卷，附一卷。傅蘭雅、趙元益譯述。臣謹案，是書爲英海得蘭原著。上卷論救生之理，中卷論治病之法，下卷論方藥之性，附卷《慎疾要言》與前論救生所言甚精詳，尤不可不讀。

丁仁《八千卷樓書目·醫家類》　《儒門醫學》三卷。英海得蘭撰，傅蘭雅譯。刊本。

趙惟熙《西學書目答問·藝學·醫學》　《儒門醫學》。四冊。英海得蘭撰，英傅蘭雅譯，趙元益述。製造局本。是書首卷論攝衛之事，次卷述病症，三卷述醫藥，而以簡便方附焉。於養生大有裨益，不專作醫家言也。

徐維則等《增版東西學書録·醫學》　《儒門醫學》三卷，附一卷。製造局本，四冊。排印本。英海得蘭著，英傅蘭雅譯，趙元益述。上卷論養生之理，中卷論治病之法，下卷論方藥之性。附卷《慎疾要言》與前論養生所言，甚精詳，尤不可不讀。書中病名，則依腦隨臟腑内外次第列之，藥名則以性之汗吐補瀉分之。於人身脈絡，病情傳變，未及詳載。

徐樹蘭《古越藏書樓書目·學部·生理學》　《儒門醫學》三卷，附一卷。英海得蘭。英傅蘭雅譯，趙元益述。製造局本。

《上海格致書院藏書樓書目·東西學書·醫學》　《儒門醫學》。英海得蘭。英傅蘭雅，新陽趙元益。三卷。四本。製造局本。

陳洙《江南製造局譯書提要·醫學》　《儒門醫學》上中下卷，附一卷。英國海特蘭撰，傅蘭雅口譯，新陽趙元益筆述。共依腦髓臟腑，内外分列。婦人小兒各病，亦依次附列。共以性之汗吐補瀉等，作十四類分列。但西書病名、藥名與中國或同或異，爲中國所無，不得不雜用新名。其用藥法及權量，亦復各殊。讀此書者，幸勿於此等事不求甚解也。上卷：論養身之理。中卷：論治病之法，急救證治附。下卷：論方藥之性。附卷：論二條，方一卷。

醫學總説

梁啓超《西學書目表·近譯未印各書·醫學》　《醫學總説》。舒高第，趙元益。製造局。六本。未譯成。

西醫舉隅

梁啓超《西學書目表·醫學》　《西醫舉隅》。並續編。二本。六角。

徐維則等《增版東西學書録・醫學》 《西醫舉隅》□卷《續編》□卷。

醫學趣説

廣學會編《廣學會譯著新書總目・醫學》 《醫學趣説》。

中西病名表

梁啓超《西學書目表・醫學》 《中西病名表》。一本。一角五分。

徐維則等《增版東西學書録・醫學》 《中西病名表》□卷。

徐樹蘭《古越藏書樓書目・學部・生理學》 《中西病名表》一卷。譯者闕名。華英合璧排印本。

日本紅十字會同盟諸國記

徐維則等《增版東西學書録・醫學》 《日本紅十字會同盟諸國記》卷。《譯書公會報》本。譯書公會譯。顧補。

系統解剖與組織胚胎分部

泰西人身説概

徐秉義《培林堂書目・醫家》 《泰西人身説概》二卷。

王韜《泰西著述考》 鄧玉函，字涵璞。熱而瑪尼亞國人。明天啟元年辛酉至，傳教某處，後入都中，佐理曆局。善醫，格究中國本草八千餘種，惜未翻譯，遽卒于京師。墓在阜城門外滕公柵欄。所著各書：《人身説概》二卷。

梁啓超《西學書目表・通商以前西人譯著各書》 鄧玉函《人身説概》二卷。

徐維則等《增版東西學書録・東西人舊譯著書》 鄧玉函《人身説概》二卷。

全體新論

梁啓超《西學書目表・全體學》 《全體新論》合信。廣州刻本。一本。舊。

顧述廬《通學書籍考・全體學類》 《全體新論》。廣州刻本，《海山仙館叢書》本。英合信著。凡三十九款，由體骨以及五官百骸，内經外膚，一一分剖確切，並多刻圖式，瞭如指掌。

丁仁《八千卷樓書目・醫家類》 《全體新論》十卷。西洋合信氏撰。海山仙館本。

趙惟熙《西學書目答問・藝學・全體學》 《全體新論》。一冊。英合信撰。廣州本。

徐維則等《增版東西學書録・全體學》 《全體新論》一卷。惠愛醫館刊本，一冊。《海山仙館叢書》本，作十卷。墨海書局本。英合信、陳修堂同著。其骨度與《靈樞・骨度篇》、宋人《洗寃録》微有不同。昔人謂頭骨八斤，蔡州人有九斤。同洲且如此，況異域乎！得諸目驗，諒非鑿空。

徐樹蘭《古越藏書樓書目・學部・生理學》 《全體新論》一卷。英合信。陳修堂述。咸豐元年墨海書館本。

楊復等《浙江藏書樓乙編書目・生理》 《全體新論》一冊。英國醫士合信氏著，南海陳修堂述。鉛印本。

全體闡微

梁啓超《西學書目表・全體學》 《全體闡微》。柯爲良。福州排印本。四本。一元七角。

顧述廬《通學書籍考・全體學類》 《全體闡微》三卷。美柯爲良撰。是書乃薈萃近年英美所出各書，編譯成函。爲卷六，爲圖二百六十。今觀原書，實止三卷。

徐維則等《增版東西學書録・全體學》 《全體闡微》六卷附圖。福州排印本，四冊。美柯爲良譯。書刊於光緒七年。論全體形狀部位，説甚精密。其論腦曰：腦爲一身運動之主，而腦絲所成之腦筋，又爲一身運動之主，分爲二種：一自主，一不自主云云。西人論腦筋功用之書極多，中譯書中，推此書爲詳，與《心靈學》諸書所論微異。

徐樹蘭《古越藏書樓書目・學部・生理學》 《全體闡微》三卷。美柯爲良譯。光緒二十四年福州聖教醫館重印本。

楊復等《浙江藏書樓乙編書目・生理》 《全體闡微》四冊。美國柯爲良著，閩省林鼎文述。鉛印本。

身理啓蒙

趙惟熙《西學書目答問・藝學・全體學》 《身理啟蒙》。一冊。英艾約瑟譯。稅務司本。在《西學啟蒙》十六種中。

徐維則等《增版東西學書録・全體學》 《身理啟蒙》一冊。《西學啟蒙》本，一冊。英艾約瑟譯。略於全體模狀而詳言骨肉血脈運動之由，故謂之「身理」。其末章兼涉心靈學。

徐樹蘭《古越藏書樓書目・學部・生理學》 《身理啟蒙》一冊。英艾約瑟譯。《西學啟蒙》本。

體用十章

梁啓超《西學書目表・醫學》 《體用十章》。廣州刻本。四本。八角。譯文劣。

顧述廬《通學書籍考・全體學類》 《體用十章》。光緒十年刊本。嘉約翰譯。是書凡四卷，解釋全體功用，隱微必備，瞭如觀大。

徐維則等《增版東西學書録・醫學》 《體用十章》四卷。光緒十年博濟醫局刊本，四冊。英哈士烈著，孔慶高譯。西醫詳體而略用，並言體、用，既不失之蹈空，亦不過於徵實，可以郵通中西。蓋是書繼《體質窮源》而譯，所謂體者，指全體，所謂用者，指功用。書中所用名目，皆依《全體闡微》，以歸畫一。

徐樹蘭《古越藏書樓書目・學部・生理學》 《體用十章》四卷。英哈士烈。孔慶高譯。光緒十年廣東博濟醫局本。

楊復等《浙江藏書樓乙編書目・生理》 《體用十章》四冊。英國哈士烈著，瀋陽孔慶高譯。羊城博濟醫局刻本。

廣學會編《廣學會譯著新書總目・醫學》 《體用十章》。四本。價洋一元。

劉錦藻《清續文獻通考・經籍考・醫家》 《體用十章》四章。孔慶高譯述。臣謹案，是書爲英哈士烈原著。並言體用，既不失之蹈空，亦不過於徵實，可以郵通中西矣。

全體圖説

梁啓超《西學書目表・全體學》 《全體圖説》。傅蘭雅。益智書會本。一本。一角。

顧述廬《通學書籍考・全體學類》 《全體圖説》。益智會本。傅蘭雅著。

趙惟熙《西學書目答問・藝學・全體學》 《全體圖説》。一冊。英傅蘭雅撰。益智會本。

徐維則等《**增版東西學書録・全體學**》　《全體圖說》二卷。益智書會本，一冊。英稻惟德譯。圖凡八幅，演爲《圖說》上下二卷。第一幅《圖說》無上水泡骨，與頭骨八斤之說不合。閲者當參觀《全體新論》。

徐樹蘭《**古越藏書樓書目・學部・生理學**》　《全體圖說》二卷。英稻惟德譯。光緒十年益智書會刻本。

楊復等《**浙江藏書樓乙編書目・生理**》　《全體圖說》一冊。英國稻惟德譯。益智書局刻本。

廣學會編《**廣學會譯著新書總目・醫學**》　《全體圖說》。一本。價洋二角。

省身指掌　附西字表

梁啓超《**西學書目表・全體學**》　《省身指掌》。一本。五角。

顧述廬《**通學書籍考・全體學類**》　《省身指掌》九卷。光緒十一年印本。傅恆理譯。專論全體功用，較他書簡而易明。其論知覺性才，別開生面，頗多新理。

徐維則等《**增版東西學書録・全體學**》　《省身指掌》九卷。附《西字表》一卷。美華書館印本，一冊。美博恆理著，先論肌骨，次論消化養育，次論血脈運行，次論聲與呼吸，次論腎經皮膚，次論腦與腦線，次論腦與靈魂。論列極有條理，且較《全體闡微》說理新而要。八、九兩卷，皆言腦氣筋作用，尤不可不讀。

楊復等《**浙江藏書樓乙編書目・生理**》　《省身指掌》一冊。美國博恆理著。美華書館鉛印本。

廣學會編《**廣學會譯著新書總目・醫學**》　《省身指掌》。一本。價洋六角。

全體通考

梁啓超《**西學書目表・全體學**》　《全體通考》。德貞。同文館本。十六本。四兩五錢。頗備。

顧述廬《**通學書籍考・全體學類**》　《全體通考》十八卷，附圖二卷。同文館本。英醫德貞著。是書於人之四支百體，分繪以圖，細註以說，展卷一目了然。中國學醫者由此悟入，將見施針用藥不爽毫釐。此書之功，豈不大哉？本書《序》。

趙惟熙《**西學書目答問・藝學・全體學**》　《全體通考》。十六冊。英德貞譯。同文館本。

徐維則等《**增版東西學書録・全體學**》　《全體通考》十八卷，附圖二卷。同文館本，十六冊。英德貞著。詳較骨度，諸書未及其密，餘與《闡微》相似。惟說理稱名之文，太病詰屈。然名家著述，積理甚微，似較他書講形用者更進一層也。《彙編・一》有舒高第譯《論脈》，可參觀。益智書會印有英德貞《人身理論》，博氏《人身淺說》，皆未出。

徐樹蘭《**古越藏書樓書目・學部・生理學**》　《全體通考》十八卷，附圖二卷。英德貞。光緒十二年排印本。

楊復等《**浙江藏書樓乙編書目・生理**》　《全體通考》十二冊。英國德貞子固氏著。鉛印本。

廣學會編《**廣學會譯著新書總目・醫學**》　《全體通考》。一部。價洋四元。

人身理論

梁啓超《**西學書目表・近譯未印各書・全體學**》　《人身理論》。德貞。益智書會。未印。

體骨考略

梁啓超《**西學書目表・全體學**》　《體骨考略》。德貞。北京刻本。一元。

顧述廬《**通學書籍考・全體學類**》　《體骨考略》。北京刻本。英醫德貞著。

徐維則等《**增版東西學書録・全體學**》　《體骨考略》□卷，圖□卷。

北京刻本。英德貞著。

人身淺説

梁啓超《西學書目表・近譯未印各書・全體學》《人身淺説》。博氏。益智書會。未印。

質體形性

梁啓超《西學書目表・近譯未印各書・全體學》《質體形性》。范約翰。益智書會。未印。

體學易知

梁啓超《西學書目表・全體學》《體學易知》。北京刻本。一本。三角。

徐維則等《增版東西學書録・全體學》《體學易知》一冊。北京刻本。益智書會印有范約翰《質體形性》，未出。

體質窮源

顧述廬《通學書籍考・全體學類》《體質窮原》。嘉約翰譯。

徐維則等《增版東西學書録・醫學》《體質窮源》□卷。

全體須知

徐維則等《增版東西學書録・全體學》《全體須知》一卷。《格致須知》三集本，一冊。英傅蘭雅著。傅氏於心靈一學，亦最留意，故此書後《論腦筋》、《覺悟》二章，頗簡明可讀。

徐樹蘭《古越藏書樓書目・學部・生理學》《全體須知》一卷。英傅蘭雅。《格致須知》三集本。

楊復等《浙江藏書樓乙編書目・生理》《全體須知》一冊。英國傅蘭雅著。鉛印本。

廣學會編《廣學會譯著新書總目・醫學》《全體須知》。夫天是生物，人爲最靈，亦人爲最貴。喜怒哀樂，隨心應變。初學淺習，復覽深書，於人身全體不難豁然貫通焉。一冊。價洋八分。

人身全骨圖

徐樹蘭《古越藏書樓書目・學部・生理學》《人身全骨圖》一幅。不著繪者姓名。格致書室本。

骨格辯正

廣學會編《廣學會譯著新書總目・醫學》《骨格辯正》。論中西人骨格極分明，並有圖説。學醫者不可不覽矣。二本。價洋六角。

全體解剖圖

徐樹蘭《古越藏書樓書目・學部・生理學》《全體解剖圖》二十幅。日本塚本岩三郎。東京市京橋區出雲町殼番地造畫館本。皮膚縱斷顯微鏡所見圖，一。前面筋肉圖，二。後面筋肉圖，三。手骨筋肉圖，四。骨格全體圖，五。側面背面骨格變形姿勢圖，六。脊骨頭骨手骨足骨圖，七。胸腹腔內臟自然位置圖，八。消化機系統想像圖，九。腹部皮膚筋肉取去消化機圖胃斷面圖，十。耳顎口齒舌圖，十一。呼吸機肺臟圖，十二。循環機想像圖，十三。

循環機心臟圖，十四。心臟斷面圖血球顯微鏡所見圖，十五。排泄機系統圖腎臟斷面圖，十六。眼球搆造圖，十七。耳搆造想像圖，十八。神經系統圖，十九。大腦小腦延髓脊隨圖。二十。

顧燮光《譯書經眼録・全體學》《全體解剖圖》二十幅。日本東京造畫館本。日本塚本岩三郎繪。凡二十幅。一、皮膚縱斷顯微鏡所見圖。二、前面筋肉圖。三、後面筋肉圖。四、手骨筋肉圖。五、骨格全體。六、側面背面骨格變形姿勢圖。七、脊骨頭手骨足骨圖。八、胸腹腔内藏自然位置圖。九、消化機系統像圖。十、腹部皮膚筋肉取去消化機圖，胃斷面圖。十一、耳顎口齒舌圖。十二、呼吸機肺臟圖。十三、循環機想像圖。十四、循環機心臟圖。十五、心臟斷面圖，血球顯微鏡所見圖。十六、排泄機系統圖，腎臟斷面圖。十七、眼球搆造圖。十八、耳構造想像圖。十九、神經系統圖。二十、大腦小腦延髓脊髓圖。

脈説

梁啓超《西學書目表・醫學》《脈説》。德貞。《萬國公報》本。

徐維則等《增版東西學書録・醫學》《脈説》一卷。《萬國公報》本。英德貞著。

論脈

徐樹蘭《古越藏書樓書目・學部・生理學》《論脈》一卷。舒高第譯。《格致彙編》本。

論血内鐵質之功用

徐樹蘭《古越藏書樓書目・學部・生理學》《論血内鐵質之功用》一卷。徐建寅。《格致彙編》本。

論呼吸氣

徐樹蘭《古越藏書樓書目・學部・生理學》《論呼吸氣》一卷。舒高第譯。《格致彙編》本。

五官異景

徐維則等《增版東西學書録・全體學》《五官異景》一卷。《匯報》本。匯報館者。顧補。

論牙齒

徐樹蘭《古越藏書樓書目・學部・生理學》《論牙齒》一卷。英傅蘭雅。《格致彙編》本。

論舌

徐樹蘭《古越藏書樓書目・學部・生理學》《論舌》一卷。舒高第譯。《格致彙編》本。

生殖器新書前後編

顧燮光《譯書經眼録・全體學》《生殖器新書前後編》二冊。嘉定日

新書所洋裝本。一名《男女婚姻之領港》。美霍立克著，仇光裕譯，王建善述。書凡二十六章，插圖二十四幅，發明男女生殖器之功用、生育之理趣。讀之可以廣嗣續，少廢疾，救羸弱，免夭折，開智慧，誠衛生強種之秘笈也。著者以歷年試驗，而成此書。譯者復深明醫理，故無詰屈膈膜之譚。所論卵珠精蟲各理，足與《交合新論》參觀。或以導淫書目之，誤矣。

男女交合新論

徐維則等《增版東西學書録・全體學》《男女交合新論》一冊。上海日清書館印本。美法烏羅著，日本神田彥太郎、王立才編輯，憂亞子譯。首論精神之愛，中論交合之要，終論娠妊之源。其闡發製造兒女之法，可謂透闢。讀此書，於強種改良之道，深爲有益。世人每作淫書視之，則大謬也。徐補。

造化機新論

顧燮光《譯書經眼録・全體學》《造化機新論》一卷。商務印書館本，一冊。日本細野順著，出洋學生譯。所言生殖各器構造功用，與生殖器新書略同。其言胎產、婚配、乳兒各說，甚多至理。

男女育兒新法

顧燮光《譯書經眼録・全體學》《男女育兒新法》一卷。香港啟智書會本。日本中景龍之助著，誘氏子譯。全書凡四十九章，於育兒各法，言之極爲簡明。其言血族絡婚之害，列表言之，尤有至理。按強國以強種爲要，康健小兒即爲人類之本，則生理學之宜亟講也明矣。

傳種改良問答

徐樹蘭《古越藏書樓書目・學部・生理學》《傳種改良問答》一卷。日本森田峻太郎。光緒二十八年第二次排印本。

楊復等《浙江藏書樓乙編書目・生理》《傳種改良問答》一冊。日本森田峻太郎纂。商務書舘鉛印本。

妊娠論

顧燮光《譯書經眼録・全體學》《妊娠論》一卷。癸卯五月再版，洋裝本一冊。出洋學生編譯。本書以製造妊娠爲主義，詳論生殖器之生理、障害以及胎孕、結婚之合度，花柳病之豫防，一切關於男女疾病衛生之事。凡二十三章，插圖三十有九。蓋傳種爲改良國民之基礎，東西學者列爲專門，固未可以誨淫之書例之也。

楊復等《浙江藏書樓乙編書目・生理》《妊娠論》一冊。闕名。鉛印本。

胎内教育

徐樹蘭《古越藏書樓書目・學部・生理學》《胎内教育》一卷。日本伊東琴次郎。陳毅譯。廣智書局本。

顧燮光《譯書經眼録・全體學》《胎内教育》一卷。廣智書局排印本，一冊。日本伊東琴次郎著，陳毅譯。本書以改良種族爲競爭根本，於結婚前後、胎内產後，三致意焉。凡五章。一、總論。二、結婚前之注意。三、結婚後之注意。四、妊娠時之心得。五、產後之心得。本書無纖毫猥褻之譚，而有教育進步之效，誠姆教中之善本也。

小兒養育法

楊復等《浙江藏書樓乙編書目・生理》 《小兒養育法》一冊。寧鄉周家樹譯。石印本。

人體生理與病理分部

中學生理教科書

顧燮光《譯書經眼録・全體學》 《中學生理教科書》九卷，附録一卷。教科書輯譯社洋裝本，一冊。美國斯起爾原本，何燏時譯述。原書爲美斯爾氏之《生理衛生學》，譯者復參考他書，每篇悉附試方法，以備教科之用。俾讀者易解爲宗旨，故行文務求平易。凡分九編，論骨骼、筋、皮膚、呼吸、聲音、循環、消化及食物、神經系統、五官各類，逐條詳説，以明其理，復加結論，以概括大要。每編末摘記常遇疾病之治法，末附録看病、消毒及救急諸法，最後則揭以各編問題，以便温習。插圖六十有四，皆足資讀者考證。

《中學生理教科書》□卷。教科輯譯社洋裝本。美斯起爾原著，何燏時譯。説理考證，均精實詳明。每篇悉附試驗方法，以供臨時參考。插圖銅版圖畫數十幅，尤精緻可愛。

楊復等《浙江藏書樓乙編書目・生理》 《中學生理教科書》一冊。暨陽何燏時譯。日本東京鉛印本。

生理學

楊復等《浙江藏書樓乙編書目・生理》 《生理學》一冊。山陰謝洪賚譯。商務書舘鉛印本。

中學生理教科書

楊復等《浙江藏書樓乙編書目・補遺》 《中學生理教科書》一冊。鎮海虞和欽、虞和寅譯述。啓文社鉛印本。

生理圖

楊復等《浙江藏書樓乙編書目・美術》 《生理圖》二幅。西洋印本。

醫學格致發明酒與人身之感動

廣學會編《廣學會譯著新書總目・醫學》 《醫學格致發明酒與人身之感動》。高葆眞著。一冊。價洋一分。

新編中學生理書

徐樹蘭《古越藏書樓書目・學部・生理學》 《中學生理書》一卷。日本坪井次郎。何琪譯。通藝學堂本。

顧燮光《譯書經眼録・全體學》 《新編中學生理書》一卷。紹興通藝

學堂石印本，一册。日本坪井次郎著，何琪譯。分總論，骨系統，筋系統，皮膚系統，循環器系統，呼吸器系統，共十篇，附圖八十。所論雖簡略，尚有新理，可資取讀。

生理衛生學

顧燮光《譯書經眼録・全體學》　《生理衛生學》一卷。漢陽劉氏六吉軒刊本，北洋官報局排印本。日本齋田功太郎著，田吳炤譯。全書九章，曰骨，曰筋肉，曰皮膚，曰消化器，曰循環器，曰呼吸器，曰排泄器，曰神經系，曰五官系。所列諸骨表，言諸骨若干節，若干對，較舊譯各全體書爲詳。附圖二十九幅，亦清晰可觀。全書以生理衛生爲主，故每章於各器之功能，運動之適宜，飲食之過量，均切實言之。

高等小學生理衛生教科書

顧燮光《譯書經眼録・全體學》　《高等小學生理衛生教科書》一卷。文明書局本。日本田功齋太郎著，丁福保譯。本書原著，即田氏所譯之《生理衛生學》，丁氏譯爲教科書，故稍變其體例。

簡明生理學

顧燮光《譯書經眼録・全體學》　《簡明生理學》一卷。上海商學會洋裝本。日本岩崎鐵次郎編，吳治恭譯。本書凡六章，於生理學閎恉，擇要設爲問答。初學讀之，易窺門徑。

生理衛生新教科書

楊復等《浙江藏書樓乙編書目・生理》　《生理衛生新教科書》一册。日本繁雄高橋本吉著，仁和董康譯。鉛印本。

生理學教科書

廣學會編《廣學會譯著新書總目・礦物學》　《生理學教科書》。日本丘淺治郎著，西師意譯，上虞許家惺校定。分十二章，附生理各圖六十餘幅。一册。價洋四角。

醫理略述

梁啓超《西學書目表・醫學》　《醫理略述》。尹端模。廣州刻本。二本。五角。

又**《附録・讀西學書法》**　近譯《醫理略述》，頗多新理也。

徐樹蘭《古越藏書樓書目・學部・生理學》　《醫理略述》二卷。尹端謨譯。光緒十八年博濟醫局本，《格致彙編》本。

楊復等《浙江藏書樓乙編書目・生理》　《醫理略述》二册。嶺南尹端模譯。羊城博濟局鉛印本。

病理撮要

梁啓超《西學書目表・醫學》　《病理撮要》。尹端模。廣州刻本。二本。五角。

徐維則等《增版東西學書録・醫學》　《病理撮要》一卷。光緒十八年博

濟醫局刊本，二册。不著撰人名氏，尹端模譯。凡有病無名之證，中醫概以瘵疾名之。此種證候，必有依附化生之物。觀此可知其要。

徐樹蘭《古越藏書樓書目·學部·生理學》 《病理撮要》一卷。尹端模譯。光緒十八年廣東博濟醫局本。

楊復等《浙江藏書樓乙編書目·生理》 《病理撮要》二册。嶺南尹端模譯。羊城博濟局鉛印本。

劉錦藻《清續文獻通考·經籍考·醫家》 《病理撮要》一卷。尹端模譯述。

人與微生物争戰論

梁啓超《西學書目表·全體學》 《人與微生物爭戰論》。傅蘭雅。《格致彙編》本。

又《附録·讀西學書法》 微生物亦天地間一大種類，非光學大明，無以知之矣。《格致彙編》中有《人與微生物爭戰論》一篇，中多瑰詭可聽之論。

顧述廬《通學書籍考·全體學類》 《人與微生物爭戰論》。《格致彙編》本。英傅蘭雅輯。是書中多瑰詭可聽之論。《西學通考》。

趙惟熙《西學書目答問·藝學·全體學》 《人與微生物爭戰論》。一册。英傅蘭雅撰。《格致彙編》本。論頗奇闢，然觀此可悟衛生之法。

徐維則等《增版東西學書録·全體學》 《人與微生物爭戰論》一卷。《格致彙編》本。英禮敦根著，英傅蘭雅譯。人之病症，大半爲極細微之生物所成。西人賴顯微鏡之力，推得妙理。近有特設之書，論之甚詳。此爲禮氏集會講論之作，於成病、免病之理法，但言其大略。然苟據其論以深究之，足以補中醫所未備。

徐樹蘭《古越藏書樓書目·學部·生理學》 《人與微生物爭戰論》一卷。英禮敦根。英傅蘭雅譯。《格致彙編》本。

診斷治療與護理分部

脈表診病論

梁啓超《西學書目表·醫學》 《脈表診病論》。傅蘭雅。《格致彙編》本。一本。一角五分。

顧述廬《通學書籍考·醫學類》 《脈表診病論》。《格致彙編》本。英傅蘭雅輯。是書分二章，第一章論脈表之用處與造法，第二章論脈。採輯各論，詳列圖語。

趙惟熙《西學書目答問·藝學·醫學》 《脈表診病論》。一册。英傅蘭雅撰。格致彙編本。

徐維則等《增版東西學書録·醫學》 《脈表診病論》一卷。《格致彙編》本，一册。英傅蘭雅輯譯。馬利所作之表，名曰《身内通行血脈醫學理》。以表置於小臂，每脈一至，板必少動，而虛實舒縮諸象可知。書中專論表之用處、造法，並言其弊及改變之法。列爲圖解，以明其說。後附《實脈類圖說》，又英散特生《論心縮之法與時刻》，因與人身發血管有相關之理，故載之。

徐樹蘭《古越藏書樓書目·學部·生理學》 《脈表診病論》一卷。英傅蘭雅。《格致彙編》本。

診病奇侅

楊復等《浙江藏書樓乙編書目·生理》 《診病奇侅》二册。丹波茝庭著，松井操譯。鉛印本。

救人良方

徐樹蘭《**古越藏書樓書目・學部・生理學**》　《救人良方》一卷。英秀耀春。美華書館本。

楊復等《**浙江藏書樓乙編書目・生理**》　《救人良方》一冊。青州秀耀春著。美華書舘鉛印本。

廣學會編《**廣學會譯著新書總目・醫學**》　《救人良方》。一本。價洋一角五分。

醫方彙編

徐維則等《**增版東西學書録・醫學**》　《醫方彙編》四卷，首一卷。光緒乙未廣濟醫局排印本，五冊。英偉倫忽塔著，英梅滕更譯，劉廷楨述。西國權量尺寸，與中土不同。首載英、法各表，最爲詳便。其言經絡臟腑部位名目，悉準《全體通考》、《闡微》諸書，學者當參觀也。

徐樹蘭《**古越藏書樓書目・學部・生理學**》　《醫方彙編》四卷，首一卷。英偉倫忽塔。英梅滕更譯，劉廷楨述。光緒二十五年商務印書館排印本。

楊復等《**浙江藏書樓乙編書目・生理**》　《醫方彙編》五冊。英國梅藤更譯，慈谿劉廷楨述。廣學會鉛印本。

廣學會編《**廣學會譯著新書總目・醫學**》　《醫方彙編》。以西法治病，並用各種藥水，中西酌量病症名目及其論治之法，甚爲完備。此書風行海内，業已重印。計五本。價洋一元二角五分。

泰西奇效醫術譚

廣學會編《**廣學會譯著新書總目・醫學**》　《泰西奇效醫術譚》。醫術最切要之實驗，在乎去痛患，補虧損而已。皆由於人之理想得之，遂爲相傳之良法。迄今漸經實驗，乃深知衛生之理與致疾之由，卓然成特別之學矣。此書乃醫學博士馬克斐原著，高葆眞輯譯，曹曾涵校潤。凡十五章，一冊。價洋三角。

民間醫治須知

楊復等《**浙江藏書樓乙編書目・生理**》　《民閒醫治須知》一冊。日本松本公口授，高松保郎筆述。日本愛生舘鉛印本。

内科分部

内科新説

梁啓超《**西學書目表・醫學**》　《内科新説》。合信。廣州刻本。一本。二角。

顧述廬《**通學書籍考・醫學類**》　《内科新説》。廣州刻本。英合信著。分上、下兩卷。上論内科諸症以及治法，下論藥劑形性及製配各法。

徐維則等《**增版東西學書録・醫學**》　《内科新説》二卷。惠愛醫館刊本，一冊。英合信著。自叙謂取歐羅巴醫書，擇其要義，譯以唐文，蓋爲彼國相傳之學，曰「新説」者，較中土醫説爲新耳。

徐樹蘭《**古越藏書樓書目・學部・生理學**》　《内科新説》二卷。英合信。管茂材述。咸豐八年上海仁濟醫館本。

楊復等《**浙江藏書樓乙編書目・生理**》　《内科新説》一冊。英國合信氏著，江寧管茂材述。上海仁濟局刻本。

西醫内科全書

梁啓超《西學書目表・醫學》《西醫内科全書》。六本。一元。

徐維則等《增版東西學書録・醫學》《西醫内科全書》十六卷。光緒八年博濟醫局刊本。美嘉約翰、孔慶高同譯。蓋繼合信氏《内科新説》而作。論腸胃三卷，論肝膽三卷，論肺部三卷，論腦部三卷，熱症總論二卷，雜症時疫二卷。所列各症，皆擇中國所有者。其權量悉改正，但奇零之數，恐有舛錯。學者當細加覆按焉。

徐樹蘭《古越藏書樓書目・學部・生理學》《西醫内科全書》十六卷。美嘉約翰譯，孔慶高述。光緒八年廣州博濟醫局本。每冊各分子卷，腸胃三卷，肝膽三卷，肺部三卷，腦部三卷，熱證總論二卷，雜證時疫三卷。

楊復等《浙江藏書樓乙編書目・生理》《西醫内科全書》六冊。美國嘉約翰、鐵嶺孔繼高同譯。羊城博濟局刻本。

廣學會編《廣學會譯著新書總目・醫學》《西醫内科全書》。六本。價洋二元。

内科闡微

梁啓超《西學書目表・醫學》《内科闡微》。嘉約翰。廣州刻本。一本。二角。

顧述廬《通學書籍考・醫學類》《内科闡微》。廣州刻本。美嘉約翰譯。是書發明臟肺脈絡細微處受病之故與其醫法。

趙惟熙《西學書目答問・藝學・醫學》《内科闡微》。一冊。美嘉約翰撰。廣州本。泰西教士，多精醫學，故廣州教會刊行醫書最多。茲舉其著者，以見一斑。

徐維則等《增版東西學書録・醫學》《内科闡微》一卷。同治十二年博濟醫局刻本，一冊。光緒十五年重刻本。美嘉約翰譯，林湘東述。專論審疾之法而不詳言治法。首載《醫理撮要》一篇，足以見西醫之精細。嘉氏居粵最久，故所言頗能參中西以立論。

徐樹蘭《古越藏書樓書目・學部・生理學》《内科闡微》一卷。美嘉約翰譯，林湘東述。光緒十五年廣東博濟醫局本。

劉錦藻《清續文獻通考・經籍考・醫家》《内科闡微》一卷。林湘東譯述。臣謹案，是書專論審疾之法而不詳言治法。首載《醫理撮要》一篇，足見西醫之精細。原著者嘉約翰，居粤最久，故其言頗能參合中西云。

熱症總論

徐樹蘭《古越藏書樓書目・學部・生理學》《熱症總論》二卷。美嘉約翰。孔慶高譯。博濟醫局本。

楊復等《浙江藏書樓乙編書目・生理》《西醫熱症》一冊。美國嘉約翰、廣東孔慶高譯校。羊城博濟局刻本。

廣學會編《廣學會譯著新書總目・醫學》《熱症總論》。一本。價洋三角五分。

内科理法

梁啓超《西學書目表・醫學》《内科理法》。舒高第，趙元益。製造局本。十二本。一千八百。頗備。

顧述廬《通學書籍考・醫學類》《内科理法前編》六卷，《後編》十卷，附《藥品分類並藥方》一卷。製造局本。英虎伯撰，茄合哈來參訂，慈谿舒高第譯，新陽趙元益述。是書論理，最爲詳備。

趙惟熙《西學書目答問・藝學・醫學》《内科理法》十二冊。舒高第，趙元益同譯。製造局本。

徐維則等《增版東西學書録・醫學》《内科理法前編》六卷，《後編》十六卷，附《藥品分類並藥方》一卷。製造局本，十二冊。英虎伯著，茄合哈來參訂，舒高第譯，趙元益述。脈、因、證、治，四者之中，是編於因治二

端，最所着意。《前編》統論病源與醫理，《後編》習練醫事。附卷分類三十有三，列方三百有一。

徐樹蘭《古越藏書樓書目・學部・生理學》　《內科理法前編》六卷，《後編》十六卷，附《藥品分類並藥方》一卷。英虎伯。英茄合哈來參訂。舒高第譯，趙元益述。製造局本。

《上海格致書院藏書樓書目・東西學書・醫學》　《內科理法前後編》。英虎伯。慈谿舒高第，海鹽鄭昌棪。《前編》六卷《後編》八卷附一卷。十二本。製造局本。

楊復等《浙江藏書樓乙編書目・生理》　《內科理法》十二册。慈谿舒高第、新陽趙元益譯述。江南製造局刻本。

陳洙《江南製造局譯書提要・醫學》　《內科理法前編》六卷，《後編》前六卷，後十卷。英國虎伯撰，慈谿舒高第口譯，新陽趙元益筆述。有圖一百十。是書於因、治二端，多所注意。譯成西醫內科書，以此爲巨擘。第一卷：平人與病人。第二卷：死之根原。第三卷：全體功用及病論。第四卷：查察病有分外之證據與兆。第五卷：保身法。第六卷：醫道總論。《後編》前六卷《總病》。第一卷：身體情形。第二卷：有界限之病關係全身或全體中之數箇器具。第三卷：發熱病與有界限之重病無關。第四卷：發熱病與有界限之重病相關。第五卷：發熱病以有界限病爲根原。第六卷：總病不發熱與有界限重病相關。後十卷《專病》。第一卷：腦筋器具之病。第二卷：運行法中器具之病。第三卷：呼吸器具之病。第四卷：消化食物器具之病。第五卷：生溺器具之病。第六卷：生育器具之病。第七卷：知覺器具之病。第八卷：皮膚之病。第九卷：寄生動物之病。第十卷：中毒救解附卷《藥品分類並藥方》。

洗胃新法

徐樹蘭《古越藏書樓書目・學部・生理學》　《洗胃新法》一卷。英傅蘭雅。《格致彙編》本。

痰飲辨

徐樹蘭《古越藏書樓書目・學部・生理學》　《痰飲辨》一卷。史琦。《格致彙編》本。

腫脹辨

徐樹蘭《古越藏書樓書目・學部・生理學》　《腫脹辨》一卷。昆生，不著姓名。《格致彙編》本。

醫肺癆等病新説

徐樹蘭《古越藏書樓書目・學部・生理學》　《醫肺癆等病新説》一卷。英傅蘭雅。《格致彙編》本。

腎囊醫決

廣學會編《廣學會譯著新書總目・醫學》　《腎囊醫決》。一部。價洋一元五角。

外科分部

割症全書

梁啓超《西學書目表・醫學》　《割症全書》。嘉約翰。廣州刻本。七本。一元五角。

趙惟熙《西學書目答問・藝學・醫學》　《割症全書》。五冊。美嘉約翰撰。廣州本。

徐維則等《增版東西學書録・醫學》　《割症全書》七卷。博濟醫局刻本，七冊。美嘉約翰譯。首論炎症之理，後於剖割之法與夫器具藥方，言之詳密，足以補中醫所未備。軍中採用其法，最有效，然不可不講求手法也。前刻本柢一冊，未備。

徐樹蘭《古越藏書樓書目・學部・生理學》　《割症全書》七卷。美嘉約翰譯。光緒十六年廣州博濟醫局本。

楊復等《浙江藏書樓乙編書目・生理》　《割症全書》七冊。美國嘉約翰著。羊城博濟醫局鉛印本。

裹紥新法

梁啓超《西學書目表・醫學》　《裹紥新法》。嘉約翰。廣州刻本。一本。二角五分。

顧述廬《通學書籍考・醫學類》　《裹扎新法》。廣州刻本。美嘉約翰譯。是書專論割症裹纏之法以及用法。

趙惟熙《西學書目答問・藝學・醫學》　《裹紥新法》。一冊。美嘉約翰撰。廣州本。

徐維則等《增版東西學書録・醫學》　《裹紥新法》一卷。光緒元年博濟醫局刻本，一冊。美嘉約翰譯，林湘東述。論割症之理，當先明全體部位，部位明，然後裹紥，亦得其法。書中所論，爲近來講求至精至詳之法，特摘刻之，以備檢覽。《彙編六》有《裹臂新法》，可參觀。

炎症論略

梁啓超《西學書目表・醫學》　《炎症論略》。嘉約翰。廣州刻本。一本。二角。

趙惟熙《西學書目答問・藝學・醫學》　《炎症論略》。一冊。美嘉約翰撰。廣州本。

徐維則等《增版東西學書録・醫學》　《炎症論略》一卷。廣州刻本，一冊。美嘉約翰譯。此即《割症全書》之第一卷。西人謂炎症實百病之總綱，無論內外症，皆可發炎。此書即辨明原因，深究形狀，無微不至，足補中醫所不及。

徐樹蘭《古越藏書樓書目・學部・生理學》　《炎症論畧》一卷。美嘉約翰譯。即《割症全書》之首卷。博濟醫局本。

外科理法

徐維則等《增版東西學書録・醫學》　《外科理法》卷。上海排印本。劉廷楨譯。顧補。

楊復等《浙江藏書樓乙編書目・生理》　《外科理法》一冊。英國梅藤更譯，慈谿劉廷楨述。杭州廣濟局鉛印本。

剖腹理法

徐樹蘭《古越藏書樓書目・學部・生理學》　《剖腹理法》一卷。美富醫士選，龐文卿譯。博濟醫院本。

裹臂新法

徐樹蘭《古越藏書樓書目・學部・生理學》　《裹臂新法》一卷。英傅蘭雅。《格致彙編》本。

婦産與兒科分部

婦嬰新説

梁啓超《西學書目表・醫學》　《婦嬰新説》。合信。廣州刻本。一本。二角。

顧述廬《通學書籍考・醫學類》　《婦嬰新説》。廣州刻本。英合信著。是書論婦女胎産、嬰兒養育諸事，理法詳備，語意確鑿。

趙惟熙《西學書目答問・藝學・醫學》　《婦嬰新説》。一冊。英合信撰。廣州本。

徐維則等《增版東西學書録・醫學》　《婦嬰新説》一卷。惠愛醫館刊本，一冊。英合信著。西醫於外症尤擅長，其治難産，必能補中醫所不及。惜於各種外治，置而未録。

婦科精藴

梁啓超《西學書目表・醫學》　《婦科精藴》。嘉約翰。廣州刻本。五本。一元。

顧述廬《通學書籍考・醫學類》　《婦科精藴》五卷。廣州刻本。美妥瑪氏撰，美嘉約翰譯。是書凡四十六章，論婦科之病纖細無遺，施刀圭之法著有成效。嘗考西醫論婦科之書，無若此之詳者。

趙惟熙《西學書目答問・藝學・醫學》　《婦科精藴》。五冊。美嘉約翰撰。廣州本。

徐維則等《增版東西學書録・醫學》　《婦科精藴圖説》五卷。光緒十五年博濟醫局刻本，五冊。美妥瑪氏著，美嘉約翰、孔慶高同譯。書分四十六章，體貼詳密，尤詳於胎産一門。其考究部位，足與中醫互相參證。西醫婦科之書，無有過於此者。

劉錦藻《清續文獻通考・經籍考・醫家》　《婦科精藴圖説》五卷。孔慶高譯述。臣謹案，此書爲美妥瑪氏原著。

婦　科

梁啓超《西學書目表・近譯未印各書・醫學》　《婦科全書》。舒高第，鄭昌棪。製造局。未印。

《上海格致書院藏書樓書目・東西學書・醫學》　《婦科》。美湯麥斯。慈谿舒高第，海鹽鄭昌棪。五卷附圖一卷。六本。製造局本。

陳洙《江南製造局譯書提要・醫學》　《婦科》不分卷。美國醫院婦科教習湯來斯撰，慈谿舒高第口譯，海鹽鄭昌棪筆述。此書名目繁多，共分五十一章，論症詳明，譯筆條鬯，誠婦科之要書也。第一章：小引。第二章：婦女病症根源。第三章：子宫病及治法大例。第四章：婦科醫道要説。第五章：婦女生育具病症。第六章：女人生育具天生不合。第七章：陰戶症症：陰戶發炎；帶膿陰戶發炎；帶細瘖之陰戶發炎；陰戶陰道間之液核患瘡；發瘡疹；大唇紅腫發炎；瘷核裂碎；陰戶血塊；陰戶疝氣；囊水脹。第八章：陰戶癢；陰戶知覺過靈；溺管内葸厭瘤塊；溺管迴血瘤；尾閭骨痛。第九章：會陰處剖視功用論症。第十章：陰道膀胱及腸下垂。第十一章：刀法補治會陰。第十二章：陰戶癢症。第十三章：陰道發炎。第十四章：養育具不通。第十五章：養育具患瘡管。第十六章：通糞瘡管。第十七章：子宫内襯衣暴發炎。第十九章：子宫體内皮襯衣延久發炎。第二十章：子宫本體繭厚。第二十一章：子宫頸變努肉而壞；子宫頸起泡而

壞。第二十二章：子宮頸由疔毒而生瘡癤。第二十三章：子宮內苔形瘡癤。第二十四章：子宮頸碎裂。第二十五章：子宮出位置總論。第二十六章：子宮升墜。第二十七章：子宮向前出位置。第二十八章：子宮向後偏出位置。第二十九章：子宮底內陷外翻。第三十章：子宮外周連綱發炎。第三十一章：骨盆處腹包膜發炎。第三十二章：骨盆內瘡癤。第三十三章：骨盆處血囊。第三十四章：子宮肉筋條料成瘤囊。第三十五章：子宮生肉筋條料分成小囊瘤。第三十六章：子宮努肉。第三十七章：子宮肉瘤油膩瘤。第三十八章：子宮生瘤。第三十九章：胞衣留滯改變所成病證。第四十章：痛經。第四十一章：經水過多平時放血。第四十二章：無經水。第四十三章：白帶。第四十四章：不能受孕。第四十五章：移去子宮頸法。第四十六章：卵核症。第四十七章：卵核瘤囊。第四十八章：卵核成微細囊瘤。第四十九章：剖取卵核瘤。第五十章：喇叭管病症。第五十一章：子宮以外受孕。第五十二章：綠病。

產科

陳洙《江南製造局譯書提要・醫學》《產科》不分卷。英國密爾撰，慈谿舒高第口譯，海鹽鄭昌棪筆述。有圖六十五，分七十二節，專論婦人產育之理及醫治查驗等事。論說詳明，非胎產諸書比，爲名作，爲益豈淺鮮哉！一、論骨盆。二、婦女養育具。三、內養育具卽子宮以內各部。四、月經。五、懷孕。六、養胎。七、胎在子宮內之位置。八、懷孕證據。九、子宮外懷孕。十、疊胎。十一、肉痣假胎。十二、小產。十三、不受孕。十四、懷孕日數。十五、產理。十六、生產通例。十七至十八、順產及料順產之法。十九、胎不合式。二十至二十三、不順產：一久延；二無力；三阻礙；四骨盆不合式。二十四、產務手法治橫生倒產。二十五、收生具。二十六至二十八、割胎各法。二十九、剖腹法。三十、割交骨環法。三十一、引產法。三十二、瘦胎法。三十三至三十四、胎出不合正理如手先出足或背先出。三十五、仔胎及異胎。三十六、累墜胎產臍帶墮下。三十七、胎盤留住。三十八、妊後。三十九、胎盤當路。四十、產後放血。四十一、借血法。四十二至五十一、產後各病：一驚癇；二小便毒驚癇；三裂傷諸患；四會陰扯碎；五膀胱與陰道有相通之傷孔；六、七子宮內陷及下垂；八子宮偏及彎摺；九乳發炎；十心病脈管梗塞。五十二至五十五、產後各病：一發熱；二子宮發炎；三子宮內迴血管發炎；四、五膀迴血管發炎以致兩腿腫大。五十六、暫發熱。五十七、產後癡狂。五十八、子宮外周發炎。五十九、子宮血瘤。六十、子宮復原不足。六十一、卵珠水漲。六十二、懷孕累發酷症如痘痧之類。六十三、產後牙關緊閉。六十四至六十七、無經水痛經經水過多白帶。六十八、有關懷孕之病。六十九、尾閭骨痛。七十、內腎浮大。七十一、孕婦之胎能隨所見聞而改其形。七十二、醫士所用之述蒙藥如以脫哥囉仿等。

胎產舉要

徐維則等《增版東西學書録・醫學》《胎產舉要》二卷。光緒十九年博濟醫局刊本。美阿庶頓輯，尹端模譯。上卷論胎，下卷論產，皆設問答，以明其理，可謂詳備。惜譯筆欠顯達。

徐樹蘭《古越藏書樓書目・學部・生理學》《胎產舉要》二卷。美阿庶頓，尹端模譯。光緒十九年廣州博濟醫局本。

產科心法

徐維則等《增版東西學書録・醫學》《產科心法》□卷。上海排印本。劉廷楨譯。徐補。

徐樹蘭《古越藏書樓書目・學部・生理學》《西醫產科心法》二卷，《圖說》一卷。英梅滕更，劉廷楨譯。原刻本。

楊復等《浙江藏書樓乙編書目・生理》《西醫產科心法》，附圖，二冊。英國梅藤更撰，慈谿劉銘之譯。杭州廣濟醫局鉛印本。

怪生記

徐維則等《增版東西學書録・全體學》　《怪生記》□卷。《匯報》本。匯報館譯。所言怪生之人，皆附圖列説明之。是於全體中別創一格者。顧補。

兒科撮要

梁啓超《西學書目表・醫學》　《兒科撮要》。尹端模。廣州刻本。二本。五角。

徐維則等《增版東西學書録・醫學》　《兒科撮要》二卷。光緒十八年博濟醫局刊本，二冊。不著撰人名氏。尹端模譯。是書與《病理撮要》俱爲嶺南尹文楷筆譯，而未載撰人，蓋據各西書撮其要也。書中辨症，皆設爲問答，問列藥方，甚爲詳便。

兒科論略

楊復等《浙江藏書樓乙編書目・生理》　《兒科論略》一冊。美國富醫士選，南海龐文卿譯。羊城博濟醫局刻本。

皮膚病與性病分部

皮膚新編

梁啓超《西學書目表・醫學》　《皮膚新編》。嘉約翰。廣州刻本。一本。二角五分。

顧述盧《通學書籍考・醫學類》　《皮膚新編》。廣州刻本。美嘉約翰譯。是書專論皮膚諸症情形以及治法。

趙惟熙《西學書目答問・藝學・醫學》　《皮膚新編》。一冊。美嘉約翰撰。廣州本。

徐維則等《增版東西學書録・醫學》　《皮膚新編》一卷。光緒十四年博濟醫局刊本，一冊。美嘉約翰譯，林湘東述。《內經》言善治者治皮毛，其次治肌膚，又言秋刺皮膚，中醫不甚措意，而以一表藥了之。其着而成病者，當檢此編。

徐樹蘭《古越藏書樓書目・學部・生理學》　《皮膚新編》一卷。美嘉約翰譯，林湘東述。光緒十四年廣州博濟醫局本。

楊復等《浙江藏書樓乙編書目・生理》　《皮膚新編》一冊。美國嘉約翰譯，莆田林湘東述。羊城博濟醫局鉛印本。

劉錦藻《清續文獻通考・經籍考・醫家》　《皮膚新編》一卷。林湘東譯述。臣謹案，《內經》言善治者治皮毛，其次治肌膚，又言秋刺皮膚，中醫不甚措意，以一表藥了之。不可不熟審此編云。

皮膚證治

徐樹蘭《古越藏書樓書目・學部・生理學》　《皮膚證治》一卷。美聶會東譯，尙寶臣述。光緒二十四年美華書館排印本。

楊復等《浙江藏書樓乙編書目・生理》 《皮膚證治》一冊。美國聶會東譯，山左尙寶臣述。美華書舘鉛印本。

皮膚新論

廣學會編《廣學會譯著新書總目・醫學》 《皮膚新論》。一部。價洋三角五分。

花柳指迷

梁啓超《西學書目表・醫學》 《花柳指迷》。嘉約翰。廣州刻本。一本。二角五分。

顧述廬《通學書籍考・醫學類》 《花柳指迷》。廣州刻本。美嘉約翰譯。是書專論受毒，覈要指，破迷途，俾人知所戒。

徐維則等《增版東西學書録・醫學》 《增訂花柳指迷》一卷。博濟醫局刻本，一冊。光緒十五年重刊本。美嘉約翰輯譯，林應祥述。論下疳白濁之症及治法綦詳。辨婦人白帶與白濁之別，足與中學參證。

徐樹蘭《古越藏書樓書目・學部・生理學》 《增訂花柳指迷》一卷。美嘉約翰輯譯，林應詳述。光緒十五年廣州博濟醫局本。

廣學會編《廣學會譯著新書總目・醫學》 《花柳指迷》。一本。價洋五角。

男女生殖器病秘書

顧燮光《譯書經眼録・衛生學》 《男女生殖器病秘書》一卷。廣智書局排印本，一冊。日本山崎榮三郎著，浩然生譯。綜編男女生殖器構造之理，致病之由，養生之法。措辭簡要，另附圖二幅於後。

男女下體病要鑑

顧燮光《譯書經眼録・衛生學》 《男女下體病要鑑》一卷。上海國民日日報社洋裝本，一冊。日本醫學博士丸山萬著，金柯譯。是書專論男女生殖器致病之由，並言豫防救治各法。分節言之，多由實驗。附錄《常用食物分析表》、《乳汁分析表》、《食物消化時間表》、《牛乳試驗法》，尤足爲衛生之助。廣智所譯《生殖器病秘書》，無此詳贍。

眼科分部

眼科撮要

梁啓超《西學書目表・醫學》 《眼科撮要》。嘉約翰。廣州刻本。一本。二角五分。

趙惟熙《西學書目答問・藝學・醫學》 《眼科撮要》。一冊。美嘉約翰撰。廣州本。

徐維則等《增版東西學書録・醫學》 《眼科撮要》一卷。光緒六年博濟醫局刊本，一冊。不著撰人名氏。美嘉約翰譯。蓋亦據各西書撮要而成者。其發明眼睛珠、眼簾白殼罩、睛皮、腦筋衣、瞳人內外各症皆備，而割治諸法、應用器具，亦詳載。

徐樹蘭《古越藏書樓書目・學部・生理學》 《眼科撮要》一卷。美嘉約翰譯。光緒六年廣州博濟醫局本。

楊復等《浙江藏書樓乙編書目・生理》 《西醫眼科》一冊。羊城博濟醫局譯。刻本。

廣學會編《廣學會譯著新書總目・醫學》 《眼科撮要》。一本。價洋三

角五分。

眼科指蒙

梁啓超《**西學書目表・醫學**》　《眼科指蒙》。益智書會本。一本。六角。

徐維則等《**增版東西學書録・醫學**》　《眼科指蒙》一卷附圖。益智書會本，一冊。英稻維德譯，劉星垣述。眼症有内外之別。書分三十七篇，已具大略。其教學者，以剖析豬、羊目，互驗部位病症，是誠西國之醫術。

廣學會編《**廣學會譯著新書總目・醫學**》　《眼科指蒙》。一本。價洋七角五分。

眼科書

梁啓超《**西學書目表・近譯未印各書・醫學**》　《眼科書》。舒高第，趙元益。製造局。六本。未印。

眼科證治

徐維則等《**增版東西學書録・醫學**》　《眼科證治》三卷。美華書館印本。泰西聶氏在濟南施醫院譯。論症治及割刺之法，詳於《指蒙》。後附試眼字碼，其法甚善，無病之目，平時亦可用此法試之。

徐樹蘭《**古越藏書樓書目・學部・生理學**》　《眼科證治》二十二章一卷。美聶會東譯，尚寶臣述。光緒二十四年美華書館排印本。

楊復等《**浙江藏書樓乙編書目・生理**》　《眼科證治》一冊。美國聶會東譯，膠東尚寶臣述。美華書舘鉛印本。

眼科錦囊

徐維則等《**增版東西學書録・醫學**》　《眼科錦囊》四卷《續》二卷。福瀛書局刊本。日本木莊士雅著。兼採中西各宗其是。

急救分部

免暈船嘔吐説

顧述廬《**通學書籍考・醫學類**》　《免暈船嘔吐説》。《格致彙編》本。美醫士巴次著，英傅蘭雅譯。是書共二十款，言暈船吐嘔之根源與其治法，以便常出洋之華人用以得益。《格致彙編》。

徐維則等《**增版東西學書録・醫學**》　《免暈船嘔吐説》一卷。《格致彙編》本。美巴次著，英傅蘭雅譯。巴氏久在輪船行醫，考悉暈船之根源與治法，雖依其法，未能全免，然十驗八九。《彙編》本僅摘其大要，原書未見。

徐樹蘭《**古越藏書樓書目・學部・生理學**》　《免暈船嘔吐説》一卷。英傅蘭雅。《格致彙編》本。

救溺新法

顧述廬《**通學書籍考・醫學類**》　《救溺新法》。美瑪高溫著。

徐樹蘭《**古越藏書樓書目・學部・生理學**》　《救溺新法》一卷。美瑪高溫。《格致彙編》本。

英國救生局救溺法

徐樹蘭《古越藏書樓書目・學部・生理學》 《英國救生局救溺法》一卷。英傅蘭雅譯。《格致彙編》本。

濟急法

《上海格致書院藏書樓書目・東西學書・醫學》 《濟急法》。英舍白辣。秀耀春，趙元益。一卷。一本。製造局本。

陳洙《江南製造局譯書提要・醫學》 《濟急法》一卷，首一卷。英國舍白辣撰秀耀春口譯，新陽趙元益筆述。凡十五章，皆治急病之法，誠軍醫學必備之書也。首卷：總論。第一章：治傷便發。第二章：治血法。第三章：治各種傷法。第四章：瘀血傷。第五章至第六章：火傷湯傷凍傷中暍。第七章：骨交節脱或扭傷。第八章：骨斷。第九章：各物梗喉及氣管傷。第十章：各種解毒法。第十一章：各種悶死。第十二章：眞死之碻據。第十三章：運送受傷人及無力人法。第十四章：行兵時應用衣服器具並照料昏暈之兵。第十五章：總論各章濟急之法。

俟醫淺説

廣學會編《廣學會譯著新書總目・醫學》 《俟醫淺説》。杭州廣濟醫院原本，宜居家備一冊。如逢急症，延醫不及，卽有性命之憂。此書良方，遇有不測，按方救護，以俟醫至。一本。價洋一角五分。

救急處置

顧燮光《譯書經眼録・衛生學》 《救急處置》一卷。啟文譯社洋裝本。日本立寛講述，王明懷譯。書分甲、乙二卷。甲論衛生大意，乙論防救危急之法。

藥學分部

西藥略釋

梁啓超《西學書目表・醫學》 《西藥略釋》。嘉約翰。廣州刻本。四本。一元。以所治證，分類亦便。

顧述廬《通學書籍考・醫學類》 《西藥略釋》。廣州刻本。美嘉約翰譯。是書刊行頗久，陸續增補，凡三易稿，近於光緒十二年重刊，幾稱完備，共四卷，首總論藥性功用理法，次按藥性區分，列爲瀉吐、利表、化歛、補提、平和、解蒙等門，一一道其形性出處功用，甚便醫家。

趙惟熙《西學書目答問・藝學・醫學》 《西藥略釋》。四冊。美嘉約翰撰。廣州本。

徐維則等《增版東西學書録・醫學》 《西藥略釋》四卷。光緒元年博濟醫局刊本，作一卷。光緒十二年新增重刊本。不著撰人名氏。美嘉約翰、孔慶高同譯。説理精確，西書之善者。此書所載西國常用藥品，約百餘種。前有總論，講明用藥之總理，極便省覽。惜兩次寫刻，譯音先後不同。學者當以第二次刊本爲準。《彙編七》有英稻維德譯《醫藥略論》，可參觀。

徐樹蘭《古越藏書樓書目・學部・生理學》 《西藥略釋》四卷。美嘉約翰譯，孔慶高述。光緒十二年廣州博濟醫局本。

《上海格致書院藏書樓書目・東西學書・醫學》 《西藥略釋》。美嘉約翰。莆田林湘東。四卷。四本。製造局本。

楊復等《浙江藏書樓乙編書目・生理》 《西藥略釋》四冊。美國嘉約翰、廣東孔繼良譯校。羊城博濟局刻本。

廣學會編《廣學會譯著新書總目・醫學》 《西藥略釋》。四本。價洋

二元。

劉錦藻《清續文獻通考·經籍考·醫家》 《西藥略釋》四卷。孔慶高譯述。

萬國藥方

梁啓超《西學書目表·醫學》 《萬國藥方》。洪士提反。山東刻本。八本。三元。便於購藥。

徐維則等《增版東西學書録·醫學》 《萬國藥方》八卷。山東刻本，八冊。美華書館石印本。英思快爾著，美洪士提反譯。古人能化各藥之性，合爲一方。今人之方，羅列藥品而已。是書於草木金石之原質、化質，曲盡功用。雖趨新而實能反古。其良、毒之間，在用者之詳慎耳。前後印本，詳略互有不同。後刻本增收中國藥品，多至數十種。

徐樹蘭《古越藏書樓書目·學部·生理學》 《萬國藥方》八卷。英思快爾。美洪士提反譯。光緒二十四年第三次排印本。

楊復等《浙江藏書樓乙編書目·生理》 《萬國藥方》八冊。美國洪士提反譯。美華書館鉛印本。

廣學會編《廣學會譯著新書總目·醫學》 《萬國藥方》。全部八本。價洋二元五角。

西藥大成

梁啓超《西學書目表·醫學》 《西藥大成》。傅蘭雅，趙元益。製造局本。十六本。二千二百。頗備。

趙惟熙《西學書目答問·藝學·醫學》 《西藥大成》。十六冊，附表一冊。英傅蘭雅譯，趙元益述。製造局本。

徐維則等《增版東西學書録·醫學》 《西藥大成》十卷首一卷。製造局本，十六冊。英來拉、海得蘭同著，英傅蘭雅譯，趙元益述。屢次增修。造物之機，久而愈洩，以割破牲畜試各種藥品功用爲非，是能集西醫之長而不護西藥之短。此書從第五次刪補印本譯出。後哈來重增之條，亦擇要譯補於內。西藥之書，此爲最備。

徐樹蘭《古越藏書樓書目·學部·生理學》 《西藥大成》十卷，首一卷。英來拉、海得蘭同撰，英傅蘭雅譯，趙元益述。製造局本。

《上海格致書院藏書樓書目·東西學書·醫學》 《西藥大成》。來拉、英傅蘭雅、海得蘭、新陽趙元益。十卷。十六本。製造局本。

楊復等《浙江藏書樓乙編書目·生理》 《西藥大成》十六冊。英國傅蘭雅譯，新陽趙元益述。江南製造局刻本。

陳洙《江南製造局譯書提要·醫學》 《西藥大成》十卷，首一卷。英國來拉、海得蘭同撰，傅蘭雅口譯，新陽趙元益筆述。有圖二百六十九。中國於藥品自有《神農本草經》後，後世若《大觀本草》、《本草綱目》等書，卷帙繁多，議論侈富，然不過各承師説，參以私意，強分之以五味、五行，而曰治某臟、通某經而已，初未嘗深明其所顯何性，所含何質也。此書各藥雖不盡爲中國所恆有，然其分化取材，考質辨性，因病處方，皆再三詳究，有非我國向時醫學所能解辨其什一者，誠醫學之要書，宜家置一編，以備研求者也。首卷：總論，化學工內所取藥料新舊兩式表，英國藥品書所定各種試水。第一卷：製藥各工。手工；化學工；分細；鎔化；消化；成霧；蒸乾蒸；霧質凝成；結成顆粒。第二卷：藥品化學。化合；化分；化分求原；化分簡質與繁質；原質定比例；分劑重數；原質表。第三卷：金石藥品。自非金類原質至金類質，尋常形性；化學形性；取法；試法；功用；服數。第四卷：草木藥品。植物各體；植物分列；植物質體；植物地理；植物藥性；植物採取烘曬；植物本性分類；植物藥品依次分類部表。第五卷：草木藥品。自毛茛科至松栢科，依植物學家特看杜辣分列法；植物類自然形性；藥品記録；分別植物尋常形性與化學形性；取法；功用；服數。第六卷：草木藥品。自椶櫚科至香附子科，餘與卷五同。第七卷：草木藥品。自鳳尾草科至芝栭科，餘與卷五同。第八卷：造釀發酵等質；酒酯；以脱；哥囉方；發醋酵；乾蒸所成之質。地中挖出之植物質。第九卷：動物藥品。自波里非辣科至乳哺科。第十卷：藥品依性與功用分類排列；沖淡；潤内皮；柔軟；令皮肉爛；酸類；鹼類；解溺中沙粉；滅臭；收斂；解毒；改血；取嚏；生津；吐；化痰；發汗；利小便重瀉；殺蟲；調經；引炎；引病外出；發疱；補；行氣與香；散性行氣；特用行氣；寧睡；治轉筋；解熱；平火安心。照人年數配藥之比例表；毒藥與解毒之法；地產藥性水。

西藥大成補編

陳洙《江南製造局譯書提要・醫學》 《西藥大成補編》六卷。英國哈來撰，傅蘭雅口譯，新陽趙元益筆述。補《西藥大成》所未備，頗有功于前書。第一卷：存貯藥料，開配藥方。第二卷：未補。第三卷：補一百五條，金石。第四卷：未補。第五卷：補二百三條，植物。第六卷：補十七條，植物。第七卷：補八條，植物。第八卷：未補。第九卷：補十六條，動物。第十卷：未補。

西藥大成藥名表

梁啓超《西學書目表・醫學》 《西藥大成藥名表》。傅蘭雅，趙元益。製造局本。一本。一百。

徐維則等《增版東西學書録・醫學》 《西藥大成藥品中西名目表》一卷，附《人名地名表》。製造局本，一冊。英傅蘭雅譯，趙元益述。列以西字，對以中文，專爲查閲來拉氏《西藥大成》而設。惜初譯之本，兼造名目，未能改正，亦是書之弊也。人名、地名，凡他書所常見者亦載之。

徐樹蘭《古越藏書樓書目・學部・生理學》 《西藥大成藥品中西名目表》一卷，附《人名地名表》。英傅蘭雅譯，趙元益述。製造局本。

《上海格致書院藏書樓書目・東西學書・醫學》 《西藥表》。一卷。一本。製造局本。

楊復等《浙江藏書樓乙編書目・生理》 《西藥表》一冊。英國來拉著。江南製造局刻本。

陳洙《江南製造局譯書提要・醫學》 《藥品中西名目表》一卷。譯《西藥大成》時所作，頗便考查。

泰西本草撮要

梁啓超《西學書目表・醫學》 《泰西本草撮要》。傅蘭雅。《格致彙編》本。一本。三角五分。未譯全，即《西藥大成》之節本。

顧述廬《通學書籍考・醫學類》 《泰西本草撮要》。《格致彙編》本。英傅蘭雅輯譯。是書未譯全，即《西藥大成》之節本。原書《總論》云：凡各物之可以入藥者，共分三大類，一曰植物學，一曰動物學，一曰金石類。多備精圖，摘陳要説，以便明曉。《西學通考》。

趙惟熙《西學書目答問・藝學・醫學》 《泰西本草撮要》。一冊。英傅蘭雅譯。《格致彙編》本。

徐維則等《增版東西學書録・醫學》 《泰西本草撮要》一卷。《格致彙編》本，一冊。英傅蘭雅輯譯。西國言藥之書，不獨講論藥品形性，兼論治病理法。此書不能將藥品與治病相關之理一一詳論，但取植物、動物、金石之品，繪圖以明之，擇要以解之，期其簡明也。惜又僅譯植物，餘皆未備。

徐樹蘭《古越藏書樓書目・學部・生理學》 《泰西本草撮要》一卷。英傅蘭雅。《格致彙編》本。

中西藥名表

梁啓超《西學書目表・醫學》 《中西藥名表》。一本。一角五分。

趙惟熙《西學書目答問・藝學・醫學》 《中西藥名表》。一冊。上海本。

徐維則等《增版東西學書録・醫學》 《中西藥名表》□卷。

西藥摘要

徐維則等《增版東西學書録・醫學》 《西藥摘要》一冊。上海通行本。不著撰人名氏。摘其名目，中西文並列，殊無用處。

醫藥略論

徐樹蘭《古越藏書樓書目・學部・生理學》 《醫藥略論》一卷。英稻

維德譯，王德言述。《格致彙編》本。

泰西本草名疏

徐維則等《增版東西學書録・醫學》　《泰西本草名疏》三卷。東洋刊本。日本伊藤清民著。書以窮究植學之理爲主，故雌雄之辨，種屬之條，頗爲詳密。說恐不明，附之以圖。伊藤氏本有《本草大成》之作，惜未成。

衛生與防疫分部

化學衛生論

梁啓超《西學書目表・醫學》　《化學衛生論》。傅蘭雅。廣學會本。四本。五百七十。《格致彙編》中有之。

趙惟熙《西學書目答問・藝學・醫學》　《化學衛生論》。四册。英傅蘭雅撰。廣學會本。

徐維則等《增版東西學書録・醫學》　《化學衛生論》四卷。廣學會本，四册。《格致彙編》本，二册。英真司騰著，英傅蘭雅譯。《神農本經》每言輕身延年，知衛生必資食養，以化學衛生能徹食養之利弊。真氏原本有與近時新理未合者，英羅以司重爲理董，即今刻也。廣學會重印本，復增新圖三十餘幅。

徐樹蘭《古越藏書樓書目・學部・生理學》　《化學衛生論》四卷。英真司騰。英傅蘭雅譯。格致書室光緒十六年重刊本。《格致彙編》本。

楊復等《浙江藏書樓乙編書目・理學》　《化學衛生論》四册。英國真斯騰撰，英國傅蘭雅譯。格致書室鉛印本。

廣學會編《廣學會譯著新書總目・化學》　《化學衛生論》。人所常呼吸之氣，名曰空氣，爲養生最要之物。無空氣，即不能呼吸；無呼吸，即立難生活。夫衛生者，最切於人身者也。計四本，價洋一元。

衛生要旨

梁啓超《西學書目表・醫學》　《衛生要旨》。上海石印本。一本。一角。簡明。

徐維則等《增版東西學書録・醫學》　《衛生要旨》一卷。上海石印本，一册。益智書會本。美嘉約翰譯，海琴氏校正。此書繼《西醫内科大成》而作，所言皆日用平常之事。鄉曲貧民，亦易採用。其立論周密精微，具有至理。後論整飭全家，推愛鄉邑，爲國培元。慨乎言之，亦屬可取。

徐樹蘭《古越藏書樓書目・學部・生理學》　《衛生要旨》一卷。美嘉約翰譯。光緒九年益智書會刻本。

楊復等《浙江藏書樓乙編書目・生理》　《衛身要旨》一册。美國嘉約翰譯。益智書會刻本。

保全生命論

顧燮光《譯書經眼録・衛生學》　《保全生命論》一卷，附一卷。上海製造局刻本，石印本，一册。英吉蘭肥勒撰，英秀耀春譯，趙元益述。全書大旨，以習勞立志，慎憂慮，節飲食，振興生命力爲保全生命之的，故所論分康寧、人情、呼吸、飲食、工夫、生命力若干節，其言頗可取法。附卷所言人之短處及性情，而以隨時應變爲歸束，足補前書之闕。蓋作者以養心節欲、立志安分爲指歸，其言足與吾儒修身俟命、克己復禮相合，不僅作衛生書觀也。惜譯筆太冗，可删其半。

徐樹蘭《古越藏書樓書目・學部・生理學》　《保全生命論》一卷。英古蘭肥勒。英秀耀春譯，趙元益述。製造局本。

《上海格致書院藏書樓書目・東西學書・醫學》　《保全生命論》。英古蘭肥勒。秀耀春，趙元益。一卷附一。一本。製造局本。

楊復等《浙江藏書樓乙編書目・生理》 《保全生命論》一册。英國古蘭肥勒著，新陽趙元益譯。江南製造局刻本。

陳洙《江南製造局譯書提要・醫學》 《保全生命論》一卷。英國肥勒撰，秀耀春口譯，新陽趙元益筆述。專論養生之理，使人人得以完全享用其應用之康健，蓋衛生醫學書也。第一節：論康寧之理。第二節：論性欲。第三節：論呼吸。第四節：飲。第五節：食。第六節：作事功夫。第七節：論調換。第八節：生命。

居宅衛生論

梁啓超《西學書目表・醫學》 《居宅衛生論》。傅蘭雅。《格致彙編》本。一本。一角五分。以上二書，皆極有用。

顧述廬《通學書籍考・醫學類》 《居宅衛生論》。《格致彙編》本。英傅蘭雅輯譯。是書分爲六章，第一章城鄉郚病清神總說，第二章論造屋配樣事內郚病清神之法，第三章論屋內通風與生熱各法，第四章論大成鎮免煤瘴之法，第五章論城內通水之法，第六章論城鎮通溝洩穢等法。列圖六十有五，皆極精緻。

趙惟熙《西學書目答問・藝學・醫學》 《居宅衛生論》。一册。英傅蘭雅撰。《格致彙編》本。

徐維則等《增版東西學書録・醫學》 《居宅衛生論》一册附圖。《格致彙編》本。英傅蘭雅輯譯。是書六章，爲圖六十有五。其汲汲於造屋事內郚病通氣之法，講求攝生，可謂詳備。倫敦大都會層樓高聳，煤氣薰蒸，尤易致疾，故此編論免煤瘴及通水之法，三致意焉。

徐樹蘭《古越藏書樓書目・學部・生理學》 《居宅衛生論》一卷。英傅蘭雅。《格致彙編》本。

居處衛生論

徐維則等《增版東西學書録・醫學》 《居處衛生論》□卷。《蒙學報》本。英夫蘭考爾著，藍寅譯。凡七章，皆言築造房屋、飲水、溝瀆、天氣諸事，於病人所居之室，言之尤詳。《蒙學報》有曾廣銓譯《西文養生學》，未畢。顧補。

延年益壽論

梁啓超《西學書目表・醫學》 《延年益壽論》。傅蘭雅。《格致彙編》本。一本。一角五分。

趙惟熙《西學書目答問・藝學・醫學》 《延年益壽論》。一册。英傅蘭雅撰。《格致彙編》本。

徐維則等《增版東西學書録・醫學》 《延年益壽論》一卷。《格致彙編》本，一册。英愛凡司著，英傅蘭雅輯譯。是書論人老之故及天然之死，論人老死聚質之根原，論飲食用何重數能致延年，論人與動植物益壽之案，論人生免死之法，論益壽可用之物。其言率取醫義，而究與醫義異。立法近乎衛生，又與衛生不同。大旨以免病爲主，延年爲宗。所論平實可聽，亦西人養生之要書。

徐樹蘭《古越藏書樓書目・學部・生理學》 《延年益壽論》一卷。英愛凡司。《格致彙編》本。

治心免病法

梁啓超《西學書目表・醫學》 《治心免病法》。傅蘭雅。益智書會本。一本。三角。

又《附録・讀西學書法》 《延年益壽論》、《治心免病法》二書，所言之理與尋常西醫書截然不同，蓋彼中之新學也，藝也而漸近乎道矣。

顧述廬《通學書籍考・醫學類》 《治心免病法》。益智書會本。英傅蘭雅著。是書所言之理與尋常西醫書截然不同，蓋彼中之新學也，藝也而漸近乎道矣。《西學通考》。

趙惟熙《西學書目答問・藝學・醫學》 《治心免病法》。一册。英傅蘭雅撰。益智會本。西人格致日精，生命亦日重。凡於一飲一食，一起一居，靡不以新法推求何以養生，何以致病之由，俾人人知所攝衛。故歐美於近四十

年來，戶口驟增之，率有非意計所及料者，則致格之實效也。

徐維則等《增版東西學書録·醫學》 《治心免病法》二卷。益智書會本，一冊。美烏特亨利著，英傅蘭雅譯。所言之理與尋常西醫書截然不同。其分無形之格致爲三級：一爲心靈變化層，二爲神靈變化層，三爲性始層。分析甚清。惟其於治心之要，未能確明其理。七章以後，皆講求性始。西國甚屬風尚，書籍甚多，惜中國尚少譯本。

幼童衛生論

梁啓超《西學書目表·醫學》 《幼童衛生編》。傅蘭雅。益智書會本。一本。

趙惟熙《西學書目答問·藝學·醫學》 《幼童衛生編》。一冊。英傅蘭雅撰。益智會本。

徐維則等《增版東西學書録·醫學》 《幼童衛生編》一卷。益智書會本，一冊。英傅蘭雅輯譯。原書爲約翰怒及布登所著，而戒煙會中女監督恨得氏復有所增改。大旨與《孩童衛生論》略同，此益加密。後附《學堂要言》、《全身骨數》各一篇。

徐樹蘭《古越藏書樓書目·學部·生理學》 《幼童衛生編》一卷。英傅蘭雅。光緒二十年排印本。

楊復等《浙江藏書樓乙編書目·生理》 《幼童衛生編》一冊。英國傅蘭雅譯。格致書室鉛印本。又同。

廣學會編《廣學會譯著新書總目·醫學》 《幼童衛生論》。是書原爲幼童而設，非成人所讀全備之書，故各章各節循序漸進，從首之尾，皆係貫通，所有衛生理法詳見書中。所論各體職司與各具情形，使幼童能詳細尋繹，自知衛生所藉之事，實有互相倚賴之勢。且語意淺近，義理簡明，知識稍開，均可通曉。一冊。價洋四角。

孩童衛生論

梁啓超《西學書目表·醫學》 《孩童衛生論》。傅蘭雅。益智書會本。一本。二角五分。

趙惟熙《西學書目答問·藝學·醫學》 《孩童衛生論》。一冊。英傅蘭雅撰。益智會本。

徐維則等《增版東西學書録·醫學》 《孩童衛生論》一卷。益智書會本，一冊。英傅蘭雅輯譯。極言血之功用，尤以飲酒、吸菸爲大害人身。書中發明食物之利害獨詳。

廣學會編《廣學會譯著新書總目·醫學》 《孩童衛生論》。近來中西各國考求衛生之道，多載醫書，童子入塾罕見之。歐洲近出衛生書不一而足，大小學塾習讀者，多與他學並重，擇其合宜者。一冊。價洋二角五分。

初學衛生編

梁啓超《西學書目表·醫學》 《初學衛生編》。傅蘭雅。益智書會本。一本。以上三書，大略相同，讀其一即可。

趙惟熙《西學書目答問·藝學·醫學》 《初學衛生編》。一冊。英傅蘭雅撰。益智會本。以上三書，大同小異，得一而可。

徐維則等《增版東西學書録·醫學》 《初學衛生編》一卷。益智書會本，一冊。美蓋樂格著，英傅蘭雅譯。此較以上二書，又加精詳。中載護腦、免病各説，皆體貼微密。

徐樹蘭《古越藏書樓書目·學部·生理學》 《初學衛生編》一卷。美蓋樂格。英傅蘭雅譯。光緒二十二年排印本。

廣學會編《廣學會譯著新書總目·醫學》 《初學衛生論》。原爲教養孩童入門之基。衛生各法及行氣料、醉性藥等害人之物，言之尤詳。適合美國家律法。學堂教習之用。以課讀善本，得其大益。一本。價洋三角。

處女衛生

顧燮光《譯書經眼録·衛生學》 《處女衛生》一卷。廣智書局洋裝本，一冊。美來曼波斯撒利著，日本北島研三譯，馮霈重譯。書凡二十三章，論

處女衛生各節甚詳。目今時哲羣興女學，則此書亦所宜讀者矣。

高等小學衛生教科書

顧燮光《譯書經眼録・衛生學》 《高等小學衛生教科書》一卷。文明書局本。美項爾構著，章乃煒譯。全書十六章，補篇二章。皆就兒童身體、空氣、呼吸、飲食、潔淨、運動、休息、知覺淺近之理言之，頗爲簡易。

衛生學問答

《上海格致書院藏書樓書目・東西學書・醫學》 《衛生學問答》。一本。活印。

食物標準及食物各貨化分表

徐維則等《增版東西學書録・醫學》 《食物標準及食物各貨化分表》□卷。《亞泉雜志》本。亞泉學館譯。係從日本近藤會次郎與田中禮助所編之《有機化學》内節譯。養生家隨時檢閲，使然料、補料合於比例，當不讓參蓍矣。顧補。

實用衛生自强法

顧燮光《譯書經眼録・衛生學》 《實用衛生自強法》一卷。上海廣智書局排印本，一冊。日本醫學得業士掘井宗一著，趙必振譯。書凡六十章。於飲食、身體、疾病、結婚各節，皆言之詳晰。推論其致病之由，而籌防禦之法。其戒青年以方正自持，務養成康健國民，而盡體育之功，尤爲有功世道之言。

最近衛生學

顧燮光《譯書經眼録・衛生學》 《最近衛生學》一卷。廣智書局洋裝本，一冊。日本橋善次郎著，海天獨嘯子譯。書凡二十節，爲日本近日新出版之書。第一節總論衛生之意義，以括全書之要。二節言體溫。三節言空氣與呼吸。四節營養分。五、六、七節飲食物，食事衛生及飲酒吸煙。八、九言衣服、寢具之改良。十言居地及廬宇。十一運動及睡眠。十二、十三言溫、冷、海水各浴。十四學校衛生。十五家畜衛生。十六花柳感染。十七結婚及遺傳。十八肺結核之蔓延豫防。十九流行傳染病之豫防。二十救急處置。

《上海格致書院藏書樓書目・東西學書・醫學》 《最近衛生學》。日本橋本善次郎。海天獨嘯子。一本。廣智書局本。

楊復等《浙江藏書樓乙編書目・生理》 《最近衛生學》一冊。日本橋本善次郎著。廣智書局鉛印本。

衛生工事新論

楊復等《浙江藏書樓乙編書目・生理》 《衛生工事新論》一冊。日本南部常次郎著，吳縣包公毅譯。廣智書局鉛印本。

齒牙養生法

顧燮光《譯書經眼録・衛生學》 《齒牙養生法》一卷。啟文譯社洋裝本。日本四方文吉著，虞泰祺譯。吾華齒牙之學，素不講求，故多胃病喉疾。本書發明齒牙養生之理，足爲吾人衛生之助。

學校衛生學

徐維則等《增版東西學書録·醫學》　《學校衛生學》一卷。《教育世界》本。日本三島通良著，汪有齡譯。是書凡十篇。一、總論。二、校地。三、建築校舍及教室之搆造。四、採光法。五、換氣法。六、煖室法。七、杌椅及學生態度及書籍、黑板。八、生徒之疾病及學校醫之監督。九、體操及遊戲。十、授業及休業。於學校中有關衛生者，備舉無遺。任教育者，誠熟玩而實行之，庶不至以學校爲弱人、夭人之所矣。徐補。

通雅齋《新學書目提要·法制類》　《學校衛生學》。上海廣智書局本。《學校衛生學》十卷，分爲各章，日本三島通良原著，番禺周起鳳譯本。今日中國學校初設，諸事宜求良法，衛生一門兼涉體育，亦正不容略置也。此書雖非日本學校定章，而所論甚密，良有補於立法之方。又作者爲醫士，其所規畫亦當合於醫理，固可取也。篇中謂教授成年以後之女子則以席地而坐爲佳，似仍不免封故之見，日本人以膝着地而坐者乃因風俗守舊，未能改良，人種所以不能魁傑適受此害，作者既云日本人下體部不能與歐人等長由於席地而坐，若使青年女子習此，則傳種之病必致全國男子俱受其累，何所爲佳乎？此亦其小失而不必爲之諱也。

徐樹蘭《古越藏書樓書目·政部·教育》　《學校衛生學》十卷。日本三島通良。汪有齡譯。《教育世界》本。

楊復等《浙江藏書樓乙編書目·生理》　《學校衛身學》一冊。日本三島通良著，番禺周起鳳譯。廣智書局鉛印本。

學校衛生書

徐樹蘭《古越藏書樓書目·學部·生理學》　《學校衛生書》七篇。日本坪次郎。《教育世界》本。

潔净新例

徐維則等《增版東西學書録·政治法律》　《潔淨新例》一卷。香港中國報本。英香港潔淨局定。此例訂於西曆一千八百九十九年。其第三十四條則例章程，限制住屋間隔等事，誠防疫之善法。顧補。

瘟疫預防法

廣學會編《廣學會譯著新書總目·雜著》　《瘟疫預防法》。惟瘟疫乃最危險之傳染症，其生發之理，實因一種槓形毒菌侵入人身，蒸致林巴腺發炎，隆然膨脹而成核瘟耶！現印一紙。價洋一分。

農學部

論　述

丁韙良《西學考略·農政館》　民以食爲天。古之論政者，莫不以勸農爲先務。然徒督課，以獎其勞，而不設教，以導其術，則勸農之典未備。况聖門賢如樊遲，亦嘗以稼圃爲請，雖孔子誨以不如老農老圃，且鄙之爲小人，而究未嘗輕視農事也。蓋士恆爲士，農恆爲農，各守其業，有不得兼行者矣。昔先王作曆紀歲，授民以時，按其節候，酌其土宜，教以稼穡，此衣食所由來也。然農事不僅樹藝五穀，卽栽種花木，飼養牲畜，亦皆與之相關。欲查地脈，辨何土與何物有益，應借助化學之理。如此土性缺石灰、木灰，彼土須加沙泥與馬勃、鳥矢等物。至栽種飼養，亦應諳植物、動物之學，如《本草綱目》等書。俾得各順其性。百年以來，英、法兩國民數倍增，其農政與之並進，田畝所產亦倍於前。不但故有之物出產較前豐美，更有新物自海外來者，可爲民食。百年前，西國無山藥豆，卽和蘭薯，形如白署，但式圓而味淡。其滋生，較白薯蕃衍。今愛爾蘭一島之人，賴爲食之大宗。法、德兩國亦廣植之，其產較五穀爲易。除設館以授農事，泰西各國盡有之。今日本亦設農政館。並附設莊田，以備試驗各術，博採萬方嘉種萃於一處，散於通國，美國以魚鼈各種散於各省。故動植漸臻佳美。如羊毛較昔豐滿，馬亦較昔膘壯，而行速幾令人疑與古若不同類也。馬之良者，多產於回域。英人借種培養，較本土尤良。史鹹有非子者，好馬，善養息之。王命主馬汧渭之間，馬大蕃息，王封爲附庸之君，邑於秦。是秦因養馬而建國也。農政所關甚大，在上者知其術以示教，在下者遵其法以遂生。習之者或自治其田，收櫛墉而獲報，或官委以往，歷郡縣而授民，殆有后稷之風焉。德國農圃各術，恆爲實學館、蒙館之別課。其設專館以敎之，亦至百五十處，均有附置莊田於古汀浦。德之一邦。自咸豐二年始開農課，而肄業者已有一萬八千人。法國農政館有上、中、下三等之分。下者均置有莊田數十頃，設提調一員，教習三四人或五六人不等。所授之術，以種葡萄釀酒、植桑養蠶繅絲爲要課，蓋酒、絲係法國貿易大宗也。道光十年，有好事者私行設館，行之數年，著有成效。至二十八年，國家知與民有益，始依照推行，今已有五十餘處。諸國辦法稍異，而設館以興農政要無不同也。

康有爲《日本書目志·農學總記類序》　今天下皆知言礦學矣，然地面之礦未開，遑言地下之礦乎？農者，地面之礦也。萬物所出，其獲利顯巨宏深矣。泰西農學，講求日精，而斯氏之書六十四冊，網羅宏大，實其領袖；又譯其要者爲四冊以行。斯氏又有《農業問答》，又有《叟氏通俗農家必携》，亦爲精博。其《泰西農學》、《英國農業編》、《農業初步》，亦並譯出。泰西農學雖未盡見，藉此可以考其大端矣。若其教育學館並設此學，編《初等農學》一書以授農蒙，其《農學階梯》、《農學讀本》等書，《農理學初步》、《小學農書》、《小學農業書》附之，爲初等小學校之用；《農學通論》則爲中等學校之用；《農業書》等則爲高等學校之用。蓋其學校分級詳進，而不紊如此。若其彙成巨冊，則有《勸農業書》、《農業全書》。官有農商部勸農局以督勸之，民有振農會以講求之，宜其地無遺利矣。農本九流之一，昔吾后稷實爲農家之祖。農師田畯，本用士人，亦何愧焉。考求農理，道參天地，豈可付之胼胝不識字之人哉！中國地當溫帶，阻山海而拓平原，地廣萬里，草木二十六萬種，爲地球冠。如譯書開學以教之，土地之毛，何可勝用哉！

又《農政書類序》　凡營百業，皆有豐凶，而農業尤勞。手胼足胝，終歲勤動。蓋藏極薄，金穰木饑，歲不能無遇風災水旱，賣子鬻宅，尤可哀痛。稍有知識，皆將逃爲游民。追原其故，無保險之謀故也。光緒元、二年，山西大饑，人相食，戶口減大半，固由道路不通，亦由無保險之法也。牧民者但知收其賦稅，不預爲謀，至死亡流散，乃發倉勸捐以救之，何補死亡！然則不與吏操刀者幾希。孟子所痛恨於殺人以挺與刃也。日本則有《農業保險論》以預謀之，又有《統計表》以稽核之，又有《本國人口耕地比較圖表》以密考之，又合宇內各國農業盛衰而圖維之，以爲人棄我取之計。其它講求農政田制，並可爲中土之參稽。如《普國布利特隣大王農政要略》，爲泰西農政佳書，更可採用施行矣。

又《農業化學書類序》　《周禮》草人，掌土化之法，以化學爲農業本，吾中土學也，惜不傳矣。泰西窮極物理，皆可以化學分合變移之。造物者之神靈，亦不過造化而已。今泰西於製冰、製電，皆以人力代化工化之爲學，大矣哉！今泰西化學要書，日本皆已譯之，戎氏農學，尤其精絕，亦中國宜亟亟也。

又《土壤類序》　康有爲曰，吾讀日本所譯《土壤篇》，何其闇與《管子》合也。泰西合數十國撢求之，益精詳矣。又加以改良之書，則吾《周禮》騂剛用牛、赤緹用羊之法也。因天之功，補以人力。夫愚者全乎天，智者全乎人，聖者兼天人而用之，以裁成輔相焉，改良是也。凡人治之道，靡有舍改良者也。

又《肥料書類序》　泰西肥料之書，在是矣。中土糞灌最古，但無學人考

求，未嘗變改增加之，所進益蓋鮮矣。泰西近用灰石、燐酸、骨粉及電氣，故能化小爲大，化淡爲濃，易少以多，刻期成熟，操縱開闔如治兵然。人也，取精多用物宏則魂魄強，草土亦然。以度量分界行之，壅其氣，和其中，可謂治及草木哉！

又《農具書類序》 孔子曰：「欲善其事，先利其器。」功楛之異，懸絶天壤，器之爲用大矣。顯微、千里之鏡，皆粗器耳。而遠窺土木之月，知諸星之别爲地；近窺精微之物，見身中微絲之管，見肺中植物之生，見水中小蟲若龍象，而大道出焉。道尊於器，然器亦足以變道矣。吾見美國農器書更精者，日本草昧之始，尚未備也，較吾中土，則進矣。

又《稻作書類序》 泰西之食，以肉、麥爲主，而稻兼之。中國之食，則以稻爲主矣。自大江以南，飯稻羹魚，或水耕而火耨，其來久矣。百草芸芸並生，靡伯仲尊卑。先聖有作，擇其宜民者而廣植之，於是誅茅葦，刈棘荆，合九州之畇畇原隰而並種稻焉。故人爲萬物之靈，而稻爲百草貴。民仰稻而食，一日無之則菜色，故稻遂奄有大地。然香稻紅蓮稻蓋宜。太倉之粟至於紅朽，精質盡脱，不擇良久矣，於人道無益。日本稻作，皆改良之書，尤精也。

又《果樹栽培書類序》 凡土地之毛，萬彙千品。長者短者，大者小者，人立而蛇行者，皆有華實。吾，粵人也，宜言粵。粵有桃、李、荔枝、龍眼、蕉、梨、柿、柚、橙、柑、波羅、洋桃、胡桃、金橘、枇杷、桔、黄皮、石榴、荸薺、菱角、甘蔗、花生、葡萄、西瓜、蘋婆果、油柑子、畨棯，近則海外之波羅密亦生焉。其增城之荔，新會之橙，四會之柑，有名於天下。次則南華之李，石夾之龍眼，淡水之梨，花埭之洋桃，吾鄉之西瓜，亦名於粵中。粵中人託食於是者，蓋百數十萬。其老農皆有培壅之方，口口相傳，惜無學人傳之，又無化學行之，不進且日敗也。吾，粵之西樵人也。竈頭之西瓜，西樵之美也。形橢長如卵，色紅如日，味甘如蜜。曩十年有求竈頭之西瓜者，吾爲求於吾鄉，則無之。來告曰：西瓜被雨則濕，濕則爛，爛則不售。三日而之墟，墟又三日而之城，而瓜不能待也。鄉人無購者，城有購者則不能遠致，業瓜者累破其産，舍業不復種也。若通道路以運之，精培壅以增之，然則粵之荔、橙，利占天下矣。法之葡萄富，歲值六萬萬，酒稅三萬萬，當中國一省之地，所入如此，況中國之大哉！日本以法之富也，亦力講栽培葡萄，但地潮濕不宜。吾甘肅、河南北而陝西，千里沙土與法同，水至清冽，汾酒有名於時，於葡萄也宜。日本之書可採也。若哈密、吐魯畨之間，葡萄彌數十里至夥，而以鐵路不通，不能釀酒行於外國，惜哉！若廣種之，釀成名酒，有法四倍之地，卽葡萄酒一物，歲入可二十餘萬萬。中國尚患貧哉？

又《圃業書類序》 樊遲請學爲圃，孔子曰：「吾不如老圃。」此非遜詞也。斷木爲棋，捖革爲鞠，且有法焉。專門之學，畢生以之，雖聖人亦有所不能焉。老圃之學蓋周世有專書密傳，故孔子自謂不如也。今之農政書，時有一二及此者，非關學校之教，施用之方，蓋等空言矣。《七月》之詩曰：「（七）［六］月食鬱及郁，（五）［七］月烹葵及菽」，「七月食瓜，八月斷壺，九月郁苴，采茶薪樗，食我農夫」，皆蔬學也。日本考之詳矣。美州棉利，富冠海内，日本亦師之。其它麻、糖之製，箈茄、薏苡、薔薇、漆、梛雜樹，皆有專書講求，可謂地無餘利矣。蔗糖爲中國獨擅之物，而棉亦最美，近歲出二千萬，此與茶葉抗，久爲四大業。西人食糖過於鹽，若能如日本講求地面之礦，已無盡藏矣。

又《烟草類序》 卉木華實之生日新。茶肇於唐而盛於宋，烟始於明而盛於今。人之嗜好日增，亦逐之俱新。周之時，酒禍重。周公則曰：「羣飲汝勿佚，盡執拘以歸於周。予其殺。」今則酒禍少而烟禍盛。道光時嘗重禁而嚴刑之，今則稅之。此亦古今之故矣。吳梅村《綏冠紀略》以烟爲妖物，後則爲賓客之常供。嘉慶時御史吳廷棟請禁水烟，而今則阿芙蓉之毒遍中國，視爲常。西美雪茄烟者，呂宋之產也。地球之吸烟者大共六萬萬人，飲茶五萬萬人，茄非次之，二萬萬人。蒿苣根可子萬萬人。夫食米者僅五萬萬，反不如食烟者。烟與酒，皆醉藥也。人之性固好醒不如好醉哉？吾既不能禁烟，則亦宜種之，以輕其禍而殺其勢。至於雪茄，其害少，嗜者尤多，將以取外國之利者，亦何可少哉？中國種菸，未知壅收貯之法，又未仿製卷紙雪菸。及今日人製於上海，以收我利，歲出數百萬，非小故失。

又《林木書類序》 康有爲曰：吾官虞衡，請言虞衡。虞衡作山澤之材，斧斤以時入山林，妄伐有禁，不毛有罰。王猛之治秦也，自長安至海道皆種樹。泰西治沙石之地也，先植草以爛其泥，後植木以通其氣。蓋樹木之根，吸土爛沙石而變膏腴；枝葉之管通天，騰雨澤而收穢氣。收材幹之用，絶旱魃之患，林木之功莫大焉。故入國有林木者富，無林木者貧。中國以蜀江、閩、粵爲富，則粵有果木，蜀有藥材，閩有茗、樟，江浙有蠶桑。外國之富，美以棉，意以桑，奧以材木。泰西林木爲大政，有專禁，有專律。山皆緑縟，道路皆夾樹，多者數重，皆大數抱，森森崒爽。德之栢林，尤鬱鬱也。吾林木將盡，有殿廷大工程材者，則採之川、楚、滇、黔，而近者山野亦多童禿矣。東三省，古之蟠木老林窩集，横亘數千里，然輸與俄人。其存於內地者，運道險遠，未能出也。一切造作，待之洋木。夫以萬里之中國，崇山大原皆當十五度至五十度之樹帶，可謂天府之國，而木料之贏，亦待海外數萬里之轉輸，而精者勿論矣。此虞衡之罪也。夫日本環海島國，地脈膏沃。每見日本影片，林木森然。近更注力於此，有樹林之學。學有講義，有造林之篇，有種樹之秘，有伐採之法，有接木之具。若吾中土推此講之，地大物博，豈有比哉？或者知勸民種樹矣，而無學問之法，與不種同。日本諸書，不爲參考乎？其可爲龜鑑焉。又中國草木種類，李時珍之《綱目》以爲八百種。然深山窮谷，人蹤所絶，中國所

產，何止此數？而新出者寡，則撰種之錄，亦不可少也。

又《害蟲書類序》 《春秋》有螟蟲者三。《詩》曰：「去我螟特，及其蟊賊。」《周禮》：庶氏掌除毒蠱，以攻說禬之，嘉草攻之；翦氏掌除蠹物，以攻禜攻之，以莽草熏之；壺涿氏掌除水蟲，以炮土之鼓毆之，以焚石投之。皆去害蟲之官也。蟲之爲害多矣，害不去則利不興。天下盡其心以除害，而利興矣。吾中土非無一二及此者，而日本皆用微鏡考之，固非舊法所能該哉。

又《蠶桑書類序》 中國桑國也。《書》曰：「桑土既蠶是降丘澤土。」桑蠶之利爲中國獨擅，其來至古矣。而四千年學不加進，蠶小而多病，莫能察也。而日本、法國皆移植而大行之。稅務司康發達察之於日本，蠶大以倍且無病，有輒去之不累。其曹有改良之論，有進化之方，有驗瘟之器，有貯粒之法，有微粒子病肉眼鑑定之法，有微粒子病識驗之報，其術極細以精矣。其桑有栽培實驗之秘。嗚呼，中國於茶絲二業尚不開局考求，而坐聽顯顯者自爲戰，其不盡輸與他人者幾何？中國出口之絲，每包三百餘金，西人再繅而售之，每得七百餘金，以手工不勻而機器勻也。然則我之利溢而不收者多矣。有蠶吾專利之，然德人謂中國絲勝日本，但不講求，致大利爲人所奪耳。若極地宜，究利病，精繅織，則中國固桑國也。誰得奪之？

又《茶業書類序》 茶爲大地共飲之物，而爲中國獨擅之產。此天所以獨偏厚神州者，其利豈有涯哉？而今者印度、意大利、日本爭移植而講求之，吾歲出降至千餘萬。又製焙不精，且多雜僞，西人購得，尙須再製而後用之。異日諸國種植日多，講求日精，當不復再購吾茶矣。今海外萬貨之來，輸出歲以數萬萬計，惟賴茶、桑二物補其尾閭。並此棄之，則吾物產竭矣！一切輸出於人，而吾未嘗少取焉。精華輸出可立盡，則國與民隨之，而牧民者尙棄所自有之利源，而不經營之。觀日本之書，豈不少動心乎？

又《漁產書類序》 《詩》詠「潛有多魚，有鱣有鮪，鰷鱨鰋鯉。」管子以海爲王。凡川澤之利，國之所有，民之所資，利賴繁殖，資於天地，無有紀量，在加意與否耳。美之魚稅八千餘萬，今以瓶運致中國者，皆是也。夫中國腹江湖萬千，而襟東、南海，與美相對，乃眞漁國而非獵國，何事待美魚數萬里之來乎？日本用美法，講求水產之學，亦可採之矣。有繁殖之法，有製造之書，有漁村維持之法。漁之利，可爲洋燭，今大小數十國皆用之，而中土用之極廣，歲數百萬。我東三省曁朝鮮環勃海，皆鯨魚所聚。其北海捕鯨法採而用之，吾亦可收洋燭之利權矣。

又《農曆書類序》 《書》稱「敬授人時。」《夏小正》、《月令》、《時則》之篇，王者所最重。民非食不生，農非時不獲。春蘭秋菊，易時不生；夏麥秋禾，過時不育。此固吾土之舊學。日本年中行事之書，則精密矣。其地與吾燕齊吳越皆相對，緯度相同，固可採用也。聞泰西農以化學言盡地力之學者曰：它日治畝，可養民萬六千人。豈不然哉！吾中國農皆數千年舊法，自趙過改用牛犂，後未有增新法，區田亦未行也。泰西亦然。既未諳田中所樹之或蔬或穀，應輪年更易，故麥之田恆種麥，稻之地恆種稻。又未知澆壅之新法，地方盡矣。聽其荒蕪。低窪豬水之田，雖能洩出，然仍用二千年前羅馬之拙法。且水氣未乾，以之播種，不特成熟之遲，苗穗不茂，收獲雖豐也；所畜之牛亦病地濕，不能肥腯。按英人宰食之牛，今重於前者約一倍焉。喂之法亦勝於前。濕氣蒸騰，感人成痁癘。其犂僅刮地面之鬆泥，不能透入，犂罷下種，則用八百年前猶太國人之古法。麥稻既熟，則以古鎌刀刈割之。故雖勸農，而貧如故。道光三年，化學師造一代糞之新物，使地力曷復。英國霪霖，有惜米德者，創田畔開溝之法，上寬下窄，中塡碎石，仍與田平，地中之水盡洩。開溝以後，收倍十成之三，於是徧國仿行。禾熟既速，牲畜及人口之病亦少。英人喜其大利，而恐農力之不逮也。道光戊申年，貸以金四百萬，令農人悉仿此法，以洩積水。農夫亦知講求，先查何草何木何穀與地宜者，然後盡力焉。又考代糞之物，以合此土之宜，然後加以澆壅。于是農學會起，凡用新法之農以時聚同人，同人亦以所知所用者互告。會各以其田之坐落形勢，用何法何糞徧告。有新犂以墾地，有新機器以鋤地也，乃刊入《農學新報》，而農學日新矣。農具則用鎌刀，農人皆喜用之。咸豐乙卯年以打麥，咸豐壬子年又創新機以割麥。而不陳出新，五穀益豐茂，於是泰西之有火輪力以墾地，入地更深，田中之土翻，農盡變矣。

又《畜牧書類序》 以智治愚，天之理也。太古鮮民之生，不在耕稼而在畜牧。生於天地之間，能行動知覺與人相偪者，鳥獸哉。攻其猛鷙者而馴其擾伏者，猛鷙者害人，則絕其類，馴擾者資人，則蕃其類，人之理也。而人之資生，亦以畜牧爲最近易。昔孟子高談王政，再三言母雞母彘，經濟只此瑣瑣，嘗竊疑矣。及讀《史記》「陸地牧馬二百蹄，牛蹄角千，千足羊，澤中千足彘，水居千石魚陂，皆與千戶侯等」；班氏「谷量牛馬」。近者美人有以養蜂、畜牛、賣乳富至數千萬者，乃知孟子之說，眞王道之本也。且美之富也，自棉、麥外尤以牛羊富國。《詩》詠牧人「三百共羣，九十其犉」，皆詠物產繁殖，以欣慶喜樂，豈非立國養民之道在是耶？後世經國者，皆忘勸相利民之義。其高者謹廉寡過，坐收賦稅而已。其於民，若秦越人相視之肥瘠，豈嘗一日爲民謀身家之源、利賴之道哉？昔滕文公問爲國，孟子置其國事，但答之曰：「民事不可緩」。豈不宜少動心耶？近者泰西之學極盛，若《家畜原論》、《牧畜必携》、《牧牛說》、《牧羊說》、《養雞新法》、《殖雞要書》、《米國養雞法》、《家禽之疾病》、《養兔全書》，日人皆已譯之。吾見

日本牧廠影圖，整潔宏壯，與泰西同，則其自著之書，必可觀矣。酥爲西人日用必需之物，中國嗜者亦衆，歲出數百萬，皆免税。又收吾天津駝羊之毛，剪剔染絨，以爲絨氊，歲銷二千餘萬。吾北方廣漠萬里，若講畜牧之學，廣闢牧場，但此一事，在大地中當與美爭富矣。

又《獸醫學類序》　日本之學，無不出吾廡下也。其醫學亦然，近則皆用西醫矣。泰西自康熙時日耳曼人哈芬創人體皆血脈，皆血管，專主治血，乃盡變泰西四千年醫學之舊。近顯微鏡既精，乃知微絲血管，又知人與微生物戰法。內科之鼈、儒、須、愛，外科之彪、知、虞、列，皆名家也。日人皆譯之。若産婆學尤關生理之本，泰西皆有學人專門考求，而吾中人棄于一愚嫗之手，草菅人命數千年。嗚呼！日人蓋知譯求之矣。日人近垂意畜牧，故獸醫之學亦極意講求。太平之世，始於仁民，終於變物，漸萌芽矣。吾中國於西醫書，亦略有譯者，皆可旁採而擇用之也。

梁啓超《西學書目表附録・讀西學書法》　西人富民之道，仍以農桑畜牧爲本。論者每謂西人重商而賤農，非也。彼中農家，近率改用新法。以化學糞田，以機器播獲，每年所入，視舊法最少亦可增一倍。中國若能務此，豈患貧邪？惜前此洋務諸公，不以此事爲重，故農政各書，悉未譯出。惟《農事略論》、《農學新法》兩種，合成不過萬字，略言其梗概耳。

趙惟熙《西學書目答問・政學・農政學》　人知歐美以商立國，而不知其仍以重農爲富民本計，蓋耕桑畜牧，無農則工靡所製造，商亦靡所營運也。西國農功，以化學補天時地利，以機器補人力，故所得常倍蓰於舊。惜自有譯書以來，未嘗措意於此，故新法悉不傳於中國。年來東南行省開農學會，出《農學報》，所譯漸有成書，然尚未通行也。

王樹善《農務要書簡明目録・序》　博覽羣書，必自目録始。古今無異，天下萬國亦無異也。中國今日搜譯西書，莫亟於譯農務學書，蓋西國農務各書，大抵淺近而易行，切實而有用也。然而農務之所包者甚廣，分門別類，各有專家，家各有書，詳略不等。西國通人猶且不得偏讀，而況中國士大夫之向未問津者乎。樹善與英國傅蘭雅先生，志在搜輯西國一切農務學書，分類選譯，彙其大全。爰先求農務各書之目録，對譯一過。異日次第搜羅，精詳抉擇，吐棄糟粕，薈萃精英，惟傅先生是賴焉。此編僅詳各書之大旨，合亟印行，以告海內同志之士云。光緒二十五年三月上海王樹善序於美國金山之領事署。

又《例言》　農務總綱有三：一曰泥土學；一曰植物學，一曰動物學。此就學問而言。若就事業言之，總綱亦有三：一曰種植，一曰畜牧，一曰製造。而泥土學合分四類：曰化學，曰水利，曰耕地，曰糞壅。植物學合分四類：曰種田，曰種菜，曰種果，曰種花。動物學合分四類：曰牲畜，曰禽鳥，曰蟲豸，曰魚蛤。此編得自紐約藏書樓，依其原書類列之次第，而略更動之。俟續有搜輯，當再分類編次。

綜　述

總論分部

農學新法

梁啓超《西學書目表・農政》　《農學新法》。李提摩太。廣學會本。一本。三分。

趙惟熙《西學書目答問・政學・農政學》　《農學新法》。一册。英貝德禮撰，英李提摩太譯。廣學會本。

徐維則等《增版東西學書録・農政》　《農學新法》一卷。廣學會本，一册。《西政叢書》本。泰西貝德禮著，英李提摩太譯，蔡爾康述。曰察土性，曰分原質，凡化學之有關農學者，僅舉數端，未爲詳備。然農家苟依其説用之，其獲益已不少矣。

徐樹蘭《古越藏書樓書目・政部・農業》　《農學新法》一卷。泰西貝德禮。英李提摩太譯，蔡爾康述。光緒二十三年華英書館排印本，《西政叢書》本。

楊復等《浙江藏書樓乙編書目・農學》　《農學新法》一册。英國李提摩太著。美華書館鉛印本。

廣學會編《廣學會譯著新書總目・植物學》　《農學新法》。李提摩太君著。價洋二分。

農事略論

梁啓超《西學書目表・農政》 《農事略論》。傅蘭雅。《格致彙編》本。

趙惟熙《西學書目答問・政學・農政學》 《農事論略》。一冊附圖。英傅蘭雅撰。《格致彙編》本。二書均言農學新法，惜太簡略。

徐維則等《增版東西學書録・農政》 《農事論略》一卷附圖。《格致彙編》本，《西政叢書》本。英傅蘭雅輯譯。近年西國農事日精，農器日緐，今檢其易明者載之，中記《英國農會略章》，足備參用。

徐樹蘭《古越藏書樓書目・政部・農業》 《農事論略》一卷幷圖。英傅蘭雅。《西政叢書》本，《格致彙編》本。

四十二農學初級

王樹善《農務要書簡明目録・田園》 《四十二農學初級》，富而希士著。作者本意，在將農務內所有格致之理與田家常用之法有相關者，以簡便之言語，次第序述。內論各種泥土之性情，並其原料增益之法，與天然之肥田料及製造之肥田料，又將所產之各物分類而定其輪流種植之次第。又論六畜之身體爲何料所成，並養六畜之料之性情與其原質，及其養身體之裨益，幷令六畜傳種之理與法。餘如造牛乳、牛乳餅等法，亦載之。一圓。

農務袖珍

王樹善《農務要書簡明目録・田園》 《農務袖珍》，俺麥生、傅林德著。無論入學堂，或居家，或攜至田間，都合用。此書重印，爲美國麻殺丘細子邦農務學堂總敎習增改。一圓五。

農務學甲乙丙編

王樹善《農務要書簡明目録・田園》 《農務學甲乙丙編》。此書無論大小種植，無不合用。五角。

農家便法

王樹善《農務要書簡明目録・田園》 《農家便法》。此書指明農家應作何事，幷應用何法。統各處著名農家多年試驗之法，而彙其全。有圖二百餘。一圓五。

美國田家書

王樹善《農務要書簡明目録・田園》 《美國田家書》。阿林著。此爲農務書中最佳之書。彙各種農務大書，而摘録其緊要之語。重印後，又復大有增益。二圓五。

農學初階

徐維則等《增版東西學書録・農政》 《農學初階》一冊。《農學報》本。英黑球華來思著，吳治儉譯。書成於一千八百九十五年，爲普通農學，較入門稍深。其目錄悉依文學會農學條理而引伸之，以便童蒙誦習。編中所列，皆取材各家之書，益以大書院中講解，而復加以閲歷，通以格致。近譯農書，此最詳備。

徐樹蘭《古越藏書樓書目・政部・農業》 《農學初階》一卷。英黑球

華來思。吴治檢譯。《農學叢書》初集本。

劉錦藻《清續文獻通考・經籍考・農家》　《農學初階》一卷。吴治健譯述。臣謹案，是書爲英黑球華來思著，農學中最晚出之作。其目録悉依文學會《農學條理》而引伸之，以便童蒙誦習。編中所列，皆取材於各家之書，益以大書院中之講解，而復加之以閲歷，通之以格致。近譯農書，此爲翹楚矣。

農學初級

徐維則等《增版東西學書録・農政》　《農書初級》一卷。光緒戊戌製造局本，一冊。《農學報》本。英旦爾恆理著，英秀耀春譯，范熙庸述。書凡十章，多一千八百七十八年後所考得之新法。中論農事公理，堪稱完備。末論撙節各法，尤不可不讀。五章以前，從第七次印本譯出，以下皆從新印第九次本。

徐樹蘭《古越藏書樓書目・政部・農業》　《農學初級》一卷。英旦爾恆理。英秀耀春譯，范熙庸述。光緒二十七年石印本，《農學叢書》初集本。

《上海格致書院藏書樓書目・東西學書・農政》　《農學初級》。英旦爾恆。英秀耀春。上海范熙庸。一卷。一本。製造局本。

陳洙《江南製造局譯書提要・農學》　《農學初級》一卷。英國旦爾恆理撰，秀耀春口譯，上海范熙庸筆述。凡十章。西人農學，年精一年。其書每印一次，輒加增損。此書五章以前，從第七次印本，以下從第九次新印本，而附譯《論種子》一章。此書論察土性，擇種子，與分析原質、配合澆壅之理。此外有殺蟲法，引陽光法，玻璃罩法，施放電氣法，汽機取水，電機犁田法，農學所從入手也。第一章：論土。第二章：論植物内質。附論種子。第三章：論土内肥料。第四章：論農夫自有肥料。第五章：論製造肥料。第六章：論自然肥料。第七章：論耕法。第八章：論輪種。第九章：論畜類。第十章：論農務撙節各法。

農理學初步

顧燮光《譯書經眼録・農政》　《農理學初步》一冊。上海中西印刷局洋裝本，一冊。美哀奴的伊辣刺統著，日本久原躬弦譯，王明懷重譯。本書凡十章，於土質、植物、空氣、養料、肥料、保護、家畜等，皆譯化學簡易之理有關農學者，言之切於實用，足取法焉。

農學津梁

《上海格致書院藏書樓書目・東西學書・農政》　《農學津梁》。英恆里湯納耳。美衛理。六合汪振聲。一卷。一本。製造局本。

陳洙《江南製造局譯書提要・農學》　《農學津梁》一卷。英國恆里湯納耳撰，美國衛理口譯，六合汪振聲筆述。凡六十章。書中論辨土質用肥料及耕種養畜各法，與《農學初級》大同小異，而互有詳略。學者參觀而會通焉。

農務全書

陳洙《江南製造局譯書提要・農學》　《農務全書上編》十六卷。美國施妥縷撰，慈谿舒高第口譯，新陽趙詒琛筆述。凡十三章。因地土及空氣與植物大相關係，而地土空氣二項皆含各原質及水，故雖專論植物而常及化學。此書乃摘錄學堂之講義，誠農學家及農人實地研究書也。第一章：地土並空氣與植物之關係。第二章：空氣爲植物養料之一源。第三章：水與地土關係。第四章：地下水動情。第五章：耕法。第六章：耕法器具並用法。第七章：肥料。第八章：地土化學工。第九章：各肥料功效。第十章：含燐養五肥料。第十一章：含淡養三肥料。第十二章：阿摩尼物。第十三

章：他種淡氣和物。

又《農務全書中編》十六卷。撰譯述人性名均同。上編凡十四章。全書均論各種肥料，考驗精詳，足資練習。第一章上：含淡氣之動物並植物廢料。第一章下：含淡氣之動物並植物廢料。第二章：同生。第三章：炭養二氣爲肥料。第四章：青肥料。第五章：呼莫司並黴料。第六章上：糞溺並牧場肥料。第六章下：糞溺並牧場肥料。第七章：和肥料。第八章：用肥料法。第九章：糞溺爲高等肥料。第十章：人糞。第十一章：鉀養肥料。第十二章：含鎂物質。第十三章：石灰並含石灰物質。第十四章：含鈉物質。

農學理説

《上海格致書院藏書樓書目・丁未年續添書目》《農學理説》。美以德懷特福利斯、烏程王汝駢譯，新陽趙貽琛述。二卷。二本。製造局本。

陳洙《江南製造局譯書提要・農學》《農學理説》二卷。美國以德懷特福利斯撰，烏程王汝駢口譯，新陽趙詒琛筆述。凡十五章，末附表。論植物所以生長及土源、土質並改良肥料兼及動物生長飼料。言簡意賅表，尤詳晰，施之實驗甚易。農學階梯，莫便于此。卷上：論植物之體質及生長；論土；論肥料。第一章，植物體質與生長。第二章，土之源。第三章，土之合質。第四章，土之改良。第五章，天然肥料。第六章，製造濃厚肥料。含淡者。第七章，製造濃厚肥料。含燐養質。第八章，製造濃厚肥料。多燐養質與鉀鹽。第九章，製造肥料。購法與估價法。卷下：第十章，輪種。第十一章，選擇種子與各種產物。第十二章，動物生長；動物與動物食料內各質；食料性情與合質。第十三章，食料消化度；飼食規則；補養料等級；以農場產物易濃厚食料。第十四章，種類之理。第十五章，牛乳廠產物與料理法。附表。

農學入門

徐維則等《增版東西學書録・農政》《農學入門》三卷。《農學報》本。日本稻垣乙丙著，日本古城貞吉譯。於天時、地利、種植、畜牧等事，言之甚詳。終論農業總要，於任土辨物，分門講肄，條理燦然。此農學教科書之淺近者。

徐樹蘭《古越藏書樓書目・政部・農業》《農學入門》三卷。日本稻垣乙丙。日本古城貞吉譯。《農學叢書》初集本。

農事會要

徐維則等《增版東西學書録・農政》《農事會要》□卷。《農學報》本。日本池田日升三述，王國維譯。顧補。

徐樹蘭《古越藏書樓書目・政部・農業》《農事會要》一卷。日本池田日升三。王國維譯。《農學叢書》二集本。

補習農業讀本

徐樹蘭《古越藏書樓書目・政部・農業》《補習農業讀本》甲種二卷。日本補習教育研究會編。《農學報》本。

小學農業教科書

徐樹蘭《古越藏書樓書目・政部・農業》《小學農業教科書》四卷。日本佐佐木祐太郎。日本橋本海關譯。《農學報》本。

小學農書

楊復等《浙江藏書樓乙編書目·農學》　《小學農書》一冊。日本吉田永二郎著。普通書室鉛印本。

農學提綱

楊復等《浙江藏書樓乙編書目·農學》　《農學提綱》一冊。日本新農社編輯。鉛印本。

管園老法

王樹善《農務要書簡明目録·田園》　《管園老法》。哈立士著。此書便於農家童蒙與少年考究農務學之理。作者另著書一卷，曰《遊玩田莊説》，與此書大同小異。有圖。一圓二五。

開園種田録要

王樹善《農務要書簡明目録·田園》　《開園種田錄要》，藍特利特著。作者在美國南北方自興種植，其所試驗之各法，大小工作，備載此書。周年工夫，以十二月分類。其專論肥田料之一章，並移種花草樹木之一章，與輪流種植各物之一章，及論裝運等事，格外詳細。一圓。

自興農工論

王樹善《農務要書簡明目録·田園》　《自興農工論》。特利著。作者家有田莊，督耕二十年。其所作之各事，所用之各法，記述成書。故其事皆農家應知之事，其法皆農家最妙之法。二圓。

田家得利法

王樹善《農務要書簡明目録·田園》　《田家得利法》。克魯西俺、恆達生著。論田工、園工。爲二人四十年中試驗有效之法。二圓五。

論二十五華畝田所得之利

王樹善《農務要書簡明目録·田園》　《論二十五華畝田所得之利》。此書係農家婦撰。書論數種靈巧之法，而近於小説。二角。

田莊回音

王樹善《農務要書簡明目録·田園》　《田莊回音》。司他而著。作者本業賈，後因多年有病，改業農。由是身日結實，心日暢快，而農務亦日形興旺。次第詳述成書。有圖。五角。

稽者傳

徐維則等《增版東西學書録・農政》《稽者傳》十二卷。《農學報》本。法麥爾香著，朱樹人譯述。此書乃寓言，藉農者之説，將農理、農法敘入事迹中，俾讀者易於感動。雖不足爲農家專書，然可補農學。

徐樹蘭《古越藏書樓書目・政部・農業》《稽者傳》十卷。法麥爾香。朱樹人譯。《農學報》本。

楊復等《浙江藏書樓乙編書目・農學》《稽者傳》。法國麥爾香著，上海朱樹人譯。文明書局鉛印本。

劉錦藻《清續文獻通考・經籍考・農家》《稽者傳》四卷。朱樹人譯述。樹人字樵之，江蘇上海人。光緒丁酉舉人。臣謹案，是書爲法麥爾香撰。詳述其國農家伯爾圖賴以力田起家。其經營規畫之迹，實非尋常農夫所可及。讀之知護惜培救之有效，而講求化學，尤不可闕。雖非農學專書，然有補農家，實非淺尠云。

日本農學章程

徐維則等《增版東西學書録・農政》《日本農學章程》一卷。《農學報》本。日本古城貞吉譯。分爲四科：曰農學，曰農藝化學，曰林學，曰獸醫學。首《大學章程》，次《大學乙科章程》，次《卒業獸醫學章程》，次《篤志農學章程》。此乃日本國家大學堂章程，從《大學一覽》譯出者。所列各學條理緐瑣，並三年爲期。日本所定學章，皆效求西例，復酌劑己意，故詳善勝於西。

日本農會章程

徐維則等《增版東西學書録・農政》《日本農會章程》一卷。《農學報》本。日本古城貞吉譯。所列章程，可謂妥密。其《會報支會章程》最佳，頗可採用。後附《會員入會應守章程》，又《會員券據品式》，又《賞牌章程》，皆官設之例，讀之足以見日本講求農務之要。

札幌農學校施設一斑

徐樹蘭《古越藏書樓書目・政部・農業》《札幌農學校施設一斑》一卷。日本札幌農學校原本。沈紘譯。《農學叢書》初集本。

日本大阪府立農學校章程

徐樹蘭《古越藏書樓書目・政部・農業》《日本大阪府立農學校章程》一卷。日本吉田森太郎譯。《湖北農學》本，《農學報》本。

伊達邦成傳

徐維則等《增版東西學書録・史志》《伊達邦成傳》一卷。《農學報》本。日本柳井録太郎著，沈紘譯。顧補。

徐樹蘭《古越藏書樓書目・政部・農業》《日本農業家伊達邦成傳》一卷。日本柳井録太郎。沈紘譯。《農學叢書》三集本。

農務要書簡明目録

《上海格致書院藏書樓書目・東西學書・農政》《農務要書簡明目録》。英傅蘭雅，上海王樹善。一卷。一本。製造局本。

農業技術基礎分部

農業氣象學

徐維則等《增版東西學書録·農政》 《農業氣象學》□卷。《農學報》本。

徐樹蘭《古越藏書樓書目·政部·農業》 《農業氣象學》一卷。日本中川源三郎。《農學報》本。

氣候論

徐樹蘭《古越藏書樓書目·政部·農業》 《氣候論》一卷。日本井上甚太郎。《農學叢書》初集本。

農工與化學相關論

王樹善《農務要書簡明目録·田園》 《農工與化學相關論》。司徒拉著。此書所論農務與化學之相關，格外詳細。卽如泥土與空氣之相關，及植物與空氣之相關，水與泥土與種植與器具與人工之相關。書凡三本。五圓。

農務化學問答

徐維則等《增版東西學書録·農政》 《農務化學問答》二卷。《農學報》本。英仲斯敦著，英秀耀春譯，范熙庸筆述。凡荅問四百三十有九，於化學有關農務者言之綦詳。顧補。

徐樹蘭《古越藏書樓書目·政部·農業》 《農務化學問答》二卷。英仲斯敦。英秀耀春譯，范熙庸述。石印本，《農學叢書》二集本。

《上海格致書院藏書樓書目·東西學書·農政》 《農務化學問答》。英仲斯敦。英秀耀春。上海范熙庸。二卷。一本。製造局本。

楊復等《浙江藏書樓乙編書目·農學》 《農務化學問答》二册。英國仲斯敦著，上海范熙庸述。石印本。

陳洙《江南製造局譯書提要·農學》 《農務化學問答》二卷。英國農學教習仲斯敦撰，秀耀春口譯，上海范熙庸筆述。凡二十三章，四百三十九條，甚合教科之用。第一章：植物泥土動物相關之理。第二章：植物動物所含之生物質。第三章：植物動物所含生物雜質之原質。第四章：植物所食之生物質。第五章：水淡輕三淡養五之性質。第六章：木紋質小粉糖呼迷克酸及土內所成之質。第七章：動植物內油質哥路登非布里尼如何變成。第八章：植物動物泥土內之死物質不能燒之質。第九章：各種泥土之情狀。第十章：用深耕下層犂洩水各法以增地力。第十一章：土有生長力之理。第十二章：土內淡氣。第十三章：內死物質與植物相關之理。第十四章：植物吸土內各質之力。第十五章：植物肥料。第十六章：動物體內可爲肥料之物。第十七章：動物之糞。第十八章：鹽類質金類質肥料。第十九章：灰石及燒鈣養用鈣養之法。第二十章：各植物所含小粉哥路登油質之數。第二十一章：各種穀及飼畜料內所含之小粉與飼畜相關。第二十二章：動物食植物內之哥路登油質金類質之理。第二十三章：牛乳乳油乳餅及飼產乳之牛之法。

肥田法

王樹善《農務要書簡明目録·田園》 《肥田法》，羅伯子著。書中略論農家令地土肥沃而增益其所產之物。作者教習農務并試驗多年，故著述此書，實於農家大有裨益。有圖。一圓二五。

論糞壅類

王樹善《農務要書簡明目録·田園》 《論糞壅類》，新潑土著。論各種糞類預備施用之法，又論出售之肥田料，與本田莊自造之肥田料，又論每一種泥土用某一種肥田料，可以得利。四角。

肥田料閒談

王樹善《農務要書簡明目録·田園》 《肥田料閒談》，哈利司著。此書係作者與農夫閒談而隨筆記之。所論包括一切肥田料之理與法，便於不讀書之農家，亦能明白。內有一章，係英國精究農務家男爵魯士著。七角五。

造肥田料法

王樹善《農務要書簡明目録·田園》 《造肥田料法》。波媽著。此書指明田家各種費料，可當肥田料之用。二角五。

肥田料論

王樹善《農務要書簡明目録·田園》 《肥田料論》。格來古利著。此書論肥田料從何而得，如何能最便宜，如何製配各料，得最大之益處。四角。

農務化學簡法

王樹善《農務要書簡明目録·田園》 《農務化學簡法》，固來納著。論各種泥土種各種植物所需配之肥田料。詞最簡明。內論養植物所必須之生料，并其料以何法得之，以何法用之，其意皆以得利爲主。一圓。

《上海格致書院藏書樓書目·東西學書·農政》 《農務化學簡法》。英固來納。英傅蘭雅，上海王樹善。三卷。一本。製造局本。

陳洙《江南製造局譯書提要·農學》 《農務化學簡法》三卷。美國固來納撰，英國傅蘭雅口譯，上海王樹善筆述。凡二十九章。專以化學法分晰顯明各肥料之可以糞田疇而美土疆者。第一卷：論養植物所需之生料。第二卷：論得肥田料之法。第三卷：論考究農務化學得利之理。

田家化學

王樹善《農務要書簡明目録·田園》 《田家化學》。瓦靈頓著。論農務內所有與化學相關之事，明白曉暢。即農家之未經考究化學者，閱之亦可了然矣。一圓。

農學肥料

徐維則等《增版東西學書録·農政》 《農學肥料初編》二卷，《續編》二卷。《農學報》本。法德赫翰著，曾仰東譯。上卷六章，皆論活質肥料，如獸糞生植物之類。下卷七章，皆論質肥料，如灰石燐養之類。

徐樹蘭《古越藏書樓書目·政部·農業》 《農學肥料初編》二卷，《續編》二卷。法德赫翰。曾仰東譯。《農學叢書》初集本。

劉錦藻《清續文獻通考·經籍考·農家》 《農學肥料初編》二卷，

《續編》二卷。曾仰東譯述。臣謹案，是書爲法德赫翰原著。上卷六章，皆論活質之肥料，如獸糞生植物之類。下卷七章，皆論礦質之肥料，如灰石燐養之類。頗有裨實用云。

廏肥篇

徐維則等《增版東西學書録・農政》 《廏肥篇》一卷。《農學報》本。美啤耳著，胡濬康譯。家畜廏肥，實壅田美質。此爲一千八百九十四年上之農部大臣、刊入《農人報》者。書中專辨廏肥所含之質，有益農田之理。凡攙合法及功用，亦備言之。

徐樹蘭《古越藏書樓書目・政部・農業》 《廏肥篇》一卷。美啤耳。胡濬康譯。《農學叢書》初集本。

啤嚕國雀糞論

顧燮光《譯書經眼録・農政》 《啤嚕國雀糞論》一卷。壬寅《農學報》本。香港原譯本，日本東京民部省鈔本。雀糞出秘魯國海島之南八山，每年約有三萬萬擔。泰西農家用爲肥料，收效極巨。篇中極言用雀糞之益，於考驗僞製雀糞之法。惜譯筆俗劣，聊備參考可也。

徐樹蘭《古越藏書樓書目・政部・農業》 《啤嚕國雀糞論》一卷。香港譯。《農學報》本。

肥料保護篇

徐樹蘭《古越藏書樓書目・政部・農業》 《肥料保護篇》一卷。美和爾連。日本戶井重平譯，沈紘重譯。《農學叢書》初集本。

人造肥料品目效用及用法

徐維則等《增版東西學書録・農政》 《人造肥料品目效用及用法》□卷。《農學報》本。日本大孤硫曹公司編，林壬譯。顧補。

徐樹蘭《古越藏書樓書目・政部・農業》 《人造肥料品目效用及用法》一卷。日本大孤硫曹公司編。林壬譯。《農學叢書》三集本。

肥料效用篇

徐樹蘭《古越藏書樓書目・政部・農業》 《肥料效用篇》一卷。日本梅原寬。日本伊東貞元譯。《湖北農學》本，《農學報》本。

肥料篇

徐樹蘭《古越藏書樓書目・政部・農業》 《肥料篇》一卷。日本原熙。《農學叢書》初集本。

農務土質論附農務土質圖説

王樹善《農務要書簡明目録・田園》 《農務土質論》。美偉斯根辛邦大書院農務敎習金著。論泥土性情，與料理地土各理與法之根本。七角五。

徐樹蘭《古越藏書樓書目・政部・農業》 《農務土質論》三卷，附《圖説》一卷。美金福蘭格令希蘭。美衛理譯，范希庸述。石印本，《農學報》本。

《上海格致書院藏書樓書目・東西學書・農政》 《農學土質論》。美金福蘭。格令斯蘭。美衛理，六合汪振聲。三卷。三本。製造局本。

陳洙《江南製造局譯書提要・農學》《農務土質論》三卷。美國偉斯根辛農學書院教習金福蘭格令希蘭撰，衛理口譯，上海范熙庸筆述。凡十二章，有圖四十五。論土質以講農務，誠探源之論也。卷一：綱領；日光空氣水生物與其功夫流行不息之理。第一章，土之性質職分來原耗費。第二章，土之疎密與整合及各種之形。卷二：第三章，土內淡氣。第四章，論毛管吸力消化勻布透皮攙和。第五章，論土內之水。第六章，論保守土內之水。卷三：第七章，論植物之根如何分布於土內。第八章，土之熱度。第九章，空氣與土之相關。第十章，田莊開溝洩水之事。第十一章，論灌溉。第十二章，耕及壅肥之功用。

田畝泥土論

王樹善《農務要書簡明目録・田園》《田畝泥土論》，司各德、摩而敦著。書論耕田與料理泥土各事。一圓。

論泥土與植物書

王樹善《農務要書簡明目録・田園》《論泥土與植物書》，磨路、恆特著。論泥土須配養植物料之各法，語最簡明。又論田家各植物之原料與種法。書中並論用格致之新法種植，殊有利益。有圖。一圓。

論以格致法考究泥土書

王樹善《農務要書簡明目録・田園》《論以格致法考究泥土書》。書本係德人玩沙福著，後爲波來特繙譯英文，而增益各說。所有用器試驗，幷用化學法化分等，擇要備載。有圖。一圓五。

耕土試驗成蹟

徐維則等《增版東西學書録・農政》《耕土試驗成蹟》□卷。《農學報》本。沈紘譯。從《日本農事試驗成蹟》中摘譯。考農事以辨土性爲第一，能辨土性，方知土中所缺者爲何元素，所饒者爲何元素，然後施肥，乃有把握。中國農夫概施一定之肥料，固守往制，鹵莽因循，不知變通。此卷可資借鑒焉。顧補。

徐樹蘭《古越藏書樓書目・政部・農業》《耕土試驗成蹟》一卷。日本農事試驗場編。沈紘譯。《農學叢書》二集本。

土性辨

徐樹蘭《古越藏書樓書目・政部・農業》《土性辨》三卷。日本佐藤信景原本。日本佐藤信淵增補，日本伊東貞元譯。《湖北農學》本。

土壤學

徐樹蘭《古越藏書樓書目・政部・農業》《土壤學》一卷。日本池田政吉。日本山本憲譯。《農學叢書》初集本。

農機具分部

田家器具論

王樹善《農務要書簡明目録・田園》 《田家器具論》。論節省人力、替代人工之各器具。無論何種工夫，無不詳論其有益之法。有圖二百五十。五角。

農具圖說

徐維則等《增版東西學書録・工藝》 《農具圖說》三卷。《農學報》本。法藍涉爾芒著，吳爾昌譯。各國農具，式各不同。是編薈萃各制，皆系以圖，別其便用與否。前二卷皆論農具，後一卷皆論製造各物之具，亦工藝家要書。《彙編七》有《打米機器圖說》，可參觀。

徐樹蘭《古越藏書樓書目・政部・工業》 《農具圖說》二卷。法藍涉爾芒。英爾昌譯。《農學叢書》初集本。

中國欽差在英國查農器之事

徐樹蘭《古越藏書樓書目・政部・工業》 《中國欽差在英國查農器之事》一卷。英傅蘭雅。《格致彙編》本。

泰西農具及獸醫治療器械圖說

徐維則等《增版東西學書録・工藝》 《泰西農具及獸醫治療器械圖說》一卷。《農學報》本。日本駒場農學校原本，日本藤田豐八譯。先列說，後列圖。凡農具之圖四十六，獸醫治療器械圖七，皆藉人力、牛馬力而施之農畝，與泰西農具迥然不同，誠便於仿製也。《彙編一》有《言起水機器》，可參觀。

徐樹蘭《古越藏書樓書目・政部・工業》 《泰西農具及獸醫治療器械圖說》一卷。日本駒場農學校原本。日本藤田豐八譯。《農學叢書》初集本。

日本特許農具圖說

徐樹蘭《古越藏書樓書目・政部・工業》 《日本特許農具圖說》一卷。闕名。《農學報》本。癸卯第八冊至第十冊有此卷，乃第二卷也。似尚有上卷，而癸卯第一冊至第七冊無此書。

農用器具學二編

徐樹蘭《古越藏書樓書目・政部・工業》 《農用器具學二編》。日本西村榮十郎。《農學報》本。

風車說

徐樹蘭《古越藏書樓書目・政部・工業》 《風車說》一卷。英傅蘭雅。《格致彙編》本。

風車圖説

徐維則等《增版東西學書録・工藝》　《風車圖説》一卷。《農學報》本。美風車公司著，胡濬康譯。詳言一切風車裝法，益以發動機器，其能力尤大。此爲風車公司所撰，有圖有説，以備購車者按圖索之。《彙編一》有《風車説》，又《吹風器》，可參觀。

徐樹蘭《古越藏書樓書目・政部・工業》　《風車圖説》一卷。美風車公司原本。胡濬康譯。《農學叢書》初集本。

劉錦藻《清續文獻通考・經籍考・政書》　《風車圖説》一卷。胡濬康譯述。

農田水利分部

泰西水法

趙琦美《脈望館書目・大西人著述》　《泰西水法》二本。

黄虞稷《千頃堂書目・農家類》　徐光啓《泰西水法》。

又《天文類》　利瑪竇《泰西水法》六卷。

《明史・藝文志・天文類》　利瑪竇《泰西水法》六卷。

《四庫提要・農家類》　《泰西水法》六卷。兩江總督採進本。明萬歷壬子西洋熊三拔撰。是書皆記取水，蓄水之法。一卷曰龍尾車，用挈江河之水。二卷曰玉衡車，附以專筩車；曰恆升車，附以雙升車，用挈井泉之水。三卷曰水庫記，用蓄雨雪之水。四卷曰水法附餘，皆尋泉作井之法，而附以療病之水。五卷曰水法或問，備言水性。六卷則諸器之圖式也。西洋之學，以測量步算爲第一，而奇器次之。奇器之中，水法尤切於民用，視他器之徒矜工巧，爲耳目之玩者又殊，固講水利者所必資也。四卷之末有《附記》云：此外測量水地，度形勢高下，以決排江河，蓄洩湖淀，別爲一法；或於江湖河海之中，欲作橋梁、城垣、宫室，永不圮壞，別爲一法，或於百里之遠，疏引源泉，附流灌注，入於國城，分枝析派，任意取用，別爲一法，皆別有備論。茲者專言取水，未暇多及云云。則其法尙有全書，今未之見也。

張之洞《書目答問・農家》　《泰西水法》六卷。明熊三拔。互見《算法》内。

又《天文算法》　《天學初函器編》：《泰西水法》六卷。明熊三拔。

王韜《泰西著述考》　熊三拔，字有綱。意大理亞國人。明萬曆三十四年丙午至，傳教北京。天啟年間，欽取修曆，後回廣東，卒。墓在香山墺。所著各書：《泰西水法》六卷。

梁啓超《西學書目表・通商以前西人譯著各書》　熊三拔《泰西水法》六卷。《天學初函》本。

丁仁《八千卷樓書目・農家類》　《泰西水法》六卷。明西洋熊三拔撰。明刊本，掃葉山房本。

徐維則等《增版東西學書録・東西人舊譯著書》　熊三拔《泰西水法》六卷。明徐光啟同撰。《天學初函》二編本，嘉慶庚申掃葉山房重刻本，《農政全書》本，《授時通考》本。此記取水、蓄水之法，而引水法別有備論，茲不具。

開溝放水法

王樹善《農務要書簡明目録・田園》　《開溝放水法》，買立士著。作者開溝多年，書中詳論地内理瓦管之理與法，及田畝布置放水溝之法，并指明布置不合法之各弊。價美銀一圓。

田家開溝放水全法

王樹善《農務要書簡明目録・田園》　《田家開溝放水全法》，富倫此

著。論開溝放水之總理與法。無論用石或木，或瓦或管子布造陰溝，或用耒開陽溝，各法備載。內有表，顯明雨數與化乾水數，與濾水法，與挖泥工，與管子之容積，并每畝地所須管子之數目與價值。一圓五。

開溝放水法

王樹善《農務要書簡明目録・田園》 《開溝放水法》，同令著。此書論田莊開溝，或用瓦管放水得利免病之理與法，最精。農家易明，不但施之一家田莊，能有益於種植之物，即施之一鄉，俱可免病。有圖。一圓五。

田園通水潤土法

王樹善《農務要書簡明目録・田園》 《田園通水潤土法》，司徒阿著。考美國有數處地方，雨少而泉水、河水又難得，常苦旱荒。或一年內緊要用水之時，而水不足用。倘有善法，農家自獲大益，故此書專論之。一圓五。

潤田法

王樹善《農務要書簡明目録・田園》 《潤田法》，回勒殼司著。論農務通水潤田之各法，即如開河、開大小各池、通水管、通水槽、起水噴水各工，及田畝、菜園、果園、葡萄園通水之法，并各種起水筒與風車等法。有圖。二圓。

田畝用瓦管放水法

王樹善《農務要書簡明目録・田園》 《田畝用瓦管放水法》，產伯令著。此書包括一切與田畝放水有關之事。著書之時，正在開溝佈置瓦管之時。三角五。

日本排水簡法

徐樹蘭《古越藏書樓書目・政部・農業》 《日本排水簡法前編》一卷，《後編》一卷。日本中井太一郎。《農學報》本。

農藝分部

種植學

徐維則等《增版東西學書録・動植物學》 《種植學》二卷。《農學報》本。英傅蘭雅譯，徐華封述。

徐樹蘭《古越藏書樓書目・政部・農業》 《種植學》二卷。法巴勒退。英傅蘭雅譯。《農學叢書》初集本。

植物生長法

王樹善《農務要書簡明目録・田園》 《植物生長法》，美國也勒書院農務教習眞生著。論植物之原質與其生長之法，及其體用與種子發生之理，又論養植物之體質，全在空氣與泥土。如要詳細考究農務，此書實不可少。有圖有表。二圓。

植物收料法

王樹善《農務要書簡明目録・田園》《植物收料法》，眞生著。此書當與前書互觀。內論空氣與泥土養各種植物之理。凡考究農務中格致之理者，此書最要。有圖。二圓。

田莊植物學

王樹善《農務要書簡明目録・田園》《田莊植物學》，麥司達著。書論平常植物生長之理之大略，又論植物遇各種水土等物如何變化，幷植物如何能令水土與別物變化。一圓。

論種植理

王樹善《農務要書簡明目録・花圃》《論種植理》，美國偉斯根辛邦農務院螯福著。便於學生揣摩，內有養植物之各法，農家、園家閱之易明。有圖。一圓。

開園新法

王樹善《農務要書簡明目録・田園》《開園新法》，司忒令非魯著。此書所論新法甚多，守舊者不以爲然，故辨駁此書者衆。其實農家要考究新而有益之法，則閱此書，卽可識途，並可益智。一圓。

開園得利簡法

王樹善《農務要書簡明目録・田園》《開園得利簡法》，固來納著。作者係美國最著名之農務家。此書半論園中種植各物最簡便而最得利之法，餘論各種菜類。有圖。二圓。

農業三事

徐維則等《增版東西學書録・農政》《農業三事》□卷。《農學報》本。奥荷衣伯連著，日本津田述，沈紘譯。發明三事，曰埋筒而地之，瘠者腴。曰偃枝而實之，歉者豐。曰媒花而種之，莠者良。憑累年之經驗，便實地之施行。功迴造化，力謝汽機，法簡效宏，殆無逾此。荷氏挾此術馳名中外。法主拿破崙第三世特命各官考驗得實，大賞之。七年間，解所佩懸荷氏胸前，以旌其明農之功，寰宇榮之。顧補。

徐樹蘭《古越藏書樓書目・政部・農業》《農業三事》一卷。日本津田仙。沈紘譯。《農學叢書》二集本。

沙地種植

徐樹蘭《古越藏書樓書目・政部・農業》《沙地種植》一卷。美瑪高溫。《格致彙編》本。

濮爾班克種植學

廣學會編《廣學會譯著新書總目・植物學》《濮爾班克種植學》。美

國精通農業大家發明種植之理，極爲精詳，務農者須購備焉。一本。價洋四角。

植學啓原

徐樹蘭《古越藏書樓書目・政部・農業》 《植學啟原》三卷。日本榕菴宇田川榕。《農學叢書》初集本。

交互植物種子法

王樹善《農務要書簡明目録・田園》 《交互植物種子法》。培利著。此書不但論其所用之法，且論格致之理。故凡農家園家，可照此書之法，將各種植物交互而變其式樣與性情，大有裨益。有圖。一圓。

田園收種子法

王樹善《農務要書簡明目録・田園》 《田園收種子法》。婆利勒著。此書於農家、園家，俱有裨益。一圓。

農用種子學

徐維則等《增版東西學書録・農政》 《農用種子學》二卷。《農學報》本。日本横井時敬編，日本河瀨儀太郎譯。書分總論、特論，與種子善惡優劣，靡不反覆考證。顧補。

徐樹蘭《古越藏書樓書目・政部・農業》 《農用種子學》二卷。日本横井時敬。日本河瀨儀太郎譯。《農學叢書》二集本。

植物選種新説

徐維則等《增版東西學書録・農政》 《植物選種新説》一卷。《農學報》本。日本梅原寬重著。凡田產、水產、林產各種植物，其選種、播種、收刈諸法，分條言其大概。宜忌氣候，亦略言之。《知新報》有英甘列士拖韡著、周逢源譯《樹藝求精》，未印成。

徐樹蘭《古越藏書樓書目・學部・動植物學》 《植物選種新説》一卷。日本梅原寬重。《農學叢書》二集本。

農學試種法

徐樹蘭《古越藏書樓書目・政部・農業》 《農學試種法》一卷。日本下山恪三。日本伊東貞元譯。《湖北農學》本。

植物人工交種法

徐樹蘭《古越藏書樓書目・學部・動植物學》 《植物人工交種法》一卷。日本王利喜造。日本吉田森太郎譯。湖北農學本。《農學報》本。

耕作篇

徐樹蘭《古越藏書樓書目・政部・農業》 《耕作篇》一卷。日本中村鼎。日本川瀨儀太郎譯。《農學叢書》初集本。

農產物分析表

徐維則等《增版東西學書録·農政》 《農產物分析表》一卷。《農學報》本。日本恆藤規隆著，日本藤田豐八譯。專辨動植物類所合之質，列表分析，足以知何物所含何質爲多，於人身有益與否，一展卷即瞭然矣。講衛生學者，不可不讀。《農學報》印有日本橋原正三著、日本古城貞吉譯《米麥篇》二卷，未成。

徐樹蘭《古越藏書樓書目·學部·化學》 《農產物分析表》一卷。日本恆藤規隆。日本藤田豐八譯。《農學叢書》初集本。

作物篇

徐樹蘭《古越藏書樓書目·學部·化學》 《作物篇》一卷。日本高田鑑三。《農學報》本。

特用作物論

徐樹蘭《古越藏書樓書目·政部·工業》 《特用作物論》四卷。日本本田幸介。羅振常譯。《農學叢書》三集本。

顧燮光《譯書經眼録·農政》 《特用作物論》四卷。辛丑《農學報》本。日本農學士本田幸介述，羅振常譯。是書第一卷纖維料屬上，言製紙用類。第二卷纖維料屬中，言織物用類。第三卷纖維料屬下，言繩索用類，叠表用類。第四卷染料屬，澱粉料屬，飼料屬，各用料屬，於各植物堪以製作用物者，言之綦詳。因材而篤，朽腐神奇，日人誠善於農學矣。原書始明治二十二年本田君官駒場教官，至二十二年春奉命渡歐止，所講述者。此係三十一年再版本。原序言：日本田中節三郎勵精是學，所著書尚未脫稿，他日取而校之。當更有新理可互證者。

植物保護分部

農務蟲學入門

王樹善《農務要書簡明目録·蟲》 《農務蟲學入門》，衣撥哈特著。作者充詩家谷格致院總教習。書有全板圖四十，木板圖三百餘。三角五。

農務殺蟲法

王樹善《農務要書簡明目録·田園》 《農務殺蟲法》，回特著。作者充美國東方紐杭布希而農務院蟲學與動物學教習。書中詳論有害之各蟲，并殺蟲之各法。有圖。一圓五。

除害植物之菌類法

王樹善《農務要書簡明目録·田園》 《除害植物之菌類法》，回特著。書論各種植物常有生菌類之病并免病各法。此書不但詳細，而且甚易明白。農家閱之，即可照法自行。有圖九十。一圓。

植物噴藥水殺蟲法

王樹善《農務要書簡明目録·田園》 《植物噴藥水殺蟲法》。回特著。論植物爲何噴藥水，如何噴藥水，何時噴藥水。有圖。二角五。

花草樹木噴藥水殺蟲法

王樹善《農務要書簡明目録・果園》 《花草樹木噴藥水殺蟲法》。魯特門著。凡種果樹及種菜家應閲此書。一圓。

田園去蟲害書

王樹善《農務要書簡明目録・蟲》 《田園去蟲害書》。忒立特著。作者歷年考究植物學與蟲學，其所究得之新理新法不少，而爲英國格致大名家大溫所最佩服。此書重印放大，内有一章專論有益於農務之蟲。有圖。二圓。

害果蟲論

王樹善《農務要書簡明目録・蟲》 《害果蟲論》，山得思著。此書論各類害果之蟲，并其傷樹、傷果之情形，又滅蟲最穩之法。有圖四百四十。二圓。

除蟲菊栽培製造書

徐樹蘭《古越藏書樓書目・政部・農業》 《除蟲菊栽培製造法》一卷。日本牧野萬之照。沈紘譯。《農學報》本。

顧燮光《譯書經眼録・農政》 《除蟲菊栽培製造法》一卷。壬寅《農學報》本。日本牧野萬之照著，沈紘譯。除蟲菊産日本南海紀伊國，採其花研粉和水，可以殺有害植物之蟲，其用至廣，其效至大。篇中分選種、播種、培苗、分苗、移苗、施肥、去草、除蟲、采花、刹莖、合藥各條，語極淺近，可取法焉。

害蟲要説

徐維則等《增版東西學書録・農政》 《害蟲要説》一卷。《農學報》本。日本小野孫三郎著，日本鳥居赫雄譯。蟲之爲害，不止農田園圃，實饑饉疾疫之媒，流毒不少。此書研究考察，列圖系説，細及微芒，并詳論豫防除滅諸法，殆採録歐美經驗之説而復加以親歷者。

徐樹蘭《古越藏書樓書目・政部・農業》 《害蟲要説》一卷。日本小野孫三郎。日本鳥居赫雄譯。《農學叢書》初集本。

田圃害蟲新説

徐維則等《增版東西學書録・農政》 《田圃害蟲新説》□卷。《農學報》本。日本服部徹著，日本井原鶴太郎譯。考察蟲類甚詳，計二百零一種，各附以圖。其言六足蟲居多。顧補。

徐樹蘭《古越藏書樓書目・政部・農業》 《田圃害蟲新説》一卷。日本服部徹編。日本井原鶴太郎譯。《農學叢書》二集本。

熏蟲法

徐維則等《增版東西學書録・農政》 《熏蟲法》一卷。《農學報》本。日本長崎常譯録，日本藤田豐八譯。計十八章。一、緒言。二、北美合衆國熏蟲法。三、水化青酸瓦斯之成蹟。四、麥利倫特州熏蟲法。五、苗水熏蟲法。六、溫室熏蟲法。七、穀倉粉坊熏蟲法。八、二硫化炭素瓦斯熏蟲法。九、加拿大熏蟲律。十、克波哥洛尼熏蟲法。十一、紐奇倫特熏蟲法。十二、章比克脱利亞熏蟲法。十三、紐紗威爾司輸出果處理法。十四、南奥大利試

驗。十五、法國溫室熏蟲法。十六、普國熏蟲法。十七、英國試驗。十八、結尾。顧補。

秋蟲秘書

徐維則等《增版東西學書録・農政》《秋蟲秘書》□卷。《農學報》本。日本竹內茂演述，日本遠藤虎雄筆記。是書記十餘年前僉謂秋蠶害桑擯而不飼，近察知因誤於飼育，怠於栽培，於蠶無涉。所證有利四條，頗有至理。顧補。

驅除害蟲全書

徐樹蘭《古越藏書樓書目・政部・農業》《驅除害蟲全書》一卷。日本松村松年。《農學叢書》初集本。

螟蟲驅除法

徐樹蘭《古越藏書樓書目・政部・農業》《螟蟲驅除法》一卷。日本小林傳四郎。徐繼祖譯。《湖北農學》本，《農學報》本。

農業黴菌論

徐樹蘭《古越藏書樓書目・政部・農業》《農業黴菌論》二卷。日本佐佐木祐太郎。米良文太郎譯。《農學報》本，未完。

農作物分部

陸稻栽培法

徐樹蘭《古越藏書樓書目・政部・農業》《陸稻栽培法》一卷。日本高橋久四郎。沈紘譯。《農學叢書》初集本。

水稻試驗成蹟

徐樹蘭《古越藏書樓書目・政部・農業》《水稻試驗成蹟》一卷。日本農事試驗場編。沈紘譯。《湖北農學》本。

植稻改良法

徐樹蘭《古越藏書樓書目・政部・農業》《植稻改良法》一卷。日本峰幾太郎。日本川瀨儀太郎譯。《農學叢書》初集本。

種麥法

王樹善《農務要書簡明目録・田園》《種麥法》。克提斯著。書論合法種麥，收穫可以加倍。又論種麥爲農務最要之根本，又論美國各處所種之各種麥，幷豐收得利之案。有圖。五角。

種御麥法

王樹善《農務要書簡明目録・田園》　《種御麥法》。布倫白著。此書以格致之法，論御麥之原料，幷其性情與形狀，應用何法肥田、栽植、收割，免各種蟲與各種病，幷論選擇最佳之種子。一圓。

麥作全書

顧燮光《譯書經眼録・農政》　《麥作全書》一卷，附《農事試驗本場肥料配合表》。壬寅《農學報》本。日本杉田文三著，羅振常譯。篇中就日本各處麥作言之，凡分三類：曰大麥、小麥，於性質、種類、土地、播種、肥料、收獲、病害，皆縷晰言之，而大麥尤加詳焉。所列各場《試驗表》，亦便調查之用。

種印度粟法

徐維則等《增版東西學書録・農政》　《種印度粟法》一卷。《農學報》本。直隸臬署原譯，羅振玉編。印度粟俗名番麥，亦名珍珠米。中國稱玉米，亦稱玉粟黍，亦稱包穀，此粟利用甚廣，可充食，可製酒，可飼牲，稈可製糖。中國則僅知杵以爲糜而已。此書言其種法甚詳。

徐樹蘭《古越藏書樓書目・政部・農業》　《種印度粟法》一卷。直隸臬署原譯本。羅振玉潤色及排類。《農學叢書》初集本。

種粱幷製帚法

王樹善《農務要書簡明目録・田園》　《種粱幷製帚法》。此書詳論種粱，幷將粱幹製造掃帚，有圖。五角。

種番薯法

王樹善《農務要書簡明目録・田園》　《種番薯法》。非子著。自初種至收存各法都備，另有一章專論中國芋頭。六角。

種薯要領

王樹善《農務要書簡明目録・田園》　《種薯要領》。特利著。此書所論種薯之法，費時日與人力最少，而獲利最多。三角五。

種薯新法

王樹善《農務要書簡明目録・田園》　《種薯新法》。卡門著。作者約有十五年詳細試驗種薯之法，用化學肥田料，幷用德連治所創之法，大得其利。七角五。

甘藷試驗成蹟

徐樹蘭《古越藏書樓書目・政部・農業》　《甘藷試驗成蹟》一卷。日

本農事試驗場編。沈紘譯。《農學叢書》初集本。

美國種棉述要

徐維則等《增版東西學書録・農政》　《美國種棉述要》一卷。《農學報》本。直隸臬署原譯，羅振玉編。此周玉山廉訪官直隸時譯本。自治地至收花，其法皆備。而去子、打包諸説，亦附著之。至其所言種植法，與北方情形最相宜。

植美棉簡法

徐維則等《增版東西學書録・農政》　《植美棉簡法》一卷。《農學報》本。直隸臬署原譯，羅振玉編。此美國農部及驢士廠所開種棉事宜，羅君刪潤之，而易今名。所列八則，與《美國種棉述要》小有不同，可以參閲。

徐樹蘭《古越藏書樓書目・政部・農業》　《植美棉簡法》一卷。直隸臬署原譯。羅振玉編。《農學叢書》初集本。

山東試種洋棉簡法

徐維則等《增版東西學書録・農政》　《山東試種洋棉簡法》一卷。《農學報》本。原題《明農策》。英仲均安著，羅振玉編。仲教士在山東時所述，皆西人種棉常法。按法種植，每畝可得二百七十斤。中國沿海、沿江多宜棉之地，宜募傭舉辦，以開新法。

美國植棉書

徐樹蘭《古越藏書樓書目・政部・農業》　《美國植棉書》一卷。美徐瑟甫來曼。日本藁品槍太郎譯，日本川瀨儀太郎重譯。《農學叢書》初集本。

種麻法

王樹善《農務要書簡明目録・田園》　《種麻法》，無名氏著。自選擇合式之地土與合式之種子起，至收獲與預備銷售止，各法備載。老於種麻者，無不佩服。故此書於種麻家大有裨益。三角。

麻栽製法

徐維則等《增版東西學書録・農政》　《麻栽製法》一卷。《農學報》本。日本高橋重郎著，日本藤田豐八譯。於播麻、製苧、剝皮諸法，舉其大畧。《彙編四》有《泰西治麻説略》一篇，可參觀。

徐樹蘭《古越藏書樓書目・政部・農業》　《麻栽製法》一卷。日本高橋重郎。日本藤田豐八譯。《農學叢書》初集本。

種拉美草法

徐維則等《增版東西學書録・農政》　《種拉美草法》一卷。《農學報》本。日本古城貞吉譯。拉美草亦麻屬，爲亞洲特產，其皮可製縷紡織。此書言其種植、收取之法。苟移種之，亦興利之一端。

木棉考

劉錦藻《清續文獻通考・經籍考・農家》　《木棉考》一卷。陳壽彭譯輯。

種花生法

王樹善《農務要書簡明目録・田園》 《種花生法》，仲士著。書論花生各種用處，并農家如何預備泥土種植，而大能茂盛之法。五角。

甜菜培養法

徐樹蘭《古越藏書樓書目・政部・農業》 《甜菜培養法》一卷。日本東文學社原譯本。朱緯軍重譯。《農學叢書》初集本。

種各種蘆菔法

王樹善《農務要書簡明目録・田園》 《種各種蘆菔法》，戈來格利著。論養蘆菔、存蘆菔并餵牲口之各法。三角。

收糖蘆菔種子法

王樹善《農務要書簡明目録・田園》 《收糖蘆菔種子法》，囘而著。依此書所論最新而可恃之法，能得糖蘆菔種子最佳。凡歐洲各國近百年內著名種糖蘆菔家所試得之理與法，備載此書。各國論糖蘆菔書，祇有此本。如美利堅一國內，每年所種之糖蘆菔種子，值價數百萬元。求種糖蘆菔得利者，當以此書爲寶。作者殫二十年工夫，著述此書。二圓。

印度茶書

徐維則等《增版東西學書録・農政》 《印度茶書》一卷。《農學報》本。英地域高勞著，容廉臣譯，陳士廉述。地氏以他處自植之茶，與印度、錫蘭茶相比較，因得各種證據，以成書者。復採集各家之説，附以己意，而植茶、製茶之法與格致化學之理相關者，考求備録。言英國茶事，當以此爲最詳。

種茶良法

廣學會編《廣學會譯著新書總目・植物學》 《種茶良法》，高葆真先生譯。首敍華茶盛衰之由，再論印度錫倫種茶之法。與華茶相較，其中種植培栽各法極其詳備。一册。價洋五分。

茶事試驗報告

徐維則等《增版東西學書録・農政》 《茶事試驗報告》三卷。《農學報》本。日本農商務省編，日本藤田豐八譯。卷中列表考證中國，印度茶種頗詳。顧補。

徐樹蘭《古越藏書樓書目・政部・農業》 《茶事試驗報告》第一册一卷。日本農商務省農務局本。樊炳清譯。《農學叢書》初集本。

又 《茶事試驗報告》第二册一卷。日本農商局務省本。日本藤田豐八譯。《農學叢書》二集本。

製茶篇

徐樹蘭《古越藏書樓書目・政部・農業》 《製茶篇前編》一卷，《後編》一卷。日本高橋橘樹。日本田谷九橋譯。《農學報》本。

日本製茶書

徐樹蘭《古越藏書樓書目・政部・農業》 《日本製茶書》一卷。闕名。《農學叢書》初集本。

種煙草法

王樹善《農務要書簡明目録・田園》 《種煙草法》，幾勒伯魯買立格著。論種煙草與收存，及銷售與製造各工，法最新而論最詳。舉凡種植、收割、曬乾、裝包、發售等事，無不備載，俱爲試驗有得之言。西國論煙草大書，祇有此本。有原圖一百五十。二圓。

種煙葉法

王樹善《農務要書簡明目録・田園》 《種煙葉法》。自選擇合式之地土與種子起，至收獲與曬乾銷售止，各法詳載。另有圖顯明各工。此書爲十四種煙家合撰，其人散處各方。內有一章，專論有害煙草之蟲，并有圖。二角五。

淡芭菰栽製法

徐維則等《增版東西學書録・農政》 《淡芭菰栽製法》□卷。《農學報》本。美厄斯宅士藏著，陳壽彭譯。凡十五節，都三千餘言，而淡芭菰栽製諸法已備。末節論因地氣種類，而判優劣，固然。然僅指緯綫北三十一度上數部落而言，非概論諸地所產，不足以製雪茄也。雪茄之美者，固莫古巴。若今大地所售，安得盡出於古巴？倣製蓋百之九十矣。其爲美國所倣者，不下四五十。此書所言製葉精美以備售，卽供爲倣製雪茄之用，次者則爲紙烟。篇中不發明此說，而以限於地氣、種類爲結，殆別有微意歟？顧補。

徐樹蘭《古越藏書樓書目・政部・農業》 《淡巴菰栽製法》一卷。美厄斯宅士藏。陳壽彭譯。《農學叢書》二集本。

阿芙蓉考

徐維則等《增版東西學書録・農政》 《阿芙蓉考》一卷。《農學報》本。英夏特猛著，陳壽彭摘譯。陳君自述，謂原書大旨以中國人嗜鴉片者痼疾難瘳，多譏刺語。是書摘其要旨，參以他書，考究其源流，種植之法，俾中國人明其流毒，非冀挽回利權也。

薄荷栽培製造法

徐維則等《增版東西學書録・農政》 《薄荷栽培製造法》一卷。《農學報》本。日本山木鉤吉著，沈紘譯。栽薄荷可以製油製腦，其用於藥品甚廣。歐美近來製造極精。此爲日本人製造法，其器未甚詳細，惟栽培尚可倣傚。

徐樹蘭《古越藏書樓書目・學部・生理學》 《薄荷栽培製造法》一

卷。日本山本鉤吉。沈紘譯。《農學叢書》初集本。

枇榔法

徐維則等《增版東西學書録・農政》　《枇榔法》一卷。《農學報》本。日本農會報著，日本藤田豐八譯。枇榔卽《本草綱目》之蒲葵，日本冲繩諸島多產之。篇中論枇榔種類甚詳，並附以各國製扇之圖。顧補。

山藍新説

徐維則等《增版東西學書録・農政》　《山藍新説》□卷。《農學報》本。日本掘內良平編，林壬譯。藍爲染料，使用最多。日本所產凡二種，曰蓼藍，曰山藍。初不知山藍之適用，嗣經研究，成蹟頗優。斯編所叙述，不僅山藍栽培法，且及製靛法及染色一班焉。顧補。

徐樹蘭《古越藏書樓書目・政部・農業》　《山藍新説》一卷。日本堀內良平。林壬譯。《農學叢書》二集本。

園藝分部

種植法

王樹善《農務要書簡明目録・田園》　《種植法》。培利著。凡種果、種菜、種花家披覽此書，必有得利之善法。七角五。

圃鑑

徐樹蘭《古越藏書樓書目・政部・農業》　《圃鑑》四卷。日本山田幸太郎。《湖北農學》本。

草創園子法

王樹善《農務要書簡明目録・田園》　《草創園子法》，培利著。此書之旨，申明人如認眞辦事而又有愛物之心，出創設園子，種菜種花種果，最爲容易而有益。書中詳論各套工夫，合周歲每日所應作之事，一一指出。種園書之佳者，無過於此。一圓。

開園樂利法

王樹善《農務要書簡明目録・田園》　《開園樂利法》，魯著。作者居山中，有石岩之地。於傳教著書之暇，自開一園，四年中獲利千元。所用各法，備載此書。一圓五。

開園自怡法

王樹善《農務要書簡明目録・田園》　《開園自怡法》，亨達生著。無論果園、菜園、花園各套工夫，或在玻璃房，或露天，或屋中，一一備載。鄉村城市之間，往往有開園自怡而志不在謀利者，可閲此書。有圖。二圓。

論插樹接樹交互花蕊法

王樹善《農務要書簡明目録・田園》 《論插樹接樹交互花蕊法》，福拉著。論各種植物之花蕊，可交互而變成新式之植物，又論插樹等法，照法能多得小樹。有圖。一圓五。

種嫩樹法

王樹善《農務要書簡明目録・花圃》 《種嫩樹法》，培利著。植物傳種，其法不一。如撒種子，或扦樹枝，或種根頭，或用接樹法，或用移芽法。此書一切備載。内有樹名目録，計共一千五百種。一圓。

接木法

徐維則等《增版東西學書録・農政》 《接木法》□卷。《農學報》本。日本竹澤章著，羅振常譯。顧補。

徐樹蘭《古越藏書樓書目・政部・農業》 《接木法》一卷。日本竹澤章。羅振常譯。《農學叢書》二集本。

草木移植心得

徐樹蘭《古越藏書樓書目・政部・農業》 《草木移植心得》一卷。日本吉田健作。薩端譯。《農學叢書》初集本。

造玻璃房法

王樹善《農務要書簡明目録・花圃》 《造玻璃房法》，他富得著。論製造玻璃房與玻璃房中布置各項之法。凡要擇玻璃房最好之式，可閲此書。餘如加熱通風最新之法，通熱房與架及罩，亦詳言之。有圖。一圓五。

料理玻璃房法

王樹善《農務要書簡明目録・花圃》 《料理玻璃房法》，他富得著。此書當與前書互觀。作者多年考究玻璃房各事，并彙各家之説，著述此書。無論玫瑰花及一切貴重之花類與果類、菜類，無不詳細言之。初學閲此書，照此法，自成名家。一圓五。

玻璃强植物生長法

王樹善《農務要書簡明目録・田園》 《玻璃强植物生長法》，培利著。書論一切所有用玻璃强令植物生長有益之法，閲者一目了然。凡有用此法而試得之利與弊，亦多載入。二圓。

玻璃房架種菜法

王樹善《農務要書簡明目録・田園》 《玻璃房架種菜法》，德利而著。此爲新書，論農家冬日亦可多種菜類。如美國非拉特非阿城與波斯頓城，所有種菜家獲利之法，詳哉言之。内有玻璃架與玻璃房等圖樣。二角五。

少年開園書

王樹善《農務要書簡明目録・田園》 《少年開園書》，固來納著。論用玻璃房與玻璃罩等，令冷地菜類早生。又論露天種菜各工，并預備銷售之法。有圖。五角。

菌類生長法

王樹善《農務要書簡明目録・田園》 《菌類生長法》，法哥那著。美國論種菌之法者，祇有此書。無論小種、廣種，法無不詳。有圖。一圓五。

家菌長養法

徐維則等《增版東西學書録・農政》 《家菌長養法》一卷。《農學報》本。美威廉母和爾康尼著，陳壽彭譯。此書一千八百九十七年美國農學會所刊。菌之種法甚易，卽無田小農，亦可於隙地施種。和氏此書，採諸法簡便者。陳君復取他書爲之，補注補圖，益縝密矣。

徐樹蘭《古越藏書樓書目・政部・農業》 《家菌長養法》一卷。美威廉母和爾康尼。陳壽彭譯。《農學叢書》初集本。

蕈種栽培法

徐維則等《增版東西學書録・農政》 《蕈種栽培法》□卷。《農學報》本。日本本間小左工門著，林壬譯。顧補。

徐樹蘭《古越藏書樓書目・政部・農業》 《蕈種栽培法》一卷。日本本間小左工門。林壬譯。《農學叢書》二集本。

菜園得利法

王樹善《農務要書簡明目録・田園》 《菜園得利法》，亨達生著。作者三十餘年，專門料理菜園、果園，大得其利，願將各法備載書中，公諸天下。有圖。二圓。

菜園得利書

王樹善《農務要書簡明目録・田園》 《菜園得利書》，柯恩著。作者閲歷多年。此書分爲三項：一爲家中菜園，二爲大菜園，三爲田莊種菜之園。有圖。一圓五。

種菜得利法

王樹善《農務要書簡明目録・田園》 《種菜得利法》，羅生著。作者係美國東方最著名之種菜家。書小，可作袖珍。有圖。一圓。

熱地種菜法

王樹善《農務要書簡明目録・田園》 《熱地種菜法》，凹磨拉著。論美國暖地多種菜類，運至北方各邦出售，能得大利。種菜家不閲此書，不可也。有圖。一圓五。

種菜法

王樹善《農務要書簡明目録・田園》 《種菜法》，格令著。此書所論種菜，無論小種大種，各法備載，語皆切實，無空談，無虛語。內有一章，論肥田料格外詳細。有圖。一圓二五。

蔬菜栽培法

徐樹蘭《古越藏書樓書目・政部・農業》 《蔬菜栽培法》一卷。日本福羽逸人。林壬譯。《農學叢書》三集本。

種開花菜法

王樹善《農務要書簡明目録・田園》 《種開花菜法》，波利勒著。此書詳論種開花菜之法。自下種起，至發售止。二角。

種番茄法

王樹善《農務要書簡明目録・田園》 《種番茄法》，農務家魯得、對、康民合撰。論近來喜食番茄者多，不但新鮮者暢銷，而且裝馬口鐵罐，運銷別處。如在冷地，必設法迫令速生。有圖。三角五。

種芹菜法

王樹善《農務要書簡明目録・田園》 《種芹菜法》，固來納著。近來西國人最嗜芹菜，爲其大有益於身體之血與腦氣筋，令人心氣平和，而不食此菜者鮮矣。是故種芹菜之法，亟宜新益求新，因著此書。二角。

種白菜等菜法

王樹善《農務要書簡明目録・田園》 《種白菜等菜法》，戈來格利著。論白菜、卷心菜等各種菜類。自種植至收獲、存儲、銷售，各法備載。二角。

種大瓜類法

王樹善《農務要書簡明目録・田園》 《種大瓜類法》，戈來格利著。此書爲農家不可少之書。論大瓜須選何種泥土，加何種糞壅，并論預備泥土與種植之法，及鋤地芟草與瓜漸長大時料理之法，又收獲與存儲過冬等法。三角。

栽葱法

王樹善《農務要書簡明目録・田園》 《栽葱法》。書論栽葱，自選擇種子、預備泥土起，至收割、銷售止。合美國十七栽葱家之議論而成此書。二角。

養葱法

王樹善《農務要書簡明目録·田園》　《養葱法》。戈來格利著。論葱分大小粗細各種，各有種法。三角。

栽葱新法

王樹善《農務要書簡明目録·田園》　《栽葱新法》，固來納著。依此新法，每地一愛克，美國一愛克地，約中國之六畝。能産上等葱頭二千蒲始。西名斗曰蒲始。每蒲始重五六十磅，從前舊法，祇能得五百至六百蒲始爲最多。五角。

種洋竹笋法

王樹善《農務要書簡明目録·田園》　《種洋竹笋法》，巴尼司、羅幷生著。英法兩國種此笋，最爲講究，故論兩國之法尤詳。内載法人立伯夫《洋竹笋論》。另有園家彼此爭種此菜七年，彼此所用得利之各法，亦俱備載。五角。

美國種果法

王樹善《農務要書簡明目録·果園》　《美國種果法》，多馬司著。此書詳論美國各處所種之果與種法。現經重印第二十次，而有胡特增益各説。無論大果小果，無論冷地、熱地、溫和地相宜之果，無不詳論。有圖八百。二圓五。

種果養果理

王樹善《農務要書簡明目録·果園》　《種果養果理》，培利著。此書爲種果之總論。内詳各果名目，幷種果合宜之地與配泥土、加糞壅及料理小樹之法，又治各種病，殺各種蟲。餘如收存、裝潢、銷售之法，以至棧房器具備載。有圖。一圓二五。

果園説

王樹善《農務要書簡明目録·果園》　《果園説》，拔立著。作者在美國料理最大之小樹園三十餘年，而於種果考究格外詳細，故種果者不可不閲此書。有圖。二圓。

種果得益法

王樹善《農務要書簡明目録·果園》　《種果得益法》，梅那特著。初種水果者，閲此書必有裨益。有圖。五角。

美國富羅利達邦種果説

王樹善《農務要書簡明目録·果園》　《美國富羅利達邦種果説》，哈谷得著。論美國熱地與溫和地種果各法。一圓二五。

修樹法

王樹善《農務要書簡明目録·田園》 《修樹法》，培利著。美國專論修樹之書，此本第一。從前修樹之法，僅附載於他書，故均無此書之詳細。此書如果樹與點景之樹，與矮樹，與編籬之樹修法備論，而於葡萄樹之修法尤詳。閱此書，即非種植家，亦能曉然。有圖。一圓五。

果樹栽培全書

徐維則等《增版東西學書録·農政》 《果樹栽培全書》三卷。《農學報》本。日本福羽逸人著，沈紘譯。顧補。

徐樹蘭《古越藏書樓書目·政部·農業》 《果樹栽培全書》三卷。日本福羽逸人。沈紘譯。《農學叢書》三集本。

果樹栽培總論

徐樹蘭《古越藏書樓書目·政部·農業》 《果樹栽培總論》一卷。日本福羽逸人。沈紘譯。《農學叢書》初集本。

種小果法

王樹善《農務要書簡明目録·果園》 《種小果法》，富勒著。西國所種之小果，種類甚多。其種法與分類及裝箱、銷售各法備載。有圖。一圓五。

種核類果樹

王樹善《農務要書簡明目録·果園》 《種核類果樹》，如栗與核桃等。富勒著。美國所種核類之樹，種類甚多。其可食可用之各種，名目亦繁。内并有可餵六畜者。此種樹，衹須種植及每年收果而已，並無別項工作，故大得利。一圓五。

種蘋果法

王樹善《農務要書簡明目録·果園》 《種蘋果法》，培利著。凡種蘋果家，閱此書而知其新理新法，大有裨益。七角五。

種梨法

王樹善《農務要書簡明目録·果園》 《種梨法》，古恩科著。作者種梨多年，其所考究之各法，備載此書。内論研考泥土性情及預備泥土之法，并論依水土之性情而揀最合宜之梨種之，又論種植、修理、培壅、接樹各法，又論樹未結果之前所有在泥土内種植之各物，又論收斂、裝運各法。有圖。一圓。

種桃法

王樹善《農務要書簡明目録·果園》 《種桃法》，富勒著。此書爲種桃書之第一。今本較原書有增改之處。一圓五。

種葡萄法

王樹善《農務要書簡明目録・果園》　《種葡萄法》，富勒著。凡論露天種葡萄之書，此爲第一。所有扦法、種法，無不詳論。有圖百餘，顯明養葡萄之各工。一圓五。

種葡萄指要

王樹善《農務要書簡明目録・果園》　《種葡萄指要》，叉勒登著。論各處種葡萄之法，如冷地用熱玻璃房，熱地用冷玻璃房等法。有圖。七角五。

美國種葡萄并製酒法

王樹善《農務要書簡明目録・果園》　《美國種葡萄并製酒法》，加利福尼邦黑司巒著。作者種葡萄多年，其所試驗之各法固自備載，而各處種葡萄家之説亦擇録。其議論可信。一圓五。

種葡萄法

陳洙《江南製造局譯書提要・補遺》　《種葡萄法》十二卷。農學。美國赫思滿著，慈谿舒高第口譯，江浦陳洙筆述。美於一千八百四十七年始種葡萄，厥後改良種法，日異月新。初時葡萄僅三四種，今則增至數百，足供本國食品及造酒之需而有餘。此書原爲美國最新之書，自種植、修剪、培養、收果以及牽棚搭架、預備園土諸法，無不悉備。自非躬親閱歷之人，不能道其隻字。中國種葡萄者，蓋三復焉。

葡萄新書

徐維則等《增版東西學書録・農政》　《葡萄新書》二卷。《農學報》本。日本中城恆三郎著，林壬譯。上卷六節，言種植之理。下卷十節，言釀造之法。《匯報》二十三號有《葡萄製酒法》，可參觀。顧補。

徐樹蘭《古越藏書樓書目・政部・農業》　《葡萄新書》二卷。日本中城恆三郎。林壬譯。《農學叢書》二集本。

種草本楊梅法

王樹善《農務要書簡明目録・果園》　《種草本楊梅法》，西名司脱羅白利。富勒著。詳閲此書，可在隙地種植此果，敷一家之用，或出售。有圖。二角五。

種木瓜法

王樹善《農務要書簡明目録・果園》　《種木瓜法》。米制著。論木瓜種植法，與分種類及殺蟲治病各法。一圓。

種克蘭白利法

王樹善《農務要書簡明目録・果園》　《種克蘭白利法》，懷特著。書論此果源流，古今種法，并選合宜之地，預備泥土及澆灌等工，滅蟲等法。餘如摘果法，收存法，利息盈虧之理備論。一圓二五。

膏特角種克蘭白利法

王樹善《農務要書簡明目録・果園》《膏特角種克蘭白利法》，懷特著。作者種植此果多年，其所試驗之事，備載此書，故其言可信。有圖。四角。

種有根頭之花草法

王樹善《農務要書簡明目録・花圃》《種有根頭之花草法》，阿林著。凡園中、屋中或玻璃房中種植各種有根頭之花草，其法與式與種法，無不詳論。內有圖樣極眞，所論之法極清楚，閱之無誤。二圓。

種花要法

王樹善《農務要書簡明目録・花圃》《種花要法》，亨達生著。此爲新出之書，閱之不但可以謀利，而且可以自怡。無論露 天種花或用玻璃房，各法備載。有圖。一圓五。

種玫瑰花法

王樹善《農務要書簡明目録・花圃》《種玫瑰花法》，葩耳生著。書論玫瑰花源流與種法極詳，其分類之法最爲簡便，而每類又分各種，格外詳明。有圖。一圓。

種玫瑰花書

王樹善《農務要書簡明目録・花圃》《種玫瑰花書》，俺勒黄而著。書論種與修與養各法，并治病殺蟲各法。又依字母分列玫瑰花種類，共計九百五十六種，各有細説。一圓二五。

玫瑰花秘法

王樹善《農務要書簡明目録・花圃》《玫瑰花秘法》，哈登著。此書詳論種玫瑰花所應配之房屋，與通熱通風之法，并一切與種玫瑰花相涉之事，及某種地應種某種玫瑰花。五角。

種大麗花法

王樹善《農務要書簡明目録・花圃》《種大麗花法》，秘閣著。書論大麗花源流與種法，及各種性情。有圖。三角。

家中種花書

王樹善《農務要書簡明目録・花圃》《家中種花書》，類克司福著。論開花與不開花之草木在房中或院中種植。作者種花多年，故説最詳細而可信。一圓五。

屋中養花草説

王樹善《農務要書簡明目録・花圃》《屋中養花草說》，希勒耗司著。美國有數萬婦人酷喜種花，而苦無玻璃房，不得已在屋中種植，而屋中能養之花草不多。此書指明其最合宜之花草。有圖。一圓。

窗户種花法

王樹善《農務要書簡明目録・花圃》《窗戶種花法》，海納利格著。作者諳練窗戶種花之法，皆備載於此書。另有圖。七角五。

薔薇栽培法

徐維則等《增版東西學書録・農政》《薔薇栽培法》□卷。《農學報》本。日本安井眞八郎著，林壬譯。上卷詳言各國薔薇之種類，下卷言栽培之法。顧補。

徐樹蘭《古越藏書樓書目・政部・農業》《薔薇栽培法》二卷。日本安井眞八郎。林壬譯。《農學叢書》二集本。

林業分部

造林學各論

徐維則等《增版東西學書録・農政》《造林學各論》三卷。《農學報》本。日本本多靜六著，林壬譯。此編專論針葉林木及椰子類、竹類各種。其闊葉林木，概從闕如。日本所有樹種，與歐美全異，故造林學亦非僅譯西書所能足用。作者就日本所有者講究之，以成斯書焉。顧補。

徐樹蘭《古越藏書樓書目・政部・農業》《造林學各論》二卷。日本本多靜六。林壬譯。《農學叢書》三集本。

林業篇

徐樹蘭《古越藏書樓書目・政部・農業》《林業篇》一卷。日本鈴木審三。沈紘譯。《農學叢書》初集本。

論栽樹以防水災

徐樹蘭《古越藏書樓書目・學部・動植物學》《論栽樹以防水災》一卷。《西字報》。王鎮賢譯。《格致彙編》本。

有益之樹易地遷栽

徐樹蘭《古越藏書樓書目・學部・動植物學》《有益之樹易地遷栽》

一卷。美瑪高溫。《格致彙編》本。

種樹法

王樹善《農務要書簡明目録・田園》 《種樹法》，加而招著。此書專論管理樹林及平地與山地種樹。凡有歐羅巴各國料理各大樹林之法，及美國南北各邦各種泥土之情形備載。無論山地平原，法俱可用。有圖。一圓五。

種樹木法

王樹善《農務要書簡明目録・田園》 《種樹木法》，富拉著。書論美國各種樹木種植培養之法，備載各種樹木之名目與情形，又論他國運來美國最要之各種樹木細說。一圓五。

美國種花草樹木飾地法

王樹善《農務要書簡明目録・花圃》 《美國種花草樹木飾地法》，浪著。無論囿或宅，或墳地等處應種之花草樹木，依此書之法而配之，自無不合。二圓。

花草飾地法

王樹善《農務要書簡明目録・花圃》 《花草飾地法》，衣利阿特著。無論城鄉或學堂之空地種植花草，如自長一百尺、寬三十尺之地起，至二百五十畝地止，俱可照法種植，而令地面煥然。一圓五。

鄉居住宅周圍種花草樹木法

王樹善《農務要書簡明目録・花圃》 《鄉居住宅周圍種花草樹木法》，回鄧蠻著。美國凡有此等書籍，以此書最爲有用。內有木板之圖，并有石板著色之圖。其十七章中有雙頁者七頁，俱令地面美麗可觀之法。如園中鋪草、開路、編籬、種各種花草樹木，并墳地種各種花草樹木，照法齊整可觀。各圖有説，指明各樹木之應如何布置。原價一十五圓，今十圓。

森林學

徐維則等《增版東西學書録・農政》 《森林學》卷。《農學報》本。日本奥田貞衛著，樊炳清譯。所言皆栽植樹木之法，分七章。其論頗有理。顧補。

徐樹蘭《古越藏書樓書目・政部・農業》 《森林學》一卷。日本奥田貞衛。樊炳清譯。《農學叢書》二集本。

森林保護學

徐樹蘭《古越藏書樓書目・政部・農業》 《森林保護學》一卷。日本鈴木審三。沈紘譯。《農學叢書》初集本。

日本山林會章程

徐維則等《增版東西學書録・農政》 《日本山林會章程》□卷。《農學報》本。林壬譯。顧補。

徐樹蘭《古越藏書樓書目・政部・農業》　《日本山林會章程摘要》一卷。林壬譯。《農學叢書》二集本。

落葉松栽培法

徐維則等《增版東西學書録・農政》　《落葉松栽培法》□卷。《農學報》本。日本高見澤著，林壬譯。書分七章。其造林一章，所言尤有至理。顧補。

徐樹蘭《古越藏書樓書目・政部・農業》　《落葉松栽培法》一卷。日本高見澤薰。林壬譯。《農學叢書》二集本。

金松樹栽培法

徐維則等《增版東西學書録・農政》　《金松樹栽培法》□卷。《農學報》本。日本加賀美著，林壬譯。金松爲常盤，其色四時不變。歐美人仰其苗於日本，爭相播種，素苦無發明種植之法。加賀君因苦志經營，始究蘊而得良績，以著於篇。顧補。

徐樹蘭《古越藏書樓書目・政部・農業》　《金松樹栽培法》一卷。日本加賀美。林壬譯。《農學叢書》二集本。

樟樹論

徐維則等《增版東西學書録・農政》　《樟樹論》一卷。《農學報》本。日本白河太郎著，日本藤田豐八譯。樟樹之產，日本爲盛，而臺灣尤盛。書成於割我臺灣後，竭力表明種樟製腦製油之利，并論製造之法，復申言從前中國未能保護腦務之弊，坐失利益，可爲歎惜。

徐樹蘭《古越藏書樓書目・政部・農業》　《樟樹論》一卷。日本白河太郎。日本藤田豐八譯。《農學叢書》初集本。

植漆法

徐維則等《增版東西學書録・農政》　《植漆法》一卷。《農學報》本。日本初瀨川健增著。日本漆樹有二種，一曰梨皮，一曰餅皮。此書所言，皆日本種之種植、收刈法。講求此業者，可與中法互考之。

徐樹蘭《古越藏書樓書目・政部・農業》　《植漆法》一卷。日本初瀨川健增。《農學叢書》初集本。

植楮法　植雁皮法

徐維則等《增版東西學書録・農政》　《植楮法》一卷。《植雁皮法》一卷。《農學報》本。日本初瀨川健增著。楮與雁皮，皆造紙之用。然二物種法，小有不同。此書僅言其大概。

徐樹蘭《古越藏書樓書目・政部・農業》　《植雁皮法》一卷。《植楮法》一卷。日本初瀨川健增。《農學叢書》初集本。

植三椏樹法

徐維則等《增版東西學書録・農政》　《植三椏樹法》一卷。《農學報》本。日本梅原寬重著。三椏一名結香，造紙最良。此書蓋卽梅原氏《三椏培養新説》，益以初瀨川健增之説，合爲著明者。

徐樹蘭《古越藏書樓書目・政部・農業》　《植三椏樹法》一卷。日本梅原寬重。《農學叢書》初集本。

日本竹譜

徐樹蘭《古越藏書樓書目・政部・農業》　《日本竹譜》三卷，附圖一卷。日本片山直人。《農學報》本。

畜牧分部

畜牧法

王樹善《農務要書簡明目録・畜牧》　《畜牧法》，阿麥大志著。論牲畜無病時如何管理，有病時如何醫治。凡農家與畜牧家必常覘六畜有無病證，并應如何辨别各病，如何醫治，應用何種藥，每藥以若干量爲一劑，及配各藥成方之法。一圓。

美國畜牧新書

王樹善《農務要書簡明目録・畜牧》　《美國畜牧新書》，阿令著。論各種牲畜之源流，并生長與管理各法最詳。凡畜牧家不可不閲此書。作者久居美國内，歷年將牛等畜依法配合雌雄，令其所産最爲合宜。此爲農務中最可信之書。有圖。二圓五。

畜牧指南

王樹善《農務要書簡明目録・畜牧》　《畜牧指南》，鑾立格著。此書印成一大幅，可懸於牆壁。其一面有著色之圖，指明田莊所産之物，并養六畜之各料爲何質所成。又論養六畜之各種植物，或分用，或合用，得最大之益處。其一面有農家亟應披閲之各表。表中論花草五穀等養六畜料之原質，與消化之難易，并消化長肉與消化成糞，及其糞肥田裨益之大小。又有指明各種牲畜每日在各時各地所需食物之數目與種類。二角五。

畜牧理法

王樹善《農務要書簡明目録・畜牧》　《畜牧理法》，買立士著。書論豢養六畜，漸漸去其弊病而增其裨益，令其逐代改良。一圓五。

六畜滋生法

王樹善《農務要書簡明目録・畜牧》　《六畜滋生法》，華而非特著。作者在美國專門料理此事多年，而研究最有裨益之法，故佩服者甚衆。二圓。

畜牧得利書

王樹善《農務要書簡明目録・畜牧》　《畜牧得利書》，司徒阿著。此書專論生長餵養馬牛羊豬及出乳之牛，並論動物生長之理。有圖。二圓。

馬牛羊猪説

王樹善《農務要書簡明目録・畜牧》 《馬牛羊豬説》，克迭斯著。論馬、牛、羊、豬各種各類之源流與改變其種之法，并其性情及其利弊與其用處。又挑選、管理、生長等法，如在美國與加拿大等處者，備載。二圓。

冬日牧馬牛法

王樹善《農務要書簡明目録・畜牧》 《冬日牧馬牛法》，忒利著。此書大半論牛與馬過冬之法，並論農務各事。三角五。

餵飼料法

王樹善《農務要書簡明目録・畜牧》 《餵畜料法》，恆利著。凡農務學家、畜牧家閲俱合宜。書詳論植物生長之理，并植物養動物之理，又餵六畜之料與法，説最可信。所有一切最新之法與最可恃之法，分類編列。計六百五十八頁。二圓。

埋嫩葉冬日餵畜法

王樹善《農務要書簡明目録・田園》 《埋嫩葉冬日餵畜法》，買立士著。此法經許多農家考究而得，卽如將御麥等物之嫩葉埋於地內。書中所載，皆最新而可恃之法。有圖。五角。

覘六畜年齒法表

王樹善《農務要書簡明目録・畜牧》 《覘六畜年齒法表》，廖打特著。此書爲美國陸軍所佩服常用之書。閲表則若馬若牛若羊若犬豚，俱能知其年齒，往往不誤。五角。

馬糞孵卵法

徐樹蘭《古越藏書樓書目・政部・農業》 《馬糞孵卵法》一卷。美胡兒別土。日本大寄保之助譯，日本山本正義重譯。《農學叢書》初集本。

牧草圖説

徐維則等《增版東西學書録・農政》 《牧草圖説》□卷，附圖。《農學報》本。日本農商務省農務局編，周家樹譯。論取日本野草，擇其富於滋養、適牛馬之嗜好者，得最佳之二十種。繪圖二十，附説以明之。顧補。

徐樹蘭《古越藏書樓書目・政部・農業》 《牧草圖説》一卷。日本農務局編。周家樹譯。《農學叢書》二集本。

草木乾腊法

徐維則等《增版東西學書録・農政》 《草木乾腊法》□卷。《農學報》本。日本伊藤圭介原本，日本久保宏道校正，林壬譯。顧補。

徐樹蘭《古越藏書樓書目・政部・農業》 《草木乾腊法》一卷。日本伊藤圭介。林壬譯。《農學叢書》二集本。

養馬要説

王樹善《農務要書簡明目録・馬》《養馬要説》，合白得著。此爲美國養馬書中最佳之書。書論馬如何生産，如何挑選，如何教練，如何驅使，如何餵養，如何辨病治病用藥，如何洗刷，如何駕馭，如何騎駛等事。有圖。一圓七五。

美國養馬用馬各法

王樹善《農務要書簡明目録・馬》《美國養馬用馬各法》，戴門著。書論美國養馬、教馬之源流，自古至今備載。並論馬分種類，與生長，與教練，與管理強馬之法，及馬蹄釘鐵之法。又論馬各病之根原與其證候及其治法。又論買馬、賣馬、練馬、跑馬各法。有圖。三圓。

美國養馬新法

王樹善《農務要書簡明目録・馬》《美國養馬新法》，美國詩家谷獸醫院教習達特著。作者醫馬二十五年，曾著書論馬百體之形狀。此書則論一切馬病之根原與證候及治法，俱爲美國所習見之病，而爲英國論馬各書中所不載者。又有最新之法，論生長、教訓、管理。二圓五。

産馬法

王樹善《農務要書簡明目録・馬》《産馬法》，山達士著。書論料理雌雄馬、小馬各事之法。能令雌馬雄馬之各種裨益傳於小馬，而免其弊病。凡挑配雌雄好馬與管理小馬，并治生産各病，無不詳論。一圓五。

美國農家養馬書

王樹善《農務要書簡明目録・馬》《美國農家養馬書》，美國馬醫生司他得著。論美國馬常有之病之根原與證候，與可恃之新法。另論豢養六畜各法。三圓。

論馬口銜鐵書

王樹善《農務要書簡明目録・馬》《論馬口銜鐵書》，馬隊官拔脱四皮著。作者充馬兵官多年，騎馬著名。書有圖。一圓。

釘馬蹄鐵法

王樹善《農務要書簡明目録・馬》《釘馬蹄鐵法》。書論馬足各種弊病，應配何種鐵韈，並論強馬強驢釘足之法，并所應用之器具。又論治馬足各病之法，及馬足鐵冷釘或熱釘等法。一圓。

論以格致法釘馬蹄鐵書

王樹善《農務要書簡明目録・馬》《論以格致法釘馬蹄鐵書》，勒色勒著。論馬蹄鐵配樣式與釘法，可以治馬足之各種弊病。如跑駛不匀，可改正也。此爲第三次重印而增益之書，有圖三百五十，另有著色之圖。四圓。

家馬書

王樹善《農務要書簡明目録・馬》　《家馬書》，媽而丁著。書論馬房一切要事。無論餵馬、管馬，各套工夫備載。有圖。一圓。

論馬書

王樹善《農務要書簡明目録・馬》　《論馬書》，英國阿麥太志著。書論管理無病、有病各馬之事。照法管馬，無病可免有病，有病可免加病。書中所論醫法，最爲詳細而簡便，閲者易明。一圓。

管馬圖説

王樹善《農務要書簡明目録・馬》　《管馬圖説》。論馬生產與教練及管理各事。有圖數百頁。二圓。

美國馬房指掌

王樹善《農務要書簡明目録・馬》　《美國馬房指掌》，馬醫生麥羅而著。書論餵馬、洗馬、刷馬與料理馬房之各事。一圓。

馬房馬路管馬各法

王樹善《農務要書簡明目録・馬》　《馬房馬路管馬各法》。原書華式著，而在倫敦初印。現經美國重印，另加美國小走馬生產與教練之法，美國哈非著。有圖八十，最爲悦目。一圓五。

馬市書

王樹善《農務要書簡明目録・馬》　《馬市書》，好騰著。此書指明無病可用之馬與有病無用之馬分別之法。無論識馬不識馬者，照書買馬，不至有誤。並論跑馬保單章程，幷開保單所有之關係。一圓。

辨別良馬法

王樹善《農務要書簡明目録・馬》　《辨別良馬法》。此書詳論馬之性情與無病之憑據，並論配馬口銜鐵與鞍轡，及馬房各事。又論駕車用一馬、或二馬、或四馬、或用雁行各法。另附管馬大名家，一曰類列，一曰落谷威勒教練崛強小馬之法。有圖三十。一圓。

辨理馬要説

王樹善《農務要書簡明目録・馬》　《辨理馬要説》。此書原本，由阿脱著，後爲司布那釐訂而增新説。内論馬肢體之形狀與性情，與治病法，與買馬章程，與教練幷馬蹄釘鐵法，並論美國與加拿大所養各種馬之情形。有圖。一圓五。

論璧其能馬

王樹善《農務要書簡明目録・馬》　《論璧其能馬》。書論在美國、法

國之璧其能馬。其論美國之事，爲馬兵官回勒特著。論此馬美國初用，大得裨益。其在法國之事，爲法國論馬名家徒蚶司著。論此馬之源流與漸漸加益之法。五角。

論可騎之馬

王樹善《農務要書簡明目録・馬》《論可騎之馬》。書論騎馬與敎馬之法，有圖。凡志在騎馬而求馬之能聽敎訓者，當閲此書。一圓。

教練小走馬法

王樹善《農務要書簡明目録・馬》《敎練小走馬法》，嫣而芬著。論小馬自初敎練至長成時各套工夫。作者敎馬二十年，故推熟手。三圓五。

教練强馬書

王樹善《農務要書簡明目録・馬》《敎練強馬書》，戈利生著。書論老稚各馬敎養、馴熟幷敎練演戲等事。有圖。五角。

馳馬書

王樹善《農務要書簡明目録・馬》《馳馬書》，譔特巒著。書論馳馬一切規矩章程，並論美國各邦馳馬之律法，又有馳馬用馬各種切口名目，另附雜識，如跑馬場與跑馬法等。一圓。

驢書

王樹善《農務要書簡明目録・馬》《驢書》，類列著。書論養驢、敎驢幷驢之各種用處。有圖十四。一圓五。

出乳之牛論

王樹善《農務要書簡明目録・牛》《出乳之牛論》。此書本係法文，格能著。論遮西海島所産之牛，現經流傳各國，後爲海特譯作英文。海特者，美國養牛會中人也。有圖一百餘頁。一圓。

養小牛法

王樹善《農務要書簡明目録・牛》《養小牛法》，哈而丁著。此書詳論養牛取乳之廠中應用保法豢養小牛。所論之法，無不合理，故可信也。二角五。

養牛取乳法

王樹善《農務要書簡明目録・牛》《養牛取乳法》，司徒阿著。作者歷年養牛，取乳出售，故其所論之理與法可信。二圓。

美國養牛取乳全法

王樹善《農務要書簡明目録・牛》 《美國養牛取乳全法》，格而勒著。書分上、下二卷。上卷論選牛、飼牛、牧牛與取乳，與製乳油、乳餅，并將各料預備出售之法，俱合於小貿易家之用。下卷論大廠每日所得之牛乳，送入用機器等製造乳油、乳餅之廠中，其利甚厚。有圖。二圓。

一牛取乳法

王樹善《農務要書簡明目録・牛》 《一牛取乳法》。此書合於資本無多之農家披閲。前有農務會命題，考取農家論説之佳者而奬賞之。後將所有前列各論，彙合增益成書，便於養一牛之農家取乳足用。有圖，爲出乳最多之牛之樣。一圓。

農家養牛取乳新法

王樹善《農務要書簡明目録・牛》 《農家養牛取乳新法》，富令得著。書論出乳之牛，分種類，與生長、與管理，與免病治病，挑選好牛等法，并載法人格能之細説。又論養別種牲畜，并種飼牛之各植物。此爲重印而增益之書。二圓。

論乳性質書

王樹善《農務要書簡明目録・牛》 《論乳性質書》，俺克巒著。書論牛乳與乳油、乳餅所有與化學相關者，并其中含微蟲等情。有圖。一圓二五。

論牛乳久存不壞法

王樹善《農務要書簡明目録・牛》 《論牛乳久存不壞法》，門拉特著。此書以牛乳爲業者皆應備閲。內論滅牛乳中各微蟲之法，或用加熱，或用別法。有圖。五角。

論牛乳書

王樹善《農務要書簡明目録・牛》 《論牛乳書》，永著。作者充美國可尼勒大書院牛學教習，論上等牛乳之性情，并造乳油、乳餅之各法。一圓。

瑞士國製乳餅法

王樹善《農務要書簡明目録・牛》 《瑞士國製乳餅法》，門拉特著。書論瑞士國最著名乳餅之製法，即如衣門搭拉與谷類俺而，與沙嫩，與拔脱買得，與司擺能，與瑞士，與非司他，與司其門，與沙婆濟格，與法其令，與蓋士楷司，與瑞士磚形，與廉白格，及美國各種乳餅，其性情與製法，俱詳言之。有圖。五角。

製牛乳餅法甲乙丙

王樹善《農務要書簡明目録・牛》 《製牛乳餅法甲乙丙》，孟拉特著。此爲重印之書，專爲農家婦女而設。蓋婦女有不能到農務學堂讀書，而志在考究新法，製上等乳餅，便於家用，或出售者。書中有四種乳餅，論尤詳細。一爲拆大，一爲法蘭西，一爲奴沙得拉，一爲撒皮牛乳所造之乳餅。有

圖。五角。

試驗牛乳并油餅法

王樹善《農務要書簡明目録・牛》 《試驗牛乳并油餅法》，倫敦胡勒著。此書無論農務學生，牛乳廠家或農家，俱應備閲。內論試驗牛乳與牛乳皮之法，最爲清楚無誤。凡製乳油、乳餅者，亦應閲此。有圖。一圓。

牛乳家考察微蟲學

王樹善《農務要書簡明目録・牛》 《牛乳家考察微蟲學》，勒色勒著。此書本預備農務學堂學生之揣摩，故凡格致中之生僻名目不多用，俾易明白。書中舉牛乳房中所有與微蟲學相涉之事，詳細論之。此書重印，另加新説新圖。一圓。

荷蘭牧牛篇

徐維則等《增版東西學書録・農政》 《荷蘭牧牛篇》一卷。《農學報》本。荷蘭愛新楷、葛尼能同譯，鴛湖漁隱譯。荷蘭牧牛，尚沿二千年來舊法，未嘗稍替。其所産之牛，素稱極美。是爲佛里寺牧牛公司所記。論牛種，論乳質，論乳牛。皆備，惟畜牧法未詳。《農學報》有英喬車阿美脱車撰、江紹基譯《牧羊書》，未印全。

牛乳新書

徐維則等《增版東西學書録・農政》 《牛乳新書》二卷。《農學報》本。日本河相大三述，沈紘譯。上卷言擇牛種類，察乳之優劣多少。下卷言製乳之法。顧補。

牧羊袖珍

王樹善《農務要書簡明目録・猪羊》 《牧羊袖珍》，司徒阿著。美國農家牧羊者頗多，而羊之性情與牧養之法，不易諳習，大抵因無簡便明白之書也。作者特著此書，以便農家子之揣摩。現如美國與加拿大牧羊者日盛，而羊之種類亦不少。各種羊合於各處水土，而又常有溫熱等病，爲美國所習見，間有危險害羊者。農家若無此書，往往有誤。有圖。一圓五。

米利奴羊書

王樹善《農務要書簡明目録・猪羊》 《米利奴羊書》，泡而司著。考米利奴羊之毛與肉，較別種羊爲佳而價值昂。美國各處苟養此羊，則別種羊不必養矣。書論挑選并照料與生産及治各病，又一切所有與米利奴羊相涉之事。一圓五。

牧羊要書

王樹善《農務要書簡明目録・猪羊》 《牧羊要書》，英國阿麥大志著。論羊之各病，并辨別與醫治之法。所有養羊家已經考究有益而最新之法備載。牧羊家宜寶之。一圓。

牧羊指引

徐維則等《增版東西學書録・農政》 《牧羊指引》一卷。《農學報》本。日本下總種畜場原書，日本後藤達三編譯，羅振王潤色。此爲明治八年以來在日本下總種畜場試驗之法。四季飼養，通常治瘳諸事，取簡便者載之。

徐樹蘭《古越藏書樓書目・政部・農業》 《牧羊指引》一卷。日本下總種畜場原書。日本後藤達三編譯，羅振玉潤色。《農學叢書》初集本。

山羊全書

徐維則等《增版東西學書録・農政》 《山羊全書》二卷。《農學報》本。日本內藤菊造著，羅振玉編潤。言各國山羊種類皆備，其飼養、孳乳、療病及毛骨血肉利用，亦一一言之。體察精細，殆過於《牧羊指引》。

徐樹蘭《古越藏書樓書目・政部・農業》 《山羊全書》八章。日本內藤菊造。羅振玉編潤。《農學叢書》初集本。

猪羊論

王樹善《農務要書簡明目録・猪羊》 《豬羊論》，哈利司著。論英美各種豬之性情，又論雄豬必配最好種類，則所養之小豬俱好而可獲利。無論養豬多少，閱此書俱有益。有圖。一圓五。

農家養猪法

王樹善《農務要書簡明目録・猪羊》 《農家養豬法》，夸盆著。此爲重印而增益之書。書論養豬與管理及免病、治病之各法。凡經印行之養豬各書，無有勝於此者。一圓七五。

牧豬法

劉錦藻《清續文獻通考・經籍考・農家》 《牧豬法》一卷。陳梅坡譯輯。

養兔書

王樹善《農務要書簡明目録・鴿兔》 《養兎書》，無名氏著。有圖。養兎家或爲謀利，或爲取樂，各法備載。內有養兎之房，與場，與籬，與牆，并各國著名之兎之式樣。一圓五。

英美養狗法

王樹善《農務要書簡明目録・狗》 《英美養狗法》。書論養狗，自生産、教練、管理至免病、治病等法備載。俱從各國著名論狗書中摘録，並論美國好獵之地所養之狗。有圖百餘，中有各國著名之狗樣。二圓。

廣養狗者須知

王樹善《農務要書簡明目録・狗》 《廣養狗者須知》，白利得著。書論餵狗與生産、管理、比較各法。故多養狗者應閱此書。有圖。三圓。

養家禽法

王樹善《農務要書簡明目録・禽鳥》 《養家禽法》，無名氏著。此書論家禽之華麗者，并可以得利之法。如美國各邦所有養各種家禽之善法，備載此書。另有圖。一圓。

養禽問答五百則

王樹善《農務要書簡明目録・禽鳥》 《養禽問答五百則》。此書用問答體，俾農家易明。詳論家禽孳生與管理之法，并免病、治病之法，又生蛋與哺蛋及籠柵。另有專論火雞、鵝、鴨之問答。二角五。

養禽要法

王樹善《農務要書簡明目録・禽鳥》 《養禽要法》。如養禽或供家用，或備出售，或備賽會，各事備載此書，閱俱有益。有圖。二圓。

美國分別家禽書

王樹善《農務要書簡明目録・禽鳥》 《美國分別家禽書》。此書將各種家禽之優與劣詳細分別。若雞或火雞，若鵝鴨，若鴿，俱各有其優處，指陳最明，便於家禽會中比較優劣時，不至有誤。附有家禽之各種名目。其書皮面金邊，裝潢華美。一圓。

著名家禽圖説

王樹善《農務要書簡明目録・禽鳥》 《著名家禽圖説》，來忒著。書列家禽會中前列得獎之各禽圖樣，并有各種圖説。大板。五圓。

家禽圖説

王樹善《農務要書簡明目録・禽鳥》 《家禽圖説》，來忒著。此爲重印之書，内有着色大圖五十頁，俱爲家禽會中前列之禽。無論何種家禽，自孳生、長養、管理、比較，一切備載，并附最新之法與案。書板甚大。十圓。

養家禽法

王樹善《農務要書簡明目録・禽鳥》 《養家禽法》，毘勒著。内有回勒特增益之説。有圖。一圓二五。

家禽房柵書

王樹善《農務要書簡明目録・禽鳥》 《家禽房柵書》，達羅著。書論養家禽之各種房柵與簡便之器具。又有房柵之圖樣與所估之價值，自二十五圓起，一百圓止。有圖。二角五。

養鷄法

王樹善《農務要書簡明目録·禽鳥》《養雞法》，費勒此著。人家所養之雞，品有上下。其上品者養不合法，則漸漸變爲下品。書論上品之雞孳生與管理，并配合雌雄，與評論甲乙之各法。一圓五。

養雞生蛋法

王樹善《農務要書簡明目録·禽鳥》《養雞生蛋法》，司多特著。如廣養雞而預備生蛋出售，可閱此書。書中新意新法甚多，前曾載入美國農務新聞紙。有圖。五角。

養嫩鷄法

王樹善《農務要書簡明目録·禽鳥》《養嫩雞法》，婆亞著。作者在美國田莊廣養嫩雞，歷年得利，因著此書，便人學步。五角。

養鐓鷄法

王樹善《農務要書簡明目録·禽鳥》《養鐓雞法》，固來納著。初學鐓雞法者，閱此書卽了然。書並論養鐓雞之法，有圖。三角。

養火雞法

王樹善《農務要書簡明目録·禽鳥》《養火雞法》，買利克著。論火雞之源流與性情及種類，又養火雞得利之法。後載美國與加拿大所有養火雞家之論説。有圖。一圓。

殖鷄秘法

徐樹蘭《古越藏書樓書目·政部·農業》《殖雞祕法》一卷。日本中川一德。日本佐野謙之助譯。《湖北農學》本，《農學報》本。

養鴨法

王樹善《農務要書簡明目録·禽鳥》《養鴨法》，蘭根著。書中論天然之法及母鴨哺小鴨并火逼之法。有圖。二角五。

臺灣人工孵化鴨卵法

徐維則等《增版東西學書録·農政》《臺灣人工孵化鴨卵法》□卷。《農學報》本。薩端譯。顧補。

徐樹蘭《古越藏書樓書目·政部·農業》《臺灣人工孵化鴨卵法》一卷。日本木村利建。薩端譯。《農學叢書》二集本。

養鴿問答

王樹善《農務要書簡明目録・鴿兔》《養鴿問答》，古衣格著。此書無論圖樂圖利，都可備閱。文法俱用問答體，內論孳生與管理各法，并其各種性情與形狀。有圖。二角五。

養鴿便法

王樹善《農務要書簡明目録・鴿兔》《養鴿便法》，來忒著。此書包括養鴿一切有益之說，而以簡鍊出之。故書雖小，而意甚大。有圖。一圓五。

養鴿圖說

王樹善《農務要書簡明目録・鴿兔》《養鴿圖說》，富勒登等著。書詳各種各類最著名之鴿，比較優劣所藉之理。有圖五十頁，另有木板之圖。書帙甚大，紙邊飾金。五圓。

養鴿取樂書

王樹善《農務要書簡明目録・鴿兔》《養鴿取樂書》，教士羅楷士著。內有著色與不著色之圖。一圓五。

醫獸法

王樹善《農務要書簡明目録・畜牧》《醫獸法》，打特著。凡農家以畜牧爲業者，必知六畜各種醫病之法與免病之法。若牛若羊若豬，雖各有專門之醫家，而農家苟能自醫，自是更妙。書中有配藥之各方及管理六畜之法。一圓五。

美國獸醫書

王樹善《農務要書簡明目録・畜牧》《美國獸醫書》，打特著。作者約有二十五年，專治畜病，先在英，後在美。凡美國所有六畜之病，并牛與豬之溫熱病與辦別證候，及農家所應配之各種藥，又配藥之分量表等備載。有圖。二圓五。

農務醫獸法

王樹善《農務要書簡明目録・畜牧》《農務醫獸法》，羅著。書論牲畜免病與治病之法。如美國平常農家，其鄉離專門獸醫家甚遠，牲畜有病，延醫恐已不及，不如農家自諳醫治之大爲便捷也，故特著此書。三圓。

閹畜法

王樹善《農務要書簡明目録・畜牧》《閹畜法》，獸醫廖打特著。書論閹各種牲畜之法。有圖四十四。二圓。

畜疫治法

徐樹蘭《古越藏書樓書目・政部・農業》　《畜疫治法》一卷。美夫敦。日本宗我彥麿譯，薩端重譯。《農學叢書》初集本。

馬牛醫書

王樹善《農務要書簡明目録・畜牧》　《馬牛醫書》，買根多司著。無論農家或貿易家或獸醫家，皆可備閱。蓋從前各法，大半廢棄而用新法，故應有此新書。書計四百餘頁，有圖。一圓七五。

醫馬新法

王樹善《農務要書簡明目録・馬》　《醫馬新法》，打特著。書論馬之各病并敗腳之馬。其各病之根原與治法，俱爲最新而最明白者。有圖。一圓五。

醫馬書

王樹善《農務要書簡明目録・馬》　《醫馬書》，梅秀著。論馬各種病之治法，并配藥之方。附卷論釘馬蹄鐵之全法，福類明著。有圖四百。二圓。

醫馬辨病書

王樹善《農務要書簡明目録・馬》　《醫馬辨病書》，叉那著。論農家與農務學堂及各項養馬家分別馬病與其治法。有圖。一圓二五。

牛醫方

徐樹蘭《古越藏書樓書目・政部・農業》　《牛醫方》一卷。朝鮮趙浚等。《農學報》本。

論猪病書

王樹善《農務要書簡明目録・猪羊》　《論豬病書》，獸醫媽根拖司著。無論農家、獸醫家或獸醫學生，閱最合宜。書中所論，皆爲醫家所試驗而有憑據者。故農家不必浪費精神，閲許多空理，試驗許多不可恃之法。即如豬常有霍亂、吐瀉之病，而獸醫家向未考究及此。此病無一定治法，作者多年詳細講求，故其法實有把握。有圖。二圓。

家禽疾病篇

徐樹蘭《古越藏書樓書目・政部・農業》　《家禽疾病篇》一卷。屈克氏。日本赤松如一譯，日本山本正義重譯。《農學叢書》初集本。

獵禽書

王樹善《農務要書簡明目録・漁獵》 《獵禽書》，墨非著。各種禽獸，獵法不同。其所預備之槍或狗與曠野露宿之法備載，并論各種禽獸之性情。有圖。二圓。

獵獸全書

王樹善《農務要書簡明目録・漁獵》 《獵獸全書》，脱拉沙著。此書詳全套獵器。若狐、若鹿、若熊等獸，照此書之法容易落入陷阱。二圓。

蠶蜂分部

蠶務圖説

梁啓超《西學書目表・農政》 《蠶務圖説》。康發達。《格致彙編》本。一本。六十。

又《附録・讀西學書法》 絲市爲中國出口貨一大宗，而年來爲日本、美國所奪，絲業殆將圮矣。法國蠶務總會託浙海關某税員，查中國蠶政敗壞之由。查得中國之蠶，皆患瘟病，因詳言其生病之由及除病之道，著爲《蠶務圖説》一書。今中國欲保全利源，此等書必不可以束高閣矣。

趙惟熙《西學書目答問・政學・農政學》 《蠶務圖説》。一册。英康發達撰。《格致彙編》本。康爲浙海關税司，以中國蠶業日壞，遂考察東西各國養蠶善法，以資補救，亦自保利源之要圖也。

徐樹蘭《古越藏書樓書目・政部・農業》 《蠶務圖説》一卷。英康發達。《西政叢書》本，《格致彙編》本。

飼蠶新法

徐維則等《增版東西學書録・農政》 《飼蠶新法》一卷。益智書會本。美瑪高溫著，英傅蘭雅譯。

喝茫蠶書

徐維則等《增版東西學書録・農政》 《喝茫蠶書》□卷附圖。《農學報》本，杭州《蠶學報》本。法喝茫勒窩滂著，鄭守箴譯。法國講求蠶務，歷有年所。自巴斯陡創製子法，而蠶學大進。其黄蠶一種，每鰛昔蠶子，得繭多至六七十啟羅格。其立法善，故收效捷也。鄭君游學歐洲，便道至法國茫伯理挨蠶桑學堂學習，因思中國蠶病不講，飼法未精，出絲日少，漏巵日多，因急取此書譯之。而於飼蠶、製子二法，言之特詳。至考究蠶性，因非急務，故從略焉。爲圖凡三十有四。顧補。

徐樹蘭《古越藏書樓書目・政部・農業》 《喝茫蠶書》一卷。法喝茫勒窩滂。鄭守箴譯。《農學叢書》二集本。

意大利蠶書

徐維則等《增版東西學書録・農政》 《意大利蠶書》一卷。製造局譯本，在《蠶學叢刻初集》内。意丹吐魯著，英傅蘭雅、傅紹蘭同譯，汪振聲、趙元益述。養蠶之法，一不可有病，二必使足食，三熱度合宜。然各國所設之法，惟意最合宜。是書爲意國侯爵丹吐魯著，英人譯之，以教愛爾蘭島之民者。自飼養之法及民間、國家所得利益，無不具載。蠶房、蠶具，亦詳説

之。體貼周密，足以爲法。

徐樹蘭《古越藏書樓書目・政部・農業》 《意大利蠶書》一卷。意丹吐魯。英傳蘭雅、傅紹蘭同譯，汪振聲、趙元益述。製造局本。

《上海格致書院藏書樓書目・東西學書・農政》 《意大利蠶書》。意丹吐魯。英傳蘭雅、紹蘭。六合汪振聲，新陽趙元益。一卷。一本。製造局本。

楊復等《浙江藏書樓乙編書目・農學》 《意大利蠶書》一冊。意國丹吐魯著，英國傅蘭雅、傅紹蘭譯，六合汪振聲述。江南製造局刻本。

陳洙《江南製造局譯書提要・農學》 《意大里蠶書》一卷。意大里侯爵丹吐魯撰，英國傅蘭雅及其子紹蘭同譯，六合汪振聲筆述，新陽趙元益校錄。凡十五章。英人本意國之法，以教愛爾蘭之民。自飼養之法以及各項利益，無不備載。中土蠶桑家所宜奉爲金針也。第一章：論蠶類並吐絲之蠶。第二章：論吐絲之蠶。第三章：論飼蠶宜食之葉。第四章：論蠶子並蠶初出之時。第五章：論初出之蠶檢置暖房及蠶子與蠶蟻輕重之比例。第六章：論蠶出後歷次眠時之養法。第七章：論蠶自第四次脱殼至將吐絲之時。第八章：論將吐絲至成繭已畢。第九章：論蠶第六層工夫即成繭收繭存繭與繭減重各事。第十章：論蠶蛾出時而交合生子此爲蠶之第七層工夫。幷存子之法。第十一章：論蠶分多種幷野桑與接桑之別。第十二章：論養蠶各層工夫內所生之病考其根原與免病法。第十三章：論養蠶所需之房屋器具。第十四章：論此書前數章各事之總義與利用法。第十五章：論合法養蠶則租地之人與地主及衆人並國家必得利益。

論養蠶新法

楊復等《浙江藏書樓乙編書目・農學》 《論養蠶新法》一冊。巴士德著，拔維晏譯。浙江局刻本。

奧國飼蠶法

徐樹蘭《古越藏書樓書目・政部・農業》 《奧國飼蠶法》一卷。奧保卜魯入一育哈昂五。日本佐佐木忠二郎譯。日本井原鶴太郎重譯。《農學叢書》初集本。

飼育野蠶識畧

徐樹蘭《古越藏書樓書目・政部・農業》 《飼育野蠶識略》一卷。法魏雷。陳貽範譯。《農學叢書》初集本。

蠶桑實驗説

徐維則等《增版東西學書録・農政》 《蠶桑實驗説》一冊。《農學報》本。日本松永伍作著，日本藤田豐八譯。計四篇。一、論桑。二、論蠶。三、論蠶室。四、論飼養。松永氏供職蠶桑，先後幾二十餘年。銜命巡行，考求此事，亦幾十餘次。得諸目驗，固可徵信無疑。

徐樹蘭《古越藏書樓書目・政部・農業》 《蠶桑實驗説》四篇。日本松永伍作。日本藤田豐八譯。《農學叢書》初集本。

最新養蠶學

楊復等《浙江藏書樓乙編書目・農學》 《最新養蠶學》一冊。日本針塚長太郎著，野浦齋譯，仁和邵章潤文。浙江書局鉛印本。又同。

蠶體解剖講義

徐樹蘭《古越藏書樓書目・政部・農業》 《蠶體解剖講義》一卷。日本佐佐木忠二郎口授，蠶事部傳習生記。山本正義譯。《農學叢書》初集本。

秋蠶秘書

徐樹蘭《古越藏書樓書目·政部·農業》《秋蠶秘書》一卷。日本竹內茂演，日本遠籐虎雄筆記。《農學叢書》二集本。

微粒子病肉眼鑑定法

徐維則等《增版東西學書録·農政》《微粒子病肉眼鑑定法》一卷。杭州蠶學館本，在《蠶學叢刻初集》內。日本佐佐木忠二郎著。列論十章。其辨驗微粒子毒，不用顯微鏡而仍憑目驗其法由孵育及蠶及蛹及蛾，調查三次，以定各毒病多寡之率。凡力不能購顯鏡者，讀此書，試用之甚便。

試驗蠶病成蹟報

徐維則等《增版東西學書録·農政》《試驗蠶病成蹟報》第一第二第三。《農學報》本。卷一杭州蠶學館本，在《蠶學叢刻初集》內。日本農商務省編，日本藤田豐八譯。分十章，曰蠶病有數種，白殭病、有節病、空頭病、縮身病、細身病、蛆病是也。此篇專述明治十七年農商務省試驗之成蹟，其發明不少。其第二則言十八年試驗，第三則言十九年試驗。顧補。

徐樹蘭《古越藏書樓書目·政部·農業》《試驗蠶病成蹟報》三卷。日本農商務省編。日本藤田豐八譯。《農學叢書》二集本。

蠶體病理

徐樹蘭《古越藏書樓書目·政部·農業》《蠶體病理》一卷。日本河原次郎。《湖北農學》本，《農學報》本。

蠶病要論

徐樹蘭《古越藏書樓書目·政部·農業》《蠶病要論》一卷。日本井上伍鹿。日本米良文太郎譯。《農學報》本。

膿蠶

徐樹蘭《古越藏書樓書目·政部·農業》《膿蠶》一卷。日本佐佐木忠二郎。日本井原鶴太郎譯。《農學叢書》初集本。

生絲繭種審查法

徐維則等《增版東西學書録·農政》《生絲繭種審查法》□卷。《農學報》本。日本高橋信貞述，沈紘譯。附以圖說，列表以明之。顧補。

製絮法

徐維則等《增版東西學書録·農政》《製絮法》一卷。《農學報》本。日本格山原治郎著，日本井原鶴太郎譯。言同宮繭、出蛾繭、屑繭等製絮之法。

徐樹蘭《古越藏書樓書目·政部·農業》《製絮說》一卷。日本杉山原治郎。日本井原鶴太郎譯。《農學叢書》初集本。

蠶業學校指引

徐維則等《增版東西學書録・農政》　《蠶業學校指引》一卷。《農學報》本。日本東京九山舍編輯，日本安藤虎雄譯。此皆明治二十年各蠶業學校章程，彙刊成帙。日本蠶業小學校甚多，茲編新録，皆著明之大學校得國家資助者。後附《檢查蠶種法》，極可觀。

徐樹蘭《古越藏書樓書目・政部・農業》　《蠶業學校案指引》一卷。日本東京九山舍編輯。日本安藤虎雄譯。《農學叢書》初集本。

湖北農務學堂蠶業實修紀要

徐維則等《增版東西學書録・農政》　《湖北農務學堂蠶業實修記要》一卷。《農學報》本。日本峰村喜藏著。顧補。

西國養蜂法

梁啓超《西學書目表・農政》　《西國養蜂法》。傅蘭雅。《格致彙編》本。

又《附録・讀西學書法》　《西國養蜂法》，言印度不養蜂，其所失之利，過於其所得種鴉片之利。然則養蜂之爲利大矣。此書言用光學聚蜂、以化學察蜂等理，至纖至悉。西人於此等微細之事，其講求乃如此，宜其富强哉！

趙惟熙《西學書目答問・政學・農政學》　《西國養蜂法》。一冊。英傅蘭雅撰。《格致彙編》本。養蜂取蜜，其事雖微而利實大。書中謂印度不養蜂，其所失之利過於其所得鴉片之利，可見西人致富之法細大不捐，故能百產豐盈，民足而國亦盛也。

徐維則等《增版東西學書録・農政》　《西國養蜂法》一卷。《格致彙編》本。英傅蘭雅輯譯。言光學聚蜂、化學察蜂之理，至精至密。首言印度不養蜂而專種鴉片，所失之利過於所得之利。然則養蜂之利，可謂大矣。《彙編一》有《論養蜂獲利》，可參觀。

徐樹蘭《古越藏書樓書目・政部・農業》　《西國養蜂法》一卷。英傅蘭雅。《格致彙編》本。

養蜂獲利

徐樹蘭《古越藏書樓書目・政部・農業》　《養蜂獲利》一卷。英傅蘭雅。《格致彙編》本。

養蜜蜂法

王樹善《農務要書簡明目録・蟲》　《養蜜蜂法》，戈格著。書論蜜蜂之性情與其形狀。有圖二百。一圓二五。

養蜜蜂甲乙丙

王樹善《農務要書簡明目録・蟲》　《養蜜蜂甲乙丙》，路得著。此爲養蜂總書。自蜜蜂之種類與性情，與釀成蜜糖，與蜜蠟，與蜂窠，與所需之器具，與養蜂宜種之花草樹木，無不備載。一圓二五。

論蜜蜂與蜂窠書

王樹善《農務要書簡明目録・蟲》　《論蜜蜂與蜂窠書》，冷司脱路脱著。此爲重印之書，有圖。一圓二五。

養蜂新法

王樹善《農務要書簡明目録・蟲》 《養蜂新法》，路得著。此書論養蜂之各種難處，格外詳細。作者約五十年，詳考一切新法而試驗之。其所究得之理，備載此書。一圓。

蜜蜂飼養法

徐維則等《增版東西學書録・農政》 《蜜蜂飼養法》二卷。《農學報》本。日本花房柳條著，日本藤田豐八譯。講求養蜂，亦振興糖利之一事。此書上篇叙蜜蜂生理解剖，營巢育兒，下篇述飼養、管理各法。條分縷析，較《養蜂法》爲密。

徐樹蘭《古越藏書樓書目・政部・農業》 《蜜蜂飼養法》二卷。日本花房柳條。日本藤田豐八譯。《農學叢書》二集本。

水産養殖分部

美國養魚法

王樹善《農務要書簡明目録・漁獵》 《美國養魚法》，諾立斯著。書將各種著名之魚生育、長養之法詳細言之，便於近水之農家養魚得利。一圓七五。

田莊養魚捕魚法

王樹善《農務要書簡明目録・漁獵》 《田莊養魚捕魚法》，格令著。凡農家田莊內有活水河或池，能多養魚，自是得利。其所用之法幷移運魚苗與小魚等法，備載此書。五角。

設法采珠

徐樹蘭《古越藏書樓書目・政部・農業》 《設法采珠》一篇。美瑪高溫。《格致彙編》本。

養魚人工孵化術

徐維則《增版東西學書録・農政》 《養魚人工孵化術》□卷。《農學報》本。日本金田歸逸著，劉大猷譯。顧補。

徐樹蘭《古越藏書樓書目・政部・農業》 《養魚人工孵化術》一卷。日本金田歸逸。劉大猷譯。《農學叢書》二集本。

水産學

徐樹蘭《古越藏書樓書目・政部・農業》 《水産學》四卷。日本竹中邦香。日本山本止義譯。《農學叢書》初集本。

日本水産會章程

徐維則等《增版東西學書録・農政》 《日本水産會章程》□卷。《農學報》本。沈紘譯。顧補。

徐樹蘭《古越藏書樓書目・政部・農業》 《日本水産會章程》一卷。沈紘譯。《農學叢書》二集本。

日本水産會成蹟概要

徐維則等《增版東西學書録・農政》 《日本水産會成蹟概要》一卷。《農學報》本。日本藤田豐八譯。顧補。

農場建築分部

田家籬笆門橋工程書

王樹善《農務要書簡明目録・田園》 《田家籬笆門橋工程書》。此爲農家最要之書。未有此書之前，農家常有許多難處。内有圖百餘，並載美國各邦造籬律法之大略。五角。

農家房屋圖説

王樹善《農務要書簡明目録・雜事》 《農家房屋圖説》，金著。自農家住宅以至馬房、禽房、牛倉，各有圖樣與説，甚詳。一圓五。

田莊房屋圖説

王樹善《農務要書簡明目録・雜事》 《田莊房屋圖説》。此書有圖二百五十七，凡農家所有應造之一切房屋，無不備載。即如穀倉、草倉、牛房、馬房、羊房、冰房、豬房等是也。並有專論禽房、狗房、工藝房，與房之屋背法，通風法，及存糞之窖等。一圓五。

量地便法

王樹善《農務要書簡明目録・田園》 《量地便法》，必達著。書本甚小，便於攜帶。如量得地之長與寬兩數，查書中之表，一望而知面積之畝數，至一千五百尺之邊爲限。六角。

農家管帳法

王樹善《農務要書簡明目録・雜事》 《農家管帳法》。阿其生著。書論農工各事之帳目。蓋農家各工，總以得利爲要。無論所産之何種物料，必先知其資本若干，而後銷售之時，可知其有利與否，抑且可知種何種物得利最重。二角五。

工藝製造部

論述

丁韙良《西學考略·工藝院》 古人云：「道成於上，藝成於下。」是道爲本而藝爲末，道爲源而藝爲流也。然藝爲人生所不可無，無則國不強，民不富，而器用鄙陋，則製造所宜講焉。夫工爲四民之一，品居商者之上。蓋先工作而後貿易，以通有無。故留心王化者，不但重農與商，亦必以工爲急務。倘執政重視士儒，而不設學校以訓課，烏得謂爲重視耶？若工匠止於獎勞，而不謀所以精純，亦不足爲重。近代西國建工藝院，蓋有取於斯焉。在昔工匠，雖亦製造，祇恃師傳。其業不廣，一如向之學醫，僅得私授，其術未宏。迨國家開設醫院，道乃因之丕興也。其建立工藝院，諸藝俱臻美備者，非謂工匠之粗者，不得仍習家傳。實因工藝有涉於學問，故開學院，置機器，備圖書，延名師教授，則聰慧者窮源探本，綱舉目張，而各藝皆呈其效。如謂製造器具，營建房屋，學鳥鳥之壘巢，惟知葫蘆依樣，亦未嘗不可。然欲省材省力，事半功倍，而求精於工者，非先務測算繪圖之學，無由而得其妙。蓋數居六藝之末，而實爲百工之首也。至水火之工，卽司、火車、輪舟等機也。若不諳水火之學，必致多誤，喪命百數，喪貨鉅萬，其所係不綦重哉！是以測算格化等學，尤於工藝有關。博學之士，未嘗不爲工匠講之。法京之百藝院，上卷已略言及，各國仿建頗多。有會萃百工，而爲各藝專開課程者，有將工藝之尤要者，分而教之，如營造館、治礦館、機器館、農政館、船政館、精藝等館是也。

又《機器館》 機器以汽機、電機爲要。汽機能代人馬之力，垂功已至百餘年。初亦未甚靈捷，祇用於礦窑，以提攜煤鐵，後乃漸精，既以之行火輪舟車，復以之運磨，紡棉織布，冶鐵，以至石木諸工，亦皆用之。習此機者有二、一、造機；一、操機。均以測算格致爲本。操機者之學，雖未如造機者之深，亦須資性聰慧，方勝其任。蓋一有缺損，卽行補救，以免有失。倘才具平庸，猝遇不測，不但輪舟慮有敗壞，而數百人之性命，亦無倚賴。是以輪舟每置五六人，諳練操機，以備緩急。其司火車機器者亦同。電機之類甚夥，如電報一事，有專司安設電綫者，有專司寄送信件者。邇來又興電氣燈，異日必與煤氣燈並行於西國城鎮。按製造煤氣燈與經理其事者，在西國原爲大業，而以化學爲本。不但代煤氣以燃燈，亦代蒸氣以行機，甚至鐵路運車，已試其端。他如鍍金作印板等事，皆各爲專業。其諳悉電學之理，莫不由格致爲始也。水機各類，如水輪作工及壓櫃蓄力通力，不可枚舉。治水各法，如築隄、設閘、濬河等工，皆本水學以測算。更有零星機器，不勝枚舉，率爲工匠所必需。機器之學，或分館而專授，或萃於一館以兼習。古者工匠習業，官置不問。近時機器精進，是以廣設學館而教之。

康有爲《日本書目志·工學總計類序》 原泰西所以強者，自英人倍根立勸工之法始也。倍根當明永樂之時，泰西之窮同中國也。倍根令工人能創新器、新法者，皆賞功牌文憑，許其專利，于是舉國鶩之。美之獻新法者，歲三千餘人，英千餘人，法八百餘人，德、奥六百餘人，意、比利時皆四百餘人。于是輪舟輪車、電燈電報、寄聲傳聲之器，驟出並奏，而開闢地球矣，皆工之爲之也。英人既以工富，其貧民食於工者亦富數倍。咸豐癸丑年，英民禽麵者每人歲十三斤，糖十一斤有奇，茶二十兩，肉十二兩，卵四枚，酒二斤。至同治癸酉，凡二十年，每人歲食麵九十三斤，糖三十八斤，茶四十八兩，肉七斤，卵二十枚，皆三四倍。故泰西近來所課試，不在彈血槍肉，而在家給人足。暨民既富，而闢地開疆亦浩達矣。工皆有學人傳之。《考工記》何其美也，視人工之窳敗精巧，可見道焉。《三國志》稱諸葛之治蜀也，工械技巧，物究其極。今泰西得之矣。模氏諳氏，泰西工學之精者，日本皆已譯其書。泰西用鐵如用木，鐵材、木材，今所不可少者哉！勸工爲九經之一，又爲智民富國之本，而吾尚未之知也。

又《建築書類序》 建章之千門萬戶，張華得圖而後能築之。匠人爲國，水地以懸，有傳授焉。高室多風，曠室多陰，處陰陽之宜，衛生有道焉。曾惠敏之至法也，當新破之餘，而宮室宏麗，匪徒人工之巧，亦覘國力焉。考羅馬之舊蹟，橋梁戲園衢路，堂堂皆用石，故能久傳至今。至埃及之斜塔，已能知重心之理矣。夫吾先聖之訓，尚卑宮而戒峻宇者，以三古諸侯猶今土司，多虐用其民。築城築臺，皆用民力。雖文王之聖，猶以民力爲臺沼矣，非用雇役。故《論語》重農時而戒改作，《詩》美橐鼓弗興，《春秋》

譏興築，皆有爲也。自王安石改雇役之法，役作皆不徵民，並以錢雇，無復虐用其民之患。孔子《春秋》爲三統，董子《繁露》傳其略説。明堂之制法地者卑污方，法天者高大圓侈。又法天者楕圓，法地者習衡。是孔子之制，不限於卑宮矣。明堂之制，上圓下方，四阿重屋，三十六牖，七十二戶。泰西宮室，乃明堂之遺。若早變雇役，孔子固欲與民同樂之，當爲法天之統矣。不然，是陋邦之風，非衞生之道也。

又《機器學類序》　漢陰丈人之桔槔，太古之法也。有機事者，必有機心。老、莊好言太古之舊説也，結繩網罟已爲機器，豈待輸、墨之鳶，偃師之木人，張衡之地動儀，諸葛亮之木牛流馬，祖暅之之輪船哉！《易》之道也，「利用」。前民可以利用者，易之而已。若必舍鍾表而珮滴漏，斷輪舟而尙風帆，非特事勢不能，亦非人情所願安也。以水火代人工，不勝于勞役手足也乎？泰西百年前無機器也，什器事物，皆藉十指之力。廢鑢窳遲，拙與中國同。乾隆二十四年，華忒始創輪機，先製小樣，無匠可應命；使匠鑽氣筒之圓鐵，匠辭不能，而強之，椎成一孔，既不光潤又漏氣，幾不可用。故創器者雖極有巧思，然非有精工，不能按圖以成物；又須有精器以佐之，然後無粗窳之嫌。然無深明重學之良師，失之毫釐，謬以千里。作器雖精，機器雖多，不能必適於用也。及重學師把瑪創作自能運動之機器，以製各種鐵機，舉國風從。其弟子曰模私麗，創活動而又死之馬鞍式機器。又一弟子曰樞悶蒒，造鏍鐵機器。又瑙試梅者，始作火輪鎚。灰透瓦者，始作量物之小機器，可使一寸分一百萬分。厚薄輕重，長短闊狹，無論製何機器，賴以爲律。度量衡之準，於是新出。機器日益多，故百年前皆身使臂，臂使指也，百年後變身、臂、指而爲機器也。故前則以人製器，今則以機製器。機器之製，精速皆過千人製之器也遠矣。而華忒於乾隆三十四年正月五日，創織布新機，又推行於他事。英國盡效而用之，機器大行，英遂大富。英人以正月五日爲重生日也。新法新器專利之憑，百年前歲凡百餘種，近乃三千餘種矣。昔美人創國，未治機器，百物一器之微，購於他國，苦貴甚矣。又萬國旣通，不能絶之，美人乃發憤自造，於是昔之鐵鑄類從英運，今則開採自鑄。匠十四萬，歲出鐵三百七十五萬墩矣。布亦運自英，今則布廠千餘，毛廠三千，工匠六十萬，除自用外，售於他國矣。墾地勸工，民以富樂，歸者如市。每十年增客民四百五十萬，以成大國。織機自華忒創造之後，哈爾該亞寇、懷克楞呑繼有損益，於是織機大備，織布之利遂爲大地所未有。乾隆時，英歲出布十八萬兩耳，至近時歲出布乃至三萬萬，織毛將二萬萬，織廠七千餘所，於是一人可代二三百工，一童女日可織三萬丈線矣。觀二、三機器，微物耳，而英人以富，闢地數萬里，大變地球之局，豈不變哉？美富於棉，而百年前無法長棉花之子也，故視爲無用。乾隆五十八年，灰忒創軋棉子之機，於是運往英者百六十萬，五十年間，遂至二萬萬。英布廠益盛，棉終不足，各國運去者十七萬萬。以英磅而計。英織美棉，皆以富國，此亦宋人之絣澼絖矣。夫泰西皆用機器，而以手工之不精、不勻、不速，而欲與機器爭利權，是猶驅跛羊而與駿馬爭先，使躄足者而與慶忌爭捷也。且中國不能不用機器久矣，而損則須修，缺則增配，一針寸木，動須歲月以求之。外洋其重費生鏽且勿論，安有以萬里之中國而事事仰之他人者哉？故今者機器一動，能養窮民萬千。自收利源，自生新法，此日人所以尤汲汲也。

又《匠學書類序》　匠人梓人，《考工》重之。梓慶斲鐻，見者驚若鬼神。郢人堊鼻，運斤成風，盡堊而鼻不傷。公輸爲鳶，飛三日而不下。當戰國之時，匠學尤精哉！能與人規矩，蓋有專書矣。故實之録，極秘之傳，繪樣之集，日人其傳之加精也。

又《手工學書類序》　小民四業，士、農、商皆有待而後能之；惟工者，人人可能。童崽婦女飽食終日，不出庭戶而可以執業，以養其生。故四業之中，工爲最博，而手工其切近者也。學之者如是之易，業之者如是之廣，則所以敎之者宜尤詳密繁多。而吾中夏，乃幾無其書，於逮下養民之道，無乃疏乎？吾邑南海，地方六千里，人口將二百萬。人不得田半畝，皆以工爲生者也。吾鄉作工，有織布針鈕，而近者用洋針、洋鈕、洋布，物美而價賤，遂大相奪，針鈕業遂絶，布業亦微。吾祖姑之妾，老而寡，撫一孫，鈕業絶則以織爲生。近無以食，告吾曰：織七日而成一機，走之市，則洋布充斥，無採者。霖雨路塞，不能至市，至或售矣，得銀一錢八分，豈能給祖孫二人之食哉？民食既窮，故壯者走而之海外，老婦寡妻不能走也，坐待斃耳。而美、澳俱禁華工，又還歸於鄉，無所得食，但作盜賊。故近年粤盜最多，刧者數十家，盡粤省無地無之。其罪孽可惡，其情則眞可閔也。粤地之産只此數，而戶口之産日增，不爲彼別啟利源，走之海外則不容，還之鄉土則無食，不幷而爲盜，將何之？牧民者不審盈虛消息之理，不窮謀

變通久之規，一任其自生自滅，至其廣生而不滅，而無術以待之，則敗血溢爲癰疽，漲水溢爲滔潦，乃適以成大患而已。泰西機器一廠，養窮民以萬千計。士、農、商之業俱窮，正宜大闢工業，以養無限之貧民，上以開新藝，下以銷亂源。日本之於工也，小學校有《手工篇》以教之，又有《講義録》、《教科》、《使用法解説》以條講之。小學又有《女工篇》以教女子，工務局又有《月報》，博物館有製物《志料》、《百圖》。製造所有秘訣、簿記、教科，及蠟糖至腐魚油、水產、果麵、紙粉、染色，一名一物之製造，皆有專書。瓷漆織作，且有會以講之，尤其注意。若泰西《製造新書》則固已譯之矣。條理繁密，無不入微。今士夫富人宴席，多喜用罐頭魚果、糖蠟如荔枝等類，且有書目。中國運彼製造，復售於中國者，故泰西戲謂吾中國百物，皆爲天產，謂無人工製之也。昔伏讀《會典》，見諸蕃入貢物，泰西則量天縮地之尺，地球琿天之儀，千里顯微之鏡，皆人工者，無一天產之物也。緬甸、安南之貢，則象牙一雙，孔翠幾對，皆天產之物，無一人工者也。然而緬甸、安南已滅矣，泰西諸國横絶地球矣。嗚呼！强盛弱亡之故，以工占之。

又《染色書類序》　青與白謂之文，赤與白謂之章。天有雲霞，地有花草，人有文章。聖王之爲治，因人之情，不廢黼黻文章之事，故染人有官焉。夫人之好尚，以目爲指使。有以奪其目，並其心將奪之。諸國並立，以貨爲戰。用同則實勝，實同則華勝，華同則文采尤麗者勝。染色之學，貨戰者之精兵也。賀齊之瑚戈，光弼之旌旗，望氣者先奪哉。

又《釀造書類序》　普大地人跡不到之區，舟車不通之哉，荒島野番，未有不能釀酒者也；未能食穀炙肉，未有不能造酒者也。飲固在食之先哉！醉，固人之性耶？非人之性也？人無智愚，人無不好樂也。有所知則樂不盡，必醉之而後樂盡。故酒之行，最廣博邈遠，以爲樂也，未有能禁之者也。吾議約者，既不能深通物理之故，又不知外國之情，既不能察萬貨盈虛，自釀而行之。外國乃以酒爲飲食之物，概免其稅，而中人嗜外國之酒，如蟻之慕膻也。於是洋酒之來，勢如湧泉。日人窺見之，亦廣種葡萄，經營釀造，考法國之法，圖顯微之酵，精簿記之驗，思改良之方，蒸蒸然爲一大業。吁，觀其箸書之多可觀矣。

沈桐生《東西學書録總敘・工學》　古者百工居肆，以成其事。物勒工名，器無窳苦。日省月試，工有考成。后倉《曲臺記》：百工列於九經，且有虞氏尚陶，夏后氏尚匠，殷人尚梓，周人尚輿。聖人之重工也如此。至於《周禮・考工記》所載工藝，並有專門之學。如輪、輿、弓、廬、匠、車、梓者，皆爲攻木之工。築、冶、鳧、栗、桃、段者，皆爲攻金之工。函、鮑、韗、韋、裘者，皆爲攻皮之工。他若畫繢之工，則筐、㡃、染也。刮摩之工，則玉、櫛、彫、磬、矢也。搏埴之工，則陶、旊也。惟其學之專，故造之精；造之精，故業之盛。以及燕函粵鎛，魯削宋斤，並皆垂於千古。其餘如奇肱之製，指南之車，木鳶之飛，環帶之堞，銅龍地動之儀，木牛流馬之奇，載在傳籍，信而有徵。何嘗不精心巧思，制器利用乎！

今西人於工學一端，設藝塾以教之，立藝科以獎之，賜金牌、給憑照以維持之，故官廠民廠，林立各國。數十年來以工藝名者，如羅哲爾，懷德尼，塞明敦，嘎剌法尼，別色廉，回特活德，林明敦，克魯伯之屬，無慮數十百家。皆能學參造化，思通鬼神，審曲面勢，飭材辨器，爲國家開絶大利源，爲子孫遺無窮基業。他若講求工藝，則有學堂。如法之賽隆、汕答、涇士，白海登，沙浦各學堂，於工藝課程詳悉靡遺。由是知西人之所以致富强者，固非無因也。因臚舉其大要，而敘述之。其餘瑣屑者，概不著於篇焉。

一曰紡織之工。查紡織工分三層，首爲軋花。西人軋花，向亦人力。自英人懷德尼出，始創機器，而利便百倍於人工。綜計每畝棉花收六十六斤，人工軋花每日可得淨棉三斤許，必須歷二十二日，始軋成一畝之花。自有機器，則半日已足。既能敏捷，又可提清，使鬆匀潔白也。次爲紡紗工，分十二層，曰打花去土，曰彈花成片，曰梳棉成帶，曰引綫成條，曰初成鬆紗，曰引長，曰捲緊，曰紡經紗，曰製緯紗，曰絡紗成絖，曰合絖成包，曰提檢廢棉，皆由機器製成，倍精倍速。三爲織布工，分四層，曰絡經，曰理經，曰漿縷，曰摺布。其機器有大有小，而織成布縷，亦精細光匀。此所謂紡織之工也。

一曰印染之工。查西人印染諸法，悉由化學研鍊而成。如棉布退色，須用緑氣，令雜色退而潔白，故退色粉中，非有緑氣不可。藍布欲染成櫻白色花紋，須用鐵雜質水浸透，而投入鉀衰中，乃以鹼類印成花紋，則變櫻色，再漬以淡酸水，則成白色。其染成洋藍，亦不盡用洋藍，有一種鉀衰鐵，色

極紅艷將其粒用水與醋調和，浸布其中，印成藍色，較洋藍所染尤鮮。其餘染料，如普魯士藍，五倍子，阿里撒尼，均有方配合。而其染亦用機器，有一種簡便器，係紅銅輥輪彫刻極細花紋，輪下有槽，以盛顔料。汽機轉動輪軸，輪卽入槽。槽外有小鋼刀，待輪出槽，刀能刮去渣滓，惟花紋處顔色獨存。將布捲於木輪，滚入印花輪下，由上而下，仍捲木輪而染已成，法最靈妙。此所謂印染之工也。

一曰鼓鑄之工。按西人自闢地美洲，覓得銀礦，用以鑄幣。或用化學提煉，機器製造，務極精工。蓋金銀皆有雜質，採出之時，必須提鍊，方合鑄錢之用。其法將銀鎔化，傾入水中，全成小粒。添入濃硫強水，加熱至沸，則銀銅皆化於水，而金獨沈底。再用含銀銅之水，傾入鉛盆，盆內加紅銅若干，則銅又漸漸消化，而銀獨結成淨質。鍊金亦如之。其用化學提煉，有如此者。至其造法之次序，先將金銀鎔成胚板，次將胚板壓成長條，次將長條鑿錢成胚，淘而洗之，鏨而印之，而成錢矣。其鎔胚板法，用冶缸取汁，入鐵模。鐵模每副四塊，合爲一套。以鐵圈將金銀傾入，而鬆圈上螺綫，則傾出銀板二塊，約長七寸，厚約三分，寬約八分，是爲胚板。再用機器將胚板壓條。其器疊鋼軸二，旁有機輪，將胚板夾緊二軸之中，輪動則穿過成條，寬厚恰與錢同，長約三寸左右，是爲長條。用機器將條壓令平直，前後左右無所參差，卽於條內鑿成錢胚，然後以藥水磨擦，則明亮圓匀。以機器印花，則精緻工細。其印花機器，下方上圓，全器俱爲純鋼。中有二鋼模，上下相對，模上鏤花甚細，卽錢兩面之花紋也。模前有鋼管，下設鋼鉗，將錢胚疊入管內，機動則一胚落入鉗口，夾入模心，上下一擊，錢由模底漏入一處，印成甚速。其用機器製造，有如此者。此所謂鑄鼓之工也。

一曰船艦之工。按造船之法，西國初用鐵甲，繼用鋼甲，近來制度愈精。凡選造製料之方，機輪括鍵之理，頗爲繁密。先須築合式之船塢，以備修造。此外尚須分設打鐵廠，鑄鐵廠，模子廠，拉鐵廠，繈鐵廠，鐘表廠，帆纜廠，舢板廠。其器有水缸，汽槌，懸機剪，脅鐵牀，省煤機，起重器，以及拉鐵之碾輪，拗鐵之輪架，無不備具。其製造全船之法，大抵先用艙鑽各匠，黏灰穿孔，塞罅漚釘，及鐵匠打鑲鐵梁、鐵脅、鐵條等件。次須刓雕梁座，鬬櫳機器車，治舵桅，再使鐵匠打鑲鐵條等件，拆移輪機水缸等。上船配合，偏嵌泡釘螺餅，兼製銅管汽筒、尾輪鐵輥等事。再船內之匠，則造艙堵、戰秤、桅架、椗車、舨板等件。船外之匠，則包龍骨鐵皮，造鋼凹槽，下水托鋼等件，乃加堊油漆，聯鈴銅板，而船成矣。然必須材料精純，鋼鐵堅固，庶能駕駛靈而攻擊捷。此所謂船艦之工也。

一曰砲槍之工。按製砲以德之克虜伯爲地球第一大廠。其中工匠甚夥，局廠分列，有鑄鐵之廠，有重錘之廠，壓鐵之廠，拉鐵之廠，車筒之廠，刨鐵之廠，吹風之廠，鎔鐵之廠，螺紋之廠，煤氣之廠，水龍之廠。其鎈鋸琢磨，則數十百處，不可勝述。總之先以鐵塊放入砲爐，以風輪扇熾火力，去渣存液，一氣鑄成實心，再用機器車刮鏇挖，使砲之外光如鏡，內滑如脂。再於腹內安設鋼圈鋼底，幷鑽螺絲綫紋，以及配備砲車等件。再行試驗，如合砲膛砲耳，以觀其角度。合砲柱砲身，以察其垂綫。用電火回鏡，觀其螺紋。抽後門環托，觀其藥氣。測以藥綫表尺，而知漲力。換以輕重之彈，以驗擊力。均關緊要。若洋槍一項，製造選料之法，與砲大同小異。如碾捲槍筒，車剖外光，攢挖內膛，鏇造斜稜，各有精器，巧式百出。至其驗法，則視其體質，量其口徑準尺與鎗管中綫，是否平行。既放後，卸其後門機簧，察其挺針是否堅厚，驗其藥氣有無滲漏，其法不外乎是。此所謂砲槍之工也。

一曰鍊鋼之工。查鍊鋼之法，西國不乏專家，而以別色麻法爲尤精。德國有一鋼廠，設別色麻爐二座，每座容積七噸半，閱六時爲一工，能造料七百八十二次，每十五工，能成鋼塊七千二百六十四噸，神速若此。其法先將生鐵盛爐中，鼓以空氣，燒去異質，俟火候十分，則成熟鐵，熟鐵加炭質數分，則成鋼。炭之質有多有少，卽鋼之質有輭有硬。傾模成塊後，恐有蜂窩形，則用壓水櫃壓去空氣之泡，而鋼必純矣。然不徒宜鑄純鋼，並當多鑄各種物料。蓋鋼有數類，其用各别。如造汽筩機軸，車牀之輪軸，捶孔器之兩心軸，砲之大箍、耳箍者，則須用藍類之鋼。如製砲身、槍筒、鍋爐、搖桿、橫擔、拐軸、螺桿、曲拐、輪牙及水雷空氣筩者，則須用紅類之鋼。如造螺絲模、耕種器、礫彈、鑽頭、撞頭、車牀、刨牀、細刀、鑽挫各器者，則須用棕類、黄類之鋼。工藝製造，在在攸資。此所謂鍊鋼之工也。

一曰鍊石之工。何謂鍊石？合灰、泥、沙三種以製石之謂也。西人名

塞門德土，近來其用頗廣。蓋此土爲海底泥沙，性柔而輭，滄桑變易，浮而上升。製造之法，每土三成，和以石灰七成，鐵渣一成，拌之極匀，磨之極細，風吹日炙，不易乾也。入水而雜質化分，未久卽乾結如石。以之砌石縫，築城垣，造砲台船塢，築水馬頭，寬廣隨心，天衣無縫，如山屹立，如鐵鑄成。其堅固較之花剛石，有過之無不及也。其法不外乎選料、製料、驗質諸端，其器則有軋石之具，淘沙之具，磨石之具。既可以土裝桶，并可以上燒磚，實爲工程之要需。此所謂鍊石之工也。

一曰鐵路之工。按輪車之原，爲英人賽浮里司、勞丙生先後造機造路，其後他國競相仿傚，而其用大顯。考鐵路之工程，首爲測地。用測平儀、千里鏡等器，以定方位，識度數。凡測平原，須審其凸凹。測山，須察其顛址高卑。測水，須察其深淺廣狹。至何處可開支路，何處可建彎路，何處可建車棧，均須逐加考核。一爲建軌，凡造車道，必塡碎石，上置枕板，板上置鐵路。然其式不一，有雙頭軌、平頭軌、橋軌、馬鞍軌之別，而總以能承重力，而無傾覆之虞爲要。一爲擇料，建軌之物曰碎石，曰枕板，曰鐵座，曰夾板，曰鐵釘。凡此五者，皆當審擇。如碎石乃塡道之物，貴堅硬而有鬆隙，蓋堅能任重，鬆能洩水也。碎石之上，則置枕板，向有木、鐵、石三質，今皆用木。又向有直枕、橫枕，今皆用橫，所以承壓力也。枕石之上，則有鐵座，座有齒，齒內有木塞塞固，令鋼道不動不屈也。至輒道接頭，則有夾板，夾入軌之凹槽內，貫以鐵釘，庶無鐵條震動，參差不平之弊也。若釘鐵座者，則有鐵釘，所以釘之使固也。一爲開道，鐵軌之道，平者無論矣。其彎道、分道，不可不深加講求。如車輪行至彎道，其外輪推力甚大。如彎左，則右輪推；彎右，則左輪推。故彎道小者，恆於彎內加一鋼條，以轄輪兩條隙處，剛容輪行，以免出軌跳越之虞也。至若分道者，蓋因車道分支合榦之處，必有尖道，能析能合，輪車始可因之分道。其尖道長須十餘尺，尖道之中挺以鐵條，尖端連以鐵綫，皆於鐵路下暗度之旁有扳道，使人司其啟閉，庶車行不觸尖道之頭也。此四者，工程略備於斯。其餘尚有鑿洞之鐵路，掛絲之鐵路，奇製百出，不可思議。此所謂鐵路之工也。

一曰船塢之工。嘗考西國船塢，厥有三種。有修船之塢，則築塢水濱，而建閘以通水。船入其中，卽閉閘而戽竭其水，以便修艌船底。此塢之建於岸者也。有泊船之塢，則於海濱築隄，以禦風浪。船入其中，無潮水漲落之高低，以便起落貨物。此塢之建於水者也。有藏船之塢，則專爲海軍養船之澳。蓋兵船常年行海，易爲海水銹蝕所壞，故收藏於塢上，建大棚以遮蔽風雨，復吸水使乾，而置船於架上，時加油漆。有事則放船出洋，無事則收船入澳。此塢之水陸兼用者也。至於塢之工程所用者，如磚石、灰料、木樁、絞車、鐵桿、浮牐等物，以及將船在坦坡牽出水外、從水內舉起諸法，均關緊要。故造塢之地，須形勢環抱、港深吃水者，方爲合用。今諸國皆悉心考究，如英之阿白丁船塢，及日本之長崎、橫須賀、綏野三處船塢，均極精緻。蓋船非塢，不足以資製造、修理、藏泊也。此所謂船塢之工也。

以上諸端，不過略舉大凡。其餘如井礦之工，海塘之工，鋪路之工，治河之工，製玻璃、火柴、肥皂之工，製磁皿、煤油、棉紙之工，不可勝述。惟其工藝振興，既廩稱事，分其事則有大工小工，專其職則有麤工細工。製造則有工廠，授受則有工師。故無失業之罷民，無捐棄之物力，無不中程度之器用。製作繁多，既藉工以養黎庶；貨賄阜通，亦賴工以資懋遷。豈非工學之明效大驗歟？述工學。

趙惟熙《西學書目答問・政學・工政學》 古人最重工政，考工一事，列爲專書，後世僅存其名而已。西國商務之盛，由於工藝之精，顧其國地狹人稠，出產之物幾不足供其製造之用。每數萬里航海遠來，購我物料，歸國造作，既成仍載運來華，以朘我利。我苟能自精製造，則中國工價既賤，又可大省水腳關稅，獲利之豐，如操左券矣。大概以生料與熟貨之價值相比例，恆若一之與三。考海關總冊，出口者多生料，入口者多熟貨，然兩價相抵，中國所朒不多。若我能以生料變熟貨，將立增倍蓰矣。貨棄於地而日仰屋以憂貧，則何弗留心工政，以求實效耶？孔子曰：「來百工則財用足。」聖人治國之經，初非有異術也。

綜　述

總論分部

黑牙里造香漏並諸般機巧

王士點《元秘書監志》卷七《回回書籍》《黑牙里造香漏並諸般機巧》二部。

又《司天監》《和約爾造香漏幷諸般機巧》二部。

奇器圖説　諸器圖説

沈初等《浙江採集遺書總録・藝玩類》《遠西奇器圖説録》三卷。刊本。右明西海鄧玉函所口授，關中王徵譯其説而摹繪之，皆西洋人造器之法式。徵《序》言《圖説》全帙，巧器極多，其或不甚關日用，如飛鳶、水琴等類，又或非國家工作之所急需則不錄，特錄其最切要者。

《四庫提要・譜録類》《奇器圖説》三卷。《諸器圖説》一卷。兩淮監政採進本。《奇器圖説》，明西洋人鄧玉函撰。《諸器圖説》，明王徵撰。徵，涇陽人，天啟壬戌進士，官揚州府推官。嘗詢西洋奇器之法於玉函，玉函因以其國所傳文字口授，徵譯爲是書。其術能以小力運大，故名曰重，又謂之力藝。大旨謂天地生物，有數，有度，有重。數爲算法，度爲測量，重則卽此力藝之學，皆相資而成。故先論重之本體，以明立法之所以然，凡六十一條。次論各色器具之法，凡九十二條。次起重十一圖，引重四圖，轉重二圖，取水九圖，轉磨十五圖，解木四圖，解石、轉碓、書架、水日晷、代耕各一圖，水銃四圖。圖皆有説，而於農器水法尤爲詳備。其第一卷之首，有《表性言解》、《來德言解》二篇，俱極誇其法之神妙，大都荒誕恣肆，不足究詰。然其製器之巧，實爲甲於古今。寸有所長，自宜節取。且書中所載，皆裨益民生之具，其法至便而其用至溥。錄而存之，固未嘗不可備一家之學也。《諸器圖説》凡圖十一，各爲之説，而附以銘贊，乃徵所自作，亦具有思致云。

張之洞《書目答問・譜録》《奇器圖説》一卷。明鄧玉函。《諸器圖説》一卷。明王徵。守山閣本，通行本。

耿文光《萬卷精華樓藏書記・譜録類》《奇器圖説》三卷。《諸器圖説》一卷。西洋鄧玉函撰，明王徵譯繪。安康張氏本。道光己丑張鵬翂重刊，有序，又崇禎改元武在中序。《諸器圖説》一卷，王徵撰。有天啟七年跋。徵字良甫，號葵心，涇陽人。天啟壬戌進士，官揚州推官。以邊才薦，陞登萊監軍僉事，未閱月回籍。聞京師陷，七日不食死。學者私謚端節先生，國朝謚忠節。見《陝西志》。武氏序曰：此書採輯者爲卷三，創制者爲卷一，授位學焉，手繪而付之梓。王氏跋曰：是書乃遠西諸儒攜來彼國圖書之一。余習之數日，頗亦曉其梗概，於是取器《圖説》，分類而口授焉。余信筆疾書，不次不文，總覺人人易曉，有益於民生日用。

王韜《泰西著述考》鄧玉函《奇器圖説》三卷。此書刻在《守山閣叢書》中。

梁啓超《西學書目表・通商以前西人譯著各書》鄧玉函《奇器圖説》三卷。守山閣本。《四庫》著錄。

丁仁《八千卷樓書目・譜録類》《奇器圖説》一卷。《諸器圖説》一卷。《奇器圖説》明西洋鄧玉函撰，《諸器圖説》明王徵撰。嘉慶刊本，守山閣本。

徐維則等《增版東西學書録・東西人舊譯著書》《奇器圖説》三卷。附《機器圖説》一卷。明王徵、蔣友仁同撰，附卷王徵撰。明崇禎刻本，道光己丑張氏重刻本，坊間通行本改名《機器圖説》，《守山閣叢書》本。專論重之本體及引動之理，與南懷仁《靈臺儀象志》相發明。

徐樹蘭《古越藏書樓書目・政部・工業》《奇器圖説》三卷。明西洋鄧玉函。石印守山閣本。《諸器圖説》一卷。明王徵。石印守山閣本。

泰西工藝

梁啓超《西學書目表・近譯未印各書・工政》 《泰西工藝》。傳蘭雅。益智書會。未印。

藝器記珠

梁啓超《西學書目表・工政》 《藝器記珠》。製造局本。一本。四百。

顧述盧《通學書籍考・工學類》 《藝器記珠》。製造局本。英暮司活德撰，英傳蘭雅譯，無錫徐建寅述。

趙惟熙《西學書目答問・政學・工政學》 《藝器記珠》。一冊。徐建寅述。製造局本。是書詳記工程製造各事之定率程式，附以圖表，極爲顯豁周備，工程家最要之本也。

徐維則等《增版東西學書録・工藝》 《藝器記珠》一冊。製造局石印袖珍本。英暮司活德著，英傳蘭雅譯，徐建寅述。書注二百四十葉。六十二葉以前，工程各事，凡橋梁、屋脊、鐵路、船澳等類，各種比例率。六十二葉以後，製造各事，凡鍋爐、汽機等類，各種比例率。又列各種比例表算式，皆用代數，極簡明。書冊最小，便於携帶，實工藝家必不可少之書。

徐樹蘭《古越藏書樓書目・政部・工業》 《藝器記珠》一冊。英暮司活德。英傳蘭雅譯，徐建寅述。製造局石印袖珍本。

《上海格致書院藏書樓書目・東西學書・工政》 《藝器記珠》。一卷。一本。製造局本。

楊復等《浙江藏書樓乙編書目・工業》 《藝器記珠》一冊。無錫徐建寅述。江南製造局鉛印本。

陳洙《江南製造局譯書提要・工藝》 《藝器記珠》不分卷。此書詳各種用料之値，可用爲比較今昔物價之用。

劉錦藻《清續文獻通考・經籍考・政書》 《藝器記珠》一卷。傳蘭雅、徐建寅譯述。

工藝準繩

梁啓超《西學書目表・近譯未印各書・工政》 《工藝準繩》。傳蘭雅，徐家寶。製造局。未印。

東方各國仿效西國工藝總説

徐樹蘭《古越藏書樓書目・政部・工業》 《東方各國仿效西國工藝總説》一卷。英傳蘭雅。《格致彙編》本。

日本效學西國工藝

徐樹蘭《古越藏書樓書目・政部・工業》 《日本效學西國工藝》一卷。英傳蘭雅。《格致彙編》本。

論機器之益

徐維則等《增版東西學書録・工藝》 《論機器之益》卷。《新學彙編》本，廣學會單行本。英艾約瑟著，蔡爾康潤色。論機器並不妨害人工，足破中國守舊之見。顧補。

工　學

楊復等《浙江藏書樓乙編書目・工業》 《工學》一冊。闕名。文明會社

石印本。

金屬工藝分部

鑄錢工藝

梁啓超《西學書目表・工政》 《鑄錢工藝》。傅蘭雅，鍾天緯。製造局本。二本。三百六十。

顧述廬《通學書籍考・工學類》 《鑄錢工藝》三卷。製造局本。英傅蘭雅、華亭鍾天緯同譯。是書附圖三十有二，卷一從英國工藝製造書中摘譯，卷二因上卷從英國大類書中摘錄，語焉不詳，故另譯此卷，於鑄錢法較爲完備。卷三譯英國鑄錢局幫辦富里孟多報。

徐維則等《增版東西學書録・工藝》 《鑄錢工藝》三卷，附圖。製造局本，二冊。英傅蘭雅、鍾天緯同譯。首總論錢法源流，並用錢定值之法，從英國《通商字典》摘譯。餘論各國鑄錢法及工藝物料，建造之費，换兑之值。誠理財者必須之書。製造局印有英傅蘭雅、汪振聲譯《鑄錢論略》，未出。

徐樹蘭《古越藏書樓書目・政部・工業》 《鑄錢工藝》三卷，附圖。英傅蘭雅譯，鍾天緯述。製造局本。

《上海格致書院藏書樓書目・東西學書・工政》 《鑄錢工藝》。三卷附圖一卷。二本。製造局本。

楊復等《浙江藏書樓乙編書目・工業》 《鑄錢工藝》二冊。英國傅蘭雅、華亭鍾天緯譯。江南製造局鉛印本。

劉錦藻《清續文獻通考・經籍考・政書》 《鑄錢工藝》三卷。傅蘭雅、鍾天緯譯述。

鑄錢論略

梁啓超《西學書目表・近譯未印各書・工政》 《鑄錢論略》。傅蘭雅，汪振聲。製造局。未印。

鼓鑄小銀説略

梁啓超《西學書目表・工政》 《鼓鑄小銀説略》。同文館本。一本。二分。

徐維則等《增版東西學書録・工藝》 《鼓鑄小銀説略》□卷。同文館本，一冊。

英國鑄錢説略

徐維則等《增版東西學書録・工藝》 《英國鑄錢説略》一卷。《格致彙編》本。英傅蘭雅輯譯。是編所錄，皆造金錢法，而造銀、銅錢，可以類推。從收生料起，至造成止，其工夫分爲十六層。又列總計盈絀之數，依次論略。《中西聞見錄》有卜世禮《日本新貨幣攷》，附記於此。

徐樹蘭《古越藏書樓書目・政部・工業》 《英國鑄錢説略》一卷。英傅蘭雅。《格致彙編》本。

電氣鍍金略法

梁啓超《西學書目表・工政》 《電氣鍍金略法》。傅蘭雅，周郇雨。製造局本。一本。一百五十。

顧述廬《通學書籍考・工學類》　《電氣鍍金略法》。傅蘭雅、周郇雨同譯。

趙惟熙《西學書目答問・藝學・電學》　《電氣鍍金略法》。一冊。英華特纂，英傅蘭雅譯，周郇述。製造局本。

徐維則等《增版東西學書録・工藝》　《電氣鍍金略法》一卷。製造局本，一冊。《格致彙編》本。《富強叢書》本。英華特著，英傅蘭雅譯，周郇雨述。按此法爲英人司本沙與俄人約克皮同時考得。首論鍍金源流，次論鍍銅、鍍銀、鍍黃銅、鍍鉑、鍍錞等法，附録四十六款，又續附四十六款。備詳節目，與《西藝知新》內《鍍金》參看，可互證其理。

徐樹蘭《古越藏書樓書目・政部・工業》　《電氣鍍金略法》一卷。英華特。英傅蘭雅譯。製造局本。《格致彙編》本，《格致彙編》多序一篇，圖四幅。

楊復等《浙江藏書樓乙編書目・理學》　《電氣鍍金》一冊。英國傅蘭雅譯，臨海周郇述。江南製造局刻本。

陳洙《江南製造局譯書提要・工藝》　《電氣鍍金畧法》七卷。英國華特撰，傅蘭雅口譯，臨海周郇筆述。電鍍之法，始不過以爲戲玩悅心之事，其後日精，乃有專廠以成工業者矣。此書論鍍金理法及利弊。第一卷：總論電氣鍍金。第二卷：鍍銅；造模法；各物鍍銅等金備雜用法；銅器製古色。第三卷：鍍銀；非金類質物鍍銀襍法。第四卷：鍍黃金；各物鍍黃金備用襍法。第五卷：鍍黃銅；并他雜質銅。第六卷：鍍鉑；鈀；鉛；鎳；鐵；銻；鉍；鎘；錫。第七卷：鍍錊。附録《鍍法須知》四十六款，附續録四十六款。

電氣鍍鎳

梁啓超《西學書目表・工政》　《電氣鍍鎳》。傅蘭雅，徐華封。製造局本。一本。五十。

顧述廬《通學書籍考・工學類》　《電氣鍍鎳》。製造局本，《富強叢書》本。不著撰人名氏。一卷。英傅蘭雅、無錫徐華封述。

趙惟熙《西學書目答問・藝學・電學》　《電氣鍍鎳》。一冊。英傅蘭雅譯，徐華封述。製造局本。

徐維則等《增版東西學書録・工藝》　《電氣鍍鎳》一卷。製造局本。《富強叢書》本。不著撰人名氏。英傅蘭雅譯，徐華封述。鍍鎳之法，始於美國，近來別國皆仿效之。是書採拾各法，復備載器具、材料，亦工藝之一助也。

徐樹蘭《古越藏書樓書目・政部・工業》　《電氣鍍鎳》一卷。英傅蘭雅譯，徐華封述。製造局本，《富強叢書》本。

楊復等《浙江藏書樓乙編書目・理學》　《電氣鍍鎳》一冊。英國傅蘭雅譯，無錫徐華封述。江南製造局刻本。

電氣鍍金鎳

《上海格致書院藏書樓書目・東西學書・電學》　《電氣鍍金鎳》。英傅蘭雅，臨海周郇。二卷。二本。製造局本。

電氣鍍金

趙惟熙《西學書目答問・藝學・電學》　《電學鍍金》。四卷，訂二冊。布金楷里譯，徐華封述。製造局本。是書在《西藝知新續刻》中，有單行本。

徐樹蘭《古越藏書樓書目・政部・工業》　《電氣鍍金》四卷。闕名。美金楷理譯，徐華封述。製造局本《西藝知新》第十五卷至第十八卷。又《富強叢書》本。

西國發藍法

徐樹蘭《古越藏書樓書目・政部・工業》　《西國發藍法》一卷。英傅蘭雅。《格致彙編》本。

金類染色法

徐維則等《增版東西學書録・工藝》　《金類染色法》一卷。《工藝叢書》本，一冊。日本橋本奇策著，沈紘譯。首染鋅，次染鐵，次染錫，次染金，次染銀，次染銅，次染黄銅。皆言金類器物用化學藥料染各種顔色之法，其法頗備。後附《同藥異色表》。徐補。

徐樹蘭《古越藏書樓書目・政部・工業》　《金類染色法》一卷。日本橋本奇策。沈紘譯。《工藝叢書》本。

造管之法

顧述廬《通學書籍考・工學類》　《造管之法》。製造局本，《富強叢書》本。英由耳撰，英傅蘭雅譯，無錫徐壽述。

徐樹蘭《古越藏書樓書目・政部・工業》　《造管之法》一卷。英由耳。英傅蘭雅譯，徐壽述。製造局本《西藝知新》第五卷。又《富強叢書》本。

伏耳鑑廠管工章程

徐維則等《增版東西學書録・工藝》　《伏耳鑑廠管工章程》一卷。《格致彙編》本。德伏耳鑑廠原本。美金楷理、徐建寅同譯。凡《管工章程》二十七條，《救火章程》四條，《病會章程》十五條，皆極詳細。

徐樹蘭《古越藏書樓書目・政部・工業》　《伏耳鏗鐵廠管工章程》一卷。美金楷理譯，徐建寅述。《格致彙編》本。

匠誨與規

顧述廬《通學書籍考・工學類》　《匠誨與規》。製造局本，《富強叢書》本。英諾格德撰，英傅蘭雅譯，無錫徐壽述。

徐樹蘭《古越藏書樓書目・政部・工業》　《匠誨與規》三卷。英諾格德。英傅蘭雅譯，徐壽述。製造局本《西藝知新》首三卷。又《富強叢書》本。

製機理法

徐樹蘭《古越藏書樓書目・政部・工業》　《製機理法》八卷附圖。英覺顯祿斯。傅蘭雅譯，華備鈺述。製造局本。

《上海格致書院藏書樓書目・東西學書・工政》　《製器理法》。覺顯祿斯。英傅蘭雅，金匱華備鈺。八卷附圖一卷。四本。製造局本。

楊復等《浙江藏書樓乙編書目・工業》　《製機理法》四冊。英國傅蘭雅、無錫徐華封譯述。江南製造局刻本。

陳洙《江南製造局譯書提要・工藝》　《製機理法》八卷。英國覺顯祿斯撰，傅蘭雅口譯，金匱華備鈺筆述。專論各種車床成件之法，觀條目已可知其大略。其逐節分解，尤爲明晰。讀此則車床工程學，幾可無師自通，用以教課尤佳。第一卷：論車刨牀相配之刀；論車刨工轉速進刀等事；車床所用之車孔器；車螺絲之刀。第二卷：各種車刨工夫；論二心輪等件；手執刀工夫。第三卷：論車床作鑽工法；鑽孔桿等件；磨孔器。第四卷：鑽器；論刀鋼；陰陽螺絲模。第五卷：虎鉗各工并所用器具。第六卷：論配操桿等件；論鋸輪刀。第七卷：磨石與磨刀工；所造各機件用劃線之法。第八卷：各種用刀機器；推算齒輪皮帶等轉動速率配汽罨法。

輪鋸圖說

徐樹蘭《古越藏書樓書目・政部・工業》　《輪鋸圖說》一卷。英傅蘭雅。《格致彙編》本。

機械儀表分部

器象顯真

梁啓超《西學書目表・算學》　《器象顯眞並圖》。傅蘭雅，徐建寅。製造局本。三本。四百八十。

顧述廬《通學書籍考・算學類》　《器象顯眞》四卷。製造局本，石印小字本。英白力蓋輯，英傅蘭雅譯，無錫徐建寅刪述。首卷論畫圖器具，二卷論用幾何法作單形，三卷以幾何法畫機器視圖，四卷機器視圖匯要。

又《圖學類》　《器象顯眞》。原刻本，石印本。英白力蓋著，傅蘭雅、徐建寅同譯。刻於同治十一年。凡四卷，一論畫圖器具卽規尺紙筆等件，二論用幾何法作單形卽畫直圓各線面之法，三論以幾何法畫機器視圖諸法，四論機器視圖匯要，後附機器圖樣一冊。《畫法顯眞》深淺合宜，大有益於習畫圖之人。

丁仁《八千卷樓書目・藝術類・雜技》　《器象顯眞》四卷。英白力蓋撰。刊本。

趙惟熙《西學書目答問・藝學・圖學》　《器象顯眞》。四卷，附圖，訂三冊。英白力蓋輯，英傅蘭雅譯，徐建寅述。製造局本。是書爲機器圖畫之專本。製器須從習算入手，故二、三卷於算法特詳。

徐維則等《增版東西學書録・圖學》　《器象顯眞》四卷，附圖。製造局本，三冊。《富強叢書》本。英白力蓋輯，英傅蘭雅譯，徐建寅刪述。首卷論畫圖器具，卷二論用幾何法作單形，卷三以幾何法畫機器視圖，卷四機器視圖匯要。凡算學家之畫法，悉具於中，最爲明晰。

徐樹蘭《古越藏書樓書目・政部・美術》　《器象顯眞》四卷附圖。英白力蓋。英傅蘭雅譯，徐建寅刪述。製造局本，《富強叢書》本。

《上海格致書院藏書樓書目・東西學書・算學》　《器象顯眞》。英白力蓋。英傅蘭雅，無錫徐建寅。四卷附圖。二本。木板。

楊復等《浙江藏書樓乙編書目・理學》　《器象顯眞》三冊。英國白力蓋輯，無錫徐建寅述。江南製造局刻本。

陳洙《江南製造局譯書提要・圖學》　《器象顯眞》。英國白力蓋輯，傅蘭雅口譯，無錫徐建寅筆述。首論畫圖器具，次論幾何法作單形，次以幾何法作機器視圖，次機器視圖匯要。最爲明晰，爲學者必讀之書。第一卷：論畫圖器具。用器總論，規，單比例尺，分角器，平行尺，鋼筆，針，畫圖紙，畫圖方板，丁字尺，直界尺，三邊板，曲線板，鉛筆，蓋釘，畫圖總說。第二卷：論用幾何法作單形。畫圖總論，幾何界說。第一章：直線題。第二章：直線交圓線題。第三章：圓面角面題，附用方板丁字尺法。第四章：比例更面題。第五章：橢圓線拋物線題。第六章：牆柱正花線八種，附各形鋪滿平面。第七章：各種擺線。第三卷：以幾何法畫機器視圖。第一章：總論。第二章：視圖比例。第三章：界線分粗細。第四章：箭體視圖。第五章：各體相貫視圖。第四卷：機器視圖匯要。第一章：螺絲視圖。第二章：機件視圖。第三章：齒輪視圖。第四章：汽機事件視圖。第五章：觀已成之器具作草圖。

畫器須知

顧述廬《通學書籍考・圖學類》　《畫器須知》一冊。英傅蘭雅著。是書將畫圖應用諸器分類論說，列爲六章。一曰筆，二曰規，三曰尺，四曰紙，五曰板，六曰要說。本書《序》。

徐維則等《增版東西學書録・圖學》　《畫器須知》一卷。《格致須知》

二集本，一冊。英傅蘭雅著。是書所列各器，即《器象顯眞》第一卷，解説字句，互有異同。製造局印有英傅蘭雅、趙元益譯《繪畫測量諸器圖説》一冊，未出。

徐樹蘭《古越藏書樓書目・政部・美術》《畫器須知》一卷。英傅蘭雅。《格致須知》二集本。

廣學會編《廣學會譯著新書總目・圖畫》《畫器須知》。畫圖乃尚象之先導，製器之始基。雖機件之大，一紙可容，體面之繁，全圖畢具，欲造器物，必有圖畫之師先繪形圖，始能按圖仿造，而畫圖之要，必先知畫圖應用之器及運用之法。故習算學者，亦當購求畫圖之器矣。一冊。價洋八分。

工程機器器具圖説

顧述盧《通學書籍考・工學類》《工程機器器具圖説》。英傅蘭雅輯譯。是書將所設各種新式機器器具，擇其要者，爲之譯出，詳加考究。

徐維則等《增版東西學書録・工藝》《工程機器器具圖説》一卷。《格致彙編》本。英傅蘭雅輯譯。一、泥土工程器。二、工藝家手用器。三、鐵工輪工器。四、特設工程器。五、新法木工器。按工程之器具最繁，今擇最要者譯成一卷，足以備用。《彙編二》有《輪鋸圖説》、《打樁汽機説》，可參觀。製造局印有英傅蘭雅、徐壽譯造汽機等手工二冊，未成。

徐樹蘭《古越藏書樓書目・政部・工業》《工程機器器具圖説》一卷。英傅蘭雅。《格致彙編》本。

新式工程機器圖説

徐維則等《增版東西學書録・工藝》《新式工程機器圖説》一卷。《格致彙編》本。英傅蘭雅輯譯。皆採各國報章所載近時新出機器，擇要載之，爲圖十二。

徐樹蘭《古越藏書樓書目・政部・工業》《新式工程機器圖説》一卷。英傅蘭雅。《格致彙編》本。

劉錦藻《清續文獻通考・經籍考・政書》《新式工程機器圖説》一卷。傅蘭雅譯輯。

新式壓成金類器皿機器圖説

徐樹蘭《古越藏書樓書目・政部・工業》《新式壓成金類器皿機器圖説》一卷。英傅蘭雅。《格致彙編》本。

機動圖説

徐樹蘭《古越藏書樓書目・政部・工業》《機動圖説》一卷。闕名。英傅蘭雅譯，徐壽述。製造局本《西藝知新》第二十二卷。又《富強叢書》本。

遠鏡説

王韜《泰西著述考》湯若望《遠鏡説》。此書已刻在《藝海珠塵》。

梁啓超《西學書目表・通商以前西人譯著各書》湯若望《遠鏡説》。《新法算書》本。《四庫》著録。《藝海珠塵》本。

劉鐸《古今算學書録・天文》《遠鏡説》一卷。日耳曼湯若望撰。《重訂新法曆書》本，《乾象典》本，《鏡史》附刊本，《藝海珠塵》本。

徐維則等《增版東西學書録・東西人舊譯著書》湯若望《遠鏡説》一卷。《重訂新法算書》本，《圖書集成・乾象典》本，《藝海珠塵》本，《鏡史》附刻本。

徐樹蘭《古越藏書樓書目・學部・光學》《遠鏡説》一卷。泰西湯如望。《藝海珠塵》本。

顯微鏡遠鏡説

梁啓超《西學書目表・光學》《顯微鏡遠鏡説》。傅蘭雅。《格致彙編

本。一本。一角五分。

又《附録・讀西學書法》《格致彙編》中有《顯微鏡遠鏡説》一書，其法尚新，可讀。

顧述廬《通學書籍考・光學類》《顯微鏡遠鏡説》一冊。《格致彙編》本。英傅蘭雅著。是書其法尚新，可讀。

趙惟熙《西學書目答問・藝學・光學》《顯微鏡遠鏡説》。在《格致釋器》中。

徐維則等《增版東西學書録・光學》《顯微鏡遠鏡説》二卷。《格致彙編》本，在《格致釋器》中。英傅蘭雅著。自有微、遠二鏡，實爲世界上加無限力量。此書專言其功用，新奇可讀。

顯微鏡説

徐樹蘭《古越藏書樓書目・學部・光學》《顯微鏡説》一卷。英傅蘭雅。《格致彙編》本。

造指南針法

梁啓超《西學書目表・近譯未印各書・工政》《造指南針法》。傅蘭雅，徐壽。製造局。一本。未印。

攝鐵器説

梁啓超《西學書目表・近譯未印各書・電學》《攝鐵器説》。傅蘭雅，徐建寅。製造局。一本。未印。

磨吸鐵器

徐樹蘭《古越藏書樓書目・學部・電學》《磨吸鐵器》一卷。高密雲樵。《格致彙編》本。

透物電光機圖説

徐維則等《增版東西學書録・光學》《透物電光機圖説》□卷。《匯報》本。匯報館著。始於西曆一千八百五十一年隆高福創有電筒，繼之者爲德人高倫根，其製始精。篇中言透光機之理頗詳，附圖七幅亦甚明晰。《知新報》有《乂光新器説》，《嶺學報》有《堅倫鏡説》，《中外日報》有曷格斯《射光鏡説》，並可參觀。顧補。

侯氏電機

徐樹蘭《古越藏書樓書目・學部・電學》《侯氏電機》一卷。美狄考文。《格致彙編》本。

西燈説略

梁啓超《西學書目表・工政》《西燈説略》。傅蘭雅。《格致彙編》本。

趙惟熙《西學書目答問・政學・工政學》《西燈説略》。一冊。英傅蘭雅輯。《格致彙編》本。

徐維則等《增版東西學書録・工藝》《西燈説略》一卷。《格致彙編》本。英傅蘭雅著。西人於燃燈諸事，亦頗詳究其利弊。書中先繪各燈體式，

後論中國與英國海邊所造燈塔爲行船要事，特備詳之。講求船政者，不可不考也。《彙編二》有《論煤氣燈》，又《五》有《藥水電燈圖説》，又《六》有美卜舫濟《論造臘燭法》，皆可參考。又《四》有《影戲燈法》，足以補其未備。

徐樹蘭《古越藏書樓書目·政部·工業》　《西燈略説》一卷。英傅蘭雅。《格致彙編》本。

論煤氣燈

徐樹蘭《古越藏書樓書目·政部·工業》　《論煤氣燈》一卷。英傅蘭雅。《格致彙編》本。

藥水電燈圖説

顧述廬《通學書籍考·工學類》　《藥水電燈圖説》。英傅蘭雅撰。

徐樹蘭《古越藏書樓書目·政部·工業》　《藥水電燈圖説》一卷。英傅蘭雅。《格致彙編》本。

燈燭考

徐維則等《增版東西學書録·工藝》　《燈燭考》□卷。《中國日報》本。中國日報館譯。顧補。

滅火器説略

梁啓超《西學書目表·工政》　《滅火器説略》。傅蘭雅。《格致彙編》本。

顧述廬《通學書籍考·工學類》　《滅火器説略》。傅蘭雅撰。

趙惟熙《西學書目答問·政學·工政學》　《滅火器説略》。一册。英傅蘭雅輯。《格致彙編》本。

徐維則等《增版東西學書録·工藝》　《滅火器説略》一卷。《格致彙編》本。英傅蘭雅輯譯。先論防火、免火諸法，尤注意於農家積穗場。後論滅火各器，如各種水龍、皮管、火梯之類。西人於修舉火政，最爲嚴慎，觀此可知。《彙編一》有《便用水龍説》、《汽機水龍圖説》、《論救火梯》，又《二》有《防火論》，又《四》有李提摩太《救火十則》，皆可參觀。製造局印有英傅蘭雅、徐壽譯《造指南針法》一册，未出。

徐樹蘭《古越藏書樓書目·政部·工業》　《滅火器略説》一卷。英傅蘭雅。《格致彙編》本。

使用水龍説

徐樹蘭《古越藏書樓書目·政部·工業》　《使用水龍説》一卷。英傅蘭雅。《格致彙編》本。第四年春季李提摩太《救火十則》，第二年秋季江津湘《舲防火論》，可參觀。

西國救火梯

徐樹蘭《古越藏書樓書目·政部·工業》　《西國救火梯》一卷。英傅蘭雅。《格致彙編》本。

西國寫字機器圖説

顧述廬《通學書籍考·工學類》　《西國寫字機器圖説》。英傅蘭雅撰。

徐維則等《增版東西學書録·工藝》　《西國寫字機器圖説》一卷。《格致彙編》本。英傅蘭雅著。所載二種：一爲哈門德機器，一爲卡利古拉夫

機器。卷葉無多，未能成書。以其有合於用，姑載其目。《彙編一》有《印書機器圖説》，又《二》有丁韙良《論代筆新機》，又《石板印圖法》，又《寫字機器》，又《七》有《石印新法》，皆足參證。

留聲新機説

徐維則等《增版東西學書録·聲學》 《留聲新機説》□卷。《知新報》本。周逢源譯。所云鉛皮、膠棍各節，與今售者異。然言理頗詳，足爲探要之論。顧補。

新創記聲器圖説

徐樹蘭《古越藏書樓書目·學部·聲學》 《新創記聲器圖説》一卷。英傅蘭雅。《格致彙編》本。

愛第森新創記聲記形器説

徐樹蘭《古越藏書樓書目·學部·聲學》 《愛第森新創記聲記形器説》一卷。英傅蘭雅。《格致彙編》本。

傳聲器像聲器

徐樹蘭《古越藏書樓書目·學部·聲學》 《傳聲器像聲器》一卷。《格致彙編》本。前一篇程端甫述，後一篇英傅蘭雅譯英新聞報。

深井起水筒

徐樹蘭《古越藏書樓書目·學部·水學》 《深井起水筒》一卷。英傅蘭雅。《格致彙編》本。

起水輪説

徐樹蘭《古越藏書樓書目·學部·水學》 《起水輪説》一卷。英傅蘭雅。《格致彙編》本。

起水機器

徐樹蘭《古越藏書樓書目·學部·水學》 《起水機器》一卷。英傅蘭雅。《格致彙編》本。

壓水櫃

徐樹蘭《古越藏書樓書目·學部·重學》 《壓水櫃》一卷。英傅蘭雅。《格致彙編》本。

造冰器具

徐樹蘭《古越藏書樓書目·政部·工業》 《造冰器具》一卷。英傅蘭雅。《格致彙編》本。又美卜舫濟《論機器造冰之法幷究其理》一篇，亦在《格致彙編》中。

吹風器

徐樹蘭《古越藏書樓書目・政部・工業》　《吹風器》一卷。英傅蘭雅。《格致彙編》本。

造自來火法

徐樹蘭《古越藏書樓書目・政部・工業》　《造自來火法》一卷。英傅蘭雅。《格致彙編》本。

熱機分部

汽機發軔

梁啓超《西學書目表・工政》　《汽機發軔》。偉烈亞力，徐壽。製造局本。四本。六百四十。言汽之理頗詳。

顧述廬《通學書籍考・工學類》　《汽機發軔》八卷。製造局本。英美以納、白勞那合撰，英偉烈亞力譯，無錫徐壽述。是書言理最詳。

丁仁《八千卷樓書目・藝術類・雜技》　《汽機發軔》九卷，附一卷。英美以納白勞蓋撰，偉烈譯。刊本。

趙惟熙《西學書目答問・政學・工政學》　《汽機發軔》。八卷，訂四冊。英美以納、白勞那合撰，英偉烈亞力譯，徐壽述。製造局本。是書多論汽機之理。

徐維則等《增版東西學書録・工藝》　《汽機發軔》九卷《表》一卷。製造局本，四冊。《西學大成》本，無表。英美以納、白勞那合著，英偉烈亞力譯，徐壽述。先論汽機公理，末論眞理，中論機件，論行船、泊船及兵船所司事。大旨與《必以》相同。此於水面所用之汽機，尤加詳。《彙編一》有《汽機要説》，可參觀。

徐樹蘭《古越藏書樓書目・政部・工業》　《汽機發軔》九卷，表一卷。英美以納、英白勞那同譔。英偉烈亞力譯，徐壽述。製造局本。

《上海格致書院藏書樓書目・東西學書・工政》　《汽機發軔》。英美以納。英偉烈英白勞那無錫徐壽。九卷。四本。製造局本。

楊復等《浙江藏書樓乙編書目・工業》　《汽機發軔》四冊。英國偉烈、無錫徐壽譯述。江南製造局刻本。

陳洙《江南製造局譯書提要・工藝》　《汽機發軔》九卷。英國美以納、白勞那同撰，偉烈口譯，無錫徐壽筆述。有圖八十三，並附各表。論汽機各部及各家製法異同。第一卷：汽機公理論。第二卷：鍋爐。第三卷：汽機事件。第四卷：汽機分類。第五卷：整理汽機條例。第六卷：行船條

例。第七卷：兵船要事。第八卷：泊船餘事。第九卷：汽機算理。

劉錦藻《清續文獻通考·經籍考·政書》《汽機發軔》九卷，表一卷。偉烈亞力、徐壽譯述。偉烈亞力，英吉利國人。道光二十七年入中國，寓居上海。壽字雪村，江蘇無錫人。

汽機必以

梁啓超《西學書目表·工政》《汽機必以》並附卷。傅蘭雅，徐建寅。製造局本。六本，八百。

丁仁《八千卷樓書目·藝術類·雜技》《汽機必以》十二卷，附錄二卷。英蒲而捺撰。刊本。

趙惟熙《西學書目答問·政學·工政學》《汽機必以》。十二卷，並附卷，訂六冊。英蒲而捺撰，英傅蘭雅譯，徐建寅述。製造局本。以上二書，多論汽機之法。

徐維則等《增版東西學書錄·工藝》《汽機必以》十二卷，首一卷，圖一冊。製造局本，六冊。《富強叢書》本。英蒲而捺著，英傅蘭雅譯，徐建寅述。汽機之制，愈出愈精。此書所論諸法頗詳。首卷言造機公法，乃推論其理。講此學者，最宜深究，與《發軔》參觀。

徐樹蘭《古越藏書樓書目·政部·工業》《汽機必以》十二卷，首一卷，圖一冊。英蒲而捺。英傅蘭雅譯，徐建寅述。製造局本，《富強叢書》本。

《上海格致書院藏書樓書目·東西學書·工政》《汽機必以》。英蒲而捺。英傅蘭雅，無錫徐建寅。十二卷附一卷。六本。製造局本。

楊復等《浙江藏書樓乙編書目·工業》《汽機必以》六冊。英國傅蘭雅、無錫徐建寅詳述。江南製造局刻本。

陳洙《江南製造局譯書提要·工藝》《汽機必以》十二卷，首一卷，附一卷。英國蒲爾奈撰，傅蘭雅口譯，無錫徐建寅筆述。專論汽機全事各件之制度致用及各家製造式之異同，較《發軔》、《新制》二書爲詳顯。首卷：論造機公法。第一卷：論汽機諸式。第二卷：論熱燒汽。第三卷：論用自漲力。第四卷：論汽機能力。第五卷：論鍋鑪尺寸。第六卷：論汽機尺寸。第七卷：論汽機善式。第八卷：論船行水。第九卷：論船機成式。第十卷：論陸地用汽機。第十一卷：論製造鍋鑪。第十二卷：論造機司機。附卷：論續增新制。

劉錦藻《清續文獻通考·經籍考·政書》《汽機必以》十二卷。傅蘭雅、徐建寅譯述。

汽機測驗諸器

徐樹蘭《古越藏書樓書目·政部·工業》《汽機測驗諸器》一卷。英傅蘭雅。《格致彙編》本，《汽機必以》摘要。

汽機新製

梁啓超《西學書目表·工政》《汽機新製》。傅蘭雅，徐建寅。製造局本。二本。二百八十。

又《附録·讀西學書法》《汽機發軔》、《汽機必以》、《汽機新制》諸書譯本，皆甚善。《發軔》詳於理，下二書詳於法。

顧述廬《通學書籍考·工學類》《汽機新制》八卷。製造局本。英白爾格譔，英傅蘭雅譯，無錫徐建寅述。是書言法最詳。

丁仁《八千卷樓書目·藝術類·雜技》《汽機新制》八卷。英白爾格撰，傅蘭雅譯。刊本。

趙惟熙《西學書目答問·政學·工政學》《汽機新製》。八卷，訂二冊。英白爾格撰，英傅蘭雅譯，徐建寅述。製造局本。

徐維則等《增版東西學書録·工藝》《汽機新製》八卷。製造局本，二冊。《西學大成》本。英白爾格著，英傅蘭雅譯，徐建寅述。書中論水陸所用各機件，宏纖具載。記大小尺寸數目，皆薈萃諸人製造試驗之盡善者著之。然非明斯學者，驟觀未易悉其理。若近年改良之新法，宜另採一編，以補之。

徐樹蘭《古越藏書樓書目·政部·工業》《汽機新製》八卷。英白爾格。英傅蘭雅譯，徐建寅述。製造局本，《富強叢書》本。

《上海格致書院藏書樓書目・東西學書・工政》《汽機新製》。英白爾格。英偉烈。八卷。八本。製造局本。

楊復等《浙江藏書樓乙編書目・工業》《汽機新制》二冊。英國傅蘭雅、無錫徐建寅譯述。江南製造局刻本。

陳洙《江南製造局譯書提要・工藝》《汽機新制》八卷。英國白爾格撰，傅蘭雅口譯，無錫徐建寅筆述。論汽機各部之算律及式樣。第一卷：大抵力汽機。第二卷：槓桿汽機。第三卷：螺輪汽機。第四卷：搖筩汽機。第五卷：諸門。第六卷：陸用鍋鑪及船用鍋鑪。第七卷：雜件。第八卷：汽機成式。

劉錦藻《清續文獻通考・經籍考・政書》《汽機新製》八卷。傅蘭雅、徐建寅譯述。

新式汽機圖説

梁啓超《西學書目表・工政》《新式汽機圖説》。傅蘭雅。《格致彙編》本。一本。一百。

趙惟熙《西學書目答問・政學・工政學》《新式汽機圖説》。一冊。英傅蘭雅輯。《格致彙編》本。

徐維則等《增版東西學書録・工藝》《新式汽機圖説》一卷。益智書會本，一冊。英雷奴支著，英傅蘭雅譯。汽機制式繁多，非先繪畫圖象，熟習名目，無以深明其理法。書中擇總要之機件，淺顯論之，不求緐瑣。

汽機中西名目表

梁啓超《西學書目表・工政》《汽機中西名目表》。製造局本。一本。一角五分。凡名目表皆要。

顧述廬《通學書籍考・工學類》《汽機中西名目表》一冊。製造局本。不著撰人名氏。是表以《汽機發軔》所定名目爲主，因《發軔》譯於同治十年，爲汽機之第一書，後更續譯《汽機必以》、《汽機新制》等書，名目漸多。今將光緒十五年以前所有成書內已定汽機名目，輯成《中西名目表》。是表名目，皆指形象物，亦有言其功用而與英文本義不甚脗合者，間有數名目爲從前所定，衹合於當時之用，揆之於今，稍有不稱。

趙惟熙《西學書目答問・政學・工政學》《汽機中西名目表》。一冊。製造局本。

徐維則等《增版東西學書録・工藝》《汽機中西名目表》一冊。製造局本。不著撰人名氏。是表本以《汽機發軔》所定名目爲主，後更續譯《汽機必以》、《新製》等書，名目漸多。今將光緒十五年所有成書內已定名目，輯成是表。其名目皆指形象物，亦有言其功用與英文本義不甚脗合者，間有名目爲從前所定，揆之於今稍有不稱者，宜參互考證之。《彙編一》有徐壽《汽機命名説》可證。

徐樹蘭《古越藏書樓書目・政部・工業》《汽機中西名目表》一冊。闕名。製造局本。

楊復等《浙江藏書樓乙編書目・工業》《汽機中西名目表》一冊。闕名。江南製造局刻本。

汽機尺寸

梁啓超《西學書目表・近譯未印各書・汽學》《汽機尺寸》。傅蘭雅，徐建寅。製造局。二本。未印。

造汽機等手工

梁啓超《西學書目表・近譯未印各書・汽學》《造汽機等手工》。傅蘭雅，徐壽。製造局。二本。未譯成。

新式陸地汽機鍋爐圖説

顧述廬《通學書籍考・工學類》 《新式陸地汽機鍋爐圖説》。《格致彙編》本。英傅蘭雅著。是書將英國伯明罕地方退辣車侖公司所造新式汽機與鍋爐等制式圖樣與尺寸、價值譯列於後，以便考求。

徐維則等《增版東西學書録・工藝》 《新式陸地汽機鍋爐圖説》一卷。《格致彙編》本。英傅蘭雅輯譯。近來各國講求陸地汽機鍋鑪，年精一年。此編所載，皆英國退辣車侖公司所造新式汽機鍋爐圖樣，尺寸、價值並列。製造局印有英傅蘭雅徐建寅譯《汽機尺寸》二冊，未出。

徐樹蘭《古越藏書樓書目・政部・工業》 《新式陸地汽機鍋爐圖説》一卷。英傅蘭雅。《格致彙編》本。

回熱爐法

顧述廬《通學書籍考・工學類》 《回熱爐法》。英各爾曼撰，英傅蘭雅譯，無錫徐壽述。

徐樹蘭《古越藏書樓書目・政部・工業》 《回熱爐法》一卷。英各爾曼。英傅蘭雅譯，徐壽述。製造局本《西藝知新》第六卷。又《富強叢書》本。

汽機要説

徐樹蘭《古越藏書樓書目・政部・工業》 《汽機要説》一卷。英傅蘭雅。《格致彙編》本。

打樁汽機

徐樹蘭《古越藏書樓書目・政部・工業》 《打樁汽機》一卷。英傅蘭雅。《格致彙編》本。

汽鎚略論

徐樹蘭《古越藏書樓書目・政部・工業》 《汽鎚略論》一卷。英傅蘭雅。《格致彙編》本。

汽機原始

徐維則等《增版東西學書録・工藝》 《汽機原始》□卷。《匯報》本。匯報館譯。言汽機之理甚詳。附圖六幅以明之，頗便初學。顧補。

汽機入門

趙惟熙《西學書目答問・政學・工政學》 《汽機入門》。一冊。美丁韙良譯。同文館本。

徐維則等《增版東西學書録・工藝》 《汽機入門》一卷，附圖。《西學大成》本。美丁韙良著。

徐樹蘭《古越藏書樓書目・政部・工業》 《汽機入門》，附圖一卷。美丁韙良。《格物入門》本第三卷氣學中章。

化學工藝分部

化學工藝

徐維則等《增版東西學書録・化學》　《化學工藝初集》四卷，《二集》四卷，《三集》二卷，附圖三冊。製造局本。英能智著，英傅蘭雅、汪振聲譯。《初集》造硫强水法，《二集》造鹽强水法，造鹻類，三集造鹻類法，造漂白粉與鉀養、鎳養五。又附卷二集，各有圖一冊。徐補。

徐樹蘭《古越藏書樓書目・政部・工業》　《化學工藝初集》四卷，圖二卷；《二集》四卷，圖一卷；《三集》二卷，圖一卷。英能智。英傅蘭雅譯，汪振聲述。光緒二十四年製造局排印本。

《上海格致書院藏書樓書目・東西學書・化學》　《化學工藝》。英能智。英傅蘭雅，六合汪振聲。初、二、三集共十卷，附圖三卷。十三本。製造局本。

楊復等《浙江藏書樓乙編書目・理學》　《化學工藝》附圖。十三冊。英國傅蘭雅譯，六合汪振聲述。江南製造局鉛印本。

陳洙《江南製造局譯書提要・化學》　《化學工藝初集》四卷，《二集》四卷，《三集》二卷，附二卷。英國能智原撰，傅蘭雅口譯，六合汪振聲筆述。每集有圖，爲工藝中要書，惜校對尚欠精審。《初集》卷一：論硫礦合養氣所成之質；論化分硫强水；論造硫强水源流；論造硫强水所用各種生料；論硫礦造成硫養二氣之法。

卷二：論燒鐵硫二礦成硫養二氣；論爐內所生之硫養二氣；論鉛房。

卷三：論鉛房內各變化；論收回含硝各質，論鉛房內成硫强水之理；論提淨硫强水法。

卷四：論熬濃硫强水法；論硫强水廠擺列各器具法；論造硫强水費用與所得之利；論造硫强水所成之餘料；論發霧硫强水；又名《奴陀僧强水》。論造硫强水另設各法；論硫强水之用處與數目。

《二集》卷一：論硫强水合鹽成鹽强水；論成鈉養硫養三各法；論用鹽與硫强水成鈉養硫養三與鹽强水；

卷二：論做鈉養硫養三法；論造鈉養硫養三之各費及提淨之法；總論造鹽强水；論成鈉養硫養三之工內收輕綠氣令不飛散各法；論凝水之法并提淨鹽强水與用法運法。

卷三：論鹻之源流；論鹽變成鹻并從前造鹻各法；論用鈉養淡養五做鹻法；論用勒布蘭克法做鹻所需之生料；論燒黑灰爐。

卷四：論用勒布蘭克法之理；論黑灰與黑灰水；論黑灰熬濃與煆法；論常出賣之鹻粉；論提淨鹻灰法；論鈉養炭養二；論成鹻類之開銷與得利；論鈉養；化學名鈉養輕養。論漂黑灰所得之餘料；論鈉養硫二養二。

《三集》卷一：論淡輕四養成鹻法；論用雪形石成鹻法；論鈣養炭養二等鹻類之用處與數目；總論造漂白粉與鉀養綠養五；論造綠氣法；論造漂白粉法。

卷二：論造綠氣之別法；論綠氣甑內之餘水用法；論書勒登成綠氣法；論地根做綠氣法；論漂白粉水；論漂白料之原質與用處；論鉀養綠養五。

附卷：論建造鹻類廠之費；論鹻類廠地面平圖；論各種新法與圖說。

硫强水法

顧述廬《通學書籍考・工學類》　《硫强水法》。英士密德撰，英傅蘭雅譯，無錫徐壽述。

徐樹蘭《古越藏書樓書目・政部・工業》　《造硫强水法》一卷。英士密德。英傅蘭雅譯，徐壽述。製造局本《西藝知新》第七卷。又《富强叢書》本。

西國造鹼法説略

徐樹蘭《古越藏書樓書目・政部・工業》　《西國造鹼法説略》一卷。英傅蘭雅。《格致彙編》本。

西國造鈕法

徐樹蘭《古越藏書樓書目・政部・工業》　《西國造鈕法》一卷。英傅蘭雅。《格致彙編》本。

製玻璃法

徐樹蘭《古越藏書樓書目・政部・工業》　《製玻璃法》二卷，附《瓷面釉質》。不著撰人名氏。英傅蘭雅譯，徐壽述。製造局本《西藝知新》第十九卷、第二十卷。又《富強叢書》本。

造玻璃法

徐樹蘭《古越藏書樓書目・政部・工業》　《造玻璃法》一卷。英傅蘭雅。《格致彙編》本。

韌性玻璃

徐樹蘭《古越藏書樓書目・政部・工業》　《韌性玻璃》一卷。英傅蘭雅。《格致彙編》本。

西國瓷器源流

徐樹蘭《古越藏書樓書目・政部・工業》　《西國瓷器源流》一卷。英傅蘭雅。《格致彙編》本。

西國造瓷器機器略説

徐樹蘭《古越藏書樓書目・政部・工業》　《西國造瓷器機器略説》一卷。英傅蘭雅。《格致彙編》本。

西國造磚法

徐維則等《增版東西學書録・工藝》　《西國造磚法》一卷。《格致彙編》本。英傅蘭雅輯譯。所言皆英國之法幷及税則，後有《軋磨泥輪》一篇，蓋軋磨沙泥爲造磚工程中要事，固不可不講求也。

徐樹蘭《古越藏書樓書目・政部・工業》　《西國造磚法》一卷。英傅蘭雅。《格致彙編》本。

造磚廠軋泥機器

徐樹蘭《古越藏書樓書目・政部・工業》　《造磚廠軋泥機器》一卷。英傅蘭雅。《格致彙編》本。

練石編

梁啓超《西學書目表・工政》　《練石編》。舒高第，鄭昌棪。製造局本。二本。三百二十。言造塞門德土之法。

顧述廬《通學書籍考・工學類》　《練石編》。製造局本。舒高第、鄭昌棪同譯。

趙惟熙《西學書目答問・政學・工政學》　《鍊石編》。三卷附圖，訂二冊。英亨利黎特撰，舒高第、鄭昌棪同譯。是書言製造西們脱土之法，或譯作《塞門德》。

徐維則等《增版東西學書録・工藝》　《鍊石編》三卷，圖一卷。製造局本，二冊。《富強叢書》本。英亨利黎特著，舒高第、鄭昌棪同譯。專論製造塞門德土之法。中論地學、金石及煤層、石灰石，可與地質學書參證。《彙編四》有徐建寅《論造石灰法》，可參觀。

徐樹蘭《古越藏書樓書目・政部・工業》　《鍊石編》三卷，圖一卷。英亨利黎特。舒高第、鄭昌棪同譯。製造局本，《富強叢書》本。

《上海格致書院藏書樓書目・東西學書・礦政》　《鍊石篇》。英亨利黎特。無錫徐家寶。四卷。二本。製造局本。

楊復等《浙江藏書樓乙編書目・工業》　《鍊石篇》二冊。慈谿舒高第、海鹽鄭昌棪譯。江南製造局鉛印本。

陳洙《江南製造局譯書提要・工藝》　《鍊石編》三卷。英國黎特撰，慈谿舒高第口譯，海鹽鄭昌棪筆述。凡二十二章，造三合土法也。第一章：帕得蘭西們脱緣起。第二章：論地學金石。第三章：製造料有由各廠廢物取出者。第四章：擇廠地。第五章：選料。第六章：查料。第七章：料理各料。第八章：礦粉及泥製法。第九章：用藍色來約斯層料製法。第十章：煤層石及灰石。第十一至第十五章：軋石機淘沙具磨石澄具烘鑪。第十六章：窰及燒法。第十七章：成塊機器。第十八章：試驗器。第十九章：用時試驗法。第二十章：論西們脱用不合法。第二十一章：帕得蘭西們脱用處。第二十二章：便用之益。

造象皮法

梁啓超《西學書目表・近譯未印各書・工政》　《造象皮法》。傅蘭雅，徐壽。製造局。一本。未印。

入水衣全論

顧述廬《通學書籍考・工學類》　《卻水衣全論》。英大斐斯撰，英傅蘭雅譯，無錫徐壽述。

徐維則等《增版東西學書録・工藝》　《入水衣略論》一卷。《格致彙編》本。英傅蘭雅輯譯。先論各國製造源流及用法，後論起船之法及哈蘭胡弗公司日記，足見入水衣爲船中必需之物，宜各國汲汲講求也。後附火藥、棉花藥及水内電燈。

徐樹蘭《古越藏書樓書目・政部・工業》　《入水衣全論》一卷。英大斐斯。英傅蘭雅，徐壽述。製造局本《西藝知新》第十卷。又《富強叢書》本。

又《入水衣略論》一卷。英傅蘭雅。《格致彙編》本。

製油燭法

顧述廬《通學書籍考・工學類》　《製油燭法》。林樂知、鄭昌棪同譯。

徐樹蘭《古越藏書樓書目・政部・工業》　《製油燭法》一卷。闕名。美林樂知譯，鄭昌棪述。製造局本《西藝知新》第十四卷。又《富強叢書》本。

論製明油

徐維則等《增版東西學書録・工藝》　《論製明油》□卷。《知新報》本。知新報館譯。顧補。

油類試驗法

徐樹蘭《古越藏書樓書目・學部・化學》　《油類試驗法》一卷。趙楚

惟譯。《普通學報》本。

論造蠟燭之法并究其理

徐樹蘭《古越藏書樓書目・政部・工業》　《論造蠟燭之法并究其理》一卷。美卜舫濟。《格致彙編》本。

製肥皂法

顧述廬《通學書籍考・工學類》　《製肥皂法》。《富強叢書》本。林樂知、鄭昌棪同譯。

徐樹蘭《古越藏書樓書目・政部・工業》　《製肥皂法》二卷。闕名。美林樂知譯，鄭昌棪述。製造局本《西藝知新》第十二卷、第十三卷。又《富強叢書》本。

垸髹致美

徐樹蘭《古越藏書樓書目・政部・工業》　《垸髹致美》一卷。闕名。英傅蘭雅譯，徐壽述。製造局本《西藝知新》第十一卷。又《富強叢書》本。

造洋漆法

《上海格致書院藏書樓書目・東西學書・工政》　《造洋漆法》。日本田原良純。日本籐田豐八。六合汪振聲。一卷。一本。製造局本。

陳洙《江南製造局譯書提要・工藝》　《造漆法》一卷。日本籐原良純撰，籐田豐八口譯，六合汪振聲筆述。凡樹脂消化於易化散、易乾之流質中，總稱皆可謂之漆，而用以塗飾器物之面並阻空氣水溼之侵蝕，其用甚繁，其工甚要也。一、論漆之性及用。二、漆之原料及造法。三、製漆各種方。四、樹脂油原質。五、製樹脂油法。六、更精之製法。七、樹脂油成質。八、樹脂油性及狀。九、樹脂油功用。

顔料篇

陳洙《江南製造局譯書提要・補遺》　《顔料篇》三卷。工藝。日本江守謙吉郎編，日本藤田豐八譯，六合汪振聲重編。凡自生物質及礦質所成之顔料，此書皆擇要論列，以色區別。其製法及性質，亦詳加考核。譯筆明鬯，每種華名下附譯西文，尤便參閲。

妝品編

徐維則等《增版東西學書録・工藝》　《妝品編》二卷。《工藝叢書》本，二冊。日本松永新之助著，沈紘譯。皆言閨閣應用各種香品製造之法。凡配合之藥品、重量，均詳載之。原名《化妝品製造法》。徐補。

徐樹蘭《古越藏書樓書目・政部・工業》　《妝品編》一卷。日本博文館編輯，沈紘譯。《工藝叢書》本。

廢物利用篇

徐樹蘭《古越藏書樓書目・政部・工業》　《廢物利用篇》一卷。日本高橋橘樹。陳超立譯。正記書莊本。

《上海格致書院藏書樓書目・東西學書・化學》　《廢物利用篇》。日本高橋橘樹。陳超立。一本。秦東書局活印本。

楊復等《浙江藏書樓乙編書目・政治》　《廢物利用篇》一冊。日本高橋橘樹著，吳縣陳超立譯。秦東書局鉛印本。

輕工分部

紡織機器圖説

梁啓超《西學書目表・農政》 《紡織機器圖説》。傅蘭雅。《格致彙編》本。一本。五分。

趙惟熙《西學書目答問・政學・農政學》 《紡織機器圖説》。一冊。英傅蘭雅撰。《格致彙編》本。

徐維則等《增版東西學書録・工藝》 《紡織機器圖説》一卷。《格致彙編》本，一冊。《西致叢書》本。英傅蘭雅輯譯。前論機器用法、紡織功效，後附字林報論上海紡織及丹科論紡織工藝情形，最足借鑒。《彙編一》、《二》有《論棉花工藝源流》、《論棉花去子》及《紡紗織布各機器幷價值》，又《總論》，又《紡織廠圖説》，又《美國棉油廠説》，凡八篇，可互證。

徐樹蘭《古越藏書樓書目・政部・工業》 《紡織機器圖説》一卷。英傅蘭雅。《西政叢書》本，《格致彙編》本。

劉錦藻《清續文獻通考・經籍考・政書》 《紡織機器圖説》一卷。傅蘭雅譯述。

英機器報紡織機圖

徐維則等《增版東西學書録・工藝》 《英機器報紡織機圖》二十幅。《萃報》本。英機器報原本，萃報館譯繪。計二十圖。棉花抽出機、纏綿機、自動喂哈綿機、開棉並打棉用複製機、單製打棉機、梳機，精製梳絲機一，備注管凝氣器、精製梳絲機二。備注管凝瀛器、輥軸並梳絲機、迴轉平延梳絲機、梳絲匡前面之圖、梳絲匡後面之圖、纏絲機，紡績絲環錘匡一，英國方法複製絲環錘匡二，滑面用紡績機一，滑面用紡績機二，引伸匡機、整軸車機。顧補。

福田自動織機圖説

徐樹蘭《古越藏書樓書目・政部・工業》 《福田自動織機圖説》一卷。日本大隴製造所譔。日本川瀨儀太郎譯。《農學叢書》初集本。

西國漂染棉布論

梁啓超《西學書目表・農政》 《西國漂染棉布論》。傅蘭雅。《格致彙編》本。一本。四分。

趙惟熙《西學書目答問・政學・農政學》 《西國漂染棉布論》。一冊。英傅蘭雅撰。《格致彙編》本。

徐維則等《增版東西學書録・農政》 《西國漂染棉布論》一卷。《格致彙編》本。英傅蘭雅輯譯。以化學漂染棉布，其工夫分十七層，論甚詳悉。後論印花法，亦由化學研鍊而出，幷詳所用之器具、材料。

徐樹蘭《古越藏書樓書目・政部・工業》 《西國漂染棉布論》一卷。英傅蘭雅。《格致彙編》本。

印布機器

徐樹蘭《古越藏書樓書目・政部・工業》 《印布機器》一卷。英傅蘭雅。《格致彙編》本。

染色法

徐維則等《增版東西學書録・工藝》 《染色法》一卷。《工藝叢書》本，一冊。日本伊達道太郎、小泉榮次郎合著，沈紘譯。言布帛、絲絨、毛革等物染色之法。後有攝列華三氏《驗溫度比較表》，又波梅德、華特魯二氏《度數及比重比較表》。凡講求各藝學，皆便繙檢。除污跡各法，亦附載之。原名《染色法一覽》。徐補。

徐樹蘭《古越藏書樓書目・政部・工業》 《染色法》一卷。日本伊達道太郎、小泉榮次郎同編。沈紘譯。《工藝叢書》本。

泰西治麻説略

徐樹蘭《古越藏書樓書目・政部・工業》 《泰西治麻説略》一卷。英傅蘭雅。《格致彙編》本。

簡易繅絲法

徐維則等《增版東西學書録・農政》 《簡易繅絲法》□卷附圖。《農學報》本。日本島根縣農商課編，日本井原鶴太郎譯。顧補。

徐樹蘭《古越藏書樓書目・政部・農業》 《簡易繅絲法》一卷。日本島根縣農商課編。日本井原鶴太郎譯。《農學叢書》二集本。

屑繭製絲法

徐維則等《增版東西學書録・農政》 《屑繭製絲法》一卷附圖。《工藝叢書》本，一冊。日本竹澤章輯著，沈紘譯。曰釋器，曰練繭，曰練絲，曰漂絲，曰儲料，曰計利，皆考究以最次之繭用藥料製成良絲之法。器簡製便，而利頗厚，是不可不仿行。徐補。

徐樹蘭《古越藏書樓書目・政部・工業》 《屑繭製絲法》一卷。日本竹澤章。沈紘譯。《工藝叢書》本。

農産製造學

徐維則等《增版東西學書録・農政》 《農産製造學》□卷。《農學報》本。日本楠巖編，沈紘譯。以釀酒、製糖爲主，其餘凡農學與製造相關者，皆附焉。顧補。

徐樹蘭《古越藏書樓書目・政部・工業》 《農産製造學》一卷。日本楠巖。沈紘譯。《農學叢書》二集本。

西國磨麪機器説

徐樹蘭《古越藏書樓書目・政部・工業》 《西國磨麪機器説》一卷。英傅蘭雅。《格致彙編》本。

打米機器圖説

徐樹蘭《古越藏書樓書目・政部・工業》 《打米機器圖説》一卷。英傅蘭雅。《格致彙編》本。

美國棉油廠説

徐樹蘭《古越藏書樓書目・政部・工業》 《美國棉油廠説》一卷。英

傳蘭雅。《格致彙編》本。

種蔗製糖論略

梁啓超《西學書目表・農政》　《種蔗製糖論略》。傳蘭雅。《格致彙編》本。一本。一角。

趙惟熙《西學書目答問・政學・農政學》　《種蔗製糖論略》。一冊。英傳蘭雅撰。《格致彙編》本。

徐維則等《增版東西學書録・農政》　《種蔗製糖略論》一卷，附圖。《格致彙編》本，一冊。英梅威令輯，英白萊喜譯，英傅蘭雅編。專論沙糖出自蔗汁，不言及糖晶。自栽種、製造以至販運，大略已備。是書原爲臺地蔗糖工程而作，然能究心者，未嘗不可仿行於内地也。圖從哥打郎許登幹公司繪出，後附西印度從前造糖圖幷説，爲傳蘭雅所增。

徐樹蘭《古越藏書樓書目・政部・工業》　《種蔗製糖論略》一卷。英梅威令。英白萊喜譯。《格致彙編》本。第一年春季傅蘭雅《西國造糖法》一篇，宜參觀。

製糖法

王樹善《農務要書簡明目録・田園》　《製糖法》，買立格、士得布司著。論美國種蔗與蘆菔製糖各工，及已得之裨益，俱爲美國農家自經試驗者。製糖家披覽最佳。蓋近六年内，詳論造糖得利之法，祇有此書。内論糖蘆菔種子與設廠管理之法尤詳。五角。

楓樹糖論

王樹善《農務要書簡明目録・田園》　《楓樹糖論》。戈克著。作者著述農務書甚多，聲名卓著。此書論種楓樹，與取樹汁熬糖及糖漿各法，甚詳細。所有各種新法新器備載。有圖。三角五。

製蘆粟糖法

徐維則等《增版東西學書録・農政》　《製蘆粟糖法》一卷，附圖。《農學報》本。日本稻垣重爲著，日本藤田豐八譯。蘆粟本中國北方之種，近來法、美二國移植甚盛。書自下種以至製糖，具詳其法。蓋此物勞費至小，收利甚多，不可不精意講求也。附圖專繪製糖之器具，亦頗簡便易製。

徐樹蘭《古越藏書樓書目・政部・工業》　《製蘆粟糖法》一卷，附圖。日本稻垣重爲。日本藤田豐八譯。《農學叢書》初集本。

美國種蘆粟栽製試驗表

徐維則等《增版東西學書録・農政》　《美國種蘆粟栽製試驗表》一卷。《農學報》本。日本駒場農學校編，日本藤田豐八譯。此農學校以化學試驗栽培及製沙糖之實迹。後幷列澳洲、中國栽培諸表及甘蔗栽培榨汁諸表，以資比較。

徐樹蘭《古越藏書樓書目・政部・工業》　《美國種蘆粟裁製試驗表》一卷。日本駒場農學校編。日本藤田豐八譯。《農學叢書》初集本。

驗糖簡易方

徐維則等《增版東西學書録・農政》　《驗糖簡易方》一卷。《農學報》本。日本農務局原本，日本藤田豐八譯。所植蘆粟及甘蔗，用波梅氏驗糖器，以測定糖汁比重，庶無誤收獲之期。此書列表以言驗法，蓋泰西皆用此法以定蔗莖，日本乃仿傚之耳。《彙編一》有《西國造糖法》，可參觀。又《二》有《造啤酒法》，附記於此。

徐樹蘭《古越藏書樓書目・政部・工業》《驗糖簡易方》一卷。日本農務局原本。日本藤田豐八譯。《農學叢書》初集本。

製糖器具説

徐維則等《增版東西學書録・農政》《製糖器具説》□卷。《農學報》本。日本大鳥圭介著，樊炳清譯。論製糖之榨汁器、蒸發器、篩密器。列圖六幅，以明之。顧補。

徐樹蘭《古越藏書樓書目・政部・工業》《製糖器具説》一卷。日本大鳥圭介。樊炳清譯。《農學叢書》二集本。

蘋果造酒説

王樹善《農務要書簡明目録・果園》《蘋果造酒説》，忒魯白利志著。此書詳論造蘋果酒而久存不壞之法。有圖。一圓。

西國造啤酒法

徐樹蘭《古越藏書樓書目・政部・工業》《西國造啤酒法》一卷。英傅蘭雅。《格致彙編》本。

葡萄酒譜

徐樹蘭《古越藏書樓書目・政部・工業》《葡萄酒譜》三卷。曾仰東輯譯。《農學叢書》初集本。

新式焙茶機器圖説

徐維則等《增版東西學書録・工藝》《新式焙茶機器圖説》一卷。《農學報》本。英愛爾蘭臺維生廠原本，陳佩尙譯。中國欲興茶務，不得不講機器製法。是編所列製茶機器，有圖有説，並列價値，可謂詳細，足爲講求茶務者之助。

劉錦藻《清續文獻通考・經籍考・政書》《新式焙茶機器圖説》一卷。陳佩尙譯述。

作荷蘭水器具

徐樹蘭《古越藏書樓書目・政部・工業》《作荷蘭水器具》一卷。英傅蘭雅。《格致彙編》本。

農家陳植物法

王樹善《農務要書簡明目録・雜事》《農家陳植物法》。此書詳論各種果與菜類，并果之糖膏及乳油等物如何裝馬口鐵罐，或玻璃罇，而令久存不壞，並論製乾果、糖果等法，皆農家婦女所應知者。四角。

實驗罐藏製造法

徐樹蘭《古越藏書樓書目・政部・工業》《實驗罐藏製造法》一卷。日本豬股德吉郎。《農學叢書》初集本。

日用製造品

徐維則等《增版東西學書録・工藝》 《日用製造品》□卷。杭州譯林本。日本高橋橘樹編。顧補。

徐樹蘭《古越藏書樓書目・政部・工業》 《西國製皮法》一卷。英傅蘭雅。《格致彙編》本。

又 《電氣熟皮法》一卷。英傅蘭雅。《格致彙編》本。

西國造紙法

梁啓超《西學書目表・工政》 《西國造紙法》。傅蘭雅。《格致彙編》本。

顧述廬《通學書籍考・工學類》 《西國造紙法》。《格致彙編》本。傅蘭雅撰。

趙惟熙《西學書目答問・政學・工政學》 《西國造紙法》。一册。英傅蘭雅輯。《格致彙編》本。

徐維則等《增版東西學書録・工藝》 《西國造紙法》一卷。《格致彙編》本。英傅蘭雅著。書中專論以化學造紙法并詳其用器，而機器手工之製，亦略言之。後附印字便法，雖不及膠板印法之便，然足以備一法。製造局印有英傅蘭雅、徐壽譯《造象皮法》，未出。

徐樹蘭《古越藏書樓書目・政部・工業》 《西國造紙法》一卷。英傅蘭雅。《格致彙編》本。

日本製紙論

徐樹蘭《古越藏書樓書目・政部・工業》 《日本製紙論》一卷，附圖。日本吉井源太。沈紘譯。《農學報》本。

製紙略法

徐樹蘭《古越藏書樓書目・政部・工業》 《製紙略法》一卷。日本今關常次郎。日本佐野謙之助譯。《農學叢書》初集本。

照相鏤板印圖法

徐樹蘭《古越藏書樓書目・政部・美術》 《照相鏤板印圖法》一卷。美貝列尼。美衛理譯，王汝駢述。光緒二十六年製造局本。

《上海格致書院藏書樓書目・東西學書・光學》 《照相鏤板》。貝列尼。美衛理，烏程王汝駢。一卷。一本。製造局本。

楊復等《浙江藏書樓乙編書目・工業》 《照相鏤板印圖法》一册。英國衛理、烏程王汝駢譯。江南製造局刻本。

陳洙《江南製造局譯書提要・工藝》 《照相鏤板印圖法》一卷。美國貝列尼撰，美國衛理、烏程王汝駢同譯。計分九章，法頗詳晰。小引：照相鏤板之源，烏德貝利法，他種法。第一章：象片。第二章：透光影片。第三章：炭粉底。第四章：令銅板光潔與買銅板擇銅板法，銅板做粒紋面法。第五章：銅板發現象模法及備酸質透入膠面蝕銅法。第六章：配酸質用酸質法。第七章：洗銅板擦銅板與修改銅板法。第八章：印圖法，銅板鍍鋼面法。第九章：材料與器具。

石板印法

徐樹蘭《古越藏書樓書目・政部・美術》 《石板印法》一卷。英傅蘭雅。《格致彙編》本。

印書機器圖說

徐樹蘭《古越藏書樓書目・政部・美術》　《印書機器圖說》一卷。英傅蘭雅。《格致彙編》本。

造洋飯書

梁啓超《西學書目表・無可歸類之書》　《造洋飯書》。一本。五角。

徐維則等《增版東西學書録・雜著》　《造洋飯書》一冊。美華書館印本。泰西高夫人著。皆作西菜之法，錄之以教庖人者。《彙編二》有《磨麪器》一篇。

楊復等《浙江藏書樓乙編書目・工業》　《造洋飯書》一冊。闕名。美華書館鉛印本。

西法食譜

梁啓超《西學書目表・無可歸類之書》　《西法食譜》。一本。八角。

徐維則等《增版東西學書録・雜著》　《西法食譜》一冊。

徐樹蘭《古越藏書樓書目・政部・工業》　《西法食譜》一冊。譯者闕名。光緒十五年美華書館排印本。

交通部

論　述

丁韙良《西學考略·營造館》　營造之義最廣，凡土木磚石之工皆是。近時多以鐵代木，則鐵工亦歸營造師經理。西俗重屋宇而輕冠服，不但宫殿、衙署以堅石建造，垂諸永久，卽富豪民宅以及城鎮市廛，亦莫不然。其意不徒奢侈，實防水火之災，而冀爲百世之業。無論公私廬舍，皆高至數層，以地貴而天賤也。各殊其式，惟壯觀瞻。是以營建宫室，除土木工外，必須營造師爲之結搆鋪張，以期鞏固。城鎮之美惡，多賴其經營。其列於精藝者，宜也。至造橋修路，昔無專習其業者，彼時惟有土道爾，則泥水梗塞，旱則塵土飛揚。車以騾馬駕馭，故橋梁無須甚堅。百餘年來，衝要之區，土路悉改爲石路，法以碎石鋪路壓平，以通車馬。火車則另有鐵路，法於兩旁平鋪梁木，上釘以鐵，以束輪轍而利遄行。高者剗平，低者墊滿，非深諳算術者，自不能測量而得其宜再，橋梁既任以數千噸之火車，恆百數聯絡。借越江河，自應穩固如山。或以鐵架鐵柱，排列於下，以支撑之；或以綱鐵纜索，高結於上，以懸挂之，其下可通往來。巨艦長數里，或數十里，低窪積水之區，橋梁每長如此。費用浩繁，關係重大。此尤非精於營造者所莫辦。夫以鐵木結搆高樓，令之鞏固，不畏烈風，已屬高才；至以之浮海，令之往返神速，不畏波濤，其才豈不更奇哉！是以製造船隻，視爲營造之尤要者。邦國恃以通商，恃以禦敵。故其營造得法，實關富強之要圖也。此雖爲營造别派，而學本相同。故攻於營造之學，其要有三：一、精算學，俾克測量；一、諳格化諸學，俾明水、火、土、木、金石之理；一、善繪畫之學，俾得作圖布式。其營造師之昭著稱爲巨擘者，不但因才致富，且有封以顯爵者。蓋營造師乃工匠中將軍之職也。

又《船政館》　船政館有二：一官設，一民設。官設之館，練習水師武弁。其課程與陸軍武學略似，陸軍武學，下文詳之。惟天文須較陸軍深邃。因航海測算，用以行舟，其事綦重，無論帆船輪舟一切器具，均須熟諳，故格致水火諸學，最宜講求。除陸地列陣排隊，須隨時水操，以資練習。俟課程既滿，往往將生員數十人或數百人，移載於船，令出大洋，以試所學，按英國恆有此事，在外數月之久，以便學者習慣、波濤，如行陸地。則遇敵自收駕駛之功也。古有得不龜手之藥、水戰而致勝者今之水戰，不獨熟悉水風，尤賴汽機火機其術甚深，而學亦不易也。民設之館，教習商船爲船主者。航海商船，總計不下數萬，是以廣設學院而督課之。俟課程既滿，授之文憑，以證其學足能駕駛。其不在館學習者，亦按例考以天文算格諸學，方準管帶。諺曰「庸醫殺人」，竊思船主之庸儒者，其予人危險，甚於庸醫。若機器未諳，星算未精，沙綫不明，海程不達，而遽畀以重任，不但船貨抛棄，尤恐載客數百人，難免葬於魚腹之患也。美國水師，設大船政館一所，小者數處。大者在安納岐里，專爲練習將弁。學者三百五十五人，教習四十九人。美國恃東西兩洋爲保障，無須水師以禦敵，故兵船較少。其水師强盛之國，如英、法者，其船政館最多。

康有爲《日本書目志·交通書類序》　人之一身，血氣通則强，血氣不通則病。國之爲治，名實通則强，名實不通則弱。言治者，舍通無言矣。通其心思，通其耳目，通其身體，通其聲音，通其事爲，通其服食器用貨賄，通其名號記數，七通行，則大治矣。人不能不與人交通。商者，交通之義也。通其身體者，鐵路也；通其聲音者，電與信也；通其事爲者，工也；通其名號記數者，里程也，名録也。能是數通，則心思、耳目能通矣。通服食器用者，商也；商者，交通之謂也。人不能不與人交通，故人皆商也。名號記數不通則盲，事爲不通則滯，聲音不通則聾，身體不通則壅。盲聾滯壅而欲治也，不亦難乎？

又《土木學類序》　單子入陳，陳之道路茀穢不治。單子曰：「陳將亡矣。」故古者司空，以時平治道路。若道茀不通，民氣壅隔，運移皆塞，病噎以鬱。故政之不行，莫病於道之不修。他病皆可藥，獨喉咽閉塞，藥不能下，未有不死者也。聞日本變政之始，政皆不行，既乃悟皆由道路不通之故，而速修之，政乃大流。此已驗之方，不可不試也。蓋道路不通，商貨不行，圖書器藝皆難至。士不出鄉，民顓顓益愚。逾府越縣，動須旬日。若桂林至龍州西隆，非四十日不能達，遠於歐美矣，何以爲治？鐵路縮萬里爲咫尺，今人皆知其利矣。而泰西鐵路之先，皆築馬路以爲之基。道廣數丈，隱以金椎，鱗以碎石，夾以長松，載騾駸駸，日可數百里焉。若夫溝洫隄防，宫室橋梁，前民之用，衛生之方，奇麗瓌詭，皆有程量，海邦大風，已漸泱泱。

又《航海書類序》　地球大通四百年，於是日之郵船出入四洲矣。而吾未有一舟能問津南洋者，况窺蘇彝士河乎！未有航海駕駛之學，則僻蔽一隅，不能商，不能戰，卽不能國。嗚呼！

張之洞《勸學篇・鐵路》 有一事而可以開士、農、工、商、兵五門學之者乎？曰：有，鐵路是已。士之利在廣見聞，農之利在暢地產，工之利在用機器，商之利在速行程，省運費，兵之利在速徵調，具糧械。三代以道路爲大政，見於《周禮》、《月令》、《左傳》、《國語》諸書。西法富強，尤根於此。中國道路之政，久已不講。山行則犖确，澤行則泥淖，城市蕪雜，鄉僻阻絶，以故人憚於出鄉，物艱於致遠。士有鐵路，則遊歷易往，師友易來；農有鐵路，則土苴糞壤，皆無棄物；商有鐵路，則急需者應期，重滯者無阻；工有鐵路，則機器無不到，礦產無不出，煤炭無不敷；兵有鐵路，則養三十萬精兵，可以縱橫戰守於四海。凡此五學，總之以二善：一曰省日力，一曰可治十日之事，官不曠，民不勞，時不失。一曰開風氣，凡從前一切頽惰之習，自然振起；迂謬耳食之論，自然消釋泯絶而不作。至於吏治不壅，民隱不遏，驛使不羈，差徭不擾，災歉不憂，皆相因而自善。夫如是，故天下如一室，九州如指臂。七十萬方里之地，皆其地也；四百兆之人，皆其人也。如人之一身，氣脈暢通而後有運動，耳目聰明而後有知覺，心知靈通而後有謀慮。耳目者，外國報也；心知者，學堂也；氣脈者，鐵路也。若鐵路不成，五學之開，未有日也。至鐵路所不到之處，則先多修馬路及行手車之小鐵路，阜民敏政，亦其次矣。綜觀東西洋各國，自三十年來，無不以鐵路爲急，日增月多，密如蛛網。大國有鐵路數十萬里，小國有鐵路二三萬里。東西洋各國，公設有鐵路會，考求鐵路利病新法，三年一舉。今中國幹路，北起盧溝，南達廣州，已歸總公司建造。以後分造枝路，工尤省，利尤厚。其尤便者，凡借洋款，皆須抵押，獨修鐵路一事，借款即以此路作抵，無須他物。商爲之則利在商，國爲之則利在國。況方今東海之權，我已與西洋諸國共之，門戶阻塞，如鯁在喉。若內無鐵路，則五方隔絶，坐受束縛。人游行於海上，我痿痺於室中，中華豈尚有生機乎？昔魏太武譏劉宋爲無足之國，以此較兩國勝負之數，謂北朝多馬，南朝無馬也。若今日時勢，海無兵輪，陸無鐵路，則亦無足之國而已。及今圖之，爲時已晚。若再因循顧慮，恐盡爲他人代我而造之矣。

趙惟熙《西學書目答問・政學・船政學》 此門專收行船、測量、駕馭諸書。其言海軍者入「兵政」，言製造者入「工政」。

鐵路分部

綜　述

火車鐵路略論

梁啓超《西學書目表・工政》 《火車鐵路略論》。傅蘭雅。《格致彙編》本。

趙惟熙《西學書目答問・政學・工政學》 《火車鐵路略論》。一册。英傅蘭雅譯。《格致彙編》本。

徐維則等《增版東西學書録・工藝》 《火車與鐵路略論》一卷。《格致彙編》本。英傅蘭雅譯。一論鐵路之益，二論工程。大約採自各公司所報，雖未甚詳，讀之亦足見厓略。又《彙編二》有《論簡便汽車與鐵路》一篇，爲近年英國新法。又《六》有《電車鐵路説》，均可參觀。

徐樹蘭《古越藏書樓書目・政部・工業》 《火車與車路略論》一卷。英傅蘭雅。《格致彙編》本。

輕簡汽車與鐵路説

徐樹蘭《古越藏書樓書目・政部・工業》 《輕簡汽車與鐵路説》一卷。英傅蘭雅。《格致彙編》本。

電車鐵路説

徐樹蘭《古越藏書樓書目・政部・工業》 《電車鐵路説》一卷。英傅蘭雅。《格致彙編》本。

鐵路彙考

徐樹蘭《古越藏書樓書目・政部・工業》 《鐵路彙考》十三卷。美柯理集。英傅蘭雅譯，潘松述。光緒二十五年製造局本。

《上海格致書院藏書樓書目・東西學書・路政》 《鐵路彙考》。美柯里集。英傅蘭雅，烏程潘松。十三卷。二本。製造局本。

楊復等《浙江藏書樓乙編書目・工業》 《鐵路彙考》二冊。英國傅蘭雅譯。江南製造局刻本。

陳洙《江南製造局譯書提要・工程》 《鐵路彙考》十三卷。美國柯理輯，英國傅蘭雅口譯，烏程潘松筆述。專論鐵路事宜，觀之可得其大概焉。第一卷：柯拉格論造鐵路工程。第二卷：蒲軋德論鐵路工程奇事。第三卷：福爾尼論美國鐵路汽車客車貨車。第四卷：阿里山達論辦理鐵路之章程。第五卷：布老德論行鐵路穩當之法。第六卷：波爾達論客車雜事。第七卷：傳爾希論貨車。第八卷：諾爾敦論客車之料。第九卷：哲美斯論鐵路送信公務。第十卷：哈特理論鐵路爲貿易之法。第十一卷：阿但斯論鐵路免用人挾制罷工。第十二卷：阿但斯論鐵路平常用人之事。第十三卷：阿但斯論鐵路各事務之數目。

鐵路紀略附中國鐵路利弊論

顧述廬《通學書籍考・工學類》 《鐵路紀略》附《中國鐵路利弊論》。英傅蘭雅譯。一卷，後附圖十有五。

徐維則等《增版東西學書録・工藝》 《鐵路紀略》一卷，附圖，附《中國鐵路利弊論》。《西學大成》本。英傅蘭雅譯。先論鐵路各種工程，惟不詳言造法。後論中國造鐵路利弊，設爲答問，至周且晰。讀之足以破除成見。

開辦鐵路工程説略附美國大火輪車圖説

顧述廬《通學書籍考・工學類》 《開辦鐵路工程説略》。附《美國大火輪車圖説》。英傅蘭雅著。是書詳列開辦章程并有圖表，俾講求是學者易於展閲。

徐維則等《增版東西學書録・工藝》 《開辦鐵路工程説略》一卷。附《美國大火輪車圖説》。《格致彙編》本。英傅蘭雅譯。書成於中國造成唐山鐵路之後，專取英國辦理鐵路成法，筆之於報，以冀中國採用其議。卷葉雖少，於路車之事，已言無不盡。《大火輪車圖説》爲近時新創之式，故附載之。

徐樹蘭《古越藏書樓書目・政部・工業》 《開辦鐵路工程説略》一卷。英傅蘭雅。《格致彙編》本附《美國大火輪車圖説》。

印度鐵路

徐樹蘭《古越藏書樓書目・政部・工業》 《印度鐵路》一卷。英傅蘭雅。《格致彙編》本。

造鐵路書

梁啓超《西學書目表・近譯未印各書・工政》 《造鐵路書》。舒高第，鄭昌棪。製造局。三本。未印。

鐵路紀要

徐維則等《增版東西學書録・工藝》 《鐵路紀要》三卷。製造局本，一冊。英柯理集潘松譯。鐵路惟美爲最多，其製造立法，亦以美爲最善。是書所記，皆美國造路車及各工程之法，并述獲利之厚。局譯之，以呈當路採擇者。

徐樹蘭《古越藏書樓書目・政部・工業》 《鐵路紀要》三卷。英柯理集。潘松譯。製造局本。

楊復等《浙江藏書樓乙編書目・工業》 《鐵路紀要》一冊。烏程潘松譯。江南製造局刻本。

倫敦鐵路公司章程

梁啓超《西學書目表・工政》 《倫敦鐵路公司章程》。鄧廷鏗，楊葆寅。《時務報館》本。二本。此書本不能入工政，姑坿於此。

趙惟熙《西學書目答問・政學・工政學》 《倫敦鐵路公司章程》。二冊。鄧廷鏗、楊葆寅譯。上海本。

徐維則等《增版東西學書録・工藝》 《倫敦鐵路公司章程》一卷。《時務報》本。英鐵路公司著，鄧廷鏗譯，楊葆寅輯。凡行止、車機、收卸貨物、搭客收票、夷險記號，皆有章程，令發惟從，英倫公司尤爲詳密。《彙編六》有言《印度鐵路》一篇，其辦法頗善，可互證。《實學報》印有德伏耳鏗製造廠原本。美金楷理、徐建寅同譯《伏耳鏗廠製造股會章程》一卷，未成。

鐵路律例

徐維則等《增版東西學書録・政治法律》 《鐵路律例》一卷。己亥《中外日報》本。沈逋梅譯。凡十六款，附以載客律例十款，可與時務報館所譯《各鐵路章程》參觀。

奧國商辦鐵路條例

徐維則等《增版東西學書録・工藝》 《奧國商辦鐵路條例》一卷。《時務報》本。萬國鐵路會月報原本，黄致堯譯。此條例皆鐵路應辦之事，應享之利，應守之責，而未及行軍設路工程諸章程。於一千八百九十四年擬進，次年經奧王批準者。

西伯利亞鐵路情形考

徐維則等《增版東西學書録・工藝》 《西伯利亞鐵路情形考》一卷。《湖北商務報》本。德《歌崙報》原本，商務報館譯。俄國建築西伯利亞鐵路，竭力經營，以期速竣。篇中言各路入段、逐段工程，道路遠近，需費若干，以及已竣者何時開行，未竣者何時告竣，皆詳誌焉。顧補。

西伯利亞鐵路旅程紀要

徐維則等《增版東西學書録・工藝》 《西伯利亞鐵路旅程紀要》一卷。《湖北商務報》本。湖北商務報館譯。顧補。

西伯利亞鐵路考

楊復等《浙江藏書樓乙編書目・工業》 《西伯利亞鐵路考》一冊。美國勒芬邇著。南洋公學鉛印本。

論築造亞細亞鐵路事宜

徐維則等《增版東西學書録・工藝》《論築造亞細亞鐵路事宜》一卷。《亞東時報》本。英茂聯著，亞東時報館譯。於各國承築中國鐵路分條言之，詳明可閱。顧補。

中國鐵路歷史

廣學會編《廣學會譯著新書總目・史類》《中國鐵路歷史》。創造鐵路之緣始，及各省已造、未造之路線，與各國交涉之情節。洋裝一冊。價洋二角。

爐承新製

徐維則等《增版東西學書録・工藝》《爐承新製》一卷。《求是報》本。比舁郎著，曾仰東譯。舁氏新創大車爐承，足以省工省煤，堅實耐久。書中專論此器之料件、質性、分量及運用之便，實爲近時要事。

考試司機

徐樹蘭《古越藏書樓書目・政部・工業》《考試司機》七卷，首一卷，附圖。英拖爾那。傅蘭雅譯，徐華封述。製造局本。

《上海格致書院藏書樓書目・東西學書・工政》《考試司機》。英拖爾那。英傅蘭雅，華亭鍾天緯。七卷。六本。製造局本。

楊復等《浙江藏書樓乙編書目・工業》《考試司機》六冊。英國傅蘭雅，無錫徐華封譯述。江南製造局刻本。

陳洙《江南製造局譯書提要・工藝》《考試司機》七卷。英國拖爾奈撰，傅蘭雅口譯，無錫徐華封筆述。有圖一百九十。英國律例：其輪舶司機之人，非得有合法文憑，不能駕船出本國口岸，故考試之法甚爲周詳。除年貌、名籍、出身以外，如算法、圖學，皆一一設題面試。是書所載，皆考試所應用之題也。上半部：各種題，如常數權量，分數計息折扣，比例開方，測量材料輕重率、汽壓力及自漲力、馬力，推路長短，螺輪之速力及㾕力，各器之牽力、剪刀、彎力、扭力，熱之度數，添入海水所含之定質。下半部：各種題，爲汽機全部器具。若汽筩、汽罨、鞲鞴、挺桿、推路、曲拐、搖桿、螺軸、螺輪、恆升車、凝水櫃、萍門、汽表、鍋爐、進水及放水門等，並他緊要零件。

公路分部

西國造橋論略

徐維則等《增版東西學書録・工藝》《西國造橋論路》一卷。《格致彙編》本。英傅蘭雅輯譯。採拾各國造成之橋，而總言鐵與磚石之利弊。後附《潮水論》，蓋自美國《格致報》録出。言潮水漲落，以證每日地球之動，其說有據而可信。《求是報》印有法德勃甫撰、曾仰東譯《建造橋路工程書》，未成。

徐樹蘭《古越藏書樓書目・政部・工業》《西國造橋略論》一卷。英傅蘭雅。《格致彙編》本。

劉錦藻《清續文獻通考・經籍考・政書》《西國造橋論略》一卷。傅蘭雅譯述。臣謹案，是書採摭各國造橋成法，綜言鐵與甎石之利弊，後論潮水漲落，以證每日地球之動。足資研究。

擬造浦東鐵橋圖說

徐維則等《增版東西學書録・工藝》 《擬造浦東鐵橋圖說》一卷。《求是報》本。法邵禄著，曾仰東譯。專論新式鐵運橋之造法。

修路說略

徐樹蘭《古越藏書樓書目・政部・軍政》 《脩路說畧》一卷。德武備原本。德何福滿譯，楊其昌述。《湖北武學》本。

顧燮光《譯書經眼録・工藝》 《修路說略》一卷。湖北《武學全書》刊本，上海掃葉山房石印本，寶善齋石印本。德國武備原書。德何福滿、楊其昌同譯。凡十三節。均言修路工程，惟末節則言毀路、阻路之法，附圖七幅。

美國南方種菜運銷北方論

王樹善《農務要書簡明目録・田園》 《美國南方種菜運銷北方論》。羅福士著。此書詞意明白，於種菜家大有裨益。一圓一五。

裝運鷄蛋新法

徐樹蘭《古越藏書樓書目・政部・工業》 《裝運雞蛋新法》一卷。英傅蘭雅。《格致彙編》本。

水路分部

海道圖說附長江圖說

張之洞《書目答問・地理》 《新譯海道圖說》十五卷。附《長江圖說》一卷。西洋人。上海製造局刻本。極有用。

梁啓超《西學書目表・船政》 《海道圖說》。金楷理，王德均。製造局本。九本。一千。不備。

趙惟熙《西學書目答問・藝學・中國地輿圖》 《海道圖》。二冊。製造局譯本。

徐維則等《增版東西學書録・地學》 《海道圖說》十五卷。附《長江圖說》一卷，海道總圖一幅，分圖十二幅，長江圖五幅。製造局本，十冊。上海石印本。英兵船部原書，美金約翰輯。卷一、卷二、卷五，英傅蘭雅譯。卷三、卷四、卷六至卷十五及《長江圖說》，美金楷理譯。皆王德均述。起自瓊州，訖於遼東、臺灣，後附朝鮮、琉球、日本。各處沙線、颶風、礁石諸忌，臚列詳盡。顧書中所列地名，間與中圖不合者。蓋書爲西船駛行時所記，有本於中圖者，有訪諸土人者，餘則隨意命名，體例未善。王君譯成，更爲校正。如中國有名者，以中名譯之；西人傳誤者，以中圖正之，無義可譯者，取西音以寫中字。詳於沿海，略於內地。爲總圖一，爲分圖十，以冊不能容，別錄附行。但海中島沙消長不同，港汊通塞日異，在留心者隨時徵驗增修耳。

《上海格致書院藏書樓書目・東西學書・船政》 《海道圖說》。英金約翰。英傅蘭雅，懷遠王德均。十五卷附一本。十本。製造局本。

楊復等《浙江藏書樓乙編書目・兵書》 《海道圖說》十冊。英國傅蘭雅譯，懷遠王德鈞述。江南製造局刻本。

陳洙《江南製造局譯書提要・圖學》 《海道圖說》十五卷。附《長江

圖說》一卷。英國金約翰輯，英國傅蘭雅、美國金楷理口譯，懷遠王德均筆述。凡海岸、水道、島嶼、洲灘、灣澳之高低深淺，闊窄險夷與隱石沙亘，天時潮信，風力水勢，以及趨避之方，行駛之法，停泊之處，詳載無遺。圖、說參觀，如示諸掌，洵航海要書也。第一卷：論大風與南海東海水性自流并行船要言。第二卷：海南瓊州府至珠江並香港。第三卷：香港至福建廈門。第四卷：廈門至犬列島幷澎湖各水道。第五卷：白犬列島至浙江象山縣伯船港。第六卷：象山港至揚子江口附舟山列島並上海各水道。第七卷：揚子江口至山東直隸水道。第八卷：直隸遼東二海。第九卷：撲勒特日島並淺灘與臺灣水道。第十卷：朝鮮西南與南面各海岸。琉球附。第十一卷：日本九脩嶼暨西各嶼南岸日本嶼東南岸與東岸以及內海。第十二卷：日本嶼東岸。第十三卷：論日本列島暨日本與九修各嶼西岸又自揚子江口至長崎。第十四卷：楚家爾水道與也蘇島南岸並柘里爾列島。第十五卷：日本海。附卷：《長江圖說》。

航海通書

徐維則等《增版東西學書録・船政》　《航海通書》。製造局本，每年一冊。英行海通書原本，賈步緯譯。按即《赤道經緯表》。

陳洙《江南製造局譯書提要・船政》　《航海通書》不分卷。此書英國行海通書原本。西人《航海度時表》與《通書》相須爲用，南匯賈文浩譯成。其述《年推》一冊，闡明理數，航海者宜人手一編。

行海要術

梁啓超《西學書目表・船政》　《行海要術》附表。金楷理，李鳳苞。製造局本。三本。四百八十。

趙惟熙《西學書目答問・政學・船政學》　《行海要術》。附表，訂三冊。布金楷理譯，李鳳苞述。製造局本。

徐維則等《增版東西學書録・船政》　《行海要術》四卷。製造局本，三冊。美金楷理譯，李鳳苞述。《彙編一》有美瑪高溫《救溺新法》，又英救生局《救溺說》，可備考。

徐樹蘭《古越藏書樓書目・政部・船政》　《行海要術》四卷。美金楷理譯，李鳳苞述。製造局本。

《上海格致書院藏書樓書目・東西學書・船政》　《行海要術》。布金楷理，崇明李鳳苞。四卷。三本。製造局本。

楊復等《浙江藏書樓乙編書目・兵書》　《行海要術》三冊。美國金楷理譯，崇明李鳳苞述。江南製造局刻本。

陳洙《江南製造局譯書提要・船政》　《行海要術》四卷。美國金楷理口譯，崇明李鳳苞筆述。有圖五十有奇，并附以表。詳載紀行測量，繪海探海較準測器並度時表諸法，與恆風、颶風以及船行海流之方向速率，無不燦若列眉，洵爲航海要書也。

航海簡法行海表

梁啓超《西學書目表・船政》　《航海簡法》。金楷理，王德均。製造局本。二本。三百。

丁仁《八千卷樓書目・藝術類・雜技》　《航海簡法》四卷。英那麗撰。刊本。

趙惟熙《西學書目答問・政學・船政學》　《航海簡法》。二冊。英那麗撰，布金楷理譯，王德均述。製造局本。

徐維則等《增版東西學書録・船政》　《航海簡法》三卷。《行海表》一卷。製造局本，二冊。《西學大成》本。英那麗著，美金楷理譯，王德均述。西人於海面行船，考求日精。沙綫、風濤之外，尤以講究經緯度爲最要。此書即於行船若何依距經緯度之法，悉心推測，著之於篇，而言求其簡，俾航海者易於尋覽。

徐樹蘭《古越藏書樓書目・政部・船政》　《航海簡法》三卷。《行海表》一卷。英那麗。美金楷理譯，王德均述。製造局本。

御風要術

梁啓超《西學書目表・船政》 《御風要術》。金楷理，華蘅芳。製造局本。二本。二百四十。

丁仁《八千卷樓書目・藝術類・雜技》 《御風要術》三卷。英白爾特撰。刊本。

趙惟熙《西學書目答問・政學・船政學》 《御風要術》。三卷，訂二冊。英白爾特撰，布金楷理譯，華蘅芳述。製造局本。

徐維則等《增版東西學書録・船政》 《御風要術》三卷。製造局本，二冊。英白爾特著，美金楷理譯，華蘅芳述。是書爲航海者避颶風之法。西人於颶風之由，究之已數百年，知某處某種颶風，其先見之兆如何，所行之路如何，用何法防之。書中所論，至爲詳悉，而每年何處所起之狀，備載之，以資後日徵驗。

徐樹蘭《古越藏書樓書目・政部・船政》 《御風要術》三卷。英白爾特。美金楷理譯，華蘅芳述。製造局本。

《上海格致書院藏書樓書目・東西學書・船政》 《御風要術》。一本。製造局本。

楊復等《浙江藏書樓乙編書目・兵書》 《御風要術》二冊。英國白爾特撰，金匱華蘅芳譯。江南製造局刻本。

陳洙《江南製造局譯書提要・船政》 《御風要術》三卷。英國白爾特撰，美國金楷理口譯，金匱華蘅芳筆述。層解條晰，分爲一百七十六節，末附總論，言趨避颶風之法至精且悉，航海必讀書也。

航海章程

梁啓超《西學書目表・船政》 《航海章程》。製造局本。一本。一百二十。

趙惟熙《西學書目答問・政學・船政學》 《航海章程》。一冊。布金楷理譯，王德均述。製造局本。

徐維則等《增版東西學書録・船政》 《航海章程》一冊。製造局本。

徐樹蘭《古越藏書樓書目・政部・船政》 《航海章程》一冊。美弗蘭克林。鳳儀譯，徐家寶述。製造局本。

《上海格致書院藏書樓書目・東西學書・船政》 《航海章程》。美弗蘭克林。蒙古鳳儀，無錫徐家寶。一卷。一本。製造局本。

楊復等《浙江藏書樓乙編書目・兵書》 《航海章程》一冊。蒙古鳳儀譯，無錫徐家寶述。江南製造局刻本。

陳洙《江南製造局譯書提要・船政》 《航海章程》一卷。美國弗蘭克林纂，蒙古鳳儀口譯，無錫徐家寶筆述。凡十六章。第一章：論海中當用記號及別法以便遇有霧霾雨雪陰晦及黑夜指明船隻行駛之方向。第二章：論查驗船隻能行海與否。第三章：論船入水深淺。第四章：論船名與記號。第五章：論船已碰壞救人救物。第六章：論船中水手須能分別各種顏色。第七章：論避海中凍冰以免與船相碰幷保護捕魚之船使其不阻船路。第八章：論海中夜間用通信之記號。第九章：論遇有暴風應預先報信。第十章：論見海中有壞船或有阻礙行船之物應如何毀去。第十一章：論報險規條。第十二章：論浮塔及保險之號應有定章。第十三章：論各國常設辦理水師事務人員。

行船免撞章程

梁啓超《西學書目表・船政》 《行船免撞章程》。傅蘭雅，鍾天緯。製造局本。一本。一百四十。

趙惟熙《西學書目答問・政學・船政學》 《行船免撞章程》。一冊。英傅蘭雅譯，鍾天緯述。製造局本。

徐維則等《增版東西學書録・船政》 《行船免撞章程》一卷。製造局本，一冊。英傅蘭雅譯，鍾天緯述。

徐樹蘭《古越藏書樓書目・政部・船政》 《行船免撞章程》一卷。英傅蘭雅譯，鍾天緯述。製造局本。

《上海格致書院藏書樓書目・東西學書・船政》 《行船免撞章程》。英傅蘭雅、華亭鍾天緯。一卷。一本。製造局本。

楊復等《浙江藏書樓乙編書目・兵書》　《行船免撞章程》一冊。英國傳蘭雅譯，華亭鍾天緯述。江南製造局刻本。

陳洙《江南製造局譯書提要・船政》　《行船免撞章程》一卷。英國傳蘭雅口譯，華亭鍾天緯筆述，金匱華備鈺校勘。凡十八章，末附一千八百六十二年英國修改商船免撞各章程，并應答之問題四十三則。第一章：論船燈。第二章：論最須謹慎之四事。第三章：論舵扳左不謹慎易於相撞。第四章：論單見一燈之光。第五章：論見雙燈之光。第六章：論見三燈之光。第七章：論各色號火。第八章：論下霧傳聲號報。第九章：論聞聲并能見其船。第十章：論何船前行何船讓路。第十一章：論何船應需讓路。第十二章：論兩船仍行本路而不成險可不用上列各章程。第十三章：論兩輪船彼此免撞之法。第十四章：論本船追及他船。第十五章：論下章之意以爲之引。第十六章：論兩帆船行交路而有相撞之險。第十七章：論明上章之意并另增各要說。第十八章：論總章程。

船塢論略

梁啓超《西學書目表・船政》　《船塢論略》。傳蘭雅，鍾天緯。製造局本。一本。八十。

趙惟熙《西學書目答問・政學・工政學》　《船塢論略》。附圖，一冊。英傳蘭雅譯，鍾天緯述。製造局本。

徐維則等《增版東西學書録・船政》　《船塢論略》一卷，附圖。製造局本，一冊。《富強叢書》本。英傳蘭雅輯譯，鍾天緯述。西國船塢有三種，有修船之塢，有泊船之塢，有藏船之塢。是書據各國所設船塢，以記其制度，論其利弊，殆亦採各工程報而成者。

徐樹蘭《古越藏書樓書目・政部・船政》　《船塢論略》一卷，附圖。英傳蘭雅輯譯，鍾天緯述。製造局本。

《上海格致書院藏書樓書目・東西學書・船政》　《船塢論略》。英傳蘭雅，華亭鍾天緯。一卷。一本。製造局本。

楊復等《浙江藏書樓乙編書目・兵書》　《船塢論略》一冊。英國傳蘭雅譯，華亭鍾天緯述。江南製造局刻本。

陳洙《江南製造局譯書提要・船政》　《船塢論略》一卷。英國傳蘭雅口譯，華亭鍾天緯筆述。有圖四十。分修船、泊船、藏船三項，論工程形式利弊與種種建造合宜之法。

西船略論

梁啓超《西學書目表・船政》　《西船略論》。傳蘭雅。《格致彙編》本。

趙惟熙《西學書目答問・政學・船政學》　《西船略論》。一冊。英傳蘭雅譯。《格致彙編》本。船政內尚有《海道圖說》十五卷，《長江圖說》一卷，亦係要本。因已見《答問》，故不重録。

徐維則等《增版東西學書録・船政》　《西船略論》一卷。《格致彙編》本。英傳蘭雅輯譯。專論西國造船之法。首論各式之船，次論輪船源流，次論各船瑣事，次論鐵甲兵船，爲斯米德稿。後有《各國兵船表》及《記英國商船》，蓋傳氏採輯而成者。其論瑣事，最精細。製造局印有英傳蘭雅、徐建寅譯《造船全法》十冊，舒高第、鄭昌棪譯《裝船檣繩索書》一冊，均未出。

徐樹蘭《古越藏書樓書目・政部・工業》　《西船略論》一卷。英傳蘭雅。《格致彙編》本。

鐵船鍼向

徐樹蘭《古越藏書樓書目・政部・工業》　《鐵船鍼向》一卷。闕名。英傳蘭雅譯，徐壽述。製造局本《西藝知新》第二十一卷。又《富強叢書》本。

裝船檣繩索書

梁啓超《西學書目表・近譯未印各書・船政》　《裝船檣繩索書》。舒高第，鄭昌棪。製造局。一本。未譯成。

造船全法

梁啓超《西學書目表・近譯未印各書・船政》《造船全法》。傅蘭雅，徐建寅。製造局。十本。未印。

繪畫船線

梁啓超《西學書目表・近譯未印各書・圖學》《繪畫船線》。傅蘭雅，徐建寅。製造局。二本。未印。

輪船溯源

徐維則等《增版東西學書録・船政》《輪船溯源》□卷。《匯報》本。匯報館譯。推論輪船創造之事極詳。顧補。

長江駕駛便覽附商務銀洋兑錢總目表　中國丈尺斤兩表

徐維則等《增版東西學書録・船政》《長江駕駛便覽》□卷。上海石印本。泰西共得利纂。述輪舟引港，並附各馬頭旗幟圖樣與各公司商標，並法國風旗，著色繪成。附《商務銀洋兑錢總目表》、《中國丈尺斤兩表》。顧補。

美人開通兩洋議

徐維則等《增版東西學書録・工藝》《美人開通兩洋議》□卷。《知新報》本。周逢源譯。中亞非利加巴拿馬海腰最窄之處，左爲大西洋，右爲太平洋，兩洋爲其梗斷，嗣有創開通之議。尋得三處，一爲梯漢地闢，一爲尼加拉瓜，一爲巴拿馬。雖屢有人開辦，卒以費絀而止。此書於開通時衛生、防範、工程各事，言之綦詳。《知新報》有《極論美國開巴拿馬之利》一篇可參觀。顧補。

新開地中河説

顧述廬《通學書籍考・地學類》《新開地中河説》一卷。美丁韙良著。

徐樹蘭《古越藏書樓書目・政部・外史》《新開地中河記》一卷。美丁韙良。小方壺齋本。即蘇爾士河，在地中海、紅海之間，屬埃及國地。

郵電分部

西歐郵政考

徐維則等《增版東西學書録・政治法律》《西歐郵政考》一卷。《嶺學報》本。唐紹儀譯。凡三篇。上篇言郵政之緣起，中篇言德國之郵政，下篇言各國之郵政。誠以郵政倡於德人，利國便民，爲五洲所仿作者，於德特撰一篇，有以也。顧補。

大清郵政局章程

徐維則等《增版東西學書録・政治法律》《大清郵政局章程》一卷，又續删改本。上海排印本，又在《約章分類輯要》内。英赫德著。分二十六章。顧補。

萬國電報通例

徐維則等《增版東西學書録・政治法律》《萬國電報通例》一卷。光緒七年中國電報滬局排印本，一冊。東西各國電綫局總辦合著，胡禮垣譯。爲類十七：曰交涉，曰生意，曰收寫，曰算賬，曰計字，曰收費，曰傳打，曰帶交，曰加意，曰公務，曰記載，曰交還，曰數目，曰權衡，曰通傳，曰會議，曰入約。首載公約二十一款，乃一千八百七十五年立於俄京。其通例訂於一千八百七十九年，同時書名者十有五人，卽按照公約而議行。此例雖在今日，已爲陳迹，然當時籌事之密，立法之公，於此可見。此後隨時增删之例，當更加善，乃未嘗踵譯之，可惜也。徐補。

電報章程

徐樹蘭《古越藏書樓書目・學部・電學》《電報章程》一卷。上海電報局本。

美國到各國電信一覽表

徐維則等《增版東西學書録・政治法律》《美國到各國電信一覽表》□卷。《湖北商務報》本。

世界海底電信一覽表

徐維則等《增版東西學書録・政治法律》《世界海底電信一覽表》卷。《湖北商務報》本。

無綫電報

徐樹蘭《古越藏書樓書目・學部・電學》《無綫電報》一卷。英克爾。美衛理譯，范熙庸述。製造局本。

《上海格致書院藏書樓書目・東西學書・電學》《無線電報》。英克爾。美衛理，上海范熙庸。一卷。一本。製造局本。

楊復等《浙江藏書樓乙編書目・理學》《無線電報》一冊。美國衛理譯，上海范熙庸述。江南製造局刻本。

陳洙《江南製造局譯書提要・電學》《無線電報》一卷。英國克爾撰，美國衛理口譯，上海范熙庸筆述。凡八章。詳述考得無線電報之法，甚明晰。電學自此乃大進步，不可不知也。第一章：論或謂東方人能不用線發號過空氣而至遠處。第二章：論有無實質。第三章：論空氣與以脱之顫。第四章：記林得西雅各波滿。第五章：論潑利虧試驗感電。第六章：論馬柯尼試驗赫而此浪。第七章：論勞德基及他人試驗赫而此浪。第八章：論無線報之用。

無線電信

《上海格致書院藏書樓書目・東西學書・電學》《無線電信》。英薄登氏。衡山聶其傑。一本。活印本。

赫氏電浪

《上海格致書院藏書樓書目·東西學書·電學》《赫氏電浪》。一本。活印本。

電報新編

丁仁《八千卷樓書目·藝術類·雜技》《電報新編》一卷。不著撰人名氏。刊本。

雜著部

北京紀事

徐維則等《增版東西學書録·雜著》 《北京紀事》□卷。《勵學譯編》本。英赫德著，勵學譯社譯。顧補。

自助論

顧燮光《譯書經眼録·議論》 《自助論》十三編。《通社叢書》再版洋裝本，一冊。一名《西國立志論》。英斯邁爾著，日本中村正直譯，羊杰重譯。本書以勉人勇往進取、立志崇儉爲主義，歷引西人成功家歷史以相印證，蓋有功社會之作也。全書凡十三編，編區若干節。一論邦國人民之自助，二論發明機器之元祖，三論四大陶工，四論勤敏，五論機會，六論工藝之發達，七論貴族，八論剛勇，九論事務職業，十論用財宜慎，十一論自修，十二論儀範，十三論德、行之關係。其精義妙理，頗足收頑廉懦立之效。譯文亦條暢雅飭，足達其恉。

楊復等《浙江藏書樓乙編書目·雜誌》 《自助論》一冊。日本中村正直著。日本東京鉛印本。

論邦國及人民之自助

顧燮光《譯書經眼録·議論》 《論邦國及人民之自助》一卷。羣學社編本。英斯邁爾斯著，日本中村正直譯，林文潛重譯。是書爲《西國立志編》之一。其立論警闢處，最足發人深省。

中西異聞益智叢録

《上海格致書院藏書樓書目·東西學書·雜著》 《中西異聞益智叢録》。三十四卷。八本。南洋書局印本。

二百年後之吾人

《上海格致書院藏書樓書目·東西學書·哲理學》 《二百年後之吾人》。一本。活印本。

崇一論

楊復等《浙江藏書樓乙編書目·雜誌》 《崇一論》一冊。美國林樂知著。廣學會鉛印本。

言志録

徐維則等《增版東西學書録·雜著》 《言志録》一冊。日本佐藤一齋著。

天則百話

通雅齋《新學書目提要·文學類》 《天則百話》。上海廣智書局本。《天則百話》，日本加藤弘之述，中國吳建常譯。是編蓋加藤博士隨意揭載于《太

陽志》者，故不成一家言，然其于國家主義未嘗不三致意焉。夫知有身有家而不知有國，論者輒以此罪中國人，然吾謂中國人特不有知有身有家，果眞知身家之重，則私身家之極不得不犧牲其身家之私利以謀國家之公益，泰西哲學家以家族主義先于社會主義，其理適當。《傳》云：「身修而後家齊，家齊而後國治，國治而後天下平。」身家之私亦天則之一端，無可責也。至云政黨之弊，比于一君主及數大臣之壓制有加甚焉，一君主、數大臣等無強力之後援，獨政黨內閣後援之力最大，壓制亦超越常度，夫政事以抗論而愈得，人才以競爭而愈出，國力之盛莫非以黨派維持之故，《記》曰：「一張一弛，文武之道。」政黨之興頗合于是，如以政黨爲非，則當時主張民權、希望民主以結爲政黨者，與日本建國之勢適相背馳，其說果行，日本之結果尚未知何若也。

顧燮光《譯書經眼録・雜著》《天則百話》一卷。廣智書局排印本。日本加藤宏之著，吳建常譯。原書凡百節，載於日本《太陽雜誌》中。隨筆記載，故不成一家言。然其中精理名詞，固有足供社會研究者。譯者間附按語，頗有特見，並刪書中無關宏旨者十節。

《上海格致書院藏書樓書目・東西學書・哲理學》《天則百話》。日本加藤弘之。吳建常。一本。活印本。

楊復等《浙江藏書樓乙編書目・雜誌》《天則百話》一冊。日本加藤弘之述，吳建常譯。廣智書局鉛印本。

廣長舌

楊復等《浙江藏書樓乙編書目・雜誌》《廣長舌》一冊。日本幸德秋水著。商務書舘鉛印本。

妖怪百譚

徐樹蘭《古越藏書樓書目・學部・東西洋哲學》《妖怪百談》一卷。日本井上圓了。何琪譯。商務印書館本。

顧燮光《譯書經眼録・雜著》《妖怪百譚》一卷。上海商務印書館本，一冊。日本井上圓了著，何琪譯。自鬼神之説中於人心，而怪力亂神、孤虛旺相諸説，遂大施影響於華社會。日本井上君以哲理之思想，闢末俗之流傳，曾著《妖怪學講義錄》一書，分實、虛、僞、誤、假、眞六怪，而以總論、物理、醫理、哲學、心理、宗教、教育、雜部八大科綜括之。是書凡百譚，皆從講義中選錄，皆僞怪、誤怪類也。譯者復加附錄，以相發明，洵有功世道之書。惜譯者據和文直譯，剪裁未工，爲可惜耳。卷末附《鬼門論》一篇，倡革敎之論。譯者復附和，偏激失當，竊所不取。

丘煒萲《客雲廬小説話・新小説品》《妖怪百談》，如江楓漁火，夜半鐘聲。

吉田松陰遺墨

通雅齋《新學書目提要・文學類》《吉田松陰遺墨》。上海國民叢書社本。《吉田松陰遺墨》分上、中、下三卷，其中有序、有記、有傳説，而書與雜著尤夥。明治維新以前，東邦士夫猶未免專心于箋注詞章之學，其與清太一書于《衛風・北風》「雨雪」二編字句之間反復辨解而終不能釋，然蓋欲爲韻音、聲調之諧，不免踏蒙叟馬肝之誚，唯二子乘舟之詩謂伋、壽非同發而詩乃弁言，不能無疑，此説岡白駒已明辨之，太史公贊「惡傷父之志」，允其志也，「然卒死亡」，惜其爲也，一揚一抑，所謂共世子之義，此乃松陰獨見之處。唯與矢之助一書謂「不在其位，不謀其政」、「惡居下流而訕上者」三語，昔嘗以斯言爲迂腐，今則不然，人各有職有任，何暇謀人政而訕其上？謀人政而訕其上者，又何暇識己職己任乎哉？夫天下之大，匹夫有責，政爲國家之政，則一國之民皆得議其可否，至民無議事之權而只以庶民清議，冀開君相之聰，稍挽回于萬一，民之心亦良苦，且曰上、曰下流，階級愈分，民德愈不和，此自然之理，孔子之言蓋爲專制之政體言之，孔子之主專制亦爲春秋之時勢言之，松陰所處之時與春秋不同，安政五年。松陰所抱之志亦與孔子不同，當日井伊直弼之死，松陰擬要擊間部詮勝，周布曰：「勤王之事，

藩政府既有成算，何費書生之妄動？」斯時松陰發指眦裂，誓報此仇，其血性之熱似非以國事與己事打成兩橛者，而與之助一書何如是云云，與又讀《唐鑑》一則（謂太宗以弓矢定四方，引諸衛將卒習射殿廷，于是人咸自勵，數年之間悉爲精鋭，爲唐代三百年之基，後嗣諸帝莫克繼之，是以衛兵弱而京師虛，節鎮崛強實有由來，使玄宗開元之治思或及此，唐之盛其無艾與），按太宗所行者府兵耳，唐之府兵本爲餌兵上策，文宗太和間杜牧作《原十六衛》，一則曰不可使爲亂，再則曰無能爲叛，是其爲效不過如此，貞觀之時府兵方盛，杜牧言其善，括以四字曰「力解勢破」，惟欲餌兵，故便其力之解、勢之破，若取其任戰，則此四字固兵家之大忌。府兵之情狀已盡于此，故太宗徵高麗、高宗東徵、武后討突厥，史書所載多言應募，府兵未廢，已不能盡恃，范氏論以爲陋爲不足貴，其義至確，松陰痛斥其說，謂唐之所以衰，實由太宗之兵制後嗣不能奉行，無論今世之論兵者多持府兵以較列強之民兵，若可行于今日也者，獨不思唐之府兵以銷兵爲主義，今各國之民兵以練兵爲主義乎？松陰之說，未免貽學者之累。且謂近世清國興于騎射，近時乃稍爲外夷所困，不得謂非違祖訓也，夫國朝騎射特十數年間耳，其所以困于外夷實由騎射之不能早廢，故國無知兵之人，如謂違祖訓而弱，然則二十世紀之世界能以弓矢御槍炮乎？松陰當有何說以解此。

《上海格致書院藏書樓書目·東西學書·雜著》 《吉田松陰遺墨》。一本。石印。

楊復等《浙江藏書樓乙編書目·文學》 《吉田松陰遺墨》一册。商務書舘鉛印本。

福澤諭吉叢談

《上海格致書院藏書樓書目·東西學書·雜著》 《福澤諭吉叢談》。日本福澤諭吉。馮霈。一本。廣智書局活印本。

楊復等《浙江藏書樓乙編書目·雜誌》 《福澤諭吉叢譚》一册。日本福澤諭吉著，鶴山馮霈譯。廣智書局鉛印本。

泰西新報源流表

徐維則等《增版東西學書録·報章》 《泰西新報源流表》□卷。《嶺學報》本。嶺學報館譯。顧補。

報章源流

顧燮光《譯書經眼録·報章》 《報章源流》一卷。《南洋官報》本。英姑連氏原著，南洋官報館節譯。是書作於十九世紀，原名《報章沿革書》，於歐美各國報章沿革，言之極詳。按西國報章，始於羅馬，由官主持，以當文告，未有論説。迄羅馬分裂以後，言論自由之説出，而流弊益滋。讀是書者，知文明諸國於報章定以專律，此民志所由定，而國政所由立者矣。

新聞學

顧燮光《譯書經眼録·報章》 《新聞學》一卷。商務印書館排印本。日本松本君平著，商務印書館譯。新聞紙爲社會之代表，歐美各國視之極重，故學堂列爲專科。本書凡三十六章，詳論新聞紙社員之權限，編輯之方法，發行之效果，並臚舉英、美、法、德、俄五國新聞之事，以相印證。蓋新聞紙實爲政治之機關，斷非無學識之人所能主持。其左右世界之力，爲現今最有權勢之作。著者爲日人，其所論皆出於泰西新聞社之實歷，則此書洵宜取讀也夫。

類書部

論述

康有爲《日本書目志・類書類序》 購書莫善于叢書矣，得一書而百學備焉，得一書而專門之業備焉。《普通學》、《百科全書》、《我自刊叢書》三者，金玉淵海矣。日本自強，賴社會之力。《社會事彙》，蓋備焉。然昔之學，尊古而守舊，故其學在讀書；今之學，貴通今而知新，故其學貴閱報。此古今文學大變。自今後惟編年考古事乃讀書，其他爲學，則皆報哉。

綜述

泰西事物起原

顧燮光《譯書經眼録・雜著》 《泰西事物起原》四卷。文明書局排印本，二冊。日本澀江保編纂，傅運森譯補。分天時、地理、人類、文事、科學、工藝、教育、政治、法律、宗教、禮儀、衛生、機械、商業、農事、軍事、建築、服飾、飲食、游戲、動物、植物、鑛物、雜志，凡二十三類。皆彙考西書，詳其原始，惟多引教書中言，未盡足據。且此等書，亦猶吾華類書，無關宏恉，留備參考可也。

楊復等《浙江藏書樓乙編書目・理學》 《泰西事物起原》一冊。日本澀江保編。廣智書局譯印本。

廣學類編

《上海格致書院藏書樓書目・東西學書・雜著》 《廣學類編》。唐蘭孟。英李提摩太。任廷旭。十二卷附圖一卷。六本。廣學會本。

楊復等《浙江藏書樓乙編書目・教育》 《廣學類編》六冊。英國唐蘭孟輯，吳江任廷旭譯。廣學會鉛印本。

廣學會編《廣學會譯著新書總目・通考》 《廣學類編》。英國唐蘭孟編輯。分十二類，曰史事、地理、文學、格致、算學、商務、醫學、權度、婚禮、家務、營造、遊歷等。六冊。價洋一元五角。

自强軍西法類編

楊復等《浙江藏書樓乙編書目・兵書》 《自強軍西法類編》二十冊。古鄞沈敦和纂。順成書局石印本。

普通百科全書

楊復等《浙江藏書樓乙編書目・教育》 《普通百科全書》一百冊。沈霖譯。會文學社鉛印本。

叢書部

天學初函

《絳雲樓書目・天主教類》　《天學初函》。

《四庫提要・雜家類存目十一》　《天學初函》五十二卷。兩江總督採進本。明李之藻編。之藻有《頖宮禮樂疏》，已著録。初，西洋人利瑪竇入中國，士大夫喜其博辯，翕然趨附，而之藻與徐光啓信之尤篤。其書多二人所傳録，因裒爲此集。書凡十九種，分理、器二編。理編九種，曰《西學凡》一卷，曰《畸人十論》二卷，曰《交友論》一卷，曰《二十五言》一卷，曰《天主實義》二卷，曰《辨學遺牘》一卷，曰《七克》七卷，曰《靈言蠡勺》二卷，曰《職方外紀》五卷。器編十種，曰《泰西水法》六卷，曰《渾蓋通憲圖説》二卷，曰《幾何原本》六卷，曰《表度説》一卷，曰《天問略》一卷，曰《簡平儀説》一卷，曰《同文算指前編》二卷，《通編》八卷，曰《圜容較義》一卷，曰《測量法義》一卷，《測量異同》一卷，《句股義》一卷。其理編之《職方外紀》，實非言理，蓋以無類可歸而綴之於末。器編之《測量異同》，實自爲卷帙，而目録不列，蓋附於《測量法義》也。西學所長，在於測算。其短則在於崇奉天主，以炫惑人心。所謂自天地之大以至蠕動之細，無一非天主所手造，悠謬姑不深辨。即欲人舍其父母而以天主爲至親，後其君長而以傳天主之教者執國命。悖亂綱常，莫斯爲甚。豈可行於中國者哉？之藻等傳其測算之術，原不失爲節取。乃併其惑誣之説刊而布之，以顯與六經相齟齬，則傎之甚矣。今擇其器編十種可資測算者，別著於録。其理編則惟録《職方外紀》，以廣異聞。其餘概從屏斥，以示放絶。併存之藻總編之目，以著左袒異端之罪焉。

周中孚《鄭堂讀書記・雜家類八》　《天學初函理編》九種，《器編》十一種。明刊本。明李之藻編。之藻仕履見《天文算法類》。前有涼庵題詞云：「天學者，唐稱景教。自貞觀九年入中國，歷千載矣。其學刻苦□事，絶財色，意頗與俗情相盭。要於知天事天，不詭六經之旨。皇朝有利瑪竇者，九萬里抱道來賓，重演斯義。迄今又五十年，多賢似續翻譯，漸廣顯。自法象名理，微及性命根宗，義暢旨元，得未曾有。顧其書散在四方，願學者每以不能盡覩爲憾。兹爲叢諸舊刻，臚作理、器二編，編各十種，以公同志。其曰『初函』，蓋尚有唐譯多部散在釋氏藏中者，未及檢入。又近歲西來七千卷，方在候旨。將來問奇探賾，尚有待」云。今按其書，《理編》本九種而云十種者，以所附《唐大秦寺碑》一篇共數之，且舉成數也。自《職方外紀》《四庫全書》著録外，餘俱存目。《器編》本十一種而云十種者，以《測量異同》一卷統於《測量法義》爲一卷也。皆《四庫全書》著録。今既以是二十種分記於各類，而復依原編次第，合誌於左方，以備檢照。

張之洞《書目答問・天文算法》　《天學初函器編》三十卷。明徐光啓等。明刻本，十種。目列後。

劉鐸《古今算學書録・天文》　《天學初函二編》□卷。明徐光啓、李之藻等編。崇禎年刊本。

西洋新曆法書

錢曾《述古堂藏書目・曆法》　《西洋新曆法書》一百卷一百本。

黄虞稷《千頃堂書目・曆數類》　徐光啓《崇禎曆書》百二十卷。曆書總目一卷。日躔曆指四卷。日躔表二卷。恒星曆指三卷。恒星圖一卷。恒星圖系一卷。恒星曆表四卷。恒星經緯表二卷。恒星出沒表二卷。月離曆指四卷。月離表六卷。交食曆指七卷。交食表七卷。五緯曆指九卷。五緯表十卷。測天約説二卷。大測二卷。割圓八綫表六卷。黄道升度表七卷。黄赤道距度表一卷。通率表二卷。元史揆日訂訛一卷。通率立成表一卷。散表一卷。測圓八綫立成長表四卷。黄道升度立成中表四卷。曆指一卷測量全義十卷。比例規解一卷。南北高弧表十二卷。諸方半晝分表一卷。諸方晨昏分表一卷。崇禎二年五月初一日日食。欽天監推算晷刻不合。光啓時爲禮部左侍郎。因疏請重修曆法。帝是之。命光啓與李之藻。王應遴。及西洋人羅雅谷。龍華民。鄧玉函。湯若望同修。陸續成書。迄六年九月而竣。又曆學小辨一卷又曆學日辨五卷。吳案，光啓以崇禎二年被命與遠臣湯若望等重定曆書。兼制

各器具。凡作五次奏進。六年十月光啓疾革。舉山東布政使李天經自代。至七年十二月事竣。其前三次光啓所進。後二次則天經所進。據天經奏疏書凡百三十七卷。錄其目如左。

第一次崇禎四年正月。日躔曆指一卷。曆書總目一卷。測天約説二卷。大測二卷。日躔表二卷。割圓八綫表六卷。黄道升度表七卷。黄道距度表一卷。通率表二卷。

第二次四年八月。測量全義十卷。恒星曆指三卷。恒星曆表四卷。恒星總圖一卷。恒星圖像一卷。揆日解訂誤一卷。比例規解一卷。

第三次五年四月。月離曆指四卷。月離曆表六卷。交食曆指四卷。交食曆表二卷。南北高弧表十二卷。諸方半晝分表一卷。諸晨昏分表一卷。

第四次七年七月。五緯總論一卷。日躔增一卷。五星圖一卷。日躔表一卷。水木土二百恒年表並周歲時刻表三卷。交食曆指三卷。交食諸表用法二卷。交食表四卷。黄平象限表七卷。木土加減表二卷。交食簡法表二卷。方根表二卷。

第五次七年十二月。五緯曆指八卷。五緯用法一卷。日躔考二卷。夜中測時一卷。交食蒙求一卷。古今交食考一卷。恒星出沒二卷。高弧表五卷。五緯諸表九卷。甲戌乙亥日躔細行二卷。羅雅谷籌算二卷。以上共計一百三十七卷。其末後籌算一卷。原目所無。核總數則少一卷。嘗見一本有之。故補入。

《明史・藝文志・曆數類》 徐光啓《崇禎曆書》一百二十六卷。【略】崇禎二年敕光啓與李之藻、王應遴及西洋人羅雅谷等陸續成書。

《四庫提要・天文算法類一》 《新法算書》一百卷。編修陳昌齊家藏本。明大學士徐光啓、太僕寺少卿李之藻、光禄寺卿李天經及西洋人龍華民、鄧玉函、羅雅谷、湯若望等所修西洋新曆也。明自成化以後，曆法愈謬，而臺官墨守舊聞，朝廷亦憚於改作，建議者俱格而不行。萬曆中，大西洋人龍華民、鄧玉函等先後至京，俱精究曆法。五官正周子愚請令參訂修改，禮部因舉光啓、之藻任其事，而庶務因循，未暇開局。至崇禎二年，推日食不驗，禮部乃始奏請開局修改，以光啓領之。時滿城布衣魏文魁著《曆元》、《曆測》二書，令其子獻諸朝。光啓作《學曆小辨》，以斥其謬，文魁之説遂絀。於是光啓督成曆書數十卷，次第奏進。而光啓病卒，李天經代董其事，又續以所作曆書及儀器上進。其書凡十一部。曰法原，曰法數，曰法算，曰法器，曰會通，謂之基本五目；曰日躔，曰恒星，曰月離，曰日月交會，曰五緯星，曰五星交會，謂之節次六目。書首爲《修曆緣起》，皆當時奏疏及考測辨論之事。書末《曆法西傳》、《新法表異》二種，則湯若望入本朝後所作，而附刻以行者。其中有解有術，有圖有考，有表有論，皆鉤深索隱，密合天行，足以盡歐邏巴曆學之藴。然其時牽制於廷臣之門戶，雖詔立兩局，累年測驗，明知新法之密，竟不能行。迨聖代龍興，乃因其成帙，用備疇人之掌。豈非天之所祐，有開必先、莫知其然而然者耶？越我聖祖仁皇帝，天亶聰明，乾坤合契，《御製數理精藴》、《曆象考成》諸編，益復推闡微茫，窮究正變。如月離二三均數分爲二表，交食改黄平象限用白平象限，方位以高弧定上下左右，又增借根方法解、對數法解於點線面體部之末，皆是書所未能及者。八線表舊以半徑數爲十萬各線數逐分列之，今改半徑數爲千萬各線數逐十秒列之。用以步算，尤爲徑捷。至《欽定曆象考成後編》，日月以本天爲橢圓，交食以日月兩經斜距爲白道，以視行取視距。推步之密，垂範萬年，又非光啓等所能企及。然授時改憲之所自，其源流實本於是編，故具錄存之。庶論西法之權輿者，有考於斯焉。

張之洞《書目答問・天文算法》 《新法算書》一百零三卷。明徐光啓等。明刻本，三十種。原名《崇禎曆書》。目列後。

陸心源《皕宋樓藏書志・天文算法類》 《崇禎曆書》一百卷。明刊本。明欽差禮部尚書兼翰林院學士協理詹事府事加俸一級徐光啓奉敕督修。

劉鐸《古今算學書録・天文》 《崇禎曆書》一百二十六卷。一名《新法曆書》。右《新法曆書》，《明史・藝文志》載一百二十六卷，《曆志》作一百三十餘卷，此明徐光啓等督修、李天經續成之本也。《四庫》著録一百卷，内府藏本一百〇四卷，此湯若望重訂之本也。今版猶存欽天監中。二本流傳俱少，明本全部尤難得。多數本合成者，故有多寡不同。茲採徐本，悉依《明志》。其餘散見各本，皆附錄於後。

《西洋新法曆書》一百零四卷。法人湯若望等訂。清順治二年刊本。

西學啓蒙

梁啓超《西學書目表・格致總》　《西學啓蒙》。艾約瑟。稅務司本。十六本。七元。已將尤要數種散見各類。

又《附録・讀西學書法》　稅務司所譯《西學啓蒙》十六種中，有數種爲他書所未道及者，如《希臘志略》、《羅馬志略》、《辨學啓蒙》、《富國養民策》，皆特佳之書也。其《西學略述》一種，言希臘昔賢性理詞章之學，足以考西學之所自出，而敎之流派，亦頗詳焉。惜譯筆甚劣，繁蕪佶屈，幾不可讀，然其書則不可不讀也。

楊復等《浙江藏書樓乙編書目・教育》　《西學啓蒙》十六種十六册。英國艾約瑟譯。圖書集成局鉛印本。

各國政治藝學分類全書

《上海格致書院藏書樓書目・東西學書・雜著》　《各國政治藝學分類全書》。美丁韙良。二十三種。三十二本。石印。

科學叢書

楊復等《浙江藏書樓乙編書目・教育》　《科學叢書》十册。日本矢津昌永著，山陰樊炳清譯。教育世界社鉛印本。

新學大叢書

《上海格致書院藏書樓書目・東西學書・雜著》　《新學大叢書》。一百二十卷。三十二本。積山喬記石印本。

攻媿軒日本叢書

《上海格致書院藏書樓書目・東西學書・雜著》　《攻媿軒日本叢書》。日本小幡篤次郎。四本。石印。

機外劍客雜著六種

顧燮光《譯書經眼録・雜著》　《機外劍客雜著六種》。《政法學報》本。耐軒譯。機外劍客，日本渡邊國武子也。子爲日本政治家，明治維新，與有力焉。此爲其二十年前所著，議論透澈。論者謂以禪理演政治，非大政治家不能云。書凡六種：一、《政談一夕話》；二、《政海一瀾》；三、《先進遺響》；四、《獅子球》；五、《矯世危言》；六、《餘論》。

新譯西洋兵書五種

張之洞《書目答問・兵家》　《新譯西洋兵書五種》。上海製造局刻本。《克虜伯礮説》四卷，《礮操法》四卷，《礮表》六卷，《水師操練》十八卷附一卷，《行師測繪》十卷，《防海新論》十八卷，《御風要術》三卷，皆極有用。

湖北武學

楊復等《浙江藏書樓乙編書目・兵書》　《湖北武學》八册。德國瑞乃爾譯，山左蕭誦芬述。鉛印本。

中西兵書廿一種

《上海格致書院藏書樓書目・東西學書・兵政》　《中西兵書廿一種》。五十二卷。十六本。石印。

中西武備兵書

楊復等《浙江藏書樓乙編書目・兵書》　《中西武備兵書》十六冊。德國瑞乃爾譯，德州蕭涌芬述。石印本。

世界探險

通雅齋《新學書目提要・輿地類》　《世界探險》。上海人演社本。《世界探險》一卷，爲書九種，曰《希馬拉雅山》、曰《沙漠橫斷記》、曰《瑞士之山光》、曰《澳洲紀行》、曰《南洋食人國》、曰《南極冰中二千里》、曰《北極探險譚》、曰《太平洋中之樂園》、曰《科羅拉特之峽路》，其書不出于一人，上海人演社譯本，未審其爲原本叢刻，抑由譯者搜集而成。據第二種《沙漠橫斷記》之前有附記一則，中有「吾讀之，吾喜之，乃抄譯以公世」之語，第五種《南洋食人國》之前附記一則有「我國人談紐基內亞之眞相者，以龍江義信氏爲嚆矢」之語，第七種《北極探險譚》之前附記有「叙其梗概以公世」之語，篇中復加按語，此外各卷亦每有附記于前，觀此可定爲日本人匯刊之作而譯者展轉流布者也。凡此各種爲體不一，或則游覽名勝，或乃搜剔窮荒，詳考其言，皆稗稽鏡。第一種爲日本人櫻井基峰游歷希馬拉雅山之作，此山爲大地第一高峰，積雪皚皚，今爲世望，近日我國學者謂即古之昆侖，此說一傳，幾爲定論，作者之行頗重于探查風俗，似非注意地理，故于西藏瑣聞欲知其趣，此外則略及行路之難。篇中有云山後包擁世界之秘密國西藏，按「秘密國」之稱其意有所譏諷，聞近日日本某報刊有《世界之秘密國》一章，即言西藏情事，此等要不可不察。第二種據附記之言知爲歐洲博士史汶黑敵陰之作，惟未詳爲何國之人，其人深入中部亞細亞人迹未到之區，所記數則雖未及實測之處，而停辛佇苦，亦見是地險阻之情，著者此行先以缺水而困，其初得見樹木而未嘗有水，後乃于森林中覓見溪流，按植物之生必由伏潤，此理淺顯易明，記中國說部有謂烏魯木齊之築城艱于採井，初謂沙漠所無，後用老軍之言，以柳樹得生證之，果見泉流，此亦談助之雅。第三種題爲青萍遷人之作，蓋作者西游歐洲探奇瑞士之事，而歸國後追記之者，縷勝羅幽，頗似昔人游山文字，雖酈元之知已非鑿空之用心，獨篇末所舉謂歐人有冒險果敢之風爲足省耳。第四種爲日本人志賀重昂之作，當時蓋隨軍艦而行，以旁涉澳大利亞洲者，作者爲日本有名之地學家，其言澳洲所產木葉非橫柱而與地平綫平行，實縱立爲直垂綫狀，日光射于地上，深資牧草蕃茂之助，故此洲形勢天然適于牧畜云云，其說可參于新理，計算全洲輸出之利，亦見調查之精。第五卷題爲白龍江之作，據附記所述則作者實爲龍江義信，蓋言澳洲北面南太平洋之紐基利亞島情形，于土人之種類及其遺俗甚詳，以意約之，如飾鼻嵌耳之俗頗類古記所言斷發涂龍之風，當由草昧未開，制作不備而人情所尚，趨重華麗，只知刻畫肌體以爲美觀，故非垂之衣裳則此風未革，而舊習所染，即在近日東方諸國涅齒穿耳猶是留遺，固不獨食人之邦于今未改而已，篇中有按語以爲辨別陸居、水居兩種人，大助考察之功，所論誠然。第六種據附記所述知爲比利時醫師科克之作，作者隨探險隊之船名培的卡者同行而探南極之地，篇中所言大概爲堅冰所阻，故未至極道之中央而尋獲一二新地，篇末自謂發明最著之事可爲探極史之新聞，南極溫度之低至于爆不能發，乃與前日英軍之在南非者相同，當時英人束手遠購火鎌石于中國者數千具，寒帶、平原同此氣效，或凌陰之與凍雨氣候同焉。第七種附記標明奈生博士之作，奈生爲那威國人，以探極之案著名，首創乘船渡極之議，非獨辟見航路，亦深便于賫糧，涉險之功，以此爲最，篇中記奈生探極之三效自是要件，其游迹所至，離船乘橇則以犬牽之，可證新出南冰洋書中攜犬之用。第八種題爲楓堂之作，不知何人，其爲日本之民則時于措語中見之，其書記布哇即舊檀香山之風土，以白人恆言謂此島爲太平洋之樂園，故比絜之而有所以爲樂園、決非樂園之二則，記前數年日本報中附錄

布哇游客之書，列有宜來、不宜來數十則，與此相類，而其論不詳。先是，其時布哇未列美國屬地，日人頗垂意此邦，故游子好傳其景象，所以饋其國內作者，此來已在美人收地之後，篇中所云其地人口日減，大約風土過佳，易釀閉關之結果，不克與外來之國民生存競爭，此自不拔之見，凡言內地開放者不可不慎于此。又云美人以音樂政略奪布哇，其事甚新而于理愈確，終非臆測之言，所謂土人有不可思議之性質，酷好花及音樂，人團花圈以飾于頸，嗚嗚以歌，裊裊以舞等語，巫俗好禮，適合楚辭，會鼓傳芭是其遺迹，阿瓦夫渠之曲、信州蕎麥之歌幷此爲三，可存殊樂矣。第九種爲日本山縣悌三郎之作，作者親諸北美，專採科羅拉特之峽路，不過俄頃間之事，而于地質之學頗有發明，謂此峽基于流水之力，其最初時水流于此頂之坳處，而流水下層含一種小砂與石相磨，石面漸受浸蝕，經幾千萬年之久遂成此觀，其言乃與國初康熙年間江都孫蘭所著《輿地隅說》揚州近刻本說積石山一則相同，以科學求之正非無故，其餘亦多取證之談。綜覽諸篇，要皆不廢槎通銀漢，標建赤城，若使沉淵終期，避地大九州之解，願向薛叔耘而一進之。

中西算學叢書

楊復等《浙江藏書樓乙編書目・算學》 《中西算學叢書》四十冊。四明求敏齋輯。鴻寶齋石印本。

西醫五種

廣學會編《廣學會譯著新書總目・醫學》 《西醫五種》。《全體新論》、《婦嬰新說》、《內科新說》、《博物新編》、《西醫略論》，計五本全部。價洋二元二角五分。

農學叢書

楊復等《浙江藏書樓乙編書目・農學》 《農學叢書》初集、二集、三集四十冊。上海農學會譯。鉛印本。

蠶學叢刻

楊復等《浙江藏書樓乙編書目・農學》 《蠶學叢刻》初集二冊。杭州蠶學舘譯。上海務農會鉛印本。

西藝知新正續編

梁啓超《西學書目表・工政》 《匠誨與規》。傅蘭雅，徐壽。製造局本。《造管之法》。傅蘭雅，徐壽。製造局本。《色相留眞》。傅蘭雅，徐壽。製造局本。《硫強水法》。傅蘭雅，徐壽。製造局本。《郤水衣全論》。傅蘭雅，徐壽。製造局本。《回熱爐法》。傅蘭雅，徐壽。製造局本。《因藝知新》八種，共六本，一千二百文。尚有三種，一歸兵政，一歸算學。凡《西醫知新》各書，皆極有用，不必全加圈識。《製肥皂法》。林樂知，鄭昌棪。製造局本。《製油燭法》。林樂知，鄭昌棪。製造局本。《垸髹致美》。傅蘭雅，徐壽。製造局本。《鍍金》。金楷理，徐華封。製造局本。《製造玻璃》。傅蘭雅，徐壽。製造局本。《鐵船針向》。傅蘭雅，徐壽。製造局本。《機動圖說》。傅蘭雅，徐壽。製造局本。《西藝知新續刻》七種，共八本，一千二百文。

又《附録・讀西學書法》 《西藝知新》原、續刻其十五種，爲一叢書，皆言手製各物小工程。其法雖頗舊，然中國工人苟單心研究，能通其法，則亦可以獲利。因中國物料與工價俱賤，而向用之法舊於此等十倍也。他人歷萬里購我物料，歸國而製造之，復運來以取售於我，而其利之溥猶如此。貨

棄於地，惜哉！

丁仁《八千卷樓書目・藝術類・雜技》 《西藝知新》十卷。英諾格德撰。刊本。

趙惟熙《西學書目答問・政學・工政學》 《西藝知新》。凡八種，曰《周冪知裁》，曰《匠誨與規》，曰《造管之法》，曰《回特活德鋼礮說》，曰《色相留眞》，曰《造硫強水法》，曰《郤水衣全論》，曰《回熱鑪法》，合訂六冊。英傅蘭雅譯，徐壽述。製造局本。

《西藝知新續刻》。凡七種，曰《製肥皁法》，曰《製油燭法》，曰《垸髹致美》，曰《鍍金》，曰《製造玻璃》，曰《鐵船針向》，曰《機動圖說》，合訂八冊。美林樂知、英傅蘭雅、布金楷理分譯，鄭昌棪、徐壽、徐華封分述。製造局本。

徐維則等《增版東西學書録・工藝》 《西藝知新正編》十卷。《續編》十二卷。製造局本。上海石印二層本。江南製造局編。《彙編一》有《造冰機器》，《造針法說略》，又《二》有《造荷蘭水機器製紐法》，又《四》有《西國發藍法》，又《六》有《壓成金類器皿機器圖說》，《論機器造冰之法》，《造自來火法》，又《七》有《製皮法》，《論電氣熟皮》，皆西藝新法，特附記於此。

《匠誨與規》三卷。英諾格德著，英傅蘭雅譯，徐壽述。《富強叢書》本。專言工匠所用器具。《回特活德鋼礮》一卷。入兵制。《造管之法》一卷。英由耳著，英傅蘭雅譯，徐壽述。《富強叢書》本。論造各種鉛、鐵、銅、鋼之管。《回熱爐法》一卷。英各爾曼著，英傅蘭雅譯，徐壽述。《富強叢書》本。回熱爐乃製鐵之用，《彙編一》有《汽鎚略論》，又《論壓水櫃》，可參觀。《造硫強水法》一卷。英士密德著，英傅蘭雅譯，徐壽述。《富強叢書》本。《色相留眞》一卷。不著撰人名氏。英傅蘭雅譯，徐壽述。《富強叢書》本。論造照像器具、材料及照像之法。《周幕知裁》一卷。美布倫輯，英傅蘭雅譯，徐壽述。論罨壺盤管之裁割銲接法，皆從圓周割分，然後合爲各器面積，故曰《周幕知裁》。《郤水衣全論》一卷。英大斐斯著，英傅蘭雅譯，徐壽述。以上《正編》，凡八種。

《垸髹致美》一卷。不著撰人名氏。英傅蘭雅譯，徐壽述。《製肥皂法》二卷。不著撰人名氏。美林樂知譯，鄭昌棪述。《富強叢書》本。《製油燭法》一卷。不著撰人名氏。美林樂知譯，鄭昌棪述。《富強叢書》本。《鍍金》四卷。不著撰人名氏。美金楷理譯，徐華封述。《富強叢書》本。專言電氣鍍金之法。《製玻璃法》二卷附《瓷面釉質》。不著撰人名氏。英傅蘭雅譯，徐壽述。《彙編一》有《論韌性玻璃》一篇，《西國瓷器源流》一篇，又《二》有《造玻璃法》一篇，《西國造瓷機器》一篇，《中西聞見錄》有《論玻璃》二篇，均可參考。《鐵路鍼向》一卷。不著撰人名氏。英傅蘭雅譯，徐壽述。《機動圖說》一卷。不著撰人名氏。英傅蘭雅譯，徐壽述。裒采羣書而成。凡機器運動之法畢具，閲之足以自出新裁。以上《續編》，凡七種。

《上海格致书院藏书楼书目・东西学书・工政》 《西藝知新》。英諾格德。英傅蘭雅。布金楷理。新陽趙元益。無錫徐壽。三卷。二本。製造局本。

杨复等《浙江藏书楼乙编书目・工业》 《西藝知新初集》六冊。英國傅蘭雅譯，無錫徐壽述。江南製造局刻本。《西藝知新續集》八冊。英國傅蘭雅譯，無錫徐壽述。江南製造局刻本。

陈洙《江南製造局译书提要・工艺》 《西藝知新》十卷。《續編》十二卷。此爲工藝叢書，著譯者不一人，論説者不一事，可分可合，有圖千一百九十三。第一卷至第三卷：車床工程；車床緣起；改良；各種形式；用法；配法；刀法；各種鑽刨等器。第四卷：回特活得砲說；鑄銅及試驗法；與恩非特氏所造槍比較說；試砲及砲中各事表。第五卷：造管法造各種賤類之管。第六卷上：回熱鑪各家法式及出鐵多寡。第六卷下：製鎔金類之礶。第七卷：硫強水法；各家造法比較；提淨鉀及他雜質。第八卷：色相留眞即寫眞舊法。第九卷：周冪知裁，以圓錐割截法明各種金木器合縫聯接之理。第十卷：入水源流；入水工作法。大半論水衣之法，故又名《水衣全書》，附用法：起船法，礫水中諸物法。

《續編》：第一卷：油漆法；製各種漆；附銲金類之銲及雜合金法。第二卷：製肥皀法。第三卷至第四卷：製燭法。第五卷至第八卷：各種鍍金法。第九卷：製玻璃法；製法磨法；附甆油法。第十卷：鐵船針向；造船與行船者須知之理。第十一卷：機動圖說，凡簡單動法五百有七。第十二卷：海戰指要，論用砲及撞法。

《中華大典》辦公室

主　　任：于永湛

副 主 任：伍　傑　姜學中

工作人員：

編　　審：趙含坤　崔望雲　馮寶志　宋志英　谷笑鵬

封面裝幀設計：章耀達

《中華大典·文獻目録典》出版工作委員會

主　任：何林夏

委　員：（按姓氏音序排列）

范　寧　馮妍菲　黃進德　黃珊虎　黃希堅

姜革文　金學勇　雷回興（項目主持）　李加凱

劉隆進　魯朝陽　馬豔超　丘立軍　饒欽珩

沈　明　湯文輝　唐曉娥　王曉春　吳企明

肖愛景　肖承清　楊春陽　曾　玲　張　佳

周　静

圖書在版編目（CIP）數據

中華大典．文獻目録典．古籍目録分典．叢書、譯著 /
《中華大典》工作委員會，《中華大典》編纂委員會編纂．
桂林：廣西師範大學出版社，2016.11
ISBN 978-7-5495-9245-6

Ⅰ．①中… Ⅱ．①中…②中… Ⅲ．①百科全書－中
國②古籍－目録學－中國 Ⅳ．①Z227②G257

中國版本圖書館 CIP 數據核字（2016）第 306950 號

中華大典・文獻目録典・古籍目録分典・叢書、譯著

編纂：《中華大典》工作委員會
《中華大典》編纂委員會
出版：廣西師範大學出版社
（廣西桂林市中華路 22 號　郵政編碼　541001）
發行：廣西師範大學出版社
（廣西桂林市中華路 22 號　郵政編碼　541001）
排版：江蘇鳳凰製版有限公司
印刷：長沙鴻發印務實業有限公司印刷
（湖南省長沙縣黄花鎮黄壟村黄花工業園 3 號　郵政編碼　410137）
開本：787×1 092 毫米　1/16
印張：53.5　　字數：1 700 000
2016 年 11 月第 1 版　2016 年 11 月第 1 次印刷
書號：ISBN 978-7-5495-9245-6
定價：380.00 圓